동양풍의 요염한 모습으로 표현한 샤라자드   버지니아 스테렛

〈샤리아르 왕과 그 아우 이야기〉 '샤리아르 형제가 나무 그늘에 숨어 알몸의 여성을 바라보는 장면'(《아라비안나이트》 러시아어판에서)

〈샤리아르 왕과 그 아우 이야기〉 '나를 껴안고 마음껏 즐겨주세요. 그렇지 않으면 저 마신을 깨워 당신들을 죽이게 할 거예요.'

현모양처 이미지로 그려진 샤라자드　에드먼드 뒬락. 1907.

샤리아르 왕에게 이야기하기 시작한 샤라자드, 옆에는 두냐자드 레옹 카레. 1826~32.

〈어부와 마신 이야기〉 르네 불. 1912. '바다에서 건진 항아리에서 마신이 나타났다.'

〈마법에 걸린 왕자〉 르네 불. '술탄이 신비한 물고기를 찾아 검은 섬에 도착하니……'

〈바그다드의 짐꾼과 세 여자〉 밀로 윈터. 1914. '…아씨들에게 네 번째 것이 필요합니다.'

〈바그다드의 짐꾼과 세 여자〉 레옹 카레. '세 여자는 꿈속처럼 황홀경에 빠진 짐꾼을 가운데에 두고 둘러앉았다.'

〈바그다드의 짐꾼과 세 여자〉 첫 번째 애꾸눈 중의 이야기 '숯덩어리가 된 아들 시체를 신발로 마구 때렸다.'

〈누르 알 딘 알리와 그 아들 바드르 알 딘 하산 이야기〉 '가희들이 탬버린을 치고 환호성을 울려 신부가 들어오는 것을 알렸다.'

〈사랑에 미친 가님 이야기〉 첫 번째 환관 부하이트 이야기 '그 애는 나를 자빠뜨려놓고 말 타듯이 타고 앉아 마구 굴러댔다.'

〈사랑에 미친 가님 이야기〉 '가님은 여자를 궤짝에서 꺼내 땅바닥에 뉘였다. 그러자 재채기와 함께 목구멍에서 마약 한 알이 튀어나왔다.'

〈오마르 빈 알 누만 왕과 두 아들 샤르르칸과 자우 알 마칸 이야기〉 '프랑크인이 이슬람교도를 창끝으로 찔러 말에서 떨어뜨리고 사로잡아 자기편 쪽으로 끌고갔다.'

〈오마르 빈 알 누만 왕과 두 아들 샤르르칸과 자우 알 마칸 이야기〉 '자기 가슴에 몸을 던져오는 누이를 꼭 껴안은 채 두 사람은 정신을 잃고 그 자리에 쓰러졌다.

〈아지즈와 아지자 이야기〉 샤갈. 1948.

World Book 133
Richard Francis Burton
THE BOOK OF THE THOUSAND NIGHTS AND ONE NIGHT
아라비안나이트 I
리처드 버턴/고산고정일 옮김

동서문화사

디자인 : 동서랑 미술팀

아라비안나이트 I
차례

이 책을 읽는 이들에게―리처드 버턴
샤리아르 왕과 그 아우 이야기 … 35
    황소와 나귀 … 52
상인과 마신 이야기 (1번째 밤~3번째 밤) … 67
    첫 번째 노인의 이야기 … 70
    두 번째 노인의 이야기 … 75
    세 번째 노인의 이야기 … 79
어부와 마신 이야기 (3번째 밤~9번째 밤) … 85
    대신과 현자 두반 이야기 … 94
    신디바드 왕과 매 이야기 … 100
    앵무새와 바람난 아내 이야기 … 102
    왕자와 식인귀 이야기 … 104
    마법에 걸린 왕자 … 125
바그다드의 짐꾼과 세 여자 (9번째 밤~19번째 밤) … 148
    첫 번째 애꾸눈 중의 이야기 … 179
    두 번째 애꾸눈 중의 이야기 … 189
    질투한 사나이와 질투받은 사나이 … 201
    세 번째 애꾸눈 중의 이야기 … 221
    여주인의 이야기 … 248
    문지기 여자의 이야기 … 261
세 개의 능금 (19번째 밤~20번째 밤) … 293
누르 알 딘 알리와 그 아들 바드르 알 딘 하산 이야기
  (20번째 밤~24번째 밤) … 305

꼽추 시체가 들려주는 이야기 (24번째 밤~34번째 밤) ··· 384
    나사렛인 거간꾼 이야기 ··· 392
    요리사 이야기 ··· 411
    유대인 의사 이야기 ··· 423
    재봉사 이야기 ··· 437
    이발사 이야기 ··· 456
    이발사 맏형 이야기 ··· 459
    이발사 둘째 형 이야기 ··· 465
    이발사 셋째 형 이야기 ··· 472
    이발사 넷째 형 이야기 ··· 475
    이발사 다섯째 형 이야기 ··· 480
    이발사 여섯째 형 이야기 ··· 488
    재봉사 이야기 끝 ··· 495

누르 알 딘 알리와 소녀 아니스 알 자리스 이야기
    (34번째 밤~38번째 밤) ··· 513
사랑에 미친 가님 이야기 (38번째 밤~45번째 밤) ··· 577
    첫 번째 환관 부하이트의 이야기 ··· 581
    두 번째 환관 카후르의 이야기 ··· 582

오마르 빈 알 누만 왕과 두 아들 샤르르칸과 자우 알 마칸 이야기
    (45번째 밤~145번째 밤) ··· 618
    타지 알 무르크와 두냐 공주 이야기—사랑하는 자와 사랑받는 자 ··· 863
    아지즈와 아지자 이야기 ··· 883
    마약을 먹은 사내 이야기 ··· 1051
    바다위인 하마드 이야기 ··· 1066

　깊고 푸른 하늘에서 헤아릴 수 없이 많은 유성이 떨어지는 찬란한 아라비아의 밤, 하렘의 깊숙한 방 희미한 등불에 관능적인 알몸을 드러낸 아름다운 여인 샤라자드가 목숨을 내맡긴 채 들려주는 천하루 밤 아르흐 라이라. 왕비의 부정을 목격한 샤리아르 왕은, 밤마다 처녀를 한 명씩 불러들여 동침하고는 동틀녘에 죽여 버린다. 이 불행을 막기 위해 마침내 대신의 딸 샤라자드가 나선다. 첫날밤, 그녀는 왕에게 매혹 넘치는 에로틱한 이야기를 들려주는데 절정 부분에서 "다음 이야기는 내일 밤에" 말을 멈춘다. 뒷이야기가 궁금해진 왕은 결국 그녀를 죽이지 못하고 다음 날 밤을 맞는다. 오늘 밤도 샤라자드는 사람들의 빈부귀천을 뛰어넘는 종횡무진 흥취무한 시공을 자유자재로 초월하여 인생의 기쁨과 슬픔을 펼쳐낸다. 이 꿈같은 이야기 보물샘은 번영을 자랑했던 원형도시 바그다드에서 더욱 세련되게 다듬어졌다. 높은 문학적 소양을 지닌 인물 손에 의해 오늘 우리가 읽는 아라비안나이트의 원형이 완성되었던 것이 아닐까. 이 책을 연 그대여! 이제 인생 천변만화 지혜만발 섹슈얼 판타지 천하루 밤 이야기 속으로 들어가라. 알라의 축복이 있으리.

이 책을 읽는 이들에게
리처드 버턴

 이 이야기를 옮겨 엮느라 무척 고생한 듯 보여도 좋아서 즐거이 한 일이었다. 나에게 이 일은 위안과 즐거움을 주는 아무리 퍼내도 마르지 않는 샘이었다. 서아프리카의 무성한 풀과 나무, 인적 없는 황야, 남아메리카의 단조롭고 쓸쓸한 개척지에 공무를 띠고 오랜 세월 추방되어 있던 나에게는[*1] 권태와 실의를 막아주는 지킴이였으며 부적이었다.
 이 책만 펼치면 언제나 내 눈앞에 어떤 환상이 홀연히 떠오르고, 머릿속 공상의 화랑에서 그림 한 장이 나타난다. 넓은 세상을 두루 여행한 나그네들도 쉽게 얻을 수 없는 수많은 추억과 회상이 되살아나곤 한다.
 깨나른하고 평범하며 '고상한' 나날의 되풀이로부터 마신(魔神)은 순식간에 나를 꿈꾸는 나라 아라비아로 데려간다. 그곳은 나에게 매우 친근한 나라여서 처음 보았을 때부터 먼 옛날의 윤회하는 생명을 떠오르게 하는 느낌마저 든다.
 나는 투명한 푸른 하늘 아래 에테르처럼 빛나는 대기에 휩싸인 채 다시 우뚝 선다. 대기의 숨결은 거품 이는 포도주처럼 사람들의 마음을 들뜨게 한다. 나는 서쪽 하늘 정면에 아로새겨진 보석처럼 외로이 걸려 반짝이는 초저녁 샛별을 바라본다. 그러면 별안간 마치 마법에 걸린 듯, 거칠고 단조롭던 풍경이 저녁노을을 받아 사라지고 다른 대지와 바다를 한 번도 비춘 적 없는 빛으로 가득한 동화나라가 펼쳐진다. 그리고 마른 나뭇잎 빛깔의 진흙과 갈색 자갈이 끝없는 황무지에 검은 점처럼 흩어져 있는 바다위족[*2]의 나지막한 담요 천막과 부락 한복판에서 반딧불처럼 타오르는 모닥불도 어김없이 나타난다.
 이윽고 석양을 누비며 양과 산양을 몰고 가는 젊은 남녀들의 거칠고 익숙지 않은 처음 듣는 노랫가락이며, 낙타 뒤에서 천천히 큰 걸음으로 걸어가는 사람들의 율동적인 노랫소리가 양 떼 울음소리와 등에 혹이 있는 짐승*3 떼의 포효에 뒤섞여, 멀리 떨어져 있어서인지 한결 상쾌한 울림으로 내 귀에 들려온다. 한쪽에서는 머리 위를 뛰어다니는 다람쥐의 귀여운 울음소리, 점점 짙어지는 어둠을 뚫고 들려오는 승냥이의 울부짖음, 음악 중에서도 가장 율동감 있게 흘러내리는 물방울처럼 부드러운 가락으로 속삭이듯 밤의 산들바람에 대답하는 종려나무 잎사귀들이 스치는 소리도 어김없이 들려온다.

이윽고 장면이 바뀌면 허연 수염을 기른 아라비아 노인들이 엄숙하게 나타나 모닥불을 둘러싸고 그들의 표현을 빌리면, 마치 초원의 무덤처럼 옷자락을 펼치고 앉아 있다. 그동안 나는 그들의 환대에 대한 보답으로, 또 그 환대가 언제까지나 계속되어 주기를 바라는 마음으로 그들이 좋아하는 이야기를 조금 읽어주거나 암송한다. 아낙네들도 어린아이들도 둥그렇게 둘러앉은 노인들 뒤쪽에 그림자처럼 움직이지 않고 서서, 숨죽인 채 귀 기울인다. 귀만으로는 모자라서 눈과 입으로도 이야기를 받아들이려는 듯한 모습이다. 아무리 터무니없고 제멋대로인 공상이라도, 아무리 기괴한 일이라도, 불가능한 일 가운데 가장 불가능한 일이라도, 그들에게는 매우 자연스럽고 하루하루 되풀이되는 일처럼 여겨지는 것이다.

그들은 작자가 잇따라 불러일으키는 감정의 기복 속에 완전히 빠져 들어가, 타지 알 무르크*4의 의협심이나 기사도적 무용담을 자기 일처럼 자랑하고, 아지자*5의 헌신적인 사랑에 감동하여 눈물짓는다. 또 수북이 쌓인 황금을 흙덩이처럼 인심 좋게 뿌리는 이야기를 들으면 입에서 침을 흘리고, 판관과 탁발승이 황야의 익살꾼에게 골탕을 먹을 때마다 킥킥거리고 웃으며 재미있어한다. 여느 때는 근엄한 얼굴로 감정을 얼굴에 드러내지 않다가도, 말 많은 이발사*6며 알리나 쿠르드인 사기꾼*7 이야기가 나오면 모두 배꼽을 잡으며 웃음을 터뜨리고 때로는 땅바닥에 데굴데굴 구르기까지 한다. 그럴 때면 읽어주는 사람도 점잖은 체하는 표정을 허물어뜨리며 자기도 모르게 웃음을 터뜨린다.

이렇듯 즐거운 분위기도 때로는 드물게 깨질 때가 있다. 그것은 때때로 기도문을 외는 남다른 소양을 지닌 바다위족들이 느닷없이, "알라시여, 용서하소서!" 하고 외칠 때이다. 그것은 사람들이 칼라일의 이른바 '새빨간 거짓말'에 귀 기울였기 때문이 아니라, 사막의 귀족들 사이에서는 결코 들을 수 없는 섹스에 관한 이야기를 들었기 때문이다.

이 영원한 불후의 '야화(夜話)'가 나에게 그토록 유용했던 것은 오로지 아라비아에 있을 때뿐만이 아니었다. 소말릴란드*[8]의 야만인들 또한 '야화'의 가르침에 귀 기울인다는 사실을 나는 알았다. 누구 하나, 그 매력에 귀 기울이지 않는 사람이 없었다. 나와 함께 여행한 여자 요리사 두 사람은 하랄*[9]로 가는 도중 부하들에게서 벌써 '샤라자드'와 '두냐자드'라는 별명이 붙여졌다.*[10]

이 번역은 나의 《알 메디나와 메카 순례 견문기 Pilgrimage to Al-Medinah and Meccah》*[11]에서 태어난 마땅한 산물임을 여기에 적어두어도 좋을 것이다. 1852년 겨울, 나는 옛 친구 슈타인호이저(Steinhaeuser)와 함께 있었다(이 책은 그의 영전에 바쳐졌다). 아라비아와 아라비아인에 대해 이야기를 나눈 우리는 이내 같은 결론에 이르렀다. 즉 이슬람교민족의 민화 전승이라는 이 훌륭한 보물의 이름은 영국의 거의 모든 아이들에게도 친숙할 정도이지만 일반 독자는 그 귀중한 내용을 모르고 있으며, 또 실제로 그 문은 아라비아어를 아는 학자 앞에서가 아니면 열리지도 않는다는 것이다.

헤어질 때 우리는 '서로 협력하여' 이 위대한 원전(原典)의, 있는 그대로 손질을 가하지 않은 완전한 번역본을 만들자는 데 의견이 일치하여, 그는 산문을 나는 운문 부분을 맡기로 했다. 그 뒤 몇 해 동안, 우리는 이 문제에 대해 서로 편지를 주고받았다. 그런데 내가 브라질에 있을 때 슈타인호이저는 스위스 베른에서 뇌출혈로 별안간 세상을 떠나고 말았다. 아덴에 남겨 두었던 그의 귀중한 초고는 영국과 인도의 풍습에 따라 여러 곳으로 흩어져, 내 손에는 그 노작이 얼마 들어오지 않았다.

이런 연유로 나는 혼자 남아 일을 하게 되었다. 여러 가지 장애에 부딪혀 일은 끊어졌다 이어졌다 하며 진척되지 않았다. 그러다가 1879년 봄에야 겨우 까다로운 정서 작업이 시작되어, 이 책이 가까스로 완성 단계에 들어서게 된다.

그런데 1881년 겨울, 나는 우연히 한 문예잡지에서 존 페인(John Payne)이 번역한 신역이 곧 나온다는 광고를 보았다. 그는 영시에 뛰어난 재능을 보이며, 특히 《시장(詩匠) 프랑수아 비용의 시집 The Poems of Master François Villon》(파리 발행)의 번역으로 학자들 사이에 널리 이름이 알려져 있었다. 그즈음 나는 여러 달 걸릴 예정인 황금해안의 원정 준비(돈벌이를 위한)에 분주했으므로, 〈애서니엄 Athenaeum〉지(誌)(1881년 11월 13일) 앞으로, 그리고 우리가 같은 일에 종사하고 있다는 것을 전혀 모르는 페인 씨 앞으로 편지를 보내, 이 분야에 관한 나의 우선권과 저작권을 필요한 만큼 마음대로 쓰라고 말해 주었다. 그는 이 제의를 흔쾌히 받아들였다. 이리하여 페인 씨에게 우선권을 주었기 때문에 나는 1885년 봄까지 다시 간행을 연기해야 했다. 나의 번역 간행이 늦어진 이유는 부분적으로는 이와 같은 사정을 밝힘으로써 설명이 될 것이다.

그런데 그 밖에 또 하나의 원인이 있었다. 그것은 서민이나 교육수준이 낮은 사람들에게 평이 좋지 않은 문학작품은 입신출세에 도움이 될 것 같지 않다는 직업상의 야심적인 암시 때문이었다. 그러나 곧 상식이 나를 일깨우며 속삭였다. 직업적으로 성공하지 못하더라도 그 실패를 부끄럽게 생각할 까닭은 조금도 없다고.

우리는 오늘날, 뛰어난 것만은 결코 인정하지 못하는 저급한 '중산계급'의 속물들 전제 아래 살고 있다. 경쟁적인 작품의 포상은 범용정치(凡庸政治, Médiocratie)를 '애지중지하는 무리'가, 또 시샘 많고 세력 있는 많은 사람들, 곧 '훈공이라는 것의 무가치함'을 전혀 모르는 세상 사람들의 눈에 든 자들에 의해 독차지되고 있다.

이러한 세태 아래에서는, 국외자가 범용한 자들의 독점이 얼마나 완벽한지 깨닫기란 어려운 일이다. 또 감히 혼자 힘으로 사물에 대해 사고하거나, 거의 아무것도 모르고 아무것도 하지 않는 고용주 양반들 오합지졸에 비해 사물에 대해 더 잘 알거나 좀더 일하는 사람들의 성공을 가로막는 장애물이 얼마나 치명적인지 이해하기도 힘든 일이다.

앙투안 갈랑(Antoine Galland) 교수의 즐거운 초역 번안(1704년)에서 시작된 1세기 동안의 통속적인 영문 번역은 동양의 원전을 결코 올바르게 전하지 못하고 있다. 그동안 가장 우수하고 가장 새로운 포스터 신부(Rev. Foster)의 것도 산만하고 지루하며, G. 모아 부세(G. Moir Bussey)의 번역본(개정판)에는 문체나 어법의 프랑스어풍(갈리시즘)이 너무나 많다. 사실, 이러한 번역본들은 모두 인류학상 또는 민속학상 최고의 흥미와 중요성을 가진 이 걸작을 아이들의 단순한 이야깃거리나 센스 있는 선물로 전락시키고 있다.

그 뒤 거의 100년이 지나, 조너선 스콧 박사(Dr. Jonathan Scott : 법학박사, 동인도 회사 평의원, G.G. 벵갈의 페르시아어 서기관, 동양학 교수)는 《이야기, 일화 및 서간. 아라비아어 및 페르시아어 원전에서 번역 Tales, Anecdotes, and Letters, translated from the Arabic and Persian》 (Cadell and Davies, London, A.D. 1800)을 간행하고, 이어서 이듬해에 에드워드 워틀리 몬터규(Edward Wortley Montague)의 사본으로 《아라비아 야화 The Arabian Nights' Entertainments》(6vols., small 8 vo., London ; Longmans etc.)를 출판했다.*12

이 작품은 그에 의하면, '신중하게 교정하고 때로는 아라비아어 원전에 의거하여 정정한' 것이다. 독자들은 이 번역본을 무조건 배척하지는 않았다. 이 스콧 번역을 텍스트로 하여 갖가지 잡다한 제목의 책들이 나타났다. 또 이 판 자체도 나중에 불완전하지만 재판되었다(4 vols., 8 vo., Nimmo and Bain, London, 1883).

그러나 사람들은 자기가 읽고 있는 것이 원전의 한부분에 지나지 않는다는 것은 꿈에도 모른 채 영어나 프랑스어 초역이나 직역에 만족하고 있었다. 그러나 마침내 1838년에 이르러 아일랜드인 문학자이자(「이너템플」*13의) 변호사인 동시에 벵갈 문관이기도 했던 헨리 트렌즈(Henry Torrens) 씨가 올바른 방향으로 한 걸음 전진하여, 윌리엄 H. 맥나튼(William H. Macnaghten. 나중에 경(卿)이 된다)이 편찬한 이집트(!) 고본(稿本)의 아라비아어 원전으로 《천일야화 The Book of the Thousand Nights and One Night》를 번역하기 시작했다(1 vol., 8 vo., Calcutta ; W. Thacker and Co.).

이 기획과 의도는 매우 훌륭한 것이었다. 번역본은 주의 깊게 원본에 입각하여 이루어졌다. 축어역 문체의 아주 좋은 본보기가 되었다. 그러나 이 용기 있는 옮긴이는 아라비아어를 잘 몰랐으며, 더욱이 가장 필요한 이집트나 시리아의 사투리에 대해서도 거의 아는 것이 없었다. 그의 산문은 문자의 제단에 정신을 죽여서 바칠 만큼 곁딸린 것에 구애되어 있었다. 그 운문은 늘 변덕스러워서 감성적이어야 할 경우에도 종종 아일랜드인 특유의 광적인 부르짖음을 띠곤 했다. 마지막으로 완성하는 날에 9권이나 10권이 되어야 할 총서 가운데 겨우 1권을 냈을 뿐이었다.

그 온아하고 열성적인 아라비아어 학자인 고(故) 에드워드 윌리엄 레인 (Edward William Lane)도 그의 《신역 천일야화 New Translation of the Tales of a Thousand and One Nights》(London ; Charles Knight and Co., 1839)에서 성공하지 못했다. 이 번역에는 미국판 말고도 네 가지 영국판이 있는데, 그 중 둘은 풀(E.S. Poole)이 편찬한 것이다.

레인은 간단하게 요약된 불라크판(Bulak Edition)을 원본으로 골라 200편의 이야기 중에서 거의 절반을, 그것도 훨씬 훌륭한 특색을 가진 절반을 삭제해버렸다. 역서도 '응접실의 테이블'에 어울리도록 하려고 의도했기 때문에 옮긴이는 '바람직하지 않은 것'이나 '외설에 가까운 것'은 모두 피했다. 또 그는 이야기를 나누는 방법을 멋대로 바꾸어 밤을 장(章)으로 만들었다. 심지어 몇 개의 장을 주(註)로 바꾸었다. 운문을 산문으로 옮기면서, 운문을 완전히 생략하지는 않았다는 구실로 삼았다. 게다가 그는 반해음(半諧音, Assonant)을 무시했다. 그는 너무나 동양적이었지만 충분히 동양적이지는 않았던 것이다.

레인은 그즈음 아라비아어에 그다지 조예가 깊지 않았다. 말하자면, '야화'의 레인은 사전(辭典)의 레인이 아닌 것이다.*14 내용은 유치한 수많은 오류로 인해 훼손되었다. 가장 나쁜 것은 아름다운 3권의 책이 세일(Sale)이 번역한 《코란》*15처럼 영어화된 라틴어와 길이가 1피트 반이나 되는 비영어적 단어, 지금부터 반세기 전, 우리의 산문이 아마도 온 유럽에서 가장 졸렬했던 그때의 익숙지 않은 과장적인 문체 때문에 읽기 어렵게 되었던 것이다. 이슬람교적 학식이라는 가볍지 않은 짐이 역시 연구자에게는 둘도 없이 귀중한 것이었다. 그러나 '야화'의 독자에게는 더없이 성가신 것이었다. 위의 주석*16이 별도로 재판*17된 것처럼, 이 신역 야화도 재판되어(London, Chatto, 1883) 인종학상의 텍스트가 되었다.

존 페인은 비용협회의 한정판용으로 최초의 유일한 완역판을 간행했다. 이것은 '갈랑 번역의 거의 네 배, 그 밖의 역자들 책의 세 배나 많이 포함하고 있어서' 나는 페인이 이 《천일야화 The Book of the Thousand Nights and One Night》를 나에게 바쳐준 것을 영광으로 생각한다.

페인이 옮긴 문장은 매우 읽기 쉽다. 그 영어는 마비노기온(Mabinogion)적 의고체(擬古體)의 취향을 다소 가미하여 훌륭하며,*18 또 그 문체는 때때로 내용이 너무 무거운 9권에 색채와 밝은 분위기를 주고 있다. 그는 가장 어려운 구절의 번역에서 훌륭하게 성공했다. 이따금 뛰어난 특수용어와 원어에 상당하는 정확한 옮김말을 찾아냈다. 그 점은 비할 데 없이 적절하여 앞으로의 번역자는 아무리 억울해도 반드시 같은 표현을 사용해야 할 것이다. 그러나 이 박학다재한 옮긴이는 발행부수를 불과 500부로 한정하여, 다시는 '그 완전한 무삭제 형태의 노작을 재간할 수 없었다'. 따라서 일반인에게는 그의 뛰어난 옮긴책 구하기가 하늘의 별따기로 힘든 것이 되었다.*19

그런데 여기서 나는 우선, 위에서 말한 3가지 번역본을 충분히 활용하여 그 전부를 교묘하게 집대성함으로써 동질적인 것으로 종합했다는 사실을 고백해 두고 싶다. 그러나 나보다 먼저 많은 선배가 있으니 나로서는 새로운 번역에 대한 어떤 필연적인 이유를 보여주어야만 한다. 그래서 간단하지만 신역의 존재 이유를 밝히고자 한다.

한 마디로 말해 이 옮긴책의 목적은 《아라비안나이트》가 실제로 어떤 것인지 보여주는 데 있다. 앞으로 더 상세히 설명하게 될 여러 가지 이유 때문에 축어적(逐語的) 번역(verbum reddere verbo)*20으로 억지로 밀고 나가는 것이 아니라, 아라비아인이라면 영어로 이렇게 쓰지 않았을까, 여겨지도록 옮겨냄으로써 그 목적을 이룰 생각이다. 이 점에 대해 나는 성(聖)제롬*21 (Saint Jerome, 욥기의 머리글)과 같은 의견이다.

'말에는 말을, 정서에는 정서를, 또 양자(兩者)에 대해서는 상당히 온건하게 융합된 번역을(Vel verbum e verbo, vel sensum e sensu, vel ex utroque commixtum, et medie temperatum genus translationis.).'

나의 번역 작업은 정신뿐 아니라 수법, 양식, 내용까지 고스란히 보존하여, 이 동양의 위대한 전설을 충실히 전하고자 하는 것이다. 그러므로 형식이 아무리 진부하고 지루하더라도 원전의 한 커다란 특색이기에 밤〔夜〕으로 나누는 구성 방법을 썼다. 암송자 또는 라위(Rawi)는—그들이 세부를 보충하는 일이 남아 있는 셈인데—충분히 밤의 가치를 알고 있다. 말하자면 하룻밤 하룻밤의 머리글에서 주의 깊게 등장인물의 이름을 되풀이하여, 듣는 사람의 기억에 그 이름이 깊이 새겨지도록 하는 것이다. '밤' 없이 아라비아의 야화는 존재하지 않는다.

게다가 전체의 무대 장치를 그대로 두는 것이 중요하다. 조너선 스콧 박사가 한 것처럼 정성들인 머리 장식이나 끝 장식으로 밤을 꾸미는 교묘한 재간이라든가, 갈랑처럼 다만 '밤(Nuit)'을 머리에 붙여 이야기를 분할하고, 더욱이 234밤으로 끝내버리는 방법만큼 어리석은 것은 없다. 그러나 이것은 분명히 훌륭한 아라비아 학자인 실베스트르 드 사시(Sylvestre de Sacy, Paris, Ernest Bourdin)[22]의 승인을 얻어서 이루어진 것이다.

또 하나, 내가 영광으로 생각하는 점은 자국어 영어에 뭔가 기여하는 것이라고 나는 생각했기 때문에, 트렌즈의 그 흉측한 늙은 마녀 같은 노골성이나 레인의 졸렬한 직역주의를 피하고, 원전의 매우 이국적인 생생한 말투며 참신한 표현을 알뜰하게 영어화했다. 이를테면, 쿵쿵거리며 걸어가는 군중 때문에 흙먼지가 일어날 때, '지평선을 벽으로 막는다(walling the horizon)'로 형용했다. 따라서 아라비아어가 흔히 한 마디로 압축하고 있는, 비유법과 언어의 멋에 대해서도 특별한 주의를 기울였다.

이를테면, '여자는 코를 쿵쿵거리며 이상한 소리를 냈다(she snorted and snarked)'처럼 원전을 충분히 살리기 위해 필요하면 신조어를 만드는 것도 서슴지 않았다.[23] 이러한 말은 라블레(Rabelais)[24]의 많은 언어와 마찬가지로 일반적으로 사용되지 않는 한 불순어(不純語)에 불과하다. 그러나 일반화하면 순화되어 일상적인 통용어가 된다.

여러 가지 반대가 있었지만, 나는 문장의 균형과 동양인이 단순한 음악으로 보고 있는 산문의 운율을 보존했다. 이 Saj'a,[25] 즉 구구 하고 우는 비둘기의 운율은 아라비아에서는 특별한 역할을 하고 있다. 그것은 묘사에 광채를 주고 격언과 경구, 그리고 대화에 묘미를 더해 주는 것이다. 또 그것은 우리의 '기교적인 두운법(頭韻法)'(곳곳에서 나는 이것을 대용했지만)에 해당하는 것으로, 일반적으로 말하면 야화 속에서 서로 다투고 있는 마비노기온적인 의고체와 구어체의 한계를 결정하는 것이다.

때때로 운(韻)을 가진 산문의 통례로서 억지나 부자연스러움이 있는 것처럼 보일지라도, 그것을 연구해 보면 아라비아어에는 반해음이나 자음이 참으로 많은데, 그 선율은 마치 단테나 음유시인의 중압운(重押韻)과 마찬가지로 흔히 일부러 첨가되어 있다는 것을 알 수 있다. 이 압운을 사용한 산문은 '비영어적'일지도 모르고, 영국인의 귀에는 불쾌하게, 때로는 짜증나게 들릴지도 모른다. 그래도 나는 이것을 원전의 완전한 재현을 위해 불가결한 요건으로 간주하고 있다.

그러나 모두 1만 행에 이르는 시가(詩歌) 부분을 다룰 때는, 나는 아라비아 시의 운율적인 제약에 얽매이지만은 않았다. 그것은 극단적으로 기교적이어서 영어로 옮겼을 경우 주의하여 읽지 않으면 도저히 읽어낼 수 없기 때문이다. 특히 각행동운시(各行同韻詩), 즉 연속운(Rim continuat) 또는 연장단운(延長短雲, Tirade monorime)은 음유시인이 그 단조로운 단순함을 만가(挽歌)를 위해 즐겨 사용했다.

이 운은 서너 개의 2행연구(二行連句)에 특히 도움이 된다고 생각하는데, 이를테면 서정단시(抒情短詩, Ghazal canzon)처럼 18행에 이르거나, 만가(Kasidah)나 오드(Ode)처럼 그 이상에 이를 경우에는 진부한 운어(韻語)로 만족하여야 한다. 그리고 그 경우 반해음은 원칙적으로 명료하고 강세를 띠고 있어야 한다. 그렇지 않으면 독창적인 연구를, 기름 냄새[26]를 발휘하여야 한다.

하지만 그렇게 해봐야 독자에게 즐거움을 더해 줄 수는 없을 것이다. 아마 그와 같은 압운은 하려면 할 수 있고 또 해야 할 일인지도 모른다. 그러나 나는 그런 것에 도무지 흥미가 없었다. 즉, 나는 나막신을 신는 것보다 구두를 신는 편이 더욱 칼을 잘 쓸 수 있는 것이다.

다음으로, 이 옮긴 책에서 특별히 중요한 사항인 외설스러움에 대해 생각해보자. 이 장애물은 절대적으로 명백한 두 종류의 것이다. 하나는 단순하고 소박한 어린아이 같은 외설스러움으로, 탕지르[27]에서 한반도 끝까지, 오늘날 상하를 불문하고 모든 사람의 일상 대화에 등장하는 것이다. 그것은 히브리인의 성서처럼 '자연스러운 상황을 있는 그대로 그리는' 표현을 사용하고, 또 평소에는 서로의 묵약으로 입에 올리지 않는 사항을 인습에 구애되지 않고 자유롭게 노골적인 방법으로 다룬다.

윌리엄 존스(Sir William Jones) 경[28]이 옛날에 말했듯이 "자연스러운 것은 어떤 것이나 망측할 정도로 외설스러워질 수 있다는 것을 인도인, 또는 그 위정자들은 한 번도 생각하지 못한 것 같다. 어떤 기이한 것(?)이 그들의 책이나 대화에 널리 스며 있지만, 그것이 도덕의 퇴폐를 증명하는 것은 아니다."

또 다른 어떤 사람도 정확하게 갈파하고 있다. "원시인은 악의를 알지 못한다. 그들은 사물을 부를 때 바로 그 이름으로 부르며, 자연스러운 것을 비난해야 한다고는 생각지 않는다(Les Peuples Primitifs n'yentendent pas malice ; ils appellent les choses par leurs noms et ne trouvent pas condamnable ce qui est naturel)."

게다가 원시인은 어린아이처럼 따지거나 꼬치꼬치 캐묻기를 좋아한다. 이를테면 유럽의 소설가는 주인공이나 여주인공을 결혼시키면 그 뒤에는 그들이 하고 싶은 대로 은밀하게 잠자리에 들게 한다. 톰 존스[*29]라도 방문을 잠그는 예절쯤은 알고 있다. 그런데 동양의 이야기 작가, 특히 이 이름을 알 수 없는[*30] '산문의 셰익스피어'는 온갖 미사여구를 나열하며 독자를 신방으로 안내하여, 보고 들은 모든 것을 자못 유쾌한 듯이 들려주지 않고는 직성이 풀리지 않았다.

또한 우리는 야비함이나 음란함이라는 것이, 실은 천박한 행위(les turpitudes)까지도 때와 장소가 문제된다는 것을 깨달아야 한다. 그러나 영국에서는 천박하지만 이집트에서는 그렇지 않을 수도 있다. 오늘날 우리가 고약하게 생각하는 일도 엘리사의 시대에는 늘 주고받는 농담이었을 것이다.[*31] 게다가 그 점에 있어서 야화는 셰익스피어나 스턴, 스위프트의 수많은 문구만큼 천박하고 외설스럽지는 않을 것이다. 또 그 음탕함도 '성직자이자 무서운 호색한'인 알코프리바 나지에(Alcofribas Nasier)[*32]의 완벽함에는 도저히 미치지 못하고 있다.

또 하나의 중요한 요소는 절대적인 외설스러움이다. 이것은 반드시 그렇지는 않지만 때로는 기지와 유머, 해학 등으로 적당히 희석되는 수도 있다. 이 점에서도 우리는 페트로니우스 아르비테르(Petronius Arbiter)[*33]의 과장스러운 저작이나 여러 작가의 작품을 가지고 있다. 인류 가운데 가장 신을 공경하는 마음이 두텁고 가장 음란했던 그들의 조상들은 일찍이 캬노푸스의 여러 신[*34]을 모신 신전 앞에서 갖은 추행을 다 부렸다.

소년 소녀들을 위한 이야기가 아니라 되도록 완전한 모습으로 야화를 재현하고자 하는 나의 의도에 따라, 나는 아무리 저속하더라도, 또는 고상한 귀에 아무리 '충격적'이더라도 모든 아라비아어에 대한 영어의 동의어를 알뜰히 뒤졌다. 한편으로는 음란함이 고의에 의한 것이 아닌 경우에는 되도록 고상함을 잃지 않도록 했다. 게다가 한 벗의 조언으로, 실제로는 거의 과장할 수도 없는 비속함이나 음란함을 공연히 과장하지는 않았다. 왜냐하면 외설스러움이나 음란함은 그림의 그림자나 다름없는 것으로, 그 그림자가 없으면 전체가 모두 빛이 될 것이기 때문이다.

야화를 일관하는 전체의 가락은 매우 고상하고 순수하다. 헌신의 정열은 때때로 광신의 절정까지 끓어오른다. 그 애수는 달콤하고 깊고 청순하며, 또 정답고 순박하고 성실해서 외양만 번드레한 현대의 많은 싸구려 작품과는 아예 다르다. 그 생명은 강인하고 화려하며 다채롭지만, 아무리 밝은 하늘 아래서도 땅속 깊이 뿌리를 뻗는다.

> 사람의 생명이란 무엇일까? 멸망의 초록 꽃인가,
> 솟아오르는 동쪽의 해는 지는 서쪽의 해.
> Vita quid est hominis? Viridis floriscula mortis ;
> Sole Oriente oriens, sols cadents cadens.

이렇게, 하늘을 우러러 한숨을 지으며 깊이 탄식하는 저 소박한 염세관과 체질적인 우수가 구석구석 스며 있다.

문학상의 판관은 모범적인 공정함과 엄격함으로 권선징악을 행하여 '악인을 비난하고 훌륭한 행위를 찬양한다'. 풍기는 올바르고 건전하다. 때로는 사치와 음탕을 즐기는 장면을 통해 초월적인 도의와 플라톤에 있어서의 소크라테스의 도의를 볼 수 있다. 교묘하기 짝이 없는 배덕행위나 은밀한 음란은 전혀 없다.

우리는 이를테면 《춘희 La Dame aux Camélias》[*35]와 같은 프랑스의 많은 단편소설에서, 또는 현대의 적지 않은 영국소설 속에서, 수천 페이지의 아라비아 원전에서 볼 수 있는 것보다 많은 진정한 '악덕'을 발견한다. 야화에는 아무런 저의도 없는데 숨은 저의를 캐려드는 가장 교활한 근대적 범절이나, 예절이 짓밟히지도 않았는데 '추잡한' 것을 암시하는 따위는 눈곱만큼도 볼 수 없다.

또 19세기 풍의 고상함이나 사상이야 어쨌든 말뿐인 순진함과 속셈이야 어쨌든, 혀끝만의 도덕 그리고 완전한 위선을 가장한 미덕의 예찬 같은 것도 볼 수 없다.

야화는 그 유래가 없는 참으로 이색적인 대비(對比)이다. 어린아이 같이 얕은 소견이나 아이들의 음란한 행위, '철없는 색욕적인' 말이 인생과 인격에 관한 가장 아름답고 고매한 견해와 겨루고 있다. 이 대비는 '이야기의 주장에 함축되어 있는 풍부한 진실'을 끝없이 변화하는 움직임 속에 묘사하고 있으며, '기지(wit)'에 비해 조금도 손색없는 거칠고 건조한 유머를 통해 깊은 묘미를 더하고 있다.

이 대비는 또한 애수를 불러일으키는 강약의 가락(페이소스, pathos)과 장중함에서 익살스러움으로 끝내는 전락(베이소스, bathos)의, 가장 대담한 시(욥의 시법)와 가장 무미건조한 산문(오늘날 이집트의)의 뒤섞임이며, 아프리카의 아풀레이우스(Apuleius)*36나 페트로니우스 아르비테르의 유흥과, 종교와 도덕의 대결—때로는 독자들을 놀라게 하고 마른 침을 삼키게 할 때도 있다—이다. 그리고 마지막으로 하고 싶은 말은 전체가 모든 점에서, 훌륭한 동양적 공상에 지배되어 있다는 것으로, 그 공상 속에는 정신적인 것과 초자연적인 것이 물질적인 것이나 자연적인 것과 마찬가지로 아주 흔한 것이 되어 있다.

되풀이해서 말하면 야화의 가장 큰 매력을 이루고 있는 것, 야화의 가장 두드러진 독창성을 주고 있는 것, 야화로 하여금 중세 이슬람교도 정신의 완전한 해설자로 만드는 것은 바로 그 대비이다.

페인 씨는 설명적인 주석을 넣지 않았는데, 나는 그것을 넣기로 했다. 서구 사람들이 주석 없이 야화를 읽는 것은 아무 소용이 없다고 생각했기 때문이다. 나의 주석에서 단 한 가지 문제인, 유럽의 만화나 고시체(古詩體) 이야기를 비교 대조하는 것은 피했다. 아무리 재미있는 것이라 해도 일일이 비교 대조하다가는 인류학 연구를 일삼는 이 책의 장수만 공연히 늘리게 될 것이다. 내 생애의 기구한 운명이나 자랑은 아니지만 아라비아인과 그 밖의 이슬람교도들과의 오랜 교류, 나아가서 그들의 언어뿐 아니라 사상의 경향과 표현하기 어려운 민족적 특성까지 훤히 알고 있다는 것 등은, 일반 연구가들에 비해—설령 아무리 깊이 연구하고 있더라도—나에게 여러 가지 유리한 발판이 되어 주었다.

또 나에게는 이 역서를 통해, 전 인류에게 흥미가 있으나 '상류사회 사람들'은 귀 기울이고 싶어 하지 않는 풍속과 습관을 소개한다는, 오랫동안 기다려 왔던 기회가 주어진 것이다. 역사가 그로트(Grote)*37와 소설가 대커리도 자기 나라 국민의 정숙함(bégueulerie) 덕분에 발표할 필요가 있을 때도 입을 다물고 있어야 한다고 불평하면서, 필딩이나 스몰렛 같은 작가들이 누린 부분적인 자유행동마저 요구하지 못한다고 한탄했다.*38

그래서 나는 약 20년 전 인류학회가 창립될 때, 제임스 헌트 박사(Dr. James Hunt)*39를 최선을 다해 후원하고, 내가 그 초대 이사장을 맡은 것이다(pp. 2~4 *Anthropologia*; London, Balliere, vol. i, No. 1, 1873). 나의 동기는 여행자들에게 하나의 기관을 제공하는 데 있었다. 그 기관은 필사본이 외형적으로 미비하고 불명확한 것 때문에 여행자의 관찰이 그릇되는 일이 없도록 하는 동시에, 점잖은 사람들을 상대로 한 통속서에는 적당치 않고 일반인에게 공개하지 않는 편이 좋다고 하는 사회적, 성적(性的) 사항에 관한 여행자의 진기한 견문록을 인쇄하기로 되어 있었다.

그러나 일을 채 시작하기도 전에, '군자(君子)'라고 하는 온갖 부정(不淨)으로 가득 찬, 허옇게 칠한 무덤*40이 우리를 반대하고 일어섰다. '예절'이 원색적인 목소리로 요란스럽게 우리를 매도했다. 그것 때문에 소심한 동료들은 떨어져 나갔다. 그러나 이런 종류의 기관은 옛날에도 매우 필요했고 오늘날에도 여전히 필요하다.

이성으로 본능을 가리지 않는 아프리카, 아메리카, 호주의 오지에 사는 모든 야만족들 사이에는 이른바 '어른으로 만드는' 의식이 아직도 행해지고 있다. 소년이 사춘기에 이른 조짐을 나타내기가 무섭게, 그 소년과 같은 또래의 소년들은 의사 겸 마술사의 손에 맡겨진다. 그리고 종교적인 가르침을 받으며 '숲' 속에서 몇 달을 보낸다. 소년들은 사회관계나 성관계의 '이론과 기술(theorick and practick)'을 완전히 터득할 때까지 결코 잊을 수 없는 고된 수업을 감내한다.

문명인들 사이에서 이 지식의 열매는 매우 쓴 경험을 치르고서야 얻을 수 있으며, 그 무지의 결과는 참으로 비참하다. 따라서 이러한 점에, 나는 독자가 무심코 지나칠 듯한 원전의 많은 세부를 해설적인 주석의 형태로 설명하는 좋은 기회를 마침내 발견한 셈이다. 이러한 주석이 비전적(秘傳的) 형식의 동양 지식에 관한 보고(寶庫)가 될 것임을 나는 믿어 의심치 않는다. 나의 것에 레인의 주석(앞에서 언급한 'Arabian Society' etc.)을 아울러 연구한다면 우리와 비슷한 정도로 동양의 여러 나라에서 반생을 보낸 많은 유럽인들 이상으로 이슬람교의 동양에 대해 알 수 있게 될 것이다. 참조상 편의를 위해 인류학적 주석에 관한 색인도 뒤에 덧붙여 놓았다.

독자 여러분은 다음과 같은 번역 기술상의 세부 사항에도 유의해 주기 바란다.

슈타인호이저와 나는 이슬람력 1251년(서기 1835년) 카이로 항에서 인쇄된 불라크판 초판을 시작으로 그 일을 계속했다. 그러나 인쇄하기 위해 번역 원고를 막 정리하기 시작했을 때, 이 원전이 불완전하고 이야기 속의 많은 부분이 줄거리일 뿐이며, 무자비하게 머리가 잘렸거나 꽁지가 잘리고 없는 것도 적지 않다는 것을 발견했다. 동양의 대부분 필자들과 마찬가지로 이 판의 편자도 '개량'을 하지 않을 수 없었던 모양이지만, 그것은 오히려 원전의 가치를 떨어뜨렸을 뿐이다. 다만 한 가지 그 편자에게도 변명할 점은 있다. 그것은 제2판 불라크판(4권, 이슬람교 기원 1279년, 서기 1863년)이 셰이크 마호메트 쿼치 알 아데위(Sheik Mahommed Qotch Al-Adewi)의 교정을 거쳤음에도 더욱 나빠졌다는 것이다.

그것은 카이로판(4권, 이슬람교 기원 1297년, 서기 1881년)도 마찬가지라고 할 수 있다. 편자 아메드 알 쉬르와니(Ahmed al-Shirwani)의 페르시아어 서문 10행이 붙은 캘커타판(서기 1814년)은 첫 200번째 밤의 끝부분에서 일부가 잘려나가 있다. 그 때문에 1839~1842년의 윌리엄 헤이 맥나튼 경판(4권, 로열 4절판)이 출현하는 여지가 생긴 것이다.

이 맥나튼판은 오류가 가장 적고 거의 완전한 것이어서, 나는 이것을 원본으로 삼아 이따금 브레슬라우판을 참고하기로 했다. 이 판은 맥시밀리언 하비히트 박사(Dr. Maximilian Habicht, 1825~1843)에 의해 참으로 가공할 이집트 고본(稿本)에서 서투르게 편찬된 것이다.

베이루트 원전(原典)이라는 《알리프 라일라 위 라일라(Alif-Leila we Leila)》[*41](4권, 천금(天金) 8절판, 베이루트, 1881~1883)는 하릴 사르키스라고 하는 사람이 편찬한 것으로, 모두 불라크판에 의거한 야화의 우울한 견본이다. 더욱이 그 내용은 그리스도교로 정정되고 비스밀라(Bismillah)*⁴²라는 말도 없이 시작되어, 중간은 세심하게 삭제되거나 정정되어 있다. 마지막은 권태와 실망 속에 끝나고 있다. 나는 이 전도용 작품을 한 번도 이용한 적이 없다.

아라비아어 음역법에 대해서, 나는 과학적인 근대 동양학자들이 즐겨 사용하는 기교적이고 복잡하며, 그러면서도 추악하고 어색한 방법은 일부러 쓰지 않았다. 또 그들의 가장 큰 목표인 다른 모든 것을 없애고 로마자를 끼워 맞추려 하는 의도도 나는 찬성하지 않는다. 언어를 배우는 사람들은—더욱이 대부분 귀로 배우는 것과 마찬가지로 눈으로도 배운다—아라비아어와 시리아어를, 마라티어와 구자라티어를 구별하는 데는 특별한 문자가 있는 편이 편리하다는 것을 잘 알고 있다.

또한 이 로마자 서체는 순수하게 과학적이고 학문적인 저작에는 효과가 있을지도 모른다. 그러나 그 목적이 소설에 있고, 가르치기보다 즐기게 하려는 작품에는 전혀 적당하지 않다. 게다가 그런 잔재주는 배우지 않은 사람들을 현혹시키는 동시에 배운 사람들에게도 아무런 이익을 주지 않는다.

독자는 아라비아어를 알고 있거나 혹은 모르고 있다. 알고 있을 경우에는 그리스 문자, 이탤릭체, '대문자', 같은 문자의 다른 발음을 나타내는 발음부호와 그 밖에 이와 같은 활자상의 괴상한 것들은 약간의 예외는 있지만 대체로 불필요하다. 또 아라비아어를 모르면 이러한 편의상의 것들은 독자에게 아무 소용도 없다. 사실은 어떤 음역법을 선택할 것인지는 부차적인 문제이다. 독자를 현혹시키지 않는 일관된 방침을 세워 어디까지나 같은 음역법을 따라가면 되는 것이다.

나는 페인 씨가 채용한 레인 씨의 음역법을 특별한 이유에서 일부러 피했다. 그들의 방법을 반박했으며 아무 효과가 없었는데, 그 방법으로 하면 오히려 이집트 또는 카이로의 천한 사투리를 표시하게 된다. 또 Kemer(ez-Zeman) 같은 말은 바다위족은 전혀 발음할 수 없을 것으로 생각된다.

또 나는 횡선과 양음부(揚音符)를 혼용하고 있는, 나의 존경하는 벗 배저 박사(G.P. Badger)*⁴³의 방식도 따르지 않았다. 횡선은 그 지긋지긋한 양억억격(揚抑抑格)〔-(()과 양양격(揚揚格)〔—〕을 불쾌하게 상기시키고, 뒤의 양음부(-)는 나의 견해로는 장모음에 적용되어야 하며, 이것에 의해 아라비아어의 단모음 길이는 배가 되어야 한다. 배저 박사는 이 예음부(銳音符)를 악센트 또는 강세를 나타내기 위해 사용하고 있다.

그러나 이와 같은 장식음은 순수하고 명료한 발음으로 말하는 사람들에게는 알려져 있지 않다. 이를테면 유럽인이 머스캣(Mus-cat', 향기로운 포도)이라고 발음하는 것도 아라비아인 시골 사람은 마스카트(Maŝ-Kat)라고 발음하며, '그 입 위에 알라가 내려서신' 황야의 어린아이들*44은 마스카트(Mas-kat)라고 발음한다. 따라서 나는 졸저 《순례》에서 채용한 단순한 음역법에 따라 처음 사용할 때만 아라비아어에 악센트 부호를 붙였다. 왜냐하면 독자의 눈에 거슬리고, 인쇄업자가 성가셔 하는 것을 굳이 끝까지 견지할 필요는 없다고 생각했기 때문이다. 나는 주로 《리처드슨에 준한 존슨 *Johnson on Richardson*》*45에 따랐는데, 이 저서는 영국의 모든 동양학자들에게 평생에 걸친 연구의 좋은 반려가 된 것으로 유명하다. 그래도 나는 논문에서 설명할 여러 가지 이유에서 다양한 탈선을 감행한 셈이다.

말은 관념의 구체적인 표현이고, 문장은 말의 구상화(具象化)인 것과 마찬가지로, 말은 이야기되는 말이다. 그러므로 우리는 발음대로 말을 표기해야 한다. 엄밀히 말하면 [e]음이나 [o]음(말하자면 우리의 독특한, 다른 어느 말에도 없는 영어의 [o]음이 아니라, 이탈리아어의 [o]음)은, 형상(形象)이 그 음을 강요하는 경우 말고 아라비아어에서는 볼 수가 없다.*46 그래서 이 두 음은 '야 알 마줄', '워 알 마줄', 즉 미지의 [y(i)]와 미지의 [u]로 불린다.*47

그러나 모든 언어에서 말의 뼈(자음)를 싸는 살이라고 할 수 있는 모음은 그것에 앞서거나 특히 뒤에 계속되는 자음의 영향으로 발음이 딱딱해지기도 하고 부드러워지기도 한다.

그리고 더 굵은 음이 마치 사드(ص)가 신(س)에 대비되듯이, 어떤 종류의 문자에 수반되는 것이다.*48 귀가 불완전하지 않다면 Maulid(탄생일)가 '더 정확한 발음의 Molid'로 들리지는 않을 것이다. 레인은 그렇게 들은 것이다.

그러나 나는 Khukh(과일 배)나 Jukh(폭 넓은 나사(羅紗))보다 Khokh나 Jokh*49를, Uhud(산)보다 Ohod를, Ubayd(작은 노예)보다 Obayd를, Husayn(작은 성채, 인명의 Al-Husayn이 아니다)보다 Hosayn을 좋아한다.

또 Mamlúk(백인 노예)에 대한 Memlúk, Asha(저녁식사)에 대한 Eshé, Al-Yaman에 대한 Yemen*50 같은 단어의 단모음 [e]는 무미건조한 이집트 사투리라고 생각한다. 바다위족의 발음에 감탄하는 귀로는 차마 듣기 괴로운 것이다. 그래도 역시 나는 Shalabi(멋쟁이)보다 터키어의 Chelebi에서 나온 Shelebi를, Zabdani(시리아의 마을)보다 Zebdani를, Fás나 Miknas 즉, 우리의 Fez나 Mequinez보다 Fes나 Miknes(그 모양 때문에)를 취한다.*51

고유명사나 번역하지 않은 아라비아어에 대해서는 나는 상식에 따르기로 하고, 모든 음역법을 배척했다. 어떤 말이 이미 우리나라 국어 속에 융합되어 있는 경우에는, 곧이곧대로 표현하는 방식을 흉내내거나 놀랍고 신기한 재주를 부려 독자를 괴롭히지는 않았다.

이를테면, 할라브(Halab), 카히라(Kahirah), 알바스라(Al-Basrah) 등으로 하지 않고, 알레포(Aleppo), 카이로(Cairo), 바소라(Bassorah) 등으로 해두었다. Alcoran 또는 Koran, Bashaw 또는 Pasha(프랑스인은 Pacha라고 쓴다), Mahomet 또는 Mohamed(Muhammad 대신)와 같은 반쯤 귀화한 말의 경우에는 더 친근하다는 이유에서 새로운 형태(즉, 뒤에)를 취했다.

그렇긴 하나 'Roc'(Rukh에 대해),*52 Khalif(Khalífah의 잘못으로, 오히려 Caliph라고 쓰는 편이 낫다),*53 genie(=Jinn, 마신), Bedowin(Badawi)*54 (genie는 Bedowin만큼 심하지는 않고, 단순한 고르인의 사투리다) 같은 말은, 그대로 형태를 보존해봐야 아무 소용도 없다. 왜냐하면 지난 세대의 오류에 지나지 않기 때문이다.

마찬가지로 나는 Khuff(승마용 구두), Mikra'ah(종려나무 채찍) 등, 그 밖의 많은 말과 같이 아라비아어를 독자에게 강요한 레인 씨의 흉내도 내고 싶지 않다. 그러한 말에 해당하는 훌륭한 영어가 있기 때문이다.

그 대신 나는 Bismillah(알라의 이름으로!)라든가, Inshallah(알라의 뜻대로!) 같은 몇 가지 아라비아어 감탄사를 사용했다. 그러나 자주 사용하지는 않았다. 이런 종류의 말에는 특별한 용법이 있으며, 프레이저(Fraser)나 모리스(Morice)(뒤에 나온다) 같은 천재로 인해 영국 사람들의 귀에도 익숙하다.

여기서 두서없지만 빼놓을 수 없는 세부 설명을 마치면서, 다시 두어 마디 말을 마지막으로 독자에게 전하고 싶다. 다시 한 번 되풀이하지만, 연구자들은 레인의 주석을 참조하면서 나의 주석에 의존한다면, 일반 동양학자에게 지지 않을 만큼 이슬람교도의 풍속 습관이나 법률, 종교에 대한 지식을 쉽고 즐겁게 배울 수 있을 것이다. 또 나의 노작을 계기로 하여 '야화'의 원전을 읽게 된다면, 보통의 아라비아인들이 자부하는 것보다 훨씬 깊게 아라비아어를 습득하게 될 것이다. 이렇게 말한다고 해서 독자는 나의 이 번역 작업을 업신여기지는 않을 줄 안다.

이 책은 요즈음 같이 긴급한 시대에 우리 동포에게 남겨주고 가는 나의 유품이나 다름없다. 힌두교도에 대한, 특히 산스크리트 문법에 대한 지나친 집착으로 어느새 우리 국민은 '셈어계'의 연구를 소홀히 하게 되었다. 그러나 이 연구야말로 이교도 중 가장 유력한 종족—이슬람교도—과 접할 때, 어떤 태도와 대책으로 나가야 하는가를 가르쳐주는 것이므로 우리에게는 그만큼 더욱 불가결한 셈이다.

요즈음 영국은 자기 나라가 세계 최대의 이슬람교국이라는 것을 차츰 잊어가고 있는 것 같다. 또 최근에는 조직적인 아라비아어 연구를 경시하고, 그리스어나 라틴어와는 비교가 안될 만큼 유용한 데도 인도 문관의 임용시험에서도 전혀 중시하고 있지 않다. 그 때문에 과거의 아프가니스탄, 현재의 이집트가 좋은 예지만, 갑자기 이슬람교국의 통치권을 쥐어야 하게 된다면, 얼마 안 되는(아주 얼마 안 되는) 우리 편마저 분개시키고 마는 결과가 되어 실패를 겪고 말 것이다.

마땅히 가장 큰 관심을 보여야 할 동양 민족에 대해 너무나 무지하기 때문에, 유럽은 물론 동양 여러 나라의 모멸을 가져오게 되었다. 국가와 종교의 신성한 대의(大義)를 위해, 또 터키의 학정자(虐政者)와 이집트의 세리들로부터 벗어나기 위해 싸워온 수단의 용감한 흑인종, 즉 사와킨의 아득히 먼 곳에 사는 비샤린(Bisharin)[*55]족에 대해 1883년과 그 이듬해에 슬픈 습격이 감행되어, 마침내 토칼, 태브, 타마시의 참사가 일어났을 때, 용감한 모리스 소령이 죽은 뒤 영국 진영에서 아라비아어를 할 줄 아는 장교가 한 사람도 없었다.

그런데 이슬람교도를 지배하는 자는 중대한 책임과 보수가 따르는 지위에 있지 않고 오히려 학교에 보내야 할 정도의 미숙한 연소자여서는 안 된다. 그들과의 교섭에서 성공을 거둘 만한 인물은 첫째로 성실하고 진지해야 하며, 둘째로 상대편의 법률과 종교는 물론, 풍속과 습관에도 통달하여 거기에 호의를 품어야 한다. 오늘날의 위대한 영국을 만든 그 초기의 미덕과 기품과 기질을 영국을 위해 부활시키기는 아마도 어려울 것이다. 그러나 어쨌든 우리는(나 자신을 포함한 많은 사람들도) 끊임없이 접촉하고 있는 동양인종에 대한 영국의 무지가 더 계속되지 않도록 하는 지혜를 제공할 수는 있다.

마지막으로 잊지 않고 써두어야 할 말이 있다. 이 책의 아라비아풍 장정은 카이로의 문교부에 있는 나의 뛰어난 벗 야코브 알틴 파샤가 고안한 것이며, 저명한 카이로인 서예가 샤이크 마호메드 무니스가 이를 도왔다는 점이다.

그리고 나의 별명 'Al-Hajj Abdullah'[56](순례자 압둘라)'는, 수에즈가 보이는 곳에서 갑자기 세상을 떠난 영국의 서예가 파머(Palmer)[57] 교수가 지어준 것임을 밝힌다.

1885년 8월 15일
원더러스 클럽에서

⟨주⟩

*1 동양학자인 버턴이 1865년에 브라질 영사라는, 심히 한직에 임명되어 불우를 한탄했기 때문이다. 〔또한 버턴의 생애에 대해서는 이 책의 간단한 전기를 참조하기 바란다.〕
*2 사막의 유목 아랍인.
*3 낙타를 가리킴.
*4 107번째 밤 이하 이야기에 나온다.
*5 112번째 밤 이하에 '아지즈와 아지자 이야기'가 있다.
*6 31번째 밤 이하 '이발사 이야기' 참조.
*7 알리와 쿠르드인 사기꾼에 대해서는 295번째 밤 '페르시아인 알리' 참조.
*8 동아프리카의 반도.
*9 에티오피아 중동부의 도시.
*10 앞사람은 《아라비안나이트》를 이야기하는 이, 뒷사람은 듣는 이의 하나로 자매이다.
*11 이것은 1855년, 야화보다 훨씬 전에 3권이 되어 나왔다. 그 뒤 여러 가지 판이 나온다.
*12 몬터규 고본 7권에 대해서는, 버턴판 원서 10권의 말미에 상세한 설명이 있다. 또 기출 영역본과 그 밖의 것, 나중에 나온 것에 대해서도 제10권 부록2에 W.F. 커비(Kirby)가 상세하게 주석하고 있다.
*13 변호사의 임명권을 쥐고 있는 런던 4법학협회의 하나.
*14 레인은 나중에 《아라비아어 사전》을 저술했기 때문.

*15 최초의 영역 《코란》으로, 나중의 로드웰의 그것과 함께 쌍벽으로 불렸다.
*16 레인이 야화에 첨부한 것으로, 이 안에는 멋대로 요약한 이야기도 상당히 들어 있다.
*17 1845년 간행된 《아라비아 이야기 및 일화, 신역 천일야의 주석에서 발췌》 전1권.
*18 《마비노기온》은 고대 웨일스의 설화집으로, 게스트 여사는 이것을 1849년에 현대영어로 옮겼다. '색슨 잉글리시'의 향기를 보존한 명역이다.
*19 참고로 페인판은, 1882년부터 1884년에 걸쳐 런던에서 출판되었다. 전9권, 500부 한정.
*20 word-for-word translation. 글자 그대로의 번역을 말함.
*21 본명은 히에로니무스. 그리스, 라틴어에 능통하여 성서를 라틴어로 번역한 것으로 유명하다. 420년 사망.
*22 동양언어학회의 아라비아어, 페르시아어 교수. 또 아시아협회의 창립자, 1758~1838년.
*23 snark는 보통 사전에는 없는 말로, 루이스 캐럴의 《스나크 사냥 The Hunting of the Snark》(1876)에서 나온 것. 정체를 알 수 없는 이상한 동물. 버턴은 이것을 다시 동사화한 셈이다.
*24 16세기 프랑스의 풍자작가.
*25 알 사자를 가리킴. 보통은 운율이 있는 산문.
*26 밤을 지새우며 고심한 흔적이라는 뜻.
*27 아프리카 북서쪽 끝에 있는 항구도시.
*28 영국의 동양학자, 페르시아어 문법책 외 많은 역서가 있다. 특히 고대 아라비아 시 7편의 영역이 유명하다. 1746~1794년.
*29 필딩이 쓴 같은 제목의 작품 속 주인공.
*30 《아라비안나이트》는 작자 미상이므로.
*31 엘리사는 디도라고도 하며, 바빌론의 창건자 베르스의 딸이자 카르타고의 창건자.
*32 나지에는 라블레의 애너그램(철자의 순서를 바꾼 이름)으로 알려져 있다.
*33 가이우스 페트로니우스의 필명으로, 네로 시대의 로마 풍자작가.
*34 고대 이집트의 신들.
*35 뒤마 피스의 작품.
*36 동명인이 따로 있어서 아프리카를 앞에 붙인 것. 서기 130년 무렵 마즈라에서 태어난 로마의 작가.
*37 19세기 영국의 역사가, 《그리스사》의 저자.
*38 필딩과 스몰렛은 18세기 전반의 작가, 대커리는 그보다 100년 뒤의 작가.
*39 영국의 인류학자, 런던 인류학회를 창설했다(1863년). 1833~1869년.
*40 마태복음에서 나온 말로, 위선자라는 뜻으로 사용된다.
*41 천야일야. '알리프'는 천을, '위'는 영어의 and를, '라일라'는 하룻밤을 의미하는 아라

비아어.
*42 직역하면, '알라의 이름으로'라는 뜻.
*43 영국의 동양학자. 통역관으로 인도, 아라비아, 페르시아에 체재했다. 1815~1888년.
*44 순수한 아라비아인인 바다위족을 가리킴.
*45 리처드슨은 영국의 동양통으로 《페르시아어·아라비아어·영어 사전》을 저술했다. 그 사전을 개정한 것이 존슨인데, 그 사전명은 불명.
*46 영어의 알파벳 O 및 E에 해당하는 아라비아 문자도 존재하지 않는다.
*47 야는(و) v의, 워는(و) u의 발음이며, 이것으로 e와 o의 음에 대응시키는 경우가 있다.
*48 사드는 경음이며 s의 발음, 신은 sh의 발음.
*49 참고로 'kh'는 독일어의 ch에 해당하는 후기음(喉氣音), 따라서 'Khokh'는 '호호'라고 발음한다.
*50 이것은 지명이다. 참고로 Al 또는 El은 영어의 the에 해당하는 아라비아어 정관사.
*51 페스와 미크네스는 모로코의 도시명.
*52 아라비아와 페르시아의 이야기에 자주 나오는 대붕(大鵬)으로, 《아라비안나이트》에서도 405번째 밤 '마그리비인 아브드 알 라만의 대붕 이야기', 537번째 밤 이하 '선원 신드바드와 짐꾼 신드바드' 이야기에 나온다.
*53 이슬람 국왕의 칭호로, 칼리프. 현재는 폐지.
*54 바다위족은 아랍의 유목민으로, 피부는 검지만 백인에 속한다. 고향은 아라비아이지만 이집트, 사하라 사막, 메소포타미아 등에 분포하며, 순수한 아라비아어를 사용한다. 프랑스어 문헌에는 모두 베두인족으로 되어 있는데, 이것은 버턴에 의하면 오류라고 한다.
*55 나일 강과 홍해 사이의 사막에 사는 종족으로, 손님에게 미혼의 딸을 제공한 것으로 알려져 있다.
*56 원서의 삼각형의 배문자(背文字)가 그것이다.
*57 에드워드 H. 파머는 영국의 동양학자로 케임브리지의 아라비아어 교수. 1882년 이집트 전쟁이 발발했을 때, 바다위족을 회유하기 위해 수에즈에서 사막에 들어갔다가 와디 스도르에서 살해되었다. 버턴은 트리에스트 영사로 있을 때 본국정부의 명으로 파머의 유해를 찾으러 갔지만 끝내 발견하지 못했다.

자비롭고 은총이 가득한 신
알라의 이름에 걸고!

알라를 찬양하라. 은혜로운 왕 우주의 조물주
하늘 땅 사람(三界)의 왕 그곳에 기둥 없는 하늘나라를 세우신 이,
이불처럼 평탄한 대지를 펼쳐놓으신 이를 찬양하라.
우리의 주(主) 무함마드 사도(使徒)의 지도자
그 백성들에게 신의 은혜와 축복이 내려지기를.
최후의 심판날까지 영원한 축복과 은혜가 내려지기를.
오 하늘 땅 사람의 임금이시여!

샤리아르 왕과 그 아우 이야기

  옛사람들의 행위와 말은 현대를 살아가는 사람들에게 좋은 본보기가 된다. 지난날 여러 나라 사람들에게 일어난 온갖 이야기를 남김없이 앎으로써 교훈으로 삼아 행동을 삼갈 수 있기 때문이다. —그러니 지나간 역사를 오늘날 세상의 교훈으로 삼게 하신 신을 찬양하라!
  그 본보기의 하나로 세상에 널리 알려진 전설과 신기한 사건들을 엮은 《천일야화(아라비안나이트)》가 있는데, 그 책에 다음과 같은 이야기가 나온다(오, 알라 신은 감추어진 모든 것을 아시는 신, 모든 것을 다스리고, 숭배받으며, 온갖 것을 점지하시고, 은총과 자비를 내리시는 전지전능한 신이다!).[1]
  아득한 옛날, 인도와 중국의 섬들에 사산 왕조[2]의 대왕이 많은 군사와 노비들을 거느리며 살고 있었다. 그에게는 두 왕자가 있었는데, 형은 이미 어른이었고 아우는 아직 젊은이였다. 형제가 모두 무예에 뛰어난 기사였지만 형이 훨씬 더 용맹했다.
  아버지가 세상을 떠나자 형이 왕위에 올랐다. 새 임금은 힘껏 선정을 베풀어 도성을 비롯한 나라 안 모든 백성으로부터 사랑을 받았다.
  얼마 뒤 새 임금 샤리아르[3]는 아우 샤 자만을 야만지대인 사마르칸트의 왕으로 삼았다. 두 임금이 드넓은 영토에 군림하며 법과 밝은 정치를 베풀었기 때문에 백성들은 흡족하고 즐거운 나날을 보내게 되었다. 이러한 세월이 20년 동안 하루같이 이어졌다.
  그 20년이 다 되어 갈 무렵 형은 문득 아우가 보고 싶어서 꼭 한번 찾아가야겠다고 생각했다. 그리하여 그 일을 대신[4]에게 의논했다. 그러자 대신은 그것은 도리에 어긋난 일이라고 여겨 선물과 함께 친서를 보내 아우 쪽에서 형을 찾아오도록 초대하시라고 아뢰었다.
  왕은 그 충고에 따라 즉시 훌륭한 선물을 많이 준비하라고 분부했다. 보석

박힌 황금안장을 얹은 날씬한 말, 백인 노예, 아름다운 시녀, 유방이 탐스러운 처녀, 그 밖에 진귀하고 값비싼 물건들이 산더미처럼 준비되었다.

왕은 아우에게 편지를 써서 자기가 아우를 얼마나 사랑하고 보고 싶어 하는지 사연을 적고는 이렇게 끝맺었다.

"이런 까닭으로 나는 사랑하는 형제간의 우애를 생각하니 만사 제쳐놓고 나를 만나러 와주기 바란다. 아우의 여정에 관한 모든 일을 보살펴줄 대신을 보내겠다. 나의 단 한 가지 소원은 죽기 전에 서로 한번 만나는 것뿐, 만일 날짜를 연기하거나 오지 않는다면 내 몸은 슬픔으로 오래 버티지 못하리라. 부디 건강을 빈다!"

샤리아르 왕은 이 편지와 많은 선물을 대신에게 내주면서, 가벼운 옷차림으로 정신을 바짝 차려 왕복길의 모든 고난을 이기고 무사히 다녀오라고 명했다.

"분부대로 하겠습니다."

대신은 즉시 짐을 꾸리고 여행준비를 서둘러 사흘 만에 끝내고서 나흘째 아침 왕에게 하직인사를 올리고 사마르칸트를 향해 길을 떠났다. 대신은 끝없는 사막, 험준한 산길, 돌투성이 황야, 상쾌한 초원을 지나 밤낮없이 길을 서둘렀다. 그러나 왕의 속국 안에 들어갈 때마다 그곳 영주가 금은을 비롯하여 진귀한 선물을 바치면서 환대하는지라 예의상 사흘 동안*5 묵어야 했다. 겨우 나흘째에 길을 떠날 때면 훌륭한 호위병을 붙여 온종일 전송해 주었다.

이윽고 사마르칸트에 있는 샤 자만 왕의 궁전이 가까워지자 대신은 신분 높은 관리를 보내 그들이 영토 안에 도착했음을 알렸다. 관리는 왕 앞으로 나아가 두 손을 바닥에 짚고 엎드려 아뢰었다. 왕은 매우 기뻐하며 영내의 고관들에게 하룻길 지점까지 마중 나가게 했고, 마중 나간 고관들은 정중하게 특사를 맞이하여 무사히 도착한 것을 치하한 뒤 행렬을 호위하여 궁전으로 돌아왔다.

도성에 들어오자 대신은 곧 왕궁으로 향하여 왕을 알현했다. 대신은 왕 앞에 무릎을 꿇고 형식대로 왕의 건강과 행복과 전승을 빈 다음, 샤리아르 왕의 뜻을 전하고 편지를 내놓았다.

왕은 얼른 편지를 펴들고 읽어나갔다. 그 속에는 고개를 갸웃거리게 하는 여러 가지 암시와 은유의 말이 씌어 있었지만, 왕은 그 뜻을 충분히 이해하고 이렇게 말했다.

"알겠소. 사랑하는 형님의 분부에 따르기로 하지요."

그리고 덧붙였다.

"출발은 사흘 동안의 환대가 끝난 다음에 하기로 합시다."

왕은 왕궁 안에서 대신에게 어울리는 방을 주었다. 그리고 그 군대를 위해 천막을 쳐주고 먹을 것과 마실 것 등 필요한 물품을 하사했다. 나흘째가 되자 왕은 형의 위엄에 어울리는 호화로운 선물을 마련하고 나서 자기가 없는 동안 재상을 부왕(副王)으로 임명했다. 그런 다음 성 밖으로 천막을 나르게 하여 낙타와 노새의 사료와 여행 중의 짐짝, 부하와 호위병들과 함께 야영하고 이튿날 아침 일찍 출발하기로 했다.

한밤에 왕은 형에게 가져다주고 싶은 보석목걸이를 왕궁 안에 두고 온 것을 깨달았다. 그래서 남몰래 왕궁으로 돌아가 자기 방으로 갔다. 그곳에서 그는 사랑하는 왕비가 양탄자를 깐 왕의 침상에서 음란한 꼴을 하고 있는 장면과 부딪치고 말았다. 왕비는 때와 기름투성이인 검둥이 요리사를 알몸으로 꼭 끌어안은 채 잠들어 있었다. 그 모습을 본 왕은 한순간 눈앞이 캄캄해지는 것 같았다.

"내가 아직 성 안에 있는데도 이 모양이니 형님의 궁정에 오래 머물게 되면 그동안 무슨 짓을 할지 모를 노릇이다."

왕은 미친 듯이 노하여 허리에 찬 칼을 뽑아 두 연놈을 한 칼에 네 토막내고 말았다. 시체를 양탄자 위에 그대로 버려둔 채 아무도 모르게 천막으로 돌아간 왕은 지체 없이 출발명령을 내려 먼 여행길에 올랐다. 그러나 왕은 가는 길 내내 아내의 부정에 대해 생각하며 끊임없이 혼잣말을 했다.

"왕비는 어찌하여 내게 그런 짓을 하게 되었을까? 어찌하여 죽을 짓을 저지른 것일까?"

슬픔을 누르지 못한 왕은 점점 얼굴빛이 누렇게 뜨고 몸은 쇠약해져서 마치 죽을병에 걸린 것만 같았다. 이것을 보고 대신은 하루 여정을 늦추어 물이 있는 초원에서 한동안 쉬게 하며 왕을 위로했다.

그럭저럭하는 동안 마침내 형의 도성에 가까워지자 왕은 사자를 보내 곧 도착한다는 것을 알렸다. 샤리아르 왕은 대신을 비롯하여 영내의 태수며 중신들을 거느리고 마중 나갔다. 오랜만에 만난 두 왕은 눈물을 흘리며 기뻐했고, 형은 동생을 환영하기 위해 성 안 곳곳을 아름답게 꾸미도록 분부했다. 이에 앞서 두 사람이 얼굴을 마주 대했을 때 형은 아우의 얼굴빛이 심상치 않은 것을 보고 그 까닭을 물었다.

"여행에 지친 탓이니 푹 쉬면 괜찮아질 겁니다. 기후와 물이 바뀌어 몸이 약간 좋지 않을 따름입니다! 그보다 둘도 없는 그리운 형님을 다시 뵙게 해 주신 알라 신께 감사를 드려야겠습니다!"

동생은 가슴속의 비밀을 감춘 채 이렇게 말하고는 덧붙였다.

"오, 이 세상을 다스리시는 임금님이시여, 오늘날의 교주(칼리프)시여, 담즙으로 제 얼굴이 누렇게 뜨고 눈이 이토록 들어간 것은 단지 여행길에 몸이 지친 까닭입니다."

두 사람은 함께 기쁨으로 들끓는 성 안으로 들어갔고, 형은 유원지를 바라보고 있는 궁전에 아우를 머무르게 했다. 그러나 시간이 어느 정도 지나도 아우의 건강이 나아지지 않자 형은 나라와 집을 멀리 떠나온 너무 피곤한 탓이겠거니 생각했다. 그래서 자세한 사연은 묻지 않고 마음 내키는 대로 지내도록 내버려두었다. 그러나 아무리 지나도 회복되는 기색이 보이지 않자 형은 다시 물었다.

"아우야, 아무래도 네가 몸이 점점 더 약해지고 얼굴빛도 더 나빠지는 것 같구나."

"오, 형님, 사실 저는 마음에 상처를 입었습니다."

아우는 이렇게 대답했으나 아내의 부정에 대해서는 입 밖에 내지 않았다.

샤리아르 왕은 이름난 의사들을 불러 아우를 정성껏 치료하게 했다. 거의 한 달이나 치료가 계속 되었다. 그러나 비등산(沸騰散)을 먹이고 약을 써도 도무지 효과가 없었다. 아우는 아내의 부정에 대해서만 줄곧 생각하고 있어서 절망과 낙담이 사라지기는커녕 점점 더 커져 병이 나을 까닭이 없었다.

어느 날 형이 말했다.

"기분풀이로 사냥을 갈까 하는데 어떠냐. 기분이 좀 나아지지 않겠느냐?"

그러나 샤 자만은 고개를 저었다.

"형님, 저는 그런 놀이를 할 마음이 내키지 않습니다. 그보다는 부디 여기서 혼자 가만히 있게 해 주십시오. 제 스스로 어떻게든 병이 낫도록 애써보겠습니다."

이튿날 아침, 사냥을 떠나는 형을 전송한 샤 자만은 자신의 방에서 나와 유원지가 내려다보이는 격자창문 앞에 앉았다. 그리고 또다시 슬픈 마음으로 아내의 배반에 대해 줄곧 생각하고 있었다. 고뇌에 사로잡힌 가슴에서 뜨거운 한숨이 새나왔다.

그렇게 괴로워하고 있는데, 이건 또 무슨 일이란 말인가! 굳게 닫혀 있던 왕궁 뒷문이 활짝 열리더니 여자노예 20명에게 둘러싸인 아름다운 왕비가 나타난 것이다. 보기 드문 미인으로, 균형잡힌 몸매와 더할 나위 없이 우아한 몸짓은 마치 사랑의 화신 같았다. 왕비는 시원한 물을 찾는 영양처럼 단아하게 걸어 나왔다.

샤 자만은 창가에서 물러나 저쪽에서 보이지 않도록 조심하면서 여자들을 몰래 내려다보았다. 여자들은 창문 바로 아래를 지나 조금 더 나아가서 화원으로 들어가더니, 이윽고 커다란 연못 가운데 만들어진 분수가로 가서 모두 옷을 훌훌 벗어던지는 것이었다. 그런데 그 가운데 10명은 후궁들이고 10명은 백인 노예들이었다. 이윽고 그들은 둘씩 짝지어 흩어졌다. 한편 혼자 남은 왕비는 큰 소리로 외쳤다.

"이리 와요, 사이드 님!"

그러자 숲 속 한 그루 나무 위에서 거대한 몸집의 검둥이 하나가 눈알을 뒤룩거리고 침을 흘리면서 사뿐히 내려왔다. 백인이 보기에는 참으로 흉측스러운 모습이었다.[*6] 검둥이는 대담하게도 왕비 앞으로 다가가서 두 팔을 벌려 왕비의 목을 끌어안았다. 왕비도 검둥이의 몸을 와락 끌어안았다. 검둥이는 거칠게 왕비와 입을 맞추고는 마치 단춧구멍에 단추를 채우듯 두 다리를 상대의 다리에 걸고 그 자리에 자빠뜨린 다음 여자를 즐기는 것이었다.

다른 노예들도 그것을 보고 저마다 음욕을 채우기 시작했다. 입을 맞추고 포옹하고 서로 교접하면서 농탕치기를 그칠 줄 몰랐다. 해질 무렵이 되어서야 노예들은 여자들 몸에서 떨어졌고 검둥이도 왕비의 가슴에서 몸을 일으켰다. 노예들은 다시 여장을 한 뒤, 나무에 기어 올라간 흑인을 제외하고 모두 왕궁으로 들어가 본디대로 뒷문을 닫았다.

격자창에서 자기 눈으로 형수의 음란한 행위를 목격한 샤 자만은 저도 모르게 혼잣말을 중얼거렸다.

"알라께 맹세코, 내 불행은 이보다는 가볍도다! 형님은 나와는 비교도 안

되는 위대한 왕 중의 왕이시다. 그런데도 그의 왕궁 안에서 이토록 더러운 짓이 벌어지고, 더구나 왕비는 비천한 노예 중에서도 가장 비천한 놈과 사랑에 빠져 있다. 그러나 이것도 그저 세상에 흔히 있는 일,*7 부정한 짓을 하여 남편 얼굴에 먹칠을 하지 않는 여자는 하나도 없다는 것을 가르쳐 줄 뿐이다. 모든 여자들에게 알라의 저주가 내리기를! 여자에게 내조를 바라거나 쥐여 사는 바보들에게도 신의 저주가 내리기를!"

이리하여 샤 자만은 어느덧 가슴속의 슬픔과 실의가 사라지고 회한과 불평도 모조리 날아가 버리는 듯한 기분이었다. 그는 몇 번이고 같은 말을 되풀이하면서 자신의 슬픔을 가라앉혔다.

"이 세상에 어떤 사나이도 여자의 부정한 마음에 당하지 않는 자는 아무도 없어! 난 그것을 굳게 믿는다!"

저녁식사 시간이 되어 음식이 나오자 샤 자만은 걸신들린 것처럼 먹어치웠다. 그때까지는 어떤 산해진미도 먹고 싶은 생각이 나지 않아 오랫동안 거의 먹지 않았던 것이다. 그런 다음 전능하신 알라 신에게 진심어린 감사를 바치고 그 이름을 부르며 축복한 다음, 전에 없이 편안한 밤을 보냈다. 참으로 오랜만에 맛본 단잠이었다.

이튿날에도 샤 자만은 아침식사를 배불리 먹고 점차 건강과 기력을 회복하기 시작하여 이윽고 원래의 건강한 몸으로 되돌아갔다.

열흘 동안의 사냥을 마치고 형이 돌아오자 샤 자만은 말을 타고 마중 나가 형제는 서로 인사를 나누었다.

샤리아르 왕은 아우가 혈색이 좋아져 얼굴에 붉은 기가 도는 것을 느꼈다. 그리고 식욕도 좋아져서 음식을 무척 맛있게 먹는 것을 보고 매우 놀랐다.

"아우야, 너도 함께 사냥에 참가하여 내 영토 안에서 기분전환을 하며 실컷 놀아주었으면 했는데!"

아우는 형에게 감사하면서 죄송하다고 말했다. 말고삐를 나란히 하여 왕궁에 도착한 두 사람은 잠시 쉬다가 만찬이 시작되어 잇따라 나오는 음식을 배불리 맛있게 먹었다.

식사가 끝나자 손을 씻은 다음 샤리아르 왕은 아우에게 말했다.

"정말 놀랍구나. 네가 이렇게 건강해지다니. 너와 꼭 함께 사냥을 가고 싶었는데, 네 얼굴빛이 좋지 않고 보기에도 핼쑥하게 여윈 데다 마음속에 무슨 큰 시름이 있는 듯했지. 그런데, 알라 무드리라*8—신에게 영광 있으라!—이제는 혈색도 좋아지고 완전히 건강을 되찾은 것 같구나. 나는 네 병이 가족이며 친구들과 헤어져 고국을 멀리 떠나온 탓인 줄만 알고 성가시게 물어보면 오히려 해로울 것 같아 삼가고 있었다. 하지만 이제 이렇듯 좋아졌으니 너의 그 근심거리며 얼굴빛이 나빠졌던 사연을 이야기해 주지 않겠니? 또 어떻게 해서 기운을 되찾고 혈색도 다시 좋아진 건지 그 까닭도 말해 주고. 자, 숨기는 것 없이 있는 그대로 솔직하게 말해다오!"

샤 자만은 이 말을 듣고 한참 동안 고개를 숙이고 있더니 이윽고 얼굴을 들고 말했다.

"그러면 저의 근심거리와 혈색이 나빠졌던 사연을 말씀드리겠습니다. 하지만 병이 나은 까닭은 묻지 말아주십시오. 부디 대답을 강요하지는 말아 주십시오."

이 대답을 듣고 크게 놀라면서 샤리아르 왕은 말했다.

"그럼, 우선 얼굴빛이 나빠지고 기운을 잃었던 원인부터 들려주려무나."

그리하여 샤 자만은 출발하던 날 밤에 일어난 일을 남김없이 이야기했다.

"형님이 대신을 보내셔서 형님을 찾아오라고 하셨을 때, 저는 즉시 준비를 갖추고 왕궁을 떠났습니다. 그런데 곧 형님께 선물할 약간의 보석을 왕궁에 두고 온 것이 생각났습니다. 그래서 혼자 그것을 가지러 왕궁으로 돌아가 보니 뜻밖에도 아내가 제 양탄자 위 침상에서 흉측한 검둥이 요리사에게 안겨 잠들어 있는 모습을 보고 말았습니다. 그래서 저는 그 둘을 베어버리고 형님 곁으로 왔지만, 그 일로 내내 고민하던 끝에 결국 병을 얻고 말았던 것입니다. 하지만 제 얼굴빛이 다시 회복된 경위만은 도저히 말씀드릴 수 없으니 부디 용서해 주십시오."

너무나 뜻밖의 사실을 들은 샤리아르 왕은 깜짝 놀라며 고개를 저었다. 그리고 불같이 노하여 소리쳤다.

"허! 여자의 부정한 마음이란 이토록 무섭구나!"

그리고는 알라의 이름을 외며 여자의 사악한 마음을 면할 수 있게 해달라고 기도한 다음 이렇게 말했다.

"정말이지 너는 아내를 죽이고 여러 가지 재앙을 피한 셈이다. 너 같은 국왕으로서는 일찍이 한 번도 겪어 본 적이 없는 불행이었으니 격분하고 탄식한 것도 무리가 아니지. 내가 만일 그런 일을 당했다면 알라께 맹세코 계집 1천 명을 죽이지 않고는 성이 풀리지 않아 아마 미쳐버릴 것이다! 허나 너의 고민을 사라지게 해 주신 알라를 찬양하자. 그런데 이번에는 갑자기 건강을 회복한 연유를 꼭 말해 주어야겠다. 그렇게 숨기기만 하는 이유가 대체 무엇이냐?"

"오, 현세의 왕이시여, 다시 한 번 부탁드립니다. 부디 그것만은 용서해 주십시오."

"아니다, 꼭 말해다오."

"저는 걱정스럽습니다, 형님. 만일 제가 사실대로 말씀드린다면 형님은 아마 저 이상의 분노와 슬픔에 사로잡히게 되실 테니까요."

샤리아르 왕은 말했다.

"그렇다면 더더욱 들어야지! 알라 신께 맹세코 아무것도 숨기지 말고 이야기해 다오."

샤 자만은 하는 수 없이 자신이 목격한 모든 일을 처음부터 끝까지 얘기했다. 그리고 마지막으로 덧붙였다.

"형님, 제가 형님의 불행과 형수님의 부정을 목격하고, 형님이 저보다 연세도 많으시고 훨씬 훌륭한 군주임을 생각했을 때, 저 자신의 슬픔은 아주 하찮은 것으로 여겨졌습니다. 그러자 이상하게도 몸도 마음도 원래의 상태로 돌아가고 말았습니다. 그래서 슬픔과 낙담도 깨끗이 털어버리고 비로소 음식을 먹고 잠도 잘 수 있게 되었습니다. 그리하여 저는 차츰 기운을 찾고 건강을 회복했습니다. 이것이 있는 그대로의 사실입니다. 아무것도 숨긴 것이 없습니다."

이 말을 들은 샤리아르 왕은 불같은 노여움에 하마터면 숨이 멎을 뻔했으나 곧 정신을 가다듬고 말했다.

"네가 거짓말을 한다고는 결코 생각지 않으나 내 눈으로 직접 보기 전에는 도저히 믿을 수가 없구나."

"형님이 자신의 재앙을 직접 보고 싶으시다면, 곧 다시 사냥 나가실 채비를 시키시고 형님은 저와 함께 숨어 계시다가, 형님 눈으로 그 광경을 보고 똑똑히 확인하시면 되겠지요."

"좋다!"

왕은 당장 분부를 내리고, 군대와 천막을 성 밖으로 옮겨 성이 보이는 곳에서 야영을 하게 했다. 왕 자신도 그들과 함께 성 밖으로 나가 군사들의 한복판에 진을 치고 노예들에게 아무도 가까이 오지 못하게 하라고 명령했다. 밤이 되자 왕은 대신을 불러 지시했다.

"나 대신 여기에 앉아 앞으로 사흘 동안 내가 없다는 사실을 아무도 눈치채지 못하게 하라."

두 형제는 변장을 하고 밤의 어둠을 틈타 몰래 왕궁으로 돌아갔다. 어둠 속에서 날이 새기를 기다린 두 사람은 유원지가 바라보이는 격자창 근처에 자리를 잡았다. 그러자 이윽고 왕비가 전날처럼 시녀들을 거느리고 나타나 창문 아래를 지나 분수 쪽으로 걸어갔다. 거기서 모두 옷을 벗고 남자 10명, 여자 10명이 되었다.

"어디 있어요, 사이드 님!"

그 더러운 검둥이는 왕비가 부르기 무섭게 나무에서 곧바로 뛰어내리더니 곧바로 왕비의 가슴으로 뛰어들며 소리쳤다.

"내가 사드 알 딘 사이드*9님이시다!"

왕비는 소리높이 웃었다. 그들은 여기저기서 저마다 욕정을 채우기 시작했다. 두 시간 정도 그렇게 뒹굴고 나서 백인 노예는 시녀의 가슴에서 일어나고 검둥이도 왕비의 팔 안에서 몸을 일으켰다. 그리고 모두 연못에 뛰어들어 몸을 씻고는 다시 옷을 입고 지난번처럼 왕궁으로 돌아갔다.

왕비와 후궁들의 이 음탕한 행위를 본 샤리아르 왕은 미치광이처럼 소리쳤다.

"완전히 혼자 살지 않는 한 이 더러운 세상사에서 벗어날 수 없겠다! 알라께 맹세코, 인간세상은 하나의 커다란 악에 지나지 않아."

그리고 다시 이렇게 덧붙였다.

"아우여, 내가 하는 말에 반대하지 말아다오."

"반대하지 않겠습니다."

"이대로 이곳을 떠나자, 우리에게 왕위 따위는 필요 없어. 전능하신 신을 우러르며 알라께서 만드신 세계를 두루 돌아보자꾸나. 그러는 동안 우리와 똑같은 불행을 당한 사람을 만나게 되겠지. 만일 그런 사람을 만나지 못한다면 그때야말로 이 세상에서 살아가는 것보다 차라리 죽는 것이 나으리라.

두 사람은 제2의 비밀문을 통해 궁전을 빠져나갔다. 그리고 밤낮없이 길을 걸어 바닷가의 어느 목장 한가운데 서 있는 큰 나무 밑에 다다랐다. 한쪽에 맑은 물이 솟아나는 아름다운 샘이 있었다. 두 사람은 그 물로 목을 축이고 잠시 앉아 쉬기로 했다. 한 시간쯤 지났을 때, 별안간 하늘이 땅 위로 무너져 내리는 듯 무서운 굉음이 바닷속에서 끓어오르는 것이 들려왔다. 두 사람 눈앞에서 소용돌이치기 시작한 큰 파도 속에서 검은 기둥이 치솟더니, 하늘을 향해 높이 뻗은 다음 목장 쪽으로 다가왔다. 그 광경을 보고 두 사람은 겁에 질려 재빨리 옆에 있는 큰 나무 꼭대기로 기어 올라가 대체 무슨 일인가 하고 숨을 죽이며 지켜보았다.

그랬더니 이게 웬일인가, 모습을 나타낸 것은 몸집이 하늘을 찌를 듯이 거대하고 우락부락하게 생긴 마신(魔神, Jinni)*[10]이었다. 팔과 가슴이 매우 우람하고 이마가 넓으며, 피부색은 먹같이 시커멓고 머리에는 수정 궤짝을 이고 있었다. 마신은 파도를 헤치고 뭍으로 올라와 두 왕이 숨어 있는 나무 밑에 털썩 주저앉았다. 그런 다음 머리에 이고 있던 궤짝을 내려 놓더니 그 속에서 7개의 반달 모양 강철자물쇠를 채운 조그만 함을 꺼내 허리에 차고 있던 7개의 열쇠로 그 뚜껑을 열었다.

그 속에서 나타난 것은 한 젊은 여자였다. 하얀 살결에 고운 눈썹, 날씬한 자태는 열나흘 밤 달 같고, 빛을 담뿍 뿜는 태양처럼 눈부시게 아름다운 여자였다. 뛰어난 시인 우타이야는 슬기롭게도 이렇게 노래했다.

소녀는 일어섰네,
밤의 어둠을 비추며 빛나는 아침같이
그 아름다운 자태
숲 속 나무를 물들이네.
베일을 벗으면 내리비치는
달도 부끄러워하고
그 찬연한 빛으로
해는 더욱 빛나네.
베일을 벗고 그 아름다운
얼굴 드러내면

모두들 고개 숙여
그녀 팔에 안기리.
반짝이는 눈동자
번개처럼 빛날 때
아, 도성 사람들 눈에는
눈물이 넘쳐흐르리.

마신은 나무 그늘 옆에 그 미녀를 앉히고 지그시 얼굴을 들여다보면서 말했다.
"오, 내 마음의 가장 소중한 연인이여! 오, 고귀한 혈통의 여인이여! 나는 누구도 너의 처녀성을 빼앗지 못하게 하고, 나보다 먼저 너를 쓰러뜨리지 못하게 하기 위해 혼례날 밤 너를 납치해 왔다. 나 말고 너를 사랑하거나 즐긴 자는 아무도 없다. 오, 나의 귀여운 여인이여! 여기서 한잠 자고 싶구나!"

이렇게 말하고 마신은 여자의 넓적다리에 머리를 얹고 바다까지 닿을 만큼 다리를 죽 뻗더니 이내 천둥처럼 코를 골기 시작했다.

얼마 뒤 얼굴을 들어 나무 위를 쳐다본 여자는 두 임금이 꼭대기에 매달려 있는 것을 발견했다. 마신이 넓적다리를 베고 잠들어 싫증이 난 여자는 그 머리를 살그머니 바닥에 내려놓았다. 그리고 일어서서 두 사람에게 손짓하며 말했다.

"내려오세요. 두 분 다. 이 마신(아이프리트)[*11]은 조금도 무섭지 않답니다."

여자에게 들킨 것을 알고 겁이 난 두 사람은 입을 모아 대답했다.

"부탁이오.[*12] 당신의 자비심으로 내려가는 것만은 봐주시오."

그러나 여자는 여전히 손짓을 하며 말했다.

"두 분 다 얼른 내려오세요. 만일 내려오지 않으면 내 남편인 이 마신을 흔들어 깨우겠어요. 그러면 당신들을 끔찍한 방법으로 죽이고 말 거예요."

두 왕은 하는 수 없이 나무에서 내려왔다. 여자는 두 사람 앞에 서서 말했다.

"나를 껴안고 마음껏 즐겨주세요, 우물쭈물하지 말고 빨리. 그렇지 않으면 이 마신을 깨워 당신들을 죽이게 할 거예요."

두 사람은 말했다.

"제발 부탁이니, 그것만은 용서해 주시오. 우리는 바로 그런 일이 싫어서 도망쳐 온 사람들이오. 게다가 여기 계시는 당신 남편이 무서워 견딜 수가 없어요. 그러니 어떻게 당신이 하자는 대로 할 수 있겠소?"

"그 따위 말은 듣기 싫어요. 내가 하자는 대로 꼭 해야 돼요."

여자는 기둥도 버팀목도 없이 하늘을 높이 들어올린 신께 맹세코*13 자신의 청을 들어주지 않으면 두 사람을 죽여 바다에 던지게 하겠노라고 말했다.

형 샤리아르 왕은 두려움에 질려 아우에게 말했다.

"너, 저 여자가 하자는 대로 해 주어라."

"형님이 먼저 하시면 저도 하지요."

두 사람은 서로 먼저 하라고 미루었다. 그러자 여자가 말했다.

"두 분 다 뭘 그리 우물쭈물 다투고 있어요? 자, 남자답게 썩 나서지 않으면 마신을 깨우겠어요."

두 형제는 마신이 너무 무서워서 여자가 시키는 대로 해야 했다. 이윽고 두 사람이 여자의 몸에서 떨어지자 여자가 말했다.

"아주 훌륭했어요!"

그리고 주머니에서 지갑을 꺼내 매듭이 있는 실을 잡아당겼는데, 거기에는 도장반지가 570개*14나 꿰어져 있었다. 여자가 물었다.

"이게 뭔지 아세요?"

두 사람이 대답했다.

"모르겠소."

"이것은 징그럽고 어리석고 더러운 이 마신의 머리맡에서 내가 지금까지 정을 나눈 남자 570명의 도장이에요. 그러니 두 형제분도 도장반지를 내놓으세요."

두 사람이 손가락에서 도장반지를 빼주자 여자는 신세타령을 늘어놓기 시작했다.

"나는 정말로 결혼 첫날 밤 이 마신에게 납치당했어요. 마신은 나를 함 속에 넣고 그 함을 다시 큰 궤짝에 넣어 7개의 반달모양 강철자물쇠를 채운 뒤 파도가 날뛰는 사나운 바닷속에 처넣어두었답니다. 무슨 일이 있어도 내가 순결과 성실을 잃지 않도록, 자기 말고는 아무도 내게 손댈 수 없도록 하기 위해서였지요. 하지만 나는 많은 사람과 내 멋대로 하고 싶은 짓을 다했어요. 가련하게도 이 마신은 숙명이란 피할 수도 막을 수도 없다는 것을 알지 못하고, 또 여자란 한번 마음먹으면 상대가 아무리 거부해도 반드시 뜻을 이루고 만다는 것을 모르고 있어요. 옛사람도 이렇게 노래하고 있지요.

> 여자를 의지하지 말라, 믿지 말라
> 여자의 마음은 음탕한 것.
> 기쁨도 슬픔도 아랑곳하지 않네.
> 여자의 밑천은 오직 하나뿐.
> 여자의 맹세는 부질없어
> 수없이 늘어놓는 거짓말 수작.
> 유수프*15를 본보기로
> 농간과 푸념을 조심하라!
> 악마(이블리스)*16가 아담을 내쫓은 것도
> (모르시는가?) 여자의 농간 때문이라네.

또 다른 이는 이렇게 노래했지요.

> 사나이여, 책망하지 말라!
> 화내자면 끝없으니
> 당신이 화낼 만큼
> 내 죄는 무겁지 않아.
> 내 비록 진심으로
> 사랑하는 여자가 된다 할지라도
> 흘러간 세상의
> 수많은 여자들이 맛본
> 바람기는 가시지 않을 것을.
> 진실로 칭찬받을
> 세상에 드문 남자는,
> 여자의 농간에 넘어가지 않는

철석같은 마음을 지닌 남자!"

이 말을 들은 두 사람은 기가 막혔다.
여자는 두 사람 곁을 떠나 마신에게 돌아가서 그 머리를 다시 자기 무릎 위에 올려놓고 상냥하게 말했다.
"어서 여기를 떠나세요. 이 마신의 사악한 마음이 미치지 않는 곳으로 되도록 빨리 종적을 감추세요."
두 사람은 곧 그 자리를 떠나며 입을 모아 알라여! 알라여! 외친 뒤 이렇게 말했다.
"영광의 신, 위대한 신, 알라 외에 주권도 없고 권력도 없다. 그러니 알라의 힘을 빌려 여자의 사악한 마음과 농간에서 벗어날 도리를 찾자. 알라의 힘에 의지할 수밖에 없다. 우리보다 훨씬 강한 힘을 지닌 마신을 그 이상한 여인이 어떤 식으로 속여 넘겼는지 생각해보렴. 우리가 겪은 불행보다 훨씬 큰 불행을 당하고 있는 마신을 보니 마음이 무척 가벼워진 듯하니, 우리도 이제 슬슬 도성으로 돌아가기로 하자. 그리고 앞으로 다시는 여자와 결혼하지 않기로 하자. 그리고 이제부터 여자들에게 결심한 본때를 보여주자꾸나."
두 사람은 샤리아르 왕의 천막을 향해 걷기 시작하여 사흘째 되는 날 아침 그곳에 도착했다. 샤리아르 왕은 대신과 태수, 시종, 고관들을 불러 모아, 부왕에게 예복을 내리고 곧장 도성으로 돌아가자고 명령했다.
도성으로 돌아온 샤리아르 왕은 옥좌에 앉아(인샬라―신의 뜻에 따르리!) 앞으로 이야기에 나올 두 딸을 둔 대신을 불러 분부했다.
"그대에게 왕비를 끌어내어 죽일 것을 명한다. 정조와 서약을 깨뜨린 여자다."
대신은 왕비를 형장에 끌어내어 명령대로 처형했다. 그런 다음 샤리아르 왕은 스스로 칼을 빼들고 후궁으로 들어가 애첩과 백인 노예들을 모조리 베어버렸다.*17 왕은 또 스스로 굳게 맹세하기를, 어떤 여자이든 하룻밤만 처녀성을 빼앗고 나서 이튿날 아침에 죽여서 자신의 명예가 더럽혀지는 일이 없도록 하겠다고 결심했다.
왕은 말했다.
"왜냐하면 예나 지금이나 이 지상에는 정절을 지키는 여자는 단 한 사람도 없으니까."

얼마 뒤 아우 샤 자만 왕은 귀국을 허락받고, 만반의 준비를 갖추고 병사들의 호위 속에 긴 여정을 거쳐 무사히 고국으로 돌아갔다.

한편 샤리아르 왕은 하룻밤 동침할 신부를 데려오라고 대신에게 분부했다. 대신이 미인으로 이름난 어느 태수의 딸을 데리고 오자, 왕은 초저녁부터 잠자리에 들어가 그 처녀를 품고는 날이 새자 대신에게 목을 베라고 명령했다. 왕의 노여움을 살까 두려워 대신은 명령대로 하지 않을 수 없었다.

이런 일이 3년 동안 이어졌다. 밤마다 처녀를 한 사람씩 품고는 이튿날 아침이 되면 죽여 버린 것이다. 참다못한 백성들은 원성을 터뜨리며 왕을 저주했고, 왕도 그 나라도 멸망하게 해달라고 알라에게 기도했다. 여자들은 두려움에 떨고, 어머니들은 울부짖었으며, 딸 가진 부모들은 앞다투어 달아나 마침내 도성 안에 젊은 처녀는 한 사람도 남지 않게 되었다.

이윽고 왕은 평소에 형의 집행을 담당하는 같은 대신을 불러 어떻게든 처녀 한 사람을 데려오라고 명령했다. 대신은 곧 사방으로 찾아 나섰으나 한 사람도 발견할 수 없었다. 이제 죽는구나 생각하고 불안에 떨며 슬픔에 잠긴 채 집으로 돌아갔다.

이 대신에게는 두 딸이 있었다. 큰딸은 샤라자드, 작은딸은 두냐자드[18]라고 했다. 그중에서도 큰딸은 선왕(先王)들에 관한 책이며 연대기, 전설에 대해 많이 알고 또 옛사람들과 문화에 관한 수많은 이야기와 구전(口傳), 교훈 등을 읽고 있었다. 그래서 고대민족과 그 통치자들에 관한 역사책도 방대하게 모으고 있었다. 그리고 시를 좋아하여 많은 시를 통째로 외고 있을 뿐 아니라 철학, 과학, 예술 및 온갖 기예에 이르기까지 깊은 지식을 가지고 있었다. 게다가 명랑하고 상냥하며 총명한 건 물론이고, 기지가 풍부하고 박식한 데다 예의범절도 뛰어났다.

그런데 그날 이 딸이 아버지에게 말했다.

"아버지, 무슨 일로 그러세요? 무슨 걱정거리가 있으신지 얼굴빛이 나쁘시네요. 근심 걱정에 대해 어떤 시인이 이렇게 노래했어요."

　　슬퍼하는 자에게 일러주라.
　　탄식은 언젠가 사라지고

쾌락에 내일이 없는 것처럼
걱정거리도 언젠가 사라진다고.

이 말을 듣고 아버지는 그동안 왕과의 사이에 있었던 일을 남김없이 털어놓았다. 그러자 딸이 말했다.
"알라께 맹세코 아버지, 그렇게 여자를 죽이는 일이 언제까지 계속될까요? 임금님도 여자들도 모두 파멸에서 건져낼 수 있는 방법을 제가 알고 있어요. 들어보시겠어요?"
"그래? 어디 말해 보아라."
딸은 자기 생각을 이야기했다.
"저를 샤리아르 왕에게 시집보내 주세요. 무사히 살아남거나, 아니면 이슬람교도 처녀들을 대신해 목숨을 버리고 임금님과 아버님의 손에서 처녀들을 구하는 힘이 되고 싶어요."
아버지는 자기도 모르게 치밀어 오르는 노여움을 느끼며 소리쳤다.
"당치도 않다! 바보 같은 소리마라! 자신의 목숨을 그런 위험 앞에 내던지다니! 너처럼 영리한 아이가 어째서 그런 어리석은 소리를 하느냐! 세상사에 어두운 자는 불행한 변을 당하는 법이다. 뒷일을 생각지 않는 자는 세상 사람들의 웃음거리가 될 뿐이지. 편히 살 수 있는 데도 쓸데없는 참견으로 불행한 꼴을 당한다는 말도 있지 않으냐?"
딸은 아버지의 말을 가로막았다.
"무슨 일이 있어도 저에게 이 선행을 하게 해 주세요. 만일 임금님이 아무래도 저를 죽이려 하신다면 임금님 손에 죽게 해 주세요. 저는 다른 사람들 대신 훌륭하게 죽으렵니다."
대신은 딸에게 물었다.
"애야, 네 목숨을 던진다고 대체 무슨 이득이 있단 말이냐?"
"하지만 아버지, 꼭 그렇게 하게 해 주세요."
아버지는 또다시 노하여 딸의 그릇된 생각을 나무라고 꾸짖다가 끝으로 이렇게 덧붙였다.
"나는 정말 걱정이다. 네가 농부집의 그 황소와 나귀가 당한 것 같은 봉변을 당할까 봐 말이다."

"무슨 일을 당했는데요, 아버지?"
딸이 묻자 대신은 이런 이야기를 시작했다.

황소와 나귀

―애야, 옛적에 소와 낙타를 많이 기르고 종도 많이 부리던 부자상인이 살았단다. 가족과 함께 시골에서 살며 농사도 제법 지으면서 부지런히 일했지. 그런데 높으신 알라 신은 이 남자에게 모든 새와 짐승의 말을 알아들을 수 있는 신기한 능력을 주셨어. 다만 그 사실을 남에게 말하면 당장 죽는다는 조건이 있었지만 말이야.
그래서 이 남자는 두려워서 그 비밀을 자기 가슴 깊숙이 간직해 두었단다. 이 남자의 외양간에 황소와 나귀가 한 마리씩 나란히 매어져 있었는데, 어느 날 그가 하인과 함께 그 옆에 앉아 한쪽에서 아이들이 노는 모습을 보고 있노라니 황소가 나귀에게 이런 말을 하는 것이 들려왔어.
"일찍 일어나는 나귀영감,*19 안녕하신가! 언제나 건강해 보여서 좋구려. 자네가 있는 데는 구석구석 깨끗이 청소되고 물도 깨끗한 새 물을 뿌렸구먼. 하인이 늘 따라다니며 식사시중을 들고, 먹이는 체에 친 보리에 마시는 것은 깨끗한 샘물이렷다. 거기에 비하면 나 같은 건 얼마나 한심한 신세란 말인가! 모가지에 쟁기니 멍에니 하는 것을 매고 아침부터 저녁까지 끌려다니니 녹초가 될 수밖에. 일이 끝나 돌아올 때는 엉덩이를 줄곧 얻어맞는 데다 목덜미는 벗겨지지, 다리는 욱신욱신 쑤시고, 눈은 눈물 때문에 빨갛게 붓는다네. 외양간에 나를 가두고는 쓰레기와 등겨가 섞인 콩이나 잘게 썬 여물*20을 던져주니, 기나긴 밤을 거름과 오물냄새 속에서 자는 꼴이지.
그런데 자네는 깨끗이 청소하고 물을 뿌린 방에서 늘 편안하게 잠이나 자는 신분이 아닌가. 뭐 주인 나리가 볼일이라도 생겨서 자네를 타고 나갔다가 금방 돌아올 때가 가끔 있기는 하지만. 말하자면 내가 실컷 부려 먹히며 비지땀을 흘리고 있을 때 자네는 편안하게 누워 있고, 자네가 잠을 자는 동안 나는 잠도 잘 수 없다는 얘기지. 나는 배가 고파 허기를 느낄 때 자네는 잔뜩 먹어 기분이 좋고, 자네가 귀염받을 때 나는 잔소리만 듣고 있단 말이야."

 황소가 이렇게 넋두리를 늘어놓자 나귀가 말했다.
 "이마가 넓은 황소 양반, 자네는 머리가 좀 나쁘이. 소는 우둔하다더니 거짓말이 아니군. 그도 그럴 것이 황소 양반, 자네는 깊은 생각도 없고 재치도 없거든. 우직하고 마음만 좋지, 영리한 사람들이 어떤 말을 했는지 도무지 몰라. 황소 양반, 지혜로운 자가 한 말을 들은 적이 없는가?

　　남의 고된 일을 도맡아
　　남들은 즐기는데 나만 고달파.
　　이건 마치 빨래꾼이라
　　볕에 이마를 꺼멓게 그을리며
　　남의 옷만 희게 만드니.

 하지만 어리석군, 자네는 주인 앞에서 성실하고 부지런하게 일하지만 남을 편안하게 해 주기 위해 그러다 죽는 게 고작 아닌가. 자네는 들은 적이 없는가, '이끌어 주는 자가 없으면 길을 잃고 헤맨다'는 속담 말이네. 자네는 새벽 기도시간부터 들에 나가 해가 져야 돌아오고, 온종일 엉덩이를 맞아가며 봉변을 당하고 욕을 먹으면서 고생하지.
 그러니 내가 하는 말을 잘 듣게, 황소 양반? 자네는 냄새나는 구유 앞에 매주면 앞발로 흙바닥을 긁고 뒷발로 발길질하며, 뿔을 내밀고 큰 소리로 음매음매 운단 말이야. 그러니 인간들은 자네가 만족스러워하는 줄 여기지. 여물을 던져주면 자네는 허겁지겁 달려들어 게걸스레 뚱뚱한 뱃속에 마구 처넣는단 말이야. 황소 양반, 내 말을 잘 들어. 그러면 나보다 더 행복해질 거야. 알겠는가? 자네가 들에 나갔다고 치세. 인간들은 여느 때와 같이 목에 멍에를 걸고 부려 먹으려고 하겠지. 그때 자네는 밭에 나뒹군 채 꼼짝도 하지 말게나. 일어났다가도 금방 자빠져야 해. 인간들은 하는 수 없이 자네를 끌고 돌아갈 거야. 외양간에 돌아와서는 콩을 가져다주더라도 뒷걸음질치며 본 척도 하지 말아야 해. 그저 냄새만 맡고, 맛은 없지만 여물만 먹고 참으며 꾀병을 부리는 거야. 그렇게 2, 3일 지내면서 한껏 게으름을 피워보게. 그러면 억척같이 일하지 않아도 되고 몸이 좀 편해질 테니."

나귀의 말을 듣고 황소는 나귀가 자기편인 것을 알고 고마워했다.
　"자네 말이 옳아."
　그리고 친구가 온갖 축복을 받도록 기도하고 나서 외쳤다.
　"일찍 일어나는 나귀영감, 자네 덕분에 나도 이제 살았네."
　―그런데 말이다, 얘야, 상인은 황소와 나귀가 주고받은 이 이야기를 모두 엿듣고 말았지.
　이튿날 머슴이 황소 등에 쟁기를 지워 들일을 하러 나가는데 황소는 나귀가 가르쳐준 대로 게으름을 피우지 않았겠니. 머슴은 황소가 멍에를 끊고 달아날 때까지 실컷 패고는, 다시 붙잡아서 가죽 허리띠로 이제 죽었구나 할 정도로 때렸어. 그래도 황소는 저녁때까지 꼼짝하지 않고 서 있거나 웅크리고 있을 뿐 아무 일도 하지 않았지.
　머슴은 소를 끌고 집으로 돌아가 외양간 안에 매어두고, 구유를 가져다주니 뒷걸음질만 칠 뿐 여느 때처럼 바닥을 구르거나 뛰어오르거나 뿔질하거나 울거나 설쳐대지 않았지. 이 모습을 본 머슴은 그제야 의아하게 생각했어. 곧 콩과 왕겨를 가져와 구유 속에 넣어 줬는데 그래도 황소는 냄새만 맡을 뿐 먹으려 하지 않고 축 늘어져서 그날 밤은 아무것도 먹지 않고 아침까지 견뎠다는구나.
　이튿날 아침 머슴이 와 보니 구유의 콩은 그대로 남아 있고 여물도 줄어들지 않는 거야. 게다가 황소는 사지를 뻗고 커다란 배를 들썩이면서 세상에 둘도 없이 처량한 꼴로 자빠져 있는지라 머슴은 걱정되어 중얼거렸지.
　"이 녀석이 어디 아픈 모양이군. 그래서 어제 일하려 하지 않았던 거야."
　그리고 주인에게 이 사실을 알렸지.
　"나리, 저 황소 놈이 탈이 났나 봅니다. 엊저녁부터 도무지 여물을 먹지 않더니 오늘 아침에도 여전히 안 먹는데요."
　그러나 황소와 나귀가 주고받은 말을 이미 들은 주인은 그 의미를 다 알고 있으므로 이렇게 말했다.
　"저 나귀란 놈을 끌어내 목에 쟁기를 걸고 황소가 하던 일을 시켜라."
　이 말을 들은 머슴은 나귀를 끌어내 목에 쟁기를 걸고 온종일 들일을 시켰어. 나귀는 기진맥진 지쳐버렸지만 머슴은 사정을 봐주지 않았지. 몽둥이로 때리고 발길질하여 나귀 허리는 푹 꺼지고 목덜미는 멍에채에 까여 벌개졌단다. 해가 저물어 외양간에 돌아올 무렵에는 지칠 대로 지쳐서 한 발자국도 떼어놓지 못할 지경이 되어 있었지.

한편 황소는 하루 종일 편안하게 쉬면서 배부르게 먹을 수 있었지. 자기 때문에 나귀가 혼나는 줄은 꿈에도 모르고, 온종일 좋은 꾀를 가르쳐준 나귀에게 신의 축복이 내리기를 기도하고 있었더란 말이야. 해가 져서 나귀가 돌아왔을 때 황소는 정중하게 일어서서 인사를 했단다.

"여, 일찍 일어나는 나귀 양반, 좋은 소식이 있으니 기뻐해 주게. 자네 덕택에 나는 오늘 하루 종일 편히 쉬면서 오래간만에 배불리 먹었다네."

그러나 나귀는 화가 나고 지친 데다 아프기도 해서 대답조차 하기 싫었지. 그래서 나귀는 몹시 후회하면서 이렇게 혼잣말을 하지 않았겠느냐.

"남에게 꾀를 가르쳐주는 어리석은 짓을 하여 이런 봉변을 당했네. 속담에도 있듯이 남의 일에 참견만 하지 않았던들 이런 변은 당하지 않았을 것을. 하지만 나도 타고난 나의 가치와 고상한 성품을 그리 호락호락 잃을 수야 없지. 시인은 뭐라고 노래했더라?

    딱정벌레가 그 위를 기어간다고
    바질의 아름다운 빛이 바랠까 보냐.
    거미와 파리가 들어와 산다고
    왕궁에 더러운 얼룩이 질까 보냐.
    사람들이 자패(紫貝)[21]를 칭찬한다고
    티 없는 진주의 가치가 떨어질까 보냐.

아무튼 있는 꾀를 다 짜내 저놈을 속여 도로아미타불이 되도록 만들지 않고는 내가 죽을 판이다."

황소가 여전히 감사의 말을 늘어놓는 동안 나귀는 축 늘어져 제자리로 돌아갔단다.

그러니 얘야, 지혜가 모자라면 몸을 망칠 뿐이야. 너도 집에 얌전히 있으면서 쓸데없는 참견일랑 말고 위험한 곳에는 가까이 가지 않는 것이 좋아. 알라께 맹세코 모두 너를 위해 하는 소리다. 너를 사랑하는 마음에서 하는 말이야.

대신은 온갖 말로 딸의 결심을 돌리려 했으나 딸은 듣지 않았다.
"아버님, 전 무슨 일이 있어도 꼭 임금님께 시집갈 작정이에요."
"그건 절대로 안 된다."
"아니에요, 꼭 가고야 말겠어요."
"만일 더 이상 내 말을 거역한다면 나는 아까 그 상인이 자기 아내를 혼내 주었듯 너도 혼내줘야겠다."
"상인이 어떻게 했는데요?"
샤라자드가 묻자, 대신은 다시 이야기를 계속 했다.

―나귀가 들에서 돌아온 뒤, 상인은 아내와 아이들을 데리고 발코니에 나갔다. 달밤이어서 보름달이 환하게 비치고 있었다. 이 발코니에서는 아래쪽의 외양간이 내려다보였는데, 옆에서 노는 아이들과 함께 앉아 있으니 이윽고 상인의 귀에 나귀와 황소가 주고받는 말이 들려왔다.
"여보게, 이마 넓은 황소 양반! 내일은 어떻게 할 작정인가?"
"나귀 양반, 역시 자네가 가르쳐준 대로 할 수밖에 없네. 정말이지 자네에게 감사하네. 덕분에 이렇게 편히 쉴 수가 있으니. 이제부터는 무조건 자네 말대로 할 걸세. 인간들이 여물을 가져와도 먹지 않고 불퉁거리며 꾀병을 부릴 참이야."
그러자 나귀는 고개를 저으면서 말했다.
"조심하는 게 좋을 걸, 황소 양반."
"왜?"
"왜라니? 이번에는 자네에게 더 좋은 지혜를 가르쳐주지. 아까 주인이 머슴한테 하는 이야기를 들었는데, 만일 황소가 오늘 아침에도 여전히 일을 하려 하지 않고 여물을 먹지 않으면 백정에게 내 줘서 고기는 가난한 사람들에게 주고 가죽은 테이블보[22]를 만들자는 거야. 그 말을 듣고 나는 자네가 걱정스러워졌다네. 그러니 그 꼴을 당하기 전에 내 말을 듣는 게 좋을 걸세. 이번에 여물을 가져오거든 자네는 그것을 먹고 일어나 음매 하면서 바닥을 긁도록 하게. 그렇지 않으면 주인이 반드시 자네를 죽여 버릴 거야. 목숨이 으뜸이네, 친구."
이 말을 듣고 황소는 벌떡 일어나 소리 높이 한 번 울면서 나귀의 친절에 감사했다.

"그렇다면 내일은 눈을 뜨자마자 밭으로 일하러 나가겠네."

황소는 그렇게 말한 다음 급히 여물을 모두 먹어치우고 구유를 구석구석까지 핥았다.

주인인 상인은 그 이야기를 처음부터 끝까지 모두 듣고 있었다.

이튿날 아침 상인과 아내는 외양간에 가서 앉았다. 머슴이 와서 황소를 끌어내자 황소가 주인 쪽을 쳐다보며 꼬리를 흔들고 방귀를 뀌면서 기운차게 뛰어오르는 것을 보고, 주인은 그 꼴이 하도 우스워 뒤로 벌렁 나자빠질 만큼 웃어대는 거였다. 옆에 있던 부인이 물었다.

"왜 그렇게 큰 소리로 웃으시는 거예요?"

"저 녀석들의 비밀 이야기를 보고 들으니 하도 우스워서 그러오. 하지만 죽는 게 무서워서 아무한테도 말 못해."

부인은 다시 말했다.

"당신이 죽는 건 상관없으니, 왜 웃었는지 어서 얘기해 보세요."

"난 죽는 게 무서워서 새와 짐승들이 뭐라고 말했는지 일러줄 수 없어."

"당신은 거짓말쟁이군요! 그런 변명은 듣기 싫어요. 당신은 나를 보고 웃은 거지요? 무언가 숨기는 일이 있는 거예요. 하지만, 하늘에 계신 신이시여, 굽어 살피소서! 만일 그 까닭을 얘기해 주지 않으면 나도 당신과 더는 함께 살기 싫어요. 당장 나가겠어요."

부인이 주저앉아 울기 시작하자 남편이 말했다.

"성가신 여자군! 울어서 어떡하겠다는 거야! 알라 신이 두려워서 그 말은 입 밖에 낼 수 없으니 더는 아무것도 묻지 말아주구려."

"싫어요. 무슨 일이 있어도 웃는 이유를 말해줘야 해요."

"방금 말한 대로 알라께 새와 짐승들이 하는 말을 알아들을 수 있는 능력을 주십사고 청했을 때, 이 비밀을 죽어도 남에게 말하지 않겠다고 굳게 맹세했단 말이오. 만일 그것을 어기면 그 자리에서 내 목숨은 없어진단 말이오."

"상관없어요. 황소와 나귀가 무슨 비밀 이야기를 했는지 빨리 가르쳐 줘요. 그리고 당신이 그런 양반이라면 당장 죽어도 상관없어요."

아내가 너무나 끈덕지게 조르자 상인은 몸도 마음도 지쳐서 마음이 완전히 약해져버렸다. 마침내 상인은 말했다.

"당신 부모님을 비롯하여 친척들과 이웃사람들을 모두 불러오오."

아내는 시키는 대로 했다. 남편은 유언장을 만들었다. 그리고 아내에게 비밀을 털어놓은 다음 그대로 죽을 결심이었으므로 판관*23과 입회인을 부르러 사람을 보냈다. 그것은 그가 아내를 무척 사랑하기 때문이었다. 부인은 상인의 사촌동생이고, 아이들의 친어머니였으며, 지금까지 120년 동안 함께 살아온 사이였다.

친척과 이웃사람들이 다 모이자 상인은 입을 열었다.

"나는 이상한 이야기를 알고 있습니다. 그러나 그것을 입 밖에 내는 날이면 나는 목숨을 잃게 되어 있지요."

이 말을 듣자 사람들은 상인의 아내에게 말했다.

"제발 부탁이니 너무 고집부리지 말고 잘 생각하세요. 잘못하다간 당신의 남편이며 아이들 아버지인 바깥양반을 뻔히 알면서 죽게 해야 하잖아요."

"죽는 한이 있더라도 말해 주지 않으면 물러설 수 없어요."

이쯤 되니 어쩔 수 없어 아무도 더는 말하지 않았다.

상인은 자리에서 일어나 목욕재계(우주)*24하러 별채로 나갔다. 그런 다음 다시 자리로 돌아가 모두에게 비밀을 털어놓은 다음 조용히 죽음을 기다릴 작정이었다.

그런데 샤라자드야, 그 상인은 이 별채에 수탉 한 마리와 암탉 50마리를 키우고 있었단다. 상인이 세상과 하직하려는 준비를 하는데, 마침 개 한 마리가 수탉에게 말을 걸고 있는 것이 들리지 않겠느냐. 수탉은 그때 기운차게 홰를 치면서 이 암탉 저 암탉 옮겨 다니면서 재미를 보고 있는 참이었지.

"이것 봐, 수탉아, 너의 지혜는 너무나 얕고 너의 행동은 너무나 뻔뻔스럽구나! *25 널 키워주신 주인님이 얼마나 슬퍼하시겠느냐? 하필이면 오늘 같은 날 그 꼬락서니가 뭐냐? 부끄럽지도 않느냐!"

그러자 수탉이 물었다.

"아니, 오늘 무슨 일이 있는데?"

"주인님이 지금 죽음을 준비하고 계시는 걸 몰라? 마님은 주인님이 알라신한테서 받은 비밀을 털어놓으라고 조르는데, 만일 그것을 털어놓으면 주인님 목숨은 없어지고 마는 거야. 그래서 우리 개들은 모두 슬퍼하고 있는데 네 꼴은 이게 뭐냐 말이다. 날개를 퍼덕거리고 큰 소리로 울어대며 암탉들과 시시덕거리다니, 너 자신이 부끄럽지도 않으냐."*26

그러자 수탉이 대답했다.

"그거야, 알라께 맹세코, 우리 주인 나리는 머리가 나쁘고 세상 물정을 모른단 말이야. 나잇살이나 자시고서 하나뿐인 여편네를 다루지 못할 바에는 차라리 죽는 게 낫지. 나에게는 암컷이 50마리나 있어. 이쪽을 즐겁게 해 주는가 하면 저쪽은 애를 태우고, 한쪽을 굶겨놓는가 하면 한쪽은 실컷 배부르게 해준단 말이야. 내 능란한 솜씨로 내 장단에 춤추면서 불평을 하는 건 한 마리도 없지. 주인 나리는 지혜롭고 슬기로운 체하면서도 하나밖에 없는 여편네를 감당 못하다니 정말 한심한 노릇이야."

"그럼, 수탉 씨, 주인님이 어떻게 하면 이 고비를 넘길 수 있을까?"

"별거 없어. 이제부터 굵직한 뽕나무 가지를 하나 꺾어다 여편네의 갈빗대가 부러지도록 실컷 두들겨 패는 거야. 울며불며 제가 잘못했어요, 여보, 죽을 때까지 아무것도 묻지 않겠어요! 할 때까지 말이야. 그러거든 한 번 더 호되게 때려줘. 그렇게만 해두면 앞으로 아무 고생 없이 평생을 즐겁게 지낼 수 있지. 그런 것도 모르다니 주인 나리도 꾀가 없고 세상 물정을 영 모르시는군."

대신은 말을 이었다.

"얘, 샤라자드야, 그 남편이 고집 센 부인에게 한 짓을 나도 너한테 할 참이다."

샤라자드가 물었다.

"그 남편이 어떻게 했는데요?"

대신은 이야기를 계속했다.

―상인은 수탉이 개에게 한 분별 있는 얘기를 듣고 서둘러 일어나 뽕나무 가지를 몇 개 꺾어들고 아내의 방으로 몰래 가서 뽕나무 가지를 숨겨 두었다. 그런 다음 아내를 불렀다.

"방으로 들어오구려. 아무도 없는 데서 당신에게만 비밀을 알려주고 나는 죽을 테니까."

부인은 남편을 따라 방으로 들어갔다. 남편은 문을 잠그고 아내에게 달려

들어 등, 어깨, 옆구리와 팔다리, 할 것 없이 마구 두들겨 패면서 소리쳤다.
"자신과 아무 상관도 없는 것을 왜 그토록 알고 싶어 하는가?"
마침내 부인은 정신을 잃을 지경이 되어 울부짖었다.
"잘못했어요! 알라께 맹세코, 앞으로 다시는 아무것도 묻지 않겠어요. 진심으로 후회하고 있어요."
그리고 남편의 손발에 입을 맞추자, 남편은 세상의 보통 아낙네처럼 얌전해진 아내를 방에서 내보내주었다.
아내의 부모와 모였던 사람들도 모두 한결같이 기뻐했다. 이리하여 슬픔과 한탄이 기쁨으로 바뀌었고, 수탉한테서 아내를 다루는 법을 배운 상인은 죽을 때까지 화목하게 행복한 여생을 보냈다고 한다.
대신은 다시 딸을 타일렀다.
"그러니 샤라자드야, 네가 이 상인의 이야기에 귀를 기울이지 않는다면, 상인이 한 것처럼 나도 너를 매질하는 도리밖에 없겠다."
그래도 딸은 더욱 단호하게 대답했다.
"아버지, 그런 이야기를 들어도 제 결심은 바뀌지 않아요. 전 포기할 수 없어요. 이제 그런 말씀은 그만하세요. 아버지가 아무리 말리셔도 저는 거역하고 그분 곁으로 가겠어요. 그리고 저 혼자 임금님 앞에 나아가 이렇게 말씀드리겠어요. 제가 아버지에게 임금님께 시집보내 달라고 청했지만, 아버지는 임금님 같은 분께 저 같은 여자가 시집가는 건 안 된다고 승낙하지 않으셔서 임금님을 실망시키려 하셨다고요."
"기어이 가겠단 말이냐?"
"네, 꼭 가야겠어요."
딸은 끝내 굽히지 않았다.
대신은 한탄하고 말다툼을 하며 이런 말 저런 말로 타이르는 것도 지쳤고, 게다가 아무 소득도 없어서 하는 수 없이 샤리아르 왕 앞에 나가기로 했다. 그는 왕 앞에 엎드려 공손히 인사하고 축복한 다음, 딸과 다툰 자초지종을 모두 이야기하고 오늘 밤에 딸을 데리고 올 생각이라고 아뢰었다.
그 말을 듣고 왕은 매우 놀랐다. 전부터 대신의 딸은 예외로 생각하고 있었기 때문이다.
그래서 왕이 물었다.

"오, 충성이 지극한 대신이여. 그게 무슨 소린가? 그대도 알고 있겠지만, 나는 오늘 밤 그대의 딸과 동침하면, 내일 아침에는 그대에게 죽이라고 명령할 텐데. 알라께 맹세코, 틀림없이 그렇게 할 것이다. 만일 그 명령에 따르지 않을 때는 딸 대신 그대의 목숨을 빼앗으리라."

그러자 대신이 대답했다.

"알라시여, 저의 임금님을 영광으로 이끌고, 저의 임금님의 수명을 늘려 주시기를! 오, 이 세상을 다스리는 왕이시여, 그렇게 결심한 것은 제 딸아이입니다. 제가 모든 것을 다 얘기해 주었지만 그 아이는 도무지 귀를 기울이지 않고 오늘 밤 임금님을 모시겠다고 고집을 부립니다."

왕은 이 말을 듣고 크게 기뻐했다.

"좋다, 곧 돌아가 채비하여 오늘 밤 딸을 이리로 데려오도록 하라."

대신은 딸에게 돌아가 왕의 말을 그대로 전하고 이렇게 기도했다.

"오, 알라 신이여, 이 딸을 잃고 아비가 고독을 탄식하는 일이 없도록 해 주소서!"

그러나 샤라자드는 매우 기뻐하면서 모든 준비를 갖춘 다음 동생 두냐자드에게 말했다.

"내가 부탁하는 말을 잘 명심해 둬. 내가 임금님께 가거든 곧 사자를 보낼 테니 꼭 와주어야 한다. 임금님이 나를 요구하는 눈치가 보이거든 언제든지 곧바로 이렇게 말해다오. '언니, 졸리지 않으면 즐겁고 재미있는 이야기나 해 주세요. 지금까지 한번도 들은 적이 없는 얘기를. 그러면 시간도 빨리 지나가 버릴 거 아니에요' 하고 말이야. 그렇게 하면 신의 뜻에 따라 내 목숨을 건질 수 있고 피에 굶주린 임금님의 나쁜 버릇까지 고칠 수 있는 이야기를 해 줄 테니까."

두냐자드는 대답했다.

"네, 기꺼이 그렇게 하겠어요."

이윽고 밤이 되어 대신은 딸을 데리고 왕궁으로 갔다. 왕은 대신을 보자 얼굴빛이 환해져서 이렇게 말했다.

"오, 그대가 정말 내가 구하는 것을 데리고 왔구나."

"예, 데리고 왔습니다."

이윽고 시간이 되어 왕이 처녀를 데리고 잠자리에 들어 온갖 희롱 끝에 일

을 치르려고 하자 샤라자드는 눈물을 흘리며 울기 시작했다.

"무엇이 그리 슬프냐?"

왕이 묻자 처녀는 대답했다.

"네, 임금님, 제게는 동생이 하나 있습니다. 오늘 밤 날이 밝기 전에 동생과 작별하고 싶습니다."

그래서 왕은 곧 두냐자드를 불러오게 했다. 동생은 왕 앞으로 나와 엎드려 절을 올렸다. 왕은 침상 발치에 동생을 앉게 했다. 이윽고 왕은 침상에 올라 신부와 첫날 밤의 인연을 맺었다. 그런 뒤 세 사람은 깊이 잠들었다.

한밤중이 되자 샤라자드는 눈을 뜨고 동생에게 신호를 보냈다. 동생이 몸을 일으키며 말했다.

"언니, 지금까지 한번도 들어본 적 없는 즐겁고 재미있는 이야기나 들려주세요. 그러면 남아 있는 밤의*27 잠들지 못하는 시간이 빨리 지나갈 테니까요."

"오, 좋고말고. 인자하고 자비로우신 임금님께서 허락해 주신다면."

마침 왕도 잠이 오지 않아 몸을 뒤척이고 있었으므로 기꺼이 허락했다.

"이야기해 보아라."

그리하여 샤라자드는 설레는 가슴을 누르며 '아라비안나이트'의 첫날 밤에 다음과 같은 이야기를 하기 시작했다.

⟨주⟩

*1 재난을 피하기 위해 기도하는 문구. 여기에 이 말이 쓰인 것은, 이 이야기를 하는 이가 아마도 진실로 여겨지지 않을 듯한 갖가지 얘기들을 늘어놓으려 하기 때문이리라.

*2 바누 사산(Banu Sasan)은 '사산의 아들들'이라는 뜻으로, 유명한 사산 왕조를 가리킴. 고대 페르시아를 통일한 왕조로, 서기 200년 무렵 세워져 641년 아랍인 정복과 더불어 끝남.

*3 Shahriyar가 아닌 Shahryar로, 페르시아어이며 '도시의 벗'이라는 뜻.

*4 와지르(Wazir)의 어원(語原)은 와즈르(Wizr, 짐)로 뜻은 대신이며, 와지르 알 우자라는 재상이라는 뜻이다. 코란(제20장 30절) 속에서 모세는 '내 형제 하룬(아론)이여, 우리 집의 와지르를 맡아다오'라고 말하고 있다. 맥스 뮐러가 감수(監修)하고 E. H. 팔머(Palmer)가 번역한 옥스퍼드판(版)《더 코란》에는 '직무의 책임을 지는 이'라고 설명되어 있다. 《코란》의 역자(譯者) 세일(Sale)은 '조언자'로 옮겨 '임금 밑에서 중요한 정

무를 보는 이'라고 풀이했고, J.M. 로드웰(Rodwell)은 그의 뛰어난 번역서(마찬가지로 《코란》)에서 이를 그대로 따르고 있다. 그러나 이 박학한 두 코란 학자는 런던에서 동양학을 공부했기 때문에, 동양에서 오래 산 사람이라면 곧 알 수 있는 것에 대한 오류를 범하고 있다.

*5 이 사흘(휴식일, 옷 갈아입는 날, 출발하는 날)은 손님을 환대하는 경우의 관습이었던 것으로 보인다. 이슬람교도 사이에서는 예언자 무함마드의 관행으로 지킨다.

*6 음탕한 여자들이 흑인을 좋아하는 것은 그들의 음경(陰莖)이 크기 때문이다. 나는 예전에 소말릴란드에서 어느 흑인의 것을 보았는데, 어느 때에도 거의 6인치였다. 이것은 흑인과 아프리카산 동물, 이를테면 말의 한 특징이다. 그에 비해 순수한 아랍족(사람도, 동물도)은 평균 수준에도 이르지 못한다. 그리고 이집트인은 아랍인이 아니고 살결이 약간 흰 흑인이라는 점이 그 사실을 가장 잘 증명하고 있다. 이 거대한 음경은 발기된 동안 본디의 크기에 비례하여 굵어지는 것은 아니다. 따라서 매우 긴 시간에 걸쳐 성행위가 이루어지며 여성의 쾌감이 매우 높아진다. 내가 그곳에 머무는 동안 인도의 진지한 이슬람교도는 대부분 여자들을 데리고 잔지바르로 가려고 하지 않았는데, 그 까닭은 그곳에서 여자들이 큰 매력과 유혹을 느끼기 때문이었다. 사정(射精) 지연과 '쾌락의 연장' 문제에 대해서는 앞으로 더 자세히 이야기할 필요성이 있으리라.

*7 이러한 말은 요즈음 영국 사람들도 흔히 하고 있으며, 《아라비안나이트》의 영원한 진실성을 입증하는 것이다.

*8 악마의 눈(재앙)을 피하기 위해 사용되는 주문.

*9 맥나튼판에서는 이 검둥이를 Mas'úd라고 부르고 있다. 여기서는 그가 일종의 함성을 지르듯 Saad, Said, Saud, 그리고 Mas'ud 등의 이름을 사용하여 멋을 부리고 있는 것이다. 이들 말은 모두 어원이 같으며 '경사스러운 일' '번영'이라는 뜻이다.

*10 지니(Jinni, 마신)는 아라비아어로 단수(여기서 프랑스어 génie가 나왔음). 여성명사는 지니야(Jinniyah). 고대 배화교(拜火敎)나라의 디브(Div, 페르시아 신화의 마신)와 라크샤, 그리고 인도의 라크샤사 또는 야크샤에 해당한다. 우리는 이슬람교 전기, 즉 이교도적인 아랍인들 사이에서 마신이 어떤 지위를 차지하고 있었는지 전혀 알 길이 없다. 팔머가 번역한 《코란》의 머리글에 이에 관한 설명이 좀 있으므로 마신의 중요성을 감안하여 옮겨두기로 한다. '아랍인은 망막한 황야에서 초자연적인 존재와 더불어 지내며 모든 바위와 나무, 동굴 등이 저마다 마신과 마녀신을 갖고 있다고 상상했다. 이들 존재는 선량함과 동시에 악의를 지녀서 그들의 도움을 구하기도 하고 그 위해에서 벗어나기 위해 숭배하기도 했다. 자연이 지닌 힘의 화신인 이들을 숭배하는 일로부터 어떤 종족, 또는 어떤 지역의 마신 숭배로 옮아가 종족이 저마다 수호신을 가지고 그 신을 받드는 제사에 종족의 이해관계가 밀접하게 얽혀 있음을 알 수 있다. 이 민족적 제사의 중심적인 신은 알라이다. 그리하여 종족들은 자신만의 특별한 신을 위해, 또

알라를 위해 사원을 세웠다.' 그리고 팔머는 알라 이하 365가지의 우상이 무함마드 생존 중에 존재하고 있었다고 하면서 그 대표적인 수호신의 이름을 들고 있다. 이슬람교도는 마신을 인간과 비슷한 존재로 여기는 동시에 인간처럼 땅이 아닌 신비로운 불에서 만들어졌으며 강대한 여러 왕들에 의해 지배된다고 여겼다. 《코란》 제15장 27절, 제55장 14절 참조('우리는 옛날 연기 없는 불에서 마신을 만들어냈다'—제15장. '신은 연기 없는 불에서 마신을 만들었다.' 제55장.) 마지막 마신은 잔 빈 잔이라고 하며, 예언자들의 포교를 받았으나, 살해되어 마지막 심판을 받는 몸이 되었다.

*11 Ifrit는 아프리트가 아닌 아이프리트로 발음된다. 마신의 변종이라고도 할 수 있는 것으로, 나중에 알 수 있듯이 인류와 마찬가지로 두 종족으로 나뉜다. 반드시 그런 건 아니지만 대체로 사악한 존재이며 인류에게 적의를 가지고 위해를 가한다(《코란》 제27장 39절 참조). 여기서는 사악하지 않은 존재로 나타나 있다.

*12 Allah upon thee. '나는 알라의 이름으로 당신에게 부탁한다'는 뜻.

*13 이렇게 음란한 이야기 속에 알라의 이름을 집어넣는 것은 본질적으로 이집트적이고 카이로적인 화법이다.

*14 맥나튼판에는 570개, 다른 판에는 90개로 되어 있다. 과장은 유머의 일부이므로 나는 많은 수를 택했다. 힌두어로 된 《카타 사리트 사가라 Katha Sarit Sagara》(이야기가 흐르는 바다)에서는 반지가 100개이며 결말이 좀더 도덕적이다. 즉 야쇼다라가 부정한 여자의 달콤한 말을 물리치자, 여자가 마신을 깨워 마신이 그를 죽이려 하지만 반지가 증거로 드러나 음란한 여자는 당연히 코를 베이고 만다. 소마데바(11세기)에 의한 이 책은 구나댜(Gunadhya, 6세기)의 《위대한 이야기 Vrihat Katha》라는 산문 이야기를 시로 옮긴 것이다. [버턴은 비장판(秘藏版)의 제7권 끄트머리에 수록된 '타미나르 에세이'에서 《아라비안나이트》와 이 고전을 비교하고 있다. 《카타 사리트 사가라》는 바라문(婆羅門) 고승인 비슈누 샤르마가 어느 왕후(王侯)의 자식들에게 이야기한 우화와 일화를 모은 것으로, 이 힌두어로 된 원전에서 환골탈태한 이야기가 세계 여러 나라에 다양하게 전해졌다. 산스크리트어로 된 《판차탄트라 Panchatantra》를 비롯하여 고대 페르시아어로 된 《자비단 히라드(시대의 지혜)》, 아라비아어, 헤브라이어, 시리아어로 된 《칼릴라와 딤나 Kalilah wa Dimnah》 등이다. 칼릴라와 딤나는 이 이야기의 주인공인 두 승냥이의 이름에서 따온 것이다. 앞으로 이들 책 이름이 자주 나올 터이므로 간단히 일괄하여 여기 주로 덧붙여둔다.]

*15 《코란》의 조지프=유수프와 〈창세기〉의 요셉은 전혀 다르다.

*16 Iblis(악마)는 흔히 에블리스라고도 쓰며, '절망시키는 자'를 뜻하는 어원에서 나왔다. 이블리스는 아담과 이브를 낙원에서 쫓겨나게 했고(《코란》 제2장 34절), 아직도 여전히 인류를 배반하고 있다(《코란》 제25장 31절). 결국 이블리스는 다른 악마들과 함께 불려가 지옥 언저리에서 무릎을 꿇을 것이다(《코란》 제19장 69절).

*17 공포의 학살자 자자르 파샤(Jazzar(Djezzar) Pasha)에 대한 같은 이야기가 지금까지 아카(Akka, 세인트 존 다클레)에 전해지고 있다. 〔아클레=다클레의 파샤인 다메드의 다른 이름이며, 자자르는 '잔혹한 사람'을 뜻한다. 1735~1804.〕
　이탈리아의 유명한 왕족인 에스테 집안의 니콜로 후작은 파리시나의 목을 베고 나서 이탈리아 북부 페라라주의 부정한 아내들을 남김없이 처단하도록 명령했다고 한다.

*18 샤라자드(Shahrazad)는 페르시아어로 '도시의 해방자'라는 뜻. 오래된 번역서에는 셰에라자드(Scheherazade)로 되어 있다(아마도 둘 다 시르자드(사자에서 태어났다는 뜻)에서 파생된 듯하다). 두냐쟈드(Dunyazzad)는 '세계의 해방자'. 브레슬라우판은 Shahrzad, 또는 Shahrazad, 맥나튼판과 카르크판은 Shahrzad 또는 Shehrzad로 쓰고 있으나, 나는 본디 이름을 복원시켰다.

*19 '일찍 일어나는 나귀영감'은 아부 야크잔 '잠을 깨우는 이'라는 뜻. 나귀는 새벽에 울부짖기 때문이다.

*20 큰 망치로 두드린 짚으로, 아라비아어로 티븐. 이집트, 아라비아, 시리아 등의 꼴. 시골의 오랜 관습으로 곡물을 뿌리째 뽑아 땅 위에는 아무것도 남지 않는다.

*21 자패(紫貝, Cowrie)는 몰디브, 라크디브 제도에서 산출된다. 두 곳 다 인도 반도의 남서쪽에 자리한 산호초. 라크디브는 흔히 라카디브(Laccadive)라고도 한다.

*22 아라비아어의 카토아(가죽조각). 나토아라고 읽는 이도 있다. 이것은 테이블보로 쓰이는 가죽이다. 그러나 소가죽으로는 절대로 만들 수 없다.

*23 카지(Kazi), 곧 판관은 좀더 옛적에는 Cadi라고 했으며, 종교적인 일을 심판하는 재판관이었다. 슈페드, 곧 보좌역(입회인 또는 증인)은 마카마, 곧 '카지의 법정'의 관리이다.

*24 우주(Wuzu-ablution)에 대해서는 앞으로 상세히 설명할 작정이다. 이 상인은 이렇게 죽기 전에 의식대로 몸을 깨끗이 한 것이다.

*25 이러한 말투는 이슬람교적이기보다 그리스도교적이다.

*26 이집트인들이 자주 쓰는 말투. 개와 수탉도 농부처럼 말하고 있다.

*27 잠이 깨어 일어나 얼굴을 씻고 기도를 드리는 새벽이 될 때까지의 시간.

상인과 마신 이야기

오, 자비로우신 임금님, 옛날 여러 도시에서 장사하는 부자상인이 있었습니다. 어느 날 돈을 받으러 말을 타고 이웃나라의 도시로 떠났습니다. 그런데 더위가 무척 심하여 지친 상인은 나무 그늘에 앉아 가죽부대에서 빵 조각과 마른 대추를 꺼내 아침을 먹기 시작했습니다.

마지막 대추를 먹고 나서 그는 씨를 힘껏 던졌습니다. 그러자 놀랍게도 구름을 찌를 듯한 커다란 마신이 난데없이 칼을 휘두르며 나타나 상인에게 다가오며 이렇게 소리쳤습니다.

"네, 이놈, 일어서거라! 내 아들을 죽였으니 나도 네놈을 살려둘 수 없다!"

상인이 기가 막혀 물었습니다.

"제가 당신 아들을 죽였다고요! 그게 무슨 말씀입니까?"

"대추를 먹고 씨를 던졌지?*1 그것이 지나가던 내 아들 가슴에 맞아 죽었단 말이다."

"죽고 사는 것은 신의 뜻, 신만이 모든 것을 아시니 내가 당신 아들을 죽였다 해도 그것은 우연한 실수일 따름이오. 부디 용서해 주십시오."

"그런 말을 해도 소용없다. 널 살려둘 수 없어."

마신은 상인을 움켜잡고 끌어다 땅에 쓰러뜨린 뒤 칼을 쳐들어 단숨에 내리치려고 했습니다.

"이렇게 된 이상 알라 신의 뜻에 맡기는 수밖에 없다."

상인을 눈물을 흘리며 이런 시를 읊었습니다.

　　세월에는 길흉 두 종류의 날(日)이 있고
　　인생에도 환락과 고뇌가 반반씩 있다.
　　그대는 아는가, 태풍이 거세게 불어제칠 때

숲 속의 거목만이 격동의 고통을 맛보고
마른 풀, 푸른 나무 땅이 길러도
열매 맺은 나무만이 흩날리는
돌멩이의 아픔을 안다.
그대는 모르는가, 죽음은 바다 위에
값진 진주는 바닷속 깊숙이 묻혀 있음을.
하늘에 별이 수없이 많지만
기우는 것은 해와 달뿐.
즐거웠던 과거를 회상하면서
운명이 반기는 고뇌를 잊는 것도 좋다.
밤마다 편안히 누워 한껏 가슴을 펴지만
밤의 축복은 갖가지 재앙을 낳는다.

 상인이 노래를 마치자 마신이 말했습니다.
 "군소리 작작해. 아무리 그래도 네 목숨은 없는 줄 알아라."
 그러나 상인도 굽히지 않았습니다.
 "오, 마신님, 저는 갚아야 할 빚이 있는데다 많은 재산과 처자가 있고 지켜야 할 약속도 많습니다. 그러니 일단 집으로 돌아가서 빚을 깨끗이 갚을 수 있도록 해 주십시오. 내년 이른 봄에 틀림없이 이리로 다시 오겠습니다. 알라 신을 증인으로 이 약속을 지키겠습니다. 그때는 당신 마음대로 처분하십시오. 신께 맹세코 거짓말은 하지 않습니다."
 그러자 마신은 굳게 약속을 받고 상인을 놓아주었습니다.
 집으로 돌아간 상인은 장사 뒤처리를 하고 모두에게 각각의 몫을 나눠준 다음, 아내와 자식들에게 자초지종을 얘기하고 후견인을 정하고서 그 해가 다 가도록 가족들과 함께 살았습니다. 이윽고 약속한 때가 다가오자, 상인은 몸을 깨끗이 씻고 수의를 챙긴 뒤 가족을 비롯하여 이웃, 친지들에게 작별을 고하고 마지못해 죽음의 길로 떠났습니다. 그 모습을 본 사람들은 가슴을 치면서 슬퍼했습니다.
 상인은 긴 여행 끝에 약속한 장소에 이르렀는데 그날은 마침 설날이었습니다. 그곳에 앉아 자신에게 일어난 일을 생각하며 울고 있는데 나이가 매우 많아 보이는 한 노인*2이 목에 사슬을 맨 영양을 몰고 걸어왔습니다. 노인은 상인에게 장수를 비는 인사를 하고 말했습니다.

"어째서 이런 곳에 홀로 우두커니 앉아 있소? 여기는 악령이 나오는 곳이라오."

상인이 마신과의 사이에 일어난 일을 자세히 이야기하자 노인은 매우 놀랐습니다.

"알라의 이름에 걸고 당신의 신앙은 참으로 놀랍고, 이야기도 신기하기 짝이 없구려. 이런 일은 잘 보고 가슴에 새겨두면 호된 꼴을 당해도 마땅한 인간들에게 좋은 약이 되련만."

노인은 상인 옆에 앉아 말을 이었습니다.

"알라께 맹세코 형제여, 나는 여기서 당신과 마신의 시비가 어떻게 결말이 나는지 내 눈으로 지켜보겠소."

두 사람이 얘기를 나누는 동안 상인은 공포와 슬픔과 불안에 젖어 깊은 절망에 빠져 들었습니다. 영양을 데리고 온 노인은 상인 옆으로 더욱 가까이 다가앉았습니다.

그때 두 번째 노인이 새카만 사냥개 두 마리 끌고 두 사람에게 다가왔습니다. 이 노인은 인사와 기도를 마친 다음 두 사람의 기색을 살피면서 물었습니다.

"두 분은 어째서 악령*3이 사는 이런 곳에 앉아 있는 것이오?"

두 사람은 처음부터 끝까지 사정 이야기를 들려주었습니다. 얼마 뒤 세 번째 노인이 그곳으로 왔습니다. 이 노인은 매우 아름다운 밤색 암노새를 끌고 나타나 역시 인사와 기도를 마친 다음 이런 곳에 앉아 있는 이유를 물었습니다. 그래서 모두 자초지종 이야기를 했습니다. 자비로우신 임금님, 다시 그 이야기를 되풀이할 필요는 없겠지요!

이 마지막 노인도 모두의 옆에 앉았습니다. 그러자 갑자기 엄청난 모래먼지가 구름처럼 일더니 무시무시한 모래폭풍이 사막 한복판에서 불기 시작했습니다. 잠시 뒤 구름이 갈라지자 놀랍게도 그 마신이 칼을 뽑아들고 눈에 분노의 불꽃을 뿜으면서 버티고 서 있었습니다. 마신은 성큼성큼 다가와 겁에 질려 움츠려 있는 상인을 끌어내더니 큰 소리로 외쳤습니다.

"자, 일어서라! 네놈이 내게 가장 소중한 아들인 내 간*4을 죽였으니 나도 너를 죽이고 말 테다!"
　상인은 슬퍼하며 탄식했습니다. 세 노인도 함께 한숨을 쉬고 눈물을 흘리며 슬퍼했습니다. 이윽고 영양을 몰고 온 첫 번째 노인이 일어나 앞으로 나서더니 마신의 손에 입맞추고 말했습니다.
　"오, 마신님, 악령 중의 대왕이시여, 지금부터 제가 이 영양과의 인연에 대해 들려드릴 테니 과연 이상한 이야기라고 생각하시거든, 이 상인의 피를 3분의 1만큼 저에게 나눠 주시지 않겠습니까?"
　"좋아, 약속하지. 늙은이의 이야기가 정말로 놀랍고 기막히게 여겨지면 이놈의 피를 3분의 1 나눠주마."
　그래서 노인은 이야기를 시작했습니다.

첫 번째 노인의 이야기

　들어보십시오, 마신님! 이 영양은 사실 내 큰아버지의 딸로, 나와는 피를 나눈 여자입니다. 나는 이것이 아직 어렸을 때 결혼해 지금까지 30년이나 함께 살았지만 불행하게도 자식을 얻지 못했지요. 그래서 첩*5을 하나 얻어 그 여자 몸에서 옥동자를 하나 얻었습니다. 정말이지 보름달처럼 아름다운 아이였어요. 눈은 사랑스럽게 빛나고 두 눈썹은 선을 그린 듯이 이어지고 손발도 나무랄 데가 없었습니다.
　그 아이가 자라서 15살이 되었을 때 나는 도성에 가야 할 일이 생겨서 많은 짐을 싣고 떠났습니다. 지금은 영양이 된 아내는 어릴 적부터 마법과 점술을 배워 익히고 있었는데, 아, 내가 없는 동안 그 마법을 써서 아이는 송아지로 만들고 아이 어미는 암소로 만들어 둘 다 소먹이는 사람에게 줘 버리지 않았겠습니까. 내가 오랜 여행에서 돌아와 모자의 안부를 물으니 이 여자는 이렇게 대답했습니다.
　"당신의 노예계집은 죽어버렸고 아이는 집을 뛰쳐나갔는데, 어디로 갔는지 몰라요."
　나는 꼬박 1년 동안 슬퍼하며 눈물로 지냈습니다.
　그러는 동안 알라의 대제일(大祭日)*6이 되었을 때 나는 소먹이꾼에게 심부름꾼을 보내 살찐 암소를 한 마리 골라오게 했는데, 그때 데리고 온 암소가 바로 이 영양의 마법에 걸린 나의 첩이었습니다. 그것도 모르고 나는 소매와 옷자락을 걷어붙이고 칼을 들어 암소의 목을 찌르려 했더니 암소가 별안간 큰 소리로 울며 눈물을 뚝뚝 흘리지 않겠습니까. 그것을 보고 나는 깜짝 놀라는 동시에 가엾은 생각이 들어 죽이는 것을 그만두고 소먹이꾼에게 다른 암소를 몰고 오라고 했습니다. 그러자 이 영양이 된 여편네가 소리쳤습니다.

"이걸 죽여 버려요. 이보다 더 살찌고 좋은 소는 없잖아요."

그래서 다시 앞으로 나아가 암소를 죽이려고 하니 암소가 또다시 큰 소리로 울어서 너무 가여운 생각이 드는 것이었습니다. 그래서 차마 손대지 못하고 소먹이꾼에게 죽여서 가죽을 벗기라고 일렀습니다. 그런데 잡고 보니 기름도 없고 살도 없고 있는 건 다만 가죽과 뼈뿐이어서 후회했지만 이미 때는 늦었지요.

나는 그 암소를 소먹이꾼에게 주고 이번에는 살찐 송아지를 끌고 오라고 했습니다. 그런데 나는 몰랐지만 끌고 온 송아지가 바로 마술에 걸린 내 아들이었던 것입니다. 송아지는 나를 보자 그만 고삐를 끊고 달려와서는 어리광을 부리고 반가워하면서 눈물을 흘렸습니다. 나는 또 가엾어져서 소먹이꾼에게 말했습니다.

"어린 암소를 몰고 오너라. 이건 저쪽으로 데려가!"

그러자 아내가 큰소리쳤습니다.

"이 송아지를 잡아요. 오늘은 경사스러운 축제날이잖아요. 이런 날에는 부정을 타지 않은 것만 공물로 올릴 수 있어요. 우리 집에는 이보다 살찌고 좋은 송아지는 없다구요!"

"아까 당신 말을 듣고 잡은 암소를 보지 않았소? 실망만 시키고 아무 짝에도 소용없었지. 난 그걸 죽인 걸 후회하고 있어. 당신이 아무리 잡으라고 해도 이번에는 듣지 않겠어."

"오, 드높으신 신, 은혜롭고 자비로우신 알라 신께 맹세코! 이것만은 어쩔 수 없어요. 이 성스러운 제삿날을 위해 이 송아지만은 꼭 잡으셔야 해요. 만일 잡지 않는다면 당신은 남편이 아니고 나도 아내가 아니에요."

이 끔찍한 말에 나는 그만 아내의 속셈은 꿈에도 모르고 또다시 칼을 들고 송아지 앞으로 다가갔습니다.

―여기까지 이야기했을 때 샤라자드는 어느덧 먼동이 터오는 것을 깨닫고 허락받은 이야기*7를 그쳤다. 그러자 동생 두냐자드가 말했다.
"아, 정말 재미있었어요, 언니. 정말 아름답고 고상한 이야기였어요!"
동생의 말에 샤라자드는 이렇게 대답했다.
"임금님이 나를 살려주신다면 내일 밤에는 더 재미있는 이야기를 들려줄 수 있는데."
그때 왕이 혼잣말을 중얼거렸다.
"이 이야기가 끝날 때까지 이 여자를 살려둬야지."
그리하여 두 사람은 서로 부둥켜안고 해가 높이 떠오를 때까지 잠을 잤다. 아침에 왕은 알현실*8로 나갔다. 대신이 딸의 수의를 들고 왕께 문안을 드렸다. 왕은 해질녘까지 여러 가지 지시를 내리고 관리를 임명하거나 파면하는 등 정무를 보았으나 간밤에 있었던 일을 대신에게 한마디도 얘기하지 않았다. 대신은 딸이 어떻게 되었는지 몹시 궁금하게 생각했다. 알현이 끝나자 샤리아르 왕은 바로 왕궁으로 돌아갔다.

2번째 밤

두냐자드는 언니 샤라자드에게 말했다.
"언니, 마신과 상인 이야기를 계속해 주세요."
"얼마든지 해 줄게, 임금님께서 허락하신다면."
"이야기해 봐라."
왕이 허락했으므로 샤라자드는 어젯밤 이야기를 계속하기 시작했다.

오, 하늘이 내리신 인자하신 임금님, 그 상인은 송아지를 제물로 삼으려 했지만 송아지가 우는 것을 보자 가엾어져서 소먹이꾼에게 일렀습니다.
"이 송아지를 다른 소들과 함께 길러라."
노인이 여기까지 얘기하자 마신은 신기한 이야기에 완전히 빠져버렸습니다. 영양의 주인은 이야기를 계속해 나갔습니다.
―오, 마신의 대왕님, 그때 내 큰아버지의 딸인 이 영양이 곁에서 보고

있다가 이렇게 말하지 않겠습니까?

"이 송아지를 잡아요. 이렇게 통통하게 살쪘잖아요."

그러나 내가 소먹이꾼에게 송아지를 몰고 가도록 명했기 때문에 소먹이꾼은 송아지를 끌고 집으로 가버렸습니다. 이튿날 내가 집에 있으려니까 뜻밖에 그 소먹이꾼이 달려와서 말했습니다.

"주인 나리, 기뻐하실 소식을 알려드리지요. 그 대신 이 기쁜 소식을 가져온 저에게 상*9을 듬뿍 주셔야 합니다."

"그래, 좋아."

그러자 소먹이꾼이 말했습니다.

"제게는 딸이 하나 있습니다. 그 딸년이 어릴 때 저희들과 함께 살던 노파한테서 마법을 배웠습죠. 어제, 그 송아지를 몰고 집으로 돌아가자 딸이 송아지를 보고 갑자기 얼굴을 가리며 울다가 웃다가 하더니 이렇게 말했습니다.

'아버지는 저에게 낯선 남자를 예사로 데리고 오실 만큼 저를 값싸게 보셔요?'

'아니, 낯선 남자가 어디 있단 말이냐? 울기는 왜 울고 웃기는 또 왜 웃어?'

그러자 딸이 대답했습니다.

'아버지, 아버지가 몰고 오신 이 송아지는 우리 주인 나리의 아드님이에요. 마님이 아드님과 그 어머니에게 마법을 걸어버린 거예요. 그래서 제가 웃었지요. 그리고 운 것은 그 어머니 때문이었어요. 우리 주인어른은 아무것도 모르시고 그 어머니를 죽여 버렸거든요.'

이 말을 듣고 깜짝 놀라 날이 채 새기도 전에 주인님에게 달려온 겁니다."

오, 마신님, 나는 소먹이꾼의 이야기를 듣고 그와 함께 급히 그의 집으로 갔습니다. 너무 기뻐서 술도 먹지 않았는데 취한 기분이었지요. 소먹이꾼 집에 가니, 처녀가 반가이 맞이하면서 내 손에 입맞추고 송아지도 내게 와서 응석을 부렸습니다. 나는 소먹이꾼의 딸에게 물었습니다.

"이 송아지에 대해 네가 한 이야기가 참말이냐?"

"참말이고말고요. 주인어른께서 목숨보다 소중히 여기시던 그 아드님이에요."

나는 기뻐서 어쩔 줄 몰랐습니다.

"네가 내 아들을 본디 모습으로 되돌려준다면 너희 아버지가 관리하고 있는 가축과 재산을 모두 너에게 주겠다."

처녀는 미소 지으며 말했습니다.

"저는 재산 같은 것은 그리 갖고 싶지 않아요. 그저 두 가지 조건만 들어주셔요. 하나는 이 아드님과 저를 짝지어주시는 것이고, 다른 하나는 이 아드님에게 마법을 건 부인에게 제가 마법을 걸어서 가둬 버리는 거예요. 그렇게 하지 않으면 저까지 그 여자의 원한과 악독한 계략에 빠질지 모르니까요."

그래서 마신님, 나는 그 처녀에게 당장 대답했습니다.

"네 조건을 들어줄 뿐 아니라 너희 아버지가 관리하고 있는 가축과 재산까지 모두 너에게 주마. 그리고 내 여편네에 대해서도 네 마음대로 처분하여라."

그러자 처녀는 잔을 들어 물을 가득 따라 몇 번이고 주문을 건 다음 송아지에게 뿌리면서 말했습니다.

"알라 신께서 본디 당신을 송아지로 만드셨다면 이 모습을 그대로 지닐 것이요, 만약 마법에 걸렸다면 최고의 신, 알라의 뜻에 따라 본디 모습으로 돌아오셔요."

그랬더니 이게 웬일입니까! 송아지는 부르르 몸을 떨면서 눈 깜짝할 사이에 사람으로 변하지 않겠습니까? 나는 아들의 목을 끌어안고 말했습니다.

"부탁이다. 내 아내가 너희 모자에게 무슨 짓을 했는지 모두 이야기해 다오."

아들은 그동안 어머니와 자신이 겪었던 일을 모두 이야기해 주었습니다.

"얘야, 알라께서 너에게 한 여자를 보내시어 원래의 모습을 찾아주었느니라. 다행히 본모습으로 돌아왔구나."

오, 마신님, 나는 소먹이꾼의 딸과 아들을 결혼시켰습니다. 처녀는 내 아내를 영양으로 만들어놓고 말했습니다.

"그 모습은 아름답고 조금도 천하지 않아요."

그 뒤 며늘아기는 신께서 부르실 때까지 밤낮 우리와 함께 살았고, 그녀가 세상을 떠나자 아들은 인도의 여러 도시를 두루 돌아다니다가 당신께 무슨 짓을 했다는*10 이 상인의 도시에도 갔습니다. 그래서 나도 이 영양을 데리고 아들의 소식을 물으면서 여기저기 헤매고 있었는데, 우연히 이곳을 지나가다가 눈물을 흘리며 앉아 있는 상인을 만난 것입니다. 내 이야기는 여기서 끝입니다!"

이야기를 다 듣고 나더니 마신이 말했습니다.

"참 신기한 이야기로군. 약속대로 이 상인의 피 3분의 1을 네게 주마."

이번에는 사냥개를 두 마리 데리고 온 두 번째 노인이 앞으로 나서면서 말했습니다.

"마신님, 이번에는 내가 형제인 이 두 마리 개 때문에 내 신상에 무슨 일이 일어났었는지 이야기해 드릴 터이니, 방금 들으신 이야기보다 신기하다고 여겨지거든 나에게도 이 상인의 피 3분의 1을 주시겠습니까?"

"그래, 약속하지. 네 이야기가 더 신기하게 여겨지면 그렇게 하마."

두 번째 노인은 다음과 같은 이야기를 시작했습니다.

두 번째 노인의 이야기

오, 마신의 대왕님! 이 두 마리의 개는 실은 제 형들이며, 나는 셋째아들로 태어났습니다. 아버지는 우리에게 금화 3천 닢*11을 자본으로 남겨놓고 세상을 떠났습니다. 그래서 나는 그 유산을 분배받아 가게를 차려 장사를 시작했습니다.

두 형들도 마찬가지로 가게를 차리고 장사를 했지요. 그러나 내가 장사를 시작한 지 얼마 되지 않아 큰형은 가지고 있던 물건을 1천 디나르에 팔고 여행에 필요한 물건과 상품을 사서 외국으로 떠났습니다. 꼬박 1년 동안 대상(隊商)을 따라 함께 떠돌아다니면서 집으로 돌아오지 않았습니다.

그러던 어느 날 내가 큰방에 앉아 있으니 웬 거지가 나타나 구걸을 하는 것이었습니다.

그래서 나는 말했습니다.

"알라의 은혜로 다른 문이 열려 있기를!"*12

그러자 거지가 울면서 말했습니다.

"네가 못 알아볼 만큼 내가 많이 변했단 말이냐?"

찬찬히 뜯어보니 뜻밖에도 그 사람은 내 큰형이 아니겠습니까. 나는 얼른 일어나 형을 맞아들여 가게에 앉혀놓고 까닭을 물었습니다.
"아무것도 묻지 말아다오. 나는 재산을 탕진하고 지금은 빈털터리란다."
나는 형을 목욕탕*13에 데려가 목욕시키고 내 옷을 입혀 집에 묵게 했습니다.
그리고 재고품과 매상을 계산해 보니 그동안 열심히 일한 덕분에 금화 1천 닢의 순이익이 있었고, 원금도 금화 2천 닢으로 늘어난 것을 알았습니다. 나는 전체의 반을 큰형에게 나눠주면서 말했습니다.
"여행하지 않고 여태까지 줄곧 고향에 계신 셈 치십시오. 불운한 일이 있었다고 해서 낙심해서는 안 됩니다."
형은 몹시 기뻐하며 내가 나눠 준 돈으로 따로 가게를 열었습니다. 그 뒤 며칠 동안은 아무 일 없이 지나갔습니다.
다음에는 둘째형, 말하자면 여기 있는 이 개 한 마리입니다만, 이 형이 또 여행을 한다며 가재도구와 상품을 모조리 팔아치우고 나서 우리가 말리는 것도 듣지 않고 다른 여행자들과 함께 떠나고 말았습니다. 이 형도 꼬박 1년 동안 소식이 없더니 결국 큰형과 똑같은 몰골로 돌아왔습니다.
"그러기에 그만두라고 하지 않았습니까?"
제가 이렇게 말하자 형은 눈물을 흘리며 소리쳤습니다.
"아, 아우여, 이것이 정해진 운명이라는 것이다. 보다시피 무일푼*14의 거지가 되어버렸어. 입을 속옷조차 없었다."
나는 이 형도 목욕탕에 데리고 가서 나의 새 옷을 입히고 가게로 돌아와 밥을 먹였습니다.
"형님, 나는 해마다 정초에 가게의 결산을 내는데 만약 이익이 있거든 나와 형님 둘이서 나눠 가집시다."*15
마신님, 그래서 대차관계를 청산하고 나니 황금 2천 닢의 이익이 있어, 신께 감사드린 다음(신을 찬양할지어다!) 반은 형에게 주고 반은 내가 가졌습니다. 그 돈으로 둘째형은 가게를 차린다고 이리저리 뛰어다니더군요.
이렇게 셋이서 오랜 세월을 지냈습니다. 그러는 동안 형들은 함께 여행을 떠나지 않겠냐고 나에게 귀찮도록 권하는 것이었습니다.
"여행을 떠나 돈을 벌자고 하시지만 형님들은 여행을 해서 대체 얼마나 이득을 보셨습니까?"
내가 이렇게 말하며 두 사람의 말에 귀를 기울이지 않자, 형들은 각자 가게로 돌아가서 전처럼 장사를 계속했습니다.
 두 형은 꼬박 열두 달 동안 여행을 가지 않겠느냐고 나를 설득했지만 나는 절대로 듣지 않았습니다.
 이렇게 꼬박 6년의 세월이 흐른 뒤에야 나는 가까스로 승낙했습니다.
 "그럼, 함께 여행하겠습니다만 형님들에게 밑천이 얼마나 있는지 보여주십시오."
 그러나 두 형들은 술과 여자에 재산을 탕진하고 동전 한 푼 없다는 걸 알았습니다. 나는 한마디도 책망하지 않고 오히려 가게를 청산하고, 가게에 있는 재고품을 모조리 팔아 금화 6천 닢을 만들어 그것을 반으로 나눠 놓고 말했습니다.
 "이 돈 3천 닢을 우리 세 사람의 장사 밑천으로 삼고 나머지 반은 무슨 재난이 있을 때를 위해 땅 속에 묻어두었다가 나중에 1천 닢 씩 꺼내 각자 장사 밑천으로 씁시다."
 두 형은 찬성했습니다.
 "그거 참, 좋은 생각이다."
 그래서 세 사람이 1천 닢씩 나눠 가졌습니다. 우리는 배를 한 척 빌려 알맞은 상품을 사서 싣고 항해를 떠났습니다. 한 달이 지나 어느 도시에 이르러 물건을 팔았더니 1닢의 금화가 10닢이 될 만큼 큰 벌이가 되었습니다.
 그 뒤 다시 항해를 떠나려는데 바닷가에 누더기를 걸친 한 처녀가 눈에 띄었습니다. 처녀는 내 손에 입을 맞추면서 애걸했습니다.
 "여보세요, 나리, 나리는 친절하고 인정 많은 분이시지요? 은혜를 베풀어주시면 꼭 갚겠습니다."
 "물론이지. 네가 비록 은혜를 갚지 않더라도 나는 자비와 적선을 베풀 것이다."
 "그러시다면 나리, 저를 아내로 맞이하여 도시로 데려가주세요. 자비를 베풀어주시면 반드시 그만한 은혜를 갚겠습니다. 이런 초라한 꼴을 하고 있지만 나리의 체면이 깎이는 짓은 결코 하지 않겠습니다."
 이 말을 듣고 나는 알라 신의 뜻대로(신을 찬양할지어다!) 그 처녀가 사랑스럽게 느껴졌습니다. 그래서 소녀를 배에 데려가 옷을 갈아입히고 배 안에 산뜻한 방을 마련해 준 다음 정중하게 대접했습니다. 이리하여 항해가 계속되었는데 내 마음은 이 처녀에게 완전히 사로잡혀 낮이나 밤이나 그녀에게 붙어 있다 보니 자연 형님들과는 멀어지고 말았습니다. 결국 형들은 나에게 냉담해졌을 뿐 아니라, 내가 부자이고 상품도 많이 갖고 있는 것을 시기하여 탐욕스러운 눈으로 내 재산을 노리게 되었습니다.

그리하여 형들은 나를 죽이고 재산을 뺏을 음모까지 세우게 되었습니다. 악마에게 사로잡혀 그런 나쁜 짓도 두 사람 눈에는 당연하게 보였던 것입니다. 형들은 내가 아내와 자고 있을 때 우리 두 사람을 바다에 던져 넣고 말았습니다. 깜짝 놀라 눈을 뜬 아내가 즉시 마녀신*16으로 변하여 나를 바다에서 건져 어느 섬으로 데려갔습니다. 그리고 한참 보이지 않더니 아침이 되자 돌아와 말했습니다.

"저는 여기 있어요. 당신의 충실한 종인 저는 이번에는 훌륭하게 은혜를 갚았습니다. 저는 신의 뜻으로 당신을 물속에서 건져 목숨을 구했어요. 실은 저는 마녀신이예요. 당신을 만났을 때 알라의 뜻으로 첫눈에 당신을 사모하게 된 거지요. 저는 알라와 알라가 축복하고 지키시는 그의 사도(하늘이여, 사도를 축복하고 보호해 주소서!)를 믿어요. 그래서 당신의 눈에 띌 수 있는 모습을 하고 당신 가까이 간 거예요. 그랬더니 당신은 정말로 저를 아내로 맞아주셨지요. 그래서 이번에 익사할 뻔한 당신을 구해 드리게 된 거예요. 하지만 당신 형님들은 참으로 나쁜 사람들이라 정말 화가 나네요. 살려둘 수가 없어요."

이 말을 듣자 나는 깜짝 놀랐습니다. 나는 그때까지의 아내의 친절한 마음에 깊이 감사하며 말했습니다.

"하지만 형들을 죽이는 것만은 그만두도록 해요."

그리고 우리 삼형제가 태어나 오늘에 이르기까지 지내온 이야기를 자세히 해 주었습니다. 아내는 얘기를 다 듣고 나더니 이렇게 말했습니다.

"오늘 밤 저는 새가 되어 형님들에게 날아가 배를 가라앉혀 죽여 버리겠어요."

"제발 부탁이니 그것만은 하지 말아줘. 옛말에도, 죄를 저지른 자에게 선으로 갚는 자여, 악인은 나쁜 짓을 하도록 내버려두라고 했으니까. 그래도 나와 피를 나눈 형제가 아닌가."

"알라께 맹세코 절대로 살려둘 수 없어요."

아내가 계속 우기자 나는 그녀 앞에 엎드려 목숨만은 살려달라고 빌었습니다. 아내는 나를 데리고 하늘로 올라가 훨훨 날아서 우리 집 지붕 위에 내려놓았습니다.

나는 문을 열고 땅 속에 묻어두었던 나머지 돈을 꺼내고 이웃사람들에게 인사한 뒤 가게를 열고 물건을 사들였습니다. 밤이 되어 집에 돌아와 보니 개 두 마리가 묶여 있었습니다. 두 마리의 개는 나를 보자 뛰어오르고 쿵쿵거리며 아양을 떨었습니다. 영문을 몰라 어리둥절하고 있으려니 아내가 말했습니다.

"이 두 마리의 개는 당신 형님들이에요."

"대체 누가 이런 짓을 했소?"

"제가 여동생에게 얘기를 했더니 여동생이 이렇게 만들어 놓았어요. 그러니 10년 동안은 이대로 살아야 한답니다."

그로부터 10년이 지난 지금 형들을 원래의 모습으로 돌려달라고 부탁하기 위해 처제한테 가던 중이었습니다. 그러다가 마침 여기서 이 젊은이를 만나 사연을 듣고, 결말이 나기 전에는 여기를 떠나지 않기로 한 것이지요. 이것으로 내 이야기는 끝입니다!

얘기를 듣고 난 마신은 말했습니다.

"정말 신기한 이야기군. 그럼, 약속대로 이 사내의 피와 죄의 3분의 1을 네게 주마."

그때 암노새의 주인인 세 번째 노인이 마신에게 말했습니다.

"나는 이 두 사람의 이야기보다 훨씬 더 기괴한 이야기를 말씀드릴 테니 이 사람의 나머지 피와 죄를 모두 나에게 주지 않겠습니까?"

"좋고말고!"

그래서 노인은 이야기를 시작했습니다.

세 번째 노인의 이야기

오, 악령의 대왕이신 마신님이시여, 들어보십시오. 실은 이 노새는 바로 내 아내였습니다. 한 번은 내가 여행을 떠나 1년쯤 집을 비웠다가 어느 날 밤 돌아와 보니, 아내는 양탄자를 깐 침실에서 한 검둥이 노예와 정이 넘치게 이야기하고 웃다가 입맞추면서 한 몸이 되어 농탕질하고 있지 않겠습니까? 아내는 나를 보자 일어나 옹기 물병*17을 들고 달려와 뭐라고 주문을 외면서 나에게 물을 뿌렸습니다.

"네 모습이 개로 변해라."

별안간 나는 개가 되고 말았습니다.

아내가 문밖으로 쫓아내어 나는 정신없이 달렸습니다. 그러다가 어떤 푸줏간 앞에 이르러 거기 있던 뼈다귀를 핥고 있으니, 주인이 나를 붙잡아 집 안으로 끌고 들어갔습니다. 푸줏간 집 딸이 나를 보자 별안간 베일로 얼굴을 가리며 소리쳤습니다.

"아버지, 아버지는 남자 분을 제 앞에 데리고 오셨군요."

"남자가 도대체 어디 있단 말이냐?"

"이 개는 남자예요. 부인이 남편에게 마법을 건 거지요. 저는 이분의 마법을 풀어줄 수 있어요."

"오, 그래! 그럼, 어디 풀어주려무나."

딸은 물병을 들고 주문을 외면서 두세 번 내 머리 위에 물을 뿌리며 중얼거렸습니다.

"그 모습을 버리고 본디 모습으로 돌아가라."

나는 다시 사람 모습으로 되돌아왔습니다. 나는 처녀의 손에 입맞추며 감사한 뒤 이렇게 말했습니다.

"내 마누라의 모습도 바꿔주지 않겠소? 마누라가 내 모습을 바꾼 것처럼."

그러자 처녀는 내게 물을 조금 주면서 말했습니다.

"부인이 잠들어 있을 때 이 물을 뿌리면서 아까 제가 말한 대로 주문을 외우세요. 틀림없이 뜻대로 될 거예요."

집에 돌아와 보니 아내는 곤히 잠들어 있었습니다. 나는 그 물을 끼얹으면서 주문을 외웠습니다.

"그 모습을 버리고 암노새로 변해라."

아내는 정말 암노새로 변해버렸습니다.

오, 악령님, 마신의 대왕님, 지금 보고 계시는 이 노새가 바로 내 아내입니다.
이 말을 듣고 마신은 노새에게 물었습니다.
"지금 한 이야기가 정말이냐?"
노새는 고개를 끄덕이며 몸짓으로 대답했습니다.
"정말이고말고요. 바로 그대로입니다."

─샤라자드는 날이 밝아오는 것을 알고 허락받은 이야기를 그쳤다. 그러자 두냐자드가 말했다.
"언니, 언니 이야기는 얼마나 재미있고 유익한지 몰라요! 정말 아름답고 유쾌한 이야기예요."
"만일 임금님이 내 목숨을 내일까지 살려주신다면 훨씬 더 재미있는 이야기를 들려줄 수 있는데. 거기 비하면 오늘 밤에 한 이야기는 아무것도 아니란다."
샤리아르 왕은 이 말을 듣고 생각했다.
"정말 신기한 이야기다. 알라께 맹세코 다음 이야기가 끝날 때까지 샤라자드를 죽이지 말아야지."
두 사람은 날이 완전히 샐 때까지 같이 껴안고 푹 잤다. 그날도 왕이 넓은 알현실에 나가자 대신을 비롯하여 모두 모여들어 알현실은 사람들로 가득 차 있었다. 왕은 명령을 내리거나 재판을 하고, 임관과 파면을 처리하고, 지령 또는 금령을 내리면서 하루를 보냈다. 일과가 끝나자 왕은 다시 침전으로 들어갔다.

3번째 밤

사흘째 밤이 되어 왕이 대신의 딸을 품고 나자 동생인 두냐자드가 언니에게 말했다.
"자, 이야기가 어떻게 끝나는지 들려 주셔요."
언니가 대답했다.
"좋고말고. 얼마든지 해 주마!"

―오, 자비로우신 임금님, 세 번째 노인이 마신에게 두 노인의 이야기보다 더 재미있는 이야기를 들려주자, 마신은 크게 놀라면서 즐거운 나머지 몸을 흔들며 외쳤습니다.

"자, 이 상인의 나머지 피를 너에게 주겠다. 너희 덕분에 이 상인은 목숨을 건진 셈이다."

이 말을 들은 상인은 세 노인을 끌어안고 감사의 인사를 했습니다. 노인들은 목숨을 건진 상인을 축하하고 저마다 고향을 향해 떠났습니다. 하지만 이 이야기도 어느 고기잡이에 대한 이야기만큼은 재미있지 않습니다.

"고기잡이 이야기는 어떤 이야기인고?"

왕이 묻자 샤라자드는 대답 대신에 다음과 같이 이야기하기 시작했다.

〈주〉
* 1 여행자들의 이야기에는 대추를 먹고 그 씨를 내던지는 묘한 습관이 나온다. 이 습관 때문에 씨를 힘껏 던지는 것이다.
* 2 아라비아어 샤이프(Shaykh)는 본디 노인이라는 뜻. 그러나 연장자나 우두머리(종족, 조합 등의)로도 쓰이며, 또한 어떤 남자에게나 두루 사용할 수 있는 공경의 칭호이기도 하다. 라틴어 Senior에서 나온 근세 라틴어 계통의 Sieur(프랑스) Signore(이탈리아) Senor(스페인) Señhor(포르투갈) 등과 비교해 보기 바란다. 여기서 영국의 Sire(조상, 장로, 주인 등)와 Sir가 파생되었다.

　아라비아어의 많은 말과 마찬가지로, 샤이프라는 말도 여러 가지 다른 의미를 가지며, 그 대부분은 앞으로《아라비안나이트》속에 나올 것이다. 이브라힘(아브라함)은 최초의 샤이프, 또는 백발이 된 남자였다. 아랍인 역사가 타바리에 의하면, 이브라힘은 머리털을 가르고, 콧수염과 음모를 깎고, 손톱쑤시개로 이를 깨끗이 청소하고, 손톱발톱을 깎고, 코로 물을 마시고(세수할 때), 배변시 뒷물을 하고, 셔츠를 착용한 최초의 남자였다.
* 3 Jann(악령)은 대부분의 경우 복수이며, Jinnis(마신들)와 같다. 또한 단수로 쓰이면 악마라는 뜻.
* 4 우리 현대인은 간장(肝臟, liver)이라고 하면 질병만 생각하지만, 아라비아나 페르시아 문학에서는 유럽의 고전문학에서와 마찬가지로 간장은 감정의 원천이고, 심장은 애정의 원천이다.
* 5 이슬람국가에서는 본디 첩은 전쟁 중에 잡혀온 포로로,《코란》에서도 노예계집을 사고파는 일에 대해 한마디도 반대하지 않는다. 그러나 그 포로가 참된 신자가 되면 첩으

로 두지 말고 결혼하도록 명한다. 요즈음은 첩을 두는 것이 큰 문제가 되고 있다. 실제로 노예계집은 자신이 주인 재산의 일부임을 의식하여 주인과 함께 잠자리에 들어야 하는 의무가 있다고 여긴다. 물론 아내는 결코 그렇게 생각지 않는다. 그러나 개중에는 나이 많고 자식이 없는 경우 사라〔아브라함의 아내, 《창세기》제16장 2절 참조〕처럼 남편에게 젊은 첩을 얻게 하여 딸처럼 거두어주는 일도 없지 않았다. 《아라비안나이트》에는 첩 또는 측실에 대한 이야기가 많이 나오는데, 그들은 주로 권력 있는 교주나 높은 관리의 소유였다. 이 제도의 유일한 장점이라면 근대사회의 가장 큰 병폐인 매춘의 필요를 없앴다는 점일 것이다.

*6 아라비아어로 이드 알 카비르(대축제). 자세한 것은 《알 메디나와 메카 순례 견문기 Personal Narrative of a Pilgrimage to El-Medinah and Meccah》에 나와 있다. 나는 앞으로 자주 이 책을 언급하게 될 것이다.

*7 '허락받은 이야기'란 국왕인 남편이 샤라자드에게 허락한 이야기.

*8 이슬람국의 국왕은 옛 배화교도의 군주와 마찬가지로 하루에 적어도 2번의 알현식을 가지게 되어 있다. 이 의식을 게을리하여 교주정치(Caliphate)와 페르시아 및 무굴 제국들이 멸망했다. 즉 고관들의 통솔이 무너지고 신하들이 반역을 일으켜 실권을 쥐려고 한 것이다. 배화교(조로아스터교, 페르시아교라고도 함)도인 여러 왕들은 접견 장소를 두 군데 두고 각각 로지스탄(Rozistan, 낮의 장소)과 샤비스탄(Shabistan, 밤의 장소)이라고 불렀다(참고로 이스탄 또는 스탄은 Hindo-stan과 같이 동사인 서다=istadan의 명사형이다). 그리고 일주일에 한 번 군주는 무프티, 곧 최고 재판관으로서의 역할을 수행했다.

*9 동양에서도, 또 보카치오의 이탈리아에서도 좋은 소식을 가져온 자가 요구하는 포상이다. 반대로 나쁜 소식을 가져온 자는 매다는 형벌을 당한다.

*10 불쾌한 일을 입에 올리는 것을 피하기 위해 사용되는 완곡어법(婉曲語法).

*11 아라비아어의 디나르(Dinar)는 그리스어의 도나리온($\delta\eta\nu\alpha\rho\iota o\nu$)을 거쳐 라틴어의 denarius(놋쇠 10온스의 가치와 같은 은화)에서 나왔다. 이것은 코란 용어이며(《코란》제3장)로, 아라비아어에서는 '미스칼'이라고 한다(제3장 68절. 또한 파마는 10실링의 가치가 있는 금화로 설명하고 있음). 앞서 인용한 《카타 사리트 사가라》 속에도 나오며 명료하게 그 유래를 나타내고 있다. 《칼릴라와 딤나》에서는 Dara=왕에서 나온 Daric(아라비아어) 또는 페르시아어 Dinar나 다레이코스($\delta\alpha\rho\epsilon\iota\kappa o\varsigma$) 등이 디나르 대신 사용되었다. 〔그리고 Darius는 페르시아 왕의 이름으로서 자주 사용됨.〕

디나르, 세킨(Sequin) 또는 디카트(ducat) 등은, 시대에 따라 10~12디르함(dirham) 또는 드라크마에서 20~25디르함까지 차이가 난다. 형량(衡量)으로는 1 드라크마 반에 해당했다. 〔디르함과 드라크마도 마찬가지이며, 형량으로서의 드라크마는 16분의 1온스임.〕

디나르의 가치에는 큰 차이가 있지만, 여기서는 9실링 또는 10프랑에서 반 파운드까지 가정해도 무방할 것이다. 디나르에 대한 상세한 논설로는 율(Yule)의 저서 《중국 및 중국으로 가는 길 Cathay and the Way Thither》이 있다. 〔헨리 율은 영국 동양학자. 1820~89.〕

*12 거지에게 '적선'을 거절하거나 약간의 기부를 거부할 경우에 사용되는 문구로, "알라께서 당신에게 열어주시기를! (어딘가 더 좋은 곳으로 가라, 나는 너에게 줄 것이 없다는 뜻)" 하는 것이 있고, 그 밖에 자주 사용되는 문구 '알라 칼림'은 '알라는 가장 자비로우시다!'로 '알라에게 구하라, 나에게는 없다'는 뜻이다.

*13 아라비아어의 하맘(Hammam)은 공중목욕탕.

*14 아라비아어 디르함(Dirham, 복수형 dirahim, 돈 즉 은화의 뜻으로도 쓰임)은 그리스어 드라쿰($\delta\rho\alpha\chi\mu\eta$)이며, 플라우투스(Plautus)의 드라크마(drachuma)이기도 하다. 〔플라우투스는 기원전 180년 무렵에 죽은 로마의 유명한 희극시인.〕

이 말은 《판차탄트라》 속에서도 역시 같은 어원을 나타내고 있다. 그리고 이 은화는 6오볼(obol, 고대 그리스의 은화) 즉 9펜스 4분의 3으로, 흔히 66그레인 반으로 쓰였다. 《아라비안나이트》의 디르함은 6다니크에 해당하고, 1다니크는 1페니보다 훨씬 많은 금액이다. 현대 그리스의 1드라크마는 1프랑이다.

*15 아라비아어에서는, 설령 왕에게 말하는 경우에도 이야기하는 사람은 늘 자신을 먼저 들어 말한다. 그것은 예의에 벗어나지 않는다.

*16 Ifritah는 마신의 여성명사. 반드시 사악하지만은 않다.

*17 아라비아어의 쿨라 Kullah(이집트에서는 gulleh라고 발음됨). 주둥이가 넓은 물병이고, 다우라크(daurak)는 주둥이가 좁은 물병이다. 물이나 비등산을 담는 데 쓰이며, 흙을 빚어 구웠기 때문에 술도 담아 두는데 내용물이 늘 시원하다. 그러므로 이집트에 사는 모든 영국 사람들은 이 물병에 물을 담아 마신다. 그 우아하고 아름다운 형태에 대해서는 레인의 저서 《근대 이집트인의 풍속 습관 개설 Account of the Manners and Customs of the Modern Egyptians》에 자세히 나와 있다.

어부와 마신 이야기

 오, 자비로우신 임금님, 옛날에 나이가 아주 많은 한 어부가 아내와 세 아이를 거느리고 무척 가난하게 살고 있었습니다. 이 어부는 날마다 네 번만 그물을 치기로 정해놓고, 그 이상은 절대로 치지 않았습니다.
 어느 날 낮에 바닷가에 나가 바구니를 내려놓고 옷을 걷어 올린 다음 물속에 들어가 그물을 치고, 그것이 바닥에 가라앉기를 기다리고 있었습니다.
 잠시 뒤 줄을 잡아당기니 어찌나 무거운지 있는 힘을 다하여 끌어당겨도 도무지 끌려오지 않았습니다. 그래서 줄을 잡은 채 뭍에 올라와 땅에 말뚝을 하나 박아놓고 그 줄을 단단히 비끄러맸습니다. 그러고는 옷을 벗고 물속으로 헤엄쳐 들어가 갖은 애를 다 쓴 끝에 가까스로 그물을 끌어올렸습니다. 어부는 크게 기뻐하며 옷을 다시 입고 그물을 살펴보았습니다. 그런데 놀랍게도 그물 안에는 커다란 노새의 사체가 들어 있고, 그물이 군데군데 찢어져 있지 않겠습니까? 이것을 본 어부는 맥이 탁 풀려 외쳤습니다.
 "오, 영광의 신, 위대한 신, 알라 외에 주권 없고 권력 없다!"
 그리고 어부는 중얼거렸습니다.
 "이것이 오늘의 양식이라니 기가 막힐 일이로군."
 어부는 그 자리에서 노래를 지어 흥얼거렸습니다.

  어둠에 싸여 밤이 지새도록
  위험 속에 몸을 맡기고
  힘겹게 허덕이며 일하는 자여!
  나날의 양식을 얻으려
  애쓰지만 한도가 있어
  아 가엾어라, 중노동!
  보지 못했던가, 그대는? 거친 바다에

어부는 몸을 던져 양식을 구하네.
별들은 때마침 밤하늘에 깔려
반짝반짝 빛을 뿌린다.
굽이치는 파도도 겁내지 않고
바다로 몸을 날려 부풀어오는
그물을 지켜보는 그 모습.
밤의 수확물에 기뻐하며
한 마리의 물고기를 들고 돌아와
모가지를 운명의 고리에 걸고
두 동강낸다.
어둠과 비와 추위를
이겨내며 밤새도록
부지런히 일하는 어부에게서
물고기를 사들이는 그 때는.
주거나 마다거나 그의 뜻
힘써 수확물을 얻는 자와
구하여 그것을 먹는 자로
정해 주신 신을 찬양하라.

여기서 어부는 다시 말했습니다.
"자, 다시 일해야지. 나는 신의 자비를 믿고 있으니, 인샬라!"
그리고 계속 노래를 불렀습니다.

불운이 찾아올 때면
끙끙대지 말고 생각하라
거룩한 성인도 고뇌했음을.
할 일을 다 하면 그만.
남에게 불평해서 무엇 하랴.
자비로우신 알라조차도
무자비한 인간들에게

불평불만을 하느니.

　어부는 노새의 사체를 물끄러미 바라보다가 그물에서 빼내고 터진 그물을 실로 꿰매어 다시 펼쳤습니다. 그러고는 신의 이름을 외며 바닷속에 첨벙첨벙 들어가 그물을 던지고는 끌어올리려 했습니다. 이번에는 전보다 훨씬 더 무거워 바다 밑에 달라붙은 채 꼼짝도 하지 않았습니다.
　어부는 고기가 많이 걸렸구나 생각하면서 줄을 말뚝에 단단히 매고는 다시 옷을 벗고 물속에 들어가 자맥질을 하며 끌어당겨 가까스로 그물을 끌어올렸습니다. 그물을 들여다보니 모래와 진흙이 가득 든 커다란 단지가 들어 있었습니다. 이것을 본 어부는 완전히 실망하여 저도 모르게 이런 노래를 부르기 시작했습니다.[*1]

　　비켜라, 뜬세상의 고생이여!
　　비키지 못하겠거든 한번만 봐주렴.
　　오늘 끼니를 구하러 왔건만
　　빈손으로 돌아가야 한단 말이냐.
　　손 놀려 일한 보람도 없이,
　　운명은 내 몫을 주지 않으니
　　슬기롭고 총명한 세상 사람들이
　　어둠에 짓눌려 괴로워하건만
　　수많은 바보들은 팔짱끼고
　　명예를 모두 독차지하네.

　어부는 알라의 용서를 빌고 단지를 버린 다음 그물을 물에 깨끗이 헹궜습니다. 이어서 세 번째 그물을 던지고 가라앉기를 기다렸다가 끌어올려보니 이번에도 사금파리와 유리 조각 같은 것만 가득 걸려 있을 뿐이었습니다. 그것을 보고 어부는 이런 시를 흥얼거렸습니다.

　　내 손으로 한껏
　　이루는 것,

나날의 양식이 된다.
붓 들어 글씨를 쓴다 한들
양식을 얻는 데는 신통치 않네.
나날의 양식도 기쁨도
'운명'이 주시는 것.
하물며 여기는 불모의 땅
머슴만 기쁘게 만들 뿐.
'시간'과 '생명'의 화살 날아와
쓸모 있는 사람을 쓰러뜨리고
천박한 자를 높은 자리에 앉힌다.
그렇다면 죽음이여, 오라!
목숨 따위 지푸라기만한 가치도 없느니.
들오리는 하늘 높이 날고
매는 땅 위로 떨어진다.
이상히 여길 것 없노라.
마음이 고귀한 사람은 가난에 시달리고
분별없는 촌부들은 영광을 누린다.
이 새는 쉴 새 없이
동쪽에서 서쪽으로 날아도
저 새는 둥지에서
온갖 소원을 이루나니.

그리고 어부는 하늘을 우러러 말했습니다.
"오, 신이시여!*2 당신께서는 틀림없이 아실 겁니다. 제가 하루에 꼭 네 번밖에 그물을 치지 않는다는 것을.*3 오늘은 벌써 세 번 그물을 쳤습니다만 아무것도 베풀어주시지 않는군요. 아무쪼록 이번만큼은 오늘 하루의 양식을 내려주십시오."
그리고 알라의 이름을 부르면서*4 네 번째 그물을 던지고 바닥에 가라앉기를 기다렸습니다. 이윽고 그물을 힘차게 잡아당겼으나 무엇에 걸렸는지 도무지 끌려오지 않았습니다. 어부는 분한 마음을 풀 길이 없어 큰 소리로 외쳤습니다.
"알라 외에 주권 없고 권력 없도다!"
그리고 또 노래를 불렀습니다.

    더럽다, 빌어먹을 이 세상,
    슬픔과 비참이 나를 망치려 하는구나.
    새벽녘에는 누구나 즐거우련만,
    아직 해가 저물기 전에
    마셔야 하는 한탄의 술잔,
    옛날에는 나도 운이 좋았다.
    '누가 가장 행복한가?'
    '그건 물론 바로 나지!'라고 할 만큼.

어부는 다시 옷을 벗고 물속으로 들어가 가까스로 그물을 끌어올렸습니다. 그물을 펼쳐보니 오이 모양의 구리항아리가 하나 걸려 있었습니다. 속에 무엇이 들어 있는 듯 납 뚜껑이 꼭 덮여 있고 다윗의 아들 슬라이만 왕(알라여, 이 두 분께 은혜를 베푸소서!)의 봉인이 찍혀 있었습니다.
  이것을 본 어부는 기뻐서 말했습니다.
"놋그릇 시장에 내다 팔면 금화 10닢은 받을 수 있겠구나."
항아리를 흔들어 보니 뜻밖에 묵직하여 다시 이렇게 중얼거렸습니다.
"이 속에 대체 무엇이 들었을까? 아무튼 열어보고 속에 든 건 바구니에 꺼내두고 항아리만 시장에 내다 팔아야지."
어부는 작은 칼로 봉인을 뜯고 항아리의 뚜껑을 열었습니다. 그리고 땅에 그릇을 놓고, 속에 든 것을 거기에 쏟으려고 항아리를 거꾸로 흔들었습니다. 그런데 아무것도 들어 있지 않아서 어부는 매우 놀랐습니다. 그런데 조금 있으려니 항아리 속에서 한 줄기 연기가 나와 하늘 높이 솟아오르지 않겠습니까. 어부는 소스라치게 놀랐습니다. 연기는 바닥을 기어가 이윽고 매우 높이 솟아오르더니, 엷게 퍼졌던 연기가 한데 엉기어 별안간 무서운 마신으로 변해 버렸습니다. 발은 땅을 밟고 있고, 머리는 구름에 닿는 거대한 마신이었습니다. 또 머리는 흡사 둥근 지붕이요, 손은 쇠스랑 같고, 다리는 돛대처럼 길며, 입은 동굴처럼 컸습니다. 이빨은 커다란 바위, 코는 물병, 눈은 나란히 놓은 램프 두 개 같고 무척 사나워 금방이라도 달려들어 물어뜯을 듯한 형상이었습니다.

어부는 온몸이 부들부들 떨리고 이가 따닥따닥 부딪쳤으며 입 안이 바싹바싹 말라 정신을 차릴 수 없었습니다. 그러자 마신이 어부를 똑바로 바라보며 큰 소리로 외쳤습니다.

"알라 이외에 신 없고 슬라이만은 신의 예언자이시다. 오, 알라의 사도여, 나를 죽이지 말아주십시오. 앞으로 다시는 말에 있어서나 행동에 있어서나 당신을 거역하지 않겠습니다."*5

어부가 말했습니다.

"오, 마신(마리드)님,*6 당신은 지금 알라의 사도 슬라이만의 이름을 불렀는데, 슬라이만은 지금으로부터 약 1천8백 년 전에 죽었습니다.*7 그러니 이 세상도 이제 마지막 날이 가까워진 것입니다. 당신은 대체 누구십니까? 어찌하여 이런 항아리 속에 들어 있었습니까?"

어부의 말을 듣자 마신은 외쳤습니다.

"알라 이외에 신은 없도다. 이봐, 어부, 내 말을 듣고 낙심하지 마라!"

"낙심하지 말라니요?"

"안됐지만 너는 지금 당장 죽어야 해."

"좋은 소식을 알려주었는데 그런 보답을 하다니, 참으로 쌀쌀맞은 양반이구려!*8 어째서 죽이려는 겁니까? 내가 뭐 죽을 만한 짓이라도 했습니까? 당신을 항아리 속에서 꺼내주고, 바닷속에서 구해내고 이 육지로 끌어올려 준 나인데."

"듣기 싫다! 나에게 묻고 싶거든 어떤 방법으로 어떻게 죽고 싶은지 그것만 물어보면 돼!"

"내가 무슨 죄를 져서 그런 벌을 받아야 한단 말이오?"

"이봐, 어부! 내 신세 이야기를 한번 들어봐."

"그럼 간단하게 들려주십시오. 내 목숨이 지금 코끝에 걸려 있으니까요."*9

그리하여 마신은 이야기하기 시작했습니다.

"사실 나는 이단의 마신 족 가운데 하나로, 그 유명한 사후르라고 하는 마신과 작당하여, 다윗의 아들 슬라이만(두 분께 평안 있으라!)을 배신하고 죄를 저질렀지.*10 예언자 슬라이만은 바르히야의 아들 아사후라는 대신을 보내 나를 체포하게 했어. 그 대신은 밧줄로 나를 묶어 슬라이만 앞으로 데려갔는데(나는 꼼짝 못하고 풀이 죽어 있었지), 마치 구걸이라도 하는 듯한 모습으로 그 앞에 서 있어야 했어.

슬라이만은 나를 보더니 알라의 위광에 의지하여 올바른 길을 걸으며 명령에 복종하라고 명령하지 않겠나. 나는 거절했지. 그러자 이 호리병*11 속에 나를 가두고 납으로 뚜껑을 봉한 다음, 거룩하신 이름의 봉인까지 찍어서 한 악령에게 명령을 내려 나를 바다 한복판에 내던졌단 말이야. 나는 바닷속에서 백 년 동안 기다렸지. 그동안 '나를 구해주는 자가 있다면 평생 부자로 만들어 주겠다'고 생각하면서 말이야. 그러나 백 년이 지나도록 아무도 나를 구해주는 사람이 없더군. 그래서 '나를 구해주는 자가 있으면 이 세상의 숨겨진 보물창고를 모두 알려 줘야지'하고 생각하면서 또 백 년을 기다렸지. 그래도 나를 구해주는 사람 없어 그대로 4백 년의 세월이 흘렀어.

그래서 나는 말했지. '나를 구해주는 자가 있으면 세 가지 소원을 들어주자.' 역시 아무도 나를 구해주지 않더구먼. 그러자 나도 그만 화가 나서 이렇게 맹세했지. '이제부터 나를 구해주는 자가 나타나면 그놈을 죽이자. 다만 죽는 방법만은 그놈이 원하는 대로 해 주어야지' 하고 말이다. 그런데 마침 네가 나타나 나를 살려주었으니 어떻게 죽겠는지 그 소원만은 들어주겠다는 것이다."

마신의 이야기를 듣고 어부는 말했습니다.

"아, 이게 무슨 일이람, 하필이면 이런 때 내가 당신을 구해 주다니, 참으로 기구한 운명이군! 마신님, 아무쪼록 목숨만 살려주십시오. 그러면 알라께서도 당신의 죄를 용서하실 겁니다. 알라의 손에 걸려 죽고 싶지 않다면 나를 죽여서는 안 됩니다."

그러나 이 완고한 마신은 말했습니다.

"그래도 소용없어. 넌 내 손에 죽어야 해. 소원은 들어줄 테니 어떻게 죽고 싶은지 그것만 말해."

어부는 이제 죽었구나 하고 단념했으나 다시 한 번 마신에게 매달려 보았습니다.

"당신을 구해준 보답으로 부디 목숨만은 살려주십시오."
"안 돼. 나를 구해줬기 때문에 너를 죽이려는 것이다."
"오, 마신의 두령님, 당신은 은혜를 원수로 갚으시는군요. 오랜 속담에 이런 말이 있는데 참말이었군."

 인간이 선을 베풀었는데
 은혜를 원수로 갚는구나.
 악인이 하는 짓은
 맹세코 모두 이런 것!
 못난 자를 돕는 이여
 운미 아르미*12의 이웃과
 같은 불행을 당하리라.

마신은 이 말을 듣고 이렇게 말했습니다.
"그따위 넋두리는 집어치워. 어차피 네 목숨은 없다!"
어부는 혼자 중얼거렸습니다.
"저놈은 마신이지만 나는 알라께서 현명한 지혜를 주신 인간이다. 오냐, 네가 도리에 어긋나는 악한 짓을 한다면 나는 지혜와 꾀로 너를 파멸시켜 버릴 테다."*13
어부는 먼저 마신에게 물었습니다.
"나를 정말로 죽일 작정이십니까?"
"그렇다."
"그럼, 다윗의 아들 슬라이만(높으신 두 분의 영혼에 평화가 있기를!)의 봉인에 새겨진 가장 위대한 신의 이름에 걸고 궁금한 것이 있는데 똑바로 대답해 주시겠습니까?"
"그러지 뭐……!"
마신은 대답했지만 거룩한 신의 이름을 듣자 마음이 어지러워져 갑자기 목소리를 떨면서 덧붙였습니다.
"짤막하게 물어라."
"이렇게 작은 항아리 속에 당신이 어떻게 들어갔습니까? 손 하나 발 하나도 들어갈 수 없을 것 같은 이 항아리에 어떻게 온몸이 들어 갈 수 있었던 겁니까?"

마신이 대답했습니다.

"뭐라고? 내 온몸이 그 속에 들어가 있었던 것을 못 믿겠다는 거냐?

"어떻게 믿겠습니까? 그 속에 들어가 있는 당신을 내 눈으로 똑똑히 보기 전에는 도저히 믿을 수 없습니다."

—여기서 날이 훤히 밝아오는 것을 깨닫고 샤라자드는 이야기를 그쳤다.

4번째 밤

나흘째 밤이 되자 동생 두냐자드가 언니에게 말했다.

"언니, 졸리지 않거든 어젯밤 이야기를 계속해 주세요."

그래서 샤라자드는 또 이야기를 시작했다.

—오, 자비로우신 임금님, 어부가 마신에게 항아리 속에 마신이 들어가 있는 것을 보기 전에는 절대로 믿을 수 없다고 말하자, 마신은 그 자리에서 몸을 한 번 흔들어 순식간에 연기가 되었습니다. 연기는 한 군데로 엉기어 조금씩 항아리 속에 흘러들어가 마침내 다 들어가고 말았습니다.

그때 어부는 봉인이 찍힌 납 뚜껑을 집어 얼른 항아리를 덮고 큰 소리로 마신에게 말했습니다.

"이놈, 소원이 있으면 들어주마. 어떻게 죽고 싶으냐. 알라께 맹세코 네놈을 이 앞바다에 던지고 오두막집을 한 채 지어 살겠다. 그리고 여기 오는 사람들에게 고기잡이를 하지 말라고 주의시킨 다음, 이렇게 말해 주겠다. 이 언저리 물속에 마신이 하나 가라앉아 있는데, 그놈은 자기를 구해 준 은인에게 어떻게 죽고 싶으냐고 묻는 놈이라고 말이다."

이 말을 들은 마신은 자기가 다시 항아리 속에 갇힌 것을 알고 빠져나오려고 몸부림쳤으나 솔로몬 왕의 봉인이 있으므로 뜻대로 되지 않았습니다. 그러자 어부가 자기를 교묘하게 속인 것을 알고 기가 꺾여 고분고분해져서 말했습니다.

"아까 그 얘기는 그냥 농담이었어."

어부는 상대도 하지 않았습니다.

"거짓말 마라! 가장 비열한 마신 놈 같으니, 너처럼 천하고 더러운 마신은 없을 게다!"

그리고 항아리를 들고 물가로 갔습니다. 마신은 큰 소리로 외쳤습니다.

"안 돼! 그러지 마!"

어부도 소리쳤습니다.

"싫다! 싫다!"

그러자 마신은 부드러운 목소리, 정중한 말투로 겸손하게 말했습니다.

"어부 양반, 나를 대체 어떻게 할 셈입니까?"

"바다에 다시 던져 넣을 작정이다. 1천8백 년 동안 네놈이 집으로 삼았던 이 바닷속에 말이다. 심판의 날이 올 때까지 그곳에서 살아라. 아까 내가 그토록 애원하지 않았느냐? 살려주시오, 그러면 알라께서 당신을 용서해 주실 거요, 알라의 손에 죽기 싫거든 나를 죽이지 마시오 하고 말이다. 그러나 너는 듣지 않고 나를 죽이려 했다. 이번에는 알라께서 너를 내 손에 맡기셨다. 나는 네놈보다 영리하단 말이다."

"제발 뚜껑을 열어주십시오. 그 대신 틀림없이 당신을 행복하게 해드리리다."

"거짓말 마라, 이 저주받을 악마 녀석아! 네놈은 현자(賢者) 두반*14을 모함했던 유난 왕의 대신과 똑같은 놈이다."

"유난 왕의 대신은 어떤 분이고, 현자 두반은 누구입니까? 그들의 이야기란 어떤 건지요?"

마신이 물었으므로 어부는 다음과 같이 이야기하기 시작했습니다.

대신과 현자 두반 이야기

그렇다면 얘기해 주지. 아주 먼 옛날에 유난이라고 하는 왕이 로움 나라의 파루스라는 도성을 다스리고 있었어.*15 이 권력 있고 돈 많은 통치자는 강대한 군사와 호위병을 거느리며 모든 나라와 동맹을 맺고 있었지만, 왕의 몸은 문둥병에 걸려 의사도 학자도 어쩔 수 없었지. 물약을 마시고 가루약을 먹고 고약을 썼지만 아무 효험도 없었어. 수많은 시의(侍醫)가 있었건만 아무도 병을 고치지 못했다.

어느 날 이 도성에 용한 의사 한 사람이 찾아왔다. 그는 매우 늙은 남자로 현자 두반이라고 불리고 있었다. 이 사람은 그리스, 페르시아, 로마, 아라비아, 시리아 등지의 온갖 책을 읽어 천문학은 물론 약학에도 통달해 있었다. 그래서 무엇이 몸에 이롭고 무엇이 해로운지 훤히 알고 있었고, 온갖 나무와 풀의 효능과 그것에 독이 있는지 없는지도 매우 잘 알았다. 철학에도 조예가 깊고 의학은 물론 그 밖의 모든 분야의 지식이 풍부했다.

이 명의는 도읍에 묵고 있는 동안 유난 왕이 병으로 고생한다는 소문을 들었다. 문둥병으로 몸이 썩어 들어가는데 어떤 의사와 학자도 못 고치고 있다는 것이었다.

현자 두반은 밤새도록 깊은 생각에 잠겨 있더니, 밤이 지나고 아침 해가 떠올라 태양이 이 신앙심 깊은 사람(이들의 아름다움으로 세상은 빛나고 있지만)에게 인사하자, 가장 좋은 옷으로 갈아입고 유난 왕을 찾아갔다. 그는 왕 앞에 나아가 몸을 엎드리고 둘도 없이 아름다운 말로 왕의 명예와 영원한 번영을 기원한 다음 이렇게 아뢰었다.

"왕이시여, 들리는 말에 의하면 옥체에 이상이 생겨 수많은 의사들이 온갖 방법을 다 썼지만 효험이 없었다고 하던데, 저에게 분부를 내리시면 반드시 고쳐드리겠습니다. 그러나 저는 물약이나 고약 종류는 결코 쓰지 않습니다."

유난 왕은 이 말을 듣고 크게 놀랐다.

"정말 그렇게 할 수 있는가? 만일 내 병을 고쳐준다면 알라께 맹세코 그대를 자손 대대로 부자로 만들어 주리라. 그리고 아무리 값비싼 것도 줄 것이고 그 밖에도 원하는 것이 있으면 뭐든지 들어주며, 나의 벗으로 삼아 잔을 나누는 상대[16]로 대해 주리라."

왕은 옷을 한 벌 하사하고 후하게 대접하고서 다시 물었다.

"그대는 물약이나 고약을 쓰지 않고 내 병을 고칠 수 있다고 했는데 그게 정말인가?"

"예, 의약의 고통이나 후유증이 없이 고쳐드리겠습니다."

왕은 더욱 놀랐다.

"오, 의원이여, 언제 할 수 있느냐? 며칠이나 걸리겠는가? 급히 서둘러다오."

"알았습니다. 당장 내일부터 치료를 시작하겠습니다."

두반은 왕 앞에서 물러나와 집을 한 채 빌렸다. 많은 책과 두루마리, 약품과 향료를 보관해두기 위해서였다.

곧 일을 시작하여 가장 효력 있는 약과 약초를 고르고, 속이 텅 빈 공치기 막대기를 하나 만든 다음 그 끝에 손잡이를 달았다. 그리고 더할 나위 없는 솜씨로 공도 한 개 만들었다. 이튿날 두반은 이 두 가지 물건만 가지고 왕 앞으로 나아가 꿇어 엎드렸다. 그런 다음 왕에게 연병장*[17]에 말을 타고 나가 공치기 놀이를 하시도록 아뢰었다. 왕은 대신과 시종을 비롯하여 여러 신하를 거느리고 연병장으로 나갔다. 왕이 미처 자리에 앉기도 전에 두반은 공치기 막대를 건네주면서 이렇게 말했다.

"이 막대기를 제가 쥐어 드리는 대로 꼭 잡고 계십시오. 예, 됐습니다! 이제 말을 타고 광장에 나가셔서 말 위에서 몸을 앞으로 굽히시어 손바닥에 땀이 배고 온몸에 땀이 날 때까지 힘껏 공을 치십시오. 그렇게 하시면 약이 저절로 손바닥에 스며들어 온몸으로 퍼질 것입니다. 놀이가 끝나 약효가 느껴지는 듯한 기분이 드시거든 궁으로 돌아가 목욕을 하시고 푹 주무십시오. 그러면 병환이 완쾌하실 것입니다. 부디 옥체 보중하십시오!"

유난 왕은 현자 두반이 건네준 공치기 막대기를 꼭 움켜잡고 말에 올라 가까이 있는 공을 힘껏 쳤다. 그런 다음 다시 말을 달려 공을 쫓아가 힘껏 공을 날려 보냈다. 수없이 공을 치는 동안 손이 땀에 축축이 젖고 피부가 땀을 흘리자 막대기의 약이 손바닥으로 스며들었다.

현자 두반은 왕의 몸에 약이 퍼진 것을 알고 왕에게 궁으로 돌아가 목욕을 하시라고 아뢰었다. 왕은 곧 궁으로 돌아가 목욕을 준비하도록 명령했다. 노예들은 양탄자를 깔고 임금님이 갈아입을 옷을 내오는 등 법석을 떨었다. 왕은 목욕탕에 들어가 온몸을 정성들여 깨끗이 씻고 목욕탕 속에서 옷을 갈아입은 다음 말을 달려 침전으로 돌아가서 잠자리에 들었다.

한편 현자 두반도 집으로 돌아가 여느 때와 같이 잠자리에 들었다가 날이 새기 무섭게 궁으로 들어가 알현을 청했다. 알현이 허락되자 현자는 바닥에 몸을 엎드리고, 넌지시 왕을 가리켜 장중한 가락으로 다음과 같은 시를 읊었다.

'능변(能辯)'은 행복하도다,
그대가 주인이 될 때는.
그러나 남이 그 주인이 될 때는
깊이 탄식하고 슬퍼하리라.
오, 모습도 고귀하신 대왕이시여,
그 눈부신 빛은
어진 행실 가리는
의혹의 안개 영원히 쓸어버리니
임의 그 얼굴, '새벽 여명'과
'아침 해'처럼 늘 빛나거라!
노여움에 불타는 '시간'의 얼굴!
결코 드러내 보이지 마라.
임의 자비로
우리는 온갖 은혜 입지만
그것은 언덕에 흩뿌리는
비구름과도 같은 것.
임은 아낌없이 재물을 나누고
드높이 올라가
드디어 '시간'의 손에서 얻으신 것은
임이 위광이 크게 바라던 은상의 자리.

  현자가 노래를 마치자 왕은 곧 일어나 그의 목을 끌어안았다. 그리고 자기 옆으로 데려와 눈부시도록 찬란한 옷을 하사하여 그 자리에서 갈아입게 했다. 왕이 목욕을 마치고 자기 몸을 살펴보니 문둥병은 씻은 듯 흔적도 없이 사라지고 살갖은 티 없이 하얀 은처럼 깨끗해져 있었기 때문이었다. 왕은 자신의 몸을 보고 너무 기뻐서 가슴이 부풀어 오르고[*18] 하늘을 날 것 같았다.
  이윽고 해가 높이 떠오르자 왕은 알현실로 나가 옥좌에 앉았다. 그러자 시종과 중신들 사이에 현자 두반도 알현하러 와 있었다. 의원의 모습을 본 왕은 벌떡 일어나 그를 자기 옆에 불러 앉히고 산해진미를 가져오게 했다. 이리하여 현자는 왕과 함께 귀한 음식을 나누며 온종일 곁에서 상대하는 영광을 누렸다. 밤이 되자 왕은 훌륭한 옷과 수많은 하사품, 금화 20닢을 내리시고 자신의 애마에 태워 집까지 바래다주게 했다.*19

현자가 돌아가고 나서도 왕은 그 뛰어난 솜씨를 칭찬해 마지않았다.

"그자는 외부에서 내 몸에 약을 발라주었는데, 그렇다고 고약 같은 것도 아니었다. 알라께 맹세코, 이렇게 훌륭한 솜씨가 어디 있단 말인가. 이런 인물에게는 은상을 내리고 앞으로 내가 죽는 날까지 술잔을 함께 나누는 벗으로 삼아야겠다."

유난 왕은 병이 완전히 나아 목숨이 달린 난치병을 물리친 것을 기뻐하며, 흡족한 마음으로 그날 밤을 보냈다. 이튿날 아침 왕이 후궁에서 나와 옥좌에 앉자 영내의 제후들이 둘러서고 태수와 대신들이 평소처럼 양옆에 늘어섰다. 왕이 또 두반을 부르도록 분부하니 얼마 뒤 현자가 들어와 왕 앞에 무릎을 꿇었다. 왕은 일어나 정중히 맞아들여 옆자리에 앉히고 함께 식사하면서 두반이 건강하게 오래 살기를 진심으로 빌었다. 그리고 밤이 깊도록 이야기하다가 다시 옷 5벌과 녹봉으로 금화 1천 디나르를 내리도록 분부했다. 두반은 왕에게 깊이 감사하면서 집으로 돌아갔다.

다음 날도 왕은 알현실로 나갔다. 영내의 제후와 귀족, 시종과 대신들이 흰 자위가 검은 눈동자를 둘러싸듯 왕을 둘러싸고 앉았다. 이 대신들 가운데 생김새가 흉측하고 불길한 느낌을 주는 사람이 있었다. 그는 심보가 고약하고 도량이 좁으며 질투와 악의로 가득 찬 사람이었다. 이 대신은 왕이 두반을 가까이하며 과분한 하사품을 내리는 것을 보고 몹시 시기하여 어떻게든 해치려고 마음먹었다. 속담에도 '질투는 모든 사람 가슴에 깃들고 포악은 모든 사람 마음에 숨어 있으며, 강한 자는 이를 겉으로 드러내고 약한 자는 이를 숨긴다'고 했다.

대신은 왕 앞으로 나아가 엎드린 다음 이렇게 말했다.

"오, 이 세상의 영원한 임금이시여, 저는 임금님의 은혜를 입어 어른이 되었습니다만 반드시 말씀드려야 할 중대한 일이 있습니다. 이것을 숨겨둔다면 저는 불의를 저지르는 것이 되어 불충한 자가 되고 맙니다. 그러니 만약 허락해 주신다면 이 자리에서 말씀드리고 싶습니다."

이 말에 불안을 느낀 왕이 물었다.

"대체 무슨 얘기인가?"

"오, 영광스러운 임금이시여, 옛 현인은 끝을 생각지 않는 자는 운명의 도움을 받지 못한다고 했는데, 실은 제가 보기에 요즘 임금님께서는 올바른 길을 걷고 계신다고 할 수 없습니다. 그 까닭은 자신의 적에게 아낌없이 은상을 내리고 계시기 때문입니다. 그자는 임금님의 멸망과 몰락을 꾀하고 있습니다. 그런 자에게 호의를 베푸시고 과분한 명예를 내리시고 둘도 없는 친구로 대하고 계십니다. 그러므로 저는 오직 임금님의 신상이 염려될 따름입니다."

왕은 더욱 불안해져서 얼굴빛이 달라졌다.

"그대는 누구를 의심하고 있는가? 누구를 두고 하는 말인가?"

"임금님, 만일 잠들어 계시다면 눈을 뜨십시오! 저는 의사 두반을 두고 말씀드리는 것입니다."

"당치도 않은 소리! 그 사람은 누구보다도 내가 호의를 갖고 있는 나의 진실한 친구다. 손에 쥔 막대기 하나만으로 내 병을 고쳐준 사람이 아닌가? 아무리 용하다는 의사도 포기한 내 몹쓸 병을 고쳐준 은인이다. 정말이지 그런 사람은 요즘 세상에 보기 드물어. 아니, 동쪽 끝에서 서쪽 끝까지 온 세상을 다 뒤져도 찾지 못할 게다. 그대는 그런 사람의 험담을 한단 말인가? 오늘부터 그에게 매달 금화 1천 닢을 녹봉으로 주기로 하겠다. 그런 사람에게는 이 영토를 나눠줘도 아깝지 않아. 그대가 그런 험담을 하는 것은 다만 쓸데없는 질투와 시기심에서라고밖에 나는 생각할 수 없다. 신디바드 왕의 이야기처럼 말이다."

―샤라자드는 여기서 밤이 밝아온 것을 알고 이야기를 그쳤다. 그때 동생 두냐자드가 말했다.

"언니의 이야기는 어쩌면 그토록 재미있을까요? 정말 멋지고 아름답고 유쾌했어요!"

"하지만 이 이야기도 내일 밤에 할 이야기에 비하면 아무것도 아니야. 만약 임금님께서 나를 살려주신다면 말이지만."

그러자 왕은 혼잣말을 중얼거렸다.

"알라께 맹세코 이야기를 다 들을 때까지는 죽이지 말아야지, 정말 재미있는 이야기다."

두 사람은 날이 밝을 때까지 서로 끌어안고 잠을 잤다. 아침이 되자 샤리아르 왕은 알현실로 나갔다. 대신을 비롯하여 많은 사람이 들어와 알현실이 가득 차 있었다. 왕은 평소와 다름없이 명령을 내리고 재판, 임명, 파면을 결재하는 등 정무로 하루를 보내고서 저녁이 되자 왕궁으로 돌아갔다.

5번째 밤

닷새째날 밤에도 동생 두냐자드가 말했다.
"언니, 잠이 오지 않거든 이야기를 계속해 주세요."
그래서 샤라자드는 다시 이야기를 시작했다.

―오, 자비로우신 임금님, 큰 힘을 지니신 대왕님, 유난 왕은 대신에게 말했습니다.
"대신이여, 그대는 그 현자 때문에 질투라는 악령에 사로잡혔구나. 그대는 나로 하여금 그 사람을 죽이도록 꾀하고 있지만, 만일 내가 그를 죽인다면 신디바드 왕이 자기의 매를 죽이고 후회한 것처럼 나도 반드시 후회하게 되리라."
그러자 대신이 물었습니다.
"부디 용서해 주십시오. 오, 이 세상을 다스리는 왕이시여, 그건 어떤 이야기인지요?"
그리하여 왕은 이런 이야기를 하기 시작했습니다.

신디바드 왕과 매 이야기

옛날 파루스 나라의 왕 중의 왕으로 불리며, 놀기를 좋아하고 특히 경마와 사냥을 즐기는 왕이 있었다(그러나 알라는 전지전능하다[20]).
이 왕은 매를 한 마리 키우고 있었는데 어찌나 사랑했던지, 밤에 잘 때는 주먹 위에 앉히고 사냥을 나갈 때도 반드시 데리고 나갔다. 매의 목에는 왕이 분부하여 만든 매에게 물을 먹일 때 쓰는 조그만 금잔이 매달려 있었다.

어느 날, 왕이 궁전에서 쉬는데 갑자기 매부리 우두머리가 와서 말했다.
"오, 이 세상을 다스리시는 임금님이시여, 오늘은 매사냥하기에 아주 좋은 날씨입니다!"

왕은 곧 사냥 지시를 내리고 손등에 매를 앉혀 출발했다. 모두 흥겹게 웃으면서 나아가다가 어떤 골짜기(와디)*21에 이르러 빙 둘러서서 포위망을 좁혀갔다. 그러자 난데없이 영양 한 마리가 몰이꾼의 포위망 속에 뛰어들어왔다. 왕은 기뻐하며 소리쳤다.
"저 영양을 놓친 자는 사형에 처한다."
사람들이 포위망을 차츰 죄어가자 영양이 별안간 왕 앞으로 와서 절이라도 하는 듯이 앞다리를 가슴 위에 포갰다. 왕은 그 짐승에게 답례할 마음으로 고개를 숙였는데, 그 순간 영양이 왕의 머리 위를 뛰어넘어 저편 황무지로 쏜살같이 달아나버렸다.
왕이 신하들을 돌아보니 모두 자신에게 눈짓을 하고 손가락질하며 수군거리고 있었다.
"대신, 신하들이 뭐라고 말하고 있는가?"
"영양을 놓친 자는 사형에 처하겠다고 하신 말씀을 주고받고 있습니다."
"좋다, 내 목을 걸고 쫓아가서 잡아오마."
왕은 전속력으로 달려가 영양 뒤를 쫓았다. 끝까지 추적을 늦추지 않는 동안 어느 산기슭에 이르자 영양이 동굴을 향해 달려가는 것이 보였다. 왕은 매를 놓았다. 매는 곧바로 날아가 영양에게 달려들더니 발톱으로 눈을 찔러 장님을 만들어버렸다. 왕이 창칼을 뽑아 내리치니 영양은 그 자리에 쓰러지고 말았다. 왕은 말에서 내려 영양의 멱을 따고 가죽을 벗겨 안장 앞에 매달았다.
때는 마침 오후의 낮잠시간*22이었고, 땅은 바싹 메말라 어디를 돌아봐도 물 한 방울 눈에 띄지 않았다. 왕은 목이 타고 말도 목이 말라 괴로워 보였다. 이곳저곳 헤매던 끝에 마침 큰 가지에서 물방울이 뚝뚝 떨어지는 나무 한 그루를 겨우 찾아냈다. 그것은 마치 버터가 녹아내리는 듯한 물이었다.
왕은 방독 가죽장갑을 낀 손으로 매의 목에서 잔을 끌러 물을 받아 매 앞에 놓았다.

그런데 매는 발톱으로 물을 엎질러버리는 것이 아닌가! 왕은 매도 목이 마르리라 여기고 다시 잔에 물을 받아주었으나 매는 또 발톱으로 물을 엎질러버렸다. 왕은 화가 나서 세 번째로 물을 받아 이번에는 말에게 내밀었다. 그러자 매가 별안간 날개를 퍼덕여 또다시 물을 엎지르고 말았다. 왕은 격분하여 소리쳤다.

"알라의 저주를 받을 이놈! 고얀 놈 같으니! 나에게 물을 못 먹게 했을 뿐더러 저도 안 먹고 말까지 못 먹게 하다니 무슨 짓이냐."

왕은 칼을 뽑아 매의 날개를 베어버렸다. 그러자 매는 머리를 들고 몸짓으로 이렇게 말하는 것이었다.

"저 나무 위에 매달려 있는 것을 보십시오."

왕이 눈을 들어 위를 쳐다보니, 거기에는 많은 독사가 휘감겨 있었다. 물인 줄 알았던 것은 뱀의 독이었던 것이다.

왕은 매의 날개를 베어버린 것을 매우 후회하면서 잡은 영양을 가지고 말을 달려 돌아왔다.

사냥 진영으로 돌아온 왕은 사냥한 고기를 요리사에게 던져 주었다.

"이것을 구워 오너라."

왕이 의자에 앉자, 그때까지 손등에 앉아 할딱이고 있던 매가 갑자기 심하게 몸부림치다가 그만 죽어버렸다. 왕은 자신의 목숨을 살려준 매를 죽인 일을 뉘우치며 목 놓아 울었다.

유난 왕이 말했다.

"이것이 신디바드 왕의 이야기야. 내가 그대의 말대로 한다면 앵무새를 죽인 사내처럼 반드시 후회하게 될 게다."

"그건 또 어떤 이야기입니까?"

대신이 묻자 왕은 다시 이야기를 시작했다.

앵무새와 바람난 아내 이야기[*23]

한 상인이 아내를 맞이했다. 더할 나위 없이 아름답고 마음씨 곱고 귀여운 여자였다. 남편은 질투가 강한 사람이어서 아내 때문에 될 수 있는 한 집을 비우지 않았다.

그런데 어느 날 어쩔 수 없는 일로 여행을 떠나게 된 남편은 새를 파는 시장에 가서 금화 백 닢을 주고 암컷 앵무새 한 마리를 사왔다. 그 앵무새에게 감시를 시켜 여행에서 돌아왔을 때, 자신이 집을 비운 동안 있었던 일을 들으려는 계산이었다. 앵무새는 영리하고 똑똑해서 보고 들은 일을 결코 잊어버리지 않기 때문이다.

한편 아름다운 아내는 그 전부터 한 젊은 터키인[24]과 사랑에 빠져 있었는데, 그 애인이 거의 날마다 집으로 찾아왔다. 아내는 낮에는 음식을 대접하고 밤에는 사내와 함께 잠자리에 들곤 했다.

상인은 긴 여행을 마치고 집에 돌아오자 곧 앵무새를 가져오게 하여 자기가 없었던 동안의 아내 행실을 캐물었다. 앵무새가 대답했다.

"당신 부인에게는 남자 친구가 있어요, 당신이 없는 동안 밤마다 함께 지냈답니다."

머리끝까지 화가 난 남편은 속이 시원해지도록 아내를 두들겨 패주었다. 아내는 노예계집 가운데 누군가가 남편에게 고자질한 줄 알고 모두 불러 매섭게 다그쳤다. 그러나 모두 안주인의 비밀에 대해 얘기한 적이 없다고 말하며, 앵무새가 그랬다고 일렀다.

"앵무새가 일러바치는 것을 저희가 똑똑히 들었어요."

이 말을 들은 아내는 한 노예를 시켜 새장 밑에 맷돌을 갖다놓고 드르륵드르륵 갈게 하고, 다른 노예에게는 새장 위에 물을 뿌리게 하고, 또 다른 노예에게는 이리저리 돌아다니면서 밤새도록 번쩍이는 강철 거울을 비추게 했다.

다음 날 아침 친구의 초대를 받고 집을 비웠다가 돌아온 남편은, 당장 앵무새를 가져오게 하여 자기가 없었던 동안에 일어난 일을 물어보았다.

"용서하세요, 주인님. 어젯밤에는 밤새도록 천둥이 치고 번갯불이 번쩍여서 아무것도 보이지도 들리지도 않았어요."

그때가 마침 여름이었으므로 주인은 이상하게 여겼다.

"이봐, 지금은 한여름[25]이야. 비가 쏟아지고 폭풍이 일 때가 아니잖아."

"하지만 알라께 맹세코, 지금 말씀드린 것을 이 두 눈으로 똑똑히 보았어요."

남편은 아내의 음모가 있는 줄도 모르고 노발대발했다. 자기가 없는 동안에 있었다는 아내의 행실도 앵무새가 제멋대로 꾸며서 한 말로 생각하고, 새장에서 앵무새를 꺼내 땅바닥에 힘껏 동댕이쳐 단번에 죽여 버리고 말았다.

며칠이 지나 노예계집 하나가 모든 사실을 고백했지만 남편은 믿으려 들지 않았다. 그러다가 드디어 아내의 침실에서 정부인 젊은 터키인이 나오는 것을 목격하고 말았다. 남편은 칼을 뽑아*26 그 자리에서 터키인의 목덜미를 내리치고 그 칼로 부정한 아내도 죽여 버렸다. 이리하여 두 남녀는 불륜의 죄를 지고 '영겁의 불길(지옥)' 속으로 떨어져버렸다. 그제야 상인은 앵무새가 사실대로 얘기했다는 것을 알고 탄식했지만 이미 늦은 일이었다.

유난 왕의 이야기를 듣고 나서 대신은 말했다.

"오, 권세 높으신 임금님, 제가 두반에게 무슨 위해를 끼쳤단 말씀이십니까? 어떤 원한을 품고 있다는 말씀이십니까? 저는 그 사람을 죽이려고 한 적이 없습니다. 임금님을 위해서가 아니라면 왜 그런 말씀을 드렸겠습니까? 언젠가는 제 말이 옳았다는 것을 아시게 될 겁니다. 저의 간언을 들어 주시면 임금님도 안전하시겠지만, 그렇지 않으면 젊은 왕자에게 배신당한 어떤 대신처럼 몸을 망치시게 될 것입니다."

"그건 무슨 이야기인고?"

유난 왕이 묻자 대신은 이야기하기 시작했다.

왕자와 식인귀 이야기

어떤 임금님에게 사냥을 무척 즐기는 왕자가 있었습니다. 임금님은 한 대신에게 왕자가 어디로 가든 곁을 떠나지 않고 따라다니라고 분부해 두었습니다.

어느 날 젊은 왕자는 여느 때처럼 대신을 데리고 사냥을 나가게 되었습니다. 두 사람이 말을 타고 가는데 저편에서 커다란 짐승 한 마리가 무서운 기세로 돌진해 왔습니다. 대신이 소리쳤습니다.

"앗, 훌륭한 사냥감입니다!"

왕자는 곧 그 뒤를 쫓아갔으나 짐승은 황야 쪽으로 달아나 온데간데없이 사라져버렸습니다.

왕자가 어느 쪽으로 가야 할지 몰라 갈팡질팡하고 있으니 웬 처녀 하나가 홀연히 눈앞에 나타나 눈물을 흘리며 우는 것이 아니겠습니까? 왕자가 다가가 물었습니다.

"당신은 누구요?"

"저는 인도 어느 왕의 딸입니다. 대상과 함께 사막을 여행하는 동안 졸다가 말에서 떨어지는 바람에, 일행을 놓치고 혼자 남아 어찌해야 할지 모르고 있는 참입니다."

왕자는 가엾게 생각하고 자기 말 뒤에 태워 주었습니다. 이윽고 어느 폐허 옆을 지나가는데 처녀가 말했습니다.

"왕자님, 잠시 측간에 다녀오고 싶습니다만."

그래서 그 폐허 옆에 내려주었더니 안으로 들어간 채 도무지 돌아오지 않는 것이었습니다. 뭘 꾸물거리나 궁금해서 살그머니 뒤를 밟아보니, 놀랍게도 처녀로 보았던 것은 사람이 아니라 끔찍한 식인귀[27]가 아니겠습니까. 그 식인귀가 자식들을 모아놓고 이렇게 말하고 있었습니다.

"애들아, 오늘은 저녁밥으로 토실토실한 젊은 남자[28]를 데리고 왔다."

"빨리 데리고 와, 엄마. 사람고기 실컷 먹고 싶어."

이 말을 듣고 왕자는 이제 죽었구나 하고 무서움에 부들부들 떨면서 몸을 돌려 달아나려 했습니다. 바로 그때 식인귀가 나타나 왕자가 사지를 부들부들 떨면서 겁내고 있는 것을 보고 말했습니다.

"뭘 그리 무서워하고 있어요?"

"실은 굉장히 무서운 적을 만나는 바람에."

"당신은 왕자님이라고 하셨잖아요?"

"그렇소."

"그럼, 그 적에게 돈이라도 줘서 달래면 되지 않아요?"

"그 적은 내 돈 같은 건 필요 없다고 하오. 내 목숨을 가져가지 않으면 만족할 수 없다고 하니 무서워 죽겠구려. 이 일을 어찌해야 할지."

"그렇다면 알라께 기도하세요. 적이 당신을 해치지 못하도록 당신이 무서워하는 재앙이 몸에 미치지 않도록 반드시 지켜주실 거예요."

왕자는 하늘을 우러러 소리쳤습니다.

"오, 신이시여, 괴로워하는 자가 기도하면 대답해 주시어 그 괴로움을 씻어주시는 신이시여! 저의 적을 물리쳐주소서. 만물을 다스리시는 신께서는 전능하시니."

이 기도를 듣고 식인귀는 달아나 버렸습니다. 무사히 부왕에게 돌아간 왕자가 그 대신에 대한 이야기를 하자, 왕은 대신을 불러 그 자리에서 베어죽이고 말았습니다.

"그러니 임금님, 임금님께서도 만일 그 두반을 끝까지 신용하시다가는 틀림없이 그같이 끔찍한 변을 당하시고 말 것입니다. 임금님께서 그토록 총애하시며 친한 벗으로 대접하고 계신 그자는 틀림없이 임금님의 파멸을 꾀할 것입니다. 그자는 뭔가 묘한 것을 손에 쥐게 하여 몸 밖으로부터 병을 고치지 않았습니까? 그와 마찬가지로 무엇을 쥐게 하여 목숨을 뺏을지 누가 알겠습니까?"

"과연 그 말도 옳다. 그렇게 되지 않으라는 법이 없지. 어쩌면 저 두반이라는 자는 나를 죽이려고 들어온 첩자일지도 몰라. 그대 말대로 단지 공치기 막대기를 쥐게 하여 병을 고쳤으니 다음에는 무슨 냄새를 맡게 하여 나를 죽일지 어떻게 알겠는가? 그렇다면 대신, 저 사내를 어떻게 하면 좋겠는가?"

"지금 곧 사자를 보내 불러들인 뒤 목을 베어버리십시오. 그렇게 하면 그놈도 그놈의 간계도 무사히 물리칠 수 있고, 속기 전에 이쪽이 먼저 선수를 치는 셈이 되는 겁니다."

"그거 참, 좋은 생각이다."

왕은 곧 사자를 시켜 현자를 불러들였다.

가엾은 현자 두반은, 이런 음모가 있는 줄은 꿈에도 모르고 서둘러 달려왔다.

어떤 시인이 그 일을 다음과 같이 노래하고 있다.

'운명'을 두려워하는 자여,
이 세상을 창조하신 신께
모든 것을 맡기고
진심으로 믿으며 가라, 기다려라.
운명이 '있으라' 하면
모든 것은 반드시 나타난다!
그대는 아직 정해지지 않은
'운명'의 손에서

무사히 벗어나리.

임금님 앞에 나온 현자 두반은 다음과 같은 시로 인사를 올렸다.

날마다 임께 바치는 감사를 잊고
임의 은혜 잊는다면
누구를 위해 시를 읊고
누구를 위해 노래하리.
누구를 위해 말하고 일하리.
구하지도 않건만 임께서는
아낌없이 선물을 내리시고
은혜를 베푸셨도다.
무엇을 아끼리, 임께 바치는 찬사를,
어찌 그치리, 임을 찬양하는 말을,
음으로 양으로 임의 은혜 뚜렷한데,
고마우신 임의 은혜 감사하리,
임의 은총은 영원히 어깨에 무거워도
생각이나 입으로 말하기는 가볍기에.

두반은 같은 제목에 대해 다음과 같이 노래를 계속했다.

슬퍼하지 마십시오! 근심 걱정 마십시오,
어려울 때는 운명에 맡기십시오!
지금의 한때를 한껏 즐기시고
지나간 옛일은 씻은 듯이 잊으소서.
나쁜 일처럼 보여도
곧 다시 좋은 일도 있는 법이니.
신의 마음, 무슨 일에나
신의 뜻을 거역하지 마옵소서.

그런 다음 계속하여 읊었다.

>뜬세상 일은
>전능하신 신께 맡기고
>세상 속인들이 하는 헛소리에
>마음 주지 말고. 귀 기울이지 말지어다.
>슬기롭게 깨달으라, 무슨 일이든
>자기 뜻대로 되지 않는 법,
>모든 임금의 임금이신
>알라 한 분의 뜻

그리고 마지막으로 노래했다.

>즐겁고 흥겹게
>모든 시름 잊으시오.
>어진이의 마음도 날이면 날마다
>탄식의 눈물로 닳아간다.
>힘없는 노예가 끙끙대며
>궁리해 보았자 쓸데없는 일,
>고민을 버리면 구제받으리,
>앞으로 영원토록 구제받으리.

이에 대해 왕은 다만 이렇게 말했다.
"내가 왜 그대를 불러들였는지 아는가?"
"가장 높으신 알라 외에 숨겨진 일을 아는 자는 아무도 없습니다."
"그대를 부른 것은 다름 아니라 그대의 목숨을 갖고 싶어서다, 그대를 죽이고 싶어서다."
뜻밖의 말을 듣고 두반은 몹시 의아해서 물었다.
"오, 임금님, 어째서 저를 죽이시려 하십니까? 제가 무슨 나쁜 짓을 저질렀단 말씀입니까?"

"듣자니 너는 내 목숨을 노리고 들어온 첩자라는구나. 그래서 네가 나를 죽이기 전에 너를 죽이려는 것이다."

그리고 형리(刑吏)를 불러 명령을 내렸다.

"이 배신자의 목을 베어 계략의 뿌리를 뽑도록 하라!"

이 말을 들은 현자는 왕에게 탄원했다.

"저를 살려주신다면 알라께서도 당신을 살려주실 겁니다. 저를 죽이시면 안 됩니다. 그렇지 않으면 알라께서 임금님의 목숨을 앗아가실 것입니다."

이렇게, 마신이여, 내가 너에게 부탁한 것처럼 두반도 되풀이하여 부탁한 것이다. 그러나 너는 나를 살려주지 않고 무슨 일이 있어도 죽이겠다며 들어주지 않았지. 유난 왕도 그저 이렇게 말할 뿐이었다.

"너를 살려두면 베개를 높이 베고 잘 수 없어. 내 손에 공치기 막대기를 쥐어준 것만으로 병을 고쳤으니, 이번에는 무슨 냄새를 맡게 해서 쉽사리 나를 죽일지도 모르거든."

"아, 임금님, 임금님은 선을 악으로 갚으려 하십니까? 이것이 보상이십니까?"

"어쩔 수 없다. 당장 네 목숨을 얻어야겠다."

현자 두반은 왕이 그 자리에서 자기를 죽일 생각임을 알고 눈물을 흘리며 나쁜 사람에게 친절을 베푼 것을 후회했다. 바로, 이런 일을 어떤 사람이 다음과 같이 노래한 것처럼.

마임나*29에게는 지혜도 재능도 없었지만
조상들은 누구보다 지혜가 뛰어났다.
누구나 진흙과 쓰레기, 진흙땅을 밟을 때에는
발밑을 조심하는 것이 상책이니라.
미끄러져 넘어지지 않으려면.

그때 형리가 앞으로 다가와 두반의 눈을 가리고서 칼을 뽑아들고 왕을 향해 말했다.

"임금님의 분부시라면."

두반은 울부짖었다.

"나를 살려주시오. 알라도 당신을 구원해 주실 겁니다. 나를 죽이지 마십시오. 그렇지 않으면 알라께서 임금님의 목숨을 앗아가실 겁니다."
 그리고 다시금 이런 노래를 불렀다.

정을 베풀었으나 죽음을 면치 못하고
사악한 자들이 죽음을 모면한다.
인정을 베푼 것이 원한이 되어
'파멸의 집'으로 나는 끌려가누나.
목숨이 있다면 이제 다시는
남에게 은혜를 베풀지 않으리.
내가 죽으면
나처럼 정을 지닌 모든 사람도
죄를 받고
나와 나의 인정을 저주하리라.

"이것이 제가 받을 상입니까? 임금님은 꼭 어느 악어가 한 것처럼 보답하실 작정이십니까?"
 "그 악어 이야기란 대체 어떤 것이냐?"
 왕이 물었다.
 "이 마당에 어떻게 그런 이야기를 해 드릴 수 있겠습니까? 부디 목숨을 살려주십시오. 임금님께서도 알라의 구원을 바라신다면."
 현자는 소리내어 울었다.
 이때 왕의 충신 한 사람이 일어나서 말했다.
 "임금님, 저에게 이 현자의 목숨을 맡겨주십시오. 저희가 보기에 이 의사는 임금님께 아무 죄도 저지르지 않았습니다. 시의와 학자들이 포기한 임금님의 병환을 고쳐 드렸을 뿐이 아닙니까?"
 "무슨 까닭으로 내가 이자를 죽이는지 모르겠느냐? 살려두면 내 목숨이 위태롭단 말이야. 생각해 보라. 그 무서운 병을 손에 막대기를 쥐게 해서 고치는 자이니, 내 코에 무슨 냄새를 맡게 하는 것만으로도 능히 나를 죽일 수 있을 게다. 아마도 이자는 나를 죽일 목적으로 이 도성에 들어온 게 분명하다. 이자는 상을 바라고 나를 죽일지도 모른다. 그러니 어쩔 수 없다. 저놈을 죽이지 않고는 베개를 높이 베고 편히 잘 수 없단 말이다!"

두반은 다시 애원했다.

"저를 살려주십시오. 알라께서도 당신을 구원해 주실 것입니다. 저를 죽이면 알라께서 당신의 목숨도 앗아갈 것입니다."

그러나 아무 소용없었다.

마신이여, 현자 두반은 도저히 살아남지 못한다는 것을 깨닫고 이렇게 말했다.

"오, 임금님, 기어이 저를 죽이시려거든 잠깐 여유를 주십시오. 집에 돌아가 남은 일을 마무리 짓고 가족과 이웃에게 제 장례식에 대해 지시한 다음 의학서적도 정리하고 싶습니다. 그 책 가운데는 세상에 보기 드문 귀한 책 한 권이 있는데, 그것을 임금님께 드릴 테니 보물로 간직해 주시기 바랍니다."

"그것이 무슨 책이냐?"

"낱낱이 말씀드릴 수는 없습니다만 그 비밀 가운데 한 예를 말씀드리면, 제 목을 치신 다음 곧 그 책을 3장 넘기고 왼쪽 책장의 글 3줄만 읽으시면 제 목이 입을 열어 물으시는 말씀에 무엇이고 대답할 것입니다."

이 기묘한 이야기를 듣고 왕은 크게 놀라 생각지도 않던 신기한 이야기에 몸을 떨며 기뻐했다.

"현자여, 내가 그대의 목을 베면 그 목이 말을 한다니, 거짓말은 아니겠지?"

"결코 거짓말이 아닙니다."

"참 희한한 이야기로다!"

왕은 엄중한 호위를 붙여 현자를 집으로 돌려보냈다.

두반은 이것저것 일을 처리한 다음 이튿날 알현실에 나왔다. 거기에는 태수와 대신들은 물론이고 시종과 총독, 영내의 고관들도 죽 늘어서서 마치 백화가 난만한 꽃동산처럼 화려했다.

현자는 닳고 닳은 고서 한 권과 눈 화장에 사용하는 가루분[*30] 같은 것이 가득 든 작은 상자를 들고 왕 앞에 나아가 앉았다.

"쟁반을 하나 주십시오."

어부와 마신 이야기

쟁반을 가져오자 두반은 그 위에 가루를 쏟아 고루 펴고는 왕을 향해 말했다.
"임금님, 그러면 이 책을 받아주십시오. 그러나 내 머리가 떨어지기 전에는 이 책을 펴시면 안 됩니다. 머리가 떨어지거든 머리를 이 쟁반의 가루 위에 눌러주십시오. 그러면 피가 곧 멎을 것입니다. 그때 책을 펴보시도록 하십시오."

왕이 책을 받아들고 형리에게 눈짓하자, 형리는 일어서서 현자의 목을 베었다. 그런 다음 쟁반의 가루 위에 머리를 올려 놓고 힘껏 누르니 흐르던 피가 멎었다. 현자 두반이 번쩍 눈을 뜨더니 이렇게 말했다.
"자, 임금님, 책을 펴십시오."

왕은 책장을 넘기려고 했으나 종이가 찰싹 달라붙어 있어 손가락에 침을 바르니 겨우 첫 장이 펼쳐졌다. 이렇게 하여 2장, 3장, 차례로 손끝에 침을 발라가며 겨우 넘겼으나 6장까지 넘겨봐도 아무것도 씌어 있지 않았다.
"이보게, 아무것도 없지 않느냐!"
"더 넘겨보십시오."

다시 3장쯤 넘겼다. 그런데 그 책에는 독약이 발라져 있었으니 무사할 리가 없었다. 곧 그 독이 온몸에 퍼져 왕은 갑자기 심한 경련을 일으키며 외쳤다.
"독약이다!"

이것을 보고 두반은 즉흥시를 흥얼거리기 시작했다.

　폭정으로 백성을 다스린
　왕이 있었으니
　순식간에 멸망하여 흔적도 없이 사라졌네.
　인과응보는 사정없어서
　백성을 억압하면 스스로도 억압받고
　파멸과 저주와 비운의
　응징받는 것이 '운명'.
　사라지면 덧없는 아침이슬
　사람들은 모두 속삭이리라.
　인과는 돌고 도는 불의 수레
　'운명을 원망하지 말라'고.

이 노래가 끝나기도 전에 왕은 몸부림치면서 죽어 버렸다.

이보게, 마신이여, 이번에는 내가 너를 깨우쳐 주련다. 만일 유난 왕이 두 반의 목숨을 살려줬더라면, 알라는 왕을 구해주었을 것이다. 그러나 현자를 죽여 버렸으니 자기도 죽을 수밖에. 그러니, 네가 내 목숨을 살려주었더라면 알라도 너를 살려주셨을 것이 아니냐.

―이때 날이 밝아오는 것을 알고 샤라자드는 이야기를 그쳤다. 그러자 두냐자드가 말했다.

"아! 언니, 언니 이야기는 어쩌면 그렇게 재미있고 의미심장할까요. 정말 즐겁고 유익한 이야기였어요!"

"임금님이 나를 살려주신다면 내일 밤에는 더 재미있는 이야기해 줄 수 있는데."

그러자 샤리아르 왕은 혼잣말을 중얼거렸다.

"이 이야기를 다 들을 때까지 죽이지 말아야지. 정말 재미있는 이야기다!"

두 사람은 날이 훤히 밝도록 서로 끌어안고 잤다. 아침에 왕이 알현실에 나가보니 대신과 신하들이 모두 나와 가득 차 있었다. 왕은 여느 때처럼 하루의 정무를 마치고 저녁때 자기 왕궁으로 돌아갔다.

6번째 밤

두냐자드가 언니에게 말했다.
"언니, 어서 그 다음 이야기를 계속해 주세요."
"임금님께서 허락해 주신다면."
"얘기해 보아라."
왕이 허락하자 샤라자드는 이야기를 계속했다.

―오, 인자하신 임금님, 어부는 마신에게 말했습니다.
"네가 나를 살려준다면 나도 너를 살려주마. 그러나 네가 나를 꼭 죽여야겠다고 우겼으니 나도 너를 이 항아리 속에 가둔 채 바닷속에 던져버릴 수밖에 없다."

마신은 큰 소리로 울부짖으면서 소리쳤습니다.

"오, 자비로우신 어부님, 제발 진정하시고 살려주십시오. 내가 잘못했으니 용서해 주십시오. 내가 몹쓸 짓을 했지만 당신은 부디 자비를 베풀어주십시오. '못된 짓을 한 자에게 은혜를 베푸는 자여, 악인에게 주는 벌은 그가 저지른 죄만으로 충분하다'는 속담도 있지 않습니까? 부디 나에게는 우마마가 아티카*31에게 한 짓을 하지 말아주십시오."

"그게 무슨 말이냐!"

"지금은 그런 이야기를 할 형편이 못됩니다. 항아리 속에 갇힌 몸이 아닙니까. 꺼내 주신다면 언제든 이야기해 드리지요."

"듣기 싫다! 너를 바닷속에 처넣을 수밖에 없다. 그렇게 되면 영영 살아 나올 수 없을 게다. 나는 네 손안에 뛰어들어*32 살려달라고 고개 숙여 눈물을 흘리며 애걸하지 않았느냐. 그런데도 너는 끝까지 나를 죽이겠다고 했지. 너한테 그런 대접을 받을 만큼 잘못한 일이 아무것도 없는데도 말이다. 나는 네게 나쁜 짓을 하기는커녕 너를 항아리 속에서 꺼내주는 좋은 일을 하지 않았느냐. 어쨌든 나에게 그런 짓을 했으니 너는 틀림없는 악당이다. 잘 들어 둬. 너를 바다에 처넣으면 누가 또 나처럼 그물로 건져 꺼내줄지도 모르니, 그때는 오늘의 일을 모두 이야기해 주고 너를 바다에 도로 처넣도록 일러줄 테다. 그렇게 되면 너는 '이 세상의 마지막'이 와서 결판이 날 때까지 바다 밑에 있어야 할 게다."

그러자 마신은 큰 소리로 외쳤습니다.

"그러지 말고 부디 꺼내주십시오. 인심을 쓰는 것은 이런 때가 아니겠습니까. 앞으로는 절대로 나쁜 짓을 하지 않겠다고 약속하고 맹세하겠습니다. 아니, 소원이 있다면 뭐든지 들어 드리겠습니다."

어부는 마신이 자기를 해치지 않을 뿐더러, 자기 말을 들어주겠다는 두 가지 약속에 마음이 움직였습니다. 그래서 가장 고귀한 신 알라께 절대로 약속을 어기지 않겠다고 맹세하게 한 다음 항아리 뚜껑을 열어주었습니다. 그러자 연기 기둥이 서서히 순식간에 하늘 가득 퍼지더니 연기가 차츰 짙어져 아까의 그 무서운 마신의 모습으로 변했습니다. 마신은 얼른 항아리를 발로 차서 바닷속에 처넣어버렸습니다.

그것을 본 어부는 자신의 목숨도 여기까진가 하고 간이 콩알만해져서 자기도 모르게 옷을 입은 채 오줌을 지리고는 이렇게 중얼거렸습니다.

"이거 큰일 났는걸."

그러나 다시 정신을 차리고 마신에게 말했습니다.

"이봐, 마신, '맹세는 반드시 지킬지어다. 나중에 심판을 당하기 때문이니라'라고 알라께서 말씀하셨는데, 너는 맹세코 나에게 나쁜 짓을 하지 않겠다고 약속했어. 그것을 어기면 알라께서도 너에게서 돌아서실 거다. 알라는 정말 시기심이 강한 신이어서 죄를 범한 자를 한때는 용서할지 몰라도 절대로 그냥 두지 않거든. 나는 현자 두반이 유난 왕에게 말했듯 나를 용서해 주십시오, 그러면 알라께서도 당신을 용서해 주실 것입니다 하고 몇 번이나 너에게 부탁했어."

이 말을 듣고 마신은 큰 소리로 웃으면서 걸음을 옮겼습니다.

"나를 따라와."

어부는 무사히 목숨을 구할 수 있을지 어떨지 알 수 없어 좀 떨어져서 따라갔습니다. 이윽고 도성의 변두리를 지나 잡초가 무성한 땅을 지나 널찍한 벌판으로 내려갔습니다. 그 벌판 한 가운데 놀랍게도 작은 호수가 있었습니다. 마신은 물속으로 들어가면서 어부에게 다시 한 번 따라오라고 말했습니다.

어부가 따라가니 마신은 호수 한복판에 서서 어부에게 그물을 던져 고기를 잡아보라고 했습니다. 물속에 하양, 빨강, 파랑, 노랑 등 갖가지 색깔의 물고기가 헤엄치고 있는 것을 보고 어부는 깜짝 놀랐습니다.

어부가 그물을 던졌다가 끌어올리니 저마다 빛깔이 다른 고기가 네 마리 들어 있었습니다. 그것만으로도 어부는 여간 기쁘지 않았는데, 그때 마신이 이렇게 말하여 더욱 기뻤습니다.

"이 고기를 임금님에게 갖다 바쳐라. 그러면 돈을 듬뿍 받고 부자가 될 테니까. 일단 이 정도로 봐다오. 알라께 맹세코 1천8백 년 동안이나 바닷속에 있다가 방금 이 세상에 나온 처지니, 나로서는 지금 이것밖에 너에게 은혜를 갚을 길이 없구나. 그런데 여기서 물고기를 잡는 건 하루 한 번에 그쳐라. 그 이상은 안 돼. 그럼, 잘 있게. 알라 덕분으로 또 만날 날이 있겠지."[*33]

이렇게 말한 뒤 마신이 한 발로 땅을 구르니 대지가 두 쪽으로 갈라졌고 마신은 그 속으로 사라지고 말았습니다.
　어부는 자기와 마신 사이에 일어난 여러 가지 일들을 새삼 이상하게 생각하면서 물고기를 들고 도성으로 돌아갔습니다. 집에 돌아가자 곧 자배기에 물을 채워 물고기를 넣었습니다. 물고기는 몸을 펄떡이며 헤엄쳤습니다. 어부는 마신이 가르쳐준 대로 자배기를 머리에 이고 궁전으로 들어갔습니다.
　왕은 어부가 진상한 고기를 보고 그 모양이며 빛깔이며 그토록 신기한 것은 본 적이 없어 크게 놀라면서 분부했습니다.
　"이것을 이번에 외국에서 온 요리사 노예계집에게 갖다 줘라."
　그 노예계집은 사흘 전에 로움 국왕이 보내준 터라 아직 요리솜씨를 시험해 보지 못하고 있었습니다. 대신은 물고기를 주방으로 가져가 기름에 튀기라고 분부했습니다.*34
　"임금님이 너를 아껴두신 건 이런 요긴한 때 쓰시기 위해서다. 그러니 오늘 한 번 솜씨를 발휘하여 기막히게 맛있는 요리를 만들어보아라. 이 물고기는 진상품으로 세상에 둘도 없는 신기한 물고기니까."
　대신이 돌아오자 왕은 어부에게 금화 4백 닢을 내주라고 명했습니다. 어부는 난생처음 보는 큰돈을 가슴에 끌어안고 꿈인지 생시인지 의심하면서 엎어질 듯 자빠질 듯 허둥지둥 집으로 향했습니다. 그런 중에도 가족들이 필요한 것을 잊지 않고 사들고 기쁨에 넘쳐 마누라 곁으로 돌아갔습니다.
　한편 노예계집 요리사는 어떻게 되었을까요? 우선 고기를 깨끗이 씻어 냄비에 담고 기름을 두른 다음 한쪽을 먹음직스럽게 익힌 다음 뒤집으려고 했습니다. 그 순간 이게 웬일입니까, 주방 벽이 두 쪽으로 갈라지더니 그 속에서 젊고 아름다운 처녀 하나가 나타나지 않겠습니까? 얼굴이 갸름하고, 몸매는 더할 수 없이 나긋나긋하며, 눈가에 숯가루가 선명하게 칠해져 있었습니다.*35 머리에는 청실로 가장자리를 두르고 술이 달린 비단두건을 두르고, 양쪽 귓불에는 큼직한 귀걸이가 늘어졌으며, 손목에는 팔찌, 손가락에는 값진 보석반지를 끼고 있었습니다.
　처녀는 손에 든 긴 막대기로 냄비를 쿡쿡 찌르면서 말했습니다.
　"얘, 얘, 물고기들아! 너희는 약속을 지키고 있니?"
　이것을 본 노예계집은 그만 기절하고 말았습니다. 그 아름다운 처녀가 같은 말을 두 번 세 번 되풀이하자 물고기들이 냄비 속에서 대가리를 쳐들고

어부와 마신 이야기　117

똑똑히 말했습니다.
"네, 네."
그러고는 소리 맞춰 이런 노래를 불렀습니다.

　　돌아가라면 돌아가지요!
　　지키라면 지키고요!
　　만일 당신이 버리신다면
　　용서하실 때까지 보답할 뿐이지요.

노래가 끝나자 처녀는 냄비를 뒤집어엎고 아까 나왔던 갈라진 벽 사이로 들어가 버렸습니다. 벽은 아무 일도 없었다는 듯 닫혔습니다. 정신을 차린 노예계집은 물고기 네 마리가 까맣게 타버린 것을 보고 큰 소리로 외쳤습니다.
"그분의 칼이 첫 일격으로 부러져버렸도다."*36
그리고 다시 정신을 잃고 쓰러져 버렸습니다.
물고기 요리가 어떻게 되었는지 대신이 와보니 노예계집이 정신을 잃고 쓰러져 있었습니다. 영문을 모르는 대신은 그 몸을 발로 툭툭 치면서 소리쳤습니다.
"자, 물고기를 임금님께 갖다드려야지!"
그러자 노예계집은 정신을 차리고 흐느껴 울면서 자초지종을 이야기했습니다. 대신은 크게 놀랐습니다.
"더없이 이상한 일이로다!"
그리고 곧 어부를 불러오게 했습니다.
"여봐라, 어부, 아까 진상한 것과 똑같은 물고기를 네 마리 더 가져오너라."
어부가 벌판 가운데 있는 호수로 나가 그물을 치니 전과 똑같은 물고기가 네 마리 걸렸습니다. 그것을 대신에게 가져다주자, 대신은 주방의 노예계집에게 말했습니다.
"자, 이번에는 내가 보는 앞에서 해봐라. 지켜보고 있을 테니."
노예계집이 일어나 물고기를 씻어 냄비에 담아 불 위에 얹자 또다시 벽이 두 쪽으로 갈라지며 아까와 똑같은 옷을 입고 같은 막대기를 든 젊은 처녀가 나타났습니다. 처녀는 막대기를 냄비에 넣어 휘저으면서 물었습니다.
"얘, 물고기들아, 너희는 옛날 약속을 지키고 있니?"
물고기들은 대가리를 쳐들고 대답했습니다.
"네, 네!"
그리고 이번에도 노래를 불렀습니다.

   돌아가라면 돌아가지요!
   지키라면 지키고요!
   만일 당신이 버리신다면
   용서하실 때까지 보답할 뿐이지요.

―여기서 어느덧 새벽이 온 것을 알고 샤라자드는 이야기를 그쳤다.

7번째 밤

샤라자드는 다시 이야기를 계속했다.
―오, 인자하신 임금님, 물고기들이 노래를 끝내자 처녀는 막대기로 냄비를 뒤엎어버리고 다시 돌아갔습니다. 벽이 닫혀버리자 대신은 소리쳤습니다.
"이것은 임금님께 숨길 수 없는 중대한 일이다."
대신은 왕을 뵙고 모두 이야기했습니다.
"내가 이 두 눈으로 직접 확인하는 수밖에 없겠구나."
그리고 어부를 다시 불러 전과 똑같은 물고기를 잡아오게 하고, 또 증인으로 세 남자를 함께 데리고 가라고 명령했습니다.
어부가 금방 고기를 잡아왔으므로 왕은 그에게 금화 4백 닢을 내리라고 분부한 다음, 대신을 돌아보며 명령했습니다.
"자, 여기서, 내 눈앞에서 이 물고기를 요리해 보아라!"
"분부대로 하겠습니다."
대신은 냄비를 가져오게 하여 씻은 물고기를 담아 불 위에 얹었습니다. 그랬더니 이게 어찌된 일입니까? 벽이 둘로 갈라지더니 이번에는 커다란 바위인 듯, 또는 아드족*37의 생존자인 듯싶을 만큼 거대한 흑인 노예가 나타나 손에 든 녹색 나뭇가지를 휘두르며 무서운 목소리로 크게 소리쳤습니다.
"야, 물고기들아, 너희는 옛날 약속을 지키고 있느냐?"
그러자 물고기들은 대가리를 쳐들고 대답했습니다.
"네, 네, 맹세를 굳게 지키고 있고말고요."
그러고는 또 그 노래를 불렀습니다.

돌아가라면 돌아가지요!
지키라면 지키고요!
만일 당신이 버리신다면
용서하실 때까지 보답할 뿐이지요.

흑인 노예는 냄비에 다가가 나뭇가지로 뒤집어엎은 뒤 다시 벽 속으로 들어가 버렸습니다. 그 모습이 사라진 뒤 물고기를 살펴보니 숯처럼 새까맣게 타 있었습니다. 왕은 무척 놀라며 대신에게 말했습니다.
"이건 절대로 그냥 넘어갈 수 없는 중대사다. 이 물고기에는 틀림없이 무슨 이상한 내력이 있을 거다."
어부가 세 번째로 임금 앞에 불려나왔습니다.
"너는 이 물고기를 대체 어디서 잡아왔느냐?"
"여기서 보이는 저 산 너머에 네 개의 언덕에 둘러싸인 호수가 있는데, 거기서 잡아왔습니다."
"여기서 얼마나 되느냐?"
"예, 임금님, 걸어서 반시간쯤 걸립니다."
왕은 이상하게 여기고 곧 출발준비를 시켜 어부를 앞세우고 성을 나섰습니다. 이렇게 되고 보니 어부는 마음속으로 마신을 저주하지 않을 수 없었습니다. 일행이 한참 나아가 산을 넘으니 지금까지 한번도 본 적이 없는 널찍한 벌판이 나왔습니다. 왕을 비롯한 모든 사람은 네 개의 언덕에 둘러싸인 한복판에 벌판이 펼쳐져 있고, 호수가 있으며, 그 속에 빨강, 하양, 파랑, 노랑, 네 가지 빛깔의 물고기가 있는 것을 보고 깜짝 놀랐습니다. 왕은 한동안 꼼짝도 않고 서 있다가 이윽고 신하들에게 물었습니다.

"그대들 가운데 전에 이 호수를 본 자가 있느냐?"

"오, 이 세상을 다스리시는 임금님이시여, 세상에 태어난 뒤로 아직 한번도 본 적이 없습니다."

그들은 그 근처에서 오랫동안 살고 있는 노인들을 불러 물어보았으나 모두 입을 모아 대답했습니다.

"이런 곳에 호수가 있는 줄은 전혀 몰랐습니다."

왕이 말했습니다.

"나는 이 호수와 물고기의 비밀을 알아내기 전에는 절대로 성으로 돌아가지 않을 것이고 왕좌에 다시 앉지도 않겠다."

왕은 신하들에게 말에서 내려 산 주위에 야영할 준비를 하라고 명령했습니다. 그리고 경험이 많고 현명하며 모든 일에 통달한 대신을 불러 말했습니다.

"그대에게만 밝혀두는데, 나는 오늘 밤 혼자 나가서 이 호수와 물고기의 비밀을 알아낼 작정이오. 그대는 내 천막 입구에 앉아 있다가 태수, 대신, 영주와 시종, 그 밖에 누구든 찾아와서 묻거든 '임금님께서는 지금 몸이 불편하셔서 면회*38는 일체 사절하신다고 분부했다'고 말해 주오. 그리고 내 계획을 아무도 눈치채지 못하도록 조심하오."

대신은 왕의 말에 따르는 수밖에 없었습니다.

이윽고 밤이 되자 왕은 옷을 바꿔 입고 칼을 찬 다음 살며시 천막을 빠져나갔습니다. 산길을 더듬어 밤새도록 걸어갔습니다. 견딜 수 없게 더웠지만 아침에 잠깐 쉬었을 뿐 다음 날 밤도 새벽녘까지 걸었습니다.

그때 아득한 저편에 까만 점이 하나 보였습니다. 왕은 기뻐하면서 중얼거렸습니다.

"어쩌면 저곳에서 누군가가 호수와 물고기의 비밀을 가르쳐 줄지도 모른다."

그 검은 점에 가까이 가보니, 그것은 철판으로 덮은 검은 돌로 지은 궁전이었습니다. 입구에 문이 두 짝 있는데 그 한 짝만 활짝 열려 있었습니다. 그 문 앞에서 서니 왕은 갑자기 힘이 솟아나 가볍게 문을 두드렸습니다. 그러나 아무 응답이 없었습니다. 두세 번 두드렸지만 여전히 아무 기척이 없었습니다. 이번에는 힘껏 세게 두드렸으나 역시 아무 반응이 없었습니다.

"아무도 없나 보군."

왕은 용기를 내어 대담하게도 열려 있는 문으로 들어가 소리 높이 외쳤습니다.
"여보시오! 이 궁전에 계신 분들! 나는 길 가던 나그네인데 뭐 먹을 것 좀 없겠소?"

두세 번 되풀이했으나 대답이 없어 다시 용기를 내어 복도를 따라 궁전 깊숙이 들어갔습니다. 그러나 거기에도 사람이 있는 듯한 기척이 전혀 없었습니다.

방에는 황금별을 수놓은 비단이 깔려 있고, 문에는 휘장이 묵직하게 드리워져 있었습니다. 궁전 한가운데 넓은 안마당이 있고 조금 떨어진 곳에 누대(樓臺) 4개가 서로 마주보게 세워져 있었습니다. 안마당은 천개로 햇살을 가리고, 한가운데 순금으로 만든 붉은 사자 4마리가 분수에 달려 있어 그 사자 입에서 진주나 투명한 수정 같은 맑은 물이 솟아나고 있었습니다. 주위에 많은 새들이 지저귀고 있었으나 하늘 높이 황금그물을 쳐놓아 달아날 수는 없었습니다. 한마디로 말해 없는 것 없이 모두 갖추어져 있었지만 오직 사람만은 눈을 씻고도 찾아볼 수 없었습니다.

이 광경을 본 왕은 이상하게 생각하면서 모처럼 찾아왔는데, 들판과 호수, 물고기와 이 궁전에 관해 이야기해 줄 사람이 아무도 없어 낙심했습니다. 하는 수 없이 문 사이에 앉아 생각에 잠겨 있으려니 문득 비탄에 젖어 가슴속에서 쥐어짜는 듯한 구슬픈 소리가 어디선지 들려왔습니다. 귀를 기울여보니 그 목소리는 이런 노래를 부르고 있었습니다.

　　그 사람[39]의 부정(不貞)을
　　숨겨보았건만 숨겨지지 않아서
　　눈꺼풀에서 잠이 달아나
　　밤마다 잠 못 이루는 이 몸.
　　오, 이 세상이여, 숙명이여,
　　부질없는 짓을 멈출지어다.
　　슬픔과 두려움에 떠는
　　불행한 내 영혼을 보라.
　　사랑에 길 잃고, 명예와 재산도 잃고,

천하게 내버려진 이 귀한 집 젊은이를
넌들 가엾게 여기지 않으랴.
나는 시샘했느니라.
아내의 살갗에 부는 서녘바람의 입김조차도.
그러나 운명이 덮쳐올 때
장님이 되는 것은 사람의 눈이요.
원수를 만나 활을 당기려는 찰나
끊어진 시위를 보았을 때
궁수의 마음이 어떠하리.
마음 너그러운 젊은이가
깊은 시름에 잠길 때,
어떻게 벗어나랴, '운명'의 손
어디에도 달아날 길이 없구나.

이 애절한 노래를 듣고 왕이 저도 모르게 일어나서 소리 나는 쪽으로 걸어가 보니 어느 방 앞에 휘장이 드리워져 있었습니다. 휘장을 젖히니 한 젊은이가 높이 1큐빗(1큐빗은 17~21인치. 이 고대의 척도는 성서 등에서 자주 쓰이고 있음)자 가량 되는 침대에 앉아 있었습니다. 수려한 얼굴에 모습이 우아하고 노랫소리도 조화로웠습니다. 이마는 꽃같이 희고 볼은 장밋빛으로 빛났으며 그 볼에 용연향(龍涎香) 같은 점이 하나 찍혀 있었습니다. 시인이 부른 다음과 같은 노래가 생각납니다.

우아한 젊은이의
머리와 이마에
어둠과 빛의 세계가 비치도다.
만물 천지 가운데
이보다 더 아름다운 것 없고
그대가 본 것 가운데
이보다 더 귀한 것 없으리.
오석(烏石) 같은 눈동자 밑
장밋빛으로 빛나는 볼 위에

개암빛 점 하나 찍혔도다.

　왕은 반가워서 인사했으나, 젊은이는 이집트금으로 테두리를 장식한 긴소매 비단옷에 보석 박힌 관을 쓴 채 미동도 하지 않았습니다. 얼굴은 슬픈 빛을 띤 채 가라앉아 있었습니다. 이윽고 젊은이는 공손히 답례하며 말했습니다.
　"어서 오십시오. 일어나서 인사하는 것이 예의입니다만 부디 너그러이 용서해 주십시오."
　"아니, 괜찮소, 젊은이. 그대로 계시오. 나는 특별한 목적이 있어서 온 사람이오. 내가 알고 싶은 것은 저 호수와 물고기, 그리고 이 궁전과 또 당신이 홀로 슬픔에 젖어 앉아 있는 까닭이오."
　젊은이는 하염없이 흐르는 눈물*40로 가슴을 적시며 이런 노래를 불렀습니다.

　　편안히 잠든 자여, 말 물어보자,
　　'운명'의 화살이 날아가는 순간에
　　이 덧없는 세상에서
　　부침하는 사람들이 얼마나 많더냐?
　　그대 눈은 감기고 잠들어도
　　변천하는 시세(時世)를 재단(裁斷)하여
　　올바르게 운명을 나누는
　　전능하신 '신'은 잠들지 않는다.

　젊은이는 땅이 꺼질 듯한 깊은 한숨을 내쉰 뒤, 다시 노래를 불렀습니다.

　　너의 모든 것은
　　인간을 만드신 신에게 맡겨라.
　　근심도 걱정도 다 버리고
　　마음속을 닦아라.
　　지나간 옛날을 묻지 말라
　　흘러간 온갖 내력을.

세상일이란 모두
운명으로 정해진 것이니라.

왕은 이상하게 여기며 물었다.
"젊은 양반, 어째서 그리 울고 있소?"
"이 꼴이 되고서야 어찌 울지 않겠습니까?"
젊은이는 자기 옷자락을 걷어 올렸습니다. 오, 허리 위는 훌륭한 사람인데, 하반신은 발끝까지 완전히 돌처럼 변해 있지 않겠습니까! 그 모습을 본 왕은 깊은 슬픔과 연민을 억제하지 못하고 소리쳤습니다.
"아, 딱하기도 하구려! 정말이지 당신은 내 슬픔에 더한 슬픔을 얹어주는구려. 나는 단지 물고기의 비밀만 알고 싶었을 뿐인데, 이렇게 되고 보니 당신의 신상 이야기까지 듣고 싶어졌소. 알라 이외에 영광 없고 권력 없도다![41] 오, 알라여! 젊은 양반 지금 곧 당신의 이야기를 들려주지 않겠소?"
"그렇다면, 당신의 귀는 물론이고 눈과 마음도 기울여서 제 이야기를 들어주십시오."
"좋소, 온몸을 기울여 들어드리리다."
"내 신상 이야기도 그 물고기들의 이야기도 참으로 기구한 이야기이니, 눈가에 새겨두면 불행을 당해 마땅한 사람들에게 다시없는 교훈이 될 것입니다."
"대관절 어떤 이야기이기에?"
왕이 묻자 젊은이는 다음과 같은 이야기를 시작했습니다.

마법에 걸린 왕자

그럼 손님, 제 이야기를 들어보십시오. 제 아버지는 전에 이 고장의 왕으로 이름은 마무드, 또는 검은 섬의 왕이라 하여, 지금은 네 개의 산이 있는 이 지방을 다스리고 있었습니다. 70년 동안 왕위에 있다가 마침내 하늘의 부르심을 받아 제가 그 뒤를 이어 왕이 되었고, 당연한 권리로 삼촌의 딸인 사촌누이[42]를 아내로 맞이했습니다. 아내는 저를 무척 사랑하여 제가 없는 동안은 무슨 일이 있어도 제 모습을 보기 전에는 먹지도 마시지도 않을 정도였습니다.
 그렇게 5년 동안 부부생활을 해왔는데, 어느 날 아내는 목욕을 하러 갔습니다. 나는 급히 요리사에게 저녁식사를 준비시키고 이 왕궁으로 들어와, 늘 자는 이 침대에 몸을 뉘였습니다. 두 시녀에게 부채질을 하도록 분부하자 하나는 제 머리맡에, 다른 하나는 제 발치에 앉았습니다. 그러나 아내가 옆에 없으므로 마음이 산란하고 안정이 되지 않아 좀처럼 잠을 이룰 수 없었습니다. 눈을 감고 있어도 마음과 생각은 말똥말똥하게 깨어 있었습니다. 그때 머리맡의 시녀가 발치에 앉아 있는 시녀에게 건네는 말이 들렸습니다.
 "이봐요, 마수다, 우리 임금님은 참 불쌍하셔. 애꿎게 젊은 몸으로 덧없이 지내시다니. 부인한테, 아니 그 매춘부*43에게 배신을 당하시다니 얼마나 가엾은지!"
 "정말이야, 알라께서는 그런 도리를 지키지 않거나 음탕한 여자에게 저주를 내리실 거야. 하지만 임금님 같은 훌륭한 분이 밤마다 빠져나가는 그런 창녀와 함께 사시다니 너무 안됐어."
 "하지만 왕비님께 아무것도 물어보지 않으시니 임금님은 도대체 벙어리인지 아니면 겁쟁이인지!"
 "바보 같은 소리! 아무리 임금님이시라도 부인의 행동을 하나하나 다 아실 수도 없고, 또 부인이 임금님께서 그렇게 하시도록 내버려두지 않지. 아니, 그런 정도가 아냐. 밤마다 잠들기 전에 임금님이 마시는 술잔에 약을 탄단다. 브항*44을 넣는 거야. 그러니 잠에 취해 부인이 어디로 가는지, 무엇을 하는지 눈치채지 못하시는 거야. 하지만 우리는 모두 알지. 부인은 가장 좋은 옷으로 갈아입고 향수까지 뿌리고는 살짝 방을 빠져나가 날이 샐 때까지 돌아오지 않는다는 걸. 돌아와서 임금님 코끝에 향을 피우면 죽은 듯이 잠드셨던 임금님이 깨어나신다는 것도 말이야."
 이 노예계집의 이야기를 듣고 있는 동안 나는 눈앞이 캄캄해져서 어느덧 밖이 어두워진 것도 모르고 있었습니다.
 이윽고 아내가 목욕에서 돌아오자 노예계집들이 식탁을 차렸습니다. 식사가 끝나자 여느 때처럼 술을 마시면서 반시간쯤 함께 앉아 있었습니다. 그때 아내는 내가 언제나 잠들기 전에 마시는 특별한 술을 가져와 권했습니다. 나는 마시는 척하며 주머니 속에다 쏟아 버리고 곧 잠자리에 들어 잠든 체하고 있었습니다. 그랬더니 글쎄 아내가 이렇게 말하지 않겠습니까?

"밤새도록 자거라, 결코 눈을 뜨지 마라. 알라에 맹세코 나는 네가 싫어 죽겠다. 너의 머리카락 하나까지 다 싫단 말이야. 너 따위와 함께 자면 구역질이 나서 미치도록 싫단 말이야. 언제가 되면 알라 신께서 너의 목숨을 거두어 가실까!"

그리고 아내는 일어나 가장 좋은 옷으로 갈아입고 온몸에 향수를 뿌리고서 나의 칼을 어깨에 메고 궁전 문을 열고 어디론가 나가기에 나도 일어나 뒤를 밟았습니다.

거리를 이리저리 더듬어 가더니 이윽고 성문에 이르렀습니다. 성문 앞에서 아내는 도무지 알 수 없는 말로 뭐라 중얼거렸습니다. 그러자 마치 자물쇠가 부서지듯 저절로 떨어지더니 문이 활짝 열렸습니다.

아내는 거침없이 앞으로 나아갔습니다. 나도 눈에 띄지 않게 따라갔습니다. 마침내 인적이 없는 쓰레기 더미*45앞에 다다랐습니다. 그곳에는 흙 기와로 지붕을 얹은 오두막이 있고 주위에 갈대 울타리가 둘러져 있었습니다. 아내가 문으로 들어가자 나는 지붕에 올라갔습니다. 거기서는 안이 훤히 들여다보였는데, 놀랍게도 아내는 보기에도 흉측한 검둥이 노예와 만나고 있지 않겠습니까?

그 검둥이의 꼴이란 아랫입술이 커다란 항아리처럼 두텁고 윗입술은 그 뚜껑 같았는데, 그 아래, 윗입술로 바닥에 깔린 모래도 쓸어낼 수 있을 것 같았습니다. 게다가 중풍에 걸린 문둥병자로 사탕수수 깻묵을 깐 바닥에 낡은 담요와 몹시 더러운 누더기를 덮고 누워 있었습니다. 아내는 검둥이 앞으로 가서 바닥에 머리를 조아렸습니다. 검둥이는 머리를 들어 아내를 바라보면서 소리쳤습니다.

"빌어먹을! 왜 이제야 오는 거야? 조금 전까지 검둥이 친구들이 함께 있었는데, 모두 젊은 계집들을 끼고 술을 마셨단 말이야. 나는 네가 없어서 술을 마셔도 재미가 없었어."

"오, 나의 서방님, 나의 연인, 내 눈동자의 청량함*46이여! 내가 죽도록 싫은 사내와 함께 살고 있다는 것을 모르시나요? 그 사내의 얼굴을 보는 것도 싫어서 함께 있으면 나 자신까지 미워진답니다. 당신에 대한 걱정만 없으면, 이 밤이 새기 전에 그 사내가 지배하는 이 도성을 부숴버리겠어요. 까마귀와 부엉이가 울고 승냥이와 이리가 쏘다니는 폐허로 만들어버리겠어요. 아니, 이 도성의 돌까지 모두 카프 산*47너머로 내던져버리고 싶어요."

"쳇! 이 거짓말쟁이! 나는 흑인의 명예와 용기를 걸고 맹세한다만(우리의 용기는 백인 놈들의 시시한 용기와는 다르단 말이야) 앞으로 또 이렇게 늦으면 너 같은 건 상대하지 않을 테다. 몸을 비벼대지도, 쓰다듬지도, 또 살을 섞는 짓도 안 해 줄 테다. 꾸물대지 말고 어서 하고 가! 이 깨진 항아리 같은 년! 네 더러운 정욕을 만족시켜 주마. 이 암캐! 이 창녀! 천한 백인 중에서도 가장 천한 년 같으니!"

이 말을 듣고 그 파렴치한 꼬락서니를 본 저는 눈앞이 캄캄해져서 몸도 영혼도 어디 있는지 모를 지경이었습니다. 그래도 아내는 눈물로 노예를 달래며 일어서서 말했습니다.

"오, 나의 연인이여! 내 마음의 열매여, 그리운 당신 외에 나를 즐겁게 해 줄 사람은 한 사람도 없답니다. 당신이 나를 버리면 누가 나를 사랑해 주나요, 네? 내 눈동자의 빛이여!"

아내가 검둥이에게 매달려 언제까지나 울고 있으니 검둥이도 마음이 풀렸습니다. 아내는 진심으로 기쁜 듯이 일어나 옷을 벗고 속옷마저 벗어버렸습니다.

"서방님, 당신의 이 좋이 먹을 만한 게 뭐 없어요?"

"그 주발 뚜껑을 열어봐. 그 밑에 구운 쥐 뼈다귀가 있을걸. 우리가 먹고 남긴 거야. 그거나 먹고 저 단지에 보리술(비어)*48이 조금 남았으니 마시려무나."

아내는 먹고 마신 다음 손을 씻고 누웠습니다. 그리고 벌거벗은 알몸으로 더러운 담요와 누더기를 덮은 사내 곁으로 기어들어갔습니다.

내 아내이며 사촌누이인 그녀가 그런 더러운 짓*49을 하고 있는 것을 보자 나는 눈이 뒤집혔습니다. 그래서 지붕에서 뛰어내려 방으로 들어가 아내가 가져온 칼을 빼들고 두 연놈을 베어버리려 결심했습니다. 먼저 검둥이의 목을 내리쳐 그놈의 숨통이 끊어진 줄로만 알았습니다.

—여기까지 이야기하자 날이 밝아온 것을 알고 샤라자드는 허락받은 이야기를 그쳤다.

8번째 밤

오, 자비로우신 임금님, 마법에 걸린 젊은 왕자는 왕에게 이야기를 계속했습니다.

—검둥이의 목을 단칼에 내리쳤을 때 나는 틀림없이 숨통을 끊은 줄만 알았습니다. 상대가 날카로운 비명을 질렀기 때문입니다. 그러나 사실은 먹통의 살과 가죽, 그리고 동맥 두 군데에 상처를 입혔을 뿐이었습니다. 비명소리에 아내가 눈을 떴으므로 나는 칼을 칼집에 꽂고 성 안으로 돌아왔습니다. 궁전에 들어오자 곧 침대에 누워 아침까지 잠들었습니다.

아침이 되어 아내가 깨워 눈을 떠보니 아내가 머리를 자르고 상복을 입고 있지 않겠습니까. 그리고 말했습니다.

"사촌오빠인 낭군이시여, 이런 꼴을 하고 있다고 나무라지 마셔요. 어머니는 돌아가시고 아버지는 전사하시고 오빠 하나는 독사에 물려 죽고 또 하나는 절벽에서 떨어져 죽었다는 소식을 방금 들었어요. 저는 그저 울고 슬퍼하는 수밖에 없어요."

그 말을 듣자 나는 꾸짖고 싶은 마음을 누르고 이렇게 말해 주었습니다.

"당신 좋을 대로 하구려. 나는 아무 상관하지 않을 테니."

아내는 그 뒤 꼬박 1년 동안 상복을 입고 밤낮없이 울며 슬퍼했습니다. 이윽고 해가 바뀌자 아내는 저에게 말했습니다.

"궁전 안에 지붕 있는 무덤을 하나 만들어주시면 좋겠어요. '슬픔의 집'[*50]이라 이름 지어 언제든 슬플 때 찾아가 울고 싶어요."

"당신 좋을 대로 하시오!"

아내는 그 안에 들어가 슬퍼하고 탄식하기 위해 묘석을 하나 세우고, 중앙에 둥근 지붕을 덮고 나서 그 밑에 은자(隱者)의 무덤 같은 굴을 팠습니다. 아내는 그곳에 그 검둥이를 데려와서 살게 한 것입니다. 그러나 검둥이는 목에 칼을 맞았기 때문에 몸이 약해져서 사내구실을 할 수 없었습니다. 술을 마시는 것이 고작이고 말도 제대로 하지 못했습니다. 그래도 명이 다하지 않았던지 목숨만은 이어가고 있습니다.

아내는 날마다 아침저녁으로 거기에 가서 검둥이 탓에 탄식하면서 술과 고깃국을 먹이며 2년 동안 간호를 계속했습니다. 나는 꾹 참고 아내가 하는 대로 내버려 두었습니다. 어느 날 살며시 아내 있는 데로 들어가 보니 아내는 자기 얼굴을 때리면서 이렇게 울부짖고 있었습니다.

"이제 마지막인가요? 오, 내 마음의 기쁨이여, 말 좀 해봐요. 오, 나의 목숨이여, 함께 얘기 좀 해요. 오, 내 사랑."

그리고 다음과 같은 노래를 불렀습니다.

그대 그리워 견딜 수 없네.
그대는 나를 잊더라도
나는 잊지 않으리,
어찌 다른 사랑으로 기울이리, 이 마음.
그대 어디로 가든
이 몸도, 이 넋도,
부디 데려가주오.
들판 어디에 있거나
그대 곁에 날 묻어 주오.
무덤 위에서 내 이름 부르면
무덤 속에서 답하리.
그대 부르는 소리에
백골도 신음하리라.[*51]

그리고 아내는 다시 하염없이 흐느끼면서 이렇게 노래했습니다.

나의 기쁨의 날은 그대 옆에 있는 날
나의 슬픈 날은 그대 가시는 날.
죽음을 두려워하며 밤새 몸을 떨지라도
그대를 품에 안으면 슬픔은 사라지네.

아침에 눈 뜨면 그 모든 행복일랑 내 손에 거두고
이 세상은 나의 것, 키스라의 왕[*52]처럼.
하지만 그대 모습 보이지 않고 헛되이 그대를 기다릴 때는,

아! 모든 것이 모기의 날개만한 가치도 없단 말인가.

아내가 잠시 울음을 그치자 나는 말을 걸었습니다.
"여보, 이제 그만큼 슬퍼했으면 됐소. 아무리 울어본들 무슨 소용이오?"
"가만히 내버려두세요. 그렇지 않으면 죽어 버리겠어요."
하는 수 없이 나는 잠자코 아내가 하는 대로 내버려두었습니다. 아내는 다음해 1년도 한탄으로 지냈습니다. 3년째 연말이 되자, 나도 마침내 끝없는 아내의 한탄을 더는 참아줄 수 없게 되었습니다.
어느 날, 마침 무슨 좋지 않은 일이 있어서 화가 나 있었는데, 그 사당 안으로 들어가 보니 갑자기 아내가 이런 말을 지껄이고 있었습니다.
"오, 서방님, 당신은 아직 한마디도 말하지 않는군요. 왜 대답이 없는 거예요? 오, 나의 낭군님."
그리고 또 노래를 부르기 시작했습니다.

오, 무덤이여! 너, 무덤이여!
그이의 아름다운 모습을 어둠 속에 가두었느냐?
한낮처럼 빛나던 그 얼굴을 까맣게 칠했느냐?
오, 너, 무덤이여! 나에게는 하늘도 땅도 없건만
나의 태양과 달은 어찌하여 네 안에 갇혔단 말이냐?

이 노래를 듣고 나는 더욱더 화가 나서 외쳤습니다.
"이제 그만 집어 쳐! 언제까지 그렇게 탄식할 참이야?"
그러고는 나도 노래를 부르기 시작했습니다.

오, 무덤이여! 너, 무덤이여!
그자의 끔찍한 해골을 독기 속에 가뒀느냐?
구역질 나는 그 얼굴을 까맣게 칠했느냐?
오, 너, 무덤이여! 나에게는 웅덩이도 흙 항아리도 없는데
똥과 재가 어찌하여 이 안에 갇혔단 말이냐?

이 노래를 듣자 아내는 펄쩍 뛰며 소리쳤습니다.

"이 멍충이! 등신 같은 놈! 모두 너 때문이야. 너는 내 애인에게 칼을 휘둘러 나에게 슬픔을 안겨주었지. 그이의 젊음을 망치고 3년 동안 죽은 듯이 누워 있게 했어!"

나는 화가 나서 미친 듯이 소리쳤습니다.

"이 뻔뻔스러운 년! 검둥이 노예에게 몸을 파는 너는 세상에서 가장 더럽고 음탕한 계집!*53 네 말대로 이것은 모두 내가 한 짓이다!"

이렇게 말하면서 나는 칼을 뽑아 당장에 베어버리려고 아내에게 덤벼들었습니다. 그러나 아내는 내 말을, 모욕을 주려고 하는 내 마음을 비웃으며 소리쳤습니다.

"그래, 몰래 남의 뒤나 밟는 개 같은 자식! 지나간 날은 다시 돌아오지 않고 죽은 사람은 아무도 소생시킬 수 없어. 이제야 알라께서는 나에게 그런 짓을 저지른 자를, 꺼지지 않는 불과 불멸의 겁화(劫火)로 내 마음을 태워버린 자를 내 손에 맡기셨구나!"

그러고는 일어서서 알아들을 수 없는 말을 중얼거리더니 이렇게 말했습니다.

"내 마법의 힘으로 너의 반신은 인간, 반신은 돌이 돼라."

그러자 나는 보시는 바와 같이 이런 꼴이 되어 일어설 수도 앉을 수도 없고, 죽었는지 살았는지도 모르는 신세가 되어버렸습니다. 그뿐 아니라 그 여자는 나라 전체에, 거리에도 정원에도 마법을 걸어 네 개의 섬을 네 개의 산으로 만들어버렸습니다. 아까 물으신 호수 주위의 산이 바로 그것입니다. 그리고 또 이슬람교, 그리스도교, 유대교, 마지교 등 네 종교를 믿는 백성에게 마법을 걸어 물고기로 만들어버렸습니다. 이슬람교도는 하얀 고기, 마지교도는 빨간 고기, 그리스도교는 파란 고기, 유대교도는 노란 고기*54로 말입니다. 그리고 아내는 날마다 저를 견디지 못하도록 매우 볶아치며 백 번씩 채찍질하는데 그때마다 피가 터지고 어깨의 살이 찢어진답니다. 그런 다음 머리털 천으로 내 상반신을 감싸고 그 위에 이 옷을 걸쳐줍니다.

여기서 젊은이는 또 눈물을 흘리면서 노래를 부르기 시작했습니다.

오, 신이시여, 나는 오로지
참고 견디노라, 나의 숙명을,

나의 앞날은 어찌되든
임의 뜻대로
참고 견디리라, 나의 숙명을.
어떠한 괴로움이 닥쳐도
이 몸이 한순간에
고뇌의 구렁에 빠질지라도.
하늘의 복은 정녕
쓸어주시리, 나의 괴로움을.
아, 원수의 무리들이
미움으로 내 목숨을
학대하고 괴롭히더라도
무스타파와 무르타자[*55]는
나를 위해 천국의 문을
그 어느 날엔가 열어주시리.

노래가 끝나자 왕은 젊은 왕자를 돌아보며 물었습니다.
"오, 젊은이여, 한탄의 씨앗을 하나 없앤 것은 좋으나 또 하나의 탄식의 씨앗을 만들어버렸구려. 그런데 친구여, 그 여자는 지금 어디에 있소? 상처 입은 노예가 누워 있는 그 사당은 어디요?"
"노예는 저 둥근 지붕 아래 누워 있습니다. 그리고 아내는 저 문 맞은쪽 방에 있는데 날마다 해가 뜨면 나와서 내 옷을 벗기고 가죽 채찍으로 백 번씩 때린답니다. 저는 울며 비명을 지르지만 하반신을 움직이지 못해 거기서 벗어나지 못합니다. 매질이 끝나면 술과 삶은 고기를 가지고 노예에게로 갑니다. 내일도 아침 일찍 여기 올 것입니다."
"젊은이여, 알라께 맹세코, 내 반드시 당신을 위해 일을 꾸며 주겠소. 세상 사람들이 영원히 잊지 못할 선행을, 내가 죽고 난 뒤에도 길이 역사에 남을 대담한 일을 해보이겠소."
그날은 밤까지 왕자 옆에 앉아 이야기를 나누다가 이윽고 누워서 잠들었습니다.
동트기 전의 어스름이 비칠 무렵[*56] 왕은 벌떡 일어나 겉옷을 벗어던지고 칼을 뽑아들고 노예가 자고 있는 곳으로 달려갔습니다. 촛불과 등잔빛, 그리고 향과 고약냄새가 풍기는 곳으로 따라 들어가 노예를 그 자리에서 한 칼에 베어죽이고 시체를 우물 속에 던져 넣었습니다. 그리고 노예의 옷을 입고 칼을 옆에 감추고는 사당 안에 누워 기다렸습니다.

한 시간쯤 지났을까, 그 저주받을 마녀가 나타나 먼저 자기 남편한테 가서 옷을 벗기고 채찍을 들어 가차 없이 매질을 시작했습니다. 젊은이는 비명을 질렀습니다.

"아! 더는 괴롭히지 말아다오! 불쌍히 여겨다오! 사촌누이여!"

"너는 나에게 인정을 베풀어준 적이 있었어? 내가 죽도록 사랑한 연인의 목숨을 살려주었어?"

이윽고 시뻘겋게 벗겨져 피가 밴 살 위에 털가죽을 덮어씌운 다음 그 위에 겉옷을 걸쳐주고는 술과 고깃국을 두 손에 들고 울부짖으면서 노예가 있는 둥근 지붕 밑으로 들어왔습니다.

"아, 애달프다! 나의 서방님, 한마디라도 좋으니 입을 열어봐요! 잠시라도 말을 해줘요!"

그리고 이런 노래를 불렀습니다.

아, 언제까지란 말인가,
이 무자비함이여,
아직도 모자라나요.
이렇게 흘러넘치는 눈물에도
당신은 못 본 척 모르는 척
일부러 이별을 끌어
원수의 마음이 기쁘다면
그때야 마음이 흡족할까요!

여자는 다시 울면서 말했습니다.
"오, 서방님, 목소리를 들려줘요! 말을 해봐요!"
이때 왕은 혀를 꼬부리고 낮은 목소리로 검둥이를 흉내내어 말했습니다.
"아! 아! 영광의 신, 위대한 신, 알라 이외에 주권 없고 권력 없도다!"

이 말을 듣자 여자는 기쁜 나머지 외마디소리를 지르며 까무러쳐 바닥에 쓰러지고 말았습니다.

이윽고 정신이 돌아오자 물었습니다.

"아, 여보, 정말 말을 할 수 있게 되었나요?"

왕은 가늘게 갈라진 소리로 대답했습니다.

"이 매춘부 같으니! 네가 나한테 말을 해달라고 할 수 있는 처지란 말이냐?"

"그건 또 무슨 말씀이에요?"

"무슨 말씀이냐고? 네년이 온종일 네 남편을 못살게 구니 그놈이 신의 도움을 빌었단 말이야. 덕택에 나는 저녁부터 아침까지 잠을 이루지 못해. 그 자식이 너와 나를 저주하며 줄곧 기도를 올리니 괴로워 견딜 수 없단 말이다. 그렇지만 않았다면 나는 벌써 오래전에 건강을 회복했을 거야. 너한테 대답을 하지 못한 것도 그 때문이야."

"당신만 좋으시다면 그놈에게 건 마법을 풀어주겠어요."

"그럼, 어서 풀어줘. 좀 편안히 쉬자꾸나!"

"그리하겠어요."

여자는 곧 사당에서 나가 궁전 안으로 들어가더니 냄비에 물을 가득 담아 뭐라고 중얼거렸습니다. 그러자 불 위에 얹은 것처럼 순식간에 냄비 속의 물이 부글부글 끓었습니다. 여자는 그것을 남편에게 끼얹으면서 주문을 외웠습니다.

"그대가 만일 나의 주문의 힘으로, 나의 마법으로 이 같은 모습이 되었다면 내가 외는 말의 공덕으로 본디 모습을 되찾아라!"

그러자 신기하게도 젊은이는 몸을 부르르 떨며 벌떡 일어서더니 마법에서 풀려난 기쁨에 소리 높이 외쳤습니다.

"나는 맹세한다. 알라 외에 신 없고 마호메트야말로 알라께서 축복하신 신의 사도이시다!"

여자는 앙칼진 목소리로 상대 얼굴에 대고 소리쳤습니다.

"여기서 나가서 다시는 돌아오지 마. 만일 돌아오면 반드시 죽여 버리고 말테니까!"

젊은이는 여자의 손에서 벗어나 어디론가 사라졌습니다. 여자는 다시 사당으로 돌아와서 누워 있는 왕에게 말했습니다.

"서방님, 이리 나오셔요. 당신의 모습을, 그 훌륭한 모습을 보여주세요."

왕은 나직하고 갈라진 소리로 말했습니다.

"무슨 짓을 그 따위로 해! 네가 쳐낸 것은 재앙의 가지일 뿐, 뿌리는 그대로 남아 있잖아."

"오, 나의 연인, 사랑하는 나의 검둥이님, 뿌리라니 대체 그게 무엇이에요?"

"못난 것아, 빌어먹을, 이 도시와 네가 물고기로 만든 4개의 섬사람들이 밤마다 물 위로 고개를 내밀고 하늘을 쳐다보며 너와 나에게 천벌을 내리라고 아우성치고 있단 말이다. 내 몸이 얼른 회복되지 않는 것도 그 때문이야. 어서 가서 마법을 풀어주고 와. 그런 다음 내 손을 잡아 일으켜줘. 얼마쯤 기운이 나는 것 같으니까."

이 말을 듣고 여자는 아직도 왕을 노예인 줄로만 알고 기뻐하며 외쳤습니다.

"오, 서방님, 머리와 눈에 맹세코 말씀대로 하겠어요. 비스밀라."*57

여자는 벌떡 일어나 기쁨에 얼굴을 빛내면서 호수로 달려가더니 손바닥에 물을 조금 떠올렸습니다.

―여기까지 말했을 때 날이 밝아오는 것을 알고, 샤라자드는 이야기를 그쳤다.

9번째 밤

오, 자비로우신 임금님, 젊은 마녀가 호수의 물을 손바닥에 조금 떠올리고 알아들을 수 없는 말을 뭐라고 중얼거리자, 순식간에 호수의 물고기가 물 위로 머리를 쳐들더니 곧 사람의 모습으로 바뀌어 일어섰습니다. 성 안 사람들에게 걸렸던 주문이 풀린 것입니다. 여태껏 호수였던 곳이 원래대로 흥청거리는 도시로 바뀌고 시장에는 상인과 손님이 붐볐으며, 백성들은 저마다 일을 하고 산 4개도 원래의 섬으로 되었습니다.

그리고 마음이 비뚤어진 젊은 마녀는 왕에게 돌아와 말했습니다.

"오, 그리운 서방님! 제가 일으켜 드리겠어요. 자, 손을 내미세요."
왕은 나직한 소리로 말했습니다.
"좀더 가까이 와."
여자가 가까이 와서 끌어안으려 하자, 왕은 숨겨두었던 칼을 집어들어 칼끝이 등을 꿰뚫고 나갈 만큼 깊숙이 여자의 가슴을 찔렀습니다. 왕은 재빨리 두 번째로 칼을 내리쳐 시체를 두 쪽 낸 뒤 절반씩 땅바닥에 내동댕이쳤습니다.
그런 다음 나가서 젊은이를 찾아보니, 무사히 마법에서 풀려나 자유로운 몸이 된 그는 왕이 나오기를 기다리고 있었습니다. 왕이 축하의 말을 하자 젊은이는 왕의 손에 입을 맞추며 진심으로 고마워했습니다.
왕이 물었습니다.
"그대는 이 도시에 머물겠는가, 아니면 나와 함께 내 도성으로 가겠는가?"
"오, 이 세상을 다스리시는 임금님, 여기서 거기까지 거리가 얼마나 되는지 아십니까?"
"이틀 반이면 가겠지."
"임금님이시여, 잠을 자고 계시는 거라면 눈을 뜨십시오. 여기서 거기까지 가려면 아무리 잘 걷는 사람이라도 1년은 걸립니다. 이곳이 마법에 걸리지 않았더라면 도저히 이틀 반 만에 오실 수 없었을 것입니다. 오, 임금님 무슨 일이 있어도 저는 임금님 곁을 떠나지 않겠습니다. 잠시도 떠나지 않을 것입니다."
이 말을 듣고 왕은 매우 기뻐했습니다.
"그대를 나에게 내리신 알라께 감사드리세. 오늘부터 그대는 내 아들이야. 나에게는 여태껏 자식이 없었으니, 지금부터 그대는 나의 외아들이다."
두 사람은 서로 얼싸안고 뛸 듯이 기뻐했습니다.
마법에 걸렸던 왕자는 왕궁으로 들어가 제후와 대관들에게 성지순례를 할 터이니 필요한 모든 준비를 갖추라고 명령했습니다. 열흘 동안 준비를 갖춘 뒤, 왕자는 왕과 함께 길을 떠났습니다.
왕은 1년 동안 비워 둔 도성을 생각하니 몹시 그리워졌습니다. 두 사람은 많은 선물과 귀한 물건을 갖추어 백인 노예[*58]들의 호위를 받으며 밤낮없이 길을 서둘렀습니다. 1년이 지날 무렵 왕의 도성이 가까워지자 사자를 보내 왕의 귀국을 알렸습니다. 대신과 모든 군사가 몹시 기뻐하면서 한 사람도 빠짐없이 마중을 나왔습니다. 모두 다시는 왕을 뵙지 못할 줄 알고 포기하고 있던 참이었기 때문입니다. 군사들은 왕 앞에 머리를 조아리며 무사히 돌아온 것을 축하했습니다.

왕이 궁전에 들어가 옥좌에 앉자 곧 대신들이 문안인사를 드렸습니다. 그리고 젊은 왕자의 신상에 일어난 이야기를 듣고 아슬아슬하게 목숨을 건진 것을 기뻐하며 왕자를 축복했습니다. 왕의 위엄이 다시 나라 안에 구석구석까지 미치게 되자, 왕은 백성들에게 많은 물건을 하사한 뒤 대신에게 이렇게 분부했습니다.

"물고기를 가져왔던 그 어부를 불러오라!"

대신은 그 도시와 백성을 마법에서 구하게 된 원인이 된 어부를 데리러 사람을 보냈습니다.

어부가 나타나자 왕은 예복을 내리고 그의 살림형편과 자식이 있는지 물었습니다. 어부가 두 딸과 아들이 하나 있다고 대답하자 왕은 곧 그들도 데려오게 했습니다. 그리하여 딸 하나는 왕비로 맞이하고, 다른 하나는 왕자에게 짝을 지어주었으며 아들은 재정관에 임명했습니다.

그리고 대신에게는 전에 젊은 왕자의 영토였던 '검은 섬'을 다스릴 통치권을 주어 무장한 노예 50명을 호위로 딸려 파견하기로 했습니다. 그와 동시에 검은 섬의 영주들과 고관에게도 예복을 하사했습니다. 대신은 왕의 손에 입맞추고 멀리 임지로 떠났습니다. 한편 왕과 왕자는 이 세상의 모든 위안과 즐거움을 만끽하면서 왕궁에서 살았습니다. 또 어부는 당대의 으뜸가는 부자가 되고, 딸들은 한평생 두 사람의 왕과 함께 행복한 나날을 보냈습니다.

하지만 임금님! 이 이야기도 다음 이야기에 비하면 그리 신기하다고 할 수 없답니다.

〈주〉

*1 글자 그대로 옮기면 '어부는 시를 읊기(또는 외기) 시작했다'가 된다. 이러한 즉흥적인 시는 바다위족 사이에서는 오늘날에도 드물지 않다. 옛날에는 지은이가 죽을 때까지 운문은 종이에 씌어지지 않았다. 나는 '인샤드'를 '노래 부르다' '되풀이하다' '흥얼거리다'로 옮겼지만, 그 시가 원작인지 어떤지는 의심스럽다. 그러나 군데군데 분명히 즉흥

적으로 만들어졌고, 게다가 대체로 그런 시는 대표적인 악시(惡詩)이다.
*2 'O my God!'은 아라비아어의 '알라 품마=야 알라(오, 알라시여)'로 강한 의미로 쓰인다.
*3 아마도 스스로 맹세한 일의 결과일 것이다. 이러한 미신은 꼭 동양의 하층계급에만 국한된 것은 아니다.
*4 즉 '비스밀라!'라고 한다. 모든 행위를 시작하기 전에 입에 올리는 경건한 외침이다.
*5 이 이야기는 유명한 악마 사후르 마신의 전설을 암시하고 있다. 이 악마는 다윗의 아들 솔로몬에 의해 티베리아스 호수에 내던져졌다. 여기서 온 세계에 널리 알려진 민간전승의 옛 이야기 '항아리 속의 작은 악마(Bottle imp)'가 태어났다.
*6 마리드(Marid)는 헤브라이어의 어원 Marad 즉 '거스르다'에서 나온 말. 후기 셈어의 '사냥을 좋아하는 사람(Nimrod)'도 여기서 파생되었다. 마리드는 지니, 즉 여러 마신족 가운데 하나로 반드시 그렇다고는 할 수 없으나 대체로 사람에게 적의를 품고 있다. 여성은 Maridah.
*7 슬라이만은 대체로 기원전 1015년에 왕위에 있었으니, 본문에 의하면 이 이야기는 약 서기 785년=이슬람교 기원 169년 무렵의 것이 된다. 그러나 다만 가공의 이야기일 수도 있으므로 이러한 연대는 중요시할 게 못된다.
*8 험한 말을 피하기 위해 사용한 완곡어법.
*9 다시 말해 '당장에라도 코끝에서 튀어나가려 하고 있다'는 말.
*10 슬라이만=솔로몬은 기분전환 삼아 외출하면서 왕국의 운명을 좌우하는 도장반지를 첩인 '아미나(충실한 자)'에게 맡겼다. 그러자 왕의 모습으로 몸을 바꾼 사후르가 숨어들어 이것을 빼앗았다. 예언자 슬라이만은 거지로 전락하는데, 40일 뒤 이 악마는 반지를 바다에 던져 넣고 달아났다. 그 반지를 물고기가 삼켜 버렸지만 결국은 슬라이만의 손에 돌아왔다. 《탈무드》에서 나온 이 이야기는 《코란》 제38장 속에서도 시사되고, 주역자(注譯者)들은 거기에 심하게 살을 덧붙였다. 유대 법전과 코란의 가공 이야기를 뚜렷이 이어받은 것은 《로마인 무훈담 Gesta Romanorum》에 나오는 '조비니안 황제 이야기(제54장)'이다. 이 책은 13세기 끝 무렵 영국 또는 독일에서 나온 것으로, 중세 유럽에서 가장 인기 있는 읽을거리였다.
*11 아라비아어로 쿰쿰. 표주박 모양의 것으로 금속, 도기 또는 유리로 만들어짐. 오늘날에도 향수병으로 사용되고 있다.
*12 먹이를 주는 사람의 손을 깨무는 하이에나의 별명. 그래서 하이에나는 '배반자'라는 뜻으로 쓰인다.
*13 인간의 지혜는 마신보다 뛰어나다. 그러나 이 마신은 단순히 어리석어서 항아리 속에 갇힌 것이 아니고, 더없이 높은 신의 이름에 의해 갇힌 것이다. 유대 율법학자(랍비)에 의하면 솔로몬의 도장반지에는 부조가 새겨진 돌이 박혀 있는데, 이 돌은 솔로몬

에게 알고 싶은 것은 무엇이든 가르쳐주었다고 한다.
* 14 이 이름은 가공의 것으로 의미가 없다.
* 15 이 지리적인 기술은 셰익스피어에 버금간다. 파루스(여기서 페르시아가 나옴)는 오늘날 단순한 폐허에 지나지 않는 곳에 자리했던 고대 대제국의 중심지역이다. 아라비아어 룸(Rum 자마이카와의 혼동을 피하기 위해 나는 로움(Roum)이라고 썼다)은 신로마제국 또는 비잔틴제국이다. 이와 달리 유난(Yunan)은 그리스(이오니아)에 대한 고전적인 아라비아 이름이다. 교육을 받지 못한 이슬람교도들은 이 나라가 오늘날 바다 밑으로 사라졌다고 믿고 있다.
* 16 아라비아어의 나디움(Nadim)으로, 자주 나오는 말이다. 교주(칼리프)와 함께 술을 마실 만큼 친한 사이를 가리킨다. 이것은 매우 드높은 명예인 동시에 위험한 명예이기도 하다. 누다마(Nudama, 나디움의 복수형)와 술자리를 함께 한 아바스 왕조의 마지막 교주는 알 라지 비라(이슬람교 기원 329년=서기 940년에 죽음)였다. 알 슈테이의 유명한 《교주의 역사 History of the Caliphs》를 보면 좋다. 이 책은 비브리오시카 인디카를 위해 H.S. 재릿(Jarrett) 소령이 영어로 옮겨 멋진 주석을 덧붙이고 있다. 1880년 캘커타 발행.
* 17 아라비아어의 마이단(Maydan, 페르시아어에서 나옴). 레인은 이것을 '경마장(horse-course)'이라 번역하고, 페인은 '마상(馬上) 창시합장(tilting-yard)'이라고 번역했다. 그 두 가지 다이며 또한 그 이상의 의미로 사용되는 곳이다. 즉 도성 안 또는 교외의 빈터에서 열병(閱兵), 경기, 죽창시합 및 그 밖의 운동경기를 하는 데 사용된다. 그러므로 알 마이단은 그리스어의 'hippodrome(경마장)'에 해당된다.
* 18 일반적으로 널리 쓰이는 매우 적절한 관용어구이다. 우쭐대는 남자의 가슴을 쫙 편 자세와 비참한 사람들의 고개 숙인 자세, 그리고 비탄에 잠긴 여인의 끌리는 옷자락 등이 대비되는 것과 같다.
* 19 동양의 이야기 및 생활에서는 이러한 최고의 은총은 곧 눈앞에 닥쳐올 가장 가혹한 몰락을 암시한다. 은총이 지나치면 여러 신하들의 질투를 사게 되는 까닭이다.
* 20 어떤 비현실적인 이야기를 할 때 회화에서 곧잘 쓰인다.
* 21 우리는 와디(wady 또는 wadi)를 골짜기(valley)라는 영어로 대신할 수밖에 없지만, 그것은 흡사 '시냇물 케드론(brook Kedron, 예루살렘 북동부의 강)'이 가장 음침한 산골짜기에 해당되는 것과 마찬가지로 매우 부정확하다. 와디는 고대 콥트어의 wah, oah로 여기서 오아시스(Oasis)가 파생되었으며, 비가 내린 뒤에만 흐르는 물길의 바닥을 가리킨다. 나는 피우마라(Fiumara)라고 옮긴 적로 있는데, 이것은 이탈리아어 또는 시실리어로 와디의 뜻을 정확히 전해준다. 스페인어에는 이 아라비아어에서 나온 Guad, Guadi가 있어 이탈리아 반도의 강 이름으로 꽤 많이 사용되고 있다. 이를테면 Guadiana, Guadalquivir.

*22 아라비아어의 카일라로, 한낮의 가장 무더울 때 자는 낮잠. 영어에서 시에스타(siesta, 본디 뜻은 여섯 번째)라고 하는 것은, 그 시간이 교회법에 정해진 제6성무일과 정시(定時)로 되어 있기 때문이다.

*23 이 앵무새 이야기는 민화로서 세계적으로 널리 퍼져 있으며, 영혼 재생 신앙을 나타낸다. 이 신앙은 동양 거의 전 지역에서 믿어지고 있고, 그 점에서 이 이야기에 그럴듯함을 더해준다. 《신디바드 이야기 The Book of Sindibad》(574번째 밤 참조)는 이 이야기를 '과자장수와 그의 아내와 앵무새 이야기'로 바꾸어 만든 것이다. 이것을 바탕으로 하여 나온 것이 힌두스탄어 교본 《토타 카하니(앵무새의 수다)》와 나후샤비(약 서기 1300년)의 《츠치나마(앵무새 이야기)》의 발췌본이고, 또 산스크리트어로 된 《스카 사프타티(70가지 앵무새 이야기)》도 같은 종류의 것이다.

*24 젊은 '터키인'은 아마도 후세에 추가된 것이리라. 이런 아내는 대개 새장 위에 천을 덮어씌워 둔다.

*25 헤브라이 시리아의 7월은 한여름이다. 헤로도토스(Herodotus, 그리스의 유명한 역사가)도 말했듯이, 이집트인은 태양력을 발견하고 1년을 12달로 나눈 것은 자기네들이라고 주장했다.

*26 최근까지 근동의 상인이나 가게주인들은 모두 칼을 차고 있었으며, 집을 무장해 두지 않는 것을 부끄럽게 여겼다.

*27 굴라(Ghulah, Ghul의 여성형)는 '식인귀'로 헤브라이어의 릴리스(Lilith), 또는 Lilis, 고전어의 라미아(Lamia), 인도교의 요기니와 다키니, 칼데아의 우투그와 기김(사막의 악마라는 뜻. 그리고 마스 '산의 악마' 테라르 '도시에 숨어드는 자'에 해당), 우리 영국 이야기의 ogress, 러시아 민화의 바라 야가(노파 마법사) 등에 해당한다. 어원학상으로 보면 굴(Ghul)은 재액, 공황이고, 이 요괴는 분명 묘비와 묘지의 공포가 구상화된 것이다.

*28 젊은 남자는 아라비아어의 샤브(shabb)로, 사춘기부터 40살, 사람에 따라서는 50살까지 일컫는다.

*29 지금은 잊혀진 어느 유명한 사람의 이름.

*30 아라비아어의 Kohl(콜 가루 또는 화장먹)로, 인도에서는 스루마라고 한다. 눈약이 아니고 눈에 바르는 안티몬 분말이다. 동양의 시장에서 파는 것은 안티몬 그대로의 회색 광물이 아니고 방연광(方鉛鑛) 또는 황산연(黃酸鉛)이다. 콜이 사용되기 시작한 유래는 다음과 같다. 알라가 시나이 산의 큰 동굴에서 모세 앞에 모습을 나타냈을 때, 예언자 모세는 정신을 잃고 산에는 불이 났다. 그때 알라가 말했다. "앞으로 너와 너의 자손은 이 산의 흙을 부수어 눈에 바르라!" 그 가루는 마하라라는 작은 상자 속에 보관되어 굵고 끝이 뾰족하지 않은 바늘로 눈꺼풀 안쪽에 선을 따라 바른다. 이 일에서 작은 상자와 긴 바늘은 성적(性的)으로 'rem in re(소중한 물건)'을 의미하게

되고, 간통 문제가 일어나면 "콜 상자 안의 바늘을 보았느냐?"는 심문을 받게 된다. 여성은 대개 그을음이나 유연(油煙)을 재료로 한 조제품을 사용하는데, 그 빛깔로 한 눈에 콜 가루임을 알아볼 수 있다. 정관사를 붙인 알 콜(Al-Kohl)은 영어의 알코올(alcohol)의 어원이다. 하기는 리트레(Littré) 씨〔유명한 《프랑스어 사전》의 편자〕조차 '가는 분말'이 어째서 '주정(酒精)'이 되었는지 설명하지 못했지만, 내 경험으로는 사막을 여행하는 동안 이 가루는 눈의 염증 예방에 매우 유용했다. 인도에서는 일반적으로 널리 사용되지만, 오늘날에는 유럽통관례에 따라 콜 가루가 차츰 사라지고 있다.

*31 이 두 여자의 이야기는 이제 완전히 잊혀져 버렸다.

*32 위험이 닥치면 다른 사람의 옷소매를 붙잡고 '다히르 아크(당신의 비호 아래)!'라고 외치는 풍습이 있다. 고결한 종족 중에도 특히 바다위족은 이렇게 도움을 청하면 목숨을 걸고라도 낯선 이를 보호해준다.

*33 글자 그대로 옮기면 "알라여, 부디 나를 너무 쓸쓸하지 않게 하소서"이다. 이것은 오늘날에도 곧잘 쓰이는 문구이다. 라 타와이슈나(La tawahishna(너무 오래 떠나 있어 나를 쓸쓸하지 않게 하소서!))

*34 재상이 물고기를 들고 요리사에게 가는 것은 아름답고 소박한 풍습이다.

*35 글자 그대로는 '콜로 그린 눈꺼풀'이라는 뜻. 비유적으로는 '검은 속눈썹이 드리워진 아름다운 표정을 한'이라는 뜻. 이것은 《아라비안나이트》에 자주 나오는 글귀로, 인간은 원래 '저급한 동물'이 틀림없는 것처럼 여겨진다. 중앙아프리카의 이슬람교도는 눈꺼풀의 속눈썹 있는 데는 물론 바깥쪽의 눈꺼풀에도 콜을 바르고 기름 같은 것으로 떨어지지 않게 한다. 새카만 속눈썹의 강렬한 선을 두른 특이한 이집트적(또한 시리아적)인 눈은 검댕으로 그린 검은 선처럼 보여 이 비유를 쉽사리 떠올리게 한다.

*36 물론 그녀 자신을 가리킨다.

*37 아드족은 키 60~100큐빗(고대 이집트와 바빌로니아 등지에서 사용된 길이 단위로, 팔꿈치에서 손끝까지의 길이. 17~21인치에 해당. 오늘날 야드와 피트의 기준이 되었음)이었던 유사(有史) 이전의 아랍인. 〔아드족에 대해서는 《코란》 제7장 63절 이하 여러 곳에서 이단자로 언급되고 있다.〕 앞으로도 《아라비안나이트》 속에 자주 등장한다.

*38 아라비아어의 다스투르(Dastur, 페르시아어에서)는 허락, 허가라는 뜻. 이 말은 두 가지 의미를 지니며 빈번하게 사용된다. 이를테면 계단을 오르기 전이나 낯선 여성을 만나게 될 것 같은 방으로 들어가기 전 등에 사용된다. '길을 열라'는 뜻의 '타리크'라는 말도 마찬가지다. 옛날에 페르시아인이 이집트를 점령한 일이 속어 속에 그러한 페르시아어 계통의 말을 많이 남긴 것이다. 그 가운데 하나로, 여행자가 매우 두려워하는 바흐시시(Bakhshish)가 있다. 발음은 바흐시시(bakh-sheesh)로, 줄여서 시시라

고도 하며 페르시아어 bakhshish에서 나왔다.
* 39 이 노랫소리의 주인공인 남자는 자기 아내를 가리킨 것이지만, 완곡어법으로서 남성으로 한 것이다.
* 40 이런 식으로 금방 눈물을 흘리는 것은 근대문명의 외면적인 냉정함과 뚜렷한 대비를 이룬다. 그러나 그것은 아랍인의 성격을 충실하게 나타내고 있다. 또한 동양인은 호메로스의 영웅이나 보카치오의 이탈리아인과 마찬가지로 우리가 여자의 히스테리로 여기는 것, 즉 '마음껏 우는 것'을 부끄럽지 않게 여긴다.
* 41 이 상투적인 문구(이슬람교도가 늘 사용하는)는 여기서는 불쾌한 마음, 어떻게 하면 잘 될지에 대한 의구심 등을 나타내고 있다.
* 42 아랍인은 친사촌누이 곧 아버지 형제의 딸과 결혼할 권리가 있다고 여기고 있다. 따라서 만일 누군가가 이 여자를 그에게서 빼앗아 가면 상대를 죽일 수 있고, 그렇지 않더라도 두 사람은 결국 피를 보지 않을 수 없는 사이가 된다. 형태는 다르지만 유대인들도 마찬가지다. 이 두 종족에게 있어서는 혈연결혼을 하더라도 영국인이나 영미인(Anglo-American)과 같은 혼혈인종에 나타나는 나쁜 결과(저능아, 선천적인 귀머거리 등)가 따르지 않았다. 바다위족이 나의 '큰아버지의 딸'이라고 말하면 아내를 가리킨다. 그리고 이 호칭이 훨씬 친근감이 있다. 그냥 아내라면 이혼할 수 있지만 '피는 물보다 진하기' 때문이다.
* 43 아라비아어의 카바(Kahbah)는 같은 매춘부를 가리키지만 이것보다 더 비열한 말은 없다.
* 44 아라비아어의 반지(Banj), 힌두어의 브항(Bhang)(나는 이 둘 가운데 후자를 통속어로서 채용했다) 등은 모두 대마(*Cannabis sativa* 또는 *Cannabis Indica*)로 만든 조제(調劑)를 의미한다. 고대 콥트어의 니반지(Nibanj)에서 파생된 것이다. 이 점에서 또한 호메로스의 Nepenthe(식충식물로 '시름을 잊게 하는 약'이 만들어졌다)도 금방 연상될 것이다. 알 카즈위니(Al-Kazwini)〔13세기의 아라비아 작가로 대표작은《마흐루카트의 기담(奇譚) *Ajaib al-Makhlukat*〕는 브항을 '정원 제조 대마(Kinnab bostani 또는 shahda naj)'라고 설명하고 있다. 그리고 중세 유럽에서 많이 사용된 사리풀(*hyoscyamus-niger*, 가지과의 유독식물)에 이 말을 사용하는 사람도 적지 않다. 마취용으로 대마가 늘 쓰이며, 이것을 여러 가지로 조합한 것이 카이로에 있는 특별시장에서 매매되고 있다. 사람을 도취하게 만드는 이러한 종류의 것에 대해서는 앞으로 좀더 설명하게 될 것이다. 브항이 사용되기 시작한 것은 의심할 여지 없이 문명의 초기부터이며, 가장 초기의 사회적 위안은 아무튼 사람을 도취시키는 것이었으리라. 헤로도토스(《역사》 제4부 75장)는 스키타이인(Scythians)이 예배 중에 씨앗(잎과 홀씨주머니)을 태워 연기에 취했다고 기술하고 있으며, 오늘날 남아프리카의 부시먼족도 그러한 흉내를 내고 있다. 이것은 아마 가장 초기의 끽연형태가 아니었을까. 파이프

가 사용되었는지 어떤지는 아직도 확실하지 않다. 갈레노스〔그리스 의사, 130~200?〕도 대마에 의한 명정(酩酊)에 대해 얘기하고 있다. 이슬람교도 사이에서도 페르시아인은 이 음료를 망아(忘我)의 경지로 유혹하는 것으로 사용했고, 13세기 무렵에 이 풍습을 시작한 이집트도 많은 약을 수입했다. 여기에 대해서는 언젠가 《아라비안나이트》가 진행되는 동안 언급할 예정이다.

*45 동양 여러 도시 외곽에 산더미처럼 쌓여 있는 쓰레기 더미로, 카이로 근처에 있는 것은 높이 100피트가 넘었다고 한다.

*46 '눈의 청량함'은 뜨거운 눈, 즉 눈물로 빨갛게 된 눈에 대비되는 말이다. 이 말은 참으로 적절한 표현이어서 나는 그대로 직역했다. 모든 서늘함은 더운 지방에 사는 사람들에게는 기분 좋은 느낌이다. 아라비아 으뜸가는 시인 알 하리리 속에서 〔그의 걸작 《집회》를 가리키는 듯〕 아부 자이드는 바소라에 대해 이렇게 말했다. "나는 이곳에서 눈을 청량함으로 가득 채우는 온갖 것을 발견했다."

*47 카프(Kaf) 산은 일반적으로 코카서스라고 번역된다(496번째 밤 참조). 그리고 '가짜 새벽'(뒤에 이 이야기에 나옴)은 산의 구멍 또는 틈새 때문에 생긴다.

*48 보리술은 아라비아어의 미즈르(Mizr) 또는 미자르이고, 속어는 부자(Buzah)이다. 여기서 의학상의 라틴어 Buza, 러시아어 buza〔피(稗)〕로 빚은 술. 우샤코프의 《러시아어 사전》에 보면 부자는 귀리, 메밀, 보리로 만든 가벼운 술로 되어 있음), 영국술 booze, 고대 네덜란드어의 buyzen, 독일어의 Busen 등이 나왔다. 이것은 또한 아프리카 흑인이나 흑인계 종족의 고대 신주(神酒), 포토스 세이오스, 즉 오시리스〔고대 이집트의 주신(主神)〕의 보리술이기도 하며, 그 건조된 유물이 이집트인의 무덤 속 항아리에서 발견되었다.

적도 아프리카에서는 '폼베'라는 이름으로 알려져 있고, 상(上) 나일에서는 '메리사' 또는 '미리시', 카피르 족(Kafirs, Caffers, 남아프리카 반투족의 종족)사이에서는 '투슈아라' '오아라' '보야라'라는 이름으로 통한다. 나는 또 중앙아프리카에서 '부스와(Buswa)'라는 말을 들은 적이 있는데, 어쩌면 이것이 아마도 부자의 어원일지도 모른다.

서유럽에서는 감브리누스(Gambrinus) 왕 시대보다 훨씬 전에 지소스($\xi v \theta o \varsigma$, 근세그리스어의 비르라($\pi \iota \rho \rho \alpha$)), Xythum, cerevisia 또는 cervisia(?), humor ex bordeo(라틴어로, 보리로 만든 액체)가 되었다. 중앙아프리카인은 이것을 다량으로 마신다. 호프는 알려져 있지 않았다. 대개 호르크스라는 곡물을 발아시킨 다음 부수고 쪄서 발효시킨 것이다.

이집트에서는 주로 베르베르인(북아프리카 바르바리 지방의 원주민), 누비아인(북아프리카 누비아에 사는 종족), 상 나일 출신 노예 등이 이 음료를 즐기는데 '폼베'보다 훨씬 상등품으로 유럽의 음료에 가깝다. 나는 《중앙아프리카의 호수지방 *The Lake*

Regions of Central Africa》의 제2권에 그 제조법을 실었다. 〔참고로, 감브리누스는 맥주 발명자로 일컬어지는 플랑드르의 전설적인 왕.〕

*49 이 풍자에는 무서운 진리가 포함되어 있다. 이것을 읽으면 우리는 나바르(유럽 남서부의 중세왕국)의 여왕 마르가레트의 잘생긴 남편보다 추물인 마부를 좋아한 귀부인 이야기를 떠올리게 된다(《7일 이야기 *Heptameron*》 제20화). 우리는 이른바 최하등의 하찮은 남자를 위해 모든 것을 희생한 온갖 이름난 여인들을 알고 있다. 세상 사람들은 눈이 둥그레져서 비난할 뿐이며 그 까닭을 전혀 알지 못한다. 모든 여자에게는 한 남자가 있다. 그 남자를 위해서라면 '언제라도 기꺼이 바닥을 핥을 수 있는' 오직 한 남자가 있는 것이다. 운명의 신은 대개 그런 남자에게 여자를 만나게 해 주지 않지만, 일단 만나면 남편도 자식도 명예도 종교도 생명도 영혼도 내버리게 된다. 게다가 자연(인생)은 아름다운 것과 추한 것, 어두운 것과 밝은 것, 키가 큰 것과 키가 작은 것 같은 대조적인 조합을 명령하는데, 그렇지 않으면 인류는 개의 족속처럼 극단적인 종족, 즉 애완용 테리어처럼 작은 사람, 사냥개 마르티프처럼 큰 사람, 중국의 '구급견'처럼 대머리인 사람, 또는 뉴펀들랜드의 개처럼 털북숭이가 될 것이다. 그 유명한 윌크스(Wilkes)〔존 윌크스, 1727~1797, 영국 정치가, 탕아, 《여성론》의 저자〕가 겨우 한 시간 만에 영국에서 제일가는 호남자를 적으로 돌리고 경쟁했을 때 한 말은 단순히 절반의 진리밖에 포함하고 있지 않다. 사실은 그의 매우 추한(이탈리아인이 말했듯이 un bel brutto, 지독한 추남이었다) 모습이야말로 미녀들의 눈에는 더할 나위 없이 매력적이었던 것이다.

*50 이슬람교도의 매장소에는 모두 귀부인들이 남의 눈에 띄지 않게 울 수 있도록 한 장소가 한 곳씩 있다. 사도는 그곳으로 찾아가도록 다음과 같이 명령하고 있다. '묘지를 자주 방문하라. 그러면 그대들은 내세를 생각하게 되리라!' 또는 '금요일마다 부모의 무덤을 찾아가는 자는 경건한 자식으로 기록되리라. 생전에 불효한 자식이었을지라도.' 그 건물은 유럽풍 묘지의 부속 예배당(mortuary chapels)과 비슷하다.

*51 '자신의 종족'이나 연인을 위해 '죽어가는 바다위족'은 우리에게 매우 애절하게 느껴진다. 황야에 사는 사람들은 마을이 바라보이는 언덕 비탈면에 묻히기를 좋아한다. 그들은 지금도 묘지 옆을 지나갈 때는 인연이 있는 사람이나 친구의 이름을 부른다.

*52 아카시라(Akasirah, Kasra=Chosroës의 복수형)는 여기서 페르시아 4대 왕조의 칭호로 쓰였다. 1, 페슈다족(Peshdadian Race) 또는 아시리아족, 그들의 고대 역사에 대해서는 시대가 명확하지 않다. 2, 기원전 331년 알렉산더 대왕의 침입과 함께 끝났던 카야니야 또는 아케메네스 왕조(Kayanian, 메디아인(Medes) 또는 페르시아인). 3, 서기 202년까지 아슈카니 왕조(Ashkanian, 파르티아 왕조(Parthenians) 또는 아르사세스 왕조(Arsacides). 4, 앞서 말했던 사산 왕조(Sassanides). 그러나 엄밀히 말하면 키스라와 카스라는 후기 왕조, 특히 위대한 아누시르완 왕(Anurshirwan)에 적합한 칭호이

다.〔389번째 밤에 '키스라 아누시르완 왕과 시골처녀' 이야기가 있고, 또 주석도 달려 있으므로 설명을 생략한다.〕

이 칭호와 후스라우(Khusrau, 고유명사 시루스(Cyrus))〔페르시아 제국 창건자〕, Ahasuerus? (고대 페르시아 왕), Chosroës? (코스로, 1, 2세)를 혼동하면 안 된다. 이상의 3가지는 시저(Caesar), 카이저(Kayser), 짜르(Czar)〔모두 왕이라는 뜻〕 속에 결합된 듯하다. 특히 조로아스터교와 관련된 상세한 것은《다비스탄 Dabistan》즉《예절학교 School of Manners》(데이비드 시(David shea) 및 안소니 트로이어(Anthony Troyer)의 공동번역, 1843년 파리 발행) 제1권에 자세히 나와 있다. 이 책은 매우 귀중하지만, 고유명사가 부주의하고 부정확하게 인쇄되어 있어서 연구자는 끊임없이 오류에 빠져버린다.

*53 말투가 몹시 천박하고 비열하지만, 이 장면은 아랍인의 생활을 잘 그려내고 있다.

*54 레인(제1권)은 이 문구 속에《아라비안나이트》가 태어난 시대를 발견했다.〔제1권은 레인이 번역한《신역 천일야화》의 첫 번째 권을 말한다.〕이집트 왕 마호메트 이븐 카라운은 8세기 중엽(이슬람력. 서력으로는 14세기)에 사치금지법을 공표해 그리스도교도와 유대교도에게 푸른색과 주황색 터번을 두르도록 강요하고, 이슬람교도에게는 흰 터번을 쓰게 했다. 그러나 이 관습은 훨씬 전부터 행해지고 있어서 맨더빌〔Sir John Mandeville. 영국인 여행가. 1372년 죽음. 그의《여행기》는 유럽 각 나라의 말로 옮겨져 널리 읽혔다. 여기에 바다위족들이 머리와 목에 하얀 리넨을 감고 있다는 서술이 보인다〕은 1322년에 이미 법규화된 이 관습에 대해 언급하고 있다.

그것은 지금까지 존속되고 있다. 도시에서는 사라졌으나 적어도 이집트와 시리아의 시골에서는 그리스도교도가 이 관습에 따르고 있다. 그러므로 나는 이러한 내용은 별개로 치더라도 연대학적으로 보기에는 결국 무익함을 여기에 덧붙여두고 싶다.

*55 고대의 무스타파는 '선택받은 자(예언자, 곧 마호메트)'로, 알 무지타바 즉 '인정받은 자'라는 호칭으로도 불렸다(《순례》제2권). 무르타자는 마찬가지로 '선출된 자' 즉 교주 알리이고, 더 옛날에는 오클리(Ockley)와 동시대인들이 사용했던 '모르타다' 또는 '모르타디'이며, '알라가 총애하는 사람' 또는 '인정한 사람'이라는 뜻이었다. 그리고 옛 저술가들은 모르타디를 '모르티스 알리'라고 사투리화시켜 독자들은 교주 알리의 이름으로 상상했다.〔오클리는 시몬 오클리. 영국의 동양학자. 1678~1720.〕

*56 진짜로 동트기 전에 비쳐드는 빛〔黃道光〕. 페르시아인은 이것을 수브 이 카지브(거짓의, 허위의 서광)라고 부르며, 수브 이 사디크(진정한 서광)에 대립시키고 있다. 또한 이것은 세계를 둘러싼 카프 산의 동굴에서 태양이 빛나기 때문에 일어난다고 상상하고 있다.

*57 비스밀라는 '알라의 이름에 걸고!'라는 뜻. 여기서는 행동으로 옮기기 전에 외고 있다.

*58 아라비아어의 맘루크(Mamluk, 복수형 Mamalik)는 글자 뜻 그대로는 동산(動產)을 가리킴. 《아라비안나이트》에서는 무기를 다룰 수 있도록 훈련받은 백인 노예를 뜻함.
　이집트의 이른바 '마멜루크 베이(Mameluke Beys)'〔본디 백인 노예였던 군인으로 13~14세기에 걸쳐 수많은 맘루크가 이집트를 지배했는데, 그 지배자의 경칭이 베이였다〕를 어떤 지방에서는 구즈(Ghuzz)라고 불렀다. 나는 이 편리한 말을 오래된 통속적인 의미로 사용했다.

바그다드의 짐꾼과 세 여자

옛날, 바그다드에 한 짐꾼이 있었습니다. 그는 독신이었는데 도무지 아내를 맞으려 하지 않았습니다.

어느 날 시내에 나가 짐 광주리에 기대어 멍하니 길가에 서 있는데, 눈앞에 멋진 여자가 걸음을 멈춰 섰습니다. 여자는 황금으로 수를 놓고 금란(金襴)으로 가장자리를 장식한 모술*1 비단 베일을 쓰고, 역시 황금으로 테두리를 장식한 구두*2를 신었으며, 머리는 길게 땋아 늘어뜨리고 있었습니다. 베일을 벗어 새까만 속눈썹 속의 눈동자를 드러내니 눈빛이 어딘가 시름에 젖은 듯 촉촉한데, 그 더할 나위 없는 아름다움은 보는 이의 영혼을 사로잡는 듯했습니다.

아름다운 여자는 짐꾼에게 인사를 하고 자못 부드럽고 은근한 목소리로 이렇게 말했습니다.

"광주리를 가지고 저를 따라오세요!"

짐꾼은 정신이 어찔하여 방금 들은 말이 정말인지 자신의 귀를 의심했습니다. 하지만 부랴부랴 광주리를 둘러메며 혼잣말을 중얼거렸습니다.

"야, 재수 좋은 날이다. 알라께서 이런 행운을 주시다니!"

여자를 따라가니, 이윽고 어느 집 대문 앞에 걸음을 멈추고 문을 두드렸습니다. 곧 나사렛 사람인 늙은이가 나타났습니다. 여자는 금화 한 닢을 주고 올리브기름같이 맑은 술을 받아들었습니다. 여자는 광주리 속에 술 단지를 살며시 넣으면서 말했습니다.

"광주리를 지고 따라오세요."

짐꾼은 다시 중얼거렸습니다.

"알라께 맹세코 오늘은 정말 억세게 재수 좋은 날이다. 무슨 소원이든 이루어질 것 같은 좋은 징조야."

다시 광주리를 메고 따라가니 여자는 과일가게 앞에서 걸음을 멈췄습니다. 그 가게에서는 샴*³의 사과, 터키의 마르멜로, 오만*⁴의 복숭아, 나일의 오이, 이집트의 라임, 수르탄의 오렌지와 시트론, 그 밖에 알레포의 재스민, 향기로운 오디, 다마스쿠스의 흰 수련, 쥐똥나무 꽃,*⁵ 카밀러, 빨간 아네모네, 제비꽃, 석류꽃, 장미며 수선 등을 사서 모두 짐꾼의 광주리에 담고는 말했습니다.

"이것을 가져와요."

짐꾼이 광주리를 메고 또 따라가니 이번에는 푸줏간 앞에 멈춰 섰습니다.

"양고기로 10근 주세요."

돈을 치르자 푸줏간 주인은 양고기를 바나나 잎사귀에 싸주었고, 여자는 그것을 광주리에 담으면서 또 말했습니다.

"어서 광주리를 짊어져요, 짐꾼 아저씨."

다음에 여자는 식료품가게에 가서 말린 과일과 피스타치오 열매, 티하마의 건포도, 껍질을 벗긴 편도복숭아 등 디저트에 필요한 온갖 것을 사서 광주리에 넣고 말했습니다.

"자, 짊어지고 따라와요."

짐꾼이 다시 광주리를 둘러메고 따라가니 여자는 과자가게에서 커다란 접시를 사더니, 거기에다 가게에 있는 온갖 달콤한 과자, 즉 과일을 넣은 파이, 사향내가 나는 튀김, 샤봉 과자, 레몬 빵, 설탕에 절인 멜론, '자이나브의 빗〔櫛〕' '귀부인의 손가락' '법관의 한입과자'*⁶ 같은 것을 담아 짐꾼의 광주리에 넣었습니다.

본디 쾌활한 남자였던 짐꾼은 이것을 보고 말했습니다.

"처음부터 말씀하셨더라면 망아지나 낙타를 끌고 와서 짐을 운반할 걸 그랬습니다."

여자는 방긋 웃더니 사나이의 목덜미를 가볍게 두드렸습니다.

"잠자코 따라오세요. 짐삯은 두둑하게 줄 테니까."

이번에는 향수가게에 들러 사향내가 나는 장미, 오렌지꽃, 수련, 버들꽃, 제비꽃, 그 밖에도 5가지를 더하여 모두 향수 10가지와 설탕 두 덩이, 향수 뿌리는 병, 유향, 침향, 용연향, 사향 등에다 알렉산드리아산(産) 양초까지 샀습니다. 여자는 그것을 모두 광주리에 담고 말했습니다.

"자, 광주리를 메고 따라오세요."

이윽고 여자는 채소가게 앞에서 소금과 기름에 절인 잇꽃과 올리브, 사철쑥, 크림치즈, 단단한 시리아치즈 등을 사고는 같은 말을 했습니다.

"자, 짐을 지고 따라오세요."

여자 뒤를 계속 따라가니 앞쪽에 넓은 정원이 있는 훌륭한 저택에 다다랐습니다. 정원에는 크고 둥근 기둥이 여러 개 서 있어서 웅장하고 우아해 보였습니다. 정문에는 불타는 듯한 황금판금을 끼운 두 짝의 흑단문이 달려 있었습니다.

그 문 앞에 잠시 멈추어 서서 여자는 베일을 벗고 주먹으로 문을 가볍게 두드렸습니다. 그동안 짐꾼은 뒤에 우뚝 선 채 여자의 아름다움에 넋을 잃고 있었습니다.

이윽고 두 짝의 문이 뒤쪽으로 활짝 열렸습니다. 누가 열었는지 보았더니 키가 크며 날씬한 젊은 여자였습니다. 그런데 이건 또 무슨 조화입니까? 아름다움과 사랑스러움은 더 말할 것도 없고 그야말로 요염한 자태와 균형미, 비할 데 없는 우아함의 화신인 듯했습니다. 이마는 꽃같이 희고, 뺨은 아네모네처럼 붉게 빛나며, 라마단*7을 맞이하는 초승달 같은 눈썹 아래의 눈동자는 야생의 젊은 암송아지나 영양의 그것을 보는 듯했습니다. 입은 솔로몬의 반지,*8 입술은 붉은 산호, 가지런한 이는 진주인지 카밀러 꽃잎을 늘어놓은 것 같고, 목덜미도 영양을 연상시키며, 가슴은 두 개의 석류를 닮아 터질 것처럼 불룩하게 솟아 있고,*9 옷 속에는 비단이 일렁이는 듯한 육체, 배꼽*10에는 안식향유가 1온스나 들어갈 것 같았습니다. 아, 그 아름다움은 시인이 노래한 바로 이런 여자와 같았습니다.

> 왕궁의 '해와 달'에
> 눈길을 끌어 잘 보아라
> 꽃다운 얼굴, 향기로운 빛에
> 마음의 위안을 얻어라.
> 그대는 두 번 다시 볼 수 없으리.
> 저토록 희고 맑은 저 이마에
> 드리워진 검은 머리를.
> 기리어 노래하는 아름다운 여인의 이름은

덧없이 사라질지라도
붉은 장밋빛 뺨
그것이야말로 바로 그녀.
발걸음 가볍게 몸을 살랑거리면
탐스러운 엉덩이에 나는 웃고
엉덩이를 흔들어주는 허리에,
눈물 흘리며 나는 우네.

이 여자를 보자 짐꾼은 넋을 잃고 심한 욕정이 일어 하마터면 머리에 인 광주리를 떨어뜨릴 뻔했습니다. 그는 혼잣말로 중얼거렸습니다.
"세상에 태어나서 오늘처럼 재수 좋은 날은 없었어!"
그때 문지기 여자가 찬모를 보고 말했습니다.
"이리 들어와서 얼른 이 짐꾼의 짐을 내려줘요."
찬모와 짐꾼이 문지기를 따라 안으로 한참 들어가니 널찍한 지하 홀이 나왔습니다.
그곳은 놀랍도록 정교한 구조로 되어 있고 온갖 아름다운 색채와 조각으로 꾸며져 있는데, 높은 발코니, 십자 홍예문 회랑과 선반, 휘장이 드리워진 밀실이 있었습니다. 한가운데는 아름다운 분수를 중심으로 맑은 물이 가득한 연못이 있었습니다. 조금 높은 자리에는 보석과 진주로 장식한 노간주나무 침상이 있고 그 위에는 개암나무 열매만한, 어쩌면 그보다 더 큰 진주로 가장자리를 두른 모기장 같은 붉은 화개(華蓋)가 늘어져 있었습니다.
그 위에 얼굴에서 빛이 나는 한 여자가 앉아 있었는데, 이마에는 꿈꾸는 철인(哲人) 같은 빛이 어리고, 눈은 바벨탑[11]의 마력으로 넘치고 있었으며, 눈썹은 활처럼 반원을 그리고 있었습니다. 입술에서 새나오는 숨결은 용연향처럼 향기를 풍겼고, 입술은 맛보면 사탕처럼 달콤할 듯하고, 바라보면 빨간 마노처럼 아름다웠습니다.
몸매는 아리프[12]처럼 날씬하고, 얼굴은 한낮 태양도 빛을 잃을 만큼 환하게 빛났습니다. 정말이지 밤하늘의 은하수나 황금빛 무늬를 새긴 둥근 지붕, 한껏 단장한 신부 또는 아라비아의 고귀한 공주[13]를 방불케 하는 모습이었습니다. 시인이 부른 다음과 같은 노래는 정녕 이런 여자를 두고 읊은 것일 테지요.

　　그대의 미소는 진주알 두 개.
　　카밀러 꽃봉오리런가, 서리 앉은 나뭇가지런가.
　　밤은 깊어 검은 머리 흐트러지고
　　그대 빛나면 새벽빛도 수줍어하네.

　세 번째 여자는 침상에서 일어나 사뿐사뿐 걸음을 옮겨 손님방 가운데로 나오더니 동생들에게 말했습니다.
　"왜, 거기 우두커니 서 있니? 어서 가엾은 이분의 머리에서 짐을 내려 드려라."
　그러자 찬모는 짐꾼 앞으로 돌아가고 문지기 여자는 뒤에 가 서고, 세 번째 여자도 거들어 짐꾼의 머리에서 짐을 내렸습니다. 그리고 광주리 안의 것을 모두 꺼내 저마다 제자리에 정리했습니다. 그 일이 끝나자 짐꾼에게 금화 2닢을 주었습니다.
　"짐꾼 양반, 수고했어요. 이제 돌아가도 좋아요."
　그러나 짐꾼은 돌아가려 않고 그 자리에 우두커니 선 채 여자들을 바라보며 그 뛰어난 용모, 우아한 태도, 상냥한 성품에 감탄하고 있을 뿐이었습니다. 정말이지 이보다 더 멋진 여자들은 본 적이 없었던 것이지요. 짐꾼은 아쉬운 듯 고급술과 좋은 향기가 풍기는 꽃과 과일, 그 밖의 여러 가지 물건들을 부러운 듯이 바라보았습니다. 게다가 짐꾼이 무척 이상하게 여긴 점은, 이 집에 남자가 한 사람도 보이지 않는다는 것이었습니다.
　이렇게 좀처럼 발길을 떼지 못하고 서 있으니, 가장 언니인 듯한 여자가 동생을 보고 말했습니다.
　"왜 돌아가지 않을까? 아마 품삯이 적은 모양이지? 한 닢 더 주거라."
　그러나 짐꾼은 대답했습니다.
　"아닙니다, 알라께 맹세코 결코 품삯이 적어서가 아닙니다. 사실은 아씨들과 아씨들의 살림에 정신을 빼앗겨서입니다. 아씨 같은 분들이 혼자 살며 상대가 되어줄 남자분이 없다는 게 정말 이상하군요. 아시다시피 높은 탑은 네 개의 기둥이 없으면 쓰러집니다. 아씨들에게도 네 번째 것이 필요합니다.

시인도 노래하고 있듯이, 남자가 없으면 여자의 즐거움은 아무래도 부족한
법이니까요."

    모르시나요, 즐거움에 없어서는 안 되는 네 가지를,
  하프, 비파, 플루트,
    마지막 하나는 은피리.
    거기에는 네 가지 향이 있어야 해요.
    장미, 도금양, 아네모네, 제비꽃.
    이것으로 여덟 가지는 갖춰졌으나
    술, 청춘, 돈, 사랑
    이것이 없다면 소용없지요.

"아씨들은 세 분인데, 네 번째는 분별 있고 조심스러우며 재치 있고 남에게 비밀을 말하지 않는 남자가 필요할 겁니다."
이 말에 여자들은 매우 기쁜 얼굴로 짐꾼을 보고 웃으면서 물었습니다.
"하지만 그런 사람이 있을까요? 우리는 처녀라서 비밀을 털어놓기가 두려워요. 또 어느 역사책에서 이븐 알 스맘이 노래한 시를 읽은 적이 있어요."

    비밀은 굳게 지켜
    남에게 결코 말하지 말지어다.
    한 번 새어나간 비밀은
    돌아오지 않는 법.
    자기 가슴에
    감추어둘 수 없는 비밀,
    남의 가슴이
    어찌 감추어주리.

"또 아부 노와스*14도 이런 노래를 불렀답니다."

    비밀을 지키지 못하고,

다른 사람의 귀에 속삭이는 자,
그 이마에
악인의 낙인 찍히리!

이 말을 듣고 짐꾼은 대답했습니다.
"아씨들의 목숨에 맹세코 나는 이래 봬도 분별과 사리를 아는 사내랍니다. 거기다 많은 책을 읽었고 역사에도 밝지요. 아름다운 것은 세상에 널리 퍼뜨리고, 추한 것은 가슴속에 감추고 시인이 권하는 대로 행동하고 있습니다."

착한 사람 아니면 누가 비밀을 지키랴.
착한 사람은 가슴에 비밀을 묻는다.
그것은 문단속이 잘된 집과 같아서
자물쇠가 없어도 문은 굳게 닫히리.

이 노래를 듣고 처녀들은 그 노래가 자기들에게 어떤 의미가 있는지 깨닫고 이렇게 말했습니다.
"우리는 가진 돈을 다 이 집에 들였어요. 그래도 당신을 대접해 드리겠지만, 그 대신 당신은 우리에게 무엇을 주시겠어요? 당신을 술 상대로 이렇게 예쁘고 고귀한 얼굴을 공짜로 보여 드릴 수는 없는 것 아니겠어요?[*15] 이런 노래를 아시는지?"

돈이 없거든 다음에 오너라.
돈 없는 사랑은 보리 한 알의 가치도 없단다.

문지기 여자도 말했습니다.
"무언가 주실 수 있다면 모르지만 아무것도 없다면 그냥 돌아가세요. 무용지물일 뿐이에요."
그러자 찬모가 말렸습니다.
"언니들, 이분을 너무 괴롭히지 마세요. 이분은 우리 일을 힘껏 도와주셨잖아요. 다른 사람 같았으면 견뎌내지 못했을 거예요. 이분의 비용이 얼마나 되던 제가 내겠어요."

짐꾼은 뛸 듯이 기뻐하면서 그 여자 앞에 무릎을 꿇고 고마워했습니다.

"알라께 맹세코, 실은 방금 받은 돈이 오늘 마수걸이입니다."

이 말을 듣고 다른 여자들도 말했습니다.

"그럼, 앉아요. 여기 있어도 좋으니까."

그러나 맨 위 언니가 다짐을 두었습니다.

"그런데 한 가지 조건이 있어요. 자신과 관계없는 일에 대해서는 절대로 질문하지 말 것. 이것을 지키지 않으면 채찍으로 호되게 맞을 줄 아세요."

"잘 알겠습니다. 내 머리와 눈을 두고 맹세하지요. 보세요, 나는 이처럼 혀 없는 사람이랍니다."

그때 찬모가 일어나 허리띠를 고쳐 매더니 분수 옆에 식탁을 차리고 꽃병에 향기로운 꽃들을 꽂았습니다. 그리고 술병을 죽 늘어놓고 그 밖에 필요한 물건들을 모두 차렸습니다. 그런 다음 세 여자는 아까부터 꿈속처럼 황홀경에 빠진 짐꾼을 가운데 두고 둘러앉았습니다.

찬모가 먼저 술병을 집어 들어 첫 잔을 따라 마신 뒤 두 번째, 세 번째 잔도 비웠습니다.*16 다음에 네 번째 잔을 따라 다른 한 여자에게 권했습니다. 마지막으로 큰 잔에 술을 가득 따라 노래를 부르면서 짐꾼에게 주었습니다.

　　드시라, 이 술 한 잔 단숨에 드시라
　　이 술은 뜬세상의 시름을 가셔주리니.

짐꾼은 두 손에 술잔을 받아들고 진심으로 감사하며 즉흥시를 읊었습니다.

　　술을 마시려거든 미더운 벗과
　　좋은 핏줄의 훌륭한 친구와 마셔라.
　　술은 바람 같은 것,
　　꽃을 만지면 향기를 빨아들이고
　　오물 위를 지나면 악취를 풍긴다.

또 이런 노래도 불렀습니다.

　　잔을 받으려면 그대 같은 귀여운 손에서
　　잔을 들면 떠오르는 그대의 덕(德), 그대에게 스며드는 술의 덕.

이렇게 노래를 주고받은 다음, 짐꾼은 여자들 손에 입을 맞추고 한껏 취하도록 마셨습니다. 그리고 앉은 채 몸을 좌우로 흔들면서 또 노래를 불렀습니다.

　　술에는 부정(不淨)한 피가 있다.
　　깨끗한 것은 포도에서 짠 피의 술뿐
　　자, 부어라! 마셔라!
　　돈이 무슨 소용이랴,
　　사랑스러운 새끼 사슴이여,
　　기꺼이 그대 눈동자에 바치리.

이때 찬모가 다시 잔에 술을 따라 문지기 여자에게 건네주자, 그녀는 잔을 받아들고 인사한 다음 잔을 비웠습니다. 침상에 앉은 손위 여자에게도 술을 따라주고 다시 짐꾼에게도 한 잔 따라 주었습니다. 짐꾼은 여자들 앞에 무릎을 꿇고 술잔을 비운 뒤 인사를 하고 또 노래를 불렀습니다.

　　얼씨구! 좋구나!
　　사랑스러운 이의 술잔은!
　　이 내 큰 잔에 넘치도록 부어라.
　　나는 생명의 샘을 마시리.

짐꾼은 이 집 여주인 앞에 서서 말했습니다.
"오, 마님, 저는 당신의 종, 백인 노예올시다. 무슨 일이든 분부만 하십시오."
그리고 다시 노래를 읊었습니다.

그대 문 앞에
노예 중의 노예 서 있네.
그대의 인정과 은혜를
찬양하리라, 아름다운 이여!
꽃다운 모습 볼 수 있도록
맞아주소서, 집 안으로.
그리운 사람과는
행여 이별하지 않을 이 내 몸이니.

여자는 짐꾼에게 말했습니다.
"자, 마셔요. 이 잔에는 건강과 행복이 들어 있어요."
남자는 잔을 기울이고 나서 여자의 손에 입을 맞추고 다음과 같은 시를 읊었습니다.

그대에게 해묵은 술을 바쳤네.
그 술은 그대의 불타는 뺨인가
타오르는 화로의 불길인가.
그대는 잔에 입맞추고 미소 지으며
"어쩌면 남의 볼을 빨갛게 하지요?"
나는 대답했네.
"드시라, 그것은 나의 눈물
가슴의 피는 잔 속에서 끓나니."

여자는 이에 답하여 노래를 불렀습니다.

아, 벗이여, 나를 위해 흘린 피눈물을
그대 목숨에 걸어 마시게 하오.

이윽고 여자는 잔을 들어 동생들의 건강을 축복했습니다. 짐꾼을 둘러싸고 여자들은 술 마시고 춤추고 웃다가는 시를 읊고 노래를 부르면서 끝도 없이 즐겼습니다. 그동안 짐꾼은 여자들에게 입을 맞추고 희롱하고 깨물고 더듬고 쓰다듬고 있었습니다. 한 여자가 사내 입에 맛좋은 것을 넣어주면 다른 여자는 손바닥으로 때리고, 이 여자가 사내의 뺨을 치면 저 여자는 향기로운 꽃을 던졌습니다. 짐꾼은 흡사 낙원의 처녀들*17에게 둘러싸여 제7천국에라도 앉아 있는 것처럼 쾌락의 한가운데 있었습니다.

이렇게 흥청망청 노는 동안, 술에 취해 머리가 이상해지고 모두 분별심을 잃고 말았습니다. 취기가 더욱 오르자, 문지기 여자는 일어나 옷을 훌훌 벗어 던지고 실오라기 하나 걸치지 않은 알몸이 되었습니다. 하지만 속옷 대신 머리털을 몸에 늘어뜨리고 연못 속에 풍덩 뛰어들어 장난치며 오리처럼 자맥질하면서 이리저리 헤엄쳐 다녔습니다. 입에 물을 머금어 짐꾼에게 뿜기도 하고, 팔다리와 유방과 사타구니와 배꼽 언저리를 씻기도 했습니다. 이윽고 물에서 나와 짐꾼의 무릎에 몸을 내던지더니 자기 몸의 가늘고 길게 째진 곳을 가리키며 말했습니다.

"보셔요, 서방님, 나의 애인, 이것을 뭐라고 하나요?"

"옥문(玉門)이라 부르지요."

"호호, 그런 말을 입에 담다니 부끄럽지 않아요?"

여자는 사내의 목덜미를 움켜잡고 마구 때렸습니다. 사내는 다시 말했습니다.

"아래 문〔下間〕이라고도, 음호(陰戶)라고도 하지요."

그러자 여자는 따귀를 갈겼습니다.

"어머나! 밉살스러워, 또 그런 천한 말을 쓰네. 당신은 창피한 줄도 모르나요?"

사내는 또 말했습니다.

"음부(陰部)."

그러자 여자는 사내를 때리며 마구 창피를 주었습니다.

"아이, 망측해! 그런 점잖지 못한 말을 하다니."

사내는 다시 말했습니다.

"그럼, 핵(核)이군!"*18

짐꾼이 소리치자 이번에는 가장 나이가 많은 여자가 누구보다 호되게 후려갈기면서 말했습니다.

"틀렸어요."
사내는 대꾸했습니다.
"아니, 그게 맞아."
그러면서 같은 물건을 여러 가지 다른 이름으로 불렀습니다. 그때마다 여자들은 점점 더 세게 사내를 때렸기 때문에 목덜미가 아파져 오고 벌겋게 부어올랐습니다. 이렇게 여자들은 사내를 완전히 놀림감으로 삼아 웃고 떠들었습니다. 마침내 사내는 여자들에게 물었습니다.
"그럼, 당신네는 그 물건을 뭐라고 부르오?"
"다리〔橋〕의 바질[19]이라고 하지요."
이 말을 듣자 짐꾼은 외쳤습니다.
"아이구, 고마워라, 이제 살았구나. 오, 다리의 바질이여, 살려다오. 너에게 행운이 있기를!"
그러자 술잔은 더욱더 흥겹게 오갔고 술병은 순식간에 비어 버렸습니다. 틈을 보아 다음 여자가 일어나 옷을 벗고 물속으로 뛰어들어 먼저 여자와 같은 짓을 했습니다. 그리고 물에서 나오자 짐꾼 무릎에 몸을 던지고 자기 물건을 가리키며 물었습니다.
"오, 내 눈동자의 빛이여, 말해보세요, 이것을 뭐라고 하나요?"
사내는 아까처럼 대답했습니다.
"옥문이라 하지요."
"그런 말을 입에 담다니 부끄럽지 않나요?"
여자는 손님방이 울리도록 세게 사내를 때렸습니다.
"아이, 망측해. 어쩌면 그토록 뻔뻔스러운 말을 할 수 있담?"
짐꾼은 겨우 생각이 나서 '다리의 바질'이라고 대답했습니다. 여자는 듣지 않고 사내의 목덜미를 계속 때렸습니다.
"아니에요, 아니에요."
그래서 사내는 아는 이름을 모두 늘어놓았습니다.
"옥문, 아래 문, 음호, 핵."
"틀렸어요."
"다리의 바질이 틀림없소."
그러자 세 여자는 온몸을 젖히면서 웃더니 다시 사내의 목을 세게 때렸습니다.
"아녜요, 아녜요! 그건 진짜 이름이 아녜요!"
"그럼, 여러분은 대체 그걸 뭐라고 하시오?"
"껍질 벗긴 깨알은 어때요?"
그런 다음 찬모는 옷을 입고 다시 한바탕 부어라 마셔라 흥청거리며 놀았습니다. 그렇지만 짐꾼은 목과 어깨가 아파서 계속 앓는 소리를 냈습니다.
"으! 으!"
술잔은 즐거운 듯이 이 사람 손에서 저 사람 손으로 족히 한 시간이나 오갔습니다. 그것이 끝나자, 이번에는 가장 손위이고 제일 아름다운 여자가 일어나 옷을 벗어 던졌습니다. 짐꾼은 목덜미를 쓰다듬고 문지르면서 말했습니다.
"내 목과 어깨는 알라의 뜻에 맡기자!"*20
여자는 물에 뛰어들어 헤엄치고 자맥질하며 희롱하기도 하고 몸을 씻기도 했습니다. 짐꾼은 달님을 얇게 베어낸 듯한 여자의 살결을 바라보고, 보름달, 아니면 여명처럼 빛나는 여자 얼굴을 흡족한 표정으로 쳐다보았습니다. 신이 만들어준 바로 그대로의 기품 있고 우아한 발가숭이 몸이 걸음을 옮길 때마다 가냘프게 떨리는 모습을 보았습니다.
"아, 아!"
짐꾼은 감탄하면서 다음과 같은 시를 지어 여자를 찬양했습니다.

그대 모습을 푸른 나뭇가지에 비할까,
아니, 틀렸도다, 나의 이 비유.
나무는 무성하게 푸른 때가 좋지만
그대는 알몸으로 있을 때가 아름다워라.

이 노래를 듣자 여자는 물에서 올라와 사내 무릎에 앉으면서 자신의 깊은 곳을 가리키며 물었습니다.
"이봐요, 이것을 뭐라고 하나요?"
"다리의 바질이지요."
"틀렸어요, 틀렸어!"

"그럼, 껍질 벗긴 깨알."
"흥!"
"아래 문."
그러자 여자는 소리치면서 사내의 목덜미를 철썩철썩 때렸습니다.
"아이, 망측해라! 부끄럽지도 않나요?"
사내가 뭐라고 대답하건 여자는 우기면서 덮어놓고 때릴 뿐이었습니다.
"틀렸어요! 틀렸어!"
마침내 사내는 참다못해 물었습니다.
"그럼, 여러분은 그걸 도대체 뭐라고 부르오?"
그러자 여자가 대답했습니다.
"'나그네의 주막'[21]이라고 해요."
"와하하! 알려여, 겨우 살았습니다. 틀림없이 그건 '나그네의 주막'이야!"

이윽고 여자는 옷을 입었고 다시 한 시간쯤 술잔이 오갔습니다. 마지막에 짐꾼이 일어나 발가벗고는 물속에 뛰어들어 여자들처럼 헤엄치며 털북숭이 턱과 팔뚝을 씻었습니다. 그런 다음 물속에서 나와 첫 번째 여자 무릎에 몸을 기대고, 팔은 문지기 여자 무릎에 얹고, 다리는 찬모 여자 무릎 사이에 넣고는 자신의 양근(陽根)[22]을 가리키며 물었습니다.
"여러분, 이것을 뭐라고 하는지 아시오?"
이 말에 모두 까르르 웃고 나서 대답했습니다.
"남근(男根)이지요."
그러자 사내는 말했습니다.
"아냐, 틀렸어!"
그리고 틀린 벌로 모두를 깨물어주었습니다. 그러자 여자들은 말했습니다.
"음경이에요!"
하지만 사내는 소리쳤습니다.
"아니야!"
그러고는 한 여자씩 꼭 끌어안았습니다.
—여기까지 이야기한 샤라자드는 날이 밝아오는 것을 보고 이야기를 그쳤다.

10번째 밤

"어서 이야기를 계속해줘요."
동생 두냐자드가 재촉하자 샤라자드는 대답했다.
"그래, 기꺼이 해 주마."

—오, 인자하신 임금님, 그 세 여자들은 여러 가지 명칭을 늘어놓았습니다.
"남근, 음경, 기러기 대가리."
여자들은 계속 대답하고 짐꾼은 상대에게 입맞추기도 하고 깨물기도 하고 끌어안기도 하면서 노닥거렸습니다. 여자들은 배를 잡고 더는 웃지 못할 만큼 웃어대더니 끝에 가서 물었습니다.
"그럼, 오라버니, 도대체 이걸 뭐라고 하나요?"
"모르겠소?"
"모르겠어요."
"이놈의 진짜이름은 '사나운 노새'요. '다리의 바질'의 새순을 뜯어먹고 '껍질 벗긴 깨알'을 염치없이 씹어 먹고서 '나그네의 주막'에서 밤을 새우는 물건이란 말이오."
이 말에 모두 데굴데굴 뒹굴면서 웃어댔습니다. 다시 술잔치가 벌어져 밤이 될 때까지 계속되었습니다.
그렇게 부어라 마셔라 하는 동안 마침내 밤이 되었습니다. 여자들은 짐꾼에게 말했습니다.
"비스밀라,*23 여보세요, 서방님. 이제 그 낡고 볼품없는 신을 신고 돌아가요. 마지막으로 얼굴과 그 넓은 어깨를 보여주고."
그러자 사내는 고개를 저었습니다.
"알라께 맹세코 당신들과 헤어질 바에야 차라리 내 영혼과 헤어지는 편이 낫지. 자, 낮에 밤을 이어 밤새도록 놀고 내일 아침에 서로 물러가기로 합시다."
그러자 찬모가 말했습니다.
"이분을 여기 있게 해줘요. 그래서 실컷 놀려 주면서 우리도 재미있게 살자고요. 이런 분은 여간해서 만나지 못할 거예요. 정말 유쾌하고 재치 있는 분이에요."*24

그래서 여자들은 이렇게 말했습니다.
"그럼, 오늘 밤 여기 있어도 좋지만 조건이 있어요. 우리의 명령을 반드시 지킬 것. 무엇을 보아도 질문을 하거나 까닭을 묻지 말 것."
"좋습니다."
"그럼, 저 문에 적힌 글을 읽고 와요."
짐꾼이 일어나 문 앞으로 가보니 금박글씨로 이렇게 씌어 있었습니다.
'자신과 상관없는 일을 이야기하는 자는 좋지 않은 말을 들으리.'*25
그것을 읽고 사내는 말했습니다.
"염려 마십시오. 나하고 상관없는 말은 절대 하지 않을 테니."
그러자 찬모가 일어나 음식을 차렸으므로 모두 식사를 시작했습니다. 그런 다음 자리를 옮겨 등잔과 촛불을 켜고 용연향과 침향을 피우고 나서 신선한 과일과 술을 차려놓고는, 다시 술자리를 벌이며 저마다 자기 연인에 대해 얘기했습니다.

한 시간쯤 먹고 마시고 얘기하고 마른 과일을 먹으면서 웃고 희롱하고 있는데 누군가 문을 두드리는 소리가 들렸습니다. 그 소리는 결코 그들의 흥을 깨뜨리지는 못했습니다. 하지만 한 여자가 일어나 누가 왔는지 살피고 돌아와서 말했습니다.
"오늘 밤 술자리는 정말 근사하겠어요."
"어째서?"
"문밖에 수염과 머리카락과 눈썹까지 밀어버린 페르시아인 탁발승*26이 세 사람 와 있어요. 묘하게도 셋 다 왼쪽 눈이 멀었군요. 로움 나라에서 왔다는데 여행에 지쳐 얼굴이 수척해 보여요. 오늘 처음으로 이 바그다드 성 안에 들어왔대요. 문을 두드린 것은 잠잘 곳이 없어서래요. 한 사람이 말하기를, 부디 이 댁 주인에게 부탁하여 오늘 하룻밤만이라도 마구간이나 낡은 별채에서 재워달라는 거예요. 아마 어느새 밤이 된 테다 낯선 고장이라 주막을 미처 찾지 못한 모양이에요. 그런데 언니, 세 사람 다 참으로 묘하고 재미있는 모습을 하고 있더군요. 여기 들여놓으면 좋은 위안거리가 될지도 모르겠어요."
이렇게 열심히 권하므로 언니들도 승낙해야 했다.

"그럼, 들어오게 해. 다만 자신과 상관없는 것은 말하지 말 것, 그렇지 않으면 좋지 않은 말을 듣게 된다는 조건을 일러둬."

여자는 기뻐하며 문으로 나가 애꾸눈 탁발승 셋을 데리고 들어왔습니다. 셋 다 머리카락과 수염, 눈썹을 깨끗이 밀어버린 모습이었습니다.*27 그들은 이마에 손을 대고 인사한 뒤 존경하는 뜻을 나타내며 멀찍이 서 있었습니다. 세 여자는 자리에서 일어나 반갑게 맞이하며 무사히 도착한 것을 축하한 다음 자리에 앉게 했습니다.

탁발승들은 찬찬히 방 안을 둘러보았습니다. 그곳은 깨끗하게 정돈되고 꽃으로 꾸며졌으며 휘황한 불빛 아래 향로의 연기가 모락모락 피어오르는 참으로 쾌적한 방이었습니다. 더구나 과자며 과일이며 술이 산더미처럼 차려져 있고 처녀인 듯한 미녀가 셋이나 있지 않겠습니까? 세 탁발승은 입을 모아 말했습니다.

"알라의 이름에 걸고, 참으로 좋은 곳이로군!"

그리고 다시 보니 광대 같은 얼굴로 술에 취해 매를 맞아 살갗이 벌게진 사내가 있었습니다. 탁발승은 자기들과 같은 처지인 줄 알고 물었습니다.

"우리와 같은 거지중인 모양이군요, 아라비아 사람인지, 다른 나라 사람인지는 모르겠지만."*28

이 말을 듣자 짐꾼은 벌떡 일어나 험악한 눈길로 세 사람을 노려보면서 말했습니다.

"잔소리 말고 가만히 앉아 있어! 저 문짝의 글이 눈에 보이지 않나? 거지꼴로 온 주제에 무슨 참견이야!"

"오, 탁발승*29 양반, 고정하시고 부디 용서하십시오. 뭐든지 당신 분부대로 따르겠습니다."

이 말다툼을 듣고 여자들은 배를 안고 웃었습니다. 이윽고 탁발승과 짐꾼을 화해시키고 새로 온 손님들을 식탁에 앉혀 식사하게 했습니다. 세 탁발승도 술자리에 참석하여 문지기 여자 권유로 술을 마시기 시작했습니다.

술잔이 부지런히 오가기 시작하자 짐꾼은 거지중들에게 말했습니다.

"그런데 형제들, 우리에게 뭐 재미있는 이야기나 신기한 모험담 같은 것을 들려주지 않겠나?"

어지간히 술에 취해 있던 탁발승들은 악기를 청했습니다. 문지기 여자가 모술의 탬버린과 이라크의 통소, 페르시아의 하프를 가져왔습니다. 거지중들은 그것을 저마다 손에 들고 흥겹게 연주했고, 여자들은 목청껏 노래를 부르는데 그야말로 다시없는 소동*30이었습니다.

그들이 이렇게 법석을 떨며 놀고 있으니 또다시 문 두드리는 소리가 나서 문지기 여자가 보러 나갔습니다.

그런데 임금님, 그때 누가 문을 두드린 것은 이런 사정이 있어서였습니다. 그즈음 교주(敎主) 하룬 알 라시드는 가끔 몰래 거리에 나오는 습관이 있었습니다. 마침 그날 밤도 기분전환을 할 겸 신기한 일들을 보고 듣기 위해 궁 밖으로 나오신 거지요. 교주는 장사꾼 차림으로 변장했고, 대신 자파르와 시종무관장 마스룰*31 두 사람이 따르고 있었습니다.

그들은 거리를 돌아다니다가 발길이 어느덧 세 여자의 집 앞에 와 있었습니다. 집 안에서 흘러나오는 악기 소리와 노랫소리, 왁자지껄한 목소리들을 듣고 교주는 자파르에게 말했습니다.

"이 집에 들어가 노래를 듣고 그 얼굴도 보고 싶네."

자파르는 말렸습니다.

"오, 충성스러운 신하의 임금님이시여, 저들은 틀림없이 술에 취해 있을 것입니다. 그런 곳에 가셨다가 무슨 일이 생기면 큰일입니다."

"꼭 들어가 봐야겠다. 어떻게든 들어갈 구실을 생각해 보게."

"알았습니다."*32

자파르는 대답하고 문을 두드렸습니다. 그때 그 문지기 여자가 나타난 것입니다. 자파르는 성큼 나아가 여자 앞에 엎드리며 말했습니다.

"오, 아가씨, 우리는 티베리아스 성에서 온 상인들이올시다. 열흘 전 바그다드에 도착하여 대상들의 주막에 묵으면서 상품을 모두 팔았습니다. 그런데 어떤 상인이 오늘 밤 저희를 초대해 한 시간 동안 대접받은 다음 그 집을 나왔습니다만, 어둡고 낯선 고장이라 그만 주막으로 돌아가는 길을 잃고 말았습니다. 대단히 죄송한 말씀이나 오늘 하룻밤만 재워주시면 참으로 고맙겠습니다. 반드시 신의 보답이 있을 것입니다!"*33

문지기 여자는 성실하고 착실해 보이는 상인 차림의 세 사람을 보고 언니들한테 돌아가 자파르가 말한 대로 되풀이했습니다.

가엾게 여긴 여주인은 허락했습니다.

"들어오게 해."
문지기 여자가 문을 열어주자 세 사람은 말했습니다.
"들어가도 괜찮겠습니까?"
"네, 어서 들어오세요."
교주는 자파르와 마스룰을 데리고 안으로 들어갔습니다. 여자들은 일어나 공손히 인사하고 자리를 만들어 앉힌 다음 이것저것 보살펴주면서 말했습니다.
"여러분, 한 가지 지켜주어야 할 규칙이 있습니다."
"어떤 겁니까?"
"자신과 관계없는 일에 대해서는 말씀하지 말아 주세요. 좋지 않은 말을 들으면 안 되니까요."
"잘 알았습니다."
세 사람은 그렇게 대답하고 자리에 앉아 마음껏 먹고 마셨습니다. 교주는 세 탁발승이 모두 애꾸눈인 것을 보고 이상하게 생각했습니다. 그리고 처녀들을 보고는 그 아리따움과 사랑스러움에 새삼 놀랐습니다.
여자들은 술을 마시고 서로 얘기를 주고받으며 교주에게도 권했습니다.
"자, 잔을 비우세요."
그러나 교주는 사양했습니다.
"나는 지금 순례의식을 지키는 중이라서."[*34]
그러자 문지기 여자는 교주 앞에 금실로 수놓은 상보를 펼치고 그 위에 큼직한 도자기 찻잔을 놓더니, 거기에 버들개지 차를 따르고 흰 설탕 한 덩이와 당과(糖菓) 한 숟갈을 넣어주었습니다.
"내일은 이 여자들의 친절한 대접을 갚아줘야지."
다른 사람들은 이야기하거나 술을 마시며 떠들어대고 있는데, 잠시 뒤 집주인인 가장 나이 많은 여자가 일어나 모두에게 가볍게 인사하고서 찬모의 손을 잡고 말했습니다.
"자, 이제 우리 할 일을 하자."
그러자 두 동생이 대답했습니다.
"네, 그렇게 해요."
문지기 여자는 식탁과 술자리를 치우고 향을 다시 피워 손님방 중앙을 깨끗하게 청소했습니다. 그리고 탁발승을 단 옆에 놓인 긴 의자에 앉히고, 교주 일행에게는 손님방 반대쪽에 자리를 마련해 주었습니다. 그리고 짐꾼에게 말했습니다.

"당신은 예절도 잘 모르는군요! 당신은 이제 손님이 아니에요, 한집안 식구예요!"

그 말을 듣고 짐꾼은 몸을 일으켜 허리띠를 고쳐 맸습니다.

"무슨 일을 할까요?"

"거기 가만히 서 있어요."

찬모가 일어나 손님방에 나직한 걸상을 내놓은 다음 반침문을 열며 짐꾼에게 말했습니다.

"자, 이리 와서 좀 거들어줘요."

사내가 가보니 쇠사슬에 목이 묶인 암캐 두 마리가 그 속에 있었습니다.

"이걸 꼭 붙잡고 끌어내요."

사내는 개를 손님방으로 끌어냈습니다. 여주인이 일어나 손목까지 소매를 걷어 올리고 채찍을 집어 들었습니다.

"한 마리를 앞으로 끌고 나와요."

짐꾼이 쇠사슬을 끌고 앞으로 나가자, 개는 여자를 보고 비명을 지르며 머리를 흔들었습니다.

여자는 채찍으로 개의 머리를 철썩 때리기 시작하더니 개가 아무리 짖어대도 막무가내로 팔이 빠지도록 후려갈겼습니다. 그런 다음 채찍을 던지고 별안간 암캐를 끌어안더니 눈물을 닦아주며 그 머리에 입을 맞추었습니다. 그리고 짐꾼에게 말했습니다.

"이 개는 데려가고 다른 개를 끌고 와요."

짐꾼이 다른 개를 끌고 오자 여자는 아까처럼 사정없이 매질을 했습니다.

이런 잔인한 처사를 본 교주는 마음이 무척 언짢고 가슴이 아파서, 어째서 이 개들이 이토록 가혹한 벌을 받아야 하는지 그 까닭이 궁금하여 자파르에게 눈짓으로 물어보라고 했으나, 대신 역시 눈짓으로 이렇게 대답했습니다.

"잠자코 계십시오."

이윽고 문지기 여자가 여주인에게 말했습니다.

"언니, 그만 자리로 돌아가요. 이번에는 내가 대신할 테니까요."

"그래."

여주인은 금은을 칠한 노간주나무로 만든 긴 침상에 가 앉으면서 두 동생에게 말했습니다.

"그럼, 너희가 할 일을 끝내라."

그러자 문지기 여자는 침상 옆 낮은 걸상에 앉고, 찬모는 반침에 들어가 초록색 가장자리를 두르고 황금술 두 개를 장식한 공단자루를 가지고 왔습니다. 그리고 여주인 앞에 서더니 자루 속에서 비파를 꺼내 줄을 죄어 음조를 고른 다음 가락에 맞추어 다음과 같은 시를 노래했습니다.

그대는 나의 소망,
그대 모습 보일 때
천국의 궁전 문이[35] 열리고
그대 모습 사라지면 지옥이 보이네.
그대 때문에 마음 어지러워
기쁨과 황홀도 사라지네.
그대 사랑하기에 두렵지 않아
수치도 책망도 미움도 원한도.
내 가슴에 사랑이 싹트던 날
찢어버렸노라, 정숙한 베일.
사랑 때문에 그 베일 찢은들
상냥한 천성 잃은들 어떠리.
지금 나는 질병의 옷을 입었건만
천 갈래 만 갈래로 찢어지는 걸 누가 알까.
사랑에 애타는 이 가슴은
찾노라, 씩씩한 그대의 힘.
내 얼굴에 흐르는 눈물은
내 몸의 수치를 얘기하고
은밀한 일들이 세상에 알려져
수수께끼도 모두 풀려버렸네.
그대여, 이제 고쳐주오, 나의 병

그대야말로 병의 원인, 구원의 손,
　　그대 손으로 병이 낫더라도
　　영원히 남을 슬픔과 시름인가.
　　빛나는 눈동자로 나를 태우고,
　　환상의 칼로 나를 찌르라.
　　사랑의 칼에 쓰러진 자 얼마더냐,
　　비록 그 몸이 귀할지라도.
　　그러나 나는 사랑하고 말리라.
　　망각 속으로 피하지 않으리라.
　　사랑이야말로 나의 힘,
　　나의 믿음, 나의 기쁨,
　　남이야 알건 또 모르건
　　좋건 나쁘건 무슨 상관.
　　아름다운 그대 모습을
　　빛나는 얼굴을 바라보는
　　눈동자의 즐거움이여!
　　깨끗한 소망과 진심으로
　　나는 사랑의 노예라고 불리우리!

　이 구슬픈 노래를 들은 문지기 여자는 울면서 자기 옷을 갈기갈기 찢었습니다.
　"아, 슬퍼라!"
　그리고 거의 숨이 끊어질 것처럼 바닥에 쓰러져버렸습니다. 교주는 드러난 여자의 등에 종려나무 채찍[*36]의 흔적과 매질로 부르튼 자국을 보고 깜짝 놀랐습니다. 문지기 여자는 이윽고 일어나더니 자기 몸에 물을 뿌리고 아름다운 새 옷으로 갈아입었습니다. 사람들은 이 광경을 보고 그저 마음 아파할 따름이었습니다. 도무지 영문을 알 수 없었기 때문입니다.
　그래서 교주는 자파르에게 말했습니다.
　"저 여자의 몸에 난 상처를 보았나? 나는 저 여자의 사연과 다른 여자들의 사연, 그리고 검은 암캐 두 마리에 관한 비밀을 알기 전에는 마음이 편치 않아서 도저히 그냥 있을 수 없다."
 그러자 자파르가 대답했습니다.
 "임금님, 우리와 상관없는 일에 대해 참견하면 언짢은 말을 듣게 된다고 한 약속을 잊지 마십시오."
 그때 문지기 여자가 찬모에게 말했습니다.
 "자, 아우야, 이리 와서 내가 하던 일을 계속해다오."
 "네, 그러겠어요."
 여자는 비파를 들어 가슴에 대고 줄을 뜯으면서 노래 부르기 시작했습니다.

　　오래전에 빼앗긴 잠을
　　내 눈에 돌려주고
　　내 분별이 간 곳을 가르쳐주오.
　　당신의 사랑이 깃들고부터
　　잠은 내 눈의 원수가 되었다오.
　　청순한 처녀인 줄 알았는데,
　　그대 마음 뺏은 자 누구인지
　　누가 물으면 대답하리라.
　　"그이의 저 눈동자에 물어보라"고.
　　그이는 내 피를 흘린 이,
　　하지만 나는 용서하리라.
　　마음의 괴로움을 견디지 못해
　　흘린 피였으니.
　　내 마음의 거울에
　　태양 같은 빛을 던진 그이,
　　그 날카로운 열기로
　　내 몸은 불처럼 타올랐다오.
　　알라의 뜻대로
　　'생명의 물' 흘리지만
　　나에게는 싱싱하고 붉은
　　입술 하나면 충분해.

그대 만일 내 애인에게 물어본다면
슬픔과 눈물과 탄식과 애욕이
생겨난 내력을 알게 되리라.
술잔을 들고 있지 않을 때도
포도주를 마시지 않을 때도
맑은 물에 임의 얼굴 비치어
그대 눈동자 맞이하리.

그리고 같은 송시(頌詩) 가운데에서 이런 노래도 불렀습니다.

내가 마시는 것은
술이 아닌 그대 눈길
휘청대는 그대 발걸음은
이 눈을 잠재웠소.
나를 사로잡은 것은
포도주가 아닌 지난날의 집착,
나를 만취시킨 것은
술이 아닌 성스러운 은총,
그대의 곱슬머리는
내 영혼에 얽히고
그대의 무정한 마음은
나를 미치게 하네.

여자는 잠깐 쉬었다가 다시 노래를 계속했습니다.

그리운 이, 안 계시다 한탄한들
무슨 소용 있으랴?
마음 괴로워 아파한들
또한 어디로 가랴?
시동*37을 보내

내 마음 하소연한들,
사랑하는 사람의 애타는 이 슬픔
알릴 길 없네.
비록 참고 견디어도
사랑을 잃은 애인의 목숨은
길지 못하리.
나에게 남은 것은
오직 슬픔과 뉘우침의 고통뿐
눈물만 뺨에 넘쳐흘러
그치지 않네.
아, 그대여,
이 눈에서 떠나버린 그대여,
변함없는 이 가슴속에
고이 안은 그대 모습이여.
나는 알고 싶네,
그대는 맹세를 지킬 것인지?
흐르는 강물처럼
영원히 굳게 맺은 부부의 언약을.
그대는 눈물에 젖은
사랑의 포로를 잊어버렸나?
괴로움에 몸부림치고,
탄식에 흐느끼는 슬픈 포로를?
아, 어느 날엔가 서로 함께
나란히 누워 잘 때
나는 나무라리라,
그대의 매정함과 오만한 마음을.

문지기 여자는 이 두 번째 노래를 듣자 날카롭게 소리쳤습니다.
"정말 그래요!"
그리고 옷을 잡아 찢더니 기진하여 바닥에 쓰러졌습니다. 그러자 찬모가 일어나 물을 뿌리고 갈아입을 옷을 다시 가져왔습니다. 문지기 여자가 정신을 차리고 일어나 찬모에게 말했습니다.
"자, 계속해서 끝까지 거들어줘. 이제 노래는 하나밖에 남지 않았으니까."
그 말에 찬모는 다시 비파를 들고 다음과 같은 노래를 부르기 시작했습니다.

괴로움에 찬 이 비정한 일은
아, 언제까지 계속되려나,
이토록 흐르는 이 눈물을 보고도
그대 마음은 풀리지 않는가?
야속하게도 일부러 만날 날을
그대는 미루었던가?
시기하는 마음을 풀어주려
애쓰지 않았는가?
거짓 많은 이 세상에서 단 한 번이라도
사랑하는 마음에 진심을 보인다면
눈물에 젖은 슬픔의 밤을
무심히 넘기지는 않으리.
매정한 그대 마음에 부서진
나를 가엾게 여겨주오.
나의 님이여,
나에게 정을 베풀 때는 지금이니.
누구에게 말하리,
내가 받은 이 원한을,
오, 내 목숨 뺏은 그대여,
깨어진 언약을 누구에게 알릴까.
그대 그리는 마음
날로 더해 가고,
방랑의 걸음은
아, 왜 이리도 더딘고!
오, 모슬렘이여, 이 사랑의 종에게

'복수의 권리'*38를 내리소서.
사랑 때문에 잠을 빼앗기고,
사랑 때문에 참기도 어려우오.
사랑의 법도는
거짓을 용서하던가
사랑하는 임의 팔에 안겨
나에게 '가라'고 외치다니
사랑하는 사람에게
배반당하는 나에게
어떤 기쁨이 남아 있으랴?

문지기 여자는 이 세 번째 노래를 듣고 또 소리 지르며 옷을 자락까지 북북 찢으면서 다시 쓰러졌습니다. 그때도 채찍 자국이 선명하게 눈에 띄었습니다.

그때 탁발승이 말했습니다.

"이 집에 들어오지 말고 동구 밖 둑에서라도 잘 걸 그랬어. 이 집에 찾아온 탓으로 애끊는 광경을 보게 되었군!"

그러자 교주가 세 사람을 돌아보았습니다.

"무슨 말씀이오?"

"이 일로 마음이 아주 심란해졌으니까요."

"당신들은 이 집 사람들이 아닌가요?"

"예, 실은 조금 전까지 이 집은 한 번도 본 적이 없었습니다."

"당신네 옆에 앉은 저자는 사정을 알고 있겠지?"

교주가 눈짓하자 탁발승이 짐꾼에게 물어보았습니다. 짐꾼은 대답했습니다.

"알라께 맹세코 나 역시 여러분과 마찬가지입니다. 바그다드에서 태어났지만 오늘까지 이 집 문턱을 넘어본 적이 없습니다. 이 여자들과는 묘한 인연으로 알게 되었지요."

이 말을 듣고 모두 말했습니다.

"한집안 식구인 줄 알았는데, 그러면 당신도 우리와 같군요."

교주가 말했습니다.

"우리는 남자 일곱, 상대는 단지 여자 셋, 게다가 도와줄 만한 사람도 달리 없을 것 같군. 사정을 물어봐서 대답하지 않거든 힘으로라도 입을 열게 합시다그려."

모두 찬성했지만 대신 자파르만은 이렇게 말했습니다.[39]

"이건 우리와 상관없는 일입니다. 저 여자들을 그냥 내버려 둡시다. 우리는 손님이고 또 아시다시피 이 집 사람들과 한 약속도 있으니 말이오. 이 일에는 참견하지 않는 게 좋겠습니다. 곧 날도 샐 테니 모두 돌아가기로 합시다."

그러고는 교주에게 눈짓하며 속삭였습니다.

"한 시간만 있으면 날이 샙니다. 저 여자들을 궁으로 불러들일 터이니 그 때 마음껏 사정을 물어보심이 어떨까요?"

그러나 교주는 무슨 소리를 하느냐는 듯이 얼굴을 꼿꼿하게 들고 화를 내며 소리쳤습니다.

"나는 궁금해서 견딜 수 없다. 곧 저 탁발승을 시켜 물어보도록 해라."

그러나 자파르는 거절했습니다.

"이 일만은 따를 수 없습니다."

이렇게 누가 먼저 물어보느냐는 일로 시비가 붙은 끝에 결국 그 일은 짐꾼이 하기로 결정되었으나, 떠드는 소리를 여주인이 듣고 말았습니다.

"아니, 여러분! 뭘 그리 시끄럽게 떠드는 거예요?"

짐꾼이 여자 앞에 일어서서 정중하게 말했습니다.

"저, 주인아씨, 모두 몹시 알고 싶어 하고 있습니다. 저 암캐 두 마리의 내력과 왜 그렇게 모질게 괴롭히는지, 또 왜 개를 끌어안고 울면서 입을 맞추는지 말입니다. 그리고 마지막으로 모두 알고 싶어 하는 것은 당신 동생의 사연과 또 무슨 까닭으로 남자처럼 종려나무 몽둥이로 매를 맞았는가 하는 것입니다. 이것을 모두가 궁금해하고 있습니다. 당신께 평안함이 있으시기를[40]—."

여주인은 손님들에게 물었습니다.

"이 사람 말이 사실인가요?"

모두 저마다 대답했습니다.

"사실입니다!"

그러나 자파르만은 잠자코 있었습니다. 그러자 여자가 소리쳤습니다.
"알라께 맹세코 당신들은 배신했어요. 끔찍한 배신을 말이에요. 우리는 당신들이 왔을 때, 자기와 상관없는 일에 참견하면 좋지 않은 말을 듣게 된다고 경고했어요. 당신들을 집 안에 맞아들여 진수성찬을 대접한 것만으로는 부족한가요? 잘못은 따져보면 여러분보다 집 안에 맞아들인 우리에게 있지만."

그런 다음 여주인이 소매를 걷어붙이고 방바닥을 세 번 두드린 다음 소리쳤습니다.
"어서 나와!"

그러자 뜻밖에도 반침문이 활짝 열리며 검둥이 노예 7명이 저마다 칼을 뽑아들고 나타났습니다. 여주인은 이들에게 명령했습니다.
"이 말 많은 자들을 묶어서 한데 엮어라."

노예들은 명령대로 하고 나서 물었습니다.
"오, 숨겨진, 절개 굳으신 안주인님, 이놈들의 목을 베라는 분부이십니까?"

"잠시 그대로 두어라. 목을 베기 전에 신분을 알아봐야겠다."

짐꾼이 외쳤습니다.
"오, 여주인님, 알라께 맹세코 말씀드립니다만 남의 죄로 해서 나를 죽이지는 말아주시오. 이 사람들은 약속을 어겨 죄를 지었으니 벌을 받는 게 마땅하지만 나는 그렇지 않습니다. 알라께 맹세코 이 애꾸눈 거지중만 훼방을 놓지 않았으면 오늘 밤 무척 재미있었을 텐데, 이놈들이 끼어든 바람에 번화한 거리가 살벌한 황야로 변하고 말았습니다."

그리고 이런 노래를 되풀이해 불렀습니다.

아름다워라, 씩씩한 사나이의 솟아나는 동정심!
약한 자에게 쏟는 인정 또한 아름답구나.
우리가 맺은 사랑의 연분에 맹세코,
억울한 죄로 나를 괴롭히지 마시라.

짐꾼이 노래를 끝내자, 여자는 깔깔대며 웃었습니다.

―여기서 샤라자드는 날이 새기 시작한 것을 깨닫고 이야기를 그쳤다.

11번째 밤

오, 인자하신 임금님, 화를 내고 있던 여주인이 짐꾼의 노래에 웃으며 사람들 앞으로 나아가 말했습니다.
"당신들 목숨은 앞으로 한 시간밖에 없으니 그전에 신분을 밝히시오. 당신들이 지위가 있거나 신분 높은 사람이 아니었더라면, 이렇게 주제넘은 짓은 하지 않았을 것이고, 이쪽에서도 벌써 목을 쳤을 거요."
그러자 교주가 말했습니다.
"오, 자파르, 미안하게 되었구나. 이제 우리 신분을 가르쳐 줘라, 잘못하다가는 죽을지도 모르니까. 자, 어서 무서운 변을 당하기 전에 사실대로 말해줘라."
이에 자파르가 대답했습니다.
"이것이 바로 인과응보라는 것입니다."
이 말을 듣자 교주는 큰소리쳤습니다.
"때와 경우에 따라 농담해도 될 때가 있고 진지해야 할 때가 있는 법이다."
이때 여주인이 세 탁발승에게 물었습니다.
"당신들은 형제인가요?"
"아닙니다. 우리는 한낱 탁발승에 지나지 않는 타국 사람들입니다."
그러자 여자는 그 가운데 한 사람에게 물었습니다.
"당신은 태어날 때부터 애꾸눈이었나요?"
"천만에요, 정말 이상한 일로 묘한 화를 입어 눈을 뽑혔지요. 이 이야기를 바늘로 눈의 한쪽 구석에 새겨두면 세상의 어리석은 자들에게 좋은 교훈이 될 겁니다."[*41]
여자가 이어서 두 번째, 세 번째 탁발승에게 물으니 둘 다 첫 번째 중과 똑같은 대답을 했습니다.
"여주인님, 우리는 모두 태어난 곳이 다릅니다만, 세 사람 모두 영주나 도성을 다스리는 군주의 아들, 즉 왕자들입니다."
이 말을 들은 여주인은 말했습니다.
"그럼, 여러분 모두 차례로 신상 이야기를 하고 내 집을 찾아온 경위를 이야기하세요. 그 이야기가 재미있으면 머리를 쓰다듬고*42 돌아가도 좋아요."
맨 먼저 짐꾼이 나섰습니다.
"오, 주인님, 나는 일개 짐꾼에 지나지 않습니다. 이 찬모 아가씨의 청으로 고용되어 짐을 운반했을 뿐이지요. 처음에는 술집으로 따라갔습니다. 다음에는 푸줏간으로, 그리고 과일가게, 식료품가게, 과자점과 향료상 겸 약방을 돌아 마지막으로 이 댁에 와서 이런 뜻밖의 변을 당하고 말았습니다. 내 신상 이야기는 대충, 이 정도입니다."
이 말에 여주인은 웃으며 대답했습니다.
"머리를 어루만지고 냉큼 돌아가요!"
그러나 짐꾼은 외쳤습니다.
"아니, 알라께 맹세코 여러분의 이야기를 다 듣기 전에는 절대 떠나지 않겠습니다."
그러자 애꾸눈 탁발승 한 사람이 앞으로 나와 이렇게 이야기를 시작했습니다.

첫 번째 애꾸눈 중의 이야기

여주인님, 내가 수염을 깎고 한쪽 눈을 뽑힌 경위는 이렇습니다.
나의 아버지는 왕이었는데, 아버지께 형님이 한 분 계셔서 그분 또한 다른 도성을 다스리는 왕이었습니다. 나는 이 큰아버지의 아들, 즉 사촌과 우연히 같은 날에 태어났습니다. 오랜 세월이 흘러 어른이 되고 나서도, 나는 가끔 큰아버지를 찾아가 사촌과 몇 달씩 함께 지내곤 했습니다. 그 사촌이 늘 나에게 친절히 대해 주었기 때문에 우리는 무척 사이좋은 친구가 되었지요. 나를 위해 가장 살찐 양을 잡아 주고, 최상급 포도주를 걸러주었으며, 함께 술을 마시며 끝없이 이야기하기도 했습니다.
어느 날 술에 취해 기분이 좋아졌을 때 사촌이 이렇게 말하더군요.
"이봐, 사촌, 너한테 한 가지 어려운 부탁이 있어. 그런데 내가 하고 싶어

하는 일에 반대하면 안 돼!"
"물론이지."
사촌은 나에게 몇 번이나 굳은 맹세를 받아내고 나서 혼자 나가더니, 이윽고 베일을 쓰고 값진 패물을 몸에 지닌 화려한 옷차림의 여자를 하나 데리고 돌아왔습니다. 사촌은 자기 뒤에 서 있는 여자를 가리키며 나에게 말했습니다.
"이 부인을 데리고 한 걸음 먼저 묘지로 가줘."
그리고 그 장소를 자세히 설명해 주었습니다.
"둘이 함께 이러이러한 매장소[43]에 들어가 내가 갈 때까지 거기서 기다리고 있어야 해."
이미 맹세를 해버렸으니 나는 잠자코 사촌이 시키는 대로 하는 수밖에 없었습니다. 그래서 나는 부인을 묘지로 안내하여 둘이서 매장소 안으로 들어가 앉아 있었습니다. 그리 많이 기다릴 사이도 없이 사촌형이 왔는데 손에 물이 담긴 대접과 석회가 든 포대, 괭이 비슷한 손도끼를 들고 있었습니다.
사촌은 곧장 매장소 한가운데 있는 묘석 앞으로 가더니 손도끼로 그것을 두들겨 한옆으로 치웠습니다. 그런 다음 무덤을 파기 시작했는데, 얼마 뒤 그 속에서 작은 문짝만한 철판이 나왔습니다. 그것을 들어 올리니 그 밑의 둥근 천장 아래 구불구불한 계단이 보였습니다. 사촌은 여자 쪽을 향해 말했습니다.
"자, 이것이 마지막입니다. 당신 하고 싶은 대로 하시오!"
그러자 여자는 곧 계단으로 내려가 사라지고 말았습니다. 사촌은 나에게 말했습니다.
"자, 사촌이여, 수고스럽겠지만 친절을 베푸는 김에 내가 이 속에 들어가거든 본대로 뚜껑을 덮고 그 위에 흙을 덮어주게. 그리고 포대의 석회가루를 대접의 물로 반죽하고 나서 돌을 덮고 바깥쪽에 발라주게. 그렇게 하면 누가 보든지 묵은 무덤을 파헤친 줄 모를 테니까. 꼬박 1년 동안 나는 여기서 일해 왔는데 알라 외에는 아무도 몰랐지. 내 부탁은 바로 이것이네."
그리고 곧 이렇게 덧붙였습니다.
"알라 신이여, 부디 사촌으로부터 친구들을 빼앗지 마시기를, 또 사촌이 없어져 친구들이 쓸쓸해하는 일이 없게 해 주소서! 오, 나의 사랑하는 사촌이여!"

사촌은 계단을 내려가 모습이 보이지 않게 되었습니다. 그 뒤에 나는 철판을 제자리에 돌려놓고 부탁받은 대로 무덤을 본디대로 해놓았습니다. 술에 취해 머리가 멍하던 참이라 거의 무의식중에 이 일을 해치운 것입니다. 그런 다음 나는 큰아버지의 궁전으로 돌아갔습니다. 큰아버지는 사냥을 나가고 없어서 그날 밤은 만나지 않고 잠자리에 들었습니다.

이튿날 아침이 되자 어제저녁 때의 여러 가지 광경이며 사촌과 나 사이에 있었던 일들이 머리에 떠올라, 나는 사촌이 시키는 대로 한 것을 후회했습니다. 하지만 때는 이미 늦어 아무 소용이 없었습니다. 그래도 나는 어쩐지 꿈만 같아서 사촌의 소식을 알아보았지만 아무도 아는 사람이 없었습니다. 묘지의 매장소로 가서 사촌이 들어간 묘석을 찾아보았으나 그것도 찾아내지 못했습니다. 무덤에서 무덤으로, 묘석에서 묘석으로 찾아 헤맸지만 모두 헛수고로 끝나고 마침내 해가 져버렸습니다.

포기하고 궁전으로 돌아왔지만 음식이 목구멍으로 넘어가지 않았습니다. 그저 행방이 묘연해진 사촌에 대한 생각으로 가슴이 메었습니다. 그날은 슬픔에 젖어 뜬눈으로 하룻밤을 새웠습니다. 다음 날 다시 묘지로 가서 사촌이 왜 그런 짓을 했을까 곰곰이 생각하고 그가 시키는 대로 한 내 어리석음을 뉘우치면서 모든 무덤을 샅샅이 찾아 돌아다녔지만, 내가 찾는 무덤은 도무지 눈에 띄지 않았습니다.

이렇게 지나간 옛날을 생각하며 비탄에 젖어 이레 동안을 지냈습니다. 무덤을 찾아 헤매다가 그때마다 길을 잃고 눈물을 흘렸습니다. 양심의 가책은 더해갈 뿐이고 금방이라도 미칠 것 같아, 결국 그 슬픔을 잊기 위해서라도 여행을 떠나 아버지께 돌아가는 수밖에 없다고 생각했습니다.

그래서 나는 고향을 향해 길을 떠났습니다. 그러나 아버지의 도성에 발을 들여놓는 순간 한 무리의 폭도들에게 습격당하여 꽁꽁 묶이고 말았습니다. 내 신분은 왕자이고 그 폭도들은 아버지의 신하들이며 더구나 그중에는 나의 노예까지 섞여 있어서, 너무나 놀라고 기가 막혔습니다. 갑자기 공포에 휩싸인 나는 마음속으로 아버지에게 무슨 일이 일어난 것이 아닌지 걱정되어 어째서 나를 결박했는지 그 이유를 물었으나 아무도 대답해 주지 않았습니다. 한참 지나고 나서 전에 하인이었던 자가 나에게 이야기해 주었습니다.

"당신 아버님께 큰일이 일어났습니다. 군사가 반란을 일으켜 대신이 아버님을 죽이고 왕위에 올랐습니다. 우리는 그분의 명령으로 당신을 체포하기 위해 여기서 지키고 있었던 것입니다."

아버지가 돌아가셨다는 청천벽력 같은 얘기를 듣고 나는 거의 제정신이 아니었습니다. 그들은 나를 끌고 왕위를 찬탈한 대신 앞으로 데려갔습니다.

이 대신은 전부터 나에게 원한을 품고 있었는데, 그 원인은 이러했습니다. 나는 석궁*44을 좋아했는데 어느 날 궁정의 발코니에 서 있노라니 새 한 마리가 날아와 대신의 집 지붕 위에 앉았습니다. 마침 그때 공교롭게도 대신은 집에 있었습니다. 새를 겨누고 쏘았으나 겨냥이 빗나가, 하필이면 대신의 눈에 맞아 눈알이 빠지고 만 것입니다. 아마 이런 것을 운명이라고 하겠지요.

시인도 이렇게 노래하고 있습니다.

  우리는 '숙명'이
  이끄는 길을 걷고,
  운명이 정한 길을
  가는 수밖에 없다.
  어떤 곳에서 죽을
  운명이라면
  어떤 곳에 가든
  정해진 땅에서 죽을 뿐.

또 다른 시인도 비슷한 노래를 불렀습니다.

  운명은 변덕쟁이, 거역하지 말라.
  낙심하지 말고 뜻에 따르라.
  무슨 일이 일어나건 기뻐하지 말라.
  무슨 일이 일어나도 슬퍼할 것 없다.
  세상은 돌고 또 도는 것
  변하지 않는 건 아무것도 없다.

이렇게 내가 대신의 눈을 멀게 했지만, 아버지가 국왕이었기 때문에 대신은 한마디 불평도 하지 못했습니다. 하지만 그때부터 대신은 나를 미워했습니다. 그가 나에게 품었던 울분은 참으로 무서운 것이었습니다. 그래서 내가 뒷결박당하여 대신 앞으로 끌려나가자 대신은 당장 내 목을 치라고 명령했습니다.

"무슨 죄로 나를 죽이려는 건가?"

그러자 대신은 자신의 찌그러진 눈을 가리켰습니다.

"이보다 큰 죄가 또 있느냐?"

"그것은 실수였지 악의를 품고 한 일이 아니다."

"네놈은 실수로 했을지라도 나는 고의로 보복[45]하겠다. 저놈을 앞으로 끌어내라."

부하가 나를 앞으로 끌고 나가자, 대신은 손가락을 찔러넣어 나의 왼쪽 눈알을 후벼 팠습니다. 그리하여 보시는 바와 같이 애꾸눈이 된 것입니다.

그런 다음 대신은 내 손발을 묶어 궤짝에 넣으라고 명령하고 망나니에게 말했습니다.

"이놈을 벌판으로 데려가 목을 친 다음 시체는 짐승과 새의 밥이 되게 해라."

망나니는 궤짝을 메고 사막 복판에 이르러 나를 끌어내어 눈가리개를 씌우고 목을 치려고 했습니다. 그러다가 내가 너무나 슬피 우는 것을 보고 망나니도 함께 울었습니다. 나는 그를 바라보며 이런 시를 읊었습니다.

그대는 사슬갑옷,
적의 화살을 막아주리라 믿었건만
아, 그대는 적의 창과 칼이 되었네.
비록 왼손이 오른손을 도울 수 없더라도
나는 믿었노라,
위급할 때마다 그대만은 도와주기를.
그대는 매정하게 버티고 서서,
나를 꾸짖는 적의 소리를 듣노라.
조롱하는 무리의 창칼이 빗발처럼 퍼부을 때도
나를 적의 손에서 지켜주려 하지 않고

싸늘하게 아무도 도와주지 않네!

나는 다시 이런 노래도 불렀습니다.

    나는 생각했네, 나의 겨레는
    강철로 만든 사슬갑옷
    진정 그랬노라, 적을 지키고
    나의 창을 빗나가게 했으니!
    나는 생각했네, 겨레의
    겨냥은 빗나가지 않으리라고.
    진정 그랬노라―나의 가슴팍
    겨누어 맞췄을 그때!

 검사(劍士)이자 전에 아버지의 신하였으며, 내 은혜를 많이 입었던 망나니는 이 노래를 듣고 외쳤습니다.
 "오, 왕자님, 오직 왕의 명령을 받들어야 할 노예의 몸이 대체 무엇을 할 수 있겠습니까?"
 그리고 곧 덧붙여 말했습니다.
 "달아나십시오. 다시는 이 나라에 돌아오지 마십시오. 그렇지 않으면 당신도 저도 목숨이 없습니다. 시인도 이렇게 노래하지 않았습니까?"

    재앙이 닥치면 어서 달아나
    아까운 목숨을 보전하라.
    퇴락한 집으로 하여금
    말하게 하라,
    주인이 더듬은 운명을.
    옛 땅을 떠나면
    이윽고 새로운 땅을 얻으리.
    그러나 내 영혼을 대신할
    영혼은 세상에 없나니

광대무변하여라, 신의 세계.
그러니 치욕의 집에서
언제까지나 머물고 있을 까닭이 없다.
큰일이 닥칠 때는 잘 생각하여
남에게 의지하지 말라, 맡기지 말라.
시름 많은 이 세상, 의지하려면
믿을 것은 오직 자기 목숨뿐.
사자(獅子)도 남의 힘 얻을 수 있고
사람의 도움을 구할 수만 있다면
갈기 곤두세워 먹이 찾으러
여기저기 헤매지 않아도 되지.

 이제 와서 목숨을 건지게 될 줄은 꿈에도 생각지 못했던 나는 망나니 손에 입을 맞추었습니다. 죽음을 면한 것을 생각하면 한쪽 눈을 잃은 것쯤 아무것도 아니라고 여겼습니다. 나는 큰아버지의 도성으로 가서 큰아버지에게 아버님과 나에게 닥친 일들을 자세히 말씀드렸습니다. 그 이야기를 듣고 큰아버지도 몹시 슬퍼했습니다.
 "네 불행을 듣고 보니 슬픔이 더욱 커지는구나! 아, 슬프도다! 실은 네 사촌형이 요즘 행방불명되어 어떻게 되었는지 도무지 알 길이 없다. 누구 하나 소식을 전해주는 사람이 없구나."
 큰아버지는 금방이라도 숨이 끊어질 듯 비탄의 눈물을 흘렸습니다. 나도 함께 슬피 울었습니다.
 이윽고 큰아버지는 내 눈에 약을 발라 주려다 호두 껍데기같이 알맹이 없는 눈을 보았습니다.
 "오, 가엾어라. 그러나 한쪽 눈은 잃었지만 목숨이 살았으니 불행 중 다행이다."
 나는 큰아버지의 외아들로 더없이 귀염받고 있던 사촌형에 대해 언제까지나 입을 다물고 있을 수 없어 큰아버지께 모든 것을 털어놓고 말았습니다. 큰아버지는 아들 소식을 듣고 뛸 듯이 좋아했습니다.
 "애야, 당장 그 무덤으로 데려가 다오!"

"그런데 큰아버지, 그 장소를 도무지 알 수 없습니다. 몇 번이나 찾아 헤맸지만 끝내 찾지 못하고 말았습니다."

그래도 나와 큰아버지는 묘지로 가서 여기저기 찾아 헤맨 끝에 마침내 그 묘석을 찾아냈습니다. 두 사람은 몹시 기뻐하며 당장 묘석 위 흙을 치우고 뚜껑을 열어 계단을 50개쯤 내려가 바닥에 도착했습니다. 그런데 이게 웬일입니까! 자욱한 연기 때문에 눈도 뜰 수 없어서 우리는 잠시 걸음을 멈추고 서 있었습니다. 큰아버지는 그것을 외우면 무서운 재난을 당하지 않는다는 기도문을 외웠습니다.

"영광되고 위대한 알라 신이여, 알라 이외에 주권 없고 권력 없도다!"

그런 다음 앞으로 걸어나가자 뜻밖에 넓은 방이 나왔습니다. 바닥에는 가루며 쌀알, 그 밖에 음식물과 온갖 일용품이 흩어져 있었습니다. 방 한복판에 휘장을 둘러친 침대가 있어서 큰아버지가 급히 다가가 살펴보니 거기에 사촌형과 그 여자가 서로 부둥켜안고 누워 있었습니다. 그러나 두 사람 다 숯처럼 새까맣게 타 있어서, 흡사 화염지옥에라도 떨어진 것 같은 꼴이었습니다. 큰아버지는 그 꼴을 보더니 아들의 얼굴에 침을 뱉으며 말했습니다.

"이 돼지 같은 놈! *46 인과응보라! 이것은 이 세상의 심판이지만 저 세상에는 더욱 괴롭고 긴 심판이 기다리고 있으리라."

—샤라자드는 날이 새기 시작한 것을 깨닫고 이야기를 그쳤다.

12번째 밤

샤라자드는 이야기를 계속했다. 오, 인자하신 임금님, 탁발승은 여주인과 교주와 자파르 앞에서 자기 신상 이야기를 계속했습니다.

—큰아버지는 새까만 숯덩이가 되어 누워 있는 아들의 시체를 신발*47로 소리가 나도록 때렸습니다. 나는 큰아버지의 냉혹한 태도에 놀라는 동시에 사촌과 그 여자가 불쌍해졌습니다.

"큰아버님, 노여움을 가라앉히십시오. 제가 마음속으로 이 불행한 사건을 몹시 안타까워하는 것을 모르십니까? 형에게 닥친 화로 말미암아 저는 미칠 듯이 슬픕니다. 시커먼 숯덩이밖에 남지 않았으니 이 얼마나 무서운 일입니까! 큰아버지께서 신발로 때리지 않으셔도 보복은 이것으로 충분하지 않습니까?”

 "아니다. 조카야, 이놈은 어릴 때부터 제 누이동생에게 빠져 있었어.*48 나는 몇 번이나 둘 사이를 떼어놓으려 했지만, 그래도 마음속으로는 아직 어리니까 안심했었지. 그런데 자라나 둘은 그만 죄를 저지르지 않았겠니. 설마 하면서도 어쨌든 나는 이놈을 감금하고 꾸짖으며 호되게 혼내주었지. 내시와 종들까지 입을 모아 '과거에도 미래에도 예가 없는 어리석은 짓은 삼가십시오. 당대의 임금님들 사이에, 또 후대에까지 수치를 남기는 일이 없도록 부디 조심하십시오' 하고 충고하더구나. 나 또한 '이런 소문은 곧 대상들의 화제에 올라 타국에까지 퍼진다. 소문의 씨를 뿌리지 않도록 부디 조심해라. 그렇지 않으면 나는 반드시 너를 저주하고 죽여 버릴 테다' 하고 엄하게 훈계했다. 그로부터 나는 두 아이를 따로 살게 하고 동생을 가둬두었는데, 그 저주받은 딸도 미칠 듯이 오라비를 사모해 마지않더구나. 남매가 다 악마에게 홀려 두 아이의 눈에는 이 어리석은 짓도 옳게 비쳤던 모양이다. 이놈은 내가 둘 사이를 갈라놓자 이 땅굴을 파고 보다시피 일용품을 갖추어 내가 사냥 나간 틈을 타서 제 누이를 데리고 여기로 들어와 내 눈앞에서 사라져버린 거야. 그리하여 신의 정당한 심판을 받아 천벌의 불길에 타버리고 말았지만, 마지막 심판 때는 더욱 괴롭고 긴 고통을 받게 될 것이다!”

 큰아버지는 눈물을 흘렸고 나도 함께 울었습니다. 이윽고 큰아버지는 나를 물끄러미 쳐다보았습니다.

 "네가 저놈 대신 지금부터 내 아들이 되어야 한다.”

 나는 잠시 현세의 무상함을 느끼며 동시에 그 대신이 아버지를 죽여 왕위를 빼앗고 내 눈알을 뺀 일과, 사촌이 이상한 인연으로 뜻밖의 죽음을 맞은 일을 생각하면서 큰아버지와 함께 새로운 눈물에 젖었습니다.

 그런 다음 계단을 올라가 철판을 닫고 흙을 덮어 묘석을 예전대로 해놓은 다음 왕궁으로 돌아왔습니다.

 그런데 자리에 앉자마자 북소리, 나팔소리, 징소리가 울리고 군사들의 함성과 함께 창소리, 말 울음소리가 들렸습니다. 하늘과 땅은 말발굽 아래 일

어나는 자욱한 먼지로 뒤덮여버렸습니다.*49

 이 광경과 소음에 놀라 대체 무슨 일이냐고 시종들에게 물어보니, 아버지의 나라를 빼앗은 대신이 군사를 몰고 쳐들어온 것이었습니다. 오는 도중에 모집한 병정들뿐 아니라 황야의 아랍인*50 군세까지 보태어 구름처럼 쳐들어와서 도저히 막을 도리가 없었습니다. 불의에 도성을 습격당하여 저항할 힘도 없는 백성은 곧바로 성문을 열어주고 말았습니다.

 결국 큰아버지는 적의 손에 살해당했지만 나는 마음속으로 생각했습니다.

 "이 악당들 손에 잡히면 마지막이다. 도저히 살아날 수 없다."

 나는 가까스로 교외로 도망쳐 목숨만은 건졌습니다. 이리하여 나에게는 또 새로운 고생길이 시작되었습니다. 아버지와 큰아버지가 당한 재앙을 생각하니 어찌해야 좋을지 알 수 없었습니다. 도성 사람들도 아버지의 군사들도 만일 나를 찾아내기만 하면 잡아서 상을 받으려고 벼르고 있었습니다. 무사히 달아나려면 수염과 눈썹을 밀어버리는 수밖에 방법이 없었습니다.

 그래서 수염과 눈썹을 밀고 비단옷을 벗어버리고 탁발승으로 변장한 다음 큰아버지의 도성을 떠나 이 도시로 온 것입니다. 어쩌면 누군가의 주선으로 충성스러운 민초(民草)의 임금님*51이시며 알라의 대리이신 교주님을 뵐 수 있을까 해서였지요. 이런 까닭으로 나는 교주님께 내가 당한 일을 말씀드리고 이 문제의 재판을 받기 위해 이곳에 왔습니다.

 마침 오늘 밤 이 도시에 도착했는데 어디로 갈까 망설이다가 뜻밖에도 이 두 번째 스님을 만났습니다. 내가 인사하고서 타국인이라고 말하자 이분도 역시 같은 나그네라고 하여 한참 이야기를 나누었습니다. 그때 세 번째 스님이 다가와서 '나그네 중'이라며 인사를 하더군요. 그때부터 세 사람이 함께 걷기 시작하여 해가 지고 컴컴해지자 운명의 신이 우리를 이 집으로 이끌어주신 것입니다. 내가 수염과 눈썹을 밀어버리고 오른쪽 눈을 잃은 경위는 여기까지입니다.

 이 이야기를 듣고 모두 매우 놀랐고, 그중에서도 특히 교주는 자파르에게 이렇게 말했습니다.

 "알라께 맹세코, 나는 이 탁발승이 겪은 것과 같은 일은 지금까지 한 번도 들은 적도 본 적도 없다!"

그러자 여주인이 말했습니다.
"머리를 쓰다듬고 돌아가세요."
"아닙니다. 저 두 분 스님의 이야기를 듣기 전에는 돌아가지 않겠습니다."
그러자 두 번째 중이 나와 바닥에 엎드려 절한 다음 이야기를 시작했습니다.

두 번째 애꾸눈 중의 이야기

오, 여주인님, 나도 태어날 때부터 애꾸눈은 아니었습니다. 여기에도 기이한 사연이 있습니다. 이 이야기를 바늘로 눈의 한쪽 구석에라도 새겨둔다면 세상의 어리석은 자에게 좋은 경고가 될 것입니다.

나는 본디 왕의 아들로 어릴 때부터 왕자답게 자랐습니다. 일곱 유파(流派)[52]에 따라 코란을 배우고, 모든 종류의 책을 읽었으며, 박사며 학자들과 그 내용을 토론하곤 했습니다. 그 밖에 점성술과 시인의 아름다운 시를 배웠고 모든 방면의 학문을 닦았으므로, 나는 당대의 어떤 인물과 비교해도 손색이 없었습니다. 서도에 있어서도 서예가들을 능가하니 그 명성이 국외에도 널리 알려져 온 세계의 왕 가운데 내 이름을 모르는 사람이 없었습니다. 그 중에서도 인도 왕이 내 소문을 듣고 왕자 신분에 걸맞은 예물이며 선물과 진상품을 보내 나를 인도 왕궁으로 초대하겠다고 아버님께 청해 왔습니다.

우리 일행은 아버지가 준비해 준 배 6척에 나눠 타고 꼬박 한 달 동안 항해를 계속한 끝에 겨우 육지에 닿았습니다. 거기서 배에 실어온 말을 내리고 그 나라 임금님에게 드릴 선물을 낙타에 싣고 도성을 향해 떠났습니다. 그러나 우리가 앞으로 나아간 지 얼마 안 되어 앞을 바라보니, 별안간 자욱한 모래먼지가 일어나 점점 심해지더니 드디어 벽처럼[53] 지평선을 가로막고 말았습니다.

한 시간쯤 뒤 그 모래먼지 장막이 사라지고 그 속에서 강철갑옷을 입은 50명가량 되는 기마병이 미친 사자 같은 기세로 나타났습니다. 자세히 보니 놀랍게도 황야의 아랍인에 못지않은 사나운 강도들이 아니겠습니까? 이쪽의 인원수는 겨우 4명, 더구나 선물을 산더미처럼 실은 낙타 10마리를 끄는 것을 보고 놈들은 창을 겨누고 돌격해 왔습니다.

우리는 손짓으로 신호했습니다.

"우리 일행은 인도 대왕의 사신이니 해치지 마라!"
그러자 그들도 역시 손짓으로 알렸습니다.
"우리는 인도 왕의 신하도 아니고 그 지배도 받지 않는다."
그들은 사정없이 덤벼들어 노예들을 쫓아버리고 죽이기도 했습니다. 나도 중상을 입고, 아랍인들이 우리가 가지고 가던 돈과 선물을 모조리 약탈하는 사이에 가까스로 달아났습니다.

나는 초라한 모습으로 정처 없이 걷다가 뜻밖에 어느 산꼭대기에 이르러 그날 밤을 굴속에서 지새웠습니다. 날이 새기를 기다려 다시 걷기 시작했는데, 이런 식으로 여행을 계속하는 동안 어느 훌륭한 도시에 이르렀습니다.

때는 마침 서리와 더불어 겨울이 가고 온갖 꽃이 만발하는 봄이 올 무렵이어서 아름다운 꽃들이 피기 시작하고 시냇물이 졸졸 흐르며 새는 정답게 지저귀고 있었습니다. 시인이 노래한 어떤 도시와 흡사했습니다.

시름의 그림자 덮이지 않는 곳
평안과 평화가 이 땅을 다스리네.
아름다운 자연 모습에
그 백성들 또한 아름답고
복 많은 백성은 천국에라도
사는 것 같네.

나는 긴 여행에 지쳐 몸이 쇠약해지고, 굶주려 얼굴이 누렇게 되었으므로 도시에 이르자 비로소 마음이 놓였습니다. 그러나 비참한 꼴을 하고 어디로 가야 좋을지 몰랐으며, 돈을 빌리려 해도 담보가 없고 부탁하려 해도 아는 사람 하나 없었습니다.

어떻게 해야 좋을지 몰라 어느 조그만 가게에 앉아 있는 재봉사에게 공손히 인사했더니, 재봉사는 답례하고 친절히 맞아주며 후히 대접한 다음 낯선 타국에 찾아온 까닭을 물었습니다. 그래서 자초지종을 이야기하자 재봉사는 매우 걱정해 주었습니다.

"젊은 양반, 당신은 그 비밀을 아무에게도 말해선 안 되오. 이 도성의 임금님은 당신 아버님의 으뜸가는 적으로 두 사람은 불구대천의 원수 사이였다오. 부디 당신 목숨을 조심하도록 하시오."

그러고는 나에게 밥과 술을 주었으므로 함께 먹고 마셨습니다. 이 이야기 저 이야기를 나누다가 밤이 되자 재봉가게 한구석을 치우고 이부자리를 펴 주었습니다.

그럭저럭 어느덧 사흘이 지나고 그 사흘째 되는 날에 재봉사가 물었습니다.

"당신은 먹고 살 만한 무슨 재주나 솜씨를 가지고 있소?"

"법률을 배웠고 코란에 관해서는 박사입니다. 또 학예며 교리에 밝고 서예가로도 이름났습니다."

"당신이 지닌 재주는 이 도시에서 서푼어치 가치도 없소. 여기서는 학문이며 쓰고 읽는 것을 알아주는 사람은 아무도 없고 아는 것은 돈벌이뿐이니까요."

"정말 난처하군요. 나는 지금 이야기한 것밖에는 할 줄 아는 게 전혀 없습니다."

"그럼, 준비하시오. 하여튼 도끼와 새끼를 가지고 산에 올라가 알라께서 구제의 손길을 내밀 때까지 나무라도 해서 먹고 살도록 하시오. 그러나 신분만은 결코 밝히지 마시오. 그렇지 않으면 살해당할 테니까."

재봉사는 도끼와 새끼를 사주고 나무꾼들에게 내 일을 잘 부탁해 주었습니다. 나무꾼들의 안내로 숲 속에 들어가 온종일 나무하고 저녁때가 되면 다발로 묶어 머리에 이고 돌아오곤 했습니다. 그것을 반 디나르 받고 팔아 일부는 생활비로 쓰고 나머지는 모아두었습니다.

이런 일을 하면서 꼭 1년을 보낸 어느 날, 여느 때처럼 황야에 나가 다른 나무꾼들과 떨어져 혼자 헤매다 우연히 초목이 우거진 저지대*54로 나갔습니다. 거기 들어가니 옹이투성인 큰 나무가 있기에 그 밑동의 흙을 파내려고 도끼로 찍었습니다. 그런데 도끼가 구리 고리에 부딪쳐 쩽그렁 하는 소리가 났습니다. 흙을 치워 보니 구리 고리는 나무로 만든 굴 덮개에 달려 있는 게 아니겠습니까. 덮개를 들어보니 아래로 내려가는 층계가 있었습니다. 층계를 내려가니 문이 있고 그 문을 열어보니 안은 튼튼하고 아름다운 큰 방으로 값진 진주와도 같은 여인이 한 사람 있었습니다.

여인의 아름다운 모습을 보자 나의 모든 슬픔과 근심 걱정이 한꺼번에 사라지고 말았습니다. 성인군자의 마음까지도 녹여버릴 듯한 그녀의 상냥한 말씨에 절망에 잠겼던 가슴이 위로되었습니다. 키는 5자쯤으로 크고 날씬하며 유방은 풍만하고 탄력이 넘쳤으며 볼은 기쁨의 꽃밭과도 같았습니다. 살갗은 싱싱하게 빛나고, 칠흑같이 검은 곱슬머리 아래 얼굴이 새벽녘 빛처럼 빛났으며, 눈같이 흰 가슴 위에는 진주처럼 아름다운 이가 빛나고 있었습니다. 시인은 그 여인을 이렇게 노래불렀습니다.

　　칠흑 같은 머리에 가는 허리 처녀는
　　모래언덕에 선 수양버들 가지인가.

또 다른 시인은 이렇게 노래하고 있습니다.

　　갖추기 어려운 네 가지,
　　여기 모두 갖춰졌네.
　　그 때문에 내 피는 끓고,
　　마음은 천 갈래로 찢어지네.
　　찬연히 빛나는 이마,
　　칠흑처럼 빛나는 머리
　　붉은 장미 같은 볼,
　　단장한 고운 자태.

나는 그 모습을 보았을 때 이토록 아름답고 사랑스러운 여자를 만드신 신께 손을 짚고 머리를 조아리지 않을 수 없었습니다. 여자는 나를 보고 물었습니다.
"당신은 사람이셔요? 아니면 마신이셔요?"
"사람입니다."
"누가 당신을 여기까지 데리고 왔나요? 나는 25년 동안 여기 살고 있지만 한 번도 사람을 본 적이 없어요."
그래서 나는 설명했습니다. 사실 여자의 말씨가 너무나 아름다워 내 마음은 녹아버릴 지경이었습니다.
"오, 아가씨, 나의 근심과 걱정을 털어버리기 위해 신께서 이리로 데려다

주신 것입니다."

내가, 나의 여러 가지 불행을 모두 이야기하자 여자는 무척 감동한 듯이 눈물을 흘리며 말했습니다.

"그러면 저도 제 신세 이야기를 들려 드리겠어요. 저는 아브누스 여러 섬*55의 영주 이피타무스 왕의 딸인데, 아버님은 내 큰아버지의 아들 즉 사촌오빠와 저를 결혼시켰습니다. 그러나 혼례식 날 밤 악마 이브리스의 사촌 아우인 이모의 아들 지르지스 빈 라지무스라는 마신이 저를 약탈하여 새처럼 하늘을 날아 여기다 가둬버렸습니다. 그 뒤로 아름다운 천이며 옷, 보석이며 가구, 음식물 등 제게 필요한 물건들은 모두 갖다 줍니다. 그리고 열흘에 한 번씩 와서 하룻밤 저를 품고 자고는 돌아갑니다. 집안사람들의 승낙도 없이 저를 뺏어와 늘 그러고 있어 우리 둘 사이에는 약속이 있는데, 만일 밤이든 낮이든 볼일이 생겨 저기 벽 위에 새겨져 있는 선 두 줄을 만지면 손을 떼기도 전에 마신이 나타나기로 되어 있습니다. 마신이 다녀간 지 나흘째니 다음에 올 때까지는 아직 엿새나 여유가 있어요. 그러니 저와 닷새 동안 함께 지내다가 마신이 오기 전날 가시면 어떠세요!"

"예, 좋고말고요! 아, 이게 꿈이 아니라면 얼마나 좋을까!"

이 말에 여자는 춤출 듯이 기뻐하며 내 손을 잡고 아치형으로 된 문을 지나 훌륭하게 차린 널찍한 목욕탕으로 안내해 주었습니다. 여자는 나와 함께 옷을 벗고 목욕탕에 들어가 내 몸을 씻어주었습니다. 몸을 다 씻고 나오자, 여자는 푹신한 요 위에 나를 앉히고 내 옆에 붙어앉아 사향섞인 과즙을 갖다 주었습니다. 적당히 몸이 식을 무렵 식사준비가 되어 두 사람은 마주 앉아 먹으면서 여러 가지 이야기를 했습니다.

이윽고 여자가 말했습니다.

"이제 주무세요. 피곤하실 테니까."

나는 인사하고 누워, 모든 것을 잊고 푹 잠들었습니다.

한참 뒤 문득 눈을 떠보니 여자가 내 다리를 주무르고 있었습니다.*56 나는 너무나 기뻐서 인사하고 여자를 축복하며 잠깐 서로 이야기를 나누었습니다. 여자는 말했습니다.

"정말 외로웠어요. 25년 동안이나 이런 땅속에서 혼자 살아온걸요. 이렇듯 말동무를 보내주신 신께 뭐라고 인사드려야 좋을지!"

그리고 물었습니다.
"저, 어떤 술을 좋아하시는지?"
"당신 좋을 대로 하시오."
여자는 벽장에서 밀봉한 묵은 포도주를 꺼내 와 테이블을 꽃과 향기로운 풀로 장식한 다음 이런 시를 읊었습니다.

그대 찾아오실 줄 알았더라면
마음속 깊숙이 펼쳐보이고
기쁨의 눈동자를 크게 뜰 것을.
당신을 맞아 나의 볼은
푹신한 요가 되겠습니다.
눈꺼풀도 펼쳐서 밟히겠어요
그대의 발 밑에.

노래가 끝나자 나는 여자에게 감사의 뜻을 나타냈습니다. 그것은 여자를 사모하는 생각으로 가슴이 꽉 차서 슬픔도 괴로움도 사라져버렸기 때문입니다. 두 사람은 밤이 될 때까지 이야기하며 술을 나누다가 잠자리를 함께 했습니다.

이토록 즐거운 밤은 난생 처음이었습니다. 환락은 이튿날 낮까지 계속되었는데, 그 무렵이 되자 취기에 몽롱해져 나는 제정신을 잃고 말았습니다. 그리고 비틀비틀 일어나 여자에게 말했습니다.

"자, 귀여운 사람아! 이리 와요. 당신을 이 땅속 굴에서 데려나가 마신의 저주를 풀어주겠소."

그러자 여자는 웃으며 대답했습니다.

"열흘 가운데 하루는 마신, 나머지 아흐레를 당신 것으로 하는 데 만족하세요. 그러지 않으면 위험해요."

그러나 나는 술에 취하여 큰소리쳤습니다.

"지금 당장에라도 그 주문이 새겨진 벽을 부숴버리고 마신을 불러내어 악마를 퇴치하는 솜씨를 보여서 그놈을 찔러 죽이고 말겠소."

이 말을 듣자 여자는 새파랗게 질렸습니다.

"아, 부디 그러지 말아주세요!"
그리고 시를 읊조리기 시작했습니다.

　당치도 않은 일을, 그것은 자기 한 몸의 파멸,
　슬기로우시다면 임이여, 피하소서.

또 이렇게도 노래했습니다.

　이별을 재촉하는 임이여
　말고삐를 꼭 잡으셔요.
　그렇지 않으면 그대는 실수하리.
　아, 멈추시라!
　배반은 이 세상에 흔한 일
　행여 이별하게 되면
　다시 만나지 못할 것을.

이 노래를 듣고도 나는 여자의 하소연은 들은 체도 않고 발을 들어 벽을 힘껏 걷어찼습니다.
　——여기까지 이야기하자 날이 새어 샤라자드는 이야기를 그쳤다.

13번째 밤

　오, 인자하신 임금님, 오늘 이야기는 두 번째 탁발승이 여주인에게 한 이야기의 계속입니다. 두 번째 탁발승은 이야기했습니다.
　—여주인님, 내가 발로 힘껏 벽을 걷어차자 순식간에 주위 공기가 답답해지고 어두워지며 무서운 번개와 천둥으로 대지가 뒤흔들려 아무것도 보이지 않게 되었습니다. 술기운이 한꺼번에 깨어버렸습니다.
　"이게 대체 어찌 된 일이오!"
　내가 소리치자 여자는 대답했습니다.

"마신이 오고 있는 거예요. 그러기에 내가 뭐라고 했어요. 아, 당신 때문에 나는 이제 파멸입니다. 하지만 당신은 달아나셔요, 들어왔던 길로 빨리!"

그래서 나는 층계 쪽으로 갔습니다. 너무나 무서운 나머지 신발과 도끼를 두고 나와 버렸습니다. 층계를 두 칸 올라가서 돌아보니, 이 어찌 된 일일까요. 대지가 둘로 갈라져 있고 거기에 무서운 마신이 나타나 여자에게 말하지 않겠습니까.

"나를 부른 것은 대체 무슨 일이냐? 무언가 좋지 않은 일이라도 생겼나?"

"아니, 나쁜 일은 아무것도 없어요. 그저 가슴이 답답하고[57] 기분이 무거웠을 뿐이에요. 그래서 기분을 돌리고 기운을 내려고 술을 좀 마셨어요. 그리고 변소에 가려고 일어섰는데 술이 핑 돌아 그만 아찔해지며 벽에 쓰러지고 만 거예요!"

"거짓말 마라! 너는 갈보 같은 년이야!"

마신은 소리지르고 방 안을 이리저리 둘러보다가 마침내 나의 신발과 도끼를 보고 말았습니다.

"이건 너희 인간의 물건인데 그놈이 여기 있었던 게 아니냐!"

"나는 그런 건 여태까지 본 적이 없어요. 당신 옷에 붙어 따라온 것이겠지요."

"바보 같은 소리 마라! 이 갈보년아! 화냥년아!"

마신은 소리치고 여자를 발가벗겨 쓰러뜨리고는 십자가에 매단 것처럼 손발을 기둥 네 개에 묶었습니다.[58] 그리고 고문하여 자백시키려고 했습니다.

나는 그 비명과 신음을 듣고 잠시도 가만히 있을 수 없어 무서움에 벌벌 떨면서 층계를 올라갔습니다. 꼭대기까지 올라가 본디대로 덮개를 닫고 흙을 덮었습니다. 그리고 스스로 한 짓을 진심으로 뉘우쳤습니다. 그처럼 아름답고 사랑스러운 여자가 25년 동안 평화스러운 생활을 해왔는데, 그 저주받을 마신에게 고문당하며 괴로워하고 있는 것입니다.

더구나 모든 것은 나 때문이었습니다. 또 아버님과 나라의 일, 나무꾼이 된 경위 등, 마음 편히 지낸 것도 한순간, 이제 다시 세상이 어둡고 괴로운 게 되고 만 일 등을 곰곰이 생각해 보았습니다. 나는 슬픔에 몸을 떨면서 이런 시를 되풀이했습니다.

모진 운명의 포학이
　　그대를 위압할 날 언제인가.
　　명심하라! 하루는 그대를 즐겁게 하고
　　하루는 그대를 괴롭게 하는 것을.

 나는 재봉사 집까지 걸어왔습니다. 그는 진심으로 나를 걱정하며 초조하게 기다리고 있었습니다.
 "당신이 짐승에게 당했나, 아니면 무슨 재난이라도 닥쳤나 하고 걱정되어 밤새도록 잠자지 못했다오. 아무튼 무사히 돌아왔으니 이런 다행한 일이 어디 있겠소."
 나는 그 두터운 우정에 감사하면서 주어진 방 한구석에 앉아 여태까지 있었던 모든 일을 떠올려보았습니다. 그리고 무지막지하게 벽을 걷어차 버린 정말 하지 않았더라면 좋았을 그 행동을 생각하며 후회와 자책에 잠겨 있으려니 재봉사가 들어와 말했습니다.
 "이보시오, 당신을 찾아 가게 앞에 어떤 페르시아인*59 노인이 와 있소. 당신의 신발과 도끼를 가지고 있구려. 그 노인의 말이 아침종이 울릴 무렵 우연히 밖에 나갔다가 주웠는데 누구의 것인지 몰라 나무꾼에게 물어봤더니, 마침 당신 것이라고 해서 이리로 가져왔다는군요. 그 노인은 가게 앞에 앉아 있으니 나가서 고맙다는 인사나 하고 도끼와 신발을 찾으시오."
 이 말을 듣고 나는 무서움에 얼굴이 새파랗게 질려 심하게 얻어맞은 것처럼 정신이 아찔해졌습니다. 얼마 뒤 정신이 미처 돌아오기도 전에 놀랍게도 방바닥이 두 개로 쪼개지더니 그 속에서 마신인 페르시아 노인이 나타나지 않겠습니까! 마신은 여자를 몹시 고문했으나 고백하지 않았으므로 도끼와 신을 들고 이렇게 말했습니다.
 "나는 이브리스의 후예인 지르지스다. 이 물건의 임자를 찾아서 데리고 오마!"
 그러고는 아까 말한 것과 같은 구실로 나무꾼에게 가서 내가 사는 곳을 안 다음 가게 앞에 와서 사실을 확인했던 겁니다. 마신은 매가 쥐를 낚아채듯 느닷없이 나를 덥석 움켜쥐더니 하늘 높이 올라갔습니다. 얼마 뒤 기절한 나를 움켜쥔 채 땅속으로 기어들어가 전에 내가 즐거운 하룻밤을 지낸 지하 궁전으로 끌고 들어갔습니다.
 거기에는 발가벗겨진 채 손발이 나무 네 개에 묶이고 옆구리에서 피가 흐르는 여자가 있었습니다. 이것을 본 나는 눈물이 쏟아졌습니다. 마신은 여자 몸에 옷을 덮어씌우고 물었습니다.
 "이 화냥년아, 이 사내가 네 샛서방 놈이지?"
 "몰라요, 한 번도 본 적 없어요."
 "뭐라고? 이만큼 모진 변을 당하고도 자백하지 못해!"
 "이 세상에 태어난 이래 나는 이분을 한 번도 본 적 없어요. 알라 앞에서 거짓말을 하다니 당치도 않은 소리예요."
 "좋아, 끝까지 모른다면 이 칼로 사내의 목을 베어봐라!"
 여자는 칼을 들고 나에게 다가왔습니다. 나는 눈썹을 움직여 눈짓했으나 눈물이 볼을 타고 흘러내렸습니다. 여자도 내 마음속을 짐작하고 같은 눈짓으로 대답했습니다.
 "당신은 나에게 왜 이런 화를 끼쳤어요?"
 나도 마찬가지로 대답했습니다.
 "부디 용서해 주십시오."
 입 밖에 내지는 않았지만 나는 그때 내 마음을 큰 소리[*60]로 이렇게 노래 부르고 있었습니다.

 내 눈동자는
 혀의 대변인
 숨겨둔 사랑을
 드러내 이야기하네.
 마지막 밀회에
 눈물이 비가 되어 흐를 때
 말 못하는 혀 대신
 심정을 털어놓은 것은
 나의 이 눈동자.
 그대 또한 입술을 열지 않고
 눈짓으로 보낸 마음속,

손 끝으로 신호하면
그 뜻 깨닫고
고개를 끄덕이는 나의 그대.
이리하여 눈썹은 아련하게도
두 사람 사이의 소임을 다하고,
서로 말 못하는 연인이었으나
소리 드높게 사랑을 이야기했네.

여주인님, 그러자 여자는 별안간 칼을 내던졌습니다.
"전혀 모르는 분의 목을 아무 원한도 없이 어떻게 베겠어요? 그런 짓은 나에게 허락된 법도가 아니에요!"
"샛서방을 죽이는 게 괴로울 테지. 하룻밤 인연을 맺었으니 네년은 이런 고문을 당하고도 자백하지 않는 게로구나. 좋아, 잘 알겠다. 반한 연놈끼리 서로 감싸주고 있는 게 틀림없다."
마신은 이번에는 나를 보고 물었습니다.
"이봐, 너도 이 여자를 모르나?"
"이 부인은 대체 누구십니까? 정말로 뵌 일이 없습니다."
"그럼, 그 칼을 들고 이년의 목을 쳐라. 그것이 모르는 사이라는 증거다. 그러면 난폭한 짓을 하지 않고 놓아주겠다."
"좋소, 그렇게 하지요."
나는 칼을 잡고 대뜸 앞으로 걸어나가 손을 높이 들어 내리치려고 했습니다. 그때 여자가 눈짓으로 말했습니다.
"제가 당신을 배반했던가요? 이런 무참한 짓을 하시게요!"
여자의 눈짓이 무슨 말을 하고 있는지 알고 나도 역시 눈짓으로 대답했습니다.
"당신을 위해 내 영혼을 희생시키리다."
그때 두 사람의 마음속에는 이런 시가 통하고 있었습니다.

얼마나 많은 연인들이
눈썹으로 말했던가

사랑하는 이에게
정열이 내키는 대로.
뜨겁게 타오는 눈으로
남자가 정열을 부으면,
여자는 깨닫는다,
사랑하는 이가 바라는 모든 것을.
서로 주고받는 눈길
아름다워라.
그 소리없는 말
빠르고 정확해라.
눈썹으로 사랑하는
뜨거운 마음을 그리면
눈동자로 사랑하는
뜨거운 마음을 읽는다.

나는 눈물이 넘쳐 칼을 버리고 말했습니다.
"아, 힘센 마신님, 영웅님, 지혜도 신앙도 없는 여자조차 내 목을 베는 것을 무도한 일이라고 말하는데, 남자인 내가 한 번도 만난 적 없는 여자의 목을 어찌 벨 수 있겠습니까? 나로서는 그런 처참한 짓을 할 수 없습니다. 비록 당신한테서 파멸의 잔을 받아 마시게 되는 한이 있더라도……"
"너희 연놈은 잘도 배가 맞는구나. 그따위 짓을 해서 어떤 꼴이 되는지 곧 알게 될 게다!"
마신은 소리치더니 칼을 들어 네 번 쳐서 여자의 팔다리를 잘라버렸습니다. 그 광경을 바라보고 여자의 숨이 이제 끊어졌으려니 생각한 찰나, 여자는 숨을 거두며 눈으로 마지막 이별을 고했습니다. 이것을 안 마신은 소리쳤습니다.
"네년은 그 눈동자로 서방질했구나!"
또 칼을 내려치니 여자의 머리가 달아나고 말았습니다. 그런 다음 마신은 나를 향해 말했습니다.
"이놈아, 우리 법도는 여편네가 간통하면 죽여버리게 되어 있다. 이 계집은 12살 때 혼례식 날 밤에 가로채온 년으로 나 이외에 다른 남자라곤 몰랐지. 나는 열흘에 한 번 여기로 와서 페르시아인으로 변신해 이 여자와 자곤 했는데, 서방질해서 내 얼굴에 똥칠한 게 사실이니 죽여버린 거다. 그러나 네놈은 이 여자와 배가 맞아 나에게 망신을 주었는지 어떤지 확실히 알 수 없구나. 그렇다고 너를 그냥 돌려보낼 수는 없어. 소원이 있거든 말해 봐라. 무엇이든 들어줄 테니까."

나는 무척 기뻐서 물었습니다.

"어떤 소원을 말하면 좋을까요?"

"자신을 어떤 꼴로 만들어주었으면 좋겠는지 하는 소원 말이다. 개냐, 노새냐, 원숭이냐, 무엇이 되고 싶으냐?"

나는 어쩌면 살 수 있을지도 모른다 싶어 이렇게 말했습니다.

"부디 살려주십시오. 이슬람교도로 아무 나쁜 짓을 한 적 없는 저를 용서해 주신다면 알라께서도 당신을 용서해 주실 겁니다."

그리고 나는 되도록 겸손하게 마신 앞에 멈춰서서 말했습니다.

"나는 여러 가지 일로 걱정이 태산 같습니다."

"잔소리 마라. 죽이건 살리건 이 마신님 마음대로다. 그 대신 되고 싶은 것을 하나 선택하라고 하잖나!"

"저 질투받은 사나이가 질투한 사나이를 용서해 준 것처럼 당신도 나를 용서해 주십시오."

그러자 마신은 물었습니다.

"그건 또 무슨 이야기냐?"

그래서 나는 이런 이야기를 시작했습니다.

질투한 사나이와 질투받은 사나이

마신님, 그 이야기란 이렇습니다. 어떤 도시에 벽 하나를 사이에 두고 이웃해 사는 두 사나이가 있었습니다. 한 사나이는 다른 사나이를 시기하여 상대에게 늘 악의에 찬 눈초리를 보내며 어떻게 해서든 해칠 궁리를 했습니다.

하지만 질투받은 사나이는 점점 더 번영해 상대가 훼방놓으면 놓을수록 부자가 되어갔습니다. 그러는 동안 이웃 사내가 자기에게 악의를 품고 있으며 줄곧 훼방놓으려 한다는 것을 깨달았습니다.

"이거 야단났군. 하지만 뭐, 여기만 사람 사는 곳인가."

그는 집을 버리고 다른 도시로 가서 땅을 얼마쯤 샀습니다. 그 땅에는 황폐하여 물도 말라버린 낡은 두레우물*61이 하나 있었는데, 거기에 예배당을 짓고 필요한 기구를 좀 사들여 자기도 그 안에서 살며 오로지 기도 올리며 전능하신 알라를 찬양하고 지냈습니다.

이 말을 전해 듣고 탁발승과 수행자들이 사방에서 모여들게 되었습니다. 그 명성은 도시 안팎으로 퍼져나갔습니다. 이윽고 이 말이 그 질투심 많은 사내 귀에까지 들어가 상대가 대단한 행운을 만나 도시의 명사들까지 그의 제자가 되었다는 사실을 알았습니다. 그래서 이 사내는 그 도시로 성자의 암자를 찾아갔습니다. 질투받은 사내는 공손하고 다정하게 그를 맞아들였습니다.

그러자 질투심 많은 사내가 말했습니다.

"나는 당신에게 한마디 하고 싶은 말이 있어서 먼 길을 찾아왔소. 기막힌 일을 가르쳐드릴 테니 나를 당신 방까지 안내해 주지 않겠소."

그래서 질투받은 사내가 암자 맨 안쪽으로 안내하자, 질투심 많은 사내는 말했습니다.

"여기 있는 중들을 다른 방으로 내보내주지 않겠소. 아무도 엿듣지 않은 곳이 아니면 말할 수 없으니까요."

그래서 질투받는 사내는 수행자들에게 말했습니다.

"여러분, 모두 자기 방으로 물러가 주시오."

모두 물러나자 두 사람은 함께 그 낡은 우물가로 갔습니다. 두 사람이 우물가에 멈춰서는 순간 질투심 많은 사내가 주인을 홱 떠다밀었으므로 그는 그만 거꾸로 우물 속에 떨어지고 말았습니다. 본 사람이 아무도 없기에 질투심 많은 사내는 이제 상대가 죽은 줄만 알고 집으로 돌아갔습니다.

그런데 우연히도 이 우물에는 마신들이 살고 있어 이 광경을 모두 지켜보고 있었습니다. 그래서 그의 몸을 교묘하게 받쳐들어 조금씩 아래로 내려가 밑바닥에 이르자 커다란 돌 위에 앉혔습니다. 그 가운데 하나가 다른 마신에게 물었습니다.

"이 사람이 누군지 아니?"

"아니, 몰라."

"이 사람은 어떤 사내에게 몹시 질투를 당해서 결국 그 사내를 피해 이 도시로 옮겨오게 되었지. 그리고 이곳에 예배당을 짓고 설교집회*62를 가지며 코란의 가르침을 설명해 우리에게 가르침을 주었어. 그런데 질투심 많은 사내가 일부러 여기까지 와서 이 사내를 속여 우리가 사는 이 우물 속으로 떠밀어 버리고 말았어. 그런데 훌륭한 이 사람의 소문이 이곳 왕의 귀에 들어가 내일 그 왕이 공주에 대한 일로 몸소 이곳에 찾아오게 되어 있단 말이야."

"공주가 어떻게 되었는데?"

한 마신이 묻자 다른 마신이 대답했습니다.

"악령이 씌었다네. 마이문이라는 담담의 아들놈이 공주에게 홀딱 반해버렸거든. 하지만 만일 이 신앙심 깊은 양반이 치료방법을 안다면 쉽게 고칠 수 있을 거야."

"무슨 좋은 약이라도 있나?"

"이 양반은 암자 안에 까만 수고양이를 기르고 있지. 그 꼬리에 은돈만한 하얀 점이 있어. 그 흰 털 일곱 개를 뽑아 불에 태우며 공주에게 연기를 쐬면 악령은 물러가고 다시 돌아오지 못하지. 그러면 앞으로 평생 넋을 놓는 일이 없게 될 거야."

마신들은 질투받은 사내가 듣는 데서 이런 이야기를 주고받았으므로, 그 말을 그는 잘 귀담아 들어두었습니다.

한편 새벽녘이 되어 수행자들이 암자의 주인을 찾고 있을 때, 주인은 마침 우물의 돌벽을 타고 기어오르는 참이었습니다. 그들 눈에는 그 모습이 매우 거룩하게 비쳤습니다.*63

암자주인은 검정 고양이로 공주의 병을 고칠 수 있다는 것을 알았으므로 그 꼬리의 흰 점에서 털 일곱 개를 뽑아 잘 간직해 두었습니다.

해가 뜨기 무섭게 왕은 대신을 거느리고 암자를 찾아와 신하들을 밖에 기다리게 한 다음 안으로 들어갔습니다. 암자주인은 공손하게 왕을 맞이해 자리를 권하면서 물었습니다.

"어떤 일로 찾아오셨는지 제가 먼저 말씀드려 볼까요."

"그래, 맞춰보라."

"겉으로는 예배하러 행차하신다는 구실이지만, 실은 공주님 일로 저에게 물어보실 일이 계셔서 오신 게 아닙니까?"

"오, 신앙 깊은 암자주인이여, 바로 그대로이다."

"그럼, 사자를 보내셔서 공주님을 이리로 모시고 오게 하십시오. 제가 반드시 고쳐 드리겠습니다, 그것이 신의 뜻이라면."

왕은 크게 기뻐하며 곧 공주를 데리러 보내니, 공주는 손발이 묶인 채 따라 왔습니다. 질투받은 사내는 휘장 뒤에 공주를 앉히고 고양이 털을 태워 연기를 쐬게 하였습니다. 그러자 공주의 머릿속에 씌워 있던 악령이 비명을 지르며 달아나고 말았습니다.

공주는 곧 올바른 정신이 들어 얼굴을 가리고 말했습니다.

"어떻게 된 거예요? 누가 나를 이런 데로 데려왔지요?"

이것을 본 왕은 더할 나위 없이 기뻐하며 공주의 눈과 성자의 손에[*64] 입맞추고는 중신들을 돌아보며 물었습니다.

"공주를 고쳐준 이자에게 어떠한 보수를 주면 좋을지, 그대들 생각을 말하라."

그들은 입을 모아 대답했습니다.

"이분에게 공주님을 짝지어 주심이 좋을까 합니다."

"오, 옳은 말이로다!"

이리하여 왕은 성자를 사위로 맞아 질투받은 사내는 단번에 왕의 사위가 되었습니다.

그 뒤 대신이 세상을 떠나자 왕은 물었습니다.

"누구를 대신으로 삼으면 좋을까?"

중신들은 모두 입을 모아 대답했습니다.

"사위님이 적임자입니다."

이리하여 질투받은 사내는 대신이 되었습니다.

얼마 뒤 왕이 세상을 떠나 중신들은 모여서 의논했습니다.

"누구를 왕으로 추대하면 좋을까?"

그러자 모두 소리쳤습니다.

"대신님을!"

재상은 곧 왕위에 올라 만백성을 다스리는 참다운 통치자로서 믿음직한 왕이 되었습니다.

어느 날 왕은 말을 타고 왕족과 대신과 고관들을 거느리고 위풍당당하게 나아가고 있었습니다. 그때 우연히 그 질투심 많은 사내가 눈에 띄었습니다. 왕은 한 대신을 돌아보며 말했습니다.

"저 사람을 이리로 데리고 오라, 절대 겁내게 해서는 안 돼."

대신이 그 사람을 데리고 오자 왕은 말했습니다.

"이 사람에게 국고에서 금화 1천 미스카르를*65 내주어라. 그리고 장사에 필요한 물건을 낙타 10마리에 싣고 종자를 딸려 이 사람 고향까지 보내주어라."

그리고 왕은 원수 같은 이 사나이에게 작별인사를 하고 돌려보내며 그가 한 짓을 조금도 탓하지 않았습니다.

오, 마신님, 이 질투받은 사내가 질투심 많은 사내에게 베푼 자비심을 보십시오. 질투심 많은 사내는 처음부터 상대를 미워하고 적대하는 마음을 품고 만날 때마다 해치려고 했습니다. 게다가 집에서 내쫓은 것만으로도 모자라 우물 속에 밀어던져 목숨까지 뺏으려 하지 않았습니까. 그런데도 원수를 갚기는커녕 오히려 상대의 죄를 용서하고 많은 선물까지 주었던 것입니다.

이렇게 이야기를 끝내고 나는 마신 앞에서 흐느껴 울며 이런 노래를 불렀습니다.

  관용은 어진 사람의 습관,
  내 죄를 용서하시라.
  모든 죄를 용서하고
  원한을 잊어야 하는 법
  죄많은 이 몸에게
  자비를 베푸소서.
  하늘의 용서를 비는 자는
  벌주지 않으리
  이 세상의 죄인에게.

마신은 말했습니다.

"더는 투덜대지 마라! 네놈의 목숨을 뺏으려는 건 아니나 용서는 할 수 없다. 나의 마력에서 달아나려 해보았자 소용없단 말이야!"

 마신은 다짜고짜 나를 채어들고 하늘로 날아갔습니다. 땅은 마치 커다란 흰 구름덩어리며 바다에 뜬 접시같이 보였습니다. 이윽고 나를 산꼭대기에 내려놓더니 모래를 한 줌 쥐고 무슨 주문을 왼 다음 내 몸에 뿌리면서 말했습니다.

 "그 모습을 버리고 원숭이가 되어라!"

 그러자 내 몸은 백 년이나 묵은 꼬리 없는 원숭이로 바뀌었습니다.

 마신이 가버리자 나는 보기 흉한 내 몸을 훑어보며 내 신세가 처량해 눈물을 흘리며 한탄했습니다. 그러나 운명이란 누구에게나 공평하여 언젠가는 달라지는 것이라고 여기며 되어나가는 대로 몸을 내맡기는 수밖에 도리가 없었습니다.

 산을 내려가니 기슭은 황량한 광야였습니다. 그 광야를 한 달쯤 계속 걸어가 바닷가에 이르렀습니다. 그곳에 한참 서 있노라니 멀리서 배 한 척이 순풍에 돛을 달고 이쪽 해변으로 오고 있지 않겠습니까.

 나는 해변 바위 뒤에 몸을 숨기고 배를 기다렸다가 다짜고짜 뛰어올랐습니다. 배에는 상인과 승객이 많이 있었는데, 그 가운데 한 사람이 외쳤습니다.

 "선장, 이런 재수 없는 짐승이 뛰어들다니 좋은 일이 없을 거요!"

 다른 사람도 말했습니다.

 "이놈을 배에서 쫓아내!"

 선장이 말했습니다.

 "죽여버립시다!"

 그러자 모두 아우성쳤습니다.

 "칼로 베어버려!"

 "바다로 내던져!"

 "활로 쏘아 죽여!"

 나는 뛰어가 선장의 소매를 잡고 눈물을 흘리며 애원했습니다. 선장은 나를 가엾게 여기고 말했습니다.

 "여러분! 이 원숭이는 나에게 구원을 청하고 있소. 나는 보호해 줄 작정이오. 이제부터는 내가 맡을 테니 아무도 집적거리거나 장난치지 말아 주시오. 그렇잖으면 서로 피를 보게 될지도 모릅니다."

그 뒤 선장은 나를 친절하게 다뤄주었습니다. 나는 선장의 말을 잘 듣고, 말은 못하지만 마치 종처럼 무슨 일이든 심부름해 주었습니다. 그래서 선장은 점점 더 나를 사랑하게 되었습니다.

배는 순풍을 만나 50일 동안 쏜살같이 나아가 마침내 어느 큰 항구에 닻을 내렸습니다. 그 도시에는 알라 말고는 아무도 그 수를 헤아릴 수 없을 만큼 많은 사람이 살고 있었으며, 특히 학자가 많았습니다.

배가 도착하자 곧 이 도시의 왕이 보낸 관리들이 말을 타고 찾아와 상인들에게 인사하고 무사히 도착한 것을 축하한 다음 말했습니다.

"임금님께서는 여러분을 환영하여 이 두루마리를 주셨습니다. 여러분은 저마다 한 마디씩 글을 적어주십시오. 그 이유인즉 유명한 서예가인 대신이 세상을 떠났으므로, 임금님은 그분에 못지않은 달필이 아니면 후임 대신으로 삼지 않겠다고 맹세하셨기 때문입니다."

이렇게 말하며 길이 10큐빗, 너비 1큐빗쯤 되는 두루마리를 내놓았습니다. 서법을 아는 상인들은 모두 한 구절씩 글을 썼습니다.

그 일이 끝나자 나는 (모습은 여전히 원숭이 그대로입니다만) 대뜸 일어나 사람들 손에서 두루마리를 빼앗았습니다.

사람들은 내가 두루마리를 찢어 바다에 던질 줄 알았던지 나를 잡으려고 위협했습니다만 내가 손짓으로 글씨를 쓸 줄 안다는 것을 알리자, 모두 깜짝 놀라며 말했습니다.

"허참! 글씨 쓰는 원숭이는 생전 처음 보는군."

선장은 선장대로 외쳤습니다.

"써보게 합시다. 엉터리로 쓰거든 바다에 던져 죽여 버리면 되니까. 그러나 만일 훌륭하게 쓴다면 내 양자로 삼아주지. 어쨌든 이토록 똑똑하고 얌전한 원숭이는 태어나서 처음보니까. 내 아들이 이놈만큼 영리하고 예의범절을 안다면 얼마나 좋을까."

나는 오른손에 갈대 붓*66을 잡고 팔을 죽 뻗어 먹을 묻혀서는 초서체(흘림체)로 다음과 같은 시를 써내려갔습니다.

'때'는 기록하였다,
위대한 자에게 내린 자비를.

그러나 한결 더 거룩한
그대의 자비를 기록한 자는 없다.
알라 신이여, 그대를 잃고
만백성이 고아가 되지 않기를—
그대는 선(善)의 어머니,
인자하신 아버지이시기에.

그리고 라야니 서체로,*67 다시 말해 전보다 크고 우아한 곡선을 가진 글씨로 이렇게 적었습니다.

그대는 모든 나라에
갈대 붓을 들고 가
한 번 붓을 놀리면
모든 이 세상이 번영한다.
겨우 다섯 손가락 끝으로
불행한 자를 미소 짓게 하니
그대 자비는 깊어
나일 강도 무색하도다.

다음은 스루스 서체로*68 이렇게 썼습니다.

죽음을 벗어날 문인은 없으되
그의 손이 적은 글은 영원히 읽힌다.
그러니 심판의 날이 되거든
그대에게 소용된 말만 기록하라.

또 나스흐 서체로*69도 썼습니다.

우리 사랑이 이별해야 할 슬픈 운명으로
생나무 짜개지듯 멀리 떨어져 살아야 할 때

잉크통을 입술삼아 괴로움을 이야기하고,
갈대 붓으로 마음속을 호소하련다.

다음에는 투마르 서체로*70 썼습니다.

번성한 자는 반드시 멸망하는
이 세상의 진리를 부정한다면
그 옛날의 임금들 지금 어디 있나?
왕위에 앉아 다스릴 동안,
인정(仁政)의 나무를 심어놓으라.
그대 멸망한 그때야말로
나무는 말하리, 그대의 공을.

마지막으로 무하카크 서체로*71 이렇게 썼습니다.

부귀와 영화의 붓통을 열어
인자한 마음의 먹을 찍어서
정다운 손에 집어들어라.
붓놀릴 힘이 있는 한
웅대한 공훈을 적어라.
칼과 붓끝으로 세상 사람들의
칭송과 영예를 얻어두어라.

다 쓰고 나서 나는 관리에게 두루마리를 건네주었습니다. 관리는 그것을 들고 돌아가 왕에게 바쳤습니다.
왕이 두루마리를 펴보니 내 필적 말고는 마음에 드는 것이 하나도 없었습니다. 왕은 기라성같이 늘어선 중신들에게 분부했습니다.
"이 시구를 쓴 사람을 찾아서 아름다운 예복을 입히고 수나귀*72에 태워 풍악을 울리며 나에게로 데려오라."
이 말에 중신들이 저도 모르게 웃음을 터뜨렸으므로 왕은 역정을 내며 소리쳤습니다.

"무례한 놈들 같으니! 내가 명령을 내렸는데 비웃다니, 이 무슨 해괴한 짓들이냐!"

"오, 임금님, 저희는 임금님을 보고 웃은 게 아니라 그럴 만한 까닭이 있습니다."

"그 까닭이란 무엇이냐?"

"이 시구를 쓴 인간을 데려오라시는 분부시지만, 사실 이것을 쓴 것은 아담의 자손이 아니라 선장이 기르는 꼬리 없는 원숭이입니다."

"그대들 말에 거짓이 없으렷다!"

"예, 틀림없습니다. 임금님께 어찌 거짓말을 아뢰오리까."

이 말에 왕은 깜짝 놀라 기쁨에 겨워 몸을 떨면서 말했습니다.

"나는 선장에게서 그 원숭이를 사도록 하겠다."

왕은 나귀며 옷, 호위병이며 악대를 거느린 사자를 배에 보내게 하며 명했습니다.

"얼른 가서 예복을 입히고 나귀에 태워 풍악을 울리며 호위병을 앞세워 데려오너라."

배에 닿자 사자는 선장에게서 나를 인수해 예복을 입히고 수나귀에 태워 위풍당당하게 거리를 행진했습니다. 이 광경을 보고 사람들은 크게 놀라고 재미있어하며 저마다 한 마디씩 했습니다.

"저것 좀 봐! 임금님은 원숭이를 대신으로 삼으실 모양이야!"

너도나도 나를 보려고 법석떨며 구경하러 모여드는 바람에 거리는 온통 떠들썩했습니다.

사자에게 인도되어 임금님 앞에 섰을 때 나는 바닥에 세 번 입맞추고 다시 시종장과 대관들 앞에서도 한 번씩 입맞추었습니다.

왕이 나에게 자리를 내주셔서 나는 공손히 무릎꿇고 앉았습니다.*73 사람들은 모두 나의 예의범절을 보고 놀랐습니다만 그 가운데 특히 놀란 것은 임금님이었습니다.

왕은 측근신하들을 물리치고 내시와 조그마한 백인 노예만 남게 되자, 내 앞 탁자에 음식준비를 시켰습니다.

잠시 뒤 온갖 날짐승요리가 나왔습니다. 땅을 달리는 새, 하늘을 나는 새,

또는 메추리며 뇌조(雷鳥)같이 둥지 안에서 교미하는 종류도 있었습니다.

준비가 다 되자 왕이 함께 식사하자고 손짓했으므로 나는 일어나 바닥에 엎드려 입맞춘 다음 앉아서 그 영광을 누렸습니다.

이윽고 식탁을 치우자 나는 일곱 가지 물로 손을 씻고 필통에서 갈대 붓을 꺼내 입으로 노래 부르는 대신 이런 시를 적었습니다.

> 죽그릇과 접시에 담긴 조그만 자고새에게
> 눈물을 뿌리고
> 술에 담근 튀김과 찌개 찌꺼기를 위해 울어라.
> 죽은 카타*74새의 귀여운 딸들을 함께 애도하고
> 아름다운 밤색 오믈렛에 싸인 닭을 슬퍼하라.
> 오, 나의 가슴은 불처럼 탄다.
> 갓 구운 보타라 구이와*75 과자 위에 얹힌 두 마리의 생선을 볼 때
> 오, 국수여! 너로 하여 내 위가 아프구나!
> 네가 없었던들 맛도 즐거움도 없었을 터인데
> 이 달걀은 들볶는 불을 만나 노란 눈동자를 굴렸으리라,
> 저 맛있는 고기채와 튀김에 곁들여 식탁에 오르기까지.
> 훌륭한 구운 고기 맛에 알라를 찬양하자.
> 아 이 콩도, 기름에 볶은 나물도 얼마나 맛좋은가!
> 시장기는 가시고 나는 팔꿈치를 짚어
> 놀라운 장식이 빛나는 고기만두*76를 집는다.
> 이렇듯 잠든 식욕을 불러깨워 반 장난삼아
> 꽃무늬 쟁반에서 과자를
> 온갖 재주부려 만든 진기한 과자를 집는다.
> 참아라, 내 영혼이여!
> '세월'은 오만하고 샘많은 것
> 오늘은 어둡고 시름겨워도 내일은 환하게 밝아지리라.*77

나는 일어나 존경하는 마음을 나타내며 옥좌에서 떨어져 앉았습니다. 내가 쓴 것을 읽더니 왕은 놀라서 외쳤습니다.

"오, 원숭이에게 이런 훌륭한 시를 짓는 능력과 글을 쓰는 재주가 있다니 이 얼마나 신기한 일이냐! 참으로 기적 중의 기적이로다!"
이윽고 유리병에 담긴 온갖 향기로운 술이 나오자 왕은 먼저 마시고 나에게로 잔을 돌렸습니다. 나는 엎드려 절하고 잔을 비운 다음 마룻바닥에 이렇게 썼습니다.

불같이 뜨거운 술[78]에 혓부리 풀려
괴로움도 인내심도 손을 맞잡네.
자, 남성이여 나에게 손을 빌려 높이 쳐들어
처녀의 입술에서 달콤한 이슬을 뺍시다.

그리고 이런 시도 썼습니다.

아침이 밤에게 말하기를
"비켜라, 비켜, 해님 행차하신다."
부어라 마셔라 취하고 또 취해서[79]
뜬세상의 근심 걱정 깨끗이 잊어보자.
유리잔도 곱고 술 또한 맑아서
잔에 담긴 게 술인지,
술에 담긴 게 잔인지
도무지 알 수 없네.

이 노래를 읽고 왕은 한숨을 지으며 말했습니다.
"아, 이런 재능을 인간이 지니고 있다면 당대 으뜸가는 인물이 될 텐데!"
왕은 장기판[80]을 내오라고 분부했습니다.
"어떠냐, 한 판 두어볼까?"
나는 고개를 끄덕인 다음 앞으로 나아가 말을 늘어놓고 두 번 두었는데 두 번 다 내가 이겼습니다. 왕은 놀라 어이없어 했습니다.
나는 갈대 붓을 집어들고 장기판에 두 구절의 시를 썼습니다.

두 손님이 마주 앉아
온종일 장기두네.
아무리 겨루어도 끝내
승패나지 않는 장기.
어느덧 어둑하니 땅거미지면
두 사람은 자러 가네, 한 이불 속으로.

왕은 이 시구를 읽고 놀라고 기뻐하며 내시[81]를 돌아보며 말했습니다.
"무크비르, 시드 알 후슨[82] 공주에게 가서 세상에 둘도 없는 신기한 원숭이를 보여 줄 테니 곧 이리 오라고 일러라."
내시가 나가더니 곧 젊은 여인을 데리고 왔습니다. 여인은 나를 보자 얼굴을 가리며 말했습니다.
"아버님! 아버님은 부끄럽지도 않으셔요? 일부러 저를 불러 낯선 남자와 서로 얼굴을 마주보게 하고 무엇이 그리 기쁘세요."
"얘, 시드 알 후슨, 여기에는 이 시동과 너를 기른 내시와 아버지인 나밖에 아무도 없지 않느냐. 대체 누가 있다고 얼굴을 가리느냐?"
"아버님께서 원숭이인 줄 알고 계신 이분은 실은 젊은 남자분이랍니다. 총명하고 예의바르고 학문도 지식도 많은 왕자지요. 하지만 마술에 걸려 있어요. 이브리스의 후예인 마신 지르지스가 자기 아내인 아브누스 섬의 군주 이피타무스 왕의 공주를 죽이고는 이분에게 주문을 건 거예요."
공주의 이 말에 놀라 왕은 나를 향해 말했습니다.
"지금 한 말이 틀림없느냐?"
나는 고개를 끄덕여 틀림없다는 시늉을 하고 슬픈 듯이 울었습니다. 왕은 공주에게 물었습니다.
"너는 이분이 마술에 걸린 것을 어떻게 알았느냐?"
"아버님, 저는 어렸을 때 어떤 노파와 함께 지낸 적이 있어요. 그 노파는 간교한 여자로 마법사였습니다. 그 여자에게서 마술의 이치와 방법을 배워 소중히 기록해 두었다가 저도 170여 가지 마술을 익히게 되었습니다. 지금은 그것을 조금만 부려도 이 도성의 돌을 마신들이 사는 카프 산이나 세계를 둘러싼 바다[83]에 옮겨놓고, 도성을 깊은 바다로 만들어 백성은 물고기가 되어 그 속에서 헤엄치게 할 수도 있답니다."
"오, 공주야, 나의 소원이니 이 젊은이의 주술을 풀어주지 않겠니. 이 사람은 참으로 뛰어난 재능과 교양을 지니고 있으니 나의 재상으로 삼고 너와 짝지어주고 싶다."
"네, 그렇게 하겠어요."
공주는 히브리 글자로 알라의 이름이 새겨진 단도를 쥐고 커다란 원을 그렸습니다.
—여기까지 이야기하자 날이 훤히 밝아와, 샤라자드는 이야기를 그쳤다.

14번째 밤

오, 인자하신 임금님, 그 탁발승은 이야기를 계속했습니다.
—공주는 히브리 글자가 새겨진 단도로 궁중의 홀 한복판에 커다란 원을 그리고, 그 속에 쿠파 글자로 기묘한 이름과 주문을 쓰고는 중얼중얼 주문을 외웠습니다. 그중에는 우리가 아는 말도 있었지만 그 밖의 것은 도무지 무슨 말인지 알 수 없었습니다. 그러는 동안 사방이 어두워지며 하늘이 머리 위로 곧 무너져내릴 듯하더니 난데없이 정체를 드러낸 마신이 나타났습니다. 손은 아귀가 많은 곰의 손 같고, 다리는 거대한 배의 돛대 같으며, 눈은 이글이글 타오르는 화톳불의 기름항아리 같았습니다. 우리는 무서워 벌벌 떨었습니다만 공주는 마신을 향해 소리쳤습니다.
"나타났구나, 이 짐승아!"
그러자 마신은 사자로 변하여 말했습니다.
"야, 이 배신자! 결코 배신하지 않겠다고 맹세한 말을 너는 어째서 어기느냐!"
"이놈아, 너 따위와 누가 약속을 한다더냐!"
"좋아, 네가 불러온 일이다!"
사자는 입을 딱 벌리고 공주에게 덤벼들었습니다. 공주는 재빨리 몸을 피하고 머리카락을 하나 뽑아 휘두르며 뭐라고 중얼거리자 순식간에 날카로운 칼이 되었습니다. 그 칼로 공주는 사자를 두 동강내 죽였습니다. 그러자 그

몸뚱이는 허공에 날고 머리는 전갈로 바뀌었습니다.

공주는 커다란 뱀이 되어 그 흉측한 전갈에 덤벼들어 두 마리는 엎치락뒤치락하며 한 시간쯤 끔찍한 싸움을 계속했습니다. 전갈이 수리로 변하자 뱀은 독수리가 되어 덤벼들어 다시 한 시간쯤 수리를 휘몰았습니다.

이번에는 마신이 검은 수고양이로 변하여 악을 쓰고 잇몸을 드러내며 침을 뱉자 독수리는 점박이 이리가 되어 궁전 안에서 오랫동안 사납게 싸웠습니다. 형세가 불리해지자 고양이는 벌레가 되어 홀 한 가운데 있는 분수가의 커다란 석류*84 속으로 들어가고 말았습니다. 그러자 석류는 공중에서 수박만큼 크게 부풀어오르더니 대리석 위에 떨어져 산산이 부서져 씨가 쫙 흩어졌습니다.

이리는 몸을 흔들어 흰 수탉으로 변하여 그 씨를 한 알도 남김없이 쪼기 시작했습니다. 그러나 어찌 된 영문인지 한 알만 분수가로 굴러가 보이지 않게 되었습니다. 수탉은 홰를 치며 "이제 한 알도 남지 않았나?" 하는 듯이 보였지만 우리에게는 그 의미가 전혀 통하지 않았습니다. 그런 다음 궁전이 무너질 듯한 소리로 무언가 외쳤습니다. 그러고는 여기저기 뛰어다니다가 분수 가에 굴러 있는 씨를 발견하고 그것을 쪼으려고 필사적으로 달려갔습니다. 그러나 눈 깜짝할 사이에 그 씨는 물속으로 뛰어들어 물고기가 되어 깊숙이 숨어버렸습니다. 수탉도 커다란 물고기로 변하여 뒤따라 뛰어들었습니다. 그러고는 두 마리 다 한참 보이지 않았습니다.

이윽고 몸서리쳐지도록 무섭게 큰 쇳소리와 고통의 외침이 들리더니 마신이 물 위로 솟아올라왔습니다. 이번에는 타오르는 불길이 되어 입과 눈과 콧구멍으로 연기와 불을 뿜기 시작했습니다. 이어 공주도 새빨간 숯불처럼 되어 못 속에서 나왔습니다. 두 사람은 또 한 시간쯤 싸웠으며 마침내 서로의 불이 한 덩어리가 되어 짙은 연기가 궁전 안에 자욱이 찼습니다.

질식할 것 같아 불에 타죽지 않으려고 우리가 물속에 뛰어들려고 하는데 왕이 소리쳤습니다.

"영광되고 위대한 신, 알라 외에 주권 없고 권력 없도다! 우리는 진정 알라의 것이며 알라께로 돌아가도다! 이 원숭이 놈의 마법을 공주에게 풀어달라고 하지 말걸 그랬구나. 그 때문에 이 세상에서 어떤 마신보다도 센 저 저주스러운 마신과 싸우는 무서운 일을 공주에게 시키게 되었으니 말이다.

아, 이 원숭이를 만나지 않았더라면 좋았을걸. 알라도 원숭이가 온 것을 축복하지 않았어. 알라 앞*[85]에서 선행을 하여 원숭이의 마법을 풀어주려다 그만 이 지경으로 무서운 꼴을 당하는구나!"

하지만 여주인님, 나는 혀가 굳어 왕에게 한 마디도 대답할 수 없었습니다. 그런데 별안간 마신이 불길 속에서 날카로운 소리를 지르며 단 위에 서 있는 우리에게 다가오더니 얼굴에 불을 뿜었습니다. 공주도 곧 마신을 쫓아가 그 얼굴에 불을 뿜어 불꽃이 우리 머리 위로 빗발처럼 쏟아졌습니다. 공주의 불꽃은 아무것도 해치지 않았으나 마신의 불꽃이 내 한쪽 눈에 들어가 나는 그만 애꾸눈 원숭이가 되어버렸습니다. 왕은 얼굴에 불꽃을 맞아 얼굴 아래 절반과 수염이 타고 아랫니가 모조리 빠졌습니다. 그리고 내시는 가슴에 맞아 그 자리에서 죽고 말았습니다. 우리는 이제 다 살았구나 하고 죽음을 각오했습니다. 그때 갑자기 이렇게 되풀이하는 소리가 들렸습니다.

"최고 지상이신 알라여! 최고 지상이신 알라여! 진리를 믿는 자에게 구원과 승리를 주시리라. 마호메트의 가르침과 신앙의 달을 믿지 않는 자에게는 절망과 굴욕이 있으라!"

그것은 마신을 태워 죽인 공주의 목소리였습니다. 마신은 재 한 덩어리가 되고 말았습니다. 공주는 우리에게 가까이 와서 말했습니다.

"물을 한 잔 가져다주세요."

대신이 물을 가져다주자 공주는 알아들을 수 없는 말을 입속으로 중얼거리면서 그 물을 나에게 끼얹었습니다.

"진리의 힘으로, 거룩하신 알라의 이름으로 나는 너를 본디 모습으로 돌아가게 해 주겠다."

그러자 나는 몸을 부르르 떨며 인간의 모습으로 돌아왔습니다. 단지 한쪽 눈만은 그대로였습니다. 공주는 또 큰 소리로 외쳤습니다.

"오, 불길! 불길! 사랑하는 아버님, 저는 이 저주스러운 마신의 화살에 맞아 치명상을 입었어요. 제가 마신과의 싸움에 익숙하지 못했던 탓이지요. 그놈이 인간이었더라면 문제없이 죽일 수 있었을 텐데. 석류가 터져 씨가 흩어질 때까지는 조금도 불안을 느끼지 않았지만, 마신의 목숨이 들어 있는 씨를 놓친 게 실수였어요. 그것만 쪼았더라면 놈은 당장에 죽었을 텐데, 운수 나쁘게 놓치고 만 거예요. 그래서 마신이 저를 기습해 땅 밑과 하늘 위, 물속까지 들어가 처참히 싸운 거예요. 상대에게 새로운 술법*86을 쓸 때마다 마신도 더 강한 술법으로 나와 마지막에는 화술(火術)로까지 겨루었습니다. 화술에 걸리면 도저히 살아날 수 없어요. 그러나 다행히도 저의 계책이 마신의 계책을 이겼답니다. 이슬람교에 귀의하라고 헛일 삼아 권해 보았습니다만 듣지 않기에 태워 죽여 버렸어요. 하지만 저도 살아날 수가 없어요. 알라여, 저 대신 아버님께 은혜 내리시기를!"

공주는 열심히 하늘의 구원을 청하고 불길에서 빠져나오려 호소했습니다. 그러나 이상하게도 검은 불꽃이 옷을 입은 공주의 다리와 엉덩이에서 솟아나더니 가슴에서 얼굴로 번져갔습니다. 공주는 울면서 말했습니다.

"이제야 알았습니다. 알라 외에 신 없고 마호메트는 신의 사도임을!"

공주는 그때 이미 재 한 무더기가 되어 마신의 재 옆에 쌓였습니다. 우리는 공주의 죽음을 슬퍼했습니다. 나는 공주 대신 죽었더라면 하고 생각했습니다. 그렇다면 나를 위해 이토록 힘써준 공주의 사랑스러운 얼굴이 재가 되는 것을 보지 않아도 되었을 것입니다. 하지만 이런 게 신의 뜻이겠지요.

공주의 무서운 죽음을 보고 왕은 타다 남은 수염을 쥐어뜯고 얼굴을 때리며 옷을 잡아 찢었습니다. 나도 왕과 함께 공주를 위해 눈물을 흘렸습니다.

그때 시종과 대관들이 들어와 잿더미 두 개와 까무러친 왕을 보고 깜짝 놀랐습니다. 이윽고 왕은 정신을 차리고 망연히 서 있더니 마신과 공주 사이의 일어난 일을 신하들에게 말해 주었습니다.

그 이야기를 듣자 신하들의 슬픔은 한층 더 심해져 시녀들과 노예들은 목놓아 울었습니다.*87 그들은 이레 동안이나 울며 지냈습니다.

왕은 공주의 재 위에 커다랗고 둥근 지붕의 묘를 세우게 하고 그 속에 작은 촛불과 등잔불을 켜놓았습니다. 그러나 마신의 재는 바람결에 날려 알라의 저주를 받도록 내버려두었습니다. 그 뒤 왕은 병상에 누워 거의 한 달 동안 위독한 상태에 빠져 있었습니다.

이윽고 건강이 회복되고 수염도 다시 났으며, 신의 자비를 받아 이슬람교로 개종한 왕은 나를 불러놓고 말했습니다.

"젊은이여, 그대가 오기 전까지 우리는 매우 행복하게 살았었는데 그대가 온 뒤로 온갖 재앙이 닥쳐왔다. 아, 그대의 흉한 얼굴을 보지 않았더라면 좋았을 것을. 그대를 불쌍히 여긴 탓으로 모든 행복을 잃었다. 첫째로 사내 백

명하고도 바꿀 수 없는 공주를 잃었고, 둘째로 불 때문에 나는 화상을 입어 이를 잃고, 내시의 목숨까지 빼앗겼다. 그러나 나는 그대를 나무라려는 것은 아니다. 그대 힘으로는 도저히 막을 수 없는 일이었으니까. 어쨌든 알라의 심판은 나에게도, 그대에게도 내렸다. 공주는 자신의 목숨을 잃었지만 그대를 구해냈으니 알라께 감사하게. 자, 곧바로 이 도시를 떠나주게. 비록 이것이 운명일지라도 나는 진저리가 난다. 이제는 지긋지긋하니 냉큼 떠나주게. 다시 얼굴을 대할 때는 살려두지 않으리라."

오, 여주인님, 나는 하염없이 울면서 왕 앞에서 물러나왔습니다만 목숨을 건진 일이 꿈만 같고 또 어디로 가야 할지도 알 수 없었습니다. 나는 내 몸에 닥친 모든 일, 나를 죽이려던 마신의 손에서 가까스로 벗어나 원숭이가 되어 이 도시까지 들어왔다가 다시 인간이 되어 이 도시를 떠나게 된 일을 이것저것 돌이켜보며 혼자서 중얼거렸습니다.

"눈은 멀었지만 목숨은 건졌으니 다행이다!"

나는 궁전을 떠나기 전에 목욕탕으로 가서 머리를 깎고 수염과 눈썹을 밀어버렸습니다. 그리고 머리에 재를 문지르고 탁발승이 입는 검은 털옷을 걸치고 나서 길을 떠났습니다.

그러나 날마다 나에게 닥쳤던 재난을 생각하고 눈물을 흘리면서 다음과 같은 시를 되풀이하여 읊었습니다.

나는 슬퍼하노라, 신의 자비가 나와 함께 있음에도.
어디서 오는지 모르지만 온갖 재앙이 이 몸을 덮치네.
나는 참겠노라, 인종하는 나에게 지쳐 포기할 때까지.
영원히 견디리라, 신께서 내 운명을 다해 주시는 날까지.
영원히 견디리라, 패배한 몸이기에 불평 없이.
참고 견디리라, 사막의 모래바다를 가는
볕에 그을린 나그네처럼.
나는 견디리라, 알로에*[88]가 스스로 용서할 날까지.
가장 쓴 알로에보다 더 쓴 것일지라도 나는 참으리.
사람들은 모두 알로에보다 쓴 것 없고
인내보다 괴로운 것 없다 하지만,

그 어느 것보다도 인내의 배반이 나는 더 괴롭더라.
시들고 주름 잡힌 나의 이마는 내 고뇌를
웅변으로 말해 주고,
만일 누가 내 영혼 훑어나가면,
간직된 비밀 모두 드러나리라.
산들도 내가 진 무거운 짐 아래 무너지리니,
그것은 사나운 광풍을 가라앉히고
포악한 불길도 꺼버리는 것.
이 세상이 즐겁다는 이들도
언젠가 반드시 알게 되리라.
알로에보다 더 쓰고 괴로운,
재앙이 닥쳐올 수 있다는 것을.

 나는 여러 나라를 돌고 여러 도시를 구경하며 바그다드를 향해 걸어갔습니다. 이 평화의 저택*[89]에서 충성스러운 백성의 왕을 뵙고 내 신세 이야기를 말씀드리고 싶었기 때문입니다.
 오늘 밤 겨우 이 고장에 닿아 갈 곳을 몰라 멍하니 서 있다가 우연히도 첫 번째 스님, 즉 알라의 형제분을 뵙게 되었습니다. 그래서 나는 인사말을 건넸습니다.
 "당신께 평안함이 깃드시기를!"
 그리고 여러 가지 이야기를 하고 있는데, 이 세 번째 스님이 오셨지요.
 "평안함이 깃드시기를! 나는 지나가는 나그네입니다."
 "우리도 여행하는 중인데 오늘 밤 막 이곳에 도착했습니다."
 이리하여 세 사람이 함께 걷게 되었는데, 이 댁 대문 앞에서 당신을 뵐 때까지 우리는 서로의 처지를 모르고 있었습니다. 이것이 내가 수염을 깎고 애꾸눈이 된 사연입니다.
 여주인은 말했습니다.
 "당신 이야기는 정말 신기하군요. 그럼, 머리를 만지고 돌아가세요."
 "동행들의 신세 이야기를 다 듣기 전에는 돌아가지 않겠습니다."
 그때 세 번째 탁발승이 나와서 말했습니다.

"오, 훌륭하신 여주인님, 소승의 이야기는 이분들보다 훨씬 더 기막히고 훨씬 더 이상합니다. 이분들은 불행한 운명이 뜻밖에 찾아왔지만, 나는 스스로 불운을 불러들여 스스로 마음에 슬픔을 가져와 끝내 수염을 깎고 한쪽 눈을 잃었습니다. 그럼, 들어보십시오."

세 번째 애꾸눈 중의 이야기

오, 여주인님, 나도 역시 왕의 아들로 이름은 하지브의 아들 아지브라고 합니다. 아버님이 세상을 떠나시자 왕위에 오른 나는 나라를 잘 다스리고 정의를 실천하여 모든 백성을 차별 없이 공평하게 다루었습니다. 내 도성은 앞에 망망한 바다가 펼쳐진 해변에 있었기 때문에, 나는 무엇보다 배 여행을 즐겼습니다. 근처 바다에는 커다란 섬이 많이 있어 성채를 쌓고 수비병을 두었습니다.

내가 소유한 선대(船隊)에는 상선 50척, 유람선 50척, 그리고 이단자를 처단할 성전(聖戰)을 위해 갖춘 150척의 범선이 있었습니다. 어느 날 나는 지금 말한 섬들을 유람하고 싶어서 배 10척에 부하들을 태우고 한 달 치 식량을 실은 뒤 20여 일 예정의 항해를 떠났습니다.

그러던 어느 날 밤, 맞바람이 불고 거대한 파도가 꿈틀거리더니 무서운 풍랑이 일기 시작했습니다. 결국 배는 한 치 앞도 보이지 않는 캄캄한 어둠 속에 갇혀버렸습니다. 일행은 이제 마지막이라고 단념하는 듯했습니다.

그래서 나는 호령했습니다.

"이런 때 흉한 꼴을 보이는 자는 설령 재난을 면한다 해도 칭찬을 듣지 못할 것이다."

우리는 알라께 기도드리며 오로지 알라의 자비를 빌었습니다. 하지만 폭풍은 갈수록 거세지고 커다란 파도는 집어삼킬 듯이 연거푸 닥쳐왔습니다. 아침이 되자 바람이 겨우 가라앉아 바다는 거울같이 잔잔해졌고 태양이 상쾌하게 빛났습니다.

이윽고 우리는 어떤 섬에 닿아 상륙하여 음식을 만들어 배불리 먹고 이틀 동안 쉬었습니다. 우리는 다시 배를 띄워 20일간 항해를 계속했습니다. 바다는 차츰 넓어지고 육지는 조그맣게 사라져갔습니다. 어느덧 조류가 바뀌어 우리는 낯선 바다로 들어와 있는 것을 깨달았습니다. 선장은 배가 어디에 있는 건지 전혀 알 수 없어 당황하고 말았습니다. 그래서 망보는 자에게 지시했습니다.

"돛대 꼭대기에 올라가 잘 살펴보아라."

이 남자는 돛대 꼭대기에 올라가 사방을 둘러보더니 잠시 뒤 큰 소리로 외쳤습니다.

"선장님! 배 오른쪽에 무언가 꺼먼 것이 보입니다. 수면에 떠 있는 물고기 같습니다. 왼쪽에는 바다 한가운데 뭔가 희미한 것이 있는데 어두워졌다 밝아졌다 합니다."

이 말을 듣자 선장은 별안간 두건을 갑판에 내동댕이치고서 수염을 쥐어뜯고 얼굴을 때리면서 소리내어 울었습니다.

"이거, 큰일 났구나! 우리는 모두 죽는다. 한 사람도 살아날 수 없어."

우리는 마침내 마지막이 왔는가 하고 모두 선장을 따라 울었습니다. 나는 물었습니다.

"선장, 망보는 자가 본 것이 대체 무엇이냐?"

"오, 임금님, 아시는 바와 같이 우리는 폭풍우가 일던 날 밤에 진로를 잃고 말았습니다. 그런데 그 다음 날부터 이틀 동안 바람은 완전히 잔잔해졌지만 배는 그 자리에 선 채 조금도 나아가지 않았습니다. 그날 밤부터 11일 동안 정처 없이 떠다녔습니다. 바람 때문에 진로를 제대로 잡을 수 없었기 때문입니다. 내일 해질녘까지는 자석산(磁石山)이라는 검은 돌산에 닿을 것입니다. 싫든 좋든 조류를 타고 그곳으로 흘러가게 마련이지요. 일단 그 산기슭에 이르면 끝장입니다. 선체는 부서지고 배의 못이란 못은 모조리 빠져 산쪽으로 마구 빨려가고 맙니다. 전능하신 알라께서 이 자석산에 쇠를 좋아하는 성질과 신비한 힘을 주었으므로, 쇠로 된 물건은 모조리 그 산 쪽으로 빨려가는 것입니다.*90 그 산에는 신밖에 모를 정도로 많은 쇠가 쌓여 있습니다. 먼 옛날부터 그 언저리에서 난파한 수많은 배의 쇠가 빨려가서 쌓인 것이지요. 꼭대기에서 번쩍이는 것은 안달루시아 산 놋쇠로 만든 둥근 지붕으로, 10개의 원기둥이 받치고 있고 둥근 천장으로 덮여 있습니다. 그 위에는 놋쇠 말을 타고 역시 손에 놋쇠 창을 든 기사*91가 서 있고, 그 가슴에는 이름과 주문이 새겨진 납판이 달려 있습니다."

그리고 잠시 뒤에 선장은 이렇게 덧붙였습니다.

"임금님, 사람을 해치는 것은 실은 그 기사인데, 그 기사가 말에서 떨어지지 않는 한 마술이 풀리지 않는답니다."

오, 여주인님, 선장은 이렇게 말하고서 체면 불고하고 목 놓아 울었습니다. 우리는 모두 이제 살아날 수 없는 운명이라 단념하고 저마다 친구들과 이별을 나누며 그래도 혹시 누가 살아남을지도 모른다는 생각에 서로 유언장을 주고받았습니다.

그날 밤은 모두 뜬눈으로 지새웠습니다. 날이 새자 배는 그 자석산 가까이 이르러 거센 조류를 타고 빠른 속도로 산 쪽을 향해 밀려갔습니다. 드디어 그 기슭에 이르자 선체가 부서지고 못이 빠졌고, 쇠라는 쇠는 모조리 산에 흡수되어 마치 그물에라도 걸린 것처럼 자석산에 빨려들고 말았습니다. 그리하여 해가 질 때까지 산기슭을 따라 바다 위를 떠돌며 몸부림친 끝에 몇 사람은 살아남았으나 대부분 물에 빠져 죽어 버렸고, 무사히 살아남은 사람도 파도와 바람에 시달리다 넋을 잃어 서로 누군지도 알아보지 못했습니다.

그런데 여주인님, 저는 알라 신의 은혜로(그 이름을 찬양하라!) 목숨만은 건졌습니다. 하지만, 그것은 앞으로 나에게 크나큰 고난과 불행과 재앙을 던져주려는 신의 뜻이었던 것입니다. 나는 배에서 떨어져 나온 널빤지 위에 기어올라 바람과 파도에 밀려 산 밑으로 올라가게 되었습니다. 자세히 보니 바위를 파서 만든 계단이 있고 꼭대기로 통하는 좁은 길이 나 있었습니다. 나는 전능하신 알라의 이름을 계속 외쳤습니다.

─샤라자드는 날이 밝기 시작한 것을 깨닫고 이야기를 그쳤다.

15번째 밤

오, 인자하신 임금님, 세 번째 탁발승은 여주인에게 이야기를 계속했습니다(다른 사람들은 묶여 있고 노예들이 그 머리 위로 칼을 치켜들고 있었습니다).

─나는 전능하신 알라의 이름을 외며 열심히 기도를 올리고서 계단과 바

위틈에 의지하여 죽을힘을 다해 비탈을 기어 올라갔습니다. 신께서 바람을 재워준 덕분에 무사히 비탈을 올라가 드디어 산꼭대기에 이르렀습니다. 그곳에는 둥근 지붕의 사원 말고는 쉴 데가 없었습니다. 나는 무사히 살아난 것을 기뻐하며 둥근 지붕 아래 들어가 목욕(우즈)*92을 한 다음, 두 번 절을 하는 기도*93를 올리고 신의 가호에 감사드렸습니다. 그리고 둥근 지붕 아래에서 잠을 잤는데 꿈속에서 이상한 소리가 들려왔습니다.

"오, 하지브의 아들아! 그대, 잠에서 깨어나거든 발밑의 땅을 팔지어다. 그러면 놋쇠 활과 주문과 글자가 새겨진 세 개의 납 화살이 나올 것이다. 그 활로 지붕 위 기사를 쏘아 가혹한 재앙에서 사람들을 구하라. 그대가 활을 쏘면 기사는 바다로 떨어지고 말은 그대 발밑에 떨어질 것이다. 활이 있던 곳에 그 말을 묻어라. 그러면 바다에 파도가 일어나 마침내 산꼭대기까지 올라올 것이다. 그때 노 두 개를 든 놋쇠사나이(그대가 쏘아 떨어뜨린 기사와는 다른)를 태운 조그만 배 한 척이 나타나 그대를 향해 저어올 것이니 그 배에 올라타라. 그러나 비스밀라 또는 전능하신 알라의 이름을 부르지 않도록 조심하라. 그 사나이는 열흘 동안 배를 저어 평화의 섬이라고 부르는 곳으로 그대를 데려다 줄 것이다. 거기서는 쉽게 항구로 갈 수 있고 그대를 고국으로 데려다 줄 사람도 나설 것이다. 알라의 이름을 부르지 않는 한 이 모든 일은 이루어지리라."

나는 눈을 뜨고 가슴을 두근거리며 그 신비스러운 목소리가 지시한 대로 땅을 팠습니다. 그랬더니 정말 활과 화살이 나오는 것이 아니겠습니까! 그것으로 기사를 쏘아 바다에 떨어뜨리니 말이 내 발밑에 떨어졌고, 나는 얼른 그것을 땅속에 묻었습니다.

이윽고 파도가 굽이치더니 마침내 산꼭대기까지 이르렀습니다. 그러자 곧 저 멀리서 조그마한 배가 나타나 노를 저어 가까이 다가오는 것이었습니다. 나는 알라께 감사드렸습니다. 다가온 배를 보니 놋쇠사나이가 앉아 있고, 가슴에는 주문과 글자가 새겨진 납 패찰이 달려 있었습니다. 나는 말은 한마디도 하지 않고 배에 올라탔습니다.

놋쇠사나이는 하루, 이틀, 사흘, 모두 열흘 동안 나를 태우고 노를 저어 나갔고, 마침내 평화의 섬들이 눈에 들어왔습니다. 나는 매우 기뻐서 그만 나도 모르게 외쳐버렸습니다.

"알라시여! 알라시여! 알라 이외에 영광 없고 권력 없도다! 아, 아 알라시여!"

그 순간 배가 기울더니 나는 바다로 내동댕이쳐졌습니다. 배는 꼿꼿이 서서 그대로 바다 깊숙이 가라앉고 말았습니다.

나는 헤엄을 잘 쳤기 때문에 해가 저물 때까지 온종일 헤엄쳤습니다. 팔과 어깨가 피로에 지쳐 마비되고 당장 숨이 끊어질 듯했습니다. 나는 이제 죽는 길밖에 없구나 싶어 모든 것을 체념하고 신앙을 증명했습니다.

바다는 여전히 거센 바람을 받아 출렁이고 있더니 이윽고 산더미 같은 파도가 밀어닥쳐 나를 하늘 높이 들어 올려서는 멀리 육지에 던져놓았습니다. 그것도 신의 뜻이었는지 모르겠습니다. 뭍에 기어오르자 나는 옷을 벗어 짜서 햇볕에 말렸습니다. 그러고는 누워서 그날 밤은 푹 잠을 잤습니다. 날이 밝고 나는 방향을 알기 위해 주변을 걷기 시작했습니다. 이윽고 나지막한 잡목 숲에 이르러 주위를 한 바퀴 둘러본 나는, 내가 있는 땅이 사방이 바다로 둘러싸인 조그만 섬의 모래톱이라는 것을 알았습니다. 나는 저도 모르게 혼잣말을 했습니다.

"갈수록 태산이로구나!"

그런 다음 내 자신의 처량한 처지를 생각하며 차라리 죽는 게 낫겠다고 생각하고 있는데 문득 저 멀리 배 한 척이 섬을 향해 오는 것이 보였습니다. 나는 재빨리 나무에 기어 올라가 가지 사이에 몸을 숨겼습니다. 배는 바닷가에 닻을 내렸고 괭이와 광주리를 든 흑인 노예 10명이 내려왔습니다. 그들은 섬 한복판으로 가서 땅을 파기 시작했습니다. 이윽고 널빤지가 나타나자 여럿이서 그것을 들어 올리더군요. 즉 덮개를 열었던 것입니다. 그러고는 배로 돌아가 빵, 밀가루, 꿀, 과일, 투명버터,*94 술을 담은 가죽부대, 여러 가지 식료품, 가구류와 그릇, 거울, 담요, 양탄자 등 살림에 필요한 모든 것을 운반해 왔습니다. 이렇게 왔다 갔다 하면서 배 안에 있던 물건을 모두 그리로 옮겼습니다.

마지막으로 노예들은 다시 돌아와 배에서 매우 아름다운 옷가지를 날라 왔습니다. 그들 가운데 목숨이 얼마 남지 않은 말라비틀어진 노인이 한 사람 끼여 있었습니다. 이 노인에게 남아 있는 것이라곤 푸른 누더기에 싸인 뼈뿐이었고 바람이 그 누더기에서 펄럭펄럭 소리를 내고 있었습니다. 이러한 노인을 시인은 이렇게 노래하고 있습니다.

'세월'은 나를 전율케 하는구나.
아 가련하다, 무자비한 장애여!
힘이 넘치던 젊은 날
나는 대지를 으스대며 활보했고,
아무리 멀리 걸어도
지칠 줄 몰랐건만,
이제는 걷지 않아도 피곤해지는구나!

그 노인은 아름다움이라는 틀에 부어 빚은 듯한 고상한 젊은이를 한 사람 데리고 있었는데 어찌나 아름답던지 능히 세상의 이야깃거리가 될 만했습니다. 움트는 푸른 가지나 어리고 귀여운 사슴과도 같아 그 사랑스러운 생김새는 사람의 마음을 황홀케 했습니다. 그 요염하고 매력적인 거동*95에는 어떠한 영혼도 녹아버릴 것 같았습니다. 다음의 시는 정녕 이와 같은 미소년을 노래한 것이겠지요.

그와 겨뤄보게 하려고
사람들이 미녀를 데려왔건만
미녀는 깊이 머리 숙이고
수줍어 시름에 젖네.
"이런 미남을 본 적 있는가?"
누가 물으면
미녀는 답하네.
"나는 몰라요, 어디에서도 보지 못했어요!"

여주인님, 그들은 지하로 내려가 한 시간 넘게 나타나지 않았습니다. 이윽고 노예와 노인은 젊은이를 남겨둔 채 나왔습니다. 그리고 널빤지와 철판을 원래대로 덮어놓고 배로 돌아가 닻을 올리고 어디론가 떠나갔습니다.
그들이 그곳에서 가버리자 나는 나무에서 내려와 방금 흙으로 다시 덮은 곳에 가서 두근거리는 가슴을 누르며 흙을 파헤쳤습니다. 그러자 크기며 생김새가 흡사 맷돌 같은 나무 덮개가 나타났습니다. 그것을 들어 올리니 꾸불꾸불한 돌계단이 보였습니다.

이상하게 생각하면서 계단을 내려가니 맨 밑에 아름다운 홀이 있고 온갖 비단이며 양탄자가 깔려 있었습니다. 그리고 한 젊은이가 높고 긴 의자 위에 앉아 손에 부채를 들고 둥그렇게 말아둔 이불에 기대어 있었습니다. 젊은이 앞에는 크고 작은 온갖 향기로운 풀과 꽃다발이 놓여 있었습니다.*96 이 커다란 지하실에 그 젊은이 혼자 있을 뿐 아무도 없었습니다.

나를 본 젊은이의 얼굴이 새파랗게 질리기에 나는 정중하게 인사하며 말했습니다.

"안심하시오. 무서워할 것 없소. 해를 끼치려는 것이 아닙니다. 나는 당신과 같은 인간이고 게다가 왕자입니다. 당신의 말동무가 되는 것도 무슨 인연이 아니겠소. 하지만 무슨 까닭으로 이 땅속에 혼자 쓸쓸히 살고 있는지, 그 이유와 신세 이야기를 들려주시오."

젊은이는 내가 인간이고 마신이 아니라는 것을 알자 기뻐하며, 원래의 아름다운 얼굴빛으로 돌아갔습니다. 그는 나를 가까이 불러 앉히고 말했습니다.

오, 형제여, 참으로 기이한 내 신세 이야기를 들어보십시오. 나의 아버지는 돈 많은 보석상으로 백인과 흑인 노예를 거느리고 있었습니다. 그 노예들은 배와 낙타를 타고 멀리 나가 장사를 하거나 아주 먼 도시와 거래를 했습니다. 그런데 아버지에게는 자식이 하나도 없었습니다.

어느 날 밤 아버지는 꿈을 꾸었습니다. 그 꿈속에서 자식을 하나 갖게 되지만, 그 아이의 수명이 매우 짧다는 계시를 받았습니다. 아버지는 눈물과 슬픔 속에 아침을 맞이했습니다. 그 다음 날 밤 어머니는 잉태하셨고, 아버지는 그날을 기록해 두었습니다.*97 이윽고 달이 차서 어머니는 나를 낳았습니다. 아버지는 매우 기뻐하며 잔치를 열어 이웃 사람들을 부르고 수도사들과 가난한 사람들을 데려다 좋은 음식을 대접했습니다. 또 아버지는 운명에 대해 잘 아는 점성가, 천문학자, 마술사, 당대의 현자, 그리고 천궁도(天宮圖)와 점술에 밝은 사람들도 초대했습니다.*98 그들은 나의 탄생과 관계있는 그림을 그리고 점을 친 다음 아버지에게 말했습니다.

"아드님 수명은 15년입니다. 15년이 되는 해에 불길한 괘가 나타났습니다. 그 고비를 안전하게 넘기면 장수를 누릴 수 있습니다. 아드님 생명을 위협하는 것은 다름 아니라, 재앙의 바다에 떠 있는 자석산 꼭대기에서 놋쇠 말을 타고 가슴에 납 패찰을 단 노란 놋쇠로 만들어진 기사입니다. 그 기사가 말에서 떨어진 지 50일이 지나면 아드님은 세상을 떠날지 모릅니다. 아드님의 생명을 빼앗는 자는 그 기사를 떨어뜨린 자로 하지브 왕의 아들 아지브라고 하는 왕자입니다."

이 이야기를 듣고 아버지는 몹시 한탄하셨습니다. 그러나 15살이 될 때까지 나를 애지중지 소중하게 키우며 훌륭한 교육도 받게 했습니다. 열흘 전 그 기사가 바다에 떨어졌는데, 그것을 쏘아 떨어뜨린 자는 하지브 왕의 아들 아지브라는 소식이 아버지께 전해졌습니다. 아버지는 나와의 이별을 몹시 슬퍼하며 얼마나 울었던지 마치 마신에게 사로잡힌 듯했습니다. 그리고 나를 몹시 걱정하여 이곳에 지하실을 파고 한동안 지내는 데 필요한 물건을 준비하여 나를 배로 데려다 놓고 돌아갔습니다. 벌써 열흘이 지났으니 나머지 40일만 무사히 넘기면 아버지는 다시 나를 데리러 올 것입니다. 이것은 모두 하지브의 왕자가 무서워서 한 일입니다. 이것이 내 신세 이야기며 혼자 있게 된 내력입니다.

나는 그 이야기를 듣고 매우 놀라 속으로 생각했습니다.
'그런 일을 한 아지브 왕자는 바로 나다! 하지만 알라께서 함께 있는 한, 내가 이 젊은이를 죽일 리는 없지.'
나는 말했습니다.
"그것은 당치도 않은 소리요. 그런 화가 당신에게 미치는 일은 결코 없을 것이오. 낙담할 필요도 없고 걱정할 것도 없소. 내가 하인이 되어 당신 옆에서 40일 동안 당신을 보호하다가 함께 당신 고향으로 동행하겠으니, 그때 백인 노예 몇 사람만 내 호위로 빌려주오. 그러면 나도 고향으로 무사히 돌아갈 수 있을 것이오. 그러면 전능하신 신께서 나 대신 당신께 보답하실 것이오."

젊은이는 이 말을 듣고 매우 기뻐했습니다. 나는 커다란 초에 불을 켜고 등잔과 초롱 세 개에도 불을 붙였습니다. 그런 다음 먹을 것, 마실 것, 과자 등을 준비했습니다. 둘이서 먹고 마시며 한밤중까지 이야기를 나누었습니다. 젊은이가 자리에 눕자 이불을 덮어주고 나도 잠자리에 들었습니다.

이튿날 아침 일어나자 나는 물을 데워놓고 젊은이를 안아 일으켜 깨운 다음 더운물을 가져다주었습니다. 그는 세수하고 말했습니다.

"오, 젊은 양반, 하늘에 계신 신께서 당신에게 모든 자비를 내리시기를! 만일 이 위기를 벗어나 아지브 빈 하지브(하지브 왕의 아들 아지브라는 뜻)에게 죽지 않고 이 재앙을 무사히 벗어난다면, 아버지께 말씀드려 당신에게 후한 사례를 하여 부자로 만들고 당신을 무사히 고향까지 모셔다 드리도록 하겠습니다. 비록 죽는 한이 있더라도 이 은혜는 잊지 않겠습니다."

나는 대답했습니다.

"부디 당신에게 재앙의 날이 찾아오지 않기를, 당신의 생명보다 먼저 내 생명을 알라께서 불러주시기를."

그리고 젊은이 앞에 음식을 차려놓고 함께 먹었습니다. 내가 홀에 향을 피울 준비를 하자 젊은이는 기뻐했습니다. 그뿐만 아니라 내가 만카라 놀이*99 헝겊을 만들어 둘이서 내기를 하면서 과자를 먹었습니다. 몇 번이고 그 놀이를 되풀이하는 사이에 어느덧 어두워져서, 나는 일어나 등잔을 켜고 젊은이 앞에 식사를 차렸습니다. 그러고는 다시 밤이 깊을 때까지 이야기를 나누었습니다. 젊은이가 자리에 눕자 이불을 덮어주고 나도 잤습니다.

오, 여주인님, 이리하여 몇 날 몇 밤이 지나는 동안 어느덧 그 젊은이에 대한 애정이 가슴 깊이 뿌리내려 내 슬픔은 모두 사라지고 말았습니다. 나는 마음속으로 생각했습니다.

"이 젊은이가 하지브 왕의 아들 아지브 손에 죽는다는 점쟁이의 예언은 터무니없는 거짓말이다. 신께 맹세코 어떻게 이 젊은이를 죽일 수 있단 말인가."

39일 동안 나는 변함없이 그를 보살피며 이야기 상대가 되어, 함께 술을 마시거나 온갖 이야기를 들려주었습니다. 드디어 40일째가 되는 날 밤*100에 젊은이는 기뻐하며 말했습니다.

"오, 형제여, 알라 신께 영광을! 알라를 찬양하라! 당신 덕분에 나는 목숨을 건졌습니다. 그것은 당신이 축복을 주고 또 이곳에 와 주었기 때문입니다. 나도 당신이 고향으로 무사히 돌아갈 수 있도록 신께 빌겠습니다. 그럼,

목욕할 테니 미안하지만 물을 좀 데워주십시오. 그리고 내 몸을 씻기고 옷을 갈아입혀 주십시오."

"그렇게 하지요."

나는 곧 물을 끓여 젊은이 앞으로 가져가 온몸을 깨끗이 씻겨주었습니다. 그리고 루핀[*101] 가루로 몸을 문지르고 온몸을 골고루 주무른 다음 옷을 갈아입히고 높직한 침상에 안아다 뉘었습니다. 젊은이는 목욕하고 난 뒤라 거의 졸다시피 하며 말했습니다.

"수박을 썰어 설탕을 좀 넣어서 가져다주시오."

나는 광에 가서 잘 익은 수박을 찾아내 쟁반에 담아 젊은이에게 가져가 물었습니다.

"작은 칼을 가지고 계시오?"

"머리 위 높은 선반에 있습니다."

나는 얼른 일어나 칼을 쥐고 칼집을 뽑았습니다. 그러나 내려오는 순간 발이 미끄러져 칼을 쥔 채 젊은이 위로 와락 엎어지고 말았습니다. 그때 젊은이의 마지막 날이라고 정해진 바로 그 예언대로 작은 칼이 젊은이의 심장 깊숙이 꽂혀버리지 않겠습니까?

젊은이는 그대로 숨이 끊어지고 말았습니다.

그 죽음을 보고, 더구나 내 손으로 죽인 것을 깨닫자 나는 자신도 모르게 비명을 지르고 머리를 때리며 옷을 쥐어뜯고 울부짖었습니다.

"우리는 모두 알라의 것, 알라께 돌아가고자 하는 자! 오, 이슬람교도여! 알라를 사랑하는 사람들이여! 점성가와 학자들이 예언한 무서운 40일 가운데 남은 것은 단 하루뿐이었다. 더구나 이 아름다운 젊은이는 기어이 내 손에 걸려 숙명적인 최후를 마치게 되어 있었다. 수박은 왜 자르려 했단 말인가! 이 얼마나 끔찍한 불운이란 말인가! 나는 싫든 좋든 인내해야만 한다. 이 불행, 이 무서운 고통. 오, 나의 알라시여! 용서해 주십시오. 이 젊은이의 죽음은 제 죄가 아님을 맹세합니다. 그러나 모든 것을 신의 뜻대로 하소서."[*102]

—샤라자드는 날이 밝아오기 시작한 것을 깨닫고 이야기를 그쳤다.

16번째 밤

오, 인자하신 임금님, 아지브는 여주인에게 이야기를 계속했습니다.

―젊은이를 내 손으로 죽였다는 것을 똑똑히 알았을 때 나는 일어나 계단을 올라가고서 덮개를 본대대로 해놓고 흙을 덮었습니다.

문득 바다를 보니 파도를 헤치며 섬을 향해 다가오는 배가 있었습니다. 나는 가슴이 뜨끔했습니다.

"저 사람들이 와서 젊은이가 죽은 것을 보면 내가 했다는 걸 알고 당장에 나를 죽여 버리리라."

나는 높은 나무에 기어 올라가 이파리 사이에 몸을 숨겼습니다. 이윽고 배는 닻을 내리고 젊은이의 아버지인 듯한 노인과 함께 노예들이 뭍에 올라와 곧 그 장소로 갔습니다. 그들은 덮어놓은 흙이 마르지 않은 것을 보고 깜짝 놀라는 눈치였습니다. 그들이 덮개를 열고 들어가 보니 젊은이는 죽어서 반듯하게 누워 있었습니다. 목욕을 하여 윤기가 나는 얼굴에 새 옷을 입고 가슴에는 칼이 깊숙이 꽂혀 있었습니다.

그 광경을 본 그들은 비명을 지르며 큰 소리로 살인자를 저주하고 얼굴을 때리며 울었습니다. 노인은 그만 정신을 잃어 버렸는데, 이것을 본 노예들은 아들의 죽음에 대한 충격 때문에 죽은 줄로만 알았습니다.

그들은 젊은이의 시체를 옷에 싸서 밖으로 옮기고서 비단 수의를 입히고 땅 위에 뉘였습니다. 모두 배 쪽으로 가고 있을 때 노인이 숨을 돌리고 옆에 누운 아들을 보더니 땅에 몸을 내던지고 머리에 흙을 끼얹고 얼굴을 때리고 수염을 쥐어뜯었습니다. 늙은이는 죽은 아들을 생각하면 할수록 더욱 슬픔이 사무쳐 마침내 또다시 기절하고 말았습니다. 얼마 뒤 한 노예가 비단 천을 가지고 와서 그 위에 노인을 눕히고 머리맡에 앉았습니다. 나는 나무 위에서 그 광경을 모두 내려다보고 있었습니다. 너무도 불행한 운명이었지요. 나는 그때까지 겪은 재앙과 괴로움 때문인지, 아직 머리가 셀 나이도 아닌데 마음은 고스란히 늙어버리고 말았습니다. 나는 자신도 모르게 이런 시를 읊었습니다.

알라의 뜻으로 모든 기쁨이

어느결에 사라져버렸네,
현자의 눈에도 안 띄게 재빨리.
아침과 더불어 수많은 시름이 생겨나도
날이 저물기 전에 마음은 기쁨으로 가득하네.
사람의 온갖 행운은 불행의 발뒤꿈치를 따르고,
슬픈 이의 가슴속도 이윽고 환희에 떨리리라.*103

여주인님, 노인은 해가 질 때까지 의식을 되찾지 못했습니다. 그러다가 가까스로 정신을 차리고 죽은 아들을 바라보며, 지난 일들과 늘 두려워하던 일이 눈앞에 나타난 것을 생각하고 얼굴과 머리를 때리면서 다음과 같은 시를 읊었습니다.

벗과 이별하여 내 마음 깊이 상처 입었도다.
두 눈에서 뜨거운 눈물이 흘러내리고
눈물과 함께 희망도 사라졌으니, 아, 가련하도다.
이제 모든 수단을 다했으니
무엇을 말하고 무엇을 하랴.
지금에 이르니
그대의 모습, 차라리 보지 않았으면 좋았을 것을,
길은 좁아지고 모든 게 끝났는데, 방법도 없어라.
어떠한 힘이 나의 상처 치유해줄까?
내 가슴의 사랑과 동경이 이토록 거세게 타오를 때,
함께 갔으면 좋았을 걸 죽음의 길을.
알지 못했던 이 이별의 쓰라림이여.
자비로운 알라여, 인자한 정을 베푸소서.
두 사람의 생명을 이어 영원히 맺어 주소서.
즐거웠던 그 옛날 한 지붕 아래,
기쁨도 슬픔도 나누며 살았노라.
시위 떠난 운명의 화살이 우리를 쏘았구나.
아, 누가 견디리, 이별의 쓰라림.

멸망의 창이 내 겨레의 한복판에 떨어져,
아침에 빛나던 진주알을 부수었구나.
까닭을 알 때까지 나는 부르짖으리,
"귀여운 아들아, 죽음의 운명이 조금만 더 늦었더라면!" 하고.
너를 만나려면 어떤 길이 쉬울까,
오, 내 아들아, 내 영혼을 네게 주리라,
너를 해라 부르려 해도 해는 지고
너를 달이라 불러도 달 또한 기우노니 어이하리.
너의 애처로운 불행, 아, 세상의 운명이여,
네가 사는 곳 아는 이 아무도 없네, 내 사랑 말고는.
시체를 바라보며 이 아비는 마음만 어지러워질 뿐
슬기도 재주도 이 숙명 돌이킬 수 없도다.
그 악마의 눈, 오늘을 저주하여
재앙이 나에게 덮쳤으니 면할 길 없구나.

 이렇게 읊조리고 난 노인이 한바탕 크게 흐느껴 우니, 그 영혼은 육체를 떠나고 말았습니다.
 "오, 슬퍼라, 나리!"
 노예들은 소리 높이 외치며 자기들 머리에 모래를 뿌리면서 애통하게 울었습니다. 이윽고 모두 죽은 주인을 아들과 함께 배에 옮기고서 지하실의 가구도 모두 싣고 닻을 올려 가버렸습니다. 나는 나무에서 내려와 덮개를 열고 지하실로 들어갔습니다. 어느 것 하나 죽은 젊은이를 생각나게 하지 않는 것이 없었습니다. 얼마 남지 않은 젊은이의 유품을 바라보며 나는 이런 노래를 몇 번이고 불렀습니다.

그 흔적 바라보며 고민과 시름에 겨워
식은 화덕에 눈물뿌리며 그리워하노라.
이별의 운명을 주신 신께 기도하리,
어느 날엔가 무사히 돌아오는 날 있으라고.[104]

여주인님, 나는 덮개를 열고 다시 밖으로 나왔습니다. 그리고 날마다 섬을 헤매다가 밤이면 지하실로 돌아가곤 했습니다.

한 달이 지난 어느 날, 문득 섬 서쪽을 바라보니 하루하루 물이 빠져 다시는 밀물이 들지 않는 곳이 눈에 띄었습니다. 그달 그믐께 그쪽으로 마른 육지가 나타났습니다. 그것을 본 나는 이제야 정말 살았구나 하는 생각으로 기뻐하면서 얼마쯤 남아 있는 물을 건너 겨우 육지에 올라섰습니다. 그곳은 낙타의 다리가 오금까지 묻힐 정도로 부드러운 모래언덕이었습니다.*105 그래서 용기를 내어 그 모래언덕을 헤치며 걸어가던 나는 뜻밖에 저 멀리 빨갛게 빛나는 불빛을 보았습니다.*106 그곳에 나를 구해줄 사람이 있을지도 모른다고 생각하면서 그 불빛을 향해 걸어갔습니다. 걸어가면서 나도 모르게 이런 노래를 불렀습니다.

> 운명은 틀림없이
> 고삐를 당겨 방향을 바꾸고
> 사람을 시기하는 세월도
> 언젠가 행복을 가져다주리.
> 희망을 버리지 말고 기다려라,
> 수많은 괴로움도 재앙도
> 언젠가 더할 수 없는 행복으로
> 빚을 갚으리라.

그 불빛 쪽으로 다가가 보니 이게 웬 조화입니까! 그것은 번쩍번쩍 빛나는 구리 대문이 달린 궁전이었습니다. 거기에 아침 해가 비쳐 멀리서 보니 마치 불꽃처럼 빛났던 것입니다. 나는 무척 기뻐하며 문에 기대어 앉으려 했습니다.

그때 마침 비단옷을 차려입은 젊은이 열 명이 지나갔습니다. 바라보니 모두 왼쪽 눈이 멀었는데 마치 도려낸 것처럼 보였습니다. 그 가운데는 나이 많은 노인도 있었습니다. 나는 그들이 하나같이 애꾸눈이라는 사실이 그저 놀라울 따름이었습니다. 그들은 나를 보자 인사한 다음 내 사정을 물었습니다. 그래서 내가 겪은 지금까지의 모든 사연을 이야기해 주었더니, 그 젊은

이들은 매우 놀라며 나를 궁전 안으로 데리고 들어갔습니다. 들어가 보니 넓은 방 주위에 푸른 요와 푸른 이불*107이 깔린 침상 10개가 있고, 한복판에 역시 푸른색 침구만 펼쳐진 약간 작은 침상이 놓여 있었습니다.

방에 들어서자 젊은이들은 저마다 자기 침상에 앉고 노인은 가운데 있는 작은 침상에 앉으면서 말했습니다.

"젊은 양반, 당신은 바닥에 앉으시오. 그러나 우리의 신세 이야기나 애꾸눈이 된 내력은 묻지 마시오."

이윽고 노인이 일어나 젊은이 한 사람 한 사람 앞에 커다란 접시에 담은 음식과 큰 술잔을 갖다놓고 나에게도 주었습니다. 식사가 끝나자 모두 앉은 채 나의 신상과 내가 겪은 갖가지 사건에 대해 물었습니다. 나는 밤이 깊을 때까지 이야기를 계속했습니다. 그러자 젊은이들이 말했습니다.

"노인장, 그걸 가져다주세요. 이제 시간이 되었으니까."

"그렇게 하지."

노인은 일어나 조그만 방으로 들어가더니, 잠시 뒤 푸른 보자기를 씌운 쟁반 10개를 머리에 이고 돌아왔습니다. 노인은 젊은이 한 사람 한 사람 앞에 쟁반을 하나씩 놓고 초 10개에 불을 붙여 쟁반 가장자리에 세우고는 푸른 보자기를 벗겼습니다. 그런데 이상하게도 쟁반 위에는 재와 숯가루와 솥검정밖에 없지 않겠습니까?

젊은이들은 모두 소매를 팔꿈치까지 걷어 올리고 슬피 울면서 얼굴과 옷을 새까맣게 칠하더니, 이마를 때리고 앞가슴을 두드리며 부르짖었습니다.

"우리는 안락하게 살고 있었는데 고집을 부리다가 불행한 신세가 되었구나!"

날이 샐 무렵까지 그렇게 소리치더니, 이윽고 노인이 일어나 물을 끓였습니다. 젊은이들은 얼굴을 씻고 다른 옷으로 갈아입었습니다. 그런데 여주인님, 그런 행동을 본 나는 너무 기묘하고 이상하여 분별심을 잃고 묻지 말라던 말을 잊은 채 그 기묘한 행동의 까닭을 묻지 않을 수 없었습니다. 그래서 그들에게 물어보았습니다.

"아까까지 그토록 즐겁게 떠들며 노시더니 어째서 이런 행동을 하십니까? 알라의 자비로 여러분은 모두 정신이 똑바른 분들입니다. 그런데 이건 미치광이나 악마에게 홀린 사람들이나 하는 짓들이 아닙니까. 여러분의 가장 소중한 것에 맹세코 부탁합니다만 부디 여러분은 어떤 분들이며, 눈은 왜 없고, 왜 얼굴을 재와 검정으로 까맣게 칠하는 것인지 이야기해 주십시오."

이 말을 듣자 그들은 나를 돌아보며 말했습니다.

"젊은 양반, 젊은 혈기의 유혹에 귀 기울이지 말고 제발 우리에게 아무것도 묻지 말아 주시오."

그리고 모두 자리에 누웠으므로 나도 함께 잤습니다. 눈을 뜨자 노인이 우리에게 먹을 것을 가져다주었습니다. 식사가 끝나 쟁반과 잔을 치운 그들은 앉아서 이야기를 나누었습니다. 다시 밤이 되자 노인은 초와 램프에 불을 켜고 우리 앞에 먹을 것과 술을 갖다 놓았습니다. 음식을 먹고 술을 마시고 나서 그들은 밤이 깊도록 사이좋게 이야기하며 떠들어댔습니다. 그러나 그 시간이 되자 젊은이들이 노인을 재촉했습니다.

"그걸 내오세요. 이제 곧 잘 시간이니까요!"

노인은 일어나 솥검정과 재가 담긴 쟁반을 가져왔습니다. 그리고 어젯밤과 똑같은 행동이 되풀이되었습니다.

나는 꼬박 한 달 동안 젊은이들과 함께 그러한 나날을 보냈는데, 그들은 하룻밤도 빼놓지 않고 밤마다 얼굴에 재를 칠하고는 날이 새면 씻고 옷을 갈아입는 것이었습니다. 나는 갈수록 놀라움이 더할 뿐이었습니다. 마침내 의심과 호기심에 사로잡혀 음식이며 술이 목구멍에 잘 넘어가지 않을 정도였습니다. 내 마음은 끌 수 없는 불, 숨길 수 없는 호기심의 불길에 타올라 마침내 더는 참지 못하고 이렇게 물었습니다.

"여러분, 이제는 제 궁금증을 풀어주지 않겠습니까? 얼굴을 까맣게 칠하는 이유와 전에는 안락하게 지냈는데 고집 때문에 불행해졌다는 그 말씀의 내력을 들려주십시오."

"그건 알려 드리지 않는 게 좋을 것 같소."

그래도 나는 젊은이들의 묘한 행동이 도무지 궁금하여 음식도 술도 목구멍에 넘어가지 않는 지경이어서, 마침내 참지 못하고 이렇게 말했습니다.

"도저히 참을 수가 없습니다. 왜 그런 행동을 하는지 이유를 가르쳐주십시오."

"우리가 비밀을 밝히지 않는 것은 당신의 신상을 위해서입니다. 당신의 궁금증을 풀어 드리면 당신에게 불행이 미쳐 우리와 같은 애꾸눈이 되어버립니다."
 그러나 나는 되풀이해서 말했습니다.
 "이젠 도저히 참을 수 없습니다. 아무래도 얘기해 줄 수 없다면 차라리 나를 고향으로 돌려보내 이런 광경을 보지 않도록 해 주시오. 속담에도 있지 않습니까?"

　　그대는 기다려라, 나는 가리니,
　　눈에 안 보이면 슬프지도 않다.

 그러자 그들은 말했습니다.
 "좋습니다. 젊은 양반, 잘 기억해 두시오. 아무리 불행한 변을 당하더라도 우리는 두 번 다시 당신을 이곳에 머무르게 할 수는 없소."
 그렇게 말한 다음 그들은 숫양을 끌고 와서 죽여 가죽을 벗겼습니다. 그리고 마지막으로 나에게 조그만 칼을 내주면서 말했습니다.
 "자, 이 가죽 위에 누우시오. 우리가 당신을 싸서 꿰매고 나면 루흐*108라는 새가 날아와 당신을 발톱으로 움켜잡고 하늘 높이 올라가 얼마 뒤 어떤 산 위에 내려놓을 겁니다. 새가 날고 있지 않다는 것을 깨닫거든 이 칼로 가죽을 찢고 밖으로 나오시오. 새는 놀라서 달아나고 당신 혼자 남게 될 겁니다. 그리고 반나절 동안 곧장 걸어가면 하늘 높이 솟아 있는 훌륭한 궁전에 닿을 것입니다. 할란지*109와 침향(沈香)과 자작나무 등으로 지어 눈부신 황금을 입힌 그 궁전은, 반지를 만들어도 되는 온갖 에메랄드와 값진 보석으로 꾸며져 있습니다. 그 안에 들어가면 당신 소원은 뭐든지 이루어집니다. 우리도 모두 그 궁전에 들어갔다 나왔지요. 한쪽 눈을 잃은 일이며 얼굴을 까맣게 칠한 까닭도 모두 그 때문이랍니다. 일일이 우리의 신세 이야기를 할 시간은 없지만 저마다 온갖 모험을 하다가 왼쪽 눈을 잃었으니까요."
 이 말을 듣고 나는 기뻐하며 그들이 말한 대로 해달라고 했습니다. 그러자 루흐라는 새가 나를 채어 어느 산 위에 내려놓았습니다. 나는 그 가죽을 찢고 나와 궁전까지 걸어갔습니다. 문이 열려 있어 안으로 들어가니 그곳은 마치 경륜장같이 넓고 훌륭한 큰 홀이었습니다. 그 주위에 백 개나 되는 작은 방이 늘어서 있고, 문은 모두 자작나무나 침향으로 만들어 황금을 입혔는데,

방문용 은방울이 달려 있었습니다.

홀 안쪽에는 화려한 옷차림을 하고 보름달처럼 빛나는 처녀 40명이 있었습니다. 그 아름다운 모습은 아무리 쳐다보아도 싫증이 나지 않을 정도였습니다. 아마 높은 도를 닦은 수도승이라도 그 처녀들을 한 번만 보면 그녀들의 노예가 되어 무슨 말이든 들어주었을 것입니다. 내가 들어가자 그들은 모두 나에게 다가와 말했습니다.

"잘 오셨습니다. 저희는 벌써 한 달 전부터 기다리고 있었습니다. 저희가 당신에게 어울리듯, 당신도 저희에게 어울리는 분이시군요. 이런 훌륭한 분을 보내주신 알라를 찬양합시다!"

그리고 나를 높고 긴 의자에 앉혔습니다.

"오늘부터 당신은 저희 주인님이셔요. 저희는 당신의 종, 당신의 시녀입니다. 무엇이든 분부만 내리셔요."

이러한 처녀들의 말과 행동에 나는 그저 어안이 벙벙할 뿐이었습니다.

이윽고 한 처녀가 일어나 식사를 차려주어 여자들과 함께 먹었습니다. 그런 다음 물을 데워 내 손발을 씻기고 옷을 갈아입혀 주는가 하면, 한쪽에서는 과즙을 만들어 먹여주었습니다. 처녀들은 내가 온 것을 진심으로 기뻐하며 나를 에워싸고 밤이 될 때까지 여러 가지 세상 이야기를 했습니다. 밤이 되자 처녀 5명이 일어나 쟁반을 늘어놓고 향기로운 화초, 성성한 과실과 마른 과일, 과자 등을 산더미처럼 담아놓았습니다. 그리고 아름다운 술 도구와 함께 향기 높은 묵은 술을 날라 왔습니다. 우리는 함께 앉아 술을 마셨습니다. 어떤 처녀는 노래를 부르고, 어떤 처녀는 류트와 현악기, 피리 같은 악기를 연주했습니다. 잔은 흥겹게 이리저리 돌아갔습니다. 나는 환락에 정신을 빼앗겨 세상의 시름을 깨끗이 잊고 저도 모르게 외쳤습니다.

"이것이 진짜 인생이다! 인생이 화살처럼 지나가는 것은 얼마나 슬픈 일인가!"

이렇게 처녀들과 즐기는 동안 어느덧 잠잘 시간이 되었습니다. 모두 술기운에 들떠 처녀들은 말했습니다.

"오, 주인님, 우리 가운데 오늘 밤 당신을 모실 상대를 고르세요. 그 대신 40일이 지나지 않으면 같은 처녀와 다시 잘 수 없답니다."

그래서 나는 용모가 아름답고 단아하며 콜 가루로 솜씨 있게 눈을 짙게 그린*110 처녀를 골랐습니다. 긴 머리카락은 칠흑 같고 앞니의 틈새가 조금 벌어졌으며*111 눈썹이 다가붙어 마치 가냘프고 부드러운 나뭇가지나 향기로운 풀줄기처럼 사람 마음을 즐겁게 하고 설레게 하는 모습이었습니다. 시인은 이 같은 처녀를 이렇게 노래하고 있습니다.

> 처녀의 모습,
> 푸른 가지에 견주어도 소용없고,
> 그 아름다운 모습
> 어린 사슴에서 찾는 것도 어리석은 일.
> 이토록 사랑스러운 다리가
> 있겠는가, 어린 사슴에게?
> 처녀의 입술에는
> 꿀처럼 달콤한 이슬 흐르고
> 흘끗 보기만 해도
> 애타는 마음 죽을 것 같네,
> 아, 끊어지지 않는 옥(玉) 끈도
> 눈동자의 화살은 견디지 못하네,
> 처녀 눈동자에 속아
> 나는 돌아가네, 어린 시절을 향해.
> 사랑에 시름겨운 연인은
> 다시 어린아이로 돌아가는 줄 알라.

나는 또 이런 시인의 말을 흥얼거렸습니다.

> 내 눈을 즐겁게 하는 것은
> 당신의 아름다운 모습.
> 당신의 그림자만큼
> 내 가슴을 설레게 하는 것은 없다네.
> 내 사랑 그대야말로
> 모든 생각을 사로잡네.

나는 살겠네, 이 사랑 때문에.
나는 죽겠네, 이 사랑 때문에.

그리하여 나는 그날 밤 그 처녀와 동침했는데, 그런 즐거움을 맛본 것은 태어나서 처음이었습니다. 이튿날 아침, 처녀들은 나를 목욕탕으로 데려가 몸을 씻긴 다음 아름다운 옷을 입혀주었습니다. 그리고 다함께 먹고 마시며 해가 질 때까지 술잔을 기울였습니다. 밤이 되자 나는 또 처녀 중에서 아름답고 가슴이 풍만한, 그야말로 우아함의 전형 같은 여자를 골랐습니다. 시인이 노래한 것은 바로 이런 처녀일 겁니다.

아름다운 처녀의 가슴에서
나는 유방 한 쌍을 보노라.
사향 봉인으로 굳게 닫아
연인도 들여다볼 수 없다.
처녀의 눈동자 끊임없이
화살 같은 눈길로 지키고 있어
손대는 남자는
그 눈길의 화살에 맞는다오.

그날 밤은 이 처녀와 말할 수 없이 즐거운 하룻밤을 보냈습니다. 여주인님, 요컨대 나는 처녀들과 함께 먹고 마시고 이야기하고 술을 나누면서, 밤마다 번갈아 다른 처녀를 품고 자는, 다시 말해 인생의 모든 위안과 환락 속에서 나날을 보내고 있었습니다.

그러던 중, 새해가 되자 모두 나에게 와서 눈물을 흘리며 작별인사를 하지 않겠습니까?

"아니, 무슨 일이오? 대체 왜 이리 슬퍼하는 거요?"

"아, 당신과 친해지지 않았더라면 좋았을걸. 저희는 여러 사람과 사귀어 보았지만, 당신만큼 재미있고 친절한 분은 한 번도 만나 본 적이 없었어요."

이렇게 말하며 처녀들은 또 하염없이 울었습니다.

"좀더 자세히 이야기해 주시오. 무슨 까닭으로 우는지, 내 가슴이 미어질 것만 같소."

"오, 주인님. 이별이 슬퍼서 우는 거예요. 눈물을 흘리는 건은 오직 당신 때문이랍니다. 만일 당신이 저희 말을 들어주신다면 헤어지지 않아도 됩니다. 하지만 들어주시지 않는다면 영원한 이별입니다. 어차피 들어주지 않을 것을 생각하니 눈물이 흘러 어쩔 수가 없군요."

"어떤 사정인지 말해 보시오."

"그럼, 주인님 들어보세요. 저희는 모두 왕의 딸로, 전에는 아버님을 이 궁전에서 만나기도 하고 몇 해나 함께 살기도 했습니다. 하지만 저희는 이제 무슨 일이 있어도 해마다 한 번씩 40일 동안 이 궁전을 비워야 합니다. 40일이 지나면 다시 돌아와 또 1년 동안 먹고 마시며 재미있게 지낼 수 있습니다. 이 관습에 따라 저희는 지금 떠납니다. 그런데 저희가 없는 동안 당신이 저희가 부탁한 것을 지키지 않고 어길까 봐 걱정이 됩니다. 그럼, 이 궁전의 열쇠를 맡기겠습니다. 이것으로 방문 40개를 열 수 있습니다. 그러나 방문 39개는 열어도 괜찮지만, 조심하세요. 알라와 우리 모두의 이름을 걸고 부탁하겠으니 40번째 방은 열지 않도록 하세요. 그 속에는 우리 사이를 영원히 갈라놓고 말 것이 들어 있으니까요."*112

"절대로 열지 않겠소. 그 안에 당신들과 내 사이를 갈라놓는 것이 있다면."

그러자 한 처녀가 나에게 다가와 내 목에 매달려 울면서 이런 시를 읊었습니다.

> 잠시 헤어졌다 다시 만날 때는
> 야속한 이 뜬세상도 다시 미소 짓겠지.
> 그대 모습 내 눈에 떠오를 때면
> 용서하리라, 지난날의 악행과 거짓을.

나도 다음과 같은 노래를 불렀습니다.

> 그날, 처녀는 가슴 시리고
> 애타는 사랑에 시름 짓네.

> 작별을 고하러 다가와서
> 괴로움을 호소하네.
> 처녀의 눈물은 젖은 진주알,
> 내 눈물은 홍옥이런가,
> 슬픈 냇물이 되어
> 처녀의 목에 쏟아지노라.

그 처녀가 우는 모습을 보고 나는 위로했습니다.
"알라께 맹세코 40번째 문은 절대 열지 않겠소, 어떤 일이 있어도!"
그리고 여자들에게 작별을 고했습니다. 처녀들은 모두 손을 흔들며 나 혼자 궁전에 남겨두고 새처럼 날아갔습니다.

해질 무렵 첫 번째 방문을 열고 들어가 보니 그곳은 흡사 천국의 화원 같았습니다. 싱싱한 푸른 나뭇잎과 황금빛으로 익어가는 과실이 주렁주렁 달린 나무가 있었습니다. 새들이 맑고 날카로운 목소리로 지저귀고, 냇물은 잔물결을 일으키며 대지를 누비듯 흐르고 있었습니다. 그 모든 것이 내 마음을 상당히 위로해 주었습니다.

나는 나무 사이를 거닐면서 산들바람을 타고 풍겨오는 꽃향기를 즐기며, 아름다운 노래로 전능하신 알라를 찬양하는 새소리에 귀를 기울였습니다. 또 빨갛고 노랗게 물든 사과가 눈에 띄었는데, 그것은 시인이 노래한 그대로였습니다.

> 내 사랑하는 연인의 붉은 뺨과
> 박복한 여인의 푸르스름한 뺨의
> 빛깔을 곱게 섞은 사과

그리고 마르멜로를 바라보며 사향과 용연향 못지않은 향기를 맡았습니다. 시인은 이렇게 노래하고 있지요.

> 마르멜로는 만 가지 맛을
> 갖추어 지닌 과일의 여왕.

쟁취한 영예는 모두
마르멜로의 선물인 줄 알라.
그 맛은 그윽한 포도주,
빛깔은 순수한 황금,
그 모양은 보름달과 같아라.

이번에는 설탕을 넣은 셔벗보다 맛있는 배와 마치 갈고닦은 루비처럼 눈이 아릴 만큼 선명한 살구*113를 바라보았습니다. 이윽고 나는 그곳을 나와 원래대로 문을 잠갔습니다.

다음 날 아침 두 번째 방에 들어가 보니 널찍한 들판이 펼쳐져 있었습니다. 키 큰 대추야자나무가 우거지고 시냇물이 졸졸 흐르며, 양쪽의 냇가에는 장미와 말리(茉莉) 덤불이 나직하고 무성하게 자라고 있었습니다. 그리고 그 언저리에 쥐똥나무, 들장미, 데이지, 제비꽃, 백합, 수선 등이 양탄자처럼 만발하여 향기를 내뿜고 있었습니다. 산들바람이 이 향기로운 화초 위를 스칠 때면 향기로 충만한 이 세상이 내 영혼을 황홀케 했습니다. 나는 그곳에서 얼마간 즐거운 마음에 젖어 있다가 밖으로 나와 전과 같이 문을 잠갔습니다.

그다음 세 번째 방문을 열었습니다. 그 안은 천장이 높은 넓은 홀인데, 대리석과 값비싼 단단한 돌, 그리고 보석으로 장식된 자작나무와 침향으로 만든 새장이 걸려 있었습니다. 새장 속에는 천 가지 목소리로 우는 새,*114 염주비둘기, 개똥지빠귀, 멧비둘기, 누비아 비둘기 등이 들어 있었습니다. 내 가슴은 기쁨에 넘쳐 시름이 사라졌고, 그날 밤은 날이 샐 때까지 그 새들이 있는 방에서 잤습니다.

다음에는 네 번째 방을 열었습니다. 그곳에는 조그만 방이 40개 딸린 넓은 홀이 있고 작은 방은 모두 문이 열려 있었습니다. 안으로 들어가니 글이나 말로는 도저히 표현할 수 없는 수많은 진주와 히아신스석, 에메랄드, 사파이어, 산호, 석류석 등 온갖 보석이 풍성하게 놓여 있었습니다. 이 광경을 본 나는 그만 질려서 이렇게 혼잣말을 했습니다.

"이토록 기막힌 보석을 갖춘 곳은 왕 중의 왕 보물창고 속에서가 아니면 볼 수 없으리라. 세계 어느 나라 왕도 이만한 보석을 모을 수는 없을 거야."

나는 마음이 들떠서 슬픔 따위는 흔적도 없이 사라지고 말았습니다.

"이제야말로 나는 당대 으뜸가는 제왕이 되었다. 알라의 은혜로 이 막대한 재물이 나에게 주어졌고, 게다가 처녀 40명을 내 마음대로 할 수 있고 다른 사람은 누구도 손가락 하나 건드릴 수 없다."

그리하여 차례차례 문을 열어 마침내 39일째가 되자, 이제 남은 건 공주들이 열어보면 안 된다고 했던 그 방뿐이었습니다.

그런데 여주인님, 내 머릿속에는 이 금단의 40번째*[115]방에 대한 생각뿐이었고, 악마가 내 스스로 내 몸을 파멸시키도록 자꾸만 유혹하는 것이었습니다. 약속한 날까지 앞으로 하루밖에 남지 않았건만 나는 도저히 참을 수가 없었습니다. 그래서 금단의 방 문 앞에 가서 잠시 망설이고서 순금으로 장식된 문을 열고 안으로 들어갔습니다. 그 순간 지금까지 한 번도 맡아보지 못한 향기가 코를 찌르는 것이었습니다. 그 향기가 너무나 강렬하여 오감(五感)이 마치 독한 술에 취한 것처럼 마비되어 그만 정신을 잃고 바닥에 쓰러져버렸습니다.

나는 한 시간 남짓 쓰러져 있다가 정신을 차리고 다시 용기를 내어 안으로 들어갔습니다. 정신이 들고 보니 나는 어떤 방 안에 있었습니다. 바닥에는 사프란꽃이 깔려 있고, 나뭇가지 같은 장식이 달린 황금촛대와 값진 기름을 태우는 램프 불이 휘황하게 빛났으며, 그 기름에서는 사향과 용연향 향기가 풍기고 있었습니다. 두 개의 커다란 쟁반*[116]만한 향로에서는 알로에와 혼합향료*[117]와 용연향에 꿀을 섞은 향료의 향기가 나는 연기가 피어올라, 방 안을 그윽한 향기로 가득 채우고 있었습니다.

잠시 뒤, 나는 칠흑같이 검은 준마를 발견했습니다. 황금안장이 얹혀 있고 재갈이 물려 있었는데, 그 앞에 있는 투명한 수정 구유 하나에는 껍질을 깐 깨, 또 하나에는 사향내가 감도는 장미수가 들어 있었습니다. 그것을 본 나는 놀라며 혼잣말을 했습니다.

"이 말에는 틀림없이 멋진 비밀이 있을 것이다."

나는 또다시 악마의 유혹에 넘어가 궁전 밖으로 말을 끌어내 그 위에 올라탔습니다. 그러나 말은 꼼짝도 하지 않았습니다. 발뒤꿈치로 배를 찼지만 그래도 꿈쩍하지 않아 고삐를 채찍삼아*[118] 후려갈겼습니다. 그러자 비로소 말은 귀청이 찢어질 만큼 크게 울부짖고 나서 날개 한 쌍을 펼치고*[119] 사람의 눈길이 닿지 않을 만큼 하늘 높이 날아올랐습니다.

한 시간이나 하늘을 날다가 어떤 지붕 위에 내렸습니다. 그 순간 말은 나를 등에서 내동댕이치고 꼬리로 내 얼굴을 세게 후려쳤습니다. 그러자 내 왼쪽 눈알이 튀어나와 뺨을 타고 굴러 떨어졌습니다. 이미 말은 멀리 날아가 버린 뒤였습니다.

지붕 위에서 내려가 보니 푸른 천을 씌운 침상에 그 애꾸눈 젊은이 10명이 앉아 있지 않겠습니까? 그들은 나를 보자 말했습니다.

"이곳은 당신이 올 곳이 아니오! 당신이 오면 곤란하다 말이오! 우리도 더없이 행복한 생활을 하며 가장 맛있는 음식을 먹고 게다가 비단 금침 위에서 미인의 무릎을 베고 잤었소. 하지만 단 하루를 못 참아 1년 동안의 즐거움을 물거품으로 만들어버렸지!"

나는 말했습니다.

"보시오, 나도 당신네들과 마찬가지로 애꾸눈이 되었소. 이렇게 된 바에는 나에게도 솥검정이 담긴 쟁반을 가져다주시오. 얼굴을 시꺼멓게 칠하고 여러분 틈에 끼고 싶소."

"그건 안 되오. 절대로! 당신을 여기 있게 해 줄 수 없으니 당장 나가 주시오!"

이리하여 나는 쫓겨나고 말았습니다. 그렇게 거절당하고 나자 앞으로도 가는 데마다 고생하겠구나 하는 생각이 들었습니다. 나는 운명의 신이 내 이마에 새긴 수많은 불행을 생각했습니다. 무거운 마음을 안고 눈물을 흘리며 젊은이들 곁을 떠나면서 나는 이렇게 중얼거렸습니다.

"그전에는 편안하게 지냈는데 고집을 부린 나머지 이런 비참한 신세가 되고 말았구나."

나는 수염과 눈썹을 밀고 검은 승복을 걸치고 나서 세상을 버리고 알라께서 다스리시는 땅을 이곳저곳 돌아다니기 시작했습니다. 다행히도 알라의 자비로 무사히 오늘 저녁 때 이 바그다드에 도착했지요. 그리고 갈 곳을 몰라 망연히 서 있는 두 사람의 탁발승을 만났습니다.

"나는 길가는 나그네입니다."

내가 인사하자 두 사람도 대답했습니다.

"우리도 여행하는 중이오만."

운명의 장난으로 우리 세 사람은 모두 탁발승인 데다 왼쪽 눈이 없는 애꾸눈이었습니다. 오, 여주인님, 이것이 내가 수염을 깎고 애꾸눈이 된 내력입니다.

그러자 여주인은 말했습니다.

"머리를 쓰다듬고 돌아가세요."

그러나 탁발승은 대답했습니다.

"이분들의 이야기를 듣기 전에는 못 가겠습니다."

그래서 여주인은 교주와 자파르, 그리고 마스룰을 향해 말했습니다.

"그럼, 여러분도 각자 신세 이야기를 해보세요."

그래서 자파르는 앞으로 나가, 들어올 때 문지기 여자에게 한 것과 같은 이야기를 했습니다. 자기들은 모술인 상인으로 한밤중에 외출했다가 길을 잃었다고 이야기하자 여주인은 말했습니다.

"모두 목숨은 살려줄 테니 돌아가세요."

그리하여 그들이 집 밖으로 나왔을 때 교주가 탁발승들에게 물었습니다.

"아직 날도 밝지 않았는데 여러분은 어디로 가시려오?"

"오, 나리, 어디로 가야 할지 모르겠습니다."

"그렇다면, 오늘 밤은 우리 집에 가서 지내도록 하시오."

그리고 자파르에게 일렀습니다.

"이 사람들을 데리고 돌아갔다가 내일 나에게 안내하라. 이 사람들의 모험담을 기록해 두기로 할 테니."

자파르는 교주가 분부한 대로 하고, 교주는 왕궁으로 돌아갔습니다.

그날 밤 교주는 탁발승인 세 왕자의 불행을 생각하거나 여자들과 검은 암캐 두 마리 이야기를 궁금해하면서 뜬눈으로 지새웠습니다. 날이 밝자 얼른 일어나 옥좌에 앉아 고관들이 모이기를 기다렸다가 자파르를 향해 명령했습니다.

"세 여자와 암캐 두 마리, 그리고 세 탁발승을 데리고 오라."

자파르는 자리에서 일어나 교주 앞에 그들을 대령시켰습니다. 여자들은 베일로 얼굴을 가리고 있었습니다. 대신이 교주를 대신하여 말했습니다.

"그대들의 괘씸한 행동과 무례한 행위는 그보다 앞선 친절한 행동을 보아 용서해 주겠다. 그대들은 우리가 누구인지 몰랐기 때문이다. 사실은, 그대들 앞에 계신 분은 바로 알 아바스의 다섯째 왕자이신 하룬 알 라시드, 즉 알

만술의 아드님, 교주 무사 알 하디의 형제이고, 왕가의 시조 알 사파 빈 마호메트의 형제이신 마호메트의 후예이시다. 그러니 거짓 없는 진실만을 말씀드려야 한다. 알겠는가!"

충성스러운 자들의 임금에 대한 자파르의 설명을 듣자 가장 나이가 많은 여자가 앞으로 나와 말했습니다.

"오, 진실한 신자의 임금님이시여, 제 신세 이야기는 바늘로 눈구석에 잘 새겨 두면, 세상의 어리석은 자들에게는 하나의 훈계가 될 것이고, 남의 행위를 보고 자기 행위를 바로잡는 자에게는 좋은 본보기가 될 것입니다."

—여기까지 이야기하자 샤라자드는 어느새 날이 밝아오는 것을 깨닫고 이야기를 그쳤다.

17번째 밤

오, 인자하신 임금님, 이 여자는 충성스러운 자들의 통치자 앞에 나아가 이야기를 하기 시작했습니다.

여주인의 이야기

제 이야기는 참으로 신기한 이야기입니다. 들어 보십시오.
—저기 있는 검은 암캐 두 마리는 저와 부모가 같은 언니들이고, 이쪽의 둘, 즉 몸에 채찍 자국이 있는 여자와 셋째인 찬모는 저의 배다른 동생들입니다. 아버지가 돌아가시자 저희 자매들은 저마다 유산을 나눠 가졌습니다. 얼마 뒤 어머니도 저와 한 배에서 난 자매들에게 금화 3천 디나르를 남기고 세상을 떠났습니다. 그래서 저희는 저마다 1천 디나르씩 받았습니다. 막내였지만 저도 같은 액수를 받았던 것입니다.

그 뒤 언니들은 관례대로 결혼식을 올리고 남편과 함께 생활했습니다. 그들은 언니들의 돈으로 물건을 사들여 모두 함께 여행을 떠났습니다. 그래서 저는 혼자 남게 되었습니다. 형부들은 아내를 데리고 5년이나 고향을 떠나 있었는데, 그러는 동안 있는 돈을 다 쓰고 파산해 버린 끝에 마지막에는 낯선 타향에 아내들을 버렸습니다. 5년 뒤 큰언니는 누더기를 입고 낡은 가리개[120]를 뒤집어쓴 거지꼴로 저에게 돌아왔습니다. 너무나 초라하고 비참한 모습을 하고 있어서 처음에는 언니인 줄 몰랐으나, 잠시 뒤 언니라는 것을 알아보았습니다.

"이게 대체 어찌 된 일이에요!"

"오, 동생아, 아무리 말해봤자 지난날은 돌아오지 않는단다. 운명의 신은 알라께서 정하신 대로 하나하나 처리하신 거야."

그래서 저는 언니를 목욕시키고 나서 제 옷을 입히고 고깃국을 끓여 고급 포도주와 함께 내주며 말했습니다.

"언니, 언니는 나이가 가장 위에요. 지금은 우리에게 어머니며 아버지 대신이지요. 다행히 저는 알라 신의 덕분으로 언니들과 함께 받은 그 유산을 상당히 늘려서 안락한 생활을 할 수 있게 됐어요. 베를 짜고 비단빨래를 해서 벌었답니다. 이 재산을 둘이서 나눕시다."

저는 되도록 친절하게 대접했습니다. 이리하여 꼬박 1년 동안 함께 살았는데, 우리는 둘째언니의 신상을 늘 염려했습니다. 그런데 어느 날 둘째언니는 큰언니보다 더 비참하고 초라한 신세가 되어 집으로 돌아왔습니다. 저는 큰 언니에게 한 것보다 더 따뜻이 대접하고, 둘째언니에게도 저의 재산을 나눠주었습니다.

그 얼마 뒤 언니들이 말했습니다.

"동생아, 우리는 다시 한 번 결혼하고 싶구나. 이대로 남편도 없이 세월을 보내거나, 남자에게 속아 이대로 과부생활을 하는 건 참을 수 없는 일이야."

"나의 눈동자여![121] 선량하고 훌륭한 남자는 요즘 좀처럼 만날 수 없을뿐더러 현재 언니들은 한 번 결혼해서 실패한 경험이 있잖아요? 나는 언니들 생각에 찬성할 수 없어요."

그러나 두 언니는 저의 충고를 전혀 받아들이지 않고 제 승낙도 없이 제멋대로 결혼하고 말았습니다. 그래서 저는 주머니를 털어 두 사람에게 결혼자금과 지참금을 보냈습니다. 이리하여 언니들은 저마다 남편의 손을 붙잡고 나가 버렸는데, 그 뒤 얼마 안 있어 두 형부는 언니들을 속이고 물건을 훔쳐 달아나고 말았습니다. 어찌할 바를 모르게 된 언니들은 초라한 꼴로 저에게 돌아와 면목없다는 듯이 이렇게 말했습니다.

"부디 화내지 말고 우리 잘못을 용서해다오. 나이는 젊지만 분별은 네가 훨씬 낫구나. 앞으로는 두 번 다시 결혼 따위는 입 밖에도 내지 않을 테니 한 번만 더, 하인으로라도 좋으니 밥이라도 먹게 해다오."

"오, 언니들 잘 돌아오셨어요. 제게는 언니들보다 소중한 사람은 없어요."

저는 두 사람을 불러들여 전보다 더 깍듯이 친절을 베풀었습니다.

이리하여 정이 넘치게 꼬박 1년을 살고 있었는데, 저는 외국으로 가서 물건을 팔기 위해 먼저 바소라로 가려고 뱃길여행을 준비했습니다. 큰 배를 한 척 마련해 무역용 상품과 값비싼 물건을 비롯하여 식량과 그 밖에 항해에 필요한 물건들을 싣고 난 다음 언니들에게 물었습니다.

"내가 없는 동안 집에 계시겠어요, 아니면 함께 항해하시겠어요?"

"함께 가겠어. 너와 헤어져 있을 수는 없으니까."

그래서 저는 재산을 나누어 반은 몸에 지니고 반은 믿을 만한 사람에게 맡겼습니다. 왜냐하면 만일 배에 무슨 변이 일어나 목숨만 살아서 돌아오면 그것을 요긴하게 쓸 수 있을 거라고 생각했기 때문입니다.

이리하여 언니들과 함께 배를 타고 며칠 동안 밤낮없이 항해를 계속했습니다. 그런데 선장이 그만 진로를 잃어 바다 위를 헤매던 끝에 전혀 엉뚱한 바다로 나가고 말았습니다. 처음 얼마 동안은 그것을 전혀 깨닫지 못했지요. 그렇게 열흘 동안 순풍을 타고 달리다가, 주위를 살펴보기 위해 돛대 꼭대기에 올라간 뱃사람이 이렇게 외치는 것이었습니다.

"기쁜 소식이다!"

그가 내려와서 말했습니다.

"마치 비둘기만한 도시 비슷한 같은 것이 보입니다."

그 말을 들은 우리는 무척 기뻤습니다. 한 시간도 되기 전에 도시의 건물들이 아득한 저편에 나지막하게 보이기 시작했습니다.

"저 도시 이름이 뭐예요?"

제가 묻자 선장이 대답했습니다.

"전혀 모르겠는데요. 여태까지 한 번도 본 적이 없고, 이 바다에 들어온 것조차 처음이니까요. 어쨌든 위험한 고비는 넘겼으니 당신들은 상품을 가지고 상륙하여 돈벌이가 될 것 같으면 팔아서 이익을 챙기십시오. 그렇지 않으면 이틀만 묵었다가 식량을 실은 다음 떠납시다."

우리는 항구로 들어갔습니다. 선장이 거리로 나갔다 돌아오더니 말했습니다.

"자, 거리에 들어가 알라께서 자신이 창조하신 인간들을 어떻게 하셨는지 구경하시오. 하지만 알라의 노여움을 사지 않도록 기도드리는 게 좋을 거요!"

배에서 내려 거리로 들어서니, 문 앞에 부서진 통 조각을 들고 서 있는 남자들이 먼저 눈에 띄었습니다. 가까이 가보니 모두 알라의 노여움을 사서 검은 돌로 변한*122 사람들이 아니겠습니까?

시내로 들어가보니 그곳 사람들도 역시 모두 검은 돌이 되어 사람 사는 집은 한 채도 보이지 않고 불기도 없었습니다. 이 광경을 보고 두려웠으나 이윽고 시장거리로 나갔습니다. 그곳에는 여기저기 물건이 나뒹굴고 금화와 은화가 흩어져 있었습니다.

"여기에는 무슨 복잡한 사정이 있을 거야."

우리는 큰길에서 각자 흩어져서 동행도 아랑곳없이 서로 다투어 보석과 돈을 주워 모았습니다. 저는 혼자서 견고한 성에 다가가 황금 문을 지나 궁전으로 들어갔습니다. 거기에는 금은으로 만든 그릇들이 있고 임금님이 중신들과 태수 그리고 대신들에게 에워싸여 옥좌에 앉아 있었습니다. 그들은 모두 사람의 재주로는 생각할 수도 없는 아름다운 옷을 입고 있었습니다. 가까이 가보니 왕은 진주와 보석으로 장식된 옥좌에 앉아 있었는데, 그 옷은 별이 반짝이듯 온갖 보석이 박힌 금란(金襴)으로 짠 것이었습니다. 임금님 주위에는 갖가지 비단옷을 입고 칼을 뽑아든 백인 노예 5명이 서 있었습니다. 그러나 더 가까이 가보니 아, 이게 어찌 된 일입니까! 그들도 모두 검은 돌이 아니겠습니까?

이 괴이한 광경을 보자 저는 정신이 아득해졌습니다. 그러나 용기를 내어 더욱 안으로 들어가 후궁*123의 큰 홀로 들어갔습니다. 벽에는 황금 줄무늬에 수를 놓은 비단이 걸려 있고 바닥에도 황금으로 수놓은 비단깔개가 펼쳐져 있었습니다. 그곳에는 반짝이는 진주*124로 가장자리를 두른 옷을 입은 왕비가 길게 누워 있었습니다. 머리에는 반지를 만들어도 될 것 같은 보석이 수없이 달린 장신구를 얹고 목에도 목걸이와 장신구가 걸려 있었습니다. 의상과 장신구는 그대로인데, 왕비는 알라의 노여움을 사서 검은 돌로 변해 있었습니다.
 문득 열어젖혀진 문이 눈에 띄어 그리로 곧장 나가보니, 문 안에 계단 7개가 있었습니다. 계단을 다 올라가자 대리석 바닥에 금실로 짠 양탄자를 깔아놓은 방이 있었습니다. 그 한가운데에 진주와 보석으로 꾸미고 에메랄드를 박은 노간주나무 옥좌가 있었습니다. 안쪽 벽 너머는 침실인데 진주로 장식된 휘장 속에서 희미한 빛이 새어나오고 있었습니다.
 가까이 가보니 그 빛은 타조 알 만큼이나 큰 보석에서 나오는 것으로, 그 보석은 침실 안의 금과 상아로 만든 침상에 박혀 마치 태양처럼 빛을 발하며 주위 모든 것을 환하게 비추고 있었습니다. 그 침상도 온갖 종류의 비단으로 뒤덮여 있는데, 그 호화로운 아름다움에 눈길을 빼앗기지 않는 사람은 아무도 없을 듯했습니다. 저는 이 광경을 보고, 특히 거기에 촛불이 켜져 있는 것을 보고 깜짝 놀랐습니다. 그리고 마음속으로 중얼거렸습니다.
 "누군가가 이 촛불을 켠 게 틀림없어."
 그런 다음 주방과 식료품 창고, 보물창고 등을 거쳐 궁전 안을 여기저기 돌아다녀 보았습니다. 이렇게 왕궁 안을 계속 탐색하던 제가 목격한 무서운 광경에 놀라 넋을 잃고 생각에 잠겨 있는 동안 어느덧 밤이 되고 말았습니다.
 밖으로 나가려 했으나 입구를 찾지 못해 길을 잃고 말았습니다. 하는 수 없이 촛불을 목표로 그 침실로 다시 되돌아가서 침상에 앉았습니다. 저는 코란의 문구를 조금씩 다시 외우며 이불을 덮고서 잠을 자려고 했습니다. 그러나 마음이 진정되지 않아 좀처럼 잠을 이룰 수 없었습니다. 문득 귀를 기울이니 어디선가 고운 억양으로 코란을 외는 소리가 들려왔습니다. 벌떡 일어나 주위의 정적을 깨뜨리는 목소리에 반가워하며 그 소리를 따라 문이 반쯤 열린 작은 방으로 갔습니다. 문틈으로 방 안을 들여다보고 저는 다시 깜짝 놀랐습니다. 그것은 기도실인데, 안에 촛불이 두 개 켜져 있고 천장에 램프가 달린 벽감(壁龕)*[125]이 있었습니다. 그리고 예배용 양탄자 위에 더할 수 없이 아름다운 젊은이가 앉아, 그 앞 탁자*[126] 위에 펼쳐진 코란을 열심히 외고 있었습니다. 온 시민이 다 돌이 되었는데 오직 혼자 살아 있는 그 젊은이를 보고 괴이한 생각이 들었지만, 안에 들어가 인사를 하자 젊은이도 눈을 들어 답례했습니다.
 저는 말했습니다.

"당신이 읽고 계신 코란의 진실에 걸고 부탁합니다. 부디 제가 묻는 말에 대답해 주세요."

그러자 젊은이는 미소를 지으며 말했습니다.

"오, 알라의 시녀여, 먼저 당신이 이곳까지 오게 된 연유부터 말해 주시오. 그러면 나도 나와 이 도시 사람들에게 닥쳐온 사건과 나만이 어떻게 그런 일을 모면했는지 그 까닭을 말씀드리지요."

그래서 제 이야기를 해 주었더니, 젊은이는 깜짝 놀라며 눈을 크게 떴습니다. 제가 도시 사람들 이야기를 묻자 젊은이는 말했습니다.

"오, 나의 자매여, 잠깐만 기다려주시오."

젊은이는 엄숙하게 코란을 덮어 비단주머니에 넣고는 저를 옆에 앉혔습니다. 저는 가까이에서 젊은이의 태도를 지켜보며 은근히 놀랐습니다. 얼굴은 보름달처럼 아름답고 몸매는 부드럽고 날씬하며 키는 크지도 작지도 않았습니다. 또 뺨은 매끄럽고 밝게 빛나 한마디로 말해 과자나 막대사탕 같아서, 시인은 이런 젊은이를 다음과 같이 노래했습니다.

    그날 밤 점성술사는
    교묘하게 그렸네, 천상도(天象圖)를.
    이상하여라, 그 속에
    나타난 것은 아름다운 젊은이.
    토성은 머리카락도
    검게 물들이고
    장밋빛 그 뺨에
    사향의 사마귀*127 붙어넣었네.
    화성은 진홍빛으로
    두 뺨을 물들이고
    궁수자리는
    눈시울에서 수많은 활을 쏘았네.
    수성은 날카로운 지혜를
    젊은이에게 주었고,
    곰 자리는 인간의 온갖 사악한 눈길을

그에게서 빼앗아갔네.
점성술사는 놀랐네,
아름다운 젊은이의 탄생을 보고,
보름달이 무릎 꿇어 대지에 입맞추려 했을 때.

드높으신 알라 신은 진정 이 젊은이에게 더할 나위 없는 아름다운 옷을 입혀주고, 그 옷깃에 비할 데 없이 아름다운 뺨으로 장식하게 한 것입니다. 시인은 또 이렇게 노래하고 있습니다.

나는 맹세하노라,
향기 어린 아름다운 눈꺼풀
날씬한 허리[*128]에 걸고.
세상에 드문 마술침 달린
날아가는 화살에 걸고,
진정 부드러운 허리와
빛이 깃든 눈에 걸고.
눈부신 한낮의 빛과
머리카락에 스미는 어둠의
두 가지를 갖춘 이마에 걸고.
보는 이의 마음을 뒤흔들어
때로는 명령하고 때로는 물리치며
영원히 기쁨과 시름을
안겨주는 눈썹에 걸고.
뺨을 물들이는 장밋빛
피어나는 이끼 같은 천인화(天人花)[*129]
입술에 깃드는 히아신스,
미소에 깃드는 진주에 걸고.
우아하게 숙인 목덜미와
빛나는 석류알 한 쌍에 박힌
요염한 유방의 곡선에 걸고.

자랑스레 걸을 때 또는 쉴 때
사르르 흔들리는
포동포동한 엉덩이에 걸고,
공단 같은 살갗과
티 없이 깨끗한 마음에 걸고,
우아하게 빛나는
모든 것 깃든 아름다움에 걸고,
아낌없는 손과
순진한 혀에 걸고,
대를 잇는 고귀한 핏줄과
신분에 걸고,
사향도 그 향기를
이 젊은이에게서 빌렸으니
용연향도 이 젊은이로 하여
더욱 향기로워지리라.
눈부신 햇살조차
나의 연인 없었다면
손톱의 때처럼 보이리라.

한 번 보았을 뿐인데 저는 몇 번이나 한숨을 내쉬며 마음이 순식간에 포로가 되고 말았습니다. 저는 그 젊은이에게 말했습니다.
"오, 사랑스러운 분, 부디 조금 전에 제가 한 물음에 대답해 주세요."
"물론입니다. 알라의 시녀여, 실은 이 도시는 내 아버지의 도성이었습니다. 알라의 노여움을 사서 검은 돌로 변한 저 옥좌에 계신 분이 나의 아버님이지요. 침실에서 보신 왕비는 나의 어머님이고요. 부모를 비롯하여 이 도성의 시민은 모두 전능하신 알라 대신 불을 숭배하는[*130] 마지교 신도로 불과 열이나 빛과 그림자, 또 밤낮으로 회전하는 천체에 맹세하는 관습이 있었습니다. 아버님께는 오래도록 자식이 없었는데, 늘그막에 내가 태어났습니다. 내가 자라나 모든 점에서 앞으로 행복해질 수 있다는 것을 알게 될 때까지 소중히 길러주셨습니다. 그런데 궁전에 우연히도 나이 많은 이슬람교도 노파가 한 사람 살고 있었습니다. 그 노파는 마음속으로 알라와 그 사도들을 믿으면서도 겉으로는 이 나라 백성의 종교를 믿는 척했지요. 아버님은 믿을 수 있는 여자로 여기고 그 노파에게 모든 것을 터놓고 이야기했습니다. 처음부터 같은 종교인 줄만 알고 날이 갈수록 정성껏 대접해 주었습니다. 마침내 내가 자라 어른이 되자 아버님은 그 노파에게 나를 맡기며 말했습니다.

'당신이 내 아들을 맡아 교육하고 우리 종교의 법도를 가르쳐주도록 하시오. 가장 훌륭한 교육을 하고 아무쪼록 감독을 게을리하지 말아 주시오.'

나를 맡게 되자 노파는 목욕재계와 하루 5번의 기도의식[*131]과 함께 이슬람교 교의를 가르쳐주었습니다. 그리고 코란을 암송시키면서 입버릇처럼 말했습니다.

'전능하신 알라 외에는 섬기시면 안 됩니다!'

내가 대충 지식을 익히자 노파는 목소리를 낮춰 말했습니다.

'도련님, 이 일은 아버님께 비밀로 해야 합니다. 절대로 말해서는 안 됩니다. 그렇지 않으면 아버님 손에 죽고 말 거예요.'

시키는 대로 나는 아버님에게 비밀로 하고 노파가 세상을 떠날 때까지 오랫동안 숨기고 있었습니다. 그런데 백성은 갈수록 신앙심이 사라지고 교만해져 인륜에 어긋나는 행동이 더욱 심해져 갔습니다. 어느 날 사람들이 여전히 못된 짓을 하고 있는데 별안간 어디선가 무서운 굉음이[*132] 들리더니 이어서 우레 같은 목소리가 이렇게 외치는 것이 들려왔습니다.

'들어라, 도성의 젊은이들아, 불을 숭배하는 것을 그만두고 자비로우신 알라 신을 섬겨라!'

이 소리를 들은 사람들은 모두 소스라치게 놀라, 왕인 내 아버님에게 달려왔습니다.

'저 무서운 목소리는 대체 무엇입니까? 모두 무서워서 몸을 떨고 있습니다.'

그러자 아버님은 그들을 꾸짖었습니다.

'그까짓 괴상한 소리에 놀라 무서워하거나 굳은 신앙심이 흔들려서 올바른 신앙을 다른 것으로 바꾸는 일이 있어서는 안 된다.'

사람들은 아버님 말을 믿고 여전히 불을 숭배했고, 맨 처음 이상한 소리가 들리고 나서 1년 동안 여전히 나쁜 짓을 계속했습니다. 그러자 다음 해 같은 날에 또 같은 소리가 들려왔고, 3년째에도 들리는 등, 이렇게 해마다 정해놓고 한 번씩 들려온 것입니다. 그래도 사람들은 사악한 행위를 그치지 않았는데, 어느 날 새벽 갑자기 하늘의 심판과 노여움이 그들에게 내려 알라의 강림과 함께 모든 사람은 검은 돌로 변하고 말았습니다.*133 사람도 짐승도 가축도 모두—.

마침 그때 기도를 올리고 있던 나를 제외하고 이 천벌을 모면한 사람은 한 사람도 없었습니다. 그날부터 오늘까지 보시는 바와 같이 끊임없는 기도와 단식과 코란의 독경에 정성을 쏟았지만, 실은 말동무가 하나도 없어 외로워서 견딜 수 없었습니다."

그래서 저는 젊은이에게 말했습니다. 정말이지 이 젊은이야말로 제 마음을 사로잡고 저의 생명과 영혼의 주인이라고도 할 수 있는 사람이었기 때문입니다.

"여보세요, 저와 함께 바그다드로 가서 신학박사와 율법학자를 찾아가 지혜와 분별심을 닦고 신학을 더 연구하지 않으시겠어요? 만일 가신다면 당신 앞에 선 이 계집이 당신의 시녀가 되겠습니다. 이래도 한집의 주인으로서 많은 환관과 종과 노예를 부리는 몸입니다. 저는 당신을 뵙고 나서 처음으로 삶의 기쁨을 느끼게 되었어요. 제 배가 상품을 싣고 이 도시에 와 있습니다. 제가 이 도시로 오게 되어 이런 사건을 알게 된 것도 모두 신이 내리신 운명일 거예요. 이렇게 만나게 된 것도 무슨 인연이겠지요."

제가 어디까지나 정중하게 설득하며 온갖 성의를 다하자 마침내 그 젊은이도 승낙했습니다.

—샤라자드는 새벽빛이 스며드는 것을 보고 이야기를 그쳤다.

18번째 밤

오, 인자하신 임금님, 이 여자가 함께 도시를 떠나자고 젊은이를 상냥하게 구슬려 마침내 젊은이는 승낙하고 같이 가겠다고 대답했습니다.

—그날 밤 저는 왕자의 발치에 누워 잠을 잤는데 매우 기뻐서 자신이 어

디에 있는지도 모를 지경이었습니다. 날이 희미하게 밝아오기 시작하자 곧 일어나 둘이서 보물창고에 들어가 값진 것을 모두 그러모았습니다.

그런 다음 젊은이와 함께 성문 밖으로 나가 저를 찾고 있던 선장과 언니와 노예들을 만났습니다. 그들은 저를 보자 기뻐하며 왜 늦었느냐고 물었습니다. 그래서 저는 어제부터 제 눈으로 본 이야기며 젊은 왕자의 신세 이야기, 또 도시 사람들이 천벌을 받아 돌로 변한 이야기를 모두 해 주었습니다. 그들은 무척 놀라워했고, 언니들은(오, 충성스러운 자들의 임금님이시여! 바로 이 암캐 두 마리 말입니다) 젊은 연인과 다정하게 서 있는 저를 보자 질투심이 일어나 화를 내며 좋지 않은 짓을 꾸몄습니다.

저희는 순풍을 기다렸다가 배를 탔는데 온갖 귀중한 물건, 더구나 저는 왕자라는 최상의 보물을 손에 넣고 있었으므로 그저 기쁘기만 해서 한시바삐 돌아가고 싶었습니다. 이윽고 순풍이 불기 시작하여 배는 출범했습니다.

모두 앉아서 이야기를 나누고 있을 때 언니들이 물었습니다.

"너는 이 아름다운 분을 어떻게 할 작정이냐?"

"남편으로 삼겠어요."

그리고 왕자 쪽을 바라보며 말했습니다.

"이보세요, 나의 왕자님! 전 당신에게 청혼할 생각인데 싫다고 하시면 안 돼요. 아시겠지요? 태어난 고향 바그다드에 도착하면 신성한 혼례식을 올리고 당신의 충실한 시녀로서 몸과 마음을 바치겠어요. 당신은 남편, 저는 아내!"

그러자 왕자가 대답했습니다.

"좋소! 당신은 나의 연인이고 아내, 당신이 하는 일이라면 뭐든지 마다하지 않겠소."

저는 언니들을 돌아보며 말했습니다.

"이분은 내가 찾아낸 가장 귀한 보물이에요. 나는 이분만으로 충분해요. 내 재산을 조금이라도 맡아서 계시는 분들은 자신이 번 것으로 생각하고 나의 호의와 함께 받아주세요."

"하는 말, 하는 행동이 모두 훌륭하구나."

두 언니는 말은 이렇게 했지만 속으로 사악한 음모를 꾸미고 있었습니다.

배는 순풍을 타고 항해를 계속하여 마침내 위험한 바다를 벗어나 안전한 바다로 들어섰습니다. 며칠 뒤에 바소라 항에 도착하니 그곳의 건물들이 저녁노을 속에 선명하게 떠올라 있었습니다.

바로 그날 밤 잠자리에 들어 곤히 자고 있을 때, 두 언니는 제 침상을 들어내어 바닷속에 던졌습니다. 젊은 왕자도 같은 변을 당했는데, 그는 헤엄을 칠 줄 몰라 그만 물에 빠져 죽고 말았습니다. 알라께서는 그 왕자를 숭고한 순교자의 대열*134에 넣어주셨습니다.

저도 하마터면 왕자와 함께 빠져 죽을 뻔했으나 알라의 뜻으로 목숨만은 건질 수 있었습니다. 정신이 들고 보니 저는 바닷속에 있었고 번개처럼 재빨리 사라져가는 배가 보였습니다. 신께서 제 앞에 재목 하나를 던져주셨기에 저는 그것을 타고 물결치는 대로 떠다니다가 마침내 어떤 조그마한 섬에 이르렀습니다. 높은 육지였는데 사람은 하나도 보이지 않았습니다. 저는 섬에 기어 올라가 밤새도록 헤매고 다녔습니다.

날이 밝자 아담의 후손들은 도저히 걸을 수 없을 듯싶은 매우 험한 길이 보였습니다. 나중에 알았지만, 그 길은 섬과 육지를 잇는 얕은 여울로 통하고 있었습니다. 해가 뜨자 젖은 옷을 펴서 말리고 나무열매를 따 먹고 물을 마셔 요기를 한 다음, 그 길을 따라 걷기 시작하여 가까스로 본토에 이르렀습니다.

도성까지 2시간만 걸으면 되는 지점에 이르렀을 때, 놀랍게도 저편에서 대추야자나무만큼 굵은 뱀 한 마리가 허둥지둥 좌우로 몸을 흔들어대며 이쪽을 향해 기어오는 것이 보였습니다. 한 자나 되어 보이는 혀를 땅에 축 늘어뜨리고 먼지를 일으키며 필사적으로 도망쳐 내 바로 앞까지 왔습니다. 그 뒤에서 창 두 자루만한 길이도 되지 않는 창대같이 가느다란 용이 쫓아오고 있었습니다. 뱀은 공포에 사로잡혀 몸부림쳤지만 기어이 용에게 꼬리를 물리고 말았습니다. 그러자 뱀은 폭포 같은 눈물을 흘리며 괴로운 듯 혀를 빼물면서 몸부림쳤습니다.

저는 뱀이 가엾어서 돌을 주워 알라의 도움을 빌면서 용의 대가리를 향해 힘껏 던졌습니다. 용은 정통으로 돌에 맞아 그 자리에서 죽고 말았습니다. 그러자 뱀은 날개를 펴고 하늘로 날아올라가 눈 깜짝할 사이에 자취를 감추고 말았습니다. 저는 넋을 잃고 그 자리에 앉아 있었는데 너무 피곤하여 꾸벅꾸벅 졸다가 그만 잠이 들었습니다.

문득 눈을 떠보니 까만 옷을 입은 한 여자가 발치에 앉아서 제 발을 주무르고 있지 않겠습니까? 그 처녀 옆에는 암캐 두 마리가 쪼그리고 앉아 있었습니다. (오, 충성스러운 백성의 임금님이시여! 그게 바로 제 언니들이었습니다.) 저는 그 처녀 보기가 부끄러워[135] 몸을 일으키고 물었습니다.

"당신은 대체 누구신가요?"

"정말 기억력이 나쁜 분이군요. 저는 아까 그 뱀이에요. 친절하게 살려주시어 은혜를 베푸시고 게다가 원수까지 죽여주셨잖아요. 실은 저는 마녀신이고 그 용은 저를 미워하는 마신이었습니다. 당신 외에는 아무도 저를 도와주지 않았어요. 저는 당신께 구원을 받자 곧 바람을 타고 두 언니가 당신을 바다에 던진 그 배로 날아가 배에 실려 있던 물건을 모두 댁까지 옮겨놓았어요. 그리고 부하 마신들을 시켜 당신 언니들을 이 검은 암캐로 만들어 버렸지요. 저는 당신들 사이에 있었던 일을 모두 알고 있거든요. 하지만 그 젊은 분은 바다에 빠져 완전히 죽고 말았어요."

마녀신은 저와 암캐 두 마리를 데리고 하늘로 올라가 잠시 뒤 저희 집 지붕 위에 내려놓았습니다. 집 안에는 배에 실었던 재산이 하나도 빠짐없이 옮겨져 있었습니다.

마녀신이 말했습니다.

"솔로몬 왕(편안하게 잠드시기를!)의 도장반지에 새겨진 이름[136]에 걸고 맹세코, 만약 당신이 날마다 이 개들에게 3백 대씩 매질을 하지 않으면, 내가 나타나 당신을 영원히 땅속에 가둬 버리고 말겠어요."

"알았어요!"

마녀신은 날아가기 전에 다시 한 번 다짐을 두었습니다.

"두 개의 바다[137]에 물이 넘치게 하신 신의 이름으로 맹세코(이것이 나의 두 번째 맹세예요) 내 말대로 하지 않으면 당신의 모습도 언니들처럼 바꾸고 말겠어요."

오, 충성스러운 백성의 임금님이시여, 그 뒤 저는 눈물을 머금고 피가 배어 나올 때까지 이 암캐 두 마리에게 약속대로 매질을 해왔습니다. 때로는 가여운 생각도 들지만, 언니들은 채찍질을 당하는 것이 제 탓이 아니라는 것을 잘 알고 제 변명을 이해해 주고 있습니다. 여기까지가 저의 신세 이야기입니다.

교주는 자매들의 이 기이한 이야기에 무척 감동했습니다. 그는 자파르에게 눈짓을 하더니 둘째인 문지기 여자에게 물었습니다.

"그대의 몸에 채찍자국이 있는 것은 어찌 된 일인가?"

그러자 문지기 여자가 자신의 이야기를 시작했습니다.

문지기 여자의 이야기

오, 충성스러운 자들의 임금님이시여, 저에게도 아버님이 계셨는데 수명이 다하여 지난해에 많은 재산을 남기고 돌아가셨습니다. 저는 한동안 홀로 살다가 당대에 으뜸가는 큰 부자와 결혼을 했습니다. 결혼한 지 1년이 지나자 남편도 세상을 떠나 신성한 상속법[138]에 따라 저는 남편의 재산 중에서 금화 8만 디나르를 물려받았습니다. 저는 큰 부자가 되어 먼 곳까지 이름을 떨치게 되었습니다. 그것은 제가 한 벌에 금화 1천 디나르나 하는 옷을 10벌씩이나 지어 입곤 했기 때문입니다.

어느 날 집에 있는데 한 노파[139]가 홀연히 저를 찾아왔습니다. 얼굴이 앙상하게 말라 뺨은 푹 꺼지고 눈은 주름살투성이, 눈썹이 빠져 빨갛게 짓무르고 머리는 벗어져 완전히 대머리였습니다. 이는 다 빠지고 등이 굽은 데다 고개는 쉴 새 없이 건들거리며 곰보 얼굴에 콧물이 줄곧 흐르는 정말 끔찍한 몰골을 한 노파였습니다.

시인은 그런 모습을 이렇게 노래하고 있답니다.

> 불길한 귀신 할멈!
> 수없이 지은 죄 사라지지 않고,
> 임종의 자리에 누워도
> 자비로운 신의 은혜는 내리지 않으리라.
> 할멈 손이 한 번 움직이면
> 고집 센 1천 마리 노새도
> 달아날 길을 못 찾아 거미줄에 얽히리.

또 다른 시인은 이렇게 노래하고 있습니다.

사악을 구별하지 못해
마술도 지혜로 보는 귀신 할멈,
못된 짓 하는 아귀(餓鬼), 처녀 도깨비,
화냥년에 뚜쟁이 할멈.*140

그 노파는 성큼성큼 들어오더니 저에게 절을 하고 이마를 조아리며 말했습니다.
"우리 집에 부모 없는 처녀가 있는데 오늘 밤 혼례를 올리고 피로연을*141 베풀기로 되어 있습니다. 우리는 무척 가난한데다 이 고장 사람이 아니어서 손님이 하나도 없어 걱정입니다. 사정이 이러하니 인정을 베푸시어 오늘 밤 혼례식에 와주시지 않겠습니까? 하늘에 계신 신들이 어여삐 여기실 것이고, 당신이 오신다는 말을 들으면, 다른 부인들도 오실 겁니다. 그러면 당신 덕분에 그 처녀의 시름도 가실 테지요. 처녀는 매우 낙담하여 알라 외에는 의지할 분이 없다고 말하고 있습니다."
노파는 울면서 제 발밑에 입을 맞추고 나서 다음과 같은 시를 읊었습니다.

참석해 주신다면 복이 올 거외다.
맹세하리다, 당신 앞에서.
당신이 안 계시면 누구 한 사람도
대신해 줄 사람이 없으니.

저는 무척 가여운 마음이 들어서 대답했습니다.
"알았습니다. 그뿐만 아니라 그 이상의 것도 얼마든지 해 드리겠어요. 처녀에게 내 옷을 입히고 패물과 보석을 달게 해서 신랑 앞에 나가도록 해 드리지요."
노파는 무척 기뻐하며 머리 숙여 내 발에 입을 맞추며 말했습니다.
"알라께서 당신에게 행복을 내리시기를! 당신께서 제 마음을 위로하셨듯이 당신의 마음을 편안케 하시기를. 하지만 아씨, 지금 곧 와주십사는 건 아닙니다. 채비를 차리고 저녁때*142까지 기다려주십시오. 제가 모시러 올 테니까요."

노파는 제 손에도 입을 맞추고 돌아갔습니다.

저는 어떤 운명이 기다리고 있는지도 모르고 실에 진주를 꿰고 비단옷을 입고 화장을 하며 준비를 하였습니다. 그러자 갑자기 노파가 다시 찾아와 잇몸을 드러내고 웃으면서 말했습니다.

"아씨, 이웃부인네들이 오셨기에 아씨께서 오신다는 말을 전했더니 매우 기뻐하면서 모두 기다리고 있습니다."

그래서 저는 베일을 쓰고서 시녀들을 거느리고 노파를 따라 집을 나섰습니다. 물을 뿌려 깨끗이 청소된 길로 나아가니 시원한 산들바람이 불어왔습니다. 저희가 걸음을 멈춘 곳은 어떤 대문 앞이었습니다. 그 대문 주춧돌은 듬직하고 튼튼했으며 위에는 대리석 둥근 지붕이 얹혀 있었습니다. 그 안에는 높직한 담으로 둘러싸인 궁전이 있고 그 위에 솟아오른 뾰족탑 위에는 구름이 걸려[143] 있었습니다. 출입문에는 이런 시가 적혀 있었습니다.

　　이곳은 기쁨의 집, '환락'이 늘 미소 짓는
　　이 집이 있는 한 즐거움의 고향,
　　이 뜰 가운데 맑은 샘 솟아나
　　눈물도 시름도 그 물을 더럽히지 못하네.
　　누만 왕[144]이 즐기던 수많은 꽃
　　도금양, 수선화, 카밀러 꽃들
　　아름답게 주위를 장식하네.

검은 휘장이 드리워진 문 앞에 서서 노파가 똑똑 두드리니 문이 활짝 열리면서 양탄자가 깔린 현관이 나타났습니다. 램프에는 휘황하게 불이 켜져 있고 눈부신 보석과 귀금속으로 장식된 큰 촛대에도 불이 켜져 있었습니다.

우리는 그곳을 지나 손님방으로 들어갔는데, 이 세상에서는 다시 볼 수 없을 것 같은 화려하고 아름다운 방이었습니다. 벽에도 바닥에도 비단을 깔고 두 줄로 늘어선 가지 모양의 촛대와 벽에 붙박은 촛대, 그리고 가느다란 초가 눈부시게 빛나고 있었습니다. 그 안쪽은 복도로 되어 있었습니다. 거기에 진주와 보석으로 장식한 침상이 놓여 있고 그 위에는 마거리트 꽃으로 장식된 비단 휘장이 처져 있었습니다. 우리가 넋을 잃고 황홀해하니, 잠시 뒤 젊은 귀부인이 그 안에서 나왔습니다.
 오, 충성스러운 자들의 임금님이시여, 그 여자의 자태는 보름달보다 아름답고 새벽보다 밝게 사프란빛으로 빛나고 있었습니다. 시인도 이렇게 노래하고 있습니다.

> 궁전을 거니는 꽃 같은 맵시
> 키스라 제왕의 신부이던가.
> 뺨에 춤추는 장미꽃
> 아, 용의 피처럼 붉은 뺨
> 늘씬한 허리, 시름에 찬 눈,
> 황홀한 교태 머금고,
> 이마를 꾸미는 화관은
> 빛나는 아침 위에 놓인
> 시름에 서러워하는 밤의 어두움.

 그 아름다운 여인이 침상에서 내려와 저에게 인사했습니다.
 "어서 오세요, 정말 반가워요, 고명하신 그리운 언니! 친절하게도 이렇게 와주셔서 정말 감사해요."
 그리고 다음과 같은 시를 읊었습니다.

> 그대, 오신 줄 안다면
> 집안사람들 얼마나 기뻐할까,
> 당신이 밟은 흙에
> 입이라도 맞출 것을.
> 벽에 입이 있다면 말하리라,
> "어서 오세요, 자비롭고 아름다운 분!"

 자리에 앉자 처녀는 말했습니다.
 "언니, 저에게 오빠 한 분이 있는데 오빠는 잔치며 축제 때 종종 당신을 본 적이 있다고 해요. 오빠는 나보다 훨씬 잘생긴 청년으로 당신을 무척 사모하고 계셔요. 관대하신 알라께서 당신을 보기 드문 미인으로 만드셨으니까요. 그래서 그 노파에게 돈을 주어 당신께 보냈던 것입니다. 말하자면 노파가 꾀를 써서 당신을 이렇게 만나게 해 준 거예요. 오빠 말씀으로는 당신이 문중에서 가장 지체 높은 분이라고 했지만, 오빠도 역시 귀족이랍니다. 오빠는 당신과 인연을 맺고 싶은 일념으로 이런 꾀를 써서 나를 당신과 만나게 한 거예요. 오빠는 알라의 뜻에 따라 당신과 결혼하고 싶어해요. 알라의 법도에 따른 정당한 일인데 무엇이 부끄럽겠어요."

이 말을 듣고 속임수에 교묘하게 넘어간 것을 비로소 깨달았습니다. 그러나 저는 대답했습니다.

"잘 알았어요."

여인은 매우 기뻐하며 손뼉을 쳤습니다.[*145] 그러자 문이 활짝 열리더니 혈기왕성한 젊은이가 훌륭한 옷차림으로 나타났습니다. 아름다움과 사랑스러움이 잘 조화된 더할 나위 없는 미남의 전형이었습니다. 태도에 사람의 마음을 끄는 매력이 있고, 눈썹은 화살을 메긴 활 같았으며, 눈은 신의 눈길조차 즐겁게 하여 보는 사람의 마음을 사로잡는 힘이 있었습니다. 시인은 이 같은 젊은이를 다음과 같이 노래하고 있습니다.

　　초승달처럼 싱싱하게
　　빛나는 그 얼굴이여,
　　신의 손으로 표식된
　　아름다운 진주 구슬이런가.[*146]

그리고 이렇게 노래한 시인에게도 알라의 축복이 있기를.

　　아름다운 이에게 행운 있어라.
　　보기 드문 홍안의
　　젊은이를 만드신
　　신의 섭리를 찬양하라.
　　온갖 아름다운 선물을
　　한몸에 모은 사나이.

많은 사람이 젊은이
그리워 사랑의 노예 되네.
'아름다움' 자체가
젊은이의 이마에 새긴 말은
"나는 증명하노라,
그 사람 외에는 미남 없다"*147고.

이 젊은이를 처음 본 순간부터 나는 마음이 끌려 사랑하게 되었습니다. 젊은이가 제 옆에 앉아 잠시 이야기를 나누고 있는데, 그 처녀가 다시 한 번 손뼉을 쳤습니다. 그러자 옆에 있는 문이 활짝 열리고 판관이 입회인 네 명을 증인으로 거느리고 들어왔습니다. 그들은 저에게 인사하고 자리에 앉더니 우리의 결혼계약서를 작성하고 물러갔습니다.
젊은이는 저를 돌아보며 말했습니다.
"우리의 밤이 행복하기를!"
그러고는 곧 이렇게 덧붙였습니다.
"오, 아내여, 한 가지 약속해 주었으면 하는 일이 있소."
"네, 무엇인지요?"
젊은이는 일어나 코란 한 권을 가지고 왔습니다.
"나 외에는 아무도 쳐다보지 않고 나 외에는 누구에게도 몸과 마음을 맡기지 않겠다고, 이 코란을 두고 맹세해 주시오."
제가 두말없이 맹세하자 젊은이는 매우 기뻐하면서 제 목에 팔을 돌려 끌어안았습니다. 제 가슴은 젊은이에 대한 사랑으로 가득 찼습니다. 그러고는 식탁*148이 준비되어 두 사람은 마음껏 먹고 마셨습니다. 저는 못 견디게 밤이 기다려졌습니다. 밤이 되자 그이는 저를 신방으로 안내해 한 이불 속에 누워, 아침까지 입을 맞추고 포옹을 되풀이했습니다. 그때까지 한 번도 꿈꾼 적이 없는 숨 막히도록 즐거운 밤이었습니다.
그로부터 꼬박 한 달 동안 그이와 함께 행복하고 즐거운 생활을 보냈습니다. 한 달이 지나고 나서 제가 시장에 가서 색다른 천을 사고 싶다고 말하자 남편은 승낙해 주었습니다. 저는 베일을 쓰고서 노파와 노예소녀를 데리고*149 비단 장사를 하는 어떤 대상의 객주를 찾아갔습니다. 노파가 소개한 젊은 상인의 가게 앞에 앉자 노파는 말했습니다.

"이 젊은이의 아버지는 저이가 어릴 때 많은 재산을 남기고 죽었습니다. 재고품도 잔뜩 있으니 뭐든지 원하는 대로 살 수 있을 겁니다. 이 시장에서 이곳만큼 좋은 물건을 가진 집은 없지요."

그리고 이번에는 젊은이에게 일렀습니다.

"당신네 집에 있는 가장 좋은 물건을 보여주시우."

"알았습니다."

노파는 다시 저에게 소곤거렸습니다.

"상냥하게 한 말씀 하시지요."

"나는 남편 아닌 외간 남자와는 절대로 말하지 않기로 약속했어요."

그러나 노파가 여전히 그 젊은이를 입이 닳도록 칭찬하기에 나는 딱 잘라 말했습니다.

"그런 말은 듣기 싫어요. 그보다 빨리 물건이나 사서 돌아갑시다."

상인은 제가 요구하는 대로 여러 가지 물건을 내주었는데, 값을 치르려 하자 받으려 하지 않았습니다.

"오늘 물건은 손님께 선물로 드리는 것이니 그냥 받아주십시오!"

"돈을 받지 않거든 물건을 돌려줘요."

제가 노파에게 말하자 상인이 말했습니다.

"아닙니다. 알라께 맹세코 저는 물건을 돌려받을 수 없습니다. 저는 돈이 탐나서 판 것이 아니니까요. 제가 받고 싶은 것은 단 한 번의 입맞춤입니다. 저에게는 그것이 이 가게 물건 전부보다도 소중합니다."

"입맞춤이 무슨 벌이가 되누?"

노파는 이렇게 말하며 저를 돌아보았습니다.

"들으셨어요, 아씨? 단 한 번의 입맞춤으로 탐나는 물건을 얻는 것이 뭐 그리 나빠요."

"절대로 그럴 수 없어요. 할멈은 내가 맹세한 걸 모르오?"

"고정하세요. 그저 입만 한번 맞춰주면 되는데. 이야기를 하는 것도 아니고 기대는 것도 아니잖수. 그렇게 하면 맹세도 깨뜨리지 않고 돈도 쓰지 않고 무슨 화가 미치는 것도 아니잖아요."

노파가 끈덕지게 구스르는 바람에 저도 입맞춤 한 번 정도야 어떠랴 싶은 생각이 들었습니다. 결국 마음속에 악마가 숨어들어 함정 속으로 목을 들이 박고 말았습니다.

그리하여 싫다고 말하면서도 어느새 자신도 모르게 고개를 끄덕이고 말았습니다. 제가 눈을 감고 베일의 한 자락을 걷어 올리자 젊은이가 제 뺨에 입술을 갖다댔습니다. 그런데 이 젊은이가 입을 맞추면서 제 뺨을 세게 물어뜯는*150 바람에 저의 볼 살이 떨어져 나가고 피가 흘러내렸습니다. 저는 그만 그 자리에서 정신을 잃고 말았습니다. 노파가 저를 안고 부축해 주었으나 정신을 차려보니 가게는 이미 닫혀 있고 노파 혼자 내 옆에서 울고 있었습니다.

"더 나쁜 봉변을 당하지 않은 것을 알라께 감사드립시다. 자, 어서 정신을 차리세요. 세상에 알려져 망신당하기 전에 어서 집으로 돌아가야지요. 무사히 집으로 돌아가거든 아픈 척 이불을 쓰고 누워 계세요. 제가 물린 데 잘 듣는 약을 갖다 드리겠습니다. 늦어도 사흘이면 나을 수 있어요."

저는 가까스로 몸을 일으켰지만, 말할 수 없이 슬프고 무서웠습니다. 그래도 겨우 걸어서 집에 이르자 아프다는 핑계로 자리에 누웠습니다. 밤이 되자 남편이 들어왔습니다.

"당신, 오늘 외출하더니 웬일이오?"

"기분이 좋지 않아요. 머리가 몹시 아파서요."

남편은 촛불을 켜들고 제 얼굴을 유심히 바라보더니 물었습니다.

"당신 뺨의 가장 보드라운 데 생긴 이 상처는 어찌 된 거요?"

"오늘 허락을 받고 물건을 사러 나갔다가, 장작 실은 낙타에 부딪쳐 장작개비에 베일이 찢기고 뺨에 이런 상처가 났어요. 정말 거리가 너무 좁아요."

그러자 남편은 벌컥 화를 냈습니다.

"뭐라고? 그렇다면 내일 시장을 만나 담판을 짓고 바그다드의 나무장수들을 모두 처형시켜 버려야겠군."

"아니에요, 남에게 죄를 씌워 자신의 마음을 괴롭히지는 말아 주세요. 사실은 저, 나귀를 타고 갔는데 나귀가 돌부리를 차서 비틀거리는 통에 땅에 떨어지고 말았어요. 그때 말뚝인지 유리 조각인지에 뺨을 다쳐 이런 상처가 난 거예요."

"그럼, 내일 대신 자파르를 찾아가 이 이야기를 해서 바그다드의 마부들을 모조리 죽여 버리겠소."

"제 상처 때문에 그런 짓을 해서는 안 됩니다. 이 상처는 알라와 운명이 명령한 거예요."

"그렇다면 하는 수 없지!"

남편은 이렇게 말하고 벌떡 일어서더니, 저에게 꼬치꼬치 캐묻기 시작했습니다. 제가 당황하여 무서워질 정도로 추궁하더군요. 마침내 저는 횡설수설, 우물우물하다가 그만 대답할 말이 궁해 이렇게 말해 버렸습니다.

"알라의 뜻에 따라 상처를 입었을 뿐이에요."

그러자 오, 충성스러운 자들의 임금님이시여, 남편은 결국 눈치를 채고 날카롭게 소리쳤습니다.

"너는 맹세를 어겼구나!"

그 순간 문이 열리며 흑인 노예 7명이 나타났습니다. 남편은 저를 침상에서 끌어내 방 한가운데로 끌고 가라고 명령했습니다. 그뿐 아니라, 한 노예에게 제 팔을 묶은 다음 머리 위에 올라타 앉게 하고, 또 한 노예에게는 제 무릎을 타고 앉아 다리를 꼭 누르게 한 다음 세 번째 노예에게 명령했습니다.

"사드! 이 여자를 베어 두 동강을 낸 다음 한 동강씩 티그리스 강에 던져 고기밥으로 만들어라. 사랑을 배신한 대가이다."

노여움에 불탄 남편은 이런 시를 읊었습니다.

　　계집 하나로 어찌 사랑을 나누랴,
　　차라리 사랑을 버리고 목숨을 끊으리.
　　아, 넋이여, 죽음을 택하라,
　　두 사내가 나누는 사랑은
　　도리에 벗어난 연애이기에.

남편은 다시 노예에게 명령했습니다.

"그년을 베어라! *151 사드!"

내 위에 올라타 앉은 노예는 명령대로 하려고 몸을 굽히며 말했습니다.

"아씨, 신앙을 고백하십시오. 그리고 뭔가 소원이 있거든 지금 말씀하십시오. 아씨의 목숨은 이제 마지막입니다."

"고맙다. 잠깐만 내 머리에서 내려와다오. 그리고 마지막 말을 하게 해

줘."

저는 머리를 들고 제 처지와 고귀한 신분에서 오욕 속으로, 그토록 행복했던 인생에서 죽음 속으로 떠밀린 제 모습을 돌아보며 곰곰이 생각했습니다. 스스로 저지른 죄 때문에 천벌을 받게 된 것을 생각하니 눈물이 하염없이 흘렀습니다. 그러나 남편은 여전히 무서운 눈으로 노려보며 다음과 같은 노래를 불렀습니다.

　　사랑을 원수로 갚은 계집
　　옛사랑을 새 사랑으로 바꾼
　　천연덕스러운 계집에게 말한다.
　　"나는 그대를 사랑하여 울었노라, 그대보다 먼저!
　　두 사람의 지난날은 행복했었네.
　　아니, 그보다 더한 행복은 없었지!"

충성스러운 자들의 임금님, 저는 이 노래를 듣고 한층 더 흐느껴 울며 남편에게 이런 시를 읊었습니다.

　　나의 사랑을 당신은 끊었어요.
　　조그마한 마음의 동요도 없이.
　　당신 때문에 눈물 젖은 눈꺼풀은 잠 못 이루고,
　　슬픔도 아랑곳없이 당신은 잠자건만
　　나의 눈과 불면을 벗으로 만든 건 당신입니다.
　　나는 당신을 잊지 못해 눈물을 흘립니다.
　　영원하고 참된 맹세를 시켜놓고
　　이제 배반자라 욕하시다니.
　　사랑을 모르는 아이처럼 나는 당신을 사랑하니
　　슬기로운 사람아, 용서하소서.
　　내 죽거든 알라에 맹세코 써주세요. 내 묘비에,
　　"이 여자는 사랑에 미쳐 사랑에 죽었노라"고.
　　사랑에 병든 이 자리 지나가면

가슴속의 슬픔도 발걸음 따라 사라지리라.

이 노래를 부르고 나자, 또 새로운 눈물이 솟아올랐습니다. 그러나 노래도 눈물도 남편의 분노를 더 돋울 뿐이라 남편은 또다시 이렇게 노래했습니다.

사랑하는 연인을 버린 것은 싫증 나서가 아니다.
내 마음에 상처 입힌 무거운 죄를 지었기 때문.
두 사내와 사랑을 나눈 부정한 계집,
그러나 나의 일신교(一神教)는
두 신*152을 물리치노라.

이 시를 듣고 저는 울면서 다시 용서를 빌며 그이 앞에 무릎 꿇고 상냥하게 말했습니다. 진심으로 남편을 감동시켜 보자, 그러면 비록 내 물건은 다 뺏을지라도 목숨만은 살려주겠지 하는 생각에서였습니다. 그래서 저의 괴로움을 이것저것 호소하며 이런 시구를 외웠습니다.

당신의 목숨 두고 맹세하노니
당신이 나의 목숨이라면
설마 목숨을 빼앗진 않으시리.
그러나 두 사람 사이를 갈라놓는
이별의 법도만은 깨뜨리지 못하시리.
당신은 지워주셨네, 안타까운 사랑의 짐,
시름에 야위어 속옷 무게도 힘겨운 나에게.
나의 목숨과 영혼이 사라진다 해도 이상할 건 없건만,
이상하여라, 이 내 몸 이별의 쓰라림을 견뎌내다니.

노래를 마치고 저는 또다시 슬피 울었습니다. 남편은 여전히 노려보면서 차마 입에 담지 못할 욕*153을 하더니 이런 시를 외웠습니다.

그대야말로 나 아닌 사내를 사랑한 계집,

정 없는 낯짝 돌리지 마라, 나는 외면할 뿐.
네가 먼저 나가면 나도 뒤따라 나가런다.
나도 참으런다, 이별의 아픔, 네가 능히 견디었으니,
네가 새 연인 찾듯 나도 새 사랑 찾아가런다.
이 슬픔 달래는 길 오직 그것뿐
사랑을 죽여 저지른 네 죄 악착같아라.

노래를 마치자 남편은 또 큰 소리로 노예들에게 호령했습니다.
"이년을 빨리 두 동강내고 처치해라. 이런 년은 아무짝에도 소용없다."
노예들이 드디어 제 곁에 다가왔습니다. 저는 시를 읊는 것도 잊고 이제 죽었구나 각오하며 전능하신 알라께 모든 것을 맡겼습니다. 그때였습니다. 노파가 달려와 남편의 발 아래 몸을 던지고 그 발에 입을 맞추고서 울며 말했습니다.
"서방님, 여태까지 서방님을 키우고 오랫동안 모시며 살아온 제 낯을 봐서라도 부디 아씨를 용서해 주십시오. 아씨께서는 이런 처벌을 받을 만한 일은 조금도 하지 않으셨습니다. 서방님은 앞길이 구만리 같은 분이신데 아씨를 죽이시고 그 벌을 받으실까 염려됩니다. 속담에도 '죽인 자는 죽음을 당한다'는 말이 있습니다. 이 음탕한 여자는(서방님은 그렇게 생각하고 계시겠지요) 이 집에서나 서방님 마음속에서 내쫓고 잊어버리십시오."
노파가 울면서 설득했으므로 남편은 그제야 노여움을 풀고 말했습니다.
"그렇다면 목숨만은 살려주겠다만 평생 몸에 남을 표적을 만들어줘야겠다."
남편은 노예를 시켜 저를 끌어다 옷을 벗기고*154 마룻바닥에 오랫동안 굴렸습니다. 노예들이 저를 타고 앉아 꼼짝 못하게 하자 남편은 마르멜로 채찍을 쥐고 다가와 등이며 옆구리를 마구 후려갈겼습니다. 저는 아픔을 견디다 못해 그만 기절하고 말았습니다. 남편은 노예들에게 명령하여 노파를 앞세우고 결혼 전에 살던 저의 집 마루에 저를 버리고 오게 했습니다. 날이 새어 겨우 정신을 차린 저는 상처에 고약을 발라 치료했으나 옆구리와 가슴에는 보시는 바와 같은 채찍자국이 여전히 남아 있습니다. 그 뒤 저는 병상에 누워 넉 달이 지나서야 겨우 건강을 되찾고 일어나게 되었습니다.

넉 달이 지나고 나서 그 사건이 있었던 집에 가보니 그 집은 완전히 폐허가 되어 있었습니다. 한길은 파괴되고 건물이 있던 자리에는 쓰레기더미만 산처럼 쌓여 있었습니다. 어째서 그렇게 되었는지 도무지 알 길이 없었습니다. 그 뒤 배다른 언니를 찾아갔더니 검둥개 두 마리가 거기 있었습니다. 언니에게 인사를 하고 자초지종을 이야기하자 언니가 말했습니다.

"세상을 살아가노라면 누구든 원한을 사게 마련이야. 목숨만이라도 살려주신 알라께 감사드려라."

그리고 이런 노래를 불렀습니다.

 이것이 바로 뜬세상이라는 것,
 재산을 잃고
 벗과 헤어져도
 굳센 마음으로 견디어 나가라.

그리고 자신과 두 언니에게 일어난 일을 이야기해 주었습니다. 그 뒤부터 저희는 함께 살아왔으며, 최근 몇 년 동안 혼담 같은 것은 한 번도 입에 담은 적이 없었습니다. 얼마 뒤 또 한 사람, 수도원의 찬모로 있던 언니가 와서 함께 살게 되었습니다. 이 언니는 아침마다 밖으로 나가 우리에게 필요한 물건들을 사왔습니다. 그렇게 해서 어젯밤까지 지내왔던 것입니다. 어제 아침 언니는 여느 때처럼 물건을 사러 나갔다가 처음 보는 짐꾼을 데리고 돌아왔지요. 그 뒤에 또 세 탁발승을 집에 들여놓아 그런 일이 벌어진 것입니다. 저희가 이들을 친절하게 대접하고 있는데 밤중이 되자 풍채가 당당한 모습의 상인 세 분이 저희 사이에 끼어들어 여러 가지 진기한 이야기를 들려주었습니다. 처음에 저희는 한 가지 약속을 하고 이야기를 했는데, 그 약속을 어겼기 때문에 그 벌로 자신의 신상 이야기를 하게 했던 것입니다. 여러분은 저희가 시키는 대로 하셨기 때문에 용서해 드렸습니다. 그리고 모두 돌아갔습니다. 그런데 오늘 아침 뜻밖에도 임금님 앞에 불려 나오게 되었습니다. 제 이야기는 대충 이렇습니다.

교주는 이 문지기 여자의 이야기를 듣고 은근히 놀라면서 그것을 기록에 남겨 서고(書庫)에 간직하도록 명령했습니다.

―샤라자드는 여기서 날이 새기 시작한 것을 깨닫고 이야기를 그쳤다.

19번째 밤

오, 인자하신 임금님, 교주는 자매와 탁발승 이야기를 기록하여 서고에 간직하라고 명령한 다음 그 여주인에게 물었습니다.

"그대는 언니들에게 마법을 건 마녀신이 어디 사는지 아는가?"

"오, 충성스러운 자들의 임금님, 마녀신은 저에게 곱슬머리를 한 줌 주면서 만나고 싶은 때는 이 머리털을 두 개만 태워라, 그러면 코카서스 산 너머에 있더라도 금방 날아오마고 약속했습니다."

"그 머리카락을 이리 내놓아라."

여자가 머리카락을 내밀자 교주는 그것을 한꺼번에 불 속에 던져 넣었습니다. 이내 머리털 타는 냄새가 풍기기 시작하니 궁전이 흔들리고 천둥소리와 퍼덕이는 날갯소리 같은 것이 들려왔습니다. 다음 순간 전에 큰 뱀이었던 마녀신이 교주에게 인사를 올리고 말했습니다.

"알라의 길을 전하는 왕께 평안함이 있으시기를!"

"그대에게도 평안함과 알라의 자비와 축복이 깃들기를!"

마녀신이 다시 입을 열었습니다.

"이 색시는 제 목숨을 구해주고 저의 적을 멸망시키는 등 보답할 수 없을 만큼 큰 친절을 베풀어주었습니다. 그래서 저는 이 색시가 언니들 때문에 봉변당하는 것을 보았기 때문에 그 복수를 해 주어야겠다고 생각했습니다. 처음에는 언니들을 죽일 생각이었으나 그 때문에 색시를 슬프게 해서는 안 되겠기에 언니들을 검은 개로 바꾸었습니다. 하지만 만일 교주님이 이 두 사람을 본디 모습으로 풀어주라고 하신다면, 또 그것이 교주님과 이 색시를 행복하게 하는 길이라면 저는 이슬람교도이니 분부대로 하겠습니다."

"그럼, 두 사람의 저주를 풀어주도록 하라. 그 뒤에 매 맞은 여자의 사건을 잘 조사하도록 하겠다. 만일 아까 이야기가 사실이라면 여자를 괴롭힌 남자에게 보복[*155]을 해 주리라."

"오, 충성스러운 자들의 임금님, 그럼, 곧 저주를 풀어주겠습니다. 그리고 이 여자에게 매질하고 재산까지 빼앗은 사내가 누구인지도 밝혀 드리겠습니다. 그 사내는 임금님의 가장 가까이에 있는 사람입니다!"

마녀신은 잔에 물을 가득 부어 뭐라 주문을 왼 다음 검은 개 두 마리의 얼굴에 뿌리며 말했습니다.

"본디의 인간 모습으로 돌아오라!"

그러자 암캐들은 곧 제 모습으로 돌아왔습니다. 그들은 몹시 기뻐하며 조물주를 찬양했습니다.

마녀신이 말을 이었습니다.

"충성스러운 자들의 임금님이시여, 사실을 말씀드리면 이 여자를 매질한 남자는 알 마문*156의 형제인 알 아민 님, 곧 임금님의 아드님이십니다. 이 여자의 미모를 전해 듣고 교묘하게 계략을 꾸며 손에 넣고는 법도에 따라 결혼하고도 매질을 한 죄를 범한 것이랍니다. (이것이 죄가 아니고 무엇이겠습니까?) 그러나 여자를 매질한 것이 아드님의 잘못은 아닙니다. 그것은 아드님이 여자에게 맹세를 시켰고, 여자는 그러한 짓은 절대로 하지 않겠다고 굳게 맹세하고도 어겼기 때문입니다. 아드님께서는 여자를 죽일 작정이었으나 전능하신 알라 신이 두려워 보시다시피 매질만 하고 자기 집에 데려다주는 것으로 참았습니다. 이것이 두 번째 여자의 사연이며, 모든 것은 신께서 알고 계십니다."

교주는 이 마녀신의 이야기를 듣고 비로소 여자를 매질한 게 누구인지 알고 매우 놀랐습니다.

"지고하신 신, 전능하신 알라를 찬양하라. 신의 넓고도 끝없는 자비로 나는 두 여자를 저주와 고통에서 구해내고, 지금 또 이 여자의 비밀을 알 수 있게 되었다! 그러니 알라께 맹세코 나도 죽은 뒤 기록에 남을 만한 선행을 하고 싶구나."

교주는 아들 알 아민을 불러 두 번째 여자인 문지기에 관한 이야기를 확인했습니다. 알 아민이 사실을 인정하자 교주는 법관과 증인, 세 탁발승과 첫 번째 여자 그리고 마술에 걸렸던 두 자매를 불렀습니다. 본디 왕자였던 세 탁발승은 교주의 시종으로 임명하여 세 자매와 결혼시켰습니다. 그리고 녹봉과 수당을 주어 바그다드의 자기 궁전에 살게 했습니다. 매질을 당한 여자는 왕자 알 아민에게 돌려보내 다시 약혼시킨 다음, 여자에게 막대한 재산과 전보다 더 아름다운 저택을 지어주었습니다.

교주 자신은 찬모를 아내로 맞아 그날 밤을 함께 보내고, 다음 날 당장 하렘에 새 아내를 위한 방을 만들어 많은 시녀를 거느리고 유복하게 살도록 했습니다. 사람들은 교주의 관대한 처사, 훌륭한 선행, 왕다운 지혜에 감탄했습니다. 교주는 이 모든 진기한 이야기를 잊지 않고 연대기에 기록해 두게 했습니다.

샤라자드가 이야기를 그치자 동생 두냐자드가 큰 소리로 말했습니다.

"아! 언니, 정말 재미있고 신기한 이야기였어요. 이런 이야기는 태어나서 처음 들어봐요. 아직 잘 시간이 멀었으니 다른 이야기를 들려주세요."

"임금님께서 허락해 주신다면 얼마든지 이야기해 줄게."

그러자 샤리아르 왕이 말했다.

"이야기해 보아라, 어서."

샤라자드는 곧 다른 이야기를 시작했다.

〈주〉

*1 모술(Mosul)은, 사람들이 《아라비안나이트》가 쓰인 곳으로 생각하는 니네베(고대 아시아의 수도)의 유명한 후계자의 이름으로, 본디 메소피라이($M\epsilon\delta o \pi v \lambda \alpha \iota$, 중앙의 문)이다. 왜냐하면 4개의 도로가 교차하는 곳에 자리하고 있었기 때문이다. 아라비아어의 Mausil(속어로는 모술)도 아시리아와 바빌로니아의 '접합점'을 암시한다는 점에서 의미가 깊다. 영어의 마즐린(muslin), 프랑스어의 모슬린(mousseline), 스페인어의 메린스(merinos)도 모두 여기서 나왔다.

*2 아라비아어의 후프(Khuff)인데, 나는 '외출용 구두'로 번역했다. 이것은 뒤꿈치가 둘러싸인 일종의 끈 없는 구두(슬리퍼식)로 대개는 장식이 없다. 실내용 구두에는 여러 가지 장식을 하기도 하지만.

*3 샴(Sham)은 시리아(14세기 아라비아 지리학자 아불페다(Abulfeda)의 말에 의하면) '왼쪽 땅'(동쪽을 향해)으로, '오른쪽 땅'인 알 야만에 반대된다. 오스마니(Osmani)는 Turkish, Ottoman(모두 터키라는 뜻. 오토만은 옛 이름)이라는 뜻이다. 알 샴은 때때로 다마스쿠스 시에 적용되며, 그 고유한 명칭 디미쉬크(Dimishk)는 서적에만 한정적으로 쓰인다.

*4 오만(Oman=동부 아라비아)에서.

*5 아라비아어의 타마르 하나(Tamar Hanna)는 글자 그대로의 헤나 열매를 가리키지만, 갓 베어낸 건초 같은 달콤한 냄새가 나는 동양의 쥐똥나무(*Lawsonia inermis*)에도 적

용된다. 헤나가 염료로 쓰이는 것은 영국에도 알려졌다. 본문 속의 도금양(桃金孃, myrtle)은 향료 또는 식용으로 쓰인다. 이 강렬한 냄새가 나는 도금양 열매는 포도주, 특히 생(生) 브랜디의 향기를 내는 데 쓰이는 것으로 여겨진다.

*6 레인(제1권)은 주석(注釋)을 하고 있다. '이 과자의 이름은 나의 원전에 죽 나열되어 있지만, 이름은 생략하는 편이 좋다고 생각했다.'(!) 도지(Dozy)〔라인하르트 도지. 네덜란드 동양학자. 역사가. 1820~1883〕는 자신의 임무를 게을리하지는 않았으나, 사전에 없는 잊힌 말인 만큼, 연구자에게는 흥미로운 이런 말들을 그다지 잘 해설하지 않았다. '자이나브의 빗'이라는 것은 아마도 이집트와 시리아에서 유명한 상등품 쿠나파(스파게티보다 더 가는 것)를 가리키는 듯하다.

*7 라마단의 단식기가 시작되므로 모든 이슬람교도는 새로운 달을 주시한다. 〔라마단은 이슬람력의 제9월.〕

*8 솔로몬의 도장반지에 대해서는 앞에서 이미 설명한 바 있다.

*9 석류처럼 단단한 유방을 가진 '가슴이 불룩한' 처녀는 아라비아의 강석자(講釋者)들의 주특기이다. 파노 바루파(Fanno baruffa, 그들은 소란을 피우다)는 바깥쪽으로 향한 단단한 유방에 대한 이탈리아식 표현이다.

*10 큰 凹 모양의 배꼽은 보기에 아름다울 뿐 아니라 어린이는 건강하게 자라날 것을 약속하는 징후로 여겨졌다.

*11 바벨(Babel) '신(엘)의 문' 또는 '신의 이름(일)의 문'. 바빌로니아의 전설은 일곱 악령에 의해 마술과 마법 그 자체가 되어 이슬람교 안에도 살아남아 있다. 두 타락천사는 우물 속에 갇히고, 님로드는 기괴한 새가 끄는 마법의 수레를 타고 바벨탑에서 천국으로 들어가려고 꾀했다는 등등. 프랑수아 르노르망(Francois Lenormant) 저서《칼데아의 마술 Chaldean Magic》에 나와 있다.

*12 아라비아어의 카마토 알피아는 수직으로, 똑바른 필법 '아리프라는 글자처럼'이라는 뜻. 〔아리프는 알파벳의 첫 번째 글자.〕

*13《아라비안나이트》의 특색이며, 또한 무리한 알 사자(압운(押韻)을 사용한 산문)의 특색이기도 하다. 이 놀라운 비유의 혼란을 나는 고치려 하지 않았다.

*14 이 명사(名士)에 대해서는 좀더 나중에 설명하겠다.

*15 '공짜로는 아무것도 할 수 없다'는 사고방식은 동양 여인들의 통념이다. 상대, 즉 남자를 대상으로 할 때에는 욕심 때문이라기보다 성적인 '체면' 때문이라고 할 수 있다.

*16 자신이 가져온 술에 독이 들어 있지 않음을 보여주기 위해 여자가 먼저 마신 것이며, 이는 동양 전체의 관습이다. 서양 문명의 '사교상 술잔'을 완전히 무시하는 동양인은 진짜로 취하기 위해 마신다. 지나치게 마시면 나쁜 술버릇이 드러나 끝내 싸움이 벌어지고 피를 보기에 이른다.

*17 〔본문 속 '낙원의 처녀(Houri)'는 이미 영어화되어 있다.〕 아라비아어의 후르 알 아인

(Hur al-Ayn)으로, 글자 그대로는 '생생한 흰색과 검은색 눈을 한 처녀'이며 신앙심 깊은 자에게 시집간 낙원의 처녀를 말한다. 나는 우리나라의 통속적인 후아리(Houri)라는 말을 보류했다. 단 이 말이 아라비아어에서는 여성명사(Huriyah)에 대한 남성명사임을 독자에게 일러둔다. 당연히 페르시아어에서는 성별이 없으므로 그대로 사용한다.

*18 핵이란 음핵(陰核) 또는 클리토리스로 아라비아어의 잠부르(Zambur)이며, 그 뾰족한 끝부분은 여성의 할례 때 절개된다. 474번째 밤 참조.

*19 바질(basil, Ccymum basilicum)은 독기를 없애는 약초로, 보카치오의 《데카메론》〈제4일〉(이하 《데카메론》 생략) 제5화의 bassilico에 해당한다.

*20 누구나 때리는 공동물(共同物)이라는 뜻.

*21 ['나그네의 주막'이라고 의역(意譯)했지만, 본문은 Khan of Abu Mansur로 되어 있다. 아부 만수르는 사람 이름이지만 버턴은 아무 설명도 하고 있지 않다.〕 우리에게는 캐러밴세라이(caravanserai, 영어화된 페르시아어)나 인도 여행자용 방갈로 쪽이 더 친숙하다. 이 나그네의 주막에서는 비와 이슬만 피할 수 있을 뿐 침대나 음식은 제공되지 않는다.

*22 양근은 아라비아어의 주브(Zubb). 다시 한 번 주의하면, 이 prickle의 경우에도, 그 동의어(pintle, pizzle 등)의 경우에도 가장 저급한 아라비아어 주브에 버금가는 말이다. 이야기 작자의 명백한 의도는 다음의 비극적인 이야기와의 대비를 강조하는 데 있다.

*23 '알라의 이름에 걸고'라는 이 말은, 여기서는 사람을 쫓아낼 때에 사용하는 공손한 말투이다.

*24 레인(제1권)은 당연히 이 장면에서 매우 분개하고 있다. 이 정경은 멋지게 이야기된 훌륭한 이야기 속의 유일한 오점이다. 그러나 이 장면에서도 그 비열함은, 무대를 위해 쓰여진 오래된 희곡(이를테면 셰익스피어의 《헨리 5세》)에서만큼 노골적이지는 않다. 무대를 위해 쓰인 것과 달리 《아라비안나이트》 같은 이야기는 남녀 모두 앞에서 읽히거나 낭독되지는 않는다. 마지막으로 '이 저속한 짓거리 뒤에 아무 일도 일어나지 않았다'. 유럽에서라면 음란한 소동의 결말이 크게 다르다. 이들 '텔렘의 여자들[쾌락주의 여자라는 뜻. 라블레의 《가르강튀아 이야기》에 나오는 수도원 이름에서]'은 육체적으로 순결하며, 정신이 음탕할 뿐 육체는 그렇지 않다. 갈랑은 양치기 개 두 마리를 포함하여 등장인물을 5명으로 하고 있다.

*25 프랜시스 월시넘 경(Sir Francis Walsingham)의 '해서는 안 되는 일을 하는 자는, 듣고 싶지 않은 말을 들어야 한다'도 이것과 같음. [월시넘 경은 엘리자베스 여왕의 고문관. 1530~1590.]

*26 [본문은 칼렌다르(Kalander).] 예전에는 칼렌다르(Calendar)로, 달력인 캘린더를 연상

시켜 재미있다. 맥나튼판은 Karandaliyah로 되어 있으나 이것은 한심스러운 개악(改惡)으로, 이븐 바투타(중세 최대의 여행가. 1304~1377)의 Karandr도 트렌즈의 Kurundul도 마찬가지다. 이들 동냥중(사실이 그러하므로)에 대해 나는 그 제도며 창설자 샤이후 샤리프 부 알리 칼렌다르(Kalandar. 이슬람교기원 723=서력 1323, 24년 죽음)와 함께 졸저(拙著)《신드의 역사 History of Sindhi》(제8장)에 자세히 설명해 두었다. 칼렌다르는 일반적으로 이슬람교도로부터 승인받지 못했다는 데르브로(D'Herbelot)의 말은 옳다. 〔Barathélemy 데르브로는 프랑스 동양학자.《동양민족사전》의 저자. 1625~1695.〕

* 27 칼렌다르는 이른바 '고행'을 나타내기 위해, 이처럼 자신의 모습을 보기 흉하게 만든다.
* 28 다른 나라 사람은 아라비아어의 갈리브. 짐꾼은 이 말이 '가엾은 남자' 특히 '고국을 떠난 남자'를 뜻하므로 화를 낸 것이다.
* 29 파키르(Fakir)는 동냥중의 종교상 총칭.
* 30 이슬람교도의 '체면'으로는 말도 안 되는 일이다. 마호메트에 의하면 여자의 목소리가 문밖으로 들리면 그 집은 저주받는다고 한다. 이웃 사람은 이에 간섭하여 소란을 중지시킬 권리를 갖는다.
* 31 자파르도 마스룰도 역사상 실존인물이다.
* 32 아라비아어의 '사마안 와 타마탄'은 대개 'to hear is to obey(들은 대로 따르다는 뜻)'로 번역되며 일반적인 승낙 글귀이다. 때에 따라서는 'Hearing(the word of Allah) and obeying(알라의 말씀을 듣고 그것에 따르다)'는 뜻이다.
* 33 아라비아어의 사와브는 '천국에서의 보답'. 이 말은(영어에는 그 동의어가 없지만) 이슬람교도가 사용하는 여러 말(이를테면 힌두스타니어)에 이식되어 있다.
* 34 평소 이슬람교도에게 금지된 음주는 순례의식에 어긋난다. 순례자는 의례의 법규를 지킬 것을 맹세한다.
* 35 천국의 궁전이란 아라비아어의 알 나임으로, 자세히 말하면 자나트 알 나임(Jannat al-Naim)은 '환락의 동산' 즉 하얀 다이아몬드로 만들어진 제5천국을 가리킨다. 하늘(보복의 장소)의 일반적인 명칭은 자나트, 글자 그대로는 '동산'이다.
* 36 종려나무 채찍은 아라비아어의 미크라. 종려나무 잎의 가운데 줄기를 말린 것으로 많은 목적, 특히 채찍을 만드는 데 쓰인다.
* 37 〔버턴은 truchman(통역, 중개자)라는 말을 사용하고 있다.〕 아라비아어의 타르주만(tarjuman)에 해당. 타르굼(Targum, 번역), 고전의 Truchman, 그리고 이탈리아어의 tergomano를 거쳐 영어의 dragoman(통역)이 나왔다. 여기에서는 '전달하는 자'라는 뜻이다.
* 38 아라비아어의 사르(Sar, Thar)는 법률과 관습에 의해 인정되는 복수할 수 있는 권리(《순례》제3권).

*39 자파르는 이런 때 언제나 부득이 어리석은 소동에 가담하게 된 현명하고 분별 있는 사람 역할을 해내고 있다. 그와 교주는 뚜렷한 대조를 이루는 까닭에, 교주는 막무가내인 폭군이고 때로 제멋대로 행동하며 반대하는 말을 듣는 것을 좋아하지 않는다. 그러나 동양인은 이러한 것도 '왕자다움'의 증거로 간주하는 관습이 있었다.

*40 〔본문은 'and peace be with thee'로 '평안하시기를 기원합니다!'라는 뜻.〕 아라비아어의 '와르 살람'으로 '이것으로 끝'이라는 의미.

*41 이것은 자주 사용되는 문구이다. 이브라트(ibrat, 침사(針師))와 이브라트('ibrat, 훈계)는 서로 뜻이 다른 같은 낱말이다.

*42 이것은 '절을 한다'는 말. 영국 농부라면 앞머리를 잡아당긴다. '떠나라(cut thy stick)'는 뜻으로 다른 대목에서도 나온다.

*43 이것은 영국의 가족 묘지와 같은 단독 건물로, 대개 둥근 지붕이 얹혀 있다. '마법에 걸린 왕자(8번째 밤 참조)' 이야기에 나오는 것과 비슷하다.

*44 석궁은 아라비아어의 카우 알 반두크로, 현대 인도의 구궁(球弓, pellet-bow)이다. 마른 진흙 덩어리 또는 돌을 끼운 헝겊 한 조각으로 이어진 2개의 현(弦)으로 만들어져 있다. 새총 종류로, 주로 작은 새를 잡는 데 쓰인다.

*45 동양에서는 특히 상속자로서 쓸모없는 아우 왕자는 장님으로 만드는 것이 일반적인 관례였다. 두 눈의 한 귀퉁이를 깊게 똑바로 절개하여 눈까풀을 뒤집고 시신경과 근육을 끊고 눈알을 도려냈다. 근세의 교주들은 시뻘겋게 달군 칼날을 눈구멍에 갖다대거나 눈알을 바늘로 찔러 희생자를 장님으로 만들었다.

*46 돼지는 아라비아어의 힌지르(Khinzir, 유럽인은 한지르라고 발음)로 본디는 멧돼지. 그러나 일반적으로 영어의 '이 돼지(You pig)!'와 같이 사용된다.

*47 신발이나 파이프와 그 밖의 비슷한 것으로 사람을 때리는 건 매우 무례한 일이다. 왜냐하면 그 물건들은 매나 가죽 채찍과 달리 때리기 위해 만들어진 것이 아니기 때문이다. 이 점에서는 동양과 서양에서 근본적으로 그 취지가 다르다. '우연히 손에 잡힌 도구류에 의해 입은 상처는 사람을 욕보이지 못한다'는 것은 세르반테스《돈키호테》제1부 제15장의 말로, 그는 만일 신발장이가 모형이나 신발 만드는 틀로 누군가를 때리더라도 맞은쪽은 맞았다고 생각하지 않는다고까지 말하고 있다. 게다가 이슬람교법에서는 실제 상처보다 상처를 입힌 도구가 중요시된다. 그러므로 몽둥이나 돌은 가벼운 무기로 여겨지지만 칼, 단도, 총, 권총 등은 흉기로 여겨진다.

*48 근친상간(incest)은 문명국 대도시의 인구 밀집 빈민지대를 제외하고는 어디서나 언어도단적인 행위로 되어 있다. 그러나 그러한 결합은 이집트의 이시스(Isis)신과 오시리스(Osiris), 아시리아인, 고대 페르시아인 같은 고도의 고대문명을 가진 민족 사이에서는 보편적인 일이며 합법적이었다. 〔이시스와 오시리스는 이집트의 주신(主神)으로, 이시스는 오시리스의 누이이자 아내였다.〕 생리학적으로 보면 부모가 체질상의

결함을 갖고 있지 않은 한 해롭지 않다. 부모가 건강하기만 하면 하등동물 사이에서도 마찬가지지만 그 자식은 키울 수 있고 건강하기도 하다.

*49 북온대 주민에게는 태양이 이글거리는 열대지방의 먼지바람이 얼마나 지독한지 상상도 할 수 없을 것이다. 신드(인도의 한 지방)에서 우리는 종종 한낮에 촛불을 켜지 않을 수 없을 정도였다. 달걀도 익힐 듯한 태양이 모래먼지 위에 떠올라 있는데도.

*50 황야의 아랍인은 아라비아어의 우르반, 오늘날에는 흔히 야만인을 말한다. 프랑스인은 우리에게 야만인을 베두인족(Les Bédouins)이라고 부르도록 가르쳤으나, 이 Badw는 황량한 들판 또는 사막이라는 뜻이고, 바다위(Badawi, 여성형은 Badawiyah, 복수형은 Badawi와 Bidwan)는 황량한 들판의 사람이다. 유럽인은 또한 이집트인을 아랍인이라고 잘못 부르는 경우가 있는데, 그 차이는 영국인과 스페인인만큼 크다. 본디의 아랍인은 자신의 종족을 여러 가지 종족 이름으로 구분하고 있다. 아랍 알 알라바(또는 알 알리바. 또는 알 우르비야트) '아라비아의 아랍족'은 토착인으로 유사(有史) 이전의 원시 아랍인이며 이미 소멸해 버렸다. 이를테면 메카에서 파멸을 모면한 소수의 아드족(Adites)은 다른 종족과 혼합되었다. 아랍 알 무타알리바(아랍화된 아랍인)는 코라이슈〔코레이슈, 불어에서는 Coraischites라고 쓴다. 아랍인의 한 종족〕같은 고귀한 혈통에 의해 대표된 최초의 외래인으로, 지금도 얼마쯤 남아 있다. 아랍 알 무스타알리바(스스로 아랍인이라고 자처하는 종족으로, 제도상 귀화했거나 인정받은 아랍인)는 시나이족(Sinaites), 이집트인, 마로크족(Maroccans)〔마로크는 북아프리카의 한 나라〕같은, 다른 인종과의 혼혈을 통해 태어난 아랍인이다. 여기서 영국의 모사라비아족(Mossarabians)과 라블레〔프랑스의 문인〕의 마라베족(Marrabais)이 나왔다(이 말은 '마우루스(Maurus)와 아랍인으로 이루어진 합성어'가 아니다). 또 마지막으로 아랍 알 무스타알지마, 즉 '야만화된 아랍인'이 있는데, 이들이 오늘날 메카와 알 메디나에 사는 주민 등이다. 이들 외에 그 기원이 아직 밝혀지지 않은 별개의 종족이 있다. 예를 들면 하즈라마우트의 마라족, 오만(마스카토)의 아후담(노예)족, 알 야만의 에브나족 등으로 이븐 이샤크는 나중의 종족은 남아라비아에서 아비시니아인 침입자를 내쫓은 아누실완 왕의 페르시아군에서 유래한 것으로 상상하고 있다《순례》제3권).

*51 '충성스러운 백성의 임금님' 또는 '충성스러운 자들의 임금님'은 아라비아어의 아미르 알 무미닌(Amir al-Muuminin)으로 아미르는 우두머리 즉 군주(君主)를, 무미닌은 신앙에 충실한 사람을 뜻한다. 이 칭호를 처음으로 사용한 것은 제2대 교주 오마르였다.

*52 이 역시 옛 개정판 및 그 밖의 '코란의 일곱 가지 판(版)에 따라'라는 의미로도 볼 수 있다.

*53 아라비아어의 사드(Sadd)는 벽, 둑이라는 의미로 인도영어(즉, 동양영어라는 말과 같다) bund 또는 band(메워서 높게 만든 길, 해안도로 등)에 해당한다. 따라서 나일

강 위의 사드는 흐름을 '차단하는(wall)' 곳의, 물 위에 떠 있는 섬들이나 풀이 자라는 둑이다. 사막의 모래폭풍만큼 무서운 광경은 아마 없을 것이다. 아랍인은 그것을 '자우바'라고 부른다. 높이 1천 피트나 되는 악마, 즉 모래기둥이 수직으로 또는 비스듬하게 평원을 돌진하여 회오리바람에 휩쓸려 밀려오는 성난 파도처럼, 모래를 휘젓고 풀을 송두리째 뽑고 나무를 갈기갈기 찢어놓는다. 초목은 흡사 나뭇잎이나 나무토막처럼 허공에서 춤추고 천막과 집들도 종잇조각처럼 날아간다. 마지막으로는 몇 개의 모래기둥이 꼭대기에서 합쳐져, 높이 3천 피트에 이르는 거대한 황색 구름으로 바뀌어 지평선뿐만 아니라 한낮의 태양마저 사라지게 한다. 그러한 모래 회오리는 여행자들에게 공포 그 자체이다. 신드와 펀자브(인도의 두 지방)에서 모래폭풍이 일면, 그 어둠은 가장 컴컴한 런던의 안개까지도 이것에 비할 바가 못 된다.

*54 아라비아어의 구타(저지대)는 흔히 관수(灌水)가 충분한 토지를 말한다. 특히(책에서는) '물과 과수가 풍부'하기 때문에 다마스쿠스 평야에 적용된다. 구타(다마스쿠스 평야)는 지상의 4대 낙원 가운데 하나이며, 다른 셋은 바스라(바소라)와 시라즈와 사마르칸트이다.

*55 에보니(Ebony, 검은 또는 흑단의) 여러 섬.

*56 많은 동양인은 이렇게 근육을 문지르고 주무르지 않으면 거의 잠들지 못한다. 이 주무르는 요법의 위생학적 특성에 대해서는 지금 영국에서 연구 중이다.

*57 가슴을 펴는 행동의 반대가 고개를 푹 숙이거나 '옷자락을 질질 끌며 걷는 것'이다. 머리를 높이 쳐들고 가슴을 부풀리는 것과 좋은 대조이다.

*58 이 형벌은 《코란》 제5장에 실려 있는데, 알라와 그 사도들에게 등을 돌린 사람들에게 행해진다. 그러나 죄인들은 먼저 죽음을 당하고 나서 목이 매달리는지, 죽을 때까지 십자가에 매달려 있는지 주석가(注釋家)들의 의견이 분분하다. 파라오(고대 이집트의 왕)는 마법사들을 야자나무에 매단다고 위협한다(제20장). 그래서 최초로 책형을 실시한 자로 여겨지고 있다.

*59 아라비아어의 아잠인은 이국인, 특히 페르시아인을 가리킨다. 페르시아인은 《아라비안나이트》 속에서 거의 악당으로 그려져 있다. 나는 여기서 알 히자즈(아라비아반도의 성지(聖地))에서의 페르시아인의 비천한 처지(이미 1852년에 《순례》 제1권에서 설명했다)가 일변한 일을 덧붙이고 싶다. 그들은 이제 '알리나 오마르에게 혹사당하는 노예'가 아니다. 그들은 이미 단결을 배워 지금은 그들에게 당하지 않고 오히려 괴롭히는 쪽이 되었다.

*60 앞으로도 종종 나오는 문구이다. [원문을 직역하면 '내 신상에 대해 말 못하는 혀는 소리 높이 얘기했다.']

*61 쇠테에 병이나 통을 매단 페르시아의 유명한 물 긷는 수레. 상자식 또는 그 밖의 종류가 많다. '샘가에 드리워진 두레박(《구약》 전도서 제12장 6절)'이란 아마도 이것이

아닐까.

*62 설교집회는 아라비아어로 지쿠르, 글자 그대로의 뜻은 알라의 이름을 상기시키는 것 또는 입에 올리는 것으로 여기서는 기도식을 위한 신자들의 집회를 말한다. 지키르스들(Zikkirs) (흔히 그렇게 불리고 있는데)은 대개 성스러운 이름을 부르는 동안 원을 그리며 서 있거나 앉아 있다. 이러한 기도는 달와이슈 즉 탁발승이 매우 좋아하는 것으로, 유럽인은 그들의 기도방식을 '춤추는 것'과 '부르짖는 것'으로 나누고 있다. 레인은 지쿠루스와 지키루스의 문제에 대해 많은 지면을 할애하고 있다. 그들을 교육받지 못한 사람으로 상상해서는 안 된다. 상류계급 사람들은 사람 눈을 피해 기도하는 것을 좋아하지만.

*63 그들은 암자주인이 기도와 참회를 위해 우물에 들어갔다고 생각했으므로.

*64 이것은 동양에서 아버지가 하는 인사로서의 입맞춤이다. 동양에서는 입맞춤하는 부분에 대해 꽤 까다롭다. 재치 있지만 매우 저속한 페르시아 서적에 《알 나마(알 이야기)》라는 것이 있다. 이것은 모든 의문이 '알(아라비아어의 관사)'로 시작되기 때문에 그 이름이 붙은 것으로, 그 가운데 이런 문답이 있다. "알 와지브 알 부시단(입맞춤할 가치가 가장 큰 것은 무엇인가)?" "쿠스 이 나우 파슘(어린 털 즉 봄풀이 돋은 bobadilla)." [아라비아어의 쿠스는 여자의 음부(vulva)라는 뜻. 어느 사전에도 실려 있지 않지만 보바딜라도 그런 뜻임에 틀림없다.]

*65 1미스카르는 금을 재는 무게로, 71~72 영국 그레인의 무게에 해당된다. 여기서는 1디나르와 같다.

*66 동양인은 우리가 쓰는 깃털 펜이나 강철 펜 대신 갈대, 즉 칼라무스(Calamus, 라틴어로 갈대라는 뜻. 칼람(Kalam)은 '베어낸 갈대'에만 쓰인다)를 사용한다.

*67 차조기 잎(라얀)과 비슷한 것으로 상상이 되는 구불구불한 글자.

*68 스루스 서체는 마호메트의 묘석 키스와(덮개)에 새겨져 있는 것으로 유명하다. 크고 비교적 딱딱한 서체로 정식으로 쓰는 경우나 벽문자(壁文字)로서 오늘날에도 여전히 쓰이고 있다 《순례》 제2권).

*69 나스흐 서체는 모사체(模寫體)로 아라비아식이나 아잠식 가운데 하나이다. 최근의 획기적인 발견으로, 쿠파 문자(Cufic)와 그 밖의 것에 대한 오래된 관념이 모두 뒤집혔다. 베이루트의 레이트베드(Löytved) 씨는 하우란 지방의 비명(碑銘) 가운데 순수한 나스흐 문자로 된 것을 하나 발견했는데, 이것은 568년 즉 헤지라 기원(이슬람교 기원) 전 50년 것으로, 나의 박학한 벗 찰스 클레몬트 가노(Ch. Clermont Ganeau)도 이것을 진품으로 승인했다 《고문서 조사기록》 Pal. Explor. Fund. 1884년 7월).

*70 투마르 서체는 대문자의 안샬 서체. [안셜(uncial)은 4세기 무렵부터 8세기 무렵까지 쓰인 서법(書法)으로 '대문자의'라는 뜻.] 카바(Kaabah)의 벽걸이 천에 씌어 있는 서체이다 《순례》 제3권). [카바는 메카의 본전(本殿). 상세한 것은 팔머가 번역한 《코

란)을 보면 좋다.〕
* 71 페인 씨에 의하면 '궁정 서체'. 나는 전혀 알지 못한다.
* 72 아라비아어의 바글라(Baghlah). 수컷(바글르)은 짐 운반용으로만 쓰인다. 어디서나 이것이 원칙이며, 다루기 어려운 마초(Macho, 스페인어로 '수노새'라는 뜻)만큼 골사 나운 것은 없다. 수노새는 마음만 먹으면 올라탄 자를 언제든 떨어뜨릴 수 있다. '바글라'에서 인도 원주민의 배 '바갈로(Baggalow)'가 나왔다.
* 73 이 자세는 유럽인의 다리로는 매우 고통스럽다. 백인으로서(그 예의범절을 익히고 있지 않는 한) 잠시라도 발뒤꿈치 위에 웅크리고 앉아 있을 수 있는 사람은 거의 없다. 다리를 꼬고 앉는 '책상다리'는 편하다고들 한다.
* 74 아라비아어의 카타는 Pterocles Alchata로 사막의 유명한 뇌조(雷鳥). 하얀 살이 아주 조금 있을 뿐이다.
* 75 보타라 구이는 아라비아어의 후브즈(Khubz)이며, 내가 '케이크'나 '빵'으로 옮기지 않은 것은 그런 말로 번역하면 빵 덩어리가 떠오르기 때문이다. 동양의 생명 양식은 화덕 또는 구이판에 발효시키지 않고 구운, 얇고 편평하며 둥그런 빵이다. 그것은 스코틀랜드의 스콘(scone, 보타라 구이 종류의 보리과자), 스페인의 토르티야(tortilla, 일종의 구운 과자), 오스트레일리아의 플랩 잭(flap-jack, 일종의 구운 과자)과 같다.
* 76 고기만두는 아라비아어의 하리사로, 보리(또는 쌀) 가루를 반죽하여 잘게 다진 고기, 향료, 조미료를 버무려 넣고 빚은 맛있는 음식.
* 77 이 시는 330번째 밤에서 약간 차이는 있지만 되풀이되고 있다. 이 시는 림스 카르스(Rims cars) 즉 중압운(重押韻, 헤비 라임)을 즐겨 사용하고 있다. 슬피 한탄하는 것은 이러한 온갖 산해진미가 바다위족의 야영촌락처럼 무너져 지저분하게 먹혀 버리기 때문이다.
* 78 불처럼 뜨거운 술이란 vinum coctum(끓인 포도주)으로, 요즘도 남이탈리아와 그리스에서 애주가들이 즐겨 마신다.
* 79 동양의 애주가는 새벽에 마시는 것을 즐긴다. 여기에 대해서는 나중에 좀더 상세히 설명할 것이다.
* 80 승부에 서투른 알 마문 교주(아바스 왕조 7세)는 이렇게 말했다. "나에게는 세상을 통치하는 일이 있는데, 이 임무는 잘 되어가지만, 사방 2자의 공간을 호령하는 것은 어렵다." 그즈음의 장기판은 잘 무두질된 가죽으로 만든 네모난 것이었다.
* 81 유대 율법박사(랍비)는 (신약 마태복음 제19장 12절에 따라) 세 종류의 환관(Eunuch)을 꼽고 있다. 셀리스 참마는 태양의, 즉 태어나면서부터 환관, 셀리스 아담은 사람 손에 의한 환관, 셀리스 참마임은 천국을 위한 환관(즉 종교적 금욕자). 셀리스(거세된 자) 또는 아브드(노예)는 대개 헤브라이어 명칭이다. 〔39번째 밤의 '첫번째 환관 부하이트의 이야기'에서 환관에 대해 더 알 수 있다.〕

*82 '아름다운 여인'이라는 뜻.
*83 카프 산은 앞에서도 말했듯이 손가락에 끼워진 반지처럼 대지를 둘러싼 산. 우리가 쓰는 알프나 형용사 알파인과 마찬가지로 흔히 사용된다. '세계를 둘러싼 바다'는 호메로스의 '바다의 흐름'이다.
*84 여기서 석류가 선택된 것은 아마도 열매 한 알 한 알에 에덴동산의 씨앗이 하나씩 들어 있다고 상상했기 때문일 것이다.
*85 즉, 신 때문에―이슬람교도의 입버릇 같은 문구.
*86 술법은 아라비아어의 하브(원래의 뜻은 문)이며, 이 말은 또한(마법과 전쟁 등의) 어떤 '일'을 뜻한다. 그러나 여기서는 비유적으로 쓰여 '나는 새로운 술법을 시험해 보았다'라는 뜻. 〔원문은 'I opened on him a gate.'〕 이 정경은 《마비노기온 Mabinogion》 속에도 있다. 〔웨일스의 고대 이야기책으로 1838년 C. 게스트 여사에 의해 영어로 옮겨졌다.〕
*87 나는 아일랜드어의 'keen(죽은 이를 애도하여 울다)'을 사용했는데, 영어에는 praefica 〔라틴어로, 고용되어 우는 남자 또는 여자〕에 해당하는 말이 없기 때문이다. 이 관습은 알 이슬람에서는 장려되지 않고, 초대 아부 바크르 교주는 "유해는 살아남은 자의 한탄 때문에 곤욕을 치른다."(바꾸어 말하면 "죽은 이는 쓸데없는 한탄을 막아낼 수단을 취하지 않았기 때문에 벌을 받는다"고 말했다.) 그러나 이 관습은 니그로랜드 (아프리카 흑인 거주지역)에서 시작하여 이집트에 퍼졌다. 이 지역 사람들은 '곡(哭)'이라는 묘한 제도를 키워 왔다. 나는 《중앙아프리카의 호수지방》에서 이 일에 대해 언급했다. 조로아스터(배화)교에서는 죽은 이를 위해 흘린 눈물이 지옥의 시커멓고 차가운 강물이 된다(《다비스탄》 제97장). 북유럽에서는 아직도 죽은 자는 벗들의 눈물 때문에 고통스러워한다고 여기고 있다.
*88 이 시구는 번역이 거의 불가능하다. 아라비아어의 사브르(Sabr)는 알로에도, 인내도 뜻하는 이중의 의미를 지니고 있다. 부르크하르트에 의하면 알로에는 인종(忍從)의 상징으로서 묘지에 심었다고 한다. 그리고 말린 악어와 마찬가지로 문에 매달아 악령을 쫓는 데도 쓰인다. "이런 식으로 매달아 흙과 물을 주지 않아도"라고 레인은 말한다(《근대 이집트인》 제11장). "여러 해 동안 마르지 않고 꽃을 피우기까지 한다. 더욱이(?) 인종을 뜻하는 말은 '사브르'라고 불린다." 그러나 사브르와 마찬가지로 시브르(덩이줄기)도 '오랫동안의 인내'를 뜻하고 있다. 이러한 풍습은 아프리카 오지의 수많은 미신 가운데 하나라고 나는 생각한다. 야만스러운 갈라족(Gallas, 에티오피아 동부와 남부에 사는 종족)은 아직도 묘지에 알로에를 심어 싹이 나면, 죽은 이가 와크(창조주)의 낙원으로 들어가는 것을 허락받은 것으로 여기고 있다.
*89 동양의 모든 도시에는 특수한 이름이 붙어 있다. 바그다드에 이 이름(평화의 저택 또는 도시)이 붙은 것은 치안이 잘 유지되기 때문이거나, 또는 단순히 교주의 도성이기

때문일 것이다. 티그리스 강도 역시 '평화(또는 안락)의 강'이라고 불렀다.

*90 이 이야기는 아마도 동아프리카 등에서 배의 침로를 하루에 50마일이나 빗나가게 하는 조류에 바탕을 두는 듯하다. 가장 오래된 것으로는 프톨레미(Ptolemy) 속에 그 일이 언급되어 있다. 즉 갠지스 강 밖에 있는 인도의 마니오라이 제도는 헤라클레스의 돌(Lapis Hercules, 자석) 때문에 배의 못이 모두 빠져나갔다고 한다. 〔프톨레미는 2세기 사람으로 이집트 출신 천문학자. 여기에 언급된 책은 아마도 《지리학》이리라.〕

라블레(Rabelais)도 이 일에 언급하여 자력(磁力)은 스코르돈(Skordon, 마을)에 의해 힘을 잃는다는 통속적인 생각을 이야기하고 있다. 〔라블레는 16세기 프랑스 풍자작가로 의학, 특히 해부학에도 통달함.〕 만데빌의 자석산도 마찬가지이다. 나는 이 가공적인 이야기가 동아프리카 해안 등에서 철못을 사용하지 않고 만들어지는 배에서 나온 게 아닌가 하고 생각한다. 앞으로도 이 전설이 나온다. 이 이야기 가운데에는 자바르라는 말(이집트에서는 '제베르')이 나오는데, 아랍인은 이 말을 높은 토지 또는 바위산에 사용한다. 따라서 반드시 영어의 산과 같은 것은 아니다. 이 말은 또한 유럽에도 흘러들어 지브롤터(Gibraltar)라는 말이 생겼다. 〔지브롤터는 이탈리아반도 남쪽 끝에 있으며 주요부분은 바위산이다. 원래의 뜻은 jebel-Tarik, 즉 베르베르인 추장 타리크의 산이라는 뜻.〕

*91 누비아의 지리학자 프톨레미에 의하면 아랍인은 행복제도(자지라트 알 하리다트, 영원한 제도) 또는 카나리아 군도를 답사했다고 하며, 그 섬들 하나에 서쪽으로 창을 겨누는 놋쇠말과 기사가 서 있었다고 한다.

*92 손, 얼굴, 다리를 씻는 간단한 목욕. 440번째 밤에서 좀더 자세한 설명을 할 예정이다.

*93 엎드려 머리를 숙이는 횟수에 따라 하루 5번의 기도가 저마다 구별된다.

*94 아라비아어의 삼(samn)으로, 페르시아어로는 라우간(Raughan)이라고 한다. 동양의 '유일한 소스'였다. 신선한 버터를 불에 녹여 떠오르는 거품을 걷어내고 가죽부대나 주둥이가 작은 큰 병에 넣어(필요하면 백 년 동안도) 보존한다. 이윽고 단단하고 검은 덩어리가 되는데, 상처나 질병의 만능통치약으로 여겨졌다. 매우 끈기가 있어 먹으면 배가 든든해진다. 갑자기 많은 손님이 밀어닥친 동양인에게는 이런 농담을 해도 좋을 것이다. "자, 밥에 라우간을 비비시오." 나는 예전에 힌두교도 역사(力士, 파라완)처럼 구르(흑설탕)와 우유와 기(힌두스탄어로 라우간과 같음)를 섞은 것을 시험삼아 먹어보았다. 그 결과 일주일도 안 되어 쓸개즙에 이상이 생겨 하마터면 장님이 될 뻔했다.

*95 이러한 미소년들은 늘 여성에게 쓰이는 용어로 묘사된다.

*96 불라크판(版)의 본문은 이와 다르다. —나는 첫 번째 화원, 두 번째 화원, 세 번째, 네 번째를 지나 39번째를 헤아릴 때까지 그 언저리를 둘러보았습니다. 어느 화원에나 말과 글로는 다할 수 없을 만큼 아름다운 나무와 시냇물, 과일과 보물이 있었습니다.

맨 끝에 이르니 문이 하나 있어서 나는 혼잣말을 했습니다. "이곳에는 대체 무엇이 있을까? 반드시 열고 들여다보리라." 그대로 했더니 안장을 얹고 고삐가 말뚝에 매여진 말 한 마리가 있는 게 아니겠습니까. 나는 고삐를 풀어 말 위에 올라탔습니다. 말은 마치 새처럼 나를 태우고 날아올라 나를 어떤 지붕 위에 내려주었습니다. 나를 내려놓은 순간 꼬리털로 후려치는 바람에 한쪽 눈알이 빠져버렸습니다. 그리고 말은 그대로 가버렸습니다. 지붕에서 내려와 보니 한쪽 눈이 찌부러진 젊은이가 10명 있었습니다. 나를 보더니 그들은 외쳤습니다. "네가 여기에 오면 곤란해!" "안으로 들어가 함께 있게 해 주지 않겠습니까?" 내가 물으니 모두 대답했습니다. "안 돼. 알라께 맹세코 너 따위와 함께 있기 싫어." 나는 눈물을 흘리고 한탄하면서 떠났습니다. 그러나 알라는 장식 있는 서판(書板)에 나의 무사함을 기록해 주었으므로 나는 무사히 바그다드에 닿았습니다. —이것은 불라크판에서는 작품이 얼마나 생략되어 있는지 보여주는 좋은 예이다.

*97 아라비아인은 월경이 멈춘 때부터 회임을 헤아린다. 태아는 그 월경을 먹으며 자라는 것으로 생각했다. 《칼릴라와 딤나》에 의하면 '태아의 배꼽은 어머니의 배꼽에 이어져 거기로 자양분을 흡수한다'고 되어 있다.

*98 이것은 알 이슬람의 규정에 어긋난다. 마호메트는 "카바의 신령에 맹세코 점성술사는 거짓말쟁이다"라고 잘라 말했다. 또 이러한 마호메트의 말은 학문이 있고 없고를 막론하고 거의 모든 이슬람교도가 알고 있다. 그러나 동쪽(인도 방향)으로 갈수록 이런 관행이 존중되는 것을 나는 알고 있다.

*99 이 놀이에 대해서는 레인을 보기 바란다(《근대 이집트인》 제17장). 대개 영국의 드래프트(일종의 서양장기)처럼 장기판이 아니라 장기판 무늬가 그려진 헝겊 위에서 한다. 동양인은 말을 두면서 먹고 마시고 담배 피우기를 즐긴다.

*100 우리라면 '39일째날 밤'이라고 해야 할 것이다.

*101 루핀(lupine, 콩과의 여러해살이풀)은 아라비아어의 '디카크'로, 비누 대신이라기보다 피부를 부드럽게 하기 위해 사용된다.

*102 정해진 운명, 숙명, 운 등은 결코 피할 수 없다는 무서운 아랍적인 예의 하나이다. 이 숙명적인 상황은 매우 극적이며, 또 실제로 《아라비안나이트》는 민족적인 드라마임을 여기서 시사하고 있다.

*103 페인 씨는 장소에 어울리지 않는 이 시를 생략했다. 그러나 이러한 부적절한 인용문은 동양 이야기의 한 특색이다.

*104 이러한 민족의 구슬픈 곡조는 아라비아 시의 공통된 요소이다.

*105 다마스쿠스 동쪽 사막에 이런 모래들판이 있다는 말을 들은 적이 있다. 그곳은 널빤지에 올라타거나 낙타에 달린 도구에 타지 않는 한 건너갈 수 없다.

*106 여기서 '불빛이 아닌 개 짖는 소리'라는 아랍인의 속담이 생겼다. 피로에 지친 여행

자는 개 짖는 소리로 야영지에 가까이 온 것을 알며, 불빛은 아직 아주 멀리 있음을 나타낸다.

*107 예전에 로마 공화국에서 그러했듯이 이집트에서도 짙은 청색은 상(喪)을 나타내는 빛깔이다. 페르시아인에 의하면 카이 카우스(기원전 600년)가 아들 샤우슈를 애도할 때 이 색을 처음으로 채택했다고 한다. 이 색은 무하라 달(1월로 그즈음 춘분을 나타냈음) 10일에 후사인이 죽었을 때까지 계속되고 그 뒤 검정으로 바뀌었다. 그러나 원칙적으로 이슬람교도는 이런 애도의 표식을 사용하지 않는다.

*108 좀더 옛날에는 로크(Roc)라고 했다. '선원 신드바드와 짐꾼 신드바드'에 자세하게 나온다. 시무르그(Simurgh)(30피트)[페르시아 신화에 나오는 괴조(怪鳥)]에 대해 알고 싶은 사람은 《다비스탄》을 보라. 이집트의 벤 또는 벤느(夜鳥, nycticorax)에 대해 자세한 것은 아직 알려지지 않다. 그러나 이 말에 관사 pi를 붙여 그리스어 피닉스(phœnix)가 태어났다. [불사조라고 번역되며, 이집트 신화에 나오는 새.]

*109 아마도 포르스칼(Forskal,《이집트 및 아라비아의 식물지(植物誌)》)의 할레디(Haledj)가 아닐까. 단단한 나무로 종류는 알 수 없다. [P. 포르스칼은 18세기 스웨덴 박물학자.]

*110 이것은 '물기를 머금은 검은 눈'을 뜻하는지도 모른다.

*111 앞니 2개(위쪽만)의 사이가 조금 벌어져 있는 것을 아라비아인은 아름답게 여긴다. 그 까닭은 변화에 대한 인종적 기호라고밖에 설명할 수 없다.

*112 이야기 속에 금단의 문과 방이 많이 있는 것은 새삼 말할 나위도 없다. 《Katha Sarit Sagara(이야기가 흐르는 바다)》에도 있고, 우리 어린 시절에는 '푸른 수염의 사나이'[17세기 프랑스 문인 C. 페로의 동화 《푸른 수염 Bluebeard》의 주인공]를 통하여 잘 알려졌었다.

*113 살구인 아프리코트(apricot)는 아라비아어의 알 바르쿠크(al-Barkuk)로, 거기서 고대 영어 아프리코크(Apricock)가 나왔다.

*114 일종의 흉내쟁이 새.

*115 몇몇 판(版)에는 문 100개로 되어 있다. 그러나 공주는 40명이었다. 이러한 일치는 ―의미가 없는 게 아니고 아라비아인의 조화에 대한 숭배에 그 의미가 있는 것 같다 ―아라비아의 이야기에 넘치도록 많다.

*116 [mazer-bowl로, 본디는 단풍나무로 만든 큰 쟁반.] 아라비아어의 Majur, 여기서 영어의 mazer가 나온 듯하다.

*117 용연향, 사향 및 침향이 섞인 혼합향료.

*118 고삐의 끝을 채찍으로 하여.

*119 하늘을 나는 말은 페가수스(시신(詩神) 뮤즈가 타는 말의 이름)로, 인도에서 발전한 이집트 신화를 그리스 사람들이 개작한 것이다.

*120 아라비아어의 이자르. 어깨 덮개인 리다에 대한 남자의 허리띠를 가리키며, 또한 비교적 가난한 이집트 여자들이 문밖에서 얼굴과 손을 가리기 위해 착용하는 흰 캘리코(calico, 평직으로 짠 너비가 넓은 흰 무명) 천이다. 부유한 여자는 검은 비단 하바라를 즐겨 쓰고, 가난한 사람이 아무것도 없을 때는 침대용 시트를 사용한다. 〔졸저《이집트의 생활》에도 나와 있다.〕

*121 즉 '나의 사랑하는 사람들이여!'라는 뜻.

*122 아라비아어의 마스푸트. 인간이 마법에 걸려 원숭이가 될 때 변화하는 모습을 말한다. 속어로는 돌과 그 밖의 조상(彫像)이라는 뜻으로도 쓰인다. 알 이슬람에서의 변태의 수(數)는 오비디우스가 아는 것보다 훨씬 많다. 〔Publius Ovidius Naso는 로마의 시인. 기원전 43~기원전 16년《변태 Metamorphoses》라는 제목의 작품이 있음.〕
　　페트라(Petra)라고 하는 하우란 지방의 그리스인 마을과 북아프리카의 로마인 폐허를 본 적이 있는 사람들은 이 이야기들이 무엇을 바탕으로 하고 있는지 쉽게 이해할 것이다.

*123 옛날부터 있던 하렘(Harem. 또는 여자들의 방, 페르시아어의 제나나(Zennanah), 세라글리오(serraglio)). 하림은 또한 대유법(代喩法)에 의해 '그 속에 있는 사람', 특히 '아내를 대신하는 사람'으로 사용된다. 〔둘 다 같은 말이다.〕

*124 동양에서는 진주는 해마다 1퍼센트씩 빛과 가치를 잃어간다고 생각했다.

*125 아라비아어의 미라브(Mihrab). 이슬람교 사원의 벽 속에 메카 쪽을 향해 만들어져 있는 둥근 천장의 벽감. 여기서 이맘(글자 그대로는 '다른 사람 앞에 서는 자') 즉 도사(導師)가 사람들에게 등을 돌리고 카바, 즉 메카의 네모난 집을 향해 머리를 낮게 숙이거나 몸을 엎드리며 사람들을 이끈다. 유대인은 이 벽감을 무시했으나 그리스도교도들은 신상과 제단을 위해 이것을 보호했다. 베누스(玉門)의 상징인 벽감과 플리아프스(陽根)의 상징인 미나레트(첨탑)는 제10대 교주 알 와리드(재위 105~115) 시대에 탄생했으므로 힌두교도에 의하면, 이슬람교도는 이 두 가지를 힌두교도들이 좋아하는 우상인 린가 요니 또는 쿤누스 파르스〔둘 다 남녀의 성기를 뜻하는 말〕에서 빌려왔다고 한다(《순례》제2장). 힌두교도는 직설적으로 벽감을 파가 또는 쿤누스라고 부르고 있다.

*126 아라비아어의 쿠르시는 종려나무 잎이나 그 밖의 것으로 만들어져 X모양을 하고 있으며, 그 앞에 앉아 책을 읽는다. 신앙심이 두터운 이슬람교도는 허리 아래로는 성전(聖典)을 두지 않고, 정식으로 몸을 깨끗이 하지 않고는 그것을 펼치지 않는다. 동양의 영국인은 이 사실을 잘 명심해야 한다. 코란에 대한 경의(아다브 알 쿠란)를 소홀히 하면 심한 반감을 사기 때문이다.

*127 페르시아 시인들은 검정 사마귀를 찬양하여 수많은 환상을 품고 있다. 서정시인 하피즈는 검정 사마귀를 위해서라면 '사마르칸트와 보하라'를 주어도 좋다고 노래했다.

＊128 아라비아 이야기에서 미인은 허리가 날씬하며, 보드라운 피부도 귀한 만큼 존중받았다.
＊129 천인화는 뺨에 난 솜털.
＊130 이것은 조로아스터교도에 대해 이야기할 때의 상투적인 문구.
＊131 아라비아어의 파라이즈, 《코란》 속에 명료하게 지시된 명령으로 영원히 불변하는 것이다.
＊132 '무서운 굉음'은 예언자 살리와 사무드(Thamud)라는 유사이전의 종족에 관한 전설에서 나온 것으로, 이 종족은 신앙심이 없어 지진과 하늘로부터의 굉음에 의해 멸망했다. [살리는 잘리라고도 하며 자세한 이야기는 《코란》 제7장 71절 이하를 보기 바란다. 또한 잘리에 대해 팔머가 자세한 주(注)를 달고 있다.] 어느 주석학자에 의하면 하늘에서 내려온 굉음은 천사장 가브리엘이 '너희는 모두 멸망하리라'고 외친 소리였다고 한다(《코란 제7장 제18절 및 기타》). '원기둥이 많은 도시 이람(276번째 밤)' 속에 이 일이 자세하게 나온다.
　　[이람은 아덴의 사막지대에 세워졌다는 지상의 낙원. 이단자 셰다드가 이것을 차지하려고 왔으나 도중에 하늘의 소리에 맞아 멸망했다고 한다.]
＊133 그래도 그들은 사람 모습 그대로였다. 그것은 이러한 생각이 하우란 지방의 폐허에서 발견된 현무암의 인상(人象)에서 생겨났음을 나타내고 있다. 마호메트는 여러 번 시리아에 가서 그리스 및 로마인 이주 마을의 잔해를 보았음이 틀림없다.
＊134 순교자는 아라비아어의 슈하다. 이슬람교도는 물론 다른 종교가들에게도 큰 존경과 숭배를 받는다. 순교자의 범위는 광범하여 벽이 무너져 죽은 사람, 나쁜 전염병이나 늑막염, 임신의 희생이 된 사람, 여행 중에 익사하거나 사망한 사람, '실연' 즉 소화기 장애로 죽는 순결한 연인도 이에 들어간다. 그들의 영혼은 곧바로 새의 모이주머니 속에 담겨 '부활의 날'까지 '낙원의 나무열매를 먹고 냇물을 마시며' 그 속에 머물러 있다.
＊135 이 여자는 처녀에게 발을 주무르는 천한 일을 시킨 것을 부끄러워한 것이다. 프랑스어의 마사지(massage)는 분명히 아라비아어의 마스(Mas-h)에서 나왔을 것이다.
＊136 최고 지상의 이름, 신의 100번째 이름. [이슬람교도가 사용하는 알라의 별명은 99개이다. 나중에 자세히 설명할 것이다.]
＊137 즉 지중해와 인도양.
＊138 즉 《코란》에 정해진 상속법.
＊139 노파는 추하게 생길수록 뚜쟁이 솜씨가 뛰어난 것으로 여겨졌다. 아라비아어로 아주즈(노파)라고 하면 매우 모멸스러운 말로, 나이를 불문하고 이집트인 여자에게 사용하면 상대는 맹렬히 분개한다. 정중한 말은 자이바이다.
＊140 여자의 4가지 연대(年代). 데모스테네스(Demosthenes) [그리스 웅변가. 기원전 384~322년]가 쾌락을 위한 매음(賣淫), 봉공을 위한 첩, 자식을 낳기 위한 아내라

는 3가지 성격을 인정한 데 따른 것이다.
* 141 아라비아어의 질라(Jila)는 7번 의상을 갈아입고 신랑 앞에 신부 모습을 보여주는 것으로, 이 의상은 종종 형편에 맞게 빌려 입는다. 이 행복한 사나이, 즉 신랑은 신부의 얼굴을 보기 전에 '배안료(拜顏料)'를 지급해야 했다.
* 142 아라비아어 이샤는 밤의 퍼스트 워치(옛날에 밤을 first watch, middle watch, morning watch로 3등분했다. 그리고 나중에는 4등분했다)를 말하며, 해질녘, 저녁식사 때, 저녁식사 등의 뜻. 이슬람교도는 6시(오전 또는 오후의)부터 6시까지 로마인이 4등분한 것을 빌려와, 유대인이 본디 3등분했던 것은 물론 한밤중과 새벽조차 무시하고 있다. (사사기(士師記) 제7장 19절(한밤중 첫 무렵에……이다), 출애굽기 제14장 24절(새벽 무렵에……))
* 143 아라비아어의 통속적인 과장법.
* 144 아라비아어로 샤카이크 알 누만. 아름다운 아네모네를 가리킴. 마호메트와 동시대의, 히라의 폭군 누만 이븐 알 문디르는 이 꽃을 독점하려고 했다.
* 145 말할 것도 없이 벨을 사용하지 않는 동양에서는 손뼉을 쳐서 하인을 부른다.
* 146 여기서는 검정 사마귀를 진주에 비유하고 있다. 일반적인 일이 아니고 또 적절하지도 않다.
* 147 알라의 유일성(唯一性) 증명을 서두르게 비튼 글귀.
* 148 큰 금속제 쟁반을 얹은 목재로 만든 둥그런 탁자를 디너 테이블(식탁)이라고 한다. 이 두 개를 스후라(또는 시마트)라고 부르며, 식사가 끝나면 곧바로 치워버린다.
* 149 이슬람교를 믿는 동양에서는 기혼이든 독신이든 젊은 여자가 혼자 거리를 걸어 다니는 일이 허용되지 않는다. 이것을 어기면 경관이 체포할 권한을 갖고 있다. 이 조치는 간통 등의 방지책으로 참으로 효과적이다. 크림 전쟁(1854~56년) 동안 영국인, 프랑스인, 이탈리아인 등 몇백 명의 장교가 콘스탄티노플 거리를 나다니게 되었는데, 적지 않은 이들이 터키 여인과 정분을 맺었다고 큰소리쳤다. 나는 그런 일은 단 한 건이라도 없었을 거라고 생각한다. 정복된 여자는 모두 그리스인, 아르메니아인, 또는 유대인 등이었다.
* 150 이 남자는 여자에게 반했으므로 여자를 자기 것으로 하기 위해 '표식'을 남기려고 결심한 것이다.
* 151 이러한 형벌은 이슬람교법에 어긋난다. 그러나 사람들은 부정한 아내를 죽이거나 추방하는 징벌을 너그럽게 봐준다.
* 152 다신교(多神敎). 특히 힌두교의 삼위일체(triadism), 조로아스터교의 이원설(二元說, dualism), 그리스도교의 삼위일체론(Trinitarianism)을 가리킨다.
* 153 일반적으로는 특히 여성의 음부를 암시하는 더할 나위 없이 비열한 욕으로, 아라비아어의 샤톰.

*154 동양에서는 여성에게 태형을 가할 때 동정심에서 옷 일부를 남기고 몸에 양동이의 물을 몇 번이고 뿌린다. 그 손을 때릴 때는 커튼 구멍에 손을 집어넣게 하여 벌을 받는 여자가 사람들 눈에 띄지 않도록 한 다음, 말뚝에 몸을 단단히 묶는다.

*155 아라비아어의 '살'로 여기서는 불멸의 동태복수법(同態復讐法, lex talionis), 즉 모든 형법학의 기본을 실행하는 의미의 코란 용어. 그 중대한 결함은 당연한 응보에 의해 범죄가 되풀이되는 일이다. 〔동태복수란 '눈에는 눈, 이에는 이'라는 원시적인 보복을 말한다.〕

*156 하룬의 자식인 이 두 사람은 나중에《아라비안나이트》에 나오듯 둘 다 교주가 되었다.〔즉 알 아민은 6세, 알 마문은 7세 교주가 된 것이다. 그리고 하룬 알 라시드 교주에 대해 다음과 같이 그의 약력을 적어둔다. 하룬 알 라시드(Harun al-Rasid, 763 또는 766~809)는 아바스 왕조 제5대 교주(칼리프)로 재위기간은 786~809년. 3세인 마디를 아버지로, 해방노예 하이즈란을 어머니로 하여 라이에서 태어났다. 배다른 형 하디가 독살되고 나서 즉위, 왕비는《아라비안나이트》에도 곧잘 등장하는 미인 즈바이다였다. 알 라시드 교주는 바르마크 집안의 야야 빈 하리드를, 나중에는 자파르를 재상으로 하여 정치상의 실권을 맡겼으므로 바르마크 일문은 사실상 그즈음의 지배자가 되었다. 그 때문인지 803년에 교주는 자파르를 느닷없이 참수하고 바르마크 집안사람들을 모두 죽인 다음 직접 정권을 잡았다. 797년과 805년에는 동로마제국과 전쟁을 벌이고 소아시아에 침입하고 멀리 프랑크 왕국의 칼(샤를마뉴) 대제와 협약을 맺는 등, 국력 신장에 힘썼으나 그 권세는 바그다드를 중심으로 한 서아시아 일대에 머물렀다. 그는 호라산 출정 중에 투스 언저리의 한 마을에서 병사했다고 전해진다. 일설에 의하면 성교 도중 복상사했다고도 한다. 재위 중 학문과 예술 옹호에 힘써 궁정에 많은 문인과 학자들이 모여들어 사라센 문화의 황금시대를 꽃피웠다. 이러한 그의 공적은《아라비안나이트》의 곳곳에 보이며, 특히 자파르와 검사(劍士)를 거느리고 미행을 다닌 이야기는 유명하다.〕

세 개의 능금

오, 이 세상을 다스리는 임금님이시여, 어느 날 밤 교주 하룬 알 라시드는 대신 자파르를 불러 이렇게 말했습니다.
"나는 거리에 나가 관리들의 행동이 어떤지 여러 가지로 백성에게 물어보고 싶다. 백성이 원망하는 관리는 파면하고 칭찬하는 자는 지위를 올려 주리라."
그렇게 하시도록 자파르가 공손히 아뢰었으므로 교주는 자파르와 환관 마스룰을 데리고 거리로 나갔습니다. 거리와 시장을 돌아 이윽고 좁은 뒷골목을 누비며 나아가는데, 그물과 생선 바구니를 머리에 이고 지팡이를 짚고 오는 한 늙은 남자와 마주쳤습니다. 노인은 어슬렁어슬렁 걸으면서 이런 노래를 부르고 있었습니다.

남들이 나에게 말한다.
"그대의 지혜는 하늘의 달님.
어두운 밤을 비추는 달님같이
비추어주누나, 인간세상을."
내가 답하여 말한다.
"농담 마시우, 질색이라오.
운이 좋지 않다면
지식 따위를 무엇에 쓰오,
가엾고 처량한 인간인 것을.
내 몸에 슬기로운 이 지혜와
책과 먹통을 모두 달아서
송두리째 저당 잡혀도
하루의 양식조차 못 빌릴 거요.

마지막 심판의 날에 일러
어음을 쓰는 게 고작일 거요."
아, 가난뱅이는 고달프구나.
비렁뱅이 이 꼴로 갈 데는 없고
여름엔 끼니도 없는 데다
겨울엔 화로가 단 하나의 즐거움
거리의 개들은 마구 물어뜯고
건달들까지도 짖어대누나.
소리 높이 이 수모를 하소연해도
고지식한 이 몸을 동정도 않네.
이 같은 불행과 슬픔을 겪을 바에는
차라리 찾아갈까 무덤의 내 집.

이 노래를 듣고 교주는 대신에게 말했습니다.
"저 가난한 사내의 노래를 들어봐라. 아무래도 몹시 곤경에 빠진 모양이다."
교주는 노인을 불러 물었습니다.
"이보시오, 노인, 당신은 무엇을 하는 사람이오."
"예, 나리, 저는 물고기를 잡아 가족을 먹여 살리고 있습죠. 낮부터 지금까지 물고기를 잡았습니다만 웬일인지 신께서 마누라와 자식에게 먹일 물고기 한 마리 내리시지 않는군요. 그렇다고 이 몸을 저당 잡혀 저녁 끼니를 살 수도 없고 정말 사는 게 지겹습니다. 그래서 차라리 죽어버릴까 생각하고 있었습니다."
"어떻소, 우리와 함께 티그리스 강으로 되돌아가 그물을 한 번 쳐보는게. 내 운을 한번 시험해 보려는 거요. 무엇이든 그물에 걸리면 금화 백 냎을 내고 사리다."
어부는 굉장히 기뻐했습니다.
"감사합니다. 예, 가구 말굽쇼!"
어부는 교주 일행과 함께 강으로 되돌아가 그물을 던졌습니다. 이윽고 그물을 끌어올려 보니 자물쇠가 잠긴 묵직한 궤짝이 걸려 나왔습니다. 교주가 들어보니 제법 묵직했습니다. 교주는 어부에게 금화 2백 디나르를 주어서 보내고 마스롤에게 궤짝을 지워 왕궁으로 가지고 돌아왔습니다.

궤짝을 내려놓고 촛불을 켜고는 대신과 내시를 시켜 자물쇠를 비틀어 열어보니 속에서 붉은 실로 엮은 야자 잎 바구니가 나왔습니다. 바구니 속 양탄자 밑에는 네 겹으로 접은 여자 베일이 들어 있었습니다. 그것을 들어내고 궤짝 바닥을 보니 놀랍게도 은덩이처럼 살결이 하얗고 아름다운 젊은 여자의 시체가 누워 있지 않겠습니까. 그런데 그 시체는 열아홉 토막으로 처참하게 잘려 있었습니다.

"오, 가엾어라!"

교주는 눈물을 흘리며 대신을 돌아보았습니다.

"여봐라, 이 얼빠진 대신아! 내 치하에서 사람을 죽여 강에 내던지는 일이 생기다니, 이 무슨 일인고. 심판의 날에 나의 실수나 잘못으로 돌릴 참인가? 무슨 일이 있더라도 범인을 찾아내어 극형에 처해 여자의 원수를 갚아줘야 한다. 나는 아바스의 후예[1]이다. 만일 그대가 범인을 잡아 여자의 원한을 풀어주지 못한다면, 이 왕궁 문 앞에 그대 목을 매달리라. 그대는 물론 일족도 모두 함께 말이다."

교주가 노여움에 떨면서 소리치자 대신은 말했습니다.

"부디 사흘만 여유를 주십시오."

교주가 허락하자 대신은 물러나와 슬픔에 잠겨서 집으로 돌아갔습니다.

"어떻게 하면 하수인을 잡아 교주님 앞에 끌어낼 수 있을까? 하수인 아닌 다른 자를 끌고나가면 신의 벌을 받게 될 것이고, 정말 어떻게 해야 할지 모르겠구나."

대신은 사흘 동안 집에 틀어박혀 있었는데, 나흘째가 되자 교주의 명령으로 시종이 부르러 와서 다시 교주 앞에 나갔습니다.

"그 여자를 죽인 하수인은 어디 있는고?"

"오, 충성스러운 자들의 임금님, 저는 피해자를 감독한 일이 없으므로 죽인 하수인도 알지 못합니다."

이 말을 듣고 교주는 크게 노하여 대신을 왕궁 문 앞에서 교수형에 처하도록 명령하고, 온 바그다드에 이런 포고를 내렸습니다.

"교주의 대신, 바르마크 집안[2]의 자파르를 비롯하여 바르마크 집안의 일족 40명의 처형을 구경하고 싶은 자들은 모여라!"

자, 큰일 났습니다. 어째서 대신의 일족들이 처형되는지 그 까닭은 몰랐지만, 아무튼 구경하려고 수많은 사람이 와글와글 몰려들었습니다.

이윽고 교수대가 준비되어 대신 집안 일족 40명이 그 밑에 죽 늘어서서 곧 처형이 시작될 참이었습니다. 군중은 교주의 지시를 기다리는, 대신을 비롯한 바르마크 집안사람들의 신세를 생각하며 눈물을 흘리고 있었습니다. 그때 난데없이 눈매가 아름답고 산뜻한 옷차림을 한 젊은이가 군중을 헤치고 대신 앞으로 뛰어나왔는데, 그 얼굴이 참으로 눈부시게 빛나는 달덩이 같았습니다. 검고 맑은 눈동자에 꽃 같은 이마, 장미처럼 붉은 뺨, 턱수염 자리에는 솜털이 나 있고 거기에 용연향 알인 듯싶은 검정 사마귀가 하나 붙어 있었습니다. 젊은이가 말했습니다.

"오, 대신님, 백관을 다스리고 가난한 자의 편이신 대신님, 당치도 않은 화를 끼쳐 죄송합니다. 그 궤짝 속의 여자를 죽인 자는 바로 접니다. 부디 저를 처형하시어 여자의 원한을 풀어주십시오."

이 자백을 들은 대신은 이제 살았구나 하고 기뻐했습니다. 하지만 그 아름다운 젊은이가 불쌍하게 생각되었습니다. 그런데 두 사람의 이야기가 채 끝나기도 전에 이번에는 나이 많은 남자가 군중을 헤치고 나와 두 사람에게 인사하고 말했습니다.

"대신님, 이 젊은이의 말을 믿어서는 안 됩니다. 여자를 죽인 범인은 다름 아닌 접니다. 그러니 어서 여자의 원한을 풀어주십시오. 그렇게 하지 않으시면 전능하신 신 알라께 당신한테 형벌을 내리시도록 빌겠습니다."

그러자 젊은이는 젊은이대로 이렇게 주장했습니다.

"아닙니다. 대신님, 이 노인은 망령이 들어 자신이 무슨 말을 하고 있는지도 모릅니다. 범인은 바로 접니다. 부디 여자의 원한을 풀어주십시오!"

"무슨 소리야, 자네는 아직 젊은 몸이라 앞날이 창창하고, 뜬세상의 즐거움도 누리고 싶을 터, 나는 살만큼 살았고 이제 이 세상에 싫증이 났어. 그래서 나는 자네를 비롯하여 대신님과 그 집안을 위해 죗값으로 내 목숨을 바치려는 것이다. 그 여자를 죽인 것은 바로 나야. 어서 날 처형해 주십시오. 여자가 죽고 없는 이 마당에 더 살아서 무엇 하겠소."

대신은 이 광경을 보고 매우 어리둥절했지만, 아무튼 젊은이와 노인을 교주 앞에 데리고 나가 일곱 번 땅에 엎드려 절한 다음 말했습니다.

"오, 충성스러운 자들의 임금님이시여, 여자를 죽인 하수인을 데리고 왔습니다."

"어디 있느냐!"

"이 젊은이는 자기가 하수인이라 하고, 이쪽 노인도 자기야말로 하수인이라 주장하고 있습니다. 그래서 보시는 바와 같이 두 사람을 다 데리고 나왔습니다."

교주는 노인과 젊은이를 번갈아 보며 물었습니다.

"그대들 가운데 정말로 살인한 자는 누구냐?"

"여자를 죽인 것은 접니다."

젊은이가 말하자 노인도 말했습니다.

"아닙니다, 저야말로 하수인입니다."

그래서 교주는 대신에게 두 사람 다 데리고 가서 처형하도록 명령했습니다. 그러자 대신이 말했습니다.

"둘 가운데 한 사람만이 범인일 것입니다. 애매한 사람을 처형하면 죄[*3]를 범하는 일밖에 되지 않습니다."

그러자 젊은이가 소리쳤습니다.

"하늘을 떠받들고 땅을 양탄자처럼 깔아주신 신께 맹세코 말씀드립니다만 저야말로 진짜 범인입니다."

그러고는 죽일 때의 광경과 바구니와 베일, 양탄자 등 교주가 직접 눈으로 본 일들까지 낱낱이 이야기했습니다.

교주는 일단 이해되기는 했으나 살인의 동기를 알 수 없어서 물었습니다.

"어째서 그런 끔찍한 범행을 저질렀느냐? 매도 맞기 전에 왜 범행을 자백하고 목숨을 내던지려 하는가? 그리고 또 여자의 원한을 풀어달라는 까닭은 무엇이냐?"

이 말에 젊은이는 이야기를 시작했습니다.

"사실은 교주님, 그 여자는 저의 아내로 자식까지 있는 몸입니다. 저의 사촌누이동생이자 큰아버지의 딸이었지요. 결혼할 때 여자는 숫처녀였습니다.[*4] 알라의 자비로 아들 셋을 낳았고 아내는 저를 사랑하며 잘 시중들어 주었습니다. 저도 아내를 무척 사랑했으므로 서로에게 불만은 아무것도 없없습니다.
 그런데 이달 초하루에 아내는 중병에 걸리고 말았습니다. 곧 의사를 불러 치료하자 병이 조금씩 차도를 보이기에 저는 목욕탕에 가기를 권했습니다. 그러자 아내는 말했습니다.
 '목욕탕에 가기 전에 먹고 싶은 것이 하나 있어요.'
 '좋아, 뭔지 말해 봐.'
 '능금이 먹고 싶어 죽겠어요. 그 향기를 맡으면서 한 입 맛보고 싶어요.'
 '당신에게 천 가지 소원이 있더라도 모두 이루어 주리다.'
 저는 당장 거리로 나가 능금을 찾아보았지만 공교롭게도 하나도 없었습니다. 설사 능금 하나에 금화 1천 닢을 주더라도 어떻게든 살리려고 마음먹었던 참이라 매우 실망하여 집으로 돌아왔습니다.
 아내에게는 아무래도 구할 수 없었다고 말하는 수밖에 없었습니다. 아직 충분히 회복되지 않은 아내는 이 말을 듣고 실망한 나머지 그날 밤부터 갑자기 상태가 나빠졌습니다. 저는 걱정되어 앉지도 서지도 못할 지경이었습니다. 날이 새자 다시 한 번 나가 과수원을 모조리 찾아다녔지만 능금은 아무 데도 없었습니다. 그러다가 한 늙은 과일장수를 만나 능금이 없느냐고 물었더니 그는 이렇게 대답했습니다.
 '이 근방에서는 좀처럼 구할 수 없는 과일이지요. 요즘은 바소라의 교주님 과수원에나 가기 전에는 구할 수 없어요. 거기서는 과수원지기가 교주님께 바치려고 특별히 저장해 두니까요.'
 그리하여 그날도 찾지 못한 채 낙심하여 집으로 돌아갔습니다. 그러나 저는 아내를 너무나 사랑하여 끝까지 능금을 찾아 여행을 떠나기로 마음먹고 준비를 하여 집을 나섰습니다. 왕복에 보름 밤낮이나 걸려 임금님의 과수원지기한테서 금화 3닢으로 능금 세 개를 사서 돌아왔습니다. 그러나 능금을 내놓아도 아내는 그리 기뻐하지도 않고 한쪽에 굴러다니게 내버려둘 뿐이었습니다. 그리고 열흘 동안 열이 몹시 올라 몸이 쇠약해진 중태가 계속되다가 겨우 그 무렵에야 좀 차도가 보이기 시작했으므로, 저는 집을 나와 다시 가게에서 장사를 시작했습니다.
 그런데 대낮쯤 되었을 때 문득 바라보니, 장대같이 키가 크고 의자같이 뚱뚱한 못생긴 검둥이 노예가 제가 사온 능금 하나를 만지작거리면서 가게 앞을 지나가지 않겠습니까?

'이보게, 검둥이 양반, 그 능금이 어디서 났나? 나도 그런 것을 하나 구하고 싶은데.'

상대는 빙긋 웃으면서 대답했습니다.

'이것 말이오? 내 정부한테서 얻은 거요. 내가 얼마간 여행하고 돌아와 보니 병으로 누워 있던 계집의 베갯머리에 이런 능금이 세 개나 있지 않겠소? 계집은 나에게 우리 집 얼간이가 바소라까지 가서 금화 3닢이나 주고 사온 거라고 말하더구먼. 우리는 함께 먹고 마시고 하다가 그중 하나를 가지고 나온 거요.'*5

오, 교주님, 노예가 하는 말을 듣고 저는 눈앞이 캄캄해졌습니다. 그래서 가게 문을 닫고 미친 듯 분노하여 집으로 달려갔습니다. 능금을 찾아보니 정말 두 개밖에 없었습니다. 능금 하나는 어쨌느냐고 묻자 아내는 귀찮다는 듯이 머리를 들고 대답했습니다.

'모르겠어요. 어딘가에 있겠지.'

이 말을 듣자, 아까 노예가 한 말이 틀림없다고 믿은 저는 짧은 칼을 들고 아내의 뒤로 돌아가 멱살을 잡고 다짜고짜 그 목을 찔렀습니다. 그러고는 목을 자르고 손발을 끊어 베일과 양탄자 조각에 싼 다음 급히 꿰매어 궤짝에 넣고 나서 자물쇠를 단단히 채웠습니다. 그리고 노새에 실어 티그리스 강으로 가서 내 손으로 던져 넣은 것입니다.

오, 충성스러운 자들의 교주님, 이런 사연이오니 부디 곧 저를 처형해 주십시오. 아내가 심판의 날에 복수하지 않을까 두려워 죽겠습니다. 왜냐하면 실은 아무도 몰래 강물에 내던지고 집으로 돌아오니 큰아들이 울고 있지 않겠습니까? 내가 제 어미를 어떻게 했는지 아직 모를 텐데 뭣이 슬퍼서 우느냐고 물으니 아이는 이렇게 대답했습니다.

'엄마 옆에 있던 능금 세 개 가운데 하나를 갖고 동생들과 골목에서 놀고 있었어요. 그런데 갑자기 커다란 검둥이가 오더니 내 손에서 능금을 뺏고는 어디서 났느냐고 묻잖아요. 그래서 아버지가 병에 걸린 엄마에게 주려고 멀리 바소라까지 가서 이런 것 세 개에 금화 3닢을 주고 사왔다고 말했어요. 그런데 능금을 돌려달라고 몇 번이나 말해도 듣지 않고 나를 때리고 차더니 그만 가지고 달아났지 뭐예요. 그래서 능금 때문에 엄마한테 혼날까 봐 동생

들과 함께 어두울 때까지 성 밖에 있었어요. 난 엄마가 무서워요. 그러니 아버지, 아무 말도 하지 말아주세요. 엄마 병이 더 심해지면 안 되니까.'

이 말을 듣고 저는 비로소 깨달았습니다. 그 못된 노예가 제 아내를 죽인 진짜 하수인입니다. 그런 줄도 모르고 아내를 죽인 저는 얼마나 어리석은 인간이겠습니까? 그래서 제가 목 놓아 울고 있는데 저의 장인이신 이 노인이 찾아왔습니다. 제가 울면서 자초지종을 털어놓자 노인도 옆에 앉아 눈물을 흘리며 그대로 둘이서 밤이 깊도록 울었습니다.

이렇게 닷새 동안 아내를 위해 상복을 입고 죄 없이 살해된 아내를 생각하며 비탄에 젖어 있었습니다. 제가 이렇게 아내를 죽인 것은 모두 그 검둥이의 거짓말 때문입니다. 이렇게 일이 벌어져 제가 아내를 죽인 것이니, 교주님, 조상의 명예를 걸고 저를 때려 죽여 원한을 풀어주십시오. 아내가 죽고 없는데 제가 살아서 뭐하겠습니까!"

교주는 이 이야기를 듣고 무척 놀라며 말했습니다.

"이 젊은이에게는 죄가 없다. 내가 교수형에 처하고 싶은 것은 그 못된 검둥이 놈이다. 내가 원하는 것은 시름 많은 자의 마음을 풀어주고, 영광된 신의 뜻에도 따르는 일이다."

―이때 날이 희뿌옇게 새기 시작하여 샤라자드는 이야기를 그쳤다.

20번째 밤

오, 인자하신 임금님, 교주는 젊은이에게는 죄가 없으니 검둥이 노예를 처형하겠다고 맹세했습니다.

그래서 교주는 대신에게 명령했습니다.

"이러한 재앙의 씨를 고의적으로 뿌린 그 괘씸한 노예를 끌고 오라. 사흘 안으로 잡아오지 못하면 대신 그대의 목숨을 뺏으리라."

그래서 대신은 또다시 울면서 교주 앞을 물러났습니다.

"이로써 두 번째 선고를 받는구나. 제아무리 운이 좋아도 이번에는 살아날 길이 없겠는걸. 이렇게 되고 보면 지혜도 계책도 아무 소용없단 말이야. 하지만 신께서 한 번 목숨을 살려주셨으니 이번이라고 도와주지 않으실까닭이 없지. 내 목숨은 아직 사흘 동안은 더 살 수 있으니까. 그동안 집에 틀어박혀 있자. 모든 것을 신의 뜻에 맡기자."

대신은 사흘 동안 집에 틀어박혀 있었습니다.

나흘째가 되자 대신은 법관과 공증인을 불러 유언장을 만들고 울면서 자식들에게 작별을 고했습니다. 이윽고 교주의 사자가 찾아왔습니다.

"교주님께서 몹시 노하셔서, 그 악질 노예를 찾지 못한다면 오늘이야말로 대신을 교수형에 처하리라고 하십니다."

이 말을 듣고 대신은 물론 아이들과 노예들까지 슬픔에 잠겼습니다. 대신은 한 사람 한 사람에게 작별을 고했는데, 맨 나중에 아이들 중에서도 인물이 뛰어나고 자신이 늘 귀여워하던 막내딸 차례가 되었습니다. 대신은 딸을 끌어안고 입을 맞추면서 작별을 슬퍼하여 울고 있다가 문득 보니, 딸의 품에 무언가 동그란 것이 들어 있지 않겠습니까?

"얘야, 네 몸에 들어 있는 게 뭐냐?"

"아버지, 능금이에요. 여기 교주님 이름이 적혀 있어요. 우리 집 노예 라이한이 나흘 전에 가져왔는데 여간해서 주지 않아서 금화 두 닢을 주고 샀어요."

대신은 노예와 능금 이야기를 듣고 몹시 기뻐하며 딸의 품속에서 그 능금을 꺼냈습니다. 그리고 바로 그 문제의 능금임을 알자 뛸 듯이 기뻐하며 외쳤습니다.

"오, 액운을 쫓아주시는 신*6이시여!"

그는 그 노예를 데려오게 하여 다짜고짜 호통을 쳤습니다.

"네, 이놈, 라이한! 이 능금이 어디서 났느냐?"

"오, 나리님, 알라께 맹세코 아뢰겠습니다. 거짓말을 하여 벌을 모면할 수 있는 건 한 번뿐이지만 진실을 말하면 몇 번이고 벌을 벗어날 수 있다는 것을 아니까요. 그 능금은 나리댁에서 훔친 것도 아니고 교주님 정원에서 훔친 것도 아닙니다. 사실은 닷새 전, 거리에 나갔다가 어떤 골목길을 걸어가는데 아이들이 놀고 있었습니다. 그 가운데 한 아이가 이 능금을 가지고 있기에 저는 그 능금을 뺏고 때려주었습니다. 그 아이는 울면서 말했지요.

'그건 엄마 거야. 아파서 누워 있는 엄마가 능금을 너무 먹고 싶어 하니까 아버지가 일부러 바소라까지 가서 금화 3닢을 주고 3개를 사왔어. 난 가지

고 놀려고 꺼내온 거야. 돌려줘.'
 하지만 저는 그대로 뺏어가지고 왔습니다. 그것을 아가씨께서 금화 두 닢으로 사주셨을 뿐입니다."
 이 말을 듣고 대신은 이번 재난이 모두 이 노예로 말미암아 일어났음을 알고 매우 놀랐습니다. 그 노예가 자기 집 식구인 것이 슬펐지만 한편으로는 이로써 죽음을 면하게 된 것을 기뻐하며 이런 노래를 불렀습니다.

 노예 때문에 불행하게 되느니
 당장 노예를 희생시켜라.
 노예는 수없이 많지만
 목숨은 오직 하나, 둘도 없으니.

 대신은 노예의 손목을 움켜잡고 교주 앞으로 끌고가 자초지종을 이야기했습니다. 교주는 잠깐 그 기이한 인연에 놀랐으나 나중에는 배를 움켜잡고 웃었습니다. 그러고는 관리에게 그 이야기를 기록하여 백성에게 널리 알리라고 명령했습니다.
 그러자 대신이 말했습니다.
 "오, 충성스러운 자들의 임금님이시여, 이 정도 이야기는 그리 놀랄 게 못 됩니다. 이집트의 대신 누르 알 딘 알리와 그의 형 샤무스 알 딘 모하메트의 이야기만큼 이상한 이야기는 없을 것입니다."
 "그럼, 그 이야기를 해보라. 허나 지금의 이야기보다 더 기이한 이야기가 또 있을까?"
 "하지만 교주님, 이 노예의 목숨을 살려주시지 않는 한 그 이야기를 말씀드릴 수 없습니다."
 "흠, 그런가. 정말로 이 세 개의 능금 이야기보다 재미있다면 살려주마. 만일 그렇지 않으면 반드시 사형에 처하리로다. 알겠는가?"
 그래서 자파르는 다음과 같은 이야기를 시작했습니다.

⟨주⟩
*1 아바스 왕조의 '시조이며 영웅'인 아바스는 마호메트의 아버지 압둘라의 형제로, 알 이

슬람에서는 유명한 인물이다.

*2 유럽에서는 이 바르마크 집안을 바미사이즈(Barmecides)로 번역하고 있다. 페르시아어의 '바르'는 '올리다'이고 마키단은 '핥다, 빨다'는 뜻. 전설에 의하면 초대 자파르는 자신의 필요에서 독을 바른 반지를 끼고 아브드 알 알리크 교주(오마이아 왕조 또는 우마이야 왕조) 앞에 나아갔다. 그 때문에 교주가 몸에 지니고 있던 돌 두 개가 서로 부딪쳐 소리를 냈으므로 자파르가 자기를 독살하러 온 게 아니냐며 질책했다. 그러자 자파르는 그런 게 아니라고 변명했는데, 그 변명하는 말 속에 페르시아어의 바르마캄이라는 말이 튀어나왔다. 그것은 '내가 그것을 핥아버린다'는 뜻이기도 하고, 또 '나는 바르마크다'라는 의미도 된다. 바르마크는 조로아스터교도 사이에서 유명한 고승이었다.

*3 아라비아어의 '즈룸'으로, 군주의 죄 가운데 가장 큰 죄. 마호메트의 말 가운데 가장 널리 인용되는 것은 "왕국은 불신앙(알 이슬람은 신앙하지 않는 일)은 참지만 즈룸, 즉 부정은 용서하면 안 된다"는 문구이다. 따라서 선량한 이슬람교도는 카피르족〔아프리카의 이교도〕의 지배 아래 있든, 영국인 같은 불신앙자의 지배 아래 있든, 이슬람교법에 따라 올바르게 통치하는 한 불평하지 않는다.

*4 이것으로 남자의 죄는 한층 더 무거워진다. 만일 여자가 과부였다면 남자에 대한 '처녀의 요구권', 즉 보카치오〈제10일〉제10화의 Premio della verginita(처녀성의 대가라는 뜻)를 요구하지도 않을 것이다. 〔영어로 번역된 《데카메론》에는 a recompense for my virginity로 옮겨져 이혼당한 여자가 처녀성에 대한 보상으로 지참금 외에 속옷 한 벌을 요구하는 장면이 있다.〕

*5 노예들은 이런 거짓말을 밥 먹듯이 하는 것으로 여겨지고 있었다. 아라비아어로 된 이야기책에는 고금에 걸친 이런 종류의 이야기가 많이 실려 있으며 그중에는 〈소화집(笑話集)〉(Joe Miller)으로 만들어진 것도 있다. 더욱이 이런 노예의 거짓말을 마음에 두는 것은 자유인으로서 체면 없는 일로 생각했다. 따라서 이 이야기 속에 나오는 악당도 벌을 받지 않고 끝난다.

나는 앞에서 이러한 이른바 '상스러운 노예들'에게 음탕한 여자들이 이상한 관심을 두고 있다고 설명했다. 〔'샤리아르 왕과 그 아우 이야기'의 주석, '어부와 마신 이야기'의 주석 참조.〕 본문 속의 젊은이는 자신의 아내가 그 '하찮은 호기심'을 직접 실행한 거라고 잘못 추측했던 것이다.

*6 자파르는 알라의 가호를 부탁했고, 그 부탁이 옳았음이 증명된 것이다.

누르 알 딘 알리와 그 아들 바드르 알 딘 하산 이야기

오, 충성스러운 자들의 임금님, 들어보십시오. 옛날 이집트에 정의감이 강하고 도량이 넓은 왕이 있었습니다. 이 왕은 신앙심이 깊은 가난한 사람을 사랑하며 신학자와 학자들과 늘 교류하며 지냈습니다. 또 대신은 총명하고 경험이 풍부하여 세상사와 정치에 밝은 수완가였습니다.

이 늙은 대신에게는 달처럼 아름다운 두 아들이 있었는데, 형인 샤무스 알 딘 모하메트와 아우인 누르 알 딘 알리는 세상에 보기 드문 아름답고 상냥한 젊은이들이었습니다. 특히 아우의 얼굴 모습이 뛰어나 이 소문을 들은 많은 사람이 멀리 이집트까지 그 모습을 보려고 몰려갈 정도였습니다. 어느 날 대신인 아버지가 세상을 떠나자, 왕은 무척 슬퍼하며 두 아들을 불러 어의(御衣)[1]를 내리고 나서 말했습니다.

"염려하지 마라. 그대들은 아버지를 대신하여 이집트의 대신이 되어 오늘부터 힘을 합쳐 노력해 주기 바란다."

형제는 매우 기뻐하며 왕 앞에 엎드렸습니다. 꼬박 한 달 동안 아버지를 위해 복상하고서[2] 대신의 자리에 오른 두 사람은 궁중에 들어가 그때까지 아버지가 하던 정무를 일주일씩 교대로 맡아 보게 되었습니다. 형제는 한집에 살면서 한마음 한뜻이 되어 사이좋게 살았습니다. 왕이 여행할 때는 언제나 서로 번갈아 모시고 가곤 했습니다.

어느 날 밤, 마침 왕이 다음 날 아침에 여행을 떠나게 되어 모시고 갈 차례가 된 형은 아우와 온갖 이야기를 하다가 이런 말을 했습니다.

"아우야, 우리 둘은 한 자매에게 장가를 드는 게 좋을 것 같구나. 그리고 같은 날 첫날 밤을 치렀으면 하는데 네 생각은 어떠냐?"

"형님, 정말 좋은 생각입니다. 그렇게 하십시다."

"만일 알라께서 정해 주신 뜻으로 두 처녀와 결혼하여 같은 날 밤 함께 잠자리에 들고, 그날 아이를 점지받아 같은 날 아기를 낳으면, 그리고 알라의 뜻으로 너의 색시가 아들을, 내 아내가 계집아이를 낳거든 그 두 사촌 아이끼리 결혼시키면 어떨까?"

"그럼, 형님의 딸을 며느리 삼을 때 제 아들은 지참금*3을 얼마나 가져가면 되겠습니까?"

"금화 3천 닢과 유원지 셋, 밭 세 떼기는 받아야지. 그 이하로는 체면이 안 설 테니까."

"제 아들에게 그토록 많은 지참금을 요구하실 작정입니까? 서로 형제 사이이고 더구나 알라의 자비로 지위도 같은 대신이 아닙니까? 지참금이 없더라도 제 아들에게 형님 딸을 주셔도 괜찮을 겁니다. 그렇잖으면 세상의 눈도 있고 하니 그저 명목상의 금액으로 해야 할 줄 압니다. 형님도 아시다시피 사내란 여자보다 값어치가 있는 법이니까요. 우리가 죽고 나서 가문의 명예는 제 아들이 이어받지 형님 딸이 이어받는 게 아닙니다."

"그러면 내 딸은 얻는 게 아무것도 없지 않으냐?"

"형님 딸이 아무리 훌륭하기로 후세까지 집안의 자랑이 될 리야 없겠지요. 형님의 행위는 이런 속담과 같습니다. '살 사람을 깜짝 놀라게 해 주면 비싸게 부르라, 아주 비싸게.' 그렇지 않으면 형님은 이런 인정 없고 쌀쌀한 사내와 똑같지요. 어느 때 한 사내가 친구를 찾아가 살림이 궁핍하니 돈을 좀 꿔달라고 부탁했습니다. 그러자 친구가 대답했습니다.

'비스밀라,*4 알라의 이름을 맹세코, 필요한 것이면 뭐든지 줄 테니 내일 와 주게!'

그 사내는 이런 노래로 답했습니다."

> 부탁하는데 '내일' 오라고 대답한다면
> 현명한 사람은 곧바로 안다.
> 얻는 것도 꾸는 것도 틀려 빠진 일.

형이 말했습니다.

"시끄럽다! 네가 네 아들을 내 딸보다 더 귀하게 본다는 건 형에 대한 예의가 아니지 않느냐? 너처럼 마음씨가 비열하고 태도가 글러 먹은 놈도 없을 것이다. 너는 나와 신분이 같다지만 나는 네가 가엾어 창피를 주기 싫어

직무를 나눠줬을 뿐인데, 네가 그따위로 나온다면 내 딸을 절대로 주지 않겠다. 제아무리 딸의 몸무게만큼 황금을 지고 와도 절대로 주지 않으리라!"

이 말을 듣고 아우도 성을 냈습니다.

"나 역시 무슨 일이 있어도 형님 딸은 며느리로 삼지 않겠소. 내가 죽기 전에는 결코!"

"네 아들 따위를 내 딸의 신랑으로 삼을 것 같으냐! 내 딸 손톱의 때만한 가치도 없는 것을. 내일 여행만 떠나지 않는다면 너를 더 혼내주겠다만. 하지만 돌아오면 반드시 내 위엄과 명예를 찾아 본때를 보여주지. 알라께서는 무엇이건 뜻대로 하시니까."*5

형의 이 말에 아우는 분노에 몸이 떨리고 너무 화가 나서 가슴이 뒤집히는 것 같았지만, 겨우 억제하며 입을 다물었습니다. 이렇게 두 형제는 서로 분노를 품은 채 그날 밤은 떨어져서 따로따로 잤습니다.

이튿날 아침, 왕은 당번인 대신 샤무스 알 딘을 데리고 위풍당당하게 카이로*6를 출발하여 기자*7를 거쳐 피라미드 쪽으로 나아갔습니다. 한편 아우 누르 알 딘은 분노 때문에 뜬눈으로 밤을 새우고 잠자리에서 나와 새벽 기도를 마치고서 보물창고에 들어가 조그마한 가죽 배낭에 금화를 가득 채웠습니다. 그리고 어젯밤 형의 위협과 욕설을 생각하며 이런 시를 외웠습니다.

　　길을 떠나라! 옛 친구 두고 가면
　　새 친구를 만나리라.
　　일하라! 인생의 기쁨은 노력으로 얻는 것.
　　가만히 앉아서는 못 얻는다, 명예를
　　가난 말고 얻는 것 없으니.
　　고국을 떠나 세상을 두루 살펴라,
　　언제나 이 눈으로 보아온 것이지만,
　　물은 오래 괴면 악취가 풍기고
　　흘러서 움직이면 달고 맑은 법.
　　달이 차고 이지러짐이 없으면
　　빛나는 달 쳐다보는 사람 있을까.
　　사자는 굴을 나와야 먹이를 잡고

화살은 시위를 떠나야 과녁을 맞힌다.
금모래는 묻혀 있으면 여느 모래요,
침향나무도 산에서는 그대로 땔감.
황금도 파내어야 제값을 하고,
침향도 외국에서는 금보다 귀하다.

 노래를 마치자 아우는 시종에게 누비아산 노새에 안장을 얹으라고 일렀습니다. 그 노새는 얼룩 털에 귀는 갈대 붓처럼 꼿꼿하게 일어서고, 다리는 둥근 기둥 같았으며, 등은 기둥 위에 얹은 둥근 지붕같이 높고 튼튼했습니다. 안장은 황금천, 등자는 인도의 구리, 마의(馬衣)는 이스파한의 비로드로 만든 것이었습니다. 거기다 왕후(王侯)라 해도 손색없는 마구를 갖추어 마치 신혼 첫날 밤의 신부처럼 아름답게 꾸몄습니다. 노새 등에는 비단이불과 기도용 깔개를 얹고 그 밑에 금화를 담은 가죽 부대를 매달았습니다.
 준비가 갖추어지자 하인과 노예들을 불러 일렀습니다.
 "나는 앞으로 사흘 동안 교외로 나가 소풍을 겸해 카르유브[8]까지 다녀오겠다. 가슴이 답답해서 기분전환하러 가는 것이니 아무도 따라오지 마라."
 아우는 약간의 식량을 가지고 급히 노새에 올라 카이로를 벗어나 광막하게 펼쳐진 미개지 쪽을 향해 떠났습니다.[9]
 한낮이 되어 비르바이스에 닿았으므로 나귀를 세워 잠시 쉬게 하고 자신은 식사를 했습니다. 그리고 여행에 필요한 물건과 노새의 양식을 산 다음 다시 황야로 여행을 계속했습니다. 해질 무렵 사디야라는 마을에 이르러 저녁식사를 한 뒤 모래 위에 비단을 깔고 배낭을 베개 삼아 노숙했으나 가슴속은 여전히 노여움에 이글거리고 있었습니다.
 이튿날 아침 다시 노새를 타고 여행을 계속하여 마침내 성도 예루살렘에 이르렀습니다. 그곳에서 다시 알레포로 가서 대상의 객주에서 사흘 동안 쉬며 산책을 하기도 했습니다. 거기서 점을 쳐보니 여행길이 무사하다는 괘가 나와서 다시 노새를 타고 발길 닿는 대로 여행을 계속하기로 했습니다. 동행도 두세 사람 생겨서 걸음을 재촉하여 이름 모를 큰 도시로 들어갔습니다. 그곳은 바소라였습니다. 날이 저물어 어두워지자 그는 객주에 말을 매어두고 기도용 깔개를 깔았습니다. 그리고 노새 등에서 배낭을 내리고 나서 마구를 단 채 문지기에게 맡겨 근처를 한 바퀴 끌고 다니게 했습니다.

바소라 늙은 대신의 저택이 마침 숙소 바로 맞은편에 있어서 대신이 창가에 앉아 있다가 문지기가 끌고 다니는 노새를 보았습니다. 노새가 값진 장식을 단 것을 보고 깜짝 놀라며 이런 훌륭한 말이라면 자신은 물론 임금님이 타도 부끄럽지 않겠다고 생각하면서 한참 보고 있자니 보면 볼수록 마음이 끌려 마침내 하인에게 분부했습니다.

"저 문지기를 이리 불러오너라."

하인을 따라온 문지기는 손을 짚고 엎드려 절했습니다.

"저 노새의 주인이 누군가? 어떤 분인가?"

"예, 나리, 그 노새의 주인은 몸가짐이 우아하고 얼굴이 아름다운 젊은이입니다. 게다가 점잖으시고 기품이 있어 아마도 부자상인의 아드님이 아닐까 합니다만."

그 말을 듣자 대신은 곧 채비를 차려 말을 타고*10 누르 알 딘의 숙소를 찾아갔습니다. 대신이 몸소 찾아오는 것을 보고 누르 알 딘이 얼른 일어나 공손히 인사하자 늙은 대신이 말했습니다.

"바소라에 오신 걸 환영하오."

대신은 말에서 내려 누르 알 딘을 포옹하고는 의자를 권하면서 물었습니다.

"어디서 오신 분이오? 또 무슨 볼일로 오셨소?"

"대신님, 저는 카이로에서 왔습니다. 아버님은 전에 그곳에서 대신을 지내셨습니다만 지금은 알라의 부르심을 받고 세상을 떠나셨습니다."

그리고 자기 신변에 일어난 자초지종을 이야기했습니다.

"온 세계의 도성과 나라를 모두 구경하기 전에는 절대 돌아가지 않을 작정입니다."

"젊은 양반, 혈기만 믿고 행동하다가 몸을 망치면 안 되오. 앞길은 황무지뿐이고 어떤 악운이 기다리고 있을지 모르는 일이오."

늙은 대신은 젊은이의 무모한 행동을 타이르고 배낭과 비단이불, 기도용 깔개를 노새에 실어 젊은이를 자기 집으로 데려가 어지간히 마음에 들었던지 훌륭한 방으로 안내하여 후하게 대접했습니다.

얼마 뒤 늙은 대신은 말했습니다.

"나는 이렇게 늙었지만 아직 아들이 하나도 없소. 그러나 다행히도 알라의 자비로 당신 못지않게 아름다운 딸이 하나 있다오. 여태까지 여러 번 지체 높은 사람들이며 부자들한테서 청혼이 있었으나 모두 거절했소. 그러나 나는 그대가 썩 마음에 드는데 어떻겠소? 내 사위가 되어주지 않겠소? 만일 승낙한다면 나와 함께 바소라[11]의 임금님께 가서 그대가 내 형제의 아들인 조카라고 소개하고, 나 대신 대신이 되도록 말씀드리겠소. 나는 이제 나이가 들어 기운도 떨어졌으니 집에 들어앉아 은거생활을 하고 싶소."

젊은이는 늙은 대신의 말을 듣고 공손히 머리 숙이며 기꺼이 받아들였습니다. 늙은 대신은 매우 기뻐하며 하인들을 불러 잔치를 준비하라고 이르고 언제나 중신과 귀족들이 결혼식을 올리는 홀을 장식하라고 분부했습니다. 그리고 친지를 비롯하여 온 나라 안의 고위 고관들과 바소라의 상인들을 초대하여 소개했습니다.

"나에게는 이집트의 대신이었던 형님이 한 분 계셨습니다. 그 형님에게 아들이 둘 있는데, 여러분도 아시다시피 나에게 외동딸이 있으므로 형님은 자기 아들과 내 딸을 짝지어주자고 청혼을 해 왔군요. 나는 그 청혼을 승낙했습니다. 딸이 시집갈 나이가 되자 형님은 아들 하나를, 지금 여기 있는 이 젊은이를 보냈습니다. 그래서 당장 오늘 밤에 계약서를 작성하고 식을 올려 내 딸과 결혼시킬 작정입니다. 혼례가 끝나면 나와 함께 살아도 좋고 또 고국에 돌아가고 싶으면 아버지의 집까지 딸과 함께 데려다주려고 합니다."

이 말을 들은 사람들은 저마다 축복의 말을 했습니다.

"그거참, 잘 됐군요."

그리고 신랑을 요모조모 뜯어보며 모두 만족해하는 눈치였습니다. 늙은 대신은 곧 법관과 공증인을 불러 결혼계약서를 만들었습니다. 노예들은 향을 피우고[12] 손님들에게 설탕이 든 과즙을 내온 다음 한 사람 한 사람에게 장미수를 뿌렸습니다. 이윽고 손님들은 만족하여 집으로 돌아갔습니다. 늙은 대신은 하인에게 명하여 신랑을 목욕시키고 특별히 좋은 옷은 물론 손 닦는 수건, 입 닦는 수건에 심지어는 물통과 향로 등 필요한 것은 뭐든지 마련해 주었습니다.

목욕을 하고 새 옷을 입으니 신랑은 마치 열나흘 달처럼 아름답게 빛나 보였습니다. 신랑은 노새를 타고 단숨에 대신의 집으로 돌아갔습니다. 노새에서 내려 대신에게 가서 그 손에 입을 맞추니 늙은 대신은 진심으로 기꺼이 그를 맞이해 주었습니다.

―샤라자드는 날이 희끄무레하게 새기 시작한 것을 깨닫고 하던 이야기를 그쳤다.

21번째 밤

오, 인자하신 임금님, 늙은 대신은 일어나서 젊은이를 맞이했습니다.
"자, 오늘 밤은 신부에게 가거라. 내일은 임금님을 뵙도록 해 줄 테니. 나는 너희가 알라의 자비로 언제까지나 행복하기를 빌겠다."
젊은이는 그날 밤, 자기 아내가 된 대신의 딸에게 갔습니다.
한편 형 샤무스 알 딘은 왕을 모시고 오랜 여행에서 돌아와 보니 아우가 보이지 않았습니다. 깜짝 놀라 하인들을 불러 물어보니 그들은 이렇게 대답했습니다.
"나리께서 떠나시던 날 아우님은 공식행사에라도 나가시는 것처럼 아름답게 장식한 노새를 타고 나가셨습니다. 그때 2, 3일 동안 카르유브에 다녀올 테니 아무도 따라오지 말라고 하시고 혼자 나가셨는데 여태 소식이 없습니다."
형 대신은 아우가 별안간 없어진 것을 매우 걱정하며 상심했습니다.
"그날 밤 내가 너무 꾸짖고 나무란 탓으로 이렇게 됐어. 아마 기분이 상해서 집을 나간 모양이구나. 무슨 일이 있어도 찾아와야지."
그리하여 왕을 뵙고 지금까지의 경위를 모두 말씀드리고 나서 편지를 여러 장 써서 영내의 모든 영주에게 급사를 파견했습니다. 그러나 형이 20일이나 여행하는 동안 아우는 멀리 바소라까지 가 있었습니다. 아무리 찾아도 소식을 얻지 못하자 형은 결국 단념하고 말았습니다.
"아이들의 결혼 일로 내가 너무 심한 말을 꺼냈어. 그런 이야기는 하지 않았더라면 좋았을걸! 모두 내가 경솔하고 부주의한 탓이야."
얼마 뒤 형은 카이로 어떤 상인의 딸에게 청혼하여*[13] 결혼하게 되었습니다. 우연히도 형이 결혼한 날 밤에 아우도 바소라의 대신 딸을 아내로 맞이한 것입니다. 이것은 전능하신 알라의 뜻이었으니 운명이 정한 바를 그대로 따랐을 뿐이었지요. 그뿐만 아니라 기구하게도 전에 형제가 말한 대로 되었습니다. 양쪽 아내가 똑같이 결혼 첫날 밤에 아이를 가져 한날에 몸을 풀었습니다. 이집트의 대신 샤무스 알 딘의 아내는 계집아이를 낳았는데, 온 카이로를 찾아보아도 그 이상 예쁜 아이는 없었습니다. 또 누르 알 딘의 아내는 사내아이를 낳았는데, 그 아이도 어느 누구와 비할 데 없이 아름다웠습니다. 한 시인은 이런 사내아이를 다음과 같이 노래하고 있습니다.

> 빛나는 이마에 검은 머리,
> 품위 있고 우아한 어린아이
> 온갖 물건에 어둠을 던지고
> 또는 눈부시게 비춘다.
> 뺨에는 은은한 검정 사마귀 하나
> 아련히 보이나 나무라지 말라.
> 튤립 꽃들도
> 검은 그림자 띠고 피는 법이니.[*14]

또 다른 시인은 이렇게도 노래했습니다.

> 그대 향기는 사향,
> 뺨은 향기로운 장미꽃
> 그 치아는 진주인가, 입술에서는
> 포도주가 방울방울 떨어지네.
> 맵시는 칼처럼 날씬하고,
> 엉덩이는 실하기가 언덕이요,
> 머리카락은 칠흑 같은 밤,
> 얼굴은 보름달과 같아라.

바소라의 대신은 손자가 태어나자 무척 기뻐하며 바드르 알 딘 하산이라 이름 짓고, 초이렛날에 왕세자라도 태어난 것처럼 성대한 잔치를 베풀었습니다. 누르 알 딘은 장인을 따라 왕궁에 들어가 왕 앞에 엎드려 절하고 나서 노래를 흥얼거렸습니다. 누르 알 딘은 풍채가 아름답듯이 말솜씨도 좋고 기개가 있었으며 마음씨도 말할 나위 없이 온화했습니다.

아, 임이시여!
이 세상에 둘도 없는 즐거움은
영원토록 임의 손에 있게 하소서.
밤과 새벽이 되풀이되는 한 영원히!
아, 임이시여, 임의 은총을 받을 때
이 세상은 춤추고 '세월'은 손뼉을 치네.

왕은 두 사람에게 명예를 내리기 위해 자리에서 일어섰습니다. 그리고 젊은이의 찬가를 치하고 대신에게 물으셨습니다.
"이 젊은이는 누구인고?"
"제 형님의 아들입니다."
"이 젊은이가 어찌 그대 조카가 되는고? 아직 한 번도 그런 이야기를 들은 적이 없는데."
"임금님, 제게는 형님이 한 분 있었습니다. 이집트의 대신을 지내다 두 아들을 남기고 세상을 떠났지요. 형은 아버지의 뒤를 이었고, 여기 있는 아우는 저를 찾아왔습니다. 전부터 제 딸을 꼭 이 조카에게 시집보내기로 약속하고 있었기 때문에 이 아이가 찾아오자 곧 결혼을 시켰습니다. 그런데 사위는 아직 혈기왕성한 청년이지만, 저는 늙어서 귀도 먹고 분별심도 한심할 정도로 사라지고 말았습니다. 그러하오니 저 대신 이 젊은이를 등용해 주시기를 주군이신 임금님(술탄)*15께 간곡히 부탁합니다. 이 젊은이는 제 형님의 아들이자 제 사위이며, 사려심이 깊고 영리한지라 대신의 직무를 훌륭히 해낼 줄 믿습니다."
왕은 젊은이가 썩 마음에 들어 대신의 건의대로 후계자 자리에 앉히고는 훌륭한 예복과 암노새 한 필을 내리고 녹봉과 수당에서 지급품까지 정했습니다. 젊은이는 왕의 손에 입을 맞추고서 장인과 함께 기뻐하면서 집으로 돌아갔습니다.

"하산이 태어나면서부터 기쁜 일만 생기는구나."
다음 날 젊은이는 왕 앞에 나아가 엎드려 절하고 이런 노래를 불렀습니다.

    나날이 번영하소서, 임의 치세,
    임의 행운, 임의 영광.
    임의 운명을 시기하는 자
    멸망하리라.
    임의 세상은 영원히 빛나
    낮과 같고
    적의 세상은 어둠에 싸여
    밤과 같도다.

왕의 명령으로 젊은이는 대신의 자리에 올라 정무를 보게 되었습니다. 직책상 친히 백성과 접촉하고 그 호소를 재판했는데, 왕은 그 일하는 솜씨를 보고 젊은이의 지혜와 사리판단, 그리고 식견에 감탄하며 더욱 두터이 신임하게 되었습니다. 젊은 대신은 정무를 마치고 집으로 돌아오면 그날 있었던 일을 모두 장인에게 이야기했습니다. 장인은 사위의 말을 듣고 무척 기뻐했습니다.

젊은이가 몸을 아끼지 않고 유능하게 정무를 처리하자, 왕은 낮이나 밤이나 잠시도 곁에서 떼어놓지 않고 녹봉과 지급품도 많이 올려 주었습니다. 누르 알 딘은 점점 막대한 자산가가 되어 백인과 흑인 노예는 물론이고 배를 여러 척 사서 자신이 직접 지휘하여 외국무역을 꾸려 나갔습니다. 또 많은 땅을 사들이고 페르시아식 양륙기(揚陸機)도 마련하고 정원을 만들기도 했습니다. 아들 하산이 4살이 되었을 때, 늙은 대신이 세상을 떠나자 매장하기에 앞서 장인을 위해 성대한 장례식을 치러주었습니다. 그 뒤 아들의 교육에 힘써서, 아들이 7살이 되자 파키, 즉 법률과 종교에 밝은 학자를 집에 데려다 훌륭한 교육과 올바른 예절을 가르쳤습니다. 하산은 그 선생에게 글을 배우고 여러 가지 학문을 배워 몇 해 뒤에 코란을 암송[16]하게 되었습니다. 그 동안 하산의 아름다움은 더욱더 빛나고 몸도 늠름하게 성장해 갔습니다. 시인도 이렇게 노래하고 있습니다.

그 얼굴의 하늘에 빛나는 것은
더없이 둥근 보름달이요,
그 가슴의 아네모네, 빨갛게
비추는 것은 태양이로다.
온갖 '아름다움'을 정복하고
온갖 매력을 획득한 젊은이.

선생은 대신 집에서 읽기, 쓰기, 수학, 신학, 문학에 이르기까지 모든 학문을 가르치면서 하산을 길렀습니다. 할아버지인 늙은 대신은 하산이 4살 때 모든 재산을 손자에게 남기고 세상을 떠났습니다.

하산은 어릴 때부터 한 번도 집 밖으로 나가본 적이 없었는데, 어느 날 아버지 누르 알 딘이 하산에게 좋은 옷을 입히고 가장 아름다운 암나귀에 태워 왕궁으로 데리고 갔습니다. 하산을 본 왕은 그 아름다움에 놀라며 매우 귀엽게 여겼습니다. 사람들은 하산이 아버지와 함께 거리를 지나가는 것을 보고 그 아름다움에 감탄하여 그의 모습을 실컷 보려고 길가에 앉아 돌아올 때를 기다렸습니다. 시인은 그 모습을 이렇게 노래했습니다.

현자가 별자리를 바라보니
아름다운 젊은이의 모습
천체의 그림에 나타났네.
하늘은 그 검은 눈동자를 내리고
관자놀이의 곱슬머리 사향빛으로 물들였네.
화성은 붉은 뺨을 물들이고
궁수자리는 그 눈에서 빛나는 화살을 쏘누나.
그 지혜는 수성에게서 받고
큰곰자리에 명멸하는 별 소하는
사악한 눈을 모두 물리쳤다.
현자는 복 많은 아이를 보며 놀라고
달의 여신은 발밑의 대지에 입맞추도다.[*17]

길 가던 사람들은 하산의 모습을 보고 소리 내어 축복하면서 신께 그의 행복을 빌었습니다.*18 왕은 특히 이 소년을 귀여워하여 그 아버지에게 말했습니다.

"대신, 반드시 이 아이를 매일 나에게 데리고 오시오."

"예, 그렇게 하겠습니다."

대신은 공손히 대답한 다음 아들을 데리고 물러났고, 그 뒤로 날마다 궁으로 데리고 들어갔습니다. 하산이 20살이 될 무렵, 대신은 우연히 병을 얻어 드러눕게 되어 아들을 머리맡에 불러놓고 말했습니다.

"애, 아들아. 이 세상은 잠시 머무는 곳이고 내세야말로 영원히 사는 곳이다. 나는 죽기 전에 너에게 해두고 싶은 말이 있다. 내 말을 잘 명심하여 행여나 잊어서는 안 되느니라."

그리고 이웃과 잘 사귀려면 어떻게 해야 하고, 집안일 처리는 어떻게 해야 하는지 등의 교훈을 일러주었습니다. 그 말이 끝나자 형과 고향집, 그리고 고국을 생각하며 눈물을 흘렸습니다. 이윽고 눈물을 닦고 나서 그는 다시 말을 이었습니다.

"애, 아들아, 마지막 유언을 하기 전에 일러둘 말이 있다. 나에게는 형님이 한 분 계시다. 말하자면 너에게는 큰아버지가 되시는 어른이지. 이름은 샤무스 알 딘이라고 하며 카이로의 대신으로 계신다. 나는 그 형님의 뜻을 거역하고 집을 나왔다. 그럼, 종이 한 장을 가지고 와서 내 말을 받아쓰도록 해라."

하산은 종이를 가지고 와서 아버지가 부르는 대로 받아쓰기 시작했습니다. 즉 바소라에 도착하여 대신을 만나 그의 딸과 결혼하고 아들이 태어난 일, 한마디로 말해 형과 다투고부터의 40년에 걸친 생애를 기록했던 것입니다. 끝으로 이렇게 덧붙였습니다.

"이것은 나의 구술필기로, 내가 죽은 뒤에는 전능하신 알라께서 내 아들과 함께 하시기를 간절히 빈다!"

그리고 대신은 그 종이를 말아 봉인한 다음 아들에게 말했습니다.

"이 서류를 잘 간직해 둬라. 너의 신원과 신분과 혈통을 밝혀주는 것이니까. 만일 무슨 좋지 않은 일이 일어나거든, 카이로의 큰아버지를 찾아가 이 서류를 보여 드리고 아버지는 친척들과 멀리 떨어진 타국에서 여러분을 무척 그리워하시면서 덧없이 눈을 감았다고 전해다오."
 하산은 서류를 받아 접어서 밀랍을 먹인 천에 싼 다음 부적처럼 두건 사이에 넣고 꿰매어 얇은 터번*19을 감아두었습니다. 하산은 어린 몸으로 혼자 남게 되는 것이 서러워 아버지에게 몸을 던지고 슬피 울었습니다. 이윽고 임종이 다가왔는지 아버지는 잠시 의식을 잃었다가 다시 정신을 차렸습니다.
 "애, 하산아, 마지막으로 너에게 다섯 가지 교훈을 남겨두고 싶다. 첫 번째, 누구하고도 지나치게 친해지지 마라. 그것은 친구와 적당히 거리를 두고 사귀면 그만큼 남의 중상을 받지 않아도 되기 때문이다. 나는 시인이 이렇게 노래하는 것을 들은 적이 있다.

　　이 세상엔 진심으로
　　믿을 사람 없고
　　어려울 때 기꺼이
　　도와주는 사람 없다.
　　네 힘으로 살아라,
　　남을 믿지 말고.
　　이것이 내 충고다,
　　명심하여라.

 두 번째, 누구에게도 모진 짓을 해서는 안 된다. 그러면 운명은 반드시 저 자신에게도 모질게 대할 것이니까. 이 세상의 운명이란 오늘 행복을 가져왔다가 내일은 딴판으로 불행을 가져다주는 법이다. 이 세상의 재물은 결국 갚아야 하는 빚에 지나지 않는다. 시인은 이렇게 노래하고 있다.

　　탐나는 것 얻으려고
　　근심 걱정하지 말라
　　속태우지 말라
　　남에게 정을 바랄 때는
　　내가 먼저 정답게 하라
　　알라 신의 손보다

높은 손 없고,
그 노여움 뉘우치지 않는
폭군도 없다.

세 번째 교훈은 세상에 나가서는 말을 삼가고 남의 결점을 비판하기 전에 자기 결점을 반성해 보라는 것이다. '말없는 가운데 평화가 깃든다'고 하지 않느냐. 그것에 대해서는 이런 시구가 있다.

겸손은 보배, 무언(無言)은 평화.
할 말이 많더라도 말을 삼가라.
말하지 않고 후회할 때가 한 번이라면
지껄이고 후회할 때는 천 번이라네.

네 번째 교훈은 술을 삼가라는 것이다. 술은 마음을 방자하게 하고 분별심을 잃게 한다. 부디 일러두거니와 독한 술은 입에 대지도 마라. 시인도 이렇게 노래하고 있다.[20]

나는 피하고 싶다,
술[21]과 주정뱅이를
술을 마시는 것은 악덕이라고
진심으로 그렇게 생각해.
술로 사람들은
구원의 길을 잃고
술로 넓은 문을 지나
멸망에 빠진다.

다섯 번째 교훈은 재산을 소중히 해야 한다는 것이다. 그렇게 하면 재산도 너를 소중히 여겨준다. 돈을 아끼면 돈도 너를 아껴줄 것이다. 낭비하면 안 된다. 까딱 잘못하다간 보잘것없이 되어 천한 자에게 구걸하게 된다. 나는 이런 시를 알고 있다.

돈 떨어지면
친구 정도 떨어지고,
돈 많으면
친구 모두 상냥하다.
재물을 함께 쓰는
친구는 많아도
가난할 때 함께 걱정해 주는
친구는 없다.

 대신은 이렇게 아들에게 여러 가지 교훈을 남기고서 이윽고 임종이 다가오자 슬픈 듯이 한숨짓고 세상을 떠났습니다. 비탄에 젖은 곡소리가 온 집안에 가득하고 왕을 비롯한 고관들도 모두 대신의 죽음을 애도하며 장례식을 마쳤습니다. 아들 하산은 아버지의 죽음을 슬퍼하며 두 달 동안 문밖에도 나가지 않았고, 왕 앞에도 회의에도 참석하지 않았습니다. 그래서 마침내 왕은 노하여 다른 시종을 대신에 임명한 다음 하산을 체포하라는 명령을 내리고, 그 저택과 재산을 모두 봉인하여 몰수하게 했습니다. 새 대신은 하산을 체포하여 왕 앞으로 끌고 오려고 시종, 관리들과 군사, 무뢰한들을 거느리고 왕궁을 나섰습니다.
 그런데 그들 가운데 세상을 떠난 대신을 모시던 백인 노예가 한 사람 있었습니다. 그 노예는 왕의 명령을 듣고 급히 말을 달려 하산의 집으로 갔습니다. 옛 주인 아들의 몹시 위태롭고 급한 상황을 차마 못 본 척할 수 없었기 때문이었습니다. 하산은 그날도 문어귀에 앉아 고개를 떨어뜨리고 아버지의 죽음을 애도하고 있었습니다. 급히 달려온 백인 노예는 말에서 뛰어내려 하산 손에 입을 맞추고서 소리쳤습니다.
 "도련님, 큰일 났습니다. 화를 당하기 전에 어서 달아나십시오."
 하산은 몸을 떨면서 물었습니다.
 "대체 무슨 일이냐?"
 "임금님께서 도련님 때문에 노하시어 체포명령을 내리셨습니다. 체포대가 곧 도착할 것이니 어서 몸을 피하십시오!"
 이 말을 듣자 하산의 가슴은 슬픔으로 끓어오르고 장밋빛 뺨은 새파랗게 질렸습니다.
"집에 들어가 여행에 필요한 물건을 꺼내올 여유도 없겠나?"
"안 됩니다, 도련님, 어서 피하십시오. 목숨보다 물건이 소중하단 말입니까? 늦으면 큰일 납니다."
그리고 노예는 이런 시를 외웠습니다.

목숨 걸고 도망가라,
박해의 손이 닥치면
집으로 하여금 말하게 하라,
주인의 운명을.
오로지 찾으면
새로운 나라 있으리라.
노소간에 목숨과 바꿀
목숨 없나니.
신의 땅은 이토록
크고 넓은데
이상해라,
굴욕의 집에 머물다니.[22]

백인 노예의 말을 듣고 하산은 옷자락을 걷어 올려 머리에 쓰고는 곧 집에서 뛰쳐나갔습니다. 이윽고 변두리로 나왔을 때 사람들 소문이 귀에 들려왔습니다.
"임금님이 먼젓번 대신댁으로 새 대신을 보냈대. 재산을 몰수하고 아들 하산을 체포해 사형에 처하려고 잡아들인다나, 그토록 아름답고 친절한 분을. 가엾기도 해라!"
하산은 정신없이 발길 닿는 대로 그저 앞으로 달리다 보니 어찌 된 운명의 장난인지 아버지의 묘지에 이르렀습니다. 무덤들 사이를 지나 곧장 아버지의 무덤 앞에 다가갔습니다. 하산은 그곳에 앉아 머리에 쓴 옷자락을 벗었습니다. 그 화려한 비단옷의 금빛으로 장식된 가장자리에는 다음과 같은 시구가 수 놓여 있었습니다.

오, 그대 이마는
눈부신 동쪽 나라인가.
하늘에 빛나는 별과
자비로운 이슬을 말해준다.
언제까지나 그대의
명예를 간직하라.
세월도 그대의 영광
거부하지 않으리.

그렇게 무덤 옆에 앉아 있으려니 난데없이 환전업자(換錢業者)*23인 듯한 유대인이 두 손에 금화가 가득한 가죽 주머니를 들고 나타났습니다. 그는 하산의 손에 입맞추고 말했습니다.
"도련님, 어디로 가십니까? 어느덧 해질녘이 가까운데 이렇게 얇은 옷을 입으시고, 무슨 큰 걱정거리라도 있으신 듯한데."
"아까 집에서 자고 있는데 꿈에 아버님이 나타나 성묘하러 오지 않는다고 꾸지람을 하시지 않겠습니까? 깜짝 놀라 깨어나 무슨 나쁜 일이 일어나면 큰일이다 싶어 해가 지기 전에 성묘하려고 부랴부랴 달려왔습니다."
"여보세요, 도련님, 아버님께서는 배를 여러 척 외국에 보내셨는데 이제 거의 돌아올 때가 된 배도 있을 겁니다. 그래서 항구에 들어오는 첫 배의 짐을 제가 사고 싶은데, 금화 1천 닢이면 어떻습니까?"
하산이 승낙하자 유대인은 돈주머니에서 금화 1천 닢을 꺼내 하산에게 주었습니다. 그러고는 매도증명서를 써 달라고 요구했습니다. 하산은 붓과 종이를 들고 다음과 같이 두 통을 썼습니다.
"서명인, 누르 알 딘 대신의 아들 바드르 알 딘 하산은 아버지가 소유하고 있던 선박 가운데 최초로 입항하는 배의 짐을 유대인 이삭에게 팔았음. 그 대금으로 금화 1천 닢을 선금으로 받았음."
유대인은 그 가운데 한 통을 받아 지갑에 넣고 가버렸습니다. 하산은 어제만 해도 자기 것이었던 부귀와 영예를 생각하면 할수록 슬픈 마음을 누를 길 없어 그만 울음을 터뜨렸습니다. 그러다가 이렇게 노래하기 시작했습니다.

사랑하는 이여, 당신이 떠난 뒤로
이 집은 이미 내 집이 아닙니다.
당신이 떠나자 그때부터
이웃도 다정한 사람들이 아니었습니다.
일찍이 사랑하던 친구들도
슬프지만 이미 친구가 아닙니다.
달님도 변하여 내 눈에는
광기 어려 보이고,
당신 없는 이 세상
황량한 폐허가 되어 버렸으며
언덕과 들에는
어두운 그림자가 어립니다.
그날에 울어 슬픈 이별 알려준 까마귀야
둥지도 없어지고 털도 빠졌구나!
이제는 찾을 수 없습니다.
당신을 잃고 몸과 마음 야위고
이별의 눈물로 찢은 베일 얼마던가.
아, 다시 한 번 지난날
즐거웠던 밤을 보고 싶어라.
쓸쓸한 집안을 그때와 같은
단란한 가정으로 만들고파라.

　노래를 마치고 슬피 울다가 밤이 되자 다시 아버지의 무덤에 기댄 채 깊은 잠에 빠졌습니다. 밤새도록 잠자지 않는 알라에게 영광 있기를! 하산이 곤히 잠들어 있는 동안 달이 높이 떠올랐습니다. 어느덧 머리가 무덤에서 미끄러져 내려와 네 활개를 쭉 펴고 잠드니, 밝은 달빛을 담뿍 받은 얼굴이 아름답게 빛났습니다. 묘지란 본디 밤낮없이 믿음 깊은 마신들이 출몰하는 장소인데, 그날 밤 한 마녀신이 나타나 하산의 잠든 얼굴을 들여다보고 그 아름다움과 사랑스러움에 놀라 이렇게 소리쳤습니다.
　"아니! 예쁘기도 해라! 낙원의 소년*24이 틀림없어."

이렇게 말하고 마녀신은 여느 때처럼 날아올라 한 바퀴 빙그르르 돌고는 날아가 버렸는데, 도중에 하늘을 나는 마신 하나를 만났습니다. 그 마신이 인사를 하자 마녀신은 말을 걸었습니다.

"당신은 어디서 왔나요?"

"카이로에서 왔지."

"저 묘지에 아주 예쁜 젊은이가 잠들어 있어요. 함께 가보지 않겠어요?"

"가 봅시다."

두 마신은 땅으로 내려왔습니다. 마녀신이 하산을 가리키며 말했습니다.

"지금까지 이렇게 아름다운 젊은이는 처음 보았을 걸요?"

"정말 비할 데 없이 아름답군. 그런데 오늘 내가 보고 온 이야기를 들려줄까?"

"무엇을 보고 왔는데요?"

마신은 이야기를 시작했습니다.

"나도 이집트에서 이 젊은이와 똑같이 아름다운 여인을 보고 왔어. 대신 샤무스 알 딘의 딸인데 굉장한 미녀지. 얼굴도 예쁘고 몸매며 몸가짐이 나무랄 데 없는 미인이더군. 그 아가씨가 19살*25이 되었을 때 미인이라는 소문을 듣고 이집트 왕이 그 대신을 불러 이렇게 말했다더군.

'대신, 그대에게 딸이 있다지. 왕비로 삼고 싶은데 어떤가?'

그러자 대신은 말했지.

'임금님, 부디 제가 드리는 말씀을 들으시고 저의 안타까운 심정을 헤아려 주십시오. 아시겠지만 전에 저와 함께 대신을 지내던 아우가 있었습니다. 이미 종적을 감춘 지 오래되었는데, 아직도 어디 있는지 알지 못합니다. 그 아우가 집을 떠난 까닭을 말씀드리면, 어느 날 밤 둘이서 아내와 아이들에 대해 이야기하다가 대수롭지 않은 말다툼 끝에 아우가 화를 내고 집을 나간 것입니다. 벌써 19년 전 일로 저는 딸애가 태어나던 날 아우의 아들 말고는 시집보내지 않기로 신게 맹세했습니다. 요즘 바람처럼 떠도는 소문을 들으니 아우는 지금은 바소라에서 세상을 떠났지만, 그곳에서 대신의 딸과 결혼하여 아들을 낳았다고 합니다. 아우의 영혼을 위로하는 뜻에서라도 꼭 그 아들에게 딸을 주고 싶습니다. 저는 결혼한 날짜와 아내가 아이를 가진 날, 그리고 딸의 생일을 기록해 두었는데 별점을 쳐보니 딸의 이름은 아우의 아들인

내 조카의 이름과 굳게 맺어져 있다는 것입니다.*26 임금님께는 헤아릴 수 없을 만큼 많은 여자가 있지 않습니까?'

대신의 거절하는 말을 듣자 왕은 불같이 분노하며 소리쳤지.

'왕인 내가 그대 같은 사람의 딸을 달라고 하면 집안의 명예가 아닌가. 그런데도 내 청을 물리치고 하찮은 핑계로 거절했겠다! 좋다. 그렇다면 내 목숨을 걸고, 그대가 아무리 반대해도 가장 비천한 놈에게 시집보내 주마!'

그런데 공교롭게도 가슴에 혹이 있는 꼽추 마부가 궁중에 있었지. 왕은 그 꼽추를 불러 우격다짐으로 대신의 딸과 결혼시키고 성대한 잔치를 베푼 다음 그날 밤 신부와 함께 동침하도록 명령했어. 난 카이로에서 방금 날아왔는데, 그 꼽추는 횃불을 든 왕의 백인 노예들에게 에워싸여 목욕탕 앞에 서 있더구면. 대신의 딸은 시녀들과 유모에게 둘러싸여 하염없이 울고 있었지. 대신인 아버지도 자기 딸에게 갈 수 없었거든. 임금님의 엄명이 내려서 말이야. 나는 그 꼽추만큼 징그러운 놈은 난생처음 봤어. 상대방 아가씨는 이 젊은이와 똑같이 생겼어, 아니, 더 아름다우면 아름다웠지 못하지 않아."

—샤라자드는 날이 희끄무레하게 새기 시작한 것을 알고 이야기를 그쳤다.

22번째 밤

오, 인자하신 임금님, 이집트 왕이 꼽추 마부와 비탄에 잠긴 아름다운 처녀를 짝지어 주기 위해 결혼계약서를 쓴 것과 그 처녀가 창조물 가운데 뛰어나게 아름다우며, 이 젊은이보다 더 아름답다는 것을 마신이 마녀신에게 얘기하자, 마녀신은 큰 소리로 말했습니다.

"거짓말 말아요! 요즘 세상에 이 젊은이만큼 아름다운 사람이 어디 있겠어요?"

마신은 마녀신이야말로 거짓말을 한다면서 말을 이었습니다.

"알라께 맹세코 내가 말하는 처녀는 이 젊은이보다 더 예뻐. 하기야 그 아가씨에게 어울릴 만한 사람은 이 젊은이뿐이겠군. 남매처럼, 아니 적어도 사촌 남매처럼 닮았으니까. 그런데 그런 꼽추 놈에게 시집가다니 아깝지 뭔가!"

그러자 마녀신이 말했습니다.

"그럼, 이 젊은이를 떠메고 카이로로 데리고 가서, 당신이 말하는 처녀와 비교해 보고 어느 쪽이 더 아름다운지 결정합시다."

"오, 그래! 정말 좋은 생각이군. 쇠뿔도 단김에 뽑으랬다고 이 젊은이는 내가 날라다주지."

마신은 잠든 젊은이를 살며시 안아 올려 새처럼 하늘 높이 날아 올라갔습니다. 마녀신도 뒤질세라 나란히 날아갔습니다. 이윽고 카이로에 들어서자 마신은 주위를 둘러보더니, 젊은이를 어느 돌 벤치 위에 내려놓고 깨웠습니다. 잠에서 깨어난 젊은이는 자기가 있는 곳이 바소라의 아버지 묘지와는 전혀 다른 낯선 땅에 와 있는 것을 알고 저도 모르게 소리치려고 했습니다. 그러다가 마신이 어깨를 치는 바람에 그만 입을 다물고 말았습니다. 마신은 젊은이에게 아름다운 옷을 갖다 입히고 횃불을 손에 쥐어주면서 말했습니다.

"내가 너를 이리로 데려온 것은 알라를 위해 너에게 선을 베풀기 위해서다. 그러니 이 횃불을 들고 목욕탕 입구에 모여든 사람들 틈에 끼어 혼례 집으로 함께 가. 그리고 대담하게 앞으로 나가 성큼성큼 집 안으로 들어가란 말이야. 아무도 겁낼 것 없으니 신랑인 꼽추의 오른쪽에 서 있다가 시녀와 유모, 가희(歌姬)들이 지나가거든*27 그때마다 주머니에 손을 넣어봐. 금화가 가득 들어 있을 테니, 그 돈을 뿌려주도록 해. 절대로 인색하게 굴어서는 안 되니 한 움큼씩 행하(行下)를 주도록 해. 아무도 겁내지 말고 너를 만들어주신 신만 믿으면 돼. 왜냐하면 불가사의한 일이 잇따라 인간들에게 일어나는 것은 네가 아닌 전능하신 알라의 힘에 의한 것이니까."

마신의 말을 듣고 하산은 마음속으로 생각했습니다.

"대체 무슨 뜻일까. 왜 이렇게 친절을 베푸는 것인지 그 까닭이 궁금한걸."

어쨌든 하산은 시키는 대로 사람들 틈에 끼어들어 횃불을 들고 혼례 행렬을 따라 걸어갔습니다. 목욕탕에 이르러 보니 꼽추는 벌써 말에 올라타고 있었습니다. 하산은 사람들을 헤치고 군중 한가운데로 나아갔습니다. 터키모자와 두건*28으로 머리를 싸고 황금으로 가장자리를 장식한 소매 긴 옷을 입은 하산의 풍채는 눈부시도록 아름다웠습니다. 가희들이 가끔 노래를 멈추고 사람들한테서 행하를 받을 때마다 하산도 주머니에 손을 넣어 금화를 한 움큼씩 꺼내 탬버린*29 위에 얹어주었습니다. 나중에는 그것이 탬버린 위에 수북이 쌓였습니다. 가희들은 하산의 돈 쓰는 솜씨에 놀랐고, 사람들은 그 사내다움과 눈부신 옷에 눈길을 빼앗겼습니다. 그러는 동안 대신(젊은이의 큰아버지였습니다만)의 저택에 도착했습니다. 시종들은 몰려드는 사람들을 쫓아내며 가까이 오지 말라고 야단쳤지만 가희들과 시녀들이 가만히 있지 않았습니다.

"이 젊은 분을 들여놓지 않으면 저희도 들어가지 않겠어요. 이분은 행하를 듬뿍 주시며 우리를 축복해 주셨거든요. 이분이 참석하지 않으시면 신부를 내드리지 않겠어요."

이렇게 말하며 여자들은 하산을 결혼식장까지 데리고 들어가, 꼽추 신랑의 험상궂은 눈총도 아랑곳하지 않고 자리에 앉히고 말았습니다. 식장에는 태수의 부인들을 비롯하여 대신과 시종, 그 밖의 부인들이 저마다 촛불을 들고 두 줄로 죽 서 있었습니다. 모두 얇은 베일을 쓰고 신부 자리*30 양쪽에서 신부가 나올 방까지 두 줄로 줄지어 있었습니다. 부인들은 젊은이의 우아한 모습과 초승달처럼 빛나는 얼굴을 재빨리 훔쳐보고는 남몰래 가슴이 설레는 걸 느꼈습니다. 가희들이 부인들을 향해 말했습니다.

"여러분, 이 아름다운 분은 우리에게 금화만 주셨어요. 그러니 이분에겐 여자로서 할 수 있는 일이라면 뭐든지 해 드려야 해요. 원하시는 건 뭐든지 들어 드려야 합니다."

그러자 여자들은 횃불을 쳐들고 하산을 에워싸고 그 아름다운 풍모를 부러워했습니다. 그리고 모두 한 시간만이라도, 할 수만 있다면 1년쯤 이 젊은이에게 기꺼이 몸을 맡기고 싶은 충동을 느꼈습니다. 여자들은 연정에 애타는 가슴으로 얼굴에서 베일을 벗고 소리쳤습니다.

"이 젊은이에게 시집가는 여자는 얼마나 행복할까!"

그리고 아름다운 처녀를 차지하게 된 꼽추를 저주했습니다. 하산을 축복할 때마다 꼽추를 저주하며 말했습니다.

"정말이지 이분이야말로 오늘 밤의 신부에게 어울리는 남자야. 불쌍하게도 이렇게 흉측하게 생긴 불구자가 그처럼 아름다운 처녀의 신랑이 되다니. 이자에게 알라의 저주가 있기를! 이런 결혼을 시키는 임금님께도 저주가 내려야 해!"

때마침 가희들이 탬버린을 치고 환호성을 울려 신부가 들어오는 것을 알 렸습니다. 대신의 딸은 시녀들에게 에워싸여 방으로 들어왔는데, 그 모습을 돋보이게 하기 위해 향을 피우고 머리를 꾸몄으며 위대하신 대왕 코스로에 게나 어울릴 법한 호화찬란한 의상과 장신구를 갖추고 있었습니다. 특히 눈길을 끈 것은 옷 위에 걸친 장옷으로, 순금으로 짐승과 새의 모습을 본뜬 무늬를 새겨 눈과 부리 부분에 보석을 박고, 손톱은 새빨간 루비와 에메랄드로 장식되어 있었습니다. 목에는 야만에서 만든 수천 금의 가치가 있는 목걸이가 감겨 있었는데, 온갖 종류의 크고 둥근 보석이 박혀 있어 국왕도 토바의 왕*31도 가져본 적이 없을 만큼 진귀하고 훌륭한 물건이었습니다. 신부는 보름달같이 요염하여 홀에 들어올 때 모습은 마치 낙원의 선녀가 아닌가 싶을 정도였습니다. 이처럼 기막히게 아름다운 여자를 만드신 신의 업적을 어찌 칭송하지 않을 수 있겠습니까!

여자들은 검은 눈동자를 둘러싼 흰자위처럼 신부를 에워쌌습니다. 그 모습은 마치 밤하늘에 총총한 별들 같았고, 그 한복판에서 신부는 구름을 뚫고 나온 달처럼 찬란하게 빛나고 있었습니다. 바소라의 하산이 그곳에 모인 사람들의 주목을 한몸에 받으며 앉아 있을 때, 드디어 신부가 나긋나긋한 걸음으로 천천히 나타났습니다. 기다리던 꼽추 신랑이 일어나 신부를 맞으려 하자 뜻밖에도 신부는 신랑 앞을 지나 삼촌의 아들인 하산 앞에 와서 섰습니다. 사람들은 저도 모르게 웃음을 터뜨렸습니다. 결혼식에 온 손님들은 신부가 하산에게 마음이 끌린 것을 보고 와글와글 떠들어대었고 가희들도 소리 높이 외쳤습니다. 하산은 또 주머니에 손을 넣어 금화를 한 움큼 꺼내 탬버린에 던졌습니다. 가희들이 무척 좋아하면서 떠들어댔습니다.

"우리가 바라는 대로 된다면 이 신부를 당신에게 드리고 싶어요!"

이 말을 듣고 하산이 빙그레 웃음을 짓자 모두 횃불을 들고 그를 빙 둘러쌌습니다. 그와 달리 꼽추는 꼬리 없는 원숭이처럼 혼자 앉아 있었습니다. 꼽추를 위해 촛불을 켜줘도 누가 곧 꺼버리는 바람에 어둠 속에 혼자 남아 울분을 누를 길 없어 멍하니 자신의 몸을 바라볼 뿐이었습니다.*32

하산은 어둠 속에 우두커니 앉아 있는 신랑을 보고, 또 사람들이 모두 저마다 횃불과 촛불을 들고 자기 주위에 모여드는 것을 보자, 어리둥절하여 어찌할 바를 몰랐습니다. 그러나 사촌누이를 보자 매우 기뻐서 가슴이 두근거렸습니다. 하산은 신부에게 인사하려고 빛나는 그녀 얼굴을 지긋이 바라보았습니다. 의상을 담당한 여자가 신부의 베일을 벗기고 신부의 모습을 보여주었습니다. 그것은 불타는 것처럼 새빨간 비단이었습니다. 하산은 나긋나긋한 걸음걸이[33]로 거니는 신부의 모습을 보자 눈이 어지럽고 정신이 아득해지는 듯했습니다. 그 정숙한 신부의 모습에 남자고 여자고 할 것 없이, 좌중에 있는 사람은 모두 넋을 잃어버리고 말았습니다. 그도 그럴 것이 일류 시인이 노래한 것과 똑같은 아름다움이었기 때문입니다.

모래 산 장대에 걸린 태양처럼
새빨간 윗옷 입은 그대 빛나네.
입술의 달콤한 이슬을 나에게 먹이고
장밋빛 뺨으로 불길을 끄도다.

신부의 옷을 갈아입혀 이번에는 하늘색 비단옷을 입은 모습을 보여주었습니다. 그 맵시는 지평선에 떠오르는 보름달 같았습니다. 칠흑 같은 머리, 희고 부드러운 뺨, 상냥한 미소 속에 보일 듯 말 듯한 하얀 이, 불룩하게 솟은 가슴, 날씬한 허리에 둥근 엉덩이의 곡선미. 이 두 번째 옷을 입은 신부의 모습은 상상력이 풍부한 어느 시인이 노래한 것과 똑같았습니다.

그대 나타났네, 연푸른 옷 입고.
저 하늘과 같은 선명한 푸른빛,
나는 보았노라, 그 불가사의함은
겨울밤에 빛나는 한여름의 달.

신부는 다시 세 번째 옷으로 갈아입고 풍성한 머리카락으로 얼굴에 애교머리를 드리우고 나타났습니다. 검고 긴 머리카락은 완전히 캄캄한 밤이 무색할 정도여서 모여 있는 사람들의 마음은 마술의 화살에 꿰뚫린 듯했습니다. 시인은 그런 모습을 이렇게 노래하고 있지요.

아침 일찍 검은 머리카락으로

뺨을 가리고 오는 처녀
그 희롱을 구름에 비겨 말하누나.
"당신은 밤의 장막으로 아침을 가렸네!"
"아니에요." 처녀는 대답하노라.
"나는 어두운 구름으로 보름달을 가렸어요."

다음에는 네 번째로 옷을 갈아입은 신부의 모습이 나타났습니다. 젊은 신부는 솟아오르는 아침 해처럼 빛을 발하며 앞으로 나와, 얌전하게, 어린 영양(羚羊)처럼 간드러진 걸음걸이로 거닐었습니다. 그 자리에 늘어선 사람들은 그 속눈썹에서 날아오는 화살이 자신의 심장을 꿰뚫는 것만 같았습니다. 이러한 매력을 시인은 이렇게 노래하고 있습니다.

그대 모습은 아침 해 마냥 아름답네.
수줍어하는 처녀 사랑스러워라.
고개를 들고 미소 지으면
아침 해는 구름옷을 두른다.

잇따라 다섯 번째 옷으로 갈아입고 나온 신부는 산들바람에 하늘대는 버들가지인 듯, 마른 숲 속의 영양인 듯 사랑스러운 모습이었습니다. 뺨 언저리에 전갈처럼 들러붙은 머리카락을 틀어 감고, 목덜미는 아양을 담뿍 품고 갸우뚱 기울였으며, 허리는 걸을 때마다 한들거렸습니다. 그것을 시인은 이렇게 노래하고 있습니다.

그대 보름달처럼 나타났네.
즐거운 밤에
매력 넘치는 가는허리
맵시 고와라.
그 눈길에
세상 사람들 굴복하고
붉은 볼에 어리는

인간세상의 빛이여,
검은 머리에 덮인 엉덩이
독사의 이빨 같은
곱슬머리 조심하라.
허리는 버들가지처럼 부드러워도
그 마음은 물속의 암초처럼
숨겨져 있네.
선 두른 눈동자
휘장 뒤에서,
날아가는 화살은
보기 좋게 과녁을 맞히리,
멀리 떨어진 과녁을.
목이며 허리에
내 손을 감으면
탐스럽고 풍만한 가슴
나를 물리치네.
아, 처녀의 아름다움
그 누가 넘어서리.
아련히 하늘거리는
가냘픈 나뭇가지도 그 자태에 미치지 못하리라!

여섯 번째 옷은 녹색이었다. 날씬한 몸매는 개암빛 창조차 무색하게 하고, 빛나는 얼굴은 가장 밝은 달빛도 오히려 어두워 보이게 하며, 그 우아하고 얌전한 몸놀림은 늘어진 버들가지도 따르지 못할 지경이었습니다. 삼천 세계를 두루 찾아보아도 없을 만큼 아름다웠으니, 사내들은 처녀의 얌전한 모습에 애간장이 녹을 것 같았습니다. 그것은 어떤 시인의 다음과 같은 노래를 떠오르게 합니다.

그대 나타났네,
솜씨 있는 기교에

빛나는 옷을 입고,
태양이 그대로부터 빛을 빌린 듯
눈부신 초록빛 윗옷을 입고 나타났네.
그 얼굴에는 잎을 휘장 삼아
석류를 가리듯 베일을 쓰고,
"뭐라는 옷차림이지요?"
사나이가 물으면
그대는 대답하네, 두 가지 뜻을.
"이 차림은 애끓는 마음이라고 해요.
이 옷차림으로 수많은 남자의
애를 끓이고 넋을 사로잡으니까요."

마지막으로 신부는 잇꽃*34 빛도 사프란꽃 빛도 아닌 일곱 번째 옷을 입고 나왔는데 그 모습은 바로 시인의 말 그대로였습니다.

엷은 잇꽃빛 옷 차려입은 그대여,
사향내 물씬한 샌들을 신고
용연향 향기를 풍기면서.
"일어서요" 젊은이는 외치네,
"다가와 그대의 살을 보여주오!"
"앉아요" 처녀의 허리는 말하네.
소원을 이루고 싶건만
"자, 어서" 얼굴은 말하지만,
처녀의 수줍음은
"싫어요! 싫어요!"
거절하는 자태도 사랑스러워라.

우두커니 앉아 있는 꼽추는 거들떠보지도 않고, 하산의 얼굴 앞에서 이렇게 신부의 의상은 일곱 번이나 바뀌었습니다. 신부는 눈을 크게 뜨고 말했습니다.

"오, 알라시여, 부디 이분으로 제 남편이 되게 해 주시어 꼽추의 재앙에서 구해주소서."

의식이 끝나자 시녀들은 손님들을 모두 물리쳤습니다. 여자들과 아이들이 모두 나가버리니 하산과 꼽추 단둘이 남았습니다. 그동안 시녀들은 신부를 데리고 들어가 옷을 갈아입히고 신랑을 맞을 준비를 했습니다. 그때 꼽추가 하산에게 다가와 말했습니다.

"나리, 오늘 밤 이렇게 와주셔서 감사합니다. 덕택에 무척 즐거웠습니다. 당신의 친절과 호의에 깊이 감사드립니다. 그런데 왜 돌아가지 않으십니까?"

"하긴 그렇군!"

하산이 일어나 문 쪽으로 가니 마신이 나타나서 말했습니다.

"이봐, 하산, 제자리로 가 있어. 꼽추가 변소에 가거든 그 틈을 타 침실에 들어가 앉아 있는 거야. 신부가 오거든 이렇게 말해. '내가 당신 남편이오. 임금님께서 이런 일을 꾸민 것은 당신을 노리는 사악한 눈들을 염려하셨기 때문이오. 당신이 본 남자는 한낱 마부에 지나지 않소' 하고 말이야. 그리고 대담하게 신부 곁으로 가서 베일을 벗겨주란 말이야. 이런 참견도 실은 내가 은근히 샘이 나서 하는 거라구."

하산이 아직 마신과 이야기하고 있는데 마부가 홀에서 나오더니 변소로 들어가는 것이었습니다. 그 순간 물이 가득 든 뒷물통*35에서 쥐로 변한 마신이 나타나 날카롭게 울었습니다.

"찍!"

그 소리를 듣고 꼽추가 말했습니다.

"무슨 일이야?"

쥐는 점점 커져서 시커먼 고양이로 변하여 울었습니다.

"야옹! 야옹!"

고양이는 다시 커져서 개로 바뀌어 짖었습니다.

"멍! 멍!"

신랑은 깜짝 놀라 소리쳤습니다.

"이 악마야! 나가, 꺼져버려!"

그러나 개는 더욱더 커지더니 새끼 나귀로 변하여 꼽추의 정면에서 울어댔습니다.

"하우크! 하우크!"*36

꼽추는 와들와들 몸을 떨면서 외쳤습니다.

"사람 살려! 사람 살려!"

새끼 나귀는 순식간에 물소만큼 커지더니 꼽추 앞에 버티고 서서 아담의 후손 목소리로 말했습니다.

"네 이놈, 꼽추야! 너구리 같은 놈! 세상에도 더러운 마부 놈! 이 저주 받아 마땅한 놈!"

이 말을 듣자 마부는 갑자기 산증(疝症)이 일어나 이를 덜덜 떨면서 옷에 지린 똥 위에 주저앉고 말았습니다.

"저 아름다운 여인 말고는 네놈의 상대가 없을 만큼 세상이 좁더란 말이냐?"

꼽추가 대답하지 않자 마신은 다시 소리쳤습니다.

"대답해! 그렇지 않으면 시궁창에 처박아줄 테다!"

하는 수 없이 꼽추는 말했습니다.

"오, 물소 임금님, 알라께 맹세코 이건 제 잘못이 아닙니다. 모두 억지로 그 여자에게 장가들라고 했으니까요. 저는 정말 아무것도 몰랐습니다. 더구나 물소 가운데 그 여자의 애인이 있을 줄은 꿈에도 몰랐습죠. 하지만 후회합니다. 첫째는 알라 앞에서, 둘째는 당신 앞에서."

"들어라, 꼽추야, 해뜨기 전에 여기서 나오거나 누구에게 말을 걸었다가는 네놈의 모가지를 비틀어버릴 테다. 해가 뜨거든 냉큼 물러가 다시는 이 집에 돌아오지 마라."

마신은 꼽추를 움켜잡고 변기 구멍*37에 거꾸로 처박으며 이렇게 위협했습니다.

"이렇게 해놓고 아침까지 지키고 있다가 그전에 움직이기만 하면 다리를 움켜잡고 대가리를 벽에 세게 메어치고 말 테니, 목숨이 아깝거든 가만히 있어!"

꼽추 이야기는 이쯤 해두고, 하산은 어떻게 되었는가 하면, 꼽추와 마신이 실랑이하는 동안 집 안으로 들어가 침실 한복판에 떡 하니 자리 잡고 앉았습니다. 잠시 뒤 노파의 부축을 받으며 신부가 들어왔습니다. 노파는 문턱에서 걸음을 멈추고 말했습니다.

"오, 올바른 자의 아버지시여! 자 일어나서 신께서 내리신 것을 받으십시오."

그리고 신부를 남겨둔 채 물러갔습니다. 시트 알 후슨, 즉 아름다운 여인이라는 이름을 가진 신부는 슬픔에 잠긴 채 마음속으로 이렇게 생각하면서 침실로 들어갔습니다.

'알라께 맹세코 무슨 일이 있어도 그 사내에게는 몸을 맡기지 않을 테야. 죽는 한이 있어도 절대로 싫어!'

그런데 방 안에 들어가고 보니 뜻밖에 하산이 앉아 있지 않겠습니까? 신부는 뛸 듯이 기뻐하며 말했습니다.

"그리운 분이여, 아직 여기 계셨군요? 알라께 맹세코 저는 방금도 생각하고 있었어요, 당신이 신랑이라면 얼마나 좋을까 하고요. 그게 안 되면 하다못해 당신과 그 꼽추, 둘 다 남편이기만 해도 좋겠다고요."

"오, 아름다운 공주여, 어찌 꼽추 마부 따위가 당신 손가락 하나인들 건드릴 수 있겠소? 하물며 어찌 나와 같은 권리를 가질 수 있단 말이오?"

"그러면, 제 남편이 될 사람은 대체 누구인가요, 당신인가요, 그 사람인가요?"

"시트 알 후슨, 이런 일을 한 것은 결코 장난에서가 아닙니다. 오직 당신을 사악한 눈으로부터 막아 드리려고 일부러 꾸민 연극입니다. 시녀들과 가희들과 손님들이 당신이 모습을 드러내는 걸 구경할 때 악마가 눈독을 들였다가는 큰일이므로 아버지께서 금화 10닢과 밥 한 그릇으로 그 마부를 산 것입니다. 그 사내는 돈을 받고 어디론가 가버렸지요."

이 말을 듣자 여인은 진심으로 기뻐하며 활짝 미소 지었습니다. 그리고 하산의 귀에 대고 속삭였습니다.

"아, 당신은 여태까지 저를 괴롭히던 불길을 꺼주셨어요. 자, 저의 귀여운 검은 머리의 임이여, 부디 저를 끌어당겨 당신 가슴에 안아주세요!"

그리고 이런 노래를 불렀습니다.

나의 소원은 그대 발을 이 가슴에 얹어달라는
오래전부터 간직해 온 꿈.

내 귀에 속삭여주세요, 달콤한 사랑의 말,
노래라면 가장 달콤한 사랑의 노래를.
내 가슴 위에 몸을 누이실 분은 오직 그대뿐,
아, 올라오세요, 몇 번이고 언제까지고.

처녀가 옷을 벗고 속옷을 펼치며 목에서 아래쪽, 옥문에서 둥그스름한 허리까지 활짝 드러냈습니다. 하산은 이 멋진 광경을 보자 정욕이 불타올라 자신도 일어나 옷을 훌훌 벗었습니다. 유대인에게서 받은 금화 1천 닢이 든 지갑은 바지*38에 싸서 침상 귀퉁이에 처박았습니다. 그런 다음 터번을 벗어 긴 의자 위*39 다른 옷 위에 얹으니 몸에 걸친 것이라고는 머리에 감은 천과 금실로 선을 두른 푸른 비단속옷뿐이었습니다.

처녀가 하산을 끌어당겼고 하산도 따라 했습니다. 하산은 여자를 꼭 끌어안아 여자의 다리를 자기 허리에 감고 총대롱*40을 꺼내 처녀의 보루를 마구 공격해 들어갔습니다. 이 처녀는 아직 한 번도 실을 꿴 적 없는 흠 없는 진주였고 하산 이외의 남자를 태워본 적이 없는 암말이었습니다. 하산은 여자의 처녀막을 찢고 한창나이 청춘의 즐거움을 만끽한 다음, 이윽고 칼집에서 칼을 뽑아 또다시 새로운 공격을 시작했습니다. 그리하여 무려 15번이나 맹렬하게 공격한 끝에 전투가 끝나자 신부는 그날 밤 아기를 잉태했습니다. 하산은 신부의 머리 밑에 팔을 넣었고 신부도 그렇게 한 채 두 사람은 꼭 끌어안고 잠들었습니다. 이런 연인들을 어떤 시인은 다음과 같이 노래했습니다.

찾아가시오, 연인을.
남이야 샘내든 말든
어차피 못생긴 시샘꾼들은
몸과 마음을 바친 사내를 좋게 안 보니.
둘이서 꼭 끌어안고
한 침상에 누워 있는 연인들만큼
세상에 아름다운 모습은 없다네.
가슴과 가슴을 서로 맞대고
한창 쾌락의 꿈을 꾸누나,

팔베개 서로 벤 아름다운 모습.
마음과 마음이 사랑 나눌 때
두 사람 사이를 가르는 것은
차가운 얼음인가 쇠망치던가.
사모하며 떨어지지 않는 좋은 친구를
만나거든 가슴에 끌어안고서
언제까지나 그이를 위해 살아가시오.
사랑을 탓하는 사람들은
사랑의 병을 못 고치리니.

하산과 사촌누이 시트 알 후슨의 이야기는 이쯤 해두고, 마신은 두 사람이 곤히 잠든 것을 보고 마녀신에게 말했습니다.
"자, 이제 이 젊은이를 데리고 날이 새기 전에 제자리로 갖다 놔야지. 곧 날이 샐 테니까."
마녀신은 가까이 가서 푸른 비단속옷만 걸치고 잠들어 있는 하산을 등에 업고 서둘러 날아갔습니다. 마신도 옆에서 앞다투며 나란히 날았지만 아직 반도 다 못 가서 날이 밝았습니다. 기도시간을 알리는 사내가 높은 뾰족탑 위에서 외쳤습니다.
"빨리 구원받으라! 빨리 구원받으라!"
그때 알라가 마신의 모습을 보고 천사들에게 유성(流星)의 화살[*41]로 쏘아 맞히게 했기 때문에 마신은 홀연히 사라지고 말았습니다. 가까스로 위기를 모면한 마녀신은 하산을 안고 이미 마신이 타죽은 자리로 내려갔습니다. 하산의 몸에 무슨 일이 생기면 안 되겠다 싶어 바소라에는 데리고 가지 않았습니다. 만물의 운명을 정하시는 신의 명령에 따라 시리아의 다마스쿠스에 도착하여 안고 있던 큰 짐을 성문 옆에 내려놓고 다시 어디론가 날아가 버렸습니다.
이윽고 해가 떠올라 집집이 문을 열고 밖으로 나온 사람들은 땅 위에 누워 있는 아름다운 젊은이를 발견했습니다. 황금으로 선을 두른 푸른 비단속옷과 두건[*42]을 몸에 걸치고 있을 뿐, 간밤에 힘든 일을 하느라 잠잘 사이도 없었던지 세상모르고 곤히 잠들어 있었습니다. 사람들은 하산을 보고 저마다 한 마디씩 던졌습니다.

"이 남자와 하룻밤 지낸 여자는 수지맞았겠어! 하지만 이렇게 허둥지둥 도망 나오지 말고 옷이라도 걸치고 나왔더라면 좋았을 것을."

"아마 어느 양갓집 아들인 모양인데 가엾게도 술에 취해 길을 찾지 못하고 쏘다니다가 이 성문까지 온 게로군. 문이 닫혔으니 그냥 쓰러져 잠들었겠지!"

사람들이 모여들어 젊은이의 처지를 이러쿵저러쿵 이유와 근거 없이 짐작하고 있는데 별안간 아침 미풍이 불어와 하산의 속옷을 가슴께까지 걷어 올려 배와 배꼽에서 그 밑에 있는 것*43까지 드러내고 말았습니다. 다리와 허벅지가 수정처럼 깨끗하고 크림처럼 매끄러웠습니다.

"정말 예쁜 사내로군!"

사람들은 모두 탄성을 질렀습니다. 그 소리에 눈을 뜬 하산은, 정신을 차리고 보니 자기가 성문 앞에 누워 있고 주위에 사람들이 몰려와 있는 게 아니겠습니까? 놀란 하산이 물었습니다.

"여러분, 여기가 도대체 어딥니까? 왜 저를 에워싼 겁니까? 저하고 무슨 상관이 있나요?"

사람들은 대답했습니다.

"우리는 아침 기도 종이 울릴 때 당신이 여기서 자는 것을 발견했소. 우리가 아는 건 그것뿐이오. 당신은 어젯밤 대체 어디에서 잤소?"

"알라께 맹세코 여러분, 저는 어젯밤 분명히 카이로에서 잤습니다."

그러나 사람들은 곧이듣지 않았습니다.

"당신은 아마 하시시를*44 마신 모양이군."

"이 녀석은 바보야."

"돌았나? 카이로에서 잠들고 다마스쿠스 성문 앞에서 눈을 뜨다니!"

이렇게 말하는 소리를 듣고 하산은 외쳤습니다.

"아, 여러분, 알라께 맹세코 나는 거짓말하지 않습니다. 어젯밤에는 정말 이집트에서 잤습니다. 어제 낮에는 바소라에 있었지만……."

그러자 여기저기서 소리쳤습니다.

"어럽쇼!"

"뭐라고!"

"나 원 참!"

"이 친구 돌았군. 마신이 씐 거야!"

사람들은 모두 손뼉을 치면서 하산을 비웃었습니다.

"나이가 아깝군. 가엾어라, 틀림없이 돌았어. 미치는 병은 사람을 가리지 않는다니까."

그리고 하산에게 말했습니다.

"정신을 똑똑히 차려봐. 어제 낮에는 바소라에 있었고, 밤에는 카이로에 갔다가, 오늘 아침에는 다마스쿠스에서 눈을 뜨다니, 그런 허무맹랑한 얘기가 어디 있어?"

그러나 하산은 우겼습니다.

"정말이라니까요. 어젯밤에는 카이로에서 틀림없이 신랑이었답니다."

"아마 꿈을 꾸었겠지. 모두 꿈속에서 본 걸 거야."

"절대로 꿈이 아닙니다. 환상도 아닙니다. 틀림없이 카이로에 있었습니다. 거기서 신부를 선보았고 바로 옆에 꼽추 마부도 앉아 있었습니다. 여러분, 알라께 맹세코 꿈이 아닙니다. 만일 꿈이라면 늘 몸에 지니고 다니던 금화를 넣은 지갑은 어디 있단 말입니까? 두건과 옷과 바지는 어디 있단 말인가요?"

하산은 일어나서 시내로 들어가 큰 거리와 뒷골목, 시장 등을 돌아다녔습니다. 사람들은 하산의 뒤를 졸졸 따라오면서 비웃으며 놀렸습니다.

"미쳤어, 미치광이야!"

마침내 하산은 화가 나서 견디다 못해 정신없이 길가에 있는 음식점에 뛰어들었습니다.

집주인은 남다른 재치꾼이었습니다. 전에는 불량배이고 도둑이었지만, 알라의 자비로 잘못을 뉘우치고 마음을 잡아 음식점을 차린 사람이었습니다. 그러나 다마스쿠스 사람들은 아직도 이 사내의 대담무쌍한 행동과 장난을 매우 두려워하고 있었습니다. 그래서 사람들은 이 젊은이가 음식점으로 뛰어들자 겁을 먹고 모두 흩어져 달아났습니다.

음식점 주인은 하산을 한참 바라보더니 그 아름다움에 홀딱 반해 버렸습니다.

"여보, 젊은이, 어디서 왔소? 얼른 자초지종을 들려주오. 당신은 이미 내 영혼보다 소중한 사람이 되어버렸으니까."

하산은 자기 신상에 일어난 일을 처음부터 끝까지 모두 이야기해 주었습니다.

"그것참 이상한 얘기로군. 하지만 알라께서 당신의 재난을 몰아내 줄 때까지는 옛날 일을 아무한테도 말하지 않는 게 좋겠어. 그동안 우리 집에 있으면 돼. 나에겐 자식이 하나도 없으니 양자로 삼고 싶구먼."

"좋으실 대로 하십시오, 아저씨!"

주인은 시장에 나가 아름다운 옷을 사 와서 하산에게 입혔습니다. 그런 다음 함께 판관을 찾아가서 정식으로 양자로 맞이했습니다. 그 뒤부터 하산은 다마스쿠스에 음식점 아들로 알려지게 되어 함께 가게에 앉아 돈을 셈하기도 하며 얼마 동안 그곳에 머무르게 되었습니다.

여기까지는 하산의 이야기이고, 한편 사촌누이인 미인은 이튿날 아침 눈을 떠보니 옆에 있어야 할 하산의 모습이 보이지 않았습니다. 하지만 변소에라도 갔겠지 하고 한 시간쯤 이제나저제나 기다리고 있는데, 뜻밖에도 이집트의 대신인 아버지 샤무스 알 딘 모하메트가 찾아왔습니다.

샤무스 알 딘은 자신에게 닥친 불행을 무척 슬퍼하며 풀이 죽어 있었습니다. 왕이 자신을 미워하여 자기 딸을 천한 자 중에서도 가장 천한 자, 더구나 꼽추에 마부인 불구자에게 억지로 시집보내자 대신은 마음속으로 이렇게 생각했습니다.

"만일 딸아이가 자기 쪽에서 먼저 그 더러운 놈에게 몸을 맡겼다면 아무리 딸이지만 죽여 버리고 말리라."

그래서 신부 방으로 가서 불렀습니다.

"얘야, 아가!"

"네, 아버지, 여기 있어요!"

딸은 간밤의 괴로움과 쾌락에 지쳐 후들거리는 걸음걸이로 나와 아버지의 손에 입을 맞추었습니다. 여자의 얼굴은 그 영양 같은 사촌오빠의 팔에 안겼던 추억으로 더욱 밝고 아름답게 빛나고 있었습니다. 대신은 그 모습을 보고 물었습니다.

"이 천한 계집 같으니, 그 마부에게 시집간 것이 그토록 좋으냐?"

그러나 이 미녀는 상냥한 미소를 지으면서 말했습니다.

"그렇게 놀리지 말아 주세요. 어제 여러분한테서 놀림받은 것만으로도 충분해요. 제 남편의 신발이나 덧신을 벗길 만한 자격도 없는 마부와 저를 비교하시다니. 그런 자는 제 남편의 손톱마저 깎을 가치도 없는 자예요! 신께 맹세코 어젯밤처럼 즐겁게 보낸 적은 태어나서 처음이에요. 그 꼽추를 생각나게 하는 장난은 이제 그만 하세요."

이 말을 듣자 아버지는 불같이 화를 내며 흰자위가 드러나도록 눈을 부릅 뜨고 소리를 질렀습니다.

"천한 년 같으니! 그게 무슨 소리냐. 너와 함께 밤을 새운 것은 꼽추인 마부가 아니냐!"

"안심하세요, 아버님. 꼽추에 대해선 걱정하실 것 없어요. 그런 자를 낳은 아버지에게 알라의 저주가 있기를! 정말 저를 놀리시는 건 이제 그만두세요. 그 마부는 금화 10닢과 밥 한 그릇에 팔려왔을 뿐, 벌써 일당을 받고 어디론가 가버렸답니다. 사실을 말씀드리면, 신방에 들어가니 거기에 진짜 신랑이 앉아 있더군요. 가희들이 그분에게만 제 모습을 보여주었지요. 그분은 가희에게도 금화를 주었고 그 자리에 있던 가난한 사람들은 모두 부자가 됐어요. 검은 눈동자와 속눈썹*45을 가진 그 멋진 분의 품에 안겨 하룻밤을 보냈어요."

이 말을 듣자 아버지는 눈앞이 캄캄해져서 딸에게 호통을 쳤습니다.

"이 음탕한 것아! 그게 무슨 소리냐! 온전한 정신으로 하는 소리냐?"

시트 알 후슨은 말했습니다.

"오, 아버님. 너무하시는군요. 제 가슴을 찢어놓는 그런 심한 말씀은 이제 그만 하세요. 제가 처녀를 바친 분은 방금 변소에 가셨어요. 저는 그분의 아기를 가진 듯한 기분이 들어요."*46

그러자 대신은 깜짝 놀라 일어나 급히 변소에 가보았습니다. 변소에 가보니 꼽추가 변기 구멍에 거꾸로 처박혀 있지 않겠습니까? 이 광경을 보고 대신은 기겁을 하고 놀란 아버지가 소리쳤습니다.

"이건 꼽추 놈이 아니냐! 이놈, 꼽추야!"

꼽추는 마신이 부르는 줄만 알고 이렇게 중얼거렸습니다.

"타굼! 타굼!"*47

대신은 큰 소리로 꾸짖었습니다.

"똑똑히 말해라. 그렇지 않으면 이 칼로 목을 벨 테다."
그러자 꼽추는 겁먹은 소리로 대답했습니다.
"오, 마신의 왕이시여, 당신이 저를 여기 처박은 뒤로 한 번도 머리를 든 적이 없습니다. 그러니 부디 가엾이 여기시고 살려주십시오."
"무슨 소릴 하는 게냐? 나는 마신이 아니라 신부의 아버지다."
"그럼 나를 이 지경으로 만든 마신이 오기 전에 냉큼 달아나십시오. 나를 물소의 애인이나 마신의 정부가 아닌 다른 여자에게 장가보내 주시면 안 됩니까? 그 여자에게도, 그리고 나를 그 여자에게 장가보내 이렇게 비참한 꼴을 당하게 한 그 사내에게도 알라의 저주가 있기를!"

―샤라자드는 때마침 동이 터오는 빛을 보고 이야기를 그쳤다.

23번째 밤

오, 인자하신 임금님, 꼽추인 마부는 신부 아버지 앞에서 자기에게 이런 봉변을 보인 마신을 저주했습니다.
대신은 노하여 소리쳤습니다.
"여기서 냉큼 꺼져버려!"
"해가 뜨기 전에는 마음대로 나가서는 안 된다고 한 마신의 허락이 있기 전에는 나갈 수 없습니다. 해는 떴습니까, 안 떴습니까? 해가 뜨기 전에는 여기에서 한 발짝도 움직일 수 없습니다요."
"너를 이리로 데려온 자는 대체 누구냐?"
"실은 어젯밤 변소에 가고 싶어서 이 일만은 남이 대신해 줄 수 없으므로 여기 왔더랬지요. 그런데 놀랍게도 똥통에서 쥐가 한 마리 나와 찍 울고는 몸뚱이가 점점 커지더니 마침내 커다란 물소가 됩디다요. 그러고는 내 귀에 대고 틀림없는 사람의 말로 말하더니, 나를 이 지경으로 만들어놓고 나가버렸지요. 그 신부에게도, 나를 장가보내 주려던 그 사내에게도 알라의 저주가 있기를!"
대신이 성큼성큼 다가가 변기 구멍에서 머리를 빼주자 마부는 해가 떴거나 말거나 걸음아 날 살려라 하고 달아나버렸습니다. 대신은 왕에게 급히 가서 마신 때문에 끔찍한 변을 당한 마부의 이야기를 모두 아뢰었습니다. 그리고 대신은 딸 때문에 몹시 가슴 아파하며 곧바로 신부 방으로 돌아가 말했습니다.

"애, 아가. 아무래도 이상해서 믿을 수 없으니 좀 자세히 얘기해 봐라!"

"아무것도 아닌 일이에요. 어젯밤, 모두가 신랑에게 저를 선보여 주었고, 그 신랑과 하룻밤 함께 잤을 뿐인걸요. 처녀를 바치고 그분의 씨를 잉태한 거지요. 그분이 제 남편이에요. 제 말이 믿어지지 않으시면 그분의 터번이 여기 있어요. 구겨졌지만 저 긴 의자 위에 있어요. 침상 밑에 단도와 바지도 있는데 바지에 뭔가가 싸여 있어요."

이 말을 듣고 딸의 방에 들어가 보니 정말로 조카 하산이 두고 간 터번이 있었습니다. 대신은 그것을 집어 들고 뒤집어 보면서 말했습니다.

"아니, 이건 대신이 쓰는 터번이 아니냐, 모슬린으로 만들었지만."

펼쳐보니 터번 속에 부적 같은 것이 꿰매져 있어서 솔기를 뜯어 꺼냈습니다. 또 바지를 보니 속에 금화 1천 닢이 든 지갑이 있고, 그것을 열어보니 그 속에는 종이쪽지가 들어 있었습니다.

대신은 그 서류를 읽어보았습니다. 그것은 이집트 사람 누르 알 딘 알리의 아들인 바드르 알 딘 하산의 이름으로 유대인에게 써준 매도증명서였습니다. 금화 1천 닢도 고스란히 남아 있었습니다. 대신은 그 서류를 읽자마자 그만 외마디 소리를 지르며 기절하고 말았습니다. 그리고 곧 정신을 차리자 모든 사정을 깨닫고 신기하고 놀라워서 딸에게 말했습니다.

"알라 이외에 신 없고 전능하신 신의 힘은 만물에 고루 미치도다! 애, 아가, 네가 처녀를 바친 남편이 누구인지 아느냐?"

"아니오, 몰라요."

"실은 네 작은아버지의 아들, 네 사촌이었다. 이 금화 1천 닢은 너에게 가져온 지참금이다. 알라 신을 찬양하자! 그건 그렇고 일이 어쩌다가 이렇게 되었을까!"

그리고 터번에서 꺼낸 부적을 펼쳐보니 그 속에서 죽은 아우이자 하산의 아버지인 이집트 사람 누르 알 딘이 기록하게 한 종이쪽지가 나왔습니다. 대신은 그 글을 읽고 수없이 입을 맞추면서 죽은 아우를 애도하여 눈물을 흘리며 이런 즉흥시를 읊었습니다.

그 필적을 보니 가슴이 아프고
옛날의 단란함이 그리워 눈물 나네.
헤어져 사는 것은 신의 뜻
그 언젠가 무사히 돌아올 날 기약하리.*48

즉흥시를 마치고 두루마리를 읽어나가자 거기에는 아우가 바소라에서 대신의 딸과 결혼한 날짜로부터 정을 맺은 날, 아이를 가진 날, 하산을 낳은 날 등, 죽기까지의 아우의 일생이 모두 적혀 있었습니다. 대신은 매우 놀라는 동시에 기쁨에 몸이 떨릴 지경이었습니다. 그리고 자기가 결혼하여 아내와 정을 맺은 날이며 딸의 생일 등을 비교해 보니 모든 게 꼭 들어맞는 것이었습니다. 대신은 그 증거서류를 가지고 왕을 찾아가 자초지종을 보고했습니다. 왕은 그 이상한 인연에 놀라며 당장 그 일을 기록해 두도록 분부했습니다.
그날, 대신은 아우의 아들이 돌아오기를 온종일 초조하게 기다렸으나 하산은 끝내 돌아오지 않았습니다. 이틀, 사흘을 기다리고 이레째가 되었으나 하산의 소식은 여전히 오리무중이었습니다. 생각다 못한 대신은 결심했습니다.
"좋다, 그렇다면 지금까지 아무도 하지 못한 일을 내가 해보이겠다!"
그러고는 붓을 들어 종이에 저택 전체의 도면을 그렸습니다. 그 도면에 침실이 어디 있고 휘장이 어디 처져 있으며, 가구는 어디에 놓여 있는지 방 안의 상황을 상세하게 표시했습니다. 그 도면을 접어놓고 가구를 한데 모은 다음 하산의 옷과 터번, 겉옷, 지갑까지 모두 자기 집에 옮겨놓고, 조카 하산이 돌아올 날에 대비해 자물쇠를 채우고 위에 봉인까지 하여 단단히 보관했습니다.
그럭저럭 달이 차서 대신의 딸은 달덩이 같은 아들을 낳았습니다. 그 말할 수 없이 균형 잡힌 아름다움과 사랑스러움은 아버지 하산을 틀에 찍어낸 듯 닮았습니다. 젖먹이는 탯줄을 자르고는 눈을 튼튼하게 하기 위해 눈꺼풀에 콜 가루를 바른 다음 유모와 보모 손에 맡기고, 아디브, 곧 '훌륭한 아이'라는 이름을 지어주었습니다. 이 아이는 하루를 한 달처럼, 한 달을 일 년처럼 쑥쑥 자랐습니다.*49 7년의 세월이 흐르자 할아버지인 대신은 아디브를 학교에 보내 코란을 배우게 하고 선생에게 잘 교육하도록 당부했습니다. 아디브는 4년 동안 학교에 다니면서 같은 반 동무들을 못살게 굴며 때리고 괴롭히기 시작했습니다. 나중에는 이렇게 뽐내는 것이었습니다.

"너희 중에 나처럼 신분이 높은 사람이 있니? 나는 이집트 대신의 아들이야!"

마침내 학생들은 무리지어 보조교사에게 가서 늘 아디브에게 행패를 당하고 있음을 호소했습니다. 그러자 보조교사가 말했습니다.

"좋은 방법을 가르쳐주마. 그 애가 학교에 오지 못하게 하는 방법이야. 내일 그 애가 교실에 들어오거든 그 주위로 몰려가 누군가 다른 애에게 이렇게 말해 봐. 어머니와 아버지의 이름을 모르는 아이는 이 놀이에 끼워주지 말자, 어머니 아버지 이름을 모르는 아이는 사생아이고 샛서방의 자식이니 함께 놀면 안 된다고 말이야."

이튿날 아침, 학생들은 학교에 갔습니다. 그리고 모두 아디브 주위에 모여들어 이렇게 말했습니다.

"이제부터 재미있는 놀이를 하자. 그런데 아버지와 어머니의 이름을 대지 못하는 애는 끼워주지 않는 게 어때?"

모두 일제히 소리쳤습니다.

"좋아! 찬성이야!"

그 가운데 한 아이가 말했습니다.

"내 이름은 마지드, 어머니 이름은 마라와야. 아버지 이름은 이즈 알 딘이구."

그러자 다음 아이도, 그다음 아이도 모두 부모의 이름을 댔습니다. 이윽고 아디브 차례가 되었습니다. 그는 거리낌 없이 말했습니다.

"나는 아디브야. 어머니는 시트 알 후슨, 아버지는 샤무스 알 딘이라고 하며 카이로의 대신이야."

그러자 학생들은 저마다 말했습니다.

"거짓말 마! 대신은 너의 진짜 아버지가 아니야!"

"대신은 틀림없는 우리 아버지야."

그러나 아이들은 일제히 웃음을 터뜨렸습니다. 그리고 아디브의 눈앞에서 손뼉을 치고 떠들어대며 놀렸습니다.

"저놈은 아버지 이름도 몰라. 우리 패에 끼워주지 말자. 아버지 이름도 모르는 놈과 놀면 안 돼."

아디브의 가슴은 슬픔으로 죄어들고 눈물과 분노로 숨이 막힐 것만 같았습니다. 그때 보조교사가 다가와 아디브에게 말했습니다.

"대신은 네 할아버지이고, 네 어머니 시트 알 후슨의 아버지이지 네 아버지는 아니야. 네 아버지는 너도 모르고 우리도 몰라. 임금님이 네 어머니를 꼽추 마부에게 시집보냈는데 마신이 와서 네 어머니와 함께 잤거든. 그러니 네 아버지가 누구인지는 아무도 몰라. 따라서 너는 다른 아이들 앞에서 그렇게 으스댈 처지가 못돼. 너의 진짜 아버지가 생길 때까지는 동무들 사이에서 샛서방 아들로 지낼 수밖에 없어. 행상인의 아들이라도 자기 아버지쯤은 알고 있잖니? 네 할아버지는 물론 이집트의 대신이야. 하지만 네 아버지에 대해서는 우리도 몰라. 아니, 사실은 너에게는 아버지가 없어. 그러니 좀 겸손하게 굴도록 해야지."

아디브는 보조교사와 학생들의 입에서 이러한 무례한 말을 듣고 동무들이 자기한테 퍼부은 비난의 뜻을 알아차렸습니다. 그래서 당장 불평을 호소하려고 어머니에게 달려갔으나 자꾸만 눈물이 나와 한참 동안 아무 말도 할 수 없었습니다. 아들이 우는 것을 본 어머니는 가엾은 생각에 가슴이 찢어지는 듯했습니다.

"애, 아가, 왜 우니? 알라께서 부디 너의 눈물을 거두어주시기를! 자, 울지만 말고 까닭을 말해 봐."

아디브는 아이들과 보조교사한테서 들은 말을 모두 이야기하고 끝으로 어머니에게 물었습니다.

"어머니, 제 아버지는 대체 누구예요?"

"너의 아버지는 이집트의 대신이시란다."

아디브는 믿지 않았습니다.

"거짓말 마세요. 대신은 어머니의 아버지이지 제 아버지는 아니에요. 제 아버지는 대체 누구예요? 사실을 말해주지 않으면 저는 이 단도[50]로 죽어버리겠어요."

어머니는 아들 아디브가 아버지에 대해 묻는 말을 듣고 있으려니 사촌오빠와 함께 지낸 첫날 밤, 그리고 그날 밤에 일어났던 여러 가지 일들이 생각나 눈물을 흘리며 다음과 같은 노래를 불렀습니다.

　　이 내 가슴에 사랑의 등불 켜놓고
　　어디론지 모르게 떠나신 임아.
　　떠나시며 남겨둔 이 시름
　　이별과 더불어 사라진 인내여.
　　사랑하는 이는 나의 기쁨과 함께 가고,
　　내 마음은 굳은 절개 속에 숨었네.
　　넘치는 눈물은 임 때문이요
　　이 눈물은 이별의 쓰라림 때문.
　　다시 만날 날을 고대하면서
　　이 가슴에는 탄식의 신음뿐.
　　마음으로 더듬는 이 모습에,
　　안타까운 생각은 새로워지고,
　　마음의 괴로움은 더해 가는데,
　　아, 임이여, 그대 이름을 옷인 양 몸에 걸치고
　　임의 사랑을 속옷인 양 몸에 붙였네.
　　임이여, 언제까지 야속하게 그러려오?
　　언제까지 멀리 떠나 돌아오지 않으려오?

　어머니가 목 놓아 울자 아디브도 함께 울었습니다. 그때 별안간 대신이 들어왔습니다. 모자가 함께 슬피 우는 것을 보자 대신의 가슴에도 뜨거운 것이 치밀어 올랐습니다.
　"대체 왜 그리 울고 있느냐?"
　후슨이 아들과 친구들 사이에 있었던 일을 이야기하자, 대신도 아우의 일이며, 형제 사이의 말다툼, 딸에게 일어난 일, 그리고 끝내 까닭을 모르게 되고만 일들이 생각나 눈물을 흘렸습니다. 대신은 곧 궁전에 들어가 왕에게 상세한 이야기를 한 다음 동쪽 바소라까지 가서 아우의 아들을 찾아보고 싶다며 허락해달라고 간청했습니다. 또 조카이자 사위이기도 한 하산이 눈에 띠는 대로 체포할 수 있는 권한을 인정하는 허가장을 부탁했습니다. 왕은 대신을 가엾게 여기고 모든 나라와 도시에 있는 사신들에게 보내는 친서를 써주었습니다. 대신은 매우 기뻐하며 왕의 축복을 빌고 하직인사를 드린 다음 집으로 돌아와, 자기는 물론이고 딸과 손자인 아디브에게도 여행준비를 하라 이르고 세 사람에게 필요한 물건들을 준비시켰습니다. 드디어 여행길에 올라 첫날을 보내고 사흘 동안 여행을 계속하여 마침내 다마스쿠스에 도착했습니다. 그곳은 나무와 강이 많은 아름다운 곳으로, 이런 도시의 아름다움을 시인은 이렇게 노래하고 있습니다.

> 내가 세월을 보낸 다마스쿠스
> 이토록 아름다운 거리 어디 또 있을까.
> 밤의 깃에 싸여 마음 편히 쉬면
> 아침이 미소로 맞아주누나.
> 가지에 맺힌 영롱한 이슬방울
> 하늬바람에 지는 진주알인가.
> 호수는 새가 읽고 노래하는 책,
> 산들바람 글을 쓰면 하늘의 구름
> 하나하나 점을 찍는다.

대신은 알 하사*51라고 하는 들판에서 야영하기로 했습니다. 천막을 친 다음 대신은 하인들에게 일렀습니다.

"여기서 이틀 동안 묵겠다!"

하인들은 저마다 볼일을 보러 시내로 들어갔습니다. 물건을 팔거나 사기도 하고 목욕하러 가는 자가 있는가 하면 세상에 둘도 없는 하바누 우마이야, 곧 우마이야 왕조의 이슬람교 사원*52에 참배하러 가는 자도 있었습니다. 아디브도 수행하는 환관과 함께 소풍 삼아 거리로 들어갔습니다. 이 환관은 6자나 되는 편도나무 몽둥이를 들고 있었는데, 이 몽둥이에 한번 맞으면 낙타도 맥을 못 출 만큼 무거운 것이었습니다.

다마스쿠스 사람들은 아디브의 눈부신 아름다움과 우아하게 균형 잡힌 모습을 보고—그 놀랍도록 우아하고 홀딱 반할 만큼 사랑스러운 모습은 북쪽

나라의 산들바람보다 부드럽고 맑은 물보다 달콤했으며 병자가 원하는 건강보다 상쾌했으므로—많은 사람이 그의 뒤를 줄줄 따라다녔습니다. 개중에는 앞질러 달려가 길가에 앉아 아디브가 가까이 오기를 기다리는 사람도 있었습니다. 운명의 신이 이끌었다고나 할까요, 우연히 환관이 걸음을 멈춘 곳은 바로 아디브의 아버지 하산의 가게 앞이었습니다.

12년이 흘러 턱수염이 짙고 길게 자라 의젓한 남자가 되어 있었습니다. 본디 불량배였던 음식점 주인은 이미 죽고 하산이 그 유산과 가게를 상속받았습니다. 그가 판관과 공증인 입회 아래 정식 양자로 들어갔기 때문입니다. 피를 나눈 아들이 환관을 데리고 자기 쪽으로 다가오는 것을 그윽하게 바라보고 있던 하산은 너무나 아름다운 그 모습에 가슴이 두근거렸습니다. 그는 피가 끓어오르고 애정이 솟아나와 깊은 그리움을 느꼈던 것입니다. 이때 석류알로 만든 과자에 설탕을 뿌리고 있던 하산은 몸속에 솟아오르는 혈육의 정이 자신도 모르게 움직여 아들 아디브에게 말을 건넸습니다.

"도련님, 도련님의 모습이 내 마음을 사로잡는군요. 정말 귀엽다는 생각이 듭니다. 자, 안에 들어가서 내가 만든 요리라도 들면서 내 마음을 위로해 줄 수는 없을는지요?"

아디브의 모습을 보고 하산은 자신의 과거와 보잘것없어진 지금의 신세를 생각하며 하염없이 눈물을 흘렸습니다. 그 말을 듣자 아디브도 어쩐지 그 사람이 좋아져서 환관을 돌아보며 말했습니다.

"여보게, 난 어쩐지 이분이 좋아졌어. 아들을 먼 곳으로 보낸 아저씨 같아. 들어가서 호의를 받고 위로해 드리자. 그러면 알라께서 나도 아버님을 만나게 해 주실 거야."

"원, 당치도 않은 말씀을. 남의 눈도 있는데 대신의 아드님이신 분이 평민의 음식점에서 음식을 잡수시다니요. 저는 도련님에게 모여드는 놈들을 이 6척 몽둥이로 쫓고 있지 않습니까? 저는 도련님을 이 가게로 들어가시게 할 수 없습니다."

이 말을 들은 아디브는 눈물을 흘리며 말했습니다.

"나는 정말로 이 사람이 좋아졌단 말이야."

"공연한 말씀 마세요. 결코 들어가시면 안 됩니다."

그러자 하산이 환관에게 말을 건넸습니다.

"오, 훌륭하신 분, 왜 안에 들어와 저를 즐겁게 해 주시지 않습니까? 밤톨같이 겉은 검어도 속살은 흰 나리님, 나리처럼 훌륭한 분을 어떤 시인은 이렇게 노래했습니다."

환관은 웃음을 터뜨렸습니다.

"뭐라고 노래했소? 어디 한번 불러 보시오."

하산은 노래 부르기 시작했습니다.

예의를 모르고 분별이 없으면
왕궁에서는 신용을 얻을 길 없어.
후궁에서는 환관이*53 종사하니
그 봉사에 천사도 보답하리라.

이 노래를 듣고 환관은 은근히 놀라고 기쁘기도 해서 스스로 아디브의 손을 잡고 음식점 안으로 들어갔습니다. 하산은 편도즙과 설탕을 뿌린 맛있는 석류알 과자를 접시에 담아냈습니다.

"이렇게 상대해 주셔서 영광입니다. 자, 드십시오. 두 분의 건강과 행복을 빕니다."

아디브는 자기 아버지인 줄도 모르고 하산에게 말했습니다.

"아저씨도 앉아서 함께 잡수세요. 어쩌면 알라의 뜻으로 내가 찾고 있는 분을 만나게 해 주실지도 모르니까요."

"그럼, 도련님은 나이도 어린데 사랑하는 분과 헤어져 괴로워하고 계십니까?"

하산이 물었습니다.

"그래요, 아저씨. 나는 소중한 분을 잃어서 마음이 슬퍼요. 그분은 내 아버님이에요. 나와 할아버님은 온 세상을 다 헤매서라도 아버님을 찾아낼 생각이에요. 가엾지 않아요? 난 아버지를 뵙고 싶어 죽겠어요!"

아디브는 이렇게 말하며 슬피 울었습니다. 그것을 보고 하산도 동정하며, 자신도 오래전에 친구와 어머니와 헤어진 것을 생각하고 신세를 한탄하며 함께 눈물을 흘렸습니다. 그런 다음 세 사람은 함께 앉아 음식을 마음껏 먹었습니다. 이윽고 아디브와 환관은 일어나 음식점을 나갔습니다.

그때 하산은 혼이 몸에서 빠져나가 아디브를 따라가는 듯한 기분이 들었습니다. 아디브가 자기 아들인 줄은 꿈에도 몰랐지만, 소년의 모습이 보이는 동안 눈도 깜박이지 않고 그 뒤를 쫓지 않을 수 없었습니다. 하산은 가게 문을 닫고 급히 두 사람 뒤를 쫓아갔습니다. 서둘렀기 때문에 두 사람이 아직 서쪽 문을 빠져나가기 전에 따라잡을 수 있었습니다. 환관이 돌아보며 물었습니다.

"무슨 일이오?"

"아까 당신들이 가게에서 나가자 내 혼도 당신들 뒤를 따라가는 듯했습니다. 마침 성문 밖에 볼일이 있어 잠시라도 함께 걸어가려고요. 볼일을 보고 나면 곧 돌아가겠습니다."

환관은 화를 내며 아디브에게 말했습니다.

"내가 뭐라고 했습니까! 달콤했지만 그 재수 없는 것을 한입 먹은 탓으로 이자가 이렇게 우리 뒤를 어디까지나 따라오지 않습니까? 평민은 역시 평민이라 할 수 없군."

아디브도 요리사가 바로 뒤에 따라오는 것을 알고 발끈해져서 환관에게 말했습니다.

"이슬람교도의 공공도로를 걷는 것은 자유지만, 저기를 꼬부라져 천막 쪽으로 가도 그냥 따라오거든 싫은 소리를 해서 쫓아 보내."

아디브는 고개를 숙여 모르는 척 걸어가고 환관도 그 뒤를 따랐습니다. 그러나 하산은 들판까지 줄곧 쫓아갔습니다. 드디어 천막 가까이에 이르러 두 사람이 돌아보니 음식점 주인도 바로 뒤에 와 있는 것이 아니겠습니까? 아디브는 울컥 화가 났습니다. 오늘 있었던 일을 환관이 할아버지인 대신에게 이르지나 않을까 걱정되었던 것입니다. 더욱이 음식점에 들어갔기 때문에 주인이 뒤를 밟아왔다고 생각하면 큰일이다 싶어 더욱 화가 났습니다. 하산은 아디브를 뚫어질 듯이 바라보고 있었습니다. 그는 마치 혼이 빠진 빈껍데기 같았지만 아디브에게는 그의 눈길이 수상해 보이고 비천한 사람으로 여겨졌습니다. 아디브는 더욱 화가 나서 느닷없이 반 파운드나 되는 돌을 주워 들어 자기 아버지를 향해 던졌습니다. 돌은 하산의 이마에 맞아 미간이 터져 붉은 피가 솟아났습니다. 하산은 정신을 잃고 땅에 쓰러졌고, 아디브와 환관은 천막 안으로 들어가 버리고 말았습니다. 하산은 정신이 돌아오자 피를 닦

고 두건을 찢어 머리를 싸맸습니다. 그러면서 스스로를 꾸짖었습니다.
"그 아이한테 못할 짓을 했어. 가게 문을 닫고 뒤를 밟았으니 나를 나쁜 놈으로 볼 수밖에."
하산은 집으로 돌아와 다시 과자를 팔며 바쁘게 일했습니다. 그는 바소라에 있는 어머니가 그리워서 눈물을 흘리며 이런 노래를 몇 번이고 불렀습니다.

    이 세상이 나쁘다면 탓하지 말고
    차라리 세상을 바로 세우자.
    어차피 이 세상은 본디부터
    바르게 만들어져 있지 않은걸.
    얼렁뚱땅 받아넘겨 구애치 말고
    쓰라림과 괴로움을 씻어버리자.
    뜬세상의 바람은 변덕스러워
    오늘은 갠다 해도 내일은 궂으니.

그 뒤로 바소라의 하산은 한눈팔지 않고 부지런히 과자장사를 했습니다. 한편 하산의 큰아버지인 대신은 사흘 동안 다마스쿠스에서 묵은 뒤 에메사를 향해 떠났습니다. 에메사를 지나면서 걸음을 멈추고 만나는 사람마다 하산의 소식을 물었습니다. 여행을 계속하여 하마와 랄레포를 지나 이곳저곳 수소문하면서 디야르바키르와 마리딘, 모술 등지를 거쳐 마침내 바소라에 이르렀습니다. 여기서 대신은 숙소를 정하고 곧 왕을 찾아뵈었습니다. 왕은 대신의 신분에 걸맞은 명예와 경의를 표하며 영접하고 찾아온 까닭을 물었습니다. 대신은 자기의 내력을 이야기한 다음, 대신 누르 알 딘이 자기 아우였다고 밝혔습니다.
"알라께서 저자에게 자비를 내리시기를! 오, 대인(大人)*54이여, 그 사람은 15년 동안 대신으로 있었소. 나는 그를 후하게 대접해 주었는데, 아들 하나를 남기고 세상을 떠났소. 아들은 아버지가 죽고 나서 한 달쯤 지나 종적을 감추고 여태까지 아무런 소식도 없소. 그러나 전 대신의 딸인 그의 어머니는 아직 이곳에 살고 있소."
이 말을 들은 샤무스 알 딘은 조카의 어머니인 자기 제수가 아직 살아 있다는 것을 알고 매우 기뻐하며 말했습니다.

"오, 임금님, 그 아이의 어머니를 만나게 해 주실 수 없겠습니까?"

왕은 곧 그 어머니를 찾아가도 좋다는 허락을 내렸습니다. 대신은 아우 누르 알 딘의 집으로 가서 집 안팎을 슬픈 눈으로 둘러보며 문턱에 입을 맞추었습니다. 그리고 육친인 아우가 친척이며 친구들과 멀리 떨어져 타국에서 세상을 떠난 것을 생각하고 눈물을 흘리며 이런 노래를 불렀습니다.

라우라*55의 벽 속을 나는 헤매노라.
여기저기 벽에 입맞추며 나는 헤매노라.
진정 그리운 것은 벽도 지붕도 아니오
이 집에서 단란했던 사람들 모습뿐.

대신이 문을 지나 안뜰로 들어가니 어디 비할 데 없이 튼튼한 검은 화강석 현관이 있었습니다. 둥근 지붕을 얹고 온갖 빛깔의 대리석이 박혀 있었습니다. 안으로 들어가 이리저리 살펴보다가 문득 벽에 금문자(金文字)로 써놓은 아우 누르 알 딘의 이름이 눈에 띄었습니다. 대신은 달려가 그 글자에 입을 맞추었습니다. 그리고 둘이 헤어지게 된 경위와 영원히 만나지 못하게 된 일들을 생각하고 눈물을 흘리며 이런 시를 읊었습니다.

아침마다 그대 소식
해에게 묻고
번갯불 번쩍일 때
다시 묻나니,
괴로워 잠 못 이루는
이 몸이지만
원망은 않으리,
안타까워도.
아우여, 이 시름
계속되면
이윽고 이 마음

사그라지리.
그 언제 네 모습
이 눈으로 볼지
유일한 소원은
바로 그것.
그대 말고는 내 마음
사로잡지 못하고
우리 사랑보다
더한 것 없다.

안으로 더 들어가, 마침내 아우의 미망인이자 이집트 출신인 하산의 어머니 방에 이르렀습니다. 아들이 행방불명되고서 이 가엾은 어머니는 밤낮없이 슬픔에 잠겨 있었습니다. 그럭저럭 나이도 들고 살기도 귀찮아져 아들을 위해 홀 한복판에 대리석 묘비를 세워놓고는, 언제나 그곳에서 눈물로 지새며 잠잘 때도 그 곁을 떠나지 않았습니다. 대신이 그 방에 다가가자 안에서 사람 목소리가 들려와 문 뒤에서 문득 걸음을 멈추었습니다. 그것은 어머니가 묘비를 향해 부르는 노랫소리였습니다.

아, 묘석이여, 대답해다오.
아름다운 내 아들
어디로 갔는지.
미의 화신 내 아들의
그 고운 모습
어떻게 바꾸었나, 숙명의 힘은.
아, 묘석이여! 말 물어보자
하늘도 땅도 아닌 그대이건만
나뭇가지와 달이
왜 그대 안에 보이는가?

대신은 이처럼 슬퍼하는 여인 앞에 불쑥 들어가 인사를 하고, 자신은 죽은 당신 남편의 형이라고 말했습니다. 그러고는 지나온 모든 이야기와 아들 하산이 꼭 10년 전에 자기 딸과 하룻밤을 지내고 이튿날 아침 행방불명되었다는 이야기를 한 다음 말을 맺었습니다.

"딸아이는 조카의 씨를 잉태하여 아들을 낳았습니다. 그 아이를 내가 지금 데리고 왔는데 제수씨의 손자가 되는 셈이지요."

어머니는 아들이 아직 살아 있다는 소식을 듣고, 또한 눈앞에 서 있는 시숙을 보자 몸을 일으켜 다가가서 그 발밑에 엎드려 발에 입을 맞췄습니다. 그리고 이런 노래를 불렀습니다.

기쁜 소식 가져온 분
신의 축복 받으소서!
바라지 않소이다,
더 기쁜 소식을 바라지는 않으리
해진 옷이나마
원하신다면 그 어깨에
걸쳐 드리오리다.
이별에 갈기갈기 찢겨버린
이 마음도 아울러 드리오리다.

대신은 곧 아디브를 불러들였습니다. 할머니는 일어나 손자를 끌어안고 울음을 터뜨렸습니다. 샤무스 알 딘이 말했습니다.

"울고 있을 때가 아닙니다. 자, 빨리 채비를 하고 이집트로 떠납시다. 어쩌면 알라의 뜻으로 당신의 아들이자 내 조카인 하산을 만날 수 있을지도 모르니까요."

"분부대로 하겠습니다."

어머니는 곧 일어나 보석류 등을 챙기며 짐을 꾸리고 노예계집에게도 채비를 하도록 시켰습니다. 그동안 대신이 바소라의 왕에게 작별인사를 하러 가자 왕은 이집트 왕에게 보내는 진귀한 선물을 대신에게 맡겼습니다. 그들은 곧 고향을 향해 떠나 다마스쿠스까지 오자 대신은 지난번 그 장소에서 말을 세우고 천막을 치게 한 다음 모두에게 말했습니다.

"이곳에서 7일 동안 머무르면서 이집트 왕께 드릴 귀한 선물을 마련하련다."

그런데 아디브는 지난번 일이 생각나서 환관에게 말했습니다.

"라이크, 나는 산책 좀 하고 싶은데 다마스쿠스의 큰 시장*[56]에 가보지 않겠어? 그 음식점 주인은 어떻게 되었을까? 그 사람의 과자를 대접받고도 이마를 다치게 했지만 우리에게 무척 친절하게 대해 주었잖아. 우리가 좀 지나쳤던 것 같아."

"제가 모시고 가지요."

두 사람은 천막을 나왔습니다. 아디브는 핏줄이 당겨서인지 아버지에게 끌려갔던 것입니다. 두 사람이 '화원의 문'*[57]이라는 성문을 지나 곧장 걸어가니 바로 그 음식점 앞에 이르렀습니다. 때마침 하산은 문밖에 나와 서 있었습니다. 낮 기도시간이 가까워진 때라 하산은 방금 석류알 과자를 설탕에 버무린 참이었습니다. 두 사람이 가까이 가 하산을 보자 아디브는 자기도 모르게 가슴속에 그리움이 솟구쳤습니다. 이마의 상처는 많이 나아 거무스름해져 있었습니다. 아디브는 하산에게 말을 건넸습니다.

"안녕하세요, 아저씨. 늘 아저씨 생각을 하고 있었어요."

하산도 아디브를 보자 그리움에 몹시 가슴이 두근거렸습니다. 얼굴을 숙이고 생각을 말로 표현하려 하였으나 좀처럼 입이 떨어지지 않았습니다. 이윽고 조심조심 애원하듯 아들 쪽으로 얼굴을 돌리고 이런 시를 읊었습니다.

사랑스러운 그대를 동경하건만
막상 만나니 부끄러워서
혀가 엉키고 눈은 처지네.
나는 조심스레 고개 숙이고
사랑을 감추려 애쓰건만
감추면 감출수록 점점 더
스스로 얼굴에 내색하네.
이 말 저 말 하고픈 말을
가슴속에 간직해 두었건만
마주 보는 이 마당엔 단 한 마디도

생각나지 않으니 야속하구나.

그리고 하산은 두 사람에게 말했습니다.
"이 상처 입은 가슴을 위로해 주실 겸, 제가 만든 이 과자를 들어주십시오. 당신만 보면 마음이 설레어 못 견디겠군요. 그때 당신들 뒤를 밟아서 정말 실례를 했습니다. 어쩐지 마음이 어지러워져서 그런 것입니다."
"아, 아저씨는 정말 나를 좋아하나 보지요. 지난번에 아저씨에게 대접을 받아 고맙게 생각했지만 나중엔 후회했어요. 글쎄, 우리 뒤를 따라와 창피를 주었으니까요. 그러니 오늘은 뒤를 밟지 않겠다는 약속을 해 주지 않으면 아무것도 먹을 수 없어요. 그뿐만 아니라 이번에 머무는 동안 다시는 아저씨 집에 오지도 않을 거예요. 우리는 이곳에서 일주일 동안 쉬면서 할아버지가 임금님께 드릴 선물을 사서 갈 거예요."
"약속하지요."
하산이 이렇게 말하자 아디브와 환관은 음식점 안으로 들어갔습니다. 아버지인 하산은 두 사람 앞에 석류알 과자를 접시에 수북이 담아 내놓았습니다.
"아저씨도 앉아서 함께 잡수세요. 어쩌면 알라께서 우리의 슬픔을 씻어 주실 지도 모르잖아요."
그래서 하산도 즐거운 듯이 앉아 함께 먹었습니다. 하산의 눈은 아디브의 얼굴에서 떠나지 않았습니다. 온 마음이 미칠 것처럼 아디브에게 홀려 있었기 때문입니다. 너무나 뚫어지게 바라보는지라 아디브는 참다못해 말했습니다.
"내가 말했잖아요, 아저씨는 정말 이상한 늙은이라고. 그렇게 내 얼굴만 보지 말아줘요!"
하산은 아들의 이 말을 듣고 이런 시를 읊었습니다.

그대는 마음을 사로잡는
재간을 지녔구나.
참으로 이상한 그 수수께끼
숨어 있으니.

빛나는 달도 무색한
그대의 아름다움,
사프란빛 새벽빛도
못 따를 그 모습이여.
영원히 멸망하지 않는
신의 사당인가
만물중에 빼어난
빛나는 그대 모습
에덴동산 같은 이마를 찾아
나는 목마르고
저 카우사르*58의 입술을 찾아
나는 애타네.

하산은 때로는 아디브 입에, 또는 환관 입에 과자를 집어넣어 주기도 했습니다. 이윽고 모두 배가 불러왔습니다. 두 사람이 일어서자 요리사인 하산은 그들 손에 물을 부어주고*59 비단 앞치마를 끌러 닦아준 다음 향수병을 들어 장미수를 뿌려주었습니다. 그리고 잠시 밖으로 나가더니 과즙을 가지고 돌아왔습니다. 그 과즙은 장미수를 넣고 사향을 첨가하여 눈(雪)으로 차게 한 것이었습니다. 하산은 그 음료를 두 사람 앞에 내놓고 말했습니다.
 "오늘 대접은 이것으로 끝입니다. 어서 드십시오."
 아디브는 병을 들어 한 모금 마시고는 환관에게 주었습니다. 이렇게 서로 주고받으며 배가 불러 더 들어갈 틈이 없도록 먹었습니다. 두 사람은 가게를 나와 서둘러 천막으로 돌아갔습니다. 아디브가 할머니에게 가자 할머니는 아디브에게 입을 맞추고 또 아들 생각이 나서 통곡한 끝에 이런 노래를 불렀습니다.

다시 한 번 그대 보고파
희망 버리지 않았지만
만나보지 못하고
인생의 빛 사라졌네.

이 몸 그대 말고는
사랑하는 자 없으니
누가 알리오,
내 영혼의 비밀을.

그리고 아디브에게 말했습니다.
"얘, 아가, 어디 갔다 왔니?"
"다마스쿠스 시내에요."
아디브가 대답하자 할머니는 몸을 일으켜 보리과자와 그리 달지 않은 석류알 설탕조림을 한 접시 내놓고, 환관에게도 권하면서 말했습니다.
"너도 도련님 곁에 앉아라."
환관은 마음속으로 이젠 지긋지긋하다, 빵 냄새도 맡기 싫다고 생각했습니다. 하지만 분부대로 그 자리에 앉았습니다. 아디브도 방금 먹고 마시고 하여 배가 터질 지경이었습니다. 그래도 아디브는 빵 한 조각을 집어 절인 석류알에 찍어 먹어보았지만 이미 배가 불러 도무지 맛이 없었습니다. 그래서 저도 모르게 불쑥 말해 버렸습니다.
"쳇! 아무 맛도 없잖아."
이 말을 들은 할머니가 말했습니다.
"얘, 아가, 이 요리가 맛이 없다는 거냐? 이건 내가 손수 만든 것이란다. 나보다 잘 만드는 사람이 있다면 그건 네 아버지 하산 말고는 없을 게다."
"할머니, 어쨌든 이건 맛이 없어요. 우리는 조금 전에 다마스쿠스 시장에서 어떤 요리사를 만났는데, 그 사람이 석류알 버무리는 솜씨는 기가 막히던데요. 냄새만 맡아도 가슴이 짜릿하고 맛을 보면 어른들도 언제까지나 잊지 못할 거예요. 그 사람 것에 비하면 이건 비교도 되지 않아요."

—여기까지 얘기한 샤라자드는 마침 밝아오는 새벽빛을 보고 이야기를 그쳤다.

24번째 밤

오, 인자하신 임금님, 아디브의 할머니는 손자의 말을 듣고 얼굴이 빨개지도록 노하여 환관을 노려보며 말했습니다.

"못된 놈! 너는 도련님*60을 타락시키기 위해 그런 음식점에 데리고 갔구나!"

환관이 펄쩍 뛰며 말했습니다.

"아닙니다. 저희는 음식점엔 들어가지 않았습니다. 그저 그 앞을 지나갔을 뿐입니다."

그러나 아디브는 소리쳤습니다.

"알라께 맹세코 우리는 정말로 그 가게 안에 들어가 먹었어요. 이 콧구멍으로 나올 만큼 실컷요. 할머니가 만든 것보다 훨씬 맛있었어요."

할머니는 밖으로 나가 이 사실을 시아주버니에게 알렸습니다. 대신은 노발대발하여 당장 환관을 불러놓고 물었습니다.

"너는 왜 도련님을 음식점 같은 데 데리고 들어갔느냐?"

환관은 벌벌 떨면서 대답했습니다.

"저희는 결코 안에 들어가지 않았습니다."

하지만 아디브가 또 끼어들었습니다.

"우린 정말로 안에 들어가서 절인 석류알을 실컷 먹었어요. 그리고 그 집 주인은 설탕을 넣은 찬 과즙도 주었어요."

대신은 더욱 노하여 환관을 추궁했습니다. 그러나 환관이 한사코 부정하자 마침내 대신은 말했습니다.

"만약 네 말이 사실이라면 내 눈앞에서 이것을 먹어봐라."

환관은 조금 전에 배가 터지도록 먹은 터라 목구멍을 못 넘기고 토해 버렸습니다.

"나리! 실은 저는 어제부터 배가 잔뜩 불러 있었습니다."

이것을 본 대신은 환관이 음식점에서 무엇을 먹고 왔음이 분명하므로 노예들에게 명령하여 마룻바닥에 쓰러뜨렸습니다.*61 명령받은 노예들이 환관의 갈비뼈 언저리를 매질했습니다. 환관은 매에 못 이겨 마침내 알라의 자비를 빌며 소리쳤습니다.

"오, 나리, 제발 매질은 그만하십시오. 바른 대로 말씀드리겠습니다."
"그럼, 사실대로 말해봐라."
"실은 저희는 어떤 음식점에 들어갔습니다. 마침 요리사가 석류알 설탕절임을 만들고 있었는데, 그것을 저희에게 조금 권해 주었습니다. 사실 여태껏 그처럼 맛있는 것을 먹어본 적도 없고, 여기 있는 이 과자처럼 맛없는 것을 먹어본 적도 없습니다."*62

이 말을 들은 하산의 어머니는 역정이 났습니다.
"그럼 너, 지금 당장 그 집에 가서 거기 있는 석류알 절임을 한 접시 사오너라. 나리께 보여 드리면 어느 쪽이 더 훌륭하고 맛좋은지 결정해 주실 게다."
"그렇게 하겠습니다."
하산 어머니는 곧 접시와 돈 반 디나르를 환관에게 줘서 내보냈습니다.
음식점으로 달려간 환관은 하산에게 말했습니다.
"이보시오, 요리사 두목,*63 방금 우리 주인집에서 당신 요리솜씨를 두고 내기를 했소. 우리 집에도 석류알 절임이 있거든. 그러니 반 디나르어치만 줘요. 잘 골라서. 나는 말이지, 당신의 그 훌륭한 솜씨 덕분에 죽도록 매를 맞았으니 더는 사양하겠소."

하산은 웃으면서 말했습니다.
"누가 뭐라 해도 우리 어머니와 나 말고는 과자를 이런 식으로 만들 줄 아는 사람이 없을게요. 어머님은 지금 먼 나라에 계시지만."
그러고는 한 접시 듬뿍 담아 사향과 장미수를 끼얹은 다음 보자기에 싸서 봉인*64하여 환관에게 주었습니다.
환관은 그것을 가지고 급히 돌아갔습니다. 하산의 어머니는 그것을 한 입 먹어보고 그 기막힌 풍미와 훌륭한 솜씨에 감탄하고 말았습니다. 그러다가 만든 사람이 누구인지 짐작하고 외마디 소리를 지르면서 정신을 잃고 쓰러지고 말았습니다.
대신은 당황하여 얼른 장미수를 뿌렸습니다. 이윽고 정신을 차린 하산의 어머니는 말했습니다.
"만일 아들이 아직 살아 있다면, 이 석류알 절임을 할 사람은 아들밖에 없어요. 이 요리사는 제 아들 하산이 틀림없습니다. 의심할 여지가 없어요. 틀림없이 맞을 거예요. 이 과자를 만들 줄 아는 사람은 단둘 뿐, 내가 아들에게 가르쳐준 것이니까요."

이 말을 듣고 대신은 미칠 듯이 기뻐했습니다.

"오, 단 한 번이라도 조카를 만나보는 것이 내 소원이오! 그 애와 과연 만날 날이 있을는지! 아무튼 전능하신 알라께 의지하는 수밖에 없소."

대신은 곧바로 종자들 있는 데로 가서 일렀습니다.

"너희 가운데 50명쯤 채찍과 몽둥이를 가지고 그 음식점으로 가거라. 가게를 부숴버리고 주인은 머릿수건으로 결박하여 끌고 오너라. 터무니없는 석류알 절임을 만든 건 네놈이로구나 하고 완력으로 끌고 오란 말이야. 하지만 절대로 다치게 해서는 안 된다."

"네."

대신은 그 길로 왕궁으로 말을 달려 다마스쿠스의 태수를 면회하고 국왕의 서면을 보였습니다. 태수는 그것을 자세히 읽어보더니 그 서류에 입을 맞춘 다음 머리 위에 받들고 물었습니다.

"당신에게 이 고약한 짓을 한 자가 누구입니까?"

"음식점 주인입니다."

태수는 곧 집행관들을 음식점으로 달려 보냈습니다. 그러나 가게는 이미 부서지고 그 안에 있는 물건들도 엉망이 되어 있었습니다.

한편 대신이 왕궁에 간 동안 부하들은 명령대로 한 다음 대신이 돌아오기를 기다리고 있었습니다. 포로가 된 하산은 연방 중얼거렸습니다.

"석류알 절임이 어디가 잘못돼서 이런 봉변을 당하는지 도무지 알 수 없구나!"*65

대신은 태수를 면회하고 죄인 체포에 관한 정식 허가를 받은 다음 급히 천막으로 돌아와 그 음식점 주인을 데려오게 했습니다. 머릿수건으로 결박당한 하산은 자신의 큰아버지를 쳐다보고 눈물을 뚝뚝 흘리면서 말했습니다.

"제가 나리께 무슨 죄를 지었습니까?"

대신이 물었습니다.

"석류알 절임을 만든 사람이 너냐?"

"그렇습니다. 그 일로 제 목을 베야 할 일이라도 일어났습니까?"

"아무리 죄가 가벼워도 석방은 되지 않을 거다."

"황송하오나 석류알 절임이 어쨌다는 건지요? 어째서 제가 벌을 받아야 하는지 그 까닭을 말씀해 주십시오."

"잠깐 기다려라."

그러고는 한층 더 소리 높여 시종들에게 명령했습니다.

"낙타를 끌고 오너라!"

시종들은 대신의 분부대로 천막을 걷고 하산을 큰 궤짝 속에 처넣은 다음 쇠를 채우고는 그대로 낙타 등에 실었습니다. 그리고 곧 그곳을 떠나 해가 질 때까지 여행을 계속했습니다.

밤이 되자 그들은 쉬면서 식사를 하고 하산을 궤짝에서 잠시 끌어냈다가 다시 집어넣고 자물쇠를 채웠습니다. 여행은 계속되어 이윽고 키므라에 도착했습니다. 그곳에서 하산은 겨우 궤짝에서 나와 대신 앞에 끌려갔습니다.

대신은 다시 한 번 물었습니다.

"석류알 절임을 만든 자는 너지?"

"예, 맞습니다."

"이놈 발목에 차꼬를 채워라!"

시종들은 하산에게 차꼬를 채운 다음 또다시 궤짝 속에 처넣었습니다. 다시 여행을 계속하여 마침내 카이로의 알 라이다니아[66]라는 야영지에 이르렀습니다. 대신은 하산을 궤짝에서 끌어내 목수를 불러 명령했습니다.

"이놈을 매달 십자가[67]를 만들어라!"

하산이 비명을 질렀습니다.

"어떻게 하실 작정이십니까?"

"너를 거기에 매달아 못을 박고 온 거리를 끌고 다닐 작정이다."

"제가 어째서 그런 벌을 받아야 합니까?"

"석류알 절임을 만드는 방법이 괘씸해서 그런다. 후추도 넣지 않고 만들어 팔다니 그게 될 말이냐?"

"후추를 넣지 않았다고 해서 이런 벌을 주십니까? 이만하면 되지 않았습니까? 가게를 부수고 물건을 엉망으로 만들었으며, 저를 궤짝에 넣어 하루 한 번밖에 음식을 주지 않은 것만으로도 충분하지 않습니까?"

"후추가 부족해. 후추가 부족했단 말이다. 그 죄는 십자가에 매달아야 마땅하다."

하산은 너무나 놀라 이젠 다 살았구나 싶어 눈물을 흘리기 시작했습니다. 그러자 대신이 물었습니다.

"무슨 생각을 하고 있느냐?"

"당신 대갈통 같은 괴상한 머리를 생각했소! *68 당신 대가리에 하다못해 일 온스의 골이라도 들어 있다면 내게 이런 처사를 하지는 않을 텐데."

"다시는 그런 짓을 못하도록 처벌하는 것이 나의 의무다."

이 말에 하산은 화를 벌컥 냈습니다.

"사실 여태껏 나를 괴롭힌 것만 해도 내 죗값으로 충분하고도 남소. 빌어먹을, 석류알 절임이고 나발이고 그때 만들지 말았더라면 좋았을 것을. 이 꼴을 당할 바엔 진작 죽어버릴 것을."

"어쩔 수 없다. 후추가 들어가지 않은 석류알 절임을 만든 자는 책형에 처하게 되어 있으니까."

그러는 동안 목수는 부지런히 나무를 깎고 있었습니다. 하산은 그것을 멍하게 바라보고 있었습니다. 이윽고 밤이 되자 대신은 하산을 다시 궤짝 속에 처넣고 말했습니다.

"내일 형을 집행한다!"

그리고 하산이 잠들기를 기다려 대신은 낙타를 타고 궤짝을 낙타 앞에 싣고는 시내로 들어가 곧장 자기 집으로 갔습니다. 낙타에서 내린 대신은 딸 후슨에게 말했습니다.

"드디어 너는 남편을, 네 사촌을 만나게 됐다. 자, 어서 첫날 밤처럼 집안을 꾸미도록 해라."

하인들은 곧 촛불을 밝혔고, 대신은 옛날에 손수 그린 신부방의 도면을 꺼내 거기에 따라 지시하면서 모든 것을 옛날처럼 꾸미게 했습니다. 그리하여 누가 보아도 그때 그 결혼식 날 밤과 똑같은 방이 꾸며졌습니다. 그리고 하인에게 명령하여 하산의 터번을 긴 의자 위에 마치 하산 자신이 한 것처럼 놓아두게 했습니다. 마찬가지로 하산의 바지와 지갑도 처음처럼 이불 밑에 넣어두었습니다.

"네 사촌이 들어오거든 변소에 가서 꽤 지체하셨군요, 하고 말해라. 그리고 네 옆에 뉘어놓고 밤새도록 이야기를 하여라. 날이 밝으면 내가 모든 이야기를 해 줄 테니까."

대신은 하산을 궤짝에서 끌어내 차꼬를 풀고 옷을 벗기고 나서 옛날 혼례식 날 밤에 입었던 훌륭한 푸른 비단속옷만 입혔습니다. 하산은 바지도 안 입고 거의 알몸에 가까운 모습이 되었습니다. 이런 일이 모두 하산이 세상모르고 잠들어 있는 동안 진행되었습니다.

이윽고 몸을 뒤척이며 돌아눕는 순간 문득 잠이 깬 하산이 정신을 차려 보니, 어느결에 불빛이 휘황한 방 안에 누워 있으므로 깜짝 놀라 혼잣말을 중얼거렸습니다.

"내가 꿈속에서 길을 잃은 모양이로군."

하산은 일어나 안방 문으로 다가가 안을 들여다보고 깜짝 놀랐습니다. 아, 이럴 수가! 거기는 첫날 밤을 지냈던 바로 그 방이 아니겠습니까? 신부의 침상도, 긴 의자도, 자신의 터번도, 옷도 모두 고스란히 그대로 있었습니다. 그것을 본 하산은 머리가 혼란해져서 한 걸음 앞으로 나갔다가 다시 한 걸음 물러서면서, 나아가지도 물러서지도 못하고 있었습니다.

"이게 꿈인지 생신지, 대체 어느 쪽일까?"

하산은 이마를 문지르며 떠듬떠듬 혼잣말을 중얼거렸습니다.

"그렇지, 알라께 맹세코 여기는 틀림없이 신부가 선을 보였던 바로 그 방이다. 그렇다면 지금 내가 있는 곳은 어디일까? 조금 전만 해도 궤짝 속에 들어 있었는데!"

그때 뜻밖에도 후슨이 침실 휘장 한끝을 들치며 말했습니다.

"여보, 어서 들어오세요. 변소에 가서 어찌 그리도 오래 계시나요."

이 말을 듣고 여자 얼굴을 보자 하산은 껄껄 웃어졌습니다.

"아무래도 내가 꿈속에서 뭔가에 홀린 게야!"

그리고 한숨을 쉬며 안으로 들어가 여태껏 자기가 겪은 일을 곰곰이 생각하니 그만 어리둥절해지고 말았습니다. 그런데 자기 터번과 바지가 바로 눈앞에 있고 주머니를 뒤져보니 금화 1천 닢이 든 지갑도 그대로 있어 더욱 영문을 알 수 없었습니다. 하산은 우두커니 선 채 이렇게 중얼거렸습니다.

"알라께서는 모든 것을 알고 계신다! 내가 아마 말도 안 되는 꿈을 꾸고 있나 보다."

그러자 아름다운 알 후슨이 말을 건넸습니다.

"왜 그렇게 무뚝뚝한 얼굴을 하고 계세요? 그러고 보니 하룻밤 사이에 사람이 무척 달라지셨네요."

하산은 웃으면서 물었습니다.

"당신하고 헤어진 지 얼마나 되었지?"

"무슨 말씀을 하세요? 당신은 한 시간 전에 나가셨다가 지금 돌아오신 거잖아요. 머리가 이상해지신 것 아니에요?"

이 말을 듣고 하산은 웃었습니다.*69

"정말 당신 말이 옳소. 하지만 이 방에서 나가 변소에 들어간 순간 그만 정신을 잃었나 봐. 다마스쿠스에서 10년 동안이나 음식장사를 하며 지낸 꿈을 꾼 거야. 그런데 어느 날 대신의 아들이라는 소년이 환관을 데리고 와서 ……."

이렇게 말하면서 무심코 이마에 손을 대니 상처가 만져지지 않겠습니까? 그는 깜짝 놀라 외쳤습니다.

"아, 알라께 맹세코, 역시 사실이었어! 그 소년이 내 이마에 돌을 던져 미간이 깨졌단 말이야. 여기 좀 봐요, 상처가 있으니 역시 꿈은 아니었어."

그러나 다시 덧붙였습니다.

"하지만 아마 당신과 껴안고 자는 동안 그런 꿈을 꾸었는지도 몰라. 왜냐하면 터번도 바지도 입지 않고 멀리 다마스쿠스까지 가서 버젓이 음식점을 차릴 까닭이 없거든."

이렇게 말했지만 그래도 영문을 알 수 없어 잠시 생각하다가 말을 이었습니다.

"틀림없이 석류알 절임을 만들 때 후추를 좀 덜 넣은 것 같아. 아냐, 틀림없이 변소에서 졸다가 꿈을 꾼 거야. 하지만 무슨 꿈이 그토록 길담?"

"얘기 좀 해봐요, 또 어떤 꿈을 꾸었는지."

하산은 자기가 겪은 일을 모두 이야기한 다음 덧붙였습니다.

"만일 내가 잠에서 깨지 않았더라면 책형을 당했을 거야!"

"어째서요?"

"석류알 절임에 후추를 적게 넣은 죄나. 그놈들은 가게를 부수고 솥과 냄비를 박살내고는 나를 궤짝 속에 가두었어. 그리고 목수를 불러 십자가를 만들게 하여 나를 책형에 처할 작정이었지. 알람모디리라! *70 그렇지만 모두가 꿈이지 생시가 아니었나 봐."

후슨이 웃으면서 하산을 자기 가슴에 끌어안자, 하산도 여자를 꼭 끌어안았습니다. 잠시 뒤 하산은 또 생각에 잠겼습니다.

"아냐, 실제로 일어난 일이야, 틀림없어. 이렇게 되고 보니 도무지 어떻게 생각해야 좋을지 모르겠는걸."

그는 이렇게 중얼거리며 잠자리에 들어 밤새도록 자기 신상에 일어난 일을 생각하며 혼란에 빠져 있었습니다.

"그것은 틀림없는 꿈이었어!"

이렇게 말하는가 하면, 또 이렇게 중얼거리기도 했습니다.

"아니, 아무래도 그건 생시였어."

이렇게 되풀이하는 동안 날이 밝자 큰아버지인 대신이 들어와 하산에게 인사를 했습니다. 하산은 눈이 휘둥그레졌습니다.

"아니, 당신은 나를 묶고 가게를 부수고 석류알 절임에 후추가 모자란다며 책형에 처하라고 한 분이 아닙니까?"

그러자 대신이 하산에게 말했습니다.

"그렇다, 내 얘길 잘 들어라. 이제야 진실이 밝혀지고 숨어 있던 일이 드러난 것이다.*71 나는 네 큰아버지이며, 너는 내 동생의 아들이다. 내가 이런 일을 꾸민 것은 정말로 네가 그날 밤 내 딸과 백년가약을 맺은 바로 그 당사자인지 아닌지 확인하기 위해서였다. 네가 이 방을 비롯해 터번이며 바지며 돈, 그리고 네가 쓴 서류와 네 아버지가 기록한 서류 같은 것을 알아보는지 어떤지 확인하기 전에는 판단이 서질 않아서였다. 나는 지금까지 너를 한 번도 본 적이 없었고 너에 대해 아무것도 몰랐으니까. 그리고 네 어머니는 내가 사정을 설명하고 바소라에서 이곳으로 모셔왔다."

이렇게 말하고 대신은 조카의 가슴에 몸을 던지며 기쁨의 눈물을 흘렸습니다.

"이렇게 된 것은 모두 나와 네 아버지 사이에 있었던 말다툼 때문이었단다."

대신은 하산의 아버지가 바소라에 가게 된 경위와 두 사람이 떨어져 살게 된 경위를 들려주고서 아디브를 불러오게 했습니다. 하산은 소년을 보자마자 외쳤습니다.

"아, 이 아이다. 이 애가 나에게 돌을 던졌어!"

"이 아이가 바로 네 아들이다."
대신이 말하자, 하산은 아들을 와락 끌어안고 이런 시를 읊었습니다.

나는 울었네,
모든 이별이 쓰라려서.
눈물은 흘러
비처럼 쏟아졌네.
나는 맹세했네.
다시 만나는 날에는
'이별'이라는 말을
입에 담지 않겠다고.
이제는 기쁨에
가슴 설레고
감격에 쏟아지는
기쁜 눈물뿐.
아, 눈물에 익숙해진
나의 눈동자여
슬픔에 울고
기쁨에 우네.*72

하산이 이 노래를 마쳤을 때, 어머니가 들어와 하산에게 몸을 던지며 이렇게 노래했습니다.

만나면 슬퍼했던 그 옛날
서로의 가슴은 괴로웠도다.
사자(使者)가 전한 그 말
슬픔은 아직도 쓰디쓴 추억인가.

어머니는 눈물을 흘리며 하산이 집을 나가고 나서 자신이 겪은 모든 일을 이야기했습니다. 하산도 자신이 겪은 온갖 고생을 이야기했고, 두 사람은 다시 무사히 만나게 된 것을 전능하신 알라께 감사드렸습니다.
 돌아온 지 이틀 만에 대신 샤무스 알 딘은 왕을 뵙고 엎드려 바닥에 입맞춘 뒤 공손하게 인사를 올렸습니다. 왕은 얼굴을 빛내며 대신의 귀국을 기뻐하고, 자기 옆에 앉혀*73 여행 중에 보고 들은 일들을 모두 들려달라고 분부했습니다. 대신은 처음부터 끝까지 상세하게 이야기했습니다.
 "그대가 무사히 소원을 이루고 자식들과 가족들에게 돌아온 것을 알라께 감사드리게. 그대의 조카인 바소라의 하산을 꼭 만나고 싶으니, 내일 알현실로 데리고 오도록 하라."
 "분부대로 하겠습니다."
 집에 돌아온 대신은 조카에게 왕이 만나고 싶어 한다는 뜻을 전했습니다. 이튿날 큰아버지를 따라 왕궁에 들어간 하산은 왕께 공손히 인사하고 다음과 같은 즉흥시를 읊었습니다.

　　지체 높은 귀인도
　　임 앞에 무릎 꿇으면
　　온갖 소망 이루어지리.
　　임이야말로 명예의 샘
　　임의 뜻에 맞는 자
　　훌륭한 명예 얻을지어다.

 왕은 웃는 얼굴로 하산에게 앉으라고 손짓했습니다. 하산이 큰아버지 옆에 앉자 왕이 이름을 물었습니다. 하산은 곧 대답했습니다.
 "임금님의 천한 종은 '바소라의 하산'이라 하오며, 아침저녁으로 임금님의 장수를 위해 기도하고 있습니다."
 이 대답에 왕은 기분이 좋아져서 하산의 학식과 교양을 시험해 보고자 이렇게 물었습니다.
 "그대는 뺨의 검은 사마귀를 예찬한 시를 아느냐?"
 "예."
 하산은 다음과 같은 시를 읊었습니다.

사랑하는 사람을 생각하고
쓰라린 이별을 생각하니
마음은 괴로워 견딜 수 없고
쏟아지는 눈물 막을 길 없네.
문득 가슴속에 떠오르누나,
그대의 검은 사마귀 아름다워라.
아련히 눈에 띠는 그 빛깔은
검은 눈동자인가, 아니면
심장 속의 검은 물방울인가.*74

왕은, 이 두 개의 시구에 감탄하여 칭찬을 아끼지 않았습니다.
"이번에는 다른 시를 읊어보아라. 그대 아버지에게 알라의 축복이 있기를, 또 그대의 입이 피곤해지지 않기를 기도하마!"
하산은 계속해서 이렇게 읊었습니다.

사향 알에 비유한
뺨의 검은 점
그 밖에 비할 게 어디 있을까.
이토록 아름다운 얼굴에
검은 사마귀 한 알 보태니
더욱 빛나네, 찬양하여라.

왕은 기쁨에 몸을 떨면서*75 말했습니다.
"더 읊어 보아라. 알라께서 그대에게 축복을 내리시기를!"

뺨에 검은 사마귀
가진 임이시여
붉은 루비에 찍힌
사향 한 알을 생각하더라도
그대여, 나에게 자비를 베풀어

마음을 돌처럼 갖지 말라.
그대만 사랑하는
내 마음 견딜 수 없어라.

"흠, 근사한 비유로다. 여봐라, 하산, 잘 불렀어. 학예에 만반의 조예가 있음을 알았노라. 그럼, 어디 아라비아어의 할(Khal), 즉 검은 사마귀라는 말에 몇 가지 뜻이 있는지 말해 보아라."

"75가지가 있습니다만, 개중에는 전해지는 말에 의해 50가지라고 말하는 자도 있습니다."

"맞았다."

"그렇다면 미인의 조건을 알고 있느냐?"

"예, 밝은 표정, 맑은 얼굴빛, 모양 좋은 코, 부드러운 눈, 귀여운 입, 재치 있는 말씨, 균형 잡힌 날씬한 몸매, 이것이 미인의 조건인 줄 아옵니다. 하지만 아름다움의 극치는 뭐니 뭐니 해도 머리카락입니다. 성지(聖地)의 알 시하브도 라자즈[76] 풍의 졸렬한 시에서 이런 점들을 들고 있는데 그 시는 이러합니다."

살결이 보드랍고 매끄러운데
얼굴마저 예쁘게 생겼다면
아무리 찬찬히 바라보아도
불평할 까닭이 없다.
단정한 콧마루도 여자에게는
그야말로 보물이라네.
그리고 사랑스러운 그 입술
칭찬 듣기 좋은 곳이지.
반짝반짝 커다랗게 뜬
빛나는 그 눈도 빠지지 않네,
꿈엔들 잊을 손가, 그 눈동자.
구변 좋고 날씬하고 미끈한 몸매,
세상에 드문 재간 몸에 갖추어

더 이상 비할 바 없겠지마는
특히나 머리카락, 그 머리카락은
여인이 간직한 미의 극치라네.
그렇다면 들어라, 이 내 노래,
그중에는 이의도 있겠지마는.

하산의 말솜씨에 홀딱 반한 왕은 친구처럼 허물없이 다시 물었습니다.
"'슈라이는 여우보다 약다'는 속담이 있는데, 그게 무슨 뜻인고?"
"임금님(전능하신 알라의 가호가 있기를!), 그것은 이런 뜻이라 생각됩니다. 옛날 슈라이라는 판관*77은 역병이 유행하는 동안 알 나자흐에 참배하는 습관이 있었습니다. 그런데 기도를 올리려고 일어설 때마다 여우 한 마리가 나타나 버티고 서서 기도를 흉내내며 방해했습니다. 슈라이는 성가셔서 어느 날 속옷을 벗어 지팡이에 걸고 소매를 활짝 벌려 끝에다 터번을 씌운 뒤 허리에 천을 감아 늘 기도드리는 곳에 세워두었습니다. 이윽고 여우란 놈이 전처럼 나타나 그 허수아비 앞에 버티고 서는 것을 보고 슈라이는 뒤에서 살그머니 다가가서 여우를 붙잡았습니다. 그래서 '슈라이는 여우보다 약다'고 하는 것입니다."

하산의 이 설명을 듣고 왕은 대신을 돌아보며 말했다.
"그대 조카는 과연 궁중에서 근무하는 데 필요한 교양을 모두 갖추고 있구나. 이만한 사람은 이 넓은 카이로에서도 좀처럼 찾아볼 수 없으리라."

이 말을 듣고 하산은 임금님 앞에 나아가 엎드린 뒤, 마치 백인 노예가 주인 앞에 앉는 것처럼 다시 제자리로 돌아와 앉았습니다. 그리하여 왕은 하산의 은근한 몸가짐과 태도를 알고, 또 귀인다운 재주와 시가(詩歌)에 능통하다는 것을 확인했다. 그리고 기쁜 얼굴로 훌륭한 어의(御衣)를 상으로 내리고 신분이 차츰 높아지도록*78 높은 벼슬자리에 천거했습니다. 하산은 일어나서 왕 앞에 엎드려 만수무강을 기원하고 나서 큰아버지와 함께 물러나 집으로 돌아왔습니다. 집에는 식탁이 준비되어 있어 두 사람은 알라께서 내리신 음식을 함께 먹었습니다. 식사가 끝나자 하산은 곧 아내의 방으로 가서 자기와 왕 사이에 있었던 일을 자세히 이야기해 주었습니다. 그 말을 듣고 아내가 말했습니다.

"임금님께서는 당신을 술벗으로 삼으시고 많은 선물을 하사하시며 한층 더 은혜를 베푸실 거예요. 그렇게 되면 알라의 자비에 의해 당신의 인덕은 햇빛처럼 환하게 바다와 육지 어디서나 빛날 거예요."

"임금님께서 더욱더 나를 총애하시도록 임금님께 바치는 송시(頌詩)를 지을 생각이오."

"아주 좋은 생각이에요. 잘 생각하셔서 좋은 말을 고르세요. 틀림없이 마음에 들어 하실 테니까요."

하산은 방에 들어앉아 장중하고 우아한 시를 지어 훌륭한 필적으로 적었습니다. 그 시는 다음과 같았습니다.

고결하고 선한 업적 까닭에
가장 높은 자리에 임은 계시옵니다.
태평세월 흘러 나라는 평안하고
오만불손한 적을 굳게 지키는 철문
용감한 사자(獅子)도, 성자도, 영웅도
왕후들도 천사조차도
임보다 우월한 자 이 세상에 없나이다.
임의 은혜에 가난한 자 윤택해지니
임을 칭송하기에 형용할 말 없나이다.
아, 임은 태평성세 사프란빛 새 아침
하지만 칼 잡은 싸움터에서는
지척을 분간 못 할 어두운 밤이외다.
늠름한 자태에 백성은 머리 숙이고
임은 고귀한 제왕의 자리 차지하시니
알라여! 바라건대 임의 보령(寶齡) 늘리시어
모든 불행 모든 재앙 임 앞에서 물리치소서.

하산은 이 시를 깨끗이 옮겨 적어 곧 큰아버지의 노예를 시켜 왕에게 바치게 했습니다. 왕은 시를 읽고 매우 만족하여 늘어선 중신들에게 낭독해 주니 모두 최고의 찬사를 아끼지 않았습니다. 왕은 이 시를 지은 하산을 가까이 불러 말했습니다.

"오늘부터 그대를 내 술벗으로 삼으리라. 지난번에 주기로 한 녹봉 이외에 매달 은 1천 닢을 주도록 하마."

하산은 일어나 왕 앞에 몇 번이고 절한 다음 왕위의 지위와 권위가 길고 오래가기를 그리고 만수무강을 빌었습니다. 이리하여 하산은 점점 더 중용되어 명성이 방방곡곡에 퍼져갔습니다. 그리하여 수명이 다하여 마침내 죽는 날까지 큰아버지와 가족들과 함께 매우 행복하고 안락한 여생을 보냈다고 합니다.

이 이야기를 바르마크 집안의 대신 자파르에게서 들은 교주 하룬 알 라시드는 매우 감탄하며 말했습니다.

"이 이야기는 금문자로 기록해 두어야겠다."

그리고 왕은 그 노예의 죄를 용서해 주고, 아내를 죽인 젊은이에게 안락하게 살 수 있는 돈을 매달 주었을 뿐 아니라, 수많은 노예계집 중에서 첩을 하나 골라주었습니다. 그 뒤 이 젊은이는 술벗의 한 사람이 되었습니다.

샤라자드는 말했다.

"하지만 이 이야기보다 재봉사와 꼽추, 유대인과 요리사, 나사렛 사람의 신세에 대한 이야기가 훨씬 더 재미있답니다."

그 말을 듣고 임금님이 물었다.

"그건 어떤 이야기인고?"

그래서 샤라자드는 다음과 같은 이야기를 시작했다.[79]

〈주〉

[1] 아라비아어의 힐라아(Khila'ah)는 본디 입고 있다가 벗은 옷을 뜻하며, 일반적으로 '명예로운 선물'로 쓰인다. 영국의 기사도 이야기에 나오는 '하사받은 옷' 이상의 것이다. 왜냐하면 말, 칼(때로는 황금 손잡이가 달린), 황금 장식이 붙은 검은 터번(아바스 왕조 때 사용됨), 보랏빛 외투, 허리띠, 금목걸이, 구두쫌쇠 등도 그 속에 포함되기 때문이다.

[2] 동양의 이슬람교에서는 그 기간이 길어서 굉장히 지루하다.

[3] 아라비아어의 '마르'로, 결혼 전에 남자가 여자에게 주는 돈. 이것이 없으면 결혼계약도 무효이다. 대개 그 금액의 반은 결혼식 날 지급되고, 나머지 반은 남편이 죽거나 아내와 이혼할 때 지급된다. 그러나 여자 쪽에서 이혼을 원하면 이 돈을 받을 권리를 잃

게 된다. 호색적인 남편, 특히 페르시아인은 종종 여자의 육체를 부자연스럽게 다루어 여자 쪽에서 이혼을 요구하도록 만드는 때도 있다.
*4 여기서 비스밀라는 '그거 좋고말고' 정도의 뜻.
*5 이 문구는 위협적인 말을 더욱 강화시킨다. 두 형제 사이에 일어난 이 장면 묘사에는 아랍인 특유의 유머가 담겨 있다. 조금도 과장된 장면이 아니다. 영국에서는 남자는 6시에 저녁식사를 하고 싶어 하는데, 여자는 6시 반에 하고 싶다고 주장하여 헤어졌다는 이야기를 들은 적이 있다.
*6 카이로는 아라비아어로 미스르(Misr, 속어로는 마스르)라고 한다. 고대의 어느 집안 이름에서 나온 이 말은 오스만리 터키인에 의해 정복된 무렵(이슬람력 923=서기 1517년), 현재의 수도가 되었다.
*7 아라비아어로 지자(Jizah, 가장자리 또는 끄트머리). '기자(Ghizah, 비명(碑銘))'가 증명하듯(브루그쉬 저 《이집트 역사》) 고대 이집트의 도시가 있었던 곳이다. 〔브루그쉬는 Heinrich Karl Brugsch로, 베를린 태생의 이집트 학자. 1827~94.〕
*8 오늘날의 알렉산드리아―카이로 선(線)에 있는 정차장(停車場).
*9 내가 카이로를 처음 본 1852년 무렵까지는 이 도시 일대는 정말 멋진 황무지였다. 오늘날에는 민가 벽 사이까지 경작지가 되어 있다. 마무디아 운하, 길가의 나무들, 과잉 관수(灌水) 등으로 도시가 크게 손상되었다. 카이로의 옛 분위기를 그리워하는 사람들은 테베 지방(Thebes)〔고대 이집트의 수도였던 곳으로 지금은 카르나크, 룩소르 두 도시가 있다〕으로 가보면 좋다.
*10 이집트의 백인 노예병사(Mameluke Beys) 시대에 신분 높은 사람은 거리를 걸어 다니지 않았다. 〔백인 노예병사에 대해서는 '어부와 마신 이야기' 주 58 참조.〕
*11 바소라는 아라비아어로 바스라라고 한다. 현재 쇠망의 길을 걷고 있으며, 유프라테스 계곡 철도가 부설되기 전에는 재기할 수 없는 이 도시는, 이슬람교 기원 15년에 오마르 교주에 의해 티그리스 강의 지류 아이라 강변에 창건되었다. 알 하리리(Al-Hariri)〔저명한 아라비아 시인〕에 의하면, 이 땅에는 '고래와 도마뱀이 모여든다'고 하며 조수가 밀려들어 '물이 드나들며 위용을 드러낸다'고 노래했다. 안팎으로 그 이름을 떨친 시장(市場) 알 마르바드에서는 예전에는 시가를 곧잘 읊는 사람들이 많았다. 또 이 도시는 이슬람교 사원, 성도(聖徒)사원, 미인, 그리고 쿠파(Kufah)와 패권을 겨룬 고전문법학교 등으로 유명하다. 〔쿠파는 이라크(메소포타미아)의 도시 이름으로 636년에 창건, 학문의 중심지가 되었으며, 바그다드의 교주가 그곳에 오래 거주했다.〕 그러나 일찍이 알 하리리(이슬람교 기원 446=서기 1030년 태생) 시대에 바그다드는 그 인구를 많이 빼앗겼다고 한다.
*12 이 훈향(燻香, 부흐르)은 지금도 행해지고 있다. 흙으로 빚거나 또는 금속으로 만든 뚜껑 없는 향로(미브하라)에 소량의 향료 또는 향나무를 태워 사람들에게 돌리는데,

손님들은 저마다 이것을 받아 잠깐 수염 아래에 둔다. 향료 산지인 소말리아 지방에서는 남녀 모두 성교 뒤에 온몸에 향을 쐰다. 레인(《근대 이집트인》 제8장)은 미브하라의 삽화를 곁들이고 있다.

*13 《아라비안나이트》의 독자는 호상(豪商)들이 귀족고관들과 교류하거나 인연을 맺기도 했다는 것을 깨달았을 것이다. 군인과 정치가와 법률가의 종족인 로마인들 사이에서 조차 규모가 큰 '상업(mercatura)'을 비방해서는 안 되었다. 보카치오 〈제10일〉 제9화에서 상인은 청결하고 우아하며 아름다운 남자들(netti edelicati uomini)이다. 〔영국 번역본에는 훌륭한 옷차림을 하고 있다는 형용사를 사용하고 있다.〕 영국은 아마도 상업(무역)으로 부(富)를 이룬 유일한 나라일 것이다. 더욱이 그것은 리버풀과 브리스틀을 건설한 노예무역 같은, 대체로 부당한 무역이었다. 그런데도 장사꾼을 모욕하거나 모멸하는 경향이 있다. 그러나 이런 편견은 앞 세대와 더불어 사라지고, 예전에는 목사보(牧師補)나 기수, 변호사, 기병 등을 지내며 약간의 배고픔도 마다하지 않았던 사람들이 지금은 기꺼이 상인이 되고자 한다.

*14 이 시는 카르크판과 불라크판에서 이미 7번째 밤에 나왔었다. 나는 변화를 주기 위해 트렌즈 번역을 인용했다.

*15 술탄(Sultan), (솔단(Soldan)으로 잘못 전해짐)은 어원학상으로 말하면 군주, 패자, 지배자, 통치자 등의 뜻이다. 아라비아에서는 종종 고유명사로 쓰인다. 또 수많은 군소(群小) 왕들에 의해 칭호로도 쓰인다. 아바스 왕조의 교주들(이미 언급한 알 와시크 같은) 〔아바스 왕조(Abbasides)는 마호메트의 큰아버지 아바스를 선조로 하여, 750년부터 1258년까지 그 역대 교주들이 바그다드를 다스렸고, 그 뒤 1517년까지 이집트에서 지배했다〕은 정식으로 섭정으로서 술탄을 만들었다.

알 타이 비라(이슬람력 363=서기 974년 즉위)는 이 직위를 유명한 사부크타진(Sabuktagin)한테서 받았다. 사부크타진의 아들이며 이슬람력 393=서기 1002년 가즈나브 왕조의 유명한 마무드(Mahmud)는 하룬 알 라시드가 세상을 떠난 약 200년 뒤에 비로소 독립된 칭호로 술탄을 채용했다. 〔가즈나브 왕조(Ghaznavite dynasty 또는 Ghaznevide)는 터키인 왕조로 2세기 동안 페르시아와 힌두스탄 일부를 지배했다. 서기 990~1191년. 마무드는 아프가니스탄의 군주가 되어 인도와 이란을 정복했다. 967~1030년.〕 옛 서적에는 이집트의 솔단, 페르시아의 소단(Soudan), 바빌론의 소단(Sowdan) 등이 나오는데, 셋 다 같은 말의 변형이다. 〔《데카메론》에는 솔단(Soldan)이 많이 사용되고 있다.〕

*16 즉, 《코란》의 전문을 암기하는 하피즈(Hafiz)가 된 셈. 이것은 매우 어려운 일로, 어릴 때부터 시작해야 한다. 나는 마지막의 '주즈우(제30부)'를 암기했는데, 그것만으로도 진절머리가 났다.

*17 이 시 또한 카이로판은 17번째 밤에 이미 나온 6연구(連句)를 되풀이하고 있다. 나는

트렌즈로부터 인용했다.

*18 이 소박한 양성미(兩性美)의 찬미는 영국 기사도 시대의 특징이기도 하다. 오늘날 이러한 찬미는 이른바 여성(Fair Sex)의 '전문적인 아름다움'에 거의 한정되고 말았다.

*19 아라비아어의 샤시(Shash)로, 대개 모슬린으로 만든 가벼운 터번.〔번역에서는 편의상 터번 아래에 쓰는 skull-cap을 '두건'으로 옮겨두었다.〕

*20 이 시는 유명한 알 무타나비가 쓴 것으로 추정되고 있다. 나는 《순례》(제3권) 속에서 이 시인에 대해 상세히 설명해 두었다. 그는 약간 맹목적인 애국주의적 색채를 띠고 있으나 진정한 시인으로서 생애를 보냈으며, 난을 당해도 달아나지 않고 이슬람력 354=서기 965년에 살해되었다.

*21 아라비아어의 나비즈(Nabiz)는 말린 포도 또는 대추야자를 원료로 한 술, 갖가지 발효주 등을 뜻한다. 대추야자술(열매를 발효시킨 것으로 타디, 즉 줄기의 즙, 영어의 종려술(toddy)은 아니다)은 파지흐(Fazikh)라고 한다. 여기서 알 메디나의 마스지드 알 파지흐라는 이름이 생겨났다.〔마스지드는 이슬람교 사원이라는 뜻이므로 '대추야자술 사원'이 된다.〕이 시(市)의 조역(Ansar)들이 그곳에서 손에 잔을 들고 앉아 있을 때 음주를 금하는 하늘의 계시가 있어 그들은 술을 땅에 버렸다(《순례》제2권).

*22 이 시는 11번째 밤의 '첫 번째 애꾸눈 중의 이야기' 속에 이미 나왔다. 나는 변화를 주기 위해 허락을 얻어 페인 씨의 번역문을 인용했다.

*23 아라비아어의 사라프(Sarraf)로, 여기서 영인도어의 환전업자(shroff)가 나왔다.

*24 낙원의 소년(Wuldan of Paradise)은 기르만이라고도 불리며, 낙원의 참된 신자들에게 봉사하기 위해 임용된 아름다운 젊은이를 뜻한다. 《코란》(제56장 9절 및 기타)에 '영원히 청춘을 잃지 않는 젊은이가 신자들을 둘러싸고 시중들며 크고 작은 잔을 비롯하여 넘칠 듯한 술잔을 바친다'로 되어 있다.〔팔머의 번역에서는 16절.〕마호메트는 아라비아인으로(타고난 남색가인 페르시아인은 아니었다), 여자를 매우 좋아했기 때문에 어린 소년을 가까이할 여지가 없었다.

그러나 밀짚기사들(Chevaliers de la Paille)〔그의 논문에는 미라보(Mirabeau)의 말을 인용해 앙리 3세 시절, 루브르의 주랑(柱廊) 아래에서 사람들이 서로 빈번하게 도발했던("—les hommes se provoquaient mutuellement sous les Portiques du Louvre—") 사실이 운운되어, 버턴은 이 '사람들(les hommes)'에 주를 달아 '밀짚기사라고 불렸다. 그것은 부적으로 사람들이 입안에 짚을 물고 있었기 때문'이라고 설명하고 있다〕은 코란의 이 문구와 그 밖의 문구에서 소년을 이용하는 것이 술을 이용하는 것과 마찬가지로 현세에서는 금지되어 있을지라도 천국에서는 허용된다는 편리한 암시를 얻었다.

*25 19살이면 이집트에서는 노처녀이다. 영국과 비교하면 이집트에서 사춘기가 빠르다는 것은 큰 의문이다. 우리 할머니들은 14살에 결혼했으니까. 그러나 동양인은 여성의

특별한 악행(惡行) 기간이 첫 월경과 20살 사이임을 알고 있다. 그러므로 동양인은 현명하게도 결혼을 시켜 이른바 '비탄 덩어리' '가정의 재앙'인 딸을 빨리 치워버린다. 그들은 딸을 자신의 애완물로서 가정에 붙들어두기 위해 딸의 여성적 욕망을 억제하는 영국 부인의 이기주의와 잔인함에 대한 이야기를 한 번도 들은 적이 없다. 가정의 '노처녀', 특히 뚱뚱하게 살찐 노처녀는 '존경할 만한 여성'으로 여겨지지 않는다. 고대의 처녀는 날씬한 것으로 유명했다.

＊26 이 문제를 연구하고 싶은 사람은 《쿠아문 에 이슬람 *Quamoon-e-Islam*》, 즉 《인도 이슬람교도의 습속 *Customs of The Mussulmans of India*》의 제14장 및 그 밖의 것을 참조하기 바란다(자푸르 쉬르레프(Jaffur Shurreeff)가 저술하고 마드라스의 의학박사 하클로츠(G.A. Herklots)가 번역했다). 이 뛰어난 저술은 1832년에 발표되어 레인의 《근대 이집트인》(1833~35년)에 나아갈 방향을 시사했다.

＊27 그런 여자들의 습관이다. 그녀들은 마음에 드는 남자가 앉아 있는 것을 보면 도발적인 동작으로 남자의 무릎에 올라앉는 일이 관습상 허용되고 있다. 남자가 돈을 주며 쫓을 때까지 그만두지 않는다. 이들 가와지(Ghawzi, 무희)는 대개 자칭 이슬람교도 집시 여인이다. 그들은 종래 수많은 여행가에 의해 알마(Almah), 즉 본디의 이슬람교도 무용수와 혼동됐다. 그녀들이 자신들을 바르마크 집안사람이라고 부르는 것은 페르시아 출신으로 꾸미려는 데 지나지 않는다. 지역의 법률에 따라 끊임없이 카이로에서 추방되면서 다시 되돌아오곤 한다.

＊28 터키모자에 대해서는 거의 설명할 필요가 없으리라. 그 고향과 연관되어 페즈라고도 불린다. 그러나 예전에는 터번 아래 쓰는 두건이었고, 그 속에 하얀 두건(타키야)을 하나 더 써서 머리의 땀을 닦았다. 오늘날에는 둘 다 쓰지 않고 머리에 직접 터키모자를 쓴다.

＊29 탬버린은 아라비아어로 타르라고 한다. 이 풍습은 지금도 남아 있다. 레인은 《근대 이집트인》에서 이 테를 두른 둥근 북(hoop-drum)을 설명하며 그 모양을 그리고 있다.

＊30 피로연을 하는 동안 신부가 앉아 있는 긴 의자.

＊31 토바의 왕이란 예전에 부와 사치로 이름을 떨친 지방인 아라비아 펠릭스(Arabia Felix)〔행복한 아라비아라는 뜻으로 불어로는 Arabia Heureuse라고 한다. 둘 다 알 야만을 가리킴〕의 알 야만에 번영했던 이슬람 이전의 왕조, 여기서 야만 제품 등이 운운되었다. 대상은 수도 사나(Sana'a)로부터 중국으로 항아리 모형을 나르고, 완성된 도기를 3년째 끝 무렵에 가지고 돌아왔다. 많은 수집가를 당혹하게 한 것은 이런 물건들에 새겨져 있는 아라비아 문자이다.

토바 왕조 또는 그 후계자들은 고대 힘야르의 왕들(Himyarite kings)로 파라오(Pharaoh, 고대 이집트왕), 키스라(Kisra, 페르시아), 네구시(Negush, 아비시니아),

하칸(Khakan) 또는 한(Khan, 몽골인) 등과 마찬가지로 왕조의 이름이었다. 이 토바 왕조는 사마르칸트까지 정복의 손길을 뻗고 중국에도 전쟁을 걸었다고 한다. 이 왕조의 인명과 사적에 대해서는 아라비아사를 참조하기 바란다. 아라비아인에 의하면 토바(또는 Tubba)라는 명칭은 오늘날에도 오래된 힘야르 지방에서 사용되고 있다고 한다.

*32 즉, 몰래 가슴속에 숨겨 둔 분노에 불탔다.

*33 힌두교도는 이 나긋나긋한 걸음걸이를 좌우로 몸을 흔들면서 나아가는 코끼리의 걸음에 비유한다.

*34 잇꽃(Safflower)의 씨는 으깨어 기름을 얻고 꽃은 아라비아 남부와 동아프리카에서 염료로 이용된다. 이 꽃은 처녀가 따지 않으면 빛이 바랜다고 한다.

*35 대소변을 본 뒤 이슬람교도는 음부를 씻거나 모래로 닦는다. 하지만 맨 먼저 3개의 조약돌 또는 사기그릇 조각, 또는 흙덩이로 문지른다. 여기서 '청결을 좋아하는 사람들'이라는 《코란》(제9장)의 비유가 생겼다. 예언자 마호메트가 이슬람교 사원을 건립해 준 쿠바(Kuba) 사람들에게 여러 가지 질문을 했을 때 정식 세정(洗淨), 특히 배변 뒤의 세정에 대한 질문이 나왔다. 그러자 그들은 씻기 전에 3개의 돌을 사용한다고 대답했다. 이슬람교도와 힌두교도는 (진흙 섞인 물을 선택할 정도로) 불결하고 비위생적인 종이 사용을 싫어한다. 인도 민중은 유럽인의 변소를 흉보며 종이변소라고 불렀다. 그러나 옛 영인도인은 대부분 물의 사용방법을 알고 있다.

*36 영국은 '히호(Heehaw)!'라고 한다. 브레슬라우판은 고양이 울음소리를 "나우! 나우!"라 하고, 새끼 나귀의 그것은 "마누! 마누!"라고 했다. 나는 이러한 의성어는 아라비아어 그대로 두었다. 의성어란 묘한 것으로 명료하지 않은 소리에 대한 갖가지 표현인데도 어떤 일치를 볼 수 있다.

*37 대개 대리석판으로, 앞은 길고 가늘게 갈라져 있고 뒤에는 둥근 구멍이 나 있다.

*38 아라비아어의 사라위르로, 페르시아어 샤르와르의 전와(轉訛). 속어로는 리바스라고 한다. 상식에 따라 의복이 좌우되는 동양에서는 돌기물을 감춰야 하는 남자는 헐렁한 바지를 입는다. 여성의 바지도 대개 헐렁하지만 때로는 인도처럼 몸에 딱 붙는 것도 입는다.

　의복 가운데 신성한 부분이라고 하면 리넨 끈과 테이프 등으로, 때로는 진주와 보석 등의 술이 달린 멋진 것도 있었다. 그리고 '바지 끈이 느슨한 것'은 단정치 못한 것을 가리킨다.

*39 존경의 뜻으로 터번은 땅바닥에 놓지 않는다.

*40 이 이야기의 근대적인 연대, 또는 근대풍을 시사하고 있다.

*41 이 유성의 화살은 천국에 너무 가까이 다가온 악령을 향해 쏟아진다. 이러한 관념은 8월과 11월에 쏟아지는 유성(페르세우스자리와 목자자리)에서 나온 게 틀림없으며,

천계에서의 격전을 암시하고 있다. 그리스도교국에도 유성에 대한 독자적인 미신이 있어서 8월의 유성을 '세인트 로렌스(Saint Lawrence)의 불의 눈물'이라고 불렀다. 그 제전은 8월 10일이다. [로렌스는 스페인 태생으로 258년 무렵에 사형되었다. 전설에 의하면 로마 교회에서 보물을 지키던 그는 어느 날 그 귀중품을 관리에게 보여주도록 명령받았으나, 보물 대신 수많은 거지를 보여주었다고 한다. 그 때문에 불에 달구어 지지는 포락형(炮烙形)에 처했다.]

*42 이 두건은 아라비아어의 타키야(Takiyah)로 페르시아어의 아라크 친(Arak-chin). 터키모자 아래에 쓴다. 앞에서도 말했듯이 오늘날에는 쓰이지 않으며, 빨간 털로 된 모자(대개 유럽제)를 직접 쓰므로 불결한 습관이다.

*43 사람들이 이유나 근거 없이 짐작했듯이 그는 환관이 아니었다.

*44 하시시란 특히 Cannabis Sativa의 어린잎과 작은 꽃으로 만든 음료를 뜻한다. 이 말은 글자 그대로는 '말린 풀' 또는 '풀'을 의미한다. 이 마취제는 황홀한 상태를 일으키므로 '자신을 신격화해 마신과 정령으로부터 존숭받기 위해' 마술사들이 즐겨 이용한다.

*45 아라비아에서는 매우 아름답게 여기지만 덴마크, 독일, 슬라브계 나라에서는 정반대로 늑대 같은 인간 또는 흡혈귀의 표식이 되어 있다. 그리스에서도 역시 브루콜락(Brukolak), 즉 흡혈귀를 나타낸다.

*46 이것은 생리학적으로 보아 맞지 않다. 신부가 첫날 밤에 잉태하는 일은 드물고, 또 잉태한 사실을 결코 알 수 없다. 게다가 그 많은 성교 횟수는 오히려 임신을 방해했을 것이다. 민간에서 젊은 부부는 밤에 한 일을 아침에 엉망으로 만들어버린다고 한다.

*47 트렌즈는 '가무, 가무'라는 말에 대하여 플라이셔의 말을 인용하고 있다(《하비히트의 용어 비평론 Diss. Crit, de Glossis Habichtianis》). 이 말은 '둠두마'와 '홈부마'에 비유하여 의성음으로 단정을 짓고 '이른바 치아와 입술 사이에 걸린, 이해하기 어려운 애매한 중얼거림'이라고 했다.[하인리히 레베레흐트 플라이셔(Heinrich Leberecht Fleischer)는 독일의 동양학자. 1836년 이래 평생 라이프치히대학 교수. 아라비아어와 페르시아어에 조예가 깊었다. 1801~1888년. 하비히트 박사의 아라비안나이트 튀니스 원고 편찬이 박사의 서거(1839)로 중단되었을 때 플라이셔가 이것을 완성했다. 그러나 이 원고는 오류투성이다. 트렌즈에 대해서는 이 책의 '머리글' 참조.] 이러한 종류의 것 가운데 하나가 타굼(Taghum)이며, 오늘날에는 쓰이지 않는다. 나는 《순례》 속에서 또 하나 '후야스(Khyas)!'라는 말에 대해 언급했다. 고대 이집트인과 카르델라인은 무술(巫術) 실연(實演)을 위해 멋대로 이런 종류의 말을 많이 만들어냈다.

*48 영국 독자는 이 시가 언뜻 어울리지 않다고 생각할 것이다. 그러나 동양인에게는 동양인의 독특한 언어 사용법이 있어서 바다위족다운 이별[즉 사막에서 끊임없이 거처

를 옮겨 다니는 일 등)을 넌지시 풍기는 말은 모두 효과적이며 사람의 마음을 움직인다. 아라비아 도시의 문명화된 시인들은 사막의 풍경, 단봉낙타, 신기루, 우물 등에서 빌려온 환상으로 자신의 시에 사막의 매력을 더한다. 아라비아의 시를 충분히 느끼고 이해하기 위해서는 사막 그 자체를 알아야 한다.

*49 여느 아이들이 한 달 걸려 자라날 만큼 하루에 자랐다는 뜻.
*50 페르시아에서 나온 아라비아어의 한자르(Khanjar)이다. 나는 한자르에서 영어의 단도(Hanger)의 어원을 발견했다. 슈타인가스(Steingass) 박사는 이 말을 독일어의 팽게르(Fänger, 뿔), 이를테면 사슴뿔(Hirschfänger)에 결부시켰다.
*51 '조약돌 들판'은 오늘날에도 다마스쿠스에서는 그렇게 부르고 있다. 이 시의 사방은 드넓은 빈터이다.
*52 [본문의 옴미아드 또는 우마이야 왕조(Ommiades 또는 Ommeyads)에 대해 한마디 하면, 이것은 아바스 왕조 이전의 아라비아 왕조로 다마스쿠스에서 다스렸다. 661~750년. 그러나 아바스 왕조의 시조 아브르 아바스에게 왕위를 빼앗기고 스페인으로 달아나 제2의 왕조를 세웠다.] 모든 여행안내서는 《머레이 Murray》에서조차 이슬람교 사원으로 바뀐 이 그리스도 교회를 상세히 설명하고 있다. [머레이는 영국의 유명한 출판사 이름으로 여러 가지 여행안내서를 간행하고 있다.]
*53 아라비아어의 하딤(Khadim). 글자 그대로는 '종'이라는 뜻으로, 거세된 남자에게 쓰이는 정중한 말. 이 인종은 말이 거칠며 '타와시(환관)'라고 불리면 맹렬하게 노한다.
*54 아라비아어의 사히브(Sahib)로, 글자 그대로는 '친구'라고 한다. 그리고 특히 '마호메트의 벗들'로 쓰인다. 본문에서는 이 사히브가 대신의 존칭이 되어 있고, 오늘날 인도에서는 '신사'를 가리키며 사히브 롱(사히브 사람들)은 백인 정복자들을 뜻한다. 백인은 이 말을 잘못 발음하여 대개 사브(Sab)라고 발음하고 있다. [따라서 인도에서는 흔히 주인을 부를 때 이 말을 사용한다.]
*55 '재액'이라는 뜻.
*56 다마스쿠스의 큰 시장은 중세에 유명했다. 아마 오늘날에도 여전히 로맨틱하지 못한 뭄바이의 '최하층 구역' 즉 '벤디 시장'에 이어서 여행자들에게 흥미로운 곳이 될 것이다. [최하층 구역(Sentina Gentium)은 최하층 또는 캉야르(Kanjar)라고 한다. 힌두교 카스트 제도의 최하층민이 이곳에 모여 살기 때문이다. 이 시장은 원주민 거리에 있다.]
*57 아라비아어로 바브 알 파라다스. 북쪽 성벽에 있으며, 견고한 구조로 된 로마식 아치길.
*58 카우사르(Kausar)는 '낙원의 강'으로 시인이 즐겨 사용한다(《코란》 제108장). 그 물은 우유나 은보다 희고, 벌꿀보다 달콤하며, 크림보다 부드럽고, 사향보다 향기롭다. 그 양 연안은 감람석으로 되어 있고 강가에 별처럼 빼곡하게 놓여 있는 은컵으로 물

을 마신다. 대롱 두 개가 예언자의 연못까지 이어져 있는데, 그 정사각형의 연못은 한 바퀴 도는 데 한 달이 걸린다. 카우사르는 술처럼 알코올 성분이 있는 물로 '살사빌(Salsabil)'은 맑은 꿀처럼 달고, '온화한 샘'은 우유 같으며, '자비로운 샘'은 수정처럼 투명하다.

*59 이슬람교도는 유럽식으로 손을 씻지 않는다. 왜냐하면 더러운 피부에 닿는 물은 불순해지기 때문이다. 그러므로 물병에서 물을 손에 부어 씻고 그 물은 무늬 사이로 구멍이 뚫린 뚜껑이 달린 그릇으로 떨어진다.

*60 '손자'라는 말 대신 사용한 것. 이쪽에 더한층 애정이 담겨 있다.

*61 이것은 등에 가해지는 간단한 태형으로 발바닥을 채찍으로 때리는 형벌에 비해 약식이다. 그러나 이집트인의 참을성은 놀랄 만하다. 백인 노예병사(마멜루크 베이) 시대에 사용된 채찍 가운데에는 사람 손목만큼 굵은 것도 있었다.

*62 할머니의 감정을 상하게 하려는 환관의 짓궂음.

*63 카이로 사람들이 흔히 놀리는 뜻으로 쓰는 말.

*64 독을 경계하기 위해 필요한 조치.

*65 브레슬라우판(제2권)에서는 이 정경이 좀더 자세하게 묘사되어 있다.

*66 불라크판에는 자브다니아라고 잘못되어 있다. 라이다니아는 카이로 북쪽에 자리한 야영지였다.

*67 〔원문의 a cross of wood.〕 아라비아어의 라바트 즉 완구, 인형, 인체 목상이다. 이슬람교도에 의하면 고대 이집트 왕 파라오가 이 고통스럽고 부끄러운 형벌을 발명했다고 한다《코란》제7장).

*68 고귀한 혈통의 남자가 궁지에 몰려 대담무쌍한 언어를 사용하고 있다. 하지만 아무리 천박하거나 점잖은 동양인일지라도 절체절명의 위기에 놓이면 압제자를 향하여 들고 양이처럼 덤벼든다. 페르시아의 파스 알리 샤가 먼저 음낭으로 시작하여 음경을 잘라 죽음에 이르게 한 범죄자 중에는 칼이 내장에 이르러 말을 할 수 없게 될 때까지 알리 샤의 어머니를 욕한 자도 있었다.

*69 몇 번이고 되풀이되는 이 웃음은 하산이 마음 속으로 고민하고 있다는 증거이다. 고귀한 아랍인들은 좀처럼 '어금니를 드러내 보이지 않기 때문에' 그들이 크게 웃으면 전기 작가는 기록할 만한 가치가 있는 일이라고 생각한다.

*70 사악한 눈길을 피하기 위한 주문.

*71 일반적으로 널리 쓰이는 문구로 '진리는 드러나고 거짓은 소멸한다. 무릇 거짓은 생명이 짧다'라는 《코란》의 문구(제17장)에서 나온 것이다. 《에스드라스 Esdras》 제4장 41절 '진리는 위대하며 세상에 널리 이루어진다(Magna est veritas et praevalebit)'라는 문구에 버금간다. 〔정식으로는 《에스드라스서(書)》로 구약 외경(外經)의 2권. 즉 에스드라스 상(上)은 구약의 에스라, 느헤미야, 역대기 하(下)와 본질적으로 같은 내용

의 것으로 에스드라스 하(下)는 묵시록이다.〕
* 72 75번째 밤에서는 이 시가 형태를 달리하여 나온다.
* 73 늘 쓰이는 문구. 옥좌에 가까이 다가갈수록 명예로운 일이 된다.
* 74 천사장 가브리엘이 마호메트의 가슴을 열어 제거했다고 하는, 인간의 심장 속에 있는 검은 물방울 모양의 것을 시사하고 있다.
* 75 전율을 암시하는 이런 표현이 자주 나온다. 인도인과 아랍인의 우화에서는 매우 기쁜 징조를 몸의 떨림이나 소름으로 나타낸다. 보카치오의 pelo arriciato(《제5일》 제8화)와 독일어의 Gänsehaut도 마찬가지이다.
* 76 라자즈(Rajaz)란 아라비아 운율학에서 16종의 운율 가운데 7번째 운율이다. 가장 자유롭고 가장 쉽다. 그러므로 교훈적, 설교적, 잠언적인 제목으로 널리 쓰인다. 본디 낙타를 모는 거친 노래에 사용된 말이다. 드 사시(De Sacy)〔이른바 갈랑이 번역한 《아라비안나이트》를 새롭게 개역(改譯)한 프랑스 동양학자〕는 이 악시(惡詩)를 '시인 당나귀'라고 부르고 있다. 페르시아어 운율에서 라자르는 19종 가운데 7번째에 해당하며, 6가지의 다른 변형을 가지고 있다(글래드 윈(Gladwin) 저 《수사학론(修辭學論) Dissertations on Rhetoric》, 캘커타〔콜카타〕, 1801년).
* 77 7세기 쿠파에서 판관을 지낸 명사.
* 78 대개는 온갖 종류의 부당한 착취, 강탈행위, 수뢰, 매수 등에 의하여. 지배자의 좌우명은 '부정을 행할지어다, 하늘이 무너지더라도(Fiat injustitia, ruat Coelum)'였다. 〔이것은 유명한 문구 Fiat justitia, ruat Coelum을 모방한 것으로서 '정의를 행할지어다, 하늘이 무너지더라도'라는 의미이다.〕
　　터키의 농부와 병졸만큼 정직한 자는 없다. 그러나 병졸이 하사로 승진하면 타락하기 시작하여 파샤가 되면 절정에 이른다. 더욱이 직무상의 부정은 사회상태에 으레 따라붙는 것이라 하여 여론에 의해 허용되고 있다. 돈으로 지위를 사고, 장관들에게 뇌물을 바쳐 그 지위를 보전하는 까닭이다. 그러므로 들인 돈을 뽑아내기 위해 가난한 사람들을 쥐어짜고 과부와 고아를 닦달하여 그 돈을 거둔다.
* 79 다음 이야기는 유머와 이야기 전개 면에서 가장 뛰어난 이야기 가운데 하나이다.

꼽추 시체가 들려주는 이야기

오, 인자하신 임금님, 옛날 옛날 아주 먼 옛날 중국*1의 어느 고을에 인심 좋은 재봉사가 살고 있었습니다. 이 남자는 매우 명랑하고 놀기를 좋아하여 가끔 아내를 데리고 밖에 나가 재미있는 오락을 즐기며 기분전환을 하는 습관이 있었습니다.

어느 날 재봉사 부부는 함께 아침 일찍 나갔다가 저녁때 집으로 돌아오는 도중에 우연히 꼽추 한 사람을 만났습니다. 그 얄궂은 생김새를 보면 아무리 수심에 싸인 사람도 잠시 무거운 마음을 잊을 수 있었습니다. 부부는 가까이 가서 그 남자를 요모조모 뜯어보다가 오늘 밤 함께 집으로 가서 식사하며 이야기나 하지 않겠느냐고 권유했습니다. 꼽추는 곧 승낙하여 부부와 함께 재봉사 집으로 갔습니다.

해가 벌써 저물고 있었으므로 재봉사는 시장에 가서 생선튀김, 빵, 레몬 그리고 식후에 먹을 사탕과자를 샀습니다. 집에 돌아온 세 사람은 곧 식사를 차려놓고 사이좋게 먹었습니다. 얼마 뒤 재봉사 마누라는 커다란 생선토막을 꼽추 입에 틀어넣고 한 손으로 그 입을 막으면서 말했습니다.

"이걸 단숨에 꿀꺽 삼켜버려요. 씹거나 하면 안 돼요."

이 말을 듣고 꼽추는 하는 수 없이 꿀꺽 삼켰습니다. 그런데 그 생선에는 억센 뼈가 있어서 가시가 그만 목에 걸려 가엾게도 꼽추는 그대로 죽고 말았습니다.

—여기서 샤라자드는 날이 새는 것을 깨닫고 이야기를 그쳤다.

25번째 밤

샤라자드는 말했다. 오, 인자하신 임금님, 재봉사 마누라가 꼽추에게 생선

토막을 먹였더니, 꼽추는 뼈가 목에 걸려 그 자리에서 저세상으로 가버리고 말았습니다. 그 광경을 본 재봉사는 큰 소리로 외쳤습니다.

"알라 외에 주권 없고 권력 없도다! 참으로 가엾은 놈이로다. 가엾게도 우리 손에 걸려 맥없이 죽어 버렸으니 이게 웬일이람!"

그러자 재봉사 아내가 말했습니다.

"쓸데없는 소리 말아요. 당신은 이런 노래가 있는 걸 몰랐수?"

무얼 꿍꿍 앓고 있는지
아무리 슬픈 일이 있다 해도
대신해 맡아줄 사람은 없다.
꾸물꾸물할 때가 아니라네,
아직 불씨 남은 화로 위에서
어찌 언제까지나 누워 있으랴
불길 위에 자다니 안 될 말이지.

재봉사가 물었습니다.

"이놈을 어떻게 하지?"

"자, 그놈을 두 팔로 안고 비단보를 덮어씌워 줘요. 다행히 그믐밤이니 내가 먼저 나갈 테니 당신은 뒤에서 따라와요. 만일 누굴 만나거든 이렇게 말해요. '우리 아들놈인데 제 어미와 함께 의사의 진찰을 받으러 가는 길입니다' 라고 말이에요."

그래서 재봉사는 꼽추의 시체를 안고 마누라 뒤를 따라 거리로 나갔습니다. 마누라는 줄곧 이렇게 소리쳤습니다.

"오, 아가야, 신께서 너를 지켜주시기를. 어디가 아프지? 마마[2]가 돋은 데는 어디지?"

지나가던 사람들은 이것을 보고 말했습니다.[3]

"애가 마마에 걸렸나 봐."

의사의 집은 좀처럼 찾기가 어려웠는데, 지나가는 사람들에게 물어서 겨우 유대인 의사의 집에 이르렀습니다. 문을 두드리자 검둥이 노예처녀가 나와 문을 열어주었습니다. 노예는 아이를 안은 남자와 그 옆에 있는 여자를 보고 물었습니다.

"무슨 일로 왔습니까?"

"어린애를 진찰하러 왔는데 선생님께서 보아주셨으면 좋겠어요. 이 4분의 1디나르 금화를 선생님께 드려주세요. 부디 내려오셔서 중병에 걸린 우리 아들을 좀 봐주시도록."

노예처녀가 주인에게 이 일을 알리려고 2층으로 올라가자, 재봉사 아내는 현관으로 들어가면서 남편에게 말했습니다.

"이 꼽추를 여기 두고 빨리 달아나야 해요."

그래서 재봉사는 시체를 계단 맨 위로 가져가 벽에 기대어 세워놓고 아내와 함께 뺑소니치고 말았습니다.

한편, 노예처녀는 주인인 의사에게 가서 말했습니다.

"현관에 부부가 아픈 아이를 안고 와서 선생님께 보이고 처방을 받고 싶다면서 이 돈을 주었어요."

유대인 의사는 돈을 보자 금방 기쁜 빛을 띠며 얼른 어둠 속으로 뛰어나갔습니다. 그런데 뛰어나오다가 시체를 걷어차 버려 시체는 계단 아래로 데굴데굴 굴러 떨어지고 말았습니다. 급히 등불을 가져오게 하여 자세히 살펴보니 꼽추는 이미 돌처럼 차디차게 굳어 있었습니다. 의사는 큰 소리로 외쳤습니다.

"오, 에스드라스*4여! 모세여! 아론이여! 눈의 아들 여호수아여! 오, 십계(十戒)여! 병자를 걷어차 계단에서 굴러 떨어지게 하여 죽게 하고 말았습니다. 아, 어떻게 하면 내 집에서 끌어낼 수 있을까? 이거 참, 큰일이구나."

의사는 그 시체를 안고 가서 아내에게 의논했습니다. 그러자 아내는 말했습니다.

"어쩌자고 멍청히 앉아 있기만 해요. 내일 아침까지 시체를 집 안에 두었다간 목숨이 두 개라도 모자랄 거예요. 자, 둘이 지붕으로 메고 가서 이웃의 이슬람교도 집으로 내던져버립시다. 하룻밤만 거기에 두면 개들이 냄새를 맡고 모여들어 깨끗이 처리해줄 테니까요."

이웃집 주인은 국왕의 부엌을 감독하는 요리사 우두머리였는데 가끔 기름이며 비계, 고깃덩어리 같은 것을 많이 가지고 집으로 돌아오곤 했습니다. 그것을 고양이나 쥐가 먹어버리거나 아니면 개들이 살찐 양 꼬리 냄새를 맡

고는 지붕을 타넘고 뛰어내려와 먹어치웠습니다. 그 사실을 아는 의사 부부는 꼽추의 시체를 지붕으로 메고 올라갔습니다. 시체의 손발을 잡고 통풍구*5를 통해 요리사 집에 내린 다음 벽에 기대 세워놓고는 천연덕스럽게 집에 돌아왔습니다. 곧 요리사 우두머리가 돌아왔습니다. 그날 밤 친구들과 함께 코란 낭독을 듣고 오는 길이었는데, 촛불을 켜고 집 안으로 들어가니 통풍구 아래 사람이 서 있지 않겠습니까.

"이크! 이게 뭐냐? 옳지, 우리 집 음식을 훔친 게 이놈이로구나!"

그래서 꼽추를 보고 호통을 쳤습니다.

"우리 집 고기와 비계를 도둑질한 게 바로 네놈이지! 나는 개나 고양이인 줄만 알고 이 동네 개와 고양이를 모조리 때려 죽일 작정이었어. 하마터면 헛된 살생을 할 뻔했다. 네놈이 늘 지붕에서 바람구멍으로 들어오곤 했구나! 어디 내 손으로 복수할 테니 단단히 각오해라!"

그러더니 다짜고짜 묵직한 쇠망치를 집어 들어 꼽추의 가슴팍을 호되게 쳤습니다. 꼽추는 찍소리도 못하고 그 자리에 쓰러지고 말았습니다.

요리사가 깜짝 놀라 살펴보니 벌써 숨이 끊어져 있었습니다. 틀림없이 자기 손으로 죽인 줄로만 안 요리사는 갑자기 무서워져서 큰 소리로 외쳤습니다.

"오, 알라여! 위대한 알라 외에 주권 없고, 권력 없도다!"

요리사는 자신의 목숨이 위태롭다는 것을 깨닫고 또 한바탕 소리를 질렀습니다.

"기름이고 고기고 비계고 양 꼬리고 뭐고, 빌어먹을! 무슨 인과로 이놈이 내 손에 뒈진단 말이냐!"

그리고 시체를 찬찬히 바라보다가 꼽추라는 것을 알자 다시 말했습니다.

"네놈은 꼽추가 된 것만으로 충분치 않더란 말인가?*6 도둑질까지 하다니! 오, 모든 것을 숨겨주시는 신이시여! 부디 당신의 망토로 나를 숨겨 주소서!"

요리사는 새벽녘이 되자 시체를 메고 집을 나가 가장 가까운 시장으로 가서, 어두운 골목 끝에 있는 가게 벽에 그 시체를 기대 세워놓고 그대로 돌아와 버렸습니다. 얼마 뒤 국왕의 거간꾼 노릇을 하는 나사렛 사람*7이 거기를 지나갔습니다. 술에 몹시 취해 있었는데 취기 때문인지 그 사내의 귀에 이런 속삭임이 들려왔습니다.

"아침 기도시간이 얼마 남지 않았다."

그래서 그는 막 목욕탕으로 가려던 참이었습니다. 비틀거리는 걸음으로 꼽추가 있는 곳 가까이에 이르자 쭈그리고 앉아 그쪽을 향해 소변을 보았습니다.*8 그리고 무심코 주위를 둘러보니 문득 벽에 기대선 사나이가 눈에 띄지 않겠습니까?

그런데 그날 밤 초저녁에 이 그리스도교도는 터번을 날치기당했는지라*9 틀림없이 이놈이 그 도둑이구나 하고 생각했습니다. 그래서 주먹을 불끈 쥐고 꼽추의 목을 후려갈겨 쓰러뜨리고는 큰 소리로 시장의 경비원을 부르면서 술김에 꼽추의 시체를 때리고 목을 졸라댔습니다. 그때 시장 경비원이 와서 그리스도교도가 이슬람교도를 깔고 앉아 때리는 광경을 보고 물었습니다.

"이 사람이 무슨 짓을 했기에 이러오?"

"이놈이 내 터번을 채 가려고 했단 말이오."

"자, 그만 놓아주시오."

시장 경비원은 거간꾼이 일어나자 꼽추에게 다가가 자세히 들여다보니 이미 죽어 있었습니다. 경비원이 소리쳤습니다.

"큰일 났다! 그리스도교도가 이슬람교도를 죽였다!"

시장 경비원은 거간꾼을 붙잡아 뒷결박을 짓고 총독의 저택*10으로 끌고 갔습니다. 끌려가면서도 거간꾼은 줄곧 중얼거렸습니다.

"오, 구세주님! 오, 마리아님! 어쩌다가 그놈을 죽이게 되었을까요? 그놈도 그놈이지 단 한 대밖에 안 때렸는데 어찌 그렇게 데꺽 뒈져버린담."

그러는 동안 술이 깨자 이번에는 슬퍼졌습니다.

거간꾼은 시체와 함께 아침까지 관청에 잡혀 있었습니다. 이윽고 아침이 되자 총독이 나와 살인범이 틀림없는 이 사내를 교수형에 처하라고 명령하고 사형집행인*11에게 판결문을 읽게 했습니다. 곧 교수대가 마련되어 나사렛 사람은 그 밑에 세워졌습니다. 교수 형리인 횃불잡이는 나사렛 사람의 목에 밧줄을 걸고 그 한끝을 도르래에 감아 매달아 올리려고 했습니다.*12

마침 그곳을 지나가던 요리사 우두머리가 다짜고짜 사람울타리를 헤치고 나오면서 형리를 향해 외쳤습니다.

"잠깐, 잠깐만! 그 꼽추를 죽인 건 나요!"

"왜 그를 죽였는가?"

총독이 묻자 요리사가 대답했습니다.

"간밤에 집에 돌아와 보니 이놈이 물건을 훔치러 통풍구로 들어와 있었습니다. 그래서 제가 쇠망치로 가슴팍을 한 대 때렸더니 즉사하고 말더군요. 저는 깜짝 놀라 시체를 시장까지 메고 나와 저 골목 입구 벽에 세워두었습니다. 그리스도교도까지 죽이지 않더라도 이슬람교도를 죽인 것만으로도 제 죄는 충분하지 않습니까? 그러니 저 이외에 다른 사람을 처형하시면 안 됩니다."

이 말을 듣자 총독은 거간꾼을 용서하고 횃불잡이에게 말했습니다.

"스스로 자백했으니 이자를 사형에 처하라!"

횃불잡이는 거간꾼의 목에서 밧줄을 풀어 요리사의 목에 얽고 교수대 앞에 세워놓고 당장 달아 올리려 했습니다. 그때 난데없이 유대인 의사가 사람들을 헤치고 앞으로 나오더니 집행인을 향해 외쳤습니다.

"잠깐, 잠깐만! 그 꼽추를 죽인 것은 나요. 간밤에 집에 있으려니까 남녀 두 사람이 급한 환자라고 하며 꼽추를 안고 와서 진찰을 청했습니다. 하녀에게 4분의 1디나르 금화를 내고는 진찰하러 내려와 달라는 것이었습니다. 그런데 하녀가 잠깐 집 안에 들어간 사이 그 남녀는 꼽추를 계단 위에 세워놓고 달아나버렸습니다. 그것도 모르고 저는 내려가다가 너무 어두워서 이 꼽추를 걷어차 버렸습니다. 꼽추는 계단 아래로 굴러 떨어져 즉사하고 말았습니다. 그래서 아내와 저는 시체를 지붕으로 끌어올려 바로 이웃집인 이 요리사네 통풍구를 통해 안에 내려놓았습니다. 요리사가 집에 돌아와 보니 꼽추가 숨어들어와 있는지라 도둑인 줄 알고 쇠망치로 때렸는데 꼽추가 대번에 쓰러지자 자기가 죽인 것으로 알았던 모양입니다. 죽일 생각으로 한 일은 아니지만 이슬람교도 한 사람을 죽이고 말았으니 저의 죄는 충분하지 않습니까? 제가 한 짓인 줄 알면서도 그대로 가만히 보고 있을 수는 없습니다."

이 말을 듣자 총독은 집행인에게 말했습니다.

"요리사를 놓아주고 그 대신 이 유대인을 처형하라."

명령을 받은 횃불잡이는 유대인의 목에 밧줄을 걸었습니다. 이번에는 재봉사가 사람들을 헤치고 집행인에게 소리쳤습니다.

"잠깐, 잠깐만 기다려주시오! 그 꼽추를 죽인 것은 바로 접니다. 그 경위는 이러합니다. 저는 어제 놀러 갔다가 저녁을 먹으러 돌아오는 길에 꼽추를 만났습니다. 꼽추가 술에 취해 북을 치면서 장단에 맞추어 신나게 노래를 부르고 있기에 저는 말을 걸어 집으로 데리고 왔습니다. 그리고 생선을 사다가 식사를 했는데, 식사도중에 아내가 생선 한 토막을 집어 꼽추 입에 넣어주었습니다.*13 그런데 잘못 들어갔는지 가시가 목에 걸려 속절없이 죽고 말았습니다. 그래서 저와 아내가 시체를 메고 유대인의 집으로 찾아갔더니 노예처녀가 문을 열어주었습니다. 저는 선생님께 병자를 진찰하러 왔다고 하면서 하녀에게 돈을 주었습니다. 그녀는 주인에게 우리가 찾아온 것을 전하려고 2층으로 올라갔습니다. 그 틈을 타서 저는 꼽추를 계단 맨 위에 안아다가 벽에 기대 세워놓고는 도망쳐오고 말았습니다. 유대인 의사는 급히 나오다가 꼽추에게 발이 걸려 꼽추가 굴러 떨어졌는데, 그때 자기가 죽인 줄로 생각한 모양입니다."

그러자 총독이 의사에게 물었습니다.

"그것이 사실인가?"

"예, 틀림없습니다."

재봉사는 총독을 향해 말했습니다.

"이 의사를 놓아 주시고 저를 처형해 주십시오."

재봉사의 말을 들은 총독은 꼽추에 얽힌 사건이 너무나 기이하게 생각되어 이렇게 외쳤습니다.

"정녕 이것은 기록에 남겨 후세에 전할 만한 일이다!"

그리고 집행인에게 말했습니다.

"그 의사를 풀어주고 본인의 자백에 따라 이 재봉사를 처형하라!"

사형집행인은 재봉사를 잡아 목에 밧줄을 걸고 말했습니다.

"허 참, 이렇게 시간을 잡아먹는 일은 질색이라니까. 모처럼 이놈을 끌어냈는데 저놈과 바꿔치기하느라 결국은 아직 한 놈도 처형하지 못했단 말이야."

그런데 문제의 꼽추로 말하자면 실은 중국 왕이 잠시도 곁에서 놓지 않을 만큼 사랑하고 있던 어릿광대였습니다. 그 어릿광대가 술에 취해 돌아간 채 밤이 되어도 또 이튿날 낮이 되어도 나타나지 않자 왕이 시종에게 그 까닭을 물으니 그들은 이렇게 대답했습니다.

"임금님, 실은 그자가 살해된 것을 알고 총독이 범인을 교수형에 처하라고 명령했습니다. 그런데 집행인이 범인의 목을 매달려고 하자 제2, 제3, 제4의 범인이 나타나 저마다 꼽추를 죽인 것은 자기라고 하며 어릿광대를 죽이기까지의 사연을 상세히 설명하고 있습니다."

이 말을 들은 임금님은 시종에게 명령했습니다.

"총독에게 가서 그 네 명을 모두 데리고 오너라."

시종이 곧 현장으로 달려가 보니 집행인이 막 재봉사의 목을 조르려는 참이었습니다.

"기다려, 기다려라!"

소리치며 달려간 시종은 왕의 명령을 총독에게 전했습니다. 재봉사와 유대인 의사, 나사렛 사람, 요리사까지 모두(꼽추의 시체는 부하들이 떠메고) 왕 앞으로 끌고 갔습니다. 시종은 왕 앞에 엎드려 여태까지의 경위를 상세히 이야기했는데, 옛말에도 '같은 말을 세 번 하면 잔소리가 된다'고 하니 그 이야기를 여기서 다시 되풀이할 필요는 없겠지요.

이야기를 다 듣고 왕은 참으로 이상하고도 흥미로운 이야기라 금문자로 기록해 두도록 명령한 다음 사람들에게 물었습니다.

"그대들은 이 꼽추 이야기보다 더 이상한 이야기를 들은 적이 있는가?"

그러나 나사렛 사람인 거간꾼이 앞으로 나아가 말했습니다.

"오, 임금님, 허락해 주신다면 제 신세 이야기를 말씀드리고 싶습니다. 꼽추 이야기보다 훨씬 이상하고 신기하며 재미있고도 즐거운 이야기입니다."

"그럼, 그 이야기를 해보아라!"

왕이 말하자 거간꾼은 다음과 같은 이야기를 시작하였습니다.

나사렛인 거간꾼 이야기

오, 임금님, 저는 상품을 가지고 이 나라에 장사하러 왔다가 무슨 인연인지 이곳에 오래 머무르게 되었습니다. 고향은 이집트의 카이로이고 그곳에서 자랐습니다. 저는 콥트인이고 아버지도 거간꾼이었습니다. 제가 장성하여 아버지가 세상을 떠나자 제가 가업을 이어받았습니다. 어느 날 가게에 앉아 있으니 아주 미남인 젊은이가 화려한 옷을 입고 훌륭한 나귀[*14]를 타고 저를 찾아왔습니다.

젊은이가 저를 보고 인사하기에 저도 일어나 답례했습니다. 그러자 젊은이는 참깨의 본보기를 싼 보자기를 꺼내 물었습니다.

"이것은 1아르다브*15에 얼마나 할까요?"

저는 대답했습니다.

"은화 1백 닢입니다."

"그럼, 내일 짐꾼과 저울꾼을 데리고 개선문 옆에 있는 알 자와리까지 와 주시오. 거기서 기다리고 있을 테니."

그리고 보자기에 싼 참깨의 본보기를 두고 돌아갔습니다. 저는 거래처를 한 바퀴 돌면서 그 깨가 1아르다브에 은화 120닢의 값이 나가는 것을 확인했습니다. 다음 날 일꾼 네 사람과 저울꾼을 데리고 대상객주로 찾아갔더니 그 젊은이는 곧 일어나 창고문을 열었습니다. 창고에 있는 참깨를 다 달아보니 모두 50아르다브가 되었고 그 대금은 은화 5천 닢이 되었습니다.

"당신의 수수료로 1아르다브에 은화 10닢씩 가지시오. 그 몫을 제하고 나머지 은화 4천5백 닢은 당신이 받아서 계시오. 창고 안의 다른 물건을 다 판 다음 그것을 찾으러 올 테니까요."

"예, 그렇게 하지요."

저는 젊은이 손에 입을 맞추고 헤어졌습니다. 저로서는 그날 하루 만에 은화 1천5백 닢을 벌어 집으로 돌아왔습니다.

젊은이는 한 달 동안 보이지 않더니 한 달이 지나 가게로 또 와서 물었습니다.

"그 돈은 어떻게 되었소?"

저는 인사를 하고 나서 대답했습니다.

"우리 집에 들르셔서 뭐 좀 드시지 않겠습니까?"

그러나 젊은이는 사양했습니다.

"돈을 준비해 두시오. 곧 돌아와서 받아갈 테니까."

이렇게 말하고는 말을 타고 어디론지 가버렸습니다. 저는 돈을 마련해 놓고 젊은이가 오기를 기다리고 있었습니다. 그러나 또 한 달 동안 아무 소식도 없다가 한 달이 되자 다시 가게에 나타나 물었습니다.

"돈은 어떻게 되었소?"

저는 일어나 인사하면서 말했습니다.

"저의 집에 들르셔서 뭘 좀 드시지 않겠습니까?"
그러나 젊은이는 역시 고개를 저었습니다.
"돈을 마련해 두시오. 곧 받으러 돌아올 테니까."
그러고는 돌아가 버렸습니다. 저는 돈을 꺼내놓고 기다렸으나 그로부터 한 달쯤 젊은이의 모습은 나타나지 않았습니다. 그래서 저는 중얼거렸습니다.
"인심이 좋아도 정도가 있지."
그런데 그달 그믐께가 되자 젊은이는 암나귀를 타고 멋들어진 옷차림으로 나타났습니다. 마치 보름달처럼 밝고 아름다우며 뺨은 목욕탕에서 갓 나온 것처럼 장밋빛으로 빛나고 있었습니다. 또 이마는 하얀 꽃처럼 희고 검은 사마귀는 마치 용연향 알갱이 같아 보는 이의 눈을 즐겁게 해 주었습니다. 시인은 이런 젊은이를 다음과 같이 노래하고 있습니다.

한 집에 보름달과 해가 떠올라
더없이 밝은 빛과 행복을 가득 채우네.
이토록 경사스러운 광채를 지니고
사람의 마음조차 변하게 하누나.
행복과 은혜를 기도로 갚는 이
얼씨구, 맞으리라, 축복하리라.
매혹적인 향기와 기품도
비할 데 없는 완전무결의 귀감일러라.
모든 사람 마음과 지혜 빼앗겨
이 '불가사의'를 이룬 알라의 뜻을
우러러 받들어 찬양하리라.

저는 젊은이를 보고 일어나 맞으며 신의 축복을 빌고 나서 물었습니다.
"어서 오십시오, 젊은 나리. 돈을 가져가지 않으시렵니까?"
"서두를 것 없소. 내 볼일이 끝날 때까지 기다려 주시오. 곧 받으러 돌아올 테니."
이렇게 말하고 젊은이는 또 가버렸으므로 저는 혼잣말로 중얼거렸습니다.
"알라께 맹세코 다음에 나타나면 어떻게든 대접을 해야지. 그분의 돈으로 장사한 덕분에 두둑하게 벌었으니."

그 해도 저물 무렵 젊은이는 전보다 더 아름다운 옷을 입고 찾아왔습니다. 그래서 저의 집에 꼭 들러 식사를 해달라고 청하자 그는 말했습니다.

"좋소. 그러나 나를 위해 쓰는 비용은 당신에게 맡겨둔 돈에서 제한다는 조건이 아니면 싫소."

"그럼 그렇게 하지요."

저는 젊은이를 자리에 앉히고 고기며 술이며 그 밖에 여러 가지 준비한 것을 젊은이 앞으로 내왔습니다.

"비스밀라!"*16

젊은이는 식탁에 다가앉아 왼손으로*17 저와 함께 먹기 시작했습니다. 이 지방에서는 왼손이 깨끗지 못하므로 식사는 반드시 오른손으로 하게 되어 있는데, 어째서 이 사람은 오른손을 쓰지 않는가 싶어 실은 이상하게 여겨졌습니다. 식사가 끝나자 저는 젊은이 손에 물을 붓고 수건을 내주었습니다.

그런 다음 식후의 사탕과자를 권하면서 이야기를 나누다가 물었습니다.

"저, 젊은 나리, 실례되지만 아무래도 마음에 걸려서 그럽니다만 무슨 까닭에 왼손으로 식사하십니까? 혹시 오른손이 불편하십니까?"

이 말을 듣자 젊은이는 이런 시를 읊었습니다.

 그리운 벗이여, 이내 가슴의
 불타는 괴로움을 묻지 마시라.
 깊은 상처와 나의 고통을
 임께 보이기가 두렵소이다.
 라이라의 사랑을 대신하여
 사르마*18의 사랑을 사용할 생각은 없지만
 어쩔 수 없을 때는 법이 무슨 소용 있으랴.

그러더니 젊은이는 소매에서 오른손을 꺼내 보였는데 놀랍게도 손가락도 손바닥도 다 잘려나가고 손목밖에 없지 않겠습니까? 저는 그 끔찍한 모습에 너무 놀라서 할 말을 잊었습니다. 그러자 젊은이가 말했습니다.

"놀랄 것 없소. 거만하거나 자만심에서 왼손으로 식사했다고 여기지는 말아 주시오. 어쩔 수 없이 왼손을 쓴 것이니까. 오른손을 잘린 데에는 이상한 까닭이 있지요."

"어떤 일이 있었는데요?"

"나는 바그다드 태생으로 아버지는 바그다드 시의 명사였소. 내가 장성하고서 순례자와 나그네와 상인들이 들려주는 이집트에 관한 여러 가지 이야기를 듣는 동안 어느 틈엔가 그 이야기들이 내 가슴속에 깊이 새겨지고 말았습니다. 그러는 동안 아버지가 세상을 떠나시자 막대한 돈을 상속받아 바그다드와 모술의 상품을 사들여 짐짝을 꾸린 다음 길을 떠났지요. 이 고장에 당도할 때까지는 알라의 덕분으로 아무 일도 없었지만."

그리고 젊은이는 눈물을 흘리며 노래를 부르기 시작했습니다.

> 눈 밝은 자가 빠지는 구덩이를
> 눈 나쁜 자는 피해서 지나노라.
> 말 한마디가 현자를 죽이고
> 말 한마디가 보통 사람을 살린다.
> 이슬람교도는 끼니를 거르건만
> 이교도는 남의 땅에서 잔치를 벌인다.
> 인간의 꾀와 재간은
> 아무 쓸모도 없는 것,
> 이 세상 모든 일은 신의 뜻대로!

노래를 마치자 젊은이는 또 이야기를 계속했습니다. —그래서 나는 카이로에 당도하여 짐을 풀고 알 마스룰이라는 대상객주에 상품을 맡겼소. 그리고 하인에게 은화를 조금 주어 먹을 것을 사오게 하고 잠깐 누워 잤지요. 잠에서 깨어나 두 궁전 사이에 있는 바인 알 카스라인이라는 거리에 나갔다가 곧 돌아와 그날 밤은 주막에서 푹 잤소. 이튿날 아침에 짐짝을 풀어 물건을 조금 꺼내고는 혼자 생각했지요.

"시장을 잠깐 둘러보고 시세를 알아보아야겠다."

그래서 노예 몇 명에게 물건을 지게 하고 카이사리아, 즉 쟈하르카스의 거래소[19]를 찾아갔소. 그러자 내가 온다는 소문을 듣고 있던 거간꾼들이 얼른 나와 맞아주었소. 거간꾼들은 물건을 집어 들고 큰 소리로 경매를 시작했지만 좀처럼 적당한 값이 정해지지 않더군요. 내가 난처해하는 것을 보고 거간꾼 우두머리가 말했소.

"저, 젊은 나리, 이 물건으로 어떻게 하면 돈을 벌 수 있는지 가르쳐드리리다. 우선 상인들이 하는 것처럼 일정한 기간 외상을 놓으시오. 물론 공증인의 손으로 만들어진 정식 증인의 서명이나 계약서를 작성해야 합니다. 그런 다음 환전꾼을 고용하여 매주 월요일과 목요일에 수금하도록 하십시오. 은화 1닢에 대해 2닢 이상의 이익이 있을 테니 그동안 카이로와 나일 강을 구경하면서 바람을 쐬고 있으면 됩니다."

"정말 좋은 정보를 알려주셨소."

나는 인사한 다음 거간꾼들을 데리고 숙소로 돌아갔소. 거간꾼들은 내 물건을 인수하여 거래소에 가서 값을 적은 증서를 받은 다음 좋은 값에 팔아주었지요. 나는 그 증서를 환전꾼에게 맡기고 영수증을 받은 다음 숙소로 돌아왔소. 그리고 꼭 한 달 동안 이곳에 머물며 아침식사 때마다 포도주 한 잔을 마시고, 점심과 저녁은 비둘기고기와 양고기, 사탕과자 같은 것을 먹으며 지내고 있었소. 이윽고 증서의 기한이 되어 월요일과 목요일에 거래소로 나가 이 가게 저 가게를 찾아다니곤 했지요. 한편 공증인과 환전꾼은 상인들에게서 수금하여 정오 기도시간이 지날 무렵이 되면 나에게 돈을 가지고 오곤 했소. 나는 돈을 세어서 자루에 넣어 봉하고는 숙소로 가지고 돌아왔지요.

어느 날, 마침 월요일이었는데 목욕을 하고 곧장 숙소로 돌아와 방[20]에서 한잔하면서 아침식사를 마치고 한잠 잤지요. 잠이 깨서는 닭고기를 먹고 몸에 향을 쐬고는 정원사[21]였던 바드르 알 딘 알 보스타니라는 상인의 가게로 갔소. 그 상인의 융숭한 대접을 받으면서 시장 문이 열릴 때까지 이야기하고 있었는데, 난데없이 훌륭한 옷차림을 한 여자가 한 사람 찾아왔소. 비할 데 없이 화려한 머리장식을 하고 기막힌 향기를 풍기면서 얌전한 걸음걸이로 걸어왔지요. 여자는 나를 보자 베일을 살짝 들어 그 아름답고 검은 눈으로 살짝 흘겨보았소. 그러고는 바드르 알 딘에게 인사하자 주인도 여자에게 인사한 다음 뭔가 함께 이야기하기 시작했소. 나는 그 여자의 목소리를 듣는 순간 완전히 마음이 사로잡히고 말았소. 이윽고 여자가 주인에게 말하더군요.

"댁에 순금실로 짠 천이 있나요?"

주인은 나에게서 산 물건을 꺼내와 값은 은화 1천2백 닢이라고 말합디다.

"그럼, 이 물건을 가져가겠어요. 대금은 나중에 보내드리지요."

"아씨, 그건 안 됩니다. 이 물건은 사실 여기 계시는 이분 것이어서 이익을 나누어야 하니까요."

여자가 소리쳤소.

"어머나, 너무하시는군요. 당신 집에서 늘 비싼 천을 많이 사서 돈을 많이 벌게 해 주었잖아요."

"네, 그렇습니다만, 오늘은 돈이 좀 필요해서 꼭 맞돈을 받아야겠습니다."

이 말을 듣자 여자는 천을 집어 상인의 무릎에 내동댕이치며 소리쳤습니다.

"바보 같으니! 사람을 무시하는 것도 분수가 있지."

그러고는 몸을 홱 돌려 나가려고 하지 않겠소? 나는 이때 여자를 따라 내 혼도 빠져나가는 듯해 얼른 일어나 불렀지요.

"여보시오, 부인, 제발 부탁이니 돌아와 주십시오."

그러자 여자는 방긋 웃으며 돌아보았습니다.

"그처럼 말씀하시니 당신을 위해 돌아서겠어요."

여자는 가게에 들어와 나와 마주 앉았소. 나는 가게 주인을 보고 말했지요.

"이 천을 산 값이 얼마요?"

"은화 1천1백 닢입니다."

"그럼, 우수리 백 닢은 당신 이익으로 해둡시다. 종이를 한 장 주시오. 이 천에 대한 지급이 끝났다는 증서를 써줄 테니까."

그리고 나는 내 손으로 영수증을 쓰고 여자에게 천을 내주었소.

"자, 가지고 가십시오. 될 수 있으면 이 대금을 다음 장날 저에게 갖다주십시오. 하지만 이것을 제 선물로 받아주시면 더욱 좋겠습니다만."

"당신께 알라의 은혜가 내리시기를!"

그리고 여자는 이런 말까지 했지요.

"아, 알라시여! 이분이 제 남편이 되어 제가 가진 모든 것을 바칠 수 있도록 해 주소서."*22

여자의 기도가 알라의 뜻에 맞았던 것이겠지요. 나는 눈앞에 낙원의 문이 활짝 열리는 것 같아 이렇게 말했소.

"그럼 이 물건은 당신에게 드리고 필요하시다면 언제든지 다른 천도 드리겠습니다. 그 대신 꼭 한 번만 얼굴을 보게 해 주십시오."

그러자 여자는 베일을 들추었소. 그 얼굴을 보자 나는 천 번이나 한숨을 내쉬며 온몸과 마음이 그만 사랑의 포로가 되어 제정신을 잃고 말았다오. 이윽고 여자는 베일을 내리고 천을 집어 들었소.

"당신을 뵙지 못한다면 저는 쓸쓸할 거예요!"

여자는 그렇게 말하고는 가버렸소. 나는 오후 기도시간까지 거래소에 앉아 있었지만 사랑에 사로잡혀 일이고 뭐고 다 염두에 없었소. 누르려 해도 누를 수 없는 정열에 못 이겨 상인에게 그 여자에 대한 것을 묻지 않을 수 없었소.

"그 여자는 얼마 전 세상을 떠난 태수의 딸로 어마어마한 유산을 물려받은 부자랍니다."

상인과 헤어져 숙소로 돌아오자 저녁밥이 나왔지만 여자 생각으로 가슴이 가득하여 음식도 제대로 넘어가지 않았소. 자려고 누웠으나 잠도 오지 않았지요. 뜬눈으로 밤을 새우고는 옷을 갈아입고 포도주를 한 잔 마셨소. 간단히 아침식사를 마치고 그 가게로 가서 상인 옆에 앉아 있는데, 이윽고 어제 그 여자가 노예계집을 데리고 어제보다 더 아름다운 옷을 입고 나타났소. 여자는 가게 주인은 본 척도 하지 않고 나에게 인사하더니 유창하고 아름다운 목소리로(그렇게 상냥하고 부드러운 목소리는 태어나서 처음 들었지요) 말했소.

"이제 그 1200디르함을 드릴 테니 누구 사람을 보내주시지 않겠어요?"

"왜 그렇게 서두르십니까?"

"앞으로 내내 당신을 뵐 수 있기를!"

여자는 대답하며 나에게 그 대금을 내주었소. 그리고 함께 앉아서 이야기를 나누는 동안 내가 몸짓으로 눈치를 보냈더니 여자는 내가 자기 몸을 요구하는 줄*23 알아차리고 새치름한 얼굴로 얼른 일어나지 않겠소? 내 마음은 그 여자의 포로가 되어버려 시장을 나와 그 여자의 뒤를 밟았지요. 그러자 난데없이 검둥이 노예계집이 내 앞을 가로막고 말하지 않겠소?

"여보세요, 나리, 우리 아씨를 뵙고 이야기 좀 해 주세요."

나는 깜짝 놀라 말했습니다.

"이 부근에 나를 아는 사람이 없을 텐데."

"어머, 나리는 금방 잊어버리시는군요. 우리 아씨는 조금 전에 그 상인 집에 들른 여자분이에요."

그래서 나는 그 노예계집과 함께 환전꾼 가게로 찾아갔더니 좀전에 본 그 여자가 나를 가만히 불러 이렇게 말하지 않겠소.

"그리운 분, 당신 모습이 내 마음에 새겨지고 말았어요. 처음 뵌 순간부터 사랑의 노예가 되고 말았답니다. 잠을 자도 음식을 먹어도 조금도 즐겁지가 않아요."

"나야말로 당신의 갑절이나 괴로워하고 있습니다. 그러나 분수를 생각하여 아무 말도 하지 못하고 있을 뿐입니다."

"그럼, 제가 먼저 댁을 찾아갈까요? 아니면 저의 집으로 와주시겠어요?"

"나는 나그네여서 숙소 말고는 당신을 맞을 곳이 없습니다. 그러니 당신 댁으로 가게 해 주십시오."

"그럼, 그렇게 하셔요. 하지만 오늘은 금요일*24이니 내일 기도가 끝날 때까지 모든 일을 삼가야 해요. 내일은 사원에 가서 기도드린 다음 나귀를 타고 곡물 상가(하바니야)를 찾아가세요. 그 거리에 이르거든 사람들이 아부 샤 마라고 부르는 알 나키브*25 바라카트 댁을 찾아주세요. 제가 사는 곳이에요. 기다리고 있을 테니 꼭 오세요."

이 말을 듣자 나는 하늘에라도 오른 것처럼 기뻤소. 작별을 고하고 숙소로 돌아왔으나 그날 밤 한숨도 자지 못했지요. 날이 새기 무섭게 일어나 옷을 갈아입고 향기로운 향료를 몸에 바른 뒤 금화 50닢을 손수건에 싸 가지고 대상객주 마스룰을 나왔소. 그런 다음 즈와이라의 문*26까지 와서 나귀를 타고 마부에게 일렀소.

"하바니야 거리에 가주게."

이윽고 다르브 알 뭉카리라는 거리에 이르자 나는 마부에게 말했소.

"이쯤에서 장관 바라카트님의 저택을 찾아주게."

마부는 한동안 보이지 않더니 돌아와 말했소.

"나리, 내리십시오."

"그 저택까지 안내해 주게. 그리고 내일 날이 새자마자 데리러 오게나."

"알았습니다."

내가 4분의 1디나르 금화를 한 닢 주자 마부는 받아 들고 돌아갔소. 문을 두드리니 두 백인 노예계집이 나왔는데, 둘 다 달처럼 아름답고 가슴이 풍만한 처녀였소.

"어서 들어오세요. 아씨께서 기다리고 계십니다. 나리께서 오신다고 어젯밤에는 매우 기뻐하시면서 통 주무시지 못했습니다."

나는 현관을 지나 문이 7개나 있는 손님방으로 들어갔지요. 바닥은 얼룩무늬 대리석이 깔려 있고 주위에 색색의 비단 휘장과 덮개가 드리워져 있었소. 천장은 황금으로 구획을 짓고 도리 부분은 군청색의 문자[27]가 장식되어 있더군요. 또 벽은 스루타니 석고[28]를 발라 사람 얼굴이 비칠 정도였소. 손님방 주위의 격자창을 통해 온갖 과일나무가 있는 정원이 내다보였소. 정원에서는 냇물이 소리 내어 흐르고 새들은 즐거이 지저귀고 있었소. 내가 방에 들어가 앉자……

―여기서 샤라자드는 날이 새기 시작한 것을 깨닫고 이야기를 그쳤다.

26번째 밤

오, 인자하신 임금님, 젊은 상인은 이야기를 계속했습니다.

―내가 홀에 들어가 앉자 여자는 곧 진주와 보석으로 만든 영락(瓔珞)[29]을 쓰고 들어왔소. 얼굴에는 남빛 사마귀를 그리고, 눈썹에는 콜 가루를 발랐으며, 손발톱은 헤나로 붉게 물들이고 있었소. 나를 보자 방긋 웃으며 두 팔로 안아 가슴에 꼭 끌어당겼소. 그리고 자기 입을 내 입에 밀어대고 혀를 빨았소.[30] (물론 나도 그렇게 했지요.)

"사랑스러운 연인이여, 당신이 우리 집에 오시다니 꿈만 같아요!"

그리고 이렇게 덧붙였소.

"참 잘 오셨어요! 알라께 맹세코 저는 당신을 뵌 순간부터 잠을 이루지 못하고 음식도 통 먹지 못하고 있어요."

"나도 그렇소. 나는 당신의 노예, 검둥이 노예입니다."

우리 둘은 앉아서 이야기를 시작했는데, 나는 수줍음으로 붉어진 얼굴을 숙이고 있었소. 이윽고 여자는 내 앞에 소금에 절인 고기와 꿀에 담근 튀김, 설탕과 피스타치오 열매로 속을 채운 닭고기 등 훌륭한 음식을 내왔소. 둘이서 배가 부르도록 먹고 나자 하녀들이 손 씻는 통과 물병을 가져왔고 나는 손을 씻었소. 두 사람은 사향이 든 장미수를 몸에 뿌리고 다시 앉아 이야기하다가 여자가 이런 노래를 부르더군요.[31]

> 그대 오실 줄 알았더라면
> 가슴의 끓는 피와 눈동자까지
> 임 오시는 그 길에 뿌렸을 것을.
> 이 내 뺨을 깔개로 하여
> 그대 맞아 펼칠 것을.
> 이내 눈꺼풀 또렷이 뜨고
> 임의 발에 살포시 밟혔을 것을.

여자가 사랑에 사로잡힌 자기 신세를 한탄하자 나도 내 신세 이야기를 하며 슬퍼했소. 나는 완전히 이 여자에게 사로잡혀 내 재산 따위는 여자에게 비하면 한 푼의 가치도 없는 듯 여겨졌소. 우리는 다시 서로 어루만지고 입을 맞추기 시작했소. 그럭저럭 해가 지자 술상을 차려와서 두 사람은 밤중까지 마시며 얘기했소. 그런 다음 함께 잠자리에 들었는데, 그렇게 즐거운 밤은 태어나서 처음이었어요. 아침이 되어 내가 금화를 싼 그 손수건을 양탄자 침상 밑에 넣어두고 작별을 고하자 여자는 울면서 이렇게 말했소.

"다음에는 언제 당신의 그리운 얼굴을 볼 수 있을까요?"

"저녁때 다시 오지요."

밖으로 나오니 어제의 그 마부가 약속대로 기다리고 있어서 나는 나귀를 타고 마스룰의 숙소로 돌아왔소. 나귀에게 내려 마부에게 돈을 주면서 말했소.

"저녁때 다시 와주게."

"그렇게 하겠습니다."

마부는 대답하고 돌아갔소.

나는 아침밥을 먹고 물건값을 받으러 갔다 와서, 구운 양고기와 과자를 바구니에 담아 짐꾼을 시켜 그 여자의 집에 전했소.[32] 그리고 다시 장사하러 나갔다가 저녁때 마부가 데리러 오자 어제처럼 손수건에 금화 50닢을 싸서 여자의 집으로 찾아갔소. 대리석 바닥은 깨끗이 청소되고 놋쇠는 번쩍번쩍 빛났으며, 샹들리에에 불이 켜지고 촛대에도 이미 불이 켜져 있었소. 그리고 식사를 준비하고 술도 걸러 놓았더군요.

여자는 나를 보자 다짜고짜 두 팔로 내 목을 감고 끌어안으며 말했소.

"당신이 안 계신 동안 너무 쓸쓸해서 견딜 수가 없었어요."

그리고 우리는 식탁을 차려놓고 배불리 먹었소. 여자노예들이 식탁을 물린 뒤 술상을 차려오자 우리는 술잔을 나누며 밤이 깊도록 술을 마셨소. 술 기운이 돌아 몸이 따뜻해지자 침실에 들어가 아침까지 잤고, 침상에서 일어나자 나는 전과 같이 금화 50닢을 놓아두고 밖으로 나왔소.

문밖에 마부가 기다리고 있었으므로 나는 곧 숙소로 돌아와 한참 동안 잤소. 눈을 뜨자 저녁 식료품을 사러 거리에 나갔지요. 큰 나무쟁반에 거위요리를 담고 고깃국과 후추를 친 밥을 각각 2인분, 그리고 콜로카시아*33 뿌리를 기름에 튀겨 꿀에 절인 것, 또 양초, 과실, 사탕절임, 호두며 편도, 향기로운 화초를 주문해 여자 집에 보냈지요. 밤이 되기를 기다렸다가 다시 금화 50닢을 손수건에 싸서 전과 같이 나귀를 타고 여자의 집을 찾아갔소. 함께 먹고 마시다가 잠을 잔 뒤, 아침이 되어 돈을 싼 손수건을 여자에게 주고*34 숙소로 돌아왔지요.

이러한 생활을 되풀이하고 있었는데, 어느 날 아침 눈을 떠보니 마치 거지처럼 한 푼도 없는 신세가 되어 있지 않겠소?

"이건 모두 악마의 짓이로군."

나는 혼자 중얼거리며 이런 시를 읊었소.

>   제아무리 부자라도 가난해지면
>   버젓하지 못한 신세
>   넘어가는 황혼의 저녁 해처럼
>   마침내 빛을 잃고 만다네.
>   떠나가는 사람은 날로 멀어지고
>   수많은 벗도 나를 잊으며
>   사람들 속에 있어도

가난을 함께 즐겨줄 이 없으니
나를 상대해 줄 자 더욱 없더라.
그래서 가난한 사람은 모두
남의 눈을 피하여 시장으로 가서
얼굴 가리고 고개 숙여
인적이 없는 데서 눈물지으며
한심한 신세를 한탄하누나.
제아무리 착해도 돈이 없으면
일가친척 가운데 섞여 살아도
남이나 마찬가지.

나는 숙소를 나와 궁전 샛길을 걸어갔소. 이윽고 즈와이라 개선문이 있는 곳에 이르자 사람들이 들끓는데, 여간해서는 성문을 뚫고 나갈 수도 없으리만큼 붐비고 있지 않겠소. 그런데 우연히 한 기마병과 부딪쳐, 나도 모르게 내 손이 그의 가슴께 호주머니에 닿자 그 속에 지갑 같은 것이 들어 있는 것을 알았소. 자세히 보니 호주머니에서 초록색 비단 끈이 늘어져 있기에 나는 지갑이 틀림없다고 생각했소. 사람들은 더욱 붐비고 바로 그때 나무를 실은 낙타 한 마리가 지나가서 기마병은 반대편으로 밀리게 되었소. 기마병이 옷이 찢어질까 봐 몸을 피하는 순간 아마도 내가 악마에 씌었던가 보오. 나는 그 녹색 끈을 잡아당겨 푸른 비단으로 만든 조그만 지갑을 꺼내고 말았소. 짤랑하고 돈 소리 같은 것이 났지요. 그러자 기마병은 호주머니가 가벼워진 것을 깨닫고 가슴에 손을 댔지만 아무것도 없을 수밖에. 그는 나를 돌아보더니 안장 앞 고리에서 철퇴를 움켜쥐고는 내 머리를 호되게 후려갈겼소. 내가 땅에 쓰러지자 사람들은 내 주위에 몰려들어 기마병의 암말 재갈을 붙잡고 외쳤소.

"조금 떠밀렸다고 해서 때릴 것까지는 없잖소."

기마병은 크게 소리쳤소.

"아니, 이놈은 도둑이야!"

그 소리에 정신이 번쩍 나서 나는 일어났는데 사람들은 나를 찬찬히 바라보며 말했소.

"말도 안 되는 소리, 이토록 훌륭한 젊은이가 도둑질하다니!"

내 편을 드는 사람도 있고 그렇지 않은 사람들도 있었는데 주고받는 말들로 차츰 소란해져 갔소. 사람들은 나를 감싸 기마병의 손에서 지키려 했소. 그런데 운 나쁘게 바로 그때 총독이 경비대장과 부하들과 함께 즈와이라 개선문으로 들어서며 나와 기마병 주위에 사람들이 웅성거리는 것을 보고 물었소.

"무슨 일이냐?"

"오, 총독님, 이놈은 도둑입니다. 호주머니에 금화 20닢이 든 푸른 비단지갑을 넣어두었는데 사람들이 붐비는 틈을 타서 이놈이 훔쳐갔습니다."

"그때 옆에 다른 사람은 없었나?"

"아무도 없었습니다."

총독은 곧 경비대장을 불러 나를 체포했소. 이리하여 나는 신의 가호를 받지 못할 몸이 되고 말았지요.

"이놈의 옷을 벗겨라."

총독이 명령하자 사람들이 나의 옷을 벗겼고 옷 속에서 그 지갑이 나왔소. 총독이 지갑을 열어 돈을 세어보니 기마병이 말한 대로 금화 20닢이 들어있었지요. 총독은 무척 노하여 부하에게 나를 끌어내라고 명령했소.

"이놈! 바른 대로 대라. 네가 이것을 훔쳤느냐?"*35

나는 고개를 숙이고 마음속으로 생각했지요.

'여기서 거짓말했다가는 더 큰 봉변을 당할 게다.'

나는 머리를 들고 대답했소.

"예, 제가 훔쳤습니다."

총독이 내 말에 의심을 풀고 증인을 부르니 사람들이 앞으로 나서 내 자백을 증언했소. 이 사건은 모두 즈와이라 개선문에서 일어난 일이었소.

총독은 횃불잡이에게 내 오른손을 자르도록 명령했소.*36 다시 내 왼발도 자르라고 했지만 그 기마병은 마음이 풀렸는지 나를 측은히 여겨 총독에게 목숨만은 살려주라고 말해 주었소. 덕택에 총독은 나를 봐주었소. 사람들은 그때까지 나를 에워싸고 있었는데, 그 가운데 누군가가 포도주를 한 잔 따라 나에게 먹여 주었소. 기마병은 기마병대로 지갑을 나에게 주면서 이렇게 말하지 않겠소.

"너처럼 잘생긴 젊은이가 도둑질할 리가 있겠나."
그래서 나는 이런 노래를 불렀소.

　알라께 맹세코, 나는
　도둑이 아니오.
　더구나 태어나면서부터
　손버릇이 나쁜 것도 아니오.
　한순간의 잘못으로 운 나쁘게
　남의 지갑에 손댔고
　한 푼도 없는 신세로
　전락하여 미끄러진 악의 길.
　내가 썼던 왕관을 진창 속으로
　떨어뜨린 화살은 누가 쏘았나.
　그것은 내가 아니라
　알라여, 바로 당신이오.

기마병은 나에게 지갑을 주고 가버렸소. 나는 잘린 오른손을 누더기에 싸서 품속에 넣고 그 자리를 떠났소. 그리하여 내 몰골은 형편없이 초라한 꼴이 되고 말았소. 모욕과 고통 때문에 얼굴도 누렇게 부어올랐지요. 그래도 나는 그 여자의 집으로 찾아갔소. 여자 집에 이르자 마음의 혼란이 극도에 달해 그만 양탄자 침상에 몸을 내던지고 말았소. 여자는 내 꼴을 보더니 물었소.
"웬일이세요? 얼굴빛이 무척 나쁜데 무슨 일이 있었나요?"
나는 대답했소.
"두통이 나오. 기분이 좋지 않아서."
이 말을 듣고 여자는 가슴이 아픈 듯 내 몸을 걱정하다가 이윽고 이렇게 말했지요.
"여보, 나를 애태우지 말아 주세요. 자, 일어나서 얼굴을 들고 오늘 일을 자세히 얘기해 봐요."
"그것만은 묻지 말아 주오."

"당신은 내가 싫어지신 게지요. 전과 아주 달라졌어요."

나는 잠자코 있었고, 여자는 대답 한마디 하지 않는 나를 붙잡고 온종일 얘기하더군요. 이윽고 식사를 권했지만 왼손으로 먹는 꼴을 보이기가 싫어 그것도 거절했소.

"지금은 아무것도 먹고 싶지 않소."

"오늘 무슨 일이 있었는지, 왜 그렇게 슬픈 얼굴로 침통해 하시는지 말씀해 주세요."

"조금만 더 기다려 주시오. 이따가 천천히 얘기해 줄 테니까."

그러자 여자는 술을 권하며 말했소.

"자, 드세요. 마음이 풀릴 테니까요. 어서 드시고 자초지종을 얘기해 줘요."

"꼭 들어야 되겠소?"

"네."

"굳이 듣고 싶다면 손수 술을 좀 먹여주오."

여자는 잔에 술을 따라 자기가 먼저 마시고 나서*37 다시 잔을 채워 나에게 권했소. 나는 왼손으로 그것을 받아들고 눈물을 닦은 다음 이런 노래를 불렀소.

> 화복(禍)은 신의 뜻,
> 눈 있고 귀 있고 지혜 있으면
> 신은 그 귀를 먹게 하고
> 눈을 장님으로 만들며
> 머리카락을 뽑듯이 지혜를 뽑는다.
> 신의 뜻이 일단 이루어지면
> 다시금 지혜를 돌려주지만
> 앞으로 사람은 조심하여
> 더욱 주의 깊게 삼가야 하네.

노래를 다 부르고 나서 내가 울자, 여자는 커다란 목소리로 꾸짖듯 말했소.

"왜 눈물을 흘리시나요? 나까지 가슴이 미어지잖아요! 왼손으로 술잔을 들다니 대체 어떻게 된 일이에요?"

"실은 오른손에 종기가 났어."

"그럼, 어디 봐요. 내가 짜드릴 테니까요."

"아직 짜기는 일러. 이제 아무 말도 하지 말아줘. 이 자리에서 붕대를 풀어 보이긴 싫으니까."

그리고 나는 단숨에 술을 마셨는데 여자가 자꾸만 권하는 바람에 마침내 만취하여 그만 그 자리에서 잠들고 말았소. 여자는 내 오른손을 살펴보고 손목이 잘린 것을 알게 되었지요. 또 내 몸을 이리저리 뒤진 끝에 금화가 든 지갑과 누더기에 싸인 잘린 손[38]까지 보고 말았소. 이 꼴을 본 여자는 말할 수 없는 슬픔에 싸여 날이 샐 때까지 내 몸을 생각하며 울었소.

내가 눈을 뜨자 여자는 나를 위해 닭고기 네 마리로 미리 국을 끓여두었다가 술과 함께 차려 내왔소. 식사가 끝나자 지갑을 두고 떠나려 하니 여자가 물었지요.

"어디로 가세요?"

"볼일이 있어서."

내가 대답하자 여자는 붙잡았소.

"가시면 안 돼요. 앉으세요."

그래서 내가 자리에 앉자 여자는 차분히 말을 이었소.

"당신은 나를 사랑해 주신 나머지 재산을 탕진하고 손목까지 잘린 것 아니에요? 알라께 맹세코 나는 절대 당신 곁을 떠나지 않겠어요. 아니, 나는 당신 발밑에서 죽어도 좋아요. 내 말이 거짓이 아니라는 것을 이제 곧 아시게 될 거예요."

그리고 여자는 판관과 공증인을 불러놓고 말했소.

"이 젊은 분과의 결혼증서를 써주시고 지참금[39]을 받았다는 증인이 되어 주세요."

서류가 다 작성되자 여자는 말했소.

"이 궤짝 속에 든 내 돈 전부는 물론이고 내가 거느리고 있는 노예들과 하인, 그 밖의 다른 재산도 모두 이분에게 드렸다는 것을 증명해 주세요."

공증인들은 시키는 대로 서류를 작성하고 결혼의 권리에 의한 소유권을 나에게 이전한 다음 수수료를 받고 돌아갔소. 내 아내가 된 그 여자는 내 손을 잡고 조그마한 방으로 가서 거기 있는 커다란 궤짝을 열었소.

"이 속에 들어 있는 것을 보세요."

내가 그 속을 들여다보니, 글쎄 손수건이 가득 들어 있지 않겠소.

"이것은 모두 당신한테서 받은 돈과 손수건이에요. 손수건마다 금화 50닢씩 들어 있어요. 나는 돈이 든 채로 이 궤짝에 넣어두었어요. 자, 당신 것을 받아주세요. 당신한테 도로 돌아가는 것이니까요. 오늘부터 당신은 훌륭한 신분이 되신 겁니다. 운명이 당신을 괴롭히고 마침내 나 때문에 오른손까지 잃으셨으니 나로서는 도저히 보상할 길이 없어요. 아니, 설령 내 목숨을 버린다 해도 그것은 하찮은 일이니 역시 내가 빚지는 거예요."

그리고 이렇게 덧붙였소.

"당신이 재산을 잘 관리하세요."

나는 그 궤짝 속에 든 돈을 내 궤짝으로 옮기고 전에 여자에게 주었던 내 재산에 아내의 재산까지 보태게 되었으므로 마음이 풀어지고 모든 슬픔도 사라지고 말았소. 내가 아내에게 입을 맞추고 감사의 말을 하자, 아내는 이렇게 말했소.

"당신은 저를 사랑했기 때문에 한쪽 손까지 잃었어요. 제가 어찌 그만한 것을 당신에게 드릴 수 있겠어요. 비록 당신에 대한 사랑을 위해 이 목숨을 바친다 해도 그것은 사소한 일에 지나지 않으니 도저히 당신의 사랑에 보답할 길이 없어요."

아내는 의복을 비롯하여 금, 진주 장식물, 모든 살림살이, 농장과 가축에 이르기까지 자기 소유물을 남김없이 나에게 양도해 주었소. 그리고 한결같이 나를 위해 비탄에 젖어 잠도 자지 않고 슬퍼하니 나도 내가 겪은 모든 일을 털어놓으며 함께 밤을 새웠지요.

그러나 우리가 함께 살게 된 지 한 달도 되기 전에 아내는 중병에 걸려 병세가 나날이 더해가기만 했소. 그 병도 내가 한쪽 손을 잃게 된 일을 슬퍼한 데서 생겼는데 병석에 누운 지 50일도 되지 않아 아내는 마침내 세상을 떠나고 말았소. 나는 아내의 시체를 어머니인 대지의 품에 묻고 명복을 빌기 위해 신성한 코란을 독송하게 하며 많은 돈을 희사했소. 그 일을 마치고 집으로 돌아왔는데 조사해 보니, 아내에게는 현금을 비롯하여 노예, 저택, 농토, 영지 등 어마어마한 재산이 있었소. 또 곳간 가득 참깨가 든 창고도 있

꼽추 시체가 들려주는 이야기

더군요. 당신한테 판 것은 실은 그 깨의 일부였소. 그 재고품을 팔기에 바빠 당신과 셈을 할 틈조차 없었던 것이오. 그뿐만 아니라 나는 아직 수금도 다 하지 못한 형편이오. 알겠소? 그러니 내 말에 반대하지 마시오. 나는 당신에게 음식 대접을 두 번 받았으니 당신한테 맡겨둔 그 깨 값은 사례로 드리고 싶소. 여기까지가 내가 오른손을 잘려 왼손으로 식사하게 된 까닭이라오.'

이 젊은이의 이야기를 듣고 저는 말했습니다.

"나리는 세상에 보기 드물게 친절하고 인심이 좋으시군요."

그러자 그는 이렇게 물었습니다.

"나는 카이로와 알렉산드리아의 물건을 가지고 고향으로 돌아갈 생각인데 당신도 함께 가지 않겠소? 어떻소, 길동무가 되어주지 않겠소?"

저는 곧바로 대답했습니다.

"가지요."

그달 초순에 함께 떠나기로 하고 저는 가지고 있던 물건을 다 팔아 다른 물건을 샀습니다. 그러고는 젊은이와 함께 길을 떠나 이 나라에 온 것입니다. 젊은이는 가지고 온 물건을 팔아 이 고장의 물건을 사들인 다음, 다시 이집트로 여행을 계속했습니다. 그런데 무슨 인연인지 저만 이곳에 머물게 되어 낯선 객지에서 어젯밤과 같은 사건에 부닥쳤던 것입니다.

오, 저희가 우러러 받드는 임금님, 이 이야기는 꼽추 이야기보다 훨씬 신기하지 않습니까?"

왕은 말했습니다.

"아니다, 그렇지 않다. 나는 그렇게 생각되지 않아. 너희는 모두 교수형에 처할 수밖에 없다."

—이때 샤라자드는 훤하게 날이 밝아오는 것을 깨닫고 이야기를 그쳤다.

27번째 밤

샤라자드는 이야기를 이었다. 오, 인자하신 임금님, 어젯밤 이야기는 중국 왕이 말한 데까지였습니다.

"너희는 모두 교수형에 처할 수밖에 없다."

이때 왕궁의 취사장에서 일하는 요리사가 앞으로 나와 말했습니다.

"임금님, 허락해 주신다면 그 꼽추를 만나기 전에, 저에게 일어났던 사건을 말씀드리고 싶습니다. 만일 꼽추 이야기보다 재미있으시거든 부디 저희 목숨을 살려주십시오."

"좋아!"

왕이 대답하자 요리사 우두머리는 이야기를 시작했습니다.

요리사 이야기

오, 임금님, 실은 저는 어젯밤 어떤 모임에 참석했습니다. 코란 암송과 독경에 뛰어난 법률과 종교 학자들이 많이 모여 있었습니다. 독경이 끝나자 식탁이 차려졌는데, 여러 가지 요리 가운데 회향 열매로 향기를 낸 술에 절인 스튜가 있었습니다. 모두 식탁에 자리 잡고 앉았는데, 그 가운데 한 사람이 뒤로 물러나 앉으며 그 요리를 입에 대지 않는 것이었습니다. 저희가 권해도 한사코 먹지 않았습니다. 저희가 거듭 권하자 그 사내는 말했습니다.

"그렇게 억지로 권하지 마시오. 나는 이것을 먹고 혼난 적이 있어서 이제는 보기만 해도 싫소."

그러고는 이런 노래를 불렀습니다.

쟁반을 메고 어서 가시오.
목적하는 곳으로 곧장 가시오.
이 콜 가루가 좋거든
부디 쓰시오, 이 가루를.*40

그 사내가 노래를 마치자 저희는 말했습니다.

"당신이 회향 스튜를 왜 먹지 않는지 그 까닭을 들려주시오."

"그럼, 말하지요. 그런데 내가 이것을 꼭 입에 대야 할 때는 그 전에 먼저 손을 씻습니다. 비누로 40번, 잿물로 40번, 생강물로 40번, 모두 합해 120번 씻은 다음이 아니면 먹을 수가 없어요."

이 말을 들은 친절한 집주인은 노예를 시켜 물을 비롯하여 그 사내가 요구하는 것을 모두 가져오게 했습니다. 그 젊은이는 자기가 말한 대로 손을 씻은 다음 식탁에 앉았습니다. 그러고는 꺼림칙해하면서, 또 자못 무섭기라도 한 것처럼 스튜를 먹기 시작했습니다. 얼굴에는 마치 화를 내는 듯한 기색마저 보였습니다. 그런데 놀랍게도 그 사내의 손이 부들부들 떨리고 있어서 보니 엄지손가락이 잘려 있어 손가락 네 개로만 먹는 게 아니겠습니까. 그래서 저희가 말했습니다.

"아니, 엄지손가락은 대체 어떻게 된 거요! 태어날 때부터 그런 겁니까? 아니면 다친 겁니까?"

"여러분, 이 엄지손가락뿐만이 아닙니다. 이쪽 엄지손가락과 양쪽 엄지발가락도 모두 이렇답니다. 보여 드릴까요?"

젊은이는 말하면서 왼손과 양쪽 발을 내보였습니다. 과연 왼손도 오른손과 같고 발도 양쪽 모두 엄지발가락이 없었습니다.

"궁금해서 더는 참을 수가 없군요. 어서 당신의 엄지가락들이 잘린 이야기와 왜 120번이나 손을 씻어야 하는지 들려주시오."

"그럼 여러분, 들어보십시오."

젊은이는 다음과 같이 이야기했습니다.

―우리 아버지는 상인 우두머리로 교주 하룬 알 라시드 시대에 바그다드에서 으뜸가는 부자였습니다. 그러나 술꾼인 데다 비파를 비롯하여 갖가지 현악기를 즐긴 탓에 돌아가실 때는 아무것도 남아 있지 않았습니다. 장례를 치르고, 코란 독경을 마치고 명복을 빌고서 아버지의 상점에 가보니 빚은 태산 같은데 물건은 조금밖에 없었습니다. 나는 채권자들과 상의하여 채무청산 기한을 연기한 다음 부지런히 장사를 시작하여 매주 얼마씩 갚아나갔습니다. 이렇게 하는 동안 아버지가 남기고 간 빚을 다 갚고 그때부터는 내 자본이 불어갔습니다.

그러던 어느 날 가게에 앉아 있는데, 난데없이 한 젊은 부인이 나타났습니다. 난생처음 보는 미인으로 호화로운 옷차림에 훌륭한 패물을 달고 암나귀에 올라탔는데, 앞뒤로 한 사람씩 검둥이 노예를 거느리고 있었습니다. 시장 어귀까지 오자 여자는 나귀에서 내려 안으로 들어갔는데, 환관이 한 사람 쫓아와 말했습니다.

"주인님, 어서 나갑시다. 아무하고도 이야기하지 마시고 돌아갑시다. 그렇지 않으면 주인님의 아름다움이 사람들 가슴에 불을 질러 저희까지 모두 타죽게 될지도 모르니까요."

그뿐만 아니라 환관은 여주인이 상점을 찾는 동안 그 앞에 막아서서 가리며 사람들 눈에 띄지 않도록 했습니다. 부인은 상점을 찾고 있었는데, 우리 가게 말고는 아무데도 문을 연 데가 없었기 때문에 환관을 데리고 내 가게에 와 앉더니 인사를 했습니다. 그 아름다운 목소리와 상냥한 말씨는 여태껏 들어본 적이 없었습니다.

이윽고 부인은 베일을 벗었는데, 그 얼굴이 달처럼 아름다워 한 번 보기만 하고도 나는 천 번이나 한숨을 내쉬며 그만 그 부인에게 반하고 말았습니다. 그리하여 찬찬히 바라보면서 이런 노래를 불렀습니다.

  비둘기 빛 베일의 아름답고도
  요염한 그대에게 알리나이다.
  마음의 상심 낫는다면
  죽음도 즐거우리, 자, 오라.
  바라건대 이 생명 사랑하시라.
  보라, 그대 마음을 맞아들이려
  이렇게 두 손을 뻗고 있다오!

내 노래를 듣더니 여자는 다음과 같은 노래로 답했습니다.

  그대로 해서 참는 이 마음
  이 가슴은 아노라, 오직 사랑의 맹세를.
  그리고 그대 외에 마음을 옮긴다면
  이별은 슬프리라 그대 모습 없으니……
  신께 맹세코 잊지 못할 그대 모습
  이 몸 높이 그대에게 날아가
  자나깨나 가슴에 이는 이 정을
  그대로 하여 마신 술, 사랑의 술잔

바치리라, 사랑의 잔 그대에게
이내 몸 어디든지 데려가오.
죽거든 그대 옆에 묻어 주오.
무덤 속의 내 이름 부를 때는
그대 찾는 내 백골의 한숨을 들어주오.
그대는 신의 무엇을 보고 싶은가?
이렇게 묻는다면 대답하리.
"첫째는 신의 뜻, 다음은 그대의 진심."

노래를 끝내자 여자는 물었습니다.
"댁에 무슨 좋은 옷감이 있나요?"
"손님, 저희 가게는 아주 초라합니다. 다른 상인들이 가게를 열 때까지 잠시 기다려주십시오. 마음에 드시는 것을 꼭 주선해 드릴 테니까요."
그런 다음 여자와 나는 여러 가지 이야기를 했는데, 나는 그녀를 향한 사랑의 바다에 빠지고 열정의 사막에서 제정신을 잃을 성싶었습니다.
이윽고 다른 상인들이 가게 문을 열었기에 나는 여자가 옷감을 청하는 대로 은화 5천 닢 어치나 주선해 가지고 왔습니다. 여자는 환관에게 그 물건을 맡기고 자기는 거래소 어귀에서 나귀를 타고 돌아갔습니다. 여자는 어디서 왔다는 말도 하지 않았고 나 역시 그런 자질구레한 것까지 묻고 싶지 않았습니다. 상인들이 와서 대금을 재촉하는지라, 나는 은화 5천 닢의 책임을 지기로 하고 사랑에 도취된 채 집으로 돌아왔습니다. 저녁밥이 나와도 여자의 요염한 모습만 눈앞에 어른거려 제대로 넘어가지 않았고, 또 자려고 해도 좀처럼 잠이 오지 않았습니다. 꼭 1주일 동안 그런 상태로 지냈는데 상인들이 물건값을 달라고 재촉하기에 1주일만 더 기다려달라고 부탁했습니다. 그 기한의 마지막 날이 되자 여자는 다시 환관과 노예 두 사람을 거느리고 나타났습니다.

여자는 나에게 인사하고 말했습니다.
"주인 양반, 지난번의 물건값이 너무 늦어서 미안합니다. 곧 환전꾼을 데려와 돈을 받으세요."
환전꾼을 불러오자 환관은 돈을 세어 환전꾼 앞에 놓고 그것을 나에게 넘겨주었습니다. 여자와 둘이서 이야기하다 보니 이윽고 시장이 열렸고 여자는 또 물건을 이것저것 사다 달라고 부탁했습니다. 그래서 여자가 말한 물건들을 여러 상인에게서 갖추어다 주니, 여자는 물건을 받고 대금에 대해서는 한마디도 하지 않고 돌아가고 말았습니다. 여자의 모습이 사라지자 아뿔싸! 하고 스스로 한 짓을 후회했습니다. 여자에게 사준 물건값이 모두 금화 1천 닢*41이나 되는 막대한 액수였기 때문입니다.

"이건 대체 어떻게 된 사랑의 장난이란 말인가? 단지 은화 5천 닢을 가져와 금화 1천 닢 어치의 물건을 가지고 가다니."

상인들의 물건값을 대신 치르고 나서 무일푼의 거지가 될 것을 생각하고 나는 혼잣말을 했습니다.

"상인들이 아는 것은 나뿐이니, 그 여자는 협잡배 사기꾼으로 미모와 애교를 미끼 삼아 나에게 한 대 먹인 거구나. 나를 풋내기로 깔본 거야. 거처도 묻지 않은 것을 비웃고 있을걸."

한 달 이상이나 여자가 나타나지 않자 나는 의심과 공포에 사로잡혀 속을 끓이고 있었습니다. 그러는 동안 상인들의 빗발 같은 빚 독촉에 못 이겨 재산을 모두 경매에 부치니 당장 파산할 지경에 이르렀습니다. 어느 날 가게에 앉아 수심에 잠겨 있는데 홀연히 그 여자가 나타났습니다. 시장 어귀에서 나귀를 내리더니 곧장 나에게 걸어왔습니다. 그 모습을 보자 근심 걱정이 한꺼번에 사라지고 그때까지의 시름을 깨끗이 잊고 말았습니다. 여자는 내 옆으로 오더니 여전히 기분 좋은 목소리와 상냥한 말씨로 인사하고 나서 말했습니다.

"환전꾼을 불러 돈을 셈해 주세요."*42

여자는 내가 사준 물건값 이상의 돈을 나에게 지급하고 나를 상대로 정답게 이야기를 시작했습니다. 마침내 나는 매우 기뻐서 당장 죽어도 여한이 없을 듯했습니다. 이윽고 여자가 물었습니다.

"당신은 부인이 계신가요?"

"아니오, 나는 아직 여자를 모릅니다."

나는 이렇게 대답하면서 눈물을 흘렸습니다.

"아니, 왜 우세요?"

"아니, 아무것도 아닙니다."

나는 환관에게 금화 2,3닢을 주고 여자와의 혼인을 성사시켜 달라고*43 부탁했습니다. 환관은 웃으면서 말했습니다.

"이분은 당신 이상으로 당신에게 반해 있소. 당신한테서 산 물건도 필요해서가 아니라 다만 당신에게 반했기 때문에 산 거라오. 그러니 소원이 있거든 말해 보시오. 싫다고는 하지 않으실 테니."

내가 환관에게 돈을 주는 것을 보고 여자는 돌아와서 다시 앉았습니다. 그래서 나는 말했습니다.

"이 당신의 종을 가련히 여기시고 부디 제 말을 들어주십시오."

그리고 내 가슴속 사랑을 털어놓았더니, 여자는 고개를 끄덕이며 환관에게 말했습니다.

"나중에 이분에게 내 말을 전하도록 해요."

그리고 나에게 이렇게 덧붙였습니다.

"그럼, 이 환관이 시키는 대로 해 주세요."

그리고 여자는 일어나 가버렸습니다. 빚을 깨끗이 갚았으므로 상인들은 모두 돈벌이를 한 셈입니다. 그러나 나는 여자가 돈을 갚고 돌아가 버렸기 때문에 그 길로 교제가 끝난 듯한 기분이 들어 섭섭해 견딜 수가 없었습니다. 그리하여 그날 밤은 뜬눈으로 지새웠습니다. 그로부터 며칠 되지 않아 그 환관이 찾아왔습니다. 나는 정중히 대접하고 여주인의 안부를 물었습니다.

"주인은 당신 때문에 상사병에 걸렸소."

"대체 그분은 누구이며, 어떤 신분인가요?"

"하룬 알 라시드 교주님의 왕비이신 즈바이다님께서 노예로 사들여 지금은 후궁의 시중을 들며 왕궁을 자유롭게 출입할 수 있는 허가까지 받은 부인이오. 그분은 왕비께 당신 이야기를 하고 결혼시켜 달라고 말씀드렸소. 그런데 왕비의 말씀이, 내가 그 젊은이를 보지 않고는 허락할 수 없다, 만일 젊은이가 네 남편으로서 부끄럽지 않다면 짝지어주마고 하셨소. 그래서 실은 당신을 궁전으로 몰래 데리고 들어갈 기회를 노리는 중이오. 만일 일이 잘되어 몰래 들어갈 수 있다면 소원대로 결혼할 수 있지만, 그 전에 발각되면 즈바이다님은 당신의 목을 베어버릴 것이오.*44 어떻게 하겠소?"

"그렇다면 당신을 따라 한번 모험을 해보도록 합시다."

"좋소. 그럼, 해가 지거든 곧 즈바이다 왕비께서 세운 티그리스 강변의 사원으로 오시오. 그리고 밤 기도를 드리고 거기서 잠을 자도록 하시오."

"예, 그렇게 하겠소."

밤이 되기를 기다려 나는 그 사원으로 가서 기도한 다음 하룻밤을 거기서 지냈습니다. 날이 샐 무렵이 되자 환관 대여섯 명이 작은 배 한 척에 커다란 빈 궤짝을 잔뜩 싣고 왔습니다. 환관들은 그것을 사원에 날라다 놓고는 어디론지 돌아가고 한 사람만 남았습니다. 자세히 보니 그는 우리 일을 보아주는 그 환관이었습니다. 잠시 뒤 내가 애타게 그리워하는 그 여자가 나타나 곧장 이쪽으로 오지 않겠습니까? 내가 몸을 일으켜 가슴에 끌어안자 여자도 나에게 입을 맞추고 눈물을 흘리면서 기뻐했습니다. 잠시 이야기를 나누고서 여자는 나를 궤짝에 넣고 자물쇠를 채웠습니다. 이윽고 다른 환관들이 많은 짐을 가지고 돌아왔습니다. 여자는 그 짐을 모두 궤짝에 넣고 모두 뚜껑을 덮은 다음 자물쇠를 채웠습니다. 그 일이 끝나자 환관들은 배에 궤짝을 싣고 즈바이다 왕비의 궁을 향해 저어갔습니다. 이렇게 되자 나는 갑자기 불안해져서 혼잣말을 했습니다.

"너는 달뜬 감정과 정욕 때문에 목숨을 잃을지도 모른다. 문제는 결국 네 소원이 이루어지느냐 아니냐에 있지만."

궤짝 속에 쭈그리고 있으려니 답답할 뿐만 아니라 경련이 일어날 듯 괴로워, 나는 그만 눈물을 흘리며 알라 신께 이 위험한 지경에서 구해달라고 기도했습니다. 작은 배는 그런 일에는 아랑곳없이 거침없이 나아가 마침내 왕궁 문에 이르렀습니다.

일동은 즉시 궤짝을 져 나르기 시작했고 그 속에 내가 들어앉아 있는 궤짝도 섞여 있었습니다. 환관들은 저마다 한 개씩 궤짝을 메고 다른 환관들 무리에 섞여 후궁의 경비병과 휘장 뒤 시녀들 앞을 지나 환관장[45]의 방 앞에 이르렀습니다. 그때까지 졸고 있던 환관장이 갑자기 눈을 뜨고 시녀를 향해 소리쳤습니다.

"궤짝 속에 무엇이 들어 있느냐?"

"즈바이다님께서 분부하신 물건이 들어 있어요!"

"어쨌든 조사해 볼 테니 잘 보이도록 뚜껑을 하나씩 열도록 해라!"

"무슨 이유로 궤짝을 여시려는 겁니까?"

"잔소리하지 마라! 열 필요가 있으니까 여는 거다."

이렇게 말하면서 환관장은 벌떡 일어났습니다. 그런데 맨 먼저 조사를 받게 된 것이 바로 내가 들어 있는 궤짝이 아니겠습니까? 환관의 손이 내 궤짝에 닿자 그만 아찔해져서 오줌을 지리는 바람에 궤짝 틈으로 오줌이 주르르 흘러나갔습니다. 그러자 시녀는 당황하여 환관장에게 말했습니다.

"어머나, 큰일 났네! 덕택에 나는, 아니, 당신도 목이 달아나게 되었어요. 글쎄 만 디나르나 하는 물건을 못 쓰게 만들었으니 말이에요. 이 궤짝에는 물들인 옷과 젬젬 성수(聖水)*46를 넣은 4갤런들이 병이 4개 들어 있어요. 그 가운데 한 병의 마개가 빠져 옷에 엎질러졌으니 빛깔이 엉망이 되었을걸."

그러자 환관장은 소리쳤습니다.
"궤짝을 메고 어서 꺼져. 고약한 것들 같으니!"
노예들은 내가 든 궤짝과 다른 궤짝을 모두 메고 그 자리를 떠났습니다.
노예들이 서둘러 가는 도중에 별안간 이런 외침이 들렸습니다.
"야, 큰일 났다! 교주님이시다, 교주님이시다!"
그 소리를 듣자 나는 기겁하도록 놀라 주문을 외웠습니다.
"오, 알라시여! 위대한 신 알라 외에 주권 없고 권력 없도다!"
이 주문을 왼 사람은 아직 한 번도 불행한 일을 당한 적이 없었다고 합니다. 나는 계속해서 중얼거렸습니다.
"아, 알라시여! 이 재난을 가져온 것은 다름 아닌 바로 저입니다."
이윽고 교주가 내 연인에게 이렇게 말하는 게 들려왔습니다.
"여봐라! 이 궤짝에 무엇이 들어 있느냐?"
"예, 즈바이다님의 의복이옵니다."
"그렇다면 내 앞에서 열어보아라!"
궤짝 속에서 이 말을 들은 나는 금방이라도 숨이 끊어질 것 같아 저도 모르게 이렇게 신앙 고백을 했습니다.
"아, 오늘이야말로 이 세상의 마지막인가. 이 위급한 고비를 무사히 벗어나기만 하면 나는 그 여자와 결혼할 수 있으니 불평이 없으련만, 당장 발각될 판이니 이제 내 목은 달아난 거나 다름없어. 알라 외에 신 없고, 모하메드야말로 신의 사도이니라!"

―여기까지 이야기하자 어느덧 날이 새기 시작하여 샤라자드는 이야기를 그쳤다.

28번째 밤

샤라자드는 말했습니다.
오, 인자하신 임금님, 젊은 상인은 이렇게 이야기를 계속했습니다.
―그런데 내가 알라 외에는 신 없다는 주문을 외고 있을 때, 나의 연인인 시녀의 말소리가 들려왔습니다.
"오, 충성스러운 자들의 임금님이시여, 이 궤짝은 즈바이다님께서 저에게 맡기신 것인데, 궤짝 속 물건을 누구에게도 보이지 말라 분부하셨습니다."
"상관없다! 꼭 좀 열어보아야겠다. 속에 무엇이 들었는지 보고 싶으니까."
그리고 환관들에게 큰 소리로 명령했습니다.
"궤짝을 모두 내 앞으로 가져오너라!"
이 말을 듣고 나는 이제 꼼짝없이 죽었구나 싶어서(행여나 하고 생각해 보았자 소용없는 일이었으므로) 그대로 기절하고 말았습니다. 교주는 궤짝 속의 물건을 조사하기 시작했습니다만 들어 있는 것은 수달피와 옷감과 아름다운 옷들뿐이었습니다. 환관이 차례차례 궤짝을 열자 그때마다 교주는 그 속을 들여다보았지만 모두 의복뿐이었습니다. 마침내 내가 들어 있는 궤짝만 남게 되었습니다. 환관이 궤짝을 열려고 손을 대자 내 연인인 시녀가 황급히 교주에게 말했습니다.
"이것만은 즈바이다 왕비님이 계시는 곳에서 보시도록 해 주십시오. 왕비님의 비밀스러운 물건이 들어 있으니까요."
이 말을 듣자 교주는 궤짝을 가져가도 좋다는 분부를 내렸습니다. 그래서 환관들은 내가 들어 있는 궤짝을 메고 다른 궤짝들과 함께 후궁으로 들여다가 넓은 홀 한복판에 내려놓았습니다. 그때 내 연인이 궤짝을 열어 나를 밖으로 꺼내주었습니다.
"이젠 염려 없어요. 조금도 무서워하지도 마세요. 마음 놓고 즈바이다님이 나오실 때까지 편히 앉아 계세요. 틀림없이 당신 소원이 이뤄질 테니까요."

내가 가만히 기다리고 있으니 이윽고 달덩이같이 아름다운 처녀 10명이 나타나 5명씩 마주 보고 두 줄로 늘어섰습니다. 이어서 가슴이 봉긋하고 싱싱한 처녀 20명이 즈바이다 왕비를 에워싸고 들어왔습니다. 즈바이다님께서 의상과 장신구의 무게 때문에 힘겨운 듯한 걸음걸이로 나에게 가까이 다가오자 노예처녀들은 뒤로 물러났습니다.

나는 앞으로 나아가 두 손을 짚고 바닥에 엎드렸습니다. 왕비의 분부대로 그 의자 앞에 앉자 왕비는 나의 조상과 가족들, 지금의 환경 등을 물었고, 나는 거기에 대해 일일이 대답했습니다. 그러자 왕비는 매우 기뻐하며 내 연인을 향해 말했습니다.

"얘야, 이제야 너를 키운 보람이 있는 것 같구나."

그리고 나에게 말했습니다.

"이 시녀는 내 딸이나 다름없이 생각하고 있으니 부디 소중히 맡아주오."

나는 연인과의 결혼을 허락받은 것이 매우 기뻐서 다시 한 번 왕비 앞에 엎드렸습니다. 나는 왕비의 분부로 열흘 동안 후궁에 머물게 되었습니다. 그러나 그 열흘 동안 아침과 저녁 밥을 내오는 시녀 한 사람 말고는 연인의 얼굴조차 보지 못하고 지냈습니다.

그렇게 열흘이 지나자 즈바이다 왕비는 사랑하는 시녀의 결혼에 대해 교주와 상의했습니다. 교주도 쾌히 승낙하고 금화 1만 닢의 결혼비용을 시녀에게 주기로 했습니다. 왕비는 곧 판관과 공증인을 불러 우리의 결혼증서를 만들어주었습니다. 시녀들은 사탕과자와 훌륭한 요리를 준비하여 하렘의 모든 방*47에 골고루 돌렸습니다. 그리하여 또다시 열흘이 지나갔습니다. 열흘째가 되자 내 연인은 월경이 끝나 목욕을 하러 갔습니다. 그동안 시녀들이 나에게 식탁을 차려왔습니다. 깜짝 놀랄 만한 진수성찬 중에 회향 스튜가 한 접시 놓여 있었습니다. 닭 가슴살을 구워서 설탕과 피스타치오 열매와 사향, 장미수 등으로 물들이고 풍미를 가한 것이었습니다. 나는 거침없이 스튜 접시 앞에 자리 잡고 앉아 마음껏 먹었습니다. 식사가 끝나자 손을 닦았으나 씻는 것은 깜박 잊어버렸습니다.

이윽고 기다릴 새도 없이 밤이 되어, 촛대에 휘황하게 불이 켜지고 많은 가희들이 탬버린을 들고 나타났습니다. 그리고 몇 번이고 옷을 갈아입혀 신부를 선보이고, 신부를 데리고 궁전의 모든 방을 돌아다녔습니다. 가희들의 손에는 금화가 가득 차게 되었습니다. 그런 다음 신부를 나에게 데리고 와서 신부 의상을 벗겼습니다. 연인과 단둘이 되어 침상에 들어갔을 때 나는 이게 꿈이 아닌가 할 정도로 기뻐하면서 신부를 꼭 끌어안았습니다. 그러나 신부는 내 손에 남아 있던 강렬한 스튜 냄새를 맡더니 갑자기 비명을 질렀습니다. 그 소리를 들은 노예계집들이 사방에서 달려왔습니다. 나는 그저 놀랍고 어이가 없어 어리벙벙한 채 떨고만 있었습니다. 노예계집들이 신부에게 물었습니다.

"언니, 왜 그러세요?"

신부는 또다시 비명을 지르며 말했습니다.

"이 미치광이를 저쪽으로 데려가 다오. 여태껏 변변한 사내인 줄만 알았더니."

"미치광이라니! 내가 어째서 미치광이란 말이오?"

내가 묻자 신부는 외쳤습니다.

"미치광이! 회향 스튜를 먹고 손 씻는 것을 잊다니, 절대로 그냥 둘 수 없어요. 당신 같은 사내가 더러운 손으로 나 같은 여자 옆에 와서 자다니 당치도 않아요!"*48

그리고 여자는 옆에 있던 채찍을 들고 내 등과 엉덩이를 마구 후려갈겼습니다. 나는 너무 아파서 까무러치고 말았습니다. 그러자 신부는 노예계집들에게 명령했습니다.

"이 사내를 경비 우두머리에게 끌고 가서 회향 스튜를 먹고도 씻지 않은 손을 잘라버리라고 해라."

나는 깜짝 놀라 신부에게 말했습니다.

"알라 외에 주권 없고 권력 없도다! 스튜를 먹고 손을 씻지 않았다 해서 이 손을 자른단 말이오?"

시녀들도 신부의 손에 입을 맞추면서 열심히 중재해 주었습니다.

"언니, 이분은 바보인가 봐요. 이번만은 용서해 드리세요."

"아니야, 조금이라도 욕을 보여줘야지. 특히 그 죄를 지은 손가락만이라도 자르지 않고는 용서할 수 없어."

그렇게 말하고 나서 신부는 나가버린 채 열흘 동안 나타나지 않았습니다. 한 노예계집을 시켜 음식만 날라다줄 뿐이었습니다. 그 노예계집의 말에 의하면 신부는 회향 스튜 냄새 때문에 병이 났다고 했습니다. 열흘이 지나자 여자가 나타나 말했습니다.

"오, 벌을 받아 얼굴이 타버린 검둥이 양반! *49 회향 스튜를 먹고 손을 씻지 않으면 어떤 꼴이 되는지 당장 보여 드리지요."

그리고 큰 소리로 부르니 시녀들이 달려들어 나를 뒷결박했습니다. 여자는 날카로운 면도칼을 집더니 보시다시피 내 손발의 엄지가락을 이렇게 잘라버렸습니다. 나는 정신을 잃고 까무러치고 말았습니다. 여자가 무슨 가루약을 상처에 뿌리자 피는 곧 멎었습니다. 나는 다시 정신을 차리고 말했습니다.

"이제부터는 회향 스튜를 먹을 때는 반드시 두 손을 잿물로 40번, 생강물로 40번, 비누로 40번 씻기로 하겠소."

신부는 내 언질을 잡고 방금 말한 것을 맹세하게 했습니다.

그래서 아까 회향 스튜 접시가 식탁에 올라왔을 때, 나는 새파랗게 질려 이렇게 중얼거렸던 것입니다.

"손발의 엄지가락을 잃게 된 것은 바로 이 요리 때문이었다."

그리고 여러분이 굳이 권하시므로 나는 이렇게도 말했습니다.

"무슨 일이 있어도 맹세를 지켜야 한다."

"그래서 그 뒤 어떻게 되었소?"

사람들이 묻자 젊은 요리사는 대답했습니다.

—나의 맹세에 신부의 마음도 풀려 그날 밤은 함께 잤습니다. 그렇게 지내던 어느 날 아내가 말했습니다.

"이 교주님 궁전은 여태껏 당신 외에 아무도 들어온 적이 없는 곳이에요. 사실은 우리가 살기에 재미있는 곳은 못되지요. 그러나 이것도 모두 인자하신 즈바이다 왕비님 덕분이에요. 저에게 왕비께서 돈 5만 디나르를 주셨어요. 그러니 그 돈을 가지고 나가 조촐한 집을 한 채 사도록 합시다."

우리는 궁전을 나와 깨끗하고 커다란 저택을 샀습니다. 아내는 자기 물건을 모두 옮기고 나도 저축한 돈과 값진 물건을 모두 그곳으로 옮겼습니다. 이것이 내가 손발의 엄지가락을 잃은 경위입니다.

사람들은 식사를 끝내고 (하고 요리사 우두머리는 이야기를 계속했습니다)

저마다 집으로 돌아갔는데 뜻밖에도 그 꼽추 사건이 일어난 것입니다. 제 이야기는 이것으로 끝입니다. 임금님께 알라의 은총이 내리시기를!

이 이야기를 듣고 난 왕은 말했습니다.

"그대 이야기는 꼽추 이야기보다 재미있다고 할 수 없어. 아니, 훨씬 못해. 역시 너희를 모두 교수형에 처하는 수밖에 없다."

그러자 유대인 의사가 앞으로 나와 바닥에 엎드리며 말했습니다.

"오, 현세를 다스리시는 임금님이시여, 저야말로 꼽추 이야기보다 훨씬 더 기이한 이야기를 들려 드리겠습니다."

"그렇다면 해보아라."

왕의 허락이 내리자 이번에는 의사가 이야기를 시작하였습니다.

유대인 의사 이야기

제가 아직 젊었을 때 저에게 매우 이상한 일이 일어났습니다. 저는 시리아의 다마스쿠스에서 공부하고 있었는데, 어느 날 집에 있으려니 태수님 댁에서 백인 노예병사가 찾아와서 말했습니다.

"저희 나리께서 부르십니다!"

나는 노예를 따라 태수님의 저택으로 찾아갔습니다. 큼직한 홀에 들어가 보니 안쪽에 황금으로 장식한 삼나무 침상이 있고, 거기에 아름다운 젊은이가 누워 있었습니다. 아름답기로 세상에 둘도 없으리라 싶을 만큼 이목구비가 수려한 젊은이였습니다. 제가 머리맡에 앉아 병이 빨리 낫도록 기도드리자 그는 눈을 들어 감사의 뜻을 나타냈습니다.

"자, 손을 좀 보여주십시오."

내가 말하자 젊은이가 왼손을 내밀기에 저는 깜짝 놀라 생각했습니다.

"이토록 아름다운 도련님이, 이런 대갓집 도련님이 예의를 모르시다니 이상한 일이다. 아마도 거만해서 그런 모양이다."

아무튼 저는 맥을 짚고 나서 처방을 써주고 열흘 동안 왕진을 계속했습니다. 열흘째가 되자 병자는 완쾌하여 목욕도 할 수 있게 되었습니다.[*50] 태수는 기뻐하며 아름다운 옷을 주시고 저를 다마스쿠스 병원[*51]의 원장으로 임명했습니다. 저는 젊은이를 따라 뜸질 목욕탕에 갔는데 목욕탕은 이 젊은이를 위해 통째로 빌려둔 것이었습니다. 종들이 그를 부축하여 안까지 들어가 옷을 벗겼습니다. 알몸이 된 젊은이를 보니 오른손이 최근에 잘렸는데 병이 난 것도 그 때문이었던 것입니다. 그 모습을 보고 깜짝 놀란 저는 그를 매우 측은히 여기며 좀더 자세히 살펴보니 온몸에 채찍자국이 나 있고 고약이 붙어 있지 않겠습니까? 저는 더욱 놀랐고, 제 얼굴에 나타난 놀라움을 본 젊은이가 말했습니다.

"선생님, 너무 놀라지 마십시오. 목욕을 하고 나서 얘기해 드릴 테니까요."

몸을 씻고 나자 젊은이의 저택으로 돌아가 간단한 식사를 한 다음 잠깐 휴식을 취했습니다. 그러고서 젊은이가 저에게 물었습니다.

"식사준비를 제대로 하여 무언가 대접하고 싶은데, 어떠십니까?"

"감사합니다."

젊은이는 노예들에게 명하여 양탄자와 보료를 내오게 하고는 새끼 양을 굽고 과일을 가져오게 했습니다. 노예들이 분부대로 준비하자 우리는 함께 식사를 했는데 무엇을 하든 젊은이는 왼손만 쓰고 있었습니다. 한참 뒤 제가 말했습니다.

"이제, 당신의 신상 이야기를 들려주십시오."

"그럼 선생님, 내가 겪은 이야기를 들어 보십시오."

젊은이는 다음과 같은 이야기를 시작했습니다.

―나는 모술 태생으로 할아버지는 아들 아홉을 남기고 세상을 떠났습니다. 그 아홉 명 가운데 맨 위가 우리 아버지였지요. 성인이 되자 아홉 형제는 각각 아내를 맞았는데 아버지 말고는 아무도 자식을 보지 못했습니다. 아버지에게서 태어난 것이 바로 나였습니다. 그런 까닭에 나는 작은 아버지들 사이에서 온갖 사랑을 독차지하며 자랐습니다.

어느 금요일이었는데, 나는 우연히 아버지와 작은아버지들을 따라 모술의 이슬람교 대본산으로 가서 참배 온 사람들과 함께 기도를 올렸습니다. 다른 참배자들이 돌아가고 나서도 아버지와 작은아버지들만은 뒤에 남아 외국의 신기한 이야기와 여러 도시의 기묘한 풍경 등을 이야기하고 있었습니다. 마지막에 이집트 이야기가 나오자 작은아버지 한 분이 말했습니다.

"여행자들의 이야기를 들어보면 이 세상에 카이로와 나일 강만큼 아름다운 곳이 없다더군요."

이 말을 듣자 나는 카이로에 가보고 싶어서 견딜 수가 없었습니다. 아버지도 이렇게 말했습니다.

"카이로를 보지 않은 자는 세계를 모른다고들 하지. 카이로에서는 모래도 모두 금이고 나일 강은 영원한 기적이야. 여자도 극락의 여신처럼 아름다워서 마치 그림에 그려진 인형 같단 말이야. 건물들도 궁전처럼 훌륭하고 나일 강 물은 푸르고도 달아서 소화를 잘 시킨다더군.*52 진흙조차 세상에 둘도 없는 약으로 팔리지. 마치 시인이 이렇게 노래하고 있듯이 말이야.

  나일 강이 범람하면*53
  그대는 돈을 벌지.
  이 풍요로운 토지에
  사는 사람은 오직 그대뿐.
  나일 강은 내 이별의 눈물
  고독을 푸념하는 사람은 나뿐.

거기다 공기가 맑고, 침향도 따라갈 수 없는 좋은 향기가 풍기지. 카이로야말로 세계의 어머니가 아니고 무엇일까. 이런 노래가 있어. 신께서는 아마 이 노래의 작자를 칭찬하실 거야.

  카이로의 낙원을 떠난다면
  어디서 찾을까 즐거운 곳을,
  이토록 향기롭고 아름다운 고장을.
  아무리 찬양해도 모자라는 이곳을
  어찌 쉽사리 버릴 수 있으랴.
  어느 곳의 궁전이든 에덴과 같아서
  화려한 이부자리 눈에 뜨이네.
  거리에는 사랑의 속삭임 들리고
  성자도 죄인도 서로 손을 맞잡고
  사랑하는 이들끼리 푸른 나무 그늘에서

알라의 자비로 서로 만남을 즐기네.
카이로는 좋은 곳, 비록 떠나 있어도
이 내 몸은 언제까지 잊지 않으리라.
그렇지만 카이로를 위해
서풍에 말하지 말라, 카이로 이야기를.
잘못하면 훈훈한 꽃동산 향기처럼
바람이 카이로를 앗아갈까 두렵구나.[*54]

그러니 만일 너희가 카이로를 보게 되면, 그 도시를 장식한 백화만발한 아름다운 꽃들과 나일 강의 조그만 섬들, 드넓고 시원한 조망과 아비시니아 저수지 같은 것을 목격하면, 그 색다른 풍경에 넋을 잃고 말 게야. 그토록 기막힌 경치는 아무데도 없을 테니까. 나일 강이 울창한 푸른 섬을 둘러싼 모습은 마치 흰자위가 검은 눈동자를 싼 것과 같다고나 할까, 은줄이 푸른 돌의 가장자리를 장식한다고나 할까. 참으로 아름답기 그지없지. 이러한 풍경을 다음과 같이 노래한 시인은 대단한 천부적 재능을 타고난 사람이야.

아, 성스러운 날이여.
아비시니아의 못가에서
연분홍 새벽빛에, 태양의 반짝임에,
푸른 벽을 적시는 푸른 물은
번쩍이는 칼날과 흡사하구나.
꽃밭에 앉아 둘러보면
자줏빛 시원스런 강가를 따라
물결은 유유히 흘러내리고
수면에는 구름 흐르고 잔물결 이네.
우리도 흥겹게 양탄자를 깔고
향기로운 술을 들면 슬픔 사라지네.
아, 넘치는 술잔 기울일 때
갈증을 씻어 주는 것은 술밖에 없구나.

그리고 전망대도 좋지. 그런 기막힌 경치보다 더한 것이 이 세상에 또 있을까. 그 조망의 매력은 보는 사람들 모두 입을 모아 이렇게들 말하지.

'참으로 훌륭한 경치로다!'

그리고 나일 강에 밀물이 차는 밤[*55]을 이야기한다면, 거기에 무지개를 보태면 더할 나위 없지. 해질녘 꽃동산의 서늘한 그림자가 저 멀리 넓게 경사를 이루어 어찌나 아름다운지 한 번 보기만 하면 마음을 빼앗겨, 너희는 아마 귀신에 홀린 것처럼 이집트를 동경하게 될걸. 해가 서쪽으로 지고 강물이 석양을 비추면 고운 일곱 빛깔 사슬갑옷을 입은 것처럼 찬란하단다.[*56] 이 시각에 너희가 카이로의 강가에 있다면 산들바람과 풍부한 그늘에 매혹당해 생명이 소생하는 듯한 싱싱한 기분을 맛볼 수 있을 게다."

아버지의 이러한 말에 다른 사람들도 모두 이집트와 나일 강에 대해 여러 가지 이야기를 시작했습니다. 이 말을 듣고 내 머리는 이집트에 대한 생각으로 가득 찼습니다. 이야기가 끝나고서 집에 돌아와 잠자리에 누웠지만, 이집트를 동경하는 마음이 더욱더해져 잠을 이룰 수 없었습니다. 무엇을 먹고 마시든지 도무지 맛이 없었습니다. 며칠 뒤 작은아버지들은 장사하러 이집트로 여행할 준비를 했습니다. 내가 아버지한테 매달려 눈물을 흘리며 애원하자, 마침내 아버지는 저에게도 적당한 상품을 준비해 주고 동행할 것을 허락해 주었습니다. 그러나 아버지는 작은아버지들에게 말했습니다.

"이 아이는 카이로까지 데리고 가지 마라. 다마스쿠스에 남겨두고 자기 상품을 팔게 해."

나는 아버지에게 작별인사를 드리고 모두를 따라 모술에서 출발하여 알레포까지 갔습니다. 거기서 며칠 묵은 다음 다시 여행을 계속하여 마침내 다마스쿠스에 이르렀습니다. 이 도시는 마치 낙원과 같아 나무가 울창하고 냇물이 흐르며 새들이 노래하고 온갖 과일들이 풍성했습니다. 우리는 한 대상객주에 묵게 되었는데, 여기서 작은아버지들은 자기네 상품을 파는 한편 내 상품도 팔고 사고 해 주었습니다. 이리하여 은화 한 닢으로 사들인 물건이 다섯 곱 벌이가 되자 나는 아주 신났습니다. 이윽고 작은아버지들은 나만 남겨두고 이집트를 향해 출발했습니다.

다마스쿠스에 남은 나는 어떤 보석상한테서 한 달에 은화 두 닢으로 집을 빌려 살았는데, 그 집의 아름다움은 도저히 입으로 다 말할 수 없을 정도였습니다. 나는 그 집에서 먹고 마시며 가진 돈을 쓰면서 지내고 있었습니다. 그런데 어느 날 집 대문 앞에 앉아 있으니 훌륭한 옷차림을 한 젊은 여자가 가까이 다가오더군요. 그렇게 아름다운 옷을 본 것은 태어나서 처음이었습니다. 내가 눈짓하자*57 여자는 조금도 망설이지 않고 집 안으로 들어왔습니다. 나도 여자를 따라 집으로 들어와 문을 잠갔습니다. 그러자 여자가 베일을 벗었는데 마치 그림 속의 달처럼 세상에 드문 아름다운 얼굴이었습니다. 나는 첫눈에 그만 사랑의 포로가 되고 말았습니다.

그래서 나는 일어나서, 가장 좋은 음식과 과일을 비롯하여 그 자리에 어울릴 만한 것은 모조리 차려놓고 서로 희롱하면서 함께 먹었습니다. 식사가 끝나자 우리는 취할 때까지 술잔을 나누었습니다. 그런 다음 함께 잠자리에 들어 기막히게 즐거운 하룻밤의 인연을 맺었습니다. 이튿날 아침이 되어 은화 10닢을 여자에게 주었더니, 여자는 고개를 숙이고 눈살을 찌푸린 채 노여움에 떨리는 목소리로 외쳤습니다.

"아, 너무하시는군요! 나의 사랑하는 분, 제가 당신의 돈이라도 탐내는 줄 아세요?"

그러더니 여자는 속옷*58 품에서 금화 15닢을 꺼내 제 앞에 놓으면서 말했습니다.

"알라께 맹세코, 이 돈을 받지 않으시면 두 번 다시 당신한테 오지 않겠어요."

내가 돈을 받자 여자는 다시 말했습니다.

"오, 나의 사랑하는 분, 사흘 안에 다시 찾아오겠어요. 해질 무렵에서 저녁시간 사이에 찾아 뵐 테니, 이 돈으로 우리 두 사람을 위해 어젯밤과 같은 음식을 준비해 두세요."

여자는 이렇게 말하고 일어나 갔는데, 나의 혼은 여자 뒤를 따라가 버리고 남은 것은 알맹이 없는 껍데기뿐이었습니다.

사흘이 지나자 여자는 다시 찾아왔습니다. 금실을 가로로 섞어 짠 천을 두르고 있었는데, 의상과 패물이 전보다 더 찬란했습니다. 나는 여자가 오기 전에 자리를 마련하고 식사준비를 해두었으므로 곧 전과 같이 먹고 마신 뒤 함께 잤습니다.

아침이 되자 여자는 또 금화 15닢을 나에게 주면서 사흘 뒤에 다시 찾아오겠다고 약속했습니다. 그래서 준비를 하고 기다리고 있으니, 여자는 약속한 시간에 처음보다도 두 번째보다도, 훨씬 더 화려한 옷을 입고 나타나서 말했습니다.

"저 예뻐요?"

"예쁘고 말고요. 당신은 정말 미인이오!"

"다음에 올 때 저보다 훨씬 더 예쁘고 젊은 여자를 데리고 오면 안 될까요? 함께 놀면서 당신을 재미있게 웃도록 해 주고 싶어요. 그분은 오래전부터 슬픈 일이 있어서 어딘가 밖으로 나가 저와 함께 하룻밤을 지내고 싶대요."

"좋습니다, 언제라도."

우리는 술을 마시고 취한 끝에 함께 잤고, 아침이 되자 여자는 또 금화 15닢을 주었습니다.

"다음에 데리고 올 젊은 여자를 위해 음식을 더 많이 준비해 두세요."

나흘째 되는 날 언제나처럼 집 안을 치우면서 준비하고 있으니, 해가 떨어지자 곧 여자가 베일을 쓴 처녀 하나를 데리고 조심스레 들어왔습니다. 여자들이 집 안에 들어와 앉았을 때, 나는 그 두 사람을 보고 다음과 같은 노래를 불렀습니다.

> 인생은 즐겁구나, 이 복 많은 운명이여,
> 욕 잘하는 풍자꾼이 어디 가고 없을 때
> 사랑과 환희에 현기증이 이는구나.
> ―이것은 둘도 없는 술의 공덕.
> 보름달은 구름에서 나와 교교히 빛나고
> 연둣빛 가는 가지 좌우로 움직일 때
> 붉은 장미는 싱싱하게 뺨을 물들이고
> 수선화는 사랑에 병든 힘없는 눈을 뜬다.
> 두 손에 꽃을 즐기는 이날
> 우리 사랑의 달콤함이여, 굳은 맹세여.

나는 두 여자를 만난 것이 기뻐서 정신없이 맞아들여 촛불을 밝혔습니다.

여자들은 무거운 겉옷을 벗었는데, 처음 찾아온 처녀가 베일을 벗는 것을 보니 보름달처럼 환하고 아름다워 이보다 더 아름다운 처녀는 이 세상에 없을 거라는 생각이 들 정도였습니다. 함께 식사를 하면서 새로 온 손님에게 특별히 먹을 것을 집어주기도 하고 잔에 철철 넘치도록 술도 따라주어 같이 마시기도 했습니다. 그러자 첫 번째 여자가 은근히 샘을 내며 나에게 물었습니다.

"알라께 맹세코! 저보다 이분이 훨씬 더 아름답죠?"

"정말 아름답소!"

"그럼, 오늘 밤은 이분과 함께 주무세요. 나는 당신의 가족이지만 이분은 손님이니까요."

"그렇다면, 기꺼이 그렇게 하지요."

여자가 일어나더니 요*59 대신 양탄자를 깔아주었으므로 그날 밤 나는 젊은 처녀를 품고 잤습니다. 아침이 되어 눈을 떠보니 온몸이 축축이 젖어 있어서 땀을 흘린 탓이겠지 하고 생각했습니다. 그래서 일어나 앉아 처녀를 깨우려고 어깨에 손을 대고 흔들자 내 손에 피가 벌겋게 묻고 처녀의 목이 베개에서 굴러 떨어졌습니다. 나는 소스라치게 놀라 큰 소리로 외쳤습니다.

"오, 전능하신 수호자여, 부디 가호를 내리소서!"

처녀의 목이 잘려 있는 것을 알고, 자기도 모르게 벌떡 일어난 나는 눈앞이 캄캄해졌습니다. 처음의 그 연인을 찾아보았지만 아무데도 없었습니다. 나는 그 여자가 시기심을 못 이겨 이 처녀를 죽인 것으로 생각했습니다.*60

"영광되고 위대하신 신 알라 외에 주권 없고 권력 없도다! 아, 이 일을 대체 어떻게 해야 한단 말이냐!"

잠시 생각한 끝에 나는 옷을 벗고 알몸이 되어 마당 한복판에 구덩이를 팠습니다. 거기에 죽은 처녀를 보석과 황금장식을 단 채 묻어 주었습니다. 그리고 시체 위에 흙을 덮고 대리석 석판을 원래대로 끼워두었습니다. 그러고 나서 몸을 깨끗이 씻고 깨끗한 새 옷으로 갈아입었습니다. 몸단장을 한 다음 있는 돈을 몽땅 몸에 지니고 집에 자물쇠를 채우고서 밖으로 나갔습니다. 그리고 용기를 내어 집주인을 찾아가 1년 치 집세를 미리 주면서 말했습니다.

"지금부터 카이로의 작은아버님들한테 다녀오겠소."

나는 그 길로 곧장 이집트에 가서 작은아버지들 사이에 끼어들었는데 작은아버지들은 매우 기뻐하며 환영해 주었습니다. 그때는 벌써 물건을 다 팔

고 장사가 끝나 있었을 때였습니다. 작은아버지들이 물었습니다.
"무엇 하러 여기 왔니!"
"작은아버님들이 보고 싶어서요."
이렇게 대답했으나 돈을 가지고 있다는 것은 알리지 않았습니다.
그로부터 1년 동안, 작은아버지들과 함께 지내면서 카이로와 나일 강의 환락을 마음껏 즐겼습니다. 나는 먹고 마시고 한껏 놀면서 돌아다녔습니다. 이윽고 작은아버지들의 귀국날짜가 가까워지자, 나는 거기서 도망쳐 나와 몸을 감추었습니다. 놀란 작은아버지님들이 사방으로 나를 찾았지만 알 길이 없었습니다.
"그놈은 다시 다마스쿠스로 돌아갔나 보다."
작은아버지들이 출발하고 나는 숨어 있던 집에서 나와 카이로에서 3년 동안 살았습니다. 그러다가 마침내 빈털터리가 되고 말았습니다. 그때까지는 해마다 다마스쿠스의 집으로 집세를 보내고 있었는데, 마침내 1년 치 집세를 보낼 돈마저 떨어지자 걱정이 되기 시작했습니다. 하는 수 없이 다마스쿠스로 돌아갔더니, 집주인인 보석상인이 나를 보고 아주 반갑게 맞이해 주었습니다. 그래서 아직 탄로 나지 않았다는 것을 알았습니다. 집에는 자물쇠가 채워져 있고 모든 게 그대로였습니다. 나는 벽장을 열고 옷과 필요한 물건을 꺼내다가 그날 밤 목이 잘린 처녀와 함께 자던 자리 밑에서 기막히게 아름다운 보석이 10개나 박힌 금목걸이를 발견했습니다. 나는 그것을 주워 피를 씻고서 가만히 들여다보며 한참 동안 눈물을 흘렸습니다. 그런 다음 그 집에서 이틀 동안 묵은 뒤 사흘 만에 목욕하고 옷을 갈아입었습니다. 그때 나는 돈이 한 푼도 없었기 때문에 악마가 속삭이는 유혹을 물리칠 힘이 없었습니다. 그다음부터는 운명의 신이 명령하는 대로 모든 일이 흘러갔습니다.
다음 날 나는 그 보석 목걸이를 시장에 가지고 나가 어떤 거간꾼에게 맡겼고, 그는 보석상으로 나를 데리고 갔습니다. 그리고 가게 앞에 앉혀놓고는 장이 한창 설 때까지 기다리라고 했습니다. 이윽고 시장이 붐비기 시작하자 거간꾼은 목걸이를 가지고 가서 나 몰래 넌지시 흥정을 붙였습니다. 금화 2천 닢의 흥정이 붙자 거간꾼은 나에게 와서 이렇게 말하는 것이었습니다.
"어떻게 할까요? 이 목걸이는 금이 아니라 구리로서, 프랑크인[61]이 하는 방법을 모방하여 만든 가짜라 값이 은화 1천 닢밖에 나가지 않습니다."

"괜찮소. 구리제품이라는 것은 나도 알고 있었소. 어떤 부인을 놀려주려고 만든 거니까. 하지만 내 아내가 이것을 손에 넣었으니 지금은 팔아버릴까 하오. 은화 1천 닢이라도 좋으니 팔아주시오."

—여기서 날이 새는 것을 깨닫고 샤라자드는 이야기를 그쳤다.

29번째 밤

오, 인자하신 임금님, 어젯밤 이야기는 그 아름다운 젊은이가 거간꾼에게 은화 1천 닢이라도 좋으니 목걸이를 팔아달라고 한 데까지였습니다.

—거간꾼은 수상하다는 생각이 들었는지, 곧 시장 감독에게 가서 목걸이를 보였습니다. 감독은 그것을 경비대장을 겸하고 있는 총독에게 가지고 가서 뻔뻔스럽게 이런 거짓말을 했습니다.
"이 목걸이는 저희 집에서 도둑맞은 물건인데 그 도둑이 상인처럼 차리고 있는 것을 보았습니다."
그리하여 이쪽에서 전혀 눈치채지 못하는 사이에, 마수가 뻗어와 나는 포박당한 채 총독 앞으로 끌려나갔습니다. 총독은 저에게 목걸이에 대해 심문했습니다. 그래서 거간꾼에게 말한 대로 진술했으나 총독은 웃으며 상대하지 않았습니다.
"네가 이야기하는 것은 거짓말이다."
어찌해야 좋을지 망설이는 사이, 병사들이 내 옷을 벗기고 종려나무 채찍으로 갈빗대 언저리를 사정없이 후려쳤습니다. 나는 그 고통을 이기지 못해 마침내 훔친 것을 자백했습니다. 그러나 마음속으로는 이렇게 생각하고 있었지요.
"이 목걸이 주인이 우리 집에서 살해당한 일이 발각되는 것보다 차라리 훔쳤다고 하는 것이 낫다. 만일 사실이 발각된다면 그 보복으로 나는 죽는다."
관리들은 나를 목걸이 도둑으로 기록하고 내 오른손을 잘라버리더니 상처를 끓는 기름에 담가 소독*62해 주었습니다. 나는 너무 아파서 정신을 잃었다가 포도주를 마시고 가까스로 숨을 돌렸습니다. 그런 다음 잘려나간 한쪽 손을 주워들고 집으로 돌아가는데 집주인이 나를 불러세우고 이렇게 말했습니다.

"이보시오, 젊은 양반, 일이 이렇게 되었으니 집을 비워주어야 하겠소. 다른 데 집을 구해 보시오. 도둑 죄를 지은 사람에게 집을 빌려 줄 수는 없소. 당신은 잘생긴 젊은이지만 누가 도둑 따위에게 동정하겠소!"

"주인 양반, 다른 집을 마련할 때까지 2, 3일만 기다려주시오."

"그렇게 하시오."

집에 돌아온 나는 가만히 앉아 울면서 중얼거렸습니다.

"이렇게 한쪽 손이 잘린 몸으로 어떻게 아버님 앞에 돌아갈 수 있단 말인가. 집안사람들에게 내가 누명을 썼다 한들 누가 알아주랴. 하는 수 없다. 알라의 뜻으로 어떻게 되겠지."

그런 다음 이틀 동안 집에 틀어박혀 멍하니 앉아 아무것도 하지 못하고 있었습니다. 사흘째 되던 날 별안간 집주인이 호위병 몇 사람과 목걸이 도둑 죄를 뒤집어씌운 시장 감독을 데리고 뛰어들었습니다.

"대체 무슨 일이십니까?"

그들은 아무 대꾸도 하지 않고 다짜고짜 나를 꼼짝 못하게 붙들고 목에 쇠사슬을 감았습니다.

"네놈이 가지고 있던 목걸이는 다마스쿠스 대신이자 부왕(副王)이신 분의 물건이라는 게 밝혀졌다. 그 목걸이는 3년 전 공주와 함께 저택에서 사라진 것이란 말이다."

나는 이 말을 듣고 완전히 낙담하여 중얼거렸습니다.

"내 목숨도 이제 마지막이구나! 이렇게 된 바에야 모든 것을 총독에게 털어놓는 수밖에 없다. 꼭 죽어야 한다면 목숨을 내주고 만일 이해해 준다면 혹시 용서받을 수 있을지 모르니까."

나는 대신의 집으로 끌려가 대신에게 직접 심문을 받았습니다. 대신은 두 손으로 내 얼굴을 받쳐 들고 한참 들여다보더니 이윽고 지사에게 말했습니다.

"왜 이자의 손을 잘랐느냐? 불행한 자다, 아무 죄도 없는데. 이런 자의 손을 자르다니 당치도 않은 누명을 씌웠구나."

이 말에 힘을 얻은 나는 어쩌면 좋은 일이 있을 것도 같아서 대신에게 말했습니다.

"오, 나리, 저는 결코 도둑이 아닙니다. 나쁜 모함에 빠져 억울한 죄를 뒤집어썼습니다. 시장 한복판에서 매를 맞고 자백을 강요당해 아픔을 견디지 못하여 마음에도 없이 도둑이라고 자백했습니다. 그것은 저는 전혀 모르는 일입니다."

"걱정 마라. 이젠 고생하지 않아도 될 테니."

이렇게 말하며 대신은 시장 감독을 감옥에 처넣도록 명령하고 감독에게 말했습니다.

"너는 이 젊은이에게 그의 손을 자른 데 대한 보상금을 치러야 한다. 만일 지급하지 않을 때는 너를 교수형에 처하고 재산을 모두 몰수할 테다."

대신의 명령으로 병정들은 나를 남긴 채 감독을 잡아끌고 갔습니다. 나와 대신만 남게 되자 내 목의 쇠사슬과 묶었던 팔을 풀어주고 그는 나를 찬찬히 바라보면서 친절하게 말했습니다.

"젊은이, 나를 믿어라. 그리고 그 목걸이가 어떻게 네 손에 들어가게 되었는지 숨김없이 말해다오."

그리고 다음과 같은 시를 읊었습니다.

진실을 말하면 화형에 처한다고
비록 위협을 당하더라도
오로지 진실만 말하는 것이
그대에게 어울리는 올바른 행위.

"오, 대신님, 절대로 거짓을 고하지는 않겠습니다."

그리고 첫 번째 여자와 나 사이에 일어났던 일을 밝히고, 그 여자가 다른 처녀를 데리고 와서 시기한 나머지 살해한 사연을 되도록 자세히 이야기했습니다. 대신은 그 말을 들으면서 머리를 젓거나 오른손으로 왼손을 두드리기도 하면서*63 매우 흥분해하는 모습이더니 다 듣고 나자 손수건으로 얼굴을 가리고 한참 동안 눈물을 흘렸습니다. 이윽고 그는 정신을 차리고 이렇게 노래했습니다.

이 세상은 쓰라린 슬픔에 차서
모두 우울한 병에 걸렸네.
만나고 헤어짐은 뜬세상의 법칙
이별을 모르는 사람은 없네.

노래를 마치자 대신은 나에게 말했습니다.
"실은 처음에 너를 찾아간 여자는 내가 감금하고 있던 큰딸이다. 그 딸이 나이가 찼을 때 나는 카이로에 있는 형님의 아들, 즉 사촌오빠에게 시집을 보냈다. 그런데 얼마 안 되어 그 오라비가 죽자 딸은 집으로 돌아왔는데, 딸은 그때 이미 카이로 사람들의 음란한 짓과 추잡한 풍습에 물들어 있었지.*64 그래서 너의 집을 네 번이나 찾아갔고 나중에는 제 동생까지 끌어내 간 것이야. 그 둘은 친자매로 서로 무척 사랑했어. 언니는 너와 정사를 경험하고 그 비밀을 동생한테 고백한 모양이야. 동생은 저도 가고 싶어서 함께 데려가 달라고 졸랐을 것이다. 그래서 언니는 너의 허락을 얻어 데리고 간 거지. 그날 큰딸이 혼자 돌아와 울고만 있기에 이상히 여기고 동생은 어쨌느냐고 물었더니 대답했지.

'저는 그 아이 일을 전혀 몰라요.'

그러나 이윽고 큰딸은 모든 일을 제 어머니에게 털어놓았고 나도 알게 되었지. 그 뒤 큰딸은 눈물로 세월을 보내며 슬퍼하더니 마침내 어느 날 심장이 터져 죽고 말았지. 그리하여 모든 일은 끝난 거지. 이렇게 된 인연을 잘 생각해 봐라. 그래서 말인데, 너에게 주고 싶은 게 있다. 싫다고 거절하면 안 된다. 즉 내 막내딸을 네 배필로 맞아달라는 얘기다. 그 아이는 아직 숫처녀이고 언니들과는 어머니가 다르니*65 안심하여라. 게다가 너에게 지참금을 바라지 않음은 물론이고 녹봉을 정해서 내 아들 대신 이 집에서 살아주었으면 한다."

"분부대로 하겠습니다. 저로서는 이보다 더한 행복이 어디 있겠습니까?"

대신은 곧 법관과 증인을 불러 그의 딸과 나의 결혼증서를 작성케 했습니다. 그리하여 나는 그 대신의 딸에게 장가를 든 것입니다. 게다가 대신의 주선으로 시장 감독한테서 막대한 배상금을 받았고 대신의 사랑도 여간 깊지 않았습니다. 올 들어 아버지가 돌아가셨다는 소식을 듣고 대신은 급히 사람을 시켜 국왕이 친히 서명한 편지를 보내 아버지의 유산을 모두 옮겨오게 해 주었습니다. 그래서 지금은 나도 이렇게 안락하게 사는 것입니다. 이것이 내 오른손이 잘린 경위입니다.

여기까지 이야기한 유대인 의사가 말을 이었습니다.

"저는 이 젊은이의 신상 이야기를 듣고 매우 놀랐습니다. 그 뒤 사흘 동안 젊은이의 집에 묵은 뒤 돈을 후히 받아 그곳을 떠나 동쪽으로 계속 여행하여 마침내 이 도성에 이르렀습니다. 그리고 머물러 있는 동안 이 도시가 무척 마음에 들어 이곳에 거처를 정했는데 아시는 바와 같이 우연히 꼽추 사건이 일어나 이렇게 된 것입니다."

이 말을 듣고 중국 왕은 머리를 가로저으며*66 말했습니다.

"너의 이야기는 꼽추 이야기만큼 신기하지도 이상하지도 않다. 아무래도 너희를 모두 교수형에 처할 수밖에 없어. 그런데 아직 이 범죄의 장본인인 재봉사가 남아 있군."

그러더니 이렇게 덧붙였습니다.

"여봐라, 재봉사, 만일 네 이야기가 꼽추 이야기보다 더 재미있다면 모두의 죄를 용서하고 목숨을 살려주겠는데 어떠냐?"

그래서 재봉사는 앞으로 나아가 다음과 같은 이야기를 시작했습니다.

재봉사 이야기

오, 현세를 다스리시는 임금님이시여, 실은 어제 꼽추를 만나기 전에, 세상에 둘도 없는 이상한 사건이 일어났습니다. 어제는 아침 일찍 친구 결혼식에 초대받고 갔는데 거기에는 이 도시의 기술자들이 20명쯤 모여 있었습니다. 그중에는 재봉사, 방직공, 목수들이 끼여 있었지요. 해가 뜨자 곧바로 식사가 나왔는데, 그때 집주인이 한 젊은이를 데리고 들어왔습니다. 바그다드 태생의 외국인으로 얼굴이 아름답고 세상에서 보기 드문 훌륭한 옷을 입고 있었으나 안타깝게도 한쪽 다리를 절었습니다.

젊은이는 방으로 들어와 저희에게 인사를 하자 모두 일어나 그를 맞이했습니다. 그런데 젊은이는 자리에 앉으려다가 손님 가운데 이발사가 있는 것을 보더니 별안간 앉다 말고 방에서 나가려고 했습니다. 우리를 비롯하여 집

주인도 함께 그를 붙들고 나가면 안 된다고 말하면서 물었습니다.

"대체 어찌 된 일이오? 들어오자마자 곧 다시 나가려고 하다니."

그러자 젊은이는 대답했습니다.

"주인장, 알라께 맹세코, 제발 나를 그냥 내버려두십시오. 이대로 나가려 한 것은 저기 있는 저 재수 없는 이발사, 얼굴이 검은 검둥이, 저런 쓸모없는 놈이 있기 때문입니다."

이 말을 들은 주인은 깜짝 놀라 말했습니다.

"바그다드 태생인 젊은이가 어째서 저 이발사에 대해 화를 내고 당황해하는 것일까?"

그래서 저희도 그 외국인을 바라보면서 물었습니다.

"당신이 저 이발사를 보고 화내는 이유를 들려주시지 않겠습니까?"

"실은 여러분, 나는 고향인 바그다드에서 이 이발사 때문에 혼난 적이 있습니다. 내가 절름발이가 된 것도 다 저놈 때문이지요. 그래서 나는 저놈과 한자리에 앉지 않으리라 결심하고, 저놈이 사는 거리에서는 잠시도 지내지 않으리라고 맹세하면서 바그다드를 떠나 멀리 이 도시까지 여행 온 것입니다. 그런데 오자마자 또 저놈을 만나고 말았으니 내일까지 기다릴 것도 없이 곧 이곳을 떠날까 합니다."

그래서 모두 젊은이를 향해 말했습니다.

"제발 그 곡절을 들려주시오."

그러자 젊은이는 다음과 같은 이야기를 시작했습니다(이발사 얼굴은 젊은이의 이야기가 진행됨에 따라 갈수록 파랗게 질려갔습니다).

—여러분, 우리 아버지는 바그다드에서도 손꼽히는 상인이었습니다. 전능하신 알라께서는 나 하나밖에 자식을 주시지 않았습니다. 내가 무사히 자라 성인이 되자 아버지는 알라의 부르심을 받고 세상을 떠나셨습니다. (알라의 이름을 찬양합시다!) 그러나 재물과 환관을 비롯하여 하인과 노예를 남겨주셔서 나는 날마다 좋은 옷을 입고 맛있는 음식을 먹으며 안락하게 살고 있습니다. 그런데 어찌 된 일인지 나는 태어날 때부터 여자가 싫었습니다.

어느 날 바그다드 거리를 거닐다가 정면에서 많은 여자가 걸어오는 것을 보고 나는 얼른 몸을 피해 골목으로 뛰어들어갔습니다. 공교롭게도 그 골목은 막다른 길이라 빠져나갈 수가 없어 하는 수 없이 골목 안 돌의자에 앉았습니다. 그러자 맞은편 집 격자창이 활짝 열리더니 젊은 처녀가 창가에 나타났습니다. 마치 보름달같이 빛나는 아름다운 처녀였습니다. 그렇게 아름다운 여자를 본 것은 태어나서 처음이었습니다. 처녀는 창가에 있는 화초에 물을 주면서 눈길을 돌리다가 내가 바라보는 것을 깨닫자, 문을 탁 닫고 안으로 들어가 버렸습니다.

나는 처녀의 아름다움에 그만 홀딱 반해 갑자기 가슴속에서 욕정의 불길이 활활 타올랐습니다. 그토록 여자를 싫어하던 내가 그 여자를 본 순간부터 성격이 변해 여자가 좋아지고 말았습니다. 나는 멍하니 언제까지나 거기 앉아 있었습니다. 이윽고 해가 질 무렵 시(市)의 판관이 말을 타고 앞에는 노예를 뒤에는 환관을 거느리고 나타났습니다. 그리고 아까 그 처녀의 집 앞에서 말을 내려 안으로 들어가는 것이었습니다. 그 모습으로 보아 그 판관이 처녀의 아버지임을 알았습니다. 나는 실망하여 집으로 돌아와 침상에 몸을 내던지고 고민했습니다. 이윽고 시녀들이 들어와 내 분부를 기다렸지만 내가 한 마디도 말하지 않자 그녀들은 걱정하여 울기도 하고 한탄하기도 했습니다. 얼마 뒤 한 노파가 들어와 나를 보더니 한눈에 나의 고민을 눈치챘습니다. 노파는 내 머리맡에 앉아 상냥하게 물었습니다.

"여보세요, 도련님, 나에게 모든 것을 털어놓으세요. 그러면 내가 그분과 인연이 맺어지도록 해 드릴 테니까요."

이 말을 듣고 나는 모든 이야기를 털어놓았습니다. 그러자 노파는 말했습니다.

"그분은 바그다드의 판관 따님입니다. 아버지가 매우 사랑하여 엄중하게 집에 가둬놓고 밖에 내보내지 않는답니다. 당신이 본 창문은 그 처녀가 있는 방 창문인데, 아버지는 아래층 큰방을 쓰고 있지요. 처녀는 가끔 혼자 있을 때가 있고 저도 곧잘 그 집을 드나든답니다. 제가 중간에 나서지 않고는 도저히 그 처녀를 손에 넣을 수 없지요. 자, 마음을 가라앉히고 기운을 내세요."

노파는 이렇게 말하고 돌아갔는데 나는 노파의 말에 완전히 기운을 차렸습니다. 이튿날 아침 내가 힘차게 자리에서 일어나자 하인들이 굉장히 기뻐했습니다. 이윽고 노파가 또 찾아와 무척 실망한 듯이 말했습니다.

"도련님, 어떻게 해서 제가 그 처녀와 얘기를 나누었는지는 묻지 말아 주세오. 처녀에게 도련님 말씀을 전했더니 처녀는 큰 소리로 '이 망측한 할멈 같으니! 입을 닥치고 당장 그만두지 않으면 혼내줄 테야. 가장 끔찍한 꼴로 죽게 할 테야'라고 말하지 않겠어요. 하지만 다시 한 번 더 이야기해 봐야지요."

이 말을 듣고 나는 무척 실망하여 고민은 점점 더 깊어가고 몸도 약해지고 말았습니다. 문병 온 이웃 사람들은 이제 내 수명도 그리 오래가지 못할 거라고들 생각했습니다.

며칠 뒤 그 노파가 또 찾아와 내 귓전에 속삭였습니다.

"도련님, 이번에는 기쁜 소식을 가져 왔으니 상을 주셔야 해요."

이 말에 정신이 번쩍 든 나는 이내 기운을 차리고 말했습니다.

"주고말고. 뭐든지 할멈이 좋아하는 건 다 주지."

"어제 그 처녀한테 갔더니 내가 풀죽어 눈이 벌겋게 부은 것을 보고 '할머니,[67] 왜 그러세요? 무척 슬퍼 보이는데' 하고 묻지 않겠어요. 그래서 나는 눈물을 흘리면서 대답을 했답니다. '아가씨, 나는 조금 전까지 젊은 도련님 댁에 있었는데 그분이 어찌나 아가씨를 사모하는지 상사병에 걸려 거의 죽게 되었답니다.' 그랬더니 처녀는 마음이 누그러졌는지 물었지요. '할머니가 말하는 도련님이란 대체 누구인가요?' '나에게는 친아들처럼 귀엽고 소중한 분이라오. 얼마 전 아가씨가 창가에서 꽃에 물을 주고 있을 때, 그분이 아가씨 아름다운 얼굴과 그 고운 손목을 보고 첫눈에 아가씨를 사모하게 되었답니다. 전번에 왔을 때의 일을 그분에게 전했더니 그분은 점점 병이 더해져 자리에 누워 이제 다 죽게 되었습니다. 내가 말씀드리는 것은 조금도 거짓이 아닙니다.' 이렇게 말했더니, 처녀는 얼굴이 새파래지면서 '그게 다 나 때문이에요?' 하고 묻기에 나는 '그렇답니다, 알라께 맹세코![68] 어떻게 하면 좋을지' 하며 대답했습니다. 그러자 처녀가 '그럼, 곧 가서 잘 전해 줘요. 나야말로 그분의 곱절이나 사모하고 있다고. 그리고 금요일 기도시간 전에 우리 집으로 찾아오시라고 말해 줘요. 내가 내려가 문을 열어 드릴 테니. 그러면 내 방에서 한동안 함께 있을 수 있어요. 아버님이 사원에서 돌아오시기 전에 헤어지면 되니까요' 하고 말하더군요."

노파의 이야기를 듣자 내 병은 거짓말같이 나았습니다. 나는 가슴의 괴로움이 사라지고 마음이 흥거워져 입고 있던 옷을 모두 벗어 노파에게 주었습니다. 노파는 돌아가며 말했습니다.

"그럼, 안녕히 계세요."

나는 대답했습니다.

"난 이제 조금도 슬프지 않소."

집안사람들과 친구들도 나의 완쾌를 매우 기뻐해 주었습니다. 그럭저럭 하는 동안 금요일이 되었습니다. 그 노파가 찾아와 기분이 어떠냐고 묻기에 나는 대답했습니다.

"이젠 완전히 기운이 회복되었어."

나는 옷을 입은 뒤 온몸에 향수를 뿌리고 사람들이 기도드리러 가는 시간을 기다렸다가 처녀를 찾아갈 생각을 하고 있는데 노파가 말했습니다.

"아직 시간이 충분하니 목욕도 하고(병을 앓고 난 뒤이니까요) 머리도 깎으세요. 앓고 난 흔적을 없애도록 말이에요."

"옳은 말이오. 목욕은 방금 했으니 그럼, 어디 머리나 깎도록 할까."

나는 옆에 있는 시동에게 명했습니다.

"시장에 가서 이발사를 불러오너라. 조심성 있는 자가 좋아. 쓸데없는 말을 지껄이거나 꼬치꼬치 캐물으면서 수다를 떠는 자는 골치 아프니 그런 놈은 안 돼."[*69]

그렇게 주의를 시켰는데도 시동이 나가 데려온 것은 바로 여기 있는 저 얄밉고 망령든 영감이었습니다. 이자는 들어오자 내게 인사했고 나도 답례했습니다. 이발사가 말했습니다.

"어지간히 수척해지셨군요."

"몸이 좀 불편해서."

내가 대답하자 이 남자는 계속 지껄였습니다.

"알라여, 바라건대 이분의 괴로움과 슬픔, 그리고 한탄과 불평을 물리쳐 주시기를!"

나도 대답했습니다.

"알라께서 당신의 기도를 들어주시기를!"

"오, 나리, 모든 기쁨이 당신께 있으시기를, 아니 실제로 당신은 완쾌되셨으니까요. 머리를 미시렵니까, 아니면 피를 뽑으시렵니까? 이븐 아바스[*70]의 전설에 의할 것 같으면(알라시여, 아바스를 기리소서!) '금요일에 머리를 미는 자는 신의 뜻으로 인생 70년의 재난을 모면하리라'고 마호메트가 말한 것으로 되어 있고, 또 이런 말도 전해지고 있지요. '금요일에 피를 뽑는 자는 눈이 멀지 않을 것이고 여러 질병에 걸리지 않을 것이니라.'"

"수다는 그만 떨고 어서 머리나 깎아주게. 그런 이야기는 듣기 싫으니까."

그러자 이발사는 천천히 일어나 침착하게 손을 뻗어 보따리를 꺼내 풀었습니다. 그런데 여러분! 그 속에 은칠을 한 병행판(竝行板) 7개가 달린 관측의(觀測儀)가 들어 있지 않겠습니까? 이발사는 뜰 복판으로 나가더니 그 기계를 태양으로 돌려놓고 오래도록 관찰했습니다. 그것이 끝나자 그는 돌아와서 말했습니다.

"실은 말입니다. 금요일인 오늘이라는 날은 이미 지나갔습니다. 이 금요일은 헤지라, 즉 마호메트(끝없는 행복과 평화가 있을지어다!)가 메카에서 달아난 때로부터 653년째 사후르 달의 10일로, 알렉산더 기원으로는 7320년째의 팔도육분(八度六分)에 해당합니다. 거기다 오늘의 운수는 가장 정확한 계산학에 의하면 화성인데, 우연히도 수성과 서로 만나고 있습니다. 이것은 이발하면 운이 좋아진다는 것을 나타내는 겁니다. 또 당신이 어떤 분과 인연을 맺고 싶어 하고 있다는 것, 하지만 앞으로 그 교제는 좋지 않으리라는 것도 분명히 나타내고 있습니다. 그리고 나리 몸에 닥쳐올 어떤 징조도 나타나 있습니다만 그것에 대해서는 말씀드리고 싶지 않습니다."

나는 소리쳤습니다.

"이봐, 당신 말은 이제 지긋지긋해. 머리가 다 띵하구나. 게다가 당신 점괘는 나쁜 것뿐이잖아. 당신을 불러온 것은 머리를 밀기 위해서지 다른 볼일은 없단 말이야. 쓸데없는 말은 그만두고 어서 머리나 밀어주게."

"알라게 맹세코, 나리께서 지금 자신의 몸에 닥쳐올 일을 알게 되신다면 오늘 하루는 아무것도 하지 않으실 겁니다. 별점을 쳐 드릴 테니 점괘대로 하십시오."

"이것 참, 점성술이 능통한 이발사는 생전 처음이군. 아무튼 틀림없는 것은 당신이 쓸데없는 수다만 늘어놓는다는 사실이야. 당신을 부른 것은 머리를 밀기 위해서지 그 엉터리 수다를 듣자는 게 아니야."

"아니, 그것 말고는 바라시는 것이 없습니까? 알라께서는 자비롭게도 당신에게 점성가인 이발사를 보내주신 겁니다. 이 이발사는 연금술과 정통 마술*71에 통달했고 조사학(措辭學), 문법학, 사전학은 물론이요 논리학, 수사학, 웅변 등의 학문 및 수학, 산술, 대수, 천문학, 점성학, 기하학, 신학, 마호메트의 전설과 코란 해석에 이르기까지 두루 정통합니다. 나는 책을 충분히 읽었으며, 세상사라면 모든 일을 경험하여 잘 이해하고 있습니다.

한마디로 말씀드리면 모든 학문과 기술의 이론과 실제를 배웠습니다. 모든 것을 암송하고 온갖 학문에 밝습니다. 당신 아버님은 나의 겸손한 성격을 매우 사랑해 주셨습니다. 그러니 나리를 섬기는 것은 나에게 부여된 종교적인 의무입니다. 나는 나리가 생각하듯 그런 주제넘은 참견꾼이 아닙니다. 오히려 말이 없다느니 얌전하다느니 하는 소리를 들을 정도입니다. 그러니 나리께서는 알라께 감사를 드릴지언정 내가 한 말을 거역해서는 안 됩니다. 왜냐하면 나는 나리의 충실한 의논 상대로서 진심으로 나리의 몸을 염려하고 있기 때문입니다. 1년쯤 나리를 섬기게 해 주시면 나라는 사람을 아시게 될 것입니다. 그렇다고 해서 월급을 달라는 것은 아닙니다."

청산유수같이 막힘이 없는 이발사의 말을 듣고 나는 말했습니다.

"오늘은 틀림없이 당신의 그 수다가 나를 죽이고 말 거야."

―여기서 샤라자드는 날이 새기 시작한 것을 깨닫고 이야기를 그쳤다.

30번째 밤

오, 인자하신 임금님, 하고 샤라자드는 이야기를 계속했다.

젊은이는 이발사에게 말했습니다.

"오늘은 틀림없이 당신의 그 수다가 나를 죽이고 말 거야."

이 말에 이발사는 대답했습니다.

"나리, 나는 말수가 적기 때문에 여섯 형과 구별하기 위해 벙어리라는 별명이 붙어 있습니다. 왜냐하면 첫째 형은 수다쟁이 알 바크부크, 둘째 형은 떠버리 알 하다르, 셋째 형은 조잘망태 알 파키크라고 불립니다. 넷째 형은 온종일 입을 놀려서 알 쿠즈 알 카스와니, 말하자면 참새대장이라는 뜻이지요. 다섯째 형은 떠버리 알 나슈사르, 여섯째 형은 덜렁이 샤카시크라고 하며, 마지막 일곱째가 벙어리 알 사미트라는 이름으로 세상에 알려진 바로 여기 있는 이 사람입니다!"

이런 식으로 이발사가 갈수록 더 떠드는 통에 나는 쓸개주머니가 터질 것처럼 화가 치밀었습니다. 그래서 하인을 불러 말했습니다.

"이 이발사에게 4분의 1디나르 한 닢을 줘서 쫓아버려라. 이놈을 만드신 신의 이름으로 말하지만 오늘은 머리를 밀지 않겠다."

그러자 이발사는 소리쳤습니다.

"알라께 맹세코, 나리, 그건 너무 심한 말씀입니다. 나는 나리를 모신 뒤 만족해 주시기 전에는 동전 한 닢 받지 않아도 좋습니다. 나리께서 비록 내 마음을 몰라 주셔도 나는 나리의 마음을 잘 알고 있으니까요. 나는 나리의 아버님께 많은 신세를 졌습니다. 아버님은(그분에게 신의 은총이 내리시기를!) 정말 올바르고 도량 넓고 인심이 후하신 어른이었습니다. 어느 날인가 그날은 마침 오늘처럼 금요일이었는데, 아버님이 부르셔서 곧 찾아뵈었더니 사이좋은 친구 분들이 모여 계셨습니다. 아버님께서 피를 뽑아 달라 시기에 관측의를 꺼내 태양의 높이를 재어보니 운수가 불길하여 피를 뽑기에는 좋지 않은 시간임을 알았습니다. 그 말씀을 드렸더니 아버님께서는 내 말에 따라 적당한 시간이 될 때까지 미루셨습니다. 그래서 나는 아버님을 위해 이런 시를 지어 드렸습니다.

나리의 피를 뽑으러 왔지만
날의 운수가 매우 좋지 않아
진담 기담으로 위로 드리고
익살 재담으로 웃게해 드렸네.
나리는 웃으며 말씀하셨네.
'너야말로 지혜롭고 유쾌한 녀석'
그래서 대답으로 말씀드리길
아니외다, 나리, 천만의 말씀.
주변도 재간도 모두 빌려온 것.
자비와 천복, 인지와 관용
이것은 나리의 덕망이외다.
소인은 모자라는 지혜를 짜서

배움으로 세상에 보답합니다.

아버님은 매우 좋아하시며 하인에게, '저자에게 금화 103닢과 옷 한 벌을 줘라!'고 해서서 좋은 상을 얻었지요. 나는 운좋은 시간이 되기를 기다려 아버님의 피를 뽑았는데 절대 반대하시지 않으셨습니다. 오히려 아버님과 함께 자리하신 여러 친구 분들로부터도 고마운 말씀을 듣고 칭찬까지 받았습니다. 나는 가만히 있을 수 없어 아버님께 여쭈었습니다. '나리 무슨 까닭으로 금화 103닢을 주라고 하셨습니까?' 그러자 아버님이 말씀하시기를 '금화 1닢은 성좌를 관측한 대가이고, 1닢은 유쾌한 이야기를 들려주었기 때문이며 나머지 1닢은 피를 뽑은 요금, 그리고 나머지 백 닢과 옷은 나를 찬양해 준 너의 노래에 대한 상'이라고 하셨습니다."

이 말을 듣고 나는 외쳤습니다.

"아버님이 당신 같은 사람과 지냈다니 아버님께도 어지간히 신의 자비가 없었던 모양이군."

"알라 외에 신 없고 마호메트는 신의 사도이다! 모양은 바꾸셔도 본체는 바꾸지 않는 신께 영광 있으라! 나는 나리가 분별 있는 분인 줄 알았는데 병 탓인지 어처구니없는 말씀을 하시는군요. 알라는 경전 속에서*72 '낙원은 노여움을 가라앉히고 남을 용서하는 선인을 위해 있느니라'고 말씀하셨습니다. 그러니 나는 나리가 무슨 말을 하셔도 참겠습니다. 그러나 이해할 수 없는 것은 나리가 몹시 허둥대고 있다는 점입니다. 아시겠습니까? 나리의 아버님이나 할아버님은 무슨 일을 하시든 저와 미리 의논하셨답니다. 이런 속담이 있는데 정말 옳은 말입니다. '조언자에게 상을 주라'든가 '충고에 나쁜 것은 없다' 든가 하는 말씀입니다. 또 어떤 격언에는 '자기보다 나이 많은 의논 상대를 갖지 못한 자는 스스로 남을 다스릴 수 없다'고도 했습니다. 시인도 이렇게 말하고 있습니다.

큰일을 이룰 생각이거든
먼저 노련한 이에게 물어서
행여 그 말을 거역하지 말자!

정말이지 나처럼 모든 것을 잘 아는 사람도 없습니다. 그런 내가 나리를 도우려고 여기 있지 않습니까? 나는 결코 나리를 화나게 하려는 게 아닙니다. 그런데 어째서 나리는 나에게 화를 내십니까? 나는 무슨 일이 있어도 아버님에게서 받은 은혜를 갚는 뜻에서 화내지 않고 꾹 참을 작정입니다."

나는 도저히 참을 수가 없어 소리쳤습니다.

"어쩌면 혓바닥이 그렇게도 긴가? 정말 놀라워, 마치 나귀 꼬리 같군. 잘도 지껄여대는 작자야. 그 끝없는 수다에는 정말 질려버렸어. 머리를 밀기 위해 당신을 불렀으니 어서 일을 마치고 냉큼 돌아가!"

그러자 이발사는 내 머리에 비누를 칠하고 거품을 내면서 말했습니다.

"나리가 나를 성가시게 여긴다는 것은 잘 알고 있습니다. 하지만 나는 나쁘게 생각지 않습니다. 왜냐하면 나리는 아직 지혜도 얕고 도련님이니까요. 도련님을 목마 태워*73 학교에 데려가던 것이 꼭 어제일 같은 기분이 드는군요."

"제발 부탁이니 어서 일을 마치고 냉큼 돌아가라!"

나는 짜증이 나서 옷을 짝짝 찢었습니다.*74 이것을 본 이발사는 면도칼을 꺼내 갈기 시작했는데 언제까지나 그러고 있는지라 마침내 나는 정신이 이상해질 듯했습니다. 이발사는 가까스로 옆에 와서 머리를 밀기 시작하더니 조금 밀고는 손을 멈추고 다시 지껄이기 시작했습니다.

"내 말 좀 들으세요. 급한 것은 악마의 걸음걸이고, 참는 것은 은혜 깊은 신의 행위이십니다. 나리, 아직 나의 신분을 잘 모르시는군요. 내 이 손은 임금님을 비롯하여 태수, 대신, 성자, 현자, 그리고 법률박사의 머리까지도 만졌습니다. 나 같은 사람을 보고 시인은 이렇게 노래하고 있습니다."

> 무릇 손재주란 실에 꿴 구슬 목걸이
> 그중에도 이발사는 으뜸가는 진주
> 직업 중에 이발사가 으뜸가는 까닭은
> 임금님 머리도 이 손 아래 있기에.*75

나는 말했습니다.

"쓸데없는 소리는 지껄이지 마라. 너 때문에 가슴이 답답해 미칠 것만 같다."

"무척 성급하신 분이군요."

"그래! 그렇고말고! 틀림없이!"

"좀더 참을성을 기르셔야 하겠습니다. 성급함은 악마의 부정물(不淨物)이므로 후회와 저주와 파멸만 가져다줄 뿐이니까요. 알라께서는 (알라께 축복과 평화가 있기를!) 이렇게 말씀하셨습니다. '가장 뛰어난 소행은 깊은 생각이 깃든 행위니라'라고 말이지요. 하지만 나리의 경우에는 이해되지 않는 점이 있습니다. 무엇 때문에 그렇게 서두르십니까? 나로서는 아무래도 그게 좋은 일 같지 않습니다. 기도시간까지는 아직 3시간이나 있습니다. 그러나 이 시간이라는 것에 대해서는 분명히 밝혀 두고 싶습니다. 아니, 그 시간을 정확히 알아야 합니다. 정말이지 '의혹을 지닌 시간의 추측은 종종 해독을 끼친다'는 말이 있습니다. 나처럼 우수하고 유명한 인간은 특히 그렇지요. 흔해빠진 점성가들처럼 적당히 엉터리를 말해서는 안 되니까요."

이발사는 면도칼을 내려놓고 관측의를 집어 들어 양지바른 곳으로 나가 오랫동안 서 있었습니다. 이윽고 손가락을 꼽으면서 돌아와 말했습니다.

"기도시간까지 아직 3시간은 충분히 있습니다. 아무리 많은 학문을 닦은 천문학자에게 물어보아도, 아무리 슬기로운 달력 제작자에게 물어보아도 기도시간까지는 아직 3시간은 충분히 있습니다. 꼬박 3시간입니다."

"제발 입 좀 닥쳐주게. 내 간이 다 터져서 가루가 될 것 같으니까."

이렇게 소리치자 이발사는 면도칼을 집어 들고 아까처럼 갈더니 머리카락 두 가닥을 밀고는 또 손을 멈추고 말했습니다.

"아무래도 나는 나리가 서두르는 게 걱정입니다. 그 이유를 말씀해 주시면 좋을 텐데요. 아무리 생각해도 그게 좋겠어요. 아버님께서도 할아버지께서도 내 의견을 듣지 않고는 아무 일도 하지 않으셨으니까요."

아무래도 피할 수 없다는 걸 깨달은 나는 속으로 생각했습니다.

'기도시간도 가까워졌으니 사람들이 예배당에서 나오기 전에 그 처녀의 집에 가야겠어. 행여나 많이 늦기라도 하면 처녀를 못 만나게 될 테니까.'

그리고 이발사에게 말했습니다.

"빨리해! 쓸데없는 소리는 작작하고. 친구 집에서 열리는 연회에 나가야 한단 말이야."

연회라는 말을 듣고 이발사는 말했습니다.

"오늘은 나에게 정말 지긋지긋한 날입니다. 어제 친구들에게 초대장을 보내놓고도 대접할 음식준비를 완전히 잊고 있었으니까요. 이제야 그 일이 생각났습니다. 이래서는 내 체면이 말이 아니지요."

"그런 일이라면 걱정하지 마라. 나는 오늘 연회에 초대받았다고 하지 않았나. 그러니 빨리 일을 마치고 머리만 밀어주면 집에 있는 음식이고 술이고 모두 주겠다."

"오, 알라께서 좋은 보답을 내려주실 것입니다! 그럼, 댁에 있는 것으로 손님에게 낼 만한 것을 하나하나 말씀해 주십시오. 잘 외워둬야 하니까요."

"고기요리 다섯 접시, 가슴을 붉게 물들인*76 닭고기 10마리분, 구운 새끼 양 한 마리."

"한번 보고 싶습니다. 내 앞에 내오실 수 없겠습니까?"

그래서 나는 하인들을 시켜 그것들을 사든지, 빌리든지, 아니면 훔쳐서라도 구해 와서 이발사 앞에 늘어놓게 했습니다. 이윽고 모든 요리가 준비되자 이발사는 능청스럽게 말했습니다.

"술이 모자라는데요."

"집에 오래된 좋은 포도주가 한두 병은 있을 거야."

"그것도 내다 주십시오."

그것을 가져오게 하자 이발사는 말했습니다.

"정말 너그러우십니다. 하지만 아직 향유와 향수가 없군요."

나는 하인들을 시켜 최고급 혼합향료 나드*77와 함께 침향, 용연향, 순수한 사향 등 모두 금화 50닢에 해당되는 물건이 든 상자를 가져오게 했습니다. 그럭저럭 하는 동안 점점 시간이 다가와 나는 안절부절못하며 이발사를 재촉했습니다.

"자, 이걸 모두 줄 테니 무함마드(알라의 축복과 가호가 있으시기를!)의 이름을 걸고 빨리 머리를 밀어줘."

"아니오, 그 궤짝 속을 보지 않고는 받을 수 없습니다."

그래서 시동을 시켜 상자를 열게 하였더니 이발사는 관측의를 옆으로 밀어제치고 내 머리는 대부분 그냥 남겨 둔 채 아예 바닥에 주저앉아 향료와 침향, 향유 등을 모두 꺼내놓고 일일이 살펴보기 시작했습니다. 나는 금방이

라도 정신착란을 일으킬 것만 같았습니다. 이윽고 이발사는 면도칼을 들고
내 옆에 와서 다시 조금 머리를 밀고는 이런 노래를 불렀습니다.

　　어버이를 닮으리라, 이 아들도 장래에는,
　　오이넝쿨에 어찌 가지가 열릴까 보냐.*78

그리고 이발사는 말했습니다.
"나리, 나는 나리께 인사를 해야 할지 아니면 아버님께 인사를 해야 할지
모르겠습니다. 왜냐하면 오늘 저희 집 연회는 모두 인정 많으신 나리의 마음
씨 덕분이니까요. 내 친구들은 한 사람도 나리의 선물을 받을 자격이 없습니
다. 그래도 얼마쯤 재치 있는 사람도 있답니다. 목욕탕 주인 잔투트, 곡물장
수 사리아, 콩장수 시라트, 채소장수 아크라샤, 청소부 후마이드, 낙타몰이
꾼 사이드, 문지기 스와이드, 목욕탕 때밀이꾼 마카리슈, 파수꾼 카시치, 말
구종 카림이라는 자들이지요. 이 가운데 술버릇이 나쁜 자는 한 사람도 없습
니다. 쓸데없는 참견꾼도 없거니와 구두쇠도 없습니다. 모두 춤도 조금씩 출
줄 알고 개중에는 자작시를 읊는 녀석도 있지요. 대개는 댁의 하인들이나 노
예들과 마찬가지로 수다스러운 게 어떤 것인지 주제넘은 게 어떤 것인지조
차 모른답니다. 목욕탕 주인 놈은 북장단*79에 맞추어 멋진 노래도 부릅니
다. 일어서서 춤추며 이런 노래를 부르지요.

　　아, 어머니, 나는 항아리
　　담뿍 물을 긷는 참이오.

곡물장수 사리아 녀석은 누구보다 춤을 잘 추어서 이런 노래를 부르며 춤
춘답니다.

　　이봐요, 울보 여자, 나의 정부여
　　울어서 너한테 손해는 없다.

이것이 어찌나 우스운지 배꼽을 잡고 웃는답니다. 그러나 청소부의 노래

는 작은 새도 날개를 쉬며 황홀해서 귀를 기울일 정도인데, 이 녀석은 춤을 추면서 이런 노래를 부르지요.

> 여편네에게 들킨 나의 비밀을
> 새삼 고백하는 것도 쑥스러운 일.*80

청소부에게는 특별히 좋은 점이 있습니다. 그자에게는 재치가 있고 익살스러운 데가 있거든요. 나는 언제나 이자의 뛰어난 점을 칭찬하며 이렇게 말하지요.

> 청소부 몰골이라고 어이 천대하리요.
> 진정으로 진심으로 나는 반했소.
> 뭣하면 이 목숨도 그대에게 바치리다.
> 바람에 흔들리는 나뭇가지같이
> 내 마음 반한 것은 그대의 맵시.
> 어느 날 밤 우연히 그대 만나서
> 내 가슴속 모든 것을 털어놓았소.
> (날마다 달마다 그리움 더 사무치고
> 날마다 달마다 이 몸은 더 여위네.)
> '그대의 사랑, 이 가슴을 태우네.
> '가슴이 타는 것도 이상할 것 없다오.
> 청소부라 할지라도 화부(火夫)가 된다면야.'*81

정말 내 친구들은 머리 좋은 분들을 기쁘게 하고 즐겁게 해 드리는 데 있어서는 하나같이 천하의 재치꾼들이지요.”
그러고는 금방 이렇게 덧붙였습니다.
“하지만 백문이 불여일견이라, 나리께서 친구 분 댁에 가시는 것을 그만두고 우리 연회에 오실 결심을 하신다면, 우리 모두를 위해서나 나리 자신을 위해서나 더 좋은 일은 없을 겁니다. 나리는 병색이 가시지 않아 아직 얼굴빛이 좋지 않습니다. 그리고 모이는 친구 분들이 수다쟁이들뿐이라서 쓸데

없는 말만 늘어놓을지도 모르잖아요. 그렇잖으면 남의 일 참견하기 좋아하는 사람이 있어서 나리를 골치께나 아프게 하여 결국 기분이 나빠 몸이 반쪽으로 야위게 될지도 모르고요."

나는 화가 나서 견딜 수 없는 것을 꾹 참고 웃으면서 말했습니다.

"그쪽 연회에는 다른 날 가기로 하지. 빨리 일을 끝내고 전능하신 알라께서 지켜주실 동안 친구들한테 가보게. 모두 기다리고 있을 테니."

"나리, 저는 천하에 둘도 없는 유쾌하고 멋진 사람들에게 나리를 소개해드리고 싶을 뿐입니다. 그 친구들 가운데에는 남의 일 참견하는 놈도 실없이 이야기하는 놈도 수다쟁이도 없습니다. 나는 철든 뒤로 자기에게 필요없는 말을 꼬치꼬치 캐묻거나 지껄이는 녀석과는 절대로 사귈 생각이 없었습니다. 나와 마찬가지로 말수가 적은 사람들하고만 교제하지요. 정말이지 단 한번이라도 좋으니 나리께서 내 친구들과 사귀시든가 하다못해 얼굴만이라도 한번 보신다면 나리의 친구 분들은 모두 싫어질 것입니다."

"너나 그 패들과 즐겁게 놀아! 나는 나중에 사귀기로 할 테니까."

"오늘 만나주시면 좋을 텐데. 나는 나리가 우리와 합석하시기를 진심으로 바랍니다. 하지만 오늘 나리께서 친구 분들 모임에 꼭 가셔야 한다면 하는 수 없으니 주신 이 음식이나 내 친구들에게 가져가 마음껏 먹고 마시게 하겠습니다. 그런 다음 나는 얼른 돌아와 나리를 모시고 나리의 모임에 나가겠습니다. 나하고 친구들은 허물없는 사이니까 내가 없어도 섭섭해하지 않을 겁니다. 영광되고 위대하신 알라 이외에 주권 없고 권력 없도다!"

나는 큰 소리로 외쳤습니다.

"빨리 가서 친구들이나 즐겁게 해 주게. 나는 나대로 내 친구한테 갈 테니 오늘만은 내 친구와 놀게 해다오. 기다리고 있으니까."

"아니, 혼자 가시면 안 됩니다."

"실은 말이야, 내가 가는 집은 나 말고는 아무도 들어갈 수가 없어."

"아무래도 오늘은 어떤 여자 분과 약속이 있는 것 같군요. 그렇지 않다면야 저를 함께 데리고 가주실 텐데. 그런 말씀 마시고 꼭 데려가주십시오. 나는 어딜 가든 도움이 될 사람이니까요. 그런데 나리께서는 수상한 여자를 쫓아다니시는 게 아닙니까? 만일 목숨이라도 잃게 되면 큰일입니다. 이 바그다드에서는 특히 금요일에 여자와의 그런 일은 할 수 없게 되어 있습니다.

이곳 총독은 성미가 급하고 끔찍하게 사나운 사람이거든요."

"이 뻔뻔스러운 놈! 심술쟁이, 늙다리, 악당 놈아! 냉큼 꺼져라! 뭘 그리 주둥아릴 놀리고 있어."

"아, 나리는 바보로군요. 나리는 바른말을 하지 않고 본심을 숨기시지만 나는 모든 것을 다 알고 있답니다. 오늘은 어떻게든 당신을 도와드려야겠습니다."

나는 집안사람과 이웃 사람들이 이발사의 말을 들을까 염려되어 잠자코 있었습니다. 그러는 동안 겨우 머리는 다 밀었지만 그때는 이미 기도시간이 되어 설교가 곧 시작될 참이었습니다. 머리를 다 밀자 나는 말했습니다.

"자, 고기와 술을 가지고 친구들에게 갔다 와. 기다리고 있을 테니. 그럼, 같이 가자."

나는 이렇게 어르고 달래서 그 지긋지긋한 바보 녀석을 속여서라도 쫓아내려 했습니다. 그러나 이발사는 말했습니다.

"나리는 거짓말을 하고 계십니다. 나를 속이고 혼자 약속장소에 가서 파멸의 구렁으로 몸을 던지려 하고 계십니다. 그렇게 되면 절대로 재앙을 피할 수 없습니다. 그러니 알라께 맹세코! 다시 한 번 알라께 맹세코! 내가 돌아올 때까지 절대로 나가시면 안 됩니다. 내가 모시고 가서 일이 되어가는 것을 보아 어디까지나 힘이 되어 드릴 테니까요."

"좋아, 그렇게 하지. 곧 돌아오도록 해."

이발사는 내가 준 고기와 술, 그 밖의 물건을 가지고 나갔습니다. 그러나 이 지긋지긋한 놈은 짐꾼을 시켜 물건을 모두 자기 집으로 보내놓고 자신은 골목에 숨어 있었던 것입니다.

나는 나대로 이발사가 나가자 얼른 일어났습니다. 밖에서는 벌써 기도시간을 알리는 시보(時報) 담당 남자들이 이마에 손을 대고 무함마드께 인사를 올리는 금요일의 액수례(額手禮)를 외치고 있었습니다.*82 나는 허둥지둥 옷을 주워 입고 혼자 거리로 나가 그 젊은 여자를 엿본 집 앞에 멈춰 섰습니다. 문 옆에는 노파가 망을 보며 내가 오기를 기다리고 있었습니다. 곧 노파를 따라 위층의 처녀 방으로 올라갔습니다. 그런데 방으로 들어서자마자 뜻밖에도 그 집주인이 기도에서 돌아와 아래층 큰방으로 들어가더니 문을 잠갔습니다. 창밖을 내다보니 이 이발사가(이 이발사에게 알라의 저주 있어라!) 문에 기대앉아 있어서 나는 자신도 모르게 혼잣말로 중얼거렸습니다.
"저놈이 내가 여기 온 것을 어떻게 알았을까?"
 마침 그때, 아마도 나의 비밀을 폭로하라는 신의 뜻이 있었던 것처럼, 그 집 시녀가 무슨 잘못을 저질렀는지 주인에게 매를 맞고 비명을 질렀습니다. 그러자 노예사내가 쫓아 들어와서 말리더군요. 그러나 주인인 판관은 그 노예까지 때렸고 노예는 큰 비명을 질렀습니다. 밖에 있던 이발사 놈은 매를 맞는 것이 나인 줄 잘못 알고 옷을 찢고 머리에 진흙을 뿌리면서 연방 비명을 질렀습니다.
"사람 살려! 사람 살려!"
 사람들은 무슨 일이 일어났나 하고 이발사 주위에 모여들었습니다.
"지금 우리 집 주인이 판관 집에서 맞아 죽는 판이오!"
 그러고는 구경꾼들을 이끌고 소리를 지르면서 우리 집으로 달려가 집안사람들과 하인 노예들에게 일러 큰 소동이 벌어졌습니다. 나는 무슨 일이 벌어지고 있는지도 모르는 사이에 모두 옷을 찢고 머리를 산발하여 외치면서 달려왔습니다.
"우리 주인님이 큰일 났다! 큰일 났다!"
 이발사는 이발사대로 옷이 찢어져 흉측한 몰골을 하고 구경꾼들의 선두에 서서 미친 듯이 소리쳤습니다.
"주인님이 맞아 죽는다! 큰일 났다! 큰일 났다!"
 모두 내가 있는 집으로 와! 하고 몰려왔습니다.
 판관은 집 밖에서 떠들어대는 아우성을 듣고 한 하인에게 말했습니다.
"무슨 일인지 나가 보고 오너라."
 하인은 나갔다가 곧 돌아와서 말했습니다.
"나리, 문밖에 1만 명이 넘는 남녀가 모여서 '가엾어라, 주인님이 맞아 죽었다!'고 외치면서 모두 우리 집을 손가락질하고 있습니다."
 이 말을 들은 판관은 큰일 났다고 여겨 일어나 문을 열고 밖을 내다보니 수많은 군중이 몰려와 있지 않겠습니까? 판관은 깜짝 놀라 물었습니다.
"여러분, 대체 무슨 일이오?"
 그러자 나의 하인들이 일제히 소리쳤습니다.
"이 저주받을 악당 놈아! 개 같은 놈, 돼지 같은 놈! 우리 주인님을 죽인 놈은 바로 네놈이 아니냐!"
"오, 선량한 분들, 내가 여러분들 주인을 죽였다니, 대체 그 주인이란 분이 무슨 일로 나한테 죽었단 말이오?"

―여기서 날이 새기 시작하여 샤라자드는 이야기를 그쳤다.

31번째 밤

오, 인자하신 임금님, 어젯밤 이야기는 판관이 하인들에게 말한 데까지였습니다.
"내가 당신들 주인을 죽이다니, 대체 그분이 나에게 무슨 일을 당했단 말이오? 이곳은 내 집이니 모두 자유로이 들어와도 좋소."
그러자 이발사가 말했습니다.
"당신이 때리지 않았소. 나는 우리 나리의 비명을 들었단 말이오."
"내가 때렸다고? 그 주인이 대체 무엇을 했기에! 또 뭐하러 내 집에 왔단 말이오. 어디로 들어와서 어디로 갔소?"
"그런 심술궂고 능청스러운 소리는 하지 마시오. 나는 모든 것을 다 알고 있단 말이오. 한마디로 말해 당신 딸이 우리 나리에게 반하고, 우리 나리도 당신 딸에게 반해 있었소. 당신은 나리가 들어온 것을 알고 하인을 시켜 때려주라고 한 거요. 그래서 하인이 때린 거겠지. 알라께 맹세코, 이 일을 심판해 줄 사람은 교주님밖에 없소. 그게 싫으면 모시고 갈 테니 나리를 내놓으시오. 쳐들어가서 우격다짐으로라도 구해내어 당신에게 망신을 주기 전에 말이오."
판관은 어찌 된 영문인지 도무지 몰라 여러 사람 앞에서 혀가 굳어 버렸는지 입을 우물거리면서 말했습니다.
"당신 말이 사실이거든 들어와서 주인을 데리고 가시오."
이 말을 듣자 이발사는 집 안으로 들어왔습니다. 그 광경을 보고 나는 도망갈 길이 없는지 두리번거렸으나 2층에는 커다란 궤짝 외에는 숨을 곳이 없었습니다. 하는 수 없이 궤짝 속에 기어들어가 뚜껑을 닫고는 숨을 죽였습니다. 이발사는 방에 들어와서 여기저기 찾다가 내가 숨어 있는 궤짝 옆에 이르자 갑자기 궤짝을 번쩍 들어 머리에 이고는 정신없이 달아나기 시작했습니다. 일이 이렇게 되자 나는 판단력을 완전히 잃어버리고 말았습니다. 그것은 이발사에 걸리면 끝장, 끝까지 나를 놓아주지 않을 것을 알았기 때문입니다.

나는 용기를 내어 궤짝 뚜껑을 열고 땅 위로 뛰어내렸습니다. 그 바람에 한쪽 다리를 삐었습니다만 문이 열려 있었으므로 많은 사람이 집 안을 들여다보는 것이 눈에 띄었습니다. 나는 늘 만일에 대비해 옷소매 속에 금화와 은화를 듬뿍 마련해서 다녔으므로 사람들 주의를 다른 곳으로 돌리기 위해 돈을 마구 뿌렸습니다. 모두 앞다투어 돈을 줍는 동안 나는 한쪽 발로 깡충깡충 뛰며 이리저리 방향을 바꾸어 바그다드의 뒷골목을 빠져나갔습니다. 그러나 어디에 가든 이 지긋지긋한 이발사가 쫓아와서 큰 소리로 고함을 지르는 것이었습니다.

"나리를 빼앗기겠다! 나와 가족들, 친구들이 은혜를 입고 있는 주인이 살해당하고 있을지도 몰라! 알라시여! 부디 악한 자를 물리치고 나리를 구해 주십시오!"

그리고 나를 향해 말했습니다.

"나리, 대체 어디로 가십니까? 너무 자기 생각대로 고집을 부리는 바람에 결국 이런 봉변을 당하지 않았습니까? 신의 뜻으로, 나리께 내가 없었더라면 도저히 그런 궁지에서 벗어날 수 없었을 겁니다. 놈들은 틀림없이 당신을 끔찍한 불행 속으로 밀어 넣었을 겁니다. 나는 결코 나리의 어리석음을 나무라려는 것이 아닙니다. 너무나 영리하지 못하고, 융통성이 없는 데다 허둥대시니까 그런 거지요."

"이토록 봉변을 당하게 하고도 모자라서 이 시장 복판까지 나를 쫓아와 그런 소리를 지껄이느냐?"

나는 이발사에 대한 노여움 때문에 당장에라도 숨이 끊어질 것 같았습니다. 그래서 시장 복판에 있는 포목상에 뛰어들어 주인에게 도움을 청하자 이발사를 쫓아주었습니다. 나는 안쪽 방에 앉아 중얼거렸습니다.

"집에 돌아가면 그 이발사 놈의 저주를 피할 수 없을 거야. 그놈은 낮이나 밤이나 나를 쫓아다닐 게 틀림없어. 이젠 잠시라도 그놈의 낯짝을 보는 건 참을 수 없다!"

그리하여 나는 즉시 공증인을 불러 유언장을 만들고 재산을 대부분 가족에게 나눠 주었습니다. 그리고 처자를 위해 후견인을 정하여 크든 작든 재물의 관리를 맡기고, 토지와 집도 팔아버리도록 지시했습니다. 그런 다음 마침내 그 뻔뻔스러운 놈한테서 벗어나려고 여행을 떠났습니다. 그리하여 이곳에 와서 자리를 잡은 얼마 되지 않았는데, 이번에 여러분의 초대를 받고 이곳에 온 것이지요. 그런데 맨 처음 눈에 띈 것이 이 연석에 앉아 있는 저 지긋지긋한 무뢰한이었습니다. 그러니, 나를 그런 봉변을 당하게 하고 한쪽 다리를 절게 만들어 집과 고향에서 쫓아낸 장본인과 한자리에 앉아서 어떻게 내 마음이 즐거울 수 있겠습니까? —

이렇게 말하고 젊은이는 자리에 앉기를 거절하며 나가버렸습니다.

이 이야기를 듣고 저희는(하고 재봉사는 이야기를 계속했습니다) 몹시 놀랐지만, 또한 무척 유쾌하기도 해서 그 젊은이의 이야기가 사실이냐고 이발사에게 물어보았습니다. 그러자 이발사는 대답했습니다.

"알라께 맹세코! 내가 그분에게 그렇게 한 것은 친절한 마음과 상식과 너그러운 마음에서였습니다. 만일 내가 없었으면 그 젊은이는 그때 맞아 죽었을지도 모릅니다. 내 덕택에 살았지요. 그 젊은이가 한쪽 다리를 절게 되었더라도 아무튼 생명에 별 이상 없었던 것은 다행한 일이었습니다. 만일 내가 말이 많고 쓸데없이 참견하기 좋아하여 남의 일에 끼어드는 사람이었다면, 그분에게 그토록 친절을 베풀지는 않았을 것입니다. 그럼, 지금부터 내 신상 이야기를 해 드리지요. 이 이야기를 들으시면 내가 얼마나 말이 없고 뻔뻔스러운 데는 조금도 없으며, 여섯 형과는 전혀 인품이 다른 사람이라는 것을 잘 알게 될 겁니다. 그 이야기는 이러합니다."

이발사 이야기

나는 알 무스탄시르 빌라[*83]의 시대에 바그다드에 살고 있었습니다. 이분은 전 교주님이신 알 무스탄지 빌라의 아드님으로, 가난한 사람들과 곤경에 빠진 사람들을 가엾이 여기시고 또 학식이 있는 사람, 신앙심이 깊은 사람들과 언제나 친교를 맺고 있었습니다. 어느 날 강도 10명이 천하의 공공도로에 나타나 강도질을 했다는 것이 그 교주님 귀에 들렸습니다. 교주는 크게 노하여 바그다드 지사에게 그 강도 10명을 잡아 대제일(大祭日)*[84] 에 교주님 앞으로 끌어내라고 명령하셨습니다.

지사는 부하를 동원하여 강도들을 체포해 모두를 이끌고 바그다드에 돌아가려고 작은 배를 탔습니다. 나는 마침 그들이 배를 타는 것을 보고 속으로 생각했습니다.

"이건 틀림없이 결혼식 손님일 게야. 저 배 안에서 온종일 먹고 마시겠지. 아무도 저 축에 끼지 못하겠지만 나만큼은 어디 한 번 술자리에 끼여 볼까."

그래서 여러분, 나는 일어나 그들 옆으로 가서 절을 몇 번이나 하면서 분별심을 보여준 끝에, 함께 배를 타고 이야기를 나누었습니다.

강을 건너 맞은편 강가에 배를 대자 모두 배에서 내려 육지로 올라갔습니다. 그러자 순시병들과 호위병들이 쇠사슬을 가지고 와서 도둑들의 목에 사슬을 감았습니다. 그런데 나까지 함께 사슬에 묶는 게 아니겠습니까? 여러분, 들어보십시오, 나는 이럴 때에도 점잖게 한마디 변명도 하지 않았습니다. 이것이야말로 내가 예의 바르고 말수 적은 사람이라는 증거가 아니겠습니까?

우리는 발에 차꼬가 채워져 끌려가서, 다음 날 아침 되자 충성스러운 자들의 임금이신 알 무스탄시르 빌라 님 앞에 끌려나갔습니다. 교주님은 도적 10명에게 참수 명령을 내리셨습니다. 도둑들이 피를 받는 깔개*[85] 위에 앉자 곧 망나니가 앞으로 나와 큰 칼을 뽑아들고 한 사람씩 차례로 목을 베어나갔습니다. 마침내 열 사람째 목을 베고 나 혼자 남게 되었습니다. 교주님은 물끄러미 내 얼굴을 보더니 망나니에게 물었습니다.

"왜 그러느냐? 아직 9명의 목밖에 베지 않았잖느냐? 뭘 우물쭈물하고 있느냐?"

그러자 망나니가 대답했습니다.

"10명의 목을 베라는 명령이셨는데 제가 어찌 9명의 목만 베었겠습니까?"

"아무래도 9명의 목만 벤 것 같다. 네 앞에 있는 그 사내가 열 번째 놈 아니냐?"

"당치도 않는 말씀이십니다. 틀림없이 10명을 베었습니다."

"잘 세어 봐."

교주님이 소리쳐서 사람들이 세어보니 목이 꼭 10개 있지 않겠습니까? 교주님은 나에게 말씀하셨습니다.

"이런 위급한 지경에 이르러 그대는 왜 가만히 있었느냐? 이런 죄수들과 함께 이리로 오게 된 까닭이 무엇인지 그 연유를 말해 보아라. 그대는 나잇살이나 먹은 것 같은데 지혜가 좀 모자라는 게 아니냐?"

이 말을 듣고 나는 뛸 듯이 기뻤습니다.

"오, 충성스러운 자들의 임금님이시여, 저는 벙어리 노인으로 통하고 있는데 여섯 형과 구별하기 위해 그렇게 불리고 있지요. 저는 이래 봬도 지식이 많고 사려분별이 깊으며 지혜로운 데다 특히 말수가 적기로 유명합니다. 어제 아침 일찍 집을 나왔는데, 이 도둑들이 배를 타기에 저는 그만 결혼잔치에 나가는 줄 알고 한잔 얻어먹고 싶어 그 속에 끼어들었습니다. 그러자 순시병들과 호위병들이 나타나 그들 목에 쇠사슬을 감고 제 목에도 감았습니다. 그러나 저는 아주 예의 바른 사람인지라 점잖게 말 한마디도 하지 않았습니다. 첫째로는 남을 용서하는 저의 관대한 성품 때문이겠지요. 그리하여 이 자리에 끌려나오게 되었는데 임금님은 10명의 목을 치도록 명령하셨습니다. 그래도 저는 신분을 밝히지 않고 잠자코 망나니의 칼 앞에 앉아 있었습니다. 이것은 무엇보다 제가 예의 바르고 아량이 크기 때문이겠지요. 그렇지 않고서야 이 도둑들과 함께 기꺼이 사형을 받는다는 건 생각도 못할 일입니다. 저는 한평생 이런 식으로 당당하게 세상 사람들과 사귀어 왔습니다만, 세상 사람들은 저에게 불공평하게 악으로만 보답해 왔습니다!"

이 말을 듣고 교주님은 내가 매우 아량이 넓고 입이 무거운 사람이라는 점, 또 주제넘은 데는 전혀 없다는 사실(내가 위급해진 생명을 구해 주었는데도 비열하게 은혜를 원수로 갚은 아까 그 젊은이는 저를 뻔뻔스럽다고 말했습니다만)을 아시고, 벌렁 나자빠질 정도로 웃으셨습니다. 그리고 다시 물으셨습니다.

"흠, 그래, 벙어리 영감, 그대의 여섯 형도 역시 지혜며 학문이며 기지가 풍부하고 말이 적은 게 그대와 똑같지 않은가?"

"아니, 천만의 말씀입니다. 전혀 닮은 데가 없는 형들입니다. 임금님께서는 제 체면을 짓밟으셨습니다. 저를 형들과 비교하시다니, 임금님으로서 어울리지 않는 말씀이십니다. 왜냐하면 형들은 하나같이 말이 많고 예의가 없으며 불성실하고 모두 몸 어딘가에 결함이 있습니다. 첫째는 애꾸눈, 둘째는 중풍, 셋째는 장님, 넷째는 코와 귀가 없고, 다섯째는 아래위 입술이 언청이며, 여섯째는 꼽추이자 앉은뱅이입니다. 충성스러운 자들의 교주님, 제발 저를 수다쟁이라고는 생각지 말아 주십시오. 이렇게 되었으니 형들보다 제가 훨씬 훌륭한 사람이고 과묵하다는 것을 설명하지 않을 수 없군요. 또 저의 여섯 형이 어쩌다가 그런 불구자가 되었는지도 얘기해 드릴 테니 들어보십시오."

그러자 교주님은 제 이야기에 귀를 기울이셨습니다.

이발사 맏형 이야기

오, 충성스러운 자들의 임금님이시여, 그럼, 들어보십시오.

저의 가장 맏형인 수다쟁이 알 바크부크는 꼽추입니다. 바그다드에서 재봉사 일을 하고 있었지요. 어떤 돈 많은 사람한테서 가게를 빌려 언제나 가게에서 바느질하고 있었는데, 그 위층*[86]에는 집주인이 살고 아래층은 방앗간이었습니다.

어느 날 이 꼽추 형이 일하다가 문득 얼굴을 드니 주인집 창가에 보름달같이 예쁜 여자가 서서 지나가는 사람들을 바라보는 게 눈에 들어왔습니다.*[87] 형은 여자를 보자마자 완전히 사랑의 포로가 되어버려, 저녁때까지 온종일 그 여자만 바라보느라 제대로 일을 하지 못했습니다. 이튿날 아침에도 가게를 열고 바느질을 시작했지만, 한 바늘 꿰매고는 창문을 바라보고 다시 한 바늘 꿰매고는 또 창문을 바라보았습니다. 그러자 어제처럼 또 여자가 얼굴을 내밀었습니다. 이리하여 형은 그 여자에게 열중하여 점점 더해가는 사랑에 애태우게 되었습니다. 사흘째, 형이 언제나처럼 앉아서 물끄러미 여자를 바라보고 있으니, 여자 쪽에서도 형을 알아보고 그가 자기에게 반한 것을 알아채고는 방긋 웃어 보였습니다. 형도 얼른 미소를 보냈습니다. 여자는 창가에서 사라지더니 얼마 뒤 노예계집을 시켜 빨간 꽃무늬 비단보자기를 형에게 보내왔습니다. 노예는 형에게 인사하고 말했습니다.

"아씨께서 인사 전하라고 말씀하셨습니다. 그리고 당신의 훌륭한 솜씨와 친절한 마음씨로 이 천으로 속옷을 한 벌 지어달라고 하십니다. 되도록 공을 들여 곱게 지어달라고 하셨어요."

"예, 알았습니다."

형은 대답하고 곧 천을 말라 그날 안으로 속옷을 다 지었습니다. 이튿날 아침이 되자 노예계집이 다시 찾아왔습니다.

"아씨께서 인사 여쭈라 하셨습니다. 그리고 당신이 어젯밤 어떻게 지내셨는지 물어보라 하셨습니다. 아씨께서는 당신에 대한 생각으로 가슴이 가득하여 한잠도 주무시지 못했답니다."

이렇게 말하며 노예계집은 형 앞에 노란 공단 천을 내놓았습니다.

"아씨께서 이 비단으로 속옷을 두 벌 말라 오늘 안으로 지어달라고 하십니다."

"예, 알았습니다. 부디 말씀 잘 전해 주시오. 아씨의 종은 아씨의 분부대로 하겠으니 무슨 일이든 분부해 주십사고 전해 주시오."

형은 이렇게 대답한 다음 속옷을 공들여 마름질하고서 열심히 짓기 시작했는데 한 시간쯤 지나자 그 여자가 창가에 나타나 손짓으로 형에게 인사했습니다. 눈을 내리까는가 하면 똑바로 형을 보고 방긋 웃어 보이는지라 형은 이제 한고비만 넘기면 저 여자는 내 것이 되겠거니 하고 생각하게 되었습니다.

여자는 속옷 두 벌이 다 될 때까지 창가를 떠나지 않았습니다. 일이 다 끝나자 여자는 창가에서 사라지더니 노예계집을 보냈습니다. 형이 노예계집에게 물건을 내주자 이내 돌아갔습니다.

그날 밤 형은 잠자리에 누워서도 밤새도록 잠을 이루지 못하고 엎치락뒤치락하다가, 날이 새자 일어나서 평소처럼 다시 가게에 나갔습니다.

이윽고 그 노예계집이 찾아와 말했습니다.

"주인 나리께서 당신을 부르십니다."

이 말을 듣자 형은 겁이 덜컥 나서 온몸을 벌벌 떨었습니다. 노예계집은 상대가 겁먹은 것을 보고 말했습니다.

"아무것도 염려할 것 없어요. 아주 좋은 일이에요. 아씨가 당신을 주인 나리께 소개해 드리려는 것이니까요."

재봉사 형은 크게 기뻐하며 그 노예계집을 따라갔습니다. 형은 여자의 남편인 집주인 앞에 서자 바닥에 몸을 엎드렸습니다. 주인도 답례한 다음 큼직한 아마(亞麻) 천을 내주면서 말했습니다.

"이것으로 속옷을 지어주시오. 좀 잘 만들어주시오."

형은 그것을 가지고 돌아와 곧 일을 시작하여 천을 마르고 모양을 잡고 꿰매고 하여, 점심밥도 제대로 먹지 않고 저녁때까지 속옷 20벌을 지었습니다.

주인이 물었습니다.

"얼마를 드리면 되겠소?"

"글쎄요, 은화 20냥을 받기로 하지요."

그러자 이 주인은 노예계집에게 은화 20냥을 가져오라고 크게 소리쳤습니다.

형이 잠자코 기다리고 있으니, 지난번의 여자가 손짓으로 한 푼도 받아서는 안 된다고 신호했습니다. 그래서 형은 말했습니다.

"아니, 나리한테서 돈을 받을 생각은 결코 없습니다."

그리하여 형은 바느질 도구만 챙겨 들고 가게로 돌아왔습니다. 하지만 형은 사실, 땡전 한 푼 없는 가난뱅이였습니다.

형은 다시 열심히 일을 시작했는데, 사흘 동안 일에만 열중하여 겨우 빵한 조각과 물 한 모금을 마셨을 뿐이었습니다. 사흘이 지나자 그 노예계집이 또 찾아왔습니다.

"일은 어떻게 되었나요?"

"아, 다 되었소."

형은 지어놓은 속옷을 주인에게 가지고 갔습니다. 주인이 삯을 지급하려 하자 형은 여자를 생각하여 또 그것을 사양했습니다. 그날 밤 잠자리에 들었으나 밤새도록 뜬눈으로 새우고 말았습니다.

그런데 사실은, 여자가 그때까지의 사정을 모두 남편에게 일러 두 사람은 서로 짜고 형에게 공짜로 일을 시키고 놀림감으로 삼고 있었던 것입니다. 이튿날 아침, 형이 가게에 나가 앉아 있으니 노예계집이 찾아와서 말했습니다.

"나리께서 할 말이 있으시대요."

그래서 형이 함께 가니 주인이 말했습니다.

"소매 긴 옷*88을 5벌 지어주었으면 좋겠는데."

형은 그 자리에서 천을 마름질하여*89 재료를 가게로 가져왔습니다. 그리고 옷을 다 지어 주인에게 가져가니, 주인은 바느질 솜씨를 칭찬하며 은화가든 지갑을 내밀었습니다. 그것을 받으려 하자 여자가 또 남편 뒤에서 받아서는 안 된다고 눈짓하는 것이었습니다.

그래서 형은 대답했습니다.

"나리, 지금 주시지 않아도 됩니다. 천천히 주십시오."

그리고 밖으로 나왔는데, 그 몰골은 나귀보다 더 초라하고 비굴한 태도였습니다. 왜냐하면 형에게는 5가지 문제가 겹쳐져 있었기 때문인데, 그것은 색정과 가난과 굶주림과 무일푼과 힘든 일이었습니다. 그래도 얼마 안 가 여자의 사랑을 받게 되려니 하면서 마음을 달래었습니다.

형이 부탁받은 일을 다 마치자 그 부부는 다시 나쁜 꾀를 써서 형을 그 노예계집과 결혼시키고 말았습니다. 그렇지만 형이 노예계집과 운우(雲雨)의 정을 맺어야 할 밤에, 두 사람은 이런 말을 했습니다.

"오늘 밤에는 방앗간에서 자도록 하게. 그러면 내일부터는 모든 게 잘될 테니까."

형은 그 말을 듣고 무슨 좋은 수가 있는 줄 알고 그날 밤은 혼자 방앗간에서 잤습니다. 그러자 집주인은 방앗간 주인을 부추겨 형에게 방아를 돌리게 시켰습니다. 방앗간 주인은 한밤중에 형에게 가서 말했습니다.

"이 황소 놈이 버릇이 나빠졌구나. 움직이는 게 싫어서 가만히 있기만 하거든. 오늘 밤에도 또 돌리기 싫겠지만 빻아야 할 밀은 산더미 같단 말이야. 내 오늘 밤에는 기필코 멍에를 씌워서 날이 새기 전에 모두 빻게 하고 말겠다. 손님들이 가루 나오기를 학수고대하고 있단 말이야."

방앗간 주인은 연자매 방아확에 밀을 잔뜩 채우고는 밧줄을 들고 형에게 다가가서 형의 목에 감고 소리쳤습니다.

"이랴, 이놈의 소야. 방아를 돌려라! 여물 먹고 똥오줌만 싸는 등신아!"

그러고는 채찍을 들고 형의 어깨며 장딴지며 가리지 않고 후려갈기는 바람에 형은 신음을 내고 비명을 질렀으나 아무도 구해 주러 오는 사람이 없었습니다.

형은 밤새도록 밀을 빻았습니다. 집주인은 새벽녘에 들어와 멍에에 매인 형을 방앗간 주인이 채찍으로 후려갈기는 꼴을 보고는 그냥 가버렸습니다. 날이 새자 방앗간 주인도 목에 멍에를 맨 채 반죽음이 되어 있는 형을 남겨두고 집으로 돌아갔습니다.

얼마 뒤 노예계집이 들어와 밧줄을 풀어주며 말했습니다.

"나도 아씨도 당신이 뜻밖의 봉변을 당한 일을 매우 슬퍼하고 있습니다.

당신의 불행을 자기 일처럼 생각하고 있어요."

그러나 형은 호되게 매를 맞고 맷돌을 돌린 끝이라 대답할 기력조차 없었습니다. 가까스로 집에 돌아오니 뜻밖에도 결혼계약서를 만들어 준 서기가 와서[90] 형에게 인사하며 말했습니다.

"알라의 가호가 오래도록 당신 위에 내리시기를! 당신의 결혼에 축복이 있기를! 당신 얼굴에 초저녁부터 새벽까지 실컷 재미 보면서 희롱하고 입맞추고 껴안고 했다고 뚜렷이 적혀 있군요."

그래서 형은 소리쳤습니다.

"뭐라고? 이 괘씸한 놈 같으니! 알라시여, 부디 이런 거짓말쟁이에게는 명복을 내리지 마시기를! 맙소사, 나는 밤새도록 황소를 대신하여 맷돌을 돌렸단 말이다!"

"그게 무슨 소린지 자세히 얘기해 주시오."

서기가 묻는 대로 형이 어젯밤 일을 모두 이야기하자 서기가 말했습니다.

"당신과 그 여자와 궁합이 맞지 않아서 그렇소. 하지만 원하신다면 계약서를 다시 써드리지요. 이제부터는 절대로 속지 않도록 주의하시오."

그래서 형은 쏘아붙였습니다.

"당신이야말로 가슴에 손을 얹고 생각해 보시오. 이런 못된 짓을 다시 하면 용서하지 않겠소."

서기가 가버리자 형은 가게에 앉아 하루의 끼닛거리가 될 만한 일을 누가 가져다주지나 않을까 하고 기다리고 있었습니다. 얼마 뒤 그 노예계집이 찾아와서 말했습니다.

"아씨께서 할 말이 있으시대요."

형이 대답했습니다.

"당신은 착한 색시이니 얼른 돌아가요. 나와 당신과 당신 아씨는 앞으로 아무 볼일이 없으니까."

노예계집이 안주인에게 돌아가 형이 한 말을 전하자 여자는 창문으로 얼굴을 내밀고 울면서 말했습니다.

"무슨 일이에요, 나의 사랑스러운 분, 당신과 나는 이제 아무 인연도 없다는 말씀인가요?"

형은 못 들은 척하며 잠자코 있었습니다. 그러자 여자는 방앗간에서의 일은 자기는 모르는 일이며 자기는 끝까지 결백하다고 울며 한탄했습니다.

형은 여자의 아름다운 얼굴을 보고 또 그 고운 목소리를 듣는 동안 그때까지의 슬픔을 깨끗이 잊고 말았습니다. 그래서 형은 여자가 늘어놓은 사과의 말을 듣고 그 모습을 바라보며 황홀해했습니다. 이렇게 얼마 동안 인사하고 이야기를 나누면서 웃을 짓고 앉아 있으니 노예계집이 다시 찾아와 말했습니다.

"아씨께서 당신께 안부 전하십니다. 그리고 오늘 밤 바깥어른이 친구 집에서 주무신다니까 주인 나리가 나가시거든 꼭 집에 오셔서 내일 아침까지 아씨와 함께 즐거운 하룻밤을 지내시도록 하셔요."

한편 그 전에 주인이 아내에게 물었습니다.

"저 재봉사의 마음을 당신한테서 떼어버리려면 어떻게 하면 좋을까?"

아내가 대답했습니다.

"다시 한 번 속여서 온 장안의 웃음거리로 만듭시다."

제 형은 여자라는 생물의 사악한 마음에 대해서는 아무것도 모르는 성품 좋은 사람이었습니다. 해가 지자 노예계집이 데리러 와서 함께 여자 집으로 갔습니다.

여자는 형 얼굴을 보고 말했습니다.

"알라께 맹세코 말씀드리지만, 당신을 얼마나 애타게 그리워했는지 몰라요."

형이 흥분하여 외쳤습니다.

"그러면 알라께 맹세코, 다른 일은 제쳐놓고 우선 입을 맞추게 해 주십시오."[*91]

그런데 말이 채 끝나기도 전에 옆방에서 여자의 남편이 튀어나와[*92] 형을 붙잡고 큰 소리로 외쳤습니다.

"이놈! 시 경비 책임자에게 넘길 때까지 절대로 놓아 주지 않을 테니 그리 알아라!"

형은 손이 발이 되도록 빌었지만 주인은 들은 척도 하지 않았습니다. 결국 지사 앞으로 끌려간 형은 곤장 100대를 맞았습니다. 그런 다음 낙타에 태워져 온 거리를 끌려다녔습니다. 호위병들은 큰 소리로 외쳤습니다.

"고귀한 분의 규방을 침범한 자는 이런 벌을 받게 된다!"

게다가 형은 낙타에서 떨어져 다리까지 부러져서 절름발이가 되고 말았습니다. 그리고 도성에서 추방당하여 정처 없이 길을 떠났습니다.
  저는 형의 소문을 듣고 걱정이 되어 뒤를 쫓아가 남몰래 시내로 데리고 돌아와서 우리 집에 두고 휴양을 시켰습니다. 지금도 형은 우리 집에 살고 있습니다.
  이 말을 들으시고 교주님은 웃으시면서 칭찬하셨습니다.
  "꽤 재미있는 이야기였다. 과연 벙어리라 말수는 적군."
  그리고 저에게 상을 주어 물러가게 하라고 명령하셨습니다. 그러나 저는 말했습니다.
  "다른 형들의 이야기를 들려 드리기 전에는 아무것도 받지 않겠습니다."
  그러자 교주님은 다음과 같은 이야기에 귀를 기울여 주셨습니다.

이발사 둘째 형 이야기

  오, 충성스러운 자들의 임금님이시여, 제 둘째 형은 알 하다르, 즉 허풍선이라고 하며 중풍을 앓고 있습니다. 어느 날 일하러 나가려고 하는데 한 노파가 와서 말했습니다.
  "여보시오, 잠깐 기다리시오. 당신한테 할 이야기가 있는데 이야기가 마음에 들면 나를 위해 한 몫 거들어주시우. 그러면 나도 당신의 행복을 알라께 기도해 드리리다."
  형이 걸음을 멈추자 노파가 말을 이었습니다.
  "당신에게 어떤 일을 시키려 하는데 절대로 남에게 얘기하면 안 되우."
  "글쎄, 어떤 얘기인지 들어나 봅시다."
  "어떻게 생각하시우? 아름다운 저택인데, 냇물이 흐르고 꽃이 만발하고 온갖 과일이 열려 있는 멋진 화원도 있어요. 게다가 오래 묵은 포도주가 있고 젊고 예쁜 색시를 저녁부터 아침까지 마음 내키는 대로 끌어안을 수 있다 이 말씀이야. 어떻수? 내가 시키는 대로만 하면 틀림없이 좋은 수가 생길 텐데."
  "이 세상에 그런 당치도 않은 일이 어디 있단 말이오?"
  "있고말고. 게다가 언젠가 당신 손에 들어올 거란 말이오. 그러니 점잖게 굴되, 쓸데없이 캐묻거나 공연한 수다는 떨지 마오. 내가 시키는 대로만 하면 되오."

"좋소. 해봅시다. 그런데 다른 사람도 많은데 왜 하필이면 나를 골랐소? 내가 당신 마음에 특별히 들었다면 그 이유가 뭐요?"

"수다는 떨지 말라고 하지 않았소? 잠자코 따라오기나 해요. 잘 들어보오. 이제 내가 당신을 데려가는 댁의 젊은 아가씨는 뭐든지 자유로운 것을 좋아하고 남이 거스르는 걸 아주 싫어한다오. 이러쿵저러쿵 말대답하는 사람은 모두 미워해요. 그러나 당신이 일단 비위만 잘 맞춰주면 소원을 이룰 수 있단 말이오."

"그렇다면 무슨 일이든지 그 여자가 시키는 대로 하겠소."

그리하여 노파는 앞장서서 걷고, 형은 그 이야기에 가슴을 설레면서 따라갔습니다. 곧 아름답고 큰 저택으로 들어갔습니다. 현란하게 꾸민 으리으리한 집이었는데, 환관과 하인이 많이 있고 어디를 보나 부유한 생활을 짐작케 하는 것들뿐이었습니다.

노파가 형을 데리고 2층으로 올라가자 하인들이 형에게 무슨 일로 왔느냐고 물었습니다. 노파는 이렇게 대답했습니다.

"쓸데없는 말 하지 말고, 이 사람 일에 상관하지 마시오. 기술자이니까 좀 볼일이 있단 말이오."

노파는 형을 깨끗하고 화려한 별채로 안내했습니다. 한복판에는 세상에 보기 드문 아름다운 화원이 꾸며져 있었습니다. 노파가 시키는 대로 형이 긴 의자에 앉아 있으니 이윽고 왁자지껄한 사람들 소리와 함께 한 무리의 노예 계집에게 둘러싸여 보름달같이 아름다운 여자가 나타났습니다. 형은 그 여자를 보더니 일어나서 공손히 인사했습니다. 여자는 반가워하며 형을 맞이하여 자리에 앉혔습니다. 형이 앉자 여자는 말을 걸었습니다.

"알라께서 당신에게 행복을 내리시기를! 안녕하세요?"

"감사합니다. 덕택에 잘 지내고 있었습니다."

여자는 식사를 가져오라고 일렀습니다. 산해진미가 차려지자 여자는 형에게 마음이 있는 듯한 기색으로 농담하면서 먹기 시작했습니다. 식사하는 동안 여자는 참을 수 없다는 듯이 연방 웃음을 터뜨렸습니다. 그러나 형이 여자를 바라볼 때마다 여자는 시녀들을 보면서 우스운 것은 너희라는 듯이 눈짓을 했습니다. 형은(정말 바보였습니다!) 모르는 것이 약이라, 엉뚱하게도 여자를 애타게 원하며, 상대 여자가 자기에게 반해 있어서 이제 곧 재미를 보게 되려니 하고 생각하고 있었습니다. 식사가 끝나자 술이 나오고 달덩이처럼 아름다운 여자가 10명쯤 비파를 안고 나타나 아름답고 구슬픈 소리로 노래를 부르기 시작했습니다.

형은 몸과 마음이 황홀해져서 여자의 손에서 잔을 받아들고 선 채로 술을 마셨습니다. 이어서 여자가 잔을 비우자 형이(아직도 선 채) 외쳤습니다.

"건배."

그리고 머리를 숙여 보인 형이 여자에게서 또 한 번 잔을 받아 쭉 들이켠 순간 여자는 형의 목덜미를 손바닥으로 세게 때렸습니다. 형이 화가 나서 나오려고 했지만, 그 노파가 쫓아와 돌아가라는 시늉을 하는 것이었습니다. 형이 다시 돌아가자 여자가 앉으라고 하여 자리에 앉았습니다. 여자는 또 형의 목덜미를 철썩 때렸습니다. 그래도 시원치 않았던지 노예계집에게까지 때리게 했습니다. 그래서 형은 노파에게 계속 투덜댔습니다.

"이렇게 지독한 꼴을 당해본 일은 없어."

노파는 노파대로 소리쳤습니다.

"이제 그만, 그만 하세요, 아가씨. 제발 그만 하세요."

하지만 여자들은 형이 거의 정신을 잃게 될 때까지 멈추지 않았습니다. 이윽고 형이 비틀비틀 일어나 변소에 가려고 방에서 나오자 노파가 쫓아와서 말했습니다.

"조금만 더 참아요. 곧 소원대로 하게 해 줄 테니까."

"대체 언제까지 기다려야 하는 거요? 이렇게 맞다가는 정신을 잃겠소."

"아가씨가 술에 취하면 소원이 이루어질 겁니다."

노파의 말을 듣고 형은 다시 제자리로 돌아왔습니다. 그러자 늘어앉은 노예계집들이 일제히 일어섰습니다. 여자는 노예계집들에게 형의 몸에 향을 피우고 얼굴에 장미수를 뿌리라고 명령하고 나서 형에게 말했습니다.

"알라께서 당신에게 행복을 내리시기를! 당신은 여기 오셔서 용케 저의 무례한 짓을 참아주셨어요. 나에게 거역하는 사람은 모조리 내쫓고 잘 참아주는 사람에게는 소원을 들어 드린답니다."

"오, 나의 연인이여, 나는 당신의 종입니다. 당신이 분부하시는 거라면 뭐든지 하겠습니다."

"그럼, 말하겠어요. 나는 신께서 그렇게 만드셨는지 재미있게 떠들며 노는 것을 좋아한답니다. 내 마음에 들기만 하면 누구든 어떤 소원이든 들어드려요."

여자의 명령으로 노예계집들이 큰 소리로 노래를 부르기 시작하자 온 방 안의 사람들은 모두 마음이 들떴습니다. 노래가 끝나자 여자는 한 노예에게 말했습니다.

"자, 이분을 데리고 가서 필요한 일을 해 드린 뒤 다시 이리로 모셔 오너라."

그 노예계집은 형을 데리고 나갔습니다(형은 여자에게 무슨 짓을 당하게 될지 전혀 모르고 있었습니다). 그때 노파가 뒤쫓아와서 말했습니다.

"이제 조금만 더 참아요."

그 말을 들은 형은 기쁨으로 얼굴을 빛내면서 그 노예계집 앞에 섰습니다. 노파는 되풀이해서 말했습니다.

"꾹 참아요, 한고비만 넘기면 소원이 이루어질 테니."

마침내 형은 견디다 못해 물었습니다.

"저 아씨는 이 시녀의 손으로 나를 어떡할 작정인가요?"

"결코 나쁜 일은 아니라우. 내가 당신에게 해롭게 할 리야 있겠수. 그저 그 여자는 말이오, 당신의 눈썹을 물들이고 수염을 깎으려는 것뿐이오."

"눈썹은 물들여도 씻으면 되지만*93 수염을 깎다니 그건 좀 난처한걸."

"거봐요, 조심해요, 벌써 거스르고 있지 않아요? 그 여자는 당신에게 마음이 있어요."

그래서 형은 여자를 위해 지그시 참으며 눈썹을 물들이고 수염을 깎았습니다. 그 일이 끝나자 노예계집이 주인에게 돌아가서 알렸습니다. 그러자 여자는 말했습니다.

"또 한 가지 남아 있어. 그 사람의 턱수염을 밀어 매끈매끈한 얼굴로 만들지 않으면 안 돼."*94

노예계집은 돌아와서 여주인의 명령을 형에게 전했습니다. 그러자 형이 (이런 바보가 또 있을까!) 말했습니다.

"그런 창피스러운 짓을 어떻게 하란 말인가?"

이 말에 노파가 말했습니다.

"그분은 당신을 수염 없는 도련님으로 꾸미고 싶어서 그래요. 자기의 부드러운 뺨이 긁히거나 따끔따끔 찔리지 않게 하기 위해 털 하나도 남겨놓기 싫은 거라오. 그분은 당신한테 홀딱 반했거든요. 조금만 참으면 소원이 이루어지게 될 거요."

형은 꾹 참고 노파가 시키는 대로 수염을 깎았습니다. 그러고서 여자에게 다시 돌아간 형 얼굴은 말이 아니었습니다. 눈썹은 빨갛게 물들이고 콧수염은 양쪽 다 깨끗하게 사라지고 턱수염도 밀어버린 데다 두 뺨에는 새빨간 연지를 찍지 않았겠습니까? 그 꼴을 본 순간 여자는 깜짝 놀랐지만, 이윽고 형을 놀리면서 배를 움켜잡고 웃었습니다.

"어머나, 내 낭군님! 당신은 사람이 좋아서 완전히 반해버렸어요."

그러면서 제발 소원이니 함께 춤을 춰달라고 부탁하는지라 형은 일어나서 껑충껑충 뛰어다녔습니다. 그러자 여자는 집 안에 베개라는 베개는 하나도 남김없이 형의 머리를 향해 내던졌습니다. 다른 여자들도 모두 그대로 따라서 귤이니 레몬이니 시트론이니 하는 것을 정신도 못 차리게 던지는 바람에 마침내 형은 베개와 과일 팔매질을 견디지 못하고 기절해 쓰러지고 말았습니다. 가까스로 정신을 차렸을 때 노파는 말했습니다.

"드디어 당신의 소원이 이루어졌어요. 이제 더는 얻어맞는 일은 없을 거요. 하지만 한 가지 남은 일은 저 여자가 술에 취하면 나오는 버릇인데, 옷과 속옷을 벗고 알몸*95이 되기 전에는 놓아주지 않는다오. 그리고 당신도 옷을 벗고 뛰게 할 거요. 그때는 저 여자가 앞서서 뛸 거요. 마치 당신에게 붙잡히지 않으려고 달아나듯 말이오. 그러면 당신도 이리저리 그 여자를 쫓아다니면 돼요. 그러는 동안에 당신의 연장이 힘차게 일어서면, 그때는 여자를 당신 마음대로 할 수 있을 테니까."*96

그러고는 이렇게 덧붙였습니다.

"자, 어서 옷을 벗어요."

그래서 형은 일어나 아주 좋아서 정신없이 옷을 벗어 던지고 실오라기 하나 걸치지 않은 벌거숭이가 되었습니다.

─마침 그때 날이 훤히 밝아오는 것을 보고 샤라자드는 이야기를 그쳤다.

32번째 밤

오, 인자하신 임금님, 어젯밤 이야기는 이발사의 둘째 형이 노파의 말을 듣고 아주 좋아서 정신없이 알몸이 되었다는 데까지였습니다.

그러자 여자도 옷을 벗고는 형에게 말했습니다.

"자, 당신이 바라는 게 있거든 날 쫓아와서 붙잡아 봐요."

여자가 뛰기 시작하자 형도 그 뒤를 쫓았습니다. 여자는 이 방에서 저 방으로 쫓아 들어갔다가 뛰어나오곤 했습니다. 형은 정욕에 불타올라 연장을 무시무시하게 벌떡 세운 채 미친 듯이 뛰어다녔습니다. 그들은 한참 동안 술래잡기를 하다가 여자가 컴컴한 곳으로 뛰어들자 형도 뒤따라 뛰어들었습니다. 그런데 별안간 형이 밟은 바닥이 홱 기울더니 몸무게를 이기지 못해 그만 무너져 내리고 말았습니다.

정신을 차리고 보니 그곳은 사람들이 들끓는 시장 한복판으로 그 일대는 모피의 가격을 외치며 거래하는 모피시장 한 모퉁이였습니다. 그곳에 알몸으로 연장을 세운 채 콧수염과 턱수염을 몽땅 밀어버리고 눈썹은 빨갛게 물들였으며 두 뺨에 연지를 찍은 남자가 느닷없이 떨어졌으니, 사람들은 놀라서 와글와글 떠들어대고 손뼉을 치면서 놀려댔습니다. 그리고 발가벗은 형을 가죽으로 마구 때려서 형은 마침내 기절하고 말았습니다.

사람들은 형을 나귀에 태워 경비대장에게 데려갔습니다.

"이건 뭐야?"

경비대장이 묻자 사람들은 대답했습니다.

"이놈이 이런 꼴을 하고 대신의 저택*⁹⁷에서 별안간 떨어져 내렸습니다."

경비대장은 형에게 곤장 100대를 때리게 한다음 바그다드에서 추방했습니다. 그러나 저는 곧 형을 뒤쫓아가 남몰래 데리고 돌아와서 양식을 대주며 부양하고 있습니다. 사실 제가 마음이 후하지 않았던들 아마 그런 사내를 부양해 주지는 않았을 것입니다.

이어서 교주는 다음과 같은 이야기에 귀를 기울였습니다.

이발사 셋째 형 이야기

저의 셋째 형은 말이 빠른 알 파키크라고 하며 장님이었습니다. 어느 날 형은 무슨 바람이 불었는지 어떤 훌륭한 저택에 들어가 문을 두드렸습니다. 그 집주인에게 사정하여 뭘 좀 얻을까 해서였습니다. 주인이 물었습니다.

"게 누구요?"

형이 대답하지 않고 서 있으니 주인이 다시 큰 소리로 묻는 소리가 들려왔습니다.

"누구요?"

그래도 형이 잠자코 있자 주인이 문간 쪽으로 걸어나오더니, 문을 열고 말했습니다.

"무슨 일로 왔소?"

형은 말했습니다.

"전능하신 신 알라를 위해*98 부디 뭔가 베풀어주십시오."

"당신은 장님이오?"

"예, 그렇습니다."

"그렇다면 손을 내미시오."

형은 무엇을 주려나 보다 하고 손을 내밀었습니다.

하지만 주인은 그 손을 잡고 집 안으로 끌고 들어가 계단을 하나씩 올라갔습니다. 그리하여 그 집 꼭대기의 지붕까지 데리고 올라갔습니다. 형은 그동안에도 아마 먹을 것이 아니면 돈을 줄 줄로만 알고 있었습니다. 그러자 주인이 물었습니다.

"이봐, 장님 양반, 무엇이 필요한가?"

"전능하신 알라 신을 위해 주신다면 무엇이든 좋습니다."

"동냥을 하려거든 다른 집에 가서 하지."

"나리, 그렇다면 왜 아래층에 있을 때 그렇게 말씀하시지 않았나요?"

"이봐, 거지, 그럼, 내가 처음 너에게 말을 걸었을 때 왜 대답을 하지 않았지?"

"그래서 저에게 대체 어쩌시려는 겁니까?"

"내 이 집에는 너에게 줄 것이 아무것도 없어."

"그렇다면 아래로 데려다주시오."

"돌아가는 길이라면 바로 네 앞에 있잖나."

그래서 형은 아래로 내려갔는데 문간까지 계단을 20개쯤 남겨놓고 그만 발을 헛디뎌 맨 아래까지 굴러 떨어져 머리를 호되게 부딪쳤습니다. 집 밖으로 나오긴 했지만 어디로 가야 할지 도무지 알 수 없어 기가 막혔습니다. 그러다 친구 장님 둘을 만났습니다.

"어땠나, 오늘 동냥은?"

형은 그들이 묻는 대로 조금 전에 당한 일을 이야기하고 이렇게 덧붙였습니다.

"이봐, 난 돈이 좀 필요해. 내 몸에 지니고 있고 싶어."

그런데 이때 아까 그 주인이 형의 뒤를 밟아와 그들의 이야기를 모두 엿듣고 있었지만 세 사람 다 전혀 몰랐습니다.

형은 자기 집으로 돌아가 다른 친구들이 돌아오기를 기다리고 있었습니다. 아까 그 주인도 몰래 집 안에 숨어들었습니다. 다른 장님들이 돌아오자 형은 말했습니다.

"문을 잠가 주게. 집 안을 찾아봐야겠어. 누가 뒤따라 들어온 놈이 있을지도 모르니까."

이 말을 듣자 주인은 천장에 늘어져 있는 줄을 붙잡고 허공에 매달렸습니다. 세 장님은 온 집 안을 더듬어보았지만 아무도 없었습니다. 그들은 제자리로 돌아와 형 옆에 앉고서 가지고 있던 돈을 꺼내 세어보니 무려 은화 1만 2천 닢이나 되었습니다. 세 사람은 저마다 필요한 만큼 돈을 가진 다음, 나머지는 방 한구석에 감춰놓고 함께 식사를 시작했습니다. 잠시 뒤 형은 자기 바로 옆에서 쩝쩝거리며 무엇을 씹는 소리를 듣고*99 친구들에게 말했습니다.

"이상한 놈이 들어온 것 같다."

그리고 얼른 손을 뻗어 주인의 손을 움켜잡았습니다. 세 사람은 주인에게 와락 달려들어 타고 앉아 흠씬 두들겨주었습니다.*100 그들은 매질에 지치자 큰 소리로 외쳤습니다.

"여보시오! 이슬람교도들이여! 도둑이 들어왔소, 돈을 훔치러 들어왔소!"

그 소리를 듣고 사람들이 몰려들자, 침입한 주인은 임시로 꾀를 짜내어 장님들 옆에 붙어 서서 그들과 함께 하소연하기 시작했습니다. 누가 보아도 장님으로 보이도록 눈을 꼭 감고 이렇게 외쳤습니다.

"오, 이슬람교도 여러분! 알라와 총독님의 가호가 있기를! 실은 좀 말씀드릴 것이 있습니다."

그때 지나가던 경비병이 그들을 붙잡아(형도 물론 함께) 총독 저택으로 몰아세우며[101] 끌고 갔습니다. 총독은 그들을 앞에 앉혀놓고 물었습니다.

"무슨 일이냐?"

형의 집에 숨어든 그 사내가 말했습니다.

"자, 어서 조사하신 다음 확인해 주십시오. 저희는 고문을 하지 않는 한 한마디도 자백하지 않겠습니다. 먼저 저를 매질하시고 그 다음에 우리 두목을 때려주십시오."

이렇게 말한 주인은 형을 가리켰습니다. 그래서 관리들이 주인을 큰대자로 엎어놓고 채찍으로 등을 400대 때리자 아픔을 못 이긴 주인은 저도 모르게 한쪽 눈을 뜨고 말았습니다. 관리들이 더욱 매질하자 이번에는 다른 눈도 뜨고 말았습니다. 지사는 그것을 보고 소리쳤습니다.

"이 괘씸한 놈! 대체 어떻게 된 거냐?"

그 사내가 말했습니다.

"제, 제발 용서해 주십시오. 실은 저희 네 사람은 가짜 장님 노릇을 하며 사람들을 속여 남의 집에 들어가서는 베일을 벗은 부인네들 얼굴을 보기도 하고 타락하도록 일을 꾸미기도 했습니다. 이렇게 하여 많은 돈을 벌어 지금은 은화 1만 2천 닢이나 모였습니다. 그래서 이 친구들에게 '내 몫으로 은화 3천 닢을 내라'고 말하자 놈들은 저를 때리고 돈을 빼앗았습니다. 그래서 알라와 나리께 구원을 청했던 것입니다. 이놈들에게 줄 바에야 차라리 나리께 드리겠습니다. 그러니 제발 말씀드린 것을 확인하고 싶으시면 이놈들을 모조리 저보다 더욱 호되게 때려보십시오. 그러면 반드시 놈들도 눈을 뜰 것입니다."

총독이 형부터 먼저 심문하라고 명령했으므로, 관리들은 형을 태형기둥[102]에 묶었습니다. 총독이 형에게 말했습니다.

"이 건달 놈아, 네놈은 알라께서 주신 고마운 선물을 악용하여 장님 노릇을 하고 있단 말이냐?"

그러자 형이 외쳤습니다.

"알라여, 알라시여, 맹세코 말씀드립니다. 저희 가운데 눈이 보이는 자는 한 사람도 없습니다."

관리들은 형이 정신을 잃을 때까지 마구 때렸습니다. 그러자 총독이 소리쳤습니다.

"정신이 돌아올 때까지 내버려 두었다가 정신이 돌아오거든 또 때려라."

그러고는 다른 장님들에게도 저마다 300대 이상 매질하도록 명령했습니다. 한편 가짜 장님은 진짜 장님 세 사람을 향해 부르짖었습니다.

"눈을 떠라! 그렇지 않으면 더 맞게 될 거다."

그리고 총독에게는 이렇게 말했습니다.

"저와 함께 돈을 가지러 누구를 보내주십시오. 이놈들은 남의 앞이라 창피해서 좀처럼 눈을 뜨지 않을 겁니다."

총독은 그 돈을 가져오게 하여 주인에게는 그가 주장한 몫인 은화 3천 닢을 주고 나머지는 자기가 가진 다음에 장님 셋을 도성에서 추방하고 말았습니다.

하지만 오, 충성스러운 자들의 임금님, 저는 곧 형을 쫓아가 자초지종을 물어보았습니다. 그러자 형은 방금 말씀드린 내용의 이야기를 해 주더군요. 그래서 저는 형을 몰래 도성으로 데리고 돌아와 아무도 모르는 곳에 숨겨두고 먹을 것을 대주면서 돌보았던 것입니다.

이 이야기를 듣고 교주님은 웃으면서 분부하셨습니다.

"이자에게 상을 줘서 물러가게 하라."

그러나 저는 말했습니다.

"알라께 맹세코! 다른 형들의 이야기를 다 들려 드리기 전에는 아무것도 받을 수 없습니다. 왜냐하면 저는 정말 말수가 적고 입이 무거운 사람이니까요."

그래서 교주님은 또 다른 이야기에 귀를 기울이게 되었습니다.

이발사 넷째 형 이야기

오, 충성스러운 자들의 임금님, 이번에는 저의 넷째 형 이야기입니다. 그 형은 하도 말이 많아서 이름이 알 쿠즈 알 카스와니입니다. 즉 '참새대장'이라는 뜻으로, 이 형은 애꾸눈이었습니다.

그는 바그다드에서 푸줏간을 열어 고기를 팔며 양도 기르고 있었습니다. 훌륭한 분들이며 부자들이 단골이어서 많은 돈을 벌어 가축과 논밭을 사들이게 되었습니다. 그렇게 오랫동안 지내고 있었는데 어느 날 가게에 앉아 있으려니 턱수염을 하얗게 기른 노인이 와서 은화 몇 닢을 내놓고 말했습니다.

"이것으로 고기를 좀 주시오."

형이 얼른 그 값어치의 쇠고기를 베어주자 노인은 돌아갔습니다. 그 뒤에 노인이 주고 간 은화를 보니 새하얗게 반짝였으므로 그것만 따로 챙겨두었습니다. 이 하얀 수염 노인은 다섯 달 동안 비가 오나 눈이 오나 하루도 빠짐없이 고기를 사가곤 했습니다. 형은 그 노인한테서 받은 은화를 늘 다른 궤짝에 따로 간직해 두었는데, 어느 날 양을 사기 위해 은화를 꺼내려고 궤짝을 열어보니 이게 웬일입니까! 궤짝은 텅텅 비어 있고 다만 은화같이 둥그렇게 오린 종이쪽지만 들어 있을 뿐이었습니다.*103 형은 깜짝 놀라 자기 얼굴을 때리며 큰 소리로 떠들어대자 사람들이 모여들었습니다. 형이 자초지종을 얘기하자 모두 깜짝 놀랐습니다.

형은 전과 같이 숫양을 잡아 가게 안에 매단 뒤, 고기를 베어 가게 앞에 걸면서 혼잣말을 했습니다.

"오, 알라여, 그 재수 없는 영감이 다시 한 번 오게 하소서!"

그런데 한 시간도 채 못 되어 그 노인이 은화를 들고 나타났으므로 형은 노인을 붙잡고 소리쳤습니다.

"여보시오, 모두 좀 도와주시오, 이 악당에게 내가 어떤 일을 당했는지 잘 들어보시우!"

이 말을 듣자 노인은 침착하게 말했습니다.

"당신한테 어느 쪽이 나을까? 나를 죽이는 것인가, 아니면 사람들 앞에서 창피를 당하는 것인가?"

"흠, 어째서 내가 창피를 당한단 말이냐?"

"당신은 양고기라고 하면서 사람고기를 팔고 있잖나!"

"거짓말하지 마라! 이 저주받을 놈아!"

"양고기라면서 사람고기를 가게 앞에 달아놓는 놈이야말로 악당이다."

"네놈 말이 사실이라면 내 재산과 목숨을 몽땅 너한테 다 주겠어!"
그러자 노인은 큰 소리를 질렀습니다.
"여러분! 내 말이 거짓인지 아닌지 증거를 보고 싶거든 이 사내의 가게 안에 들어가 보시오."
사람들이 우르르 몰려 들어가 보니 어느 틈에 양이 사람 시체로 변해 매달려 있는 게 아니겠습니까? 그것을 보고 사람들은 형에게 달려들며 소리쳤습니다.
"이 이단자 놈! 이 악마 같은 놈아!"
친한 친구들까지 형을 때리고 차며 욕을 퍼부었습니다.
"네놈은 우리에게 사람고기를 먹이려는 게냐!"
일은 여기서 끝나지 않았습니다. 노인이 형의 눈을 마구 때려 눈알을 뽑아 버린 것입니다.
그런 다음 사람들은 목이 잘린 시체를 떠메고 도시의 경비대장에게 갔습니다. 노인이 말했습니다.
"보십시오, 경비대장님, 이놈이 사람을 때려잡아 양고기라고 속여 팔고 있기에 저희가 이리로 끌고 왔습니다. 제발 알라의 심판을 내려주십시오."
(알라께 영광 있으라!)
형은 해명하려 했으나 경비대장은 형의 말은 도통 들으려고도 하지 않고 곧장 500대를 때리고 재산을 모두 몰수하라고 명령했습니다. 만약 형에게 관리들에게 뇌물로 바칠 만한 재산마저 없었더라면 아마 지금쯤 이 세상 사람이 아닐 것입니다. 결국 경비대장은 형을 바그다드에서 추방했습니다.
발길 닿는 대로 무작정 걷다가 커다란 도시에 들어간 형은, 신발 수선이나 하는 게 가장 좋겠다고 생각했습니다. 그래서 가게를 차리고 부지런히 일하면서 나날을 보내고 있었습니다. 어느 날 볼일이 있어서 밖에 나갔더니 멀리서 말발굽 소리가 들려왔습니다. 왕이 사냥하러 나간다는 말을 듣고 형은 길가에 걸음을 멈추고 행렬이 지나가는 것을 구경하고 있었습니다. 그런데 우연히 임금님의 시선과 형의 시선이 마주쳤습니다. 그러자 임금님은 머리를 숙이고 이렇게 말했습니다.
"오늘은 재수 없는 날이니 알라의 가호를 빌어야겠다!"[104]
왕은 말머리를 돌려 신하들을 거느리고 왕궁으로 돌아갔습니다.

그리고 호위병들에게 명령하여 형을 잡아들이고서 심하게 매질을 해 형은 거의 다 죽게 되고 말았습니다. 그렇지만 무슨 까닭으로 이런 끔찍한 봉변을 당하는 건지 영문을 알지 못했습니다. 보기에도 처참한 몰골로 집에 돌아간 형은 왕가에 고용된 어떤 사람을 찾아가 자초지종을 이야기하니, 그 사나이는 배를 잡고 벌렁 자빠질 만큼 웃어대면서 말했습니다.

"이보시오, 형제, 들어보시오. 임금님은 애꾸눈을 아주 싫어한다오. 특히 오른쪽 눈이 없는 자는 붙잡히면 끝장이오, 살아남지 못해."

이 말에 형은 깜짝 놀라 그 도시에서 달아나기로 했습니다. 그래서 그곳을 떠나 아는 사람이 아무도 없는 다른 도시에 가서 오랫동안 살았습니다. 어느 날, 형은 지금까지 자기에게 덮친 여러 가지 재난을 생각하니 마음이 울적해져 기분전환을 위해 외출을 했습니다. 길을 걷고 있노라니 뒤에서 말발굽 소리가 들려왔습니다.

"알라의 심판이 또 찾아왔구나."

형은 새파랗게 질려 숨을 곳을 찾았으나 아무데도 숨을 곳이 없었습니다. 그러다가 겨우 닫혀 있는 어느 집 대문을 하나 발견하고 죽을힘을 다해 떠밀었습니다. 다행히 문이 열려서 들어가니 긴 복도가 있어 형은 그곳에 몸을 숨겼습니다.

그러나 그 순간 두 사내가 형에게 덤벼들며 외쳤습니다.

"야, 잘됐다! 알라께서 이놈을 우리 손에 넘겨주셨어. 이 신의 원수야! 요즘 사흘 동안 네놈 덕택에 잠도 제대로 자지 못했어. 정말 네놈 때문에 죽을 뻔했단 말이다."

그래서 형이 물었습니다.

"아니, 여러분, 제가 뭘 어쨌다는 겁니까?"

"네놈은 우리에게 원수를 갚는다고 창피를 주고, 주인 나리의 목을 찌르려고 하지 않았느냐! 네놈들은 주인 나리를 망하게 하고도 아직도 성에 차지 않는단 말이냐! 자, 그 단도를 내놓아라. 밤마다 우리를 위협하던 그 단도를 내놓으란 말이다!"

두 사내는 형의 몸을 뒤져 허리끈에 차고 있던 가죽 베는 칼을 찾아냈습니다. 그래서 형은 말했습니다.

"여보, 당신네는 바로 눈앞에 계신 알라가 두렵지도 않소? 죄 없는 나에게 이런 봉변을 주다니. 아! 내 신세만큼 어이없는 일도 없을 거야!"

"그건 또 무슨 이야긴가?"

형은 자신에게 닥친 사연을 자세히 이야기하고 부디 놓아달라고 애원했습니다. 그러나 사내들은 형의 말을 곧이듣지 않을뿐더러 조금도 호의를 보이지 않고 형을 사정없이 때리고는 옷까지 찢어버리고 말았습니다. 그러자 찢어진 옷 사이로 옆구리의 채찍 자국이 보였습니다. 사내들은 그것을 보고 말했습니다.

"이 괘씸한 놈 같으니! 이 채찍 자국이야말로 네놈이 죄인이라는 뚜렷한 증거가 아니냐?"

사내들은 형을 총독 앞으로 끌고 갔습니다. 가는 도중 형은 혼잣말로 중얼거렸습니다.

"이제는 이 채찍 자국 때문에 벌을 받는구나. 이렇게 되면 전능하신 알라 외에 나를 구할 수 있는 자는 없다!"

총독은 형을 보고 말했습니다.

"네 이놈, 이 악당 놈아! 너는 어째서 사람을 죽이려고 그 집에 들어갔느냐?"

형이 말했습니다.

"오, 총독님, 알라의 이름에 맹세코 총독님께 부탁합니다. 부디 제 이야기를 들은 뒤에 심판을 내려 주십시오."

"네놈은 이들을 가난의 구렁으로 밀어 넣은 도둑이다. 현재 네놈 등에는 채찍 자국이 있지 않으냐? 그런 놈이 하는 말을 누가 곧이듣는단 말이냐! 무슨 큰 죄가 없다면 이런 벌을 받았을 리 없다!"

총독은 형에게 곤장 100대의 처형을 내린 다음 낙타에 태워 시내로 끌고 돌아다니며 이렇게 외치게 했습니다.

"인과응보다. 남의 집에 침입한 자로서는 이것도 가벼운 벌이다."

그 뒤 형은 그곳에서도 쫓겨나 정처 없이 헤매고 다녔습니다. 그 무렵 형의 불행한 처지가 마침내 제 귀에 들어왔으므로 저는 형을 찾아내 여러 가지 사정을 물어보았습니다. 형에게 닥친 그때까지 겪은 재난을 듣고 저는 남몰래 도성으로 데려와서 먹을 것을 대주며 보살피고 있습니다.

임금님은 다음과 같은 이야기에도 귀를 기울이게 되었습니다.

이발사 다섯째 형 이야기

오, 충성스러운 자들의 임금님, 저의 다섯째 형의 이름은 떠버리 알 나슈사르*105라고 하며, 양쪽 귀가 모두 떨어진 사람인데, 밤마다 남에게 구걸을 하여 동냥받은 것으로 연명하고 있었습니다.

그런데 저희 아버지가 늙은 몸에 병이 들어 돌아가시면서 은화 7백 닢의 유산을 남겨 주었기에 저마다 백 닢씩 나눠 가졌습니다. 그런데 다섯째 형은 자기 몫을 받았지만 그것을 어떻게 해야 할지 방법을 몰랐습니다. 여러 가지로 망설이던 끝에 온갖 유리그릇을 사들여 그것을 팔면 정당한 이익을 보리라 생각했습니다. 그래서 은화 백 닢에 상당하는 유리그릇을 사서 커다란 쟁반에 담아 어떤 집 벽 밑에 늘어놓고 자기는 벽에 기대앉아 장사를 시작했습니다. 쟁반을 앞에 놓고 앉은 형은 이 궁리 저 궁리 하면서 이렇게 혼잣말을 중얼거렸습니다.

"내 이 유리그릇에 투자한 내 전 재산은 은화 백 닢뿐이지만 이것을 꼭 2백 닢으로 만들어야지. 그러면 그 돈으로 또 유리그릇을 사들여 이번에는 그 배가 되는 4백 닢에 팔자. 이런 식으로 팔고 사고, 사고 팔면 은화 4천 닢은 걱정 없이 생길 것이다. 큰돈을 잡게 되는 거지. 그 돈으로 상품이며 보석, 향료*106 같은 것을 사들이면 굉장한 돈벌이가 된다. 이렇게 해서 알라의 가호로 은화 10만 닢의 밑천을 만드는 거야. 그렇게 되면 먼저 좋은 집을 사고 환관과 말도 사자. 마음껏 먹고 마시며 즐겁게 사는 거야. 그리고 이 도시의 가수는 남녀를 막론하고 모조리 집에 불러 내 앞에서 노래를 부르게 해야지."

이런 공상에 잠겨 있는 형 앞에는 단돈 은화 백 닢어치의 유리그릇을 담은 쟁반이 걸상 위에 얹혀 있을 뿐이었습니다. 형은 그것을 바라보며 또 혼잣말을 계속했습니다.

"그리하여 인샬라(신이 허락하신다면)! 밑천이 10만 닢이 되면 중매쟁이 여자를 시켜 임금님이나 대신의 딸들이 내 옆에서 시중들도록 하리라. 그리고 재상의 큰딸을 여편네로 삼아야지. 얼굴이며 귀염성이며 교양이며 나무랄 데 없다는 소문이니까. 지참금으로는 금화 1천 닢을 보내주자. 장인이 그것으로 좋다고 하면 됐고 싫다고 하면 우격다짐으로 딸을 뺏어올 테다. 일단 내 집까지 무사히 데려오기만 하면 젊은 환관 10명을 사주고, 나 자신은 임금이나 교주가 입는 의복 중의 의복을 사 입기로 하자. 황금 안장에 보석을 잔뜩 박은 마구(馬具)도 갖춰야지. 그리고 노예병사를 전후좌우에 거느리고 말을 몰아 온 시내를 돌아다녀야지. 사람들은 모두 나에게 절을 하며 축복할 거야. 그 일이 끝나면 주위에 무장한 백인노예병사를 거느리고 장인인 대신에게 가는 거야. 대신은 나를 보면 자리에서 일어나 나를 자기 자리에 앉히고 자기는 겸손하게 물러나 앉겠지. 아무튼 나는 대신의 사위가 되는 거니까.

그리고 두 환관에게 금화 1천 닢씩 든 자루를 메게 해야겠다. 그 가운데 1천 닢은 신부에게 보내는 지참금으로 주고 나머지 1천 닢은 선물로 그냥 준단 말이야. 그러면 대신은 내가 도량이 넓고 대범하며 세상일 따위는 내 안중에도 없다는 것을 알게 될 테지. 녀석이 열 마디 하면 나는 두어 마디쯤 해 줘야지. 그러고는 집에 돌아와 신부의 친척이 오면 돈을 집어주고 좋은 옷도 입혀주자. 그리고 상대방이 나에게 선물이라도 바친다면 받지 않고 돌려줄 테다.*107 그렇게 하면 내 정신은 절대 타락하지 않고 훌륭하다는 것을 상대방도 알게 되겠지. 그리하여 내 지위와 신분을 확실하게 쌓아가는 거야.

그런 다음 결혼날짜를 정하고 집 안을 화려하게 장식해야지. 신부를 선보일 때 나는 가장 아름다운 옷을 입고 비단보료 위에 앉아 베개에 팔꿈치를 괴고는 곁눈질도 하지 않을 테다. 그저 똑바로 앞만 바라보며 식견 높고 사려분별이 깊다는 것을 보여줘야지. 내 눈 앞에는 아름답게 차려입은 보름달 같은 신부가 와서 설 거야. 그러나 나는 거만하게 거들떠보지도 말아야지. 그러면 그 자리에 있는 자들은 참다못해 이렇게 말하겠지. '오, 나리님, 주인님, 당신의 부인이, 첩실이, 앞에 서 계십니다. 부디 한 번만 봐주십시오. 오래 서 계시면 지치실 테니까요.' 그리고 모두 몇 번이고 머리를 조아리면 나는 비로소 눈을 들고 신부를 흘끗 볼 뿐 다시 눈을 내리깔아버려야지. 그러면 모두 신부를 신부 방으로 데리고 갈 거야. 나도 일어나서 더 좋은 옷으로 갈아입어야지. 다시 신부를 데리고 와도 나는 여전히 거들떠보지 않을 거야. 참다못해 사람들이 몇 번이고 간청하면 곁눈으로 흘끗 보고는 눈을 내리깔자. 그렇게 하고 있노라면 혼례식과 피로연이 끝나겠지."

—여기서 날이 훤히 밝았으므로 샤라자드는 이야기를 그쳤다.

33번째 밤

샤라자드는 이야기를 계속했다.

오, 인자하신 임금님, 이발사의 다섯째 형은 혼잣말을 계속하고 있었습니다. "—고개를 숙인 채 결혼식과 피로연이 끝날 때까지 내내 그러고 있어야지. 식이 끝나면 환관에게 명령해 금화 5백 닢이 든 자루를 가져오게 하여 의상을 맡은 여자들에게 인심 좋게 나눠준 다음 나를 신부 방으로 안내하게 해야지. 신부와 단둘이 남게 되어도 나는 거들떠보지 않고 말 한마디 걸지 않으며, 벽 쪽으로 얼굴을 돌린 채 여자 옆에 누워 경멸하는 척할 거야. 그러면 누가 보더라도 나를 기품 있는 남자로 생각하겠지.

그러는 동안 장모가 들어와서 내 머리와 손에 입을 맞추며 간청하겠지. '오, 나리, 제발 당신의 시녀를 봐주십시오. 당신의 사랑을 바라고 있어요. 제발 이 아이의 애달픈 심정을 헤아려주시구려.' 그러나 내가 대답하지 않으면 장모는 일어나서 내 발에 몇 번이고 입을 맞추며 이렇게 말할 거야. '오, 나리, 제 딸은 정말 아름다운 처녀로 아직 남자를 모른답니다. 그러니 당신이 등만 보이고 야속하게 사랑해 주시지 않는다면 딸의 가슴은 찢어져 버릴 거예요. 제발 딸애 쪽으로 고개를 돌리고 말을 걸어서 저 애 마음을 달래 주세요.'

그리고 장모는 술을 한 잔 가져와서 이렇게 말하겠지. '자, 이것을 나리께 드려라.' 하지만 나는 신부가 내 옆에 다가와도 그녀를 세워둔 채 금실로 수놓은 베개에 팔꿈치를 괴고 사뭇 귀찮다는 듯 돌아보지도 않고 거만하게 앉아 있어야지. 신부는 나를 임금님이나 매우 훌륭한 사람으로 알고 말하겠지. '오, 나리! 부디 당신의 시녀가 드리는 잔을 받아주세요. 저는 정말 당신의 종이니까요.' 그래도 내가 여전히 대답하지 않으면 여자는 '드시지 않으면 전 어떡해요' 하며 잔을 내 입에 갖다댈 테지. 그러면 나는 이렇게 주먹을 휘두르고 발로 걷어찬단 말이야."

그리하여 형이 다리를 쭉 뻗자 유리그릇이 담긴 쟁반이 뒤집히면서 그릇들이 산산조각이 나고 말았습니다. 형은 울부짖었습니다.
"아이고, 이 얄미운 뚜쟁이 놈! *108 이것도 다 내 우쭐한 마음 때문이야."
그러고는 오, 충실한 자들의 임금님이시여, 형은 자기 얼굴을 때리고 옷을 갈가리 찢고 스스로 자기 몸을 때리면서 울었습니다. 금요일 기도를 드리러 가던 사람들은 이 꼴을 보고, 가엾게 보는 이도 있고 아랑곳하지 않는 사람도 있었습니다. 이렇게 하여 형은 빈털터리가 되고 말았습니다.
오랫동안 그 자리에서 울고 있으니 한 아름다운 귀부인이 지나갔습니다. 몸에서 사향내를 풍기며 황금 안장을 얹은 나귀를 타고 환관 몇 명을 거느리고 금요일 예배를 보러 가는 길이었습니다. 부인은 우는 형의 모습과 깨어진 유리그릇을 보고 안됐다는 생각이 들어 어찌 된 사연인지 물었습니다. 형은 끼닛거리를 벌기 위해 유리그릇을 팔 작정으로 쟁반에 담아서 왔는데 그만 모두 깨지고 말았다고 말했습니다.
"이렇게 물거품이 되고 말았습니다."
그러자 부인은 환관 한 사람을 불러 명령했습니다.
"이 가엾은 사람에게 있는 돈을 다 드려라."
환관은 금화 5백 닢이 든 지갑을 형에게 주었습니다. 형은 돈이 손에 들어오자 숨이 막힐 정도로 기뻐하면서 몇 번이고 그 여자를 위해 축복의 기도를 드렸습니다.
이렇게 하여 뜻밖의 돈을 손에 넣은 형은 집으로 돌아갔습니다. 그리고 가만히 앉아 생각에 잠겨 있는데, 그때 문을 두드리는 자가 있었습니다. 문을 열어 보니 낯선 노파가 서 있었습니다.
"오, 젊은 분, 기도시간이 다 되었는데 아직 목욕*109을 하지 못했습니다. 그러니 죄송하지만 댁에서 몸을 씻게 해 주실 수 없겠습니까?"
"아, 좋고말고요."
형은 노파를 집 안으로 들여놓고 물통을 갖다주었습니다. 그리고 지갑 대신 허리에 찬 전대 속에 간직한 금화를 생각하면서 앉아 있으니 마음이 기뻐서 날아갈 것만 같았습니다.
목욕을 마친 노파는 형 가까이 와서 공손히 두 번 절한 다음 경건하게 기도를 드렸습니다. 그리고 형에게도 신의 축복을 기도했기 때문에 형은 감사의 뜻으로 금화 2닢을 꺼내 혼잣말로 중얼거리면서 노파에게 주었습니다.

"이것은 내 성의*110요."

노파는 금화를 보자 이렇게 소리쳤습니다.

"알라를 찬양하라! 당신은 왜 사랑하는 사람을 거지처럼 다루시오? 이 돈은 넣어두오. 나는 필요 없소. 당신도 원치 않는다면 그 유리그릇이 깨진 것을 보고 돈을 주신 부인에게 돌려주시오. 그건 그렇고 당신이 그 여자와 만나고 싶다면 내가 어떻게 해 드리지요. 그분은 나의 주인이니까."

"오, 할머니, 어떻게 하면 그분을 만날 수 있을까요?"

"젊은 양반, 그분은 당신을 생각하고 있다오. 하지만 부잣집 아씨이니 당신도 돈을 모두 가지고 날 따라와요. 당신 소원을 이루어 드릴 테니까요. 아씨를 만나거든 공손한 말씨로 열심히 구슬려 그분의 마음에 들도록 해요. 그러면 아씨의 아름다움도 돈도 마음껏 즐길 수 있을 테니까."

그래서 형은 돈을 몸에 지니고 일어나서 이 행운이 꿈이 아닌가 생각하며 노파 뒤를 따라갔습니다. 노파는 형을 데리고 자꾸자꾸 걸어가더니 이윽고 큰 문 앞에 이르렀습니다. 노파가 문을 두드리니 로움의 노예계집*111이 나와 문을 열어주었습니다. 노파는 형을 앞세워 호화롭기 그지없는 양탄자가 깔려 있고 갖가지 휘장이 둘러쳐진 커다란 방으로 들어갔습니다. 형은 돈을 앞에 두고 두건을 무릎 위에 올려놓고 앉았습니다.*112

그때 더할 수 없이 화려한 옷을 입은(세상에 보기 드물 만큼 아름다운) 젊은 부인이 들어왔습니다. 형이 벌떡 일어서자 부인은 형을 향해 미소 지으며 앉으라고 손짓하면서 인사를 했습니다. 그리고 문을 닫으라고 이른 다음 형의 손을 잡고 온갖 비단과 황금 천으로 꾸민 침실로 데리고 들어갔습니다.

형이 자리에 앉자 여자도 곁에 앉아 한참 동안 형을 상대로 희롱하고 있더니 이윽고 일어서서 말했습니다.

"내가 돌아올 때까지 어디 가지 말고 기다려야 해요."

그리고 방을 나갔습니다.

형이 하라는 대로 가만히 앉아 있는데 별안간 커다란 검둥이 노예가 시퍼런 칼을 빼들고 나타나 소리쳤습니다.

"괘씸한 놈! 누가 네놈을 이런 곳에 데리고 왔지? 무슨 일로 왔느냐?"

형은 너무 무서워서 혀가 굳어버려 한마디도 대답할 수 없었습니다. 흑인 노예가 형을 붙잡아 옷을 벗기고 칼등으로 마구 때리는지라 아픔을 견디다 못한 형은 마침내 정신을 잃고 쓰러지고 말았습니다. 그 불길한 검둥이는 형이 죽은 줄로만 알고 이렇게 외쳤습니다.

"소금 단지는 어디 있어?"

한 여자가 큰 쟁반에 소금을 담아서 들어가자 노예는 형의 상처에 소금을 비벼댔습니다.*113 형은 조금이라도 움직여 살아 있는 눈치를 보이면 당장에 죽일 것만 같아서 꼼짝도 하지 않았습니다. 하녀가 나가자, 흑인노예는 또 외쳤습니다.

"구덩이광*114지기 계집은 어디 있어?"

그러자 그 노파가 나타나 형의 발을 잡고 광까지 끌고 가서 산더미처럼 쌓인 시체 위에 던졌습니다. 형은 꼬박 이틀 동안 거기 누워 있었습니다. 다행히도 소금 덕분에 출혈이 멎어 목숨만은 건졌습니다.

이윽고 형은 걸을 수 있을 듯해 몸을 일으켜 조심조심 뚜껑을 열고 벌벌 떨면서 밖으로 기어나왔습니다. 알라의 가호 덕분이겠지만, 형은 어둠 속으로 나아가 날이 샐 때까지 현관에 숨어 있었습니다. 아침이 되자 그 저주받을 노파가 다른 먹잇감을 찾아 외출하는 것이 보였습니다. 형은 살그머니 그 뒤를 따라 집으로 돌아가 상처에 붕대를 감고 약을 먹으면서 치료하여 이윽고 나았습니다. 그러는 동안에도 형은 날마다 노파 뒤를 밟으며 감시했는데, 노파는 연방 여러 남자를 꾀어 그 집으로 데려가곤 했습니다. 그러나 형은 그 일에 대해서는 남에게 한마디도 하지 않았습니다.

얼마 안 가 상처가 낫고 건강이 회복되자 형은 곧 천으로 자루를 하나 만들어 그 속에 유리 조각을 넣고 허리에 찼습니다. 그리고 아무도 모르게 페르시아인으로 변장하고서 옷 속에 단도를 감추고 집을 나섰습니다. 이윽고 그 노파를 만나자 형은 페르시아 사투리가 섞인 아라비아어로 말을 걸었습니다.

"할머니, 나는 오늘 이 고장에 처음 도착한 나그네인데 아무도 아는 사람이 없소. 금화를 1천1백 닢쯤 달아보고 싶은데 저울이 없을까요? 사례는 하겠습니다."

그러자 노파가 말했습니다.

"우리 아들이 환전가게를 하는데 거기 가면 무슨 저울이고 다 있다오. 자, 아들이 외출하기 전에 나와 같이 갑시다. 아들이 달아줄 테니까."

"그럼, 좀 안내해 주시오."

노파는 형을 그 집으로 데리고 갔습니다. 지난번의 그 젊은 여자가 직접 나와 문을 열자 노파는 생글생글 웃으면서 말했습니다.

"오늘은 기름진 고기를 가져왔어요."

여자는 전처럼 형의 손을 잡고 전의 그 방으로 들어가더니 한참 동안 함께 앉아 있다가, 이윽고 일어나서 말했습니다.

"내가 돌아올 때까지 어디 가지 마시고 여기서 기다리세요."

그러고는 방을 나갔습니다. 잠시 뒤 그 흉측한 노예가 칼을 들고 나타나 소리쳤습니다.

"일어나! 이 자식!"

그래서 형은 일어나 노예가 다가오자마자 옷 속의 칼을 꺼내 목을 베어버렸습니다. 그런 다음 시체의 발을 잡고 지하실까지 끌고 가서 외쳤습니다.

"소금 단지는 어디 있어?"

그러자 노예계집이 소금 쟁반을 가지고 들어오다가 형의 손에 든 피 묻은 칼을 보고 깜짝 놀라 달아나려 했습니다. 형은 뒤쫓아가 여자의 목을 베었습니다. 그리고 또 외쳤습니다.

"구덩이광지기 계집은 어디 있지?"

이번에 들어온 것은 그 노파였습니다.

"이, 망할 할망구야! 나를 기억하고 있겠지?"

"아닙니다, 나리, 모릅니다."

"지난번에 금화 5백 닢을 가지고 온 사람이 나다. 네년은 목욕하고 기도하기 위해 내 집에 들어오더니, 교묘하게 나를 꾀어내 골탕을 먹인 할멈이 아니더냐!"

노파는 외쳤습니다.

"제발 목숨만은 살려주십시오!"

그러나 형은 그 말을 들은 척도 않고 노파를 네 토막 내고 말았습니다.

그런 다음 형은 젊은 여자를 찾으러 나갔습니다. 여자는 형을 보자 미친 듯이 외마디 소리를 질렀습니다.

"살려주세요! *115 자비를 베풀어주세요!"

형은 여자를 용서해 주고 물었습니다.

"어째서 그런 검둥이와 한패가 되었지?"

"저는 어떤 상인의 노예였습니다. 그 노파가 자주 저를 찾아와서 어느덧 정이 들게 되었습니다. 어느 날 노파가 '내가 사는 곳에서 혼인잔치가 있는데 그렇게 성대한 식은 지금까지 한 번도 없답니다. 당신에게 한번 구경시켜 주고 싶군요' 하고 말했습니다. 그래서 저는 꼭 구경시켜 달라며 가장 좋은 옷을 입고 금화 1백 닢이 든 지갑을 가지고 노파를 따라 이 집으로 왔어요. 그런데 집 안에 발도 들여놓기 전에 그 검둥이 노예에게 붙잡히고 말았습니다. 그 저주받을 마귀 할멈에게 속아 그로부터 꼭 3년을 여기서 살았지요."

"이 집에는 그놈의 물건이 많이 있겠지?"

"보물이 잔뜩 있어요. 갖고 싶으면 얼마든지 가지고 가셔요."

그래서 형이 여자 뒤를 따라갔더니 여자는 금고를 열어 보였습니다. 그 속에 돈 자루가 잔뜩 들어 있었으므로 형은 깜짝 놀랐습니다. 여자는 형에게 말했습니다.

"자, 제가 여기 있을 테니 밖에 나가 돈을 운반할 남자를 데리고 오세요."

형이 밖에 나가 남자 10명을 데리고 돌아가 보니 문은 활짝 열려 있고 여자는 흔적도 없이 사라졌으며, 얼마 안 되는 잔돈과 가재도구만 남아 있을 뿐이었습니다.*116

형은 여자에게 속아 넘어간 것을 알자, 창고를 모두 열고 안에 있는 물건과 나머지 돈을 함께 모조리 끌어내어 집으로 돌아왔습니다. 그날 밤은 즐겁게 보냈지만, 날이 새자마자 문 앞에 20명쯤 되는 관리들이 찾아와 형을 결박하고서 말했습니다.

"총독께서 네놈을 부르신다!"

형은 놓아달라고 애원하며 줄곧 돈을 많이 쥐여주려고까지 했으나, 관리들은 들은 척도 하지 않고 형을 꽁꽁 묶어서 끌고 갔습니다. 도중에 친구를 만난 형은 그의 옷자락에 매달려 힘을 써서 관리들의 손에서 구해 달라고 애원했습니다. 친구가 발길을 멈추고 사정을 물어보니 관리들이 대답했습니다.

"이자를 체포해 오라는 총독님 명령이라 이렇게 끌고 가는 것이다."

이 말을 듣고 형의 친구는 놓아달라고 열심히 애원했습니다.

"금화 5백 닢을 드릴 테니 놓아주시오. 돌아가서 총독님께 못 찾았다고 하면 될 것 아닙니까."

그러나 관리들은 상대도 하지 않고 형을 끌고 가서 총독 앞에 엎드리게 했습니다.

"너는 이 물건과 돈을 어디서 손에 넣었느냐?"

총독이 묻자 형은 열심히 애원했습니다.

"부디 자비를 베푸소서!"

총독은 형에게 자비의 손수건*117을 주었습니다. 그리하여 형은 그 노파와의 일을 모두 실토하고, 그 젊은 여자가 달아난 경위까지 이야기하고는 마지막으로 간청했습니다.

"제가 차지한 것 가운데 마음에 드시는 게 있으시면 뭐든지 가지십시오! 그러나 제가 살아갈 수 있을 만큼은 남겨주십시오."

그러나 총독은 돈과 물건을 모조리 몰수하고 말았습니다. 그리고 이 사건이 국왕 귀에 들어갈까 두려워 형을 불러놓고 위협했습니다.

"이 도성에서 떠나라. 그렇지 않으면 교수형에 처하겠다."

"분부대로 하겠습니다."

형은 대답하고 다른 도시로 떠났습니다. 그 도중에 형은 강도들을 만나 물건을 뺏기고 얻어맞은 데다 귀까지 잘렸습니다. 저는 형의 불행한 사연을 소문으로 듣고 옷을 가지고 형을 쫓아갔습니다. 그리고 남몰래 이리로 데려와 고기와 우유를 먹여 보살피고 있습니다.

그리고 또 교주님은 이어서 다음과 같은 이야기에 귀를 기울이셨습니다.

이발사 여섯째 형 이야기

오! 충성스러운 자들의 임금님이시여, 저의 여섯째 형의 이름은 샤카시크*118이며 별명은 덜렁이라고 하는데, 아래위 입술이 잘려버린 자입니다. 전에는 부자였습니다만 지금은 형편없이 몰락해 버렸지요.

어느 날, 형은 목숨을 이어가기 위해 구걸을 하러 나섰습니다. 길을 걷고 있노라니 갑자기 훌륭한 저택이 눈에 들어왔습니다. 입구 근처에는 커다란 별채 건물이 있고 그곳에서 수많은 환관이 문을 지키고*119 앉아 있었습니다. 형이 그 언저리를 어정거리는 한 환관에게 누구의 집이냐고 물어보았습니다.

"여기는 바르마크 집안사람의 저택이다."

그래서 형은 문지기들 쪽으로 다가가 구걸을 했습니다.

"이 정문으로 들어가. 주인이신 대신님이 필요한 걸 주실 거야."

그 말을 듣고 바깥문을 거쳐 얼마 동안 걸어 들어가니 굉장히 호화로운 건물 앞에 이르렀습니다. 바닥에는 대리석이 깔려 있고 커튼이 드리워져 있으며 건물 가운데에는 난생처음 보는 아름다운 화원[120]이 있었습니다. 형은 어디로 가야 할지 몰라 한동안 막연히 서 있었습니다. 이윽고 거실 한 모퉁이에서 인기척이 나서 그쪽으로 가보니, 당당한 풍채에 아름다운 턱수염을 기른 한 남자가 앉아 있었습니다.

그분은 형을 보자 일어나 맞으면서 무슨 일로 왔느냐고 물었습니다. 형은 사정이 딱해서 그러니 무엇이든 좀 베풀어 달라고 말하자 그 훌륭한 분은 얼굴에 깊은 동정의 빛을 떠올리면서 깨끗한 의복을 움켜쥐고 소리 높이 외쳤습니다.

"이 어찌 된 일인고! 나와 같은 도성에 살고 있으면서 당신처럼 굶주린 이가 말이오? 이런 일은 나로선 참을 수가 없군."

그리고 어떤 대접이라도 해 주겠노라고 약속하며 말했습니다.

"다만 당신이 내 집에 묵으면서 나와 서로 소금을 나누지 않으면[121] 안 돼."

형은 대답했습니다.

"오, 나리, 저는 도저히 기다릴 수가 없습니다. 배가 고파 죽을 지경이니까요."

"여봐라, 급사! 대야와 물통을 가져오너라!"

주인은 소리치고 다시 형을 향해 말했습니다.

"손님, 이리 와서 손을 씻으시오."

그런데 형이 일어나 손을 씻으려고 했지만 대야도 없고 물통도 보이지 않았습니다. 하지만 주인은 눈에 보이지 않는 비누를 쓰고 눈에 보이지 않는 물로 손을 씻더니 명령했습니다.

"식탁을 차려오너라!"

그러나 여전히 형의 눈에는 아무것도 보이지 않았습니다. 주인은 말했습니다.

"어서 같이 드십시다. 사양할 것 없습니다."

주인은 흡사 무엇을 먹는 듯이 이리저리 손을 놀리면서 형을 보고 말했습니다.

"왜 드시지 않소? 사양할 것 없소. 배가 고플 텐데."

그래서 형도 무엇인가 먹는 시늉을 하기 시작했습니다. 주인은 계속 말했습니다.

"자, 많이 드시오. 특히 이 빵을 구운 솜씨와 빵의 흰 빛깔이 훌륭하지 않소! 잘 보시오."

형에게는 여전히 아무것도 보이지 않아서 마음속으로 생각했습니다.

'이 사나이는 남을 놀리는 것을 좋아하는 모양이군.'

형은 대답했습니다.

"오, 나리, 이렇게 희고 맛있는 빵은 난생처음 먹어봅니다."

그러자 바르마크 집안의 주인은 말했습니다.

"이 빵을 구운 하녀에게 금화 5백 닢이나 주고 있다오."

그리고 또 큰 소리로 외쳤습니다.

"여봐라, 급사, 우선 고기 푸딩을 가져오너라. 기름을 듬뿍 넣어서."

그러고는 형을 돌아보며 말했습니다.

"손님, 어떻습니까, 이 고기 푸딩만큼 훌륭한 것을 먹어본 적이 있습니까? 자, 사양 말고 드십시오."

그리고 얼마 뒤 주인은 또 소리쳤습니다.

"여봐라, 급사, 술에 고기를 절여 만든 스튜를 올려라. 닭고기 기름을 넣어 만든 것으로."

그리고 형을 돌아보며 말했습니다.

"자, 손님, 드십시오. 배가 많이 고팠을 테니 어서 드십시오."

형은 쉴 새 없이 입을 움직이고 쩝쩝거리며 먹는[*122] 시늉을 했습니다. 그 동안에도 주인은 계속 온갖 요리를 내오도록 명령했습니다. 다만 시키기만 할 뿐 아무도 무엇을 내오는 것도 아니건만 주인은 또다시 소리를 질렀습니다.

"여봐라, 급사, 피스타치오 열매를 먹인 닭고기를 가져오너라!"

그리고 다시 형에게 말했습니다.

"자, 손님, 이 닭고기는 피스타치오 열매를 먹여서 살을 찌운 거랍니다. 드십시오. 이렇게 맛있는 음식은 먹어본 적이 없을 겁니다."

"오, 나리, 이건 정말 천하일미로군요."

그러자 주인은 형에게 마치 무엇을 먹여주는 듯한 시늉으로 한 손을 움직이기 시작했습니다. 배고픈 사나이를 향하여 끊임없이 온갖 요리이름을 늘어놓고 일일이 그 맛을 설명했습니다. 형은 시장기가 심해져서 빵 한 조각이라도 좋고 보리과자*123 하나라도 좋으니 무엇이든 먹고 싶은 마음이 간절했습니다. 그러자 바르마크 집안 주인은 말했습니다.

"어떻소, 오늘 요리에 사용한 조미료보다 더 맛있는 것을 먹어 본 적이 있소?"

"아니오, 나리, 한 번도 없습니다."

"그럼, 사양 말고 양껏 드시오."

"이제 실컷 먹었습니다."

손님이 대답하자 주인은 소리쳤습니다.

"요리를 치우고 과자를 내오너라."

그리고 형을 돌아보았습니다.

"자, 이 편도 절임을 드셔 보시오. 맛이 기가 막히니까. 이 꿀을 바른 버터튀김과자도 드시오. 아이고, 잘 집으십시오. 꿀이 흐르겠소."

형은 주린 배를 참으며 대답했습니다.

"나리, 언제까지나 곁에 있고 싶습니다."

그리고는 버터튀김과자 속에 사향이 듬뿍 든 것은 무슨 이유냐고 물었습니다.

"그건 내 습관이라오. 꿀을 바른 버터튀김과자 하나하나에 금화 1닢어치의 사향과 반 닢어치의 용연향을 넣었지요."

그러는 동안 형이 계속 머리와 입을 놀리고 있으니, 이윽고 주인이 소리쳤습니다.

"이제 됐다. 과일을 가져오너라!"

그리고는 형을 향하여 이것저것 온갖 마른 과일 이름을 들며 말했습니다.

"자, 이 편도도, 호두도, 건포도도 드시오. 사양 말고 드시오!"

형은 대답했습니다.

"오, 나리, 이제 배가 부릅니다. 더는 먹지 못하겠습니다."

"오, 손님, 이 음식이 입에 맞거든 드시오. 알라시여! 알라시여! *124 배를 곯아서야 될 말이오."

"나리, 이렇게 많이 먹었는데 배가 고플 리 있겠습니까?"

그러자 형은 혼자 생각하면서 중얼거렸습니다.

"이렇게 사람을 골리다니 한번 본때를 보여줘야지."

한참 뒤 주인은 또 소리쳤습니다.

"술을 내오너라."

그러고는 흡사 두 사람 앞에 술이 있는 듯한 시늉을 하면서 형에게 잔을 건넸습니다.

"잔을 받으시오. 입에 맞거든 그렇다고 말해 주시오."

"오, 나리, 향기는 대단히 좋습니다만 저는 20년 동안 줄곧 이것을 먹고 있는지라……."

"그럼, 이게 좋겠구려. 이보다 고급스러운 것은 없다오."

"이 친절에 감사합니다."

형은 마치 술을 마시는 것처럼 손을 놀렸습니다.

그러자 주인이 말했습니다.

"당신의 건강과 행복을 위하여!"

그리고 잔에 술을 따라 들이키는 시늉을 하고서 다른 잔을 형에게 내밀자, 형은 그것을 쭉 들이켜고 취한 척했습니다.

형은 기회를 엿보다가, 허연 겨드랑이가 드러날 만큼 팔을 높이 쳐들어 드넓은 저택에 울려 퍼질 만큼 철썩 소리가 나도록 주인의 목덜미를 후려쳤습니다. 잇따라 또 한 대 때리자 주인은 소리를 질렀습니다.

"이게 무슨 짓이냐, 이 거지 놈아!"

그래서 형은 말했습니다.

"아이고, 나리! 당신은 저에게 이토록 친절히 대해 주시고 방에 들어오게 하여 음식까지 대접해 주셨습니다. 그리고 묵은 술까지 대접해 주셨기 때문에 그만 술에 취해서 이런 난폭한 짓을 하고 말았습니다. 하지만, 당신은 고귀하신 분이니 저의 어리석은 행동에 화내시지 않고 이런 실례를 용서해 주실 줄 믿습니다."

이 말을 듣자 주인은 큰 소리로 웃어젖히며 말했습니다.

"나는 무척 오랫동안 사람들을 놀리고 친구들에게 억지를 부려왔지만 당신처럼 꾹 참으며 나의 주책없는 장난에 장단을 맞춰주는 사람은 처음 만났소. 그러니 용서해 줘야겠군. 그뿐만 아니라 앞으로는 내 술친구로서 내 곁에 있어 주시오."

그리고는 하인을 시켜 진짜 식탁을 차려오게 했는데, 조금 전에 농담으로 늘어놓았던 음식을 모두 내오게 하여 형은 정말 배불리 먹었습니다. 식사가 끝나자 술 마시는 방으로 옮겼는데, 그 방에는 달처럼 아름다운 여자들이 있어 온갖 노래를 부르고 갖가지 악기를 연주했습니다. 두 사람은 술에 취할 때까지 계속 마셨습니다. 주인은 형을 마치 친한 친구처럼 대해 주었으며 나중에는 친형제처럼 친해졌습니다. 주인은 형에게 옷도 주고 더할 나위 없이 사랑해 주었습니다.

이튿날 아침이 되자 두 사람은 다시 마시고 노래하며 술잔치를 벌였습니다. 이리하여 그 뒤 20년 동안 두 사람은 그런 생활을 계속했습니다. 그런데 바르마크 집안의 주인이 세상을 떠나자 왕이 주인의 재산을 몰수하고 형의 저축까지 빼앗았으므로 형은 다시 처음처럼 무일푼으로 돌아갔습니다.

형은 그 도시를 떠나 바람 부는 대로 정처 없이 떠돌아다녔습니다. 그런데 도시와 도시의 중간까지 왔을 때 난폭한 아랍인 떼들의 습격을 받아 손발이 묶여 그들의 천막으로 끌려갔습니다. 아랍인은 형을 실컷 때리고는 말했습니다.

"목숨이 아깝거든 돈을 내놔! 그렇지 않으면 죽여버릴 테다!"

형은 눈물을 뚝뚝 흘리며 말했습니다.

"알라께 맹세코, 나는 금화든 은화든 한 푼도 없소. 그러나 당신네 포로가 되었으니 마음대로 하시오."

그러자 이 바다위인은 낙타의 목[125]에 갖다대면 목의 정맥도 깨끗이 베어낼 수 있을 만큼 날카롭고 폭넓은 단도를 뽑아 형의 입술을 베어내고서 다시 돈을 내라고 족쳤습니다.

그런데 이 바다위인에게는 얼굴이 예쁜 마누라가 있었는데 남편이 없을 때면 자주 형을 찾아와 추파를 던지곤 하는 것이었습니다. 그러나 형은 상대해 주지 않았습니다. 하루는 또 여자가 찾아와 평소처럼 형을 유혹하기 시작하는지라 하는 수 없이 여자를 무릎에 앉혀놓고 희롱하고 있는데, 별안간 바다위인이 돌아와 그 광경을 보았으니 이 일을 어찌하면 좋습니까!

"이 짐승 같은 놈, 이 괘씸한 악당 놈아! 네놈이 내 여편네를 후리고 있었구나!"

바다위인은 이렇게 소리치면서 단도를 꺼내 형의 음경을 잘라버린 다음 형을 낙타 등에 매달아 산속에 버리고 말았습니다. 그때 어떤 남자가 형을 발견했는데 전부터 안면 있는 사람이라 먹을 것과 물을 준 다음 그 사실을 나에게 알려주었습니다. 저는 형을 바그다드로 데리고 돌아와 살아갈 수 있도록 충분한 돈을 주었습니다.

오, 충성스러운 자들의 교주님, 이것이 제 여섯 형의 신세 이야기입니다. 이 이야기를 하지 않으면 임금님께서 다 비슷비슷한 녀석들이라고 저를 생각하실까 두려웠던 것입니다. 이제 아셨겠지만 저는 여섯 형을 부양하고 있으며, 제가 형제들 가운데 가장 착실한 덕분에 형들을 모두 저 혼자 먹여 살리고 있는 것입니다.

나의 이야기를 듣고 교주님은 웃으시면서 말씀하셨습니다.

"여보게, 과묵한 자여, 네 말에 과연 거짓은 없구나, 너는 정말 말수가 적고 주제넘지도 않아. 그런데 이 도시를 떠나 다른 데 가서 사는 것이 좋겠다."

이리하여 교주님은 추방령을 내려 나를 내쫓고 말았습니다. 나는 바그다드를 떠나 외국을 방랑하던 중 그 교주님이 세상을 떠나고 다른 분이 왕위에 오르셨다는 소문을 듣고 바그다드로 돌아왔습니다. 하지만 돌아와 보니 여섯 형은 모두 세상을 떠나고 없었습니다.

그러다가 우연히 아까 그 젊은이를 만나게 되어 나는 모든 친절을 베풀어 주었습니다. 내가 없었던들 지금쯤 아마 틀림없이 죽었을 겁니다. 그런데도 내 천성에 어울리지도 않는 흠을 들추어 욕하고 나무라는 게 아니겠습니까. 나를 뻔뻔스럽다느니 수다쟁이라느니 거짓말쟁이라느니 하는 것은 모두 당치도 않는 헛소리입니다. 아무튼 나는 다시 바그다드를 떠나 이리저리 돌아다닌 끝에 이 도성에 흘러들어와 여러분과 이 자리에서 얼굴을 마주하게 된 것입니다. 어떻습니까, 여러분, 이 이야기로 내가 재물에 연연하지 않는 천성을 가지고 있다는 것을 알 수 있지 않습니까?

재봉사 이야기 끝

중국 임금님 앞에서 재봉사는 여전히 이야기를 계속했습니다.
—저희는 이발사 이야기를 듣고 그 놀라운 수다와 그 젊은이가 인생을 그르친 연유를 알고, 이발사를 붙잡아 방에 가두어버린 다음 모두 정답게 앉아 먹고 마시면서 오후의 기도시간이 될 때까지 결혼잔치를 즐겼습니다. 기도가 끝나자 모든 사람에게 작별인사를 하고 집으로 돌아왔습니다. 그랬더니 여편네가 시무룩한 얼굴로 말했습니다.
"당신은 친구 집에서 재미 보았겠지만 난 혼자 외롭게 집에 있었어요. 지금부터 나를 어디로든 데려가 저녁때까지 재미있게 놀게 해 줘요. 그렇지 않으면 당신과 인연을 끊고 헤어지겠어요."
그래서 저는 마누라를 데리고 나가 저녁때까지 놀고 돌아오다가 그 꼽추를 만난 것입니다. 꼽추 녀석은 거나하게 취하여 이런 노래를 부르고 있었습니다.

　　술도 좋고 잔도 훌륭하네.
　　끼리는 끼리끼리 달라붙지만
　　술은 본디 잔이 아니고
　　잔은 본디 술이 아니라네!

저는 꼽추와 함께 저녁을 먹기로 하고 밖에 나가 말린 생선을 사왔습니다. 그리고 셋이 식탁에 앉았는데, 마누라가 빵 한 조각을 뜯어서 생선과 함께 꼽추 입에 넣어주었습니다. 그런데 그것이 목에 걸리고 만 것입니다. 제가 한참 동안 열심히 어깨를 두들겨주었지만 꼽추는 결국 숨이 끊어지고 말았습니다. 그래서 저는 시체를 메고 나가 유대인 의사의 집에 내던졌습니다. 그랬더니 의사는 그것을 요리사 집에다 던졌고 요리사는 나사렛인 거간꾼이 지나가던 길가에 버렸던 것입니다. 이것이 바로 어젯밤에 일어난 일입니다. 이 꼽추의 신세만큼 이상한 이야기가 또 어디 있겠습니까?
중국 임금님은 재봉사의 이야기를 듣자 만족한 듯 고개를 끄덕였습니다. 그리고 놀라운 기색을 나타내면서 말했습니다.

"이 젊은이와 수다쟁이 이발사 사이에 일어난 사건은 이 거짓말쟁이 악당인 꼽추 이야기보다는 훨씬 유쾌하고 신기한 이야기다."

그리고 시종에게 명령하여 재봉사와 함께 가서 감금된 곳에서 이발사를 끌어내 데려오게 했습니다.

"그 녀석의 이야기가 듣고 싶구나. 너희가 모두 목숨을 건진 것도 이발사 덕분인 줄 알아라. 그리고 어제 죽은 꼽추를 묻어주고 묘도 써주기로 하자."

―여기서 날이 밝았으므로 샤라자드는 이야기를 그쳤다.

34번째 밤

오, 인자하신 임금님, 시종은 재봉사를 따라 이발사가 갇혀 있는 곳으로 가서 그를 데리고 왕 앞으로 돌아왔습니다.

중국 임금님은 이발사 얼굴을 자세히 바라보았습니다. 그런데 놀랍게도 상대는 90 고개를 넘은 늙은이가 아니겠습니까? 얼굴빛이 검고 수염은 새하얗고 눈썹까지 세었으며, 귀는 축 늘어지고 눈은 작은 데다 코는 크고,[126] 바보같이 멍청한 표정인데도 자만심이 강한 얼굴을 하고 있었습니다.

임금님은 기묘한 이발사의 생김새를 보고 웃으면서 말했습니다.

"과묵하신 영감! 그대의 신세타령을 듣고 싶군."

"오, 현세를 다스리시는 임금님! 먼저 여쭙고 싶은 것이 있습니다. 임금님 어전에 있는 이 나사렛인, 유대인, 이슬람교도, 꼽추(시체)는 대관절 어떤 분들입니까? 이렇게 이 자리에 모여 있는 것은 무슨 연유입니까?"

"그건 왜 묻는가?"

"임금님께서 제가 참견하기 좋아하는 사람도 아니고 수다쟁이도 아니라는 사실을 알아주셨으면 합니다. 그리고 저는 주제넘은 수다쟁이라는 험담을 듣고 있지만, 절대 그렇지 않다는 것도 알아주셨으면 합니다. 저는 과묵한 사람이라는 별명을 얻었을 정도로 말수가 적은데, 이 별명은 그야말로 저에게 딱 어울리는 것이라고 생각합니다. 시인은 이렇게 노래하고 있습니다.

별명을 남에게 지어주려거든
천성에 맞고 어울리도록.

중국 임금님은 모두를 향해 말했습니다.
"저녁때 일어난 꼽추 사건을 이자에게 모두 이야기해 주어라. 그리고 나 사렛인, 유대인, 요리사, 재봉사가 이야기한 것도 한 번 더 들려주어라. 나는 같은 이야기를 두 번 듣는 것은 질색이다."
그들이 임금님 명령대로 하자 이발사는 머리를 저으며 말했습니다.
"알라께 맹세코! 이렇게 기이하고 불가사의한 이야기는 처음 듣습니다. 그럼, 저 꼽추에게 입힌 수의를 벗겨 보십시오."
사람들이 수의를 벗기자 이발사는 앉아서 꼽추 머리를 두 무릎 위에 얹고 그 얼굴을 한참 들여다보더니, 이윽고 뒤로 벌렁 나자빠지리만큼 낄낄거리고 웃는 것이었습니다.
"인간에게는 저마다 인연이 있는 법이지만 이 꼽추의 죽음만은 특별한 것이라 금문자로 적어서 후세까지 남길 만한 가치가 있습니다."
이 말을 듣고 옆에 있던 모든 사람은 깜짝 놀랐습니다. 임금님도 이상히 여기고 물었습니다.
"여봐라, 과묵한 영감, 그게 무슨 소린가? 지금 한 말을 설명해 보아라."
"오, 현세를 다스리시는 임금님, 임금님의 자비에 걸고 단언합니다만, 이 꼽추에게는 아직 숨이 붙어 있습니다."
이렇게 말하고서 이발사는 허리춤에서 도구가 들어 있는 가죽 주머니를 끄른 다음, 그 속에서 고약이 든 병을 꺼내 꼽추의 목과 동맥에 발랐습니다. 그리고 족집게를 꺼내 꼽추의 목구멍에 넣어 가시가 박힌 생선토막을 끄집어냈습니다. 그것을 보니 피가 잔뜩 묻어 있지 않겠습니까? 그 순간 꼽추는 크게 재채기를 한 번 하더니, 아무 일도 없었던 것처럼 벌떡 일어나 한 손으로 얼굴을 쓱 문지르면서 말했습니다.
"알라 외에 신 없고 무함마드는 알라의 사도이니라!"
이 광경을 보고 그 자리에 있던 사람들은 모두 어안이 벙벙해졌습니다. 중국 임금님이 숨이 끊어질 것처럼 크게 웃자 다른 사람들도 비로소 따라 웃었습니다. 임금님은 말했습니다.

"이거야말로 참으로 놀라운 일이다. 나는 지금까지 이보다 이상한 일은 본 적도 들은 적도 없다. 여봐라, 이슬람교도들이여, 그리고 모든 신하여, 그대들도 지금까지 한번 죽었던 사람이 살아난 것을 본 적이 있는가? 만약 이발사가 여기 없었더라면 틀림없이 이 꼽추는 죽었을 것이다!"

그러자 모두 입을 모아 말했습니다.

"정말이지 이것은 신기한 일 중에서도 가장 신기한 일입니다."

이어서 중국 임금님은 이 이야기를 기록해 두라고 명령했으므로, 신하들은 명령대로 하여 왕가의 서고에 간직했습니다. 그것이 끝나자 임금님은 유대인을 비롯하여 나사렛인, 요리사 우두머리 등에게 값비싼 어의를 내리고 물러가라고 명령했습니다. 그리고 재봉사에게는 호화로운 옷을 내린 다음 왕실 전속재봉사로 임명하고 상당한 녹봉을 주기로 했습니다. 또 꼽추와의 사이도 중재하여 화해하게 하였습니다. 왕은 꼽추에게도 훌륭한 옷과 신분에 맞는 녹봉을 내렸습니다. 이발사에게도 마찬가지로 선물과 고급옷을 내리시고 과분한 급료까지 정하여 궁전이발사*127로 임명하는 한편 술벗 한 사람으로 곁에 두었습니다. 그리하여 그들은 모든 환락의 파괴자, 모든 인간의 교제를 갈라놓는 자, 왕궁을 뒤엎는 자, 무덤을 파는 자 등의 마중을 받을 때까지 더없이 즐거운 여생을 보냈습니다.

하지만, 오, 인자하신 임금님! (하고 샤라자드는 말을 이었다) 이 꼽추 이야기도 지금부터 말씀드릴 두 대신과 아니스 알 자리스 이야기에 비하면 그리 대단한 것이 아니랍니다.

그러자 동생 두냐자드가 물었다.

"그것은 어떤 이야기인데요?"

그래서 샤라자드는 다시 다음과 같은 이야기를 시작했다.

〈주〉

*1 다른 여러 판에는 '바소라', 브레슬라우판(제2권)에는 '바소라와 카지카르(카슈가르)'로 되어 있다. 내가 여기서 중국으로 한 것은 이 나라가 멀리 떨어져 있어서 있을 법하지 않은 일이 더욱 진귀하고 기이하게 느껴질 것이기 때문이다.

*2 천연두는 아라비아어의 주드리(Judri)이며, 글자 그대로는 '작은 돌'이라는 뜻인데, 소농포(小膿疱)가 단단하여 자갈 같은 느낌인 데서 나온 말이다. 천연두는 오늘날에도 여전히 창궐하는 중앙아프리카에서 시작되어 마호메트가 태어난 무렵 아라비아에 전해

진 것으로 널리 추정되고 있다. 그리스도교도 아브라하트가 이끄는 아비시니아군이 '구운 진흙돌'을 콩처럼 머리 위로 마구 뿌려댄 제비 때문에 패배했을 때의 그 '코끼리 전쟁'(《코란》 제105장)은 천연두 때문이었던 것으로 설명되어 있다(《순례》). 〔팔머가 번역한 《코란》에 의하면 이 제105장은 "너의 신이 코끼리에 올라탄 자들을 어떻게 다루었는지 알고 있느냐? 신은 그들의 작전을 교란시켜 그들 위에 새들이 무리지어 춤추게 해 구운 작은 진흙돌을 떨어뜨리게 하여 흡사 물어뜯은 풀잎처럼 그들을 몰아내지 않았는가?"로 번역되어 있고, 이 '코끼리에 올라탄 자들'에 대해 팔머는 다음과 같이 설명하고 있다.

"아비시니아의 그리스도교도로 예멘에 있는 사나의 부왕(副王) 아브라하트 엘 아슬람이라는 자가 마호메트가 태어난 해에 대군을 이끌고 코끼리를 몰아 이슬람의 제1성소인 카바신전을 파괴하기 위해 메카를 침공했다. 그러나 패배하여 그 군대는 별안간 전몰해 버렸다. 그 패배가 너무도 급작스러워 본문에 있는 것과 같은 전설이 태어나게 되었다. 상상해보건대 천연두가 그들 사이에 발생했던 것 같다."〕 중앙 열대 아프리카에서의 천연두의 위협과 종두(種痘, 이것은 성지의 바다위족에게도 알려졌다) 및 그 밖의 상세한 것은 《중앙아프리카의 호수지방 The Lake Regions of Central Africa》(제2권)에 실렸다. 힌두교도는 위험을 겁내지 않고 천연두와 맞서 싸워, 대담하게도 시트라(천연두)를 파괴와 번식의 여신 바와니의 권화(權化)라 할 수 있는 여신으로 받들었다. 중국에서는 천연두의 발생이 기원전 1200년으로 거슬러 올라간다고 믿었는데, 중국의 연대기에는 아직 검토할 여지가 있다.

*3 유럽에서라면 '그리고 사람들은 모두, 특히 여자들은 달아났다'라고 덧붙일 것이다. 하지만 동양인 정신에 태어나면서부터 새겨져 있는 숙명관 탓으로 이런 큰 차이가 나타난다.

*4 〔이 원문 'O for Esdras! O for Moses! etc.'는 '에스드라스도 와서 도와다오!' 또는 '에스드라스도 와서 봐다오!'라는 의미로, 아무튼 여느 부르짖음과 달리 강렬한 원망을 나타내고 있다.〕 에스드라스는 일종의 립 밴 윙클〔어빙 작 《스케치북》에 나오는 인물〕이었다. 그는 말을 타고 칼데아인 때문에 파괴된 예루살렘의 폐허를 지나가고 있었는데, 알라가 이 폐허를 재건해 줄까 하는 의문을 품었다. 그러자 그 자리에서 아들이 숨겨(신의 노여움으로) 100년이 지나고 나서 숨을 되돌렸다. 무화과를 담았던 바구니와 술항아리는 그대로였으나 말은 뼈만 남아 있었다. 그러나 에스드라스가 바라보는 동안 말이 되살아나 울기 시작했다. 이상이 에스드라스에 대한 교훈이었다. 〔즉 신이 전능하심을 알았다는 뜻.〕《코란》제2장)

*5 근동지방에서 흔히 볼 수 있는, 지붕 위에 달린 나무로 만든 바람구멍.

*6 아라비아나 남유럽이나 마찬가지지만, 사람들은 꼽추를 공포와 증오가 어린 눈으로 바라본다. 그 까닭은 다른 사람들보다 재능과 지혜가 예리하기 때문이다.

*7 나사렛인은 아라비아어의 '나스라니'로, 나사렛의 신을 신봉하는 자라는 뜻. 이 말은

서기 43년 무렵 안티오크(Antioch)에서 처음으로 사용된 '그리스도교도'보다 오래된 호칭이다(사도행전 제11장 26절). 〔이 구절에 보면 이 '안티오크에서 처음으로 제자들이 크리스천으로 불리게 되었다'고 한다.〕

*8 동양에서는 소변을 보는 경우 여자는 서고 남자는 웅크리고 앉는다. 이 웅크린 자세는 거기에 익숙하지 않은 유럽인은 흉내내기가 매우 어렵다. 이 풍습은 오래된 것이다. 헤로도토스(《역사》제2부 35절)는 '소변을 볼 때 여자는 서고 남자는 앉는다'고 말했다. 롤린슨 목사가 너무도 고상하여 그 번역 속에 이 문구를 넣을 수 없었다는 것은 좀처럼 믿어지지가 않는다. 〔롤린슨 목사는 영국의 고대역사가 George Rowlinson으로 캔터베리의 형이 되었기 때문에 목사로 불렸다. 번역이란 그의 형인 동양학자 Sir Henry Rowlinson과 함께 옮긴 헤로도토스《역사》4권을 가리킨다.〕

　이 풍습이 알 이슬람에 의해 오래도록 답습된 것은, 그러한 자세를 하면 소변이 옷에 튀지 않으며, 또 정식으로 말하면 더럽히지 않아도 되기 때문이다. 아마도 이것은 조로아스터교도로부터 빌려 온 것이리라. 《다비스탄》에는 '서서 소변을 보는 것은 부적절하다. 따라서 웅크려 앉아 마음속으로 아베스타(Avesta)를 외며 좀 멀리 방뇨할 필요가 있다'고 되어 있다. 〔아베스타는 고대 페르시아의 성서로 조로아스터교 경문을 집대성한 것. 여기서는 경문이라는 정도의 뜻임.〕

*9 지금도 곧잘 일어나는 일이다. 터번은 매우 고급 천으로 만들어지므로 날치기당하기도 했다.

*10 아라비아어의 왈리(Wali)=Governor로, 이 말은 무하피즈, 즉 지방장관(district-governor)이며, 오늘날도 한 주의 총독(Governor-General)이라는 뜻으로 사용된다. 동부아라비아에서는 왈리라고 하면 아미르 즉 군사령관에 대한 민정(民政)장관(Clvil Governor)이라는 뜻이다. 교주 통치 시대에 왈리는 또한 경무(警務)장관(Prefect of Police)도 겸했다. 그리고 직접 순회하는 것이 의무였다. 등불과 곤봉을 든 경비병이 오늘날에도 다마스쿠스 시장을 경비하고 있다.

*11 교수형 집행인을 겸한 횃불잡이(마슈아르). 영국령 인도차이나에서는 비교적 천한 종자를 부르는 이름이 되어 있다. 레인(《근대 이집트인》제6장)은 메슈아르라고 부르며 그림과 함께 설명하고 있다.

*12 문명국의 교수대인 drop은 동양에 알려지지 않았으므로 죄인은 흡사 돛대 끝에 매다는 듯한 교수형 방법을 사용하고 있다.

*13 소박한 풍습을 지닌 동양인 사이에서는 음식을 집어 남의 입에 넣어주는 습관이 오늘날에도 사라지지 않고 있다.

*14 성서에도 나와 있듯 이것이 오랜 관행임은 말할 나위도 없다. 말은 전쟁 및 여행에, 노새는 짐 운반에, 혹이 하나인 낙타는 사막 여행에 쓰이듯 나귀는 도성 안의 갖가지 일들에 이용된다. 그러나 바다위족은 인도인과 마찬가지로 승용(乘用) 짐승을 경멸하여 이렇게 노래하고 있다.

'말등이야말로 존귀한 자리
노새는 불명예, 나귀는 부끄러움!'
　　바다위족이 파는 흰 나귀(높이 13핸드)〔1핸드는 약 4인치〕는 100파운드 이상의 가치가 있다.
＊15 1아르다브(Aradabb)는 약 5부셸을 말린 양(카이로). 정통적인 발음은 이르다브로 24사(갤런)이며, 1사는 펼친 손으로 4번 쌓아올린 양이다.
＊16 여기에는 '자, 드십시오!'에 대한 정중한 동의어이다.
＊17 동양 전체를 통해 왼손은 세정용으로 사용되며 불결한 것으로 간주한다. 왼손을 내미는 것은 매우 무례한 일이므로, 왼손으로 수염을 쓰다듬거나 음식을 먹는 사람은 아무도 없다. 그런 까닭에 이슬람교 동양에는 왼손잡이가 없다.
＊18 둘 다 여성의 이름.
＊19 카이사리아(거래소)는 일종의 고급 시장이다. 본문의 그것은 카이로의 주요 거리 동쪽에 있으며, 사카시아의 한 태수에 의해 이슬람력 502년(=1108~09년)에 건립되었다.
＊20 여행자가 와카라(Wakalah), 한(Khan) 또는 캐러밴세라이(Caravanserai)〔이상 모두 대상 숙소라는 뜻〕에서 어떤 식으로 묶는지는 《순례》 제1권에 자세히 나와 있다.
＊21 그 집안의 직업에 따라 이러한 이름이 붙으며, 영국에서도 마찬가지이다.
＊22 물건을 살 때는 행실 바른 부인에게도 일상적인 '야유' 또는 농담이 허용된다. 그리고 농담 속에 많은 진실의 말도 입에 담는다.
＊23 이것은 약간 단도직입적인 표현법이지만, 동양인은 이럴 때 솔직하게 요점으로 들어간다. 동양인은 끝없이 찬사를 늘어놓으며 연정을 고백하는 것을 좋아하지 않는다.
＊24 영국의 목요일 밤과 같다. 즉 정식으로 몸을 깨끗이 한 상태일 때만 할 수 있는 공적인 기도일 전날이다. 그러므로 이슬람교도는 목요일에 목욕탕에 가고 금요일 밤까지 아내와 성교를 하지 않는다.
＊25 나키브는 대상(隊商) 우두머리, 장(長), 두목이라는 뜻이다. 아버지 쪽 이름이든 어머니 쪽 이름이든 별명은 이슬람교도 사이에서 필요하다. 그들의 성씨와 이름은 모두 조금은 종교와 연관되어 있으며 종류가 매우 적기 때문이다. 그 때문에 여행가 버킹엄은 아부 키도르(요리 냄비의 아버지)로, 순례자 압둘라〔버턴의 다른 이름〕는 아부 샤와리브(수염 아범)으로 알려졌다.
＊26 좀더 정확하게는 바부 자위라(자위라 문)라고 하며, 북아프리카의 한 종족 이름에서 나왔다. 이 문은 동쪽 문 또는 사막 문, 즉 바부 알 나스루(서기 1087년)와 같은 시대의 것으로 아직도 사람들로부터 많은 사랑을 받고 있다. 조마르 씨(《해설》 제2권)도 이에 대해 설명하고 있다. 〔조마르(Edme François Jomard)는 프랑스의 지리학자이며 고고학자. 이집트 원정에 참가해 《이집트 해설 Description de L'Egypte》을 편찬. 그가 집필에 참여한 것은 4권으로 1830년에 간행되었다. 1777~1862년.〕

*27 이 장식은 지금도 다마스쿠스의 비교적 오래된 손님방에서 볼 수 있다. 조각된 문자는 대개 종교상의 글귀로 《코란》 등에서 가져온 것이다. 글자체는 앙샤르 자체(字體). 이런 종류의 장식은 우리의 플라스코 벽화와 같은 것으로 예술작품으로서 대체로 매우 뛰어나다.
*28 연마된 대리석처럼 빛나는 최고급 석고. 알렉산드로스 대왕이 창건한 알렉산드리아시 벽의 석고칠은 매우 아름답게 반짝이도록 잘 발라져 있어서, 사람들은 눈이 멀까봐 마스크를 써야 할 정도이다.
*29 이 이클릴(Iklil)은 복잡한 장식으로 요즘은 사용하지 않는다. 그 대신 사용하는 것이 쿠르스 즉 황금판으로 지름 5인치쯤 되며 보석과 그 밖의 것이 박혀 있다.
*30 셰익스피어가 말했듯이 '속입술로 하는 키스(Kissing with th'inner lip)'. 프랑스어의 langue fourrée, 산스크리트의 샴프타 등이다. 동양에서는 키스의 종류가 매우 많고 다양하다. 《아낭가랑가 *Ananga-Ranga*》 즉 《인도인의 사랑의 기교 *The Hindu Art of Love*》(아르스 아모리스 인디카(Ars Amoris Indica). 이것은 A.F.F.와 B.F.R.에 의해 산스크트어에서 번역되어 주석이 달려 있다)에는 10종류의 키스 방법이 정확하게 해설되어 있다. 이 문제는 또한 손톱을 누르는 방법(7종류), 깨무는 방법(7종류), 머리카락을 어루만지는 방법 및 손가락과 손바닥으로 두드리는 방법(8종류)과도 관련되어 있다. 〔샴프타는 《애경(愛經)》의 '강내(腔內) 키스'와 같다. 머리글자 A.F.F.는 F. F. 아바스노트, B.F.R.은 리처드 프랜시스 버턴 경이다.〕
*31 이 시는 12번째 밤에 나왔다. 변화를 위해 나는 트렌즈의 번역문을 인용했다.
*32 그는 여자의 은혜에 얽매이지 않도록 음식을 준 것이다. 또 여자 쪽에서는 그것을 받고, 그로써 남자의 아량 있는 성품을 판단했다.
*33 일종의 칼라(calla, 천남성과 여러해살이풀) 또는 참마. 감자처럼 익혀서 먹는다.
*34 처음에는 돈을 침상 밑에 몰래 두고 왔으나 이번에는 서슴없이 주고, 여자 쪽에서는 까닭이 있어 그것을 받았다.
*35 이슬람교법은 범인이 자백할 때까지 절대 인정하지 않는다. 이 법률은 또한 정황증거를 완전히 무시하는데 거기에는 그럴 만한 까닭이 있다. 즉 지능이 높은 사람들 사이에서 그 증거를 인정하면 한없이 남용될 여지가 있기 때문이다. 예전에 어느 인도 총독에게 이 단순한 사실을 알려주었더니 그는 매우 놀랐다.
*36 오른손을 자르는 것은 4디나르 즉 약 40프랑의 물품을 훔친 자에 대한 코란의 형벌(제5장)이다. 재범에 대해서는 왼발 뒤꿈치 언저리가 절단된다. 그러나 사형은 뉘우칠 여지가 없는 대죄를 저지른 범인을 위해 보류된다. 오늘날에는 이 관행이 사라져 절도는 태형(笞刑), 벌금 또는 투옥으로 처벌된다. 고대의 조로아스터교도〔페르시아의 배화교도〕도 마찬가지로 준엄했다. 1디르함의 물건만 훔쳐도 그들은 2디르함의 벌금을 걷고 두 귓바퀴를 자르며, 10대의 매질을 하고 1시간 가두어둔 뒤 범인을 풀어주었다. 재범을 하면 그 형벌이 곱절로 늘어났다. 그 이상이 되면 훔친 정도에 따라

오른손이 절단되거나 사형에 처했다.
*37 동양에서의 일반적인 습관. 그 목적은 본디 술잔에 독이 들어 있지 않다는 것을 보여
　　주기 위해서였다.
*38 그는 적당히 그것을 파묻을 작정이었다. 그것은 이슬람교도가 늘 머리카락이나 손톱
　　같은 육체의 잔해에 대해서까지 품는 숭배의 마음에 지나지 않는다. 배화교도들은 깎
　　은 손톱을 모아서 산에 버렸다. 요컨대 이러한 것들이 악마나 마법사의 손에 들어가
　　는 일을 피하는 풍습이 지켜진 것이다.
*39 지참금이 없으면 결혼은 법률상 효력이 없다. 또한 남자가 금액을 정하지 않고 결혼
　　하면, 여자는 잠자리에 들고서 최저액의 지급을 남자에게 강제할 수 있다.
*40 일반적인 속담으로 '저마다 자신에게 어울린다고 여겨지는 일을 하라.' 또 'age quod
　　agis(해야 할 일을 하라)'라는 뜻이다.
*41 은화 5천 닢은 125파운드, 금화 1천 닢은 500파운드.
*42 돈은 세지 않고 전문가의 손으로 무게를 잰다. 왜냐하면 화폐는 대체로 오래된 것으
　　로 마멸되었기 때문이다. 여기서 영어의 '파운드(pound)'와 '연금(pension)'이 나왔
　　다. 〔파운드는 라틴어의 '무게'를 뜻하는 말 pondus에서 나왔다.〕
*43 환관은 후궁에 대해 거의 무제한의 권력을 쥐고 있으므로 가장 편리한 중매자이다.
*44 후궁이 은밀하게 남자를 끌어들이는 일은 동양 이야기에서는 낡은 화제이다. '시녀를
　　시켜 왕가 후궁의 여인들은 남자에게 대개 여장을 하게 하여 자기 방으로 끌어들인
　　다'고 《카마수트라 The Kama Sutra》 제5부에서 저자 바츠야야나는 말하고 있다(버턴
　　과 아버스노트가 함께 번역하여 힌두 카마샤스트라 협회를 위해 인쇄. 런던, 1883년.
　　비매품).
　　　〔또 카마는 힌두교의 가마천(迦摩天, 카마란) 즉 사랑의 신이고, 수트라는 경전이
　　라는 뜻이므로 《애경(愛經)》이라는 이름으로 널리 알려졌다.〕
*45 환관장은 가장 중요한 관리로, 반들반들한 턱에 두꺼운 입술을 한 이 남자가 그늘에
　　서 졸고 있다가 벌떡 일어나 단호한 말투로 명령을 내리는 모습이 눈에 선하다. 양성
　　(兩性)을 갖춘 이들은 겉모습과 마찬가지로 성격도 야릇하고 이상하다. 아무튼 인류
　　로부터 동떨어져 있는 탓으로 용감하고 거칠며 잔학한 행위도 서슴없이 해치운다(페
　　르시아의 아가 마호메트 한, 1795~98년처럼). 몸집은 부자연스러울 만큼 키가 크고
　　여위었으며 특히 팔다리가 가늘고 길다. 어깨는 높이 올라가 있고, 편평하고 납작하
　　며 관절은 두텁게 튀어나왔다. 다른 사람들에 비해 놀라울 만큼 얼굴이 크고 가면적
　　이다. 또한 거세된 남자(Castrato)이면서도 무기를 다루는 방법이 교묘하고 말을 잘
　　탄다. 안장에 '착 달라붙어' 능숙하게 말을 타고 돌아다니는데 그 까닭은 말할 나위도
　　없다. 또한 그들의 탁한 목소리는 유럽의 거세된 수탉처럼 변성도 하지 않고 호령에
　　어마어마한 위엄을 더해준다. 〔아가 마호메트는 유년 시절에 불구가 되어 환관으로
　　알려졌다. 재위기간 1740년경~97년.〕

* 46 젬젬(Zemzem) 성수란 이슬람교도가 사용하는 메카의 우물물. 이 물은 염분을 함유하고 있다. 그리스도교도가 애용하는 루르드(Lourdes)〔프랑스의 순례지〕의 물과 마찬가지다.
* 47 저마다의 방. 궁녀(宮女, Odalisque), 즉 첩은 각자의 방을 갖고 있다.
* 48 이 궁녀들의 오만방자함은 끝이 없고 지금도 여전히 그러하다.
* 49 자한남(Jahannam)의 화염에 검게 그을렸다는 뜻.〔흔히 Gahennum이라고 쓰며 지옥이라는 뜻.〕
* 50 병중의 목욕은 아랍인에게 위험한 것으로 여겨지고 있다. 따라서 '목욕을 할 수 있게 되었다'는 말은 병이 완쾌된 것을 말한다.
* 51 병원은 아라비아어로 마리스탄(Maristan)이다. 다마스쿠스 병원은 최초의 이슬람교도 병원으로 옴미아드(우마이야) 왕조의 아브드 알 말리크의 아들 알 왈리드에 의해 이슬람교기원 88년=서기 706~707년에 설립되었다. 현대 용어로 '마리스탄'은 정신병자들이 온갖 종류의 험한 꼴을 당하는 정신병원이다. 다마스쿠스의 '마리스탄'은 지난 세기의 여행자들이 모두 언급하고 있으며, 내가 1870년에 보았을 때는 거의 빈집이어서 폐허나 마찬가지였다.
* 52 그래서 '나일 강물은 한 번 마시면 또 마시고 싶어진다'는 낡은 격언이 있다. '가볍다(light)'는 말은 '소화를 잘 시키는 물'을 뜻한다. 밤중에 잠이 깨었을 때 이 물을 마셔도 배탈이 나지 않는다는 것이 중요한 시금석이다.
* 53 속어 '닐'은 범람한 나일 강을 가리킨다. 고유명사로서 이 강에 사용되는 말도 있다. 이집트(고대와 현대의)에는 알 시타(겨울), 알 사이후(여름), 알 닐(나일 강, 즉 홍수의 계절, 우리의 한여름)의 세 계절이 있으며, 그것은 더욱 고대 종족의 재배기, 저장(또는 곡창)기, 홍수기와 같다.
* 54 이 시는 맥나튼판에 있다.
* 55 아라비아어의 라일라트 알 와파로 나일 강이 완전히 범람하거나 충분히 홍수가 진 밤을 말하며 대개 8월 6일부터 16일 동안이다. 이 무렵, 정부의 공표에 의하면 나일 강의 수위가 16큐빗의 증수(增水)를 나타낸다.〔1큐빗은 약 18인치 또는 22인치.〕물론 대축제가 벌어지고 성대한 의식이 거행되는데, 그것은 오늘날에도 이집트에 주어진 나일 강의 선물이기 때문이다(레인 저《근대 이집트인》제26장).
* 56 즐겨 사용되는 비유이다. 수평으로 비쳐드는 빛, 저녁녘 미풍에 살랑거리는 물결, 하늘하늘 떨며 부서지는 빛에서 암시받은 것.
* 57 아라비아어의 '가무즈'로, 이슬람교도들은 한쪽 눈으로 눈짓하는 것을 저속하게 생각하지 않는다.
* 58 아라비아어의 '카미스'로, 저(低)라틴어〔속간(俗間) 라틴어, 즉 중세 라틴어〕의 Camicia에서 나왔다. 세인트 제롬의 '무인(武人)'은 평소에 카미시아라고 하는 아마포를 입는 관습이 있다(Solent militantes habere lineas, quas Camicias vocant)'에 처음으

로 이 말이 등장한다. 우리의 셔츠 슈미즈, 흉의(胸衣) 등은 유럽의 고대인에게는 알려지지 않았다.

*59 이집트에는 침대도 침실도 없다. 담요, 이불, 베개, 쿠션(시트는 알려지지 않았다) 등을 필요에 따라 바닥에 펼쳐 놓는다. 낮에는 상자나 선반 속에 넣어두거나 둘둘 말아서 방 한구석에 둔다.

*60 다마스쿠스 여자는 흉포한 질투심으로 유명했다. 유럽 이야기나 소설은 이 질투심을 '스페인 여자'의 특유한 성질로 여기고 있지만, 남자 또한 속이 좁고 광적인 데가 있다는 점에서 유명했다. 그러한 특성이 정점에 이르러 1860년 대학살이 일어난 것이다. 그들은 겁이 많은 종족으로 악명 높고 육체적, 정신적으로 병사로서는 가장 열등하다. 그것은 예전의 크림전쟁 중에 비정규병(Bashi-Buzuks)들에게서 증명되었다. 대열은 꽤 그럴 듯해 보였지만 한 달 남짓한 야영생활에 노파 같은 몰골로 전락했다.

*61 아라비아어로는 '알 파람지'로, 전체적으로 유럽인을 가리킨다. 이 말은 프랑코 종족(Gens Francorum)에서 나왔으며, 프랑스인이 주도적 역할을 했던 십자군 시대까지 거슬러 올라간다.

*62 그 무렵 유럽의 외과의술에서는 드물지 않은 처치.

*63 실망, 후회, 곤혹의 표시. 이슬람교도 사이에서 요즘도 흔히 볼 수 있는 행동으로 우리가 발을 쿵쿵 구르거나 손을 쥐어짜는 것에 해당한다.

*64 이것은 부당하게 헐뜯어 명예를 손상시키는 것이 아니다. 카이로인, 특히 여성은(다른 데서도 언급한 갖가지 이유에 의해) 매우 음탕했다. 그 신중한 레인조차 남편 바로 앞에서 연인과 향락하거나, 남편을 정신병원에 감금하는 여자의 '가공할 만한' 이야기를 늘어놓고 있다(제13장). 이에 대한 예부터 쓰인 효과적인 대책, 즉 칼의 사용은 문명에 의해 배척되었으므로 문명이 발달함에 따라 그녀들은 더욱 심해졌다. 그리하여 판관의 법정은 스스로 이혼당했다고 말하는 자들로 만원이다. 영국 통치 아래에서 이 폐해는 정점에 이르렀는데, 그것은 처벌을 받지 않고 끝났기 때문이다. 유럽인이 거주하는 신설 이스마일리아 지역의 길거리에서는 여자들이, 젊은 여자들까지 바후시시(팁이라는 뜻)를 주지 않으면 벌거벗겠다고 위협한다.

부정을 저지른 아내를 베어 죽인 남편은 교수형에 처한다는 법이 생겼을 때, 신드에서도 같은 상태가 나타났다. 신드가 정복되자마자 여성이 제멋대로 행동하며 거리낌 없어졌다. 1843~50년에는 젊은 장교가 시장으로 여자를 불러내면 다른 많은 여성이 그의 병사(兵舍)로 모여들었다. 이것은 실제 있었던 일로, 직업적 매춘부들이 '정숙한 부인'과 '귀부인'들이 자기네 생업을 위협한다는 이유로 찰스 네피어 경(Sir Charles Napier)에게 여러 번 진정하려 한 일이 있었다. 〔네피어는 영국의 제독으로, 역사가 윌리엄 프랜시스 네피어 경의 형. 1841~51년 인도 주재. 신드를 정복하고 그 공로로 신드 지사가 되었다. 1782~1853년.〕

1840년 전쟁 당시에 아프가니스탄의 카불(또는 카보우르)에서도 마찬가지였다. 그곳에서는 남편은 다음의 노래에도 있는 것처럼, 유명한 남색자(男色者)였기 때문에 여자 쪽에서는 더욱 음탕함에 대한 변명이 섰던 것이다.

'찢어진 옷의 가치는 아프간 사람이 알고/구멍의 가치는 카불 남자가 알고 있다.'

*65 그가 한 부모한테서 태어난 세 자매와 관계하지 않도록. 이슬람교도들 사이에서는 여자의 품행은 그 어머니를 닮는다고 믿는다. 그리고 한 자매가 타락하면 다른 자매도 그렇게 된다고 예상한다. '딸은 어머니를 닮는다'는 원칙은 실제로 모든 경우에 적용된다.

*66 마음에 들지 않는다는 표시. 승낙을 뜻하는 끄덕임에 반대되는 것. 이 두 가지는 사람의 몸짓 언어 가운데 가장 본능적이고 보편적이다. 그리고 이 몸짓 언어는 북아프리카의 여러 종족을 통해, 또 유럽의 무언극을 통해 고도로 발달했다.

*67 아라비아어의 '야 할라티(Ya Khalati)'로, 어머니의 자매. 노파에 대한 일상적인 호칭이다. 아랍인은 또한 소녀가 어머니를 닮듯, 소년은 어머니의 남자형제를 닮는다고 믿고 있다.

*68 '알라게 맹세코'는 아라비아어의 '아이 우 알라히(Ay w' Allahi)'이며, 속되게 아이와(Aywa)라는 생략형을 사용한다. 이슬람교도라면 누구나 입에 올리는 말이다.

*69 동양의 이발사는 세숫대야와 가죽 주머니를 겨드랑이에 끼고 온다. 단순히 수염을 깎는 것만으로 만족하지 않고 이마를 깨끗이 하고, 눈썹을 다듬고, 코털도 정리하며, 콧수염의 아래위 선을 정돈하고 중앙을 가르는 등 여러 가지 서비스를 해 준다. 그들은 남유럽의 동업자인 고대로마의 이발사(tonsor 또는 Figaro)에 못지않게 수다스럽고 중상가(中傷家)이다.

이발사 장면 전체는 찬사를 보낼 만하다. 유머가 뛰어난 아랍인의 표본으로, 게다가 지나치게 희화화된 것도 아니다. 우리는 모두 이런 남자를 만난 적이 있다.

*70 압둘라 이븐 아바스는 사도 마호메트의 사촌형제이며 동지였다. 또 《코란》의 유명한 주석가이며, 마호메트의 전설 보존자이기도 했다. 〔전설이란 《코란》에 기재되지 않은 마호메트의 언행을 말한다.〕

*71 〔white magic.〕 아라비아어의 시미야(Simiya)로 (본디의 연금술) 키미야(Kimiya)와 운(韻)이 맞다. 이것은 또한 내가 강신술(Spiritualism)이라고 번역하고 싶은 일룸 알 루하니의 아류(亞流)이다. 이 강신술은 크게 둘로 나뉜다. 즉 '일루위' 또는 '라마니(고등(高等)한, 또는 신과 관련된)'와 '시후리' 또는 '샤이타니(저급한, 또는 악마적인)'의 두 가지로 후자에 속하는 것이 본디의 흑마술, 무술(巫術) 등이고, 알 시미아 쪽은 백마술, 생물전기학, 일종의 자연스러운 기만적 마술로 이 경우에는 약품과 향료가 중요한 역할을 한다.

*72 제3장 128절.

*73 영국의 보모는 언제나 두 팔로 안는다. 아랍인은 허리에 두 다리를 벌리게 하여 아이를 업거나 좀 자라면 어깨에 태우기도 한다.

*74 동양 의복으로는 이러한 성서적 비탄과 곤혹의 표시를 할 수 있지만, 우리는 기껏해야 모자를 구겨버리는 정도로 만족해야 한다.
*75 《코란》 제48장 8절. 참고로 약간의 소견을 보탠다면, 하디스(예언자의 말)와 순나트(마호메트의 언행)에 의하면 머리는 있는 그대로 두든가 또는 빡빡 밀든가 둘 가운데 하나이다. 따라서 정수리의 머리카락 한 줌(천국으로 끌어올려질 때 잡을 수 있도록 남겨두는 듯하다)이나 양 겨드랑이의 털은 독선적인 신기한 발상이며, 칭찬할 수 없는 습관 '마크르'로 불리고 있다. 남자아이는 대개 2년째, 또는 3년째에 삭발하며 정수리에 한 줌, 앞이마에 한 줌 남겨둔다. 그러나 어른들 사이에는 그런 풍습이 없다.
*76 오늘날에는 음식물을 여간해서 물들이지 않는다. 그러나 페르시아인 요리사는 플라오용으로 쓰기 위해 쌀을 물들이는 데 있어 뛰어난 솜씨를 지녔다. [pilau pilaw, pilaff는 모두 영어로 되어 있으며 쌀에 고기와 향료를 넣고 채색하여 볶은 밥.] 이 플라오의 빛깔은 때로는 무지개색, 빨강, 노랑, 파랑이 된다. 또 인도에서는 금색과 은색의 나뭇잎으로 덮는다.
  유럽에서는 유월절(踰越節, 바스크, 부활제)에 달걀을 물들이는 관행이 여전히 남아 있다. 이 달걀은 부활제 전날 부화한 천지창조의 근원인 알(mundane ovum)의 유물이다. 그리고 속죄의 피를 암시하여 빨갛게 채색된다.
*77 나드(Nadd)는 혼성(混成) 향료이다.
*78 우리는 이렇게 말한다.
  '아들에게서 아버지를 보는 일은 드물고/아들은 때로 삼촌에게 나타난다.'
*79 나무 또는 도기로 만든 북(레인 저《근대 이집트인》 제18장)을 말하며, 이집트에서는 모든 사람이 이것을 사용한다.
*80 이런 속된 노래는 오늘날 잊히고 다른 것이 대신하고 있다. 그리고 '콧노래를 부르는 것'이 이슬람교도 사이에서는 환영받지 못하는 습관이라는 것에도 주목해야 한다. 만일 한 친구가 콧노래를 시작하면, 다른 사람은 "카와(커피점)에 가서 불러!"라고 말한다. 나는 다른 곳에서 그들이 휘파람을 부는 것도 싫어하는 것에 대해 언급한 적이 있다.
*81 글자 그대로 오물 치우는 사람이다. 특히 동물의 분뇨를 연료로 쓰는 목욕탕 주인을 위해 분뇨를 모으는 자라는 뜻이다. '화부'는 불을 지피는 하인이다. 이 시는 이발사의 유머러스한 당찮은 말에 지나지 않는다.
*82 이 형식의 축복은 정오가 되기 30분 전에 뾰족탑에서 알려지며, 교도들은 저마다 이슬람교 사원 안의 자리에 앉는다. 정오에는 관례대로 아잔, 즉 예배로의 초대가 있으며, 저마다 두 번 머리를 낮게 숙인다. 그런 다음 예언자 마호메트를 축복하고, 높은 단상에서 정오의 초대를 되풀이하는 성자들이 두 번째 살람(액수례)을 요구한다. 이어서 한 도사(導師)가 첫 번째 후토바, 즉 '찬미의' 훈계를 읊고 회중은 말없이 신을 숭배한다. 그것이 끝나면 도시는 미라브(기도 벽감) 앞에 서서 이카마를 낭송한다.

이것은 여느 아잔(예배)과는 단 한 군데가 다를 뿐으로, "너희, 구원을 서두르라" 뒤에 "기도할 때가 찾아왔도다"가 더해진다. 이어서 신자들은 파루즈, 즉 《코란》에서 명하는 금요일 정오의 기도를 낭송하고, 신앙심 깊은 사람들은 더 많은 기도 문구를 덧붙인다. 이 문제를 연구하고 싶은 독자는 레인을 참고하기 바란다(《근대 이집트인》제3장과 그의 번역서 《신역 천일야화》에서의 인용구, 제1권 또는 제5장에 대한 주).

*83 알 무스탄시르 빌라(Al-Mustansir bi'llah)는 '알라에게 도움을 구하는 자'라는 뜻. 그는 알 자비르 빌라('알라가 정하신 훌륭한 사람'이라는 뜻)의 아들로 아바스 왕조 제36대, 재위기간 이슬람력 623~640(=서기 1226~42년)이다.

*84 아라비아어의 '야움 알 이드'로 순례제(巡禮祭)이다. 이 이야기는 역사적 사실을 바탕으로 한 것이다. 이슬람력 328년(서기 940년)에 죽은 고르도바의 이븐 아브드 라브가 편찬한 잡록 《아크드 Akd》에 이렇게 씌어 있다.

'어느 식객이 죄인 10명을 만났는데, 잔치에 가는 것으로 혼자 짐작하고 그 뒤를 따라갔다. 그런데 뜻밖에도 그들은 사형을 당하러 가는 죄인이었다. 모두 처형되고 그 남자만 남아 교주(알 마문) 앞으로 끌려나갔다. 그러나 알 마디의 아들 이브라힘이 그 남자를 용서해 주도록 청하기 위해 어떤 이야기를 들려주자 교주는 그를 석방했다.'

*85 피를 받는 깔개는 수후라(테이블 덮개)와 비슷한 것으로 테두리에 끼워져 있는 끈을 죄어 주머니처럼 만들 수 있게 생겼다. 이슬람교도 사형집행인은 매우 솜씨가 뛰어나면도칼 같은, 다이아몬드처럼 단단하고 얇고 가느다란 칼로 단 한 번에 목을 베어버린다. 이것은 유럽의 망나니들이 사용하는 허술한 도살 칼과는 아주 다르다.

*86 모든 열대지방에서는 1층은 잠잘 때 비위생적이라 하여 대개 상점으로 대여한다. 이러한 것은 남유럽 일대 및 카나리아 제도와 브라질 등에서도 마찬가지다.

*87 거리 풍경을 이렇게 열심히 바라보는 것은 하렘 여인들의 즐거움 가운데 하나였다.

*88 소매 긴 옷은 아라비아어의 파라자(Farajiyah)이다. 〔《이집트의 생활》에서 레인은 파라기에라고 표기하고 있다.〕

*89 동양의 재봉사는 남유럽에서와 마찬가지로 '속임수'를 방지하기 위해 옷감 주인이 보는 앞에서 재단한다.

*90 선물을 기대하며.

*91 '입맞춤은 키티(여자아이 이름)를 손에 넣는 열쇠'라는 속담을 넌지시 암시하고 있다.

*92 이러한 속임수는 동양에서 매우 흔히 쓰인다. 동양에서는 남의 집에서 붙잡힌 사나이(샛서방)는 구원받지 못한다.

*93 동양에서는 모발의 염료는 모두 헤나 같은 식물성으로 만들어진다. 다행히 우리의 광물성 염료는 알려지지 않았다.

*94 '매끈매끈한 얼굴'은 아라비아어의 '아무라드'이며, 어원적으로는 '턱수염이 없어 아름답다'는 뜻. 그러나 종종 나쁜 의미로 사용되어 여성적인 남자, 남창 등을 가리킨다.

*95 힌두교도들은 '중심부를 그녀의 유일한 의상으로 하는'(즉 옥문(玉門)을 드러내는) 것을 좋아한다.
*96 이 장면을 이용하여 2, 3년 전 파리에서 숨은 구경꾼들을 위해 실연(實演)이 이루어졌다. 구경거리가 된 것은 한 미국인 젊은이였다. 그러나 구경꾼 하나가 '엿보는 구멍'으로 찔러 넣은 종이칼 때문에 한쪽 눈이 멀어 중지되었다.
*97 이 못된 장난이 대신의 아내 또는 딸에 의해 저질러졌음을 말하고 있다. 나는 이것보다 훨씬 더 심한 장난을 한 카이로의 유쾌한 사람들 이름을 여럿 들 수 있다.
*98 구걸할 때 입에 올리는 말. '신의 사랑으로(per amor di Dio, 이탈리아어)'와 같다.
*99 장님의 귀가 얼마나 예민한지에 주의.
*100 이집트의 장님은 무례하고 난폭하고 입이 거칠며 탐욕스럽기로 악명이 높다. 적잖은 외국인이 그들에게 곤욕을 치르고 있다. 옛날에는 많은 사람이 어릴 때 어머니에 의해 장님이 되거나 징병 또는 힘든 노역을 벗어나려고 스스로 장님이 되는 일도 있었다. 그들은 특히 근행시보(勤行時報) 담당으로서 항상 음식을 손에 넣을 수 있었다. 왜 시보담당으로 선택되었는가 하면 뾰족탑 위에 올라가도 높은 데서 이웃집을 엿볼 수가 없었기 때문이다.

이집트 인종은 만성적으로 시력이 약한 데, 그것은 하천 유역의 습하고 무더운 기후의 영향으로 파라오(옛 이집트 왕) 이전 시대에도 안질이 창궐했다. 위대한 센스트리스는 완전한 장님으로 지내다 죽었고, 그 후계자도 10년 동안 시력을 잃었다 (《순례》 제2권). (센스트리스는 '우실테센'이라고도 불렸던 고대 이집트 왕의 이름.) 이집트 사람들이 태어나면서부터 시력이 약하다는 사실은 중앙아프리카에서 수입된 흑인과 비교해보면 알 수 있다. 안질은 특히 습기가 많은 계절에 나일 강 유역에서 창궐한다. 이를 치료하는 가장 좋은 방법은 사막으로 2주일쯤 여행하는 것인데, 눈부신 햇살과 바람, 모래에도 시력이 급속히 되살아난다.
*101 즉 늘 그렇듯이 '걷어차고 손바닥으로 때리고 두들겨 패면서'라는 뜻.
*102 아라비아어의 술람(Sullam)으로, 글자 그대로는 사다리 또는 나무막대로 만든 틀이라는 뜻. 유럽의 삼극형구(三戟刑具) 또는 태형기둥 대신으로 사용되었다. (삼극형구란 2개의 창을 조합하여 만들어 태형을 가할 때 병사를 묶어두는 것.)
*103 화이트 매직의 하나로, 사람 눈을 속이는 것이다. 유럽에서는 최근 '생물전기학'이라는 이름으로 불리고 있다.
*104 알 아인, 즉 액운을 피하기 위해 외는 문구. 애꾸눈을 만나면 언제나 불길하며, 특히 아침 일찍 최초로 볼 경우 더욱 그러하다. 맞닥뜨린 자신이 애꾸눈의 어떤 작용으로 말미암아 육체에 어떤 해를 입게 된다는 것이 그들의 사고방식이다. 또한 애꾸눈은 악인으로 여겨졌다. 그래서 '애꾸눈 가운데 정직한 자는 드물다'는 산스크리트어 격언도 있다.
*105 알 나슈사르(Al-Nashshar)는 나슈르(톱을 켜는 것)에서 나왔다. 그 때문에 이탈리

아어에서는 바이올린 연주를 마을의 톱(Sega del villaggio)이라고 부른다.
　이 이야기는 매우 오래되었다. 《판차탄트라》에는 승려와 쌀 항아리 이야기가 나와 있다. 벤페이 교수는(그로서는 늘 하는 말이지만) 이 이야기는 다른 많은 이야기와 함께 불교의 기원임을 믿고 있다. 〔벤페이(Theodor Benfey)는 독일의 유명한 산스크리트어 학자. 《완전한 산스크리트어 문전 Vollständige Grammatik der Sanskritsprache》《독일에서의 언어학 및 동양언어학의 역사 Gesichte der Sprachwissenschaft und orientalischen Philologie in Deutchland》등의 뛰어난 저서가 있다. 괴팅겐대학 교수. 1809~81년.〕
　그러나 나는 달걀을 걷어찬 이솝의 시장 여자 이야기를 명백한 출전이라고 말하고 싶다. 이 이야기에서 라틴어 격언 'Ante victoriam camere triumphum(곰을 잡기도 전에 그 가죽을 파는 것, 즉 잡지 않은 너구리의 가죽 계산)'이 나왔다. 《칼릴라와 딤나》와 거기서 파생된 수많은 이야기에는 '기름과 꿀 항아리를 든 고행자'로 되어 있다. 라블레에서는 에슈프롱의 구두장이가 우유를 엎지르고, 또 라퐁텐(La Fontaine)의 라펠레트도 그러하다. 〔라블레의 저서는 《가르강튀아 이야기》. 라퐁텐은 프랑스 고전파 작가. 《우화집(寓話集)》이 가장 유명. 1621~95년. 그리고 라펠레트는 '우유장수와 우유 항아리'라는 우화의 여주인공으로 공중누각을 그리는 사람으로 이름 높다.〕

*106　아라비아어의 아트르(Atr)로 향료를 가리키며, 특히 장미기름을 일컫는다. 영어의 오타르(ottar)는 터키어의 전와어(轉訛語)에서 나왔다. 〔전와어란 본뜻이 바뀌어 잘못 전해진 말을 말함.〕
*107　그러한 거부를 모욕으로 여기는 자는 아무도 없다.
*108　아라비아어의 무 아르라스(Mu, arras)로, 여자를 주선하거나 결혼 중매를 서는 자. 동의어가 많으며 그 가운데 하나로 일반적으로 쓰이고 있다. 가장 지독한 별칭은 남자가 자기 아내를 주선해 주는 일을 암시하는 말이다.
*109　손과 얼굴을 씻는 간단한 목욕. 464번째 밤 참조.
*110　아라비아어의 사다카(성실이라는 뜻)는 강요당하지 않고 베풀어주는 물건을 말하며 어쩔 수 없이 하는 자카트(본디 뜻은 청정(淸淨)), 즉 법률상 베푸는 물건에 반대된다. '기도를 드리면 알라의 길에 반쯤 다가가고, 단식을 하면 알라의 궁전 문 앞에 이르며, 베품(사다카)에 의해 안으로 들어간다.' 자카트에 대해 특정한 비율은 정해져 있지 않지만, 재산의 40분의 1 이하, 또는 2.5퍼센트 이하이면 된다. 그런 까닭에 내가 아는 한 이슬람교는 구빈세(救貧稅, 자카트)를 의무적인 것으로 여기고, 영국이 자랑하는 불공평한 소득세와는 대조적인 재산세를 발명한 유일한 종교이다.
*111　그리스 소녀.
*112　이것은 마음을 편히 하기 위한 동작. 지갑 속의 금화가 그를 매우 대담하게 한 것이다. 레인의 설명은 모두 틀렸다. 뜻밖의 돈을 손에 넣은 데서 생기는 허황한 기분은

동양 이야기 작자 사이에서는 낡은 소재이다. 동물 우화에서조차도 금화를 몇 닢 훔친 쥐는 의기양양하여 용기백배해진다.
* 113 그 아픔을 느끼는지 어떤지 확인하기 위해서.
* 114 더운 계절에 시원함을 느끼기 위해 사용되는 지하실. 카이로에는 없지만 바그다드에, 또 실제로 메소포타미아 지방의 도시 전체를 통해 모든 집에 이 지하실이 하나씩 갖춰져 있었다. 또 이 지하실은 술의 보존에 없어서는 안 되는 지하 저장고의 원리를 바탕으로 한 것이다.
* 115 아만(Aman)은 싸움터에서 목숨을 구걸할 때 쓰는 아라비아어. 인도의 영국병사가 이것을 사람(a man) 또는 (스코틀랜드 사투리인) a mon이라고 잘못 들었다는 이야기가 우스개 책에 실려 있다.
* 116 '알라도 바보는 구원하지 못한다'는 페르시아 격언을 실제로 증명하고 있다.
* 117 총독이 몸에 지닌 물건을 무엇이든 죄인에게 주는 것은 죄를 사해 준다는 약속이 된다. 물론 모든 것을 자백하여 이른바 '왕의 증인'〔공범자에 대해 불리한 증언을 하는 증인〕이 된다는 암묵의 조건이 붙어 있는 셈이다.
* 118 통속적인 작품에서는 샤카시크(Shakashik)가 샤카바크(Shacabac)로 되어 있다. 이 이야기에서 영어의 '바르마크 집안의 융숭한 대접(Barmecide's Feast)', 즉 공허, 환멸이 나왔다. 〔이 이야기를 읽으면 알 수 있지만 실제로는 없는 음식물을 내어 먹는 흉내만으로 손님을 대접했기 때문에, 바르마크 집안의 연회는 실제로는 없는 공허한 대접과 이익을 가리키게 되었다. 어떤 사전에는 '훌륭한 그릇을 내어' 대접한다는 식으로 설명하고 있으나 실제로는 그릇조차 나오지 않은 것이다. J.A. 해머턴은 캐셀의 《현대백과사전》에서 '존재하지 않는 맛있는 음식(nonexistent dishes)'을 내었다고 설명하고 있다.〕
* 119 문간에 환관이 있는 것은 오늘날에도 카이로의 풍습이며, 환관은 명백하게 '문지기(Suisse)' 역할을 하고 있다.
* 120 동양에서는 드물지 않은 일로, 저택은 스페인의 이른바 파티오(patio, 안뜰)를 중심으로 네모지게 지어져 있다. 바깥쪽 출입구는 안쪽 출입구에서 멀리 떨어져 있어서 부지가 무척 넓다는 것을 이야기하고 있다.
* 121 〔본문의 eat of my salt.〕 아랍인은 예나 지금이나 '우리는 서로 소금을 나누는 교제를 하고 있다'고 한다. 그러나 여행자는 예전의 이 신성한 정의(情誼)를 믿어서는 안 된다. 한 손으로 빵을 내밀면서 다른 한 손으로 칼을 푹 찌르는 종족도 있기 때문이다.
　　동양인의 소금에 대한 관습과 서구인의 그것은 묘한 대조를 이룬다. 서구인은 이를테면 소금 항아리 위쪽에 앉거나 아래쪽에 앉는 것을 'to sit above(or below) the salt-cellar(식탁 윗자리와 아랫자리에 앉는다는 의미)'라고 하여, 불쾌하고 정나미 떨어지는 차별을 하고 있다. 하지만 고대인 사이에는 '그는 빵과 소금을 먹었다'는

문구가 있는데, 이것은 '그는 맹세했다'는 의미가 된다. 왜냐하면 맹세를 하고서 음식을 먹기 때문이다. 소금과 물과 밀가루로 만드는 '혼례과자'도 거기에 까닭이 있는 것이다.

*122 나는 남아비시니아에서 쩝쩝 소리 내지 않고 먹다가 이런 충고를 들었다. "당신은 한구석에서 말없이 우물우물 먹는 거지 같구려." 얼마 뒤 되도록 소리를 내며 요란스럽게 먹는 것이 좋은 가정에서 자란 사람이라는 표시임을 알았다.

*123 아라비아의 보리는 영국의 메귀리와 마찬가지로 말 사료이다. 이 사료는 말을 살찌게 한다. 1883~84년에 영국이 처음으로 이집트를 점령했을 때 기병대에서 이것을 알았더라면 말의 체중감퇴가 훨씬 적었으리라. 그러나 관리가 무지한 탓으로 소와 말에게 익힌 메귀리를, 기병에게는 건강에 좋은 양고기 대신 소화가 잘 되지 않는 쇠고기를 계속 먹였다.

*124 즉, '신의 이름에 걸고 너에게 부탁한다.'〔'부디' 정도의 뜻.〕

*125 이것은 낙타를 도살하는 방법으로, 낙타는 목의 근육이 두꺼워서 절대 목을 잘라낼 수 없다. '낙타의 목을 자르다(Egorger un chameau)'는 프랑스어 서적에서 종종 볼 수 있는 오류이다.

*126 아랍인도 살레르노 의학의 격언에 버금가는 것을 가지고 있다.〔살레르노(Salerno)는 이탈리아 도시 이름이며, 중세에 유명한 살레르노 의학교가 있었음.〕

  'Noscitur a labiis quantum sit virginis antrum :
  Noscitur a naso quanta sit hasta viro
  (처녀의 입은 그 물건의 생김새를 나타내고, 남자의 것은 코의 길이로 알 수 있다).'
  여기에 나는 이렇게 덧붙이고 싶다.
  '눈썹은 아래쪽 수염이 난 정도를 나타낸다.'
  이 관찰은 단순히 경험을 바탕으로 한 것이지만, 내 경험에 의한 한 정확한 것이다.

*127 왕의 이발사는 군주의 생명을 손가락 사이에 쥔 까닭으로 대개 지위가 높다. 인도에서 이렇게 신분 높은 한 이발사가 영국의 어느 귀부인과 결혼했는데, 그녀는 남편의 공무(公務)가 어떤 것인지 알고 깜짝 놀랐다고 한다.

누르 알 딘 알리와 소녀 아니스 알 자리스 이야기

샤라자드*¹는 말했다. 오, 인자하시고 현명하신 임금님, 바소라의 많은 왕 가운데 가난하고 불쌍한 사람들을 사랑하고 신하들을 아끼며 마호메트(알라시여, 마호메트를 축복하고 보호해 주소서!)를 믿는 모든 자에게 재산을 나눠주는 왕이 있었습니다.*² 어떤 시인이 노래한 것은 바로 이러한 왕에 대한 것이었습니다.

    적병이 쳐들어올 때
    이를 맞아 창을 들어 찌르고
    칼을 뽑아 휘두르는 왕이 있도다.
    분홍빛 줄을 그어
    가슴에 이름을 새기면
    말 탄 적병은
    산산이 흩어져 달아나도다.*³

그 이름은 마호메트 빈 슬라이만 알 자이니 왕이라고 하며, 그에게는 두 대신, 사위의 아들 알 무인과 하칸의 아들 알 파즈르가 있었습니다. 그런데 알 파즈르는 참으로 너그러운 인물로, 부정한 것을 무척 싫어했으므로 모든 사람이 그를 사랑했고, 현자들은 사방에서 모여들어 그에게 지혜를 빌려주었습니다. 게다가 이 대신은 무척 인품이 훌륭하여 선량한 사람에게 용기를 주고, 나쁜 일과 해로운 일을 막는 데 힘을 다하였으므로 백성은 모두 그의 장수를 빌어 마지않았습니다. 한편 반대로 알 무인 대신은 백성을 싫어하고*⁴ 선량한 사람을 좋아하지 않는 비길 데 없이 악독하고 도리에 맞지 않은 사람이었습니다. 다음 이야기는 그런 인간을 노래한 것입니다.

귀족의 아들들아, 어디까지나 귀족다워라!
고귀한 혈통을 이어받은 자가
고귀한 행동을 하는 것은,
변치 않는 자연의 섭리이니라.
비천한 마음으로 비천하게
자란 자를 피하라.
—이것도 자연법칙이니
비천한 소행은 혈통과 성장이
비천한 자가 하는 짓.

사람들은 알 파즈르를 사랑하고 사모하면 할수록 비천하고 인색한 알 무인은 더욱더 싫어했습니다. 어느 날 왕은 신하들이 모인 가운데 옥좌에 앉아 대신 알 파즈르를 가까이 불러 이렇게 말했습니다.

"나는 세상에 보기 드문 아름다운 노예처녀를 하나 구하고 싶다. 흠 잡을 데 없는 미인인 데다 뛰어난 재능을 지닌 여자여야 하느니라."

"그런 여자라면 금화 1만 닢 이하로는 도저히 살 수 없을 것입니다."

신하들이 그렇게 말하자 왕은 곧 재정관을 불러 일렀습니다.

"알 파즈르의 저택으로 금화 1만 닢을 보내도록 하라."

재정관은 명령받은 대로 그 돈을 보냈습니다.

왕의 분부를 받은 대신은 날마다 직접 노예시장에 나가고, 노예상인들에게도 그 일을 부탁했습니다. 게다가 왕은 금화 1천 닢 이상의 여자는 먼저 대신에게 선보인 뒤가 아니면 매매할 수 없다는 포고령을 내려놓았기 때문에, 노예상인들은 대신에게 선을 보인 노예계집이 아니면 거래를 할 수 없었습니다. 그러나 대신 마음에 드는 여자는 하나도 없었습니다. 어느 날 대신이 말을 타고 막 왕궁으로 들어가려는데 한 상인이 찾아와 등자를 잡고 이런 노래를 불렀습니다.

왕국에 그윽한 향기를
더해 주시는 임이시여
임은 신의 은총을 대신으로서 받으시고

용사에게는 죽은 뒤의 영광을 주어
그를 되살리시도다.
그토록 고귀한 노력으로
신의 자비 잃는 일 없으실지니.

상인이 말했습니다.
"나리, 말씀하셨던 멋진 물건을 드디어 구했습니다."
"당장 이리로 데려오너라!"
상인은 돌아갔다가 곧 매우 아름다운 옷을 입은 한 처녀를 데리고 왔습니다. 키가 5척 남짓하고 늘씬한 여자로, 가슴은 봉긋하고 커다란 눈동자는 콜가루를 바른 것처럼 까맣게 빛나고 있었습니다. 입맞춤을 하면 꿀이나 과즙보다 달콤할 듯한 입술, 처녀다운 매끄러운 볼, 단정하고 윤기나는 얼굴에 탄력 있는 엉덩이, 맵시는 나무 꼭대기에 하늘거리는 작은 나뭇가지보다 아름답고, 그 목소리는 아침의 산들바람보다 부드럽고 온화했습니다. 한 시인은 이렇게 노래하고 있습니다.

빛나는 보름달 같은
아름다운 이마의 그 매력
아, 다디단 과일즙
건포도 알보다 달콤한 그 맛이여.
재주와 지혜와 청초한 맵시
우아한 곡선을 기리어
성화(聖火) 불타는 천계(天界)가
높고 영광된 나라에
처녀를 위해 마련한 왕좌여.
처녀 얼굴은 하늘인가, 일곱 개의 별[*5]
반짝여 뺨을 빛나게 하고
첩자의 흉계를 막는 위성(衛星)에
버금가도록 뺨을 지킨다.
은근한 눈길 던져 처녀를

훔쳐보는 사람 있다면
그 날카로운 눈동자에서 날아오는
악마의 화살에 가슴이 불타리라.

대신은 그 여자를 보자마자 그만 감탄하여 두말없이 노예상인에게 말했습니다.
"값은 얼마냐?"
"이 여자의 값은 금화 1만 닢입니다만 처녀 주인의 말에 의하면, 그 돈으로는 이 처녀가 먹은 닭고기 값이며 마신 포도주 값, 그리고 선생에게 치른 사례에도 부족하다 합니다. 이 여자에게 미술, 서예, 수사학, 어원학, 코란 해석, 법률과 종교의 원리, 의학, 역학(曆學)에서 여러 악기 연주법에 이르기까지 모두 가르쳤다고 합니다."
"그 주인을 데려오너라."
상인은 곧 여자의 주인을 데리고 왔는데, 보니 페르시아인으로 살 날이 얼마 남지 않은 독수리처럼 머리가 벗겨지고 당장에라도 무너질 듯한 흙벽 같은 사내였습니다. 오랜 풍상에 험하게 시달려왔건만 그래도 아직 이 세상을 버리기 싫다는 그런 몰골이었습니다. 이런 사내를 시인은 다음과 같이 노래하고 있습니다.

세월과 더불어 부서진 이 몸
아, 속속들이 세월에 부서져—
세월의 힘은 늠름한
젊은 기력마저 시들게 했도다.
젊은 시절은 화살처럼
재빨리 흔적도 없이 지나가고
세월의 흐름 앞에 몸은 늙어
청춘은 사라지니 영광 또한
거두어져 되돌아오지 않도다.[*6]

대신이 물었습니다.

"임금님께 이 노예계집을 금화 1만 닢에 팔지 않겠느냐?"

그러자 페르시아인이 대답했습니다.

"알라께 맹세코, 이 여자를 임금님께 그냥 바친다 해도 그것은 저의 의무일 것입니다."*7

이 대답을 듣고 대신은 돈을 가져오게 하여 페르시아인 앞에서 저울에 달아 주었습니다. 페르시아인은 대신 앞으로 나아가 말했습니다.

"나리, 허락해 주신다면 한마디 말씀드릴 것이 있습니다."

"무엇이건 사양 말고 말해 보라."

"이것은 제 생각입니다만, 오늘 당장 이 계집을 임금님께 데리고 가는 건 좋지 않을 듯합니다. 여행에서 돌아온 지 얼마 안 되고 공기가 바뀐*8 탓으로 몸이 시원치 않은 데다 여독으로 신경도 날카로우니까요. 그러니 열흘쯤 나리댁에서 조리하도록 해 주십시오. 그러면 혈색도 좋아지고 전처럼 건강이 회복되어 더욱 아름다워질 것입니다. 그리고 나서 목욕시키고 가장 좋은 옷을 입혀 임금님께 데리고 가십시오. 그편이 훨씬 임금님 마음에 드실 것입니다."

대신은 페르시아인의 말을 곰곰이 생각해 보고 그 분별 있는 충고에 따르기로 했습니다. 그리하여 처녀를 자기 집으로 데려가 방을 주고 날마다 먹고 싶은 대로 고기를 먹고, 마시고 싶은 대로 마시게 내버려두었습니다. 그러는 사이에 2, 3일이 지났습니다.

그런데 이 대신에게는 빛나는 보름달같이 잘생긴 아들이 하나 있었습니다. 얼굴은 눈부시게 빛나고, 뺨은 윤기나는 붉은빛을 띠었으며 솜털 속에 용연향 같은 검은 사마귀가 하나 있었습니다.

시인은 이런 젊은이를 이렇게 절묘하게 노래하고 있습니다.

  우러러보면 그대를 해치는 달빛인가,*9
  하늘거리며 그대를 품는 가는 나뭇가지인가.
  잔지*10의 머리카락, 금빛처럼 빛나는 머리여,
  가벼운 걸음걸이, 창대처럼 날씬한 맵시.
  허리는 부드럽고 가늘지만
  더없이 꿋꿋한 그대의 마음.

아, 그대 마음은
어찌 모습을 닮지 않았을까.*11
그대 마음이 모습처럼 부드럽다면
사모하는 내 몸은 안타까워 울지 않아도 될 텐데.
아, 나무라는 그대여, 마음 푸시어
내 사랑 너그러이 용서하시라.
나무라지 마시라, 사랑 때문에
말 못하고 시름에 잠긴 이 내 마음을.
나무란다면 나는 못 견디네,
그대는 나의 눈, 내 가슴이니
나무라지 말고 버려두시라.
마음껏 나는 울고 그리워하리.

이 아름다운 젊은이는 노예계집에 대해 전혀 모르고 있었지만, 대신은 처녀에게 엄격히 일러두었습니다.

"애야, 잘 새겨들어라. 내가 너를 산 것은 임금님의 잠자리를 시중들게 하기 위해서이다. 그런데 나에게 아들이 하나 있는데 그 녀석은 여자에게는 악마 같은 놈이라, 이웃 처녀들은 하나같이 그 녀석에게 처녀를 빼앗기고 있단다. 그러니 그 애 눈에 띄거나 목소리가 들리지 않도록 조심해야 한다."

"예, 분부대로 하겠습니다."

이 일이 있은 지 며칠이 지나, 처녀는 안채의 목욕탕에 들어가 노예계집들의 시중을 받으며 목욕을 했습니다. 몸을 씻은 다음 화려한 옷으로 갈아입으니 한층 더 요염하고 아름다워졌지요. 처녀가 대신 부인에게 가서 손에 입을 맞추자 부인은 말했습니다.

"나이만!*12 아, 정말 예뻐졌구나. 아니스 알 자리스, 우리 집 목욕탕은 기분 좋지?"

"예, 마님을 모시고 목욕했더라면 더욱 좋았을 거예요."

이 말을 들은 부인은 노예계집에게 말했습니다.

"우리도 목욕탕으로 가자. 한동안 목욕을 하지 않았으니까."

노예계집들은 모두 일어나 부인을 따라갔습니다.

그에 앞서 부인은 두 노예계집에게 처녀가 있는 방 앞을 감시하게 했습니다. 아름다운 알 자리스가 방에서 쉬고 있는데 대신의 아들 누르 알 딘*13이 느닷없이 방 밖에 와서 어머니와 시녀들이 어디 갔느냐고 물었습니다. 두 노예계집이 대답했습니다.

"목욕탕에 계십니다."

방 안에서 이 말을 들은 처녀는 혼잣말로 중얼거렸습니다.

"저 젊은 도련님은 어떻게 생긴 분일까? 한번 보고 싶구나. 이웃 처녀들을 모조리 범하는 사람이니 조심하라고 나리께서 말씀하셨지만 얼굴을 한번이라도 보았으면!"

그래서 목욕하여 싱싱한 몸을 일으켜 문으로 가서 내다보니, 거기에 보름달처럼 아름다운 젊은이가 서 있지 않겠습니까? 그 모습을 본 알 자리스의 가슴에선 깊은 한숨이 새어나왔습니다. 젊은이도 처녀를 보자 그만 마음이 어지러워졌습니다. 둘 다 순식간에 사랑의 함정에 빠지고 만 것입니다.

젊은이는 느닷없이 두 노예계집에게 가서 큰 소리로 호통을 쳤습니다. 두 노예계집은 깜짝 놀라 멀찌감치 달아나 불안한 얼굴로 젊은이 쪽을 살폈습니다. 젊은이는 처녀의 방 문을 열고 안으로 들어갔습니다.

"아버님께서 나에게 사주신 여자가 바로 당신이오?"

젊은이의 물음에 처녀는 대답했습니다.

"네."

술기운이 올라 있던 젊은이는 처녀에게 다가가 꼭 끌어안았습니다. 그러고는 처녀의 두 다리를 쥐고 자기 허리에 감자, 처녀도 사내 목을 끌어안고, 연거푸 입을 맞추고 환희의 속삭임을 나누며 사랑의 희롱에 도취했습니다. 사내는 여자의 혀를 빨고 여자도 사내의 혀를 핥는 동안 마침내 사내는 처녀의 속옷 끈을 풀어 처녀를 빼앗고 말았습니다.

한편 두 노예계집은 젊은 주인이 처녀의 방으로 들어가는 것을 보고 날카롭게 소리를 질렀습니다. 젊은이는 그릇된 욕심을 채우고 나자 급히 일어나 제가 저지른 일에 대한 벌이 두려워 달아나고 말았습니다. 대신의 부인은 노예계집의 비명을 듣고 말했습니다.

"집 안에서 그렇게 큰 소리를 지르다니 대체 무슨 일*14이냐?"

얼굴에서 땀방울을 흘리며 급히 목욕탕에서 나와 두 어린 노예계집에게

가서 물었습니다.

"시끄럽다! 대체 무슨 일이냐?"

"도련님이 오셔서 때리시기에 저희는 달아났는데, 도련님이 자리스 님 방에 들어가 그분을 끌어안으셨습니다. 저희는 그 뒤의 일은 모릅니다만 마님을 큰 소리로 부르니 도련님은 달아나고 말았습니다."

이 말을 듣고 부인은 알 자리스에게 물었습니다.

"무슨 일이 있었지?"

"저, 마님. 제가 여기 앉아 있는데 아름다운 젊은 분이 들어와서 '아버지께서 나에게 사주신 여자가 바로 당신이오?' 하고 물으시기에, 저는 '네' 하고 대답했습니다. 마님, 알라께 맹세코 그분의 말씀이 거짓이 없는 진실이라고 믿었기 때문입니다. 그분은 방에 들어오시자마자 저를 끌어안았습니다."

"그 밖에 다른 짓은 하지 않았느냐?"

"아니, 하셨습니다! 하지만 단지 세 번뿐이었어요."

"너도 역시 더럽혀지고 말았구나!"

부인은 자기 얼굴을 때리면서 울음을 터뜨렸습니다. 부인은 물론이고 일을 당한 처녀도 시녀들도 모두 틀림없이 아버지가 누르 알 딘을 죽여 버릴 것이라고 생각했습니다.[15]

그렇게 모두 슬퍼하고 있는데, 대신이 들어와 무슨 일이냐고 물었습니다. 부인이 말했습니다.

"무슨 말씀을 드리더라도 진정하시고 끝까지 잘 들어주시겠어요?"

"그러지."

부인은 아들이 한 짓을 이야기했습니다. 그 말을 듣고 대신은 몹시 슬퍼하며 옷을 찢고 코피가 나도록 얼굴을 때리다가, 나중에는 턱수염까지 움켜잡고 쥐어뜯었습니다.

"여보, 몸을 소중히 하세요. 제 돈으로 이 애 몸값인 금화 1만 냎을 치를 테니까요."

"시끄럽소! 돈 때문이 아니오. 그따위 돈이 문제가 아니라 내 목이 달아날 판이오!"

"여보, 그게 대체 무슨 말씀이세요!"

"나에게 알 무인 빈 사위라는 적이 있다는 것을 모르오? 이 말이 그놈의 귀에 들어가면 임금님께 당장 일러바칠 거요."

―여기까지 이야기하자 날이 밝기 시작하여 샤라자드는 이야기를 그쳤다.

35번째 밤

오, 인자하신 임금님, 하고 샤라자드는 이야기를 계속했다.
대신이 그 아내를 향해 이렇게 말했습니다.
"나에겐 알 무인 빈 사위라는 적이 있다는 것을 모르오? 이 말이 그놈 귀에 들어가면 임금님께 당장 이렇게 일러바칠 거요. '임금님께서 자신을 사랑하는 줄 아는 그 대신은, 실은 임금님께서 금화 1만 닢을 받아 그 돈으로 보기 드물게 아름다운 노예계집을 샀습니다. 그런데 사고 보니 그 계집이 무척 마음에 들어 아들에게, 이 계집은 임금님보다 네게 더 어울리니 너에게 주마 하고 말했습니다. 그래서 그 아들이 그 여자를 자기 것으로 만들어 처녀를 빼앗았는데, 지금 그 계집은 대신 집에 있습니다.' 그러면 임금님은 '그럴 리 없다'고 말씀하실 테지만 그놈은 다시 이렇게 대답할 거요. '분부만 내리신다면 대신의 집을 기습하여 그 계집을 데려오겠습니다.' 임금님께서 허락을 내리시면 놈은 이 집에 쳐들어와 여자를 잡아다 바칠 거요. 임금님께서는 여자에게 여러 가지로 물으실 테고 아마 여자는 거짓말을 못할 거요. 그렇게 되면 나의 적은 이렇게 말하겠지. '오, 임금님, 여태껏 저는 임금님을 위해 최선의 충고를 해왔습니다만 임금님께서는 도무지 기꺼워하시는 기색이 없으셨습니다.' 그러면 임금님은 본보기로 삼으시기 위해 나를 사람들 앞에서 구경거리로 만드시고서 죽이고 마실 거요."
이 말을 들은 대신 부인은 말했습니다.
"집 안에서 일어난 일이니 누구에게도 일이 새나가지 않게 하세요. 그리고 알라 신을 믿고 모든 것을 그분께 맡겨 이 어려운 고비를 무사히 넘어가게 해달라고 빕시다. 미래의 일을 알고 계시는 신이니 앞일을 잘되게 해 주시겠지요."
이렇게 말하고 술 한 잔을 가져와 대신에게 권했습니다. 이리하여 대신의 가슴은 진정되고 노여움과 두려움도 다 가셨습니다.
 한편 아들 누르 알 딘 알리는 자신의 비행에 대한 처벌이 두려워 온종일 정원에 몸을 숨기고 있다가 밤이 되면 어머니 방에 들어와 자고는 새벽녘에 일어나 다시 정원으로 나갔습니다. 이렇게 두 달 가까이 아버지와 얼굴을 대하지 않고 지냈습니다. 그러나 마침내 부인이 대신에게 말했습니다.
 "여보, 이러다가 우리는 그 처녀뿐만 아니라 자식마저 잃게 되겠어요. 이렇게 언제까지나 내버려두면 그 애는 집을 나가고 말 거예요."
 "그럼, 어떻게 하면 좋겠소?"
 "오늘 밤 당신이 지키고 계시다가 그 애가 오거든 붙잡아 호통을 치세요. 그때 내가 나서서 감싸며 당신과 화해시키고 그 처녀와 짝지어 줍시다. 둘 다 서로 사랑하고 있으니까요. 그 처녀 몸값은 내가 갚겠어요."
 그리하여 대신은 그날 밤 잠자리에 들지 않고 아들이 오기를 기다리고 있었습니다. 아니나 다를까 아들이 나타나자 와락 달려들어 무릎 밑에 깔고 앉아 먹이라고 딸 듯이 덤볐습니다. 이때 어머니가 아들을 구하러 달려나왔습니다.
 "이 애를 어쩌시려고요?"
 "이놈의 멱을 따버리겠어!"
 그때 아들이 아버지에게 말했습니다.
 "그럼, 아버님에게는 제 목숨이 그렇게 하찮은 것입니까?"
 이 말을 듣자 아버지는 부자간의 애정에 끌려 눈물을 글썽이며 말했습니다.
 "애야, 그럼, 너는 내 생명이며 재산을 하찮게 여기지 않았단 말이냐?"
 "아버님, 시인이 부른 이런 노래를 들어보십시오."

 용서하시라, 내 죄를
 현자는 자비를 아끼지 않도다.
 머리 숙여 용서 빌면
 그대는 용서하시리라.
 고귀한 신분의 그대이시니.

 이 말을 들은 대신의 가슴은 아들에 대한 사랑으로 가득 차 누르고 있던 아들의 멱살을 놓고 일어났습니다.

"용서해 주마."

젊은이가 아버지의 손을 잡고 입술에 갖다대자 아버지가 말했습니다.

"아들아, 만일 네가 저 아니스 알 자리스에게 나쁜 짓을 하지 않겠다고 한다면 그 처녀를 너에게 주겠다만."

"아버님, 나쁜 짓을 하지 말라고 하시면, 그 여자를 위해 어떻게 하면 됩니까?"

"그 여자 말고는 아내도 첩도 두지 말 것이며, 또 그 아이를 절대 팔지 않겠다고 약속하면 된다."

"아버님, 맹세코 그런 짓은 하지 않겠습니다."

누르 알 딘은 이렇게 맹세하고 처녀에게 가서 꼬박 1년 동안 함께 살았습니다. 다행히 그동안 전능하신 알라 덕분에 왕은 측실에 대한 생각을 까맣게 잊고 있었습니다. 이 일은 알 무인의 귀에도 들어갔으나 알 파즈르 대신이 워낙 왕의 지극한 총애를 받는 사람이라 함부로 왕에게 말하는 것은 삼가고 있었습니다.

그 해도 저물어가던 어느 날 알 파즈르는 목욕탕에 갔습니다. 땀이 채 가시기도 전에 바람을 쐰 탓으로*16 감기에 걸렸는데, 그것이 열병이 되어 끝내 병석에 눕게 되었습니다. 병은 갈수록 악화하여 잠을 제대로 이루지 못해 쇠사슬에 묶인 것처럼 쇠약해지고 말았습니다. 그래서 대신은 아들을 불러달라고 했습니다. 누르 알 딘 알리가 머리맡에 오자 아버지는 말했습니다.

"얘야, 인간의 운명과 재산은 신께서 미리 정하고 나눠주시는 것이다. 누구에게나 반드시 마지막 날이 온다. 살아 있는 모든 것이 언젠가 죽음의 잔을 마시게 되는 것은 자연의 이치이니라."

그리고 다음과 같은 시를 읊었습니다.

나는 죽지만 멸하지 않는
신은 위대할진저!
나는 죽노라, 죽음은 운명이기에
죽어서 나라를 다스리는 왕자는 없다.
왕국을 다스리는 권력은 오직 한 분

멸하지 않는 알라의 것이니라.

대신은 말을 이었습니다.
"애, 아들아, 너에게 남겨둘 말은 오직, 네가 알라를 두려워하고 행실을 삼가며 자리스에 대한 나의 가르침을 잊지 말라는 것뿐이다."
"아버님! 아버님만큼 훌륭하신 분이 또 있을까요? 아버님은 참으로 덕행이 높으신 분으로 널리 알려졌습니다. 설교사들은 연단에 서서 아버님에게 기도를 바칠 것입니다!"
"아들아, 나는 전능하신 알라께서 반드시 나를 반가이 맞아주실 것으로 믿는다!"
대신은 그렇게 말한 다음 두 가지 증언[*17]을, 즉 신앙 고백을 외쳤습니다. 이리하여 알 파즈르는 세상을 떠났습니다. 저택 안은 비탄에 잠긴 슬픈 울음소리로 가득 찼고, 대신이 세상을 떠났다는 소식은 왕의 귀에도 들어갔습니다. 이 말을 들은 시민들은 예배드리던 자들도, 집안일에 몰두하던 여자들도, 학교 학생들도 한결같이 눈물을 흘리며 슬퍼했습니다. 아들 누르 알 딘 알리는 곧 장례식 준비를 하였습니다. 태수, 대신, 고관을 비롯하여 장안의 명사들이 모두 참석했습니다. 물론 그 가운데는 알 무인 빈 사위 대신도 끼여 있었습니다. 관이 저택에서 나갈 때 참석했던 사람 중에서 누군가가 이런 노래를 부르기 시작했습니다.

병든 지 5일째, 모든 벗과
영원한 작별을 고했네.
사람들은 나를 판자에 싣고
집 밖에서 시체를 씻더니[*18]
평소에 입던 옷을 벗기고
대신 입혀준 것은
한 번도 입은 적 없는 이상한 옷.
네 사나이의 어깨에 실려
집에서 사원으로 운반되었네.
그런 나에게 염불을

해 주는 사람도 있었지.
머리 숙이지 않는 기도[*19]의
말을 나에게 바치면서
옛 벗들은 나의 덕을 기려주었네.
그 뒤 둥근 천장 아래의
집에 뉘어주었지.
해와 달은 이제 무(無)가 되고
내 집 문은 열리지 않는구나.

사람들은 대신의 관 위에 흙을 덮고 저마다 집으로 흩어져갔습니다. 아들 누르 알 딘도 집으로 돌아가 다시 슬픔의 눈물로 지샜습니다. 그리고 소리 내지 않고 이런 노래를 불렀습니다.

닷새째 저녁녘에
사람들은 떠나갔네, 내 곁을.
사람들이 떠나갈 때
나 또한 이별을 고했네.
사람 떠나면 나의 영혼도
함께 멀리 떠나
부르짖노라, "돌아오소서."
그러나 대답은, 가엾어라!
"생명이 스러져 피 흐르지 않고
텅 빈 소리 울리는
뼈만 남은 시체에
영원히 돌아오지 않네, 그 영혼은.
내 눈은 장님, 넘쳐흐르는
눈물에 젖어 보이지 않고
내 귀는 먹어 아무 소리도 들리지 않는다."

누르 알 딘은 오랫동안 아버지의 죽음을 슬퍼하고 있었습니다. 그러던 어느 날, 집에 앉아 있으니 누군가 문을 똑똑 두드리는 자가 있었습니다. 누르 알 딘은 서둘러 일어나 문을 열고 찾아온 이를 안으로 맞이했습니다. 그 사람은 아버지의 친구로 기분 좋은 술벗 가운데 한 사람이었습니다. 손님은 누르 알 딘 손에 입을 맞추며 말했습니다.

"여보게, 자네같이 훌륭한 아들을 남기고 돌아가셨으니 자네 아버님은 돌아가신 게 아니네. '최초이며 최후의 자(者)'[*20]이신 마호메트도 마찬가지일세. 그러니 자네, 이제 슬퍼하는 것은 그만두고 기운을 차리게."

이 말을 들은 누르 알 딘은 기분을 새로이 하여 손님방으로 들어가 필요한 것을 모두 날라 오게 하고 친구들도 초대했으며, 시녀도 불러들였습니다. 그리고 상인의 아들 10명을 불러모아 연회를 벌여 환락을 거듭하며 아낌없이 금품을 뿌렸습니다. 어느 날 집안의 집사가 누르 알 딘에게 와서 말했습니다.

"나리, '함부로 낭비하는 자는 망한다'는 속담을 들으신 적 있습니까?"
그리고 다음과 같은 시를 읊었습니다.

　　돈은 중요하고 소중하다
　　이 몸을 지켜주는 무기이므로.
　　아부하는 자에게 물 쓰듯 돈 쓰면
　　행운도 불행으로 끝난다.
　　분수 모르고 마시고 노래하며
　　좋은 일 한 번 하지 않네.
　　지갑 끈을 단단히 쥐고
　　인색하게 돈을 아낀 까닭에
　　참다운 친구도 없다.
　　"다섯 배로 갚을 테니, 돈을 빌려주게."
　　염치없는 한 마디에 친구는 떠나고
　　기죽은 개처럼 고개 숙이고
　　처량한 몰골로 서 있기보다는
　　차라리 친구 따위 없는 게 낫다.
　　아무리 뛰어난 재주 있어도

돈 없는 신세는 서글프다네.

"나리, 정말이지 요즘처럼 낭비하면서 인심 좋게 재물을 뿌리다가는 재산이 곧 바닥나고 맙니다."
이 말을 들은 누르 알 딘은 집사에게 소리쳤습니다.
"네가 뭐라고 하던 나는 듣지 않겠어. 시인이 이렇게 노래한 것을 나는 알고 있거든."

손안에 넘치는 재물을 움켜잡고
남에게 조금도 나눠주지 않으면
천벌 내려 중풍에 걸려서
팔다리 마비되어 걷지 못한다.
인색하게 굴며 높은 지위 오른
사람 있느냐, 있다면 말해 보라.
아낌없이 남에게 베푼 사람이
파멸한 걸 보았느냐, 보았다면 말해 보라.

"여보게, 집사, 쓸데없는 참견은 질색이야. 아침밥을 마련할 돈이 있는 동안은 저녁거리 걱정으로 나를 성가시게 굴지 말게."
"꼭 그렇게 하셔야 합니까?"
"그래야 해!"
집사가 가버리자 누르 알 딘은 다시 사치와 낭비에 빠져들었습니다.
"이것 참, 근사하군."
술친구인 누군가가 말하면 무엇이든 곧 그에게 주었습니다.
"그렇다면 자네에게 주지."
"나리, 저 집은 참 훌륭하군요."
"좋아, 네게 줄 테니 차지해!"
이런 형편이었습니다. 이렇게 어이없는 짓으로 꼬박 1년 동안 친구들과 아침저녁은 물론 밤중에도 술자리를 벌이며 놀았습니다. 어느 날, 모두 술자리를 벌이고 있을 때 아니스 알 자리스가 이런 노래를 불렀습니다.

내 세상의 봄, 달콤한 꿈에 잠겨
불행이 찾아오는 걸 모르고 있네.
달콤한 밤에 속아 넘어가
슬픈 시름의 밤이 오는 것을.

이 노래를 마쳤을 때 문 두드리는 소리가 나기에 누르 알 딘이 일어나 문쪽으로 나가자 술친구 하나가 몰래 그의 뒤를 따라가 보았습니다. 문밖에는 집사가 서 있었습니다.
"무슨 일인가?"
"나리, 전부터 제가 걱정하고 있던 일이 결국 닥쳐오고 말았습니다."
"어떻게 됐다는 거야?"
"나리 수중에는 이제 동전 한 닢도 남아 있지 않습니다. 이것이 청구서와 회계장부이니 이걸 보시면 현금의 수입과 지출을 알 수 있을 것이고, 또 재산목록을 적어놓은 장부도 여기 있습니다."
이 말을 들은 누르 알 딘은 고개를 푹 숙이고 말했습니다.
"알라 외에 주권 없고 권력 없도다!"
은근히 형편을 엿보려고 누르 알 딘의 뒤를 따라왔던 친구는 집사의 말을 듣자 술자리로 돌아가 다른 친구들에게 속삭였습니다.
"조심들 하게. 누르 알 딘은 빈털터리가 되었다네."
이윽고 젊은 주인이 손님들 자리로 돌아왔는데 그 얼굴에는 난처한 빛이 서려 있었습니다. 친구 하나가 일어나 주인을 지그시 바라보면서 말했습니다.
"이제 그만 돌아갔으면 하네."
"오늘은 왜 그리 빨리 일어서나?"
"아내가 해산할 것 같아서 집을 비워 둘 수가 없어야지. 돌아가서 돌봐줘야겠네."
그 친구가 돌아가자 또 한 친구가 일어나며 말했습니다.
"오늘은 형의 아들이 할례를 받게 되어 있어서*21 곧 가봐야겠네."
이리하여 저마다 무슨 핑계를 대며 10명이 모두 돌아가 버리고 말았습니다. 혼자 남은 누르 알 딘은 아니스 알 자리스를 불러 말했습니다.

"자리스, 내가 어떤 처지가 되었는지 너는 알고 있느냐?"
그러고는 집사가 한 말을 모두 들려주었습니다.
"서방님, 저는 며칠 밤을 두고 이 일에 대해 의논드리고 싶었어요. 하지만 당신은 노래하셨지요."

이 세상 은총이 태산 같을 때는
벗들에게 나눠주라, 좋은 기회이니.
한 번 찾아온 행운은 달아나지 않고
굳이 달아나는 행운이라면
애석해도 잡을 수 없는 법이라네.

그 노래를 듣고는 안심하고 다시는 참견하지 않으리라 생각했습니다."
"아니스 알 자리스, 너도 알다시피 나는 친구들을 위해, 특히 나를 빈털터리로 만들어버린 그 친구 10명을 위해 내 재산을 탕진했으니 그들도 아마 나를 버리거나 모르는 체하지 않을 거야."
"그 사람들은 틀림없이 동전 한 푼 도와주지 않을 거예요."
"그럼, 어디 그 친구들을 찾아가볼까. 방탕한 생활을 그만두고 장사를 하겠다면 밑천쯤이야 대주겠지."
누르 알 딘은 얼른 일어나 친구 10명을 찾아갔습니다. 먼저 가장 절친한 친구 집에 가서 문을 두드리자 하녀가 나왔습니다.
"누구십니까?"
"주인에게 전해다오. 누르 알 딘이라는 사람이 현관에 찾아와서 '그대의 노예가 그대 손에 입맞추고 그대의 적선을 바라고 있다'고."
하녀가 그 말을 전하자 주인은 소리쳤습니다.
"나가서 주인은 지금 안 계신다고 해라."
하녀는 누르 알 딘에게 돌아가 말했습니다.
"지금은 주인이 외출하고 안 계십니다."
이 말을 들은 누르 알 딘은 돌아서면서 혼잣말을 했습니다.
"비록 이놈은 악당이라 나를 거절했어도 다른 친구들은 그러지 않겠지."
그러고는 다음 친구 집으로 찾아가 주인에게 같은 말을 전하게 했더니 그 친구도 처음 친구와 마찬가지로 만나기를 거절했습니다. 누르 알 딘은 노래했습니다.

    굶주린 배를 안고 음식을 얻어먹으려
    문을 두드리건만, 친구는 돌아보지 않네.

그리고 이렇게 말했습니다.
"그렇다면 모두에게 사정해 보는 수밖에 없다. 어쩌면 하나쯤은 다른 친구와 달리 나를 도와줄지 모르니."
그리하여 친구 10명을 모두 찾아다녔지만, 문을 열어 주거나 만나주고 빵 한 조각 대접해 주는 자가 아무도 없었습니다. 누르 알 딘은 다시 노래를 불렀습니다.

    돈 있는 자는 과일나무와 같아
    열매가 달릴 때는 사람들 모이지만
    열매가 떨어지고 낙엽 지면
    햇볕도 들판도 무정히 내버리네.
    이 뜬세상 헛되도다.
    착한 사람 하나에 악당 10명.

누르 알 딘은 아니스 알 자리스에게 돌아갔지만 슬픔만 더욱 밀려올 뿐이었습니다. 그러자 여자가 말했습니다.
"서방님, 그러니 제가 말했잖아요, 아무도 구해 줄 사람 없을 거라고."
"그래, 알라께 맹세코, 누구 하나 나를 만나주는 놈 없고 나를 기억하는 자도 없었어."
"이렇게 된 바에는 서방님, 부엌 항아리며 냄비며 가재도구를 조금씩 내다 파세요. 그 돈을 쓰는 동안 전능하신 알라께서 어떻게 해 주시겠지요."
여자의 말에 따라 누르 알 딘은 집 안에 있는 물건을 내다 팔기 시작했으나 얼마 안 되어 더는 팔 것이 없어서 다시 여자에게 물었습니다.
"이제는 어떻게 하면 좋지?"

"서방님, 이러면 어떨까요? 지금 곧 저를 시장에 데리고 나가서 파시면? 아버님께서는 아시다시피 저를 금화 1만 닢에 사셨어요. 잘하면 알라의 뜻으로 그만한 돈을 받을 수 있을지 몰라요. 그리고 신께 저와 당신을 맺어주실 뜻이 있으시다면 어느 때고 다시 볼 날이 있겠지요."

"오, 아니스 알 자리스, 잠시라도 너와 떨어져 있는 것은 너무 괴로워!"

"서방님, 괴로운 건 저도 마찬가지예요. 하지만 어쩔 수 없잖아요. 시인도 이렇게 노래하지 않았습니까?"

어쩔 도리 없어 미로(迷路)에 들어서면,
길을 잃어 갈피를 못 잡네.
한 가닥 밧줄에 몸을 맡기고
목숨을 의지할 수도 없네.

누르 알 딘은 일어나 여자의 손을 잡았습니다. 눈물이 빗물처럼 뺨을 타고 흘러내리고 마음속에는 이런 노래가 흐르고 있었습니다.

용서해다오, 오직 이 순간을
이별하기 전 이 추억으로,
내 마음 달래어 견딜 수 있게.
이별은 쓰라려 견딜 수 없구나.
이별의 상처 참다못해
애절하게 몸부림치는 그대이기에
나는 사랑을 위해 목숨 버리고
그대 시름을 달래주리라.

그러고 나서 아니스 알 자리스를 시장에 데려가 거간꾼에게 건네주며 말했습니다.

"오, 하지 하산,*[22] 이 여자의 값을 잘 알아서 팔아주오."

거간꾼은 대답했습니다.

"이거, 누르 알 딘 서방님 아니십니까? 잘 알았습니다. 그런데 이 여자는 당신 아버님이 나에게서 금돈 1만 닢으로 사가신 아니스 알 자리스가 아닙니까?"

"그렇다네."

거간꾼은 상인들 사이를 한 바퀴 돌아보았으나 아직 나오지 않은 사람들이 많았습니다. 그래서 상인들이 다 나오기를 기다리고 있노라니 이윽고 터키인, 프랑크인, 사카시아인을 비롯하여 아비니시아인, 누비아인, 타크르르인,*23 타타르인, 조지아인 및 그 밖의 전 세계 노예계집들로 시장이 가득해졌습니다. 하산은 앞으로 나아가 버티고 서서 큰 소리로 외쳤습니다.

"상인 여러분! 돈 많은 분! 동그랗다고 다 호두가 아니요, 기다랗다고 다 바나나가 아닙니다. 붉은 것은 살코기, 흰 것은 비계, 갈색은 대추라고 정해지지도 않았습니다.*24 상인 여러분, 여기 아직 시세를 알 수 없는 한 꾸러미의 진주가 있는데 값을 얼마로 정하면 될까요?"

한 상인이 외쳤습니다.

"금화 4천5백 닢이요."

거간꾼은 이 값부터 경매에 부치기 시작했습니다.

한창 값을 부르고 있는데, 우연히 알 무인 빈 사위 대신이 그곳을 지나가게 되었습니다. 그는 누르 알 딘 알리가 한구석에 우두커니 서 있는 것을 보고 궁금해졌습니다.

"하칸의 아들*25이 무슨 일로 이런 데 와 있을까! 저 소견머리 없는 녀석에게 아직도 노예계집을 살 만한 돈이 있단 말인가!"

주위를 둘러보니 시장 한가운데서 상인들에게 둘러싸여 소리치는 거간꾼의 모습이 눈에 띄었습니다.

"틀림없이 빈털터리가 되어 저 노예계집을 팔러 온 모양이로군. 정말 시원하고 고소한 일이로다!"

그리하여 대신이 거간꾼을 부르자 그는 대신 앞에 나아가 엎드렸습니다.

"지금 네가 경매하는 노예계집을 내가 사겠다."

거간꾼은 이를 거절할 이유가 없습니다.

"아이고 나리, 비스밀라! 알라의 이름으로 알아 모시겠습니다."

그러고는 노예계집을 대신 앞으로 데리고 왔습니다.

대신은 한눈에 마음에 들어 물었습니다.

"하산, 이 색시를 얼마 불렀나?"

"처음 부른 값이 금화 4천5백 닢이었습니다."

"그럼, 나도 4천5백 닢을 부르겠다."

이 말을 들은 상인들은 모두 꽁무니를 빼며 더는 한 푼도 부르려고 하지 않았습니다. 그것은 대신의 성품이 워낙 포악하고 극악무도하다는 것을 모두 알고 있었기 때문입니다. 대신은 거간꾼에게 말했습니다.

"왜 그러고 있나? 금화 4천 닢은 대신 좀 지급해 주고 5백 닢은 그대 몫으로 해두게."

그래서 거간꾼은 누르 알 딘에게 가서 말했습니다.

"서방님, 당신 노예계집이 남의 손에 거저 넘어가게 되었소!"

"그건 또 왜?"

"우리는 그 여자를 4천5백 닢으로 경매를 시작했는데 저 포악한 알 무인 대신이 시장을 지나가다가 저 색시를 보고 마음에 들어 나를 불러 이렇게 말하지 않겠소. '금화 4천 닢에 사마. 5백 닢은 네 몫으로 해 주겠네'. 저 대신은 틀림없이 여자가 당신 것임을 아는 모양이오. 그 돈을 곧바로 지급해 준다면 모르지만 저 사람은 몹시 난폭하고 못된 사람이라 아마 어떤 대리인 이름으로 어음을 써주고는 나중에 '저 녀석에게 한 푼도 지급하지 마라'고 명령할 것입니다. 그렇게 되면 당신이 몇 번 돈을 받으러 가도 '곧 지급하지' 하고는 질질 끌 겁니다. 당신이 끈질기게 버티고 계시면 나중에는 독촉받는게 싫어서 어음을 보여 달라고 한 뒤, 당신한테서 어음을 빼앗아 갈기갈기 찢어버릴 겁니다. 그러면 여자의 대금은 결국 날아가 버리고 마는 거지요."

누르 알 딘은 이 말을 듣고, 거간꾼 얼굴을 아무 생각 없이 멍하게 바라보며 물었습니다.

"그럼, 어떻게 하면 좋겠나?"

"내가 꾀를 하나 가르쳐드리지요. 그대로만 한다면 좋은 결과가 될 것입니다."

"어떻게 하는데?"

"내가 시장 한복판에 서 있거든 내 곁으로 와서 내 손에서 그 여자를 채어 따귀를 갈기며 이렇게 말씀하시오. '이 바람둥이 년아, 약속대로 너를 노예시장에 끌고 왔다. 네년을 시장에 데리고 가서 거간꾼을 시켜 경매하겠다고 약속했으니까.' 이렇게 하면 아마 대신을 비롯한 모두가 속아 넘어가, 그저 자신의 약속을 지키기 위해 시장에 데리고 나온 모양이라고 생각할 겁니다."

"그게 가장 좋은 방법이겠군."

이리하여 거간꾼은 시장 한복판으로 돌아갔습니다. 그리고 여자의 손을 잡고 대신에게 말했습니다.

"대감마님, 이 여자의 임자가 저기 오십니다."

바로 그때 누르 알 딘이 와서 거간꾼에게서 여자를 채어서는 사정없이 때리면서 소리쳤습니다.

"이 부끄러움도 모르는 바람둥이 년! 나는 약속을 지키기 위해 너를 시장에 데리고 나왔다. 어서 집으로 돌아가자. 이래도 또 나에게 반항할 테냐? 괘씸한 년 같으니! 돈이 아쉬워 너를 팔 줄 알았느냐? 내 집 물건을 팔면 네 값의 몇 곱은 돼."

이 광경을 보고 있던 대신은 누르 알 딘에게 말했습니다.

"허튼소리! 팔고 사고 할 것이 아직 남아 있었단 말이냐?"

그러면서 누르 알 딘에게 달려들려고 하자, 누르 알 딘에게 호감을 갖고 있는 상인들이 끼어들어 말렸습니다.

누르 알 딘은 말했습니다.

"아니, 말리지 마시오. 여러분도 저자의 횡포에 대해서는 잘 알고 있을 거요."

이 말을 듣고 대신도 소리쳤습니다.

"네놈들이 방해만 하지 않았으면 이놈을 베어버렸을 텐데!"

그러자 모두 의미심장하게 누르 알 딘에게 눈짓을 했습니다.

"자, 원한을 갚으시오. 아무도 말리지 않을 테니."

이렇게 말하는 듯 보였습니다.

그래서 용기도 있고 몸집도 늠름한 누르 알 딘은 성큼성큼 대신 앞으로 다가가 다짜고짜 안장에서 끌어내려 바닥에 내동댕이쳤습니다. 마침 그 옆에 벽돌 굽는 가마*26가 있었는데, 대신은 하필이면 그 속에 거꾸로 떨어지고 말았습니다. 누르 알 딘이 대신을 마구 두들겨 패자 그 가운데 한 공격이 대신의 이에 정통으로 맞아 턱수염이 피로 새빨갛게 물들었습니다. 대신이 거느리고 온 노예 10명이 주인이 당하는 꼴을 보고 칼을 뽑아 일제히 누르 알

단에게 덤벼들려고 했습니다. 이때 상인들을 비롯하여 구경꾼들이 일제히 소리쳤습니다.

"이쪽은 대신이고 저쪽도 대신의 아들이 아닌가? 언제 화해할지 모르는 일이다. 그렇게 되면 너희는 양쪽 모두에게 밉보이게 될걸. 그뿐만 아니라 자칫 잘못하여 너희 주인이 다치는 날이면 그야말로 목숨이 날아갈 판이야. 그러니 참견하지 않는 게 상책이야."

그러자 부하인 노예들도 멀찍이 서서 바라보기만 했습니다. 누르 알 딘은 대신을 실컷 두들겨주고는 자리스를 데리고 집으로 돌아갔습니다. 알 무인도 일어나 옷을 삼색으로 물들이고, 즉 진흙으로 검게, 핏물로 붉게, 찰흙으로 회색으로 더러워진 몸으로 도망치듯이 집으로 돌아갔습니다. 자신의 몰골이 평소의 모습은 온데간데없이 비참해진 것을 알고, 대신은 목에 거적*27 조각을 두르고 더러운 포아풀 두 다발을 손에 들고는 궁전으로 가서 왕의 거실 창문 아래 서서 큰 소리로 부르짖었습니다.

"오, 임금님, 저는 억울한 일을 당했습니다. 이렇게 억울할 데가 어디 있겠습니까!"

시종들이 달려나와 대신을 왕 앞으로 데려갔습니다. 왕이 자세히 살펴보니 그는 바로 재상(宰相)이 아니겠습니까!

"아니, 대신, 대체 누가 그대를 그 지경으로 만들었는고?"

대신은 흐느껴 울면서 이런 노래를 불렀습니다.

임께서 다스리시는 세상에서
학대받는 이 몸
사자 앞에서 이리가
배불리 먹을 수 있을쏘냐.
목마른 사람들이
임의 물통 마셔버려
차가운 비를 기다리며
비구름을 올려다보는 이 몸.

"오, 임금님, 임금님을 사랑하고 임금님께 충성을 다하는 모든 사람이 이런 일을 당하고 있습니다."

"어서 말해봐라. 어쩌다 그 꼴이 되었는가? 누가 그대에게 그런 횡포를 부렸는가? 그대 체면은 곧 나의 체면이니라."

"제 말씀 좀 들어보십시오, 임금님. 저는 오늘 요리하는 계집을 사려고 노예시장에 나갔습니다. 그런데 세상에서 보기 드문 예쁜 계집이 있기에 그 여자를 사서 임금님께 바치려고 생각했습니다. 그래서 거간꾼에게 그 여자의 주인이 누구냐고 물었더니 알 파즈르의 아들 누르 알 딘이라고 말했습니다. 전에 임금님께서 그 아비에게 금화 1만 닢을 주시어 예쁜 노예계집을 사라고 분부하신 적이 있었지요. 그자는 노예를 사고 보니 마음에 들어 임금님께 바치는 것이 아까워서 자기 아들에게 주고 말았습니다. 아비가 죽자 아들은 집을 비롯하여 모든 살림살이를 모조리 팔아먹고 빈털터리가 되고 말았습니다. 그래서 그 계집을 팔려고 시장에 데리고 나와 거간꾼을 시켜 경매에 부쳤던 것입니다. 상인들은 값을 자꾸 올려 나중에 금화 4천 닢까지 부르게 되었는데, 저는 속으로 생각했습니다. '이 여자를 사다가 대금을 맨 먼저 치르신 임금님께 바치리라.' 그래서 저는 누르 알 딘을 보고 '여보게 나한테 4천 디나르에 팔지 않겠나?' 하고 말했습니다. 이 말을 듣더니 그는 눈을 부라리면서 외쳤습니다. '이런 재수 없는 늙은이 같으니! 유대인이나 나사렛 사람에게 팔지언정 너한테는 팔 수 없다.' 그래서 저는 말했습니다. '나는 내가 갖기 위해 사는 게 아니다. 은혜를 입은 임금님께 바치려는 것이다.' 이 말을 듣더니 그자는 길길이 날뛰면서 이 늙은이를 말에서 끌어내려 주먹과 손바닥으로 사정없이 때려 마침내 이런 몰골로 만들어버렸습니다. 저는 임금님을 위해 그 여자를 사려다 이런 봉변을 당하고 말았습니다!"

말을 마치고 대신은 땅바닥에 몸을 내던지고 몸을 떨면서 통곡했습니다. 왕은 그 모습을 보고, 또 자초지종을 듣고는 크게 노하여 이마에 핏대[28]를 세우고, 백인 노예 40명과 칼을 찬 부하에게 명령했습니다.

"지금 당장 하칸의 아들 집으로 가서 전 재산을 몰수하고 그 집을 부수고 아들 누르 알 딘과 계집을 끌고 오라. 뒷결박을 지우고 고개를 숙이게 하여 끌고 와야 한다!"

"분부대로 하겠습니다."

호위병들은 저마다 무장을 갖추어 누르 알 딘의 집으로 달려갔습니다.

그런데 왕을 가까이에서 모시는 시종 가운데 아람 알 딘 알리라는 사람이 있었습니다. 이 사람은 전에 알 파즈르를 섬기던 백인 노예병사였는데, 나중에 출세하여 왕의 시종으로 발탁된 자였습니다. 그는 왕의 명령을 듣고 옛 주인의 아들이 적의 손에 살해될 것을 알고 무척 마음이 아팠습니다. 그래서 살그머니 왕 앞에서 빠져나와 급히 말을 타고 누르 알 딘에게 달려가 문을 두드렸습니다. 누르 알 딘이 나와 상대가 아람임을 알고 인사말을 하려고 했습니다. 아람은 그것을 가로막으며 말했습니다.

"주인님, 지금 인사나 대접을 할 때가 아닙니다. 시인의 이 말을 들어보십시오."

나쁜 놈들에게 쫓길 때는
목숨을 걸고 어서 달아나라.
누구든 나중에 찾아오거든
주인은 죽었다고 짐더러 말하게 하라.
이 나라만이 세상은 아니니
어디 간들 살 곳 없으랴.
여보게, 형제여,
목숨은 둘이 아님을 알라.*29

누르 알 딘이 물었습니다.
"오, 아람, 대체 왜 이리 허둥대는가?"
"어서, 지체 말고 어서 달아나십시오. 그 여자도 함께. 알 무인이 당신들 두 사람을 모함했습니다. 붙잡히면 끝장입니다. 임금님이 검사 40명을 보냈으니 다치기 전에 어서 달아나십시오."
아람은 지갑을 꺼내 금화 40닢이 들어 있는 것을 확인하고 누르 알 딘에게 주며 말했습니다.
"주인님, 이것을 가지고 빨리 달아나십시오. 좀더 있으면 더 드리고 싶지만, 지금은 그럴 겨를이 없으니까요."
누르 알 딘은 곧 알 자리스에게 달려가 자세한 사정을 얘기했습니다. 여자는 두 손을 비비며 한탄했습니다. 두 사람은 급히 도성을 빠져나가 알라의 수호로 간신히 강가에 이르렀습니다. 마침 배 한 척이 막 바다로 나가려고 선장이 배 한가운데 서서 외치고 있었습니다.

"식량준비며 작별인사는 다 끝났소? 중요한 것을 잊고 온 사람은 없소? 있다면 빨리 내려가 볼일을 마치고 오시오. 곧 떠날 테니까."

선객들은 모두 말했습니다.

"이제 볼일은 아무것도 없소, 선장!"

그러자 선장은 선원들을 향해 외쳤습니다.

"자, 밧줄을 던져라, 닻을 올려라!"[*30]

이때 누르 알 딘이 나타나 물었습니다.

"선장, 이 배는 어디로 가오?"

"평안의 도시 바그다드로 가오."

─여기까지 이야기했을 때 날이 샜으므로 샤라자드는 이야기를 그쳤다.

36번째 밤

오, 인자하신 임금님, 어젯밤 이야기는 선장이 평안의 도시 바그다드로 간다고 말한 데까지였습니다. 누르 알 딘과 알 자리스가 배에 오르자 배는 돛을 펼치고 마치 하늘을 나는 새처럼 빠르게 나아갔습니다. 어느 시인은 이 광경을 이렇게 노래했습니다.

> 보라, 저 높은 배
> 그대를 보면 기뻐하리.
> 바람을 앞질러 빨리도 달려가
> 파도 머리에 사뿐히 내려서네,
> 날개 펼친 새처럼.

배는 더할 나위 없는 순풍을 만나 전속력으로 나아갔습니다. 한편 백인 노예병사들은 누르 알 딘의 저택을 습격하여 문짝을 부수고 난입하여 구석구석 찾아보았으나 두 사람의 흔적은 아무데도 없었습니다. 그래서 집을 파괴하고서 왕궁으로 돌아가 사실대로 보고했습니다. 이 말을 들은 왕은 분부했습니다.

"어디에 갔든 반드시 그 두 사람을 찾아내도록 하라."

"알았습니다."

모두는 대답하고 물러갔습니다. 대신 알 무인은 임금님이 내린 어의를 입고 집으로 돌아갔습니다.

"누구보다 내가 이 원한을 갚아 주리라."

그는 집에 돌아와 중얼거리며 마음을 가라앉혔습니다. 그리고 왕을 축복하며 그 장수와 번영을 기도했습니다.

그 뒤 왕은 온 도성 안에 다음과 같은 포고령을 내렸습니다.

"백성은 잘 들으라. 우리 임금님의 뜻에 따라 알 파즈르 빈 하칸의 아들 누르 알 딘 알리를 찾아내어 임금님 앞으로 끌고 오는 자에게는 어의 한 벌과 금화 1천 닢을 내리리라. 그자를 알거나 그 거처를 알고도 알리지 않는 자는 엄하게 다스리라."

그리하여 모두 누르 알 딘을 찾기 시작했으나, 누구 하나 그의 행방을 알기는커녕 소문조차 들을 수 없었습니다.

이야기는 바뀌어, 누르 알 딘과 여자를 태운 배는 순풍에 돛을 달고 항해를 계속하여 무사히 바그다드에 도착했습니다. 선장은 두 사람에게 말했습니다.

"자, 바그다드입니다. 이곳은 안심하고 살 수 있는 고장입니다. 겨울은 서리와 함께 사라지고 봄이 장미꽃 향기와 더불어 찾아왔습니다. 꽃이 만발하고 나무들은 움을 틔우고 개울물은 졸졸 흐르고 있습니다."

누르 알 딘은 선장에게 금화 5닢을 주고 알 자리스와 손을 잡고 뭍에 올라 얼마 동안 걸어갔는데, 어느새 어떤 정원에 들어가게 되었습니다. 땅바닥은 깨끗이 청소되어 물이 뿌려져 있고 담을 따라 걸상이 쭉 놓여 있으며 매달린 항아리에는 물이 가득 차 있었습니다.[31] 머리 위에는 갈대와 등 넝쿨을 바둑판 무늬로 엮은 차양이 드리워져 정원 길에 그늘을 던지고 있었습니다. 막다른 길에 정원 문이 있었으나 굳게 닫혀 있었습니다.

누르 알 딘은 알 자리스에게 말했습니다.

"아, 정말 멋진 곳이로군."

"서방님, 이 의자에 앉아 잠깐 쉬었다 가셔요."

두 사람은 얼굴과 손을 씻고 걸상에 앉았습니다. 선선한 산들바람을 맞는 동안 두 사람은 어느새 잠이 들고 말았습니다. 아, 영원히 잠들지 않는 신께 영광 있으라!

그런데 그 정원은 '기쁨의 동산'[32]이라고 불리며, 그 안에 '환락궁'이라고 하는 정자와 '그림 누각'이 서 있었는데, 그것은 모두 교주 하룬 알 라시드의 소유였습니다.

교주는 무슨 걱정거리가 있으면 언제나 이 정원과 정자를 찾아와서 쉬곤 했습니다. 이 그림 누각에는 격자창 80개가 있고, 초를 꽂은 커다란 황금 촛대 주위에 역시 램프 80개가 걸려 있었습니다. 교주가 이곳에 올 때는 시녀들에게 명하여 격자창문을 열어젖히고 방마다 불을 켜게 하고는 이샤크 빈 이브라힘이라는 술벗을 부르고, 노예계집의 노래를 들으면서 울적한 마음을 풀곤 했습니다.

그런데 정원지기는 이브라힘이라는 노인이었는데, 가끔 볼일을 보러 외출하면 그 사이 정원 문 근처에서 나들이옷을 입고 노는 사람들이 보였습니다. 그런 꼴을 보면 그는 못 견디게 화가 났지만 그래도 꾹 참고 있었습니다.[33] 그러던 어느 날 교주가 정원에 행차했을 때, 노인은 마침내 평소의 고충을 호소했습니다. 그 결과 이런 대답을 들었습니다.

"정원 언저리에서 제멋대로 노니는 자가 있거든 누구든 그대 마음대로 처분하라."

이날도 정원지기가 밖에 나갔다가 돌아와 보니 문 있는 곳에서 두 사람이 한 외투에 싸인 채 잠들어 있지 않겠습니까? 그것을 보고 그는 혼잣말로 중얼거렸습니다.

"아니! 이 문 앞에 있다가 붙잡힌 자는 누구든 베어도 좋다는 교주님 허락이 나온 것을 모르는 모양이군. 좋다, 어디 한 번 호되게 두들겨 패주어야지. 그렇게 하면 앞으로는 이 문 앞에 오는 자가 없어지겠지."

노인은 푸른 종려나무 이파리를 하나 꺾어 들고 두 사람 가까이 다가가 허연 겨드랑이 살이 보일 정도로 높이 손을 쳐들어 당장 내리치려고 했습니다. 그때 노인은 문득 다시 생각하고 이렇게 중얼거렸습니다.

"이봐, 이브라힘, 너는 사정도 물어보지 않고 남을 때릴 참이냐? 어쩌면 길 가는 나그네*34가 아무것도 모르고 들어와 있는지도 모르지. 우선 살짝 얼굴을 들여다본 다음에 처치하기로 하자."

그러고는 두 사람이 뒤집어쓴 외투를 벗겼습니다.

"참, 예쁜 부부로군. 이래서야 어디 때릴 수가 있나."

노인은 다시 두 사람 얼굴을 덮어주고는, 누르 알 딘의 발치로 가서 그 발을 주무르고 문지르기 시작하였습니다. 그때 눈을 뜬 젊은이는 위엄 있고 점잖은 노인이 자기 발을 주무르는 것을 보자 부끄러워서 얼른 발을 움츠리고는 몸을 일으켜 노인의 손을 잡고 입을 맞추었습니다. 노인이 물었습니다.

"젊은이들은 어디서 오셨소?"

"노인장, 저희는 다른 나라에서 왔습니다."

대답하는 누르 알 딘의 눈에 눈물이 글썽하였습니다.

"여보게, 젊은 양반, 예언자 마호메트(알라여, 축복을 주고 수호해 주소서!)는 타국 사람들을 후히 대접하라고 하셨소. 자, 일어나서 정원에 들어가 구경하고 마음을 위로하며 시름을 잊으시오."

"노인장, 이 정원은 대체 어느 분의 것입니까?"

"내가 선조로부터 물려받은 것이오."

이렇게 대답한 것은 두 사람을 안심시켜 정원으로 데리고 들어가기 위해서였습니다. 누르 알 딘은 노인에게 인사하고 일어나 알 자리스의 손을 잡고 정원으로 따라 들어갔습니다.

아, 이토록 훌륭한 정원이 또 있을까요? 문은 넓은 홀처럼 아치형으로 되어 있고, 벽과 지붕에는 색색가지 포도 넝쿨이 얽혀 붉은 것은 루비처럼 아름답고 검은 것은 흑단처럼 반짝였습니다. 문 저편에 정자가 있고 그 네모 칸살 시렁에는 과일이 한 개씩 또는 송아리를 이루어 달려 있었습니다. 작은 새들은 가지에 앉아 아름다운 소리로 지저귀고, 휘파람새는 오만 가지 음색을 내며 높은 소리로 노래하고, 산비둘기는 주위가 울리도록 구구 거리고 있었습니다. 또 티티새는 사람이 부는 휘파람소리처럼 속살거리고 흰 비둘기는 마치 주정꾼처럼 앓는 소리를 냈습니다. 나무들은 모두 잘 익은 열매를 늘어뜨리고 있는데, 그 종류가 가지가지로 열매마다 둘씩 짝을 이루고 있었습니다. 살구가 있는가 하면 편도도 있고, 호라사니라고 하는 살구와 미인의 얼굴처럼 매끄럽게 윤이 나는 자두도 있었습니다. 먹으면 대번에 이가 하얘진다는 버찌며 녹색, 보라색, 흰색의 삼색 무화과도 있었습니다.

거기에 또 어둠 속에 타오르는 유황처럼 제비꽃이 만발하고 오렌지는 복숭앗빛 산호나 들국화처럼 망울져 있었습니다. 아무리 아름다운 뺨도 부끄러움을 느끼지 않을 수 없는 진홍색 꽃이 달린 장미, 도금양, 스톡, 라벤더, 누만 왕의 이름에서 유래한 피처럼 붉은 아네모네도 흐드러지게 피어 있었습니다.

나뭇잎은 구름에서 떨어진 눈물방울로 보석을 박은 듯 반짝거리고, 카밀러는 물어뜯을 듯한 새하얀 이를 내보이며 미소 짓고, 수선화는 검둥이 눈동자*35 같았습니다. 또 시트론은 터질 듯한 열매를 단 채 반짝이고, 레몬은 꼭 황금 구슬 같았습니다. 온통 색색가지 꽃 양탄자가 깔려 있는 대지에 봄이 찾아와 기쁨에 넘치며 찬란하게 빛나고 있었습니다. 개울은 작은 새들의 즐거운 노랫소리에 맞춰 졸졸졸 흐르고, 산들바람은 시원한 소리를 내며 대지를 활기로 가득 채웠습니다.

이브라힘 노인을 따라 누각으로 들어간 두 사람은 그 아름다움에 넋을 잃고 격자창 앞에 있는 램프를 홀린 듯이 바라보았습니다. 누르 알 딘은 지난날의 갖가지 영화를 떠올리고는 자기도 모르게 소리쳤습니다.

"아, 정말 기분 좋은 곳이다. 가자나무*36의 불꽃처럼 타오르던 내 가슴의 고뇌를 완전히 씻어주는 듯하다."

두 사람이 그곳에 앉자 이브라힘 노인은 그들 앞에 음식을 내왔습니다. 음식을 배불리 먹고 손을 씻은 뒤, 누르 알 딘은 격자창으로 가서 알 자리스를 손짓해 불러 온갖 과일이 가지가 휠 정도로 열려 있는 나무들을 바라보았습니다. 그리고 정원지기 노인을 돌아보며 말했습니다.

"그런데 이브라힘 영감님, 뭔가 마실 것은 없는지요? 식사 뒤에는 뭘 마시는 습관이 있어서요."

노인은 차갑고 맛좋은 냉수를 떠왔습니다.

"아니, 제가 말하는 건 이것이 아닙니다."

"그럼, 술이라도 마시고 싶단 말이오?"

"바로 그렇습니다, 영감님."

"나는 알라의 힘을 빌려 금주하고 있소. 술을 끊은 지 벌써 13년이 되오.

예언자(아브하크*37)는 술을 마시는 자, 짜는 자, 파는 자, 나르는 자를 저주하셨거든!"
"그렇다면, 두 마디만 들어주십시오."
"말해 보오."
"저기 있는 저 밉살스러운 나귀*38가 저주한다면, 그 저주가 영감님에게도 조금이라도 미치게 될까요?"
"그런 일이 있을 수 있나!"
"그렇다면 이 금화 1닢과 은화 2닢을 가지고 저 나귀를 타고 가셔서 술집에는 가까이 가지 마시고 멀리 떨어져 계십시오. 그리고 술을 사러온 사람이 눈에 띄거든 이렇게 말하십시오. '당신에게 은화 2닢을 줄 테니 이 금화 1닢으로 술을 사서 이 나귀에 실어주시오'라고. 그러면 영감님은 술을 짜는 사람도 사는 사람도 나르는 사람도 아니지 않습니까? 조금도 저주받을 게 없지 않습니까?"

이 말을 들은 이브라힘 노인은 껄껄대고 웃었습니다.
"이것 참, 젊은이, 나는 이 나이가 되도록 젊은이처럼 재치 있는 사람을 만난 적도 없고 이렇게 재미있는 이야기를 들은 적도 없는걸."

그래서 노인은 누르 알 딘이 말한 대로 했습니다. 누르 알 딘은 감사드리고서 이렇게 말했습니다.
"저희 두 사람은 모든 것을 영감님께 맡기겠습니다. 영감님께서 저희가 원하는 것을 들어주시는 건 당연한 일입니다. 자, 뭐든지 저희에게 필요한 물건을 가져다 주십시오."

노인은 말했습니다.
"자, 젊은이, 바로 이것이 저장실이오."

그곳은 충성스러운 자들의 왕을 위해 준비된 저장실이었습니다.
"안에 들어가 무엇이든 마음대로 가지시오. 당신이 갖고 싶은 것은 얼마든지 있을 테니까."

저장실에 들어간 누르 알 딘은 그곳에 온갖 종류의 보석이 박힌 금그릇, 은그릇, 수정그릇이 있는 것을 보고 넋을 잃을 정도로 기뻐했습니다. 그래서 필요한 물건을 갖다놓고 목이 긴 병과 유리 물병에 술을 담았습니다. 그동안 노인은 과일과 꽃과 향기로운 풀들을 갖다놓고 두 사람한테서 조금 떨어진 곳에 물러가 앉았습니다. 술을 마시며 즐거워하던 두 사람은 얼마 뒤 취기가 돌자 두 뺨은 새빨개지고 눈동자는 영양의 눈처럼 흥이 어렸습니다. 그리고 머리카락은 흐트러지고 얼굴은 더욱 밝고 아름다워졌습니다. 이브라힘 노인의 입에서 자기도 모르게 혼잣말이 새나왔습니다.

"왜 나는 두 사람에게서 떨어져 우두커니 앉아 있어야 하나? 두 사람과 함께 자리해도 상관없겠지. 달님처럼 고운 저 두 사람과 함께 앉는 일은 앞으로 다시는 없을지도 몰라."

노인은 앞으로 나아가 한쪽 끝에 앉았습니다. 그러자 누르 알 딘이 말했습니다.

"영감님, 좀더 가까이 오십시오!"

노인이 두 사람 곁에 와 앉자, 누르 알 딘은 잔에 술을 따르고 노인을 보면서 덧붙였습니다.

"자, 술을 한 잔 맛이라도 보십시오."

"아니오, 나는 알라의 힘을 빌려 금주하고 있소. 13년 동안 한 번도 어긴 적이 없소."

누르 알 딘은 노인이 옆에 있는 것도 잊은 듯이 잔을 비우고는 몹시 취하여 바닥에 쓰러져버렸습니다. 아니스 알 자리스는 노인을 힐끗 보면서 말했습니다.

"이브라힘 영감님, 저이 꼴을 좀 보세요."

"무엇이 걱정이오?"

"주인은 늘 이렇답니다. 이이는 함께 마시다가는 저를 홀로 남겨놓고 혼자 자 버리거든요. 그래서 술친구도 없고 잔을 돌리며 노래를 불러 드릴 상대도 없답니다."

그러자 노인은 알 자리스에게 마음이 끌려 태도가 조금 부드러워졌습니다.

"그것참 안됐구려!"

여자는 잔에 술을 찰찰 넘치게 따라 노인에게 권했습니다.

"소원이니 부디 이 잔을 받아주세요. 울적한 기분을 풀려는 제 청을 물리치지 말아 주세요."

그래서 노인은 손을 뻗어 잔을 받아 마시고 말았습니다. 여자는 곧 두 잔째를 따라 나뭇가지 모양의 촛대 위에 놓고 말했습니다.

"아, 주인님, 아직도 가득 남아 있어요."
"아니오, 이제 더는 마실 수 없소. 이미 충분히 마셨어요."
노인이 소리쳤습니다.
"더 마시지 않으시면 난처해요."
여자가 말하자 노인은 다시 잔을 들고 들이켰습니다. 알 자리스가 세 번째 잔을 채우고 노인이 그것을 마시려 했을 때, 누르 알 딘이 몸을 뒤척이다가 벌떡 일어났습니다.

―여기서 날이 새기 시작하여 샤라자드는 이야기를 그쳤다.

37번째 밤

샤라자드는 이야기를 계속했다.
오, 인자하신 임금님, 누르 알 딘은 벌떡 일어나 이렇게 말했습니다.
"아니, 이브라힘 영감님, 어찌 된 일입니까? 조금 전에 내가 권했을 때는 13년 전부터 술을 끊었다면서 거절하지 않으셨습니까?"
노인은 얼굴이 붉어져서 말했습니다.
"알라께 맹세코, 이건 내 탓이 아니오. 이 색시가 하도 권하기에 그만."
이 말에 누르 알 딘은 웃었습니다.
세 사람은 다시 앉아 술잔을 나누기 시작했습니다. 그러자 여자가 남편 쪽을 돌아보며 속삭였습니다.
"서방님, 당신만 드시고 노인께는 술을 권하지 마세요. 좀 놀려볼 테니까요."
그런 다음 여자는 남편 잔에 술을 따르고 누르 알 딘도 여자 잔에만 술을 따랐습니다. 참다못한 노인은 두 사람을 빤히 쳐다보면서 말했습니다.
"이게 술벗들이 하는 짓인가? 알라시여! 자기들만 잔을 잡고 놓지 않는 주정뱅이들에게 저주를 내리소서! 어째서 나에게는 따라주지 않소? 왜 그러는 거요?"
이 말을 듣자 두 사람은 뒤로 자빠질 만큼 웃어젖혔습니다. 다시 모두 서로 잔을 돌려가며 떠들다 보니 어느새 밤이 3분의 1이나 지나갔습니다. 그때 알 자리스가 말했습니다.
"이브라힘 영감님, 촛불을 하나 켜면 안 될까요?"
"켜시오. 하지만 꼭 하나만 켜야 하오."
여자는 얼른 일어나 하나 켜고 둘 켜서 마침내 초 80개에 모두 불을 켜고 자리에 앉았습니다.
이때 누르 알 딘이 말했습니다.
"영감님, 저 램프에 하나만 불을 켜도 될까요?"
"하나만 켜시오. 이번에는 당신 차례군, 이제 더는 성가시게 하지 말아 주시오."
이번에는 누르 알 딘이 일어나 램프에 차례차례 불을 켜나가 마침내 램프 80개에 모조리 불을 켜자, 누각은 마치 눈부신 불빛에 춤을 추는 듯했습니다. 노인은 완전히 술에 취하여 말했습니다.
"당신네는 나보다 훨씬 대담하군."
그리고 일어서더니 격자창을 모조리 열어젖히고 자리에 돌아왔습니다. 그리고 세 사람은 서로 부어라 마셔라 노래하라 하니 그런 야단법석이 없었습니다.
그런데 모든 일을 정하시고, 모든 인과를 만들어내시는 운명의 신 심판이었겠지요. 마침 그때 교주는 궁전 창가에 기대어 달빛을 맞으면서 티그리스 강을 바라보고 있었는데 강물에 램프와 촛불이 비치는 것을 보고 눈을 들어 보니, 그 빛은 불타는 것처럼 빛나는 환락궁에서 나오고 있었습니다. 교주는 소리쳤습니다.
"바르마크 집안의 자파르를 이리 불러오너라."
이 말이 아직 채 끝나기도 전에 대신이 어전에 나오자 교주는 크게 호통을 쳤습니다.
"이 개 같은 자야! 너는 내게 한마디 말도 없이 이 바그다드를 가로챈 것이냐?"
"무슨 말씀이옵니까?"
"바그다드 시를 내 손에서 빼앗아간 게 아니라면 그림 누각에 램프며 촛불이 빛나고 창문이 열려 있을 리가 없지 않은가. 내가 아직 교주의 지위에 있는데도 이러한 짓을 하는 녀석이 대관절 누구냐? 그대로 두지 않겠다."

대신이 몸을 부들부들 떨며 말했습니다.

"대체 누가 교주님께 그림 누각에 불이 켜지고 창이 열어젖혀져 있다고 말씀드렸습니까?"

"이리 와 보란 말이야."

대신이 교주 앞으로 가서 정원을 바라보니 과연 밤의 어둠을 누비고 불빛이 휘황하게 누각을 밝혔습니다. 아마도 무슨 까닭이 있어 정원지기가 한 짓이려니 생각한 대신은 정원지기 노인을 두둔해 주려고 교주에게 말했습니다.

"오, 충성스러운 자들의 임금님이시여, 지난주 이브라힘 노인이 저에게 말했습니다. '자파르 나리, 실은 교주님과 대신님이 살아계신 동안에 꼭 아들의 할례를 하고 싶습니다.' 그래서 제가 어떻게 하고 싶으냐고 물었더니 교주님 허락을 얻어 그림 누각에서 축하잔치를 베풀고 싶다는 것이었습니다. 그러면 할례식을 치르도록 하게, 내가 교주님을 뵙고 부탁할 테니 하고 대답했는데 제가 돌아가자 그만 잊어버리고 교주님께 말씀드리지 못했습니다."

"오, 자파르, 그대는 나에게 두 가지 죄를 범하고 있다. 첫째는 나에게 그 말을 전하지 않았다는 것, 둘째는 정원지기의 소원을 들어주지 않았다는 것이다. 왜냐하면 그 노인은 준비자금이 필요해서 그런 말을 했을 것인데 그대는 아무것도 주지 않았고 나에게 말도 하지 않았어."

"오, 교주님, 저는 까맣게 잊고 있었습니다."

"그런 줄 알았으니 아무래도 내가 오늘 밤 꼭 참석해 줘야겠군. 그 노인은 지극히 신앙심이 두터워서 장로와 탁발승들은 물론이고 여러 고행자들을 찾아보고 대접도 하곤 하지. 지금쯤 모두 모였겠구나. 그 가운데 누구든 한 사람이라도 나를 위해 빌어준다면 이승에서나 저승에서 복을 받게 될 거다. 그리고 우리가 얼굴을 보이면 이브라힘도 낯이 설 것이니 여간 기뻐하지 않을 거야."

"충성스러운 자들의 임금님이시여, 이제 밤이 깊었습니다. 이 시각에는 아마 그 사람들도 자리를 뜨기 시작할 겁니다."

"그건 상관없어. 아무래도 난 가봐야겠다."

자파르는 난처해서 어떻게 해야 좋을지 몰라 우두커니 서 있었습니다. 교주는 일어나 자파르와 환관인 검사(劍士) 마스룰을 거느리고, 세 사람 모두 상인으로 변장하여 궁전을 나섰습니다. 이 거리 저 거리를 지나 그 정원에 이르자 문이 활짝 열려 있었으므로 교주는 깜짝 놀라서 말했습니다.

"이게 웬일이야? 자파르, 저 늙은이가 전에 없이 이 밤중에 문을 열어놓다니!"

모두 문 안으로 들어가 그림 누각 아래까지 이르자 교주는 말했습니다.

"자파르, 나는 여러 사람 앞으로 나가기 전에 무엇들을 하고 있는지 가만히 들여다보고 싶구나. 장로들 모습도 보고 싶고. 바스락거리는 소리는커녕 탁발승이 알라의 이름을 부르는*39 소리조차 없지 않은가."

교주는 주위를 둘러보고 높다란 호두나무가 눈에 띄자 자파르에게 말했습니다.

"이 나무에 올라가 보자. 가지가 격자창 가까이 뻗었으니 안의 광경이 보이겠지."

교주는 나무에 기어올라 가지에서 가지로 건너가 창 바로 앞에 있는 가지에 이르렀습니다. 그리하여 그곳에 걸터앉아 누각 안을 들여다보았더니, 방 안에는 달덩이 같은 미녀와 젊은이가 앉아 있고(이 두 사람을 만드신 신께 영광 있으라!) 그 옆에 이브라힘 노인이 술잔을 손에 들고 이런 말을 하고 있지 않겠습니까.

"이보시오, 아름다운 공주님, 노래 없는 술은 재미가 없소. 시인이 이런 노래를 읊은 것을 들은 적이 있지."

    돌리시라, 크고 작은 술잔,
    빛나는 달 같은 동자(童子)를 불러와
    술을 따르게 하는 것도 좋으리라.
    그러나 그대의 노래 없이 무슨 술이랴.
    나는 보았노라, 휘파람 불면
    말까지도 즐겨 마시는 것을.

그 광경을 본 교주는 분노로 이마에 핏대를 세우면서 나무에서 내려와 대신에게 말했습니다.

"여보게, 자파르, 나는 여태까지 저 경건한 사람이 저런 꼴을 하는 것은 한 번도 본 적이 없어. 자네도 이 나무에 올라가 들여다봐. 신의 축복이고 쥐뿔이고 다 어디 있어."

교주의 말을 듣고 대신이 가슴이 덜컥하여 나무에 올라가 보니, 정말 누르 알 딘과 여자가 노인을 둘러싸고 철철 넘치는 술잔을 손에 들고 있었습니다. 그 광경을 본 대신은 이제 죽음을 면치 못 하겠구나 각오하고 나무에서 내려와 교주 앞에 섰습니다. 그러자 교주가 말했습니다.

"자파르여, 우리를 성법(聖法) 의식을 지키는 사람들 수효 속에 넣으시고 위선자처럼 자기를 속이는 죄에서 구해 주시는 알라를 칭송하세."

대신은 그저 마음이 조마조마하여 한 마디도 대꾸할 수 없었습니다. 교주는 대신을 보고 다시 말했습니다.

"그런데 저 두 사람은 어떻게 여기에 들어왔을까? 누가 내 누각에 들어와도 된다고 허락했을까? 그건 그렇고 저 젊은 남녀만큼 아름다운 사람은 일찍이 보지 못했는걸!"

"참으로 지당하신 말씀입니다, 임금님!"

자파르가 교주의 노여움이 풀리기를 바라고 그렇게 대답하자 교주가 말했습니다.

"여보게, 자파르, 함께 창가의 나무에 올라가서 저 두 사람을 바라보면서 즐기자꾸나."

두 사람이 나무에 올라가 안을 들여다보니 노인이 말했습니다.

"그런데 부인, 나는 술에 취해 이젠 맥을 못 추겠소. 멋진 비파소리라도 듣지 않고서야 어디 재미가 있겠소?"

"정말이에요, 영감님, 무슨 악기라도 있으면 무척 즐거울 텐데."

이 말을 듣고 노인은 곧바로 일어섰습니다. 교주는 대신에게 말했습니다.

"노인이 어쩔 셈일까?"

"글쎄올시다."

이윽고 노인이 나갔다가 곧 비파를 가지고 들어왔습니다. 보아하니 그것은 교주의 술벗 아부 이샤크[40]의 비파가 아니겠습니까?

"만일 저 여자가 노래를 못 부르면 저 세 사람을 모두 죽여 버리겠다. 그러나 만일 잘 부르면 세 사람을 용서해 주고 그대만 목 졸라 죽이리라."

대신은 빌었습니다.
"알라여, 제발 저 여자가 노래를 못 부르게 해 주소서!"
"어째서 그런 말을 하느냐."
"여럿이 함께 가면 길동무가 있으니 외롭지는 않을 것 아닙니까?"
이 말을 듣고 교주는 웃음을 터뜨렸습니다.
이윽고 여자가 비파를 들고 가락을 맞추더니 뜯기 시작했습니다. 그 애틋한 소리는 들으면 누구라도 마음이 설레지 않을 수 없을 듯했습니다. 여자는 가락에 맞추어 노래를 부르기 시작했습니다.

그리운 그대여, 나에게 힘을 주는 그대여.
그대 그리워 애태우는 이 마음
편히 쉴 틈도 없노라.
그대 나를 아껴주는 까닭에
이 보답 내가 받음이 마땅하다 할지라도
당신밖에 의지할 곳 없네, 측은히 여기시라.
몸도 약하고 지체도 천하니
이 몸바치고 순종하여
만사에 배반하지 않으리.
그대 손에 죽는다 해도 이 몸
조금도 거리끼지 않지만
야속한 처사에 이 목숨
스러지는 것이 두려워라.

"정말 훌륭하군, 자파르. 이처럼 오묘한 목소리는 태어나서 처음 듣는다."
"그럼, 교주님의 노여움도 풀리셨겠지요?"
"음, 다 풀렸어."
두 사람은 나무에서 내려왔습니다.
"나도 안에 들어가 저 사람들과 함께 저 여자의 노래를 듣고 싶다."
"오, 충성스러운 자들의 임금님이시여, 만일 임금님께서 안에 들어가시면 모두 몹시 당황할 것입니다. 더구나 이브라힘 노인은 놀란 나머지 죽어 버릴

지도 모릅니다."

"그럼, 자파르, 무슨 궁리를 해서 저들의 눈을 속일 방법이 없을까? 그러면 내 신분을 들키지 않고 저 속에 끼어들 수 있을 텐데."

두 사람이 이 궁리 저 궁리 하면서 티그리스 강 쪽으로 걸어가노라니, 한 어부가 누각 창문 밑에서 물고기를 잡는 것이 눈에 띄었습니다. 전에 교주는 누각에 있을 때 이브라힘 노인을 불러 물은 적이 있었습니다.

"창 아래 들리는 저 시끄러운 소리는 무엇인고?"

그때 이브라힘 노인은 대답했습니다.

"저것은 물고기를 잡는 어부들의 소리입니다."

"내려가서 여기 들어오면 안 된다고 일러라."

이렇게 하여 그 일을 금한 적이 있었습니다. 그런데 그날 밤 그곳을 지나가던 카림이라는 어부가 정원 문이 열려 있는 것을 보고 혼잣말을 했습니다.

"아마 깜박 잊고 문을 안 닫은 모양이군. 마침 잘 됐다. 이 틈에 그물이나 한 번 쳐야지."

그래서 그물을 가지고 와 물고기를 잡기 시작한 것입니다. 마침 그때 교주가 혼자 다가와 바로 옆에 섰습니다. 그리고 상대가 누구인지 알아채고 큰 소리로 불렀습니다.

"여봐라, 카림!"

어부는 누가 자기 이름을 부르는지라 돌아보니 그곳에 교주가 서 있으므로 부들부들 떨면서 외쳤습니다.

"오, 교주님, 저는 결코 법도를 무시하려 한 것이 아닙니다. 가난한 데다 가족들이 많다 보니 그만 이런 짓을 저질렀습니다!"

교주가 말했습니다.

"좋다, 나를 대신해 그물을 쳐라!"

이 말을 들은 어부는 매우 기뻐하며 강기슭으로 가서 그물을 쳤습니다. 그물이 펼쳐져 가라앉기를 기다렸다가 끌어올려 보니 그 속에 온갖 물고기가 걸려 있었습니다. 교주는 만족해하며 말했습니다.

"카림, 옷을 벗어라."

어부가 누덕누덕 기워 이가 들끓는 초라한 모직 윗옷을 벗고 3년째 풀어 본 적이 없는 누더기 터번을 벗자, 교주도 알렉산드리아 비단과 바르바크 비단으로 지은 속옷 두 벌과 통 넓은 아랫도리와 소매 긴 외투를 벗어 어부에게 주었습니다.

"자, 이것을 네가 입어라."

그리고 자기는 어부의 너절한 저고리를 입고 더러운 두건을 쓴 다음, 그 한쪽 끝을 입가리개*41로 하여 얼굴을 숨겼습니다.

"이제 돌아가거라!"

카림은 교주 발에 입을 맞추고 감사의 뜻으로 그 자리에서 다음과 같은 시를 읊었습니다.

  임금께서 은혜를 베푸셨네,
  나의 소원보다 더 큰 은혜를.
  임은 채워주셨네,
  나의 처량한 가난을.
  내 목숨 다하도록 감사를 바치고
  무덤에 들어간 뒤에도
  나의 뼈는 임을 칭송하리라.

어부가 노래를 마칠까 말까 할 무렵 교주 몸에 이가 기어다니기 시작했습니다. 그는 두 손으로 목덜미에서 이를 잡아 내던졌습니다.

"여봐라, 어부, 이게 웬일이냐! 네 옷에는 왜 이리 이가 많으냐?"

"오, 교주님, 처음에는 성가시지만 한 주일만 지나면 익숙해져서 아무렇지도 않게 됩니다."

교주는 웃으면서 말했습니다.

"바보 같은 소리! 내가 이 옷을 그토록 오랫동안 입고 있을 줄 아느냐?"

"한마디 말씀드리고 싶습니다, 교주님 앞에서는 부끄럽습니다마는."

"하고 싶은 말이 있으면 무엇이든 말해 봐라."

"충성스러운 자들의 임금님이시여, 문득 생각났는데 임금님께서 이 고기잡이를 배우셔서 그것으로 생활하실 생각이시라면 아마 제 옷이 아주 잘 어울리실 겁니다."*42

이 말을 듣고 교주는 웃음을 터뜨렸고 어부는 그대로 돌아갔습니다.

교주는 물고기 망태를 지고 그 위에 파란 풀을 조금 덮은 다음 자파르에게 갔습니다.

대신은 교주를 어부 카림인 줄 알고 상대의 몸을 걱정하며 말했습니다.

"아, 카림, 어쩌자고 여길 왔느냐? 뭘 가지고 왔지? 빨리 달아나. 오늘 밤은 교주님이 오셨다. 들키기라도 해봐, 네 목은 당장 달아날 테니."

이 말을 듣고 교주가 웃음을 터뜨렸으므로 그제야 대신은 알아차리고 물었습니다.

"오, 교주님이십니까?"

"그래, 자파르, 넌 나의 대신이고 나와 함께 여기 왔는데도 나를 알아보지 못했지. 하물며 취한 이브라힘 영감이 어떻게 나를 알아보겠느냐? 내가 돌아올 때까지 여기서 기다려다오."

"알았습니다."

교주는 누각 문 앞에 가서 조용히 문을 두들겼습니다. 그 소리를 들은 누르 알 딘이 말했습니다.

"이브라힘 영감님, 누가 문을 두드리고 있군요."

"누굴까?"

노인이 묻자 교주가 대답했습니다.

"나요, 이브라힘 노인."

"내가 누구요?"

"어부 카림이오. 술자리를 벌였다기에 물고기를 조금 가져왔소. 썩 좋은 생선이오."

물고기라는 말을 듣고 누르 알 딘은 매우 기뻐하며 여자와 함께 입을 모아 말했습니다.

"영감님, 문을 열어 물고기를 이리 가져오게 합시다."

그래서 이브라힘 노인이 문을 열자 어부로 변장한 교주가 들어가 그들에게 인사를 했습니다.

"잘 왔네, 이 악당에 도둑에 투정꾼 놈아! 어디 그 물고기 좀 보자."

교주가 물고기를 꺼내 보이자 싱싱하게 펄떡펄떡 뛰는 물고기를 본 여자가 소리쳤습니다.

"어머나, 서방님, 참 좋은 물고기네요. 기름에 튀기면 좋겠어요."

"그러면 좋겠군요."
이브라힘 노인도 이렇게 말하고는 교주에게 말했습니다.
"여봐라, 어부, 요리해 가지고 와."
"예, 알았습니다. 곧 한 접시 튀겨 오지요."
"정성을 들여서 맛있게 해야 하네."
교주는 밖으로 나가 대신에게 달려가 말했습니다.
"여보게, 자파르."
"예, 충성스러운 자들의 임금님, 잘 됐습니까?"
"물고기를 튀겨 오라는군."
"그럼, 그 물고기를 저에게 주십시오. 튀겨 드리겠습니다."
"나는 선조의 명예를 걸고라도 내 손으로 튀기겠다. 누구에게도 시키지 않겠어!"

교주가 정원지기의 집에 가서 부엌을 온통 뒤져 소금과 사프란, 마요라나, 그 밖에 필요한 것들을 준비했습니다. 그리고 화덕에 튀김 냄비를 걸어놓고 꽤 고급스러운 생선튀김을 만들었습니다. 그것을 바나나 잎사귀에 담은 뒤, 뜰에서 바람에 떨어진 보리수 열매와 레몬 같은 것을 주워 함께 누각으로 가져가 그들 앞에 내놓았습니다.

젊은이 한 쌍과 이브라힘 노인은 함께 맛있게 먹고 손을 씻은 다음, 누르 알 딘이 교주에게 말했습니다.
"오, 어부 양반, 오늘 밤 정말 좋은 일을 해 주었소."
그러고는 지갑에 손을 넣어 시종한테서 받은 금화 가운데에서 3닢을 꺼내 교주에게 주었습니다.
"어부 양반, 이것으로 봐주시오. 내가 이런 형편이 되기 전에 당신을 알았다면 당신의 가난과 괴로움을 깨끗이 씻어줄 수 있었을 텐데. 하지만 지금은 겨우 이것밖에 주지 못하는 신세가 되었소."

이렇게 말하며 누르 알 딘이 금화를 던져주자 교주는 그것을 주워 입을 맞춘 다음 지갑에 넣었습니다. 그런데 교주가 이런 짓을 하는 목적은 오직 여자의 노래를 듣기 위한 것이었으므로 그는 누르 알 딘에게 이렇게 말했습니다.
"이렇게 많이 주셔서 감사합니다. 그런데 또 한 가지 청이 있습니다. 이 부인의 노래를 한 곡 들려주실 수 없을까요."

이 말을 듣고 누르 알 딘은 여자에게 말했습니다.

"아니스 알 자리스, 이 어부 양반을 위해 노래를 하나 불러줘. 당신 노래가 몹시 듣고 싶다는군."

여자는 비파를 집어들어 줄을 고르면서 사람들 앞에서 다음과 같은 즉흥시를 노래했습니다.

어린 사슴 같은 처녀가 비파를 들고
노래하면 모두 피 끓고 마음은 춤추네.
귀머거리도 귀 기울이며,
잘한다, 잘한다!
벙어리도 소리 외치네.
얼씨구, 절씨구!

듣는 사람을 황홀경에 빠뜨리는 비파를 뜯으며 여자는 한 번 더 다음과 같은 노래를 불렀습니다.

영광스러워라, 그대 이 나라를 방문하니,
그대의 빛은 어둠을 찬연히 비추네.
그대 위해 내 집에 향을 사르고
장미수와 사향과 장뇌(樟腦) 피우리.

이 노래를 듣고 교주는 몹시 흥분하여 격렬하게 타오르는 감정을 누를 길 없어 자기도 모르게 연거푸 소리쳤습니다.

"참으로 잘한다! 정말 잘한다! 정말 기막히는군."

누르 알 딘이 교주에게 물었습니다.

"어부 양반, 이 여자가 그토록 마음에 드셨소?"

"예, 마음에 들고말고요."

"그럼, 이 여자를 당신께 드리겠소. 나는 한번 준 것을 나중에 후회하거나 도로 찾아오는 짓은 절대로 하지 않소. 자, 인심이 후한 남자의 선물이니 받으시오!"

누르 알 딘은 벌떡 일어나 자신의 헐렁한 옷을 벗어 어부에게 던져주고는 여자를 데려가라고 말했습니다.

그러자 여자는 누르 알 딘을 바라보며 말했습니다.

"서방님, 이별 인사도 없이 가버리시렵니까? 그것도 할 수 없는 일이라면 잠깐만 기다려 주세요. 작별의 말이며 내 가슴속에 있는 말을 털어놓을 테니까요."

그러고는 이런 노래를 지어 부르기 시작했습니다.

> 사랑에 애태우며 뉘우치고 있을 때
> 병들 징조를 임께 보이지 않았던가.
> 연인이여, 말하지 마시라 "곧 낫겠지" 하고.
> 말로는 낫지 않는 나의 이 시름
> 살아 있는 이 눈물 속에 헤엄칠 수 있다면,
> 헤엄쳐 건너리라, 이 눈물.
> 아, 임은 술에 섞이는 물과 같아
> 내 가슴에 그대 사랑 스며들건만.
> 두려워 힘에 겨운 이 이별!
> 아, 마음속 깊은 곳에 깃들인 그대!
> 아, 나의 소망 그리운 빈 하칸!
> 아, 이 가슴 바친 나의 임이여!
> 임금님을 거역하고 타국 땅을
> 떠도는 것도 이 몸 때문.
> 그대여, 후회하지 마시라
> 남자 중의 남자(카림*43)에게 나 넘겨주고.

여자가 노래를 끝나자 누르 알 딘은 이런 노래로 답했습니다.

> 가련하다, 그대는 작별을 고하면서
> 쓰라림에 몸부림쳐 흐느껴 우네.

"내가 가면 그대는 어이하리?"
"목숨 있는 몸에 물어보시라."

교주는 여자의 노래 속에서 '남자 중의 남자에게 나 넘겨주고'라는 구절을 듣고 여자에게 더욱더 마음이 끌렸지만, 이 두 사람 사이를 떼어놓기는 매우 어려운 일이기도 하고 애처롭기도 했습니다. 그래서 젊은이에게 말했습니다.
"나리, 이분이 노래 속에서 말했듯이 당신은 정말 이분의 주인인 이 여자의 소유자를 배반하셨습니까? 당신이 배반한 상대는 누구입니까? 누가 당신에게 원한을 품고 있습니까?"
"어부 양반, 사실 우리에게 참으로 이상한 운명이 닥쳐왔습니다. 바늘로 눈 귀퉁이에 새겨두면 교훈이 필요한 자에게 좋은 훈계가 될 것이오."
"당신 신상에 어떤 일이 일어났는지 자세히 들려주지 않겠습니까? 알라의 구원은 언제나 가까이 있는 법이니 어쩌면 당신 마음도 편해질지 모르잖소?"
"어부 양반, 그럼 들려 드리리다. 노래로 하는 게 좋겠소, 이야기로 하는 게 좋겠소?"
교주는 대답했습니다.
"이야기는 지루하지만, 시는 실에 꿴 진주 같지요."
그래서 누르 알 딘은 고개를 숙이고 이런 노래를 읊었습니다.

벗이여, 이 몸엔 휴식도 없이
먼 타국에서 슬픔에 잠기네.
나에게도 상냥한 아버지 계셨네.
그러나 애석히도 돌아가셨지.
아버지 떠나시자 행복도 가고
마음은 상처입고 쇠약해졌네.
살랑대는 버들가지 무색할 만한
아버지가 주신 처녀 내게 있었네.
처녀에게 써버렸네 나의 온 재산

물처럼 귀족답게 아낌없이,
부득이 처녀를 팔게 됐을 때
이별은 쓰리고 가슴 아팠네.
처녀를 경매에 부쳐 헐값 부르는
세상에도 무도한 늙은이 있어
나는 노여움에 미쳐 날뛰며
처녀를 내 손에 도로 찾았네.
늙은이 성나서 내게 덤비고
부하 놈들 우르르 덤벼 왔지만
나는 격분하여 주먹 휘둘러
사정없이 그 늙은이 때려눕히고서
원수의 함정 벗어나고자
집으로 달아나 몸을 숨겼네.
임금은 명했네, 나의 체포를
때마침 찾아온 착한 하인이
"한시바삐 이 도성을 벗어나시어
원수들 앞질러 달아나시라."
어둠을 틈타 도망쳐와
몸을 숨긴 곳이 바그다드라.
돈 대신 드리는 고운 이 처녀
비록 처녀와 이별하여도
나는 주리라, 이 붉은 피를.*44

이 시가 끝났을 때 교주는 말했습니다.
"누르 알 딘 님, 당신의 신상 이야기를 좀더 자세히 들려주십시오."
그리하여 누르 알 딘은 그동안 겪은 일을 이야기했습니다. 그러자 교주가 물었습니다.
"이제부터 어디로 가시려우?"
"알라의 세상은 넓으니까요."
"그러면 제가 마호메트 빈 슬라이만 알 자이니 왕께 편지를 써드리지요.

그것을 읽으시면 왕은 결코 당신에게 해롭게 하지 않을 것이오."

―여기서 날이 새기 시작한 것을 깨닫고 샤라자드는 이야기를 그쳤다.

38번째 밤

오, 인자하신 임금님, 들어보십시오, 샤라자드는 이야기를 계속했다. 어부 차림을 한 교주가 슬라이만 왕 앞으로 편지를 써준다고 하자 누르 알 딘은 깜짝 놀라 물었습니다.
"뭐라고요? 어부가 임금님께 편지를 쓰다니, 그런 일이 어디 있단 말이오?"
"당신의 말은 지당합니다. 그럼, 그 이유를 이야기하지요. 나와 그 임금님은 같은 학교 같은 선생님 밑에서 공부했는데 내가 반장이었소. 그 뒤 그 사람은 운이 좋아 왕이 되고 나는 알라의 뜻으로 한낱 어부 신세가 되고 말았지요. 하지만 내 부탁이라면 뭐든지 들어주십니다. 날마다 1천 가지 청을 해도 아마 거절하지 않을 것이오."
"그렇다면, 잘 됐군요. 내가 임금님을 만날 수 있도록 편지를 써주시겠습니까?"
교주는 먹통과 갈대 붓을 잡고 이렇게 썼습니다.
"자비롭고 인자하신 알라의 이름으로 한마디 쓰노라. 이 편지는 알 마디의 아들 하룬 알 라시드가 그의 혜택을 받고 그 영토 일부에서 부왕이 된 자 무함마드 빈 슬라이만 알 자이니에게 보내는 글이로다. 이 편지를 지참한 자는 대신 파즈르 빈 하칸의 아들 누르 알 딘 알리라는 자이니, 이 편지를 받는 즉시 왕위에서 물러나 이자에게 왕위를 내주라. 맹세코 내 명령을 거역치 말지어다. 그러면 평안은 그대와 더불어 있을지니라."
교주에게서 편지를 받은 누르 알 딘은 이것에 입을 맞추고 두건 속에 집어 넣은 다음 곧 길을 떠났습니다. 한편 이브라힘 노인은 어부 차림의 교주를 노려보면서 말했습니다.
"이 악당 놈 같으니! 네놈은 동전 20닢어치밖에 안 되는 물고기 두 마리를 가지고 와서 금화 3닢이나 받고 여자까지 데려갈 셈이냐?"
 이 말을 듣고 교주가 어디선가 슬그머니 나타난 마스룰에게 눈짓하자 마스룰은 노인에게 덤벼들었습니다.
 이보다 앞서 자파르는 정원지기 젊은이를 왕궁 문지기에게 보내 임금님의 옷을 한 벌 가져오게 했습니다. 그것을 가지고 온 정원지기는 교주 앞에 엎드려 바쳤습니다. 교주는 곧 입고 있던 옷을 벗고 임금님 옷을 입었습니다. 이브라힘 노인은 그대로 의자에 앉아 있었는데 교주는 어떻게 되어 가는지 보려고 가만히 지켜보았습니다. 어부가 교주로 바뀐 것을 본 노인은 깜짝 놀라 손가락을 깨물면서 *45 중얼거렸습니다.
 "내가 대관절 잠들어 있는 것일까? 아니면 깨어 있는 것일까?"
 교주는 마침내 상대를 쏘아보며 소리쳤습니다.
 "여봐라, 이브라힘 영감! 영감의 그 꼴이 대체 뭔가?"
 이 말에 이브라힘은 순식간에 술이 깨어 땅바닥에 몸을 던지고는 이런 노래를 불렀습니다.

　　바라옵건대 용서하소서.
　　제가 밟아온 죄 많은 길을.
　　임의 마음 인자하시니
　　종들은 모두 용서받으리.
　　참회는 모든 죄를 갚는다 하니
　　알라도 버리시지 않으리.*46

 교주는 노인을 용서해 주고 여자를 왕궁으로 데려가도록 명령했습니다. 그리고 왕궁에는 여자를 위해 특별히 방 하나를 마련해 주고 가까이 시중드는 노예까지 정해 주었습니다. 교주는 여자에게 말했습니다.
 "그대 주인은 바소라의 국왕으로 삼기 위해 보냈으니, 전능하신 알라의 뜻에 맞는다면 즉위식에 입을 예복과 함께 그대도 보내줄 생각이다."
 한편 누르 알 딘은 여행을 계속하여 마침내 바소라에 이르렀습니다. 곧 왕궁으로 가서 큰 소리로 외쳐 불렀습니다.*47 그 소리를 들고 왕이 맞으러 나왔습니다. 누르 알 딘은 왕 앞에 두 손을 짚고 엎드린 뒤 편지를 꺼내 바쳤습니다. 왕은 충성스러운 자들의 지배자가 쓴 친필을 보더니 벌떡 일어나 세 번 친서에 입을 맞추고 다 읽고 난 다음 말했습니다.

"전능하신 알라와 충성스러운 자들의 임금님 명을 삼가 받들겠나이다."

왕은 판관 네 명과 태수들을 불러놓고 왕위에서 물러나려 했습니다. 마침 그때 알 무인 빈 사위가 들어왔습니다. 왕이 교주의 편지를 보여주자 그는 읽은 다음 박박 찢어서 입속에 넣고 씹은*48 뒤 뱉어냈습니다.

왕은 굉장히 화가 나서 말했습니다.

"이 괘씸한 놈 같으니, 어째서 그런 짓을 하느냐!"

알 무인은 대답했습니다.

"당신의 생명에 걸고, 오, 임금님. 이자는 결코 교주도 대신도 만난 것이 아닙니다. 이놈은 악당이고 악마의 앞잡이인 데다가 건달 놈이라 교주께서 쓰신 무슨 낙서 같은 게 손에 들어오자 그것을 악용한 걸 겁니다. 교주님이시라면 틀림없이 옥서(玉書)*49나 서임장(敍任狀) 같은 것을 보내시어 왕위를 거두실 것입니다. 또 시종이나 대신을 함께 파견하셨겠지요. 그런데 이자는 혼자 왔습니다. 결코 교주께서 파견하신 것이 아닐 겁니다. 새빨간 거짓말임이 틀림없습니다."

"그럼, 어떻게 하면 좋은가?"

"저에게 모든 걸 맡겨주십시오. 저는 이놈을 임금님 앞에서 물리치고서 시종에게 맡겨 바그다드로 보내겠습니다. 이놈의 말이 사실이라면 친서와 서임장을 가지고 돌아오겠지요. 그렇지 않을 때는 호되게 대가를 치르도록 하겠습니다."

"그럼, 이자를 데리고 물러가도록 하라."

대신은 왕에게서 누르 알 딘을 넘겨받아 집으로 끌고 돌아갔습니다. 그리고 시종들을 시켜 누르 알 딘을 바닥에 쓰러뜨린 채 마구 두들겨 패서 마침내 기절시키고 말았습니다. 그러고는 다리에 무거운 차꼬를 채워 옥으로 끌고 가서 쿠타이트라는 옥지기를 불러냈습니다. 옥지기가 나와 엎드리자 대신은 명령했습니다.

"여봐라, 쿠타이트, 이놈을 지하 감옥에 가두고 밤낮없이 고문하도록 해라."

"분부대로 하겠습니다."

옥지기는 누르 알 딘을 옥에 가두고 쇠를 채운 다음, 안에 있는 걸상을 청소하고 깔개와 가죽을 깔아 누르 알 딘을 앉히고서 차꼬를 늦추는 등 친절히 돌보아주었습니다. 대신은 거의 날마다 옥지기에게 사람을 보내 누르 알 딘을 때리라고 명령했지만 옥지기는 그 분부를 지키지 않았습니다.

이리하여 40일이란 날짜가 지나고 41일째가 되자 교주한테서 선물이 왔습니다. 왕은 그것을 보고 크게 기뻐하며 어떻게 하면 좋을지 중신들과 의논했습니다.

그러자 한 대신이 말했습니다.

"이것은 어쩌면 새 임금님에게 온 선물인지도 모릅니다."

이 말을 듣자 알 무인이 외쳤습니다.

"그놈이 왔을 때 즉시 죽여 버렸더라면 아무 일도 없었을 것을!"

그러자 왕은 큰 소리로 외쳤습니다.

"오, 내가 그놈의 일을 까맣게 잊고 있었구나. 옥에 가서 끌고 오너라. 내가 목을 베겠다."

"알았습니다."

알 무인은 대답하고 일어나 말했습니다.

"곧 온 장안에 누르 알 딘 빈 파즈르 빈 하칸의 목을 벨 터이니 구경하고 싶은 자는 궁으로 오라는 포고를 내리도록 하겠습니다. 그렇게 하면 귀천을 막론하고 구경꾼들이 모여들 것입니다. 그러면 제 직성도 풀리고 원수도 갚게 되는 셈입니다."

"그대 좋을 대로 하라."

대신은 춤출 듯이 기뻐하며 물러나와 경비대장에게 곧 포고를 내리게 했습니다. 이 포고령이 전해지자 학교에 다니는 어린아이들부터 가게에서 일하는 상인들에 이르기까지 모두 슬퍼하며 울었습니다. 또 처형을 구경하려고 서로 자리다툼 하는 사람도 있고 함께 누르 알 딘을 호송하려고 옥으로 가는 사람들도 있었습니다.

이윽고 대신이 백인 노예병사 10명을 데리고 옥으로 가니 옥지기 쿠타이트가 물었습니다.

"대신님, 누구에게 볼일이 있으십니까?"

"저 극악무도한 놈을 끌어내라."

"그놈은 제 매질을 견디지 못해 알아보기 어려울 정도로 쇠약해졌습니다."
옥지기가 안에 들어가니 누르 알 딘은 이런 노래를 읊조리고 있었습니다.

시름은 가시지 않고 더해만 가는데
역경에 놓인 이 몸 구할 자 그 누구냐.
쓰라린 방랑에 몸은 지치고
마음의 벗조차 원수가 되었구나.
오, 사람들이여, 그대들 가운데
이 슬픔 더불어 우는 이 없구나.
삶의 기쁨 잃은 지금
죽음의 고민 또한 가벼워
아, 무스타파여,*50 지혜의 바다
모든 것을 아시는 수호자, 중재자
나의 속박을 끌러 허물 용서하시고
나의 재앙과 슬픔 물리치소서.

옥지기는 누르 알 딘에게 입혀주었던 깨끗한 옷을 벗기고 때 묻은 옷 두 벌을 두르게 한 다음 대신 앞으로 데리고 갔습니다. 대신을 보자 누르 알 딘은 전부터 자신의 죽음을 노리는 원수임을 알았습니다. 누르 알 딘은 눈물을 흘리며 말했습니다.
"당신은 이런 무도한 짓을 하고도 마음이 편하시오? 시인이 이렇게 말한 것을 들은 적이 없습니까?"

그 옛날 제왕들이 쌓았던 재물
지금 어디로 갔나?
그들 어디로 갔나?

누르 알 딘은 다시 말을 이었습니다.
"대신이여, 알라(신을 칭송할지어다!)는 모든 것을 뜻대로 하십니다."
이 말에 대신은 비웃듯이 대답했습니다.

"흥! 알라, 네놈이 그따위 말로 나를 위협할 작정이냐? 오늘만큼은 바소라의 백성이 아무리 떠들어대도 네놈의 목을 베고야 말 테다. 나중 일이야 어떻게 되든 그건 세월에 맡길 뿐이다. 네놈의 충고보다는 시인의 말이 더 마음에 들어."

저주도 재앙도 세월에 맡기고
강한 사람 되어 불운에 맞서라.

"그리고 이런 훌륭한 문구도 있지."

원수의 멸망을 볼 수 있다면
언제까지고 살아남아
비장한 소원을 이루리.

대신은 시종들에게 안장 없는 노새에 누르 알 딘을 태우도록 명령했습니다. 그러나(이 명령이 너무나 지나쳤기 때문에) 모두 젊은이를 보고 말했습니다.
"저 대신을 돌로 때려죽입시다. 우리가 죽는 건 두렵지 않습니다!"
그러나 누르 알 딘은 그들에게 말했습니다.
"그런 짓을 하면 안 되오. 당신네는 시인이 이렇게 노래한 것도 듣지 못했소?"

숙명은 참으며 견디어야 한다.
정해진 날이 오면 죽어야 하는 법,
비록 이 몸이 사자에게 물려
숲 속 굴로 끌려간대도
죽음의 그날이 올 때까지
이 몸은 무사히 살아야 한다.

사람들은 누르 알 딘 앞에 서서 나아갔습니다.

"이것은 문서 위조로 왕을 기만한 자에 대한 형벌 가운데 가장 가벼운 벌이다."

온 바소라 안을 누비고 다닌 뒤 이윽고 왕궁의 창 아래로 끌어내 피받이 깔개 위에 앉혔습니다. 그러자 망나니가 다가와 말했습니다.

"나는 다만 명령대로 움직이는 한낱 노예에 지나지 않지만, 만일 당신이 바라는 게 있다면 말해 주십시오. 내가 반드시 들어 드릴 테니까요. 이제 당신 목숨은 바람 앞의 등불이라, 임금님이 격자창에서 얼굴을 내미시면 그것으로 끝입니다."

누르 알 딘은 양옆을 번갈아 바라보면서 그 자리에서 이런 노래를 읊조렸습니다.

나를 기다리는 눈앞의
칼, 피받이 깔개, 망나니
나는 외치노라, 가련하게
아, 나의 비운, 나의 불행!
어인 까닭인가, 연민의
눈을 지닌 친구 없음은?
뭐, 친구가 없다고? 부르짖어도
대답하는 이 없는가?
내 명운이 다하려는 지금
죽을 때가 시시각각 다가오건만
신은 은혜를 바라며
나에게 자비를 베푸는 자 아무도 없네!
나를 가엾이 여겨, 암흑의
실의를 물리쳐줄 자 없는가?
마지막 고뇌 덜어주기 위해
물 한 모금 주는 이 없는가?

사람들은 누르 알 딘의 처지를 생각하고 눈물을 뿌렸습니다. 망나니가 일어나 물 한 그릇을 가져다주려 하자 대신이 자리에서 달려나와 물그릇을 던져 깨버렸습니다. 그리고 망나니에게 어서 목을 치라고 큰 소리로 명령했습니다. 망나니는 가엾은 젊은이의 눈을 가렸습니다. 사람들 사이에서 대신을 향해 욕하며 울부짖는 소리가 일어나더니 그 불만의 소리는 갈수록 커졌습니다.

바로 그때였습니다. 자욱한 모래먼지가 들판과 하늘 가득히 일었습니다. 궁전에 있던 왕은 이 광경을 보고 측근에게 명령했습니다.

"저 모래먼지와 함께 누가 오고 있는지 알아보고 오너라."

대신이 말했습니다.

"그것은 이놈의 목을 벤 다음에 하십시오."

"무슨 일인지 알 때까지 기다려라!"

그런데 이 흙먼지를 일으킨 것은 교주의 대신인 바르마크 집안의 자파르와 그 군사였습니다. 자파르가 군사를 거느리고 여기 온 까닭은 이러합니다. 30일 동안 교주는 누르 알 딘에 대해서는 까맣게 잊고 있었고, 그 일에 대해 얘기해 주는 사람도 아무도 없었습니다.[*51] 어느 날 밤 교주가 군사를 거느리고 자리스의 방 앞을 지나가는데, 그녀가 흐느껴 울며 고운 목소리로 부르는 노랫소리가 들려왔습니다.

멀리 있든 가까이 있든
내 마음속에 있는 그대 모습
언제나 부르는 내 목소리 그대 귀에 들리리
안 들릴 리 없으리라, 그대 이름이니.

그리고 흐느껴 우는 소리가 한층 더 높아졌습니다. 교주가 문을 열고 안으로 들어가 보니 아니스 알 자리스가 눈이 붓도록 울고 있었습니다. 교주를 본 자리스는 바닥에 엎드려 교주 발에 세 번 입맞추고 이런 시를 읊었습니다.

아, 풍요한 뿌리여, 고귀한 줄기여
깨끗한 핏줄의, 열매도 풍성한 가지여
거룩한 임의 맹세 잊지 마시고
저희 신세 생각해 주소서.

이 소리를 듣고 교주가 물었습니다.

"그대가 누구였지?"

"저는 누르 알 딘 알리가 교주님께 선물로 바친 여자입니다. 부디 예복과 함께 그이에게 보내 주시겠다던 약속 지켜주십시오. 저는 지난 30일 동안 밤에도 잠을 이루지 못하고 있습니다."

교주는 자파르를 불러서 말했습니다.

"여봐라, 자파르, 벌써 30일이 되었는데도 누르 알 딘에게서 아무 소식이 없구나. 아무래도 왕에게 살해당한 것 같아. 만일 그에게 좋지 않은 일이 일어났다면 내 목을 걸고, 또 선조의 위패에 걸고 용서할 수 없다. 아무리 나에게 소중한 자라 할지라도 그놈의 숨통을 끊어놓고 말리라! 그러니 그대는 당장 바소라를 향해 출발하라. 그리고 내 사촌인 슬라이만 왕의 동정과 왕이 누르 알 딘을 어떻게 대접하였는지 알아오너라. 중간에 꾸물거리다 공연히 날짜를 보내는 날에는 그대 목숨은 없을 줄 알라. 그리고 사촌에게 누르 알 딘의 처지를 모두 얘기해 주고, 내가 명령서를 보낸 사정을 설명해 주어라. 알겠느냐, 사촌*52형제여, 만일 왕이 내 명령대로 시행하지 않았을 때는 그대로*53 왕과 대신을 붙잡아 오라."

"분부대로 하겠습니다."

자파르는 곧 준비를 하여 출발했습니다. 자파르가 온다는 소식은 곧바로 마호메트 왕의 귀에 들어갔습니다.

자파르가 바소라 시에 이르니 사람들이 밀치락달치락 웅성대고 있는지라 물었습니다.

"왜 이렇게 많은 사람이 모여 있는가?"

그러자 자파르는 누르 알 딘 때문에 이런 소동이 일어났다는 것을 알았습니다. 이 말을 듣자 자파르는 급히 왕에게 달려가 인사한 다음, 자기가 멀리 바소라까지 달려온 연유와 만일 그 젊은이에게 불법적인 일이 일어났을 때는, 그 책임자는 누구를 막론하고 사형에 처하겠다는 교주의 결의를 전했습니다. 그리고 왕과 대신을 감금한 다음 누르 알 딘의 석방을 명령하고 슬라이만 대신 왕위에 앉혔습니다.

그 뒤 자파르가 귀빈의 관례대로 사흘 동안 바소라에 묵은 뒤, 나흘째 되는 날 아침 누르 알 딘은 자파르에게 말했습니다.

"나도 충성스러운 자들의 임금님을 뵙고 싶어 못 견디겠소."
"그럼, 급히 길을 떠날 채비를 하십시오. 아침 기도를 마친 다음 나와 함께 바그다드로 떠납시다."
"알았습니다."
그들은 기도를 마친 다음 자신의 행동을 후회하기 시작한 알 무인 빈 사위 대신을 이끌고 출발했습니다. 누르 알 딘은 자파르와 나란히 말을 몰며 길을 재촉하여 마침내 평화의 도시 바그다드에 도착해 교주 앞으로 나아갔습니다. 자파르는 누르 알 딘이 막 살해되려는 찰나 자신이 달려가 구해준 경위를 보고했습니다. 그 얘기를 듣고 교주는 젊은이에게 말했습니다.
"이 칼로 그대 원수의 목을 쳐라."
누르 알 딘은 칼을 받아들고 알 무인 빈 사위에게 다가갔습니다. 알 무인 빈 사위가 말했습니다.
"나는 내 어머니의 젖에 따라*54 했을 뿐이다. 너도 그렇게 해라."
이 말을 들은 누르 알 딘은 칼을 던지고 교주에게 말했습니다.
"아, 충성스러운 자들의 임금님이시여, 이자는 말로 저를 속였습니다."
그러고는 이런 노래를 불렀습니다.

  그가 왔을 때 잡았노라.
  교묘한 계책 계속되네
  그 능란한 말솜씨, 언제든
  어떤 먹잇감이든 손에 넣네.

"그럼, 좋다."
교주는 이번에는 마스룰에게 명령했습니다.
"자, 그대가 저놈의 목을 쳐라."
그러자 마스룰은 칼을 뽑아 알 무인 빈 사위의 목을 쳤습니다.
교주는 이어서 누르 알 딘 알리에게 말했습니다.
"다른 소망은 없느냐?"
"임금님, 저는 바소라의 왕위를 바라지 않습니다. 저의 단 한 가지 소원은 임금님을 가까이 모시면서 언제나 임금님의 얼굴을 뵙는 일입니다."

"좋고말고."

교주는 아니스 알 자리스를 불러 두 사람에게 과분한 상을 내린 다음, 바그다드에 있는 궁전을 하나 내어 주고 녹봉을 지급하여 누르 알 딘 알리를 술벗한 사람으로 삼았습니다. 이리하여 누르 알 딘 알리는 충성스러운 자들의 임금님과 함께 죽을 때까지 무척 편안하고 즐거운 남은 생애를 보냈습니다.

샤라자드는 말을 이었습니다.

"하지만 이 누르 알 딘 알리의 이야기도 상인과 그 아들의 이야기만큼 재미있지는 않답니다."

"그것은 어떤 이야기이냐?"

샤리아르 왕이 묻자 샤라자드는 다음과 같은 이야기를 시작했다.

〈주〉

*1 '샤리아르 왕과 그 아우 이야기' 주석 18을 보충하는 주석이다. 샤라자드는 《샤무스 알 로가트》《어록》에 보면 어떤 왕의 고유명사이다. L. 랑글레(《뱃사람 신디바드의 항해와 여자의 책략 Les Voyages de Sindibad le Marin et La Ruse des Femmes》)는 이것을 도시의 아름다움인 '사이프레스(노송나무과의 상록교목)'라고 설명하고 있다. 그 의견에 따른 것은 카지미르스키(A. de Biberstain Kazimirski)(《에니스 엘 젤리스 Enis el-Djelis》 파리, 발루아, 1847년)이다. 〔랑글레는 프랑스의 동양학자. 아라비아, 페르시아, 중앙아시아, 만주 등의 연구로 유명하며, 파리의 동방현대어학교 설립에 큰 공을 세웠다. 많은 저작이 있다. 1763~1824년. 카지미르스키에 대해서는 상세히 알 수 없으나 코란을 번역했다.〕

우즐리(《동양 이야기집 Oriental Collections》)는 샤라자드를 '도시에서 태어났다'고 하고, 다른 사람들은 후마이 여왕의 애칭 Chehr-azad('얼굴이 친숙한, 얼굴이 영리한'이라는 뜻)를 아라비아어화한 것이라고 말한다. 〔우즐리(Sir William Ouseley)는 영국 동양학자로 여행기 및 그 밖의 저서가 있다. 후마이 여왕은 페르시아의 카카니아 왕조 제6대 왕 바만의 아내로 남편이 세상을 떠나고 제7대 왕이 되었다. 《아라비안나이트》의 페르시아어 원전 《하자르 아프사나 Hazar Afsanah》(1천 가지 이야기라는 뜻)는 이 여왕을 위해 쓰였다고 한다.〕

《필리스트》에 의해 카라마나, 즉 보모로 번역된 여동생의 이름은 일반적으로 Dinar-zad라고 쓰며, 금화에서 태어난 아이, 금화에 의해 해방된 아이, 또는 금화의 필요가 조금도 없는 자를 뜻한다. 그리고 랑글레의 설명에 따르면 Daynazad(부채가 없는)(!)의 뜻이라고 한다. 나는 맥나튼판의 Dunyazad를 채용했다. 〔《필리스트》는 《키타브 알 필리스트〉, 즉 아라비아어 작품 목록서로 이슬람력 83년(서기 987년)에 마호메트 빈 이스하크 알 나딤에 의해 편찬되었다.〕

*2 이 왕은 나중에 알 수 있듯이 하룬 알 라시드 교주의 지배 아래 있었던 섭정 또는 총독이다. 그러나 다음 이야기에서는 다마스쿠스 태수로 술탄으로도 불리고 있다.

*3 불라크판에는 이런 시가 나와 있다.
  '창은 왕의 붓, 적의 가슴은 종이
  왕은 피의 먹에 붓을 적신다.
  그리하여 우리의 선조는 긴창 하티야라 이름 짓고
  그것으로 글씨를 써나갔다네.'
하티야라는 말에는 익살이 들어 있는데, '글을 쓰는 자'와 '긴 창'이라는 두 가지 뜻이 있다. 또 이 창은 알바라인(페르시아만) 지방의 하토 하자르와 오만에서 생산된다. 이들 지역으로 가장 질 좋은 인도대나무가 운반되어 창이 제조된 것이다. 또 붓은 카라무스 또는 카템이라 하며, 필기용으로 절단된 갈대를 말한다. 가장 우수하고 단단한 것은 자바에서 수입되었다. 끝을 다시 깎아낼 필요가 가장 적기 때문이다.

*4 '백성을 사랑한다'는 것은 대단한 찬사로, 인자함과 선행 이상의 의미가 있다.

*5 작은곰자리라고 하는 7개 별이 있는 별자리, 또는 소 네 마리와 그 전차.

*6 이 9행시는 15번째 밤에 나와 있다. 변화를 주기 위해 나는 트렌즈의 번역을 인용했다.

*7 제의를 받아들일 때 상투적으로 사용하는 정중한 문구.

*8 우리는 '기후의 변화'라고 표현하지만, 동양인은 물을 먼저 들어 '물과 공기의 변화'라고 한다.

*9 '낮에는 해가 그대를 해치는 일 없고 밤에는 달이 그대를 해치는 일 없다(구약 시편 제121편 6절).' 동양인은 오늘날에도 달빛의 해로운 작용을 믿고 있다. 그런데 북유럽 사람들은 다른 상태에서 달빛을 보기 때문에 그것을 부정하고 싶어 한다. 나는 건강한 아랍인도 달빛 아래 한 시간만 있으면 병상에서 방금 일어난 병자처럼 보이는 것을 본 적이 있다. 인도의 어느 영국인이 달빛을 받으며 잠자다가 안면마비가 일어난 일도 알고 있다.

*10 잔지바르의 흑인계 종족과 혼인.

*11 다시 말해 '그대의 마음은 그대의 허리처럼 어째서 부드럽지 못한가?'라는 뜻. 이와 반대되는 이야기가 왕정 시대 파리에서 전해지고 있다. 어떤 남자가 자기보다 신분이 높은 여자를 실수로 꼬집어버리자 이렇게 말했다고 한다. "오, 부인, 만일 당신의 마음이(꼬집힌 데와 마찬가지로) 견고하시다면 저는 이제 구원받을 길이 없을 것입니다."

*12 나이만(Na'iman)은 방금 목욕을 마친 사람 또는 막 머리를 깎은 사람에게 하는 말. 그에 대한 적당한 대답은 "알라께서 당신에게 은혜를 베푸시기를!"이다. 동양에는

온갖 인사에 대한 모든 대답이 있다(《순례》제1권, 제3권. 레인 저 《근대 이집트인》제8장. 코생 드 페르스발(Caussin de Perceval) 저 《아라비아 문법》등). 〔페르스발은 프랑스의 동양학자. 프랑스대학 교수로 아라비아어를 강의한다. 《아라비안나이트》의 원전 번역(1806년, 전 9권) 말고도 많은 저서가 있다. 1759~1835년.〕

*13 발음은 '누라딘'. 나는 아라비아어로 쓰인 그대로 이 이름을 표기했다.
*14 앞에서도 말했듯이 이슬람교도 사이에서 여자의 외침이 오가는 사람들 귀에 들리는 것은 참으로 예의 없는 일로 되어 있다.
*15 이럴 때 아버지가 아들을 죽여도 코란 법이 아니라 라숨(관습법)에 따라 정당화된다. 아버지의 첩과 간통하다가 들키거나, 엄격한 가정에서 노예계집과 정을 통할 때에도 마찬가지다.
*16 동양인은 독일인과 마찬가지로 틈새로 스며드는 열대지역의 바람을 겁낸다. 거기에는 그럴 만한 까닭이 있다. 틈새 바람은 더할 나위 없이 위험하다.
*17 신성유일성(神性唯一性)과 사도인 마호메트에 대한.
*18 이것은 매우 가난한 자의 경우에 한하는 것이리라.
*19 죽은 사람에 대한 기도는 알 이슬람에서는 일반적이지 않은 일이다. 또 기도를 올릴 때도 엎드려 절하지 않는다.
*20 '최초이며 최후의 자' 또는 '고금(古今)의 장(長)' 즉 마호메트를 가리킨다. 그는 모든 예언자와 예언의 우두머리이자 마지막 인물로 일컬어졌다.
*21 이슬람교도는 입법자(立法者)인 마호메트의 가르침에 무조건 따른다는 점에서 그리스도교와 뚜렷한 대조를 이룬다. 따라서 이슬람교도는 전형적인 보수주의자이다. 그러나 유럽의 그리스도교 나라들은 이 점에서도 다른 사항에서와 마찬가지로 기묘하게 모순을 보이고 있다. 이를테면 오늘날 여전히 '그리스도 할례제(割禮祭:1월 1일)'를 지키면서도, 실제로 할례는 혐오하고 있다. 하기야 동양의 그리스도교도는 할례를 완전히 없애버린 것이 아니고 유익한 보건상의 예방법으로 보는 아비시니아인 등은 아직도 시행하고 있다. 왜냐하면 이집트에서 곧 낫는 종양, 매독 및 그 밖의 성병이 에티오피아〔아비시니아의 다른 이름〕고지대에서는 치명적인 것이 되기 때문이다.
*22 '오, 순례여(야 하지, Ya Hajj)'는 순례를 한 적 없는 사람에게도 쓰이는 정중한 호칭이다. 여성형은 하자(Hajjah).
*23 중앙 및 서북 아프리카 출신 이슬람교도.
*24 이것은 입에 곧잘 올려 흥얼거리는 문구로, 거의 제한 없이 이어진다. 이를테면 "갈색의 것이 모두 사향은 아니요, 빛나는 게 모두 다이아몬드도 아닙니다. 검은 게 모두 석탄이 아니요, 빨간 게 모두 루비도 아니며, 노란 것이 다 황옥(黃玉)도 아닙니다. 목이 긴 것이 모두 낙타도 아니고……."
*25 대신 알 무인은 누르 알 딘을 그 할아버지의 이름으로 부르고 있는데, 이것은 흔히

쓰이는 호칭이다.
* 26 굽지 않은 벽돌(토브=스페인어의 Adobe〔햇볕에 말린 벽돌〕)을, 겨와 짚을 섞어 만드는 곳. 비가 내리지 않는 지방에서는 예부터 이 벽돌을 사용해 왔으며, 이집트 사원의 외벽도 이것으로 만들어졌다.
* 27 가난한 사람이 깔개로 사용하는 둥근 멍석 같은 것. 대신은 이런 모습으로 자신이 거적을 지닌 신분으로까지 떨어졌음을 나타내 보이려는 것이다.
* 28 이 하시미 근(筋)—아랍인은 그렇게 부르는데—은 아바스 집안사람들의 미간에 매우 발달해 있으며, 예언자 마호메트의 증조부한테서 물려받은 것이었다. 그것은 두드러지게 굵으며, 화내거나 싸움터에서 미쳐 날뛸 때면 부풀어 오른다.
* 29 11번째 밤에 나왔던 시. 나는 변화를 주기 위해 트렌즈를 인용했다.
* 30 티그리스, 유프라테스 지방에서는 오늘날에도 흔히 이러한 항해가 이루어지고 있다. 이들 지방의 항해술은 크시시트루스 노아(Xisithrus-Noah) 시대 이래, 아니 그보다 훨씬 전부터 아무것도 변한 게 없다. 〔크시시트루스는 노아의 별명. 창세기 노아의 방주에 대해서는 설명할 필요 없으리라.〕
* 31 속에 든 것을 차게 하기 위해.
* 32 이것을 본떠 카이로 부근에 '기쁨의 궁전'이라는 헤디브의 궁전이 생겨났다. 〔헤디브 또는 케디브(Khedive)는 영어식이고, 터키어로는 Khidiw로 발음된다. 본디 왕자라는 뜻이지만 1869년에 터키 왕이 이스마일 파샤에게 내린 칭호로, 1914년 영국의 지배를 받을 때까지 이 칭호가 존속되었다. 부왕(副王), 태수, 총독 등으로 번역된다.〕 이 건물은 불면 날아갈 듯한 신식 카이로 건축물의 하나로 고대 이집트의 건축은 물론 중세 이집트와 비교해도 손색이 없다. 카이로의 성채인 마호메트 알라의 사원과 그 이전의 하산 왕의 궁전과 비교해 보라.
* 33 아랍인 정원사는 이런 점에서 매우 성급하다.
* 34 〔본문의 '길가의 자식들(Sons of the Road)'.〕 도보여행가, 나그네를 가리키는 말로 그들은 지나는 길에 있는 가정의 온정에 기댈 권리가 있다. 따라서 아브드 알 라만 알 브라이는 그 유명한 송시(頌詩)에서 이렇게 노래했다.
    '나그네는 그곳 사람들의 온정을 바랄 권리가 있다
    세계를 떠도는 나그네에게 묵을 곳 없으면.'
* 35 고전문학의 나르키수스(수선)와 흑인 눈의 노란빛 감도는 흰자위의 졸렬한 비교.
* 36 가자나무로 만든 숯은 맹렬한 화력을 낸다. 알 하릴리〔이슬람력 516년에 세상을 떠난 유명한 아라비아 시인으로 《집회》라는 제목의 대표작이 있다. 체너리(Chenery)라는 사람이 영어로 번역〕에 의한다.
    이 향쑥 속(屬)의 떨기나무는 아라비아 사막의 특산물로 추정되고 있다. 바다위족은 사막을 잠시 떠났다가 오랜만에 가자나무를 보면 늘 환성을 지른다.

*37 아브하크는 A(llah) b(less) h(im) a(nd) k(eep)=알라여, 그를 수호하소서!
*38 나귀는 불길한 것으로 간주한다.
*39 연도(連禱, 지크르)에서 알라의 이름을 부르듯이. 여기에 대해 상세히 알고 싶은 사람은 에드윈 아널드(Edwin Arnold) 저 《신앙의 진주 Pearls of the Faith, 별명 이슬람의 염주, 알라의 99개 이름(아스마 엘 후스나)》(런던, 트리뷰너, 1883년)를 읽어보기 바란다. 〔아스마 엘 후스나는 신의 이름이라는 뜻. 팔머 번역 《코란》의 서문에도 99개의 이름이 실려 있다. 제1은 자비로우신 신, 제2는 인정 깊으신 신, 제3은 지배자, 제4는 신성한 자…… 이 이름을 차례로 읊어나가는 것을 지크르라고 하며, 물론 코란의 본문 통독도 지크르라고 한다. 에드윈 아널드 경은 영국 시인으로 동양학자. 인도에 잠시 체재하다가 귀국 뒤 영시를 통해 동양 소개에 전념했다. 가장 저명한 작품은 부처의 생애를 운문으로 읊은 《아시아의 빛 The Light of Asia》이다.〕
*40 이 인물에 대해서는 뒤에 설명할 것이다.
*41 입가리개는 아라비아어의 리삼(Lisam)으로, 두건(Kufiyah, 터번) 끝으로 눈에서부터 아래쪽 얼굴을 덮어 반대쪽에 고정한다. 이 입가리개는 마스크로도 쓸모 있으며, 더위와 추위와 갈증 등을 막아준다. 바다위식 입가리개로 눈을 덮으면 서늘한 느낌이 든다고 나는 믿고 있다. 사막에서 바다를 볼 때 검은 안경을 쓰는 것과 비슷하다. 여성의 리삼은 턱가리개이다.
*42 그 무렵 세계에서 가장 훌륭한 사람과 가난뱅이 사이의 이런 친밀한 관계는 매우 이색적이다. 어부는, 모든 지배자는 공공의 재물을 절약하기 위해 무언가 손으로 하는 일을 해야 한다고 오마르 교주가 창시한 알 이슬람의 관행을 은연중 내비치는 것이다. 그 때문에 카이로의 술탄 무아이야드(Mu'ayyad)는 서예가로서 글씨를 팔았고, 터키의 왕들인 마무드, 아브드 알 마지드, 아비드 알 아지즈 등도 이를 따랐다. 독일의 황족은 목공일을, 루이 14세는 시계 만드는 일을 택했다.
*43 어부의 이름 카림은, 매가 하늘을 높이 날듯 의젓하게 무용을 떨치는 용맹한 자라는 뜻.
*44 선심 쓰는 이런 행위는 유럽인에게는 광기처럼 보일 것이다. 그러나 아랍인 풍습으로는 매우 당연한 일이다. 곧잘 인용되는 하팀과 그 말의 이야기를 보라. 〔하팀은 바다위족 어느 부족의 추장으로 죽은 뒤에도 인심이 좋았다는 이야기가 '타이족 하팀'이라는 제목으로 270번째 밤에 나온다.〕
   이러한 점에서 유대인은 사촌형제 사이인 아랍인에 비해 뚜렷한 대조를 이루어 매우 인색하다. 따라서 아랍인에게 관대함은 최고의 가치라고 할 수 있다. '비록 죄인이라도 관대한 자는 아랍의 벗이고, 비록 성인이라도 인색한 자는 아랍의 적이다!'
*45 당혹, 실망 등의 표시. '손톱을 물어뜯는' 것은 아니다. 이것은 유럽적인 행위이며, 결코 아시아 풍습이 아니다.

*46 13번째 밤 이와 비슷한 시 참조. 이러한 감정은 새롭지 못하다.
*47 아랍인은 오늘날에도 여전히 지배자의 왕궁 아래 서서 그 주의를 끌기 위해 큰 소리로 외쳐 부른다.
*48 이것을 누가 보거나, 또는 나중에 발견되지 않도록.
*49 아라비아어의 하트 샤리(Khatt Sharif), 즉 왕이 직접 쓴 편지. 이 말은 터키에 아직도 보존되고 있다. 유럽인은 Hatt라고 쓴다. 〔영어화된 hatti는 터키 황제의 칙령으로, hatti sherif와 마찬가지로 '불변개칙령(不變改勅令)'으로 번역되어 있다.〕
*50 비교적 오래된 시대의 무스타파(Mustapha)는 마호메트를 가리킨다. 마호메트를 중재자로 보는 설은 격렬하게 논의되고 있다.
*51 이 있을 법하지 않은 일은 교주의 위대함을 나타내는 것이다.
*52 이 사촌이라는 호칭은 친애함을 나타내는 말로, 우리의 카즈(coz)에 해당한다. 〔cousin(사촌형제)을 줄인 말로, 옛날에 친밀한 호칭으로 사용되었다.〕
*53 즉 옷을 갈아입을 한순간의 여유도 주지 말라는 뜻.
*54 '자신의 성질, 천성, 혈통, 근성에 따라서'라는 뜻.

사랑에 미친 가님 이야기

오, 인자하신 임금님, 옛날, 아주 먼 옛날 이야기입니다만, 다마스쿠스에 수많은 상인 가운데서도 아주 부유한 상인이 있었습니다. 이 상인에게는 말을 막힘없이 시원스럽게 하는 보름달처럼 아름다운 아들이 있었습니다. 그 이름은 가님 빈 아이유브[*1]로, '사랑에 미친 사내'라는 별명이 붙어 있었습니다. 이 가님에게는 피트나라고 하는 누이동생이 있는데 참으로 귀엽고 아름다운 처녀였습니다. 상인은 이 두 아이에게 막대한 재산을 남기고 죽었습니다.

―여기까지 이야기하자 날이 훤히 밝아 샤라자드는 이야기를 그쳤다.

39번째 밤

샤라자드는 이야기를 계속했다.

―오, 인자하신 임금님, 상인은 두 남매에게 막대한 재산을 남겨주고 세상을 떠났는데, 그중에 특히 훌륭한 것은 두꺼운 비단과 얇은 비단, 사향, 진주조개 등으로 낙타 100필에 실을 만큼[*2] 있었습니다. 그 짐짝 하나하나의 곁에 '바그다드행(行)'이라고 적혀 있었습니다. 왜냐하면 이 상인이 바그다드에 갈 작정으로 준비하던 도중 전능하신 알라의 부르심을 받았기 때문입니다. 그때는 교주 하룬 알 라시드 시대였습니다.

얼마 뒤 아들 가님은 그 짐을 가지고 어머니와 친척들, 동네 사람들에게 작별인사를 한 뒤 모든 것을 알라께 맡기고 상인 일행과 함께 출발하여 무사히 바그다드에 이르렀습니다. 거기서 가님은 훌륭한 집을 한 채 빌려 양탄자, 보료, 휘장과 벽포 같은 것을 치고, 짐도 안에 들여놓고 노새와 낙타는 외양간에 들여 놓고서 한동안 여독을 풀면서 쉬었습니다.

이윽고 바그다드의 상인과 귀족들이 인사를 하러 왔습니다. 그것이 끝나자 가님은 제값표를 붙인 값비싼 피륙 10필이 든 짐짝을 가지고 시장으로 갔습니다. 상인들은 가님을 쾌히 맞이하며 정중한 인사로 경의를 표시했습니다. 그들은 가님이 노새에서 내리자 시장 관리인의 가게에 앉혔습니다. 가님이 가져온 짐을 관리인에게 내놓자 관리인은 그것을 풀어 옷감을 꺼내 원가인 금화 한 닢에 두 닢의 이익을 붙여 팔아주었습니다. 가님이 매우 기뻐하며 비단과 필목을 차례차례 내다 파는 동안 어느덧 1년이라는 세월이 흘렀습니다.

이듬해 설날 가님이 평소처럼 시장의 거래소에 가보니 문이 닫혀 있어서 그 까닭을 물었습니다.

"한 상인이 죽어서 모두 그 장례식에 갔습니다. 당신도 가서 그 여덕을 나누어 받으시지요."[3]

"그렇게 하지요."

가님이 장례식 장소를 물으니 한 남자가 길을 가르쳐주었습니다. 가님은 목욕재계[4]하고 다른 상인들과 함께 기도소로 갔습니다. 사람들은 고인의 명복을 빈 다음 관 앞에 서서 매장소를 향해 걸어갔습니다. 가님은 본디 수줍어하는 성격이라 자기만 먼저 자리에서 빠져나올 수 없어서 사람들 뒤를 따라갔습니다.

이윽고 변두리로 나가 묘지 속을 지나 한 묘석에 이르렀습니다. 그곳에는 이미 고인의 친척들과 지인들이 천막을 치고 램프와 초를 가지고 와 있었습니다. 모두 유해를 묻고 코란 독송자들이 무덤 위에서 오래도록 경문을 낭송하는 동안 조용히 앉아 있었습니다. 가님도 몹시 수줍어하면서 함께 앉아 혼잣말을 했습니다.

"남들이 돌아가지 않는데 나 혼자 갈 수야 없지."

모든 사람이 해가 질 때까지 경전 독송에 귀를 기울이고 있었습니다. 밤이 되자 하인들이 저녁식사를 차려오고 과자[5]도 내왔습니다. 모두 그것을 배불리 먹은 다음 손을 씻고 제자리로 돌아갔습니다.

그러는 동안 가님은 도둑이 들까 걱정되어 집에 있는 물건만 생각하면서 마음속으로 남몰래 생각했습니다.

'나는 이 고장 사람이 아니고 더구나 부자로 알려졌다. 하룻밤이라도 집을

비우면 도둑이 돈 자루뿐만 아니라 물건까지 훔쳐갈지 몰라.'

이런 생각을 하니 걱정이 되어 견딜 수가 없어 마침내 일어나 급한 볼일이 있어서 먼저 가야겠다고 말하고 그 장소를 빠져나갔습니다. 이정표를 따라 금방 성문에 다다랐지만, 그때는 벌써 한밤중이라 성문이 굳게 닫힌 채 아무도 드나드는 사람이 없었고, 개 짖는 소리, 늑대 우는 소리만 들릴 뿐 죽은 듯이 괴괴했습니다. 가님은 외쳤습니다.

"알라 외에 주권 없고 권력 없도다! 재산이 걱정되어 돌아왔는데 성문이 닫혀 있으니 이번에는 내 목숨이 걱정되는구나!"

되돌아서서 날이 샐 때까지 어디 잠잘 곳이 없나 하고 찾다 보니 사방에 담을 두른 성자(聖者)의 묘지가 눈에 띄었습니다. 그 안뜰에 대추야자가 한 그루 서 있고 쑥돌 문이 달려 있었습니다. 그 문이 열려 있어서 가님은 그 속에 들어가 자려고 했으나 눈만 말똥말똥하여 도저히 잠을 이룰 수가 없었습니다. 그렇게 묘지 속에 혼자 있는 것이 무서워져서 일어나 문을 열고 바깥을 내다보니, 아득한 저편 성문 쪽에 등불이 보였습니다. 그 방향을 향해 조금 걸어가니 그 등불은 아까 자기가 그 묘지로 더듬어오던 길을 따라 이쪽으로 오는 것이었습니다.

가님은 큰일 났다 싶어 급히 묘지로 돌아가 문을 닫고 대추야자나무 위에 올라가 나뭇잎 속에 몸을 숨겼습니다. 등불은 점점 다가와 마침내 묘지 바로 가까이에서 멎었습니다. 그것은 노예 세 명으로 그 가운데 둘은 궤짝을 들고 하나는 등불과 도끼, 그리고 회반죽이 든 광주리를 들고 있었습니다. 묘지까지 오자 궤짝을 든 노예가 물었습니다.

"이봐, 사와브, 왜 그래?"

그러자 다른 하나도 말했습니다.

"왜 그러나, 카후르?"[6]

"저녁때 여기를 열어두지 않았어?"

"그렇지. 틀림없이 열어두었어."

"그런데 봐, 이렇게 빗장까지 채워져 있잖아."

손도끼를 든 부하이트라는 세 번째 노예가 큰 소리로 말했습니다.

"정말 바보들이군! 이 묘지 주인들이 늘 바그다드에서 와서 지키고 있다는 걸 모르나? 해가 지면 놈들은 여기 들어와 문을 잠가두는데, 그건 우리 같은 검둥이에게 붙잡혀 구워 먹힐까 봐*7 겁이 나서 그러는 거야."
다른 두 사람이 말했습니다.
"그럴까?"
"그래, 그건 그렇다 치고, 그렇다고 우리가 너보다 바보일 수야 없지."
그러자 부하이트는 다시 말했습니다.
"너희가 내 말을 믿지 못하겠다면 안에 들어가 쥐가 너희에게 덤벼들도록 해 주지. 이 등불과 우리가 들어오는 것을 보면 무서워서 대추야자나무 위로 올라가 숨어버릴 거야."
나무 위 가님은 이 말을 듣고 마음속으로 생각했습니다.
'오, 천벌을 받을 노예 놈들 같으니! 알라여, 이렇게 교활하고 간악한 놈들에게는 거룩한 가호를 내리지 마시기를! 영광스럽고 위대한 알라 외에 주권 없고 권력 없도다! 이 검둥이들 손에서 벗어나려면 어떻게 해야 할까?'
그러자 궤짝을 든 두 놈이 도끼를 든 사내에게 말했습니다.
"여봐, 부하이트, 담을 타고 올라가 문을 열어. 우린 궤짝을 메고 와서 지쳤단 말이야. 네가 문을 열어주면 안에 들어가 붙잡은 놈을 한 마리 주지. 기름 한 방울 헛되이 쓰지 않도록 멋지게 튀긴 기막힌 쥐를 말이야."
하지만 부하이트는 대답했습니다.
"내 이 잘 돌아가지 않는 머리로도 약간 꺼림칙한 데가 있어. 궤짝을 문 위에서 안으로 던지는 게 좋지 않을까. 아무튼 소중한 물건이니까."
"던지면 깨지잖아."
두 사내가 우겼지만 부하이트는 말했습니다.
"내가 걱정하는 건 사람을 죽이거나 재물을 약탈하는 도둑이 안에 있지 않을까 하는 거야. 밤이 되면 놈들은 여기 들어와 훔친 것을 분배하거든."
그러자 궤짝을 메고 온 두 놈이 말했습니다.
"이 멍청이야! 놈들이 어떻게 여기 들어갈 수 있단 말이야!"*8
그리고 두 놈은 궤짝을 내려놓고 담을 타고 넘어가 문을 열었습니다. 그동안 세 번째 노예(부하이트라는 검둥이)는 도끼와 등불 그리고 회반죽이 든 광주리를 들고 거기 서 있었습니다. 이윽고 세 사람은 안으로 들어가 빗장을 걸고 앉았습니다.
"여보게, 형제, 우리는 걸어온 데다 궤짝을 메었다 내렸다, 문을 열었다

닫았다 하느라 지쳐버렸어. 게다가 한밤중이라 무덤을 파고 궤짝을 묻을 기운도 없군. 여기서 두세 시간 쉬고 나서 일을 시작하세나. 그동안 서로 어떻게 하다가 불알을 까게 되었는지 그 경위와 신세 이야기를 하면서 시간을 보내는 게 어떻겠나?"

그러자 등불을 든 부하이트라는 자가 말했습니다.

"그럼, 나부터 시작하지."

"그래, 어떤 이야긴데?"

부하이트는 두 사람이 권하는 대로 이야기를 시작했습니다.

첫 번째 환관 부하이트의 이야기

들어보게 형제들, 나는 아직 5살밖에 안 된 어린아이였을 때 고향에서 노예상인에게 끌려나와 어떤 관리한테 팔렸구먼. 그 관리 집에는 3살 난 딸이 있었는데 그 아이와 함께 자랐지. 집안사람들은 곧잘 나를 놀려대며 딸과 함께 놀게 하고, 딸과 함께 춤추고 노래를 부르게도 했지.*9

그러는 동안 나는 12살이 되고 계집애는 10살이 되었는데, 그때까지도 둘이서 노는 것을 금지하지 않더구먼. 어느 날 그 애한테 갔는데 안방에 있던 그 애는 금방 목욕을 했는지 향수와 향나무 향기를 물씬물씬 풍기며 얼굴은 열나흗날 달처럼 빛나고 있었어. 계집아이가 나에게 장난을 걸기에 나도 장난을 쳤지. 그때 나는 이미 색정을 알 무렵이라 내 연장이 커다란 열쇠처럼 벌떡 일어서더군. 그 애는 나를 자빠뜨려놓고 말 타듯이 타고 앉아 구르기도 하고 몸을 들썩이기도 하면서 그놈을 조물락거리는 바람에 그만 껍질이 까지고 말았지. 그래도 그놈이 기운 좋게 빳빳이 서 있는 것을 보자 그 애는 그것을 손으로 잡고 속곳 위로 조그맣게 째진*10 두덩에 문지르기 시작했으니 견딜 수가 있나. 나는 그만 정신없이 계집애 목을 끌어안았고 그 애도 내 목에 힘껏 매달리는 통에 뭐가 뭔지 모르는 동안 내 연장은 그만 계집애의 속곳을 뚫고 그 째진 곳으로 들어가 처녀막을 찢고 말았단 말이야.

일을 저지른 나는 놀라서 친구 집에 달아나 숨어버렸지. 잠시 뒤 어머니가 집에 돌아와 딸의 그 꼴을 보고 깜짝 놀랐지만 적당히 얼버무리고 나에 대한 동정심에서 남편에게는 비밀로 해 주더군. 게다가 모두 나한테 와서 어르고 달래고 하는 바람에 나는 하는 수 없이 그 집으로 다시 돌아갔지.
　이리하여 두 달이 지나자 어머니는 딸을 어떤 젊은이에게 시집을 보냈어. 그놈은 아버지에게 출입하는 이발사였는데, 어머니가 자기 돈으로 혼수품 준비에서 지참금까지 다 마련했지. 아버지는 그런 일은 아무것도 모르고 있었지만. 결혼식이 무사히 끝나고 그날 밤 드디어 신방에 들게 되자 새끼 비둘기 멱을 따서 그 피를 딸의 속곳에 칠했지.*11 그리고 얼마 안 있어 사람들은 별안간 나를 붙잡아다 불알을 까버렸단 말이야. 그리고 딸이 시집에 들어갈 때부터 놈들은 나를 시종으로, 즉 고자로 만든 나를 딸이 가는 곳마다, 목욕탕에 가든 친정에 가든 안내역으로 따라다니게 했다네.
　나는 오랫동안 그 여자와 함께 살면서 입을 맞추고 끌어안기도 하고 흘레질을 하면서*12 여자의 아름다움과 사랑스러움을 실컷 즐겼지. 그러는 동안 여자는 죽고 부모도 모두 세상을 떠나고 말았어. 그런데 관청에서 유언 없는 사망자의 재산이라 하여 나를 국고에 몰수해 버렸지 뭔가? 결국 나는 지금 있는데 와서 자네들과 한패가 된 거야. 이것이 내가 환관이 된 이야기라네.
　부하이트의 이야기가 끝나자 다른 사내가 다음 이야기를 시작했습니다.

두 번째 환관 카후르의 이야기

　여보게들, 나는 8살 때 남의집살이를 하러 나왔는데, 그때부터 나는 노예 상인에게 해마다 한 번씩은 반드시 거짓말을 했었지. 그래서 놈들은 서로 사이가 나빠졌고 마침내 우리 주인도 참다못해 나를 시장에 데려가 거간꾼에게 이렇게 외치게 시켰지.
　"이 노예를 살 사람 없소? 단 흠이 있으니 그런 줄 아시고."
　거간꾼이 외치며 경매에 부치자 모두 물었지.
　"그 흠이란 대체 뭐요?"
　그러자 거간꾼은 대답했어.
　"이놈은 해마다 한 번씩 거짓말을 하는 버릇이 있습니다."
　그때 한 상인이 다가와 말했지.
　"그런 흠이 있다면 얼마나 깎아줄 거요?"
　"은화 6백 닢에 드리지요."

"그럼, 당신에게는 은화 20닢을 드리지."

이리하여 그 사나이와 노예상인은 홍정이 되어 돈을 주고받더구먼. 거간꾼이 나를 상인의 집으로 데려가 돈을 받고 돌아가자 상인은 나에게 어울리는 옷을 입혀주었어.

그럭저럭 그해 섣달까지 일하는 동안 즐거운 설이 왔어. 농사도 잘되고 해서 상인들은 날마다 한 사람씩 돌아가며 친구들을 불러 잔치를 베풀곤 했는데, 이윽고 우리 주인 차례가 되어 교외 정원에서 손님을 접대하게 되었지. 주인은 다른 상인들과 함께 장만한 음식을 가지고 정원으로 가서 점심때까지 먹고 마시며 놀았는데, 그때 주인은 집에서 가져올 물건이 있어서 나를 돌아보고 말했지.

"여봐라, 이 암노새를 타고 집으로 가서 주인마님에게 이러이러한 물건을 받아서 빨리 돌아오너라."

시키는 대로 집으로 간 나는 집 가까이 가자 별안간 눈물을 흘리며 울부짖기 시작했어. 그러자 이웃 사람들이 우르르 모여들더군. 주인마님도 딸도 내 울음소리를 듣고는 문을 열고 웬일이냐고 물었어. 그래서 나는 대답했지.

"나리께서 친구들과 함께 낡은 담 밑에 앉아 계셨는데 그만 그 담이 무너졌습니다. 저는 그 광경을 보고 급히 노새를 타고 마님께 알리러 달려왔습니다."

이 말을 듣자 딸과 부인은 비명을 지르고 옷을 쥐어뜯고 자기 얼굴을 때리며 야단이더군. 그러는 동안 이웃 사람들이 모여들었는데, 마님은 살림살이를 닥치는 대로 뒤집어엎고 찬장을 부수고 창과 격자창을 때려부수고 개흙이며 쪽〔藍〕을 벽에 흠뻑 칠하여 바르면서 나에게 이렇게 말했어.

"애, 카후르야, 빨리 와서 거들어라. 이 찬장을 때려부수고 그릇이며 사기며 모조리 깨부숴라!"*13

그래서 나도 마님과 함께 집 안에 있는 찬장이라는 찬장은 무엇이 얹혀 있건 모조리 부숴버렸어. 그러고는 지붕에서부터 집 구석구석에 이르기까지 다 때려부숴 마침내 집 안에는 변변한 사기그릇 하나 남지 않게 되었지. 그러는 동안에도 나는 계속 큰 소리로 울부짖었어.

"아, 가엾으신 나리!"

그러자 이번에는 마님이 두건만 두르고 얼굴을 드러낸 채*14 밖으로 뛰쳐

나갔어. 딸도 어린아이들도 그 뒤를 따라나와 나에게 말했지.

"여봐, 카후르, 앞장서서 나리께서 돌아가신 곳으로 안내해. 무너진 담 밑에서 나리의 시체를 파내고 관에 담아 집에 모셔와서 훌륭한 장례를 치러 드리고 싶으니."

"아, 가엾으신 나리!"

나는 울부짖으면서 앞장서 걸어나갔지. 그러자 집안사람들도 저마다 "아, 가엾게도 그 어른이!" 하며 울부짖으면서 얼굴과 머리를 드러낸 채로 뒤따라오더군. 그리하여 마침내 이웃에서도 남자고 여자며 병신이고 젊은이며 처녀고 아이고 늙은이며 모두 나와서 얼굴을 때리고 하염없이 울며 야단법석을 떨었어. 나는 그 맨 앞에 서서 천천히 시내 안을 끌고 돌아다녔지. 거리 사람들이 무슨 일이냐고 물으면 사람들은 나에게 들은 말을 그대로 옮기더구먼. 그러자 사람들은 외쳤어.

"알라 외에 주권 없고 권력 없도다!"

그 가운데 누군가가 말했지.

"그분은 이 고장의 유지다. 그러니 그분의 신상에 일어난 일을 총독에게 알려야 해."

그리하여 사람들은 우르르 총독에게 몰려갔단 말이야.

—여기서 날이 새기 시작한 것을 깨닫고 샤라자드는 이야기를 그쳤다.

40번째 밤

오, 인자하신 임금님, 어젯밤 이야기는 사람들이 총독에게 갔다는 데까지였습니다.

총독은 곧 일어나 말을 타고 삽과 삼태기를 든 인부를 비롯하여 많은 사람을 거느리고 내 뒤를 쫓아왔어. 나는 죽은 남편을 생각하고 우는 마님과 아이들을 데리고 큰 소리로 울부짖으면서 머리에 먼지를 뒤집어쓴 채 얼굴을 때리면서 앞장서 달려갔지. 그리하여 아무튼 내가 맨 먼저 정원으로 뛰어들어갔어. 그러자 주인 나리는 내가 처참한 몰골로 얼굴을 때리면서 울부짖는 것을 보았지.

"아, 가엾은 마님! 아, 슬퍼라! 애처로워라! 마님이 돌아가셨어요! 앞으로 누가 나를 보살펴 주실까? 차라리 마님 대신 내가 죽었으면 좋았을 걸!"

주인은 망연자실하여 멍하니 서 있다가 이윽고 얼굴이 노래지면서 묻지 않겠어.

"아니, 카후르, 왜 그러느냐? 무슨 일이냐?"

"나리! 제가 댁에 돌아갔더니 손님방 벽이 무너져 마님과 아이들이 그 밑에 깔렸습니다!"

"그래서, 마님은 피하지 못했단 말이냐?"

"그렇습니다, 나리. 슬프게도 한 사람도 살아나지 못했습니다."

"막내딸도 살지 못했단 말이냐?"

"네, 역시 살지 못했습니다."

"그러면 내가 언제나 타던 노새는 어떻게 되었나? 무사하냐?"

"살지 못했습니다, 나리. 집 벽도 창고 벽도 모두 무너져서 집 안에 있던 것은 모두 생매장되었습니다. 양이니 거위니 닭까지 모두 고기의 산더미가 되어버려 고양이와 개들이 뜯어먹었습니다."

"그럼, 너의 젊은 나리인 내 큰아들은 살았느냐?"

"아니, 알라께 맹세코! 누구 한 사람 살아남지 못했습니다. 집이고 뭐고 남은 게 없습니다. 형체도 없어져 버렸지요. 양이며 거위며 닭들은 모두 고양이와 개들이 깨끗이 먹어버렸습니다."

이 말을 듣자 주인은 눈앞이 캄캄해져서 말이야, 현기증이 나고 머리가 아찔해져 바로 서 있지를 못하더군. 마치 별안간 중풍이라도 걸린 것처럼 등뼈가 부러지기라도 한 것처럼 되어버렸지. 이윽고 무시무시한 기세로 옷을 쥐어뜯고 수염을 쥐어뜯더니 두건을 벗고는 피가 날 정도로 얼굴을 때리면서 큰 소리로 부르짖었어.

"아, 가엾어라, 아이들아! 아, 가엾어라, 아내여! 이 무슨 불행이람! 나한테 닥쳐온 이런 불행이 어디에 또 있을까?"

주인의 친구인 상인들도 이 광경을 보고 가엾이 여기며 함께 울부짖고 옷을 찢으며 야단법석이었어. 마침내 주인은 괴로움을 못 참고 힘껏 얼굴을 때리면서 술 취한 사람처럼 비틀비틀 정원에서 걸어나가더군. 주인과 상인들이 막 정원을 나섰을 때 멀리서 먼지가 자욱이 일며 울부짖는 소란스러운 소리가 들려오지 않겠나. 자세히 보니, 이게 웬일! 구경나온 사람들과 부하들을 잔뜩 거느린 총독이지 뭔가. 그리고 나리의 가족들이 그 뒤에서 엉엉 큰 소리로 울면서 따라왔지.

주인에게 맨 먼저 말을 건넨 것은 부인과 아이들이었어. 그들의 얼굴을 보자 주인은 어리둥절하여 큰 소리로 웃더니*15 이렇게 물었지.

"이게 대체 어떻게 된 일이냐? 집에 무슨 일이 있었어? 또 너희는 어떻게 된 거고?"

아내와 아이들은 주인 얼굴을 보고 외쳤지.

"아, 무사하셨군요. 알라께 감사드립시다!"

아이들은 아버지 품에 뛰어들며 매달렸어.

"아, 아버지! 알라 신 덕분에 다치지 않으셨군요. 오, 아버지!"

"여보, 정말 무사하셨군요? 당신의 무사하신 얼굴을 보여주신 알라께 감사드립니다."

그러나 아무래도 이상했던지 부인은 남편 얼굴을 보며 물었지.

"여보, 당신과 친구들이 어떻게 무사히 빠져나왔어요? 당신도, 친구들도?"

"그보다도 집에서 무슨 일이 없었소?"

"우리는 모두 아무 일도 없었어요. 보시는 바와 같이 모두 무사해요. 다만 그 노예 카후르가 맨대가리 바람으로 찢어진 옷을 입고 달려와 '아, 나리님이! 나리님이!' 하고 큰 소리로 울부짖기에, '얘, 카후르, 왜 그러니?' 하고 물었더니 '정원에서 나리와 친구 분들의 머리 위로 담이 무너져 모두 깔려 죽고 말았습니다!' 하지 않겠어요."

"아, 이 망할 놈 같으니! 그놈은 방금 내게 와서 '아, 마님이! 아, 아이들이! 마님과 아이들이 모두 돌아가시고 말았습니다' 하고 말했단 말이야."

주인은 주위를 둘러보더니 갈가리 찢어진 두건을 두르고 연방 통곡하면서 머리에 진흙을 끼얹는 나를 호통치면서 불렀어. 내가 주인 곁으로 달려가자 주인은 말했지.

"이 지긋지긋한 놈! 재수 없는 노예 놈아! 이런 상놈의 악당새끼를 보았나! 이 저주받을 등신 놈 같으니! 네놈은 어쩌자고 이런 끔찍한 장난을 한단 말이냐! 빌어먹을 놈! 가죽이 벗겨질 때까지 흠씬 두들겨 패서 살을 발라내고 말 테다!"

나는 말대꾸를 해 주었지.

"나리, 알라께 맹세코 그럴 수는 없습니다. 저에게 흠이 있는 것을 알고 사시지 않았습니까? 정직한 사람이라면 나리께서 1년에 한 번 거짓말하는 제 버릇을 안다는 사실을 훌륭하게 증언해 줄 테니까요. 그리고 이번 것은 아직 절반밖에 안 되는 거짓말이니, 섣달그믐께가 되면 나머지 절반의 거짓말을 해야겠습니다. 그래야 겨우 온전한 한 가지 거짓말이 되는 셈이니까요."

그러자 주인은 소리쳤어.

"오, 이 개놈, 짐승 같은 놈! 아무리 저주해도 끝이 없을 노예 놈의 새끼! 이런 거짓말을 하고도 아직 반밖에 하지 않았다고! 그 반 쪼가리 거짓말로 이런 재난을 당하게 해? 냉큼 꺼져라. 알라가 보시는 앞에서 자유롭게 해 주마!"

나는 대답했어.

"아니, 천만의 말씀. 알라께 맹세코, 나리께서는 저를 자유롭게 해 주시더라도 저는 기한이 다할 때까지 나리를 자유롭게 해 드리지 않겠습니다. 게다가 방금 말씀드린 것처럼 아직 반이 남아 있으니까요. 그것이 끝나면 저를 노예시장에 데려가 나리께서 저를 사실 때처럼 흠이 있는 것을 알고 사는 사람에게 파십시오. 그러니까 지금 저를 해방하시면 안 됩니다. 제 힘으로 밥을 벌어먹을 재주가 없으니까요.*16 저의 이러한 요구는 박사들이 노예해방의 장(章)에서 규정한 법률상의 문제입니다."

우리가 이렇게 서로 묻고 대답하는 동안 많은 사람이 모여들었지. 이웃 사람들도, 남자며 여자며 아이들도, 총독도 부하들도 애도의 말을 늘어놓으며 모여들었거든. 주인과 상인들은 총독한테 가서 이 보기 드문 사건을 호소하더구먼. 그리고 이것이 반밖에 되지 않는 거짓말이라고 하지만, 이보다 엄청난 큰 거짓말이 어디 있느냐고 주장했지. 모두 나를 욕하고 저주했지만, 나는 그저 이를 드러내고 웃으면서 이렇게 말해 줬어.

"우리 주인은 내 버릇을 알고 샀으니 나를 죽일 수는 없을걸."

그런 다음 주인이 집으로 돌아와 보니 집 안이 엉망이 되어 있지 않겠나? 하기야 그 가운데 값나갈 만한 물건을 모조리 부순 것은 나였지만[17] 마누라도 책임이 없지는 않을 텐데 주인에게는 이렇게 말하더군.

"그릇이며 사기그릇을 부순 것은 카후르예요."

주인은 더욱 노발대발해서 손으로 손을 때리면서 호통쳤지.

"이 망할 놈 같으니! 이따위 상놈은 두 번 다시 가까이하지 않겠다. 이래도 거짓말의 절반이라니! 제대로 거짓말을 하다간 대체 어떻게 되겠느냐. 동네 하나쯤 문제없이 때려부수겠군."

주인은 너무나 화난 나머지 다시 총독에게 달려갔어. 나는 채찍으로 마구 두들겨 맞고 마침내 정신을 잃고 말았지. 내가 가까스로 정신을 차리니 이번에는 이발사를 데려와 내 머리를 밀고 소중한 연장 끄트머리를 잘라 불알을 까고는[18] 상처를 불로 지졌어. 정신을 차리고 보니 완전히 고자가 되어버렸더군.

주인은 나한테 말했어.

"네놈이 나의 가장 소중한 물건을 요절내었으니, 그 보복으로 네놈의 가장 소중한 것을 잘라 뜨거운 맛을 보여준 거다!"

그러고는 나를 시장에 끌어내 헐값에 팔아치웠어. 왜냐하면 고자가 되어버렸으니까. 나는 팔려가는 곳마다 여전히 못된 장난을 쳤는데 이 주인에게서 저 주인에게로, 이 명사에게서 저 명사에게로 주인을 바꾸며 팔려 다니다 마침내 교주님 궁정에서 일하는 신세가 되었지. 하지만 나도 이젠 기운이 달려서 좋은 계략이 떠오르지 않아. 이런 사연으로 가엾게도 난 결국 사내구실을 못하게 되었다네.

두 노예는 이 사내의 이야기를 듣고는 배를 잡고 웃다가 이렇게 놀렸습니다.

"정말이지, 너는 똥개 자식[19]이구나. 똥에서 나온 놈이야! 어떻게 그런 당치도 않은 거짓말을 했어?"

그러고는 세 번째 노예에게 말했습니다.

"다음은 네 차례야."

세 번째 노예가 입을 열었습니다.

"형제들! 자네들 이야기는 어째 시시하군. 내가 어떻게 해서 고자가 되었는지 이야기해 주지. 난 정말 지독한 짓을 했거든. 그러니 고자가 되는 게 싸지. 나는 주인마누라며 주인의 후계자인 맏아들과 재미를 봤거든. 하지만 내 이야기는 길어서 지금 여기서는 할 수 없어. 자, 여보게들, 곧 날이 샐 거야. 이 궤짝을 묻기 전에 날이 밝으면 노여움을 크게 사서 목이 달아날지도 모르는 일이야. 자, 자네들은 일어나서 문을 열어. 궁전에 돌아가서 내 신세 이야기와 중요한 물건을 잃어버린 사연을 얘기해 줄 테니까."

그리하여 세 사람은 벽을 기어올라가 안으로 뛰어내리고서 문을 열고 안으로 들어갔습니다. 그리고 등불을 옆에 내려놓고 네 개의 무덤 사이에 궤짝의 길이와 너비에 맞춰 구덩이를 파기 시작했습니다. 카후르가 부지런히 괭이질을 하고 사와브가 삼태기에 흙을 담아 나르는 동안 마침내 사람 키 만한 깊이로 구덩이가 파지자, 그 속에 궤짝을 넣고 흙을 덮은 다음 묘지 문을 닫고 노예들은 어디론가 가버렸습니다.

주위가 조용해지고 혼자 남게 되자, 가님은 그 궤짝 속에 무엇이 들었는지 궁금해졌습니다.

"궤짝 속에 든 게 무엇인지 알고 싶은걸!"

그러나 날이 샐 때까지 참았다가 이윽고 아침 해가 떠오르자 가님은 얼른 대추야자나무에서 내려가 손으로 흙을 파헤치고 궤짝을 꺼냈습니다. 커다란 돌을 주워와 그것으로 자물쇠를 깨고 뚜껑을 열어보니, 거기에는 아름다움과 사랑스러움의 전형이라 할 만한 젊은 여자가 누워 있는 게 아니겠습니까. 더없이 호화로운 옷을 입고 값진 황금패물과 국왕의 영토보다도 값나 보이는 훌륭한 목걸이를 걸고 있었습니다.

가님이 그 여자를 가만히 살펴보니 가슴이 아래위로 꿈틀거리는 것으로 보아 아직 숨이 끊어지지 않은 듯했습니다. 누군가가 속여서 마취약을 먹인 모양이었습니다. 가님은 여자를 궤짝에서 꺼내 땅바닥에 반듯이 뉘였습니다. 산들바람이 불어 공기가 콧구멍과 입과 폐로 들어가자 여자는 재채기하고 이어서 기침을 했습니다. 그때 여자 목구멍에서 크레타 섬에서 나는 마약이 한 알 튀어나왔습니다. 그것은 코끼리가 맡아도 며칠 밤이나 잠에 취할 만큼 강력한 수면제였습니다. 여자는 눈을 가늘게 뜨고 주위를 둘러보며 상냥한 목소리로 말했습니다.

"오, 바람이 싫어! 너에게는 갈증을 풀어줄 만한 것도 없고 갈증이 풀린 자를 기쁘게 할 만한 것도 없지? 자르 알 보스탄은 어디 있어!"

그러나 아무도 대답하는 이가 없자 몸을 조금 뒤척이며 높게 소리쳤습니다.

"얘, 사비하! 샤자라트 알 둘! 누르 알 후다! 나지마트 알 수브! 너희 일어나지 않았니? 샤와, 누자, 하르와, 자리파, 모두 어떻게 된 거야, 대답해!"

그래도 아무 대답이 없자 그 여자는 다시 주위를 둘러보며 말했습니다.

"아, 이게 무슨 일이람! 나를 무덤 속에 묻었나? 오, 사람의 가슴속에 감춰진 비밀을 아시고 심판 날에 보상을 내리시는 신이시여, 대체 누가 후궁의 방을 가린 휘장 속에서 나를 끌어내 이 네 개의 무덤 속에 갖다놓았을까?"

그동안 줄곧 옆에 서 있던 가님은 그때 이렇게 말했습니다.

"오, 부인, 여기는 휘장을 드리운 방도 아니고 궁전 안의 후궁도, 또한 무덤 속도 아닙니다. 지금 여기 있는 것은 당신을 사랑하여 노예가 되어버린 가님 빈 아이유브뿐입니다. 당신의 번민을 씻어주고 어떤 소원이라도 이뤄드리라고 하늘에 계신 전능하신 알라께서 보내신 자입니다."

가님은 입을 다물었습니다. 여자는 이 말에 마음을 놓으며 소리쳤습니다.

"알라 외에 신 없고 마호메트야말로 신의 사도임을 믿나이다!"

그리고 가님을 돌아보고 두 손으로 얼굴을 가리며 고운 목소리로 말했습니다.

"오, 젊은 양반, 누가 나를 여기에 데려다 놓았을까요? 보세요, 나는 이제 완전히 소생했어요."

"오, 부인, 세 노예환관이 이 궤짝을 메고 왔답니다."

가님은 대답하고 자기 신상에 일어난 일을 모두 이야기했습니다. 그리고 해가 진 덕분에 당신을 구할 수 있었으며 그렇지 않았다면 당신은 질식하여 죽어 버렸을 거라고 말했습니다.[20] 그리고 여자의 이름과 신분을 물었습니다.

"오, 젊은 양반, 당신 같은 분의 도움을 받게 된 것을 알라께 감사드립니다. 제발 어서 나를 원래대로 이 궤짝에 넣은 뒤, 큰길에 나가 낙타 몰이이든 나귀 몰이이든 눈에 띄는 대로 불러와 어서 당신 댁으로 데려가주세요. 댁에 닿기만 하면 모든 일이 잘될 거예요. 내 신세 이야기도 해 드리고 여러 가지 재미있는 이야기도 들려 드리겠어요. 나로 말미암아 당신한테도 좋은 일이 생길지 모릅니다."

이 말을 듣고 가님은 기뻐하며 묘지 밖으로 달려나갔습니다. 그때는 벌써 해가 높이 떠올라 눈부시게 빛나고 길에는 사람들이 오가고 있었습니다. 가님은 나귀 몰이를 불러 묘지로 가서 여자가 든 궤짝을 나귀에 실었습니다. 그리고 그 여자에 대한 사랑 때문에 마음이 들떠서 기쁜 마음으로 집을 향해 걸었습니다. 그도 그럴 것이 여자는 금화 1만 닢쯤 되는 값어치가 있을 뿐 아니라 의상과 장식품만도 돈으로 치면 막대해 보였기 때문입니다. 가님은 집에 도착하자 곧 궤짝을 들고 들어가 뚜껑을 열었습니다.

—여기서 날이 밝아오는 것을 깨닫고 샤라자드는 이야기를 그쳤다.

41번째 밤

오, 인자하신 임금님, 샤라자드는 말했다. 아이유브의 아들 가님은 여자를 넣은 궤짝과 함께 집에 도착하자, 곧 뚜껑을 열고 젊은 여자를 꺼내주었습니다. 여자는 주위를 둘러보고 바닥에 양탄자를 깐 데다 기분 좋은 온갖 장식물로 꾸며진 산뜻한 방, 높게 쌓인 상품과 짐짝을 보고 이 집 주인은 큰 부자상인이구나 하고 생각했습니다. 그래서 얼굴을 가린 베일을 쳐들어 거기에 서 있는 가님을 자세히 바라보니 그 남자 또한 매우 훌륭한 젊은이가 아니겠습니까? 여자는 첫눈에 사랑에 빠지고 말았습니다.
"저, 여보세요. 뭐라도 먹을 것을 좀 주시지 않겠어요?"
"드리고말고요."
가님은 시장에 나가 구운 양고기와 사탕과자 한 접시, 말린 과일과 초, 포도주와 여러 가지 음료를 사고 향료도 잊지 않고 사서 돌아왔습니다.
그것을 가지고 돌아온 가님을 보자 여자는 가님에게 입을 맞추고 목을 끌어안았습니다. 그리고 상냥하게 애무하기 시작하니 가님의 연정은 더욱 불타올라 마침내 여자에게 마음이 완전히 사로잡히고 말았습니다. 두 사람은 먹고 마시며 서로 깊은 애정을 느꼈습니다. 두 사람은 나이가 같고 서로 못지않게 아름다웠기 때문입니다. 해가 지고 밤이 되자 사랑에 넋을 잃은 노예 가님 빈 아이유브는 일어나 초와 램프에 불을 켜 방을 밝게 하고*21 포도주를 준비하여 식탁을 꾸몄습니다. 그런 다음 두 사람은 자리에 앉아 술잔을 주거니 받거니 정답게 웃고 얘기하고 노래를 불렀습니다. 그러다 보니 두 사람은 더욱더 흥분하여 서로에 대한 애착이 점점 더 깊어져 갔습니다. (이렇듯 사람과 사람의 마음을 맺어주시는 분께 영광 있으라!) 이리하여 두 사람이 술자리를 계속하는 동안 드디어 새벽녘이 되어 어느덧 졸음이 왔으므로 그들은 그 자리에 쓰러져 아침까지 잠들고 말았습니다.*22

날이 밝자 가님은 일어나 시장에 가서 아침식사에 필요한 채소와 포도주, 그 밖의 물건들을 사서 왔습니다. 두 사람은 다시 함께 앉아 배불리 먹고는 술잔을 주고받았습니다. 잔을 들고 서로 희롱하는 사이에 두 사람의 뺨은 발갛게 달아오르고 눈동자는 점차 게슴츠레하게 풀려갔습니다. 가님은 어떻게든 여자에게 입을 맞추고 끌어안고 자고 싶어 견딜 수가 없어서 이렇게 말했습니다.

"그 귀여운 입술에 한 번만 입맞추게 해 주오. 그러면 내 마음의 불길이 꺼질지도 모르니까."

"오, 가님 님, 내가 술에 취해 정신을 잃을 때까지 기다려주세요. 그때는 제가 모르게 살며시 입맞추어도 괜찮아요."

여자는 일어나 윗옷을 벗고 리넨으로 지은 멋진 엷은 속옷과 비단 머릿수건*23만 걸친 모습이 되었습니다. 그것을 보자 가님의 정욕이 갑자기 불길처럼 타올랐습니다.

"여보시오, 지금 당장 내 소원을 들어주면 안 되겠소?"

"알라께 맹세코, 그건 안 돼요. 글쎄 제 속곳 끈*24에 무척 무서운 말이 적혀 있는 걸요."

가님은 실망했으나 마음먹은 대로 일이 안 되면 안 될수록 욕정은 더욱더 불타올라 다음과 같은 즉흥시를 읊었습니다.

그대를 사랑하니 마음 아파
상처받은 마음 달래보려고
달콤한 입맞춤을 소원했으나
"안 돼요, 절대!" 하며 그대는 듣지를 않네.
그래도 상냥한 목소리로
"네" 하게 하려고 졸라댔지만

"그러면 입맞춤을 훔치셔요.
웃으며 허락하지요, 당신의 허물."
"힘으로?" 하고 물으니
여자의 대답은 "그건 안 돼요.
애정을 담아서 기분 좋게."
그런 다음 무슨 일이 일어났는지
알라께서만 아실 터!
세상 사람들이 뭐라 해도
조급해할수록 둘 사이는
더한층 뜨거워질 뿐
뒷일은 상관없는 이 몸이네.
적이 알든 모르든 간에.

가님의 연정은 더욱더 커지고 가슴속 사랑의 불길은 더욱더 활활 타올랐지만, 그래도 여자는 몸을 허락하려 하지 않았습니다.
"내 몸은 내 맘대로 할 수 없답니다."
두 사람은 서로 애무하고 술잔을 나누며 마음껏 술자리를 즐겼고, 가님은 완전히 애욕의 바다에 빠져버렸으나 여자는 여전히 꽁무니를 빼며 매정하게 굴었습니다. 그러는 동안 해가 지고 주위가 갑자기 어두워져 초저녁 어둠이 두 사람을 감쌌습니다. 가님은 벌떡 일어나 램프와 초에 불을 켜 방 안의 분위기를 바꾸고 식탁을 치웠습니다. 그리고 여자의 발을 손에 쥐고 입을 맞추었는데, 그 신선한 크림과 같은 촉감에 저도 모르게 얼굴을 지그시 갖다대며[25] 말했습니다.
"오, 고귀한 부인이여, 당신을 향한 사랑의 포로가 되어 당신의 눈동자에 죽음을 당하게 된 이 사내를 가엾이 여겨주시오. 당신의 독기를 쐬지 않았던들 나는 사랑도 시름도 몰랐을 것을."
가님이 잠시 눈물을 흘리며 울자 여자는 말했습니다.
"아, 소중한 분, 내 눈동자의 빛이여. 알라께 맹세코, 나는 진심으로 당신을 사랑해요. 당신의 진심을 믿고 있어요. 하지만 나는 아무래도 당신의 것이 될 수 없어요."

"무슨 까닭에 그러시오?"

"그 까닭을 아실 수 있도록 오늘 밤 내 신세 이야기를 하지요."

여자는 가님에게 몸을 던지고 마치 목걸이처럼 가님의 목에 팔을 감고 뺨에 입을 맞추며 진심으로 애정을 맹세했습니다. 애욕의 포로가 된 두 사람은 마음껏 끌어안고 웃음을 나누는 동안 두 마음이 하나로 굳게 맺어졌습니다.

이렇게 하여 꼬박 한 달 동안 두 사람은 언제나 한자리에서 밤을 지내면서도 여자는 가님이 몸을 요구할 때마다 계속 거절했습니다. 그렇게 서로의 애정은 깊어가기만 하는데 애욕의 불길은 있는 힘을 다해 누르고 있었습니다.

어느 날 밤, 포도주의 취기로 거나하게 달아오른 몸으로 나란히 누워 있었을 때 가님은 여자의 유방에 손을 대고 부드럽게 어루만진 다음 그 손을 여자의 허리에서 배꼽노리까지 가져갔습니다. 그러자 여자는 발딱 일어나 속곳 끈을 만져보더니 그것이 꼭 매어져 있는 것을 보고는 안심하고 다시 잠들었습니다. 한참 뒤 다시 가님의 손이 여자의 몸을 더듬기 시작하여 속곳 끈을 풀자 여자는 눈을 뜨고 일어나 앉았습니다.

"어쩌시려는 거지요?"

"당신을 안고 자고 싶소. 서로 터놓고 허물없이 지내고 싶소."

"이렇게 된 이상 내 신분을 알려 드리기 위해 내 신세 이야기를 하는 수밖에 없군요. 그렇게 하면 내 비밀과 함께 내가 거절하는 까닭도 아실 테니까."

"제발 그렇게 해 주시오."

가님이 말하자 여자는 속옷 자락을 들치고 속곳 끈을 손에 쥐면서 말했습니다.

"이 끈에 뭐라고 씌어 있는지 읽어보세요."

가님은 그것을 손에 잡고 금문자로 수가 놓인 글을 읽었습니다.

'오, 사도(使徒)인 사촌오빠여, 나는 그대의 것, 그대는 나의 것.'

그것을 읽자 가님은 황급히 손을 거두며 물었습니다.

"당신은 대체 누구시오? 그것을 밝혀주시오."

"그럼, 가르쳐드리지요. 나는 충성스러운 자들의 임금이신 교주님의 측실 가운데 한 사람으로, 쿠트 알 쿠르브(마음의 양식)라고 합니다. 교주님의 궁전에서 자란 나는 어느덧 여인이 되자 교주님 눈에 띄게 되었습니다. 조물주이신 알라께서 베푸신 미모 덕택에 교주님의 총애가 여간 아니어서 별실을 따로 주시어 노예계집 10명에게 시중들게 하셨고, 지금 걸고 있는 이런 패물까지 주셨지요. 어느 날 교주님이 한 영지로 행차하시자 즈바이다 왕비가 내 노예계집 하나에게 말했습니다. '너에게 부탁이 있다.' '무슨 부탁인데요, 왕비님.' '네 상전인 쿠트 알 쿠르브가 잠들거든 이 마취약 한 알을 코에 넣든가 그렇지 않으면 마시는 것에 넣어라. 네가 달라는 대로 돈을 주마.' '그렇게 하겠습니다.' 그리고 노예계집은 왕비한테서 약을 받았어요. 그 여자는 돈도 얻을 수 있는데다 전에 즈바이다 왕비의 시녀였으므로 쾌히 그 일을 맡았던 것입니다.

그리하여 내 마실 것 속에 마약을 넣었지요. 그런 줄도 모르고 그날 밤 나는 그것을 마셔 약이 뱃속에 들어가기도 전에 바닥에 쓰러져 정신을 잃고 말았어요. 계략이 뜻대로 성공하자 왕비는 나를 궤짝에 넣고 남몰래 노예와 문지기들을 불러 돈을 쥐어주고 일을 시켰습니다. 당신이 대추야자나무에 올라가 있던 그날 밤, 왕비는 노예들에게 그날 당신이 보신 바와 같은 일을 시켰던 것입니다. 그러나 당신이 나를 구해 주시고 댁으로 데려다 과분하게 대접해 주신 거예요. 이것이 나의 신세 이야기예요. 내가 없는 동안 교주님은 어떻게 되셨는지 모르겠어요. 이제 내 처지를 다 아셨겠지요. 누구에게도 절대 누설하지 말아 주세요."

이 말을 듣고 여자가 교주의 측실임을 알게 되자 가님은 교주의 지위에 대한 두려움에 떨며 여자 곁을 떠나 방 한구석으로 물러나 앉았습니다. 그리고 스스로 자기 마음을 꾸짖고 자신의 사랑을 곰곰이 생각하기도 하면서, 사랑하는 여자에게 다가갈 수 없는 슬픈 사랑에 신음하는 가슴을 꼭 누르고 있었습니다. 그러나 마침내 참다못해 눈물을 흘리면서 운명과 운명의 장난, 얄궂은 세상사를 원망하고 탄식했습니다. (마음이 넓은 자에게 사랑의 괴로움을 주시고, 천하고 인색한 자에게는 한 톨 무게의 괴로움도 주지 않으시는 신을 찬양하라!) 가님은 다음과 같은 노래를 부르기 시작했습니다.

    사랑하는 여인을 향한 마음 때문에
    깊은 고민에 에워싸여,
    아름다운 얼굴과 자태에

괴로운 상처 입으니,
그 사랑의 맛을 누가 묻는다면
나는 대답하리, 그 맛은
기막히게 달고
또 무척 쓰기도 하더라고.

이 노래를 듣고 여자는 일어나 가님의 가슴을 꼭 끌어안고 입을 맞추었습니다. 가님에 대한 애정이 가슴속 깊이 스며들어 저도 모르게 자기의 비밀과 애정을 털어놓은 여자는, 가님의 목에 진주같이 아름다운 팔을 둘러 몇 번이나 뜨거운 입맞춤을 했습니다. 그러나 가님은 교주가 두려워 여자에게 응하려 하지 않고 오랫동안 이야기만 주고받았습니다(두 사람은 정말 서로 애욕의 바다에 빠져 있었지요).

날이 밝자 가님은 일어나 옷을 갈아입고 여느 때처럼 시장에 나가 필요한 물건을 사서 돌아왔습니다. 그동안 여자는 계속 울고 있다가 돌아온 가님의 모습을 보자 눈물 젖은 얼굴로 미소를 지으며 말했습니다.

"오, 그리운 분이여, 제가 얼마나 쓸쓸했는지 당신은 몰라요. 당신이 안 계신 동안이 마치 1년처럼 길게 느껴졌어요. 당신을 사랑하는 나머지 마침내 내 신분을 밝히고 말았지만, 이젠 내 곁에 와서 지나간 일을 흐르는 물에 씻어 보내시고 나를 마음대로 하세요."

그러나 가님은 여자의 말을 가로막았습니다.

"알라의 가호가 있기를! 그건 안 됩니다. 개가 어찌 사자를 대신할 수 있겠습니까? 주인의 것은 노예에게는 금물입니다."

그러고는 여자에게서 물러나 양탄자 한구석에 앉았습니다. 그러나 가님이 꽁무니를 빼면 뺄수록 여자의 정열은 더욱 거세게 타올라 가님 옆에 몸을 바싹 붙이고 앉아 술잔을 권하면서 희롱을 걸곤 하여 두 사람은 마침내 술에 취했습니다. 여자는 자신이 스스로 몸을 내맡기고 싶어 미칠 지경이 되어 다음과 같은 노래를 불렀습니다.

사랑하는 이 가슴은
미어지고 쓰리네.

사랑을 거절당한 이 수줍음
언제까지 감추고 참아야 하나.
아무 죄도 없는 나를 버리고
무정하게 떠나려는 나의 임이여,
영양(羚羊)도 길들이면 곁에 오는데
이토록 미움받고 외면당하며
멀리 밀쳐지는 괴로움이여.
아직 젊은 이 몸 사랑 복받쳐
어찌 조용히 견디오리까.

 이 노래를 듣고 가님이 눈물을 흘리자 여자도 따라 울며 두 사람은 해질녘까지 술을 마셨습니다. 이윽고 가님이 일어나 잠자리를 따로따로 깔았습니다. 그것을 보고 여자가 물었습니다.
 "이쪽 잠자리는 누구 거지요?"
 "하나는 내 것이고 또 하나는 당신 것이오. 오늘 밤부터 이렇게 자는 수밖에 없습니다. 주인의 것은 노예에게는 금물이니까요."
 "아, 주인님, 이것도 모두 운명인데 어때요."
 그러나 가님은 아무리 말해도 듣지 않았습니다. 여자는 가슴속에서 정열의 불길이 타올라 애욕을 참다못해 가님의 몸에 매달려 소리쳤습니다.
 "안 돼요. 꼭 나란히 누워 같이 자고 싶어요."
 "그건 안 됩니다."
 가님은 대답하며 여자를 설득하여 가까스로 아침까지 따로따로 잤습니다. 그러나 여자의 애욕의 불길은 갈수록 더욱 거세게 타올라 거의 미칠 지경이 되었습니다. 이렇게 꼬박 석 달을 보냈는데 정말 지루하고 긴 세월이었습니다. 그동안 여자는 몇 번이나 안타까운 하소연을 했지만 가님은 언제나 몸을 피하며 허락하지 않았습니다.
 "주인 것은 신하에게 금물입니다."
 시간이 흐를수록 울적해지고 고뇌와 시름에 빠지게 된 쿠트 알 쿠르브는, 무겁게 짓누르는 가슴속에서 이런 노래를 짜냈습니다.

잘생긴 당신은 언제까지
이토록 매정하게 하실건가요?
내 것이 되지 말라고 누가 말했나,
그 고운 얼굴에 상냥한 마음씨
거기에 깃든 찌르듯 매운맛
여자를 뇌쇄시키는 당신 때문에
이 여자 저 여자가 흥분해
밤에도 잠 한숨 못 이루네.
일찍이 잎이 뜯기고
열매까지 잃어버렸으니,
가엾어라, 계수나무! 네 죄를
내 눈앞에서 엿보았노라.[*26]
그 옛날 사슴을 뒤쫓았건만,
어찌 된 일인가, 사냥꾼은
그대 때문에 뒤쫓지 못하네.
내가 판 함정에 내가 먼저
그 속에 떨어지니 기막히지만
아등바등해 본들 소용없네.
묻지 말아 주세요, 나의 소원을.
비록 그대 원망할지라도
나는 원망하지 않으리, 이런 나를
그대보다 더욱, 훨씬 더.
이 목숨 있는 한
나는 외치리, 사랑하는 이여
언제까지, 언제까지
나에게 매정해지려오?

 이런 상태로 두 사람은 오랜 세월 함께 살았지만 가님은 두려움 때문에 한사코 여자를 멀리했습니다. 그런데 교주의 왕비 즈바이다는 교주가 없는 동안 쿠트 알 쿠르브에게 한 나쁜 꾀가 폭로될까 두려워 자기도 모르게 중얼거렸습니다.

"사촌오빠인 교주가 돌아와서 그 여자에 대해 물으면 뭐라고 대답해야 할까?"

즈바이다 왕비는 가까이 두고 부리는 한 노파를 불러 비밀을 털어놓고 물었습니다.

"쿠트 알 쿠르브가 운 나쁘게 죽은 일을 어떻게 이야기하면 좋을까?"

주름이 쭈글쭈글한 노파는 대답했습니다.

"왕비님, 교주님이 곧 돌아오실 것입니다. 그러니 얼른 목수를 불러 시체 모양의 인형을 만드십시오. 그러면 궁전 한복판에 구덩이를 파고 거기에 인형을 묻겠습니다. 그 위에 기도소를 짓고 촛불과 램프를 켜시고 대궐 안의 모든 사람에게 상복을 입도록 분부하십시오. 그리고 교주님께서 돌아오시는 대로 시녀와 환관에게 분부하시어 현관 바닥에 짚을 뿌려놓으십시오. 무슨 일이냐고 교주님이 물으시거든 '쿠트 알 쿠르브 님이 돌아가셨습니다. 알라여, 부디 그 죽음을 보상해 주시기를! 왕비님께서 그분을 몹시 아끼고 사랑하셨기 때문에 이 궁전 안에 묻으셨습니다'라고 대답하게 하세요. 그 말을 들으시면 교주님은 아마 무척 애통해하시며 쿠르브 님을 위해 코란을 외시고 밤을 새우실 것입니다. 만일 사촌누이인 즈바이다 님이 질투 끝에 쿠르브 님을 죽이셨다는 것을 교주님이 알게 되시더라도, 또 애모의 정에 못 이겨 쿠르브 님의 시체를 무덤에서 파내려 하신다 해도 결코 염려하실 것 없습니다. 무덤을 파헤쳐 사람모양으로 깎은 인형이 나와도 훌륭한 수의로 감쌌으니 걱정 없습니다. 만일 교주님께서 그 수의를 벗기고 한번 보고 싶다고 하시거든 '알몸을 보시는 것은 법도에 어긋납니다' 하고 직접 말씀하시든가, 다른 자에게 말하게 하시면 됩니다. 교주님께서는 내세가 두려워 단념하시고 쿠트 알 쿠르브가 죽었다는 것을 믿고 본디대로 묻으신 다음 도리어 왕비께서 하신 일에 감사하시게 될 것입니다. 그러면 왕비님께서는 신의 뜻에 따라 절망의 늪에 빠져 괴로워하시는 일이 없게 되리라 믿습니다."

이 말을 듣자 왕비는 매우 기뻐하며 노파에게 훌륭한 옷과 돈을 주고 그대로 하도록 분부했습니다. 노파는 곧 그 일을 시작하여 목수에게 인형을 만들게 한 뒤 왕비에게 가지고 갔습니다. 왕비는 인형에게 수의를 입히고 묻은 다음 그 위에 묘소를 세우고 촛불과 램프를 밝히고 주위에 양탄자를 깔게 했습니다. 그러고는 왕비도 상복을 입고 쿠트 알 쿠르브가 죽었다는 것을 모든 후궁에게 알렸습니다.

이윽고 여행에서 돌아온 교주가 오직 쿠트 알 쿠르브만 생각하며 궁전으로 들어가니 시종이며 환관이며 시녀들이 모두 검은 상복*27을 입고 있었습니다. 교주가 무서운 예감에 떨리는 마음으로 즈바이다 왕비의 방에 들어가 보니 왕비 역시 검은 상복을 입고 있지 않겠습니까? 어찌 된 까닭인지 물으니 모두 입을 모아 말했습니다.

"쿠르브 님이 세상을 떠나셨습니다."

이 대답에 교주는 놀라움과 슬픔에 정신을 잃고 그 자리에 쓰러졌습니다. 이윽고 다시 정신을 차린 교주가 무덤이 어디 있느냐고 묻자 즈바이다 왕비가 대답했습니다.

"충성스러운 자들의 교주님, 특별히 주선하여 저의 이 궁전 안에 묻었습니다."

교주는 왕비의 말을 듣고 여행 차림을 한 채*28 그 무덤에 들어가 슬픔에 잠겨 눈물을 흘렸습니다. 묘에는 양탄자가 깔려 있고 촛불과 램프가 켜져 있었습니다.

그것을 보고 교주는 즈바이다 왕비의 자비로운 마음에 감사했습니다. 그러나 아무래도 쿠트 알 쿠르브의 죽음을 믿을 수가 없어 마침내 무덤을 파헤쳐 시체를 꺼내도록 명령했습니다. 그리고 무덤 속 수의를 보자 그것을 벗기고 모습을 한번 보고 싶었지만 전능하신 알라를 두려워하여 그것만은 삼갔습니다. 그때 노파가 교주가 망설이는 틈을 타서 말했습니다.

"자, 다시 묻어주시기를."

그래서 교주는 곧 탁발승과 코란의 독송자를 불러 쿠트 알 쿠르브의 묘지 앞에서 경문을 읽게 하고, 자기는 그 옆에 앉아 숨이 끊어질 듯 슬피 울었습니다. 그 뒤 교주는 꼬박 한 달 동안 틈만 나면 묘지 앞에 와서 앉아 있곤 했습니다.

—여기서 샤라자드는 날이 새기 시작한 것을 깨닫고 이야기를 그쳤다.

42번째 밤

샤라자드는 이야기를 계속했다.

―오, 인자하신 임금님, 교주는 꼬박 한 달 내내 틈만 있으면 무덤을 찾았습니다. 그러던 어느 날, 태수와 대신들이 물러가고 교주는 후궁에 들어가 자리에 누워 자고 있었습니다. 머리맡에는 한 노예계집이 앉아 부채질하고 발치에도 노예계집이 앉아 발을 주무르고 있었습니다. 잠시 뒤 교주는 눈을 떴으나 다시 눈을 감고 그대로 가만히 있으니 머리맡의 노예계집이 발치에 있는 노예계집에게 이런 말을 했습니다.

"이봐, 하이자란! 정말 잘 속여 넘겼지?"

"무슨 얘기야, 카지브 알 반?"[*29]

"교주님은 정말 아무것도 모르고 계셔. 목수가 다듬은 막대기밖에 들어 있지 않은 무덤 앞에 앉아 혼자 슬퍼하고 계시잖아."

"쿠르브 님은 도대체 어떻게 되신 거야?"

"그건 말이야, 왕비님이 어떤 노예계집에게 돈을 주시고 쿠르브에게 마취약을 먹여서 잠이 들자 궤짝에 넣어 사와브와 카후르와 부하이트를 시켜 묘지에 갖다 묻고 말았어."

"어머나, 뭐라고? 카지브 알 반, 그럼, 쿠르브 님은 돌아가시지 않았단 말이야?"

"천만에! 그분은 살아 있어. 즈바이다 왕비님 말씀으로는 다마스쿠스의 '사랑에 미친 사내'로 소문난 가님 빈 아이유브라는 젊은 상인의 집에 계신대. 벌써 넉 달이나 되었지. 그것도 모르고 교주님은 시체도 없는 무덤에서 언제나 눈물을 흘리고 계시는 거야."

두 사람이 이런 얘기를 하는 동안, 교주는 가만히 귀를 기울이고 있었습니다. 두 사람의 잡담이 끝날 무렵, 교주는 무덤은 가짜이고 쿠르브는 넉 달 동안 가님의 집에 있다는 것을 알았습니다. 미칠 듯이 노한 교주는 벌떡 일어나 태수들을 불러들였습니다. 바르마크 집안의 대신 자파르가 왕 앞에 나와 엎드리자 교주는 불같이 노하여 말했습니다.

"오, 자파르, 군사를 거느리고 가님 빈 아이유브 집으로 쳐들어가서 집을 부수고 나의 노예계집 쿠트 알 쿠르브와 함께 그놈을 끌고 오너라. 엄하게 다스릴 테다."

"분부대로 하겠습니다."

자파르는 곧 총독을 비롯하여 호위병들을 이끌고 가님의 집으로 달려갔습니다.

마침 그때 가님은 요리 한 그릇을 사 와서 쿠르브와 함께 막 먹으려던 참이었습니다. 여자가 문득 창밖을 내다보니 재앙은 이미 완전히 그 집을 둘러싸고 있었습니다. 대신과 총독을 비롯하여 호위병과 백인 노예들까지 칼을 뽑아들고 눈의 흰자위가 검은자위를 에워싸듯 집을 포위하고 있었던 것입니다. 이 광경을 본 쿠르브는 자기 일이 교주의 귀에 들어갔음을 깨닫고 이미 목숨은 없구나 하는 생각에 얼굴에 핏기가 사라지면서, 그 아름다운 용모도 순식간에 변하여 꽃다운 매력이 사라져버리고 말았습니다. 여자는 얼른 가님을 돌아보며 말했습니다.

"아, 나의 사랑하는 분! 목숨이 위험하니 빨리 달아나세요!"

"어떻게 하면 좋을까? 돈과 재산을 모두 이 집에 둔 채 어디로 가야 한단 말인가?"

"우물쭈물하면 안 돼요. 재산도 목숨도 다 잃게 돼요."

"아, 나의 연인이여, 눈동자의 빛이여! 이 집이 이렇게 포위되었는데 어떻게 빠져나갈 수 있을까?"

"염려 마세요."

여자는 느닷없이 가님의 아름다운 옷을 벗기고 그 대신 헌 누더기 옷을 입혔습니다. 그리고 그릇에 빵 부스러기를 담고 음식 한 접시와 함께 소쿠리에 담아 가님의 머리에 얹어주면서 말했습니다.

"이렇게 변장하고 나가면 염려 없어요. 제 걱정은 마세요. 전 교주님을 어떻게 다루면 되는지 잘 알고 있거든요."

가님은 여자가 시키는 대로 소쿠리를 이고 집을 둘러싼 사람들 속을 헤치고 나갔습니다. 신은 마음이 바르고 행실이 단정한 자를 지켜주시므로, 가님은 그 위급한 자리를 무사히 빠져나갈 수 있었습니다.

그럭저럭 하는 동안 자파르는 말에서 내려 집 안으로 들어갔습니다. 안에서는 쿠트 알 쿠르브가 눈부시도록 아름다운 옷과 패물로 한껏 단장하고 황금과 보석 등 진기한 물건들을 나르기 좋도록 궤짝에 챙겨두고 있었습니다.

그러다가 자파르가 들어오는 것을 보자 일어나 맞이하고서 몸을 엎드리고 말했습니다.

"오, 대신님, 갈대 붓의 장(章)에는 예로부터 알라께서 정하신 금언(金言)이 씌어 있습니다."*30

그러자 대신이 대답했습니다.

"실은 교주님 명령으로 아이유브의 아들 가님을 체포하러 왔습니다."

"대신님, 이 집 주인은 짐을 꾸려 다마스쿠스로 돌아간 뒤로 여태 아무 소식이 없습니다. 하지만 이 궤짝을 제가 맡았으니 충성스러운 자들의 임금님이신 교주님의 후궁으로 돌아가면, 이것을 저에게 가져다주세요."

"그렇게 하지요."

대신은 곧 부하에게 명령하여 궤짝을 교주의 궁전으로 운반케 하고 동시에 쿠르브도 귀인 대접을 하여 궁전으로 돌려보냈습니다. 부하들은 가님의 집을 두들겨 부수고 닥치는 대로 약탈하고 나서 명령대로 했습니다. 자파르가 교주 앞에 나가 모든 자초지종을 보고하자 교주는 쿠트 알 쿠르브를 방에 가두고 한 노파에게 시중을 들게 했습니다. 교주는 가님이 틀림없이 쿠트 알 쿠르브를 유혹하여 정을 통했을 거라고 여겼기 때문입니다. 교주는 다마스쿠스의 부왕, 마호메트 빈 슬라이만 알 자이니 태수에게 다음과 같은 명령서를 보냈습니다.

"이 서찰을 받는 대로 가님 빈 아이유브를 체포해 나에게 호송하라."

부왕은 이 서찰을 받자 거기에 입을 맞추고 두 손으로 받들었습니다. 그리고 곧 모든 시장에 포고령을 냈습니다.

"약탈을 원하는 자는 아이유브의 아들 가님의 집으로 가라."*31

이것을 읽은 사람들은 곧 가님의 집으로 몰려갔습니다. 그런데 가보니 가님의 어머니와 누이동생이 집 한가운데에 묘를 세우고*32 그 앞에 앉아 울고 있었습니다. 몰려간 사람들은 다짜고짜 두 사람을 붙잡고 그 집을 부순 다음 태수 앞으로 끌고 갔습니다. 태수가 가님은 어찌 되었느냐고 묻자 두 사람은 대답했습니다.

"벌써 일 년 동안이나 아무 소식도 없습니다."

그래서 두 사람은 그대로 집으로 돌려보내졌습니다. 한편 가님은 쿠르브와 살던 집이 재산과 함께 폐허가 된 것을 알고 가슴이 찢어지는 듯한 슬픔에 잠겨 해가 질 때까지 정처 없이 걷다 보니 배가 몹시 고프고 다리가 아팠습니다. 어떤 동네에 이르러 그는 그곳 이슬람교 사원*33에 들어가 걸석 위에 앉아 등을 벽에 기대고 비로소 한숨을 내쉬었습니다. 그러다가 굶주림과 피로 때문에 그대로 바닥에 쓰러져 버렸습니다. 음식을 전혀 먹지 못해 몸은 후들후들 떨리고 식은땀이 흐르는 데다, 온몸에 이가 기어다니고*34 내쉬는 숨조차 구린내가 나는 등, 완전히 딴사람이 되어 버렸습니다. 그리하여 마을 사람들이 아침 기도를 올리러 왔을 때 가님은 쇠약하고 병들어 형편없이 비참한 몰골이 되어 있었습니다. 그래도 어딘가 옛날의 유복했던 흔적이 선명하게 남아 있었습니다.

기도가 끝나자 사람들은 굶주림과 추위에 죽어가는 가님을 보고 소매가 너덜너덜해진 낡은 윗옷을 입혀주고서 그를 에워싸고 물었습니다.

"처음 보는 양반인데 어디서 왔소? 무슨 병에 걸렸소?"

이 말을 듣고 가님은 눈을 뜨기는 했으나 대답할 기력이 없어 그저 눈물만 흘렸습니다. 그 가운데 한 사람이 굶어서 죽어가는 것을 깨닫고 꿀 한 접시와 보리과자 두 개를 갖다주었습니다. 그러나 가님은 가까스로 한 입밖에 먹지 못했습니다. 마을 사람들은 해가 뜰 때까지 옆에 앉아 있다가 이윽고 저마다 일터로 가버렸습니다. 이리하여 그대로 한 달 가까이 마을 사람들의 보살핌을 받으며 살고 있었지만 병은 점차 깊어지고 날이 갈수록 몸은 쇠약해졌습니다. 마을 사람들은 가님을 가엾게 여겨 서로 의논한 결과 바그다드의 병원에 보내기로 했습니다.*35

그런데 그러는 동안 두 여자 거지가 사원으로 들어왔는데, 뜻밖에도 가님의 어머니와 누이동생이 아니겠습니까! 가님은 두 사람의 모습을 보자 머리맡에 있던 빵을 두 사람에게 주었습니다. 그날 밤은 두 사람 다 가님 곁에서 잠을 잤지만, 가님은 그들이 자기 어머니와 누이동생인 줄은 꿈에도 몰랐습니다. 이튿날 마을 사람들이 낙타 한 마리를 끌고 와서 낙타 몰이에게 말했습니다.

"이 병자를 낙타에 태워 바그다드로 데려가서 병원 문 앞에 내려놓게. 그러면 약을 얻을 수 있을 것이니 병이 나을지도 몰라. 당신 삯도 아마 거기서 줄 거야."

"알았습니다."

사람들은 잠들어 있는 가님을 사원에서 들어내어 거적에 싼 채 낙타 등에 실었습니다. 이때 가님의 어머니와 누이동생은 마을 사람들 속에 끼여 이 광경을 구경하고 있었는데, 그 사람이 가님인 줄은 알 리가 없었습니다. 그러나 한참 바라보는 동안 두 사람은 곰곰이 생각하고서 이렇게 말했습니다.

"정말 가님과 똑 닮은 사람이구나. 가엾어라! 설마 저 병자가 가님은 아닐 테지?"

이때 문득 눈을 뜬 가님은 자기가 낙타 등에 시체처럼 밧줄로 묶여 있는 것을 깨닫고 눈물을 흘리며 푸념을 하기 시작했습니다.[36] 마을 사람들은 어머니와 딸이 가님을 자기 아들이고 오빠인 줄은 모르고, 슬퍼하며 눈물을 흘리는 모습을 지켜보았습니다.

이윽고 일행은 바그다드를 향해 떠났습니다. 낙타 몰이는 걸음을 재촉하여 바그다드에 이르러 가님을 병원 문 앞에 내려놓고 낙타를 끌고 되돌아왔습니다. 병자는 날이 샐 때까지 그곳에 누워 있었는데 아침이 되자 길가는 사람들이 걸음을 멈추고 마치 이쑤시개처럼 마른 병자를 바라보았습니다. 이윽고 시장관리자가 나타나 사람들을 쫓아버리고는 말했습니다.

"내가 이 불쌍한 사람을 도와주고 천당에 가야지. 이런 병원에다 넣었다가는 단 하루 만에 죽어 버릴 게다."[37]

그는 젊은이들을 시켜 가님을 자기 집으로 옮기고 새 잠자리에 새 베개[38]를 내주며 아내에게 말했습니다.

"주의를 기울여 잘 간호해 주시오."

"알았어요. 저한테 맡겨두세요."

아내는 소매를 걷어붙이고 물을 끓여 부지런히 가님의 손발과 몸을 닦아주었습니다. 그런 다음 노예계집의 옷을 입히고는 포도주를 먹이고 장미수를 뿌려주었습니다. 그러자 가님은 제정신이 들어 사랑하는 쿠트 알 쿠르브를 생각하며 한층 더 깊은 슬픔에 잠겼습니다. 가님의 이야기는 이 정도로 해두고, 쿠트 알 쿠르브는 어떻게 되었을까요? 교주는 이 여자에게 화를 내며……

―여기서 동이 트기 시작하여 샤라자드는 이야기를 그쳤다.

43번째 밤

오, 인자하신 임금님, 샤라자드는 이야기를 시작했다. 교주는 대단히 노하셔서 쿠트 알 쿠르브를 어두운 방에 가두어 버렸는데, 80일이 지난 어느 날, 교주가 그 방 옆을 지나가노라니 여자가 노래를 부르는 것이 들렸습니다. 그 노래가 끝나자 이번에는 혼잣말로 중얼거리는 소리가 들렸습니다.

"오, 사랑하는 님이여, 오, 나의 가님이여! 어쩌면 당신은 그토록 올곧은 분인가요? 어쩌면 당신은 그토록 깨끗한지요! 당신은 원수를 은혜로 갚고 당신의 명예를 더럽힌 자의 명예를 지켜주고, 당신을 노예로 삼으려던 분의 측실을 지켜주셨어요. 하지만 당신은 반드시 충성스러운 자들의 임금님과 함께 올바른 심판자 앞에 서시게 되실 거예요. 그리하여 신께서(신께 명예와 영광 있으라!) 심판관이 되시고 천사가 증인이 되시는 심판의 날에, 임금님에 의해 결백을 증명받으실 거예요."

이 넋두리를 듣고 교주는 쿠트 알 쿠르브가 누명을 쓴 것을 깨닫고 궁으로 돌아가 환관 마스룰에게 쿠르브를 불러오게 했습니다. 쿠트 알 쿠르브는 머리를 숙이고 눈물지으며 슬픈 마음으로 교주 앞에 나타났습니다. 교주는 물었습니다.

"오, 쿠트 알 쿠르브여, 나는 그대가 나의 횡포와 압제를 저주하고 나를 이롭게 해 준 자에게 해를 끼쳤다고 하는 말을 들었다. 내가 그 명예를 짓밟았건만 오히려 내 명예를 지켜주었다는 그 사람은 누구인가? 나의 측실을 지켜주었다는 것은 대체 누구인가? 또 누구의 측실을 내가 파멸시켰다는 것인가?"

"그것은 아이유브의 아들 가님입니다. 오, 임금님, 임금님의 너그러우신 마음에 맹세코 말씀드리겠습니다. 그분은 음탕한 마음이나 추잡한 생각을 품고 저를 대한 적이 한 번도 없었습니다."

그러자 교주는 말했습니다.

"알라 외에 주권 없고 권력 없도다! 쿠트 알 쿠르브여, 너에게 소망이 있거든 무엇이든 말해 보아라."

"오, 교주님, 저는 오로지 사랑하는 아이유브의 아들 가님만을 소망할 따름입니다."

교주가 여자의 소원을 허락했으므로, 쿠트 알 쿠르브는 물었습니다.
"오, 이슬람교도의 임금님, 그 사람을 임금님 앞으로 데려온다면 그 사람에게 저를 내주시겠습니까?"
교주가 대답했습니다.
"그자를 나에게 데리고 온다면, 나는 한번 준 것은 다시 찾는 일이 없는 관대한 사내의 선물로서 너를 그에게 주리라."
"오, 참된 교도의 임금님이시여, 제가 그 사람을 찾으러 갈 테니 허락하소서. 알라의 은총으로 어쩌면 그 사람을 만날 수 있을지도 모릅니다."
"좋도록 하라."
쿠트 알 쿠르브는 기뻐하며 금화 1천 닢을 지니고 거리로 나섰습니다. 그리고 여러 가지 신앙의 장로들을 찾아다니며 가님의 이름으로 희사를 했습니다. 이튿날 쿠트 알 쿠르브는 시장에 나가 시장 우두머리에게 자신의 의도를 밝힌 다음에 돈을 내놓으며 말했습니다.
"이것을 여행자들에게 베풀어주세요."
이튿날인 금요일에도 쿠트 알 쿠르브는 다시 시장으로 가서(금화 1천 닢을 가지고) 대장간과 보석상이 즐비한 시장거리로 들어가 시장관리자를 불러 돈을 내놓고 부탁했습니다.
"이것을 여행자들에게 나눠 주세요!"
그런데 우연히도 그는 바로 전에 가님을 집으로 데리고 간 시장관리자였습니다. 그는 쿠트 알 쿠르브의 얼굴을 찬찬히 바라보면서 물었습니다.
"오, 부인, 우리 집에 오셔서 제가 보살피는 젊은 분을 만나 보시지 않겠습니까? 여행 중인 사람인데 아주 기품이 있고 아름다운 젊은이입니다."
그 여행자야말로 아이유브의 아들 가님이었지만, 시장관리자는 그런 사실은 꿈에도 모르고 빈털터리 나그네로 재산을 탕진하고 빚에 쫓기거나 아니면 연인이 달아나 실연한 사내쯤으로 생각하고 있었습니다. 이 말을 듣고 쿠트 알 쿠르브는 왠지 가슴이 설레며*39 사모의 정이 솟아났습니다.
"그럼, 누군가 당신 집으로 안내해 줄 사람을 보내주세요."
시장관리자는 아이 하나를 불러 여행자가 묵는 자기 집으로 여자를 안내하게 했습니다. 그 집에 이르자 집에 들어가 시장관리자의 아내에게 인사했습니다. 아내는 쿠트 알 쿠르브를 전부터 알고 있었으므로 두 손을 짚고 엎드렸습니다.

"댁에 계시다는 병자는 어디 있어요?"

그러자 마누라는 눈물을 흘리면서 대답했습니다.

"아씨, 여기 계십니다. 아마도 그분은 태생이 좋은 분인가 봐요. 집안이 좋다는 것은 한눈에 알 수 있어요. 어서 만나보세요. 저 침상에 누워계시니까요."

쿠트 알 쿠르브가 보니 어딘가 낯이 익기는 했지만 가님이 너무나 쇠약하여 이쑤시개처럼 말라 있었으므로 누구인지 알아볼 수 없었습니다. 더욱이 그 사람이 가님이라고는 상상도 하지 못했습니다. 하지만 병자가 몹시 측은해 보여 눈물을 흘리면서 말했습니다.

"정말 불행한 분이시군요. 지난날에는 비록 신분이 한 나라의 왕자님이었다 하실지라도!"

쿠트 알 쿠르브는 젊은이의 처지가 가엾어서 마음이 아팠지만 그가 가님인 줄은 꿈에도 몰랐습니다. 그래서 포도주와 약을 주고는 잠시 머리맡에 앉아 있다가 다시 말을 타고 궁전으로 돌아왔습니다. 그리하여 여자는 연인을 찾아서 시장이라는 시장은 하나도 남김없이 모두 다녔습니다.

그러는 동안 가님의 어머니와 누이동생 피트나가 바그다드에 들어왔습니다. 두 사람이 시장관리자를 만나자 그는 모녀를 쿠트 알 쿠르브에게 데리고 가서 말했습니다.

"오, 자비로우신 부인, 오늘 이 고장에 한 여자가 딸을 데리고 왔습니다. 비록 누더기 담요를 두르고 동냥자루를 들고 있지만 둘 다 용모가 아름답고 태생이 비천해 보이지 않습니다. 눈에 눈물이 글썽한 걸 보니 큰 슬픔을 겪은 듯합니다. 그래서 저는 부인의 동정을 빌어 불쌍한 처지에서 구해 주십사 이리로 데려왔습니다. 그 모녀는 구걸할 인품으로 보이지 않습니다. 알라의 뜻에 합당하다면 저희는 이 두 사람을 통해 천국으로 갈 수 있을 겁니다."

"오, 그 사람들을 꼭 만나게 해 주세요. 어디 있나요? 어서 이리로 데리고 오세요."

그래서 시장관리자는 환관에게 일러 모녀를 안내하게 했습니다. 자세히 보니 두 사람 다 뛰어나게 아름다운 부인이었으므로, 쿠트 알 쿠르브는 모녀를 동정하여 눈물을 흘리며 말했습니다.

"정말 두 분 다 지체 높은 분들이군요. 옛날의 유복하게 사셨던 흔적이 뚜렷이 남아 있어요."

그러자 시장관리자의 아내가 말했습니다.

"아씨, 저희는 가난한 사람과 곤경에 빠진 사람을 사랑하고 있답니다. 천국에 갔을 때 그 보답을 받을 것임을 생각하면 그렇게 해야 한답니다. 이 두 분은 어쩌면 누군가의 박해를 받고 재산과 집을 모두 빼앗긴 것인지도 모르죠."

이 말을 듣고 가님의 어머니와 누이동생은 행복했던 옛날을 지금의 가난하고 비참한 처지와 견주어보고 설움에 복받쳐 눈물을 흘렸습니다. 또한 아들이고 오빠인 가님의 신세를 생각하고 더욱 슬퍼하자, 쿠트 알 쿠르브도 그 모습에 자기도 따라서 눈물을 흘렸습니다. 이윽고 모녀는 말했습니다.

"오, 알라여, 부디 저희가 찾는 사람을 만나게 해 주십시오. 그것은 다름 아닌 가님 빈 아이유브라고 하는 제 아들이옵니다."

이 말을 듣고 쿠트 알 쿠르브는 두 사람이 자기가 사랑하는 이의 어머니와 누이동생임을 깨닫고 탄식하고 슬퍼하다가 그만 정신을 잃고 말았습니다. 이윽고 다시 정신을 차린 쿠트 알 쿠르브는 두 사람을 위로했습니다.

"이젠 걱정할 일도 슬퍼할 일도 없습니다. 오늘은 바로 두 분의 행운이 시작된 날이고, 불행이 끝나는 날이니까요."

―여기서 날이 새기 시작하여 샤라자드는 이야기를 그쳤다.

44번째 밤

오, 인자하신 임금님, 쿠트 알 쿠르브는 가님의 어머니와 누이동생을 만나 두 사람을 위로하고서 시장관리인에게 부탁하여 두 사람을 그 집으로 데려갔습니다. 그리고 그 아내에게 두 사람을 목욕시키고 고운 옷을 입히게 한 뒤 여러 가지로 보살펴주게 하였습니다. 그리고 시장관리인에게 돈을 듬뿍 쥐여주었습니다. 이튿날 쿠트 알 쿠르브는 말을 타고 시장관리인의 집을 찾아갔습니다. 아내가 일어나 쿠트 알 쿠르브의 손에 입을 맞추며 인사를 했습니다. 가님의 어머니와 누이동생을 만나 보니 아내가 목욕시키고 새 옷을 갈아입혀 그 얼굴에 옛날의 지체를 짐작케 하는 모습이 뚜렷이 나타나 있었습니다. 쿠트 알 쿠르브는 앉아서 잠시 이야기를 나누고서 관리인 아내를 보고 젊은 병자의 용태를 물었습니다.

"여전합니다."

"그럼, 문병하러 갑시다."

그리하여 쿠트 알 쿠르브는 가님의 어머니와 누이동생과 함께 병자가 누워 있는 방에 들어가 머리맡에 앉았습니다. 이윽고 사랑에 미친 사내 가님 빈 아이유브는 사람들이 쿠트 알 쿠르브의 이름을 입에 올리는 것을 알아듣고 병으로 쇠약해져 있기는 했으나, 갑자기 기운을 내어 베개에서 머리를 쳐들고 불렀습니다.

"오, 쿠트 알 쿠르브!"

쿠트 알 쿠르브는 사나이를 가만히 들여다보다가 그가 가님인 것을 알고 날카롭게 외쳤습니다.

"오, 나의 그리운 분!"

"좀더 가까이 오오."

"당신이 정말 가님 빈 아이유브 님이신가요?"

"정말이고말고."

이 말을 들은 쿠트 알 쿠르브는 그대로 정신을 잃고 말았습니다. 가님의 어머니와 누이동생 피트나도 그 소리를 듣고 외쳤습니다.

"아, 반가워라!"

그러고는 그들도 정신을 잃고 말았습니다.

모두 정신을 되찾자 쿠트 알 쿠르브가 외쳤습니다.

"우리를 다시 만나게 해 주시고 어머님과 누이동생하고도 인연을 맺게 해 주신 알라를 찬양하나이다!"

그리고 가님에게 교주와의 사이에 있었던 이야기를 모두 해 주고 이렇게 덧붙였습니다.

"내가 충성스러운 자들의 임금님께 사실대로 털어놓았더니 내 말을 믿어 주시고, 당신에 대해서도 기뻐해 주시면서 당신을 만나고 싶다고 하셨어요. 교주님은 나를 당신에게 주시겠대요."

이 말을 들은 가님은 눈물을 흘리며 기뻐했습니다.

"내가 돌아올 때까지 이대로 가만히 계세요."

이 말을 남기고 쿠트 알 쿠르브는 궁전으로 돌아갔습니다. 그리고 가님의 집에서 가져온 커다란 궤짝을 열고 금화를 꺼내 와서 시장관리자에게 내주며 말했습니다.

"이 돈으로 저분들에게 가장 좋은 옷 네 벌씩과 손수건 20장을 사다주세요. 그 밖에도 저분들에게 필요한 것이 있거든 무엇이고 사다 드리세요."

그리고 쿠트 알 쿠르브는 세 사람을 목욕탕에 데리고 갔습니다. 목욕하고 난 뒤에는 맑은 수프와 향료가 든 음료수와 사과술 등을 먹였습니다. 그녀는 사흘 동안 그들과 함께 지내면서 닭고기, 스튜, 설탕과자를 넣은 셔벗을 대접했습니다. 나흘째가 되어 모두 건강을 회복하자 다시 세 사람을 목욕시키고 옷을 갈아입혔습니다. 그리고 시장관리자의 집에 데려다 두고 자기는 궁전으로 돌아가 교주를 뵙고 싶다고 아뢰었습니다.

교주의 허락이 나자 쿠트 알 쿠르브는 안으로 들어가 두 손을 짚고 엎드린 다음, 자초지종을 아뢰고서 사랑에 미친 사내라 불리는 자신의 연인 가님 빈 아이유브가 어머니와 누이와 함께 현재 바그다드에 있다는 것을 말씀드렸습니다. 이 말을 들은 교주는 환관들을 돌아보며 명령했습니다.

"가님을 이리 데리고 오너라."

그리하여 대신 자파르가 가님을 데리러 가게 되었습니다. 쿠트 알 쿠르브는 그보다 먼저 가님에게 달려가서 말했습니다.

"교주님이 당신을 맞으러 사람을 보냈어요. 어전에 나가면 대답을 또렷하게 하고 침착한 태도로 시원스레 말씀하세요."

그리고 가님에게 훌륭한 옷을 입혀주고 많은 돈을 내주며 일렀습니다.

"궁전에 가시거든 하인들에게 후하게 인심을 쓰세요."

이윽고 대신 자파르가 누비아산 나귀를 타고 가님을 데리러 왔습니다. 가님은 걸어 나와 대신을 환영하고 그의 건강을 빌며 그 앞에 엎드렸습니다. 이제 가님의 행운의 별은 하늘에 높이 떠올라 찬란하게 빛나기 시작했습니다. 대신을 따라 충성스러운 자들의 임금님 앞에 나아간 가님은 시종을 비롯하여 대신과 태수와 중신들이 죽 늘어서 있는 모습을 둘러보고, 마지막으로 교주 얼굴을 조용히 바라보았습니다. 그리고 바닥에 엎드려 낭랑하고 아름다운 목소리로 다음과 같은 시를 읊었습니다.

아, 바라옵건대 우리 임,
만수무강하소서!
그 넓으신 자비
백성들이여, 칭송하라
임 외에 제왕 없으니.
거룩하신 옥좌에 납시어
나라일 다스리시매
임 앞에 제후는 무릎을 꿇고
궁전 문턱에는 보물이 쌓이고
이마에 손 얹어 읍하도다.
임의 눈초리 두려워
파랗게 질려 엎드리면
수염이 처져 땅에 닿으니.
하지만 임의 크신 은혜
모든 백성을 살찌우고
왕자의 드높은 풍격과
고귀한 자리는 흔들림이 없어라.
백성들에게 땅이 좁으면
토성이 떠 있는*40 하늘에
천막을 펼쳐 야영시키리라.
바라건대 왕이시여, 백성을 사랑하사
더불어 의논하여 당당하게
올바른 길을 걸으소서.
임의 정의(正義) 세상에 퍼져
모든 백성 한결같이
그 은혜를 입으리라.

이 즉흥시가 끝나자, 교주는 그 웅변과 아름다운 목소리에 감탄하고 놀랐습니다.

―여기서 날이 새는 것을 깨닫고 샤라자드는 이야기를 그쳤다.

45번째 밤

샤라자드는 이야기를 계속했다.
오, 인자하신 임금님, 교주는 가님의 웅변과 아름다운 목소리에 감탄하여 말했습니다.
"좀더 가까이 오라."
임금님의 말씀에 가님이 앞으로 다가가자 교주는 말했습니다.
"그대의 사연을 듣고 싶구나."
가님은 바그다드에서 있었던 일과 묘지에서 잠을 잤던 일, 노예 세 명이 사라진 뒤 궤짝을 열어본 일 등을 처음부터 끝까지 모두 이야기했습니다. 같은 이야기를 되풀이하면 재미없으니 여기서는 줄이기로 하겠습니다.
이야기를 다 들은 교주는 가님의 성실한 인품을 인정하고 상으로 옷을 내리고서 총애하는 표시로 가까이 불러 앉히고 말했습니다.
"나의 책임을 면제받고 싶구나."[41]
"오, 임금님, 저는 임금님의 노예이므로 이 두 손에 가진 것은 모두 임금님의 것입니다."
이 말이 교주의 마음에 매우 들어 특별한 저택을 한 채 주고는 녹봉과 수당과 하사품 등을 주었는데 그 금액은 어마어마한 액수에 이르렀습니다. 가님은 어머니와 누이동생을 데리고 곧 그 저택으로 옮겼습니다.
얼마 뒤 교주는 가님의 누이동생 피트나[42]가 미인이라는 소문을 듣고 자기에게 줄 수 없겠느냐고 가님에게 물었습니다. 이 말을 들은 가님은 쾌히 승낙했습니다.
"제가 임금님의 노예인 것과 마찬가지로 제 누이동생은 임금님의 시녀입니다."
교주는 그 답례로 가님에게 금화 1만 닢을 주고 입회인과 판관을 불러 같은 날에 혼인계약서 2통을 정식으로 작성하게 하였습니다. 한 통은 교주와 피트나, 한 통은 가님과 쿠트 알 쿠르브의 것이었습니다. 그리고 같은 날 밤에 두 쌍의 남녀는 결혼식을 올렸습니다.

이튿날 아침 교주는 가님의 이야기를 모두 기록하여 왕실의 서고에 보존하도록 명령했습니다. 그것은 후세 사람들이 그것을 읽고 운명의 오묘한 조화를 깨달아 밤과 낮을 창조하신 신을 믿게 하려는 생각에서였습니다.

오, 인자하신 임금님, 그러나 지금 들으신 이야기는 다음 이야기에 비하면 하찮은 이야기에 불과합니다.

〈주〉

*1 아이유브는 영어의 조브(Job)에 해당된다. 루터의 축어역(逐語譯)을 (1522년의) 답습한 영국의 성서번역자들은 i 또는 y(모두 '이')로 발음되는 독일어의 j를 영어에 옮겨심기했다. 그리하여 Yacob(Yakob), Yericho, Yimnites, Yob(Hiob), Yudah(이상 모두 y를 j로 쓴다)라고 발음하게 할 의도였던 것이다. 루터를 모방한 틴들판(1525~26)은 Iacob, Ben Iamin, Iudas라고 써서 원래의 발음을 보존했다. 〔루터는 독일의 종교개혁가 Martin Luther로, 1522년에 신약 독일어 번역을 완료, 1534년에는 구약 번역도 완성했다. 축어역이라고 한 것은 이른바 성 제롬의 라틴어 번역 성서 Editio Vulgate에 따라 한 구절 한 구절 직역했기 때문이리라. 그리고 1611년에 흠정영역성서가 나올 때까지 틴들 말고도 마일즈 커버데일(Miles Coverdale)의 번역(1535), 토머스 매슈(Thomas Mathew)의 번역(1537), 커버데일의 개정판 대성서(1539), 윌리엄 위팅엄(William Whittingham)의 이른바 주네브성서(1557), 그레고리 마틴(Gregory Martin)과 두 사람의 랑스 성서 등이 있었다. 그것들이 반드시 루터의 모방이라고 만은 할 수 없지만 대체로 라틴어의 직역을 벗어나지 못했다. 이들 번역자 중에서 가장 뛰어난 것은 틴들(William Tyndale)로, 1524년에 독일에서 신약을 완성하고, 1531년에 구약을 완성했다. 1536년에는 이단자로 교수형에 처했다. 나중에 이 주석에 나오는 당시의 대석학으로, 그리스어 교수였던 에라스무스(Desiderius Erasmus)는 그의 스승이었다. 그리고 틴들 영역성서는 흠정역성서의 기초가 될 만큼 뛰어난 것이었다.〕

그런데 틴들의 후계자들(위에 든 사람들)은 불행히도 독일어 문자로 돌아갔다. 13세기 이래 장식적으로 길게 쓰이고 왼쪽으로 구부러진 머리글자 I는 자음이 되고, 일반인은 이 J(dg, 지)의 자국어 발음을 채택했다. 따라서 영어와 영문자는 Jehovah와 Jesus 같은 불순어(不純語)에 의해 오염되었다. 〔사실 영어에서는 예수를 지저스라고 하는 것이 올바른 발음이 되었는데, 약간 우스꽝스럽다.〕

*2 다시 말해 약 300파운드의 낙타 짐. 먼 거리 여행 때는 250파운드.
*3 적어도 이슬람교도의 장례 행렬을 따라가는 것은 기특한 행위이다.

*4 그렇게 하지 않으면 기도에 참가할 수 없다.
*5 설탕, 크림, 포도 등으로 만들었으며, 아라비아어의 '하루와'. 사향건포도(Muskat)가 든 하루와는 동양을 통틀어서 유명하다.
*6 장뇌(樟腦). 우리는 반어적인 표현으로 흑인을 가리켜 '눈덩이'라고 한다.
*7 중앙아프리카에는 적잖은 식인종이 있어 때로는 노예시장에 나오기도 한다.
*8 즉, 문이 닫혀 있으므로.
*9 흑인 노예소년의 그런 친밀한 교섭은 이집트에서 흔한 일이며, 끝내는 이 이야기와 같은 결말을 맞는다. 이집트인의 피는 흑인 피와 꽤 섞여 있으며 다른 종족 혼혈로의 경향을 부추기고 있다. 그러나 여기서는 10살이나 되었는데도, 이 소녀는 어머니의 보살핌을 그리 받지 못한 듯하다.
*10 아라비아어의 파르지(Farj). 여기서 여성에 대한 익살스러운 명칭인 자위르 파르지= '갈라진 것(Hebentes rimam)', '찢어진 것'이 나왔다.
*11 첫날 밤에 이부자리를 살펴보는 이 유서 깊은 관행은 오늘날에도 동양의 많은 지방에서 종교적으로 보존되어 있다. 구식인 이슬람교도 가정에서는 '집안의 골칫거리(즉 딸을 가리킴)'가 완전한 처녀로서 남편에게 넘겨진 것을 증명하기 위해 여인들의 방(하렘)에서 공개된다. 그리고 세상의 일반적인 통념으로 새끼 비둘기의 피 말고는 어떠한 피도 전문가 또는 기혼부인들의 심판을 속여 넘길 수 없다고 한다. 이 피는 현미경으로 보지 않는 한 처녀막의 피와 거의 다름없다. 이 신념은 남유럽 일대에도 퍼졌는데, 나는 영국에서도 들은 적이 있다. 211번째 밤(즉 '카마르 알 자만의 이야기')에서 좀더 자세히 이야기할 예정이다.
*12 부하이트 자신이 말했듯이 그는 단순히 고환만 없을 뿐이며, 따라서 발기하거나 팽창하는 페니스(erectio et distensio penis)는 발정기 전의 소년의 그것과 같아서 심장과 혈액순환이 건전한 한 다를 것이 없다. 게다가 페니스를 가진 환관은 여인들의 방(하렘 또는 하렘과 비슷한)에서 귀히 여겨져 여자 중에는 진짜 남자보다 그쪽을 더 좋아하는 경우가 있다. 성행위가 오래가기 때문이다. 그것에 대해서는 앞으로도 상세히 이야기할 것이다.
*13 6자 또는 7자 높이로 방을 둘러싼 선반 위에 예쁜 사기그릇을 늘어놓는 것은 이집트와 시리아의 습관이다.
*14 이 이야기는 가장의 죽음이 닥쳤을 때 중산계급 가정에서 일어나는 소동을 참으로 흥겹고 재미있게 잘 그리고 있다. 아라비아의 부인들은 부르카(Burka), 즉 코덮개로 가리는 얼굴보다 타르하(Tarhah, 머리덮개)를 두르는 머리의 후두부를 드러내는 것을 훨씬 싫어한다는 사실을 나는 여기서 다시 한 번 덧붙여둔다.
*15 신경질적인 인종에게서 흔히 볼 수 있는 히스테리컬한 웃음.
*16 여기서 이 노예는 해방되어 굶어 죽게 되는 것을 거부하고 있다. 주인이 충분한 까닭 없이 노예를 해방하는 것은 불명예스러운 일로 여겨진다.
*17 이것은 참으로 박진감 있는 묘사이다. 미개한 중앙아프리카에서 가장 뚜렷한 사실은

이상스러울 정도로 발달한 흑인의 '파괴성'이다. 잔지바르에서 내가 목격한 바로는 유리나 사기그릇을 깨뜨리면 노예들은 만족스러운 듯이 이를 드러내 보이거나 벙글거리며 웃었다.

*18 아라비아어의 하사니(Khassa-ni)로 속어인 후스야타니와 함께 고환이라는 뜻. 또 바이자탄이라고도 하는데, 이것은 두 개의 알이라는 의미이므로 여기서 많은 이야기가 나오게 되었다. 이를테면 재치 있는 페르시아어 이야기책《도즈드 오 카지(도둑과 판관)》에서는 어느 노상강도가 학문이 있는 남자의 옷을 뺏고는, 당신이 법률이나 종교상의 수수께끼를 내어 자기가 맞히지 못하면 옷을 돌려주겠다고 한다. 판관(전설에서는 대개 어리석은 자로 다루어지고 있다)은 그 수수께끼를 내지 못한다. 그러자 판관의 아내가 노상강도를 저녁식사에 초대하라고 남편에게 이른다. 즉 같은 조건에서 재치를 시험하기 위해서였다. 아내는 우선 인사말을 늘어놓고서 달걀 5개를 가져와 그것을 셋이 똑같이 나누고 싶다고 말한다. 상대가 당혹해하자 두 남자에게 달걀을 하나씩 주고 3개는 자기가 가져버린다. 그래서 강도는 꼼짝없이 바보취급을 당하고 노획품까지 되돌려주고 돌아간다. 본문에서 카후르라는 환관은 산달리(Sandali), 즉 페니스도 고환도 깨끗이 제거된 환관이 되었으니 여자에게 아무 쓸모도 없게 된 셈이다.

*19 〔Skite=똥.〕 아라비아어의 하나로, 가장 저속한 말. '야 하라(Ya Khara)!'는 아주 흔한 욕으로 기품 있는 여인들도 사용한다.

*20 이렇게 연애를 방해하는 사람을 묻어버리는 일은 하렘에서는 아주 흔한 일이었다. 하지만 거기에는 갖가지 어려움이 따르기 때문에 대개 강이 선택되었다(또 오늘날에도 선택되고 있다).

*21 동양인은 무엇보다 어둡고 더러운 장소에서 술을 마시는 것을 가장 싫어한다. 밝게 빛나는 등불은 '음주욕(drinkitite)'을 자아내는 듯하다.

*22 가님은 무모한 행위를 허용하지 않는 왕궁의 비밀이 있지 않을까 해서 여자와 동침하지 않았고, 여자 쪽에도 몇 가지 이유가 있었다.

*23 이집트에서는 머릿수건을 아슬라(Aslah)라고 한다.

*24 이 끈은 너비가 넓은 리본 모양의 띠로, 그 위에 글자를 수놓을 수 있다.

*25 글자 그대로는 재롱부리는 개처럼 얼굴을 발에 대고 비볐다는 뜻. 가님은 이른바 '어수룩한' 연인의 전형으로서 아라비아의 여러 이야기에서 인기가 높다. 그와 대조적으로 상대 여자는 상당히 수완이 교묘하다.

*26 이 치졸하고 서투른 익살을 그대로 전하는 건 어려운 일이다. 원전에는 이렇게 되어 있다. '오, 계수나무(아라키) 가지여. 그것은 잎과 열매(투지나)를 떨어뜨려 엉성해졌다(이를테면 그 열매 즉 처녀막은 전에 나 아닌 누군가에 의해 찢어졌다)./나는 네가(아라카) 나에게 죄를 저지른(타지니) 것을 알고 있다.' 〔이 2행은 비교적 난해하며, 아라키와 아라카, 투지나와 타지니라는 언어유희를 위해 의미가 희생된 것 같은 느낌이 든다.〕

*27 지은이는 아바스 왕조의 깃발이며 의복이 검은색임을 명백히 잊고 있다. 근대 이집

트인의 상복은 고대 페르시아의 그것과 마찬가지로 짙은 남색이지만, 앞에서도 말했듯이 풍습은 결코 전반적인 것이 아니다.
* 28 여행에서 돌아온 종복은 여행 차림 그대로, 더러운 모습 그대로 주인 앞에 나아가 그에 합당한 경의를 나타낸다.
* 29 첫 번째 이름은 등나무, 두 번째 이름은 버들가지를 뜻한다. 후자는 '반' 또는 '히라후'라는 이집트 버드나무(Salix Ægyptica, 린네식 식물분류법에 의한)로 흔히 사후사후라고 불린다. 포르스칼(피터 포르스칼, 스웨덴의 박물학자이자 여행가. 1736~63)은 '반'을 별종(別種)으로 보고 있다.
* 30 붓(《코란》제68장의 제목)과 보존된 소패(小牌, Preserved Tablet)를 가리킨다. 〔《코란》제68장은 '붓의 장'이라는 제목으로, '참으로 왕 중의 왕이신 신은 신의 길을 잘못 나아가는 자를 가장 잘 아신다'는 문구가 있다. 이른바 보존된 소패는 이러한 문구를 가리키는 것으로, 간단히 말하면 전세(前世)로부터의 예정설(豫定說)이다.〕
* 31 이러한 약탈은 관습적으로 허용되고 있었다. 바로 몇 년 전까지도 터키 군대가 밀린 급료(종종 몇 년씩 연기되었다) 때문에 모반을 일으키자, 그즈음 국왕이 도시에 불을 지르고 일정 시간 동안 제멋대로 약탈하도록 허용했다.
* 32 일종의 묘비로, 여자들은 이곳에 모여 함께 울거나 한탄함으로써 큰 위안을 얻을 수 있었다.
* 33 빈털터리 여행자의 숙박소로, 아이슬란드의 예배소가 부자 여행자들의 숙박소인 것과는 정반대이다. 나도 종종 사원의 신세를 졌는데, 대체로 불결하고 깔개가 너덜너덜할 뿐만 아니라 사람들이 너무 많다.
* 34 이 더러운 해충은 땀으로 번식되는 것으로 알려졌다.
* 35 이슬람교 농부는 친절하여 종파가 달라도 병자와 여행객을 위해 여러 가지 희생을 치른다. 그들에게는 일종의 체면 문제이다.
* 36 그는 자기가 마치 죽은 사람처럼 다루어지고 있다고 느낀 것이다.
* 37 병원에 대한 이 혐오감은 남유럽 전체에 퍼져 있다.
* 38 병자에게 있어서 베개의 중요성은 《아라비안나이트》에서 자주 언급되고 있다. '그는 베개를 베고 있다'는 것은 '병들었다'와 같은 뜻이다.
* 39 독자들은 《아라비안나이트》속에 이 육체적인 예감이 종종 언급되어 있음을 알게 될 것이다.
* 40 토성은 아라비아어의 '즈하루'로, 아모스서의 '키운' 또는 '튠'이다(제5장 26절). 〔구약의 아모스서에는 여호와의 말로서 "차라리 너희의 왕 시크테를 지고, 너희 스스로 만든 너희의 우상, 별의 신, 키운을 지고 가리라"는 것이 있으며, '너희'란 이스라엘 사람을 가리킨다.〕
* 41 즉 내가 너에게 상처를 입혔다면 용서해 달라는 뜻으로, 일반적으로 널리 쓰이는 말이다.
* 42 유혹, 즉 사람을 홀리는 것.

오마르 빈 알 누만 왕과 두 아들 샤르르칸과 자우 알 마칸 이야기
참으로 진기한 이야기[*1]

샤리아르 왕이 물었다. "그건 어떤 이야기인가?"
샤라자드는 이야기를 시작했다.
─오, 인자하신 임금님, 실은 아브드 알 말리크 빈 마르완 교주 시대[*2]가 되기 전, 평화로운 도시 바그다드에 오마르 빈 알 누만이라는 임금님이 있었습니다. 이 임금님은 아주 힘센 거인으로 페르시아의 국왕들은 물론 동로마의 황제들까지 정복했습니다. 이 왕의 발아래 가까이 다가갈 수 있는 자는 한 사람도 없었고,[*3] 또 아수라의 싸움터에서 맞서 싸울 수 있는 자도 아무도 없었기 때문입니다. 왕이 맹렬하게 타는 불처럼 화를 내면 콧구멍에서 불길이 뿜어져 나왔습니다.
왕의 감히 범하기 어려운 위엄과 권위는 모든 나라로 뻗어, 알라는 그가 만드신 모든 자를 왕의 지배 아래에 두었던 것입니다. 그의 위엄 있는 명령은 모든 도시에 널리 울려 퍼졌고, 그 군사는 먼 나라까지 무찔렀습니다. 동쪽에서 서쪽 끝까지, 그 사이에 있는 모든 나라 힌드, 신드, 신,[*4] 성지(聖地), 알 야만의 풍요로운 산, 인도양, 지나해(支那海) 모두 이 왕에게 예속되어 있었습니다. 또 북쪽의 나라와 디야르바키르 즉 메소포타미아를 비롯하여 수단, 동방흑인국, 바다의 섬들, 이 지구상의 모든 유명한 강, 예컨대 사이훈, 자이훈,[*5] 나일 강 및 유프라테스 강까지 다스리고 있었습니다.
오마르 왕은 먼 나라의 수도에도 대사와 특사를 파견하여 정확한 정보를 손에 넣고 있었습니다. 사절들은 돌아오면 언제나 그 지역에서 정의와 평화가 실현되고 있는지, 오마르 왕에 대해 모든 나라의 백성이 충성으로 복종하며 제단에서는 왕을 위한 기도가 올려지고 있는지를 증언했습니다. 그 시대 최고의 지배자인 오르만 왕은 참으로 고결한 임금이었기 때문입니다. 그가 다스리는 모든 나라에서는 온갖 진귀한 선물과 세금 및 공물을 왕에게 진상했습니다.

　이 강대한 군주에게는 샤르르칸*⁶이라고 하는 왕자가 있었습니다. 이 왕자는 아버지를 닮아서 많은 용사를 무찌르고 당대의 적들을 여지없이 쳐부수어 그 무렵 용사의 한 사람으로 손꼽히고 있었습니다. 국왕도 이 왕자를 매우 총애하여 후계자로 정해 놓고 있었습니다. 왕자는 이윽고 장성하여 20살이 되었습니다. 알라께서는 싸움터에서의 눈부신 무용과 솜씨를 기리시어 신하들로 하여금 이 왕자에게 성심을 다해 순종하게 했습니다.

　그런데 아버지 오마르 왕에게는 정식으로 결혼한 왕비 네 명이 있었습니다. 그러나 알라는 샤르르칸 외에는 왕자를 점지해 주시지 않았습니다. 말하자면 샤르르칸은 왕의 네 왕비 가운데 한 사람이 낳은 아들이었으며 다른 왕비에게는 소생이 없었습니다. 그 밖에 왕은 콥트인의 일 년의 날수에 따라 첩 360명을 거느리고 있었습니다. 그 여인들은 온갖 나라 출신들로 왕의 궁전 안에 각기 자기 방을 가지고 있었습니다. 왕은 달수에 따라 누각 12개를 짓고 한 누각에 방 30개씩을 넣어 모두 360개의 방에 이 측실들을 살게 했습니다. 그리고 왕은 법도에 따라 각자의 밤을 정하여 하룻밤 잠자리를 같이하고 나면 1년 동안 두 번 다시 같은 여자를 찾지 않았습니다. 이런 식으로 오마르 왕은 오랜 세월을 지내왔습니다.*⁷

　한편 샤르르칸 왕자의 이름은 온 나라 구석구석에 퍼졌고 부왕(父王)은 그런 왕자를 더없이 자랑스럽게 여겼습니다. 왕자의 힘은 나날이 강대해져서 모든 국경을 넘나들며 용감무쌍하게 공을 세우고, 성이고 도시고 할 것 없이 거침없이 공격하여 점령했습니다.

　그런데 얼마 후 신의 뜻으로 오마르 왕의 한 측실이 아기를 가져 후궁에 이 소식이 퍼지고 왕의 귀에도 들어갔습니다. 왕은 뛸 듯이 기뻐하며 말했습니다.

　"아마 그 아이는 사내아이일지도 모른다. 만약 그렇다면 내 자손은 모두 사내아이가 되는 거야!"

　왕은 잉태한 날짜를 기록해 두고 그 여자를 무척 소중히 아꼈습니다.

　하지만 이 소식이 샤르르칸 왕자의 귀에 들어가자 왕자는 심상치 않은 일이 생겼구나 하고 몹시 신경 쓰면서 생각했습니다.

　'어쩌면 나와 왕위를 다투게 될 왕자일지도 모른다.'

그리고 혼잣말로 중얼거렸습니다.

"만일 그 측실이 아들을 낳으면 죽여 버려야지."

그러나 이 생각은 혼자 가슴속 깊이 간직해 두었습니다.

한편, 그 측실의 이름은 소피아[*8]라고 하며 로움 여자, 즉 그리스인의 딸로, 로움의 국왕이기도 한 케살레아의 군주가 많은 선물, 진귀한 물건과 더불어 오마르 왕에게 바친 여자였습니다. 그 여자는 측실 중에서도 가장 아름답고 사랑스러웠으며 또 절개가 몹시 굳었습니다. 게다가 총명한 재주와 더불어 일종의 매력을 지니고 있었습니다.

여자는 왕과 함께 동침하던 날 밤 왕에게 이렇게 말했습니다.

"오, 임금님! 저는 오늘 밤 하늘에 계신 신께 사내아이를 점지해 주십사 빌었습니다.[*9] 훌륭하게 키워서 성인이 될 때까지 영리하고 예의 바르며 언행이 온화한 분으로 만들고 싶어요."

이 말을 듣고 왕은 무척 기뻐했습니다. 임신 중 소피아는 끊임없이 기도를 올려 훌륭한 아들을 점지해 주시고 순산하게 해달라고 열심히 신께 빌었습니다. 그 소원을 알라께서 들어주셔서 달이 차자 여자는 무사히 산욕[*10]에 눕게 되었습니다.

이보다 앞서 왕은 소피아가 아들을 낳을 것인지 어떤지 알기 위해 환관을 한 사람 보냈습니다. 또 샤르르칸 왕자 쪽에서도 역시 그 소식을 알아오라고 부하를 보냈습니다. 이윽고 때가 되어 소피아는 아이를 낳았습니다. 산파가 보니 그것은 얼굴이 달님보다 빛나는 딸이었습니다. 이 사실을 온 방 안 사람들에게 알리자 왕의 사자는 곧 왕에게 이 기별을 전했고, 왕자의 부하도 그 소식을 전하자 왕자는 매우 기뻐했습니다. 그러나 두 사자가 방을 나가고 나서 소피아는 산파를 향해 말했습니다.

"잠깐만 기다려요. 아직 뱃속에 무엇이 남아 있는 듯해요."

그 말이 채 끝나기도 전에 또다시 진통이 일어 두 번째 아기를 낳았습니다. 그 아이는 이마가 꽃처럼 희고 뺨은 장미꽃같이 붉게 빛나는 보름달처럼 아름다운 사내아이였습니다. 산파들은 이 사실을 곧 왕에게 알렸습니다. 산모를 비롯하여 환관들과 궁중에 종사하는 사람들은 모두 기뻐했습니다. 이리하여 궁중이 기쁨의 환성으로 가득 차 있는 동안 후산도 무사히 끝났습니다.

다른 측실들은 이 소식을 전해 듣고 소피아의 행운을 부러워했습니다. 왕은 너무나 기뻐하면서 몸소 소피아를 찾아가 머리에 입을 맞추고 사내아이를 바라보고서 몸을 굽혀 입을 맞추었습니다.

그동안 시녀들은 줄곧 북을 울리며 온갖 악기를 연주했습니다. 왕은 이 아들에게 자우 알 마칸이라는 이름을 지어주고 딸에게는 누자트 알 자만*[11]이라는 이름을 내렸습니다. 오마르 왕은 왕자와 공주를 보살필 유모와 보모, 환관과 시종을 임명하고 산더미 같은 설탕과 음료와 고약, 그 밖의 온갖 물건들을 왕자와 왕녀에게 내렸습니다.

바그다드의 백성은 알라의 뜻으로 오마르 왕이 아들을 얻었다는 소식을 듣자 성안 곳곳을 장식하고 북과 징을 치면서 경사스러운 출산소식을 알리며 돌아다녔습니다. 태수, 대신, 고관들도 궁전으로 달려와 오마르 왕께 왕자와 공주의 탄생을 축하했습니다. 왕은 깊이 감사하며 중신들에게 예복과 갖가지 선물을 내리고 또 궁중으로 축하하러 온 자에게는 신분의 고하를 막론하고 골고루 선물을 내렸습니다. 이렇게 꼬박 나흘이 지나갔습니다.

왕은 소피아를 위해 옷과 장신구 외에 많은 돈을 아낌없이 쓰며 2, 3일마다 사자를 보내 산모와 아이들을 살펴보고 오게 했습니다. 4년의 세월이 지나자 왕은 두 아이를 소중히 키우고 훌륭한 교육을 하는 데 필요한 돈을 소피아에게 내렸습니다.

한편 샤르르칸 왕자는 공주 누자트 알 자만이 태어났다는 소식만 들었을 뿐 또 하나의 왕자가 생겼다는 사실은 전혀 모르고 있었습니다. 그 뒤에도 사람들은 이 소식을 샤르르칸에게는 숨기고 있었습니다. 그러는 동안 세월은 흘러, 왕자는 용사들과 싸우기도 하고 기사를 상대로 일대일로 칼을 휘두르면서 바쁜 나날을 보내고 있었습니다.

어느 날 오마르 왕이 궁전에 앉아 있으니 시종들이 들어와 엎드려 말했습니다.

"오, 임금님, 로움의 왕, 콘스탄티노플의 대왕으로부터 사자가 왔습니다. 임금님을 알현하려 기다리고 있습니다. 임금님께서 이를 허락하신다면 어전으로 데려오겠습니다만 허락하실 뜻이 없으시다면 물론 임금님 뜻대로 하겠습니다."

왕은 사자들을 데려오라고 명령했습니다. 사자들이 들어오자 왕은 그쪽을 돌아보며 은근하게 맞이하고서 곧바로 무슨 일로 왔느냐고 물었습니다.

사자들은 몸을 엎드린 채 말했습니다.

"오, 영광에 빛나는 강대하신 임금님이시여! 오, 무용이 드높으신 임금님이시여! 저희는 아프리둔 대왕,*12 이오니아국*13과 나사렛 군대의 군주로서, 콘스탄티노플 제국에 흔들림 없는 왕위를 구축하신 분께서 보내신 자들입니다. 현재 아프리둔 대왕은 포악한 반역자인 케살레아의 왕자와 맞서 치열한 싸움을 벌이고 계십니다. 이 전쟁이 일어난 원인을 말씀드리면, 일찍이 아라비아의 한 왕이 전쟁에 이긴 뒤 우연히 알렉산드로스 시대의 보물창고*14를 발견하여 거기서 막대한 보물을 가져갔습니다. 그중에는 타조알 만한 크기의 보석이 3개 있었는데, 그것은 일찍이 아무도 보지 못한 훌륭한 것이었습니다. 그 보석에는 모두 이오니아 글자가 아름답게 새겨져 있어 신기한 효능과 힘이 깃들어 있습니다. 예를 들면 그 보석 하나를 갓난아기의 목에 걸어주면, 그것을 단단히 목에 지니고 있는 한 불행에 빠지지 않고 또 울거나 열병에 걸리는 일이 없다고 합니다.*15

아라비아 왕은 보석을 손에 넣고 그 비밀을 알게 되자 곧 아프리둔 왕 앞으로 진귀한 물건들과 함께 그 보석 3개를 보내기로 했습니다. 그리하여 배를 두 척 준비하여 한 척에는 보물을 싣고 한 척에는 호위군사를 실었습니다. 그것은 만일에 대비한 것일 뿐, 설마 배를 습격하는 자가 있으리라고는 아무도 생각하지 않았습니다. 아무튼 그 왕은 아랍인의 왕자였고, 또 행상의 항로는 콘스탄티노플 왕의 지배 아래 있는 데다 배는 더욱이 그 왕의 항구를 향해 가는 길이었기 때문입니다. 또 연안에는 모두 위대한 아프리둔 대왕이 다스리는 백성만 살고 있었습니다.

두 척의 배가 돛을 올리고 출범하여 콘스탄티노플의 수도 가까이에 이르렀습니다. 그런데 그때 별안간 바바리야 해적이 나타나 배를 습격했습니다. 그중에는 케살레아 왕자의 군대도 섞여 있었습니다. 그 왕자는 보석 3개와 함께 배 안의 진귀한 보물을 약탈하고 선원들을 모조리 죽이고 말았습니다. 이 소식을 듣고 저희의 왕은 곧 군대를 파견했지만 도리어 패하고 말았습니다. 왕은 매우 노하셔서 스스로 전군을 지휘하여 아르메니아*16의 케살레아를 폐허로 만들고 왕자가 지배하는 모든 도시를 짓밟기 전에는 절대 돌아가지 않겠다고 맹세했습니다. 저희들은 대왕의 명령으로 현세의 임금님이시며 바그다드 및 호라산의 대왕이신 오마르 왕을 뵙고 부디 원병을 보내시어 명예와 영광을 더하실 것을 부탁하고자 찾아온 것입니다. 저희는 또 대왕께서 보내시는 여러 가지 선물을 갖고 왔으니, 부디 흔쾌히 받아주시고 앞으로도 더욱 후의를 베풀어주시기를 엎드려 청하는 바입니다."

이렇게 말하고는 사절들은 오마르 왕 앞에 엎드렸습니다.

―여기서 날이 새기 시작하는 것을 알고 샤라자드는 이야기를 그쳤다.

46번째 밤

오, 인자하신 임금님, 샤라자드는 이야기를 계속했다. 콘스탄티노플 왕의 사절과 그 일행은 오마르 왕의 앞에 엎드려 용건을 말씀드리고 선물을 내놓았는데, 그것은 온 그리스 안에서 고르고 고른 처녀 50명과 찬란한 비단옷을 입고 금은으로 장식한 띠를 두른 백인 노예병사 50명이었습니다. 이 남자노예들은 저마다 하나에 금화 1천 닢이나 나가는 아름다운 진주가 박힌 황금 귀고리를 달고 있었습니다. 한편 처녀들 역시 화려한 치장을 한 눈부시고 아름다운 옷들을 입고 있었습니다. 오마르 왕은 이 선물을 크게 기뻐하며 받았습니다. 그리고 사신들을 후히 대접하도록 명령하고서 대신들을 소집하여 그 대책을 의논했습니다.

그때 대신들 가운데 단단이라고 하는 노인이 일어나 오마르 왕 앞에 엎드려 말했습니다.

"임금님, 이번 경우에는 천군만마의 용감한 군사를 편성하셔서 샤르르칸 왕자님을 총대장으로 하고 저희는 보좌역으로 배치하시는 게 좋지 않을까 합니다. 저는 두 가지 점에서 이 전략이 마음에 들었습니다. 하나는 로움 국왕이 임금님의 원조를 청하며 선물을 헌상했고, 임금님께서는 그것을 기꺼이 받아들이셨습니다. 다른 하나는 우리나라를 침범할 적이 없으므로 임금님의 군대는 아무 걱정 없이 진격할 수 있고, 만일 그리스 국왕을 구하고 그 적을 무찌른다면 그 영광은 임금님을 더욱 빛내줄 것입니다. 게다가 온 세계의 도시와 나라에 그 소문이 퍼질 터이고, 특히 이 소문이 대양(大洋)의 여러 섬에 전해져 모리타니아의 여러 왕 귀에 들어가면 그들 역시 진귀한 공물을 헌상하게 될 것입니다."

왕은 단단 대신의 말이 마음에 들어 그 권고에 따르기로 하고 대신에게 예복을 내린 다음 이렇게 말했습니다.

"모름지기 왕의 자리에 있는 자는 그대와 같은 인물과 국사를 의논할 것이로다. 그대가 아군의 진두에 서고 왕자 샤르르칸이 총지휘를 함이 좋으리라."

왕은 샤르르칸 왕자를 불러들였습니다.

왕자는 왕 앞에 나와 엎드려 예를 갖추고서 자리에 앉았습니다. 왕은 사신과 단단 대신의 말을 왕자에게 전하고 사정을 설명하며 출진 준비를 하라고 명령했습니다. 그리고 단단 대신의 말을 결코 거스르면 안 된다고 엄명을 내리고 휘하 군대에서 공격에 가장 강한 완전무장한 기병 1만 명을 뽑도록 명령했습니다. 왕자는 곧 일어나 기병 1만 명을 뽑았습니다. 그런 다음 자신의 어전으로 들어가 부하장병을 소집하여 하사품을 내리면서 지시했습니다.

"사흘 동안 여유를 주겠다."

장병들은 왕자 앞에 몸을 엎드려 충성을 맹세하고 곧바로 군수품을 갖추고 식량을 준비했습니다. 그동안에 왕자는 무기고로 가서 필요한 만큼의 무기와 갑옷을 꺼내고 마구간에 가서 혈통 좋은 말들을 골랐습니다.

예정된 3일이 지나자 군대는 바그다드 교외에 집결했습니다.[17] 오마르 왕이 왕자를 전송하러 나왔을 때 샤르르칸은 엎드려 왕으로부터 황금 일곱 자루[18]를 받았습니다. 그런 다음 왕은 대신에게 왕자의 군사를 잘 부탁하고 왕자에게는 무엇이든 대신과 의논하라고 일렀습니다. 왕자가 분부대로 하겠다고 맹세하자 왕은 궁전으로 돌아갔습니다. 샤르르칸 왕자는 대장들에게 명령하여 곧바로 진영을 짜도록 했습니다. 진영이 짜지자 그 수는 기병이 1만이나 되었고 보병과 비전투원(非戰鬪員)도 가담해 있었습니다. 이윽고 말에 짐이 실리자 북소리와 나팔소리가 울려 퍼지고 깃발이 하늘 높이 펼쳐졌습니다. 단단 대신을 옆에 거느리고 말에 올라탄 샤르르칸 왕자 머리 위에서 군기가 펄럭이고 있었습니다.

이리하여 군대는 사신을 선두로 진군하여서 해질 때까지 행진을 계속하다가 밤이 되자 모두 말에서 내려 야영을 했습니다. 그리고 동트기 시작할 무렵 다시 말에 올라 진군을 계속하여 사신들의 안내로 20일 동안 길을 재촉했습니다. 그리하여 21일째 되던 날 밤 커다란 나무와 관목이 무성한 골짜기에 흐르는 아름답고 널찍한 강에 이르렀습니다. 그곳에서 샤르르칸은 전 군에게 사흘 동안 휴식을 취하도록 명령했습니다. 군사들이 말에서 내려 천막을 치자 넓은 골짜기 양쪽 비탈은 순식간에 천막으로 뒤덮였습니다. 한편 단단 대신과 아프리둔 왕의 사신들은 강바닥*19을 야영지로 정했습니다.

샤르르칸 왕자는 군사들이 말에서 내려 저마다 강 양쪽에 자리 잡는 것을 바라보고 있다가 이윽고 말고삐를 늦추어 다시 말에 올랐습니다. 골짜기의 모양이나 형세를 좀더 살펴보고 직접 보초를 설 생각이었던 것입니다. 그것은 부왕의 명령도 있었고, 또 군대가 이미 그리스 국경을 넘어 적진 안에 들어서 있었기 때문입니다.

샤르르칸은 무장한 노예와 근위병들에게 단단 대신 옆에 천막을 치게 한 다음 자기는 혼자 말을 몰아 골짜기를 따라 앞으로 나아갔습니다. 두세 시간 달리다 보니 피로가 느껴지고 졸음이 와서 더는 말을 몰 수가 없었습니다. 말 위에서 자는 데 익숙해 있었던 샤르르칸은 그대로 말 위에서 잠이 들었습니다. 말은 여전히 앞으로 나아가 울창한 숲으로 들어갔습니다. 그래도 왕자는 계속 잠을 자다가 말이 나무뿌리에 걸려 비틀거리는 바람에 문득 눈을 떴습니다.

주위를 돌아보니 어느덧 숲 속에 들어와 있었습니다. 때마침 달이 떠올라 동서 양쪽의 지평선을 대낮처럼 환하게 비추고 있었습니다. 샤르르칸은 자기도 모르게 그런 곳에 혼자 와 있는 것을 깨닫고 깜짝 놀라 주문을 외웠습니다.

"알라 외에 주권 없고 권력 없도다. 오, 영광되고 위대하신 알라여!"

이 말을 외는 자는 결코 재앙을 당하지 않는 법입니다. 그래도 불의에 닥치는 짐승의 습격만은 경계하면서 여전히 앞으로 나아가니, 달빛이 밝게 비치는 초원은 마치 천국같이 아름다웠습니다. 그런데 어디선가 사람의 마음을 끄는 기분 좋은 목소리와 떠드는 소리, 웃음소리가 들려왔습니다.

샤르르칸 왕자가 급히 말에서 내려 옆에 있는 나무에 말을 매어놓고 조금 더 나아가니 곧 개울가에 이르렀습니다. 그때 한 여자가 아라비아 말로 얘기하는 소리가 들렸습니다.

"아니, 구세주의 진실에 맹세코, 그건 너희가 잘못한 거야. 하지만 한 마디라도 해봐, 내동댕이쳐서 그 여자의 허리띠로 두 팔을 묶어버릴 테니까."
 그 말소리를 따라 왕자는 앞으로 걸어갔습니다. 그곳에는 시냇물이 흐르고 커다란 영양들이 뛰어다니고 있었습니다. 풀밭 위에는 들소가 떼지어 놀고 있고 새들은 즐거운 듯이 지저귀며 주위에는 온갖 꽃이 만발해 있었습니다. 어떤 시인이 노래 부른 그대로였습니다.

 꽃봉오리 필 무렵
 맑은 냇물이 들과 숲을
 졸졸 흐를 무렵
 대지의 모습도 아름다워라.
 이 모두가 신의
 영광되고 위대한 업적
 자비를 내리시고 행복 주시는
 위대한 신의 업적이니라.

 여기가 대체 어디일까 하고 주위를 둘러보니, 그리스도교 사원이 눈에 띄었습니다. 사원 안에는 달빛을 받으며 높은 탑이 우뚝 솟아 있었습니다.[20] 사원 한복판에 조그만 냇물이 꽃밭 사이를 누비며 흐르고 있었습니다. 그 기슭에 아까 목소리가 들려온 여자가 앉아 있고, 그 앞에 가슴이 풍만하고 달처럼 아름다운 처녀 10명이 눈부시도록 아름다운 의상과 패물을 두르고 서 있었습니다. 이런 처녀를 시인은 다음과 같이 노래하고 있습니다.

 즐거운 듯 웃는 처녀들로
 들판은 아름답게 빛나네.
 무리지어 모여든 처녀들 모습으로
 들판은 더욱 아름다워라.
 가냘픈 걸음걸이 하늘거리며
 교태도 요염한 처녀들은
 눈과 입술에 매혹의 힘 지녔네.
 포도 넝쿨인 양 나슬나슬한

풍요한 머리칼 풀어헤치고
　　고운 눈동자로 화살을 쏘면
　　쇠 같은 마음의 대장부라도
　　쓰러지지 않고는 못 견디네.

　샤르르칸 왕자는 그 처녀 10명을 가만히 지켜보다가 그 한가운데에 보름달같이 아름다운 여자가 있는 것을 보았습니다. 흰 살갗에 머리카락은 살짝 말려 전갈꼬리를 연상케 하는 곱슬머리가 반짝이는 이마에 드리워졌으며, 그 아래에 큼직한 검은 눈동자가 흑요석같이 반짝이고 있었습니다. 그녀는 정말 한 점 나무랄 데 없는 절세미인이었습니다. 이러한 아름다움을 시인은 다음과 같이 노래하고 있습니다.

　　처녀의 눈동자 빛나고
　　창대처럼 곧은 날씬한 맵시
　　베일을 들추면 향긋한 장밋빛 볼에
　　온갖 아름다움 깃들었도다.
　　이마에 늘어진 검은 머리카락
　　밤처럼 드리워져 너울거리고
　　그 머리카락 아래 시원스러이
　　환희의 새벽하늘 동트도다.

　이때, 그 여자가 시녀들에게 말하는 소리가 들려왔습니다.
　"자, 모두 덤벼봐. 달이 지고 날이 새기 전에 나와 씨름이나 하자. 너희를 모두 내던져버릴 테니."
　그리하여 시녀 10명이 차례차례 덤벼들었으나 그 여자는 하나씩 차례로 땅바닥에 메다꽂고 허리띠로 묶어버렸습니다. 그러자 그 앞에 있던 한 더러운 노파가 홱 돌아서서 화난 목소리로 외쳤습니다.
　"뭐냐, 이것아? 너는 저것들을 내동댕이친 것이 그렇게 자랑스러우냐! 봐라, 나는 이렇게 늙었지만, 이런 것들을 40번이나 메다꽂았어. 그러니 그렇게 우쭐댈 것 하나도 없단 말이야. 나와 겨룰 자신 있거든 자, 덤벼봐. 그

머리통을 잡고 박살을 내줄 테니까."
 젊은 여자는 이 말을 듣고 빙그레 웃었지만 속으로는 무척 화가 나서 벌떡 일어나서 물었습니다.
 "자트 알 다와히*21 할머니, 구세주의 진실에 맹세코, 할머닌 정말 나하고 씨름할 작정이세요? 아니면 놀리시는 거예요?"
 "물론, 정말로 하고말고."

―여기서 날이 훤히 새기 시작하자 샤라자드는 이야기를 그쳤다.

47번째 밤

오, 인자하신 임금님, 들어보십시오, 샤라자드는 이야기를 시작했다.
 노파가 정말로 씨름을 하겠다고 대답하자 여자는 소리쳤습니다(샤르르칸은 그동안 내내 구경하고 있었습니다).
 "정말 겨뤄볼 만한 실력이 있다면 질 것을 각오하고 덤벼 봐요."
 이 말을 듣고 노파는 불같이 화를 내며 온몸의 털을 고슴도치처럼 곤두세웠습니다.
 "구세주의 진실에 걸고 이 화냥년아,*22 나는 알몸이 아니고는 씨름하지 않는다."
 그리고 허리띠를 풀고서 옷 속에 손을 넣어 재빨리 벗어버리고 비단끈을 꼬아 허리에 감았습니다. 그 모습은 마치 백선(白癬)이 옮은 마녀신이나 얼룩뱀 같았습니다. 준비가 다 되자 노파는 처녀 쪽을 돌아보며 말했습니다.
 "자, 너도 나처럼 벗어라."
 그동안 두 사람의 모습을 지켜보고 있던 샤르르칸 왕자는 노파의 망측한 꼴에 저도 모르게 쓴웃음을 지었습니다. 아름다운 여자는 야만 천으로 지은 장식띠를 풀어 허리에 두 번 감고 속곳을 걷어 올려 수정을 박은 설화석고처럼 매끈하고 통통한 두 다리를 드러냈습니다. 그리고 꼭 누만 왕의 아네모네처럼 작은 보조개에서 사향내를 풍기는 배와 석류 같은 두 개의 유방도 고스란히 드러냈습니다.

이윽고 노파가 여자에게 다가가자 두 사람은 허리를 구부려 단단히 서로 맞잡았습니다. 왕자는 하늘을 우러르며 부디 아름다운 여자가 추악한 노파를 물리치기를 알라께 빌었습니다.

그때 젊은 여자가 몸을 구부려 노파 밑으로 들어가 왼손으로 허리띠를 움켜잡고 오른손을 목에 감고는 상대를 번쩍 쳐들었습니다. 노파는 빠져나오려고 몸부림치다가 두 다리를 번쩍 쳐든 채 벌렁 나가떨어지고 말았습니다. 두 다리 사이의 검은 덤불이 달빛을 받아 뚜렷이 드러났습니다. 넘어지는 순간 방귀*23를 두 번이나 뀌었는데, 하나는 땅바닥의 먼지를 날렸고 하나는 천당 어귀까지 냄새가 피어올랐습니다. 왕자는 너무나 우스워서 배를 움켜쥐고 한바탕 웃어댔습니다.

이윽고 샤르르칸은 일어나 칼을 뽑아들고 좌우를 둘러보았습니다. 벌렁 나자빠진 노파를 일으켜주는 사람이 아무도 없는 것을 보고 왕자는 중얼거렸습니다.

"너를 재앙의 계집이라고 이름 지으신 신은 참으로 공명정대하시도다! 저 여자들을 내던진 솜씨로 보아 그녀의 역량을 충분히 알 수 있을 것 아닌가."

이렇게 혼잣말을 중얼거리며 여자들 쪽으로 다가가 보니, 젊은 여자가 노파에게 가서 그 알몸 위에 얇은 비단속옷을 던져주고, 옷 입는 것을 거들어주며 사과했습니다.

"보세요, 자트 알 다와히 할머니, 나는 살짝 내던지려고 했어요. 이렇게 세게 내던질 생각은 없었는데, 당신이 내 손에서 빠져나가려고 몸부림쳤기 때문에 이렇게 된 거예요."

노파는 한마디 대꾸도 없이 겸연쩍게 일어나더니 어디론지 가버리고 말았습니다. 뒤에는 두 팔이 묶여 늘어져 있는 시녀들과 그 가운데 서 있는 아름다운 여자만 남았습니다. 왕자는 다시 혼잣말을 했습니다.

"행운에는 다 그만한 까닭이 있어. 내게 행운이 없었던들 도중에 잠이 들었을 리도 없고, 말이 이런 곳으로 혼자 올 리도 만무하지. 이 여자를 비롯하여 다른 여자들도 모두 꼭 내 손에 넣고 말아야지."

왕자는 급히 말이 있는 곳으로 돌아가 훌쩍 올라타고는 화살같이 달려갔습니다. 왕자는 칼을 뽑아 휘두르면서 이슬람교도의 함성을 질렀습니다.

"알라는 전능하시다!"*24

이 모습을 본 여자는 벌떡 일어나 개울가에 버티고 서는 듯싶더니 폭이 6 큐빗은 됨직한 개울을 훌쩍 건너뛰어*25 맞은편 기슭으로 가서 뒤돌아보며 외쳤습니다.

"넌 대체 누구냐! 마치 전쟁이라도 하는 것처럼 칼을 휘두르며, 우리가 오붓하게 노는 자리에 함부로 뛰어들어 판을 깨는 것이냐? 네놈은 어디서 와서 어디로 가는 놈이야? 바른 대로 말해라. 그것이 네 신상에 이로울 테니까. 거짓말하면 안 돼. 천한 자나 거짓말하는 법이니까. 아마도 너는 밤길을 잃고 자신도 모르는 사이에 여기까지 온 모양이구나. 여기까지 온 이상 넌 마지막이야. 달아나려 해도 절대로 달아날 수 없어. 너는 숨을 곳도 없는 벌판에 서 있고, 내가 소리를 한 번만 지르면 4천 명의 기사장(騎士長)*26이 곧 달려올 거야. 그러니까 네 용건이 뭔지 말해라. 길을 가르쳐 달라면 가르쳐주마."

"나는 외국의 이슬람교도로 오늘 밤 혼자 사냥하러 나섰다. 저 달빛도 거기 있는 여자 10명만큼 아름다운 사냥감은 비춰주지 않더군. 그래서 너희를 사로잡아 동료에게 선물로 가지고 갈 참이다."

"분명히 말하지만 이 전리품은 아직 네 손에 들어간 게 아니야. 내가 저 시녀들을 고분고분 내줄 것 같으냐? 조금 전에도 말했지만 거짓말하는 것은 천한 자나 하는 짓이야."

"영리한 자는 남의 말을 잘 듣는 법이지."

"구세주의 진실에 걸고, 네 목숨이 내 손안에 있다고 생각지 않았으면 큰소리를 질렀을 거야. 한 번 소리치면 이 벌판은 당장 군사와 군마로 가득 차게 된다. 하지만 난 외국 사람들에게 동정심을 갖고 있어. 그러니 만일 사냥감을 찾는다면 이렇게 하는 게 어때? 말에서 내려 네 신앙에 걸고 칼 따위를 휘두르며 나에게 덤벼들지 않겠다고 맹세하는 거야. 그리고 우리 둘이 씨름을 하자. 만일 네가 나에게 이기면 나를 말에 태우고 우리 모두를 사로잡아가도 좋아. 그 대신 내가 이겼을 때는 내 말대로 해야 해. 자, 내 앞에서 맹세해. 난 네가 못 미더우니까. '반역심(逆心)이 있을 때는 믿어선 안 된다'고 세상에서 말하지 않느냐? 자, 굳은 맹세를 해라. 그러면 너를 상대해줄 테니까."

이 여자를 생포하고 싶은 생각이 간절한 왕자는 마음속으로 대답했습니다.

'이 여자는 내가 용사 중의 용사임을 모르는 모양이군.'
"그럼, 네가 원하는 대로 맹세 하마. 네가 준비를 하고 덤비라고 할 때까지 결코 가까이 가지 않겠다. 만일 네가 나를 이긴다면 몸값은 충분히 지니고 있다. 또 내가 너를 이기면 꽤 훌륭한 노획물이 되는 셈이지!"
"좋아!"
이 말에 샤르르칸은 놀라며 말했습니다.
"영광된 알라 사도의 진실에 걸고(알라여, 부디 사도를 축복하고 지켜주소서!) 나도 너의 맹세에 만족한다."
여자가 다시 말했습니다.
"육체에 영혼을 주시고 인류를 올바로 다스리고자 법도를 정하시는 신에 걸고, 씨름기술 이외의 난폭한 짓을 절대 하지 않겠다고 맹세해라. 맹세를 어길 경우에는 너는 이슬람교 나라 밖에서 죽을 수밖에 없으니까."
"신의 이름으로 맹세하지. 그러나 아무리 위대한 판관 중의 판관*27이라도 이 이상 나에게 맹세를 강요할 수는 없다!"
샤르르칸은 여자가 요구하는 대로 맹세하고는 말을 나무에 맸습니다. 그리고 샤르르칸은 깊은 생각에 잠겨 중얼거렸습니다.
"더러운 물*28에서 이토록 아름다운 여자를 만드신 신을 찬양할지어다!"
이윽고 샤르르칸은 정신을 차려 허리에 띠를 감고 준비를 한 다음 말했습니다.
"자, 개울을 건너 와서 덤벼라."
그러나 여자는 대답했습니다.
"그쪽으로 가는 건 내가 아니야. 겨루고 싶거든 네가 이리로 건너와."
"나는 그럴 수 없다."
"그럼, 내가 그쪽으로 가주지."
여자는 옷자락을 걷어붙이고 개울을 훌쩍 건너뛰어 상대 옆에 섰습니다. 샤르르칸 왕자는 여자에게 다가가 몸을 구부리고 도전하는 신호로 손뼉을 쳤습니다.*29 그러나 실은 그 여자의 아름다움과 사랑스러움에 마음이 어지러워져 있었습니다. 눈앞에 있는 여자의 맵시가, 전능하신 신의 손이 마신의 물감으로 피부를 물들인 것처럼 곱고, '자비의 손'에 자라나 '행운의 산들바람'을 쐬며 경사스러운 별 주위에서 태어난 것처럼 아름다웠기 때문입니다.

이윽고 여자가 큰 소리로 외쳤습니다.

"자, 이슬람교도야, 덤벼라, 밤이 새기 전에 승패를 가리자."

그러고는 새롭게 응고된 신선한 우유 같은 두 팔을 드러내자, 그 하얀 살결로 주위가 환히 빛나 샤르르칸은 눈이 부실 지경이었습니다. 그래도 샤르르칸이 몸을 구부리고 도전하는 자의 예법에 따라 손뼉을 치자 상대도 이에 응하여 손뼉을 쳤습니다. 샤르르칸은 여자와 서로 맞붙어 손과 팔을 뻗으며 승부를 겨뤘습니다. 이윽고 샤르르칸은 여자의 부드러운 허리를 휘감았지만, 손끝이 연한 살에 닿는 순간 저도 모르게 마음이 설레어 폭풍에 시달리는 페르시아 갈대처럼 몸이 떨리기 시작했습니다. 여자는 그때를 놓치지 않고 왕자를 번쩍 들어 쾅 하고 메다꽂더니 그 가슴을 모래언덕 같은 엉덩이로 깔고 앉았습니다. 그것은 샤르르칸이 본성을 잃고 있었기 때문입니다.

"자, 이슬람교도야! 나사렛 사람을 죽이는 것은 너희에겐 아무 일도 아니겠지만 너 자신이 죽는 것은 어떻게 생각하느냐?"

"오, 공주여, 나를 죽이겠다고 하지만 그건 결코 옳은 일이 아니다. 우리들의 예언자 무함마드는(알라여, 축복하시고 지켜주소서!) 부녀자나 노인들 그리고 승려를 죽이면 안 된다고 말씀하셨다."

"너희 예언자가 그렇게 말했다면 우리도 같은 자비를 베풀어야지. 자, 일어나라, 목숨만은 살려주마. 마음이 너그러운 자는 언제나 인정이 많은 법이니까."

이렇게 말하며 여자가 왕자의 가슴에서 몸을 일으키자 샤르르칸은 일어나 머리의 먼지를 털고서 갈비뼈의 임자,[1] 즉 여자들 쪽으로 몸을 돌리고 섰습니다. 그러자 여자가 말했습니다.

"부끄러워할 것 없어. 노획물을 찾기 위해 왕을 도와 로움 나라까지 전쟁하러 온 자가 대체 어찌 된 꼴이냐? 갈비뼈로 만든 여자를 이기지 못하다니?"

"내가 힘이 모자라서 진 것이 아니다. 너 역시 정말 힘으로 나를 이긴 게 아니고, 네가 매우 아름다워서 내가 진 거야. 그러니까 다시 한 번 상대해주면 고맙겠다."

왕자의 변명을 듣고 여자는 웃으면서 말했습니다.

"네 요구를 들어주지. 하지만 이 시녀들은 꽤 오랫동안 묶여 있어서 팔과 옆구리가 저릴 거야. 이번 씨름은 오래 걸릴지 모르니 풀어줘야겠어."

그리고 노예계집들한테 가서 끈을 풀어주고서 그리스어로 명령했습니다.

"이 이슬람교도는 너희를 몹시 탐내고 있으니 콧대를 꺾어줘야겠다. 그때까지 안전한 곳에 가 있어."

노예계집들이 그 자리를 떠나는 동안 왕자는 물끄러미 여자들을 지켜보고 있었습니다. 여자들은 두 사람 쪽을 돌아보면서 떠나갔습니다.

이리하여 두 사람은 다시 서로 다가서서 가슴과 가슴을 맞대었는데, 왕자는 자기 허리가 여자 허리에 닿았다고 느끼는 순간 그만 힘이 빠져버렸습니다. 그것을 알아챈 여자는 번개같이 재빠른 솜씨로 그를 땅바닥에 내던졌습니다.

"자, 일어서라. 네 목숨을 살려주는 것은 이번으로 두 번째다. 처음에는 너희 예언자 때문이었지. 여자를 죽이는 것은 좋지 않다고 했다니까. 이번에 살려준 것은 네가 아직 어리고 외국 사람이기 때문이야. 하지만 잘 들어라. 콘스탄티노플 왕을 구해 주러 오마르 왕이 파견한 이슬람교군 가운데 너보다 힘센 자가 있거든 내 얘기를 하고 이리로 보내라. 씨름에는 피하기, 낚아채기, 움켜잡기, 물어뜯기,[30] 누르기, 발 걸기 등 48가지 수법이 있는 데다 속임수도 있으니까."

왕자는 몹시 화가 나서 말했습니다.

"알라께 맹세코! 비록 내가 혈기왕성한 나이의 알 사후디나 무함마드 키마르 또는 이븐 알 사디[31]였다 해도 지금 네가 읊어댄 그런 수법에 마음 쓰지는 않았을 거다. 왜냐하면 너는 결코 힘으로 나를 이긴 것이 아니니까. 너의 얕은수에 내가 진 거야. 우리 메소포타미아 사나이들은 포동포동한 넓적다리를 좋아해서 맑은 정신과 분별력을 잃어버렸던 거지. 그러니 너만 좋다면 정신을 바짝 차릴 테니 세 번째로 겨루어보자. 씨름은 세 판이라는 법도에 따르면 아직 한 판이 남아 있는 셈이다. 게다가 이번에는 마음도 냉정해졌으니까."

"넌 두 번이나 지고도 아직도 정신을 못 차렸느냐? 그토록 하고 싶다면 어디 덤벼봐. 알겠니? 이번이 진짜 마지막이야."

여자는 이렇게 말하면서 몸을 구부리고 남자에게 덤벼들었습니다. 샤르르칸도 이번에는 절대 지지 않으려고 정신을 바짝 차렸습니다. 그리하여 한동안 밀고 당기는 사이에 여자는 지금까지 없었던 힘이 상대에게 생긴 것을 깨닫고 말했습니다.
"오, 이슬람교도야! 이번엔 꽤 힘이 나는 모양이구나."
"아무렴, 이게 마지막 승부니까. 승부가 나면 동서로 헤어져 가야 하지 않느냐."
이 말을 듣고 여자가 웃었으므로 샤르르칸도 웃었는데, 바로 그 순간 마음이 해이해져서 여자가 손을 뻗쳐 남자의 넓적다리를 확 잡아당기자 샤르르칸은 그만 쿵 하고 넘어지고 말았습니다. 여자는 선 채로 비웃으면서 말했습니다.
"너는 밀기울만 먹고 사느냐? 마치 건드리기만 하면 털이 빠지는 바다 위인의 모자 같구나, 아니면 불면 날아가는 바람 영감*32이거나. 가여워서 못 봐주겠군. 자, 빨리 이슬람교 군사가 있는 데로 가서 너같이 약골이 아닌 놈을 보내라. 돌아가서 이렇게 말해, 아라비아인이든 페르시아인이든 터키인이든 다일람인*33이든 누구든 힘센 자는 상대가 될 테니까 찾아가 보라고."
그러고는 단번에 개울을 건너뛰고서 짓궂은 웃음을 지으면서 다시 말했습니다.
"오, 왕자님! 당신과 헤어지는 것이 참으로 슬프군요. 하지만 날이 밝아 기사들의 습격을 받기 전에 빨리 친구들에게 돌아가는 게 좋을 거예요. 여자 하나 이겨내지 못하니 용사나 기사들은 더더욱 상대하지 못할 테니까."
여자가 등을 돌려 사원 쪽으로 가기 시작하자 왕자는 당황하여 불렀습니다.
"아, 여보시오, 사랑에 상처 입은 이 가엾은 나그네를 그냥 버려두고 가시렵니까?"
이 말을 듣고 여자는 웃으면서 돌아보았습니다.
"뭘 원하는 거예요? 당신의 소원을 들어 드리지요."
"나는 당신 나라에 발을 들여놓고 당신의 친절을 받았는데, 당신의 음식도 먹지 못하고 대접도 못 받고 돌아가란 말입니까? 이제 당신의 노예가 되어버린 내가!"
"비천한 자가 아닌 한 친절한 행동을 중간에 그만두지는 않지요. 알라의 이름에 걸고 당신의 방문을 영광으로 맞이하겠어요. 말을 타고 이 개울을 따라오세요. 지금부터 당신은 내 손님이니까요."

이 말을 듣고 왕자는 기뻐하며 매어놓은 말에게 가서 올라타고 여자와 나란히 개울가로 나아갔습니다.

이윽고 두 사람은 도개교(跳開橋)*34 옆에 이르렀습니다. 백양나무로 만들어진 그 다리는 쇠사슬에 매달려 갈고리와 자물쇠로 단단히 고정되어 있었습니다. 다리 위에 아까 내동댕이쳐진 시녀 10명이 마중 나와 있는 것을 왕자는 보았습니다. 여자는 시녀들 쪽으로 가다가 그 가운데 하나에게 그리스어로 명령했습니다.

"저분의 말고삐를 잡고 사원 안으로 안내해라."

시녀는 샤르르칸 왕자에게 다가와 앞장서서 안내했습니다. 왕자는 그 모습을 보고 가슴을 두근거리며 중얼거렸습니다.

"단단 대신도 함께 왔더라면 이런 예쁜 아가씨들을 볼 수 있었을 것을."

그리고는 아까 그 젊은 여자에게 말을 건넸습니다.

"오, 아름다운 분이여! 나는 지금 당신에게 두 가지 말씀을 드리고 싶습니다. 하나는 당신의 친절한 우정에 대해서, 다른 하나는 일부러 댁에까지 데려와 대접해 주시려는 호의에 대해서입니다. 나는 이제 당신의 명령이나 지시라면 어떤 것도 어기지 않을 것입니다. 그러므로 내 마지막 청인데, 나와 함께 이슬람교도 나라로 가보시지 않겠습니까? 그러면 당신은 용감한 전사들을 많이 만날 수 있고 내 신분도 알게 될 겁니다."

이 말을 듣고 여자는 화를 내면서 대답했습니다.

"구세주의 진실에 걸고, 당신이 결코 호락호락한 사람이 아니라는 것은 아까부터 알고 있었어요. 하지만 당신이 지금 어떤 흉계를 꾸미고 있는지 난 다 알고 있어요. 속이 빤히 들여다보이는 거짓말을 잘도 하시는군요. 당신네 임금 오마르 빈 알 누만에게 한 번 가게 되면 절대 돌아오지는 못하게 된다는 것을 알면서 어떻게 당신 꾀에 넘어가겠어요? 오마르 왕이 바그다드와 호라산의 왕으로서 1년의 달수대로 궁 12개를 짓고 그 궁에 1년 날짜만큼 측실을 거느리고 있다지만, 나 같은 여자는 온 장안을 찾아도, 온 궁전 안을 다 뒤져도 결코 찾아낼 수 없을 거예요. 만일 내가 오마르 왕에게 간다면 그 사람은 그리 싫어하지 않겠지요. 왜냐하면 당신네 나라 사람들은 여자를 소유하는 것을 옳은 일이라고 생각하고 있으니까. 당신네 코란에는 '사로잡은 여자들은 노예로 소유하라'*35고 씌어 있지요. 그러니 나에게 그런 말을 하면 안 돼요.

　당신은 또 이슬람교도 용사를 보여주겠다고 했지만 그건 거짓말이에요. 나는 바로 이틀 전에 여기 도착한 이슬람교도 군사를 보았는데, 그것은 왕후의 군대라기보다 단지 오합지졸에 지나지 않았지요. 또 당신은 자기 신분을 알게 되리라고 말했지만 나는 당신 신분이 높아서 친절히 해 준 게 아니라 나 자신의 긍지에서 그런 거예요. 당신 같은 사람은 당대에 그 무용을 떨친 오마르 왕의 왕자 샤르르칸이라 할지라도 나에게 그런 말을 할 수 없을 거예요."

　그때까지 잠자코 여자 이야기를 듣고 있던 왕자는 이때 물었습니다.

　"당신은 샤르르칸을 아십니까?"

　"알고말고요. 샤르르칸이 기사 1만 명을 거느리고 왔고, 부왕의 명령을 받고 콘스탄티노플 왕을 돕기 위해 파견되었다는 것도 알고 있지요."

　"오, 그렇게 된 원인이 뭔지 이야기해 주시오. 사실의 경위를 똑똑히 알고 싶습니다. 그러면 어느 쪽이 나쁜지 알 수 있을 테니까요."

　왕자가 열심히 묻기에 여자는 이야기를 시작했습니다.

　"당신 신앙의 공덕에 걸고 말하지만, 내가 로움 태생 여자라는 사실이 세상에 퍼질 염려만 없다면, 기사 1만 명 속에 홀몸으로 쳐들어가 단단 대신과 용사 샤르르칸을 베어버리겠어요.*36 그렇게 한다고 해서 특별히 수치가 되지는 않을 거예요. 나도 아라비아어 책을 읽어서 아라비아인의 예의범절에 대해 좀 알고 있으니까요. 당신도 내 역량을 잘 아실 것이니 새삼스레 내 무용을 자랑해 보일 필요는 없겠지요. 그리고 내가 다른 여자들보다 뛰어나다는 것도 잘 아실 거예요. 오늘 밤에라도 샤르르칸이 여기 나타나기만 하면 '이 개울을 건너뛰어 보라'고 해 줄 거예요. 구세주께서 이 사원에서 샤르르칸을 내 손에 넘겨주실 것을 기다리고 있어요. 그렇게 되면 나는 남장을 하고 예법에 따라 샤르르칸과의 싸움에 도전하여 안장에서 끌어내린 다음 사로잡아서 그대로 차꼬를 채울 작정이에요."

　―여기서 날이 훤히 새기 시작하여 샤라자드는 또 이야기를 그쳤다.

48번째 밤

샤라자드는 이야기했다. 오, 인자하신 임금님, 나사렛 여자가 샤르르칸에게(상대는 사뭇 안타깝다는 듯이 듣고 있었지만) 말했습니다. "만약 샤르르칸이 내 손에 들어온다면, 난 남장을 하고 가서 안장에서 그 남자를 끌어내리고 산채로 잡아서 차꼬를 채워줄 거예요."

그러자, 당사자인 샤르르칸은 긍지와 분노와 기사다운 질투로 고개를 쳐들어, 그 자리에서 신분을 밝히고 상대에게 따끔한 맛을 보여주고 싶었습니다. 하지만 여자의 얌전하고 정숙한 아름다움에 끌려 마음을 고쳐먹고, 대신 이런 노래를 불렀습니다.

> 아름다운 여자에게
> 비록 실수가 있을지라도
> 미색에 끌려 그녀의 죄를
> 변호하는 사나이 헤아릴 수 없구나.

여자가 앞장서서 걷기 시작하자 왕자는 그 뒤를 따라갔습니다. 그리고 여자의 뒷모습과 일렁이는 물결처럼 서로 부딪치는 두 쪽의 엉덩이를 보는 동안, 샤르르칸은 다음과 같은 즉흥시를 읊었습니다.

> 처녀의 허물을 덮어주는 저 이마
> 사람들은 그 이마의 증언을 믿는다.
> 이마를 보았을 때 나는 말했노라.
> "오늘 밤은 밝은 보름달
> 발키스 님의 마신[*37]이 도전해 오더라도
> 제아무리 그 힘이 세다 해도
> 보기 좋게 처녀에게 져버리리라."

두 사람은 이윽고 대리석으로 된 아치 앞에 이르렀습니다. 여자는 문을 열고 아치 10개를 이은 천장 밑의 깊숙한 입구로 왕자를 안내했습니다.

그 아치 하나하나에는 화톳불처럼 반짝이는 수정 램프가 매달려 있었습니다. 안으로 들어가자 시녀들이 머리에 여러 가지 보석을 박은 황금리본을 달고 손에 향기로운 촛불을 들고 다가왔습니다. 왕자가 여자 뒤를 바싹 따라가니 이윽고 본당으로 나왔습니다.

이슬람교도인 샤르르칸이 주위를 둘러보니 침상과 안락의자가 한 쌍씩 방 둘레에 마주 놓여 있고 금빛 무늬가 든 휘장이 드리워져 있었습니다. 바닥에는 여러 가지 빛깔의 대리석과 쪽마루가 깔려 있고 그 중앙에 커다란 수반(水盤)이 있어 황금으로 만든 분수 24개에서 은빛의 맑은 물이 솟아나고 있었습니다. 그 가까이 한 단 높은 곳에는 임금이 아니면 쓸 수 없을 듯한 비단으로 된 호화스러운 좌석이 마련되어 있었습니다.

"자, 이 옥좌에 앉으세요."

여자가 권하자 왕자는 거기에 앉았습니다. 여자는 그를 그곳에 남겨두고 나가 얼마 동안 모습을 보이지 않았습니다. 왕자가 한 시녀에게 물으니 대답했습니다.

"침실로 가셨어요. 저희는 분부받은 대로 대접해 드리겠습니다."

곧 산해진미가 차려지자 왕자는 배불리 먹었습니다. 식사가 끝나자 황금 대야와 은 물병을 가져왔으므로 손을 씻었습니다. 왕자는 그제야 남겨두고 온 군사들이 생각났습니다. 자기가 없는 동안 무슨 일이 일어나지나 않았을까 생각하며 부왕의 훈계를 잊었던 것을 깨닫고 걱정이 되어 날이 샐 때까지 온갖 생각을 하며 후회하고 괴로워했습니다. 그는 탄식과 슬픔의 바다에 빠져 허우적거리면서 다음과 같은 시를 읊었습니다.

분별을 잊은 것은 아니나
어찌할 바를 몰라 망설이노라.
사랑에 병든 이 몸을
구원해 주는 이 있다면
어떤 수단으로든 달아나고 싶어라.
가여워라, 답답한 이 가슴
연모의 정에 부서지는가.
알라 외에 믿을 데 없고

친구 하나 없는 이 괴로움!

노래가 끝났을 때 샤르르칸에게 다가온 것은 난생처음 보는 아름다운 처녀들이었습니다. 그것은 젊은 공주를 에워싼 20명 남짓한 초승달 같은 소녀들로, 한복판의 처녀는 마치 수많은 별에 둘러싸인 보름달처럼 환하게 빛나고 있었습니다. 왕녀에 어울리는 빛나는 옷을 입고 가슴은 한 쌍의 석류처럼 부풀어 올라 있었으며, 허리에 온갖 보석을 박은 띠를 매고, 그 밑의 엉덩이는 포동하게 살이 올라*38 은 받침대 위에 얹힌 수정 천구의(天球儀) 같았습니다.

이 아름다운 처녀의 모습을 보고 왕자는 기쁜 나머지 정신이 아찔하여 거의 쓰러질 지경이었습니다. 아름다운 머리카락은 온갖 진귀한 보석을 박은 진주 머리장식으로 덮여 있어 그것에 황홀히 넋을 잃는 동안 군사들이고 대신이고 모두 잊고 말았습니다. 더할 나위 없이 얌전한 걸음걸이로 살랑살랑 걸어 나오는 처녀 뒤에서 시녀들이 양쪽으로 갈라져 옷자락을 잡고 따라왔습니다. 그 아름다움과 간드러진 맵시에 왕자는 저도 모르게 벌떡 일어나서 큰 소리로 외쳤습니다.

"눈을 크게 뜨고 보라, 세상에 두 번 다시 볼 수 없는 아름다운 처녀의 모습을!"

그리고 다음과 같은 노래를 부르기 시작했습니다.

> 살결이 탐스러운 그 엉덩이
> 부드럽게 솟아오른 그 젖가슴
> 발걸음 고요히 헤엄치듯
> 사뿐히 다가오는 그 몸놀림
> 교묘하게 가슴에 숨긴 것은
> 사랑의 동경인가, 그리움인가.
> 숨길 수 없노라, 내 가슴속의
> 사랑과 괴로움을 털어놓으리.
> 시중드는 무리 여인 앞에서
> 흩어졌다 모였다 흡사

진주 목걸이를 닮았구나.

아름다운 처녀는 잠시 사내를 지그시 응시하고 있더니 이윽고 왕자에게 조용히 다가가 말했습니다.
"오, 샤르르칸 님, 당신을 이곳에 모시게 된 것은 크나큰 영광입니다. 간밤에 저희가 가고 나서 어떻게 지내셨나요? 거짓말은 비천하고 수치스러운 거예요. 더구나 높으신 임금님들에게 있어서는. 당신은 오마르 왕의 세자 샤르르칸 왕자님이십니다. 자신의 신분을 숨기시면 안 됩니다. 거짓말은 증오와 모멸을 남기니까요. 게다가 당신은 운명의 화살을 맞으신 것이니, 체념하시고 마음 편히 때를 기다리십시오."
이 말을 듣고 샤르르칸은 새삼스럽게 거짓말을 해봤자 소용없을 것을 알고 그 사실을 인정하며 말했습니다.
"나는 분명히 오마르 빈 알 누만 왕의 왕자 샤르르칸이오. 운명의 화살을 맞은 이상 이제 당신이 뜻하는 대로 따르는 수밖에 도리가 없구려."
처녀는 한동안 고개를 숙이고 생각하더니 얼굴을 들고 말했습니다.
"기운을 내어 마음을 편안히 가지세요.*39 그리고 그 눈의 눈물을 닦으세요. 당신은 나의 소중한 손님, 하룻밤, 한 끼의 인연으로 우리는 맺어진 것입니다. 그러므로 저는 당신을 안전하게 지켜 드리겠어요. 조금도 염려하지 마세요. 구세주의 진실에 맹세코, 이 세상의 모든 것이 당신을 아무리 해치려 해도 제 목숨이 있는 한 결코 당신 가까이 오지 못하게 하겠어요. 지금은 구세주와 제가 당신을 맡고 있으니까요."
이렇게 말하고 처녀가 샤르르칸 왕자 옆에 앉자 서로 희롱하기 시작했습니다. 샤르르칸의 놀라움도 차츰 진정되어, 이 여자가 만일 자기를 죽일 셈이었다면 어젯밤에 죽였을 거라고 생각했습니다. 이윽고 처녀가 한 노예계집에게 그리스어로 뭔가 명령하자 곧 물병과 음식을 차려왔습니다. 그러나 샤르르칸은 손도 대지 않고 속으로 생각했습니다.
'어쩌면 이 음식에 무엇을 넣었을지도 모른다.'
처녀는 상대의 마음을 알아차리고 말했습니다.
"구세주의 진실에 맹세코 그런 짓은 하지 않습니다. 이 음식에 당신이 의심하는 그런 건 아무것도 들어 있지 않아요. 제가 당신을 없애버리려 했다면 진작 죽였을 거예요."

그러고는 식탁 앞에 앉아 하나하나 음식을 먹어 보였습니다. 그것을 보고 샤르르칸도 먹기 시작하자 처녀는 매우 기뻐하며 두 사람 모두 배불리 먹었습니다. 손을 씻고 나자 처녀는 일어나서 시녀들에게 명령하여 향기로운 향료와 갖가지 술, 금은과 수정으로 만든 술잔을 내오게 했습니다. 처녀는 식사 때와 마찬가지로 첫 잔을 따라 왕자에게 권하기 전에 자신이 먼저 마셨습니다. 그리고 두 번째 잔을 채워 왕자에게 권했습니다. 왕자가 그것을 마시자 처녀는 말했습니다.

"오, 이슬람교도여, 당신은 지금 이 세상의 위안과 환희 속에 잠겨 있다는 것을 잘 아시겠지요?"

그러고는 자기도 몇 잔이나 술을 마시면서 왕자가 취하도록 잔을 권했습니다.

—여기서 날이 밝기 시작하자 샤라자드는 이야기를 그쳤다.

49번째 밤

샤라자드는 계속 이야기했다. 오, 인자하신 임금님, 이리하여 두 사람이 서로 권하면서 술을 마시는 동안, 샤르르칸 왕자는 술과 처녀에 대한 사랑에 푹 취해버리고 말았습니다. 이윽고 처녀는 노예계집에게 말했습니다.

"얘, 마르자나,*40 무엇이든 악기를 가져오너라."

"네!"

시녀는 방에서 나가더니 곧 다마스쿠스의 비파와 페르시아의 하프, 타타르의 피리, 이집트의 다르시마네 등을 가지고 왔습니다. 처녀는 천천히 비파를 집어 들어 몇 가락 줄을 고른 다음 낮고 고운 목소리로 조용히 노래를 부르기 시작했습니다. 산들바람의 날개보다 가볍고 낙원에 있는 타스민*41의 샘보다 달콤하게, 시름의 그림자는 추호도 없이, 흥겨운 가락으로 이런 노래를 부르기 시작했습니다.

신이여, 그 눈을 지켜주소서!
그 눈은 얼마나
피눈물을 흘렸던가!
얼마나 쏘았던가, 화살 같은 눈길을.
나는 사랑하노라, 연인에게
영원히 맹세하는 사람들을.
미친 머리가 빚은 사랑을
뉘우친들 어찌하랴.
재앙의 눈은 그대로 말미암아
잠 못 이루고 지내리라.
하늘이여, 구원하시라, 그 힘으로
길 잃은 불행한 이 가슴을.
아, 나의 임금은
이 몸의 죽음을 정했노라.
나는 내게 죽음을
정해 주는 자를 찾아
속죄로 목숨을 바치리.

그러자 시녀들이 한 사람씩 일어나 악기를 손에 잡고 연주하면서 로움 말로 시를 외웠습니다. 처녀도 같이 노래하다가, 황홀하게 듣는 왕자를 보더니 이렇게 물었습니다.
"오, 이슬람교도여, 당신은 우리가 부르는 노래의 뜻을 아시겠어요?"
"전혀 모르겠소. 다만 당신의 손끝이 아름다워 황홀할 뿐이오."
처녀는 웃으며 말했습니다.
"아라비아 말로 노래했다면 어떻게 되었을까요?"
"아마 더욱 정신을 차리지 못했겠지요."
그러자 처녀는 악기를 집어 들고 가락을 바꾸어 이런 노래를 부르기 시작했습니다.

이별의 맛은 몰약(沒藥)인가

참고 견디는 마음 나타내는 알로에는 어떠한가.
나는 세 가지 재앙에 둘러싸였으니
괴로움과 무정함과 떨어져 사는 아득함이여.
그를 뜻대로 할 수 없는 지금
이별의 슬픔 깊이 괴로워하노라.

처녀가 노래를 마치고 왕자 쪽을 보니 왕자는 정신을 잃고 시녀들 사이에 몸을 큰대자로 뻗고 누워 있었습니다.[*42] 이윽고 정신을 차린 왕자는 처녀가 부른 노래를 떠올리며 다시 흥겹게 얘기하기 시작했습니다. 두 사람은 다시 술자리로 돌아가 저녁 해가 기울고 밤의 장막이 드리워질 때까지 환락의 향연을 계속했습니다. 이윽고 처녀는 침실로 돌아갔습니다. 어디 갔느냐고 샤르르칸이 물으니 시녀들은 대답했습니다.

"침실로 가셨습니다."

샤르르칸이 말했습니다.

"알라의 가호가 있기를!"

이튿날 아침이 되자 한 시녀가 와서 왕자에게 말했습니다.

"주인님이 기다리고 계십니다."

왕자가 시녀의 안내를 받아 처녀의 방 가까이 가자 수많은 시녀가 탬버린에 맞춰 환영의 노래를 부르며 맞아주었습니다. 그리고 갖가지 보석과 진주로 장식된 커다란 문을 열고 천장이 높은 널찍한 홀로 안내했습니다. 그 윗자리에 갖가지 비단을 깐 높은 단이 있는데, 그 주위에 열려 있는 격자창을 통해 바깥의 우거진 숲과 시냇물이 보였습니다. 홀 군데군데에 사람을 본뜬 조각이 놓여 있고 그 속으로 바람이 통하면 속에 있는 악기를 울리게 장치되어 있어 마치 그 조각이 노래를 부르는 것 같았습니다.[*43]

처녀는 홀에 앉아 조각을 바라보고 있다가 왕자의 모습을 보자 급히 일어나 그 손을 잡아 자기 옆에 앉힌 다음, 어젯밤에 어떻게 지냈느냐고 안부를 물었습니다. 왕자는 처녀에게 감사의 인사를 했고 두 사람은 잠시 이야기를 주고받았습니다.

"당신은 사랑에 사로잡힌 사람들의 이야기를 아세요?"

"알고 있소. 시를 노래로 만든 것을 얼마쯤 알고 있지요."

"그럼, 그것을 들려주세요."
처녀의 말을 듣고 왕자는 다음과 같은 노래를 불렀습니다.

   그 이름도 유명한 아자에게 나는 바치리,
   환락과 산해진미의 음식을.
   아자에게 나는 가까이 가려 애쓰건만,
   엉뚱한 곳으로 달아나는 그 여자.
   내 소원 간절하면 아자는 더 매정하게 거절하네.
   내가 아자의 사랑에 눈멀어 연적을 쫓아버리면
   가장 사랑하는 그 처녀는 내게서 멀어져가네.
   낮잠의 꿈에서 깨기 전에 사라지는 저 구름을
   그늘 삼아 쉬는 방랑객 같은 이 몸.

이 노래를 듣고 처녀는 말했습니다.
"알 쿠타이르*44는 정말 뛰어난 시인이에요. 그의 소박한 언어는 아름답고 기품이 있지요. 특히 아자를 칭송하는 노래는 더할 나위 없이 훌륭해요."
그리고 다음의 시를 읊기 시작했습니다.

   만일 아자가 태양에게
   무언가 명령할지라도
   심판관은 보리라
   그 미모야말로 죄 없는 증거임을.
   나에게 찾아와서
   아자를 헐뜯는 여자가 있다면
   신이여, 그 장밋빛 뺨으로
   아자의 구두를 만드소서!

"정말이지 전설에 의하면, 아자는 세상에 둘도 없는 미모의 소유자였다고 합니다."
그런 다음 처녀는 다시 왕자에게 물었습니다.

"오, 왕자님, 당신은 부타이나에게 바친 자밀*45의 시를 알고 계신지요? 알고 계시거든 부디 들려주세요."
"자밀의 시라면 누구보다도 잘 알고 있지요."
샤르르칸은 이런 시를 읊기 시작했습니다.

"자밀이여, 일어나
성전(聖戰)에 나가 싸우라!"
사람들은 나에게 말하지만
아, 미녀 위해 싸우지 않고
무엇을 위해 내가 싸우리오.
미인의 말도 행동도
나에게는 한결같은 기쁨.
미인을 위해 싸우다
쓰러져 죽는 나는 순교자.
"오, 부타이나여, 어이 하리!
내 가슴 좀먹는 이 사랑을."
내가 물으면 그녀는 말하노라,
"영원히 깃들어 떨어지지 않으리!"
"나날의 일과를 위해
내 분별을 조금씩 돌려다오!"
내가 부르짖으면 그녀는 대답하네.
"아득히 날아가 돌아오지 않으리."
이렇듯 그대는 내 죽음을 바랄 뿐,
그대 뜻에 맞는 건
단지 그것뿐인가, 무정한 이여,
그와 달리 내가 바라는 것은
오로지 그대 한 사람뿐.

"오, 왕자님! 정말 잘 부르셨어요. 자밀도 제법 좋은 시를 읊었군요. 자밀은 그 시 속에서 '그대는 내 죽음을 바랄 뿐, 그대 뜻에 맞는 건 단지 그것뿐인가, 무정한 이여'라고 노래했는데, 부타이나는 대체 자밀에게 무엇을 요구하고 있었을까요?"

"부타이나는, 즉 당신이 나를 다루듯 다루고 싶었던 것이지요. 그나마도 당신에게는 그럴 뜻이 없겠지만요."

이 뜻밖의 대답을 듣고 여자는 웃었습니다. 두 사람이 이같이 술자리를 계속하는 동안, 낮이 그 빛을 거두고 밤이 어둠의 옷을 입고 찾아왔습니다. 그러자 처녀는 침실로 물러가고 왕자도 날이 새도록 자기 방에서 잠을 잤습니다. 이튿날 아침 왕자가 눈을 뜨자 어제와 같이 곧 시녀들이 탬버린이며 흥겨운 악기를 가지고 와서 말했습니다.

"비스밀라! 어서 이리로 나오셔요. 주인님께서 기다리고 계십니다."

샤르르칸이 노예계집들에게 둘러싸여 따라가니 그들은 탬버린과 그 밖의 악기를 울리면서 늘 가던 홀을 지나 더 널찍한 홀로 안내했습니다. 그 방에는 초상화, 새와 짐승의 모습을 그린 그림이 장식되어 있어 말이나 글로는 도저히 표현할 수 없을 만큼 아름다웠습니다. 샤르르칸은 이 기막힌 예술품들에 몹시 놀라며 감탄하면서 다음과 같은 노래를 불렀습니다.

　　사나이는 사랑싸움에서
　　여자의 목걸이를 빼앗고
　　황금산 깊이 가로놓인
　　유방의 진주도 거두어간다.
　　그대 이마는 백은(白銀)에 떨어지는 맑은 물.
　　볼은 장밋빛, 루비와 겨루고
　　그대 눈은 제비꽃 빛,
　　눈동자의 염색분*46에 물들어
　　매우 맑구나.

왕자의 모습을 보자 처녀는 일어나 공손히 다가와 그 손을 잡고 자기 옆에 앉힌 다음 물었습니다.

"오, 오마르 빈 알 누만 왕의 왕자님, 당신은 장기를 둘 줄 아십니까?"

"예, 하지만 시인이 노래한 것 같은 수를 쓰시면 안 됩니다."

그대 입술의 달콤한 이슬 주실 때까지
몇 번이고 애걸하는 사랑의 마음
나를 아프게 하는 그 사랑.
사랑하는 여자와 장기 두지만
흑백의 싸움만으로 그칠 수 없어.
내 멋대로 말을 놀려 습격하여
적의 '여왕'에게 성을 빼앗겨
패할 때까지 흥겨웠으나
나를 바라보는 적의 눈길
그 뜻을 알고 보니 이 어인 일인가.
그 눈길은 나에게 도전하고 있었네.

여자는 장기판을 가지고 와서 샤르르칸을 상대로 승부를 겨루었습니다. 왕자는 여자의 손끝은 보지 않고 그 아름다운 입매만 뚫어지게 바라보면서, 말(馬)이 갈 자리에 코끼리(象)*47를 갖다놓고 코끼리가 갈 자리에 말을 갖다놓곤 했습니다. 이것을 보고 여자는 웃으면서 말했습니다.
"장기를 도무지 모르시는군요."
"이건 첫판입니다. 이 판만 가지고는 알 수 없지요."
이리하여 첫 번째는 왕자가 졌습니다. 말을 벌여놓고 다시 두기 시작했으나 두 번째도 여자가 이겼습니다. 세 번, 네 번, 다섯 번 승부를 거듭해도 모두 왕자가 지고 말았습니다.
"몇 번을 해 봤자 당신이 지세요."
"오, 당신처럼 아름다운 분을 상대로 장기를 두면 누구든 지지 않을 수 없을 겁니다."
여자는 식사를 가져오게 이른 다음 둘이서 먹고 나서 손을 씻었습니다. 그리고 또 술과 안주를 가져와 마시기 시작했습니다. 이윽고 여자는 다르시마네를 잡고 가락을 맞추어 이런 노래를 불렀습니다.

숙명은 다만
닫혀 있거나 열려 있을 뿐.

차면 기울고 기울면 차는 게 숙명이니라.
운명의 잔을 들라, 여신이 미소 짓는 동안
그녀에게 술을 먹어라.
이윽고 그녀는 돌아가고
그대 행운은 모두 떠나버리니.

술자리는 밤이 될 때까지 계속되었는데 전날보다 훨씬 재미있고 즐거웠습니다. 어두워지자 여자는 샤르르칸을 시녀들 속에 남겨놓고 자신의 침실로 돌아갔습니다. 그곳에서 샤르르칸은 바닥에 몸을 던지고 아침까지 잠잤습니다. 날이 새자 시녀들이 전과 같이 탬버린이며 악기를 들고 왔습니다. 그녀들의 모습을 보고 샤르르칸이 황급히 몸을 일으키자 모두 또 전날과 같이 여자 앞으로 안내했습니다. 여자는 왕자를 맞이하여 손을 잡고 자기 옆에 앉혔습니다. 그리고 간밤의 안부를 물었고 샤르르칸은 상대의 장수를 빌었습니다. 이윽고 여자는 비파를 잡더니 그것을 뜯으면서 다음과 같은 즉흥시를 읊었습니다.

이별은 애달파라, 가슴 메네.
떠나지 마시라, 나의 곁을.
저물어가는 햇빛조차
구슬피 서쪽으로 기울어가네.

이렇듯 두 사람이 즐겁게 지내고 있는데 별안간 떠들썩한 함성이 들려왔습니다. 많은 기사와 무사들이 손에 칼을 번쩍이면서 몰려 들어와 그리스어로 외쳤습니다.
 "이놈, 샤르르칸, 네놈이 드디어 우리 손안에 떨어졌구나. 이제 살아날 생각은 아예 말아라!"
 이 소리를 듣고 샤르르칸은 마음속으로 생각했습니다.
 '여자가 나를 함정에 빠뜨려 부하들이 올 때까지 속이고 있었던 게로구나. 전에 여자가 나를 위협하며 내세우던 기사들이란 바로 이놈들이었어. 그러나 이런 변을 당하는 것도 원인은 모두 내가 잘못한 탓이지.'

그가 여자 쪽을 돌아보니 여자는 얼굴이 핼쑥하게 질려 있었습니다. 그러나 여자는 위엄 있는 목소리로 기사들을 향하여 호통쳤습니다.

"너희는 대체 누구냐?"

"오, 은혜로우신 공주님, 둘도 없는 분이시여, 곁에 있는 그 사내가 누구인지 아십니까?"

"모른다. 대체 누구란 말이냐?"

"그 사내는 도성을 약탈하려던 도적으로, 기병대를 이끌고 온 자입니다. 오마르 빈 알 누만 왕의 아들 샤르르칸! 성채를 파괴하고 난공불락의 요새를 모조리 쳐부수려 하고 있지요. 그놈에 대한 소식은 자트 알 다와히 님의 기별로 아버님이신 하르두브 왕 귀에 들어가 있습니다. 임금님은 공주님께서 이 불길한 사자(獅子)를 생포하여 그리스군을 위해 위대한 공을 세우셨음을 이미 알고 계십니다."

이 말을 들은 공주는 그 기사에게 물었습니다.

"그대 이름은?"

"저는 공주님의 종 마우스라 빈 카사르다의 아들 마스라라고 하는 기사 중의 기사입니다."

"그런데 어떻게 허락도 없이 여기까지 들어왔지?"

"오, 공주님, 제가 문 앞에 와보니 시종도, 문지기도, 아무도 말리는 사람이 없었습니다. 오히려 문지기들은 전과 같이 저희보다 앞장서서 안내해 주었습니다. 하긴 다른 자들이 문에 이르자 허락이 있을 때까지 기다리라고 했습니다만. 그건 그렇고, 지금 여기서 긴 이야기를 하고 있을 때가 아닙니다. 임금님께서는 이 왕자를, 이슬람교도이며 원수인 전갈의 침을 잡아오기를 기다리고 계십니다. 임금님께서는 그놈을 베어버리시어 싸우지 않고 적군을 쫓아버리실 작정이십니다."

"그건 모두 사실이 아니야. 자트 알 다와히 님은 아무것도 모르면서 쓸데없는 말을 지껄이며 거짓말을 한 거지. 이분은 결코 샤르르칸도 아니고 포로도 아니야. 우리에게 놀러 오신 나그네이고 우린 손님으로 대접하고 있을 뿐이야. 비록 이분이 샤르르칸이라는 사실이 드러났다 하더라도 내가 보호하는 분을 너희 손에 내주는 것은 내 명예를 걸고라도 할 수 없는 일이다. 만일 이 손님을 배반하면 세상 사람의 웃음거리가 될 테지. 아버님께 돌아가서 그 앞에 이마를 조아린 다음 자트 알 다와히 님의 보고는 엉터리였다고 말씀 드려다오."

"아브리자 님! 저는 이 원수와 함께 가지 않으면 임금님 앞에 돌아갈 수 없습니다."

그러자 공주는 매우 화가 나서 말했습니다.

"무슨 소릴 하는 게냐! 너는 내가 말한 대로 아버님께 보고하면 돼. 그러면 너는 아무런 비난도 받지 않는다."

"이자를 끌고 가지 않으면 돌아갈 수 없습니다."

"말이 많구나! 혼자서 기사 백 명을 상대할 자신이 없는 분이었으면 우리에게 오시지도 않았어. 만일 내가 '당신은 오마르 왕의 왕자 샤르르칸인가요?' 하고 물으면 틀림없이 '그렇다'고 대답하실 거야. 하지만 이분의 마음을 거스를 수 있는 권리 같은 건 너에게 없어. 만약 네가 그런 짓을 하면 여기 있는 너희 모두를 죽일 때까지 용서하지 않으실걸. 자, 이렇게 내 옆에 태연히 버티고 계시지 않느냐? 칼과 방패를 든 너희 앞에 당장 모시고 나가야겠다."

"공주님의 노여움은 모면할 수 있을지 몰라도 임금님의 노여움은 피할 수 없습니다. 저는 부하들을 시켜 그놈을 사로잡고 결박 지워서 비참한 꼴로 임금님 앞에 끌고 가야 합니다."

"그건 안 돼. 그렇게 하면 웃음거리가 될 뿐이다. 이분은 혼자신데 너희는 기사 백 명이 아니냐? 그러니 싸우려거든 한 사람씩 나서라. 그러면 너희 가운데 누가 가장 센지 임금님께서도 아시게 될 테니까."

―여기서 날이 밝기 시작하자 샤라자드는 이야기를 그쳤다.

50번째 밤

샤라자드는 이야기를 계속했다. 오, 인자하신 임금님, 아브리자 공주가 마스라에게 기사 한 사람씩 왕자에게 덤비라고 말하자 마스라는 대답했습니다.

"구세주의 진실에 맹세코 공주님의 말씀이 참으로 옳다고 생각합니다. 그럼, 먼저 제가 상대하겠습니다."

"잠깐 기다려. 저분에게 사정을 이야기하고 대답을 받아올 테니까. 승낙하면 다행이지만 만일 승낙하지 않는다면 절대로 맞서면 안 돼. 그렇지 않으면 나도 시녀들도 이 사원에 있는 사람들은 모두 그분의 포로가 되고 말 테니까."

공주는 왕자에게 가서 사정을 설명했습니다. 이 말을 듣고 샤르르칸은 빙긋이 웃으면서 공주가 누구에게도 밀고하지 않았음을 알았습니다. 공주로서는 본의가 아니지만, 자신의 소문이 퍼져서 마침내 적 왕의 귀에 들어간 것을 알았던 것입니다.

그래서 왕자는 또다시 스스로 뉘우치면서 중얼거렸습니다.

"난 어쩌다가 이 그리스까지 와서 목숨을 건 모험을 하게 되었단 말이냐?"

그러나 공주의 제안에 대해서는 다음과 같이 대답했습니다.

"한 사람씩 맞선다면 그 사람들로서는 벅찰 것입니다. 한 번에 열 사람씩 덤비면 어떨까요?"

"하지만 그건 너무 심한 모욕이에요. 역시 일대일로 하세요."

왕자는 이 말에는 대답하지 않고 곧바로 칼과 방패를 들고 일어나 무서운 기세로 기사들을 향해 돌진했습니다. 기사 마스라도 기량을 뽐내며 덤볐으나 샤르르칸은 성난 사자같이 상대를 단칼에 내리쳐 어깻죽지부터 배까지 두 쪽을 내고 말았습니다. 칼끝이 번쩍 빛을 발하면서 등과 복부를 관통했습니다. 이 날카로운 일격을 본 공주는 샤르르칸의 실력이 예사롭지 않으며, 씨름에서 자기가 이긴 것은 자기가 강해서가 아니라 아름다운 매력 때문이었음을 깨달았습니다. 그래서 기사들을 돌아보고 명령했습니다.

"대장의 원수를 갚도록 하라!"

이 말에 앞으로 나온 자는 방금 죽은 마스라의 아우였습니다. 이 또한 광포하기 이를 데 없는 기사는 왕자를 향해 무서운 기세로 달려들었지만, 왕자는 조금도 겁내지 않았습니다. 그뿐이랴, 눈 깜짝할 사이에 어깻죽지를 한 번 내려치니 칼은 오장육부를 꿰뚫고 등 쪽에서 빛을 발했습니다.

"오, 구세주의 종들아, 아군의 원수를 갚아라."

공주가 부르짖자 기사들은 차례차례 왕자를 향해 덤벼들었습니다. 하지만 왕자의 칼 위력은 조금도 줄어들지 않았습니다. 순식간에 공주의 눈앞에서 기사 50명이 쓰러졌습니다. 나머지는 겁에 질렸는지 한 사람씩 대적할 용기를 잃고 한꺼번에 우르르 달려들었습니다. 그러나 샤르르칸은 반석처럼 꿈쩍도 하지 않고 기사들을 타작마당*[48]의 보릿짚처럼 마구 베어 넘겨 한 사람도 남김없이 숨통을 끊어놓았습니다.

"이제 이 안에 아무도 남아 있지 않으냐!"

부르짖는 공주의 목소리에 대답하는 사람은 시녀들의 목소리뿐이었습니다.

"문지기 말고는 아무도 없습니다."

이 말을 듣고 공주가 샤르르칸에게 달려가자 두 사람은 와락 부둥켜안았습니다. 이리하여 격렬한 싸움은 끝나고 두 사람은 나란히 방으로 돌아갔습니다. 그런데 사원의 암실(庵室)에 샤르르칸을 두려워한 2, 3명의 기사가 숨어 있었습니다. 그것을 안 공주는 샤르르칸의 곁을 떠나 잠시 밖으로 나가더니 이윽고 촘촘히 짠 그물갑옷을 입고 손에 날카로운 인도식 언월도(偃月刀)를 들고 들어와 말했습니다.

"구세주의 진실에 걸고, 이제부터 앞으로는 손님을 위해 어떠한 일도 하겠어요. 비록 그 때문에 그리스 나라에서 비난을 받거나 웃음거리가 될지라도 손님을 버리지는 않겠어요."

공주가 시체의 수를 헤아려보니 기사 80명이 죽고 나머지 20명은 달아났음이 밝혀졌습니다.*[49] 새삼스럽게 샤르르칸의 용맹함을 안 공주는 그를 찬양하며 말했습니다.

"오, 샤르르칸 님! 당신에게 알라의 축복이 내리시기를! 당신이야말로 기사의 자랑이에요."

이 말을 듣고 왕자는 칼날의 피를 닦으면서 노래를 불렀습니다.

    난투 속에서 적진을 무찌르기 몇 번이던가.
    적의 용장을 죽여 사자 밥을 만들기 몇 번이던가.
    나에게 묻고 남에게도 들어라.
    격전의 날에 나는 대지의 강적을
    모두 발아래 짓밟고

용맹하게 적의 사자를 덮쳐
뜨거운 햇볕 아래 낮은 대지의 모래밭에
쓰러뜨린 적도 있었음을.

샤르르칸의 노래가 끝나자 공주는 미소 지으며 다가가 그 손에 입을 맞추었습니다. 그때 왕자는 공주가 갑옷을 입은 것을 깨닫고 물었습니다.
"오, 당신은 왜 갑옷을 입고 칼을 빼들었소?"
"저 비겁한 자들로부터 당신을 지키기 위해서예요."
그런 다음 공주는 문지기들을 불러 나무랐습니다.
"너희는 어째서 내 허락도 없이 기사들을 들여보냈느냐?"
"공주님, 임금님 사신, 더구나 근위병 기사대장님은 공주님의 허락 없이도 들여보내는 게 관례입니다."
"그대들은 나에게 창피를 주고 손님을 죽이려고 음모했다."
공주가 노하여 샤르르칸에게 문지기의 목을 베라고 말했습니다. 왕자가 공주의 말대로 하자 공주는 다른 하인들을 향해 소리쳤습니다.
"정말이지, 더 끔찍한 벌을 주어도 마땅한 것들 같으니!"
그런 다음 왕자를 돌아보며 말했습니다.
"지금까지 숨기고 있었지만 이제 당신도 알게 되었으니 제 신분을 밝히겠어요. 저는 로움의 왕 하르두브의 딸로 이름은 아브리자라고 합니다. 그자트 알 다와히라는 노부인은 저의 증조할머니세요. 아버님한테 당신을 밀고한 것은 아마 그 할머니일 것이고 틀림없이 저를 죽이려고 할 거예요. 당신이 아버님의 기사들을 죽이고 제가 나사렛 사람을 배반하여 이슬람교도 편을 들었다는 소문이 났으니 더욱 그렇겠지요. 그러니 다와히 할머니가 저를 노리는 동안 저는 이 집에서 몸을 피하는 게 현명한 일일 것 같아요. 하지만 제가 당신에게 진심으로 베푼 친절을 잊지 마시고 보답해 주셨으면 해요. 언젠가는 당신 때문에 저와 아버지는 원수지간이 될지도 모르니까요. 그러니 이 모든 일이 당신 때문에 일어났다는 것을 잊지 마시고, 제가 말씀드린 것을 모른 척하지 말아 주세요."
공주의 말을 들은 샤르르칸은 더없이 기뻐하며 단호하게 말했습니다.
"내 목숨이 붙어 있는 한 결코 당신에게 손가락 하나 건드리지 못하게 하겠소. 하지만 부모와 친척들과 헤어져 살아도 괜찮겠소?"

"네, 걱정하지 마세요."

공주가 이렇게 대답하자 샤르르칸도 상대에게 맹세하고, 두 사람은 서로 끌어안고 굳은 약속을 맺었습니다.

"이젠 저도 안심되는군요. 하지만 한 가지 조건이 더 있어요."

"무엇이오?"

"부디 당신 군대를 본국으로 철수시켜 주세요."

"그건 곤란하오. 아버님이신 오마르 왕이 나를 이 나라에 파견한 것은 당신 아버님이 콘스탄티노플 왕에게서 빼앗은 보물, 특히 행운을 가져다준다는 그 유명한 세 개의 커다란 보석이 원인이오."

"아, 그거라면 조금도 염려하실 것 없어요. 우리 아버님이 콘스탄티노플 왕과 싸우게 된 경위를 제가 설명해 드리지요. 그것은 이렇답니다. 우리나라에서는 해마다 사원제(寺院祭)를 지내는데, 이 행사에는 여러 나라에서 왕후 귀족들이 모여 축하하게 되어 있어요. 그때는 상인들도 가족을 데리고 찾아와 일주일씩 이곳에 머무르지요. 저도 해마다 제사에 나갔는데 두 분 사이가 나빠지고부터는 아버지는 7년 동안 참석하지 않으셨죠.

어느 해인가, 예년과 마찬가지로 모여든 귀족 아가씨들 가운데 콘스탄티노플 왕의 따님인 소피아라는 아름다운 공주가 있었어요. 모두 엿새 동안 절에 머물렀다가 이렛째 되는 날 귀로에 올랐는데,*50 소피아 공주는 뱃길로 가지 않으면 돌아가지 않겠다고 하여 배를 한 척 준비해 시종들과 함께 공주를 태워 보냈지요. 그런데 돛을 올려 바다로 나가 항해하다가 그만 폭풍을 만나 배가 앞으로 나아갈 길을 잃고 헤매다 운명의 장난인지 해적선과 마주치고 말았어요. 해적선은 오랜 세월 노략질을 하며 바다를 돌아다니던 무장한 프랑크인 500명을 태우고 장뇌도(樟腦島)*51에서 오는 길이었습니다.

해적들은 소피아 공주와 시녀들이 탄 배의 돛이 눈에 띄자 전속력으로 쫓아와 순식간에 따라붙고서 갈고리를 던져 공주의 배를 사로잡았습니다. 그러고는 그 배를 끌고 돛을 모두 올려 자기들 섬으로 몰고 갔는데, 섬 가까이에 이르러 갑자기 바람의 방향이 바뀌자 돛이 찢어져서 우리나라 해안 가까이에서 난파하고 말았어요.

우리나라 사람들은 해변에 나가 운명의 손이 날라준 전리품*52으로 생각하고 이 난파선을 사로잡았죠. 그리하여 선원들을 모두 죽이고 배를 차지했는데, 그 안에는 문제의 보물과 진기한 물건들 외에도 처녀 40명이 타고 있었어요. 물론 소피아 공주도 그 가운데 하나였지요. 그녀가 콘스탄티노플 아프리둔 왕의 공주라는 것을 몰랐기 때문에 우리는 그녀를 비롯하여 시녀들을 아버님한테 데려갔는데, 아버님은 공주를 포함한 처녀 10명을 고르시고 나머지는 신하에게 나눠주셨어요.

얼마 뒤 아버님은 소피아 공주를 포함한 다섯 처녀를 골라 폭넓은 고급 모직물과 두꺼운 모직물, 그리스 비단 등과 함께 당신 아버님인 오마르 왕에게 선물로 보냈어요. 그 뒤 우리는 소피아 공주의 소식을 전혀 듣지 못했는데 올해 초에 느닷없이 아프리둔 왕으로부터 아버님께 편지가 왔어요. 그 편지에는 이 자리에서 말씀드리기 곤란한 말투로 위협한 끝에 이렇게 씌어 있었어요.

'지금으로부터 2년 전 귀하는 프랑크인 해적에게 사로잡혔던 나의 배를 약탈했는데, 그 배에는 나의 딸 소피아와 시녀 40명이 타고 있었소. 그럼에도 귀하는 사신을 보내지도 않고 나에게 이 사실을 알려주지도 않았소. 나로서는 딸의 명예를 위해, 또 여러 왕의 비난을 받을까 두려워 그 사건을 세상에 공표할 수 없었소. 그런 까닭으로 나는 그 사건을 숨겨왔는데, 올해에 어떤 프랑크인 해적에게 편지를 보내 딸의 소식을 물었더니 다음과 같은 회답이 왔소.—알라께 맹세코, 저희는 폐하의 영토 안에서 공주를 납치한 일이 없습니다. 풍문에 의하면 하르두브 왕이 어떤 해적들 손에서 구출했다고 합니다—그리하여 모든 사실이 드러났소.'

콘스탄티노플 왕은 다음과 같이 덧붙였어요. '만일 귀하가 나와 불화를 일으키고 나의 위신을 깎고 나의 딸을 욕보일 생각이 없다면, 이 편지를 받는 대로 곧 딸을 나에게 돌려보내 주기 바라오. 그러나 내 편지를 무시하고 나의 명령을 거역한다면 나는 반드시 귀하의 부도덕한 행위와 비열함에 대해 보복할 터이니 그렇게 아시오.'

이 편지를 읽고 그 내용을 이해하자[*53] 아버님은 처지가 난처해져서 소피아 공주가 그 포로처녀들 가운데 있다는 것을 처음부터 알았더라면 본국으로 보내주었을 거라고 후회하셨어요. 게다가 아버님이 이 사건으로 당혹해하신 것은 상당한 시일이 지난 뒤였기 때문에, 오마르 왕에게 새삼 편지를 보내 그 여자를 돌려달라고 할 수는 없는 일이었어요. 특히 아버님은 그 소피아 공주가 최근에 아이를 낳았다는 소문을 들었기 때문에 더더욱 그럴 수 없었던 거지요. 우리는 그 일을 여러 가지로 궁리해 보았지만 결국 아프리둔 왕의 그 편지는 무서운 재앙 그자체라는 것을 깨달았어요. 그래서 아버님은 하는 수 없이 아프리둔 왕에게 사과 편지를 써서, 그 배에 있던 처녀들 가운데 공주가 있는 것을 모르고 오마르 왕에게 선물로 보낸 것을 천지신명께 맹세한 다음 공주가 이미 아기를 낳았다는 사실을 알리는 수밖에 없었지요.

이 회답을 읽은 아프리둔 왕은 안절부절못하며[54] 입에 거품을 물고 노발대발했답니다.

'무엇이 어쩌고 어째? 내 딸을 노예계집들과 함께 사로잡아 왕에게 선물로 주고, 또 왕은 결혼계약서도 쓰지 않고 연을 맺어버렸다고? 구세주와 진실한 신앙에 걸고 맹세하거니와 피의 보복을 하여 원한을 풀고 치욕을 씻고야 말겠다. 내가 죽은 뒤에도 연대기에 남을 만한 일을 하여 본때를 보여주고 말겠어!'

그래서 아프리둔 왕은 기회를 기다리며 계략을 세우고 책모와 술책을 꾸몄어요. 그리고 당신 아버님 오마르 왕에게 사자를 보내 당신도 이미 아시는 바와 같은 말을 아뢰었던 거예요. 오마르 왕은 당신이 거느리신 군사를 일으켜 아프리둔 왕에게 파견하셨지만, 아프리둔 왕은 당신을 비롯하여 모든 군사를 사로잡으려고 꾀하고 있답니다. 아프리둔 왕이 당신 아버님께 원군을 청하면서 말했다는 세 개의 보석 이야기는 거짓말이에요. 그 보석은 전엔 소피아 공주가 지니고 있었는데, 아버님이 공주와 시녀들을 얻자 공주한테서 보석을 빼앗아 저에게 선물로 주셨기 때문에 지금 제가 갖고 있지요.

그러니 빨리 부대로 돌아가셔서 프랑크인과 그리스인이 나라에 깊숙이 들어와 퇴로를 끊기 전에 군사를 거두세요. 당신 군사가 깊이 들어왔을 때 갑자기 습격하여 독 안에 든 쥐로 만들어버리면 도저히 빠져나갈 수 없을 테니까요. 당신이 사흘 동안 휴식을 명령하고 오셨다면 군사들은 아직 그 자리에 머물러 있을 거예요. 아마 지금쯤 당신이 나타나지 않아서 어찌해야 좋을지 몰라 난처해하고 있을 거예요."

샤르르칸 왕자는 아브리자 공주의 이야기를 듣고 한참 동안 멍하니 생각에 잠겨 있더니 이윽고 공주 손에 입을 맞추며 말했습니다.

"나에게 당신을 보내주신 알라를, 당신을 통해 이 몸을 구하고 부하들을 구하게 하신 알라를 찬양하라! 하지만 당신과 이별할 일이 슬프군요. 내가 돌아가고 나서 당신은 어떻게 될는지."

"자, 얼른 당신 군사에게 돌아가세요. 아직 당신의 나라가 그리 멀지 않은 곳에 있을 때 어서 철수하세요. 그리고 만약 사신들이 아직 머물러 있거든 체포하세요. 나중에 모든 사정이 밝혀질 테니까요. 사흘 뒤에는 저도 여러분을 뒤쫓아 바그다드에 들어가도록 하겠어요."

샤르르칸이 드디어 떠나가려고 하자 공주는 속삭였습니다.

"부디 아까 하신 맹세를 잊지 마세요."

그리고 불타는 가슴을 억제하지 못해 왕자를 가슴에 꼭 끌어안고는 그 목에 팔을 감고 흐느껴 울면서 이런 노래를 불렀습니다.

이별이란 슬퍼라, 새삼스럽게
오른손으로 눈물뿌리고
왼손으로 임을 부여안네.
"수치를 잊었는가?"
그대 물으면, 나는 대답하리.
"사랑하는 자와의 이별이야말로
사랑하는 자의 크나큰 수치."

왕자가 공주를 남겨두고 홀로 사원에서 나오니 말이 끌려나왔습니다. 말을 타고 개울을 따라 내려가 그 도개교를 건넌 뒤, 숲 속 오솔길을 얼마 동안 가노라니 널찍한 목장이 나왔습니다. 숲 속을 벗어나자 기사들의 모습이 보였으므로 샤르르칸은 흠칫하여 말을 멈추었습니다. 칼을 뽑아들고 살금살금 가까이 가서 자세히 보니 그것은 단단 대신과 두 사람의 태수가 아니겠습니까? 상대는 왕자임을 알자 곧 말에서 내려 인사하고 그동안 어디 갔었느냐고 물었습니다. 샤르르칸이 아브리자 공주와의 사건을 처음부터 끝까지 들려주자 대신은 왕자가 무사히 돌아오게 된 것을 알게 감사한 다음 말했습니다.

"그럼, 곧 이 나라를 떠나기로 합시다. 우리와 함께 온 사자들은 군사의 도착을 알리겠다며 아프리둔 왕에게 돌아갔습니다. 아마도 왕은 곧 우리 군대를 습격하여 사로잡을지도 모르겠습니다."

샤르르칸은 세 사람에게 말을 타도록 명령하고 급히 말을 몰아 군사가 쉬는 골짜기로 달려갔습니다. 한편 아프리둔 왕의 사신들이 왕에게 샤르르칸의 군대가 가까이 왔다고 보고하자, 왕은 즉시 샤르르칸과 그 부하장병을 사로잡기 위해 군비를 갖추었습니다. 그러나 단단 대신과 두 태수의 경호를 받은 샤르르칸은 아군에게 곧 소리 높이 호령을 내렸습니다.

"출발!"

군사들은 곧바로 말을 타고 하루, 이틀, 사흘, 행군을 계속하여 닷새 동안 잠시도 쉬지 않고 후퇴했습니다. 닷새째 되는 날 밤, 나무가 울창한 골짜기에서 말을 멈추고 잠시 쉬었습니다. 이윽고 다시 말을 몰아 25일 동안 행군을 계속한 끝에 드디어 본국의 국경 근처에 이르렀습니다.

이제 여기서부터는 안심이라고 생각하여 전군은 말을 멈추고 휴식을 취했습니다. 그 고장 사람들은 병사들에게는 선물을, 말에게는 여물을 주어 수고를 위로했습니다. 이틀 동안의 주둔이 끝나자 누구나 고향으로 가고 싶어했으므로, 샤르르칸은 단단 대신을 총지휘관으로 임명하여 군사를 이끌고 먼저 바그다드로 돌아가라고 명령했습니다. 자신은 백 명의 기병과 함께 선발부대가 하루의 행군을 마칠 때까지 뒤에 남아 있다가 그제야 말을 타고 출발했습니다.

그들이 2파라상*55 동안 나아가 두 산 사이의 골짜기로 말을 몰았을 때 앞쪽에 한 무더기의 모래먼지가 일어나는 것이 보였습니다. 잠시 말을 멈추고 모래먼지가 가라앉기를 기다렸다가 보니 그 속에서 나타난 것은 갑옷을 입은 무시무시한 형상을 한 군사 백 명이었습니다. 소리가 들리는 데까지 오자 상대는 큰 소리로 외쳤습니다.

"요한과 마리아의 힘으로 우리 소원이 이루어졌다! 밤낮을 가리지 않고 네놈들을 뒤쫓아 마침내 여기서 잡았구나. 자, 말에서 내려 무기를 버려라. 점잖게 항복하면 목숨만은 살려주겠다."

이 말에 왕자는 크게 노하여 두 눈을 부릅뜨고 얼굴이 시뻘게지도록 외쳤습니다.

"이 나사렛의 개들아! 뻔뻔스럽게 잘도 우리나라에 발을 들여놓아 감히 우리 영토를 더럽혔구나! 그 주제에 욕설까지 퍼붓다니 우리 손에서 벗어나 고국으로 무사히 돌아갈 수 있을 것 같으냐?"

그리고 부하들을 향해 호령했습니다.

"저 개들을 쫓아버려라! 우리도 백 명, 적도 백 명이다."

왕자는 칼을 뽑아들고 부하들을 지휘하며 성난 파도처럼 달려나갔습니다. 그러자 프랑크 군사들도 반석 같은 태세로 상대를 맞아 서로 어지러이 뒤섞여 어울려 싸우니, 전투는 점점 치열해져서 아수라장처럼 처참하기 이를 데 없어, 담판을 부르짖는 목소리도 구원의 외침도 아무 소용없었습니다. 번쩍이는 칼을 휘두르며 싸우다 보니 어느덧 해가 기울어 주위가 어둠에 싸이자 양군은 좌우로 갈라졌습니다.

왕자가 부하를 모아놓고 보니 부상자는 겨우 네 명뿐이며 그것도 치명상은 아니었습니다. 그러나 샤르르칸은 말했습니다.

"지금까지 처참한 싸움을 자주 경험해 왔고 호걸들도 어지간히 상대해 보았지만 이번 적만큼 용감무쌍한 놈들은 처음 봤다. 피를 보고야 마는 이 칼을 우습게 알고 사람의 간담을 서늘케 하는 돌격에도 꿈쩍하지 않으니 말이야."

그러자 부하들이 말했습니다.

"왕자님, 저 기사대 속에 대장인 듯한 프랑크인 용사가 있습니다. 그런데 매우 용감한 놈으로 그 창끝에 걸리는 날에는 마지막이 됩니다. 하지만 웬일인지 그놈은 저희에게 해를 가하지 않습니다. 사로잡은 이쪽 군사들을 한 사람도 죽이지 않고 모두 석방해 주었습니다. 놈에게 그럴 마음만 있었다면 저희는 모두 죽었을 것입니다."

샤르르칸은 그 기사가 한 일과 그 높은 평판을 듣고 이렇게 말했습니다.

"내일 아침 이쪽에서 유인하여 싸움을 건다. 이쪽도 백 명, 적도 백 명이다. 믿을 것은 단지 알라 신의 가호뿐."

그날 밤 그들은 그런 마음가짐으로 하룻밤을 밝혔습니다.

한편 프랑크인들은 대장을 빙 둘러싸고 말했습니다.

"오늘은 정말 유감스럽게도 승리를 거두지 못했습니다."

"내일 아침에는 이쪽에서 쳐들어가 일대일로 싸움을 걸기로 하자."

프랑크인 군대도 또한 그러한 각오로 쉬었습니다. 그리하여 양쪽 진영에서는 새벽빛이 밝아올 때까지 경계를 게을리하지 않았습니다. 날이 밝자 왕자가 부하 백 명을 이끌고 싸움터로 나가보니 프랑크인이 벌써 그곳에 진을 치고 있었습니다. 왕자는 부하들을 향해 말했습니다.

"적도 우리와 마찬가지로 기사의 본분을 다할 각오인 듯하다. 좋다, 적군을 향해 돌격!"

이때 프랑크군 쪽에서 한 기사가 뛰어나와 소리쳤습니다.

"오늘은 전군의 대전은 그만두고 결투의 법칙에 따라 일대일로 맞서자!"

이 말을 듣고 샤르르칸의 진영에서 한 기사가 달려나가며 외쳤습니다.

"목숨이 아깝지 않은 놈이 누구냐? 비겁한 자나 겁쟁이를 상대하는 건 사양하겠다!"

이 호언장담이 채 끝나기도 전에 프랑크군 측의 한 기사가 돌진해 왔습니다. 그 기사는 머리끝에서 발끝까지 빈틈없이 무장한 모습으로 황금 전투복을 걸치고 회색 말*56을 타고 있었으며 구레나룻은 전혀 없었습니다. 그 기사가 말을 달려 싸움터 한복판으로 돌진하자 두 사람은 한데 어우러져 치열하게 싸움을 벌였으나, 얼마 안 되어 프랑크인이 이슬람교도를 창끝으로 찔러 말에서 떨어뜨리고서 사로잡아 풀죽은 그 기사를 자기편 쪽으로 끌고 돌아갔습니다. 프랑크군 기사들은 함성을 지르며 그 용감한 기사를 맞이했습니다. 그리고 또다시 싸움터로 달려나가려는 그를 제지하고 다른 기사를 내보냈습니다. 이에 응하여 싸우러 나간 것은 방금 사로잡힌 기사의 아우였습니다. 두 기사는 서로 맞서서 얼마 동안 싸움을 벌이다가 마침내 프랑크인이 이슬람교도에게 달려들어 교묘하게 적의 공격을 피하면서 거꾸로 쥔 창대로 적을 말에서 떨어뜨렸습니다. 그리고 이번에도 사로잡아 가버렸습니다.

그리하여 이슬람교도 기사는 차례차례 나가서 싸웠으나 그때마다 프랑크인이 상대를 말에서 떨어뜨려 사로잡아버렸습니다. 이윽고 해가 지고 어둠이 찾아왔습니다. 이슬람교도 쪽은 20명이나 포로로 잡혀버렸습니다. 이 광경을 본 왕자는 매우 슬퍼하며 부하들을 모아놓고 말했습니다.

"이 무슨 한심한 꼴이냐. 내일은 내가 싸움터로 나가 적장과 겨루어 우리 영토에 발을 들여놓은 이유를 따진 다음, 두 번 다시 우리에게 덤벼들지 못하도록 본때를 보여주리라. 끝까지 덤벼든다면 베어 죽일 것이고 순순히 말을 듣는다면 쾌히 화해를 해 주겠다."

그날 밤은 모두 편히 쉬고 새벽빛이 밝아오자 양군은 곧 말을 몰아 의기양양하게 진을 펼쳤습니다.

왕자가 싸움터로 달려나가려는데 놀랍게도 역시 싸움터 한가운데에, 프랑크군 기사대의 절반이 말에서 내려 단 한 사람의 말 탄 기사 앞에 도보로 늘어서서 이편이 다가오기를 기다리고 있었습니다. 말 위의 기사를 보니 틀림없이 적의 대장이었습니다. 적장은 푸른 비단 전투복과 촘촘히 짠 사슬갑옷을 입고 얼굴은 솟아 오르는 보름달같이 아름다웠으며 여전히 구레나룻이 없었습니다. 손에 인도식 언월도를 들고 이마에 은화 모양의 흰 점이 있는 검은 말을 타고 있었습니다. 적장은 말을 한 번 박차고 싸움터 한복판에 서더니 이슬람교도군을 향하여 노래하듯 유창한 아라비아어로 부르짖었습니다.

"오, 샤르르칸이여, 오마르 왕의 왕자여, 수많은 성채를 부수고 도시와 나라들을 멸망시킨 그대여, 자, 이리 나와 승부를 겨루자. 너와 내가 단신으로 승부를 겨루자. 그대가 한 나라의 왕자라면 나 또한 한 나라의 왕자, 어느 편이 승리하든 패한 자는 그 부하가 되어 이긴 자의 지휘를 받도록 하는 것이 어떠냐?"

이 말이 채 끝나기도 전에 왕자는 분노에 불타올라 말을 박차고 달려나갔습니다. 말을 한복판으로 몰고 나가 미쳐 날뛰는 사자같이 프랑크군 대장에게 바싹 가까이 다가갔습니다. 프랑크인 대장은 조심스럽고 단호한 태도로 기사의 예를 지켜 왕자와 맞섰습니다. 드디어 결전이 시작되어 일진일퇴, 나아가며 치고 물러나며 막으면서 마치 태산이 부딪치고 성난 파도가 서로 물어뜯는 것처럼 처절한 혈투가 계속되었습니다. 그러는 동안 해가 지고 짙은 어둠이 둘러싸자 두 사람은 양옆으로 갈라져 각자 자기 진영으로 돌아갔습니다.

진영으로 돌아온 왕자는 곧 부하들을 모아놓고 말했습니다.

"저만한 용사를 만난 것은 이번이 처음이다. 저놈에게는 여태까지의 적에게서 찾아볼 수 없는 이상한 버릇이 있어. 그건 이쪽에서 틈을 보이면 창을 거꾸로 잡고 내지르는 점이야. 이 승부가 어찌 될 지 정말 알 수 없지만, 어쨌든 그만한 용사, 그만한 부하가 우리 쪽에 있었으면 얼마나 좋을까."

날이 밝자 그 프랑크인은 싸움터 한가운데로 나와 샤르르칸을 다시 만났습니다. 그리고 다시 전투를 계속하여 전후좌우 종횡무진으로 격전을 계속했습니다. 양군 기사들은 모두 숨을 죽이고 그 광경을 지켜보았습니다. 두 사람이 잠시도 쉬지 않고 죽을힘을 다해 칼을 휘두르고 창을 내지르는 동안 또다시 밤이 다가와 주위의 빛을 삼켜버렸습니다. 두 사람은 헤어져 각자 자기 진영으로 돌아가고서 부하들과 그날의 전투에 대해 이야기를 나누었습니다. 프랑크군 대장은 부하들에게 마지막으로 말했습니다.

"내일이야말로 틀림없이 이 싸움의 결말을 내고야 말겠다!"

그리고 적과 아군 모두 아침까지 조용히 쉬었습니다.

날이 밝자 두 사람은 다시 말을 타고 싸움터에서 만나 점심때까지 격전을 계속했습니다. 그때 프랑크인 대장이 문득 어떤 계책을 생각해내어 먼저 말에 박차를 가하여 달리다가 갑자기 고삐를 당겨 멈춰 서자 말은 비틀거리다가 다리를 꺾으며 기수와 함께 쓰러지고 말았습니다. 싸움이 너무 길어져 초조해하던 왕자는 이것을 보고 말에서 떨어진 적 위로 덤벼들어 칼을 내리치려고 했습니다. 그때 프랑크인이 소리 높이 외쳤습니다.

"오, 샤르르칸 님, 용사는 그런 짓을 하면 안 돼요! 그것은 여자에게 지는 자가 하는 짓이에요."

이 말에 놀란 왕자가 찬찬히 상대의 얼굴을 들여다보니 사원에서 함께 즐거운 모험을 했던 아브리자 공주가 아니겠습니까? 왕자는 깜짝 놀라 칼을 버리고 공주 앞에 엎드리며 물었습니다.

"이게 대체 어찌 된 일이오?"

"당신의 무용을 싸움터에서 보고 말 위에서의 창술 솜씨를 시험해 보고 싶었어요. 내 부하들은 모두 나의 시녀들로 처녀들뿐이지요. 하지만 당당히 당신 부하들을 이겼어요. 나 역시 말과 함께 쓰러지지만 않았으면 내 솜씨를 좀더 보여 드렸을 텐데."

"오, 공주, 우리가 무사히 다시 만난 것을 알라께 감사드립시다!"

공주는 여자들에게 생포한 기사 20명의 석방을 명령했습니다. 모두 명령대로 한 뒤 공주와 왕자 앞으로 나와 땅에 엎드리자 왕자는 말했습니다.

"만일에 대비해 왕이 갖추어야 할 것은 바로 그대들 같은 여자들이로다."

그리고 자기 부하들에게도 공주에게 인사하도록 명령했습니다. 부하들도 공주에 대한 이야기를 듣고 있었으므로 모두 말에서 내려 땅에 엎드려 인사했습니다. 인사가 끝나자 양군의 기사 2백 명은 말을 타고 밤을 낮 삼아 행군을 계속하여 엿새 뒤에는 바그다드 가까이에 이르게 되었습니다. 거기서 말을 멈춘 왕자는 아브리자 공주를 비롯하여 그 시녀들에게 입은 옷을 벗어 버리도록 일렀습니다.

―여기서 날이 새는 것을 깨닫고 샤라자드는 이야기를 그쳤다.

51번째 밤

샤라자드는 이야기했다. 오, 인자하신 임금님, 샤르르칸은 아브리자 공주와 그 시녀들에게 입은 옷을 벗고 그리스 처녀의 옷으로 갈아입을 것을 권했습니다. 여자들이 프랑크군의 군장을 벗고 그리스 처녀의 옷으로 갈아입자 왕자는 부하 한 부대를 바그다드로 보내 아버지 오마르 왕에게 자기가 귀국한 것과 그리스 왕 하르두브 왕의 왕녀 아브리자 공주를 데려온 사실을 알렸습니다. 그리고 그 자리에 머물러 하룻밤을 보내고서 날이 새자 양군 모두 말을 타고 바그다드를 향해 나아갔습니다. 그런데 도중에 뜻밖에 단단 대신을 만났습니다. 오마르 왕의 특명으로 기병 1천 명을 거느리고 공주와 왕자를 맞이하러 나온 것이었습니다. 두 사람이 다가가자 대신 일행은 앞으로 나아가 엎드려 인사한 다음 다시 말을 타고 그들을 호위하면서 함께 왕궁으로 향했습니다.

왕자가 들어가자 부왕은 일어나 그를 끌어안고 자세한 이야기를 물었습니다. 왕자는 아브리자 공주에게서 들은 얘기를 비롯하여 두 사람 사이에 일어난 일을 남김없이 이야기했습니다.

"공주는 스스로 부왕과 헤어져 고향을 떠나 우리 편이 되어 이 나라에서 살기로 했습니다. 그뿐만 아니라 콘스탄티노플의 아프리둔 왕은 그리스 왕으로부터 소피아 공주의 신상과 공주가 아버님에게 바친 공물이 되었다는 것을 듣고 우리를 함정에 몰아넣으려 꾀했던 겁니다. 그리스 왕은 그 처녀가 콘스탄티노플의 공주인 줄은 몰랐다고 합니다. 만일 그 사실을 알았더라면 아버님께 보내지 않고 부모에게 보냈을 것입니다. 그리고 사실 저희가 그 위험에서 벗어난 것은 아브리자 공주 덕분이었습니다. 공주는 제가 일찍이 한 번도 만난 적이 없는 용감한 분입니다."

그리고 공주와의 교전과 승부를 겨루었던 이야기를 모두 들려주었습니다. 그 이야기를 들은 왕은 아브리자 공주의 기품 있는 모습이 눈앞에 떠올라 꼭 만나서 여러 가지 이야기를 듣고 싶다고 말했습니다. 왕자는 공주에게 가서 말했습니다.

"아버님이 부르십니다."

아브리자기 대답했습니다.

"알았습니다."

샤르르칸이 공주를 부왕에게 데리고 가니 오마르 왕은 중신들을 물리치고서 환관들만 옆에 거느리고 옥좌에 앉아 있었습니다. 공주는 방에 들어가자 두 손을 짚고 엎드려 인사를 드렸습니다.

왕은 공주의 유창한 말솜씨에 놀라며 왕자를 구해 준 데 대한 인사를 하고 자리를 권했습니다. 자리에 앉은 공주는 그리스도교도였으므로 베일을 벗었습니다. 그 아름다운 얼굴을 보자 왕은 그만 넋을 잃고 곁에 가까이 불러, 공주와 시녀에게 특별히 궁전을 마련해 주고 녹봉을 정해 주는 등 호의를 베풀었습니다. 그리고 그 보석 세 개에 대해 물었습니다.

"오, 현세를 다스리시는 임금님이시여, 그것은 제가 가지고 왔습니다."

공주는 자기 처소로 돌아가 짐을 풀어 궤짝을 꺼내고서 그 속에서 다시 금으로 만든 조그마한 상자를 꺼냈습니다. 그 상자에서 보석 세 개를 꺼내 하나하나 입을 맞춘 다음 왕에게 바쳤습니다. 그리하여 왕의 가슴에 깊은 인상을 남기고 물러나왔습니다.

그 뒤 오마르 왕은 왕자를 불러 보석 세 개 가운데 하나를 주었습니다. 샤르르칸이 나머지 두 개에 대해 묻자 왕은 대답했습니다.

"하나는 네 아우인 자우 알 마칸에게 주고 하나는 누이동생 누자트 알 자만에게 줄 작정이다."

지금까지 자기에게 누이동생밖에 없는 줄 알았던 왕자는 아우가 있다는 말을 듣고 부왕에게 물었습니다.

"아버님, 저 말고도 왕자가 있었습니까?"

"그렇다, 올해 6살이다."

왕은 그 이름이 자우 알 마칸이며 누자트 알 자만과 쌍둥이라고 덧붙였습니다. 그것은 샤르르칸 왕자에게 몹시 뜻밖의 일이자 슬픈 일이기도 했습니다. 그러나 샤르르칸은 그런 마음을 숨기고 축복해 주었습니다.

"오, 드높으신 알라의 축복이 두 사람 위에 내리시기를!"

그런 다음 보석을 던져버리고 옷의 먼지를 털었습니다.

"내가 죽은 뒤에는 네가 왕국을 물려받을 터인데 이만한 일로 태도가 달라지다니 어찌 된 일이냐? 장병들도 너에게 충성을 맹세하고 태수와 중신들도 너를 위해 왕위계승에 맹세하지 않았느냐? 이 보석 세 개 가운데 하나는 네가 가져라."

왕자는 바닥에 머리를 조아리고 부왕을 거역한 것을 부끄럽게 생각했습니다. 그리하여 보석을 주워들고 물러났으나, 울화가 치밀어 어찌할 바를 모른 채 그 일만 생각하며 걷다 보니 어느새 아브리자 공주의 궁으로 발을 들여놓고 있었습니다. 왕자가 오는 것을 보고 공주는 일어나 맞이하며 그날 일에 대한 인사를 한 다음 왕자와 그 부왕의 축복을 빌었습니다. 자리에 앉아 샤르르칸을 자기 옆에 앉힌 공주는 왕자 얼굴에 강렬한 분노의 빛이 서려 있는 것을 보고 그 까닭을 물었습니다. 왕자는 알라의 뜻으로 아버지와 소피아 공주 사이에 남녀 쌍둥이가 태어났는데, 사내아이는 자우 알 마칸, 계집아이는 누자트 알 자만이라는 이름이라고 얘기하고 이렇게 덧붙였습니다.

"그 아이들 몫이라며 보석을 두 개 남겨놓고 나에게는 하나밖에 주지 않았소. 나는 지금까지 자우 알 마칸에 대해서는 아무것도 모르고 있었소. 이 두 남매는 올해 6살이라는데, 이 사실을 알고 나니 울화가 치밀어 견딜 수가 없소. 화가 난 것은 그것 때문이오. 당신에게 추호도 숨기지 않고 말하지만 나에게는 또 한 가지 걱정되는 일이 있소. 그것은 아버님이 당신을 부인으로 맞이하지 않을까 하는 거요. 아버님은 당신을 사랑하고 있고 당신을 탐내는 눈치를 보였으니까. 아버님께서 당신을 바라신다면 당신은 뭐라고 대답하겠소?"

"샤르르칸 님, 잘 들으세요. 아버님은 나에게 지배권을 휘두르실 수는 없어요. 내 승낙 없이 마음대로 하실 수도 없고요. 만일 힘으로 손에 넣으려 하신다면 나는 내 손으로 목숨을 버릴 각오가 되어 있어요. 보석 세 개를 아기들에게 나눠주실 줄은 정말 몰랐어요. 다른 값비싼 물건들과 함께 보물창고에 간직해 두실 줄 알았지요. 하지만 한 가지 부탁이 있어요. 아버님으로부터 보석 하나를 받으셨다면 그걸 나에게 주실 수 없나요?"

"좋소, 드리고 말고요."

샤르르칸은 그 보석을 공주에게 주었습니다. 그러자 공주는 말했습니다.

"아무것도 걱정하실 것 없어요."

그리고 잠시 왕자와 이야기하다가 이렇게 덧붙였습니다.

"나는 걱정스러워요. 내가 당신과 함께 고향을 떠나온 것을 아시고 아버님이 나를 잃은 쓸쓸함을 견디지 못하여 나를 찾아내려고 하시지 않을까요? 더구나 소피아 공주 일도 있고 하니 아버님이 만일 아프리둔 왕과 동맹을 맺어 둘이서 군사를 합쳐 이 나라에 쳐들어오기라도 하면 큰 소동이 일어날지도 모르니까요."

"오, 공주, 당신이 이 나라에 머무를 작정이라면 그분들 일로 걱정하실 건 없소. 육지에서건 바다에서건 어떤 나라가 쳐들어오든 염려 없습니다."

"그럴까요? 이 나라 사람들이 나를 정당하게 대접해 주신다면 나는 오래도록 이 나라에 머물겠어요. 하지만 그렇지 않다면 떠나가는 수밖에 도리가 없지요."

아브리자 공주는 시녀들에게 식사를 내오게 하여 식탁이 준비되자 두 사람은 마주 앉았지만, 왕자는 마음이 산란하여 조금만 먹고는 곧 자기 저택으로 돌아갔습니다.

한편 오마르 왕은 샤르르칸이 돌아간 뒤, 보석 두 개를 가지고 소피아 왕비를 찾아갔습니다. 왕을 보자 왕비는 일어나 왕이 자리에 앉을 때까지 공손히 서서 맞이했습니다. 이윽고 자우 알 마칸과 누자트 알 자만 두 아이가 오자 왕은 두 아이에게 입을 맞추고 목에 저마다 보석을 걸어주었습니다. 두 아이는 무척 좋아하며 아버지 손에 입맞추고서 어머니에게 갔습니다. 두 아이의 기뻐하는 모습을 보고 어머니도 좋아하며 왕의 장수를 빌었습니다. 그러자 왕은 왕비에게 물었습니다.

"그대는 어째서 여태까지 나에게 콘스탄티노플 아프리둔 왕의 왕녀라는 사실을 말해 주지 않았는가? 그런 줄 알았으면 그대를 더욱 소중히 대하고 신분과 지위를 더 높여주었을 텐데."

"오, 임금님, 저는 임금님의 총애와 은혜를 한몸에 받으며 임금님의 신세를 지고 있습니다. 그것만으로도 충분한데 그 이상 무엇을 바라겠습니까? 게다가 알라의 뜻으로 임금님과의 사이에 아들과 딸, 두 아이까지 얻지 않았습니까."

이 말에 왕은 매우 흡족하여 왕비와 그 아이를 위해 놀라울 정도로 훌륭한 궁전을 내려주었습니다. 게다가 환관, 시종, 법률학자, 철학박사, 점성술사, 내과와 외과의사까지 임명하여 모자의 시중을 들게 했습니다. 이렇게 모든 면에서 왕비를 총애하며 더할 수 없이 후하게 대우했습니다. 이윽고 왕궁으로 돌아와 궁정에 나간 왕은 가신들에게도 은상을 듬뿍 내렸습니다.

한편 왕은 아브리자 공주에게 몹시 마음이 끌려 밤낮없이 공주를 생각하며 연모의 정을 불태웠습니다. 왕은 밤마다 공주를 찾아가 온갖 말로 구슬렸지만, 공주의 대답은 언제나 한결같았습니다.

"오, 현세를 다스리시는 임금님, 저는 지금 남자를 전혀 원하지 않습니다."

그렇게 말할 뿐 도무지 시원한 대답을 하지 않는 것이었습니다. 공주가 몸을 멀리할 때마다 왕의 정욕은 더욱 불타오르고 사모하는 마음은 더욱 커질 뿐이었습니다. 왕은 마침내 참다못해 단단 대신을 불러 놓고 말하기를, 하르두브의 왕녀 아브리자 공주에게 마음을 두고 있는데 공주가 자신의 마음을 받아주지 않고 도무지 신통한 대답을 해 주지 않아서 애가 타 죽을 것 같다고 했습니다. 그러자 대신이 말했습니다.

"밤이 되기를 기다려 마약을 1온스쯤 가지고 공주 방으로 가셔서 함께 술을 드십시오. 술자리가 끝날 무렵 마지막 잔에 마약을 타서 마시게 하시는 겁니다. 그러면 침실에 들어가기 전에 약효가 나타날 것이니, 그때 공주 곁에 가서 소원을 이루시면 될 것입니다. 우선 이 정도만 권해 드립니다."*57

"옳거니, 그렇게 하면 되겠구나."

왕은 보물창고를 뒤져 마약 한 알을 꺼냈습니다. 코끼리가 맡아도 몇 년이고 잠을 잔다는 강한 약입니다. 왕은 그것을 품에 지니고 밤이 되기를 기다려 아브리자 공주를 찾아갔습니다.

공주는 왕의 모습을 보고 맞으러 일어났다가 왕이 자리에 앉으라고 하자 그대로 앉았습니다. 왕은 공주 옆에 앉아 술과 안주를 준비하게 시켰습니다. 공주는 술상*58을 가져와 왕 앞에 놓았습니다. 그리고 술잔을 늘어놓고 촛불을 켜고 말린 과일과 과자 등 술자리에 필요한 모든 것을 가져오게 했습니다. 이렇게 술자리가 시작되자 왕은 공주의 건강을 빌며 몇 번이나 건배를 계속하여 공주도 차츰 취기가 돌기 시작했습니다. 그것을 보고 왕은 주머니에서 마약을 꺼내 손가락 사이에 끼우고 자신의 손으로 술을 따라 단숨에 들이켰습니다. 그리고 두 잔째를 따르며 말했습니다.

"공주와의 우의를 위하여!"

그리고 상대가 아무것도 모르는 사이 술잔 속에 약을 떨어뜨렸습니다.

공주는 술잔을 들어 단숨에 마신 다음 일어나 침실로 갔습니다. 왕은 잠시 약효가 돌기를 기다렸다가 공주의 방으로 들어가 보니 아니나 다를까 공주는 반듯하게 누워 잠들어 있었습니다. 속옷을 벗고 있었으므로 바람에 옷자락이 걷혀 두 다리 사이의 은밀한 두덩이 머리맡과 발치에 있는 등불에 비쳐 훤히 보였습니다. 그것을 본 왕은 음욕에 불타 본성을 잃어버리고 말았습니다. 악마에게 흘렸다고나 할까 도저히 참을 수가 없어 바지를 훌렁 벗어버리고는 공주를 덮쳐 정조를 빼앗고 말았습니다.

이윽고 몸을 일으킨 왕은 공주 옆에서 떠나 마르자나라는 시녀에게 가서 일렀습니다.

"네 주인한테 가서 시중을 들어 드려라."

시녀가 침실에 들어가 보니 공주는 정신을 잃은 채 반듯이 누워 있고 허벅지까지 피가 흐르고 있지 않겠습니까? 시녀는 수건으로 그것을 닦아낸 다음 그날 밤은 공주 옆에서 밤을 새웠습니다. 날이 밝자 시녀는 공주의 손발을 씻고 장미수를 가져와 얼굴에 뿌리고 입에 흘려 넣었습니다. 그러자 공주는 재채기와 하품을 하며 커다란 환약만한 크기의 마취약*59을 뱉어냈습니다. 정신을 차린 공주는 손과 입을 씻고서 시녀에게 말했습니다.

"간밤에 무슨 일이 있었는지 이야기해다오."

시녀는 어젯밤 공주가 반듯이 누운 채 피를 흘리고 있었던 이야기를 했습니다. 공주는 오마르 왕이 자기가 잠들어 있는 동안 처녀를 빼앗고 뜻을 이룬 것을 알았습니다. 공주는 하늘이 무너지는 듯 탄식하면서 자기 방에 틀어박힌 채 시녀들에게 일렀습니다.

"누가 찾아오더라도 앓아누웠다 하고 들여보내지 마라, 알라의 뜻을 알 수 있을 때까지는."

공주가 앓아누웠다는 소식이 전해지자 왕은 과즙과 설탕과 약을 보내주었습니다.

이리하여 몇 달간 공주가 방 안에 틀어박혀 있는 동안 왕의 불같은 욕정은 차츰 가라앉고 사모하는 마음도 엷어져서 공주에게서 멀어져 갔습니다. 그러나 공주의 뱃속에는 이미 왕의 씨가 깃들어 시간이 갈수록 아랫배가 점차 불러오자, 세상사가 귀찮아진 공주는 시녀 마르자나에게 말했습니다.

"나는 부모와 고국을 버리고 떠나왔으니 남을 원망할 것도 없다. 모두 내 잘못이야. 이젠 살기도 싫어졌다. 가슴은 상처입고 용기도 힘도 사라지고 말았어. 전에는 말을 타면 자유로이 몰 수 있었건만 지금은 말을 탈 기력조차 없구나. 내가 해산자리에 눕게 되면 시녀들 보기에도 부끄럽고 궁중 사람들은 모두 왕에게 욕보이고 처녀를 빼앗겼다는 사실을 알게 될 게다. 그렇다고 무슨 낯으로 아버님께 돌아갈 수 있겠니? 면목이 없어 아버님께 의지할 수도 없게 되었어. 정말 시인이 노래한 것처럼 되어버렸어."

아, 무슨 위안이 있을쏘냐,
집도 절도 없고
술잔 권할 친구도 없고
이 몸 누일 거처도 없으니.

이것을 듣고 마르자나는 말했습니다.
"무엇이든 분부만 하십시오. 말씀대로 하겠습니다."
"나는 지금 당장 여기서 몰래 빠져나가고 싶다. 너 말고는 아무도 모르게. 그리고 부모님에게 돌아가야겠어. 글쎄, 이 몸이 죽어 썩어질 때는 부모님밖에 돌봐줄 분이 없겠지? 그러면 알아께서 뜻대로 처리해 주시겠지."
"공주님, 그게 좋겠습니다."
그리하여 필요한 준비를 남몰래 하여 2, 3일 기회를 엿보고 있노라니, 왕은 사냥을 나가고 왕자도 어떤 요새에 가서 머무르게 되었습니다. 그러자 공주는 시녀에게 말했습니다.
"오늘 밤 곧바로 떠나고 싶지만 어찌 운명을 거스를 수 있겠느냐? 벌써 진통이 시작될 기미가 보여. 이제 4, 5일만 꾸물대면 해산자리에 누워야 할 테고 그렇게 되면 고국으로 돌아갈 수 없게 되겠지. 하지만 이것이 나에게 지워진 운명인지도 몰라."

그리고 잠시 생각하더니 시녀에게 일렀습니다.

"도중에 내 시중을 들며 따라갈 남자를 하나 찾아봐라. 난 이제 무기를 몸에 지닐 힘도 없으니까."

"네, 공주님, 하지만 전 알 가즈반*60이라는 검둥이 노예밖에 모릅니다. 그자는 오마르 왕의 노예인데 매우 용감한 사람이지요. 지금 이 궁의 문지기를 하고 있습니다. 왕께서 저희를 돌보라고 시켰는데 저희도 지금까지 친절히 대해 주었습니다. 그자에게 가서 한 번 부탁해 보겠어요. 돈을 좀 주기로 하고 저희와 함께 갈 생각이면 마음에 드는 여자도 얻어 주겠다고 말해 보겠습니다. 그자는 언젠가 강도 노릇을 한 적도 있다고 했어요. 만일 그자가 맡아만 준다면 소원대로 고국으로 무사히 돌아가실 수 있습니다."

"그럼, 그자를 불러오너라. 나도 잘 말해 볼 테니."

시녀는 그 검둥이 노예에게 가서 말했습니다.

"오, 가즈반, 알라가 너에게 축복을 내려주시기를! 공주님이 할 말이 있으시다는데 잘 들어야 해."

그리고 손을 잡고 아브리자 공주에게 데리고 갔습니다. 가즈반이 공주의 손에 입을 맞추자 공주는 왠지 가슴이 섬뜩해졌습니다.

'하지만 내 처지가 난처하니 하는 수 없지.'

그렇게 스스로 자신을 타이르면서 공주는 가까스로 말을 꺼냈습니다.

"가즈반, 무정한 운명에서 나를 도와주겠느냐? 지금부터 털어놓을 비밀을 지켜주겠는가?"

노예는 아브리자 공주를 한 번 보자 그 마음속에 태풍이 일면서 연모의 정에 사로잡혀 두말없이 승낙했습니다.

"주인님, 주인님의 명령이시라면 어떤 일도 절대 거역하지 않겠습니다."

"오늘 밤 당장 나와 이 시녀를 나의 고국으로 데려다 줘. 낙타 두 마리와 임금님의 말 세 필을 꺼내 안장을 얹고 필요한 물품과 식량이 든 가죽 자루를 싣고 말이야. 그래서 고국에 도착하면, 네가 우리와 함께 살고 싶다면 시녀들 가운데 마음에 드는 여자와 짝지어줄 것이고, 고향으로 돌아가고 싶다면 여자와 결혼한 다음 돈도 많이 주고 또 네가 달라는 것은 무엇이든 주기로 하마."

이 말을 듣고 가즈반은 기뻐하며 대답했습니다.

"오, 공주님, 두 분의 시중을 들어 드리겠습니다. 그럼, 곧 나가서 말에 안장을 얹어두겠습니다."

노예는 좋아하며 밖으로 나가 혼잣말을 중얼거렸습니다.

"저 둘은 이제 내 마음대로다. 내 말을 듣지 않으면 둘 다 죽여 버리고 보물만 뺏으면 되지."

그러나 그런 흉계는 털끝만큼도 얼굴에 나타내지 않고 잠시 뒤 낙타 두 마리와 말 세 필을 끌고 돌아왔습니다. 그 한 필에는 자기가 타고 두 번째 말에는 시녀, 세 번째 말에는 공주가 탔습니다. 이때 벌써 공주는 진통이 시작되어 괴로워하고 있었습니다. 이리하여 그들은 밤낮없이 산길을 헤치며 여행을 계속하여 마침내 고국이 눈앞에 보이는 곳에 이르렀습니다. 그때 공주는 또다시 진통이 일어나 더는 견딜 수 없게 되어 알 가즈반에게 말했습니다.

"나를 내려다오. 진통이 시작되었어."

그리고 시녀 마르자나 쪽을 돌아보며 외쳤습니다.

"너도 말에서 내려 내 옆에 와서 간호해다오."

시녀가 말에서 내리자 알 가즈반도 말에서 내려 고삐를 단단히 묶은 다음, 괴로워서 거의 실신할 듯한 공주를 안아 내렸습니다. 땅바닥에 누워 있는 공주의 모습을 보자 알 가즈반은 갑자기 악마에게 홀렸는지 별안간 칼을 뽑아 들고 말했습니다.

"이봐, 너를 안게 해 줘."

이 말을 듣고 공주는 말했습니다.

"임금님과 용사들조차 거절해 온 내가 이제 와서 검둥이 노예에게 몸을 맡길 것 같으냐!"

―여기서 샤라자드는 날이 훤하게 밝아오는 것을 알고 이야기를 그쳤다.

52번째 밤

샤라자드는 이야기를 계속했다. 오, 인자하신 임금님, 아브리자 공주는 화가 나서 검둥이 노예 알 가즈반에게 소리쳤습니다.

"이 악마 같은 놈, 무엇이 어째! 물러가지 못하겠느냐! 내 앞에서 그런 더러운 말을 하면 용서하지 않겠다. 비록 죽는 한이 있더라도 네놈 말을 들을 성싶으냐. 아기를 낳고 나서 몸이 가벼워질 때까지 기다려라. 그 뒤에 할 수 있겠거든 어디 마음대로 해봐. 하지만 이런 때 그런 더러운 소리를 한다면 나 스스로 목숨을 끊어 미련 없이 세상을 버리고 말 테니까."

그리고 다음과 같은 즉흥시를 읊었습니다.

오, 가즈반, 그러지 말라.
야속한 세월에 학대받고
풍파에 시달린 이 몸이 아니냐.
하늘은 간음을 금하시며 말씀하셨다.
"내 법도를 어기는 자는 지옥에 살게 되리라."
알라께서 주신 깨끗한 절개를 더럽히고
그대 만일 이 몸을 타락하게 한다면
목청껏 소리 높여 겨레를 불러
멀고 가까운 곳에 구원을 호소하리라.
비록 야만의 칼이 이 몸을 난도질할지라도
흉계 품은 자에게 내 얼굴을 보일까 보냐,
고귀한 가문의 내 얼굴을.
비천한 종놈인 너 같은 호색한은
내 알 바 아니다.

이 노래를 듣고 격분한 가즈반은 눈에는 핏발이 서고 얼굴은 흙빛[61]으로 변하여, 콧구멍을 벌름대고 입술을 내민 흉악한 형상으로 이런 노래를 불렀습니다.

아브리자 공주여, 측은히 여겨
행여 나를 버리지 마시라.
야만의 시선*62에 베어져
사랑의 희생이 될 이 몸이니.
야속한 처사에 이 몸 여위고
참을성도 이제 다 사라졌네.
그대 눈동자에 홀려
마음은 미친 듯이 들뜨고
사모의 정은 더욱 짙어가네.
그대 한 마디에 천군만마가 대지를 덮을지라도
걷잡을 수 없는 소원 이 자리에서 풀고
세상과 맞서 싸우리라.

 이 노래를 듣고 공주는 절망적으로 울면서 말했습니다.
 "이놈, 가즈반! 저주를 받아라! 어찌 너같이 천한 놈이 두려운 줄도 모르고 나에게 그런 말을 하느냐? 너는 사람도 가려볼 줄 모르더냐?"
 그러나 노예는 더욱 사나워져서 길길이 날뛰며 핏발선 눈으로 아브리자에게 다가가더니 목에 칼을 휘둘러 반죽음의 중상을 입힌 다음 보물과 함께 말을 훔쳐 타고 산속으로 달아나버렸습니다.
 아브리자 공주는 쓰러지면서 달덩이 같은 사내아이를 낳았습니다. 시녀가 그 아기를 받아 삼을 가른 다음 어머니 옆에 눕히니, 아기는 숨겨가는 어머니의 가슴을 파고들었습니다. 이 광경을 본 시녀는 목 놓아 울면서 옷을 찢고 흙을 뒤집어쓰며 피가 나도록 자기 얼굴을 때렸습니다.
 "아, 주인님! 아, 가엾기도 하셔라! 기사에게도 지지 않는 용맹한 공주님이시건만 하찮은 검둥이 노예 손에 목숨을 잃으시다니!"
 하염없이 눈물을 뿌리며 울고 있는데 별안간 아득한 저편에 먼지가 자욱이 일어 지평선을 뒤덮었습니다. 잠시 뒤 먼지가 가라앉고 수많은 병마가 나타났습니다.
 그것은 공주의 아버지 하르두브 왕의 군대로, 왕이 여기까지 온 까닭은 공주와 시녀들이 바그다드로 달아나 오마르 왕에게 의지하고 있다는 소문을

들고 누군가 공주를 만난 적이 있는 나그네라도 만나 무슨 소식이라도 들을
수 있을까 하여 군사를 거느리고 온 것입니다. 수도를 떠나 하루 동안 행군
했을 즈음 아득히 먼 곳에서 말을 탄 세 사람의 모습이 보였으므로, 어디서
오는지 물어보고 공주의 소식이라도 들어 보려고 그들을 향해 말을 달린 것
입니다.

왕이 멀리서 본 세 나그네는 바로 공주 일행이었습니다. 악당 검둥이 노예
는 그 군사를 보고 큰일 났구나 하는 생각에 공주를 베고 달아났던 것입니다.

가까이 가서 보니 하르두브 왕 눈에 이미 숨이 끊어져 누워 있는 딸과 그
시신에 매달려 울부짖는 마르자나의 모습이 들어왔습니다. 왕은 말에서 떨
어져 정신을 잃고 쓰러지고 말았습니다. 수행한 태수와 대신들은 모두 말에
서 내려 산 위에 천막을 쳤습니다. 왕을 위해서는 둥근 지붕의 대형 천막을
마련하고 그 바깥쪽에 국내의 중신들이 늘어섰습니다. 마르자나는 눈을 들
어 왕의 모습을 보고는 자기 임금님임을 알고 더욱 크게 울음을 터뜨렸습니
다. 마침내 왕이 정신을 차리고 자초지종을 묻자 마르자나는 그때까지의 경
위를 모두 이야기했습니다.

"공주님을 죽인 것은 오마르 왕께 종사하는 검둥이 노예입니다."

그리고 샤르르칸의 아버지가 공주를 범한 사실도 모두 이야기했습니다. 그
말을 들은 하르두브 왕은 눈앞이 캄캄해져서 눈물을 흘리며 슬퍼했습니다.

이윽고 왕은 들것을 가져오게 하여 딸의 시신을 싣고 본국 케살레아로 돌
아가 왕궁 안에 묻었습니다. 그리고 자신의 어머니인 자트 알 다와히에게 가
서 이 '역병신(疫病神)의 여자'를 향해 말했습니다.

"내 딸이 이슬람교도에게 이러한 봉변을 당했는데 어찌 그냥 있을 수 있
겠습니까? 내 딸은 오마르 왕에게 완력으로 정조를 빼앗기고 그 뒤 그 왕의
검둥이 노예 손에 죽은 게 틀림없습니다. 구세주의 진실에 걸고 반드시 딸의
원수를 갚아 원한을 풀겠습니다. 그렇게 하지 못하면 나 스스로 자결하겠습
니다!"

왕이 그렇게 격분하여 울부짖었으나 어머니는 이렇게 말했습니다.

"아니다, 공주를 죽인 것은 틀림없이 시녀 마르자나일 게다. 그녀는 마음
속으로 공주를 미워하고 있었어. 그리고 공주의 원수를 갚는 것은 좋지만 그
런 일로 너무 상심하지 마라. 나도 오마르 왕과 그 왕자들을 죽일 때까지 결

코 그냥 있지 않겠다. 나는 현자도 기사도 할 수 없는 일을 하여 어느 나라의 어떤 역사가도 기록에 남기지 않고는 못 배길 일을 할 테다. 하지만 그러려면 무엇이든 내 말대로 해야 한다. 한 가지 일에 전념하면 누구나 반드시 목적을 이루는 법이다."

"맹세코 어머니의 분부대로 하겠습니다."

"우선 시녀들을 많이 데리고 오너라, 가슴이 불룩한 숫처녀로. 그런 다음 세상에 알려진 현자들을 불러모아 그 시녀들에게 철학에서부터 궁중의 예의범절, 대화술, 시 쓰는 법을 모두 가르치게 해라. 온갖 학문과 교양에 대해 현자들의 강의를 듣게 하는 거야. 하지만 교주의 역사와 알 이슬람의 모든 왕의 고대기(古代記)와 함께 아라비아인의 말과 전설을 가르쳐야 하니까 현자는 이슬람교도여야만 한다. 그렇게 4년 동안만 꾹 참고 견디면 승리는 우리의 것이 될 테니 지그시 참고 기다려라. 어떤 아라비아인이 이렇게 말하지 않았느냐? '쌓인 원한을 푸는 데 설령 40년이 걸리더라도 풀고 나면 그리 긴 세월이 아니다'라고 말이다. 정말 맞는 말이지. 그 시녀들에게 이러한 학문을 가르치고 나면 우리 마음대로 원수를 갚을 수 있을 게다. 오마르 왕은 호색가라서 첩이 360명이나 있는 데다 공주를 모시고 있던 꽃 같은 시녀가 백 명이나 늘어난 셈이다. 이제 말한 대로 시녀의 교육이 끝나면 내가 직접 찾아갈 작정이다."

이 말을 듣고 하르두브 왕은 기뻐하며 일어나 어머니의 머리에 입을 맞추고 곧 여러 나라에 사신과 급사를 보내 이슬람교도 현자를 데려오라고 명령했습니다.

명을 받은 사신들이 먼 나라로 찾아가 이윽고 왕이 구하는 현자와 박사들을 데리고 돌아왔습니다. 모두 왕 앞에 엎드리자 왕은 저마다 훌륭한 칭호와 예복을 내리고서 녹봉과 수당을 정하고, 교육이 끝나면 다시 많은 돈을 더 주겠노라 약속하고 그들에게 시녀들을 맡겼습니다.

—샤라자드는 여기서 날이 훤하게 새기 시작한 것을 알고 이야기를 그쳤다.

53번째 밤

오, 인자하신 임금님, 샤라자드는 이야기를 계속했다. 현자와 박사들이 하르두브 왕 앞에 대령하자, 왕은 그들에게 훌륭한 명예를 내리고 시녀들을 맡겨 철학과 교양 등 모든 지식을 가르치도록 명령했습니다.

한편 오마르 왕은 사냥에서 돌아와 아브리자 공주를 찾았으나 어디에도 없었습니다. 그뿐만 아니라 누구 하나 공주의 행방을 아는 자가 없자 비탄에 잠겨 말했습니다.

"어떻게 아무도 모르게 이 궁전을 빠져나갔을까? 이럴 때 만일 내 나라의 운명이 걸린 문제였다면 통치자가 아무도 없었던 셈이 되니 위험한 상황에 빠졌을지도 모르지 않는가! 앞으로는 왕궁의 문에 엄중한 위병을 두지 않고는 두 번 다시 사냥을 나가지 않으리라."

오마르 왕은 아브리자 공주를 잃고 슬픔과 실의에 빠져 있었습니다.

그때 샤르르칸 왕자가 여행에서 돌아오자 왕은 자기가 사냥을 나간 동안 공주가 달아난 사실을 알렸습니다. 그 말을 듣고 왕자도 몹시 슬퍼했습니다. 그 뒤 왕은 두 아이를 자주 찾아가 몹시 귀여워하며 학자와 박사를 많은 녹봉을 주고 데려와 아이들의 교육을 맡겼습니다. 샤르르칸은 아버지의 이런 행동을 보자 울화가 치밀고 누이동생과 아우를 시기하는 마음이 일어나, 얼굴에는 점점 고뇌의 빛이 나타나고 몸도 갈수록 쇠약해졌습니다.

어느 날 아버지 오마르 왕이 왕자에게 물었습니다.

"무슨 일이냐? 요즘 몸이 약해지고 얼굴빛도 좋지 않은 듯한데."

"오, 아버님, 저는 아버님이 동생과 누이를 그토록 사랑하시는 것을 볼 때마다 질투에 사로잡혀 견딜 수가 없습니다. 언젠가 그 질투 때문에 제가 동생들을 죽이고 그로 말미암아 아버님께서 저를 죽이시게 되지나 않을까 걱정됩니다. 몸이 쇠약해지고 얼굴빛이 나빠진 것은 그것 때문입니다. 하지만 이렇게 된 바에는 어쩔 수 없습니다. 저에게 아주 먼 시골에 있는 성을 하나 주실 수 없겠습니까? 그곳에서 세월을 보내고 싶습니다. 속담에도 '사람이 찾아오지 않으면 마음은 더 편하다'든가 '눈에 띄지 않으면 마음에 슬픔도 없다'고 하지 않습니까?"

이렇게 말하고 샤르르칸은 부왕 앞에 머리를 숙였습니다. 아들의 말을 들고 왕은 비로소 왕자의 고뇌와 쇠약해진 원인을 알고 왕자를 위로하며 말했습니다.

"왕자여, 너의 소원을 들어주마. 내 영토 안에서 다마스쿠스 성보다 큰 것은 없으니 오늘부터 그 성을 다스리도록 해라."

그리고 곧 대신들을 불러 왕자를 시리아의 다마스쿠스 태수로 명한다는 특허장을 만들도록 명령했습니다. 왕은 그 일이 끝나자 왕자에게 출발준비를 시키고, 단단 대신으로 하여금 왕자를 보좌토록 하였습니다. 그리고 왕자에게 통치권을 맡긴 뒤, 법령과 정책 등에 대하여 여러 가지로 지시를 내렸습니다. 왕자는 부왕을 비롯하여 궁의 귀족과 고관들에게 작별을 고하고서 군사를 이끌고 출발했습니다. 이윽고 다마스쿠스에 도착하니, 성 안 사람들이 온 거리를 장식한 가운데 북을 치고 나팔을 불며 그들을 화려하게 맞이했습니다. 그 속을 중신과 고관들이 행렬을 지어 나아가는데, 옥좌 오른쪽에 앉을 자는 샤르르칸의 오른쪽에, 왼쪽에 자리를 차지할 자는 왼쪽에 서서 걸어갔습니다.

한편, 왕자가 출발한 지 얼마 안 되어 어린 왕자의 교사와 선생들이 오마르 왕 앞으로 나아가 말했습니다.

"임금님, 왕자님과 공주님은 이미 훌륭하게 지식을 쌓으시고, 예의범절이며 식전(式典)의 예법도 완전히 터득하셨습니다."

왕은 이 말을 듣고 매우 기뻐하며 자우 알 마칸이 늠름하게 자라 승마에도 능한 것을 보고 학자들에게 많은 상을 내렸습니다. 왕자는 이때 나이 14살이었는데 가난한 사람과 법학박사며 코란학자들을 사랑하여 신앙과 기도에 여념이 없었으므로, 바그다드의 백성들은 남녀노소 할 것 없이 그를 존경했습니다.

어느 날, 이라크의 가마[*63] 행렬이 메카를 참배하고, 예언자 무함마드(알라의 축복과 가호가 있기를!)의 묘지를 찾기에 앞서 바그다드 거리를 지나갔습니다. 이것을 본 자우 알 마칸은 참을 수 없이 순례를 하고 싶어 부왕에게 가서 말했습니다.

"아버님, 순례를 하고 싶으니 허락해 주십시오."

"내년까지 기다려라. 내가 함께 데리고 가줄 테니까."

왕자는 순례가 1년 뒤로 미뤄지자 누이동생인 누자트 알 자만에게 갔습니다. 동생은 마침 기도를 드리는 중이어서 끝나기를 기다렸다가 이렇게 말했습니다.

"나는 순례를 떠나 메카에 있는 알라의 성전을 참배하고 예언자 무함마드(이분께 평안함이 있으라!)의 묘도 참배하고 싶어서 못 견디겠다. 아버님께 말씀드렸으나 허락해 주지 않으시니 돈을 좀 마련하여 아버님 몰래 순례를 떠날 작정이야."

"알라여, 부디 오빠에게 은총을 내려주소서! 나도 같이 데려가주세요. 신의 은총을 내리시고 수호해 주시는 예언자의 묘를 참배하는데 나만 따돌리지 말고요."

"좋아, 어두워지면 누구한테도 얘기하지 말고 여기에서 나가야 해."

한밤중이 되자 누이동생은 돈을 얼마쯤 몸에 지니고 남자옷을 입은 다음 궁전 문으로 나가니, 출발준비를 완전히 한 왕자가 낙타에 올라타 기다리고 있었습니다. 이리하여 두 사람은 낙타를 타고 여행을 떠나 이윽고 이라크의 순례행렬 속에 끼었습니다. 그리고 다시 여행을 계속한 끝에 마침내 성지 메카에 이르러 아라파트 산에 올라 의식을 올렸습니다. 의식이 끝나자 예언자(알라여, 축복과 가호를 내리소서!)의 묘를 참배하고 순례자들과 함께 고향으로 돌아가려고 생각했습니다. 그러다가 왕자는 누이동생에게 말했습니다.

"얘, 나는 지금부터 성지 예루살렘과 알라의 친구 아브라함*64(편히 잠드시기를!)의 묘를 참배할까 한다."

"나도 함께 가고 싶어요."

의논이 끝나자 왕자는 밖으로 나가 자기와 누이동생의 여권을 마련하고서 예루살렘 순례자들과 함께 배를 타고 출발했습니다. 그런데 그날 밤 누이동생이 열병에 걸려 한때 중태에 빠졌으나 곧 회복되었습니다. 그러나 이번에는 오빠가 병이 나 누이동생이 간호하면서 여행을 계속하여 마침내 예루살렘에 도착했습니다. 그러나 오빠의 열은 점점 심해지고 몸도 쇠약해져 갔습니다. 두 사람은 어느 대상객주에 방을 하나 얻어 쉬기로 했습니다. 그러나 오빠의 병은 좀처럼 낫지 않고 더욱 악화하여 헛소리까지 하게 되었습니다. 누이동생 알 자만은 너무 걱정이 되어 소리쳤습니다.

"오, 영광되고 위대한 알라 외에 주권 없고 권력 없도다! 이것도 다 알라의 뜻인가요!"

두 사람이 그곳에서 묵는 동안 오빠의 병은 점점 더 악화되어 갔고, 동생은 병간호하면서 필요한 물건을 사들이느라 지니고 있던 돈도 다 써버려 마침내 은화 한 닢도 없는 신세가 되고 말았습니다. 누이동생은 주막의 심부름꾼에게 부탁하여 옷가지를 몇 개 시장에 내다 팔아 그 돈으로 오빠의 약을 샀습니다. 그리하여 소지품이 하나하나 사라져가자 이윽고 낡아빠진 담요 하나만 남게 되었습니다. 누이동생은 눈물을 흘리며 외쳤습니다.

"지금까지 있었던 일도 앞으로 일어날 일도 모두 알라님의 뜻이야!"

이 말을 들은 오빠는 말했습니다.

"얘, 어쩐지 병이 나아가는 것 같아. 구운 고기가 좀 먹고 싶구나."

"하지만 오빠, 나는 거지 노릇은 못하겠어요. 내일은 어느 부잣집에 가서 종노릇이라도 해서 돈을 벌어올게요."

그러고는 잠시 생각에 잠겨 있더니 말했습니다.

"이렇게 쇠약한 오빠를 남겨두고 나가는 건 괴롭지만 지금 그런 말을 하고 있을 때가 아니니!"

"그럼, 그만둬! 창피를 당하게 될 테니까. 알라 외에 주권 없고 권력 없도다!"

두 사람은 서로 부둥켜안고 눈물을 흘렸습니다. 이윽고 누이동생이 다시 말했습니다.

"오빠, 우리는 나그네로 여기에 묵은 지 꼭 1년이나 되는데 아직 누구 한 사람 우리를 찾으러 오는 사람이 없어요. 우리는 굶어 죽게 되지 않을까요. 제가 밖에 나가 일해서 먹고 살 만큼 벌기 전에는 도리가 없어요. 오빠의 병이 다 나아서 둘이 고향으로 돌아갈 때까지는 말이에요."

누자트 알 자만이 앉은 채 울고 있노라니 오빠도 팔꿈치를 짚고 눈물에 젖었습니다. 이윽고 누이동생은 일어나 모직 외투[65] 조각으로 머리를 감쌌습니다. 그것은 낙타 몰이꾼이 깜박 잊고 거기에 두고 간 것이었습니다. 누이동생 알 자만은 오빠의 머리에 입을 맞추고 끌어안은 다음 울면서 어디론가 나갔습니다. 이렇게 나간 누이동생은 병든 오빠가 저녁때까지 기다려도 돌아오지 않았습니다. 이튿날 아침이 되어도 돌아오지 않아 결국 이틀 동안이나 기다렸습니다. 오빠는 누이동생에 대한 걱정으로 안절부절못했지만 그러는 동안 몹시 배가 고파서 방에 가만히 있을 수 없어 주막 하인을 불러 부탁했습니다.

"나를 업고 시장까지 데려다주시오."

심부름꾼은 알 마칸을 업고 시장거리로 나가서 내려놓았습니다. 예루살렘 사람들이 주위에 모여들어 그 불쌍한 모습을 보고 눈물을 흘렸습니다. 그가 먹을 것을 구걸하자 사람들은 시장상인들에게서 돈을 얻어와 먹을 것을 사다주었습니다. 그리고 왕자를 한 가게로 데려가 종려 잎사귀로 만든 거적 위에 눕히고 머리맡에 물병을 가져다주었습니다.

밤이 되자 사람들은 알 마칸의 신상을 몹시 염려하며 집으로 돌아갔습니다. 한밤중이 되자 왕자는 누이동생 생각에 병이 더 악화하여 음식도 먹지 못하고 완전히 의식을 잃고 말았습니다. 이윽고 아침이 되자 시장 사람들이 왕자를 위해 상인들에게서 은화 37닢을 얻어와 낙타 한 마리를 세내어 낙타 몰이꾼에게 말했습니다.

"이 병자를 다마스쿠스로 데려가 병원에 넣어주시오. 어쩌면 목숨을 건져 회복할지도 모르니까."

"그렇게 합지요."

낙타 몰이꾼은 대답했지만 속으로 중얼거렸습니다.

"다 죽어가는 병자를 어떻게 다마스쿠스까지 데려다준담."

그래도 아무튼 시장에서 싣고 나가 한동안 어디에 숨겨놓았다가, 밤이 되자 목욕탕 아궁이 가까이에 있는 잿더미에 버리고 가버렸습니다.

아침이 되어 목욕탕 화부가 일하러 나왔다가 그곳에 버려져 있는 왕자를 보고 소리쳤습니다.

"빌어먹을, 하필이면 여기다 시체를 버렸을까."

그러면서 발로 차니 시체가 꿈틀거려 깜짝 놀라 소리쳤습니다.

"마약을 처먹고 아무 데나 쓰러져 잠들어 버렸군!"

그리고 상대 얼굴을 자세히 들여다보니 어딘지 기품이 있고 아름다운 얼굴이어서 갑자기 불쌍한 생각이 들었습니다. 그리고 또 그가 병자이며 외국 사람이라는 것도 알게 되었습니다. 그래서 화부는 외쳤습니다.

"오, 알라 외에 주권 없고 권력 없도다! 아, 정말이지 이 젊은이에게 몹쓸 짓을 하고 말았군. 예언자(오, 알라의 축복과 가호가 있기를!)도 나그네에게 친절을 베풀라고 하셨는데, 병자에게는 더욱 그렇지."

화부는 젊은이를 집으로 데려가 아내에게 병간호하도록 일렀습니다. 아내는 젊은이를 위해 담요를 깔고 머리에 베개를 베어주고는 물을 데워 손발과 얼굴을 씻어주었습니다. 화부도 시장에 가서 장미수와 설탕을 사와 젊은이 얼굴에 뿌려주고 마시게도 하며 친절히 간호하고, 깨끗한 속옷을 가져와 입혀주었습니다. 그 덕택으로 젊은이는 정신을 차리고 벽에 기대어 자리 위에 앉을 수 있게 되었습니다. 이것을 본 화부는 기뻐서 외쳤습니다.

"이 젊은이의 행복을 위해 알라를 찬양하자! 오, 숨겨진 모든 일을 아시는 알라의 힘에 의해 내 손으로 이 젊은이의 목숨을 살릴 수 있게 해 주십시오."

―여기서 날이 훤하게 밝아오는 것을 깨닫고 샤라자드는 이야기를 그쳤다.

54번째 밤

샤라자드는 이야기를 계속했다. 오, 인자하신 임금님, 화부는 왕자의 목숨을 살려달라고 신께 빌었습니다. 그로부터 사흘 동안 화부는 줄곧 간호를 계속하면서 설탕이 든 과즙과 유화수(柳花水),[66] 장미수를 먹여주는 등 정성껏 보살펴준 덕택에 젊은이는 차츰 기운을 되찾아 눈을 뜨게 되었습니다. 화부가 집에 돌아와 보니, 병자는 꽤 좋아졌는지 일어나 앉아 있었습니다.

"오늘은 몸이 좀 어떻소?"

"고맙습니다. 많이 좋아졌어요. 전능하신 알라의 뜻이 그러하다면 곧 건강해지겠지요."

화부는 만물의 주인을 칭송한 다음 급히 시장에 나가 약병아리 10마리를 사다가 아내에게 주며 일렀습니다.

"날마다 2마리씩 드려요. 새벽에 1마리 저녁에 1마리씩."

그래서 아내는 아침에 일어나자 1마리를 잡아 잘 고아서 병자에게 살코기와 국물을 먹였습니다. 식사가 끝나자 더운물을 가져와 손을 씻겨주고 베개를 베어준 다음 이불을 덮어주어 병자는 정오의 기도시간까지 푹 잤습니다. 아내는 일어나 또 1마리를 고아 잘게 찢어서 젊은이에게 가져갔습니다.

"자, 드세요."

젊은이가 한창 식사하고 있는데 남편이 돌아오더니 아내가 먹여주는 모습을 보고 그 머리맡에 앉아 물었습니다.

"오늘은 좀 어떻소?"

"알라 덕분에 많이 나았습니다! 전능하신 신께서 당신의 친절에 보답해 주시기를!"

이 말을 듣고 화부는 매우 기뻐하면서 밖으로 나가 과즙과 장미수를 사와 병자에게 권했습니다. 이 사람은 목욕탕에서 하루 품삯으로 은화 5닢씩 받고 있었는데 날마다 젊은이를 위해 은화 한 닢으로 설탕과 장미수와 과즙을 사고 또 한 닢은 닭을 사는 데 쓰고 있었습니다. 이렇게 꼬박 한 달이 지나자 젊은이는 병이 완전히 나아서 전처럼 건강한 몸이 되었습니다. 어느 날 화부 부부는 젊은이의 병이 완쾌된 것을 기뻐하며 물었습니다.

"오늘은 우리와 함께 목욕하러 가지 않겠소?"

"가지요."

젊은이가 대답하자 화부는 시장에 나가 나귀 몰이 소년을 데려오더니, 젊은이를 나귀에 태우고 자신은 젊은이를 옆에서 부축하면서 목욕탕까지 데리고 갔습니다. 목욕탕에 이르자 화부는 젊은이를 나귀에서 부축해 내려 소년을 화구 옆에 앉혀두고 자기는 시장에 가서 몸을 씻는 데 쓰는 연잎과 팥가루[67]를 사왔습니다.

"자, 목욕탕 안으로 들어가시오. 몸을 씻어 드릴 테니."

두 사람이 목욕탕 안으로 들어가자 화부는 젊은이의 발을 문지르기도 하고 연잎과 팥가루로 몸을 씻어주기도 했습니다. 그때 목욕탕 주인이 젊은이에게 보낸 때밀이꾼이 한 사람 들어왔습니다. 그는 화부가 손님을 씻어주는 것을 보고 말했습니다.

"그런 짓을 하면 주인이 별로 좋아하지 않아요."

그러자 화부는 대답했습니다.

"주인의 호의에는 정말 감사하고 있소!"

때밀이꾼이 젊은이의 몸을 밀어주고 나자 저마다 목욕을 하고 집으로 돌아갔습니다. 화부는 젊은이에게 자기의 훌륭한 모직 속옷과 옷을 입히고 좋은 천으로 만든 두건이며 허리띠, 목에 두르는 목도리 등을 내주었습니다.

그동안 화부의 아내는 닭 2마리를 잡아 요리해 내왔습니다. 젊은이가 양탄자 위에 앉자 주인은 유화수에 설탕을 넣어 권했습니다. 그런 다음 상을 내오게 하여 닭고기를 잘게 찢어서 고기와 국물을 배불리 먹였습니다. 젊은이는 손을 씻은 다음 알라께 병의 완쾌를 감사드리고 주인에게 말했습니다.

"당신은 전능하신 알라께서 저의 병을 고치기 위해 보내주신 은인입니다."

"아니, 아니, 당치도 않은 소리. 그보다 이리로 오게 된 내력과 또 어디에서 왔는지 이야기해 주시오. 당신 얼굴을 보니 지체 높은 태생임은 잘 알 수 있습니다."

"그러면 당신이 나를 어떻게 발견하게 되었는지 그것부터 얘기해 주시오. 그러면 내 신세 이야기를 해 드릴 테니."

"어느 날 아침 내가 일하러 나갔더니 누가 버렸는지 당신이 화구 옆 쓰레기 더미 위에 쓰러져 있었소. 그래서 집으로 데려왔을 뿐이오."

"죽어가던 사람을 살려준 알라를 찬양합시다! 그런데 당신은 살려준 보람이 있는 사람을 살려준 셈이오. 그 친절에 반드시 보답이 있을 것이오. 그건 그렇고, 나는 지금 어디에 있는 거지요?"

"이곳은 예루살렘입니다."

자우 알 마칸 왕자는 자기가 타향에 와 있는 일이며 헤어진 채 행방을 모르는 누이동생을 생각하며 눈물지었습니다. 그리고 화부에게 자신의 내력을 이야기하고서 이런 노래를 불렀습니다.

    외국을 동경하여 헤매었다네.
    그로 말미암아 부활의
    고통 겪는 괴로움이여.
    모질기도 하더라, 나의 운명
    측은히 여겨다오, 나의 넋을.
    시기하는 적조차 동정하니.
    단 한 번이라도 정다운 눈을
    나에게 던져다오. 늘 슬픔에 젖어
    괴로움에 시달리며 고뇌 속에서
    떠는 이 가슴 진정시켜다오.

"참아라, 가슴의 이 고통을!"
내가 외치면 인종하는 마음은 답한다.
"이 슬픔 더는 견딜 수 없도다."

젊은이가 더 큰 소리로 울음을 터뜨리자 화부는 그를 위로하며 말했습니다.
"슬퍼하지 마시오. 그보다도 무사히 완쾌하게 해 주신 알라께 감사드리시오."
"여기서 다마스쿠스까지 가려면 얼마나 걸립니까?"
"엿새는 걸리겠지요."
"그곳으로 나를 보내주실 수 없겠습니까?"
"아직 나이가 젊고 지리도 잘 모르는 당신을 어떻게 혼자 보낼 수 있겠소? 다마스쿠스로 가고 싶으면 내가 동행해 드리리다. 아내가 함께 가준다면 다마스쿠스에 가서 살아도 좋소. 당신과 헤어지기가 몹시 괴롭군요."
그는 아내를 돌아보며 물었습니다.
"당신도 시리아의 다마스쿠스까지 함께 여행하지 않겠소? 아니면 여기 남아 내가 다마스쿠스에 이분을 모셔다 드리고 올 때까지 기다리겠소? 다마스쿠스에 꼭 가고 싶다고 하시니 그냥 헤어지기가 섭섭하구려. 도중에 강도라도 만날까 염려도 되고."
"나도 함께 가겠어요."
"고맙군. 이제 됐어. 이제 의논은 다 되었군."
화부는 힘차게 일어나 자기 물건과 아내 물건을 모두 팔아치웠습니다.

—여기서 샤라자드는 날이 밝아오는 것을 깨닫고 이야기를 그쳤다.

55번째 밤

샤라자드는 다시 이야기를 계속했다. 오, 인자하신 임금님, 화부 부부는 자우 알 마칸 왕자와 함께 다마스쿠스로 길을 떠나게 되었습니다. 화부는 자기 물건과 아내 물건을 모두 팔아 낙타를 사고 왕자를 위해 나귀도 빌려 왔습니다. 그들은 출발한 지 엿새 만에 다마스쿠스에 도착했습니다. 마침 해질녘이었으므로 화부는 필요한 음식을 사서 왔습니다. 하지만 다마스쿠스에 도착한 지 닷새쯤 지났을 무렵 화부의 아내가 갑자기 병에 걸려, 자리에 누운 지 얼마 안 되어 알라의 부르심을 받고 말았습니다. 이 여자의 죽음은 왕자에게는 커다란 타격이었습니다. 왜냐하면 그 여자가 정성껏 보살펴주어 무척 정이 들었기 때문입니다. 화부의 슬픔은 더 말할 것도 없었습니다. 왕자는 우는 화부에게 말했습니다.

"너무 슬퍼하지 마시오. 누구나 한 번은 그 죽음의 문으로 들어가야 하니까."

"당신의 행운을 빕니다! 우리에게도 언젠가 반드시 행운이 돌아와 알라의 은혜를 받고 눈물이 마를 날이 오겠지요. 자, 이제부터 밖으로 나가 다마스쿠스를 구경하면서 시름을 잊어보지 않겠소?"

"그렇게 하지요."

두 사람이 손을 잡고 나가 함께 거리를 거닐다 보니 다마스쿠스 태수의 마구간이 있는 곳에 이르렀습니다. 그곳에는 궤짝과 양탄자, 비단 같은 것을 실은 낙타와 안장을 얹은 말, 단봉낙타가 있고 백인 노예와 흑인 노예들이 북적대고 있었습니다. 자우 알 마칸 왕자는 혼잣말을 중얼거렸습니다.

"대체 저 말과 낙타와 물건들은 누구의 것일까?"

그는 한 환관에게 물어보았습니다.

"이 짐은 어디로 가는 거요?"

"이것은 다마스쿠스 태수께서 오마르 왕께 보내는 선물입니다. 그리고 시리아에서 보내는 공물도 들어 있지요."

아버지의 이름을 들은 왕자는 눈물을 글썽거리며 이런 시를 읊었습니다.

그대 모습 이제 사라져
눈동자에 어리는 그림자도 없네.
마음속에 언제까지나 새겨져 있는 그 모습
그대, 이제 없으니
내 가슴은 괴로움으로 가득 차

어떠한 쾌락도 이 괴로움을 지우지 못하네.
신의 자비로 우리 다시 만나는 날 있다면
기나긴 밤에 이야기하며
이 사랑을 호소하리라.

노래를 끝낸 알 마칸 왕자가 눈물을 흘리자 화부가 말했습니다.
"아직 몸이 완전히 회복된 게 아니니 마음을 굳게 먹고 눈물을 거두시오. 다시 덧나기라도 하면 큰일이니까요."
화부는 이렇게 왕자를 위로하고 기운을 북돋아주었습니다. 왕자는 타향살이 신세를 탄식하며 누이동생이며 부모님과 멀리 떨어져 있는 슬픔에 눈물을 줄줄 흘리면서 다음과 같은 시를 읊었습니다.

이 세상을 떠나기 전까지
만반의 준비를 게을리하지 말라.
생명이 가는 길에는 반드시
죽음의 신이 나타남을 알지어다.
뜬세상의 재물은
교만과 서글픈 푸념이 될 뿐.
우리 인생은 헛된 겉치레
허무하게 마음을 좀먹네.
이승의 집과 흡사한 것은
방랑자가 묵는 주막
밤에는 낙타를 쉬게 하고*68
아침이 오면 다시 떠나간다.

알 마칸 왕자는 혼자가 된 서글픔을 오래도록 한탄했습니다. 화부도 아내를 잃은 슬픔에 사로잡혀 왕자를 위로하며 밤을 지새웠습니다. 아침이 되어 해가 떠오르자 화부는 왕자에게 물었습니다.
"당신은 고향이 그립지 않소?"
"그립지요. 아, 이제 더는 이런 데서 꾸물거리고 있을 수 없소. 당신에 대해서는 알라의 뜻에 맡기고, 나는 저 사람들과 함께 여행을 계속하겠소. 천천히 여행을 계속하다 보면 언젠가는 고국에 당도하겠지요."

"나도 함께 가겠습니다. 당신과 헤어지는 건 견딜 수 없으니까요. 여태까지 보살펴 드렸으니 끝까지 동행하면서 시중을 들고 싶소."

이 말을 듣고 왕자는 몹시 기뻐하며 말했습니다.

"알라께서 당신에게 충분한 보답을 내리시기를!"

왕자는 그와 함께 즐겁게 여행할 것을 생각하니 춤이라도 출 듯이 기뻤습니다. 화부는 곧 나가서 낙타를 팔아 나귀를 한 마리 사왔습니다. 그리고 마구를 갖춘 다음 왕자에게 말했습니다.

"당신은 이놈을 타고 가십시오. 타다가 지치면 내려서 걸어가셔도 됩니다."

"당신께 알라의 축복이 있으시기를! 부디 이 은혜를 갚을 수 있도록 신이시여, 저를 도와주십시오! 당신은 정말 친형제 이상으로 나에게 친절을 베풀어 주시는군요."

그리고 밤이 되기를 기다려 두 사람은 나귀에 식량과 짐을 싣고 함께 길을 떠났습니다.

한편 누자트 알 자만 공주는 어떻게 되었을까요? 공주는 묵고 있던 객주에 오빠를 남겨놓고, 낡아빠진 담요 조각에 몸을 감싸고 오빠가 먹고 싶어 하는 구운 고기를 살 돈을 벌기 위해 밖으로 일자리를 찾아 나섰습니다. 눈물을 흘리며 정처 없이 걸어가면서도 마음은 오직 오빠와 가족과 고향만 생각하고 있었습니다. 그래서 전능하신 알라께 이 재앙을 물리쳐주십사고 빌며 노래를 읊었습니다.

> 땅거미 지니 견딜 수 없이
> 안타깝고 애틋한 심정 찾아드누나.
> 생각할수록 더해가는 시름과 고통
> 쑤시는 아픔을 누를 길 없네.
> 이별의 불길 가슴에 타올라
> 이 몸은 타고 또 타들어가네.
> 슬픔과 시름에 이 몸은 또

파멸의 길로 흘러가네.
그리움에 마음은 어지럽고
안타까운 희망은 불길 되어 타오르네.
흐르는 눈물에 비밀스러운 일도
숨기지 못하고 드러내누나.
고뇌에서 건져주는 신은 없는가,
나에게 달리 수단도 없으니
다시 만날 길은 오직 하나뿐.
가슴속에서 타는 사랑의 불은
마음을 사르고도 더욱 타올라
참아야만 하는 연인은
불의 고통받는 연옥이구나.
이 신세를 나무라고
이 몸을 비난하지 말라.
가엾지 않으냐, 운명의 길을
따르며 견디는 이 육신이.
사랑에 맹세코 나는 말하리라,
마음 편할 날 하루도 없다고.
다시 맹세하리, 거짓 모르는
사랑의 노예 서약을.
오, 밤이여 사랑 이야기를 엮는 이에게
내 소식 전해 주오.
눈꺼풀의 잠도 사라졌음을
그대 붓으로 증명해 주오.

공주가 눈물을 흘리면서 이리저리 헤매며 걸어가는데, 우연히 그 모습을 본 한 늙은 바다위인*[69]이 있었습니다. 이 노인은 황야의 아랍인 5명과 함께 사막에서 도시로 들어왔는데, 공주를 흘끗 보고는 얼굴은 예쁜데 머리에 담요 조각을 쓰고 있는 것을 깨달았습니다. 그는 그 아름다움에 놀라 혼잣말로 중얼거렸습니다.

"이 아가씨는 남자라면 누구라도 반할 만큼 아름다운데 옷차림은 너무 남루하군. 이 도시 사람인지 타국 사람인지는 모르겠지만 아무튼 내 손에 꼭 넣고 말리라."

노인은 공주의 뒤를 살금살금 밟기 시작했습니다. 이윽고 좁은 골목으로 들어갔을 때 느닷없이 공주 앞을 가로막으며 큰 소리로 사정을 물었습니다.

"오, 귀여운 아가씨! 가르쳐다오. 너는 자유로운 몸이냐, 아니면 노예냐?"

이 말을 듣고 공주는 대답했습니다.

"부디 아무것도 묻지 말아 주세요!"

"신께서 나에게 딸 여섯을 점지해 주셨는데, 다섯은 죽고 지금은 막내딸 하나뿐이다. 내가 너에게 이 도시 사람인지 타국 사람인지 묻는 것은, 너를 딸한테 데리고 가서 언니들을 잃고 쓸쓸해하는 그 애의 말벗이 되어 위로해 주었으면 해서란다. 만약 너한테 친척이 없다면 내가 친척이 되어 너와 딸애를 자매로 맺어주고 싶구나."

이 말을 들은 공주는 부끄러운 듯 고개를 숙이고 마음속으로 생각했습니다.

"어쩌면 이 노인에게 모든 것을 맡기는 게 좋을지도 몰라."

그래서 노인에게 말했습니다.

"아저씨, 저는 아라비아인의 딸로 타국 사람인데 앓아누운 오빠가 한 분 계세요. 하지만 한 가지 청을 들어주신다면 따님에게 가겠어요. 낮에만 따님의 동무가 되어드리고 밤에는 오빠에게 돌아가게 해 주셨으면 좋겠어요. 만약 그래도 좋다면 따라가지요. 지금 저는 뜨내기지만 고향에서는 지체가 높았습니다. 하지만 어느 날 아침에 일어나 보니 비천하고 남루한 꼴이 되어 있었어요. 저는 오빠와 함께 성지에서 왔는데, 제가 있는 데를 오빠가 모르면 큰일이에요."

바다위 노인은 이 말을 듣고 속으로 생각했습니다.

'옳거니, 이제 됐다!'

그래서 처녀에게 이렇게 대답했습니다.

"너처럼 귀여운 아이는 없을 게다. 낮에만 내 딸의 동무가 되어주고 해가 지면 곧 오빠에게 돌아가도록 해 주지. 만일 괜찮다면 오빠도 함께 내 집에 와서 살아도 좋다."

노인이 이렇게 교묘한 말로 어르고 달래며 꾀었으므로 공주는 그를 믿고 노인 집에서 일할 것을 약속했습니다. 노인이 앞장서고 공주가 그 뒤를 따라 가니 노인은 동료에게 눈짓하여 먼저 가서 낙타를 준비해 짐과 식량을 실어 놓았다가 자기가 가면 곧 떠날 수 있도록 하라고 지시했습니다. 이 바다위 노인은 신분이 천한 강도로, 친한 친구조차 예사로 배반하는 타고난 악한인 데다 간사한 꾀와 음모에 뛰어난 사내였습니다. 물론 딸은커녕 아들도 없었 습니다. 거리를 걷다가 우연히 눈에 띈 것이 이 가엾은 공주였던 것입니다. 큰길을 걸어가며 노인이 줄곧 공주에게 이런 말 저런 얘기를 시키는 사이, 두 사람은 어느새 예루살렘 교외로 나와 있었습니다. 그곳에서 낙타를 준비 하고 기다리던 동료를 만난 노인은 공주를 자기 뒤에 태우고 밤새도록 나아 갔습니다. 누자트 알 자만은 비로소 바다위 노인에게 속아 꼬임에 빠진 사실 을 알고 밤새도록 울부짖었습니다. 그러는 동안에도 그들은 사람들 눈을 피 하여 산길을 타고 여행을 계속했습니다.

새벽녘이 가까워질 무렵 모두 낙타에서 내리자 노인은 공주에게 다가가서 소리쳤습니다.

"이 거리의 갈보년 같으니! 왜 우느냐? 조용히 하지 않으면 죽도록 때려 줄 테다, 네 이년!"

공주는 이 말을 듣자 살아 있는 것도 귀찮고 오로지 죽고만 싶었습니다. 그래서 노인을 돌아보며 쏘아붙였습니다.

"이 추악한 늙다리 첨지, 지옥의 귀신 같은 놈아! 어쩌다 내가 이런 인간 을 믿어버렸을까? 나를 속이고도 모자라 이렇게 괴롭히다니!"

바다위인은 이 대답을 듣고 더욱 큰 소리로 호통을 쳤습니다.

"이 게을러빠진 계집! 주제넘게 말대답을 하느냐."

노인은 일어나 공주에게 다가와 채찍을 휘둘렀습니다.

"쓸데없이 입을 놀리면 때려죽여 버릴 테다."

공주는 하는 수 없이 꾹 참으면서 오빠와 행복했던 지난날을 생각하며 분 한 눈물을 삼켰습니다.

다음 날 알 자만은 바다위인에게 말했습니다.

"어째서 나를 속여 이런 돌투성이 벌거숭이산으로 끌고 왔느냐? 나를 어 쩔 작정이냐?"

노인은 이 말을 듣고 더욱 무자비하게 말했습니다.
"재수 없고 뻔뻔스러운 년 같으니! 나에게 반항하는 거냐?"
그리고 채찍을 집어 들어 까무러칠 만큼 호되게 등을 마구 때렸습니다.*70 이윽고 공주가 노인의 발밑에 엎드려 그 발에 입을 맞추자 그제야 매질을 그치고 욕지거리를 퍼부었습니다.
"내 모자*71의 권리에 걸고, 앞으로 울거나 소리치기만 해봐라, 네년의 혓바닥을 잘라 네 음부 속에 쑤셔 넣고 말 테니까. 알겠느냐, 천한 갈보년!"
공주는 아픔을 이기지 못해 입을 꾹 다물고 대답도 하지 않았습니다. 그러고는 두 팔로 무릎을 끌어안고 앉아 목을 움츠리고 생각에 잠겼습니다. 높은 신분에서 전락하여 수많은 고통을 겪어온 지난날을 돌아보고, 혼자 누워 있을 오빠와 멀리 떠나와 타국을 헤매는 자신의 신세를 생각하니 눈물이 하염없이 볼을 타고 흘러내렸습니다. 공주는 소리 죽여 흐느끼며 이런 시를 읊었습니다.

> 세상사는 부침(浮沈)하기 마련
> 영화는 덧없이 사라지니,
> 이 세상은 물거품
> 흘러서 사라지는 덧없음이여.
> 이 세상 모든 것은
> 전생의 숙명을 등에 지니,
> 어떠한 사람도 넘을 수 없는
> 자기 운명의 그 관문(關門).
> 끝없이 계속되는 이 고난
> 끝없이 이어지는 이 고생,
> 위태로운 몸에는 성가시구나
> 살아 있는 이 목숨조차도!
> 온갖 영화와 호사를 다했던
> 이 몸은 이토록 영락하여
> 이 세상에서 나를 학대한
> 나의 청춘은 저주받아라!

애절한 바람은 산산이 부서지고
희망의 꿈도 흩어져
멀리 떨어져서 그대 얼굴
볼 수도 없는 몸이 되었구나.
그리운 이의 문 앞을
지나가는 사람아,
나 대신 전해다오.
눈물은 영원히 흘러 멎을 줄 모른다고.

공주가 노래를 마치자 바다위인도 역시 가여운 생각이 들었는지 옆에 다가와 부드럽게 말을 걸며 눈물을 닦아주었습니다. 그리고 보리과자를 주면서 말했습니다.
"나는 화났을 때 말대꾸하는 놈이 제일 싫다. 그러니 앞으로는 건방진 말은 하지 마라. 나처럼 친절한 사람한테 너를 팔아줄 테니. 나처럼 그 사람도 너를 잘 돌봐줄 거다."
"알았습니다, 아저씨가 하는 일은 뭐든지 옳으니까요."
노곤한 밤이 찾아오자 공주는 배가 고파 보리과자를 아주 조금 갉아먹었습니다. 이윽고 한밤중이 되었을 때 바다위인은 출발 명령을 내렸습니다.

―여기서 날이 훤히 새기 시작하자 샤라자드는 이야기를 그쳤다.

56번째 밤

샤라자드는 이야기를 계속했다. 오, 인자하신 임금님, 한밤중이 되자 바다위인은 일행에게 출발을 명령했습니다. 노인은 다시 짐을 싣고 알 자만을 뒤에 태우고서 자기도 낙타 등에 올라탔습니다. 그렇게 사흘 동안 쉬지 않고 여행을 계속하여 드디어 다마스쿠스 성 안으로 들어가 '태수의 문' 바로 옆에 숙소를 정했습니다. 공주는 슬픔과 먼 길에 시달려 쌓인 피로에 지쳐 헬쑥해진 얼굴로, 불행한 자기 신세를 생각하며 눈물에 젖어 있었습니다. 그러자 바다위인이 다가와 소리쳤습니다.

"이 화냥년아, 내 모자의 권리에 걸고 말하지만 그렇게 찔끔찔끔 울고 있으면 유대인에게 팔아버릴 테다!"

그러고는 공주의 손을 잡아끌어 방 안에 가둬버렸습니다. 그런 다음 시장에 나가 한 바퀴 둘러보고 노예계집을 사고파는 상인을 찾아가 곧 흥정을 시작했습니다.

"노예계집을 하나 데리고 왔는데 오라비가 병이 들었소. 예루살렘 내 친척 집에 맡겨놓고 나올 때까지 보살펴주도록 해두었소. 그 노예계집을 팔려고 하는데 오라비 놈이 병이 든 후로는 헤어지기 쓰라려서인지 줄곧 울고만 있소. 이 노예계집을 사고 싶은 사람이 있으면 누구든 좋으니 그 아이에게 친절하게 말을 해 줬으면 좋겠소. '네 오빠는 지금 예루살렘의 우리 집에 앓아누워 있다'고 말이오. 그러면 몸값을 좀 깎아주겠소."

그러자 한 상인이 다가와 물었습니다.

"그 노예계집의 나이가 몇 살이오?"

"이제 막 혼기에 들어선 숫처녀인데, 분별도 있고 예의범절도 알며 애교도 있고 인물도 나무랄 데 없지. 하지만 오라비를 예루살렘으로 보낸 뒤로는 줄곧 그 오라비 걱정만 하느라 인물이 축났으니, 값이 좀 내려가겠지!"

"이보시오, 아라비아인 양반(샤이후*72), 함께 가서 내가 그 아가씨를 사기로 하지요. 그렇게 재치 있고 행실 좋고 인물도 그만이라고 칭찬하시니 말이오."

"원한다면 바그다드와 호라산국의 임금님 오마르의 왕자이신 샤르르칸 부왕(副王)에게 데려가 보구려. 나는 어떤 조건이라도 상관없소. 아무튼 샤르르칸 부왕의 마음에 들면 후하게 돈을 치러줄 것이니 당신은 한몫 톡톡히 벌게 될 거요."

"나는 마침 그 부왕께 청할 일이 있소. 세금을 면제받기 위해 관청에 보내는 명령서를 써달라는 것과 그분의 아버님이신 오마르 왕에게 소개장을 써달라는 부탁을 하러 갈 참이오. 그러니 그 처녀를 인수하시겠다면 곧 몸값을 달아서 치르기로 하겠소."*73

"그러기로 합시다."

바다위인은 상인을 데리고 공주가 있는 곳으로 돌아와 가두어둔 방 앞에

서서 소리쳤습니다.
"이봐, 나자!"
이것은 그가 멋대로 붙인 이름이었습니다. 공주는 울고 있었으므로 답할 수가 없었습니다. 노인은 상인을 돌아보며 말했습니다.
"방 안에 앉아 있으니 들어가 보시오. 그리고 내가 말한 대로 친절하게 말을 잘해야 하오."
상인이 친절한 태도로 공주에게 다가가 그 얼굴을 보니 상당한 미인인 데다 아라비아 말까지 할 줄 알았으므로 더욱 기뻤습니다. 그래서 상인은 바다위인에게 말했습니다.
"이 아가씨가 당신이 말한 그대로라면 임금님께 바쳐 내가 바라는 것을 얻을 수 있겠구려."
그러고는 처녀에게 말을 건넸습니다.
"귀여운 아가씨, 안녕하시오? 기분은 어떻소?"
공주는 그쪽을 돌아보며 말했습니다.
"이렇게 된 것도 다 운명의 책에 기록되어 있는 걸 거야."
그리고 상인을 가만히 바라보니 얼굴이 잘생기고 풍채도 훌륭했으므로 마음속으로 생각했습니다.
'이 사람이 나를 사러 왔구나. 이 사람을 놓치면 언제까지나 저 난폭한 자와 함께 지내며 맞아 죽을지도 몰라. 이 사람은 얼굴이 올바르고 착하게 생겼으니 저 귀신 같은 바다위인 영감처럼 못살게 굴지는 않을 테지. 묻는 것은 뭐든지 정직하게 대답하기로 하자.'
그동안 내내 시선을 바닥에 떨어뜨리고 있던 공주는 이윽고 상인을 쳐다보며 아름다운 목소리로 말했습니다.
"오, 나리, 당신에게 평안함이 있으시기를. 알라의 자비와 축복이 내리시기를! *74 이것은 예언자 무함마드(알라여, 축복하고 지켜주소서!)의 뜻입니다. 당신은 저에게 기분이 어떠냐고 물으셨지만, 만일 제 사정 이야기를 들으신다면 아마 원수가 그런 꼴을 당하면 좋겠다고 생각하시게 될 것입니다."
이 말을 들은 상인은 매우 마음에 들어 기뻐하며 바다위인을 돌아보고 물었습니다.
"값이 얼마요? 정말 기품이 있고 훌륭한 아가씨로군."

그러자 바다위인은 성을 버럭 냈습니다.

"그런 말을 해서 이 애에 대한 내 생각을 바꾸게 할 작정이군. 무슨 기품이 있단 말이오? *75 기껏해야 노예의 찌꺼기이고 인간쓰레기잖소. 당신한테는 팔지 않겠어."

이 말을 듣고 상인은 그가 지혜롭지 못한 놈이라고 여기며 말했습니다.

"글쎄, 그렇게 화내지 마오. 당신이 말하듯이 흠 많은 여자니까 그렇게 알고 사기로 하지."

"그럼, 대체 얼마 내시겠소?"

"당신이 값을 부르시오. 주인이 먼저 값을 부르는 게 당연하잖소."

"아니, 당신이 먼저 값을 매기시오."

상인은 마음속으로 생각했습니다.

'이 야만인은 멍청한 데다 머리까지 이상한 모양이군. 그러나저러나 나도 이 애의 값은 짐작 못하겠는걸. 말씨도 그렇고 인물도 예뻐서 홀딱 반했어. 게다가 글을 읽고 쓸 줄 안다면 처녀로서도 사는 나로서도 더 바랄 게 없겠다만. 그런데 이 바다위 늙은이는 정말 값을 모르는가?'

그래서 바다위인에게 이렇게 말했습니다.

"그럼, 아라비아인 양반, 현금으로 드리겠소. 내가 가진 것을 다 드리리다. 세금과 부님께 헌납할 금화 2백 닢을 모두 주겠소."

이 말을 듣자 노인은 노발대발하며 소리쳤습니다.

"뭐라고? 너 같은 인간은 썩 꺼져. 이 애가 입은 누더기 조각을 2백 닢에 사겠다 해도 당신 같은 사람에게는 팔지 않겠어. 이젠 이 애를 팔지 않을 테요. 내 곁에 두고 낙타 시중을 들고 맷돌이나 돌리게 하겠어."

그러고는 처녀를 향해 소리쳤습니다.

"야, 이 수다쟁이 년아! 이제 너를 팔지 않겠다."

이어 상인에게도 외쳤습니다.

"나는 당신을 좀더 분별 있는 사람으로 생각했소. 자, 여기서 냉큼 나가지 않으면 내 모자의 권리에 맹세코 가만두지 않을 거요!"

상인은 마음속으로 생각했습니다.

'이자는 정말 미치광이로군. 처녀의 값을 모르는 모양이다. 좋다, 돈 이야기는 잠시 미루기로 하자. 이놈이 정말 분별 있는 놈이라면 '모자의 권리에 맹세코' 어쩌고저쩌고하는 말 따위를 할 리가 없지. 어쨌든 이 처녀는 국왕의 영토만 한 가치가 있지만 지금 당장 그만한 돈이 있어야 말이지! 하지만 이놈이 그 이상 내기를 바란다면 치러야겠다. 비록 내 재산을 모두 내던지는 한이 있을지라도.'

그래서 노인에게 말했습니다.

"여보, 아라비아인 양반, 좀 참으시고 진정하시오. 저 색시는 대체 어떤 옷을 입고 있소?"

"이따위 못난 년과 옷이 무슨 관계가 있소? 기껏해야 뒤집어쓴 담요 조각이면 그만이지."

"좋소. 그럼, 노예계집을 사는 관습에 따라 이 색시의 베일을 벗겨 보여주시오."

"어떻게 하든 좋을 대로 하구려. 당신의 피가 영원히 젊음을 유지하도록 기도해 드리지! 보고 싶거든 겉이고 속이고 샅샅이 살펴보시오. 원한다면 옷을 벗기고 알몸을 보여 드리지."*76

"당치도 않은 소리! 얼굴만 보면 그만이오."*77

그리하여 알 자만에게 다가간 상인은 그 아름다움과 사랑스러움에 오히려 자신이 얼굴을 붉히고 말았습니다.

―여기서 날이 훤히 새기 시작하자 샤라자드는 이야기를 그쳤다.

57번째 밤

오, 인자하신 임금님, 샤라자드는 이야기를 계속했다. 상인은 누자트 알 자만에게 다가가 그 아름다고 사랑스러운 얼굴을 보더니 스스로 얼굴을 붉혔습니다. 상인은 공주 옆에 앉아 물었습니다.

"이보시오, 아가씨, 이름이 무엇이오?"

"당신이 물으시는 것은 나의 옛날 이름입니까, 아니면 지금 이름입니까?"

"그러면 당신에게는 이름이 옛날 이름과 지금 이름 둘이나 있소?"

"네, 나의 옛 이름은 누자트 알 자만(이 세상의 기쁨)이었지만 지금은 구사트 알 자만(이 세상의 저주)이라고 합니다."
 이 말을 듣자 상인은 눈물을 글썽이며 물었습니다.
 "당신에게 병든 오빠가 있소?"
 "네, 그렇답니다. 하지만 지금은 헤어져서 예루살렘에 앓아누워 있어요."
 처녀의 아름다운 목소리에 상인은 마음이 혼란스러워 이렇게 중얼거렸습니다.
 "저 바다위인 말이 틀림없군."
 알 자만은 낯선 타향에 앓아누워 있는 오빠와 그 오빠와 헤어져야 했던 지금의 자기 신세, 그 뒤 오빠가 어떻게 되었는지 전혀 모르는 것 등을 생각하고, 또 바다위인과의 일이며 부모와 고향을 떠난 경위를 생각하고 눈물을 하염없이 흘리며 다음과 같은 노래를 읊었습니다.

 　신이 어디에 계실지라도
 　내 가슴속에 사는 그대를 위해
 　신의 가호를 빕니다!
 　먼 타향에 있을지라도
 　그대 가까이 신이 계시니
 　시간의 화살을 가로막아
 　위험에서 벗어나게 해 주시리.
 　그대 모습을 보지 못하여
 　내 눈은 계속되는 슬픔과 고통으로
 　눈물이 마구 흐르네.
 　아, 쉼없이 흐르는 이 눈물!
 　신께 빌어 알고 싶은 것은
 　어느 나라 어느 동네
 　어느 집에 그대는 계시는지?
 　어떤 사람 손에 계시는지?
 　푸른 장미에 싸여 그대 마시는 것은
 　생명의 샘일지도 모르나
 　내가 마시는 것은 눈물뿐

쓸쓸한 고독을 견딜 수 없네.
이 한때를 편안히
그대 설핏 잠들지라도
내 가슴이 느끼는 것은
불같이 쓰라린 고통뿐.
이 세상에 못 참을 건 없지만
그대와 헤어져 있는
이 슬픔, 이 마음은
참기 어려움을 어찌하리.

이 노래를 들은 상인이 눈물을 흘리며 손을 뻗어 처녀 뺨에 흐르는 눈물을 닦아주려고 하자 알 자만은 말했습니다.
"안 됩니다,*78 나리!"
그리고 베일로 얼굴을 가려버렸습니다. 조금 떨어져서 두 사람을 지켜보고 있던 바다위인은 상인이 여자의 눈물을 닦아주려고 하자 공주가 급히 베일로 가리는 것을 보고, 상인의 손을 뿌리친 것으로 지레짐작하고는 달려가서 다짜고짜 손에 든 낙타고삐로 모질게 어깨를 후려갈겼습니다. 그 바람에 공주는 바닥에 쓰러지면서 돌멩이에 부딪치는 바람에 눈썹이 찢어져 피가 얼굴을 타고 흘러내렸습니다. 공주는 비명을 지르며 정신을 잃고 말았습니다.
이것을 본 상인은 여자를 동정하여 눈물을 흘리며 마음속으로 생각했습니다.
'여자의 몸무게만큼의 돈을 치르더라도 이 아가씨를 사야겠다. 무슨 일이 있어도 저 못된 놈의 손에서 구해 줘야겠어.'
알 자만이 정신을 잃고 쓰러져 있는 동안 상인은 바다위인을 엄하게 꾸짖었습니다. 처녀는 이윽고 정신을 차리고 얼굴의 피와 눈물을 닦으면서 얼굴을 들어 하늘을 우러러 안타까운 마음으로 신에게 기도했습니다. 그리고 이런 노래를 불렀습니다.

가엾이 여겨주세요, 지난날
귀하고 호사롭게 자라났건만
지금은 영락하여 초라해진 이 슬픔

비참해진 이 몸을!
폭포 같은 눈물로 뺨을 적시며
하염없이 우는 처녀는
묻나이다, "정녕 이 몸을
위로할 길 없나요?"

알 자만은 노래를 마치자 상인을 돌아보며 나직한 목소리로 호소했습니다.
"부디 소원이니, 지고하신 알라를 모르는 이 무법자에게 저를 버려두고 가지 말아 주세요. 오늘 밤 이런 곳에서 밤을 새울 바에는 차라리 죽어 버리겠어요. 부디 저 남자의 손에서 저를 구해 주세요. 그러시면 알라께서도 지옥의 불 속에서 당신을 구해 주실 겁니다."
상인은 바다위인에게 말했습니다.
"이보시오, 아라비아인 양반, 이 노예계집은 당신에게 아무 쓸모도 없을 테니 적당한 값에 파시구려."
"몸값을 치르고 데려가시오. 안 그러면 천막으로 데려가서 낙타 시중을 들고 똥*79이나 주워 모으게 하겠소."
"금돈 5만 닢이면 어떻겠소?"
바다위인은 고개를 크게 저으며 대답했습니다.
"당치도 않아."
"그럼, 7만 닢."
"안 돼, 어림도 없지. 이년에게 쓴 돈에도 미치지 않아. 이것이 나와 함께 먹은 보리빵만 해도 자그마치 금화 9만 닢어치는 될걸."
"뭐요? 당신과 가족 그리고 친척이 다 먹는다 해도 보리라면 금화 1천 닢 어치도 못 먹었을 거요. 귀찮아서 한마디 해두는데, 당신이 정 고집을 부린다면 다마스쿠스의 태수님께 호소하는 수밖에 없겠구먼. 태수님은 우격다짐으로 뺏어버릴 거야."
"그럼, 얼마 주겠소?"
"10만 닢."
"좋소, 그 값에 팔지. 소금이야 살 수 있을 테니까."
상인은 웃으며 숙소로 돌아가 돈을 가지고 와서 그에게 건네주었습니다.

오마르 빈 알 누만 왕과 두 아들 샤르르칸과 자우 알 마칸 이야기 701

"아무래도 예루살렘까지 달려갔다 와야겠군. 저년 오라비가 있을 테니 그놈도 여기 끌어다 팔아버려야지."

노인은 혼잣말을 하면서 가버렸습니다. 그리고 말을 타고 여행을 계속하여 예루살렘에 이르자, 대상객주를 비롯하여 이곳저곳마다 마칸 왕자를 수소문하고 다녔으나 이미 그곳에는 없었습니다.

한편 상인은 누자트 알 자만 공주에게 자기 옷을 입히고 숙소로 데리고 갔습니다.

—여기서 샤라자드는 날이 새기 시작한 것을 깨닫고 이야기를 그쳤다.

58번째 밤

오, 인자하신 임금님, 샤라자드는 이야기를 계속했다. 상인은 바다위인의 손에서 누자트 알 자만을 구출하여 자기 숙소로 데리고 오자, 좋은 옷을 입혀 시장에 데리고 나갔습니다. 그리고 마음에 드는 장신구를 사서 비단주머니 속에 넣고서 그것을 알 자만 앞에 놓고 말했습니다.

"이것은 모두 당신 것이오. 그렇다고 무슨 보답을 바라는 것은 아니오. 다만 아가씨를 다마스쿠스의 부왕에게 데리고 가거든 내가 지급한 대금에 대해 귀띔만 해 주면 되오. 당신의 가치에 비하면 하찮은 금액이겠지만 말이오. 그리고 부왕께서 아가씨를 사시거든 내가 그대에게 얼마나 잘해 주었는지 잘 말씀 드린 다음 부왕의 특허장과 추천장을 얻어주었으면 좋겠소. 나는 그것을 가지고 부왕의 아버님이신 바그다드의 오마르 왕을 찾아뵐 작정이오. 말하자면 내가 장사하는 여러 가지 물건의 세금을 면제해 주십사고 부탁하는 거지."

이 말을 듣고 여자가 흐느껴 울자 상인은 물었습니다.

"이보시오, 아가씨는 내가 바그다드 이야기만 하면 눈물을 흘리는데, 바그다드에 사랑하는 사람이라도 있소? 그 사람이 상인이라면 어디 말해 보오. 나는 그곳 상인이라면 다 알고 있으니 전할 말이 있으면 전해 주지."

"아니에요. 나는 상인이나 그런 사람은 하나도 모릅니다. 내가 알고 있는 것은 다름 아닌 바그다드의 임금님이신 오마르 왕 한 분뿐입니다."

그러자 상인은 매우 기뻐하면서 마음속으로 생각했습니다.

'그거 잘 됐구먼. 이제 내 소원이 이루어지게 됐어.'

상인은 물었습니다.

"그럼, 당신은 전에 임금님을 만나 뵌 적이 있소?"

"아니에요. 나는 오마르 왕의 공주님과 함께 자랐어요. 임금님이 무척 사랑해 주셔서 저도 임금님을 존경하고 있지요. 임금님께 소청이 있으시거든 먹과 종이를 주세요. 당신을 위해 편지를 써드리지요. 바그다드에 도착하시면 그것을 오마르 왕께 전하시고 '임금님의 시녀 누자트 알 자만은 밤낮으로 바뀌는 운명의 거친 파도에 쇠망치로 맞은 듯 기진맥진해 이리저리 팔려 다니고 있는데, 부디 임금님께 안부를 전해달라고 했습니다'라고 말씀하시고, 임금님이 더 자세히 물으시거든 지금 다마스쿠스 부왕에게 가 있다고 말씀드려 주세요."

상인은 처녀의 막힘없는 말투에 놀라며 더욱더 사랑스러워져서 말했습니다.

"그건 그렇고, 어째서 이토록 모든 것을 잘 아는 아가씨가 속아 넘어가 팔려오게 되었는지 도무지 모르겠구려. 어떻소, 당신은 코란을 외울 줄 아시오?"

"네, 외울 줄 알아요. 그리고 철학도, 의학도, 과학입문도, 히포크라테스의 원리와 법칙에 대한 의사 가렌(2)의 주석도 알고 있어요. 제가 히포크라테스의 강의를 한 적도 있지요. 또《타즈키라》를 읽고《부르한》(3) 주석도 알고, 이븐 바이탈의 약용식물학도 배웠습니다. 아비센나(4)가 저술한《의학법전》에 대해서도 조금 알고 있어요. 또 수수께끼를 풀 줄 알고 어려운 문구를 밝혀낼 줄도 알며 기하학과 해부학에도 밝지요. 샤피파(派)*80의 책, 예언자 무함마드의《전설》(5)과 문법책도 읽었고 법률박사와 토론할 수 있으며 온갖 학문을 논할 수도 있답니다. 게다가 논리학, 수사학, 수학도 잘 알고, 부적과 책력도 만들 수 있으며, 신령학(神靈學)*81에도 정통해요. 제사를 지내는 시기도 잘 알고 온갖 방면의 학문을 모두 터득했어요."

여기까지 말한 다음 알 자만은 상인에게 다시 말했습니다.

"편지를 써드릴 테니 먹과 종이를 가져오세요. 이것만 있으면 바그다드로 가는 도중에 도움이 될 것이고, 여권이 없어도 무사히 목적지에 이를 수 있을 겁니다."

"훌륭하군! 훌륭해! 부왕에게 아가씨를 바치면 얼마나 기뻐하실까?"

상인은 저도 모르게 큰 소리를 지르며 먹과 놋쇠 펜을 가져와 알 자만 앞에 내놓고 땅에 엎드려 경의를 표했습니다. 알 자만은 종이를 집고 펜을 손에 들더니 다음과 같은 시를 썼습니다.

단잠 드는 힘, 내 눈에서
사라져가네, 남김없이.
그대와의 이별이 가르쳤던가
밤에도 잠들지 말라고.
뜨거운 불꽃을 이 가슴에
타오르게 한 이는 그대.
세상의 연인은 누구나
이렇듯 추억을 남기는가.
빗방울 흩뿌리는
저 여름 구름의 아름다움,
지금은 사라져 흔적도 없네,
그 감미로움을 맛보기도 전에.
바람의 한숨에 나는 기도하네,
그대 소식 전해다오,
시름에 애태우는 나에게.
희망은 덧없이 부서져
이 몸은 그대를 원망하네.
이별의 상처 가슴 아파
단단한 돌도 부숴버리네.

알 자만은 시를 다 쓰고 나자 다음 글귀를 계속 썼습니다.

"이것은 슬픔에 몸을 망치고 잠들지 못한 채 쇠약해져가는 여인의 노래입니다. 이 여인의 어두운 밤에는 등불 하나 없어 낮도 밤도 똑같이 그 눈동자에 비칩니다. 침상에서 홀로 뒤척이며 그 눈은 불면의 먹으로 거뭇하게 물들어 수많은 별을 올려다보기도 하고, 어둠 속에 필사적으로 눈동자를 응시하기도 합니다. 참으로 슬픈 불행 때문에 이 몸은 처참하게 수척해졌습니다. 이 몸의 신세를 누누이 말씀드린다면 끝이 없겠지요. 눈물 외에는 아무 위안도 없고 그저 이러한 노래를 읊을 따름입니다.

아침 해 내리쬐는 나뭇가지 둥지에
흰 비둘기 없으면, 나는
온몸을 떨며 슬픔의
고통에 다만 괴로워한다.
사랑하는 사람이 연인을
애달프게 그리워하는 것을 볼 적마다
서로 만나는 사람을 볼 적마다
내 마음속에는
고뇌의 그림자가 짙어져
무정한 그 사람에게
내 슬픔을 호소한다.
가엾어라, 사랑하므로 이 몸과
마음이 둘로 찢어지누나!

처녀는 하염없이 눈물을 흘리면서 다음 시를 덧붙여 썼습니다.

이별하는 날에 내 사랑은
이 몸을 갈가리 찢고
이별의 아픔에 영원히
잠은 사라졌구나, 이 눈에서.
이 몸 수척해지고 여위었건만
그대는 입 다물고 말하지 않는구나.

그런 다음 눈물을 흘리면서 편지 끝에 이렇게 덧붙였습니다.
"혈육과 고향에서 멀리 떨어져 슬퍼하는 여인, 누자트 알 자만 드림."
그리고 편지를 접어 상인에게 주었습니다. 상인은 받아들고 입을 맞추고서 내용을 읽고는 부르짖었습니다.
"당신을 이 세상에 보내주신 신께 영광을!"

—여기서 날이 새기 시작하자 샤라자드는 이야기를 그쳤다.

59번째 밤

샤라자드는 이야기를 계속했다. 오, 인자하신 임금님, 상인은 누자트 알 자만 공주의 편지를 읽고 이렇게 부르짖었습니다.
"당신을 이 세상에 보내주신 신께 영광을!"
그리고 상인은 지금까지보다 더욱 친절해져서 그날은 온종일 알 자만을 상냥하게 위로해 주었습니다. 밤이 되자 시장에 나가 맛있는 음식을 사다 먹이고 목욕탕에 데리고 가서 때밀이 여자에게 말했습니다.
"이분의 몸을 잘 씻겨 드리고 옷을 입힌 다음 나에게 알려다오."
그동안 상인은 목욕탕에 붙어 있는 휴게실 의자 옆에 먹을 것과 과일과 촛대 등을 준비시켰습니다. 때밀이 여자는 누자트 알 자만의 몸을 씻기고 옷을 입히고서 목욕탕에서 데리고 나와 걸상 위에 앉혔습니다. 그런 다음 사람을 시켜 상인에게 알렸습니다. 알 자만이 휴게실로 가보니 쟁반 위에 먹을 것과 과일이 준비되어 있어서 그것을 때밀이 여자와 함께 먹고 나머지는 목욕탕 지기와 일꾼들에게 나눠주었습니다. 거기서 알 자만은 아침까지 푹 잤고, 상인은 다른 방에서 밤을 보냈습니다.
이튿날 아침, 잠에서 깬 상인은 곧 알 자만을 깨웠습니다. 금화 1천 닢이나 하는 고급 속옷과 두건을 비롯하여 터키풍 자수가 놓인 옷과 진주와 보석을 박아 금줄을 두른 외출용 구두를 선물했습니다. 또 금화 1천 닢이나 하는 아름다운 진주가 박힌 금귀고리와 석류석이 장식된 금목걸이를 걸어주었습니다. 그 목걸이에는 호박 염주알이 젖가슴 사이에서 배꼽까지 늘어져 있었습니다. 그리고 염주에는 둥근 돌이 10개, 초승달 모양의 돌이 9개 달렸는데, 그 돌 한가운데에는 루비가 박혀 있었습니다. 염주의 가치는 금화 3천 닢, 둥근 돌 하나하나가 은화 2만 닢이나 하는 비싼 것으로, 처녀가 몸에 걸친 것을 돈으로 치면 그야말로 막대한 금액이었습니다.

옷치장이 끝나자 상인이 화장을 하라고 하여, 알 자만은 비할 데 없이 아름답게 화장을 했습니다. 화장이 끝나자 머리끈을 매고 상인을 따라 밖으로 나왔습니다. 사람들은 그 모습을 바라보고 모두 눈을 둥그렇게 뜨며 소리쳤습니다.

"오, 위대한 창조주 알라를 찬양하라! 저런 미인과 함께 사는 남자는 얼마나 행복할까."

그 사람들 사이를 천천히 걸어간 두 사람은 샤르르칸 왕의 궁전에 이르렀습니다. 상인은 알현을 청하고 어전에 나아가서 바닥에 엎드려 이렇게 말했습니다.

"오, 은혜로우신 임금님, 세상에 보기 드문 진기한 선물을 가지고 왔습니다. 미모와 훌륭한 인품을 지닌 선물입니다."

"어서 보여다오."

상인은 물러나와 알 자만을 데리고 다시 들어가 왕 앞에 세웠습니다.

누자트 알 자만 공주는 어렸을 때 샤르르칸과 헤어져 아직 한 번도 얼굴을 본 적이 없었습니다. 또한 샤르르칸은 자기에게 누자트 알 자만이라는 누이동생과 자우 알 마칸이라는 사내동생이 있다는 것은 두 사람이 태어난 지 훨씬 뒤에 들어서 알고는 있었으나 전부터 왕위 계승문제로 이 남매를 시기하고 있었습니다. 그래서 샤르르칸은 남매에 대해서는 거의 아무것도 모르고 있었습니다. 그러나 핏줄 때문인지 알 자만을 보자마자 몹시 마음이 끌렸습니다. 상인은 누자트 알 자만을 왕 앞에 바치고 말했습니다.

"오, 임금님, 이 처녀는 용모도 그렇고, 사랑스러움도 그렇고, 세상에 보기 드문 미인일 뿐 아니라, 학문과 온갖 재주에 뛰어나며 종교상의 일이든 범속한 일이든 뭐든지 다 알고 있습니다. 정치에 관한 것에서 형이상학에 이르기까지 무엇 하나 모르는 것이 없습니다."

그러자 왕이 말했습니다.

"그대가 이 처녀를 사들인 값을 말하라. 대금을 치러줄 테니."

"알았습니다. 그러나 먼저 저의 상품에 대한 10분의 1이라는 세금을 영구히 면제해 주신다는 특허장을 받고 싶습니다."

"좋다, 내 써 줄 테니 그대가 지불한 이 여자의 값을 먼저 말해 보라."

"몸값으로 금화 10만 닢, 그리고 치장하는 데 금화 10만 닢이 들었습니다."

"그럼, 그 값보다 더 비싸게 치러주마."

왕은 재정관을 불러 명했습니다.

"이 상인에게 금화 32만 닢을 지급하라. 그러면 이 상인은 금화 12만 닢을 벌게 되는 셈이니까."

그런 다음 왕은 판관 네 명을 불러 그들 앞에서 돈을 지급하고 말했습니다.

"나는 이 노예계집을 자유로운 몸으로 만들어 결혼하고자 하니 그대들이 증인이 되어주기 바란다."

판관들이 여자를 노예의 신분에서 해방한다는 증서와 결혼계약서를 쓰자, 왕은 늘어서 있는 신하들의 머리 위로 많은 돈을 뿌렸습니다. 시동들도 환관들도 이 고마운 축의(祝儀)를 앞다투어 주웠습니다. 그런 다음 상인에게 이미 지급한 돈 외에, 이 상인의 거래에 부과된 세금은 물론, 통행세와 그 밖의 모든 세금을 면제해 주고, 또 왕의 영토 안에서는 아무도 이 상인을 방해해서는 안 된다는 내용까지 들어 있는 특허장을 써준 다음 훌륭한 옷을 한 벌 하사했습니다.

―여기서 날이 새기 시작하자 샤라자드는 이야기를 그쳤다.

60번째 밤

샤라자드는 이야기를 계속했다. 오, 인자하신 임금님, 샤르르칸 왕은 상인에게 몸값을 지급한 다음 상인을 위해 특허장을 써주고, 마지막으로 멋진 옷을 한 벌 선사했습니다. 이윽고 상인과 판관들만 남겨놓고 모두 물러나자 왕은 법관들을 향해 말했습니다.

"상인이 말한 대로 이 여자가 정말 모든 것에 능통한지 시험해 보라. 그러면 상인의 말이 사실인지 아닌지 알 수 있으리라."

"현명하신 분부이십니다."

모두 대답하자 왕은 자신과 자기 옆에 있는 사람들, 처녀와 그 시중을 드는 여자들 사이에 휘장을 치게 했습니다. 휘장 뒤에서 처녀의 시중을 드는 시녀들은 누자트 알 자만이 드디어 왕비가 된 것을 알고 기뻐하며 손발에 입을 맞추기도 했습니다. 그런 다음 빙 둘러싸고 옷을 벗겨 몸을 편안히 해 주고는 그 아름다운 얼굴을 가만히 바라보았습니다.

이윽고 태수와 대신의 부인들은 샤르르칸 왕이 인물과 학문, 철학과 수리(數理)에 있어서 당대에 어깨를 나란히 할 자가 없고 모든 지식에 능통한 시녀를 사들였다는 소식을 듣게 되었습니다. 그리고 왕이 그 처녀를 금화 32만 닢이나 들여 노예에서 해방시키고 결혼계약서를 만든 다음 판관 네 명을 불러, 처녀가 질문에 대답하고 논의하는 것을 시험하려 한다는 것을 알고, 남편들의 허락을 얻어 누자트 알 자만이 있는 궁전으로 달려왔습니다. 환관들이 그 처녀 앞에 서 있었습니다. 그러나 누자트 알 자만은 대신과 고관의 부인들이 자기를 찾아왔다는 것을 알자 얼른 일어나 시녀들을 거느리고 공손하게 그들을 맞이하면서 말했습니다.

"어서 오셔요."

그리고 모든 사람의 마음을 사로잡는 미소를 내내 지으며 마치 그들과 함께 자란 것처럼 빈틈없이 응대하면서 적당한 자리를 권했습니다. 모두 처녀의 아름다움과 사랑스러움에 감탄하면서 소곤거렸습니다.

"이분은 아마도 임금님의 왕녀가 틀림없어, 아무리 보아도 왕비감이야."

사람들은 자리에 앉아서도 처녀를 칭찬했습니다.

"오, 당신 덕분에 우리 도시가 환하게 밝아졌어요. 국토도 집도, 고국도 왕국도 당신을 맞이하여 영광입니다. 정말이지 이 왕국은 당신의 왕국, 궁전은 당신의 궁전, 그리고 우리는 모두 당신의 시녀입니다. 부디 자비를 베푸시어 그 아름다우신 모습을 뵐 수 있게 해 주세요."

이 찬사에 공주가 치사하는 동안 준비가 갖추어져 여자들과 샤르르칸 왕 및 그 옆에 앉은 법관과 상인 사이에 장막이 드리워졌습니다.

이윽고 왕은 공주를 향해 말했습니다.

"오, 아름다운 왕비여, 그대를 데리고 온 상인이 말하는 바로는 그대는 모든 학문에 통달하고 점성학까지 터득했다고 하는데, 그 가운데 어느 학문이라도 좋으니 무엇이든 하나 강의해 주지 않겠소?"

"알았습니다."*82

공주는 다음과 같이 강의를 시작했습니다.

"맨 먼저 말씀드릴 제목은 정치술(政治術), 즉 왕의 의무를 말하며 종교법에 따라 나라를 다스리는 분들이 어떻게 해야 하는지, 또 흠잡을 데 없는 말재주와 태도에 있어서 통치자는 어떻게 해야 하는지에 대해서입니다. 그럼, 들어주십시오. 모든 사람의 행위는 종교적 생활이나 세속적 생활과 관련되어 있는데, 그것은 누구나 이 현세(現世)를 통하지 않고는 종교에 도달할 수 없기 때문입니다. 그것이야말로 내세에 이르는 가장 좋은 길이니까요. 그런데 이 세상의 행위는 개개인의 영위에 의해 정해지고, 사람들의 영위는 정치·상업·농업·공예 이렇게 네 가지로 나누어집니다. 정치는 공정하고 진실한 판단이 따르는 완전한 시정(施政)을 필요로 하는데, 그것은 정치가 현세라는 건물의 기둥이기 때문입니다. 그리고 이 현세야말로 내세에 이르는 길이라는 것은 방금 말씀드렸습니다. 전능하신 알라께서 신의 종을 위해 만드신 현세라는 것은, 말하자면 목적지를 향해 나아가는 나그네의 양식입니다. 그리고 사람들은 저마다 알라께 이르는 데 꼭 필요한 만큼만 양식을 받고, 이 현세에서 제멋대로 행동하거나 사리사욕을 채워서는 안 됩니다. 만일 사람들이 공정하게 이 세상의 재물을 서로 나누어 가진다면 다툼의 원인이 모두 사라져버릴 텐데도, 실제로는 우격다짐으로 자신의 욕망에 따라 빼앗으려 해서 결국 여러 가지 분쟁이 일어나는 것입니다. 그러므로 백성 사이에 정의를 실천하고 백성의 문제를 해결해 주는 국왕이 필요하며, 만일 왕이 백성으로 하여금 서로 자제케 하지 않는다면 강한 자가 약한 자를 눌러버리게 되겠지요. 지난날 아르데시르 왕*83은 '종교와 주권은 하나'라고 말했습니다. 즉 종교는 감추어진 보물이고 왕은 그 보관자입니다. 또한 종교령(宗敎令)과 인간의 예지에 의하면 백성은 압제당하는 자들에게서 압제자를 물리치고, 강자에 대해서는 약자의 정의를 행하고, 교만한 자와 위법자의 폭력을 억제하는 국왕을 선택해야 하는 것이 분명합니다.

이렇게 말씀드리는 것은, 국왕의 윤리관에 따라 그 치세도 좋아지기 때문입니다. 알라의 사도(그분께 평화와 구원 있어라!)께서는 말씀하셨습니다. '두 가지 종류가 있는데, 왕의 선행은 백성을 착하게 하고, 왕의 악행은 백

성을 악하게 하며 법률박사와 태수까지 악하게 만든다.'

또 어떤 성자는 말합니다. '왕에게는 세 종류가 있다. 신앙심이 깊은 왕, 공경할 만한 것을 보호하는 왕, 자신의 욕망에만 따르는 왕이다.' 신앙심이 깊은 왕은 백성의 신앙을 깊게 하고, 백성은 왕을 그 모범으로 삼으며, 왕이 '신성한 교의'에 따라 명령한다면 반드시 이에 복종하게 됩니다. 그러나 왕은 운명의 신이 정한 바에 따라 만족하는 자나 불만스러워하는 자나 모두 소중하게 여겨야 합니다. 공경할 만한 것을 보호하는 왕은 신앙의 길과 현세의 길에 힘을 기울여 백성으로 하여금 신의 법령을 지키게 하고 인권을 옹호하게 합니다. 또 펜과 칼을 결합시켜, 펜으로 쓰인 교훈에 등을 돌리고, 나쁜 길로 빠져드는 자에 대해서는 날카로운 칼로 그 잘못을 바로잡고 모든 살아 있는 자에게 정의를 펼쳐갑니다. 자신의 욕망에만 따르는 왕은 사사로운 욕심만 부리고 신앙도 없으며 자기를 옥좌에 앉혀주신 신의 노여움조차 두려워하지 않으므로, 그 왕국은 교만에 빠져 차츰 쇠퇴한 끝에 마침내 파멸의 길에 이르게 됩니다.

성자들은 이렇게 말하고 있습니다. '왕은 수많은 백성을 필요로 하지만, 백성은 두 왕을 필요로 하지 않는다.' 그러므로 왕은 백성의 기질을 충분히 알아서 백성의 불화를 화합시키고, 모든 백성에게 정의가 미치게 하며 모든 자에게 사랑을 골고루 베풀어야 합니다.

자무르 샤디트, 즉 '불타는 석탄'으로 불린 페르시아 왕 3세 아르데시르는 온 세계를 정복하고 그것을 넷으로 나누어 저마다 하나씩 모두 4개의 도장 반지를 만들었습니다. 첫 번째 것은 해상을 지배하고 지키는 도장으로 거기에는 '교역(交易)'이라 새겨져 있고, 두 번째 것은 공물과 금전을 받게 하는 도장으로 '건설'이라고 새겨져 있으며, 세 번째 것은 식량을 급여하는 부문으로 '풍요'라 새겨져 있고, 네 번째 것은 피압박자를 위한 도장으로 '정의'라고 새겨져 있었습니다. 이러한 관습은 이슬람교의 계시가 있을 때까지 페르시아에서 널리 행해지고 있었습니다. 또한 페르시아 왕도 싸움터에 나가 있는 왕자 앞으로 이렇게 써 보냈습니다."

―여기서 날이 새기 시작한 것을 깨닫고 샤라자드는 이야기를 그쳤다.

61번째 밤

오, 인자하신 임금님, 샤라자드는 이야기를 계속했다. 페르시아 왕이 왕자에게 보낸 편지에는 이렇게 쓰여 있었습니다.
'그대의 병사들에게 너무 많이 베풀면 안 된다. 그렇게 하면 병사들은 부유해져서 그대를 필요로 하지 않게 되리라. 그렇다고 너무 아껴서도 안 된다. 그러면 병사들의 원성이 높아질 것이다. 신중하게 베풀 만큼 베풀고 현명하게 은총을 내려라. 승리를 거두었을 때는 너그럽게 베풀고 곤궁할 때는 물건을 아껴라.'
그리고 이런 전설도 있습니다. 어느 때 사막에 사는 한 아라비아인이 알 만수르*84 교주에게 와서 말하기를 '개에게 먹을 것을 주지 않으면 개는 당신을 따라올 것입니다'라고 말했습니다. 이 말을 듣고 교주는 아라비아인에게 몹시 화를 냈지만, 투스의 아부 르 아바스가 '그때 누군가 다른 사람이 그 개에게 과자를 보여주면 개는 그쪽으로 따라가고 당신을 거역할 것입니다' 하고 말하자 교주는 노여움을 풀고 그 거친 아라비아인이 별다른 악의를 품고 있지 않음을 깨닫고 오히려 선물까지 내렸다고 합니다.
또 아브드 알 말리크 빈 마르완은 그 아우인 아브드 알 아지즈를 이집트로 보낼 때, '대신과 시종에게 주의를 기울여라. 왜냐하면 대신은 확고한 사실을 너에게 알리고 시종은 공식적인 의식에 대해 알려주지만, 너의 군대를 확실하게 가르치는 것은 네가 지출하는 돈이기 때문이다'라는 편지를 주었습니다.
오마르 빈 알 하타브*85는(그에게 알라의 은총이 내리시기를!) 하인을 둘 때 늘 네 가지 조건을 붙였습니다. 첫째는 짐 싣는 낙타를 타지 않을 것, 두 번째는 화려한 옷을 입지 말 것, 세 번째는 남의 것을 훔치지 말 것, 네 번째는 기도를 미루다가 제시간을 놓치지 말 것 등이었습니다.
이런 말도 있습니다. '지혜보다 쓸모없는 재산은 없고, 상식과 사려(思慮)보다 더 나은 지혜는 없으며, 경건보다 더 나은 사려는 없다. 또는 선행만큼 신에 가까워지는 수단으로서 훌륭한 것은 없고, 훌륭한 예의범절보다 좋은 척도는 없으며, 성실한 행실보다 더 나은 행위는 없고, 하늘의 은총을 받는 것보다 큰 이익은 없다.' 또한 '법을 어지럽히지 않는 것보다 나은 절도는 없고, 심사숙고보다 나은 학문은 없으며, 신의 명에 따르는 것보다 더한 신앙은 없고, 겸양보다 더 나은 신앙은 없으며, 비하(卑下)보다 나은 계산은 없고, 지식보다 나은 명예는 없다.' 그리고 두뇌와 그 속에 들어 있는 것을 소중히 하고, 복부와 그 속에 들어 있는 것을 중요하게 여겨라. 또 죽기 전에 죽음과 운명을 생각하라.

그런데 알리(알라여 이분을 기리소서!)는 '여자의 간사한 마음을 조심하라. 여자에게 결코 마음을 허락하지 마라. 어떤 상황에서도 여자와 함께 일을 도모하지 마라.*86 그러나 모반을 꾀하지 않도록 예의를 다하라'고 되어 있으며, 또 '중용(中庸)의 길을 벗어나는 자는 마음이 어지러워진다'고도 했습니다.

오마르 왕(알라의 은총이 있기를!)도 여자를 세 종류로 나누어, 첫째는 참된 신앙을 가지고 신을 두려워하며 애정이 깊고 자식을 많이 낳으며 남편을 도와 운명을 개척하고 남편을 역경에 빠뜨리지 않는 여자, 둘째로는 내 자식만 사랑하는 여자, 마지막은 알라의 뜻대로 남자의 목에 씌워지는 칼이 되는 여자라고 말했습니다. 마찬가지로 남자도 스스로 모든 것을 판단하는 현명한 남자, 무언가 불의의 사건이 일어났을 때 다른 사람의 충고의 말을 구하여 그 권위에 따라 행동하는 현명한 남자, 옳은 길이 무엇인지 이해하지 못하고 남의 충고를 무시하는 우유부단하고 어리석은 자의 세 가지로 나눌 수 있습니다.

정의란 무슨 일에나 없어서는 안 되는 것으로서 노예계집에게도 정의는 필요합니다. 남의 것을 빼앗아 살아가는 강도의 경우라도 만일 그들 사이에 공평함이 없어 강도질한 물건을 공정하게 분배하지 않는다면 그들 사이의 질서가 대번에 어지러워질 것입니다.*87 한마디로 말씀드려 고귀한 성품을 지닌 군주란 박애와 자비를 갖춘 분을 말합니다. 시인도 이렇게 노래했는데, 참으로 훌륭한 말이 아닐 수 없습니다.

관용과 자비를 지니고
젊은이는 일족을 다스리는
지위에 올랐다.
자, 가서 그대도 그렇게 하라,

그대에게도 쉬운 일일 것이니.

또 이런 시도 있습니다.

> 연민과 인정 속에
> 평화로운 마음이 깃들고
> 자비를 베풀면 공경을 받는다.
> 진실은 성실한 사람의
> 가장 좋은 피난처
> 황금 대신 세상의 찬사를 받아
> 이를 몸에 두르는 자는
> 영광의 길을 나아가
> 맨 먼저 선택되어 환영받으리라.

이런 식으로 누자트 알 자만이 왕의 정책에 대해 논하자, 그 자리에 있던 사람들은 이렇게 말했습니다.
"통치와 정치에 대해 이 처녀가 이야기한 것처럼 훌륭한 내용은 여태껏 들은 적이 없다. 참으로 탁월하군. 이번에는 아마 다른 제목에 대해서도 훌륭한 강의를 들려주겠지."
누자트 알 자만은 고개를 끄덕이고서 다시 이야기를 시작했습니다.
"다음으로는 '예양(禮讓)'에 대해 말씀드리겠습니다. 그러나 이것은 굉장히 광범위한 문제이므로 그 핵심만 이야기하기로 하겠습니다. 이러한 이야기가 있습니다.
어느 날, 무아위야 교주*[88]에게 한 친구가 찾아와 이라크의 백성에 관한 일과 그 백성이 아주 뛰어난 재능을 지녔다는 이야기를 했습니다. 에지드의 어머니 되시는 교주의 왕비 마이슨도 이 이야기를 듣고 계셨습니다. 그래서 친구가 돌아가자 왕비는 교주께 아뢰었습니다.
'오, 충성스러운 자들의 임금님이시여, 누구든 이라크 사람을 불러 이야기를 청해보시는 게 어떨까요? 저도 그 이야기를 듣고 싶습니다.'
그러자 마침 그때 찾아온 사람이 있어 교주는 시종에게 누가 왔는지 보고 오라고 분부했습니다.
 '타밈족들입니다.'
 '이리 들게 하여라.'
 그리하여 시종이 그들을 안내해 왔는데, 그 가운데 카이스의 아들 알 아나후*[89]도 있었습니다. 그러자 교주는 '오, 들어오시오. 바다의 아버지여!'라고 말하고는 자신과 마이슨 왕비 사이에 있는 휘장을 내려 왕비가 그 뒤에서 이야기를 들을 수 있게 했습니다. 그런 다음 알 아나후를 돌아보며 말했습니다.
 '오, 바다의 아들이여, 좀더 가까이 와서 무언가 조언을 해 주지 않겠는가?'
 그러자 아나후가 말했습니다.
 '임금님, 금요일에서 다음 금요일까지 범한 죄의 속죄로서 금요일을 기하여 목욕재계하십시오. 그리고 머리를 빗고 콧수염을 손질하고 손톱을 깎고 겨드랑이 털을 뽑고 음모를 깎고,*[90] 항상 이쑤시개를 사용하십시오. 거기에는 72가지의 공덕이 있다고 하니까요.'

―샤라자드는 여기서 새벽이 가까워진 것을 깨닫고 이야기를 그쳤다.

62번째 밤

 오, 인자하신 임금님, 샤라자드는 이야기를 계속했다. 무아위야 교주*[91]의 질문에 답하여 카이스의 아들 알 아나후는 금요일에서 다음 금요일까지 범한 죄의 속죄로서 금요일에 목욕재계하도록 권했습니다. 교주는 물었습니다.
 '그렇다면 너 자신에게는 무엇을 권유하느냐?'
 '대지를 단단히 밟고 조심하여 발을 움직이며 제 눈으로 그것을 지켜보는 것입니다.'
 '네 일족 중에서 신분이 높지 않은 자에게 갔을 때는 어떻게 처신하는가?'
 '저는 겸손하게 눈을 내리깔고 먼저 인사하여 경의를 표시한 다음, 자기와 관계가 없는 일은 피하고 상대의 말을 조심스럽게 기다립니다.'
 '동료에 대해서는?'

'귀 기울여 그가 말하는 것을 듣고 비록 그릇된 말을 하더라도 거스르지 않습니다.'

'윗사람에 대해서는?'

'오로지 인사하고 분부를 기다립니다. 가까이 오라고 하시면 가까이 가고 상대가 물러가라고 하시기 전에는 물러가지 않습니다.'

'네 아내에 대해서는?'

'오, 충성스러운 자들의 임금님이시여, 그것만은 대답할 수가 없습니다.'

아나후의 대답에 교주는 말했습니다.

'괜찮다, 꼭 들려다오.'

'친절하게 위로해 주고 허물없이 대해줍니다. 또 금전문제는 너그럽게 봐 주지요. 왜냐하면 여자는 굽은 갈비뼈로 만들어졌으니까요.'*92

'함께 자고 싶은 생각이 일어날 때는 어떻게 하느냐?'

'아내의 몸에 향수를 뿌리고 정욕이 일 때까지 입을 맞춰줍니다. 그리고 아시는 바와 같은 상태가 되면*93 천장을 보도록 눕힙니다. 뱃속에 아이가 생겼을 때는 오, 알라여 축복을 내리소서! 나쁜 자식을 낳게 하지 마소서, 뛰어난 이를 본떠서 만드소서, 하고 기도를 드립니다.*94 그리고 아내에게서 몸을 일으켜 목욕합니다. 먼저 두 손을 씻고 다음에 몸을 씻고 마지막으로 이 환희를 주신 알라를 찬양합니다.'

그 대답에 교주는 말했습니다.

'오, 얘기 잘 들었다. 그럼, 너의 희망을 들어주리라.'

'늘 알라를 두려워하고, 신하를 공경하고 통솔하며, 백성에게 공명정대한 선정을 베푸시기를 희망합니다.'

알 아나후는 일어나 교주 앞에서 물러갔습니다. 아나후가 물러가자 휘장 뒤에서 이 말을 들은 왕비 마이슨이 교주에게 다가가 말했습니다.

'이라크에 저런 사람이 하나밖에 없다 하더라도 이라크를 위해서는 충분합니다.'"

그리고 누자트 알 자만은 이야기를 계속했습니다.

"오, 임금님, 지금 말씀드린 이야기는 예양에 대한 1장의 1절에 지나지 않습니다. 그럼, 임금님, 들어보십시오. 오마르 빈 알 하타브 교주 시대에 국고를 맡고 있던 무아이키브라는 자가 있었습니다."

―여기서 날이 훤히 새기 시작하는 것을 깨닫고 샤라자드는 이야기를 그 쳤다.

63번째 밤

샤라자드는 이야기를 계속했다. 오, 인자하신 임금님, 누자트 알 자만은 이야기를 계속했습니다.
"들어주십시오, 임금님. 오마르 빈 하타브 교주 시대에 무아이키브라는 자가 국고를 맡고 있었는데, 어느 날 오마르의 왕자를 보고 너무나 귀여워 무심코 국고에서 은화 한 닢을 꺼내주었습니다. 무아이키브의 말에 의하면, 일을 마치고 집으로 돌아와 쉬고 있으니 교주로부터 사자가 와서 곧 출두하라는 명령이 내렸답니다. 무슨 일인가 하고 급히 채비하여 어전에 가서 엎드렸습니다. 교주 손에는 아까 자기가 왕자에게 준 은화 한 닢이 쥐어져 있었습니다. 교주는 엄숙하게 말했습니다.
'오, 무아이키브! 이게 무슨 짓이냐? 너의 영혼은 썩었구나!'
'무슨 말씀입니까?'
무아이키브가 묻자 교주는 엄격하게 말했습니다.
'몰라서 묻느냐? 너는 이 은화 한 닢으로 마호메트(오, 이분께 평화와 구원 있어라!)의 신봉자에게 원수가 되려는 자임을 알았다. 부활의 날에 반드시 그 책임을 져야 할 것이다.'
교주는 또 아부 무사 알 아샤리*95에게 다음과 같은 편지를 보냈습니다.
'이 선물이 귀하에게 도착하거든 곧 백성에게 나눠주고 그 나머지를 나에게 돌려보내주기 바라노라.'
아샤리는 그 명령대로 했습니다.
또 오스만(6)이 교주 자리에 올랐을 때 아부 무사 앞으로 같은 편지를 썼습니다. 아부 무사는 명령대로 교주에게 공물을 보내면서 지야드*96도 함께 보냈습니다. 지야드가 오스만 앞에 공물을 바쳤을 때 교주의 왕자가 들어와 은화 한 닢을 집었습니다. 그것을 본 지야드가 눈물을 뚝뚝 흘렸으므로 오스만이 이상히 여기고 그 이유를 물었더니 대답했습니다.

'저는 전에 오마르 빈 알 하타브 교주께 이 같은 심부름을 한 적이 있는데, 그때 역시 왕자가 은화 한 닢을 집자 교주는 대단히 노하시어 그 돈을 도로 갖다놓으라고 명령하셨습니다. 그런데 지금 교주님의 왕자님이 공물에서 은화 한 닢을 집어가도 누구 하나 말하는 사람이 없고 도로 갖다 놓으라고도 하지 않으십니다.'

그러자 오스만 교주*97는 목소리를 높여 물었습니다.

'그 오마르와 같은 인물은 어디에 있는 것일까?'

그러자 지야드 빈 아스람은 다시 자기 아버지 이야기를 계속했습니다.

'어느 날 밤 저는 오마르 교주님과 함께 밖에 나간 적이 있습니다. 걷다 보니 문득 타오르는 모닥불이 앞에 보였습니다. 교주님은 말씀하셨습니다.

"오, 아스람, 저들은 추위를 덜려는 길손임이 분명하다. 자, 가서 우리도 끼어들어 보자."

모닥불 쪽으로 가까이 가 보니 한 여자가 큰 가마솥 아래 불을 지피고 있고, 그 옆에서 두 아이가 울어대고 있었습니다. 교주님이 물었습니다.

"오, 등불의 아주머니(오마르 교주는 '불의 아주머니'라고 하는 것이 매우 싫었던 것입니다*98), 무슨 어려운 일이 있습니까?"

그 여자가 대답했습니다.

"너무나 춥고 어두워서 고생하고 있습니다."

"이 아이들은 어째서 울고 있소?"

"배가 고파서지요."

그래서 교주님은 또 물었습니다.

"이 솥에는 무엇이 들어 있소?"

"아무것도 들어 있지 않습니다. 아이들을 달래기 위해서지요. 심판의 날이 오면 알라께서 반드시 오마르를 심판하실 거예요."

"오마르는 아마 아무것도 모르고 있을 거요."

"모른다고요? 우리 백성을 다스리는 임금님이 우리에 대해 조금도 모르고 있다니 그게 말이 됩니까?"

그러자 교주님은 나를 돌아보며 말했습니다.

"자, 따라오너라!"

우리는 그 뒤를 따라 국고 관리자에게 달려가 밀가루가 든 부대와 비계가

든 냄비를 황급히 꺼냈습니다. 교주님은 나에게 말했습니다.

"자, 이것을 내 등에 지워다오."

"오, 충성스러운 자들의 임금님이시여, 제가 지고 가겠습니다."

"아니다, 부활의 날을 위해서다. 나에게 맡겨다오."

하는 수 없이 그 짐을 등에 지워 드리고 아까 그 여자에게 돌아가 자루를 내려놓았습니다. 교주님은 자루 속에 든 밀가루를 꺼내 가마솥에 넣었습니다.

"나한테 맡겨주시오."

그리고 가마솥 밑에 불을 지피기 시작했습니다. 교주님의 긴 턱수염*99 사이로 연기가 피어오르고 있었습니다.

이윽고 밀가루가 끓자 비계를 조금 던져 넣은 다음 여자에게 말했습니다.

"내가 식혀 드릴 테니 드시오."

모두 배불리 맛있게 먹었습니다. 교주님은 나머지를 모두 남겨두고 떠났습니다. 그리고 나를 돌아보며 말했습니다.

"여봐라 아스람, 아이들은 정말로 배가 고파서 울고 있었구나. 그 모닥불의 사연을 모르고 그냥 지나쳐가지 않기를 정말 잘했어.'"

─여기서 날이 새기 시작하자 샤라자드는 이야기를 그쳤다.

64번째 밤

샤라자드는 이야기를 계속했다. 오, 인자하신 임금님, 누자트 알 자만은 이야기를 계속했습니다.

"이것도 오마르 교주님에 대한 이야기입니다만, 어느 날 교주님은 길을 가다가 양 떼를 몰고 가는 한 백인 노예병사를 만나, 양을 한 마리 팔지 않겠느냐 물었더니 그 사내는 이렇게 대답했습니다.

'이 양은 제 것이 아닙니다.'

그래서 교주님은 말씀하셨습니다.

'너야말로 내가 늘 찾고 있던 자로구나.'

그리고 곧 그 사나이의 몸값을 치르고 자유로운 몸이 되게 해 주었습니다.

노예는 이 뜻밖의 기쁨에 몸을 떨면서 큰 소리로 외쳤다고 합니다.

'오, 알라시여! 당신이 조그만 자유를 내려주신 것처럼 부디 앞으로 훨씬 더 큰 자유를 내려주소서!'*100

또 이런 이야기도 전해져 옵니다. 오마르 교주는 지체 높은 신분이면서도 하인들에게는 맛좋은 우유를 주고 자신은 늘 보잘것없는 음식을 먹었고, 하인들에게는 부드러운 옷을 입히면서 자신은 거친 옷만 입었습니다. 그리고 모든 사람에게 당연히 주어야 할 것을 주었을 뿐만 아니라 더 많은 것을 주었습니다. 어느 날 교주는 한 남자에게 은화 4천 닢을 준 다음 거기에 은화 1천 닢을 더 주자 옆에서 보고 있던 자가 물었습니다.

'교주님은 어째서 왕자님의 재산은 불려주시지 않고, 이자에게 그렇게 많은 것을 주십니까?'

'이자의 아버지는 오드 전투*101에서 용감하게 끝까지 싸운 용사이기 때문이다.'

알 하산도 오마르 교주에 대해 이런 이야기를 하고 있습니다. 어느 날 오마르 교주가 적의 영토를 침략하여 막대한 재화와 보물을 빼앗아 돌아오자, 하프사 공주*102가 부왕 곁에 달려가 말했습니다.

'오, 충성스러운 자들의 임금님, 저희 혈연자의 몫은 없나요?'

'오, 하프사여, 알라께서는 물론 혈연자의 몫을 인정하고 계시지만 진정한 신자들의 재물은 나누어줄 수 없다. 너는 집안사람을 기쁘게 해 주었지만 이 아비는 화나게 하였구나.'

이 말에 하프사는 고개를 숙이고 힘없이 물러갔습니다.*103

오마르의 왕자는 이런 이야기를 했습니다.

'나는 아버님이 세상을 떠나신 지 1년이 지나자 아버님을 뵙게 해 주시도록 하나님께 빌었습니다. 그러자 드디어 이마의 땀을 닦고 계시는 아버님 모습이 눈에 떠오르기에 "오, 아버님, 어떻게 지내십니까?" 물었더니 아버님은 "알라의 자비가 없었던들 이 아비는 틀림없이 멸망했을 것이다"라고 대답하셨습니다.'"

누자트 알 자만은 이야기를 계속했습니다.

"오, 인자하신 임금님, 이제부터 말씀드리는 것은 사도의 신봉자와 성인의 언행에 관한 제1장 제2절입니다. 알 하산 알 바스리*104는 이렇게 말했습니다.

'아담의 자손은 누구든 이 세상을 떠날 때 애써 모은 재산을 마음껏 쓰지 못한 것, 바라던 일을 뜻대로 이루지 못한 것, 내세를 위해 충분한 양식을 지니지 않은 것,[105] 이 세 가지를 후회하지 않는 자는 한 사람도 없을 것이다.'

수프얀[106]은 어느 날 이런 질문을 받았습니다.

'신앙심이 깊은 자가 재산을 모을 수 있습니까?'

'물론 모을 수 있습니다. 그러므로 슬플 때는 참고 재물이 손에 들어왔을 때는 감사드리십시오.'

압둘라 빈 샤다드는 임종 때 아들 마호메트를 불러 이런 훈계를 내렸습니다.

'아들아, 나도 드디어 신의 부르심을 받게 되었다. 지금 내가 너에게 가르쳐주고 싶은 것은, 사람들 앞에서든 혼자 있든 어떠한 경우에나 앞날을 두려워하고 신을 찬양하며 진실을 말하라는 것이다. 이렇게 알라를 찬양하는 것은 지상에 끝없는 번영을 가져오고, 신앙을 깊이 하는 것은 내세에 이르기 위한 최선의 준비이다. 시인도 이렇게 노래하고 있느니라.

황금을 산더미처럼 쌓아도 행복은 없고
한결같이 신을 믿는 사람이 복 많은 사람.
진정 신을 두려워함은 곡식을 저장하는 일
신은 믿는 자를 누구보다 행복하게 해 주신다.'"

그리고 누자트 알 자만은 이렇게 말했습니다.

"임금님, 부디 제1장 제2절에 있는 말을 귀담아들어 주십시오."

"그것은 어떤 말인가?"

샤르르칸 왕이 묻자 알 자만은 다음과 같이 이야기했습니다.

"오마르 빈 아브드 알 아지즈[107]가 교주로 즉위하셨을 때 집으로 돌아가 가재도구를 하나하나 손에 들고 축복한 다음 모두 국고에 넣어버렸습니다. 그것을 보고 아들 우마이야는 마르완의 딸이며 아버지의 누님뻘인 파티마에게 가서 도움을 청했습니다. 파티마는 곧 사자를 보내 할 이야기가 있으니 만나고 싶다고 전했습니다. 그날 밤 아지즈 교주는 파티마를 말에서 내리게 하여 앉히고 말했습니다.

'자, 무슨 하실 말씀이 있으면 말씀하십시오. 무슨 일입니까?'

'오, 충성스러운 자의 임금님, 당신부터 먼저 말을 하시오. 남이 모르는 일이라도 잘 아시는 당신이시니까요.'

그러자 아지즈 교주는 말씀하셨습니다.

'참으로 전능하신 알라께서는 어떤 자에게는 축복을, 어떤 자에게는 멸망을 주시기 위해 마호메트를 보내셨습니다. 그리고 마호메트를 위해 신봉자들을 선택하시고 신의 사도로 만드셨으며, 이윽고 곁으로 부르셨지요.'"

―여기서 새벽녘이 되자 샤라자드는 이야기를 그쳤다.

65번째 밤

오, 은혜로우신 임금님, 샤라자드는 이야기했다. 누자트 알 자만은 샤르르칸 왕 앞에서 이야기를 계속했습니다.

"아지즈 교주는 말했습니다.

'알라께서는 마호메트(부디 알라의 은혜와 구원이 있기를!)를 사도로 보내셨는데, 그것이 어떤 이에게는 축복이 되고 어떤 이에게는 재앙이 되었습니다. 또 신은 마호메트를 위해 신봉자를 선택하고, 백성에게는 하나의 물줄기를 남겨 그 물을 마실 수 있도록 하고 마호메트를 다시 곁으로 부르셨습니다. 마호메트가 세상을 떠나고 나서는 아부 바크르[108]라는 진실한 포교자가 교주가 되어 그 물줄기를 원래 그대로 해두고 알라의 뜻에 맞는 것만 행했습니다. 그런 다음 오마르가 즉위하자 누구도 흉내낼 수 없는 업적을 쌓고 성전(聖戰)과 전투에 온 힘을 다하셨습니다. 그러나 오스만이 교주가 되자 물줄기의 본류에서 지류를 만들고, 무아위야 또한 본류에서 몇 개의 지류를 이끌어냈습니다. 이런 식으로 에지드, 아브드 알 말리크, 와리드, 슬라이만[109] 등의 마르완 일족들이 끊임없이 물줄기의 물을 끌어가는 동안 본류의 물은 모두 말라버렸습니다. 그리하여 마침내 내가 교주 자리를 잇게 되었는데, 나는 그 물줄기를 원래대로 복구할 생각입니다.'

이 말을 듣고 파티마는 말했습니다.

'내가 오늘 밤 찾아온 것은 단지 그 말씀을 듣기 위해서였으며, 이제 아무 할 말도 없습니다.'

그리고 우마이야 왕조의 일족에게 돌아가 말했습니다.

'너희는 오마르 빈 알 하타브*110와 혼인관계를 맺은 인연이 있는 사람들이니 그 책임은 너희에게도 있는 셈이다.'

또 이런 이야기도 있습니다. 오마르 교주가 죽음을 앞두고 머리맡에 자식들을 불러모았을 때 마스라마 빈 아브드 알 말리크*111가 말했습니다.

'오, 충성스러운 자들의 임금님, 귀여운 자식들에게 한 푼도 남겨놓지 않으시고 보호자이신 당신은 돌아가시렵니까? 돌아가시기 전에 국고에서 충분한 재물을 꺼내 자식들에게 주신다 해도 아무도 반대하지 않을 겁니다. 그러시는 편이 임금님의 뒤를 잇는 자에게 선행을 남기시는 것보다 훨씬 더 중대한 일이라고 생각합니다.'

그러자 오마르는 얼굴에 노기와 의혹의 빛을 띠고 거친 말투로 대답했습니다.

'여봐라, 마스라마여, 나는 평생 자식들이 그런 죄를 범하지 않게 하려고 지켜왔다. 그런데 내가 죽은 뒤에 이 자식들을 불행하게 만들어도 좋단 말이냐? 내 자식들 역시 다른 백성과 마찬가지로 전능하신 알라의 가르침을 따르면 신의 은총을 받을 것이고, 따르지 않아서 그 보복을 받는다 해도 나로서는 어쩔 수 없는 일이다. 마스라마여, 잘 들어라. 네가 지금 여기 와 있듯이 전에 나는 마르완의 아들 장례식에 참석한 적이 있다. 그때 나는 그 곁에서 잠이 들었는데, 꿈속에서 고인이 알라(영광과 명예가 있으시기를!)의 벌을 받는 모습을 보았다. 나는 무서워서 몸을 떨며 내가 교주가 되더라도 결코 이 고인이 행한 행위는 하지 않겠노라고 알라께 맹세하고 평생을 통해 그 맹세를 지키기 위해 싸워왔다. 지금 나는 알라의 자비 속에서 죽음을 맞고 싶다.'

그러자 마스라마는 말했습니다.

'저도 어떤 사람의 장례식에 참석하여 모든 일이 무사히 끝난 다음 곧히 잠들었는데, 고인이 흰옷을 입고 물이 흐르는 꽃밭을 걷는 꿈을 꾸었습니다. 고인은 저에게 다가와서 '오, 마스라마여, 주권자가 열심히 세상을 다스리는

것은 모두 이같이 죽을 수 있기를 바라기 때문이다' 하고 말했습니다.'

이와 비슷한 교훈은 참으로 많이 있어서 어느 유력한 분은 이렇게 말했습니다.

'나는 오마르 빈 아브드 알 아지즈 교주 시대에 자주 양젖을 짜고 있었는데, 어느 날 많은 양과 이리 몇 마리를 끌고 가는 한 양치기를 만났습니다. 나는 이리를 한 번도 본 적이 없어서 그것이 개인 줄로만 알고 그 개를 어떻게 할 작정이냐고 물었습니다. 그랬더니 양치기는 이건 개가 아니고 이리입니다, 하고 대답하기에 이리를 양과 함께 데리고 가면 양을 해치지 않느냐고 물었습니다. 그러자 상대는 머리만 확고하면 몸 전체는 따라오는 법이라고 대답하더군요.'*112

또 오마르 빈 아브드 알 아지즈 교주가 어느 날 찰흙으로 만든 연단에서 설교할 때 전능하신 알라를 칭송한 다음 세 가지에 대하여 훈계하신 적이 있습니다.

'여러분, 당신네의 외면생활이 동포의 눈에 깨끗하게 비치도록 마음속을 깨끗이 하시오. 그리고 속세의 일에 연연하지 마시오. 아담이 죽은 이래 오늘날에 이르기까지 목숨이 있는 자로서 죽지 않은 자는 한 사람도 없다는 것을 깨달으시오. 아브드 알 말리크도, 그의 조상도, 오마르도, 그의 조상도 모두 다 그렇소.'

어느 때 마스라마가 물었습니다.

'오, 충성스러운 자들의 임금님, 베개를 갖다 드릴 테니 잠시 기대어 쉬지 않으시겠습니까?'

그러자 교주는 대답했습니다.

'아니다, 부활의 날에 내 목으로 말미암아 벌을 받게 되면 안 되니까.'

이윽고 교주는 심하게 숨을 헐떡이다가 정신을 잃고 그 자리에 쓰러져버렸습니다. 이 모습을 보고 파티마는 큰 소리로 외쳤습니다.

'마리얌! 무자힘! *113 거기 아무도 없느냐? 얼른 와서 도와다오!'

그리고 오마르 교주 위에 몸을 던지고 눈물을 흘리기 시작했습니다. 그러는 동안 오마르 교주는 정신이 돌아와 파티마의 뺨에 흐르는 눈물을 보고 물었습니다.

'어째서 울고 있소?'

'오, 충성스러운 자들의 임금님, 임금님이 갑자기 쓰러지셔서 이제 숨을 거두시고 이 세상 저희한테서 떠나신 줄 알았습니다. 그래서 울었습니다.'

'이젠 괜찮소, 파티마. 모든 게 그대의 생각에 지나지 않소.'

그리고 오마르 교주는 일어나려고 했지만 다시 힘없이 그 자리에 쓰러져 버렸습니다. 파티마는 교주를 부축하며 말했습니다.

'아, 당신은 나에게 아버지이고 어머니이십니다. 이제 저희는 당신과 얘기를 나눌 수 없는 건가요?'

여기서 누자트 알 자만은 오빠인 샤르르칸 왕과 판관 네 명을 향해 이렇게 말했습니다.

'제1장 제2절은 이것으로 끝났습니다.'"

—이때 새벽빛이 스며드는 걸 보고 샤라자드는 이야기를 그쳤다.

66번째 밤

샤라자드는 이야기를 계속했다. 오, 인자하신 임금님, 누자트 알 자만은 오빠인 샤르르칸과 판관 네 명을 향해 이렇게 얘기를 계속했습니다.

"이것으로 제1장 제2절은 끝났습니다. 어느 날 오마르 빈 아브드 알 아지즈 교주는 메카에서 제사를 관장하는 사람들에게 다음과 같은 편지를 쓴 적이 있습니다.

'성스러운 날 성스러운 도시에서 대순례날*[114]에(알라께서도 굽어 살피소서!) 나는 그대들에 대한 압박에 대해서도, 그대들을 해친 자들의 죄악에 대해서도, 그것을 명하거나 의도한 적이 없다는 의미에서 아무런 관련이 없음을 단언한다. 또 그 일에 관한 어떤 보고도 접수한 적이 없어 그러한 사정을 전혀 모르는 바이다. 남을 압제할 권한을 나에게서 얻은 자가 아무도 없다는 사실만으로도 나에게 죄가 없다는 것은 명백하리라. 왜냐하면 나는 피압박자가 있으면 그 한 사람 한 사람에 대해 반드시 신의 문책을 당할 것이기 때문이다. 비록 내 신하로서 정도를 벗어나 성전 및 사도경전에 어긋나는 행위를 했을 때는 그 신하를 바른길로 이끌기 위해 그의 말에 따라서는 안

된다.'

오마르는 또 이렇게도 말했습니다(알라여, 임금님에게 부디 은혜를 내리소서!).

'나는 죽음을 모면하고 싶지는 않다. 왜냐하면 그것은 참된 신자가 누리는 더할 수 없이 높은 일이기 때문이다.'

또 어떤 지체 높은 사람은 이렇게 말했습니다.

'내가 옛날 당시 교주였던 충성스러운 자들의 임금 오마르 빈 아브드 알 아지즈의 어전에 나아갔을 때 교주님 앞에 금화 12닢이 놓여 있었습니다. 교주님이 그것을 국고에 넣어두라고 분부하시기에 나는 말씀 드렸습니다. ―오, 충성스러운 자들의 임금님이시여, 당신께서는 자신의 자식들을 가난하게 만드시고 생계도 세울 수 없을 만한 궁핍 속에 빠뜨리셨습니다. 유언으로서 왕자님들과 집안의 군색한 분들에게 얼마씩 분배해 주시면 좋으리라 생각됩니다만. 그러자 교주님은 더 가까이 오라고 하시더니 말씀하셨습니다. ―자식들을 가난에 빠뜨렸다느니, 자식이며 일가들 가운데 가난한 이를 도와주라는 그대의 말은 당치도 않다. 알라께서는 나 대신 반드시 내 자식들과 가난한 일족들을 지켜주실 것이다. 나의 일족이라고 해서 세상의 다른 사람들과 다를 바 없다. 신을 숭배하고 두려워하는 자는 반드시 알라께서 행복을 내려주실 것이고, 나는 신의 뜻에 거역하며 죄에 빠진 자는 도울 마음이 없다. 그런 다음 12명의 왕자를 모아 놓고 찬찬히 그 얼굴을 바라보시더니 눈물을 흘리면서 말씀하셨습니다. ―너희의 아비는 지금 갈림길에 서 있다. 즉 너희가 부유해져서 이 아비가 연옥에 갈 것인가, 아니면 너희가 가난하여 이 아비가 천국으로 갈 것인가이다. 천국으로 가는 것이 너희가 이 세상에서 부유하게 사는 것보다 나에게는 바람직한 일이다. 자, 이제 되었으니 물러가거라. 알라께서 너희를 구원하시게 하여라. 나는 너희를 모두 알라께 맡겨둘 테니까!'

또 하리드 빈 사프완*[115]은 이런 말을 했습니다.

'나는 유수프 빈 오마르*[116]를 따라 히샴 빈 아브드 알 말리크*[117]를 찾아간 적이 있습니다. 그런데 도중에 친척들과 시종들을 거느리고 저편에서 오는 알 말리크를 만났습니다. 교주님이 말에서 내려 천막을 치게 하시자 모두 자리에 앉았습니다. 나는 교주님이 몸을 기대어 쉬고 계시는 양탄자 옆으로 가서 시선이 마주칠 때까지 가만히 바라보고 있다가 이렇게 말했습니다. ―오, 충성스러운 자들의 임금님께 알라의 은총이 내리시기를! 실은 교주님께 드릴 말씀이 있습니다. 이것은 교주님보다 전 왕들의 역사에서 전해져오는 이야기입니다. 그러자 교주님은 몸을 일으키고 말했습니다. ―사프완의 아들이여, 말해 보라. ―오, 충성스러운 자들의 임금님이시여, 옛날 어느 국왕이 이 나라로 쳐들어왔을 때의 일입니다. 왕이 옆에 있던 시종들을 돌아보며 너희는 여태껏 나의 영토처럼 광대한 영토를 본 적이 있느냐? 내가 가진 것과 같은 영토가 누구에게나 주어질 수 있다고 생각하느냐고 물었습니다. 마침 그 자리에 진리의 증인이자 정의의 옹호자로서 장수를 누리며 올바른 길을 나아가는 의리 깊은 사람으로 찬양받는 이가 있었습니다. 그는 왕을 향해 오, 임금님, 지금 아주 중대한 문제에 대해 하문하셨는데 황송하오나 제가 대답을 드려도 괜찮겠습니까 하고 물어 왕이 허락하자 임금님께서는 이 영토를 오래오래 보존하실 거라고 생각하시는지 아니면 잠깐 가지고 있을 뿐이라고 생각하시는지 물었습니다. 왕이 잠깐 가지고 있는 거라고 대답하자 그 사람은 그러시면 임금님께선 잠깐의 기쁨에 도취되어 오랜 심판의 괴로움을 받으려 하시는데, 계산을 해보면 그야말로 전당포에 저당 잡힌 물건과 같은 신세가 되시는 게 아닙니까? ―그렇다면 나는 어디로 가서 무엇을 구해야 하느냐? ―당신의 주권에 한결같이 충실하거나 아니면 누더기를 걸치고*118 정해진 날이 올 때까지 전능하신 알라께 종사하시도록 힘쓰시는 것이 좋을 거라고 생각합니다. 내일 아침에 다시 찾아뵙겠습니다.'

하리드 빈 사프완은 다시 이야기를 계속했습니다.

'다음 날 아침, 이 사람이 임금님의 방문을 두드리니, 왕은 이미 왕관을 버리고 은자가 될 결심을 하고 계셨습니다. 다름 아닌 이 의리 깊은 사람의 훈계에 깊이 깨달은 바가 있었기 때문입니다.'

이 이야기를 듣고 히샴 빈 아브드 알 말리크는 눈물을 흘리면서 값진 옷을 팔아버리라고 명하고 자신은 궁전 깊숙이 들어앉아 나오지 않았습니다. 그래서 태수와 시종들이 하리드를 찾아가 말했습니다.

'충성스러운 자들의 임금님에게 무슨 말을 하셨소? 당신은 우리 임금님의 기쁨을 방해하고 편안한 생활을 파괴해 버렸소.'"

여기까지 이야기한 누자트 알 자만은 샤르르칸을 돌아보며 말했습니다.

"이 이야기에는 참으로 많은 교훈이 담겨 있지 않습니까? 그것을 이 자리에서 하나도 남김없이 말씀드리는 것은 도저히 불가능합니다."

―여기서 날이 훤히 밝기 시작하자 샤라자드는 이야기를 그쳤다.

67번째 밤

오, 은혜로우신 임금님, 샤라자드는 이야기를 계속했다.
누자트 알 자만은 샤르르칸을 향해 이야기를 계속했습니다.
"실은 이 대목에는 너무나 많은 교훈이 담겨 있어서 이 자리에서 한꺼번에 모든 이야기를 다 할 수는 없습니다. 앞으로 언젠가 다 말씀드리고 싶습니다."
그러자 판관들이 말했습니다.
"임금님, 이 처녀는 참으로 이 세상의 불가사의, 지금 세상에서는 둘도 없는 진주입니다. 저희는 오늘날 이 나이가 되도록 이처럼 훌륭한 이야기는 들어본 적이 없습니다."
그리고 왕을 축복한 다음 물러갔습니다. 샤르르칸 왕은 늘어앉은 신하들에게 명했습니다.
"이제 혼인 치를 준비를 하고 온갖 맛있는 음식도 준비하라."
신하들은 곧 그 준비를 시작하고 음식을 만들었습니다. 왕은 또 고관과 대신과 귀족 부인들에게 결혼잔치가 열리고 신부를 선보일 때까지 자리를 뜨지 말라고 분부하셨습니다. 이윽고 오후 기도시간이 되자 곧 식탁이 준비되어 쇠고기와 거위고기, 닭고기 등 산해진미가 그득히 차려졌습니다. 신하들은 모두 배불리 음식을 먹었습니다. 샤르르칸이 다마스쿠스의 가희들을 모두 불러오라고 명령하자, 임금님과 태수의 노예 가운데 노래를 할 줄 아는 여자들도 모두 왕궁에 불려왔습니다. 해가 떨어져 어두워지자 성문에서 왕궁 문까지 양쪽에 등불이 휘황하게 밝혀지고, 태수와 대신 그리고 중신들은 줄지어 샤르르칸 왕 앞에 나아갔고 가희들과 시녀들은 신부를 치장하고 화장을 시작했습니다. 하지만 사실 이 신부는 새삼스레 화장할 필요도 없었습니다.

그동안 샤르르칸 왕은 목욕을 마치고 옥좌에 앉았습니다. 사람들은 신부의 옷을 일곱 번이나 갈아입히며 왕에게 선보였습니다.*119 그것이 끝나자 신부의 의상과 장신구를 거두어 몸을 가볍게 하고, 첫날밤의 처녀가 알아둬야 할 여러 가지 일들을 가르쳤습니다. 이리하여 샤르르칸은 누자트 알 자만에게 가서 인연을 맺고 첫날밤을 보냈습니다. 처녀가 곧 잉태하자 그 일을 샤르르칸에게 보고하니 왕은 매우 기뻐하며 측근들에게 임신한 날짜를 기록해 두도록 분부했습니다. 이튿날 왕이 옥좌에 나와 앉자 고관들이 들어와 축하 인사를 했습니다. 왕은 서기를 불러 학문과 교양이 뛰어나고 온갖 지식을 갖춘 처녀를 샀다는 내용의 편지를 부왕인 오마르 왕께 쓰게 하고 끝에 이렇게 덧붙였습니다.

"저는 이 여자를 바그다드로 보내 아우인 자우 알 마칸과 누이 누자트 알 자만과 만나게 해 주고 싶습니다. 저는 이미 이 여자를 노예에서 해방해 아내로 맞아들였으며 지금 임신 중입니다."

왕은 이 여자의 뛰어난 두뇌를 찬양하고 아울러 아우와 누이, 단단 대신, 그 밖의 태수들에 대한 인사도 쓰게 한 뒤 친서를 봉하고 급사를 시켜 오마르 왕께 보냈습니다. 한 달 뒤 그 급사가 부왕의 회답을 가지고 돌아왔습니다. 샤르르칸 왕이 답서를 펼쳐보니 다음과 같이 쓰여 있었습니다.

"파멸과 저주 때문에 자식과 가정을 잃고 괴로움과 번민에 빠진 오마르 빈 알 누만 왕이 아들 샤르르칸에게. 그대가 이곳을 떠난 이래 이 왕궁은 참으로 고통스러운 곳이 되어 괴로움을 견딜 수 없으며, 비밀을 가슴에 간직해 둘 기력도 없어졌다. 사건의 발단은 내가 우연히 사냥 나갔을 때 시작되었다. 그때 자우 알 마칸이 성지순례를 나가고 싶다고 간청하기에 나는 도중의 위험을 염려하여 1년 뒤에 가도록 엄히 타일렀다. 그러고는 꼬박 한 달 동안 사냥을 나가 있었는데……."

—여기서 날이 새기 시작한 것을 깨닫고 샤라자드는 이야기를 그쳤다.

68번째 밤

오, 인자하신 임금님, 샤라자드는 이야기를 계속했다.

오마르 왕이 샤르르칸에게 보낸 편지에는 다시 다음과 같은 말이 쓰어 있었습니다.

"내가 사냥을 나간 지 한 달 만에 돌아와 보니, 그대의 아우와 누이는 얼마 안 되는 돈을 가지고 남몰래 성지 순례단에 끼어들어 이미 도성에서 모습을 감춘 뒤였다. 그 사실을 알았을 때 넓은 이 세상이 나에게는 갑자기 한없이 좁고 답답한 곳이 되고 말았다. 오, 내 아들아, 나는 그래도 언젠가는 무사히 두 아이를 볼 수 있으리라 믿고 그 순례단이 귀국하기만 기다리고 있었단다. 그런데 그 순례자들이 귀국한 것을 보고 뛸 듯이 반가워 두 아이의 안부를 물었으나 아무도 그 소식을 알려주는 이가 없었다. 나는 두 아이의 신세를 생각하고 슬픔과 탄식에 싸여 마음이 우울해 잠을 이루지 못하고 눈물이 마를 틈도 없구나."

그리고 다음과 같은 시가 적혀 있었습니다.

사랑하는 두 아이의 모습
내 가슴속 깊은 곳에서
한시도 떠나지 않도다.
돌아올 희망 없다면
내 목숨 살아가길 바라지 않도다.
두 아이를 꿈에서라도 보지 못한다면
편히 누워 잠을 이룰 수도 없도다.

편지는 계속되었습니다.

"마지막으로 너의 건승을 빈다. 그대도 부디 두 아이의 소식을 알아내도록 끊임없이 노력해다오. 이것은 우리에게 너무나 큰 불행이니까."

이 편지를 읽고 난 샤르르칸은 아버지의 슬픔을 동정하면서도 한편으로 동생들의 실종을 남몰래 기뻐했습니다. 샤르르칸은 이 편지를 지닌 채 누자트 알 자만을 찾아갔습니다. 누자트 알 자만은 샤르르칸 왕이 자기 오빠인 줄 모르고, 왕도 또한 상대가 자기 누이인 줄 전혀 알지 못했습니다. 이윽고 달이 차서 해산자리에 누운 왕비는 알라의 수호로 계집아이를 순산했습니다. 여자는 샤르르칸을 맞아 그 아기를 보여주면서 말했습니다.

"이 애는 당신의 딸입니다. 부디 당신이 좋아하시는 이름을 지어주세요."

"태어난 지 이레 만에 이름을 짓는 것이 관례 아닌가?"[120]

이렇게 말하며 샤르르칸은 몸을 굽혀 그 아기에게 입을 맞추었는데, 그때 문득 아기 목에 반짝이는 보석 한 개가 눈에 띄었습니다. 그것을 보자 왕은 아브리자 공주가 그리스에서 가지고 온 것임을 깨달았습니다. 자기 딸의 목에 걸린 보석이 그것임을 알아보자 왕은 이성을 잃고 분노에 이글거리는 눈으로 여자를 쏘아보았습니다.

"이 노예계집년! 이 보석이 어디서 났느냐?"

누자트 알 자만은 이 말을 듣고 대답했습니다.

"저는 당신의 왕비입니다. 이 궁중에 사는 왕비란 말입니다! 어찌 저에게 노예계집이라고 하실 수 있어요! 부끄럽지도 않으세요? 저는 공주예요. 오마르 왕의 공주란 말이에요."

이 말을 듣자 샤르르칸은 몸을 부들부들 떨며 고개를 떨어뜨리고 말았습니다.

—여기서 밤이 밝기 시작하자 샤라자드는 이야기를 그쳤다.

69번째 밤

샤라자드는 이야기를 계속했다. 오, 인자하신 임금님, 샤르르칸은 그 말을 듣고 마음은 혼란에 빠지고 얼굴은 핼쑥해져서 몸을 부들부들 떨다가 고개를 숙였습니다. 그도 그럴 것이 자신의 아내가 같은 아버지한테서 난 누이라는 것을 알았기 때문입니다. 샤르르칸이 끝내 정신을 잃었다가 다시 정신을 차렸을 때도 얼굴에는 여전히 놀라운 빛이 서려 있었습니다. 하지만 왕은 자신의 신원은 밝히지 않고 물었습니다.

"오, 당신이 정말 오마르 왕의 공주요?"

"네, 그렇습니다."

"그럼, 왜 아버님 곁을 떠나 노예로 팔려왔는지 그 까닭을 들려주시오."

누자트 알 자만은 자기가 성도 예루살렘에 병든 오빠를 남기고 온 일, 바다위인에게 납치되어 상인에게 팔려온 일 등 자신에게 닥친 일들을 샤르르칸 왕에게 모두 털어놓았습니다.

그 이야기를 듣고 왕은 이 여자가 틀림없는 누이동생임을 확인하고 마음속으로 생각했습니다.

'내 어찌 누이동생을 아내로 삼을 수 있으랴. 시종 가운데 누구와 짝지어주는 수밖에 도리가 없구나. 만약 이 일이 알려지면 누자트 알 자만과 첫날밤을 치르기 전에 인연을 끊고 시종장에게 시집보냈다고 하면 되겠지.'

이렇게 작정한 샤르르칸 왕은 얼굴을 들고 탄식하면서 말했습니다.

"오, 누자트 알 자만! 무엇을 숨기랴. 너는 내 친누이동생이다. 아, 나는 목 놓아 울고 싶구나. 우리 두 사람이 빠져버린 이 죄업을 용서받기 위해서는 전능하신 알라의 구원에 매달리는 수밖에 없다. 나는 바로 오마르 왕의 아들 샤르르칸이다."

누자트 알 자만은 왕 얼굴을 가만히 바라보다가 그 말이 거짓이 아님을 알자 미친 듯이 울며 자신의 얼굴을 마구 때리면서 외쳤습니다.

"알라 위에 주권 없고 권력 없도다! 아, 우리는 큰 죄를 저지르고 말았습니다.*121 어쩌면 좋을까요! 아버님과 어머님이 아이 아버지가 누구냐고 물으시면 뭐라고 대답해야 할까요?"

샤르르칸이 말했습니다.

"네가 내 누이동생임을 아무도 눈치채지 못하게 하여 시종장과 짝을 짓고, 이 아이는 그 집에서 키우도록 하는 게 좋을 듯하다. 이것이 전능하신 알라의 뜻에 맞는 일이다. 이 일이 알려지기 전에 너를 시종장과 결혼시키는 수밖에 도리가 없다."

샤르르칸은 누이동생을 달래면서 허리를 굽혀 그 이마에 입을 맞추었습니다. 그러자 누자트 알 자만이 물었습니다.

"이 아이에게 어떤 이름을 지어주시겠어요?"

"쿠지아 파칸이라고 부르자."

샤르르칸은 이 어미를 시종장에게 시집보내 아이와 함께 그 집으로 옮겨 가게 했습니다. 아이는 노예계집들 무릎에 안겨 우유와 약을 먹으며 소중하게 키워졌습니다.

이런 일이 일어나는 동안, 자우 알 마칸 왕자는 그 화부와 함께 다마스쿠스에 머무르고 있었습니다.

어느 날 샤르르칸 왕에게 부왕이 보낸 급사가 달려와 편지를 전해 주었습니다. 거기에는 이런 사연이 적혀 있었습니다.

"사랑하는 왕자여, 나는 지금 자식을 잃은 슬픔에 잠 못 이루는 밤이 계속되어 날로 몸이 쇠약해지고 있다. 이 편지를 보내는 것은 다름이 아니라 편지를 받는 대로 곧, 네가 사서 아내로 맞이했다는 처녀와 함께 돈과 공물을 마련하여 보내주었으면 한다. 그 여자를 만나 꼭 이야기를 듣고 싶다. 거기에는 특별한 이유가 있다. 최근에 로움 나라에서 성자로 짐작되는 노파와 처녀 5명이 나를 찾아왔는데, 모두 가슴이 풍만한 처녀들로 학식과 교양이 있으며 예의범절과 온갖 재주를 갖췄더구나. 그 처녀들을 충분히 설명하는 것은 나의 글 솜씨와 언변으로는 도저히 불가능하다. 참으로 학문과 기예에 뛰어난 우수한 처녀들이다. 나는 첫눈에 그들에게 애착을 느끼고 이 궁전에서 거느리고 싶은 마음이 들었다. 어느 나라의 국왕도 이같이 훌륭한 처녀들을 거느린 자는 없을 것이다. 그래서 노파에게 그 몸값을 물었더니 '다마스쿠스의 공물과 바꾸지 않고는 내놓을 수 없습니다' 하는 것이었다. 그러나 그 값은 결코 지나친 것이 아니라고 생각한다. 처녀 한 사람으로도 그만한 값어치는 나갈 정도이니 오히려 너무 싸다고 해야 할 것이다. 그래서 나는 승낙하고 처녀들을 궁중에 들인 다음 내 옆에 두기로 했다. 이런 형편이니 그 노파를 고국으로 돌려보내기 위해 공물을 보내주기 바란다. 그와 함께 이 처녀들을 학자들 앞에서 토론시켜 보고 싶으니 네 아내를 나에게 보내주기 바란다. 만일 네 아내가 토론에서 이긴다면 바그다드의 공물과 함께 돌려보내 주리라.

—여기서 날이 새기 시작하자 샤라자드는 이야기를 그쳤다.

70번째 밤

샤라자드는 이야기를 계속했다. 오, 인자하신 임금님, 알 누만의 아들 오마르 왕은 그 편지 속에서 이렇게 말했습니다. "이 처녀들을 학자들 앞에서 토론시켜 보고 싶으니, 네 아내를 나에게 보내주기 바란다. 만일 네 아내가 토론에서 이기면 바그다드의 공물과 함께 돌려보내 주리라."

샤르르칸 왕은 편지의 내용을 이해하자 매부가 된 시종장을 찾아가 말했습니다.

"자네에게 짝지어준 여자를 곧 이리로 데려와주게."

누자트 알 자만이 나타나자 샤르르칸은 편지를 보여주며 말했습니다.

"누이여, 이 편지에 뭐라고 회답하면 좋을까?"

"스스로 잘 생각해 보세요!"

그러나 늘 고향과 육친을 그리워하고 있었으므로 곧 이렇게 덧붙였습니다.

"제 남편인 시종장과 함께 바그다드로 보내주세요. 그러면 아버님께 모두 말씀드리지요. 바다위인으로부터 상인에게 팔린 경위로부터 그 상인한테서 오빠가 저를 사서 자유의 몸으로 만들어주신 다음 시종장과 결혼시키신 사연을 다 말씀드리겠어요."

"그게 좋겠다, 그리하자."

이리하여 샤르르칸 왕은 딸 쿠지아 파칸을 떠맡아 유모와 환관의 손에 맡기고 공물을 마련했습니다. 그리고 시종장에게는 공주와 함께 공물을 가지고 길을 떠나라고 명한 다음 시종장과 아내를 위해 가마 두 채를 마련했습니다. 시종장이 말했습니다.

"분부대로 하겠습니다."

왕은 또 낙타와 노새를 사방에서 끌어모으고서 부왕 앞으로 편지를 써서 시종장에게 맡겼습니다. 그리고 누이동생 목에서 보석을 끌러 순금 줄로 딸의 목에 걸어준 다음 누이동생과 작별인사를 나누었습니다. 그날 밤 안으로 누이동생과 그 남편은 바그다드를 향해 출발했습니다.

한편, 어느 날 자우 알 마칸 왕자가 함께 사는 화부와 같이 오막살이를 나와 거리를 거닐고 있으려니 낙타와 부흐타르산(産) 단봉낙타*[122]와 함께 짐을 실은 노새와 횃불, 긴 막대에 매단 등불의 행렬이 눈에 들어왔습니다. 알 마칸이 그 짐의 주인이 누구냐고 묻자, 다마스쿠스에서 바그다드의 오마르 왕에게 공물을 싣고 가는 행렬이라고 가르쳐주었습니다.

"그럼 이들을 지휘하는 이는 누구요?"

"재원으로 이름 높은 처녀와 결혼한 시종장이라오."

이 말을 들은 자우 알 마칸은 하염없이 눈물을 흘렸습니다. 고향의 부모와 누이동생이 생각났기 때문입니다. 그래서 화부에게 말했습니다.

"이 행렬에 끼여 한 걸음이라도 고향을 향해 가고 싶소."

"나는 당신을 혼자 바그다드로 보내고 싶지 않습니다. 긴 여행을 무사히 마칠 수 있을지 어떨지 모르니까요. 내친걸음이니 내가 동행하여 당신의 소원이 이루어질 때까지 보살펴 드리겠습니다."

"그러면 기꺼이 당신의 호의를 받겠소."

화부는 곧 여행준비를 시작하여, 나귀를 한 마리 빌려 여러 가지 식량을 담은 가죽 자루를 그 등에 실었습니다. 준비가 다 되어 대열이 지나가기를 기다리고 있노라니 이윽고 단봉낙타에 올라탄 시종장이 많은 종자를 거느리고 나타났습니다. 자우 알 마칸은 나귀를 타고 화부에게 말했습니다.

"자, 당신도 함께 타시오."

"아니, 안 됩니다. 나는 당신의 하인이 되겠습니다."

"잠깐만이라도 타시오."

"다리가 아프면 타기로 하지요."

"고향에 도착하면 내가 당신을 어떻게 대접할지 곧 알게 될 거요."

이리하여 모두 여행을 계속했는데, 해가 떠오르고 정오 낮잠시간이 되자 시종장의 지시로 걸음을 멈추고 탈것에서 내려 휴식을 취하면서 낙타에게 물을 주었습니다. 이윽고 출발명령이 내리자 다시 걷기 시작하여 닷새 뒤 하마*123 마을에 이르렀습니다. 거기서 짐을 내리고 사흘 동안 묵기로 했습니다.

—여기서 날이 새기 시작하자 샤라자드는 이야기를 그쳤다.

71번째 밤

샤라자드는 이야기를 계속했다. 오, 인자하신 임금님, 일행은 사흘 동안 하마 마을에서 쉰 뒤 다시 여행을 계속하여 이윽고 다른 마을에 이르렀습니다. 거기서도 사흘 동안 쉬고 다시 디야르 바크르[7]라는 지방에 도착할 때까지 여행을 계속했습니다. 거기까지 가자 바그다드의 산들바람이 피부에 느껴져, 자우 알 마칸은 부모와 고향을 생각하며 사랑하는 누이동생이 어디 있는지도 모르는 채 혼자 부모 곁으로 돌아가는 자기 신세가 처량하여 눈물을 흘렸습니다. 그는 갈수록 깊어지는 가슴속 회한을 참을 길이 없어 다음과 같은 즉흥시를 읊었습니다.

사랑하는 그대여, 이 아득한
괴로움의 시련을 견디며
나는 언제까지 기다려야 하는가.
그리운 그대 있는 곳을
알려주는 이 없으니
아, 우리가 만나는 시간이
그토록 짧고도 덧없었던가.
신이여, 떨어져 있는 이 순간이
빨리 끝났으면 좋으련만.
내 손잡고 옷을 벗기면
볼 수 있으리, 이 몸이 얼마나
여위고 쇠약해졌는지.
그러나 나는 이 쇠약을
끝내 숨기리라.
"잃어버린 사랑의 보답으로
위안을 얻으라"고
사람들은 말하지만 나는 대답하리.
"알라께 맹세코 심판의 날까지
어찌 위안을 얻을 수 있으리"라고.

이 노래를 듣고 화부는 자우 알 마칸에게 말했습니다.

"너무 그리 슬퍼하지 마시오. 시종장의 천막도 가까이 있으니."

"아니, 나는 시를 읊지 않고는 못 견디겠소. 노래를 부르면 가슴속 불길이 약간은 진정되니까."

"부탁이니 고향에 도착할 때까지 탄식하는 건 참으십시오. 고향에 도착한 다음에는 마음대로 해도 상관없지만. 어쨌든 나는 끝까지 동행하겠소."

"아니오, 도저히 견디기가 어렵구려!"

자우 알 마칸이 바그다드 쪽으로 얼굴을 돌리니 달님이 밝게 반짝이면서 일대에 환한 빛을 던지고 있었습니다. 누자트 알 자만도 그날 밤, 잠이 오지 않아 자리에 들지 않고 오빠를 생각하며 눈물짓고 있었습니다. 그때 자우 알 마칸이 흐느껴 울면서 이런 노래를 부르는 소리가 들려왔습니다.

알 야만의 언덕에 번갯불이 번쩍이면[*124]
견딜 수 없는 실의가 엄습하누나.
나에게 벗 있어, 그 옛날
자나 깨나 함께 즐거웠다네,
내 잔은 찰랑찰랑
넘쳐나는 기쁨에 취하는 마음.
번갯불 보면 떠오르네,
괴로운 자유를 빙자하여
나를 버린 그 여자를.
진실을 말하라, 번갯불이여!
우리 두 사람 다시 한 번 기쁨 속에
만날 날 있을까?
나무라지 말아다오, 이런 나를.
나를 버리고 간 벗 때문에
괴로움을 길러내는 세월 때문에
신이 내리신 오뇌를
오로지 참아내는 나이니.
비운을 당한 그날부터

모든 행복은 내 마음에서
사라져 그림자도 없네.
그대가 가득한 번민의
쓰디쓴 잔을 기울여
그 앙금을 나에게 먹였으니
사랑하는 이여, 이 몸은
다시 그대를 만날 길 없이
죽으리라는 것을.
시간이여, 부디 그 옛날의
즐거움과 기쁨으로 가득했던
어린 날의 행복을.
나를 겨냥하는 화살을
되빼앗아 나에게 쥐여다오.
타향을 떠도는 박복한
이 몸을 구할 이 누구인가?
두려움과 고민에 몇 밤을 지내고
고독을 한탄하며 날을 보내고
'시간의 기쁨'[125] 이미 없어
이 몸을 구할 이 누구인가?
천한 자에게 강요되어
마음에 없이 참고 견디는
슬픔과 고뇌 얼마나 깊을쏘냐.

  노래를 마친 자우 알 마칸은 큰 소리로 울부짖으면서 숨이 끊어질 듯 그 자리에 몸을 던졌습니다. 밤중에 이 노랫소리를 들은 누자트 알 자만은 어쩐지 마음이 편안해지고 기분이 설레어 곧 환관을 불렀습니다.
  "무슨 볼일이 있으십니까?"
  "방금 이 근처에서 노래를 부른 남자를 이리로 데려오너라."
  환관은 고개를 갸웃거리며 대답했습니다.
  "글쎄요. 저는 아무 소리도 듣지 못했는데요."

―그때 새벽빛이 비치기 시작하자 샤라자드는 이야기를 그쳤다.

72번째 밤

오, 은혜로우신 임금님, 샤라자드는 이야기를 계속했다. 누자트 알 자만은 밤중에 오빠의 노랫소리를 듣고 환관을 불러 노래 부른 사람을 데려오라고 분부했습니다.
"글쎄요, 저는 아무 소리도 듣지 못했는데요. 또 그 사람 얼굴도 모르고 지금은 모두 잠들어 있습니다."
"누구라도 좋으니 깨어 있는 자가 있으면 데리고 오너라. 그 사람이 부른 게 틀림없을 테니까."
환관이 밖으로 나가 주위를 살펴보니 깨어 있는 사람은 화부 말고는 아무도 없었습니다. 자우 알 마칸은 정신을 잃고 쓰러져 있었기 때문입니다. 문득 자기 머리맡에서 걸음을 멈춘 사람의 그림자를 알아차린 자우 알 마칸의 친구는 더럭 겁이 났습니다. 환관이 입을 열었습니다.
"조금 전에 노래를 부른 것이 너냐? 마님께서 들으셨다는데."
화부는 마님이 그 노래를 듣고 노한 줄로 알고 걱정하면서 대답했습니다.
"원 천만에요! 절대로 제가 아닙니다."
"그럼, 누가 불렀어! 그놈 이름을 대라. 너는 자지 않았으니 알고 있을 것 아니냐."
화부는 자우 알 마칸이 걱정되어 마음속으로 생각했습니다.
'어쩌면 이 환관 놈이 뭔가 행패를 부릴지도 모른다.'
그래서 이렇게 대답했습니다.
"아니, 저는 아무것도 모릅니다."
"거짓말하지 마라! 너밖에 깨어 있는 자가 없잖나. 네가 모를 까닭이 없어."
"아닙니다. 알라께 맹세코 저는 바른말을 할 뿐입니다. 누군가 길 가는 나그네가 불렀을지도 모르지요. 그래서 내가 잠을 깬 모양입니다. 그 빌어먹을 놈!"

"흠, 그놈을 보거든 곧 나에게 알려라. 잡아다 마님 가마 앞에 꿇어앉힐 테다. 아니면 네 손으로 잡아와도 좋아."

"그럼, 돌아가 계십시오. 틀림없이 그놈을 제가 잡아다 드릴 테니까요."

환관은 돌아가 주인에게 그대로 이야기했습니다.

"누가 불렀는지 아무도 모른다고 합니다. 아마 지나가던 나그네가 부른 게 틀림없을 겁니다."

누자트 알 자만은 아무 말도 하지 않았습니다.

잠시 뒤 자우 알 마칸이 가까스로 정신을 차리고 보니 달은 중천에 걸리고 새벽녘 산들바람*126이 살랑살랑 불고 있었습니다. 자우 알 마칸의 마음은 그리움과 슬픔으로 가득 차 헛기침을 하고는 다시 노래를 부르려 했습니다. 그러자 화부가 물었습니다.

"무엇을 하려고 그러오?"

"노래라도 불러서 가슴속 불길을 가라앉힐까 하오."

"당신이 정신을 잃은 동안 일어난 일을 모르기 때문이겠지요. 환관을 겨우 속여 넘겨 당신이 죽음을 모면했다오."

"그게 무슨 소리요?"

"당신이 정신을 잃고 있을 때, 한 환관이 편도나무 몽둥이를 들고 왔었단 말이오. 자는 사람들을 하나하나 들여다보더니 나 혼자 깨어 있는 것을 보고는 '방금 노래 부른 놈이 누구냐?' 하고 묻지 않겠소? 그래서 내가 '지나가던 나그네겠지요.' 했더니 놈은 가버렸는데, 그건 정말 알라 덕분이었소. 그렇지 않았으면 살해되었을 걸요. 놈은 이렇게 말했소. '만일 다시 노랫소리가 들리거든 그놈을 나에게로 붙잡아오라.'"

이 말을 듣자 자우 알 마칸은 눈물을 흘리며 말했습니다.

"도대체 누구요, 노래를 부르면 안 된다고 한 자가? 무슨 일이 있어도 나는 노래를 부를 테요. 이젠 고향도 가까우니 무서울 게 아무것도 없소."

"그런 말을 하면 결국 목숨만 잃을 뿐이오."

"아니야, 무슨 일이 있더라도 노래하고 말 테요."

"글쎄, 잠깐만 기다리시오, 그렇게 고집을 부리면 당신과 여기서 헤어지는 수밖에 없소. 나는 당신이 고향의 부모님을 만날 때까지 떨어지지 않으려고 생각했소. 당신하고 함께 지낸 지 1년 반이나 되지만 그동안 단 한 번도 당신을 해롭게 한 일이 없소. 그런데 왜 그렇게 꼭 노래를 부르겠다고 고집을 부리는 거요. 게다가 많이 걷기도 해서 지쳤잖소. 모두 잠들어 있소. 잠을 푹 자서 피로를 푸는 일이 가장 중요한 일이오."

"아니오, 아무래도 나는 마음먹은 대로 해야겠소."[127]

자우 알 마칸은 끝내 슬픔을 견디지 못하고 다시 노래를 부르기 시작했습니다.

　　폐허가 된 집 옆에 멈춰 서서
　　주인을 부르며 대답 기다리면
　　아마도 누군가 반드시 대답하리.
　　어두운 밤 공허에 지치면
　　불을 밝혀 어둠을 밝게 비추어라.
　　모래 들판의 뱀이 소리를 내더라도
　　나는 조금도 겁내지 않으리!
　　물 테면 물어라, 나도 물어주련다
　　그 음란한 붉은 입술을.
　　낙원이여, 사랑하는 처녀를 얻기 위해
　　나의 영혼은 빛을 잃고 날아간다.

그리고 또 다음과 같은 즉흥시를 읊었습니다.

　　그 옛날은 우리의 세월 뜻대로 흘러
　　더없이 아름다운 땅에서 즐거이 살았노라.
　　그리운 그 집 나에게 돌려다오.
　　'세월의 기쁨'과 '단란함의 환희'[128]가 맺어진 그 집을.

시를 읊고 나자 자우 알 마칸은 세 번째로 비명을 지르며 정신을 잃은 채 바닥에 쓰러졌습니다. 화부는 일어나 그 몸에 담요를 덮어주었습니다.

누자트 알 자만은 첫 번째 노래를 듣자 부모와 오빠, 그리고 옛집이 생각나 흐느껴 울면서 다시 환관을 심하게 나무랐습니다.

"너 같은 건 나가 죽어버려라! 아까 그 노랫소리가 또 들려오지 않느냐. 더구나 바로 가까이에서 부르고 있구나. 노래 부르는 사람을 데려오지 못하면 시종장을 깨워 너를 흠씬 때려 내쫓도록 하겠다. 그러니 이 금화 백 닢을 노래 부른 사람에게 갖다주고 정중히 데려오도록 해라. 절대로 무례한 짓을 해서는 안 된다. 만일 말을 듣지 않거든 그 사람의 신분과 이름과 고향을 물은 다음, 이 금화 1천 닢이 든 지갑을 드리고 오너라. 꾸물거리지 말고 곧 가봐."

―샤라자드는 날이 새기 시작하는 것을 알아차리고 이야기를 그쳤다.

73번째 밤

오, 인자하신 임금님, 샤라자드는 이야기를 계속했다. 누자트 알 자만은 노래 부른 사람을 조사하기 위해 환관에게 분부했습니다.

"알겠느냐, 노래 부른 사람을 찾지 못했다고 그냥 돌아와서는 안 된다!"

꾸중을 들은 환관은 밖으로 다시 나가 여기저기 천막 안을 찾아보았으나 모두 곤히 잠들어 있고 깨어 있는 자는 한 사람도 없었습니다. 그래서 또 그 화부에게로 갔더니 그 사내는 여전히 두건을 쓰지 않은 채 앉아 있었습니다. 다가가 그 손을 움켜잡으며 말했습니다.

"노래를 부른 게 네놈이지?"

화부는 그 무서운 서슬에 벌벌 떨면서 대답했습니다.

"아닙니다, 당치도 않습니다. 알라께 맹세코 결코 제가 아닙니다."

"노래 부른 놈을 대지 않으면 네놈을 놓아주지 않겠다. 그놈을 잡기 전에는 마님께 돌아갈 수 없단 말이다."

이 말을 듣자 화부는 자우 알 마칸의 신상을 생각하고 흐느껴 울면서 말했습니다.

"결코 제가 아닙니다. 누가 노래를 불렀는지 저는 전혀 모릅니다. 지나가는 나그네가 노래하는 것을 들었을 뿐입니다. 제발 저를 나무라지 마십시오. 저는 성도 예루살렘에서 온 나그네입니다. 오, 알라의 벗, 이브라힘이 여러

분과 함께 계시기를!"

환관은 소리쳤습니다.

"잔말 말고 빨리 일어나 날 따라와! 네 입으로 직접 마님께 말씀드려라. 아무리 봐도 너밖에 깨어 있는 사람이 없으니까."

"아까 당신이 왔을 때도 저는 여기에 있었습니다. 제가 있는 곳을 알잖습니까. 누구든 자기 처소를 떠나면 야경꾼에게 걸립니다. 그러니 당신도 당신 처소로 돌아가시오. 이런 밤중에 또 시를 읊는 자가 있다면 그놈이 가까이 있건 멀리 있건 그것이 저 자신이든, 생판 모르는 남이든, 반드시 알려 드릴 테니까요."

화부는 환관 머리에 입을 맞추며 교묘하게 얼버무려 상대를 물러가게 했습니다.

하지만 환관은 아무 보고할 거리 없이 그냥 돌아가는 게 두려워 화부 뒤에 살며시 서 있었습니다. 그런 줄도 모르고 환관이 보이지 않자 화부는 자우 알 마칸을 흔들어 깨우고 말했습니다.

"자, 일어나 앉으시오, 무슨 일이 있었는지 이야기해 줄 테니."

자우 알 마칸이 몸을 일으키자 화부는 그때까지의 경위를 자세히 이야기했습니다. 그러자 자우 알 마칸은 말했습니다.

"내버려두시오. 이제는 고향도 가까우니 아무것도 거리낄 일이 없소."

"어째서 당신은 멋대로 말씀하시는 거요? 당신은 아무것도 두렵지 않다 하지만 나는 당신이 염려스럽고 내 목숨도 아깝단 말이오. 그러니 고향땅을 밟기 전에는 제발 노래를 부르지 마시오. 당신이 이런 외고집인 줄은 정말 꿈에도 몰랐소. 그 마님이라는 분이 시종장 부인이라는데, 당신 노래가 마음에 거슬렸다면 붙잡아 혼내주려는 걸 거요. 그걸 당신은 모른단 말이오? 마님께서도 아마 여행에 지치고 고향이 그리워 병이 났거나 아니면 잠이 오지 않는 탓이겠지요. 아무튼 당신을 잡으려고 환관을 보낸 게 이번으로 벌써 두 번째니까요."

이렇게 간곡히 말해도 자우 알 마칸은 그 충고에 귀도 기울이지 않고 다시 큰 소리로 울면서 노래를 불렀습니다.

　　나무람 들으면 울화 치밀고

나는 달아나고파
까닭도 모르고 나무라니
나는 견딜 수 없어.
이 가슴 더한층 애가 타네.
"근심 말고 즐거이 지내오."
이렇게 말한다면 나는 대답하리.
"아, 고향이 그리울 뿐."
"어째서 그토록 그리운가요?"
"사랑하는 것이 뭔지 알기 때문."
"고향의 명예를 받드는 까닭은?"
"나에게 수치를 가르쳤기 때문."
아무리 쓴 잔을 기울일지라도
상관없이 가고 싶은 고향인데
어쩌면 이토록 멀기만 한가.
고향을 사랑하므로
나를 나무라는 이들에게는
추호도 머리 숙이지 않으리.

자우 알 마칸의 노래가 채 끝내기도 전에 화부 뒤에 숨어서 모두 듣고 있던 환관이 불쑥 그 앞에 나타났습니다. 깜짝 놀란 화부는 재빨리 그 자리에서 달아나 무슨 일이 일어날지 멀리서 숨죽이며 동정을 지켜보았습니다. 환관이 먼저 자우 알 마칸에게 인사했습니다.
"당신께 평안함이 있으시기를!"
"당신에게도 알라의 자비와 가호가 내리시기를!"
"그런데 여보시오."
이렇게 부르고는 환관은 다시 말을 이었습니다.

—그때 샤라자드는 새벽빛이 스며드는 것을 알고 이야기를 그쳤다.

74번째 밤

샤라자드는 이야기를 계속했다. 오, 인자하신 임금님, 환관은 자우 알 마칸에게 말했습니다.

"나는 당신을 모셔오라는 마님의 분부를 받고 세 번째 찾아온 사람입니다."

"나를 찾아내려는 여자가 대체 누구냐? 그 여자와 남편에게 재앙 있어라!"

그리고 환관에게 욕을 퍼부었습니다. 그러나 환관은 마님으로부터 상대에게 무례를 범하거나 우격다짐으로 끌고 와서는 안 된다, 데리고 올 수 없을 때는 금화 1천 닢을 주도록 하라는 엄격한 분부를 받았으므로, 그것을 거역하고 난폭한 짓을 할 수 없어 무척 공손한 태도로 말했습니다.

"부디 이 지갑을 받으시고 나와 함께 가십시다. 조금도 해로운 짓이나 나쁜 짓은 하지 않을 테니까요. 수고스럽겠지만 당신은 그저 마님께 가서서 말씀을 듣고 그대로 돌아오면 되는 일이오. 좋은 소식을 가져다주었다 해서 당신에게 훌륭한 상금이 내릴 것으로 생각되오."

이 말을 듣자 자우 알 마칸은 일어나 환관 뒤를 따라 자는 사람들 사이를 지나 조용히 밖으로 나갔습니다. 화부도 멀찌감치 두 사람 뒤를 따라가며 혼잣말을 했습니다.

"가엾어라, 아직 젊은데 내일이면 교수형을 당하게 되겠지."

계속 따라가는 동안 누구의 눈에도 띄지 않고 진영의 천막까지 이르렀습니다. 그리고 살며시 멈춰 서서 말했습니다.

"만일 내가 노래를 부르라고 부추겼다는 거짓말을 한다면 저자는 그야말로 더러운 놈이지."

자우 알 마칸은 환관 뒤를 따라 그들의 진영에 이르렀습니다. 환관은 서둘러 누자트 알 자만에게 가서 말했습니다.

"마님, 찾으시던 자를 데리고 왔습니다. 생김새도 태도도 훌륭한 젊은이입니다. 좋은 가문에서 유복하게 자란 듯한 모습입니다."

이 말에 누자트 알 자만은 가슴을 두근거리며 외쳤습니다.

"그 젊은이에게 무슨 노래라도 좋으니 불러 보라 해라. 가까이에서 듣고 싶구나. 그런 다음 이름과 신분과 고향에 대해 물어봐다오."

환관은 자우 알 마칸에게 돌아와 말했습니다.

"마님께서 좀더 가까이 와서 무엇이든 노래를 불러달라고 하시오. 그리고 당신 이름과 고향도 알고 싶어 하시오."

"좋소, 기꺼이 부르리다. 그리고 이름을 물으셨지만 실은 이름 없는 하찮은 인간이오. 경력이라 할 만한 것도 그리 없고, 몸도 무척 쇠약해져 있소. 굳이 말한다면 신세 이야기가 되는데, 그것도 어디가 시작이고 어디가 끝인지 알 수 없다오. 말하자면 나는 술주정뱅이로 절도가 없는 데다 중병이 들어 정도(正道)를 벗어난 인간이오. 불운에 시달리며 시름 속에서 헤매는 사나이라오."

이 말을 듣고 누자트 알 자만은 흐느껴 울면서 환관에게 말했습니다.

"그분은 부모와 그리운 사람들 곁을 떠나 온 것이 아닌가 물어봐다오."

환관이 그대로 묻자 자우 알 마칸은 대답했습니다.

"말씀대로 나는 사랑하는 사람들과 모두 헤어져 혼자가 되어버렸소. 특히 가장 사랑했던 것은 누이동생이었소. 그 누이동생을 나한테서 멀리 떼어버린 것도 모두 운명의 짓이었소."

이 말을 듣자 누자트 알 자만은 자기도 모르게 큰 소리를 지르지 않을 수 없었습니다.

"오, 전능하신 알라시여, 이 사람이 사랑하는 사람을 만날 수 있도록 도와주소서!"

―샤라자드는 날이 새기 시작하는 것을 알고 이야기를 그쳤다.

75번째 밤

샤라자드는 이야기를 계속했다. 오, 인자하신 임금님, 누자트 알 자만은 환관을 향해 말했습니다.

"고향 사람들이며 고향을 떠나게 된 연유를 좀 들려주실 수 없겠느냐고 여쭈어 봐다오."

환관이 그 말을 전하자 자우 알 마칸은 괴로운 듯 긴 한숨을 내쉬며 다음과 같은 노래를 부르기 시작했습니다.

처녀의 사랑은 모든 사람이
인정한 증거가 아니겠는가.
힌다가 사는 그 집에
영원한 행복이 있기를!
힌다의 사랑은
아무도 그 울타리 넘을 수 없어
어느 남자도 끝내
얻지 못한 여자였더라.
그러나 힌다의 발길이
닿은 날의 그 골짜기는
은은한 사향, 용연향이 깔려
향기로운 냄새로 가득하더라.
내 고향의 아름다운 공주여
내 민족의 자랑을 찬양하시라.
뭇 사람들의 마음은 모두
그 착한 여자를 따라가리라.
신이여, '세월의 환희'에
천둥이 깃들지 않은 비구름을 보내
부드러운 비를 내리소서.

또 다음과 같은 노래를 불렀습니다.

알라께 맹세코 나는 말하리.
고향에서 다시 나의 누이
알 자만을 만난다면
꽃도 수줍어할 아름다운
처녀들로 둘러 모시게 하고

흥겨운 웃음 한복판에서
   즐거운 나날을 보내리라고.
   여러 가지 소리로 울리는
   하프의 오묘한 음색에 맞추어
   잔을 들어 기울이면
   반쯤 감은 눈꺼풀에서
   눈동자는 반짝반짝 빛나고
   촉촉이 젖은 붉은 입술,
   꽃동산에서 졸졸 흐르는
   시냇가에서 찾을 것인가.

 이 노래가 끝나자 누자트 알 자만은 가마의 휘장 자락을 들치고 젊은이의 모습을 보았습니다. 상대 얼굴에 시선이 꽂히는 순간 확실하게 알아보고 큰 소리로 외쳤습니다.
 "오! 오빠! 오! 자우 알 마칸 오빠!"
 젊은이도 곧 알아듣고 외쳤습니다.
 "오, 누이여! 오, 누자트 알 자만이여!"
 그리고 자기 가슴에 몸을 던져오는 누이를 꼭 껴안은 채 두 사람은 정신을 잃고 그 자리에 쓰러졌습니다. 이 광경을 본 환관은 깜짝 놀라 의아해하면서 곧 두 사람 위에 뭔가를 덮어주고는 정신을 차릴 때까지 기다렸습니다. 한참 뒤 남매는 정신이 돌아왔고, 누자트 알 자만은 춤을 추면서 기뻐했습니다. 얼굴에 무겁게 드리워졌던 검은 그림자는 이내 사라지고 기쁨에 몸을 떨면서 이런 노래를 불렀습니다.

   '시간'은 맹세했네, 이 생명
   슬픈 황야를 헤매리라고.
   바야흐로 그 맹세 깨어졌노라.
   그대 빨리 속죄하라,
   좋은 소식 가져온 사람에게
   행복은 찾아오고,

오마르 빈 알 누만 왕과 두 아들 샤르르칸과 자우 알 마칸 이야기

좋은 벗들도
힘을 더하여 달려가네.
자, 일어서 준비하라,
세상에 알려진 낙원의
행복 이야기를 물리치고
내 입술은, 지금 여기
카우사르*129 강 빛깔과 맛 좋은 술을
핥고 취하여 넋을 잃었노라.

이 노래를 들은 자우 알 마칸은 누이동생을 가슴에 꼭 끌어안았습니다. 한없는 기쁨에 눈물이 하염없이 넘쳐흘렀습니다. 이윽고 자우 알 마칸은 다음과 같은*130 노래를 불렀습니다.

서로 헤어져
이별을 한탄하기 몇 해이던가
회한의 눈물이 이 눈에서
넘쳐흘러 멈출 줄 모른다.
다시 만날 날 있다면
'이별'의 말은 한마디도
내 혀끝에 올리지 않겠노라
맹세한 일 몇 번이던가.
이제 기쁨에 가득 차
환희의 정은 끝이 없고
나도 모르게 눈동자에 어린
눈물방울은 기쁨의 눈물.
오, 내 눈동자여, 이 눈물
나날의 습관이 되면
기쁠 때도 눈물 흐르고
슬플 때도 눈물 흐르리!

그렇게 얼마간 가마 문 앞에서 서로 부둥켜안고 있다가 이윽고 누자트 알 자만이 말했습니다.

"자, 가마 안으로 들어오셔서 지금까지 있었던 일을 자세히 이야기해 주세요. 저도 이야기할 테니까요."

안으로 들어가자 자우 알 마칸이 말했습니다.

"너부터 먼저 이야기해다오."

누이동생 누자트 알 자만은 대상객주에서 오빠와 헤어지고서 바다위족 늙은이를 만난 일, 상인에게 팔려간 일, 오빠 샤르르칸 왕에게 끌려가 오빠에게 다시 팔린 일, 샤르르칸이 그 자리에서 자유로운 몸으로 만들어 결혼계약서를 꾸미고 자기와 동침한 일, 아버지 오마르 왕이 샤르르칸에게 사신을 보내 자기를 부른 일 등 모든 사연을 이야기했습니다.

"오빠를 만나게 해 주신 알라께 감사드립니다! 그 옛날 아버님 곁에 함께 있었던 것처럼 지금 다시 아버님 곁으로 함께 돌아갈 수 있게 된 것도 신이 정해 주신 운명이에요! 게다가 오빠 샤르르칸 왕은 제가 아버님 슬하로 돌아갈 수 있도록 시종장과 결혼시켜 주었습니다. 이것이 제가 겪은 모든 이야기예요. 그러면 이번에는 오빠 이야기를 들려주세요."

그래서 자우 알 마칸도 누이와 헤어진 뒤의 이야기를 처음부터 끝까지 들려주었습니다. 알라께서 화부를 만나게 해 주신 사연과 그 사람과 함께 여행을 했는데, 그가 자기를 위해 비용을 아끼지 않고 밤낮없이 친절하게 시중들어준 이야기 등을 남김없이 했습니다. 그 이야기를 듣고 누이가 화부를 칭찬하자 자우 알 마칸은 말했습니다.

"누이야, 이 화부는 정말 진심으로 나를 위해 주었다. 그것은 사랑하는 남자가 젊은 처녀에게, 또는 아버지가 자기 아들에게 하는 것처럼 정성어린 보살핌이었다. 때로는 자기는 굶으면서도 나를 먹여주고, 자기는 걸으면서도 나를 나귀에 태워주기도 했단다. 내가 오늘날까지 목숨을 이어 오게 된 것은 정말 그 사람 덕분이야."

"알라의 뜻에 따라 우리의 힘이 미치는 데까지 사례를 해 줍시다."

누이는 곧 환관을 불렀습니다. 환관이 와서 누자트 알 자만의 손에 공손하게 입을 맞추자 누이는 말했습니다.

"기쁜 소식을 가져다준 그대에게 사례해야겠어. 그대 덕분에 오빠를 만나게 되었으니 그 지갑은 그대가 가져도 좋아. 그건 그렇고 곧 가서 나리를 이리로 급히 모셔오너라."

환관은 얼른 달려가 마님의 분부를 전달했습니다. 시종장은 곧 아내에게 와보니 알 마칸이 있었으므로 누구냐고 물었습니다. 알 자만은 두 사람의 신상에 일어난 이야기를 모두 하고 나서 끝으로 덧붙였습니다.

"여보, 당신이 결혼한 상대가 노예계집이 아니었음을 이제 아셨지요? 노예는 고사하고 당신은 오마르 왕의 공주를 아내로 맞이한 거예요. 이분이 우리 오빠 자우 알 마칸 님입니다."

이 말을 듣자 시종장은 그 말이 결코 거짓이 아님을 알았습니다. 그뿐만 아니라 자기가 지금 오마르 왕의 사위가 되었음을 확실히 알고 혼잣말을 중얼거렸습니다.

"이거 참, 운수만 좋으면 어느 곳의 영주도 될 수 있겠는걸."

그리고 알 마칸에게 다가가 무사히 누이동생과 만나게 된 것을 축하하고 하인들에게 특별히 천막을 치게 하고는 좋은 말을 한 필 드리도록 일렀습니다. 그러자 아내가 말했습니다.

"이제 고국도 가까우니 한동안 오빠와 단둘이 있게 해 주세요. 바그다드에 들어갈 때까지 서로 만난 기쁨을 이야기하고 싶어요. 아무튼 너무 오랫동안 헤어져 있었으니까요."

"당신 좋을 대로 하구려."

시종장은 밖으로 나가 초와 여러 가지 과자와 함께 자우 알 마칸을 위해 매우 값진 옷을 3벌 보내주었습니다. 그리고 다시 아내의 가마로 돌아와 많은 이야기를 나누었습니다. 자우 알 마칸은 그때 문득 생각이 나서 말했습니다.

"환관에게 일러 그 화부를 이리로 데려오게 하고 말 한 필과 아침식사를 대접해 주십시오. 또 우리 곁을 떠나지 말라고 말씀해 주십시오."

시종장은 환관을 불러 그 말을 전했습니다. 환관은 시동을 데리고 화부를 찾으러 나가 대열 맨 뒤에서 나귀에 배띠를 채우고 도망갈 채비를 하고 있는 그를 발견했습니다. 그는 알 마칸이 혹시 죽게 되는 게 아닐까 하고 걱정하면서도 한편으로 알 마칸과의 작별이 슬퍼서 눈물을 흘리고 있었습니다.

"내가 그토록 말렸건만 듣지 않더니 결국 이렇게 되고 말았어. 그 젊은이는 지금쯤 어떻게 되었을까?"

그 혼잣말이 채 끝나기도 전에 별안간 환관이 막아서고 시동들이 그의 주위를 빙 둘러싼 것을 보고 너무도 무서워 얼굴빛이 노래졌습니다.

―샤라자드는 밤이 밝아오는 것을 깨닫고 이야기를 그쳤다.

76번째 밤

샤라자드는 이야기를 계속했다. 오, 은혜로우신 임금님, 화부는 나귀의 배 띠를 채우고 도망갈 준비를 하면서 혼잣말을 했습니다.
"그 젊은이는 지금쯤 어떻게 되었을까!"
그 말이 채 끝나기도 전에 별안간 환관이 막아서자 화부는 너무나 무서워서 몸을 벌벌 떨며 소리쳤습니다.
"그 젊은이가 내 친절을 이렇게 갚는구나! 그놈은 환관에게 나를 고자질해(그래서 시동들이 나를 둘러싸는 거야) 결국 나에게 죄를 덮어씌우고 만 거야."
그러자 환관은 화부를 나무랐습니다.
"노래를 부른 건 도대체 누구였지? 이 거짓말쟁이야! 네놈의 짝이 아니었던가. 그런데도 노래를 부른 기억이 없다는 둥 누가 불렀는지 모른다는 둥 거짓말을 하다니! 이렇게 되었으니 너를 그냥 내버려둘 수 없다. 네놈도 네 단짝패처럼 혼내줄 테니 그리 알아라!"
"걱정했던 일이 결국 닥쳐오고 말았구나."
화부는 이렇게 중얼거리더니 노래를 불렀습니다.

　　내가 두려워했던 대로
　　재앙이 마침내 찾아왔네.
　　무슨 말을 하리오, 우리는 모두
　　알라 곁으로 돌아가리라.

그러자 환관은 하인들에게 명령했습니다.

"이놈을 끌고 가라!"

하인들은 눈의 흰자위가 검은 눈동자를 에워싸는 것처럼 화부를 둘러싸며 환관 뒤를 따랐습니다. 환관은 하인들에게 일렀습니다.

"이자의 머리카락 한 올이라도 다치게 하는 날이면 너희 목숨은 없을 줄 알아라!"

그러면서 은근히 정중하게 다루며 소홀함이 없게 했습니다. 그러나 하인들에게 에워싸인 화부는 이젠 꼼짝없이 죽었구나 생각하며 환관에게 말했습니다.

"여보시오, 대장님, 나는 그 젊은이의 형제도 친척도 아닙니다. 나는 목욕탕 화부로 그가 병들어 똥 무더기 위에 버려진 것을 발견한 죄밖에 없습니다."

그들은 대열의 뒤를 따라 여행을 계속했습니다. 화부는 눈물을 흘리며 한탄하면서 마음속으로 온갖 궁리를 다했습니다. 환관은 줄곧 그 옆에서 걸어가면서 다만 이렇게 말할 따름이었습니다.

"당신과 그 젊은이는 노래를 불러서 마님의 마음을 심란하게 해 드렸어. 하지만 그리 걱정할 건 없소."

그러고는 속으로 혼자 소리죽여 웃었습니다. 그들이 걸음을 멈출 때마다 화부는 음식 대접을 받았는데, 그때마다 환관과 함께 같은 접시의 음식을 먹었습니다.[131] 식사가 끝나면 환관은 하인을 시켜 설탕을 넣은 과일주스를 한 병 가득 내오게 하여 자기가 마신 뒤 화부에게도 주었습니다. 그러는 동안에도 자신의 목숨에 대한 걱정과 알 마칸과 이별한 슬픔, 그리고 타국에서 당하는 설움을 탄식하느라 화부는 눈물이 마를 새가 없었습니다.

이렇게 두 사람은 일행과 함께 여행을 계속했습니다. 한편 시종장은 아내가 탄 가마 옆에서 떨어지지 않고 자우 알 마칸과 그 누이동생을 보살피고 화부 쪽도 신경을 써주었습니다. 오누이는 줄곧 이야기를 나누며 서로 위로했습니다. 그리하여 여행을 계속한 끝에 마침내 바그다드까지 사흘이면 닿을 곳에 이르렀습니다. 해가 지자 모두 걸음을 멈추고 날이 샐 때까지 쉬었습니다. 다음 날 아침, 말에 짐을 실으려는데 갑자기 멀리 지평선에서 모래먼지가 자욱하게 일더니 순식간에 하늘을 뒤덮고 주위가 캄캄해졌습니다.[132] 시종장이 일행에게 고함을 쳤습니다.

"중지! 짐 싣는 것을 멈춰라!"

그리고 말에 올라 백인 노예병사를 거느리고 모래먼지가 이는 쪽으로 급히 말을 몰았습니다. 가까이 이르자 먼지 속에서 갑자기 나타난 것은 밀물처럼 몰려오는 군대였습니다. 온갖 깃발을 휘날리며 큰북과 작은북을 치는 기병대와 보병대였습니다. 시종장은 그 광경을 보고 깜짝 놀랐습니다. 진격해 온 군사들도 시종장을 보더니 그 속에서 5백 명의 기병단이 달려나와 시종장들을 포위했습니다. 다섯 배쯤 되는 병력이었습니다. 시종장은 말 위에 버티고 서서 상대 군사에게 소리쳤습니다.

"우리에게 이런 짓을 하다니, 대체 누구냐! 누구의 군대냐?"

상대도 소리쳤습니다.

"그렇게 말하는 네놈은 누구냐? 어디서 왔으며 어디로 가려는 것이냐?"

"나는 바그다드와 호라산국의 임금님 오마르 빈 알 누만의 왕자이시며 다마스쿠스를 다스리시는 샤르르칸 왕의 시종이다. 지금 샤르르칸 왕의 공물과 선물을 바그다드의 아버님께 가지고 가는 길이다."

이 말을 듣자 말 위 용사들은 두건으로 얼굴을 가리고 울면서 말했습니다.

"실은 오마르 왕께서 돌아가셨습니다. 더구나 독살당하셨지요! 자, 어서 가십시오. 단단 대신 일행을 만날 때까지 안전하게 안내해 드리겠습니다."

이 소식에 시종장도 진심으로 슬퍼하며 울었습니다.

"오, 모처럼의 여행길에서 이런 슬픈 소식을 들을 줄이야!"

시종장과 그 부하들은 눈물을 흘리며 자기들을 에워싼 군사들과 함께 전진하여 단단 대신의 군대와 합류했습니다. 대신에게 면회를 청하자 단단 대신은 그 청을 받아들여 모든 군사에게 정지하도록 명하고, 큰 천막을 치게 한 다음 의자에 앉아 시종장을 안으로 불러들여 여러 가지로 물었습니다. 시종장이 다마스쿠스 태수의 명령으로 오마르 왕에게 시리아의 공물을 가져가는 임무를 띠고 왔다고 대답했습니다. 대신은 오마르 왕의 이름을 듣자 새삼스레 눈물을 흘리면서 말했습니다.

"오마르 왕은 독살당하셨소. 왕이 돌아가신 뒤 중신들 사이에 후계자 문제로 싸움이 벌어져 하마터면 유혈극이 벌어질 뻔했소. 그러나 다행히 중신 고관들과 판관 네 명이 중재하여 가까스로 분쟁이 가라앉고 모두 판결을 기다리게 되었지요. 그 결과 우리가 다마스쿠스로 가서 샤르르칸 왕자를 모셔와 부왕의 영토를 다스리게 하기로 합의를 보았소. 하긴 신하 중에는 둘째 왕자이신 자우 알 마칸을 왕위에 앉히고 싶어 하는 사람들도 있었소. 그 사람들의 의견에 의하면 그분의 이름은 '나라의 빛'이고, 누자트 알 자만, 즉 '시간의 기쁨'이라는 누이동생이 있었기 때문이오. 하지만 두 분 다 5년 전에 성지순례를 떠난 뒤로는 소식이 묘연하지요."

이 말을 듣고 비로소 시종장은 아내의 모험담이 거짓이 아님을 알고 오마르 왕의 죽음을 애도하여 몹시 슬퍼했습니다. 하지만 한편으로는 자우 알 마칸이 돌아온 것을 크게 기뻐했습니다. 앞으로 알 마칸이 부왕의 뒤를 이어 바그다드의 왕이 될지도 모른다는 생각이 들었던 것입니다.

—샤라자드는 여기서 날이 새기 시작한 것을 알고 이야기를 그쳤다.

77번째 밤

샤라자드는 이야기를 계속했다. 오, 인자하신 임금님, 샤르르칸의 시종장은 오마르 왕의 죽음을 애도하면서, 한편으로는 자우 알 마칸이 부왕의 뒤를 이어 바그다드의 왕이 될지도 모른다고 생각하며 기뻐했습니다. 시종장은 단단 대신에게 말했습니다.

"참으로 기이한 이야기군요. 실은 지금 저와 만나고 계시는 이 장소에서 알라께서는 당신의 피로를 위로해 주시고 참으로 간단하게 당신의 희망을 이루어주셨습니다. 전능하신 알라께서는 자우 알 마칸 왕자와 누이동생인 누자트 알 자만 공주를 당신에게 보내주셨습니다. 그러니 모든 일이 매우 순조롭게 해결될 거라고 생각합니다."

대신은 이 말을 듣고 크게 기뻐하며 말했습니다.

"오, 시종장, 그 두 분에 대한 이야기를 자세히 들려주시오. 그동안 무슨 일이 있었는지, 오랫동안 행방이 묘연했던 까닭이 무엇이었는지."

시종장은 누자트 알 자만이 자기의 아내가 되었다는 이야기와 자우 알 마칸의 기구한 모험담을 처음부터 끝까지 얘기해 주었습니다. 이야기가 끝나자 대신은 곧 태수와 중신들을 불러모아 그동안의 사정을 설명해 주었습니다. 이야기를 듣고 모두 크게 기뻐하는 동시에 이 이상한 운명의 장난에 매우 놀라워했습니다.

그들은 함께 시종장에게 가서 저마다 두 손을 짚고 엎드려 인사했습니다. 단단 대신도 자리에서 일어나 시종장을 맞으러 나가 정중하게 그 앞에 멈춰 섰습니다. 시종장은 그날로 회의를 열어 재상과 함께 윗자리에 앉았습니다. 태수며 고관대작들은 저마다 지위에 따라 두 사람 앞에 자리를 잡고 앉아 장미수에 설탕을 섞어 마셨습니다. 그런 다음 태수들은 회의를 열었습니다. 다른 군대에는 회의가 끝나는 대로 곧 뒤따라 갈 터이니 전진하도록 명령했습니다. 부관들은 엎드려 명령을 받고는 말에 올라 군기를 세우고 전진했습니다. 이윽고 회의를 마친 중신들은 말을 달려 군사를 뒤따랐습니다.

시종장은 단단 대신에게 다가가 말했습니다.

"나는 한 걸음 앞서 갈까 합니다. 국왕의 거처를 마련하고 자우 알 마칸 왕자님께 당신이 오신다는 것과 형님이신 샤르르칸 대신 그분이 국왕으로 선출되었다는 것을 미리 알려 드리는 게 좋을 것 같으니까요."

"좋은 생각이오."

시종장이 급히 일어나자 단단도 일어나 경의를 표하고서 선물을 건네며 받아달라고 말했습니다. 태수와 고관대작들도 선물을 주며 행운을 빈 다음 부탁했습니다.

"자우 알 마칸 왕께 저희 이야기를 해 주시고 현재의 지위에 그대로 머물러 있도록 말씀드려 주실 수 없겠습니까?"

시종장은 그들의 요구를 전하겠다고 약속하고 시종들에게 출발준비를 명령했습니다. 단단 대신은 시종장 일행에게 천막을 내주며 바그다드까지 하룻길 지점에서 천막을 치도록 담당자에게 명령했습니다.

시종장은 말을 몰아 달리면서 혼잣말을 했습니다.

"이번 여행은 정말 재수가 좋군!"

사실 이때 시종장 눈에는 아내와 처남 자우 알 마칸이 무척 고귀하게 보였습니다. 그들은 길을 재촉하여 마침내 바그다드까지 하룻길밖에 남지 않은 곳에 이르렀습니다. 그곳에서 시종장은 걸음을 멈추고 휴식명령을 내린 다음 오마르 왕의 왕자 자우 알 마칸 왕을 위해 자리를 마련했습니다. 그동안 자기는 백인 노예병사를 거느리고 누자트 알 자만의 가마에서 조금 떨어진 곳에 이르자 말에서 내려 환관들을 통해 알현을 청했습니다. 환관들이 그 뜻을 전하자 알 마칸이 허락했으므로, 시종장은 앞으로 나아가 남매와 이야기를 나누고 아버님 오마르 왕께서 돌아가신 일이며, 백성을 다스릴 왕으로 알 마칸을 모시기로 했다는 자초지종을 들려준 다음, 새로운 왕의 명망을 왕국의 온 백성이 기뻐하고 있다고 이야기했습니다. 남매는 아버지의 죽음을 알고 비탄의 눈물을 흘리며 곧바로 부왕이 살해당한 경위를 물었지만 시종장은 다만 이렇게 대답해 두었습니다.

"자세한 것은 내일 전군을 거느리고 오는 단단 대신이 알고 있습니다. 임금님께서는 그저 모두가 결의한 대로 집행하시기만 하면 됩니다. 한 사람도 이의 없이 당신을 국왕으로 모시기로 했으니까요. 만일 그렇게 하시지 않으면 다른 사람이 왕위에 앉게 되고, 그렇게 되면 당신의 생명이 위태로워집니다. 어쩌면 그 왕은 당신을 없애버리려 할지도 모릅니다. 또 두 분 사이에 분쟁이 일어나 결국 어느 편에서도 이 영토를 갖지 못하게 될 수도 있습니다."

자우 알 마칸은 잠시 고개를 숙이고 있더니 이윽고 말했습니다.

"그럼, 내가 왕위에 오르기로 하지."

그도 그럴 것이 사실 거절할 여지가 없었던 것입니다. 그리고 평소에 시종장이 자기에게 현명한 간언을 해 주고 올바른 길로 인도하고 있음을 확실히 알게 되었습니다.

"그럼, 샤르르칸 형님은 어떻게 되나?"

"형님께서는 다마스쿠스의 왕, 당신께서는 바그다드의 왕이 되시는 겁니다. 그러니 용기를 내시어 스스로 각오를 다지십시오."

자우 알 마칸이 고개를 끄덕이자 시종장은 단단 대신이 전하는 왕의(王衣) 한 벌과 왕가에 전해져 내려오는 단검을 바쳤습니다. 그런 다음 왕 앞에서 물러나와 하인에게 명하여 높은 지점을 골라 태수와 중신들이 알현할 수 있도록 널찍한 천막을 치게 했습니다. 또 요리사에게는 맛있는 음식을 장만하게 하여 모든 사람을 대접하고 물을 운반하는 자들에게도 모든 준비를 하게 했습니다. 모두 저마다 명령대로 준비하고 있을 때 아득한 저편에 모래먼지가 자욱이 일어나더니 사방으로 번지면서 지평선을 뒤덮어버렸습니다. 잠시 뒤 모래먼지는 가시고 그 속에서 바그다드와 호라산의 우수하고 강한 군사인 무적의 대군이 파도처럼 밀려왔습니다.

―샤라자드는 날이 밝아오는 것을 깨닫고 이야기를 그쳤다.

78번째 밤

샤라자드는 이야기를 계속했다. 오, 은혜로우신 임금님, 새로운 국왕의 어전에 알현을 청하는 많은 신하를 수용할 대천막을 치라는 시종장의 명령에 따라 왕자에게 어울리는 호화로운 대천막*133이 세워졌습니다. 그 일이 끝날 즈음 갑자기 모래먼지가 하늘을 뒤덮더니, 이윽고 먼지가 가시자 그 속에서 위엄 있고 활기찬 대군이 나타났습니다. 그것은 단단 대신이 앞장선 바그다드와 호라산의 군대였습니다. 장병들은 모두 '나라의 빛'인 자우 알 마칸 왕자의 즉위를 기뻐하고 있었습니다.
　그때 자우 알 마칸은 이미 왕의 의상을 입고 왕검을 허리에 차고 있었습니다. 시종장이 군마를 끌어오자 알 마칸은 그 말에 올라타 백인 노예병사를 비롯한 신하들의 호위를 받으며 나아가 대천막에 이르렀습니다. 그리하여 그 안에 들어가 앉아 무릎 위에 왕검을 내려놓았습니다. 한편 시종장은 왕의 경비를 맡고, 무장한 노예들은 칼을 뽑아들고 대천막 입구에 자리를 잡았습니다. 이윽고 군대가 천막으로 다가와 알현하기를 청하자 시종장은 자우 알 마칸에게 가서 허락을 구했습니다. 왕은 10명씩 안내하도록 명령을 내렸습니다. 시종장이 이러한 왕의 명령을 전하자 장병들은 분부대로 막사 어귀에 정렬했습니다. 시종장은 10명씩 골라 입구를 지나 알 마칸 왕에게로 안내했습니다. 알 마칸 왕은 자신의 얼굴을 보고 황공해하는 사람들을 매우 자애로운 태도로 맞아들이고 그들을 위하여 힘쓸 것을 약속했습니다. 사람들은 왕이 무사히 귀국한 것을 축하하고 알라의 축복을 빈 다음, 어떤 일에도 왕에게 충성을 다하겠다는 맹세를 하고 땅바닥에 엎드린 뒤 물러나왔습니다. 이어서 또 열 사람이 들어오면, 왕은 먼저와 같이 응대했습니다. 이리하여 열 사람씩 알현하다 보니 마지막으로 단단 대신만 남게 되었습니다.
　대신이 들어와 알 마칸 앞에 엎드리자 국왕은 일어나 맞이하며 말했습니다.

"오, 잘 오셨소. 천하에 둘도 없는 대신이여! 그대의 행동은 실로 현명한 조언자의 행위였소. 지혜롭고 총명한 그대는 모든 것을 올바르게 판단하고, 게다가 상당한 선견지명을 갖추었소."

왕은 시종장에게 곧 요리를 준비하여 모든 장병을 위로하라고 명령했습니다. 그리하여 모두 식탁에 모여앉아 즐겁게 음식을 먹고 술을 마셨습니다. 왕은 단단 대신에게 열흘 동안 주둔할 것을 명령했는데, 그것은 대신과 단둘이 남아 아버님이 살해된 까닭을 알고 싶었기 때문이었습니다. 단단 대신은 공손히 왕명을 받들고 왕의 영광이 무궁하기를 빈 다음 말했습니다.

"당연히 그렇게 하셔야지요!"

단단 대신은 진영 한복판으로 나아가 전군에 열흘 동안 머물도록 명령했습니다. 그리고 유쾌하게 노는 것은 무방하지만 측근 신하들은 국왕을 모시고 사흘 동안 분부를 받들어야 한다고 덧붙였습니다. 대신은 국왕에게 돌아가 모든 것을 보고했습니다. 새로운 국왕은 해가 지기를 기다렸다가 동생 누자트 알 자만을 찾아가 물었습니다.

"너는 아버님이 살해당하신 까닭을 아느냐?"

"전혀 모릅니다."

누이동생은 눈앞의 비단 휘장을 내렸습니다. 왕은 그 휘장 밖에 앉아 대신을 불러들여 말했습니다.

"우리 아버님이신 오마르 왕께서 살해된 까닭을 자세히 들려주기 바라오!"

단단 대신은 다음과 같이 이야기하기 시작했습니다.

―오마르 왕께서는 사냥을 마치고 바그다드에 돌아오시자 당신과 공주님을 찾으셨지만 그 행방을 알 수 없었습니다. 이윽고 두 분께서 순례를 떠나신 것을 아시고 처음에는 무척 화를 내셨지만, 곧 두 분을 걱정하시면서 슬픔 속에 나날을 보내셨습니다. 그 뒤 반년 동안 드나드는 모든 사람에게 두 분의 행방을 물어보셨으나 아는 사람이 아무도 없었습니다. 그런데 두 분께서 행방을 감춘 지 1년이 지났을 무렵 저희가 오마르 왕을 측근에서 모시고 있는데 수도사 차림을 한 노파가 처녀 5명을 데리고 나타났습니다. 처녀들은 하나같이 젖가슴이 불룩하고 달덩이 같은 미인으로 이루 말할 수 없이 귀엽고 아름다웠습니다. 그뿐만 아니라 이 처녀들은 모두 코란을 읽을 줄 알았

고 갖가지 학문과 고대 민족의 역사에도 정통했습니다. 노파가 임금님께 알현을 청하자 오마르 왕께서는 이를 허락하셨습니다. 노파는 왕 앞에 엎드려 인사를 올렸습니다. 나는 그때도 옥좌 옆에 앉아 있었는데, 오마르 왕께서는 노파의 태도에 고행으로 단련된 견고한 신앙심이 나타나 있음을 보시고 가까이 불러 바로 옆자리에 앉히셨습니다. 노파는 자리에 앉자 입을 열었습니다.

"오, 임금님, 저는 어느 나라 임금님도 가지지 못한 처녀 다섯 명을 데리고 있습니다. 다섯 명 모두 지혜와 미모와 사랑스러움과 원만함을 아울러 갖추고 있지요. 코란과 전설을 읽을 줄 알며, 여러 가지 학문과 고대 민족의 역사에도 통달해 있습니다. 오, 현세를 다스리시는 임금님, 임금님을 섬기고 싶어 하는 처녀들이 바로 저기에 서 있습니다. 칭찬을 하시든 흉을 보시든 일단 시험해 보신 뒤에 마음대로 처분하시기 바랍니다."

신의 자비를 받으신*134 당신 아버님께서는 눈을 들어 그 처녀들을 보시고 곧 마음에 드시어 이렇게 말씀하셨습니다.

"그럼, 각자 고대 민족의 역사와 옛날에 멸망한 국민의 역사에 대해 저마다 아는 이야기를 하나씩 해보도록 하여라."

—샤라자드는 날이 밝아오는 것을 알고 이야기를 그쳤다.

79번째 밤

샤라자드는 이야기를 계속했다. 오, 인자하신 임금님, 단단 대신은 자우알 마칸 왕에게 이야기를 계속했습니다.

—신의 자비를 받으신 당신 아버님은 처녀들의 미모가 마음에 드시어 역사 이야기를 하나씩 하라고 말씀하셨습니다. 그러자 한 처녀가 나와 바닥에 엎드리고 다음과 같은 이야기를 시작했습니다.

"오, 임금님, 높은 교양을 갖춘 자는 무례한 언행을 삼가고 아름답고 갸륵한 덕행을 몸에 익히며 신의 법도를 지키고 중한 죄를 피하여야 합니다. 그러기 위해서는 한 걸음 잘못 디디면 지옥으로 떨어질 어려운 고행도 서슴없이 실천해야 합니다. 좋은 몸가짐의 바탕을 이루는 것은 바로 덕행이기 때문입니다. 또한 사람이 생존하는 주된 이유는 영원한 생명을 추구하는 노력으로, 거기에 이르는 올바른 길은 알라를 섬기는 일입니다. 그러므로 임금님께서도 백성을 인자하게 다스리시고 이 법도에서 벗어나서는 안 됩니다. 사람은 지체가 높을수록 사려분별과 선견지명이 더욱 필요하며 실제로 군주가 되는 사람에게는 누구보다 그것이 필요합니다. 범속한 세상 사람들은 결과를 생각지 않고 일에 임하게 됩니다. 임금님께서는 알라의 길에서 벗어나지 않도록 목숨과 재물을 아낌없이 쓰십시오. 그리고 적이 당신과 다툴 때는 당신께서도 적과 다투시어 반증을 들어 반박하십시오. 하지만 친구들과의 사이에서는 정의와 공명정대함 말고는 시비를 가를 수 있는 것이 없습니다. 그러므로 벗의 인물됨을 잘 시험한 다음 선택하셔야 합니다. 만일 그 벗이 내세의 우의(友誼)를 지닌 인물[135]이라면 신성한 법도의 외관을 열심히 지키게 함과 동시에, 그 내면에 감추어진 의의에 깊이 통달케 하십시오. 또 만일 현세의 우의를 지닌 인물이라면 자유롭고 성실한 사람이 되게 하며, 결코 어리석거나 비뚤어진 자가 되게 해서는 안 됩니다. 어리석은 자는 그 어버이까지 가까이하기 싫어하고, 거짓말쟁이는 진실한 벗이 될 수 없기 때문입니다.

실제로 벗(Siddik, 시디크)[136]이라는 말은 진정에서 우러나는 진실(Sidk, 시드크)에서 온 말입니다. 그러므로 혀끝에 거짓이 뚜렷이 나타나 있을 때는 진정에서 우러나는 시드크가 있을 수 없습니다. 또 법도를 지키면 그것을 실천하는 사람에게 이득이 있습니다. 그러므로 이런 성품을 지닌 분이라면 당신의 친구로 사랑하셔야 하며, 비록 당신을 성가시게 하는 점이 있다 하더라도 버리시면 안 됩니다. 친구란 이혼하거나 재혼할 수 있는 아내와 다르기 때문입니다. 친구의 마음은 유리알과 같아서 한 번 깨어지면 다시 붙일 수 없습니다. 이런 노래를 부른 시인에게 알라의 축복이 있기를!

    마음으로 남의 마음에 상처주지 말라
    상처받은 마음은 치유하기 어려우니.
    일단 사랑이 떠나버린 마음은
    깨진 유리처럼 다시 붙일 수 없나니."

처녀는 이야기를 계속하고서 다음과 같은 현인의 말을 인용하며 끝맺었습니다.

"'가장 좋은 벗은 늘 좋은 충고를 해 주는 사람이고, 최선의 행위는 그 결과에 있어서 가장 공명정대하게 이루어진 일이다. 또 최고의 찬사는 결코 남의 혀끝에 오르는 것이 아니다.' 또 이런 말도 있습니다. '특히 두 가지 은총, 즉 건강과 이지(理智)에 대해 신께 감사드리는 것을 등한히 하는 것은 신의 종이 할 일이 아니다.' 또한 이런 말도 있습니다. '자기를 소중히 여기는 자는 색욕에 빠지는 일이 없으며, 자신의 하찮은 어려움을 크게 생각하는 자에게는 알라께서 더욱 큰 어려움을 내리신다. 자기의 기호(嗜好)에 따르는 자는 자기의 의무를 게을리하고, 모함하는 자에게 귀 기울이는 자는 참된 벗을 잃는다.' 자기를 좋게 생각하는 자에게는 그 사람의 호의에 배반하지 않도록 행동해야 합니다. 지나치게 시비를 따지는 자는 죄를 범하고, 부정을 경계하지 않는 자는 정의의 칼을 모면할 길이 없습니다.

이어서 판관과 재판관의 의무에 대해 말씀드리겠습니다. 오, 임금님, 어떠한 판결이라도 확증을 잡은 뒤에 내리지 않으면 정의에 어긋납니다. 재판관은 만인을 평등한 입장에서 다루어야 합니다. 그것은 세력 있는 자가 압제를 가하지 않도록 하기 위해, 또 약한 자가 정의에 절망하지 않게 하기 위해서입니다. 그리고 재판관은 원고한테서 증거를 이끌어내고, 피고에게는 서약을 지키게 해야 합니다. 이슬람교도들 사이에서는 위법행위를 인정하거나 정당한 행위를 금하는 타협이 아닌 한, 중재(仲裁)도 인정되고 있습니다. 지금 가령 당신이 어떤 판결을 내렸는데 이성적으로 그 판결이 수상쩍게 여겨지는 일이 있다면(오, 판관이여!), 그것이 당신의 선의에서 나온 판결임이 입증될지라도 당신은 곧 올바른 방향으로 행동하지 않으시면 안 됩니다. 정의를 행하는 일은 종교상의 의무이며, 올바른 길로 돌아오는 것은 잘못을 고집하는 것보다 낫기 때문입니다. 그리고(오, 재판관이여!) 당신은 판례와 소송법을 연구하시고 당신의 눈길로 진실을 주시하시어 사건을 알라께(알라를 찬양할지어다!) 맡겨야 합니다. 그리고 소원자(訴願者)들 사이에 정의를 골고루 행하셔야 합니다. 또 원고에게 증거 제출을 요구하시어, 원고가 증거를 내놓는다면 그에 상당하는 이익을 주셔야 하고 만일 증거를 내놓지 못할 때는 피고에게 서약을 지키게 하십시오. 이것은 알라께서 정하신 법입니다.

또 재판관은 자격을 갖춘 이슬람교도 증인의 증언을 쌍방에게서 들어야 합니다. 왜냐하면 전능하신 알라께서는 심판자에게 겉으로 나타난 것에 의해 판단하도록 명하시고, 알라 자신은 내면에 숨겨진 사항을 다스리기로 되어 있기 때문입니다. 또 재판관은 고통이나 기아에 시달리고 있을 때 판결을 내리는 것은*137 피해야 합니다. 판결에 있어서는 전능하신 알라의 눈치를 살펴야 합니다. 왜냐하면 알라께서는 마음이 깨끗한 자, 편안한 자를 백성과 그자 사이에 일어나는 분쟁에서 지켜주시기 때문입니다. 알 즈리*138는 이렇게 말했습니다. '판관 가운데 그것이 발견되면 곧 직책이 파면되는 세 가지 결점이 있다. 첫째는 비천한 자를 존중하고, 둘째는 칭찬을 좋아하며, 셋째는 파면을 두려워하는 일이다.' 예전에 오마르 빈 아브드 알 아지즈가 어느 판관을 파면시킨 일이 있었습니다. 그 판관이 '왜 저를 파면하십니까?' 하고 묻자 아지즈는 '너는 분에 넘치는 말을 하기 때문이다'라고 대답했다 합니다. 그리고 이스칸다르*139는 법관에게 이렇게 말했다고 전해지고 있습니다. '나는 그대에게 이 직무를 주고 동시에 나의 영혼과 명예와 용기도 모두 그대에게 맡긴 셈이다. 그러니 그대의 분별과 견문과 학식으로 이것을 지켜주기 바란다.' 또 요리사에게는 '너는 내 육체를 맡은 셈이니 네 몸이라 생각하고 소중히 여겨다오'라고 말하고, 대신에게는 '그대는 내 두뇌의 관리인이니 나를 대신하여 글을 쓰거나 내 구술을 받아 적을 때 부디 주의를 기울여주기 바란다'고 말했다 합니다."

이야기를 끝낸 첫 번째 처녀가 왕 앞에서 물러나자 두 번째 처녀가 앞으로 나아갔습니다.

―샤라자드는 날이 훤히 새기 시작하는 것을 알고 이야기를 그쳤다.

80번째 밤

샤라자드는 이야기를 계속했다. 오, 인자하신 임금님, 단단 대신은 자우 알 마칸 왕에게 이야기를 계속했습니다.

―이야기를 끝낸 첫 번째 처녀가 왕 앞에서 물러나고 두 번째 처녀가 앞으

로 나아가 부왕 오마르 왕 앞에 일곱 번 엎드린 다음 이야기를 시작했습니다.
"현자 루크만*140은 아들에게 말했습니다. '세상에는 세 종류의 사람이 있어 세 가지 경우에 그 본성이 나타난다. 너그러운 자는 화가 났을 때 비로소 알 수 있고, 용사는 싸움터에서 비로소 알게 되며, 참된 벗은 어려울 때 비로소 알게 된다.' 그리고 또 '남을 압제하는 자는 잠깐은 사람들의 칭찬을 받게 되더라도, 결국은 남에게 압제를 받게 되며, 남에게 압제를 받는 자는 일시 뭇사람의 비난을 들을지라도 결국 마음이 편안해질 수 있다'고 합니다. 전능하신 알라의 말씀에도*141 '자기가 행한 일에 만족하며 기뻐하는 자나 자기가 행하지 않은 일에 대해 사람들의 칭찬을 듣고 싶어 하는 자가 벌을 면하기를 기대해서는 안 될 것'이라고 했습니다. 그러한 사람에게는 반드시 무서운 형벌이 내려지게 되어 있습니다. 또 어떤 분*142(부디 구원과 축복을 내려주시기를!)은 이렇게 말했습니다. '활동은 의도에 의한 것으로, 각자에게 그 의도하는 것이 귀속된다.' 또 '사람 몸에 어느 부분이 불건전하면 전체가 불건전하다'고 말했는데, 그 어느 부분이란 마음을 가리키는 것입니다. 마음은 인간의 모든 것을 지배하며 인체 가운데서 가장 불가사의합니다. 마음속에서 탐욕이 일면 그 몸은 욕망으로 망하고, 번민이 마음을 지배하면 고뇌 때문에 목숨을 잃습니다. 분노가 마음을 어지럽히면 그 몸에는 위험이 닥칩니다. 마음이 만족하고 있다면 불평불만을 담을 여지가 없습니다. 마음에 공포가 엄습하면 슬픔이 넘치고, 재앙을 당하면 고뇌에 사로잡힙니다. 사람이란 재물이 넉넉해지면 그로 말미암아 신을 생각하는 일이 적어지고, 가난에 쪼들리면 마음은 고뇌로 어지러워집니다. 불안이 마음을 좀먹으면 쇠약해져서 마침내 몸을 망가뜨립니다. 그러므로 끊임없이 알라를 마음에 두고, 이 세상에서 생활해 나갈 수단을 얻어 내세에서의 지위를 확보하는 수밖에 도리가 없습니다. 어떤 현자는 '인간 중에서 가장 불행한 자는 누구인가?'라는 질문에 '색욕에 지배되어 마음이 허공에 뜨고, 그 때문에 지식이 산만해져서 사리를 분간하지 못하는 자'라고 대답했습니다. 시인은 이렇게 절묘하게 노래하고 있습니다.

　　나는 피한다, 남의
　　잘못을 보고도 자기 태도를

고치지 못하는 사람들을.
부(富)도 재능도 인간이
다만 겉치레로 빌리는 것,
참된 의상은 마음과 가슴에
그대가 두른 것뿐.
일할 때도 그 입구를
잘못 들어서면 어긋나고
입구가 올바르면 무슨 일이건
쉽사리 이루어진다."

두 번째 처녀는 여기서 한숨을 돌리고 다시 이야기를 계속했습니다.
"이번에는 수행자의 일화에 대한 히샴 빈 바샤르의 이야기를 들려 드리지요. ―내가 오마르 빈 우바이드에게 '참된 신앙이란 어떤 것입니까?' 하고 물었더니 대답했습니다. '알라의 사도(그에게 구원과 축복이 있기를!)는 이렇게 설명하고 있다. 죽음과 재앙을 잊지 않고, 덧없는 것을 버리고 영원한 것을 택하며, 내일에 생명이 있다고 여기지 않고 자신을 죽은 자들 사이에 있다고 여기는 사람이 신앙 깊은 자이니라.'

또 아부 자르를*143은 입버릇처럼 '나에게 있어 가난한 자는 부자보다 귀하고, 병든 자는 건강한 자보다 귀하다'고 말했습니다. 그 말을 들은 청중들 가운데 한 사람은 '알라시여! 아부 자르에게 자비를 내리소서!'라고 외쳤습니다. 저 자신은 어떤가 하면, 전능하신 알라의 선택을 믿는 자는 모두 알라께서 골라주신 환경에 만족해야 할 것으로 생각합니다. 예언자의 친구 한 분이 말하기를, 어느 날 이븐 아비 아우파*144가 저희와 새벽 기도를 올렸는데 기도가 끝나자 '오, 알라의 사랑 속에 있는 그대여!'*145 하고 읊조리다가 '나팔소리가 울려 퍼질 때'라는 대목까지 오자 별안간 쓰러져 숨이 끊어졌다고 합니다. 또 사비트 알 바나니는 거의 눈이 멀 때까지 울었으므로 사람들이 의사를 데리고 왔습니다. 의사가 사비트에게 '내가 시키는 대로 한다면 고쳐 드리리다' 하고 말하자 '어떻게 하면 좋은가?' 하고 사비트가 물으니 의사가 말했습니다. '울음을 그치십시오.' 사비트는 그 말에 답하여 '울지 않는 눈이라면 무슨 가치가 있는가?'라고 말했다 합니다. 또 어떤 사람이 마호메트 빈 압둘라에게 '나에게 훈계를 주십시오!' 하고 말했습니다."

―샤라자드는 날이 부옇게 밝아오는 것을 깨닫고 이야기를 그쳤다.

81번째 밤

샤라자드는 이야기를 계속했다. 오, 인자하신 임금님, 단단 대신은 자우 알 마칸 왕에게 이야기를 계속했습니다.
―신의 자비를 얻은 오마르 왕을 향해 두 번째 처녀는 이렇게 강연을 계속했습니다.
"마호메트는 훈계를 달라는 말에 답하여 '이 세상에서는 스스로 다스려 몸을 삼가는 자가 되고 내세에서는 탐욕스러운 노예가 되기를 권한다'고 말했습니다. '어째서입니까?' 상대가 묻자 마호메트는 '이 세상에서 자신을 억제하면 현세와 내세를 모두 얻을 수 있기 때문'이라고 대답했습니다. 다음은 가우스 빈 압딜라의 이야기입니다. 옛날 이스라엘의 자손들 가운데 두 형제가 있었는데, 형이 아우에게 '네가 여태까지 했던 일 가운데 가장 위험했던 일은*146 무엇이냐?'라고 물었습니다. 아우는 대답했습니다. '언젠가 내가 아기 새 둥지를 발견했는데, 그 속에서 아기 새 한 마리를 꺼냈다가 다시 넣어 주었어. 그런데 다른 아기 새들은 그 새에게 가까이 가지 않았어. 내가 저지른 일 중에 그게 가장 위험한 것이었어. 그런데 형이 한 일 중에서 가장 위험했던 일은 뭐야?' '난 말이야, 아침에 일어나 기도드릴 때 이건 보답을 받고 싶어서 하는 게 아닐까 하는 생각이 들어.' 이 말을 들은 그 형제의 아버지는 '오, 알라여, 두 아이의 말이 거짓이 아니거든 부디 신 앞에 가까이 가게 하소서!' 하고 외쳤습니다. 그리고 현자 한 사람은 '이 형제는 정말 덕이 높은 아이들'이라고 평했다 합니다.
이번에는 사이드 빈 유바일*147의 이야기를 하겠습니다. '내가 언젠가 푸자라 빈 우바이드와 자리를 함께했을 때, 무언가 훈계를 주십시오'라고 청했더니 푸자라는 '합신론(合神論, 신시이즘)*148을 피하고, 알라께서 창조하신 것을 해치지 말라는 두 가지 금제(禁制)를 마음속에 명심하지 않으면 안 된다'

고 대답하고 다음과 같은 두 가지 시를 읊었습니다.

　　무엇이든 뜻대로 하소서.
　　알라의 마음 관대하시어
　　고민을 씻어주는 신이시니
　　두려워 말지어다, 모든 재앙을.
　　그러나 다만 두 가지
　　지켜야 할 법도 있으니
　　알라 외에 신을 섬기지 말고
　　그대의 동포를 괴롭히지 말라.

그리고 이것은 또 얼마나 멋진 노래입니까.

　　만일 그대가 덕(德)을 쌓지 않고
　　죽은 뒤 덕을 쌓은 사람을 만나면
　　그 사람처럼 온갖
　　덕이 없음을 후회하리라.'"

　두 번째 처녀가 물러나자, 이번에는 세 번째 처녀가 앞으로 나아가 이야기를 시작했습니다.
　"신앙의 장(章)은 참으로 범위가 넓습니다. 저는 다만 오랜 옛날의 신앙이 두터웠던 사람에 대해 생각나는 대로 말씀드리고 싶습니다. 어떤 성인이 말했습니다. '죽음 속에 정말 안식이 있는지는 알 수 없지만, 다만 사람의 업(業)은 그 사람이 죽은 뒤에 비로소 뚜렷해진다는 것만은 알고 있기 때문에 나는 죽음을 축복한다. 그리하여 나는 선행을 많이 하고 악행을 적게 하려 애쓰고 있다'고.
　또 이타 알 사라미는 나날의 설교가 끝나고서 언제나 몸을 떨며 심하게 우는 습관이 있었는데, 어째서 그러냐고 물으면 이렇게 대답했습니다. '나는 어떤 중대한 일을 시작하고 싶다. 나의 설교에 따르는 것은 전능하신 알라 앞에 서는 것과 같다.' 마찬가지로 알 후사인의 아들인 자인 알 아비딘[149]도 일어나 기도할 때는 늘 몸을 떨었습니다. 그 이유를 물으니 '내가 누구 앞에 서서 누구에게 말하고 있는지 당신네는 모르시오?' 하고 되물었다고 합니다.

일찍이 스후얀 알 타우리*150의 이웃에 한 장님이 살고 있었는데, 이 사람은 라마단(8)이 되었을 때 사람들과 함께 기도하러 갔습니다.*151 그런데 한마디도 입을 열지 않고 망설이고만 있었습니다. 그 모습을 보고 스후얀이 말했습니다. '심판의 날이 오면 저 사람은 코란의 신자들과 더불어 나타나 더욱 많은 명예를 얻고 동포 중에서 뛰어난 존재가 될 것이다.' 또 '영혼이 마음속에 제대로 앉아 있다면, 그 영혼은 천국을 위한 기쁨과 천국에 대한 동경 때문에 날아가고, 또 슬픔과 지옥불에 대한 공포 때문에도 날아가 버리리라'고 했으며 '폭군의 눈치를 살피는 것은 죄악'이라고 했다 합니다."

이야기를 마치고 세 번째 처녀가 물러가자, 네 번째 처녀가 나와 다음과 같은 이야기를 했습니다.

"저는 생각나는 대로 신앙심이 두터웠던 사람들의 갖가지 전설을 들려 드리겠습니다. 맨발의 비시르*152가 전해 주신 이야기는 이러합니다. '나는 예전에 하리드가 비밀 다신교를 경계하라고 하는 말을 듣고 그 비밀 다신교가 무엇이냐고 물었더니, 상대는 당신들 중 누군가가 예배를 드릴 때 부정한 이유*153가 나올 때까지 언제까지고 몸을 숙여 엎드려 있는 경우'라고 대답했습니다.

또 어떤 현자는 선행하면 악행을 보상한다고 했습니다. 이브라힘*154은 말했습니다. '나는 맨발의 비시르에게 두세 가지 신학상의 이해할 수 없는 점에 대해 가르쳐달라고 부탁했다. 그러나 비시르는 그 지식은 누구에게나 가르쳐 줄 수 있는 것이 아니다, 백 명에 5명꼴, 그러니까 법률로 미리 정해진 금전 자선의 비율과 같다고 말했다. 나는 그 대답이 훌륭하다고 여겼고 거기에 이의가 없었다. 그런데 내가 기도를 드리고 있으니 비시르도 역시 기도를 드리고 있었다. 나는 비시르 뒤에서 근행시간(勤行時間)을 알려주는 자가 큰 소리로 외칠 때까지 엎드려 있었다. 그러자 초라한 옷을 입은 남자가 일어나 말하기를, '오, 사람들이여, 행복을 가져다주는 거짓말은 해롭지 않지만 주의할 것은 불행을 가져다주는 진실이오.*155 또 난처한 때는 이것저것 가릴 여유가 없소. 고귀한 분들이 없을 때는 말을 해도 아무 소용없지만, 그와 마찬가지로 그러한 분들이 있을 때는 잠자코 있어도 아무 상관없소'라고 했다. 그때 나는 비시르가 1다니크*156를 떨어뜨린 것을 보고 그것을 주워 은화 한 닢과 바꿔서 내밀었다. 그러자 비시르가 받을 수 없다고 하기에 나는 그것은 참으로 정당한 교환이라고 말했다. 그러나 비시르는 현세의 부(富)와 내세의 부를 바꿀 수는 없다고 대답했다.'

다음은 그 비시르의 누이동생이 아마드 빈 한발*157을 찾아갔을 때의 이야기입니다."

─샤라자드는 날이 훤히 밝아오는 것을 알고 이야기를 그쳤다.

82번째 밤

샤라자드는 이야기를 계속했다. 오, 은혜로우신 임금님, 단단 대신은 자우 알 마칸 왕에게 이야기를 계속했습니다.

─네 번째 처녀는 임금님의 부왕께 말씀드렸습니다.
"비시르의 누이동생은 아마드 빈 한발에게 가서 말했습니다. '오, 신앙을 이끌어주시는 분 이맘(導師)이시여, 우리는 밤에는 실을 잣고 낮에는 일하며 살아가는 집안입니다. 때로는 바그다드의 야경 횃불이 지나가면, 지붕에 올라가 그 불빛에 의지하여 실을 잣기도 합니다. 그것은 좋지 않은 일일까요?' '당신은 대체 누구시오?' '저는 맨발의 비시르의 누이동생입니다.' '오, 비시르 집안의 여인이여, 나는 이제부터 당신의 마음에서 신앙의 물을 길어 잔뜩 마시렵니다.'

어떤 현자는 또 이렇게 말했습니다. '알라는 자기 종에게 호의를 베푸실 때는 그를 위하여 행위의 문을 연다'고. 또 말리크 빈 디나르*158는 시장을 지나가면서 마음에 드는 것이 눈에 띄면 언제나 '오, 마음이여, 참아라, 나는 네가 좋아하는 것을 주지 못한다'고 말했습니다. 디나르(알라여, 이분을 축복하소서!)는 또 '영혼은 육욕과 싸움으로써 구원을 얻을 수 있으며 영혼의 타락은 육욕에 대한 굴복'이라고 말했습니다.

만수르 빈 암마르*159는 이렇게 말하고 있습니다. '나는 순례길에 올라 쿠파를 지나 메카 쪽으로 나아갔습니다. 땅거미가 지고 어둠이 내릴 무렵, 이렇게 부르짖는 사람이 있었습니다. '오, 알라여, 당신의 위대한 힘과 영광에 맹세코 말씀드립니다. 비록 제가 순종하지 못했다 할지라도 당신을 배반할 뜻은 없었습니다. 저는 당신을 모르지 않으니까요. 저의 잘못은 당신께서 시작 없는 영원*160으로부터 저의 운명을 정해 주신 것입니다. 그러니 부디 제가 율법을 어긴 것을 용서해 주십시오. 알지 못하여 당신의 명에 따르지 못한 것입니다!' 기도를 끝낸 사내는 목청껏 노래를 읊었습니다. '오, 진실한 신도들이여, 사람과 돌을 땔감으로 삼는*161 지옥의 불에서 너와 네 가족의 영혼을 구하라.' 이윽고 무엇이 쓰러지는 소리가 들렸지만 그리 마음에 두지 않고 그대로 지나쳐버렸습니다. 날이 밝아 여행을 계속하노라니 뜻밖에도 장례식 행렬을 만났는데 쇠약한 노파 하나가 뒤따르고 있었습니다. 누가 돌아가셨느냐고 물으니 '어제 우리 아들이 기도를 마치고 전능하신 알라의 경전에 있는 시를 읊조리고 있었는데, 마침 지나가던 한 남자가 쓸개주머니가 터져 별안간 죽어 버렸습니다. 이건 그 사람의 장례식입니다'라고 대답했다 합니다.'"

이렇게 이야기를 마치고 네 번째 처녀가 물러가자 다섯 번째 처녀가 나와 이야기를 시작했습니다.

"저도 생각나는 대로 옛날 경건한 믿음을 가진 사람들의 행위에 대해 말씀드리려 합니다. 마스라마 빈 디나르는 곧잘 말했습니다. '마음속으로 건전한 생각을 하면 크고 작은 죄는 가려진다. 알라의 종이 죄악을 버릴 결심을 하면 승리를 얻을 수 있다.' 또 '사람들을 알라께 가까이 가지 못하게 하는 현세의 모든 재물은 재앙이다. 왜냐하면 이 세상의 하찮은 재물은 내세의 엄청난 재물로부터 마음을 빼앗고, 이 세상의 수많은 재물은 내세의 모든 것을 잊게 하기 때문이다.'

아부 하짐*162은 '가장 성공한 사람은 누구입니까?'라는 질문에 '일생을 신께 바친 사람이다'라고 대답했습니다. 또 다른 사람이 '가장 어리석은 사람은 누구입니까?'라고 묻자 '현세의 재물 때문에 내세를 파는 사람이다'라고 대답했습니다.

모세*163(그 명복을 빕니다!)에 대해서는 이런 이야기가 전해지고 있습니다. 어느 때 미디안의 호숫가에 왔을 때 '오, 주여, 제게는 당신께서 내리시는 재물이 없습니다'*164라고 외쳤습니다. 모세는 하나님께 구걸한 것이며 사람에게는 구걸하지 않았던 것입니다. 그러자 그때 두 처녀가 왔으므로 모세는 그들을 위해 물을 길어주고 다른 양치기들은 먼저 긷지 못하게 했습니다. 두 처녀는 집에 돌아가 아버지인 슈아이브(명복을 빕니다!)에게 그 이야기를 했습니다. 그러자 아버지는 '아마 그 사람은 배가 고팠을 게다'하며, 한 처녀에게 '다시 가서 그 사람을 데려오너라' 하고 분부했습니다. 처녀는 모세에게 돌아가 베일로 얼굴을 가리고 말했습니다. '아버지께서 물을 길어주신 사례를 하려고 당신이 오시기를 바라고 계십니다.' 이 말을 들은 모세는 마음이 내키지 않아 처녀를 따라가려 하지 않았습니다. 이 처녀는 엉덩이가 무척 큰 여자였는데, 때마침 불어오던 바람이 옷자락[165]을 걷어 올렸으므로 모세의 눈앞에 풍만한 엉덩이가 드러났습니다. 모세는 그것을 보자 눈을 내리깔고 말했습니다. '내가 앞서 걸을 테니 뒤따라오시오.' 그래서 처녀는 모세의 뒤를 따라 이윽고 저녁식사 준비가 되어 있는 슈아이브의 집으로 들어갔습니다."

샤라자드는 날이 훤히 새기 시작하는 것을 깨닫고 이야기를 그쳤다.

83번째 밤

샤라자드는 이야기를 계속했다. 오, 인자하신 임금님, 단단 대신은 자우 알 마칸에게 이야기를 계속했습니다. 다섯 번째 처녀가 임금님의 부왕에게 강연하고 있었습니다.

"모세(명복을 빕니다!)가 슈아이브의 집에 들어가니 저녁식사가 준비되어 있었습니다. 슈아이브는 모세에게 '오, 모세여, 나의 두 딸에게 물을 길어준 값을 드리고 싶소.' 그러자 모세는 '아닙니다, 나는 이 세상의 금은재보와 교환하여, 내세의 습관을 팔지 않는 가문에서 자란 사람입니다'라고 대답했습니다. '오, 젊은이여, 아무튼 당신은 내 집의 손님이오. 손님에게 음식을 대접하는 것은 옛날부터 내 집의 관습이오.' 그래서 모세는 자리에 앉아 식사를 했습니다. 그 뒤 슈아이브는 8번 순례하는 동안, 즉 8년 동안 모세를 고용하고 그 대가로 딸아이 하나를 그와 결혼시켰습니다. 또 모세는 주인을 잘 섬겼으므로, 딸에게 주어야 할 지참금도 면제받았습니다. 코란에도 이렇게 씌어 있습니다. '네가 8번 순례하는 동안 나를 섬기면, 나는 두 딸 가운데 하나를 너와 짝지어주리라. 앞으로 10년 일하고 싶다면 너의 뜻대로 하라. 나는 너에게 어려운 일을 시키지 않으리라.'*166

일찍이 어떤 사람이 오랜만에 친구를 만나 '오랫동안 자네를 만나지 못해 무척 서운했다'고 말했습니다. 그러자 그 친구는 '이븐 시하브 덕택에 자네와 만나지 못했네. 자네는 이븐을 아는가?' 하고 물었습니다. '응, 알지. 30년 동안 이웃인걸. 하기야 한 번도 말은 해본 적 없네만.' '이웃을 잊는 것은 알라를 잊는 일이네! 자네가 알라를 사랑한다면 이웃도 사랑할 거네. 이웃이란 마치 일가친척에 대한 권리와 같은 권리를 서로 가진 거라네.*167 자네는 그걸 모르나?'

후자이파는 이렇게 말했습니다. '우리는 이브라힘 빈과 아담과 함께 메카에 들어갔는데, 샤키크 알 바르히도 그 해에 순례하고 있었습니다. 마침 성전 주위를 돌고 있을 때 샤키크를 만나 이브라힘이 '당신 나라 형편은 어떻습니까?' 하고 묻자, 상대는 '나날의 양식을 얻으면 먹고, 배가 고프면 참지요.' 이 대답에 이브라힘은 '바르프의 개와 같군요. 우리는 식량이 생기면 알라를 숭배하고 배가 고파도 알라에게 감사하지요'라고 대답했습니다. 그러자 샤키크는 이브라힘 앞에 앉아 '당신은 나의 스승이오'라고 말했다 합니다.'

또 마호메트 빈 이무란에 대해서는 이런 이야기가 전해지고 있습니다. 어떤 사람이 예전에 귀머거리 하팀*168에게 '당신은 왜 알라를 믿으십니까?' 하고 묻자 하팀이 대답했습니다. '두 가지 이유가 있소. 나는 나 자신 외에는 누구도 나의 나날 양식을 먹지 않는다는 것을 알고 있소. 그러므로 그 점에 대해서는 걱정이 없소. 또 나는 알라의 지혜가 없었으면 나라는 존재가 창조되지 않았을 것임을 알고 있소. 그래서 알라 앞에서는 부끄럽기 때문이오'라고 말했습니다."

다섯 번째 처녀가 물러나자, 이번에는 노파가 앞으로 나와 아홉 번 엎드린 뒤 말했습니다.

"오, 임금님, 방금 들으신 바와 같이 이 처녀들은 모두 신앙에 대해 말씀드렸습니다. 저도 처녀들을 따라 제가 아는 옛날의 유명한 분들에 대한 이야기를 말씀드리겠습니다. 이맘(이슬람교의 지도자) 알 샤피는 밤을 셋으로 나누어 공부와 수면과 기도에 할당했다고 합니다. 이맘 아부 하니파*169도 밤의 절반은 기도로 보내는 습관이 있었습니다. 어느 날 이맘 하니파가 거리를 걷고 있는데, 한 남자가 동행에게 자기를 가리키며 '저 사람은 밤새도록 자지 않는다네' 하고 말했습니다. 이 말을 들은 하니파는 '사실이 아닌 일로 남에게 칭찬을 들으니 알라 앞에 참으로 부끄럽기 이를 데 없다'고 하며, 그때부터 밤새도록 자지 않고 기도드리는 습관이 생겼다고 합니다.

어떤 현자는 이렇게 노래하고 있습니다."

깊은 바닷속의 진주를 찾는 자는
점점 더 깊이 들어가고
더 높은 곳으로 오르려 하는 자는
밤잠을 빼앗긴다.

알 라비아의 말에 의하면 알 샤피는 라마단 동안 나날의 기도를 통해 코란 전체를 70번이나 암송하는 습관이 있었습니다. 알 샤피(알라의 축복이 있으시라!)가 말하기를 '배가 부르면 마음의 활동이 둔해지고 지혜가 없어지기 때문에, 나는 지난 10년 동안 단 한 번도 보리빵을 배불리 먹은 적이 없다'고 했습니다. 그리고 압둘라 빈 마호메트 알 사크라는 이렇게 말했습니다. '어느 날 오마르와 이야기를 하고 있는데 오마르가 나에게 말했다. '지금까지 마호메트 빈 이드리스 알 샤피만큼 신을 두려워하고, 또 웅변이 능란한 사람은 만난 적이 없다'고 말했다. 어느 날 나는 알 무자니*170의 제자인 알 하리스 빈 라비브 알 사파르와 함께 외출했다. 아름다운 목소리를 가진 그는 전능하신 신 알라의 말씀을 독송하고 있었다. '이날이야말로 그들이 어떠한 목적으로도 입을 열어서는 안 되는 날, 변명이 허락되지 않는 날이 되리로다.'*171 그러자 알 샤피는 순식간에 얼굴빛이 변하고, 피부는 공포로 경련을 일으키더니, 마음이 격심하게 동요되어 정신을 잃고 쓰러져버렸다. 한참 뒤 정신이 돌아온 알 샤피는 '나는 거짓말쟁이의 지위와 게으른 자의 운명에서 벗어나 알라 곁으로 피난하련다. 오, 현자의 마음도 아득히 그 발밑에도 미치지 못하는 거룩한 알라여! 저의 죄업을 용서해 주시는 자비로운 알라여, 부디 제 주위에 가호의 막을 둘러주소서! 관대하신 마음으로 저의 부족한

점을 용서해 주소서' 하고 말했다. 그래서 나는 일어나 그 자리를 떠났다.'
 신앙심이 두터운 어떤 사람은 이렇게 말했습니다. '내가 바그다드에 갔을 때 알 샤피가 있었습니다. 내가 냇가에 앉아 기도 전의 목욕을 하려 하자 지나가던 사람이 '오, 젊은이여, 목욕을 깨끗이 하시오. 그렇게 하면 알라께서는 현세에서나 내세에서 당신을 위해 잘 힘써 줄 테니까' 하고 말해 주었습니다. 돌아보니 한 남자가 많은 사람을 이끌고 서 있지 않겠습니까? 그래서 나는 얼른 목욕을 마친 다음 그 사람 뒤를 따라갔는데, 얼마 뒤 그 사람은 나를 향해 물었습니다. '당신은 무슨 소원이라도 있소?' '그렇습니다. 전능하신 알라께서 당신에게 가르쳐주신 것을 나에게도 좀 가르쳐주십시오.' '그렇다면 잘 들으시오. 알라를 믿는 자는 누구든지 구원을 받고, 또 알라의 신앙을 열심히 구하는 자는 파멸에서 구원받으며, 이 세상에서 금욕을 하는 자는 죽은 다음 그 눈에 위안을 얻을 수 있소. 더 가르쳐 드릴까요?' '간절히 부탁합니다.' '이 세상에서는 욕심을 부리지 말고 내세에서는 탐욕스러워야 하오. 모든 행위에 성심을 담으시오. 그러면 반드시 신도들과 더불어 구원받을 것이오.' 상대는 그렇게 말하고서 가버렸는데 나중에 들으니 그 사람이 바로 이맘 알 샤피였습니다.' 알 샤피는 언제나 '나의 학식이 남에게 도움이 되는 것은 기쁜 일이지만, 그것 때문에 이러쿵저러쿵 평판을 듣는 것은 싫다'고 말했습니다."

—샤라자드는 날이 밝아오는 것을 알고 이야기를 그쳤다.

84번째 밤

 샤라자드는 이야기를 계속했다. 오, 인자하신 임금님, 단단 대신은 자우 알 마칸 왕에게 이야기를 계속했습니다.
 —노파는 왕의 아버님께 이맘 알 샤피에 대한 이야기를 계속했습니다.
 "알 샤피는 이런 말도 했습니다. '나는 전능하신 알라께서 참다운 지식을 주시고 그 보급을 도와주시기를 원하여 논쟁을 벌인 적은 있지만, 그 밖의 일로 언쟁한 적은 한 번도 없다. 그리고 알라께서 나의 입을 통하여 그 진실

을 나타내시든 알라 자신의 입으로 하시든 그런 것은 전혀 상관하지 않는다.'
(부디 알 샤피에게 알라의 축복이 있기를!) 그는 또 이런 말도 했습니다.
'당신이 자신의 학식을 자만하게 될까 걱정된다면, 자신이 누구의 은혜를 구하고 있는지 어떠한 재물을 탐내고 어떠한 벌을 두려워하고 있는지 반성해 보시오.'

아부 하니파에 대한 이런 이야기가 있습니다. 충성스러운 자들의 왕이신 아부 자파르 알 만수르는 하니파를 판관에 임명하고 은화 1만 닢의 봉급을 주기로 정했지만, 아부 하니파는 이를 받아들이지 않았습니다. 마침내 봉급날이 되자 하니파는 새벽 기도를 올리고 나서 옷으로 머리를 덮고 한마디도 말을 하지 않았습니다. 교주의 사자가 그 돈을 가지고 와서 인사를 해도 하니파는 아무 말도 하지 않았습니다. 그래서 사자는 '이 돈은 틀림없이 당신의 것입니다' 하고 말했습니다. '틀림없이 내 것이긴 하겠지만 그것 때문에 내 마음이 폭군의 사랑을 동경하게 되어서는 곤란하다.'*172 '폭군 아래 들어가시더라도 사랑하지 않으면 되지 않겠습니까?' '바다에 들어가는데 어찌 옷이 젖지 않겠나?'

알 샤피(알라의 축복이 있기를!)는 또 이렇게 노래했습니다.

오, 나의 영혼이여, 만일 그대가
내 충고에 귀 기울이면
마음은 풍요롭고 은총도 온전하리.
야심과 헛된 욕망을 버려라.
욕망으로 멸망한 자 그 얼마이던가.

스후얀 알 타우리가 몸소 알리 빈 알 하산 알 사라미를 훈계한 말 가운데 이러한 것이 있습니다. '올바른 사람이 되어 허위와 반역심과 위선과 오만을 피하라. 채무자에게 자비를 베푸시는 신 외에는 빚을 지지 마라. 속세와의 관계를 끊게 하는 자를 너의 벗으로 삼아라. 늘 죽음을 염두에 두고 끊임없이 알라께 용서를 구하고 네 남은 생애의 평화를 구하라. 신앙에 대해 묻는 이가 있을 때는 모든 참된 신도에게 도움이 되는 말을 해 주어라. 그리고 신앙심이 깊은 자에게서 등을 돌리지 마라. 신앙심이 깊은 자에게서 등을 돌리는 것은 알라와 그 사도를 배반하는 일이 되느니라. 분쟁과 언쟁을 피하라. 네 마음속에 의혹을 낳게 하는 것을 버리고 의혹을 낳지 않는 것을 취하라. 자비를 구하고 악의를 품지 마라. 그리하면 너는 알라의 사랑을 얻으리라. 네 안에 있는 인간을 치장하라. 그러면 알라께서는 네 밖에 있는 인간을 치장해 주시리라. 너에게 해명하는 자의 말을 받아들여라. 어떠한 이슬람교도도 미워하지 마라. 너에게서 멀어지려는 자에게 접근하고 너를 학대하는 자를 용서하라. 그러면 너는 예언자의 벗이 되리라. 공사를 막론하고 너에 관한 모든 일을 알라께 맡겨라. 자신은 죽은 자임을 깨닫는 자의 두려움과 '공포의 주(主)'의 손안에 있는 부활과 심판의 자리로 나아가는 자의 두려움을 가지고 신을 경외하라. 네가 향하는 집은 영원한 천국이거나, 아니면 불타는 지옥의 불이라는 것을 생각하라.'"

노파는 말을 마치고 처녀들 옆에 앉았습니다.

신의 자비를 받으신 당신 아버님께서는 그들의 이야기를 듣고 모두 그즈음 첫째가는 교양을 지니고 있음을 알았습니다. 그리고 처녀들의 아름다움과 사랑스러움을 바라보고, 그 모습에 못지않은 풍부한 지혜와 깊은 학식에 감동하여 더없는 호의를 표시했습니다. 아버님은 노파에게도 정중한 태도를 보이시며 그리스 왕의 딸 아브리자 공주가 살던 궁을 내주고 그곳에 그들에게 필요한 온갖 사치스런 물건들을 보내주도록 명령했습니다. 그리하여 열흘 동안 처녀들은 왕과 함께 지냈고 노파도 함께 있었습니다. 왕이 찾아갈 때마다 노파는 언제나 열심히 기도를 올리고 있었습니다. 밤에도 자지 않고 낮에는 단식하며 기도하는 것이었습니다. 그것을 보고 왕은 노파를 기특히 여기시며 제게 말씀하셨습니다.

"단단, 저 노파는 정말 신앙심이 두터운 사람이구나. 나는 마음속으로 저 노파를 크게 존경하고 있다."

열하루째 되는 날, 오마르 왕은 처녀들의 대금을 치르기 위해 노파를 찾아가셨습니다. 그러나 노파는 이렇게 말했습니다.

"오, 임금님, 이 처녀들의 값은 사람의 힘으로는 도저히 치를 수 없을 만큼 비쌉니다. 또 사실은, 저는 금은이나 보석 같은 것은 받을 생각이 없습니다."

이 말을 듣고 아버님은 이상하게 여기시며 물었습니다.

"그렇다면 금은보화 외에 어떤 대가가 필요한가?"

"전능하신 알라를 위해 꼬박 한 달 동안 밤에 잠자지 않고, 낮에는 금욕하며 단식을 하지 않으시면 처녀들을 팔 수 없습니다. 그것을 실천하시는 날에는 처녀들이 임금님의 것이 되며, 그때는 어전에서 뜻대로 하셔도 상관없습니다."

오마르 왕은 노파의 정직함과 경건한 신심 그리고 물욕이 없는 태도에 감탄하시어, 노파가 더욱더 훌륭하게 생각되었습니다.

"알라시여, 부디 이 경건한 부인을 통해 저희를 인도해 주소서!"

임금님은 노파의 요구에 따라 한 달 동안 단식할 것을 약속하셨습니다. 그 말을 듣자 노파는 말했습니다.

"오, 임금님, 그렇다면 저도 임금님을 위해 기도드리며 도와드리겠습니다. 그럼, 지금 곧 물을 한 그릇 갖다주십시오."

물을 가져오자 노파는 그것을 받아들고 낮은 소리로 무언가 주문을 외며 한 시간이나 아무도 알아들을 수 없는 이상한 말을 지껄였습니다. 그것이 끝나자 노파는 물그릇에 헝겊을 씌우더니 도장반지로 봉인한 다음 아버님께 드리면서 말했습니다.

"처음 열흘 동안의 단식이 끝나면, 열하루째 되는 날 밤 이 물병의 물을 드십시오. 그러면 마음속에서 현세의 집착이 사라지고 빛과 신앙으로 가득차게 될 것입니다. 저는 내일 저희 신자들의 모임인 '보이지 않는 세계'에 다녀오겠습니다. 그곳에 너무나 가고 싶군요. 하지만 열흘이 지나면 다시 이곳으로 돌아오겠습니다."

아버님께서는 그 물병을 받아 궁중의 밀실에 간직하셨습니다. 그리고 문을 잠그시고는 그 열쇠를 주머니에 넣으셨습니다. 그리하여 그 이튿날부터 임금님은 단식을 시작하셨고 노파는 궁전을 떠났습니다.

―샤라자드는 날이 밝아오는 것을 알고 이야기를 그쳤다.

85번째 밤

샤라자드는 이야기를 계속했다. 오, 인자하신 임금님, 단단 대신은 자우알 마칸 왕에게 이야기를 계속했습니다.

—임금님의 단식이 시작되자 노파는 어디론가 떠났습니다. 임금님은 처음 열흘의 단식을 마치고 열하루째에 그 물병의 물을 마셨는데, 뭐라 말할 수 없이 상쾌한 기분을 맛보았습니다. 다음 열흘의 단식에 들어가자 그 노파는 푸른 나무 잎사귀로 싼 과자를 가지고 돌아왔습니다. 그 잎사귀는 뭔지 정체를 알 수 없는 나뭇잎이었습니다. 노파는 곧장 아버님 방으로 들어가 인사했습니다. 아버님은 일어나 노파를 맞이하며 말했습니다.

"오, 잘 돌아왔다!"

"임금님, '보이지 않는 세계'의 친구들에게 임금님에 대해 이야기를 했더니 모두 무척 기뻐하면서 축복을 보내고 이 하르와[173]를 당신께 선물로 보냈습니다. 그 별세계의 과자이니 단식 마지막 날에 이것을 드십시오."

오마르 왕은 무척 기뻐하며 소리쳤습니다.

"보이지 않는 세계의 신자들을 나에게 주신 알라를 칭송하라!"

그리고 감사의 말을 하고, 그 손에 입을 맞췄습니다. 그리고 노파와 처녀들을 더할 수 없이 정중하게 대접하셨습니다.

아버님이 두 번째 단식을 계속하시는 동안 노파는 모습을 보이지 않다가 20일째가 되자 돌아와 말했습니다.

"실은 임금님, '보이지 않는 세계'의 사람들에게 저와 임금님 사이의 깊은 우의를 이야기하고 또 당신 곁에 처녀들을 두고 왔다는 말을 전했더니, 그들은 처녀들이 당신 같은 임금님을 모시게 된 것을 무척 기뻐했습니다. 저 처녀들은 그들을 만날 때마다 늘 열심히 기도를 바치고 소원을 빌었기 때문입니다. 그래서 이번에는 저 처녀들을 '보이지 않는 세계'로 데려가고 싶습니다. 그분들의 은총의 숨결을 쐬면 뭔가 좋은 일이 있을지도 모르고, 어쩌면 기막힌 지상의 보물을 임금님께 가지고 돌아올지도 모릅니다. 그렇게 되면 단식을 끝내시고 나서 당신은 처녀들에게 의상을 내리시고 그들이 가지고 돌아온 재물도 마음껏 쓰실 수 있을 것입니다."

이 말을 듣고 아버님은 노파에게 진심으로 감사하며 말했습니다.

"그대가 섭섭하게 생각하지만 않는다면 그런 보물 같은 것은 받고 싶지 않다. 그런데 대체 언제 출발할 작정인가?"

"27일째 되는 날 밤 출발하여 다음 달 초에 다시 데리고 돌아오겠습니다. 그때까지는 임금님께서도 단식을 끝내시고 처녀들도 모두 월경이 끝나 부정이 사라져 임금님 뜻대로 하실 수 있을 겁니다. 알라께 맹세코 그 처녀들은 모두 임금님 왕국의 몇 배나 되는 가치가 있습니다!"

"잘 알고 있다!"

"이 궁전 안에서 임금님께서 가장 소중히 여기시는 분도 한 분 꼭 함께 보내주십시오. 그러면 그분에게도 마음의 위안이 될 뿐 아니라 '보이지 않는 세계'의 분들한테서 축복을 받을 수 있을 겁니다."

"소피아라는 그리스 태생 노예계집이 있다. 그 여자 몸에서 남매를 얻었는데 몇 년 전에 둘 다 행방불명이 되어버렸어. 그 여자를 데려가 축복을 받도록 해다오."

─샤라자드는 날이 밝아오는 것을 알고 이야기를 그쳤다.

86번째 밤

샤라자드는 이야기를 계속했다. 오, 인자하신 임금님, 단단 대신은 자우 알 마칸 왕에게 이야기를 계속했습니다.

─노파의 권고에 따라 오마르 왕은 그리스 태생의 노예 소피아를 '보이지 않는 세계'로 보내겠다고 말했습니다. 그렇게 함으로써 행방불명된 두 아이가 소피아에게 돌아올지도 모른다고 생각했기 때문이었습니다. 그러자 노파는 대답했습니다.

"잘 생각하셨습니다. 그 때문에 소피아 님은 얼마나 슬퍼하셨을까요."

그러고 나서 오마르 왕은 다시 단식을 계속했는데, 하루는 노파가 와서 말했습니다.

"지금부터 '보이지 않는 세계'로 떠나니 소피아 님을 이리로 데려와주십시오."

그래서 아버님은 곧 소피아 왕비님을 부르셨고, 얼마 뒤 소피아 님이 들어오자 노파에게 인도하셨습니다. 노파는 소피아 왕비님을 다른 처녀들과 함께 있게 한 뒤 자기 방으로 들어가더니 봉인한 컵을 하나 들고 나와 왕께 드리며 말했습니다.

"30일째 되는 날 목욕을 하십시오. 그리고 목욕을 마치신 다음 궁중의 밀실로 들어가 이 컵에 담긴 것을 마시고 푹 주무십시오. 그렇게 하면 소원이 이루어지실 것입니다. 그럼, 몸조심하십시오."

오마르 왕은 무척 기뻐하시며 노파에게 고마움의 뜻을 표시하고 그 손에 입을 맞추셨습니다.

"임금님께 알라의 수호가 있기를!"

노파가 말하자 임금님은 말씀하셨습니다.

"언제 또 그대를 만나게 될까? 나는 진정 그대와 헤어지기가 싫구나."

노파는 오마르 왕의 행복을 신에게 기도한 다음 다섯 처녀와 소피아 왕비님을 데리고 출발했습니다. 그 뒤 임금님은 다시 사흘 동안 단식을 계속하여 그달이 끝나자 비로소 목욕을 하셨습니다. 목욕이 끝나자 사람을 물리치고 궁중의 밀실로 들어가 방문을 굳게 잠그고서 그 컵 속에 담긴 것을 마신 다음 그대로 자리에 누우셨습니다. 저희는 방 밖에 앉아서 온종일 기다리고 있었는데 해가 져도 임금님은 나타나시지 않았습니다.

"아마 오랫동안 밤잠도 주무시지 않고 단식하신 데다 목욕을 하셨으니 고단하셔서 푹 주무시나보다."

저희는 이렇게 이야기하며 이튿날까지 기다리고 있었으나 임금님은 여전히 나오시지 않았습니다. 그래서 방문 앞으로 다가가 큰 소리로 불러보았습니다. 임금님이 잠에서 깨어나 왜들 그러느냐고 물으실지도 모른다고 생각했기 때문입니다. 그러나 그것도 헛된 일이었습니다. 그래서 마침내 방문을 억지로 열고[*174] 안에 들어가 보았더니 임금님은 이미 운명하신 뒤였습니다. 살은 갈가리 찢기고 뼈는 바스러져 있었습니다.[*175]

이 무참한 광경을 보고 저희가 가슴을 쥐어뜯고 슬퍼하면서 그 잔을 들어보니, 그 뚜껑 안쪽에 종이 한 장이 붙어 있고 이런 문구가 적혀 있었습니다.

"악행을 저지르는 자는 후회를 모르느니. 우리 왕의 딸을 배반하고 더럽힌 자가 받는 보복이니라. 이 글을 보는 모든 자에게 고한다. 샤르르칸이 우리나라에 와서 우리의 공주 아브리자를 유혹하여 너희 나라로 데려갔다. 그 뒤 이 사내*176는 공주를 흑인 노예에게 맡겨 내쫓았고, 공주는 그 노예에게 살해되어 그 시체가 사막에 버려져 야수의 먹이가 되었다. 이는 왕의 행위에 어울리지 않는 짓이다. 감히 이러한 행위를 한 자는 그에 응당한 벌을 받음이 마땅하다. 그러니 너희는 왕을 살해한 하수인을 찾지 말지어다. 하수인은 다름 아닌 저 늙고 교활한 마녀이며, 이름은 자트 알 다와히라고 한다. 또한 나는 왕비 소피아를 빼앗아 그 아버지인 콘스탄티노플 왕 아프리둔에게 데리고 간다. 너희에게 전쟁을 선포하고 살육하여 영토를 빼앗을 뿐이다. 마지막 한 사람에 이르기까지 너희를 베어 숨이 붙어 있는 자는 모조리 죽음의 손에서 벗어나지 못하게 하리라. 십자가와 가죽띠*177를 숭상하는 자들 외에는 한 사람도 살아남지 못하리라."

이 글을 읽고 저희는 비로소 그 노파가 저희를 속이고 무서운 계략을 꾸민 것을 깨달았습니다. 저희는 몹시 슬퍼하며 큰 소리를 지르고 얼굴을 때리며 울었지만 이미 어쩔 도리가 없었습니다. 이윽고 장병들은 누구를 다음 국왕으로 모실 것인가에 대해 협의를 시작했습니다. 어떤 이는 당신을, 또 어떤 이는 형님이신 샤르르칸을 왕으로 모시자고 주장하며 꼬박 한 달 동안 논쟁을 계속했습니다. 마침내 저희 몇 사람이 모여 형님이신 샤르르칸 왕자를 찾아뵙기로 하고 길을 떠났다가 도중에 우연히 당신을 만나게 된 것입니다. 지금까지 말씀드린 것이 오마르 왕이 돌아가신 경위입니다! ―

단단 대신이 이야기를 끝내자 자우 알 마칸과 누이동생 누자트 알 자만은 눈물을 흘리며 울었습니다. 시종장도 따라 울면서 자우 알 마칸에게 말했습니다.

"오, 임금님, 아무리 탄식하셔도 이미 소용없는 일입니다. 부디 너무 슬퍼하지 마시고 힘을 다하여 왕국의 기초를 굳히셔야 합니다. 당신같이 훌륭한 분이 뒤에 남아 계시니 오마르 왕은 결코 멸망하신 것이 아닙니다."

자우 알 마칸은 눈물을 거두고 곧 밖에 임시 옥좌를 마련하게 하여 군사들을 살펴보겠다고 말했습니다. 시종장은 왕 옆에 앉고 단단 대신을 비롯한 태수와 고관들도 저마다 정해진 자리에 앉았습니다. 자우 알 마칸 왕은 단단 대신에게 말했습니다.

"돌아가신 아버님의 재정에 대해 보고해 주시오."

"알았습니다."

대신은 죽은 오마르 왕이 소유하고 있던 재산과 국고에 간직된 금은보화 등에 관해 상세히 보고하고 또 그 밖의 귀중품에 대해서도 설명했습니다. 그러자 왕은 한 손을 펴서 군사들에게 신호를 보낸 다음 대신에게 훌륭한 의복을 내리면서 말했습니다.

"그대는 계속해서 대신의 직책을 맡아라."

왕은 태수들에게도 호화로운 의복을 내리고 시종장을 향해 말했습니다.

"다마스쿠스에서 그대가 가지고 온 공물을 이곳으로 가져오라."

그리하여 금은을 비롯한 진귀한 물건과 보석 등이 들어 있는 많은 궤짝이 왕 앞에 놓였습니다. 왕은 그것을 궤짝에서 꺼내 장병들에게 나눠주었습니다.

─샤라자드는 날이 밝기 시작하는 것을 알고 이야기를 그쳤다.

87번째 밤

샤라자드는 이야기를 계속했다. 오, 인자하신 임금님, 자우 알 마칸은 시종장이 다마스쿠스에서 가지고 온 공물 궤짝을 열어 장병들에게 남김없이 나눠주었습니다.

태수들은 왕 앞에 엎드려 왕의 장수를 기원하며 말했습니다.

"지금까지 이렇게 많은 하사품을 내리신 임금님은 없었습니다."

이윽고 모두 천막으로 물러갔습니다.

다음 날 아침 왕이 출발 명령을 내리자, 군대는 사흘 동안 진군을 계속하여 나흘째 되는 날 마침내 바그다드 가까이에 이르렀습니다. 성 안에 들어가니 도시가 온통 아름답게 장식되어 있었습니다. 국왕 자우 알 마칸이 세상을 떠난 부왕의 궁전으로 가서 옥좌에 앉자 태수를 비롯하여 단단 대신, 다마스쿠스의 시종장이 그 양옆에 늘어섰습니다.

왕은 서기를 불러 형 샤르르칸 앞으로 편지를 써서 모든 사연을 알리고 다음과 같은 말로 끝을 맺었습니다.

"이 편지를 보시는 대로 곧 준비하시어 군사를 이끌고 오셔서 우리와 힘을 합쳐주시기 바랍니다. 우리는 이교도에게 성전(聖戰)을 선포하여, 돌아가신 아버님의 원수를 갚고 더럽혀진 우리의 명예를 회복해야 합니다."

왕은 편지를 접은 다음 도장반지로 봉인하고 단단 대신에게 말했습니다.

"이 편지를 전할 적임자는 그대밖에 없소. 형님을 만나거든 정중하게 전해주시오. 형님께서 아버님의 영토를 계승하고 싶으시다면 형님께 내드리고, 아우인 나는 다마스쿠스의 부왕(副王)이 되겠다고 말이오."

대신은 왕 앞에서 물러나와 곧 출발준비를 했습니다.

자우 알 마칸 왕은 또 자기를 도와준 그 화부에게 특별히 큰 저택을 주고 훌륭한 가구들을 갖춰주었습니다. 그러나 이 사내의 이야기는 길어지므로 나중에 다시 말씀드리기로 하겠습니다. 그 뒤 얼마 안 되어 자우 알 마칸 왕은 사냥하러 나갔는데 돌아오는 길에 바그다드 가까운 곳에서 한 태수가 혈통 좋은 말 몇 마리와 아름다운 시녀 몇 사람을 왕께 바쳤습니다. 그 가운데 한 사람이 특히 왕의 마음에 들어 왕은 그날 밤 곧 그 여자를 찾아가 인연을 맺었습니다. 그리고 그날 밤 여자는 아이를 잉태했습니다.

그럭저럭 하는 동안 단단 대신이 사명을 마치고 돌아와 형님 샤르르칸 왕이 이미 바그다드로 오는 중이라고 전했습니다.

"도중까지 마중을 나가시는 것이 좋을 듯합니다."

"그러지."

자우 알 마칸 왕은 중신들을 이끌고 말을 달려 바그다드에서 하룻길 떨어진 곳까지 나가 천막을 치고 형이 도착하기를 기다렸습니다. 이튿날 아침 샤르르칸 왕은 시리아 군대의 호위를 받으며 삼군을 질타하는 용감무쌍한 사자 같은 기사로서 늠름한 모습을 나타냈습니다. 깃발을 하늘 높이 휘날리며 부대가 가까이 다가옴에 따라 발밑에서 모래먼지가 피어올랐습니다. 자우 알 마칸과 부하들은 앞으로 나아가 샤르르칸과 그 군대를 맞이했습니다. 자우 알 마칸이 형의 모습을 보고 말에서 내리려 하자 형은 그것을 말리며 몸소 말에서 내려 아우 쪽으로 걸어왔습니다.*178 새롭게 국왕이 된 아우가 형에게 몸을 던지자 샤르르칸은 아우를 끌어안았고 두 사람은 눈물을 흘리며 서로 위로했습니다. 그러고서 형제는 말에 올라 군대와 함께 전진하여 바그다드에 이르자 왕궁으로 들어갔습니다.

이튿날 아침 자우 알 마칸 왕은 각지에서 군사를 소집하도록 명령하고 성전과 원정을 백성에게 널리 알렸습니다. 그리고 왕국 각지에서 군사가 모이기를 기다려, 부름에 응하여 달려온 자에게는 하나하나 후하게 대우하며 갖가지 보수를 약속했습니다. 그렇게 한 달이 지나자 전사들이 속속 모여들었습니다. 그때 샤르르칸 왕이 자우 알 마칸 왕에게 말했습니다.

"자, 아우야, 네가 지금까지 겪은 이야기를 들려주지 않겠느냐?"

자우 알 마칸은 그때까지의 자초지종을 모두 이야기하고 화부가 친절히 돌보아준 사실도 밝혔습니다. 그러자 샤르르칸이 물었습니다.

"그 화부의 친절에 대해 충분히 보답해 주었느냐?"

"형님, 저는 아직 그 사람에게 충분히 보답했다고 생각하지 않습니다. 그러나 이번 싸움에서 돌아오면 충분히 보답해 줄 작정입니다."

—샤라자드는 날이 밝아오는 것을 깨닫고 이야기를 그쳤다.

88번째 밤

샤라자드는 이야기를 계속했다. 오, 인자하신 임금님, 어젯밤 이야기는 화부의 친절에 충분히 보답해 주었느냐는 샤르르칸 왕의 물음에 자우 알 마칸 왕이 대답한 부분까지 였습니다.

"이번 싸움에서 돌아오면 친절한 화부에게 충분히 보답해 줄 작정입니다."

아우의 이야기를 듣고 샤르르칸 왕은 누이 누자트 알 자만 공주가 자기에게 이야기한 것이 모두 사실이었음을 알았습니다. 그러나 형은 자기와 누이동생 사이에 일어난 일에 대해서는 아무 말도 하지 않고 다만 그 남편인 시종장을 통해 누이동생에게 안부를 전하게 했을 뿐입니다. 누자트 알 자만 공주도 곧 샤르르칸 왕에게 인사를 보내 축복을 기원하고 아울러 딸 쿠지아 파칸의 안부를 물었습니다. 샤르르칸은 딸이 탈 없이 건강하게 지내고 있다는 말을 전했습니다. 이 말을 들은 누이동생은 전능하신 알라를 칭송하고 오빠에게 감사의 말을 보냈습니다.

얼마 뒤 샤르르칸 왕은 출전을 의논하기 위해 아우를 찾아갔습니다. 아우는 이렇게 말했습니다.

"오, 형님, 사방에서 아라비아인이 모여들어 군대도 정비되었으니 이제 출발할까 합니다."

그리하여 자우 알 마칸은 원정에 필요한 식량을 준비하고 군수품을 조달하도록 명령하고서 임신한 지 다섯 달이 되는 왕비의 처소로 갔습니다. 그는 점성술사와 수학자들에게 왕비를 부탁하고는 저마다 수당과 녹봉을 정해 주었습니다.

이리하여 시리아 군대가 도착한 지 석 달째가 되자 아라비아인 군사들도 사방에서 모여들었으므로 전군이 곧 출동하게 되었습니다. 자우 알 마칸을 선두로 전사와 연합군이 그 뒤를 따랐습니다. 다일람군을 이끄는 대장의 이름은 루스탐, 터키군*179 대장은 발람이라고 했습니다. 자우 알 마칸 왕은 그 중앙에서 통솔하고 우익에는 형 샤르르칸 왕, 좌익에는 매부 시종장이 배치되었습니다. 이윽고 방진(方陣) 대형이 무너지고 전진하기 시작하자, 대대와 중대도 전투 대형을 이루어 전군이 움직이기 시작했습니다. 꼬박 한 달 동안 행군을 계속하면서 각 부대는 저마다의 위치에서 말을 멈추고 일주일에 사흘씩 휴식을 취했습니다. 그것은 군대가 매우 컸기 때문입니다. 이런 식으로 부대는 전진하여 마침내 그리스에 도착했습니다. 그러자 곳곳의 마을 사람들과 가난한 사람들은 이 대군의 침입에 놀라 수도 콘스탄티노플을 향해 앞다투어 달아났습니다.

콘스탄티노플의 아프리둔 왕은 이 보고를 듣자 곧 자트 알 다와히를 찾아갔습니다. 이 자트 알 다와히라는 여자는 전에 멀리 바그다드까지 가서 계략을 꾸며 교묘하게 오마르 왕을 독살한 그 노파였습니다. 이 노파는 왕비 소피아와 노예 처녀들을 데리고 이미 고국에 돌아와 있었습니다. 무사히 그리스에 돌아오자 노파는 아들 하르두브 왕에게 말했습니다.

"안심하시오. 그대의 딸 아브리자의 치욕을 씻고 오마르 빈 알 누만을 살해했을 뿐 아니라 소피아를 데리고 왔으니까. 그러니 이번에는 콘스탄티노플 왕에게 그 딸을 데리고 가서 자세한 이야기를 하고 우리 모두 힘을 합쳐 준비를 하고 적을 맞이해야 한다는 것을 알려야 하오. 지금부터 곧 나와 함께 아프리둔 왕에게 갑시다. 내 생각으로는 이슬람교도들은 우리 쪽에서 공격할 때까지 기다리지 않을 거요."

그러자 하르두브 왕이 말했습니다.

"적군이 우리 영토 가까이 공격해 올 때까지 기다리기로 합시다. 그동안 우리는 준비를 충분히 하고 병력을 모을 수 있을 테니까요."

그리하여 두 사람은 군대를 소집하고 전쟁 준비를 시작했습니다. 드디어 이슬람군이 진격해 왔다는 보고가 들어왔을 때는 이미 방어태세가 완전히 갖추어졌으니 알 다와히는 적보다 한발 앞선 셈입니다. 노파와 아들이 콘스탄티노플에 도착하자 왕 중의 왕인 아프리둔 대왕은 환영을 나가서 그 근황을 물었습니다. 그리고 그는 그리스 하르두브 왕의 어머니 알 다와히가 교묘한 수단으로 이슬람교도의 왕을 죽이고 소피아 공주를 빼앗아왔다는 이야기를 듣고 나서 이렇게 말했습니다.

"이슬람교도는 병력을 모아 우리를 공격하려고 이미 진격 중입니다. 그러므로 우리 두 사람은 힘을 모아 적을 무찔러야 합니다."

아프리둔 왕은 공주가 돌아왔다는 것과 오마르 왕이 살해되었다는 사실에 매우 기뻐하며, 가까운 여러 나라로 사신을 보내 원군을 청하는 동시에 국민들에게 이슬람교도의 오마르 왕이 살해되었다는 것을 알렸습니다. 그러자 석 달도 못 되어 나사렛인 부대가 잇따라 달려와 그리스 군대도 모두 정비되었습니다. 그 밖에 많은 지역에 있는 프랑크인을 비롯하여 프랑스인, 게르만인,*180 라구사인*181 등이 자라인*182과 베네치아인, 제노바인, 거기에 황색 얼굴을 한 큰 무리*183와 함께 그 군세에 가담했습니다. 이리하여 각지에서 모여든 전군이 집결하자 그 넓은 대지도 엄청난 병력 때문에 비좁게 느껴질 정도였습니다. 이윽고 아프리둔 대왕이 전군에 출진명령을 내리자 부대는 진군하기 시작했습니다. 하지만 이 군대가 도성을 통과하는 데는 열흘이나 걸렸습니다. 부대는 진군을 계속하여 사해(死海) 가까이 있는 알 누만이라는 높은 골짜기에 이르렀을 때, 그곳에서 사흘 동안 휴식을 취했습니다. 나흘째에 다시 진군을 시작하려는데 이슬람군이 드디어 가까이 육박해 왔다는 정보가 들어왔으므로 다시 사흘 동안 이 골짜기에 주둔했습니다. 여드레째 되는 날, 그 일대를 뒤덮어버릴 듯한 심한 모래티끌이 피어오르는 것이 보였습니다. 그리고 한 시간도 못 되어 모래티끌이 흐르기 시작하여 하늘 높이 흩어져가는 것 같더니 그 아래에 눈부신 창날과 번쩍이는 칼날이 나타나고, 이윽고 이슬람의 깃발과 마호메트의 군기가 선명하게 눈에 들어왔습니다.

에서 이슬람군의 배후를 찌르게 하는 동시에 우리 군사가 육지 쪽에서 이슬람교의 정면을 공격합시다. 이렇게 양쪽에서 공격하면 적을 한 사람도 놓치지 않고 무찌를 수 있으니, 우리는 아무 어려움 없이 평화를 되찾을 수 있을 것입니다."

아프리둔 왕은 이 계략이 마음에 들었습니다.

"아주 훌륭한 의견이오. 지혜의 여왕이여, 복수를 위해 싸우는 왕과 예언자의 희망이여!"

그 결과 이슬람군이 그 골짜기로 진격해 오자 어느 틈에 천막은 불길에 휩싸여 타오르기 시작했고, 병사들은 모조리 칼과 창에 찔리기 시작했습니다. 때마침 12만 기를 헤아리는 바그다드와 호라산의 군대가 자우 알 마칸 왕을 진두에 앞세우고 달려왔습니다. 해변에 숨어 있던 이교도 군사는 이것을 보고 곧 그 뒤에서 덤벼들었습니다. 그러나 자우 알 마칸 왕은 그들을 발견하고 큰 소리로 부르짖었습니다.

"오, 돌아서서 이교도 군사를 맞아 싸우라! 오, 선택받은 사도의 백성이여! 인자하시고 자비로우신 신의 위엄을 미워하는 자를 죽여라!"

그러자 전군은 되돌아서서 그리스도군과 싸움을 벌였습니다. 이어 샤르르칸 왕이 새로 10만 이슬람군을 거느리고 달려왔습니다. 이때 이교도군의 병력은 거의 160만에 이르렀습니다. 그러나 이슬람군은 병력을 합치자 사기가 크게 높아져 저마다 외쳤습니다.

"알라는 우리에게 승리를 약속하시고 이교도에게 패배를 주셨다!"

이리하여 양군은 칼과 창으로 불꽃 튀기는 혈전을 벌였습니다. 이때 홀로 진열을 빠져나가 적군의 한복판에 뛰어든 샤르르칸 왕은 적의 간담을 서늘케 하며 성난 사자처럼 날뛰면서 칼을 휘둘러 그가 수많은 적을 베고 또 베며 외쳤습니다.

"알라호 아크바르(알라야말로 가장 위대하시도다)!"

이리하여 샤르르칸 왕은 마침내 적을 해변까지 밀어내고 말았습니다.

그리스도군은 패배하고, 알라는 알 이슬람의 신앙에 승리의 관을 씌워주었습니다. 독한 술에 취한 듯 정신없이 서로 죽이고 죽인 끝에 이 한 번의 싸움에서 그리스도교 쪽에서는 4만 5천의 전사자를 냈으나, 이슬람교 쪽은 겨우 3천5백 명의 군사가 쓰러졌을 뿐이었습니다. 그날 밤 '신앙의 사자(獅

마치 달을 가리는 조개구름같이, 갑옷을 입은 기마병들이 굽이치는 큰 파도처럼 밀어닥쳤습니다. 양군은 정면으로 충돌하여 빠르고 세차게 흐르는 두 물줄기처럼 서로 물어뜯으면서 '눈에는 눈' 격전을 벌였습니다. 맨 먼저 단신으로 접전에 나선 것은 단단 대신으로, 그가 거느린 시리아의 병력은 3만 기였습니다. 그 옆에는 터키군의 용맹스러운 장수 발람과 다일람군의 뛰어나고 굳센 장수 루스탐이 기병 2만을 거느리고 뒤따랐으며, 그 뒤에는 흐린 밤하늘을 지나가는 보름달처럼 갑옷으로 몸을 감싼 사해 연안에서 모여든 군사가 대기하고 있었습니다.

이때 나사렛 군사는 소리 높여 예수와 마리아의 이름을 외치며 더럽혀진 십자가[184]에 호소하고 나서 단단 대신과 시리아군을 향하여 진군해 갔습니다.

그런데 이것은 모두 노파 알 다와히가 꾸민 전략이었습니다. 출전에 앞서 아프리둔 왕은 이 노파를 찾아가 물었습니다.

"이번 싸움에서 어떻게 하는 것이 좋겠습니까? 어떤 계략을 쓰는 게 좋을까요? 이렇게 큰일이 벌어진 것도 따지고 보면 당신 때문이니 잘 생각해 보오."

노파는 대답했습니다.

"오, 대왕님, 위대한 예언자[185]님, 비록 마신이 무서운 원군을 불러모아 온다 할지라도 그 허를 찌를 수 있는 계교를 가르쳐 드리지요."

─샤라자드는 날이 새기 시작하는 것을 깨닫고 이야기를 그쳤다.

89번째 밤

샤라자드는 이야기를 계속했다. 오, 인자하신 임금님, 아프리둔 왕이 출전에 앞서 노파를 찾아가 계략을 묻자 노파는 대답했습니다.

"대왕님, 위대한 예언자님, 비록 마신이 무서운 원군을 불러모아온다 할지라도 그 허를 찌를 수 있는 계교를 가르쳐 드리지요. 먼저 5만 군사를 배에 실어 바다 건너 '연산(煙山)'으로 보냅시다. 그곳에 모두 상륙시켜 이슬람교도의 깃발이 다가올 때까지 잠복시켜 둡시다. 그리하여 틈을 타 바다 쪽

90번째 밤

샤라자드는 이야기를 계속했다. 오, 인자하신 임금님, 다시 날이 밝아 아침 햇살이 찬란하게 빛나기 시작하자 기병들은 번쩍이는 창이 있는 곳으로 달려갔습니다. 아프리둔 왕은 주요 기사들과 귀족들을 불러 옷을 내리고 이마에 십자를 그은 다음 대승정, 예언자, 이교도 종파의 원조가 되는 사람들의 똥을 섞은 향을 피웠습니다. 그것이 끝나자 왕은 '구세주의 칼'이라는 별명을 가진 루카 빈 샤루트를 불러 그의 몸에 향을 피우고 그 위턱에 성향을 칠하여 냄새를 맡게 한 다음 뺨과 수염에도 나머지를 발랐습니다. 그즈음 로움 나라에는 이 사나운 루카보다 용감한 기사는 없었습니다. 싸울 때 이 사내만큼 능숙하게 활을 당기고 칼을 휘두르며 창을 쓰는 자는 없었습니다. 그러나 루카는 몹시 추한 남자였습니다. 얼굴은 나귀 같고, 모습은 원숭이 같으며, 눈길은 독사 같았기 때문입니다. 이 사내가 얼굴을 내밀면 사랑하는 사람과 헤어지는 것보다 기분이 더 섬뜩했습니다. 피부 빛이 검기는 밤보다 더하고, 그 숨길이 불결하기는 사자 콧구멍 이상이며, 몸은 활처럼 굽었고, 그 추하기는 표범이 무색할 만큼 끔찍한데 더구나 그 이마에는 십자가 낙인이 찍혀 있었습니다.

루카는 아프리둔 왕 앞에 나아가 먼저 왕의 발에 입을 맞추고 그 앞에 섰습니다. 왕은 그에게 말했습니다.

"지금부터 그대는 오마르 왕의 아들, 다마스쿠스의 왕 샤르르칸을 죽이고 우리를 이 곤경에서 구해 주기 바란다."

"분부대로 하겠습니다."

루카가 대답하자 그 이마에 십자를 그어준 왕은 머지않아 하늘의 도움이 내릴 것을 믿어 의심치 않았습니다. 이윽고 루카는 왕 앞에서 물러나와 밤색 말에 올라탔습니다. 진홍빛 옷에 보석 박은 황금 갑옷을 두르고 삼지창을 옆구리에 낀 그는, 흡사 3군(三軍)을 모아 싸움에 나선다는 저주받은 마신과도 같았습니다. 이교도의 대군을 거느리고 말을 몰아 나아가는 모습은 마치 지옥불을 향해 내닫는 듯했습니다. 부대 맨 앞에 선 군사가 아랍어로 소리 높이 외쳤습니다.

"어이, 마호메트(자비와 구원을 내리소서!)의 신도들아! 알 이슬람의

子)' 샤르르칸 왕과 동생 자우 알 마칸 왕은 서로 전쟁에서의 무운을 축하했습니다. 그들은 밤새도록 용사들을 칭찬하고 부상병을 위로하면서, 전군에게 승리와 구원과 내세의 보답을 약속하는 등 잠시도 눈 붙일 겨를이 없었습니다.

한편 콘스탄티노플의 왕, 로움의 주권자인 아프리둔 대왕과 알 다와히는 병사들을 통솔하는 태수들을 모아놓고 말했습니다.

"우리는 작전대로 힘껏 싸워 마음을 위로했으나, 우리 편 병력의 수를 너무 믿었다. 패배를 맛본 것은 오로지 그것 때문이다."

'재앙의 여인'인 노파도 입을 열었습니다.

"사실을 말하면, 그대들은 구세주를 더욱 가까이하고 진정한 신앙에 몸을 맡기는 수밖에 도리가 없소. 구세주의 공덕에 걸고 말하거니와, 이슬람군의 강점은 오직 그 악마 샤르르칸 왕에게 있으니까."

이어서 아프리둔 왕이 말했습니다.

"내일은 전투 대형으로 집결하여 저 용감무쌍한 기사 루카 빈 샴루트를 적진으로 보낼 작정이다. 샤르르칸 왕이 단신으로 접전의 전사로 나오면 루카가 이를 무찌를 것이고, 그 밖의 이슬람군 기사들도 한 사람도 남김없이 베어버릴 것이다. 오늘 밤은 성향(聖香)을 피워 신의 가호를 받도록 하자."

태수들은 이 말을 듣고 모두 왕 앞에 몸을 엎드렸습니다. 그런데 왕이 말한 성향이란 진리를 부정하고 모독한 그리스도교 대승정(大僧正)의 똥[186]을 가리키는 것입니다. 사람들은 이 똥을 서로 손에 넣으려고 다투며 매우 귀하게 여겼으므로 그리스의 고승들은 사향이나 용연향과 섞어 비단에 싸서 그리스도교도들에게 보내주었습니다. 이 향료에 대한 소문을 들은 각 나라의 왕은 1드럼[9]에 천금을 주고 구하여 새색시에게 피워주었습니다. 또 승정과 대왕들은 안약으로, 구역질이나 배앓이 약으로 조금씩 사용하고 이교도의 승정들 가운데는 자기 똥을 섞는 자도 있었습니다. 왜냐하면 대승정의 똥만으로는 도저히 10개국의 수요를 감당할 수 없었기 때문입니다. 다시 날이 밝아 아침 햇살이 찬란하게 빛나기 시작하자 기병들은 번쩍이는 창이 있는 곳으로 달려갔습니다.

—샤라자드는 날이 환히 새기 시작하는 것을 알고 이야기를 그쳤다.

루카는 이 시의 뜻도 힘찬 격조도 이해하지 못한 채 손바닥으로 이마를 두드려 거기 그려진 십자가에 기도를 올린 다음, 창을 비스듬히 힘있게 잡고 샤르르칸 쪽으로 달려갔습니다. 그는 먼저 창을 눈에 보이지 않을 만큼 하늘 높이 던져 올렸다가 요술쟁이 같은 솜씨로 떨어지는 창을 받아 들고 번개같이 샤르르칸을 향해 던졌습니다. 창이 루카의 손을 떠나 유성처럼 날아가자 사람들은 와아 하고 함성을 지르며 샤르르칸을 염려했습니다. 그러나 샤르르칸은 날아오는 창을 한 손으로 잽싸게 잡았습니다. 그 날쌘 솜씨를 지켜보던 사람들은 모두 경탄의 소리를 질렀습니다. 이윽고 샤르르칸은 창을 부러뜨릴 것처럼 휘두르더니 구름 속에 사라지도록 하늘 높이 던져 올렸다가 떨어지는 것을 다른 손으로 재빨리 받아 쥐었습니다. 그야말로 전광석화 같은 솜씨였습니다. 샤르르칸은 먼저 가슴 깊은 곳에서 우러나오는 우렁찬 소리로 외쳤습니다.

"일곱 층⁽¹⁰⁾의 하늘을 만드신 신의 진실에 맹세코 이 저주스러운 놈을 세상의 웃음거리로 만들어 주리라!"

그리고 루카를 향해 창을 던졌습니다. 루카가 손을 뻗어 날아오는 창을 잡으려는 순간 왕은 재빨리 연달아 두 번째 창을 던졌습니다. 창은 보기 좋게 그 이마의 십자가 한가운데 꽂혔고, 루카의 영혼은 곧바로 지옥불 속으로, 무서운 소굴*188로 떨어졌습니다. 이 광경을 지켜보던 이교도들은 모두 얼굴을 때리며 입을 모아 슬픈 비명을 질렀습니다.

"아, 슬프기도 해라!"

"이 무슨 액일(厄日)이란 말인가!"

그리고 저마다 수도원장의 이름을 부르며 구원을 비는 것이었습니다.

—샤라자드는 날이 밝아오는 것을 알고 이야기를 그쳤다.

91번째 밤

샤라자드는 이야기를 계속했다. 오, 인자하신 임금님, 이교도들은 루카 빈 샴루트가 창에 찔려 죽는 것을 보고 저마다 자기 얼굴을 때리면서 탄식했습칼, 샴*187의 다마스쿠스 군주, 너희의 전사 샤르르칸은 어서 나오너라!"

이 말이 채 끝나기도 전에 드넓은 평야에서 무시무시한 호령소리가 들려왔습니다. 이 소리를 들은 양군 군사들은 모두 마지막 심판의 날을 마음속에 떠올렸습니다. 겁쟁이는 몸을 부들부들 떨었고, 전군은 그 소리 나는 쪽으로 얼굴을 돌렸습니다. 아, 그것은 바로 오마르 왕의 아들 샤르르칸이었습니다. 이보다 조금 앞서 아우인 자우 알 마칸 왕은 싸움터로 돌진해 나오는 그 저주받은 용사를 보고 선봉의 고함을 듣자 샤르르칸을 돌아보며 말했습니다.

"저자들이 아마도 형님을 찾는 모양입니다."

"내가 바라던 바다."

이렇게 대답한 샤르르칸 왕은 적의 선봉이 '상대는 샤르르칸이다, 샤르르칸은 어서 나오너라!' 하고 부르짖는 것을 듣고, 그 저주받은 사내 루카가 이슬람교도를 지상에서 없애버리겠다고 맹세한 로움 나라의 전사라는 것을 알아챘습니다. 무시무시한 악당 루카는 사람들을 괴롭히는 간사하고 악독하기 이를 데 없는 인간으로, 다일람인도, 터키인도, 쿠르드인도 그의 용맹을 두려워하고 있었습니다. 그러나 샤르르칸은 곧바로 민첩하게 사방으로 달리는 영양 같은 준마에 올라타더니, 성난 사자 같은 기세로 상대를 향해 달려 나갔습니다. 적 가까이에 이르자 손에 든 창을 돌진하는 뱀처럼 휘두르면서 다음과 같은 시를 읊었습니다.

나에게 밤빛 준마가 있어
고삐를 잡으면 기뻐하지만
좋아하지 않는 자가 그를 잡으면
갈기를 세워 위력을 보여준다.
나에게 손에 익은 창이 있어
날이 서서 날카로운데
창 자루 위는 '죽음의 신'이
계시는 옥좌이니라.
나에게 힌두의 검이 있어
칼집에서 뽑아들면
번쩍이는 빛이 번개같도다.

니다. "아, 슬프기도 해라." 그리고 수도원장들의 이름을 부르며 구원을 청했습니다.

"십자가의 공덕이 어디에 있단 말인가!"

그리하여 신앙심 깊은 자들은 기도를 올리고 그리스도교도들은 일제히 샤르르칸을 향해 돌진해 갔습니다. 손에 손에 칼과 창을 휘두르면서 거센 공세에 나선 것입니다. 양군이 어지럽게 뒤섞여 싸우니 가슴이 말발굽에 짓밟히는가 하면, 폭풍처럼 미쳐 날뛰는 창칼에 팔과 손에서 힘이 빠지고 말은 쓰러져갔습니다. 전령이 쉬지 않고 '싸워라!' '싸워라!' 하고 외치는 동안 장병들은 지쳐갔고, 어느새 해가 서쪽으로 기울어 어둠과 함께 밤이 찾아왔습니다. 양군은 싸움을 멈추고 저마다 진지로 돌아갔습니다. 칼에 베이고 창에 찔린 양군 용사들은 독한 술에 취한 듯 비틀거리며 걸어갔습니다. 싸움터에는 시체가 산더미를 이루었고 누구의 손에 쓰러졌는지 알 수 없는 부상병들이 즐비하게 늘어져 있었습니다.

샤르르칸 왕은 아우 자우 알 마칸 왕과 시종장, 그리고 단단 대신과 한자리에 모이자 이렇게 말했습니다.

"알라께서 이교도를 무찌를 기회를 주셨다. 전 세계의 대왕을 칭송하자!"

알 마칸 왕이 이에 대답했습니다.

"아랍인과 아잠인$^{(11)}$의 재난을 물리쳐주신 알라를 영원히 칭송합시다. 세상 사람들은 그 저주받은 루카, 복음의 위조자*189를 쓰러뜨리고, 또 날아오는 창을 받아내며 알라의 적들을 무찌르신 형님의 용감한 행위를 자자손손에 이르도록 길이 전할 것입니다. 이제 형님의 명성은 영원히 사라지지 않을 것입니다."

이어서 샤르르칸 왕이 말했습니다.

"오, 시종장, 용맹한 대장이여."

"네, 여기 있습니다."

시종장이 대답하자 샤르르칸 왕은 말을 이었습니다.

"그대는 지금부터 단단 대신과 함께 2만 기를 거느리고 바다 쪽으로 7파라상$^{(12)}$ 전진하여 적과의 거리가 2파라상이 될 때까지 강행군을 계속하라. 그런 다음 움푹한 곳에 병사들을 매복시키고 기다려라. 그러면 이교도들이 배에서 내리는 소리가 들려올 것이고, 사방팔방에서 함성이 일며 적과 아군의 교전이 시작될 것이다. 아군이 패하여 달아나는 듯이 후퇴하면, 싸움터와 바다 쪽 진영에서 이교도군이 일제히 추격해 오는 것을 보게 되리라. 이윽고 '알라 외에 신 없고 마호메트는 신의 사도이시다(축복과 구원이 있기를!)'라고 쓴 깃발이 펄럭이는 것이 보이면 곧 녹색 깃발을 휘날리며 일어나 전력을 다해 적의 배후를 찌르고 '알라호 아크바르(알라는 가장 위대하시도다)!' 하고 외치면서 적군이 퇴각하는 아군과 바다 사이로 들어가지 못하도록 포위해 버려라."

"잘 알았습니다."

모두의 의견이 모이자 곧바로 단단 대신과 함께 2만의 군사를 이끌고 출발했습니다.

날이 새자 갑옷으로 무장한 이슬람군은 곧 말을 타고 칼과 창을 휘두르며 진격했습니다. 그리스도교군도 언덕과 골짜기에서 나타나 수도사들이 소리를 지르자 전군은 머리에 쓴 것을 벗었습니다. 배 안에 있던 병사들은 돛대 꼭대기에 십자가를 걸고 사방에서 해변으로 배를 저어와 말에서 내리고 전투 준비를 하였습니다. 칼이 번뜩이고 창은 새하얀 갑옷에 번갯불처럼 불꽃을 튀겼습니다. 이윽고 양쪽 군사가 싸우기 시작하자 죽음의 맷돌이 빙글빙글 돌며 말 위에 탄 사람, 땅 위의 사람들 모두 할 것 없이 갈아 으깨어, 머리는 몸뚱이를 떠나 날아가고 혀는 말을 못하게 되었으며 눈은 멀어 버렸습니다. 칼은 거침없이 마구 오가며 난무하고 머리카락은 싸움터에 흐트러져 있고 쓸개가 찢어지며 팔이 부러지고 말은 피바닷속에 나뒹굴고 수염은 뜯겨나갔습니다.

"인류를 다스리는 왕에게 축복과 평화가 있어라! 자비로운 알라의 영광을 찬양하라! 영원한 그 은총으로!"

이슬람군이 소리 높이 부르짖으면 이교군도 외쳤습니다.

"십자가와 가죽띠, 포도즙과 포도를 짜는 자, 승려와 수도사와 부활제와 대주교에게 영광 있으라!"

이윽고 자우 알 마칸 왕과 샤르르칸 왕은 군대를 이끌고 퇴각하며 적의 화살 앞에서 달아나는 듯이 보였습니다. 그것을 본 이교도군 쪽에서는 적이 패하여 달아나는 것으로 잘못 생각하고 배후에서 추격하여 도륙할 준비를 시작했습니다.

그때 이슬람군은 목청껏 코란의 '황소의 장'[*190] 첫머리를 외쳤습니다. 그리스군이 시체를 말발굽으로 짓밟으면서 추격을 시작하려 할 때 그 선봉이 큰 소리로 외쳤습니다.

"오, 구세주의 신도들이여! 오, 참다운 신앙을 지닌 사람들이여! 오, 대주교의 신도들이여, 신의 은총이 마침내 내려왔도다. 보라! 알 이슬람의 군대가 날개 떨어진 새처럼 달아나지 않느냐! 적에게 등을 보이지 말고 놈들의 목에 칼을 찔러 넣어라. 고삐를 늦추지 마라. 그렇지 않으면 요람 속에서 말을 하신 마리아의 아들 구세주의 버림을 받으리라!"

콘스탄티노플의 아프리둔 왕은 그것이 이슬람군의 교활한 책략인 줄은 꿈에도 모르고 이제 승리한 거나 다름없다고 여겨, 로움의 하르두브 왕에게 급히 편지를 보내 이 성공을 축하하고서 이렇게 덧붙였습니다.

"우리가 승리를 거둘 수 있었던 것은 다름 아닌 수도원장의 성향 덕분이오. 그 향기는 멀고 가까운 십자가 신도의 턱수염과 콧수염에서 풍기고 있었소. 나는 구세주의 기적에 맹세코, 나사렛 사람이며 성모 숭배자인 귀하의 아브리자 공주에게 맹세코, 또 세례의 물에 맹세코, 이 지상에 한 사람의 이슬람교도도 남겨두지 않을 것을 서약하리다! 이 맹세를 끝까지 관철할 작정이오."

사자는 이 편지를 가지고 급히 하르두브 왕에게 갔습니다. 한편 이교도군은 저마다 부르짖었습니다.

"루카의 원수를 갚자!"

―샤라자드는 날이 훤히 밝아왔으므로 이야기를 그쳤다.

92번째 밤

샤라자드는 이야기를 계속했다. 오, 인자하신 임금님, 이교도군은 루카의 원수를 갚자고 부르짖었고 그리스의 하르두브 왕은 이렇게 절규했습니다.

"아브리자 공주의 원수를 갚자!"

그때 자우 알 마칸 왕이 외쳤습니다.

"들어라, 복수 왕의 부하들이여! 이단자의 배를 흰 칼날과 푸른 창으로 찔러 죽여라!"

이슬람군은 이교도를 향해 돌아서서 날카로운 언월도를 휘두르며 돌진했습니다.

"자, 일어나 신앙의 적을 맞이하라! 선택받은 우리 예언자를 사랑하고 심판의 날에 너그럽고 자비로운 알라의 은총을 받고자 하는 자는 일어나라! 천국은 진정 칼의 그늘 속에 있다!"

샤르르칸 왕과 부하들은 이교도군에 달려들어 적의 퇴로를 끊고 적진 속에 뛰어들어 종횡무진으로 무찔렀습니다. 그때 난데없이 위풍당당한 모습의 기사가 달려나오더니 홀로 이교도군 속에 돌진하여 좌우로 말을 달리며 적을 베었습니다. 삽시간에 적의 머리와 몸뚱이가 산더미처럼 쌓였습니다. 이교도들은 두려움에 떨며 그 용사의 창끝에 목을 움츠렸습니다. 그 기사는 번쩍이는 눈초리와 날카로운 칼 두 개, 또 길고 짧은 창 두 자루를 지니고 있었습니다. 흘러내린 머리카락이 바람에 흩날리는 모습은 일찍이 시인이 노래한 용사를 떠오르게 했습니다.

창을 힘있게 들고 닥치는 대로
사나운 적을 무찌르는
아름다운 용사가 싸우는 날에
두 겹으로 묶은 머리 말고는
긴 머리를 찬양하지 말라! *191

다른 시인은 이렇게도 노래했습니다.

그대가 칼을 찰 때
나는 말한다. "그대의 머리카락은
칼을 대신하리라."
그대는 대답한다, "이 칼을 닮은
머리카락은 사랑하는 이를 위한 것,
내 손의 칼은 애욕의 달콤함을

모르는 자들에게."

샤르르칸 왕은 그 기사를 향해 소리쳤습니다.
"오, 용사 중의 용사여! 코란과 자비로우신 알라의 힘에 맹세코 그대의 이름을 밝혀라. 오늘 그대의 용맹은 끝까지 처음에 품은 뜻을 관철하려는 복수 왕을 기쁘게 해 주었다. 신을 모독하는 괘씸한 적들을 참으로 잘 무찔러 주었다."
기사가 이 말에 대답했습니다.
"바로 어제 형제의 인연을 새롭게 다지지 않았습니까. 어쩌면 그토록 빨리 잊으십니까?"
그러고는 입가리개[192]를 벗어 아름다운 얼굴을 드러내니 뜻밖에도 그는 바로 자우 알 마칸 왕이 아니겠습니까? 샤르르칸은 그 기사가 아우인 것을 알고 매우 기뻤지만, 거칠게 달려드는 적병들 때문에 만일의 일이 생길까 아우의 신상을 염려해야만 했습니다. 샤르르칸은 자신보다 아우를 더 소중히 생각했기 때문에, 동생이 아직 어린 몸으로 사악한 눈들 앞에 얼굴을 드러내 적의 표적이 되었다는 사실이 걱정스러웠습니다. 그래서 샤르르칸은 아우를 향해 말했습니다.
"오, 왕이여, 그대는 몸을 너무 위험 앞에 드러내고 있다. 말을 더 내 옆으로 몰아오라. 무슨 일이 생기면 정말 큰일이다. 앞으로는 앞장서 적진에 뛰어드는 그런 위험한 짓은 삼가주기 바란다."
그러나 알 마칸 왕은 대답했습니다.
"나도 형님과 마찬가지로 싸우고 싶습니다. 격전이 벌어지면 이 한목숨 아깝지 않습니다."
이슬람군은 눈사태처럼 적진에 쇄도하여 사방팔방으로 포위 공격한 끝에 마침내 오만불손한 이교도군을 여지없이 쳐부쉈습니다. 참패를 당한 아프리둔 왕은 탄식하며 적에게 등을 보인 채 배를 타고 달아나려 했습니다. 그때 뜻밖에도 해변에서 나타나 세차게 달려온 별동대가 있었습니다. 그것은 바로 평소에 적의 전사를 굴복시키고 가차없이 베어버리는 단단 용장이 이끄는 군사였습니다. 이어서 샴 제국의 태수 발람이 강병 2만 기를 거느리고 나타나 이슬람 대군은 정면과 측면에서 동시에 적을 몰아내며 무서운 타격을 가했습니다. 다른 이슬람군 일대도 배에 남은 적을 습격하여 바다에 던져 넣고 칼로 베어버리니, 모두 10만이 훨씬 넘는 전사들이 처참하게 쓰러졌습니다. 게다가 금은보화와 많은 짐을 실은 배를 탈취하여 겨우 20척의 배만이 화를 모면했습니다. 이슬람군의 약탈품도, 그 칼솜씨와 창솜씨*193도 일찍이 들어본 적이 없을 정도로 놀라운 것이었습니다. 이슬람군은 승리로 이끌어주신 알라를 찬양하며 크게 기뻐했습니다.

한편 참패를 당한 이교도 가운데 겨우 살아남은 자는 필사적으로 콘스탄티노플을 향해 달아났는데, 그보다 앞서 아프리둔 왕이 이슬람군을 무찔렀다는 오보가 콘스탄티노플 도성에 전해졌을 때 자트 알 다와히 노파는 이렇게 말했습니다.

"로움 왕인 내 아들 하르두브는 비겁하게 달아날 사나이도 아니거니와 이슬람군을 두려워하는 겁쟁이도 아니다. 그뿐이랴, 머지않아 반드시 전 세계 사람들을 그리스도교에 귀의시킬 것이다."

그리고 아프리둔 왕에게 권하여 도성을 장식하도록 포고문을 내게 했습니다. 도성 사람들은 자신들에게 어떤 운명이 닥쳐오고 있는지도 모르고, 승전을 축하하는 잔치를 벌여 술잔을 기울이며 곯아떨어질 때까지 흥청거렸습니다. 그렇게 모두 환희의 절정에 있을 때 별안간 불길한 까마귀가 울어대더니 케사레아의 왕을 태운 배 20척이 돌아왔습니다. 콘스탄티노플의 아프리둔 왕이 바닷가에 나가 맞이하니, 패잔병들은 이슬람군에게 격파당한 사실을 이야기하며 비통한 눈물을 흘렸습니다. 행복의 기쁨은 순식간에 망연자실한 놀라움으로 바뀌었습니다. 그리고 샴루트의 아들 루카가 창에 찔려 비참한 죽음을 당했다는 것과 재앙에 사로잡혀 죽음의 화살을 맞는 광경도 이야기했습니다. 이 말을 듣고 마지막 심판에 대한 공포가 아프리둔 왕의 마음에 엄습하여, 사태는 이제 어떤 수단도 쓸 길이 없다는 것을 깨달았습니다.

이윽고 주민들이 울부짖기 시작하자 거리는 온통 슬픔에 싸인 사람들로 넘치고 여자들은 구슬프게 통곡하니 울음소리와 한숨소리가 도성 구석구석에 가득 넘쳐났습니다. 로움 왕 하르두브는 아프리둔 왕을 만나 진상을 이야기하고 이슬람군이 전략과 계략을 써서 잠시 퇴각했던 사정을 들려준 다음 덧붙여 말했습니다.

"이미 귀환한 군사 외에는 포기하는 것이 좋을 듯합니다."

이 말을 듣고 아프리둔 왕은 정신을 잃고 그 자리에 쓰러지고 말았습니다. 이윽고 다시 정신을 차린 아프리둔 왕이 외쳤습니다.

"아마도 구세주께서 노하신 게다. 그래서 이슬람군에 승리를 안겨주신 게 틀림없어!"

그때 수도원장이 슬픔에 잠긴 모습으로 나타나자 왕은 말했습니다.

"오, 우리의 신부여, 우리 군사는 전멸했소. 천벌이 내린 것이오."

수도원장은 대답했습니다.

"너무 한탄하지 마십시오. 염려하지 마십시오. 누군가가 구세주께 죄를 지은 것이 틀림없습니다. 그 죄 때문에 전군이 벌을 받은 것입니다. 하지만 염려 마십시오. 지금부터 예배당에서 여러분을 위해 기도하겠습니다. 이슬람군을 물리치게 해달라고 말입니다."

잠시 뒤 이번에는 자트 알 다와히 노파가 찾아와서 아프리둔 왕에게 말했습니다.

"오, 임금님, 이슬람군은 참으로 그 수가 많아서 계교를 쓰지 않고는 도저히 이길 가망이 없습니다. 그래서 저는 술책을 써서 이슬람군에게 보복할까 합니다. 그놈 아버지를 죽였듯이 적의 대장을 뜻대로 죽일 수 있을지도 모릅니다. 제 계략이 성공하면 적의 군사는 단 한 놈도 제나라로 돌아가지 못할 것입니다. 그자가 있기 때문에 군대가 강한 것이니까요. 그런데 해마다 물건을 팔러 다니는 시리아에 사는 그리스도교도가 없을까요? 이 계교를 위해 힘을 빌리고 싶습니다. 꼭 필요합니다."

"좋을 대로 해 보시오."

왕이 대답하자 노파는 곧 시리아에 사는 나지란[194] 출신의 남자를 백 명쯤 데리고 오라고 명령했습니다. 아프리둔 왕이 백 명의 남자들에게 물었습니다.

"너희는 그리스도교군의 전쟁 상황을 알고 있느냐?"

"예, 알고 있습니다."

"이 노부인은 구세주의 명을 받들어 이번에 이슬람교도들을 무찌르기 위해 이슬람교도로 변장하여 너희와 함께 떠나려 한다. 그 목적은 계략을 써서 우리의 일을 도모하고 이슬람교도를 내쫓으려는 데 있다. 그러니 너희도 구세주에게 몸을 바칠 생각이 없느냐? 있다면 금화 1칸타르[195]를 주마. 무사히 돌아온 자에게는 그 돈을 주고, 만일 목숨을 잃는 자가 있다면 구세주께서 충분한 보상을 내리실 것이다."
"오, 임금님, 저희는 구세주께 목숨을 바치고, 임금님을 위해 기꺼이 희생하겠습니다."
그리하여 노파는 향나무 뿌리를 필요한 만큼 준비하여 물에 담갔다가 불에 얹어 시키면 성분이 빠질 때까지 달였습니다. 그리고 그 약물이 식는 것을 기다려 기다란 헝겊 한끝을 그 속에 담갔다가 얼굴에 칠했습니다. 그런 다음 수를 놓고 가장자리에 선을 두른 헐렁한 윗옷을 걸치고 손에 염주를 들고 아프리둔 왕에게 갔습니다. 왕도 측근에 있는 사람들도 그 노파가 스스로 이름을 밝히기 전에는 아무도 그녀를 알아보지 못했습니다. 그 자리에 있던 사람들은 모두 노파의 기막힌 변장술에 감탄하였고, 특히 그 아들 하르두브 왕은 기뻐하며 이렇게 말했습니다.
"구세주께서 어머니를 지켜주시기를!"
노파는 시리아의 그리스도교도 상인들을 데리고 바그다드의 적진을 향해 출발했습니다.

—샤라자드는 날이 훤히 밝아오는 것을 알고 이야기를 그쳤다.

93번째 밤

샤라자드는 이야기를 계속했다. 오, 인자하신 임금님, 아프리둔 왕은 그 이야기를 듣고 정신을 잃었다가 숨을 되돌리고는, 너무나 무서운 나머지 하복부의 고환[*196]이 오그라들어 자트 알 다와히 노파에게 우는소리를 늘어놓았습니다. 이 저주받은 노파야말로 마녀 중의 마녀로 마술에 굉장한 솜씨를 지녔고, 음흉하고 악랄하며 음란하고 사람을 속여 넘기는 데 명수였습니다. 구린 입김을 내뱉고 눈은 핏발이 섰으며, 누런 볼에 거무죽죽한 얼굴을 하고 있었습니다. 또 눈꺼풀은 짓무르고 등은 구부러졌으며, 피부는 시들어 주름투성이고 항상 콧물을 흘리고 있었습니다. 그러나 이 노파는 이슬람교 경전을 공부하고 메카의 성전(聖殿)에 참배한 일도 있었습니다. 그것은 모두 이슬람교의 의식과 코란의 불가사의한 말을 익히기 위해서였습니다. 또 2년 동안 예루살렘의 성도에서 유대교도 행세를 했는데, 그것도 사람과 악마의 마법을 터득하기 위해서였습니다. 이런 까닭에 노파는 흉측하고 사악한 마녀로서 신앙에 대해 그릇된 생각을 지니고 어떠한 종교도 좋게 받아들인 적이 없었습니다.

이 노파가 아들인 로움의 하르두브 왕 옆에 머물고 있었던 까닭은 왕의 궁전에 처녀노예가 많이 있었기 때문입니다. 이 노파는 찰음(擦淫, 트리바디즘)*197이라는 나쁜 습관에 빠져 있어 동성애가 없이는 살아갈 수 없는 사람이었습니다. 그래서 마음에 드는 처녀만 있으면 음핵(陰核)과 음핵을 서로 비비대는 재주와 솜씨를 가르쳐주기도 하고 또 흥분한 나머지 정신을 잃을 때까지 사프란*198이라는 기름을 바르기도 했습니다. 이렇게 하여 자기 말을 듣는 처녀에게는 여러 가지로 신경을 써서 아들의 마음이 그 여자에게 기울도록 해 주었지만 말을 듣지 않는 처녀는 온갖 계략을 써서 파멸시켰습니다. 아브리자 공주의 시녀 마르자나, 라이하나, 무트리자가 어느덧 그 사실을 귀띔해 주어, 공주는 이 노파를 무척 꺼리며 함께 자는 것을 싫어했습니다. 그것은 이 노파의 겨드랑이에서 나는 악취와 썩은 시체보다 더 구린 입김, 종려나무 섬유보다 거친 피부 때문이었습니다. 노파는 평소에 자기와 음핵을 문지르는 처녀에게는 보석도 주고 무엇을 가르쳐주기도 하면서 환심을 샀는데, 아브리자 공주는 이 노파를 가까이 오지 못하게 하며 오로지 전지전능하신 신께 구원을 찾고 있었습니다. 참으로 시인이 다음과 같이 노래한 바로 그런 여자였습니다.

> 높은 사람에게는 굽실거리고
> 약한 자는 못살게 굴고
> 돈으로 겉모양 꾸미는 늙은 계집,
> 썩은 고기 같은 그 악취는
> 장미수를 발라도 사라지지 않네.

이야기는 노파의 책략과 흉계 쪽으로 돌아가는데, 이윽고 노파는 나사렛인 대상들과 함께 출발하여 이슬람군 진영으로 향했습니다. 이때 하르두브 왕은 아프리둔 왕을 찾아가 말했습니다.

"임금님, 우리에게는 수도원장도 기도도 필요하지 않습니다. 내 어머니가 말씀하신 대로, 어떤 책략으로 이슬람군을 어떻게 곯리는지 구경만 하십시다. 적은 지금 전군을 몰아 진군 중이니 머지않아 이곳에 육박하여 사방에서 우리를 포위할 것입니다."

아프리둔 왕은 이 말을 듣자 몹시 놀라 곧 나사렛의 모든 국민에게 다음과 같은 통첩을 보냈습니다.

"구세주를 믿는 자, 십자가의 기사인 자는 한 사람도 물러나지 말지어다. 특히 요새와 성채를 지키는 자는 한 걸음도 물러서서는 안 된다. 보행자도 말을 탄 자도 여자와 아이들도 모두 모여 참여하라. 이슬람군이 이미 우리 영토를 짓밟고 있다. 우리가 두려워하는 것이 그 모습을 드러내기 전에 어서 집결하라."

자트 알 다와히 노파는 일행과 함께 도성을 나서자 동행에게 이슬람교도 상인으로 변장하게 하고 금실로 짠 비단과 값비싼 능라, 안티오크[13]의 피륙을 실은 노새 백 마리를 끌고 왔습니다. 노파는 또 아프리둔 왕에게서 다음과 같은 편지를 받아 지니고 있었습니다.

"이들은 샴국(시리아)에서 우리나라에 온 상인이다. 그러니 머무는 동안 위해를 가하지 말 것, 또 세금 및 10분의 1세를 징수치 말고 무사히 고향으로 돌아갈 수 있도록 할 것, 한 나라의 번영은 상인에 의한 것이며, 또한 이들은 군인도 이교도도 아님을 유의하라."

이 저주받은 노파는 동행한 자들에게 말했습니다.

"나는 지금부터 이슬람교도를 멸망시키기 위해 어떤 계략을 실행할 작정이다."

일동은 대답했습니다.

"무엇이든 명령만 하십시오. 분부대로 따르겠습니다. 구세주께서 당신을 성공으로 이끌어주시기를!"

노파는 깨끗한 흰색 모직으로 지은 헐렁한 윗옷을 걸치고 자기 이마를 오래 문질러 커다란 상처자국을 만들었습니다. 거기에 자기가 만든 고약을 바르니 이마가 반들반들 빛이 났습니다.

그런데 이 늙은 노파는 말라비틀어진 몸에 눈이 움푹 꺼져 있었습니다. 게

다가 도중에 끈으로 양쪽 발목을 세게 묶어두었다가*¹⁹⁹ 이슬람군 천막 가까이에 왔을 때 풀었기 때문에 발목에 깊게 팬 자국이 남았습니다. 그리고 짓무른 곳에 뱀의 피를 바르고는 동행에게 자기를 마구 때리게 한 다음 궤짝 속에 넣도록 명령했습니다.

"유일신을 기리는 경구*²⁰⁰를 큰 소리로 외치도록 해라. 그리고 걱정할 것 없다, 설사 상처가 난다 해도!"

그래서 모두 물었습니다.

"우리가 우러러보는 임금님의 어머니이시고 저희의 주인이신 당신을 어찌 매질할 수 있겠습니까?"

"변소에 가는 사람을 비난하는 자는 없겠지. 어쩔 수 없는 경우에는 나쁜 행위도 좋은 행위가 되는 수가 있어. 나를 궤짝 속에 넣어 짐짝처럼 꾸려 나귀에 실어라. 그리고 다른 짐과 함께 이슬람군 진지를 지나가란 말이다. 누가 말을 걸어도 아는 척하지 마라. 하지만 만약 상대가 길을 막거든 나귀와 짐을 버려두고 자우 알 마칸 왕을 찾아가 '저희는 지금까지 이교도의 나라에 있었는데, 그곳에서는 아무것도 빼앗기지 않았습니다. 그뿐만 아니라 방해하거나 위해를 끼치는 자가 없도록 여행허가서까지 써주었습니다' 하며 왕의 보호를 청하도록 해. 그래서 왕이 '로움에서 돈을 벌었느냐?'라고 묻거든 이렇게 대답해라. '저희는 신앙심이 두터운 사내를 하나 구해냈습니다. 그 사나이는 거의 15년 동안 지하 감옥에 갇혀 있었는데 아무리 구원을 청해도 구해 주는 사람이 아무도 없었답니다. 그뿐만 아니라 밤낮없이 그 사내를 괴롭혔습니다. 저희는 그런 일을 전혀 모르고 있었는데, 잠시 콘스탄티노플에 머물러 상품을 팔고 다른 물건을 사들인 다음 드디어 고국으로 돌아갈 준비를 하고, 그날 밤은 여행에 대해 이야기를 하며 보냈습니다. 그런데 아침이 되자 담 위에 사람 그림자가 비치는 게 눈에 띄었습니다. 가까이 가보니 놀랍게도 그 그림자가 움직이며 입을 열더니 '오, 이슬람교도들이여, 너희 가운데 삼계(三界)*²⁰¹ 주인의 자비를 원하는 자는 없는가?' 하고 말하지 않겠습니까. 그래서 무슨 일이냐고 물었더니 그 사람의 그림자가 대답했습니다. '잘 들어라, 알라는 너희의 믿음을 굳히고 신앙심을 왕성하게 하기 위해 이교도의 나라를 떠나 이슬람교 군사에게 돌아가도록, 내 입을 통하여 너희에게 신의 뜻을 전하게 하셨다. 이슬람군에는 신의 검객으로서 당대에 비할 데

없는 용사 샤르르칸 왕이 있는데, 머지않아 신은 이 샤르르칸 왕에게 콘스탄티노플 도성을 공격케 하여 나사렛 사람의 종교를 멸망시키실 생각이시다. 너희가 지금부터 사흘 동안 여행을 계속한다면 고행자 마트루히나의 암자라는 수도원에 도착하여 거기에 지하 감옥인 암실이 하나 있음을 알게 될 것이다. 그곳을 방문할 때 너희는 경건한 마음으로 의지력을 지니고 그곳에 가까이 가도록 노력해야 한다. 그 암실 속에는 압둘라는, 성도(聖都) 예루살렘에서 온 한 성자가 사로잡혀 있다. 이 성자는 세상에서 보기 드문 신앙심이 깊은 분으로 성스러운 기적을 행하고 의혹과 이해할 수 없는 일을 털어버리는 힘을 신에게서 받았는데, 어떤 승려 때문에 속아서 사로잡혀 오랫동안 그 감옥 속에 깊숙이 갇혀 있었다. 너희가 가서 그 성자를 구해 내면 신앙심이 두터운 사람들의 주인이신 알라를 기쁘게 해 드릴 수 있으리라. 이 일은 전쟁에 나가 싸우는 것보다 훨씬 더 신의 마음을 기쁘게 해 드리는 일이다.'"

이 말을 듣고 모두 고개를 끄덕이자 노파는 다시 말을 이었습니다.

"지금 들은 대로 너희는 이 말을 샤르르칸 왕의 귀에 들어가게 한 다음 다시 이렇게 말해라. '그 그림자의 말을 듣고 저희는 성자가……'"

—샤라자드는 날이 훤히 밝아오는 것을 알고 이야기를 그쳤다.

94번째 밤

샤라자드는 이야기를 계속했다. 오, 인자하신 임금님, 모두 이의 없이 그 이야기를 받아들이자 알 다와히 노파는 다시 말을 이었습니다.

"지금 들은 이야기를 샤르르칸 왕의 귀에 들어가게 한 다음 곧 다시 이렇게 말해라. '그 그림자의 말을 듣고 저희는 그분이 유명한 수도자이며 특히 알라의 종 가운데에서도 가장 깨끗한 기풍을 지닌 분이라는 사실을 알았습니다. 그래서 저희는 은자의 암자가 보일 때까지 사흘 동안 걸어서 그곳에 이르자 여느 상인이 하듯 장사를 하며 그날을 보냈습니다. 해가 지고 밤이 되자 저희는 곧 지하 감옥의 암실로 내려갔습니다. 그때 성자가 코란의 구절을 외고 나서 이런 시를 읊는 것이 들려왔습니다.

가슴이 미어지고, 내 마음
슬픔에 찢어져
내 영혼도
괴로움의 바다에 빠졌도다.
지금 달아나지 못하면,
이윽고 나는 어쩔 수 없이 죽게 될 운명.
죽음은 두렵지 않다, 이토록
쓰라린 궁지에 머무르기보다는.
오, 번갯불이여, 내 집과
처자 얼굴을 비추어라,
더해가는 그 아름다움
그대의 빛을 무색케 할지라도.
내게 가르쳐 다오, 우리
다시 만날 길은 어디 있는지.
전쟁에 막혀 구원의
문은 닫혀버린 것을.'

 너희가 나를 이슬람군 진지로 일단 데려다주기만 한다면 교묘하게 그 속에 숨어들어 놈들을 속여 한 명도 남김없이 죽이고 말 테다."
 이 말을 듣고 나사렛 사람들은 노파가 말한 대로 그를 몹시 때린 다음 그 손에 입을 맞추고 궤짝 속에 담았습니다. 나사렛 사람들은 노파가 시키는 대로 따르는 수밖에 없었습니다. 그들은 곧 노파의 말대로 이슬람군 진지를 향해 출발했습니다. 저주받은 노파와 그 무리에 대한 이야기는 이쯤 해두고, 이번에는 이슬람군에 대해 이야기를 하겠습니다. 이슬람군은 알라의 은혜로 적군을 무찌르고 많은 금은보화를 약탈하여 자기들 배에 실은 뒤 한가롭게 앉아 잡담하기 시작했습니다. 자우 알 마칸 왕이 형 샤르르칸 왕에게 말했습니다.
 "알라의 은혜로 승리를 거두었지만, 이것은 우리 군사의 정당한 행동과 훈련, 일치단결의 결과입니다. 그러니 형님, 앞으로도 알라(칭송할지어다!)의 뜻을 받드는 내 지휘에 따라주십시오. 나는 아버님 원수를 갚기 위해 왕

10명을 죽이고 그리스인 군사 5만 명의 멱을 딴 뒤 콘스탄티노플에 입성하고 싶습니다."

"내 목숨을 바쳐 죽을 각오를 하고 있다! 고국을 떠나온 지 오랜 세월이 흘렀지만, 이번 성전은 끝까지 완수해야 한다. 그러나 아우여, 내가 진심으로 사랑하는 딸 쿠지아 파칸을 다마스쿠스에 남겨두고 왔다. 당대에 둘도 없는 아름다운 딸인데, 이제 곧 나이가 찰 때가 되었구나."

"나에게도 역시 임신한 아내가 있습니다. 몸을 풀 날이 가까운데, 아들이 태어날지 딸이 태어날지 알 수 없습니다. 그러나 형님, 만일 사내아이가 태어나면 형님의 딸과 짝지어주실 것을 약속해 주십시오."

"약속하고말고."

샤르르칸 왕은 아우에게 한 손을 내밀었습니다.

"아우여, 사랑과 성실을 걸고 굳게 맹세하지. 만일 너에게 아들이 태어난다면 내 딸 쿠지아 파칸을 아내로 주마."

이 말을 듣고 자우 알 마칸은 매우 기뻐하며 두 사람은 함께 승리를 축하했습니다. 단단 대신도 두 형제에게 축하의 말을 했습니다.

"임금님, 알라께서는 이미 우리에게 승리를 주셨습니다. 이것은 한결같이 우리가 알라께 생명을 바치고(알라를 찬양할지어다!) 집과 가족도 버리고 왔기 때문입니다. 이번에는 적을 추격하고 바싹 가까이 다가붙어 산산이 무찔러야 하지 않겠습니까. 알라께서는 틀림없이 우리의 소원을 이루어주실 것입니다. 우리는 적을 뿌리째 전멸시킬 수 있습니다. 만일 괜찮으시다면 배에 올라 바닷길을 택하십시오. 저희는 육지로 가서 적의 정면에 서겠습니다."

단단 대신은 끝까지 싸울 것을 권유하며 이런 시를 읊었습니다.

적을 무찌름은 더없는 행복
말 등에 오르니 행운이 찾아오도다
아군의 사자는 무수히 오가며
승리의 소식을 가져오리
마침내 아군은 이기고 돌아간다.

또 이런 노래도 불렀습니다.

　(내 생명이 있는 한)
　내 어머니를 위해 싸우리라.
　이 창은 형제를 위해,
　이 칼은 아버지를 위해,
　미소로 죽음을 받아들이는
　용맹한 군사를 이끌고
　숙명의 손에서 소망을 이루는 날까지.

노래를 마치고 단단 대신은 말했습니다.
"우리를 도와 귀중한 승리와 금은보화의 전리품을 주신 알라를 찬양할지어다!"
자우 알 마칸 왕은 전군에 출발명령을 내렸습니다. 콘스탄티노플을 향해 강행군을 계속하는 동안 어느덧 드넓은 대평원에 이르렀습니다. 눈에 보이는 것은 모두 유쾌하고 상쾌했으며, 들소는 즐거이 뛰어다니고 영양은 이리저리 들판을 거닐고 있었습니다. 병사들은 황량한 대사막을 가로질러 엿새 동안 물 한 방울도 입에 대지 못했는데, 이 초원에 이르러 보니 샘물이 솟고 과일이 붉게 익어 마치 낙원에 온 듯했습니다. 모두 저 나름의 의상을 두르고 한껏 치장하고 있었던 것입니다. 나뭇가지는 아침이슬의 맛좋은 술에 취하여 조용히 한들거리고, 천국의 샘이 빚어내는 신주(神酒)의 향기가 감도는 새벽 산들바람이 숨결을 내뿜으며 지나갔습니다. 마음도 눈도 그 아름다운 광경을 바라보며 넋을 잃었습니다. 시인도 이렇게 노래하고 있습니다.

　보라, 아름다운 이 동산!
　푸른 옷자락 펼치고 봄이 찾아온 듯.
　육안으로 보면
　물이 고인 호수의
　멋진 경치가 보일 뿐.
　하지만 심안으로 보면

그대 머리 위에서 하늘거리는
나뭇잎 하나하나에
신의 영광이 머물러 있음을 보게 되리.

또 다른 시인은 이렇게 노래하고 있습니다.

시냇물은 뺨이런가,
햇살에 붉게 물들었네, 장밋빛으로.
볼의 솜털*202은 기어가는 듯한
실버들 가지 그림자이런가.
나무뿌리를 감돌며
잔물결은 은빛 원을 그리며 흐르고
피어난 꽃들은 장신구이런가.

자우 알 마칸 왕은 나무들이 가지와 잎을 늘어뜨리고, 꽃은 흐드러지게 피어 있고, 작은 새들이 지저귀는 이 평원의 모습을 바라보며 형 샤르르칸 왕에게 말했습니다.
 "오, 형님, 다마스쿠스도 이 아름다움에 비하면 아무것도 아니군요. 사흘 동안 여기 머물렀다가 다시 진군하기로 합시다. 우리도 몸을 쉬고 장병들도 기운을 회복하게 해 줍시다. 저 저주받은 이교도군과 맞설 힘을 기르도록."
 그리하여 전군이 머물러 야영준비를 하고 있는데 멀리서 소란스러운 소리가 들려왔습니다. 자우 알 마칸 왕이 무슨 일이냐고 물으니 곧 보고가 들어왔습니다.
 "시리아의 대상이 휴식하는 곳을 이슬람교도 병사들이 습격하여 이교도의 나라에서 가져온 물품을 약탈해 간 것 같습니다."
 잠시 뒤 상인들이 왕의 도움을 구하여 큰 소리로 울부짖으면서 달려왔습니다. 그것을 본 자우 알 마칸 왕은 그들을 자기에게 데려오도록 명령했습니다. 왕 앞으로 온 상인들이 말했습니다.
 "오, 임금님, 저희는 이교도의 나라에 있었지만 그들은 저희 물건을 하나도 빼앗지 않았습니다. 그런데 같은 동포인 이슬람교도가 저희 물건을 약탈하다니 어찌 된 일입니까? 더구나 이 이슬람군이 있는 나라에서? 실은 임금님의 군대가 보이기에 가까이 갔더니 군사들이 저희의 물건을 몽땅 뺏어갔습니다."

이렇게 말하며 상인이 콘스탄티노플 왕의 편지를 바치자, 왕은 그것을 읽고 말했습니다.

"너희가 빼앗긴 물건은 곧 돌려주마. 그러나 이교도의 나라로 상품을 가져가는 것은 절대로 용서할 수 없다."

"오, 임금님, 저희는 사실 알라의 뜻에 따라 그곳으로 갔던 것입니다. 가지*203님도 손에 넣은 적이 없는, 아니, 임금님께서 지금까지 점령한 수많은 곳에서도 얻지 못하신 것을 가지고 돌아왔습니다."

그러자 샤르르칸 왕이 물었습니다.

"대체 무엇을 가져 왔단 말이냐?"

"임금님, 이런 일은 큰 소리로는 말씀드릴 수 없습니다. 왜냐하면 이 이야기가 사람들에게 퍼지게 되면 틀림없이 그 어떤 사람*204의 귀에도 들어가게 될 테고, 그렇게 되면 저희가 파멸할 뿐 아니라 그리스로 오가는 모든 이슬람교도가 생명을 잃게 되는 원인이 될 것입니다."

상인들은 그 저주받은 노파 알 다와히가 들어 있는 궤짝을 몰래 숨겨서 들어와 있었습니다. 자우 알 마칸 왕과 그 형이 아무도 없는 밀실로 상인들을 데리고 가자 그들은 그 수도자에 대한 이야기를 상세히 늘어놓으며 눈물을 흘렸으므로 왕들도 마침내 눈물을 흘렸습니다.

―샤라자드는 날이 밝아오는 것을 알고 이야기를 그쳤다.

95번째 밤

샤라자드는 이야기를 계속했다. 오, 인자하신 임금님, 상인으로 변장한 나사렛 사람들은 두 임금님 앞에서 노파가 일러준 대로 모두 이야기했습니다. 그 말을 듣고 샤르르칸 왕은 그 수행자가 그리워지고 불쌍하게 여겨져 전능하신 알라를 위해 도와주고 싶은 마음이 간절해졌습니다. 그래서 왕은 그들에게 물었습니다.

"너희는 그 성자를 구해냈느냐? 아니면 아직도 암실 속에 그냥 남아 있느냐?"

"저희는 성자를 구해내고 후환이 두려워 암자의 주인을 죽인 뒤 허둥지둥 도망쳐왔습니다. 하지만 믿을 만한 사람의 말에 의하면 그 암자에는 금은보석이 잔뜩 있다고 합니다."

그들은 이렇게 말하며 그 궤짝을 들고 와 그 속에서 저주스러운 노파를 안아 꺼냈습니다. 노파는 마치 콩깍지처럼 새까맣게 말라빠졌을 뿐만 아니라 수갑과 차꼬까지 채워져 있었습니다. 자우 알 마칸 왕을 비롯하여 측근들은 그 모습을 보고 그야말로 알라의 수행자 중에서도 가장 충실한 수행자라고 믿어버렸습니다. 특히 스스로 칠한 고약으로 이마가 번들번들 빛나고 있었으므로 누구보다 신을 공경하는 마음이 두터운 성자로 생각되었던 것입니다. 두 왕은 몹시 슬퍼하며 목 놓아 울다가 이윽고 공손히 일어나 노파의 손발에 입을 맞추었습니다. 노파는 두 사람을 달래면서 말했습니다.

"자, 눈물을 거두고 내 말을 들으시오."

두 사람이 그 말에 따라 눈물을 닦자 노파는 엄숙하게 입을 열었습니다.

"두 분은 들으십시오. 나는 알라께서 분부하신 일은 무슨 일이든 기꺼이 따랐습니다. 왜냐하면 저희 몸에 떨어진 재앙은 모두 알라(찬양할지어다!)의 시련임을 잘 알고 있기 때문입니다. 재앙과 고난을 견디고 참아내지 못하는 자는 천국의 기쁨을 얻을 수 없습니다. 저는 고국으로 무사히 돌아갈 수 있게 해 주십사 신께 빌었습니다만, 그것은 이 몸에 가해진 고난의 보상으로 원했던 게 아닙니다. 오직 신앙을 위해 싸우는 전사들의 말발굽에 밟혀 죽고 싶었기 때문입니다. 이러한 용사들은 싸움터에서 쓰러져 죽더라도 되살아나 다시는 죽는 일 없이 살아가게 됩니다."*205

그러고 나서 노파는 다음과 같은 시를 읊었습니다.

    아군의 성채는 토르의 산*206
    전화(戰火)의 불길 타오르도다.
    그대는 모세, 지금이야말로
    구원하러 나갈 때이니.

지팡이를 던져라, 숙적의
소행을 모조리 집어삼켜라.
그들의 밧줄이 독사로 바뀌도다.[207]
두려워 말라, 병사를 위해,
전투의 날에 코란의
적의 대목을 암송하면
적의 머리에 칼로
기적의 시가 새겨지리.

노래를 마친 노파 눈에 눈물이 넘치고 이마는 고약으로 번들거렸습니다. 샤르르칸 왕은 몸을 일으켜 노파의 손에 입을 맞춘 다음 음식을 가지고 오도록 명했으나 노파는 사양하며 말했습니다.

"저는 15년 동안 낮에는 단식을 계속해 왔습니다. 신께서 자비를 베푸시어 이교도의 손에서 구해 주시고 지옥의 화형보다 괴로운 고통을 씻어주신 이때 어찌 그 단식을 깨뜨릴 수 있겠습니까? 해가 질 때까지 기다리겠습니다."

이윽고 해가 지자 샤르르칸 왕과 자우 알 마칸 왕이 와서 음식을 내밀며 말했습니다.

"행자님! 드십시오!"

그러나 노파는 그것도 사양하며 말했습니다.

"지금은 식사할 시간이 아닙니다. 복수 왕을 예배할 시간입니다."

그리고 예배장소에 선 채 날이 샐 때까지 계속 기도를 드렸습니다. 이리하여 사흘 낮 사흘 밤 기도를 계속하는 동안 이마에 손을 대고 절[208]을 할 때 말고는 앉지도 않고 몇 가지의 기도를 바쳤습니다. 그 모습을 본 자우 알 마칸 왕은 노파의 흔들리지 않는 신념에 크게 감동하여 샤르르칸 왕에게 말했습니다.

"이 신앙심이 두터운 사람을 위해 가죽천막을 치고 좋은 향을 피운 뒤 시종 한 사람을 두어 시중들게 합시다."

나흘째가 되어 노파가 식사를 청하자 보기에도 먹음직스러운 온갖 음식을 듬뿍 가져다주었습니다. 그러나 노파는 그 가운데 소금 뿌린 과자를 먹었을 뿐 다시 단식으로 돌아가 밤이 되기를 기다렸다가 새로운 기도를 시작했습니다.

샤르르칸 왕이 자우 알 마칸 왕에게 말했습니다.

"이 사람은 정말 속세의 모든 것을 완전히 버렸어. 이번의 성전만 아니라면 나도 이 사람과 함께 죽음이 올 때까지 알라께 봉사하고 싶군. 이제부터 성자의 천막으로 가서 이야기를 해보자."

그러자 자우 알 마칸 왕도 말했습니다.

"형님, 나도 가겠습니다. 내일은 콘스탄티노플과 교전하기 위해 출동해야 되니까. 지금이 아니면 여유가 없을 것입니다."

그러자 단단 대신도 말했습니다.

"저도 그 성자를 뵙고 싶습니다. 어쩌면 제가 이 성전에서 전사하더라도 신께 갈 수 있도록 빌어줄지 모르니까요. 저는 이제 세상이 싫어졌습니다."

해가 지자 세 사람은 곧 행자의 천막으로 갔습니다. 노파가 선 채 열심히 기도하는 모습을 보자 가련한 나머지 그 옆에 가서 눈물을 흘리기 시작했습니다. 노파는 한밤중이 될 때까지 세 사람은 본 체도 하지 않고 기도를 계속하다가 마지막으로 인사말을 소리 높이 외친 뒤 그제야 기도를 마치고 물었습니다.

"무슨 일로 오셨는지요?"

세 사람은 대답했습니다.

"오, 성자님, 우리가 당신 곁에서 우는 소리가 들리지 않았습니까?"

"알라 앞에서 기도하는 자에게는 시간이 존재하지 않으며 아무것도 들리지 않고 보이지 않습니다."

그래서 세 사람은 말했습니다.

"우리는 당신이 지하 감옥의 암실에 갇혔던 까닭을 알고 싶어서 왔소. 그리고 오늘 밤 우리를 위해 기도해 주실 수 없는지요. 그것은 콘스탄티노플을 손에 넣는 것보다 좋은 일이 될 테니까요."

그러자 노파가 이야기했습니다.

"알라께 맹세코, 당신들이 이슬람교도의 태수가 아니라면 그 이야기는 절대 하지 않을 것입니다. 나는 오직 알라께 하소연할 뿐이니까요. 하지만 당신들에게는 특별히 내가 갇힌 몸이 되었던 경위를 말씀드리기로 하지요. 그

렴, 들어보십시오. 나는 법열의 경지에 있거나 영감을 느낀 사람들과 함께 성도 예루살렘에서 살고 있었는데 그 사람들 사이에서 그리 위대해 보이는 일은 일어나지 않았습니다. 왜냐하면 알라께서 겸손과 극기와 미덕을 주셨기 때문입니다. 그런데 어느 날 밤 우연히 바닷가에 나갔는데 이상하게도 물 위를 걸을 수 있었습니다. 그러자 별안간 자부심이 일어 이렇게 혼잣말을 중얼거렸습니다. '대체 누가 나처럼 물 위를 걸을 수 있단 말인가?' 그때부터 내 마음은 교만해져서 왠지 여행을 하고 싶은 마음이 들었습니다. 그래서 로움으로 떠나 꼭 1년 동안 각지를 돌아다녔습니다. 그러다가 마침내 이 땅에 와서 산에 올라 마트루히나라고 하는 수도승이 살고 있는 암자를 발견했습니다. 그 사람은 나를 보자마자 달려나와 내 손발에 입을 맞추고는 '당신이 그리스에 들어오신 이래 나는 멀리서나마 늘 뵙고 있었습니다. 당신을 본 뒤로 이슬람교도의 나라가 몹시 그리워졌습니다' 하며 내 손을 잡고 안으로 안내하여 어두운 방으로 데리고 갔습니다. 내가 무심코 그 방에 들어선 순간 그자는 문에 자물쇠를 채우고 40일 동안 먹을 것도 물도 주지 않았습니다. 이렇게 하여 나를 서서히 굶겨 죽일 작정이었던 것입니다.

그러던 어느 날 다키아누스*[209]라는 기사가 종자 10명과 함께 세상에 둘도 없이 아름다운 타마실이라는 처녀를 데리고 그 암자를 찾아왔습니다. 기사 일행이 암자에 들어오자 수도승 마트루히나는 내 이야기를 했고, 기사는 '그놈을 끌어내오너라' 하고 말했습니다. 그래서 수도사는 내가 있는 암실의 문을 열었습니다. 나는 그때 벽감 앞에 앉아 기도드리면서 코란을 외고, 또 알라를 칭송하며 전능하신 신 앞에 참회하고 있었습니다. 이런 내 모습을 보고 수도사는 '이놈은 마술사 중의 마술사다!' 하고 소리쳤습니다. 그 말을 듣자 다키아누스와 그 일행은 나에게 달려들어 사정없이 때렸습니다. 나는 차라리 죽는 편이 낫겠다 싶어 스스로 자책하며 '이것은 알라께서 주신 것에 대해 주제넘게 교만해져서 우쭐댄 대가이다. 오, 내 영혼이여! 네 속에 자존과 불손한 생각이 끼어든 것이다. 자만심이 신을 노하게 하고 마음을 완고하게 만들어 지옥불 속에 사람을 집어던진다는 것을 모르느냐' 하고 반성했습니다.

그들은 나에게 수갑과 차꼬를 채워 지하 감옥에 가둔 다음, 그 뒤로는 사흘 걸러 빵 한 조각과 물 한 그릇을 넣어주었습니다. 또 한 달이나 두 달에 한 번 기사가 암자로 찾아왔습니다. 기사의 딸 타마실은 내가 처음 만났을 때 겨우 9살이었는데 이 몸이 15년간 갇혀 있는 동안 장성하여 24살이 되었습니다. 우리나라에도 그리스에도 그토록 아름다운 여자는 없을 겁니다. 아버지인 기사는 딸을 왕에게 뺏기지 않을까 걱정하고 있었습니다. 그 처녀는 구세주에게 몸을 바치고 기사처럼 차리고는 다키아누스와 함께 말을 달리곤 했으므로 비길 데 없이 아름다웠으나 그 겉모습만 보고는 아무도 여자인 줄 몰랐습니다. 아버지 다키아누스는 그 암자에 돈을 모으고 있었는데, 그것은 그 사내뿐만 아니라 값진 물건이나 보물을 조금이라도 가진 자는 모두 이 암자에 감춰두는 것이 관례였기 때문입니다. 그곳에는 온갖 금은보화와 값비싼 그릇, 진귀한 보물이 있었는데, 알라가 아니고는 도저히 헤아릴 수 없을 만큼 많았습니다. 그런데 당신들이야말로 그 이교도들보다 금은보화를 차지하여 마땅한 분들이니 꼭 그자가 감추어둔 보물을 빼앗아 이슬람교도들에게, 특히 성전에 참가한 용사들에게 나눠주십시오. 그 상인들이 콘스탄티노플에 가서 상품을 다 팔았을 때 벽에 그림자가 나타나 그들에게 말을 건넨 일은 사실 알라께서 나에게 주신 기적의 힘이었습니다. 그래서 상인들은 암자를 찾아가 그 마트루히나를 고문하여 수염을 잡아끌면서 내가 있는 곳을 자백하게 한 뒤 죽여 버린 것입니다. 그들은 날 구해내자 너무나 무서워 도망쳤습니다. 그런데 내일 밤에는 타마실이 전처럼 그 암자를 찾아올 것입니다. 아버지와 부하들도 딸의 신변이 걱정되어 뒤따라올 것입니다. 그러니 당신들이 자신의 눈으로 그러한 것들을 보고 싶으시면 나도 함께 데려가주십시오. 그 산속에 있는 다키아누스 기사의 보물을 당신들에게 내드리겠습니다. 나는 그놈들이 금그릇, 은그릇을 꺼내 놓고 술을 마시는 것을 보았고, 또 그곳에 함께 자리한 처녀가 아라비아 말로 노래를 불러주는 것도 들었으니까요. 정말 그토록 아름다운 소리가 코란을 읽는 데 쓰일 수 없다니 애석한 일입니다! 그럼, 그러실 마음이 있으시다면 다키아누스와 딸이 올 때까지 암자에 들어가 숨어 계십시오. 그리고 그들을 사로잡는 겁니다. 그 딸은 현세의 임금님이신 샤르르칸 왕과 자우 알 마칸 왕에게 어울리는 여자이니까요."

이 말을 듣고 세 사람 가운데 단단 대신을 제외한 두 사람은 무척 기뻐했습니다. 대신은 노파의 이야기에 수긍이 되지 않는 점이 있어서 곧이곧대로 믿을 마음이 나지 않아 의심하고*210 있었지만, 두 왕 앞이라 사양하며 잠자코 있었던 것입니다. 노파는 다시 말을 이었습니다.

"다만 걱정되는 것은 그 기사가 오더라도 이 들판에 군대가 주둔한 것을 보면 겁이 나서 암자로 들어가지 않을지도 모릅니다."

그래서 자우 알 마칸 왕은 장병들에게 콘스탄티노플을 향해 출발하도록 명령하고 이렇게 덧붙였습니다.

"나는 군사 100기와 나귀를 많이 끌고 그 산으로 가서 암자에 있는 금은과 재물을 실어오기로 하겠다."

그리고 시종장과 터키군 및 다일람군의 대장을 불러 명령을 내렸습니다.

"날이 밝는 대로 콘스탄티노플을 향해 출발해다오. 시종장, 그대는 나 대신 회의와 작전을 맡아주고, 루스탐, 그대는 형님을 대신하여 전선의 지휘를 맡아다오. 하지만 우리가 군사들과 함께 있지 않다는 사실을 누구에게도 알려서는 안 되네. 사흘 뒤면 다시 그대들과 만날 테니까."

그런 다음 용감한 기사 백 명을 골라 샤르르칸 왕과 단단 대신과 함께 암자로 향했습니다. 기사 백 명은 보물을 나르기 위해 궤짝을 실은 나귀들을 끌고 뒤따르도록 했습니다.

―샤라자드는 날이 밝아오는 것을 깨닫고 이야기를 그쳤다.

96번째 밤

샤라자드는 이야기를 계속했다. 오, 인자하신 임금님, 샤르르칸을 비롯하여 아우 자우 알 마칸 왕과 단단 대신은 그 저주받은 노파의 꾐에 빠져 보물을 나르기 위해 궤짝을 실은 나귀들을 끌고 가는 기사 백 명을 거느리고 암자로 가게 되었습니다.

날이 새자 시종장은 곧 출발명령을 내려 이슬람군 각 부대는 두 왕과 대신이 암자로 가게 된 것은 꿈에도 모르고 출발했습니다. 두 왕과 대신은 그곳에서 해가 지기를 기다렸습니다. 이보다 먼저 자트 알 다와히 노파와 함께 온 이교도 상인들은 노파의 손과 발에 입을 맞추고 헤어졌습니다. 그때 노파는 마음에 떠오른 온갖 간사한 꾀와 수단을 일러주었습니다. 해가 지자 노파는 천천히 일어나 두 왕과 대신이 있는 곳으로 가서 말했습니다.

"그럼 여러분, 산으로 가실까요? 병사는 몇 명만 데리고 가십시오."

그들은 노파의 말대로 산기슭에 기병 5명을 남겨두고 나머지 사람들은 알 다와히의 앞장을 서서 부지런히 나아갔습니다. 노파는 기뻐서 새로운 힘이 솟아나는 것 같았습니다. 그것을 보고 자우 알 마칸 왕이 말했습니다.

"이 성자에게 힘을 내리신 신께 영광이 있기를! 이처럼 훌륭한 분은 일찍이 본 일이 없다."

그 전에 이 마녀는 콘스탄티노플 왕 앞으로 편지를 써서 그것을 비둘기에 매어 보냈는데,*211 거기에는 지금까지의 경위가 자세히 기록되고 끝으로 다음과 같이 적혀 있었습니다.

"그리스군 가운데 가장 용감한 1만 기를 이곳으로 파견해 주십시오. 이슬람교도들 눈에 띄지 않도록 산기슭을 따라 전진해 와서 암자에 이르면 거기에 매복해 있도록 명령하십시오. 암실에 있는 십자가를 넘겨준다는 구실로 대신과 호위병 100기(꼭 100기입니다)와 함께 왕 형제를 거기까지 제가 유인할 테니까요. 수도사인 마트루히나는 죽여 버릴 작정입니다. 그자는 저의 계획에 방해되기 때문입니다. 이 계획만 성공한다면 이슬람교도들은 한 사람도 무사히 고향으로 돌아가지 못할 것입니다. 숨이 남은 사람이나 불을 불어 일으킬 힘이 있는 자는 한 사람도 돌아가지 못할 것입니다. 마트루히나는 나사렛 사람의 신앙을 받드는 자와 십자가의 종복을 위해 희생되는 셈입니다. 영원한 구세주에게 영광 있으라!"

이 편지가 콘스탄티노플에 도착하자 전서구(傳書鳩) 담당이 아프리둔 왕에게 가져갔습니다. 편지를 읽은 왕은 곧 군대를 나누어 기병 1만 명에 말, 낙타, 노새 및 사료를 준비하여 암자 가까이 가서 매복하라고 명령했습니다. 한편 자우 알 마칸 왕과 형 샤르르칸 왕, 그리고 단단 대신과 호위병들이 암자에 이르러 안으로 들어가자 누가 왔는지 보러 나온 수도사 마트루히나와 마주쳤습니다. 그 순간 성자를 가장한 노파가 외쳤습니다.*212

"이놈을 죽여라!"

일행은 칼을 뽑아 단칼에 그를 죽여 버렸습니다. 노파는 먼저 이야기한 공물과 보물이 있는 방으로 그들을 안내하여, 자기가 말했던 것보다 더 많은

금은보화와 귀한 물건들을 가지고 나왔습니다. 그들은 이 약탈품을 궤짝에 담아 노새 등에 실었습니다. 미녀 타마실과 그 아버지인 기사는 이슬람교도를 두려워하여 모습을 나타내지 않았습니다. 자우 알 마칸 왕은 그날도, 그 다음 날도, 사흘째에도 타마실이 나타나기를 기다렸습니다. 마침내 샤르르칸 왕은 말했습니다.

"나는 이슬람군이 걱정되어 견딜 수가 없구나. 병사들이 어떻게 되었는지 도무지 알 수 없으니."

이 말을 듣고 자우 알 마칸 왕이 말했습니다.

"나도 걱정됩니다. 아무튼 우리는 이렇게 많은 보물을 손에 넣은 데다, 그리스도교군이 변을 당했으니 타마실이든 누구든 이 암자에는 접근하지 않을 거라고 생각합니다. 그렇다면 알라께서 내리신 것으로만 만족하고 떠나야 할 것입니다. 신께서도 아마 콘스탄티노플 정복에 힘을 빌려주시겠지요."

그리하여 그들은 산에서 내려오게 되었는데, 노파는 자기의 간사한 꾀가 탄로 날까 봐 그 출발을 저지할 수가 없었습니다. 길을 재촉하니 이윽고 좁은 산길로 들어섰는데 그곳은 노파가 미리 기병 1만 명을 매복해 둔 곳이었습니다. 복병들은 이슬람교도의 왕을 보자마자 창을 힘 있게 손에 들고 칼을 뽑아 사방에서 에워싸고, 저마다 자기들의 부정한 신앙 구호를 외치면서 재앙의 화살을 메겼습니다. 자우 알 마칸 왕과 형 샤르르칸 왕, 그리고 단단 대신이 눈을 들어 적의 군사를 돌아보니 얼마나 되는지 짐작도 할 수 없을 만큼 대군이었습니다.

"대체 누가 우리를 적군에게 밀고했을까?"

자우 알 마칸 왕의 말에 샤르르칸 왕이 대답했습니다.

"오, 아우여, 지금 그런 걸 따질 때가 아니다. 칼을 뽑아들고 활을 들어 싸우는 수밖에 없다. 용기를 내어 배짱을 단단히 갖도록 해. 이 골짜기는 나갈 데가 두 군데밖에 없는 것 같다. 아랍인이나 아잠인의 공덕에 맹세코 이렇게 좁지만 않다면 비록 10만의 적이라 해도 모조리 베어 죽일 수 있을 텐데."

자우 알 마칸 왕도 말했습니다.

"이럴 줄 알았으면 하다못해 5천 기라도 이끌고 올 것을."

단단 대신이 그 말을 받아 입을 열었습니다.

"비록 기병 1만 명이 있다 해도 이 산골짜기에서는 아무 소용이 없습니다. 그러나 알라께서는 반드시 우리를 구원해 주실 것입니다. 저는 이 산길이 좁다는 것도, 숨을 장소가 많다는 것도 잘 알고 있습니다. 전에 오마르 왕을 모시고 콘스탄티노플을 공격했을 때 이곳에 온 적이 있기 때문입니다. 그때 저희는 이 부근에서 머물렀는데, 아마 가까운 곳에 눈보다 차가운 물이 있을 것입니다. 자, 가십시다. 이교도의 군사들이 불어나기 전에. 그리고 앞길이 막히기 전에 빨리 이 산길을 가로질러 산꼭대기로 가십시다. 적이 먼저 산꼭대기에 오르면 틀림없이 우리에게 돌을 던질 것입니다. 그렇게 되면 도저히 버틸 수 없을 테니까요."

그래서 모두 급히 골짜기의 좁은 길을 빠져나가려 했습니다. 가짜 성인인 노파가 그것을 알고 그들에게 말했습니다.

"어찌 그리 두려워하시오? 알라께 몸을 바치고 알라의 뜻에 따라 행동하겠다고 맹세하지 않았습니까? 나는 15년 동안 지하 감옥에 갇혀 있었지만 전능하신 신께서 하시는 일은 한 번도 거스른 적 없었지요! 알라의 길을 따라 싸우십시오. 어느 분이 목숨을 잃으시든 앞으로 낙원을 집으로 삼게 될 것이고, 적을 죽이면 그 활약은 자신의 명예가 될 것입니다."

이 말을 들은 그들은 불안과 걱정이 깨끗이 사라져 용감하게 그곳에 버티고 섰습니다. 이윽고 이교도군이 사방에서 덮쳐와 이슬람군 머리 위로 칼날이 번쩍이고 죽음의 술잔이 그 한복판에서 어지러이 춤을 추었습니다. 이슬람군도 알라를 받들어 종횡무진으로 싸우면서 적을 향해 칼을 휘두르고 창을 내질렀습니다. 자우 알 마칸 왕이 5명 또 5명, 10명 또 10명 닥치는 대로 병사들을 베고 기사를 땅에 쓰러뜨려 몸통에서 머리를 날려 보내는 동안, 어느새 베어 넘긴 기병의 수는 헤아릴 수도 없을 정도가 되었습니다. 이렇게 있는 힘을 다해 싸우면서 노파 쪽을 바라보니 노파도 칼을 휘두르며 이슬람군을 격려하고 있었습니다. 겁을 먹고 도망치는 자는 노파에게 구원을 청하며 달려갔습니다. 그러나 노파는 샤르르칸 왕을 죽이라고 이교도군에게 신호를 보내고 있었습니다. 적군은 샤르르칸 왕을 죽이려고 차례차례 달려들었습니다. 그러나 적 일대가 덤벼들 때마다 샤르르칸 왕은 이를 격퇴해 버렸습니다. 새로운 일대가 또 공격해 오면 역습하여 상대의 등에 칼을 내리쳤습니다. 왕으로서는 자기에게 승리를 내려주신 것은 그 수행자의 축복 덕분인 줄로만 믿었으므로 마음속으로 이렇게 생각하고 있었습니다.

"오, 알라께서는 참으로 저 성자에게 은총의 눈길을 보내고 계신 것이다. 성자는 그 신앙심이 깊은 깨끗한 마음으로 이교도군을 상대로 싸우는 나에게 용기를 북돋아주고 있다. 그 증거로 이교도들은 나를 두려워하여 이기지 못하고 모두 허둥지둥 달아나고 있지 않으냐."

이리하여 싸움은 해질녘까지 계속되어 이윽고 밤이 되자 심한 전투와 돌팔매질에 지쳐 이슬람군은 산골짜기에 있는 동굴 속으로 후퇴했습니다. 이 날 이슬람군은 45명의 전사자를 내었습니다. 동굴 속에 모인 뒤 수행자의 모습을 찾아보았지만 그림자조차 보이지 않았습니다. 일동은 슬퍼하면서 말했습니다.

"틀림없이 순교자로서 돌아가신 것이다."

샤르르칸 왕도 말했습니다.

"나는 그 성자가 신의 말씀을 인용하고 코란의 구절을 주문 삼아 외며 기사들을 격려하던 모습을 보았다."

그때 그 저주받은 노파 자트 알 다와히가 불현듯 나타났습니다. 보니 1만 기를 이끌고 온 적장의 목을 손에 들고 있었습니다. 신분이 높은 그 대장은 싸움에 임하면 용감했고 나쁜 계략에도 악마와 같은 기사였지만, 이날 싸움에서 운 나쁘게도 터키의 한 병사가 쏜 화살에 맞아 그 자리에서 숨이 끊어졌던 것입니다. 이슬람교도 병사에게 쓰러진 대장을 본 이교도 병사들은 그 하수인에게 밀물처럼 몰려가 원수를 갚고 칼을 휘둘러 시체를 난도질했습니다.

그것을 본 노파는 대장의 목을 베어와 샤르르칸 왕과 자우 알 마칸 왕, 그리고 단단 대신의 발밑에 던졌던 것입니다. 그것을 본 샤르르칸 왕은 얼른 일어나서 맞이하며 말했습니다.

"무사히 돌아오신 것을 알라께 감사드립니다. 오, 성인이시여, 오, 신앙의 충성스러운 용사시여!"

그러자 노파가 대답했습니다.

"오, 여러분, 나는 오늘 순교의 죽음을 구하며 이교도의 진중에 뛰어들어 싸웠습니다. 적은 나를 두려워하여 달아났지만, 여러분이 철수하자 여러분의 드높은 무용이 부러워 시기심이 일어나더군요. 그래서 일기당천(一騎當千)의 적장에게 달려들어 마침내 그 목을 베었습니다. 이교도군은 아무도 나에게 가까이 오지 못했으므로 이곳으로 그 머리를 가지고 돌아온 것입니다."

─샤라자드는 날이 밝아오는 것을 알고 이야기를 그쳤다.

97번째 밤

샤라자드는 이야기를 계속했다. 오, 인자하신 임금님, 그 저주받은 노파 자트 알 다와히는 이교도군 2만 명 대장의 목을 자우 알 마칸과 형 샤르르칸, 그리고 단단 대신 앞에 놓고 말했습니다.

"이 목을 가져온 것은 이제 여러분이 성전에서 드디어 무용을 발휘해 칼을 들고 충성스러운 자들의 임금님 뜻을 실현하기를 원하기 때문입니다. 그런데 나는 이곳 이교도와의 싸움은 여러분에게 맡기고 지금부터 이슬람군에 달려가서 이 불신의 무리를 쳐부수기 위해 군사 2만쯤을 데리고 돌아오겠습니다. 지금쯤 이미 콘스탄티노플 성문에 육박해 오고 있는지도 모르지만."

이 말을 들은 샤르르칸 왕이 물었습니다.

"오, 성자여, 이 골짜기는 사방으로 이교도들에게 포위되어 있는데 어떻게 그 속을 빠져나가 이슬람군이 있는 곳으로 간단 말이오?"

"알라께서 놈들의 눈에 보이지 않도록 나를 감춰주실 겁니다. 그리고 누가 본다 하더라도 나에게 덤벼들 용기가 있는 자는 아무도 없을 것입니다. 나는 알라 속에 융합되어 존재가 없는 인간이므로 알라께서 그 적을 나에게서 멀리 몰아내주실 테니까요."

샤르르칸 왕이 대답했습니다.

"정말 그렇군요. 나도 내 눈으로 그런 광경을 본 적이 있습니다. 그럼, 밤이 깊기 전에 떠나는 것이 좋겠습니다."

"지금 곧 출발하지요. 만일 원하신다면 나와 함께 가셔도 좋습니다. 당신의 모습은 누구에게도 보이지 않을 테니까요. 그리고 아우님께서도 함께 가시고 싶으시면 모시고 가지요. 그러나 그 이상은 안 됩니다. 아무리 성자의 그림자라도 두 사람밖에 숨길 수 없으니까요."

"나는 부하를 남겨두고 갈 수 없소. 그러나 아우가 가고 싶어 한다면 당신과 동행하여 이 궁지에서 구해 주시는 것은 무방하오. 아우는 이슬람교도의 성채이며, 삼계(三界) 왕의 칼이니까요. 아우가 원한다면 단단 대신이든 누구든 좋을 대로 데리고 가시오. 그리고 저 비겁한 놈들의 손에서 구원되도록 군사 1만 기를 보내주십시오."

여기까지 의논한 끝에 샤르르칸 왕이 말한 대로 이야기가 결정되자 노파가 말했습니다.

"잠깐만 기다려주십시오. 먼저 내가 혼자 이교도들의 진으로 가서 놈들이 자고 있는지 어떤지 살피고 오겠습니다."

"우리는 당신과 함께가 아니면 아무데도 가지 않겠습니다. 모든 것을 알라의 뜻에 맡겼습니다."

"내가 여러분의 말씀대로 하더라도 부디 나를 원망하지 말고 자신을 원망하십시오. 아무튼 내가 동정을 살피고 와서 알릴 때까지 기다리십시오."

"그럼, 어서 갔다 오시오. 기다리고 있을 테니까."

노파가 나가자 샤르르칸 왕은 아우를 돌아보며 말했습니다.

"저 성자는 기적을 일으킨 모양이다. 그게 아니면 도저히 이 용맹한 기사를 죽일 수 없었을 거야. 이것만으로도 그 수행자의 실력을 충분히 알 수 있어. 정말이지 이교도군의 자부심도 이 기사가 죽음으로써 땅에 떨어진 셈이야. 이놈은 악마같이 사납고 거만하며 공손하지 못한 놈이었거든."

이렇게 모두 성자의 기적을 칭찬하고 있는데, 그 저주받은 노파가 돌아와 이교도에 대한 승리는 이미 아군의 손안에 있다고 말했습니다. 그것이 모두 거짓말이고 계략인 줄은 조금도 모르고 모두 진심으로 노파에게 감사했습니다.

"자우 알 마칸 왕은 어디 계십니까? 그리고 단단 대신은?"

노파의 물음에 왕이 대답했습니다.

"여기 있소."

노파가 말했습니다.

"자, 대신을 데리고 나를 따라오십시오. 이제 콘스탄티노플을 향해 출발합시다."

그런데 이보다 앞서 노파가 이슬람군을 감쪽같이 속여 넘긴 것을 알고 이교도군은 모두 춤이라도 출 것처럼 기뻐했습니다.

"우리는 놈들의 왕을 죽여 대장에 대한 복수를 하고야 말 테다. 그토록 용감한 기사는 없었으니까."

그리고 노파가 이슬람군의 진지로 다시 간다는 계략을 이야기하자 이렇게 말했습니다.

"그놈들을 우리에게 데리고 오면, 산 채로 사로잡아 아프리둔 왕에게 끌고 가겠소."

그리하여 다시 돌아온 노파는 자우 알 마칸 왕과 단단 대신을 데리고 앞장서서 걸으면서 외쳤습니다.

"전능하신 알라의 축복 속에 앞으로 나아갑시다!"

사람의 운명을 다스리는 운명의 여신에게 화살을 맞은 두 사람은 노파의 말대로 그 뒤를 따라갔습니다. 노파는 앞장서서 그리스군 진영 한복판을 빠져나가 이윽고 그 좁다란 산길에 이르렀습니다. 이교도군은 세 사람을 보고도 전혀 손을 대지 않았습니다. 악마 같은 노파와 미리 짜두었던 것입니다. 그것을 보고 단단 대신은 저도 모르게 소리쳤습니다.

"알라께 맹세코, 이것이 바로 성자의 기적이라는 것이다! 참으로 알라의 선택을 받은 분이로다!"

자우 알 마칸도 맞장구를 치며 말했습니다.

"알라께 맹세코, 이교도들은 장님이 틀림없어. 우리에게는 놈들의 모습이 보이는데 저쪽에서는 우리가 보이지 않으니까."

두 사람이 이렇게 성자를 칭찬하며 그 기적과 깊은 신앙심, 기도의 공덕에 대해 이야기하고 있는데, 이교도들이 별안간 사방팔방에서 두 사람을 에워싸 사로잡고 말았습니다.

"너희 둘뿐이냐? 이 밖에 또 있으면 그놈도 붙잡을 텐데."

대신이 물었습니다.

"우리 앞에 있는 저 사람은 보이지 않느냐?"

이교도들은 대답했습니다.

"구세주, 수도사, 대주교, 수도원장의 진실에 맹세코 네놈들 둘밖에 보이지 않는다!"

그러자 자우 알 마칸 왕은 외쳤습니다.

"아, 이것도 모두 전능하신 알라께서 정하신 일일 게다!"

―샤라자드는 날이 밝아오는 것을 알고 이야기를 그쳤다.

98번째 밤

샤라자드는 이야기를 계속했다. 오, 인자하신 임금님, '네놈들 둘밖에 보이지 않는다'는 이교도들의 대답을 듣고 두 사람은 알라께 모든 것을 맡겼습니다. 이교도들은 알 마칸 왕과 단단 대신에게 차꼬를 채워 밤새도록 감시했습니다. 노파는 어디론가 사라져버렸고, 왕과 대신은 탄식하면서 입을 모아 말했습니다.
"신앙심 깊은 사람들을 거역하면 이 정도의 재난으로 끝나지 않는다. 우리는 신이 내리는 벌을 받고 이런 한심스러운 꼴이 되어버렸다."
한편 샤르르칸 왕은 부하와 함께 동굴에 남아 하룻밤을 지냈습니다. 날이 밝아 아침 기도를 끝내자 이교도들과 싸울 준비를 하고 부하를 격려하며 약탈품을 모두에게 나누어줄 것을 약속했습니다. 준비가 되어 적진을 향하여 바싹 가까이 다가갔는데, 멀리서 이들의 모습을 보고 있던 이교도군이 외쳤습니다.
"오, 이슬람교도 놈들아! 우리는 네놈들의 국왕과 국정을 맡아보는 대신을 사로잡았다! 싸움을 그만두지 않는다면 한 놈도 남기지 않고 죽여 버릴 것이고, 순순히 항복한다면 우리 임금님에게 너희를 데려가주겠다. 거역하지 않고 점잖게 고향으로 돌아가겠다고 하면 임금님께서 목숨만은 살려주실 것이다. 그렇게 되면 우리도 네놈들을 괴롭히지 않겠다. 말을 들으면 좋고 그렇지 않다면 죽일 뿐이다. 이건 거짓말이 아니라 진정으로 네놈들에게 하는 마지막 말이다!"
이 말을 듣고 비로소 아우와 대신이 포로가 된 것을 안 샤르르칸 왕은 슬픔이 밀려와 눈물을 흘렸습니다. 완전히 기운을 잃고 마지막을 각오하면서 마음속으로 생각했습니다.
'두 사람은 어쩌다가 붙잡혔을까? 성자에 대한 존경이 모자랐던 것일까? 그렇잖으면 성자의 명령에 거역했기 때문일까? 대체 어떻게 된 것일까?'
그래도 용기를 내어 군사를 이끌고 이교도군에 달려들어 많은 적병을 죽였습니다. 그날은 용사와 겁쟁이의 구분이 확실해지고 칼과 창이 모두 생생한 피에 벌겋게 물들었습니다. 이교도군은 마치 물을 찾아 몰려드는 파리 떼처럼 산에서 들에서 모여들었습니다. 샤르르칸과 그 부하들은 죽음을 두려워하지 않고 사나운 호랑이 같은 기세로 승리를 위해 필사적으로 힘껏 싸워, 골짜기에는 피가 강물이 되어 흘러넘치고 대지는 시체로 산을 이루었습니다. 해가 지자 양군은 싸움을 멈추고 좌우로 갈라져 자기 진지로 돌아갔습니다. 이슬람군이 동굴로 돌아와 그날 입은 피해를 조사하니 전사를 모면한 자가 극히 소수인지라 이제는 알라와 언월도에 의지하는 수밖에 없었습니다. 이날의 전투에서 이슬람군은 중요한 태수 35명을 잃었고, 적군은 기마병과 보병을 합하여 수천 명의 전사자를 냈습니다. 이것을 보고 샤르르칸 왕은 마음이 괴로워서 병사들을 향해 말했습니다.

"앞으로 어떻게 하면 좋을까?"

"전능하신 알라의 뜻에 맡기는 수밖에 없습니다!"

다음 날 아침 샤르르칸 왕은 살아남은 부하들을 모아놓고 말했습니다.

"더 이상 싸우면 한 사람도 살아남지 못할 것이다. 게다가 식량도 물도 이제 얼마 남지 않았다. 그래서 내 생각으로는 모두 칼을 뽑아 동굴 입구에 막아서서 닥쳐오는 적을 막는 것이 가장 좋은 대책일 것 같다. 그 성자만은 무사히 적의 눈을 피해 이슬람군 본대로 돌아갔을 테니 머지않아 원군 1만 기를 이끌고 올 것이다."

그러자 병사들은 대답했습니다.

"저희도 그것이 가장 좋은 대책이라고 생각합니다. 분부대로 따르겠습니다."

그들은 밖으로 나가 바위벽을 등지고 동굴 입구에 섰습니다. 그리하여 적의 습격을 막으며 끈질기게 싸우는 동안 그날도 저물어 밤이 되었습니다.

—샤라자드는 날이 새기 시작하는 것을 깨닫고 이야기를 그쳤다.

99번째 밤

오, 인자하신 임금님, 샤라자드는 이야기를 계속했다. 이슬람군 병사들은 동굴 입구에 서서 공격해 오는 적병을 모조리 베어 죽였습니다. 그러는 동안 마침내 밤이 되었습니다. 그때 살아남은 샤르르칸 왕의 부하는 겨우 25명뿐이었습니다.

한편 이교도군의 진영에서는 이런 말이 오가고 있었습니다.

"이 싸움은 대체 언제 끝난담? 나는 이슬람교도들을 상대해 싸우는 데 진력이 났어."

한 사람이 말하자 다른 사람이 말했습니다.

"기운을 내어 공격하자. 적은 25명밖에 남지 않았잖은가! 싸워서 이길 수 없다면 불을 피워 연기로 죽이는 게 어떨까? *213 항복하고 나오면 사로잡고, 항복하지 않으면 장작 대신 태워버리는 거지 뭐. 사리를 판단할 줄 모르는 놈들에게는 좋은 본보기가 될 거야. 부디 구세주여, 놈들의 왕에게 자비를 베풀지 마시고 나사렛 사람의 나라가 놈들의 집이 되지 않게 해 주소서!"

그리하여 동굴 어귀에 장작을 쌓아놓고 불을 질렀습니다. 이 불 공격에는 타죽는 수밖에 없어서 샤르르칸 왕과 부하들은 마침내 항복하고 말았습니다. 나사렛군 병사들이 이 포로들을 죽여 버리자고 떠들어대는 가운데 대장이 말했습니다.

"이놈들을 죽여서 노여움을 푸실 분은 우리 아프리둔 왕이시니 다른 자가 손대서는 안 돼. 이놈들을 이대로 감금해 두었다가 내일 아침 콘스탄티노플을 향해 출발할 때 함께 데려가 임금님께 바치는 게 가장 좋아. 그러면 뜻대로 처분하시겠지."

"그게 좋겠습니다."

병사들도 찬성했으므로 대장은 포로들을 묶어놓고 감시하도록 명했습니다.

밤이 되자 이교도들은 승리의 잔치를 벌이며 술잔을 주고받고 나서 이윽고 모두 술에 만취해서 잠이 들고 말았습니다. 샤르르칸 왕과 그 아우 자우 알 마칸 왕을 비롯하여 부하 기사들은 모두 함께 감금되어 있었는데, 그 모습을 본 형이 아우를 돌아보며 말했습니다.

"아우여, 어떻게 하면 여기서 빠져나갈 수 있을까?"

"알라께 맹세코 저는 모르겠습니다. 우리는 새장에 갇힌 새나 마찬가지니까요."

형은 미친 듯이 분노하며 깊이 탄식하더니 악을 쓰며 몸을 움직였습니다. 그러자 몸을 묶고 있던 오랏줄이 툭 끊어졌습니다. 몸이 자유로워진 샤르르칸 왕은 보초병에게 다가가 주머니에서 열쇠를 꺼내 아우와 대신과 부하들의 족쇄를 풀어주었습니다. 그리고 아우와 대신에게 말했습니다.

"이교도 세 놈을 죽여 옷을 뺏어 입고 그리스인으로 가장하자. 그렇게 하면 들키지 않고 놈들 가운데를 빠져나가 본대로 돌아갈 수 있을 게다."

그러나 아우는 그 말에 찬성할 수 없었습니다.

"그건 위험한 일입니다. 죽이면 반드시 비명을 듣고 우리를 포위해 쳐들어올 것입니다. 그보다 산길로 살그머니 달아나는 것이 안전할 것 같습니다."

그렇게 하기로 하고 모두 재빨리 그곳에서 달아나기 시작했습니다. 산길로 접어들어 한참 가노라니 길가에 말이 매어져 있고 말 주인은 모두 잠들어 있었습니다. 형이 아우에게 속삭였습니다.

"잘 됐다. 이 말을 한 마리씩 빼앗기로 하자."

이슬람교 기사들은 모두 25명이었으므로 말 25필을 훔쳤습니다. 신께서 이들의 마음을 헤아리셨는지 그동안 이교도들이 깨지 않고 잠들어 있게 해 주셨습니다. 충성스러운 기사들은 그 말을 타고 추격자가 더는 쫓아오지 못할 곳까지 달아났습니다. 샤르르칸 왕은 이교도들의 칼과 창 등 필요한 무기를 그러모아 말에 싣고 부하들의 뒤를 쫓아갔습니다. 이교도들은 자우 알 마칸 왕과 그 형과 부하들이 달아나려 할 줄은 몰랐고, 또 포로들이 스스로 달아날 수 있을 거라고 생각하지도 않았습니다. 이렇게 하여 기사들이 안전한 장소에 이르렀을 무렵 형도 뒤쫓아 왔습니다. 모두가 걱정하며 자신을 기다리는 것을 보고 샤르르칸은 말했습니다.

"알라께서 지켜주시니 조금도 염려할 것 없다. 그런데 나에게 기막힌 계획이 있다."

"무슨 계획입니까?"

모두가 묻자 샤르르칸은 대답했습니다.

"모두 산꼭대기에 올라가 목청껏 '알라호 아크바르!'라고 외치는 거야. 그러면 적병들은 모두 취해 있으니 계략인 줄 모른 채 이슬람군이 사방에서 포위한 줄 알고 틀림없이 우왕좌왕할 것이다. 그러면 술에 취하거나 잠에 취한 병사들이 몽롱한 상태에서 칼을 뽑아들고 허겁지겁 상대를 가리지 않고 자기들끼리 싸우기 시작하겠지. 그 틈에 우리는 적의 칼을 빼앗아 날이 새기 전에 언월도를 마구 휘두르는 거야."

그러나 아우는 대답했습니다.

"그 생각에는 찬성할 수 없습니다. 이대로 본대에 돌아가는 것이 좋지 않겠습니까? 큰 소리로 '알라호 아크바르!'를 외치면 적은 틀림없이 잠에서 깨어 공격해 올 것입니다. 그렇게 되면 한 사람도 살아서 돌아갈 수 없습니다."

"아니야, 적이 잠에서 깨어난다 해도 겁낼 것 없어. 나의 이 계획에 찬성해다오. 반드시 잘 될 테니까."

그래서 그들은 산꼭대기로 올라가 입을 모아 '알라호 아크바르!' 하고 큰 소리로 외쳤습니다. 사방을 에워싸는 언덕과 나무와 바위도 신의 노여움을 두려워해서인지 입을 모아 '알라호 아크바르!' 하고 메아리쳤습니다. 이 외침을 들은 이교도들도 큰 소리로 서로 외쳤습니다.

─샤라자드는 날이 훤히 밝아오는 것을 알고 이야기를 그쳤다.

100번째 밤

샤라자드는 이야기를 계속했다. 오, 인자하신 임금님, 샤르르칸 왕의 계획대로 모두 산꼭대기로 올라가 큰 소리로 외치자, 그 소리를 들은 이교도들도 허둥지둥 일어나 갑옷을 입고 저마다 소리쳤습니다.

"큰일 났다! 적이 습격해 왔다!"

그리고 엎치락뒤치락 정신없이 자기들끼리 싸우기 시작하여 전능하신 알라 외에는 알 수 없을 만큼 수많은 아군을 서로 베어 죽였습니다. 그러는 사이에 날이 밝아와 포로들을 찾아보았으나 그림자도 없음을 알고 대장은 명령했습니다.

"이 소동은 틀림없이 탈출한 포로들의 소행이다. 한시바삐 놈들을 잡아 복수의 맛을 톡톡히 보여주자. 두려워하지 말고 진군하라. 겁을 먹거나 당황해서는 안 된다."

병사들은 급히 말을 타고 뒤쫓아 순식간에 왕들 일행에 따라붙어 포위하고 말았습니다. 아우는 이 광경을 보고 매우 놀라 형에게 말했습니다.

"제가 걱정했던 일이 정말로 일어나고 말았습니다. 이제는 알라의 구원에 의지하여 싸우는 수밖에 없습니다."

그러나 형은 잠자코 있었습니다. 아우는 부하들과 함께 '알라호 아크바르!' 를 외치면서 산을 달려 내려가 몇 번이고 함성을 지르며 충성스러운 자들의 왕을 위해 목숨 바쳐 싸우려고 했습니다. 그때 뜻밖에도 어디선가 많은 사람이 다음과 같이 외치는 목소리가 들려왔습니다.

"알라 외에 신은 없다! 알라는 가장 위대하도다! 사도, 좋은 소식을 가져오는 자, 나쁜 소식을 가져오는 자*214 위에 신의 축복과 구원이 있어라!"

모두 소리 나는 쪽을 보니 유일신 알라를 믿는 이슬람군이 밀물처럼 몰려오고 있었습니다.

모두 이것을 보고 용기를 더 내어 샤르르칸 왕을 비롯한 부하 병사들도 큰 소리로 외쳤습니다.

"알라 외에 신은 없다, 알라는 가장 위대하다!"

그리고 그들이 이교도군을 맹렬하게 공격하자 대지가 진동하고 적군은 순식간에 사방으로 날아 흩어져 산속으로 달아났습니다. 이슬람군은 창과 칼을 휘두르며 그 뒤를 질풍처럼 추격했습니다. 자우 알 마칸 왕과 그 부하가 저주스러운 이교도군을 무찌르며 적의 목을 모조리 베는 동안 마침내 해가 저물어, 일단 무기를 거두고 기쁨의 하룻밤을 보냈습니다. 밤이 지나고 아침 해가 환하게 떠오르자 다일람인의 뛰어나고 굳센 장수 루스탐과 터키인의 용맹스러운 장수 발람이, 사자 같은 기병 2만 기를 이끌고 자우 알 마칸 왕의 병사들과 합류하기 위해 전진해 오는 모습이 눈에 들어왔습니다. 그들은 자우 알 마칸 왕을 보고 말에서 내려 땅에 엎드렸습니다. 왕이 그들에게 말했습니다.

"기뻐해다오. 이슬람군이 이교도를 물리치고 승리를 거두었다!"

그리하여 일동은 무사히 목숨을 지킨 것과 부활의 날에 반드시 큰 보답이 내릴 것을 서로 기뻐했습니다.
 그런데 이같이 원군이 달려온 데에는 다음과 같은 사정이 있었습니다. 태수 발람과 루스탐, 거기에 총지휘관인 시종장이 선두에 서서 이슬람군을 이끌고 군기를 펄럭이면서 콘스탄티노플이 보이는 곳에 이르렀을 때, 나사렛군은 성벽과 탑 위에 올라가 보루에 병사를 배치해 놓고 방위태세를 갖추어 대기하고 있었습니다. 그때 이슬람 대군이 군기를 펄럭이며 다가와 무기가 부딪치는 소리, 병사들의 웅성거리는 소리, 말발굽 소리 등이 들려왔습니다. 이슬람군은 유일신교의 깃발을 앞세우고 모래먼지를 일으키며 진군해 오고 있었습니다. 자세히 보니 마치 거대한 메뚜기 떼나 비를 머금은 먹구름이 하늘을 뒤덮고 몰려오는 듯한 광경이었습니다. 코란을 외며 자비를 구하고 신을 찬양하는 이슬람교도의 목소리는 이교도의 귀청을 찢을 것만 같았습니다. 그런데 이교도 쪽에서 이 이슬람군의 진격을 알게 된 것은, 간사한 꾀가 뛰어나고 계략이 무궁무진한 불신(不信)*215의 노파 자트 알 다와히를 통해서였습니다.
 이슬람군은 성난 파도 같은 기세로, 수많은 보병과 기병 외에 아이들까지 가담한 엄청난 수의 적을 향해 밀어닥쳤습니다. 그때 터키군 대장이 다일람군 대장에게 말했습니다.
 "오, 태수님, 성벽 위 적을 보건대 우리 편이 위태롭소. 저 맞은편 보루 위 적을 보십시오. 이교도군의 수는 틀림없이 아군의 백배는 될 것이오. 게다가 아군에게는 지금 국왕이 없다는 것을 첩자들이 탐지하여 적에게 알릴지도 모르는 일이오. 많은 군사를 거느렸고 아무도 그 보급로를 끊을 수 없는 적과 싸우는 것은 위험하기 짝이 없는 일이오. 특히 알 마칸 왕도, 그 유명한 단단 대신도 없으니 말이오. 만약 적군이 이 사실을 안다면 적장이 없음을 기회 삼아 아군에게 달려들 것이고, 우리는 몰살당하여 아무도 무사히 목숨을 보전할 수 없을 것이오. 그래서 부탁인데, 연합군과 터키군 1만을 이끌고 두 분 임금님과 전우를 찾으러 마트루히나의 암자와 마르히나 들판으로 가주시지 않겠소. 그렇게 해 주시면, 행여나 임금님들께서 이교도군에 시달리고 계시더라도 구해낼 수 있을 것이오. 그렇지 않았다가 나중에 꾸지람을 들어도 나는 모르오. 그러나 가시더라도 곧 돌아오셔야 하오. 지나친 염려 같지만 조심하고 또 조심해야 하니까요."

이 말에 동의한 태수 발람은 곧 기병 2만을 선발하여 마트루히나의 암자를 향해 출발했던 것입니다.

원군이 온 사정은 이쯤 해두고, 그 뒤 자트 알 다와히 노파는 어떻게 되었을까요. 이 저주받은 노파는 자우 알 마칸 왕과 형 샤르르칸 왕, 그리고 단단 대신을 이교도의 손에 건네주자 곧 준마에 올라타고서 이교도를 향해 말했습니다.

"나는 지금부터 콘스탄티노플의 이슬람교도에게 가서 저놈들을 파멸시킬 계교를 꾸밀까 한다. 너희의 왕과 장수들은 모두 죽어 버렸다고 말해 줄 것이다. 그 소식을 들으면 적의 단결은 당장 무너지고 동맹의 유대도 끊어져 군사는 뿔뿔이 흩어질 것이다. 그런 다음 콘스탄티노플의 아프리둔 왕과 내 아들 로움의 하르두브 왕에게 가서 그 일을 자세히 보고해야겠다. 그리하여 두 왕이 군사를 내어 이슬람군에 공격을 가하면 이슬람군은 틀림없이 모조리 죽게 될 것이다."

그리고 말을 몰아 밤새도록 국경을 넘어 쉬지 않고 달렸습니다. 날이 밝자 발람과 루스탐의 군사가 자기 쪽으로 진군해 오는 것을 보고 노파는 길가 숲에 들어가 말을 숨겨두고 터벅터벅 걸어가면서 중얼거렸습니다.

"이슬람군 녀석들이 아마 콘스탄티노플을 공격하다 패하여 퇴각해 오는 길이겠지."

그런데 점점 다가오는 군대를 물끄러미 바라보다가 다시 생각했습니다.

'아니, 군기를 거꾸로*216 들지 않은 것을 보니 퇴각해 오는 게 아니구나. 그렇다면 왕과 자기들 군사가 어떻게 되었는지 걱정되어 되돌아오는 것이겠지.'

그렇게 짐작하자 악마 같은 노파는 화살처럼 달려가 부대 행렬에 뛰어들며 외쳤습니다.

"오, 서둘러라! 서둘러! 자비로운 신의 군대여! 빨리 가서 악마의 군사와 싸워주시오!"

발람이 상대를 보고 얼른 말에서 내려 땅에 엎드린 뒤 물었습니다.

"오, 알라의 벗이여! 대체 무슨 일입니까?"

"슬프고 끔찍한 일이 일어났소. 우리가 마트루히나의 암자에서 보물을 실어내 콘스탄티노플로 가던 도중 이교도군이 어마어마한 기세로 공격해 왔소.”

노파는 그들을 불안과 공포로 몰아넣으려고 온갖 말로 이야기를 꾸며댔습니다. 그리고 마지막으로 덧붙였습니다.

"이슬람군은 거의 다 죽어 버리고 살아남은 자는 25명밖에 없소.”

그러자 발람이 말했습니다.

"오, 성자여, 당신이 그곳을 떠난 건 언제입니까?”

"바로 오늘 밤이오."*217

발람이 깜짝 놀라 말했습니다.

"알라께 영광 있으라! 신께서 그토록 먼 길을 양탄자를 마는 듯이 줄여주신 덕분에 당신은 그 다리로 야자나무 지팡이에 의지하여 이렇게 빨리 오시게 된 거군요. 그렇지 않으면 당신은 신의 계시를 받아 새처럼 날 수 있는 성자 가운데 한 사람일 겁니다.”

그리고 다시 말에 올라탔으나, 노파의 거짓말과 계교를 곧이듣고 어찌할 바를 몰라 탄식했습니다.

"위대한 신 알라 외에 주권 없고 권력 없도다! 오, 알라여, 지금까지 우리가 겪은 고생은 물거품으로 돌아갔습니다. 왕을 비롯한 부하들이 모두 포로가 되었으니 마음에 수심만 가득할 뿐입니다.”

발람이 이끄는 군대는 밤잠도 자지 않고 황야를 가로지르고 산골짜기를 빠져나가며 길을 재촉했습니다. 그런데 날이 밝아 그 산꼭대기에 이르렀을 때 자우 알 마칸 왕과 샤르르칸 왕이 부르짖는 모습이 눈에 들어왔습니다.

"알라 외에 신은 없도다! 알라는 가장 위대하도다! 축복하는 자와 위협하는 자*218 위에 영광과 구원이 있기를!”

발람과 장병들은 빗물이 넘쳐 황야를 삼키듯이 이교도군을 향해 세차게 달려들었습니다. 이교도군은 겁을 먹고, 산봉우리도 공포에 떨며 무너져 내리는 것 같았습니다. 이윽고 새벽빛이 비치더니 아침 해가 반짝이고 산들바람이 불기 시작할 무렵이 되자, 아까도 말씀드렸듯이 모두는 상대가 누구인지 알게 되었습니다. 발람의 부하들이 두 왕 앞에 엎드리자 두 왕은 동굴 속에서 일어난 일을 모두 이야기했습니다.

이 말을 듣고 모두 깜짝 놀라며 입을 모아 외쳤습니다.

"한시바삐 콘스탄티노플로 돌아가자. 뒤에 남은 아군이 위험하다.”

그리하여 그들은 신의 가호가 있기를 기도한 다음 서둘러 출발했습니다. 알 마칸 왕은 다음과 같은 시를 읊어*²¹⁹ 아군을 격려했습니다.

오, 신을 찬양하라
찬사를 다하여 찬양하라
아낌없이 우리를 도와
이기게 해 주신 신이여!
고국을 떠나 실의에 빠졌을 때도
내 가까이 계시며
승리의 영관(榮冠)을 주셨다.
그리고 보물과 옥좌
적을 쳐부수는 무사의
검도 하나 내리셨다.
신의 가호로 온갖
너그러운 은혜도 내리셨다.
세상에도 엄숙한 나의 대신,
두려워 마지않는,
온갖 공포를 물리치고 나를 구하도다!
그대는 우리를 도와
붉은 갑옷 두르고 반격하여
그리스 병사를 산산이
물리치며 적을 무찔렀도다.
나는 싸움터에서
달아나는 듯 꾸며, 사자처럼
다시 머리 돌려 적을 쳐부쉈다.
골짜기에 남은 적병은
묵은 술*²²⁰이 아닌 '멸망'의
잔을 들이켜고 쓰러졌다.
그때 암자의 성자 나타나
거리에, 들판에

신비로운 기적을 일으켰다.
　　죽은 용사는 되살아나
　　달콤한 샘물 솟아나는
　　낙원의 정자에서 쉬노라.

자우 알 마칸 왕이 노래를 마치자, 형 샤르르칸 왕은 아우가 무사한 것을 축복하며 그 용감한 활약에 감사했습니다. 그런 다음 두 왕은 본대와 합류하여 강행군을 시작했습니다.

—샤라자드는 날이 훤히 밝아오는 것을 알고 이야기를 그쳤다.

101번째 밤

샤라자드는 이야기를 계속했다. 오, 인자하신 임금님, 두 왕은 본대와 합류하여 강행군을 시작했습니다.
한편 자트 알 다와히 노파는 루스탐과 발람의 군대와 헤어지고 나서 곧 숲속으로 돌아가 말을 타고 달렸습니다. 이윽고 콘스탄티노플을 포위한 이슬람군 진지에 이르자 말에서 내려 시종장의 본영을 찾아가니, 시종장은 일어나서 오른손으로 앉으라고 손짓하며 말했습니다.
"어서 오십시오, 신앙심 깊은 성자시여!"
그리고 무슨 일이 있었느냐고 묻자, 노파는 사람의 마음을 불안하게 하고 당혹하게 하는 거짓말과 지어낸 이야기를 늘어놓았습니다.
"태수 루스탐과 발람이 걱정됩니다. 중간에 그분들을 만나, 임금님 일행을 구출하도록 급히 이교도군에게 보냈지만, 아군 병력은 겨우 2만, 이교도군의 병력이 훨씬 우세합니다. 그러니 지금 곧 여기 있는 나머지 군사를 급히 파견하여 구하지 않으면 전멸당할지도 모릅니다."
이렇게 말하고 노파는 병사들을 향해 외쳤습니다.
"자, 어서 준비들 하시오!"
이슬람군은 노파의 말에 완전히 낙담하여 눈물을 흘렸습니다. 그러나 노파는 계속 말을 이었습니다.

"알라의 구원을 빌면서 이 재난을 견뎌내야 하오. 마호메트의 신봉자인 여러분보다 앞서 가신 분들의 선례도 있고, 궁정의 어느 낙원은 순교자로 죽어가는 사람들을 위해 알라께서 마련하신 것이니 말이오. 누구나 한 번은 죽어야 하지만 가장 훌륭한 죽음은 신앙을 위해 싸우다 순교하는 것이오."

시종장은 저주받은 노파의 이 말을 듣고 발람의 아우인 타르카슈 기사를 불러 기병 1만 명을 선발하여 곧 출발하도록 명령했습니다. 그리하여 타르카슈는 군사를 이끌고 출발하여 이틀 동안 쉬지 않고 행군을 계속한 끝에 마침내 이슬람군 가까이 갔습니다. 이튿날 아침, 샤르르칸 왕은 타르카슈 군이 먼지를 일으키며 다가오는 것을 보고 알 이슬람의 신도를 염려하며 중얼거렸습니다.

"저기 오는 군사가 이슬람교도라면 승리는 절대적으로 우리의 것이다. 그러나 저것이 나사렛 사람이라면 그것도 운명이니 거역할 수 없겠지."

그리고 샤르르칸 왕은 자우 알 마칸 왕을 돌아보며 말했습니다.

"걱정할 것 없다. 내 목숨을 걸고라도 그대의 몸을 지켜주마. 저것이 이슬람군이라면 신의 더한 은총이 되겠지만 적군이라면 싸우는 수밖에 없다. 하지만 나는 죽기 전에 그 성자를 한 번 더 만나고 싶구나. 순교자로 죽어갈 수 있도록 빌어달라고 부탁하고 싶다."

두 사람이 이야기하고 있는데 느닷없이 '알라 외에 신 없고, 마호메트는 알라의 사도이니라!'라고 쓴 깃발이 나타났으므로 샤르르칸 왕은 큰 소리로 물었습니다.

"이슬람군의 상태는?"

상대가 대답했습니다.

"모두 기운이 왕성하며 무사합니다. 저희는 임금님의 신변이 염려되어 달려왔습니다."

대장 타르카슈는 말에서 내려 샤르르칸 왕 앞에 엎드리며 물었습니다.

"오, 임금님이시여, 임금님을 비롯한 단단 대신님, 그리고 루스탐과 나의 형님 발람은 어떻게 되었습니까? 여러분은 모두 무사하십니까?"

"모두 별고없다. 그런데 대체 누가 우리의 소식을 전하더냐?"

"그 성자님입니다. 도중에 형님 발람과 루스탐을 만나 그 군사에게 이리로 가도록 일렀다고 합니다. 또 적군은 아군보다 우세하며 임금님을 포위하고 있다고도 말했습니다. 그런데 와서 보니 오히려 임금님이 승리하신 것 같습니다만."

"그런데 성자는 어떻게, 무엇을 타고 그쪽에 도착했던가?"

"걸어서 오셨습니다. 그분은 무장한 기병이 열흘 걸리는 길을 겨우 하루 낮과 밤사이에 걸어오셨습니다."

그러자 샤르르칸 왕이 말했습니다.

"그는 분명히 알라의 사도임이 틀림없다. 그런데 지금은 어디 계시느냐?"

"신앙심 깊은 우리 군사들과 함께 계십니다. 알라의 종들은 지금쯤 아마 신을 거역하는 반역이자 신앙 없는 무리와 싸우고 있을 겁니다."

이 말을 듣고 샤르르칸 왕은 매우 기뻐하며 자신들이 구원받은 것과 성자가 무사한 것을 신께 감사드렸습니다. 그리고 지금까지의 전사자를 위해 명복을 빌었습니다.

"이것은 성전(聖典)에 기록되리라."

그리하여 전군은 콘스탄티노플을 향해 다시 강행군을 시작했습니다. 그러자 별안간 저 앞쪽에서 하늘 높이 모래먼지가 일더니 동쪽과 서쪽 두 개의 지평선이 사라지고 순식간에 한 치 앞도 보이지 않을 만큼 어두워졌습니다. 샤르르칸 왕은 그 광경을 바라보고 말했습니다.

"저것은 어쩌면 이슬람군을 무찌르고 오는 이교도인지도 모른다. 그래서 저 모래먼지가 일어 동과 서를 가로막고 북쪽과 남쪽의 지평선도 덮어버린 것이다."

이윽고 그 모래먼지 아래에서 음침한 날 하늘보다 더 어두운 시커먼 기둥이 나타났습니다. 마지막 심판 날의 공포보다 무서운 그 우람한 기둥은 이쪽으로 점점 움직여왔습니다. 말도 사람들도 모두 그 무서운 모양을 자세히 보려고 달려가니 뜻밖에도 그것은 그 성자가 아니겠습니까? 모두 그 주위에 모여들어 손에 입을 맞추자 성자가 말했습니다.

"오, 가장 뛰어난 사람,*221 어둠을 비추는 등불의 신도들이여, 이교도의 군대는 흉악한 계략으로 이슬람군을 속였소. 아군이 마음 놓고 있는데 적은 유일신을 받드는 군사를 기습하여 미처 천막을 나서기도 전에 마구 살해당하고 말았소. 그러니 곧 유일신을 믿는 아군을 구원하러 가시오. 신을 거역하는 적으로부터 아군 군사를 구하시오!"

이 말을 듣고 샤르르칸은 심한 불안에 사로잡혀 잠시 멍하니 정신을 잃었지만, 이윽고 말에서 내려 행자의 손발에 입을 맞추었습니다. 아우인 자우 알 마칸과 병사들도 모두 따라 했습니다.

그러나 단단 대신만은 말에서 내리지 않고 말했습니다.

"알라께 맹세코, 나는 이 수행자가 마음에 들지 않습니다. 도대체 멸망을 모르는 종교를 믿는다는 이야기는 들어본 적이 없습니다. 저런 자는 상관하지 말고 우리는 빨리 이슬람군에 합류합시다. 저자는 삼계 군주이신 분의 자비의 문에서 쫓겨난 자이니까요. 나는 몇 번이고 오마르 왕을 따라 이 근처를 공격하면서 이 땅을 수없이 밟아보았습니다."

그러자 샤르르칸 왕은 말했습니다.

"그런 왜곡된 생각은 버리시오. 당신도 보았듯이 저 성자는 충성스러운 자들을 격려하며 손수 창을 들고 칼을 휘두르지 않았소? 그러니 함부로 욕하지 마시오. 음해하는 것은 옳지 않으며 신앙심이 두터운 자의 육체를 해치는 일이오. 보시오, 필사적으로 적과 싸우라고 격려하지 않소. 전능하신 알라께서는 저 성자를 전에는 끔찍한 고통에 빠뜨렸지만, 사실은 사랑하고 있지 않았는가 말이오."

샤르르칸은 그 성자를 태우기 위해 누비아산 나귀를 끌고 와서 권했습니다.

"오, 깊은 신앙심과 높은 위덕을 갖추신 성자시여, 어서 타십시오."

그러자 성자는 그것을 사양하고 자신의 숙원을 이루기 위해 끝까지 욕심이 없음을 가장했습니다. 그러므로 이 성인이, 시인이 다음과 같이 노래한 인간일 줄은 꿈에도 몰랐던 것입니다.

　　오로지 목적을 이루려고
　　단식하고 신에게 기도드리지만
　　숙원이 일단 이루어지면
　　단식도 기도도 내 알 바 아니라네.

그리하여 성자는 코란을 소리 높이 외고 자비로운 알라를 찬양하면서 기병과 보병들 틈에 섞여 걸었지만, 마음속으로는 교활한 여우처럼 간사한 꾀를 꾸미고 있었습니다. 군대가 전진을 계속하여 이슬람군 야영지 가까이 이르렀을 때 샤르르칸 왕 눈에 비친 것은 이슬람군이 비참하게 패한 광경과 시종장이 허둥지둥 달아나려 하는 모습이었습니다. 그리스군의 칼날이 신앙심이 깊은 올바른 군사와 그렇지 못한 군사 사이에서 마구 날뛰고 있었습니다.

―샤라자드는 밤이 훤히 밝아오는 것을 깨닫고 이야기를 그쳤다.

102번째 밤

샤라자드는 이야기를 계속했다. 오, 인자하신 임금님, 이슬람군이 비참하게 패하고 그리스군의 칼날이 마구 날뛰는 상황에 빠진 것도 원인을 따져보면 신앙의 적인 저주받은 노파 자트 알 다와히가 꾸민 간사한 꾀 때문이었습니다.

발람과 루스탐 두 장수가 부하를 이끌고 샤르르칸 왕과 그 아우 자우 알 마칸 왕의 부대와 합류하기 위해 출발한 것을 본 노파는, 곧 콘스탄티노플 성 밖의 이슬람군 진영으로 가서 앞에서 말했듯이 교묘하게 속여 태수 타르카슈를 파견시켰습니다. 그렇게 하여 이슬람군을 둘로 갈라 그 세력을 약화시키려고 한 것입니다. 그런 다음 노파는 이슬람군 곁을 떠나 콘스탄티노플로 들어가서 그리스군 기사들에게 큰 소리로 외쳤습니다.

"여봐라, 밧줄을 내려라. 거기다 편지를 맬 테니 이것을 아프리둔 왕과 내 아들 하르두브 왕에게 전해라. 이 속에는 두 분이 해야 할 일과 해서는 안 될 일이 적혀 있다."

곧 밧줄이 내려지자 노파는 거기에 편지를 매었는데, 거기에는 다음과 같은 내용이 적혀 있었습니다.

"국왕 아프리둔 님께, 가장 무서운 재앙,*222 가장 큰 재난인 자트 알 다와히가 삼가 아룁니다. 나는 이슬람교도를 무찌를 계략을 짜 놓았으니 부디 안심하십시오. 먼저 적의 국왕과 단단 대신을 사로잡고 그 사실을 적에게 전했더니 적군은 사기가 떨어지고 기세가 완전히 꺾여버렸습니다. 콘스탄티노플을 포위한 공격군을 움직여 태수 타르카슈가 이끄는 정예병 1만을 포로를 구원하기 위해 보내버려 현재 남은 병력은 얼마 되지 않습니다. 임금님께서는 내일을 기다리지 마시고 전군을 동원하여 돌격해 마지막 한 놈까지 남김 없이 무찔러주시기 바랍니다. 구세주께서 당신들을 지켜주시고 마리아께서 당신들에게 자비를 내리시리라 믿습니다. 마지막으로 구세주께서 내가 이룬 일들을 잊지 않으시기를 바랍니다."

이 편지를 보고 아프리둔 왕은 만족하여 곧 로움의 하르두브 왕을 불러 그 편지를 읽어주었습니다. 그것을 듣고 하르두브 왕은 기쁜 듯이 말했습니다.

"제 어머니의 솜씨를 보십시오. 이쯤 되면 칼을 쓸 필요도 없지 않겠습니까? 심판 날의 공포 대신 어머니의 모습을 보게 될 것입니다."

아프리둔 왕도 말했습니다.

"구세주여, 부디 이 존경할 만한 어머니를 우리 손에서 빼앗아가지 마옵소서. 그 뛰어난 계략과 지혜를 빼앗아가지 마시기를 비나이다!"

그리고 기사들에게 명하여 성 밖으로 군사를 진군시켰습니다. 나사렛 사람과 그리스도교의 군대는 칼을 뽑아들고 불신과 이단의 가르침을 서로 소리 높여 외친 뒤, 만물의 창조주를 모독하며 기세를 뽐내면서 진지에서 달려나갔습니다. 시종장이 그 돌격을 바라보며 말했습니다.

"보아라, 그리스군이 공격해 왔다. 틀림없이 아군의 왕이 없다는 것을 안 것이리라. 놈들이 공격해 오는 것을 보니 아마 아군 병력의 대부분이 자우 알 마칸 왕을 구원하러 간 사실을 아는 모양이다!"

시종장은 얼굴이 붉어지도록 노하여 소리쳤습니다.

"오, 이슬람의 군사들이여! 진정한 신앙을 받드는 자들이여! 달아나면 질뿐이다. 버티면 이긴다! 무예와 용맹은 분발하는 데 있다! 어떤 곤경에 처하더라도 전능하신 신은 반드시 구원해 주실 것이다! 알라여, 자비의 눈으로 굽어 살피소서!"

이슬람군 장병들도 이에 응하여 부르짖었습니다.

"알라호 아크바르!"

이리하여 격전의 물방아가 기세 좋게 돌기 시작하여, 베고 찌르는 대난투극이 벌어졌습니다. 언월도와 창이 어지러이 부딪치자 들판과 골짜기는 순식간에 피바다가 되고 말았습니다. 이교도의 승려와 수도사가 허리띠를 질끈 동여매고 십자가를 높이 받들어 기도드리면, 이슬람교도는 복수 왕의 신탁을 부르짖으며 코란의 글귀를 외웠습니다. 자비로운 신의 군대가 악마의 군사를 맞이하여 몸뚱이를 떠난 머리가 허공을 마구 날뛰니 그야말로 아수라장이 따로 없었습니다. 착한 천사들이 선택받은 예언자의 백성들 머리 위를 떠도는 동안에도 맞부딪치는 칼 소리는 끊이지 않고, 마침내 해가 기울어 캄캄해졌습니다.

이교도들은 이슬람군을 포위한 채 이제 앞길에 버티고 있는 고통에서 벗어날 수 있다고 생각하며 이슬람군의 패배를 간절히 기도했습니다. 그러는 동안 이윽고 날이 새어 새벽빛이 눈부시게 빛나기 시작했습니다. 시종장과 그 부하는 마음속으로 알라의 가호를 굳게 믿으며 말에 올라탔습니다. 그리하여 또다시 격렬한 전투가 벌어졌습니다. 그러자 머리가 베어져 몸뚱이를 떠나 날아가는 가운데 끝까지 버티어 싸우는 용사가 있는가 하면, 겁을 먹고 달아나는 비겁한 자도 있었습니다. 죽음의 판관이 급하게 판결을 내리면 말에서 뒹굴어 떨어져 숨지는 자가 잇따르고 시체는 산과 들판을 무수히 뒤덮었습니다. 이 무렵부터 이슬람군은 패색이 짙어지면서 퇴각하기 시작했습니다. 몇 개의 아군 천막이 그리스군에 점령되어 마침내 완전히 패배하여 총퇴각하려는 찰나, 오, 알라시여! 샤르르칸 왕이 운 좋게 살아남은 나머지 이슬람군을 이끌고 유일신을 믿는 자의 깃발을 높이 펄럭이며 이 싸움터로 달려온 것입니다. 샤르르칸 왕은 곧장 이교도의 군사를 향해 돌격해 들어갔습니다. 자우 알 마칸, 단단 대신, 태수 발람과 루스탐, 그리고 발람의 아우 타르카슈도 이를 뒤따랐습니다. 이 광경에 놀라 허겁지겁 달아나는 적이 일으키는 모래먼지가 산과 강을 뒤덮었습니다. 한편 올바른 신앙을 받드는 사람들은 신앙심 깊은 전우들과 서로 손을 맞잡았습니다. 샤르르칸 왕이 시종장에게 다가가 그 분전한 모습을 칭찬하자, 시종장도 아슬아슬한 위기의 순간에 구해 준 덕택으로 이날의 승리를 얻을 수 있었다고 기뻐하며 왕에게 감사했습니다. 이에 사기를 되찾은 이슬람군은 적에게 역습을 가하여 신앙을 위해 목숨을 돌보지 않고 싸웠습니다.

우상숭배자인 적군은 마호메트의 깃발을 보고 그것이 유일신을 믿는 군사임을 알자 비명을 질렀습니다.

"아, 이제 틀렸다!"
"파멸이다!"

그들은 수도원의 승려들에게 구원을 요청했습니다. 그리하여 다시 모두 요한, 마리아, 그리고 십자가 등의 이름을 부르면서 싸움의 손길을 늦췄습니다. 한편 아프리둔 왕은 하르두브 왕을 찾아가 작전을 의논했습니다. 이 두 사람이 좌익과 우익의 대장으로 전투를 지휘하고 있었기 때문입니다. 중앙군을 지휘하고 있던 유명한 기사 라위야도 그 자리에 참석했습니다. 이윽고 그들은 전투대형으로 집결했으나 군사들은 완전히 공포에 사로잡혀 있었습니다. 이슬람군도 새로이 병력을 가다듬자, 샤르르칸 왕이 아우를 향해 말했습니다.

"적군도 틀림없이 다음의 일전에서 승패를 가릴 각오일 것이다. 이것은 우리로서도 바라는 바이다. 나는 전사 중에서도 특별히 용맹하며 과감한 자를 맨 앞자리에 세우고 싶다. 이 세상일 절반은 빈틈없이 준비하는 데서 결정되니까."

그러자 자우 알 마칸이 대답했습니다.

"지혜로운 자의 벗이여, 부디 당신의 생각대로 하십시오."

샤르르칸 왕이 다시 말을 이었습니다.

"이렇게 하면 좋을 것 같구나. 나는 이교도군의 정면에 설 테니 단단 대신은 왼쪽, 아우는 오른쪽에 서 다오. 그리고 발람 태수에게 우익을, 루스탐 태수에게 좌익을 맡기기로 하자. 아우여, 그대는 우리 방어군의 기둥이므로 깃발 아래에 있어야겠다. 알라 다음으로 의지하는 건 그대이니까. 만일 그대를 해치는 자가 있다면 우리는 모두 그대를 위해 목숨을 버릴 것이다."

이 말을 듣고 아우는 형에게 감사를 드렸습니다. 함성을 지르고 일제히 칼을 뽑아 전투를 시작하려는 데 로움군 가운데에서 기사 한 명이 달려나왔습니다. 가까이 다가오는 모습을 보니 걸음이 느린 암노새를 타고 칼을 휘두르면서 달려오는 게 아니겠습니까? 비단으로 장식하고 기도용 캐시미어 깔개를 얹은 노새의 등에 점잖게 올라탄 사람은 단정한 얼굴에 기품 있는 모습을 한 하얀 양털옷을 입은 노인이었습니다. 노인은 쉬지 않고 노새를 재촉하여 이슬람군에 다가와서 말했습니다.

"나는 아프리둔 왕의 사자(使者)로서 왔습니다. 사자이므로 말씀을 전해 드리는 사명밖에 없습니다. 부디 사명을 다할 수 있도록 잠시 신변의 안전과 말씀을 전해 드릴 여유를 허락해 주십시오."

샤르르칸 왕은 대답했습니다.

"좋다. 아무도 해치지 않을 것이니 칼도 창도 두려워할 것 없다."

노인은 말에서 내려 목의 십자가를 끌러 왕 앞으로 내밀며 정중하게 인사했습니다. 그러자 이슬람군 병사들이 물었습니다.

"무슨 전언을 가지고 왔느냐?"

노인은 곧 입을 열었습니다.

"나는 아프리둔 왕의 사자입니다만, 실은 사람들이 이룩한 것과 신의 전당을 파괴하는 일만은 피하시도록 국왕께 건의했습니다. 그러자 국왕께서는 피를 흘리는 참극을 피하고 두 기사의 대결로 승부를 가리는 게 현명하다 생각하셨습니다. 그래서 나의 건의에 뜻을 같이하시어 여러분께 이렇게 말씀을 전해달라고 하셨습니다. '나는 내 목숨을 버리고 군사들을 구할 터이니 이슬람교도의 왕도 나와 마찬가지로 목숨을 던져 이슬람군을 구하라. 만일 이슬람교도의 왕이 나를 죽이면 로움 군대는 의지할 데를 잃게 되고, 내가 상대를 죽이면 이슬람군이 갈피를 잡지 못하고 이리저리 흩어지리라.'"

이 말을 듣고 샤르르칸 왕은 말했습니다.

"오, 수도승이여, 나로서도 이의가 없다. 좋아, 나 스스로 결투장에 나가 적의 왕을 맞아 칼을 받기로 하지. 적의 왕이 이교도 용사라면 나는 충성스러운 이슬람교도의 용사이다. 상대가 나를 쓰러뜨리면 승리는 상대의 것, 이슬람군은 곧바로 이곳에서 물러가기로 하겠다. 돌아가 왕에게 말하라. 승부는 내일 하기로 하자고. 나는 지금 긴 여행길에 지쳐 있다. 쉬고 나서 내일은 틀림없이 나서서 싸우리라."

수도승은 기뻐하며 아프리둔 왕과 하르두브 왕에게 돌아가 이 말을 전했습니다. 아프리둔 왕은 뛸 듯이 기뻐하며 모든 불안과 염려가 사라진 듯 이렇게 혼잣말을 했습니다.

"그 샤르르칸은 확실히 용맹이 뛰어난 검사이며 창을 잡아도 당할 자 없는 명수이다. 내가 그자를 죽인다면 적의 사기가 꺾이고 용기도 사라져버릴 것이다."

자트 알 다와히 노파는 이미 전에 편지로, 샤르르칸 왕이 용사 중의 용사이며 수많은 기사 가운데서도 용감무쌍한 호걸임을 알리고 부디 조심하라고 경고한 적이 있었습니다. 그러나 아프리둔 왕도 천군만마 사이를 오가던 호걸로 바위던지기, 창던지기, 철퇴 휘두르기 등에 능하여 천하에 두려운 상대가 없었으므로 샤르르칸 왕이 결투에 동의했다는 말을 사자가 전하자 매우 기뻐서 춤이라도 추고 싶을 정도였습니다. 왜냐하면 아프리둔 왕은 솜씨에 자신이 있어 자기 상대가 될 사람은 아무도 없다고 생각했기 때문입니다.

이교도의 진영에서는 밤새도록 환희 속에 술자리가 벌어졌습니다.

날이 밝자 양군은 검은 창과 시퍼렇게 번쩍이는 칼을 들고 마주 섰습니다. 이때 한 기사가 한 손으로 고삐를 잡고 평지 한가운데로 나왔습니다. 혈통이 뛰어난 순수혈통종 준마를 타고 만반의 준비를 하여 손발에는 힘이 넘쳐났고, 격전에 대비하여 쇠갑옷으로 무장하고 가슴에는 보석이 박힌 거울을 걸고 있었습니다. 또 끝이 날카로운 언월도와 프랑크인의 명물 하란지나무로 자루를 만든 무게 1퀸틀(약 50킬로그램)의 창도 들고 있었습니다. 이윽고 그 기사는 얼굴가리개를 젖히고 외쳤습니다.

"이미 아는 자에게는 필요 없겠지만 모르는 자들은 들어라. 나는 아프리둔 왕이다. 저 마술사 자트 알 다와히의 후원을 받는 사람이다!"

그 소리가 사라지기도 전에 이슬람교도 용사 샤르르칸 왕이 그와 맞서기 위해 모습을 나타냈습니다. 샤르르칸 왕은 진주와 보석으로 가장자리를 두른 갑옷을 입고 황금 1천 냥짜리 말에 올라앉아 있었습니다. 그가 수많은 적의 목을 베고 몇 번이나 곤경에서 구해 준 인도의 강철 칼을 차고 적과 아군 사이로 말을 몰아 나아가자 모든 기사는 눈을 크게 뜨고 바라보았습니다.

샤르르칸 왕은 아프리둔 왕을 향해 소리쳤습니다.

"건방진 놈! 싸움터에서 칼을 들고 맞서지도 않고 네놈 손에 걸려들 기사로 여겼더냐?"

두 사람은 서로 돌격하여 거대한 산 두 개가 부딪치듯, 큰 파도 두 개가 부닥치듯이 맹렬하게 칼을 휘두르며 한 번 앞으로 나아갔다 한 번 뒤로 물러서고 어울렸다가는 떨어지곤 했습니다. 칼을 휘두르고 창을 겨누며 비술(祕術)을 다하여 결투를 거듭하니 싸움이 언제 끝날지 알 수 없는 형편이었습니다. 구경하는 양군 가운데에서 함성이 터져 나왔습니다.

"샤르르칸의 승리다!"

"아프리둔이 이긴다!"

두 기사가 숨 돌릴 사이도 없이 계속 싸우고 있는데, 갑자기 와글대는 소리가 딱 그치더니 모래먼지가 기둥처럼 솟아올라 해를 누렇게 가리자 사방이 어두워졌습니다. 그때 아프리둔 왕이 샤르르칸 왕에게 소리쳤습니다.

"구세주의 진실과 거짓 없는 신앙에 맹세코 귀공은 확실히 용감한 기사이고 훌륭한 전사로다. 그러나 흉악한 계략이 많고 마음의 본바탕이 천하구나. 분명히 귀공의 무예와 용맹은 칭찬할 게 못 되고 그 용기도 왕자의 용기라고 할 수 없다. 왜냐하면 귀공의 부하들은 마치 귀공의 노예처럼 굴지 않는가. 보라, 귀공의 것도 아닌 군마를 끌고 오지 않았는가. 귀공에게 말을 갈아 태워 싸움을 계속시킬 모양이다. 그러나 내 신앙의 진실에 맹세코 나는 귀공과 싸우기가 싫어졌다. 귀공을 상대하여 치고 찌르기가 귀찮아졌단 말이야. 그러니 만일 귀공이 밤까지 겨룰 작정이라면 마구도 말도 갈지 말고 훌륭한 기개와 솜씨를 사람들에게 증명하라."

샤르르칸 왕은 부하들이 마치 노예처럼 굴지 않느냐는 상대의 말을 듣고 격분하여 뒤돌아보며 마구와 말을 갈 필요가 없다고 손짓하려는 순간, 아프리둔 왕이 창을 높이 치켜들어 샤르르칸 왕을 향해 던졌습니다. 샤르르칸 왕은 뒤돌아보고 부하들이 없자 그 저주스러운 이교도에게 속은 것을 깨닫고 곧바로 돌아서는 순간 창이 날아왔습니다. 그것을 피하려고 몸을 홱 돌려 안장에 닿도록 머리를 뒤로 젖혔지만, 창은 남달리 두꺼운 그의 가슴을 스쳐 피부를 꿰뚫었습니다. 샤르르칸 왕은 외마디 비명을 지르며 그대로 정신을 잃고 말았습니다. 이 광경을 보고 저주받을 아프리둔 왕은 상대가 죽은 줄로만 알고 얼굴 가득히 기쁜 빛을 띠며 이교도군을 향해 승리의 함성을 지르라고 외쳤습니다. 이교도의 사기는 하늘 높이 오르고 반대로 이슬람군은 눈물을 흘렸습니다.

자우 알 마칸 왕은 형이 안장 위에서 몸을 가누지 못하며 당장 떨어질 것 같은 모습을 보자 곧 기병들을 내보냈습니다. 용사들이 서둘러 구조하러 달려나가자 이교도군이 일제히 세차게 달려들어 양군 사이에 또다시 격전이 벌어졌고, 자우 알 마칸 왕의 날카로운 언월도가 사나운 위세를 떨치기 시작했습니다. 그때 맨 먼저 샤르르칸 왕에게 달려간 것은 단단 대신과······.

―샤라자드는 날이 밝아오는 것을 알고 이야기를 그쳤다.

103번째 밤

샤라자드는 이야기를 계속했다. 오, 인자하신 임금님, 말에서 떨어지려 하는 샤르르칸 왕에게 맨 먼저 달려간 것은 단단 대신과 터키인 발람 태수, 다일람인 루스탐 태수였습니다.

그들은 왕을 안장에 비끄러매어 아우인 자우 알 마칸에게 되돌아왔습니다. 그런 다음 시동들에게 샤르르칸 왕을 맡기고 곧 다시 싸움의 소용돌이 속으로 되돌아갔습니다. 싸움은 갈수록 치열해져 무기가 서로 부딪치는 소리가 쨍그랑거리고, 처참한 싸움터는 생생한 피로 넘치며 뒹굴어 떨어지는 목이 땅을 뒤덮었습니다. 병사들 머리 위로 칼이 어지러이 날뛰고 싸움은 갈수록 격렬해지는 가운데 마침내 새벽이 가까워지자 적도 아군도 모두 기진맥진하여 지치고 말았습니다. 그래서 일단 휴전하기로 하고 양군은 저마다 자기 진영으로 물러났습니다. 이교도군은 아프리둔 왕에게 몰려가 승려도 수도사도 그 앞에 엎드려 샤르르칸 왕을 쓰러뜨린 것을 축하했습니다. 이윽고 왕이 콘스탄티노플로 돌아가 왕좌에 앉자 하르두브 왕이 찾아와 말했습니다.

"구세주께서 당신의 무력을 더욱 강화해 주시고 끊임없이 힘을 더해 주시기를 빕니다. 또한 신앙심이 두터운 나의 어머니 자트 알 다와히가 당신을 위해 드리는 기도에 귀 기울여 주시기 바랍니다. 이슬람군도 샤르르칸을 잃었으니 이제 더는 버티지 못할 것입니다."

"내일 내가 다시 싸움터에 나가면 끝장이 날 거요. 자우 알 마칸을 찾아내 마저 죽이면 적군은 깃발을 말아 들고 달아나버리겠지."

한편 이슬람군 진영으로 돌아온 자우 알 마칸 왕은 형의 안부가 걱정되어 견딜 수가 없었습니다. 서둘러 형의 막사로 찾아가 보니 샤르르칸 왕의 상처가 심상치 않아 단단 대신과 루스탐과 발람을 불러오게 했습니다. 모두 모여 의논한 결과 곧 의사를 불러 약을 먹이기로 결정되었습니다. 그들은 눈물을 흘리며 말했습니다.

"이 세상에 이보다 위대한 용사는 없을 것이다!"

그리고 밤새도록 머리맡에서 간호하고 있는데 새벽녘이 가까워져오자 자트 알 다와히 노파가 눈물을 글썽거리면서 찾아왔습니다. 그 모습을 보고 자우 알 마칸 왕이 일어나 공손히 맞이했습니다. 노파는 샤르르칸 왕의 상처를 쓰다듬으면서 코란 문구와 마귀를 쫓는 자비로운 신의 성가를 외웠습니다. 이 가짜 수행자가 날이 샐 무렵까지 간호하니 샤르르칸은 숨을 돌리고 두 눈을 뜨더니 입속으로 혀끝을 우물거리며 뭐라고 중얼거렸습니다. 그것을 보고 자우 알 마칸은 매우 기뻐하면서 말했습니다.

"성자의 축복이 효험을 나타냈도다."

샤르르칸 왕도 말했습니다.

"알라의 덕택으로 목숨만은 구했다. 이제 염려 없어. 그 비겁한 놈이 나를 속였다. 번개처럼 날쌔게 몸을 틀지 않았던들 날아온 창이 이 가슴팍을 꿰뚫었을 게다. 목숨을 살려주신 알라께 감사하자. 그런데 지금 이슬람군의 상황은 어떤가?"

"모두 형님을 걱정하며 울고 있습니다."

"나에 대해서는 이제 염려하지 마라. 이제 거뜬하다. 그런데 성자는 어디 계시느냐?"

"여기 머리맡에 계십니다."

샤르르칸은 머리를 돌려 노파의 손에 입을 맞췄습니다. 그러자 노파가 말했습니다.

"꾹 참고 견디셔야 합니다. 알라께서는 당신께 보상해 주실 것입니다. 보상은 공로로 정해지는 것이니까요."

"나를 위해 기도해 주시오."

그래서 노파는 열심히 기도를 바쳤습니다.

날이 밝아 아침 해가 눈부시게 빛나기 시작했습니다. 이슬람군이 싸움터로 다시 나아가니 이교도군도 이미 싸울 준비를 하고 있었습니다. 이윽고 이슬람군이 손에 손에 무기를 빼들고 전진하여 적진으로 육박하자, 자우 알 마칸 왕과 아프리둔 왕이 대결하게 되었습니다.

하지만 자우 알 마칸 왕이 싸움터로 나서자 함께 있던 단단 대신과 시종장, 발람 등이 입을 모아 말했습니다.

"저희가 임금님 대신 싸우겠습니다."

왕은 그 말에 이렇게 대답했습니다.

"성전(聖殿)과 젬젬 우물과 성소(聖所)*223에 맹세코 그것은 안 된다. 저

버릇없는 바보들을 응징하지 않고 어찌 물러설 수 있으랴!"

그리고 질풍처럼 말을 몰아 칼을 휘두르고 창을 내지르며 적진으로 달려갔습니다. 그리고 적도 아군도 놀라서 어리둥절해하는 동안 무서운 기세로 우익에 돌진하여 두 기사를 베어 넘기고 재빨리 말머리를 돌려 좌익의 적도 후려 베었습니다. 이윽고 그는 싸움터 한복판에 말을 멈추고 큰 소리로 외쳤습니다.

"아프리둔 왕은 어디 있느냐? 치욕의 잔을 마시게 해 주마!"

하르두브는 이 모습을 보고 아프리둔에게 저 적을 상대하지 말라고 청하며 이렇게 말했습니다.

"오, 아프리둔 왕이여, 어제는 당신이 싸웠으니 오늘은 내가 출전할 차례입니다. 저놈은 내 적수가 되지 못합니다."

그리고 칼을 뽑아들고 안타르의 군마 아브자르 같은 날쌘 말 위에 올라타고 자우 알 마칸 왕을 향해 돌진했습니다. 그 말의 털은 바로 시인이 노래했듯이 칠흑 같은 검은색이었습니다.

> 눈길보다 빨리 달리는
> 준마에 오르면, 마치
> 운명마저 잡을 듯하구나.
> 말의 털 빛깔은 옻빛,
> 어둠 속에서도 칠흑 같은
> 가장 어두운 밤의 빛,
> 우는 소리도 상쾌하여
> 천둥소리 같구나.
> 바람과 겨루면 앞지르고
> 번갯불마저 뒤진다네.[224]

이리하여 두 왕은 서로 치열한 기세로 칼을 맞부딪치면서 허허실실 온갖 비술을 다하여 온 힘을 다해 싸움을 계속했습니다. 다가붙었다가는 떨어지면서 온갖 재주와 솜씨를 다 부리며 싸우는 모습을 바라보면서 양쪽 군사는 가슴을 졸이며 이제나저제나 승부가 나기를 기다렸습니다. 그러다가 한순간, 자우 알 마칸 왕이 함성을 지르면서 캐살레아 왕[*225] 하르두브에게 돌진하더니 단칼에 목을 베어 그 자리에 거꾸러뜨렸습니다. 그것을 본 이교도군이 한 덩어리가 되어 자우 알 마칸에게 세차게 달려들자, 왕은 싸움터 한복판에서 적을 맞아 끝없이 변화하는 숨겨진 술법을 발휘해 날뛰니 핏물이 강을 이루어 흘렀습니다. 이슬람의 군사는 저마다 우렁찬 함성을 지르면서 좋은 소식과 나쁜 소식을 아울러 가져다주는 예언자 마호메트의 가호를 빌었습니다.

"알라야말로 가장 위대하도다, 알라 외에 신은 없도다!"

여기서 다시 대격전이 벌어졌으나 마침내 신은 신앙심 깊은 사람들 위에 승리를, 불신의 무리에게 패배를 안겨주었습니다. 이때 단단 대신이 외쳤습니다.

"자, 이제야말로 오마르 왕의 왕자 샤르르칸 님의 원수를 마음껏 갚아라!"

그리고 두건을 벗어 던지고 터키군을 향해 소리쳤습니다.

"돌격! 돌격!"

단단 대신이 이끄는 기병은 2만여 기, 그들이 한 덩어리가 되어 적에게 세차게 달려드니 이교도들은 살아남기 위해서는 달아나는 수밖에 없었습니다. 이슬람군은 달아나는 적을 추격하여 그날 하루에 무려 5만의 기병을 쳐부수고 그 이상의 적병을 사로잡았습니다. 적의 군사가 엄청나게 많았기 때문에 성문으로 달려들어 가다가 칼을 맞아 거꾸러진 자도 헤아릴 수 없을 정도였습니다. 그리스군은 성문이 닫혀 달아날 길을 잃고 앞다투어 성벽을 기어올랐으나 다만 이슬람군의 공격을 등으로 받을 따름이었습니다. 마침내 이슬람군은 의기양양하게 진영으로 돌아갔습니다.

자우 알 마칸 왕이 곧 형 샤르르칸을 찾아가니 샤르르칸 왕은 크게 기뻐하는 모습이었습니다. 자우 알 마칸 왕은 바닥에 엎드려 자비롭고 숭고하신 신께 감사드리고 앞으로 나아가 샤르르칸 왕의 완쾌를 축하했습니다. 그러자 샤르르칸 왕이 말했습니다.

"이것도 모두 신앙심이 깊고 덕이 높은 그 성자의 기도 덕택이다. 그 기도가 없었던들 너도 이렇게 쉽사리 승리를 얻을 수 없었을 것이다. 이분은 제단 앞에서 온종일 이슬람군의 승리를 기도해 주셨다."

—샤라자드는 날이 훤히 밝아오는 것을 알고 이야기를 그쳤다.

104번째 밤

오, 인자하신 임금님, 샤라자드는 이야기를 계속했다. 중상을 입고 자리에 누워 있던 샤르르칸 왕은 말을 이었습니다.

"나는 '알라호 아크바르'라는 너희의 함성을 듣고 아군의 승리를 알았다. 그래서 완전히 기운을 회복했지. 너희가 적을 쳐부수었다는 것을 알았으니까. 아우여, 오늘 그대의 활약상을 듣고 싶구나."

자우 알 마칸 왕은 적 하르두브 왕과의 싸움에 대해 자세히 이야기하고 상대를 쓰러뜨려 지옥으로 보내 알라의 저주를 받게 했다는 사실도 이야기했습니다. 샤르르칸 왕은 아우의 용기를 칭찬하면서 그 활약에 감사를 표했습니다. 옆에 있던 가짜 성자 자트 알 다와히는 자기 아들이 죽은 것을 알고 얼굴이 창백해지면서 눈물을 흘렸습니다. 그러나 그 마음을 깊숙이 감추고 기쁨의 눈물을 흘리는 것처럼 가장하면서 속으로 남몰래 맹세했습니다.

'그리스도교국 십자군의 기둥인 하르두브 왕을 살해하여 내 가슴을 아프게 한 복수로 놈의 형 샤르르칸을 죽여 자우 알 마칸에게 본때를 보여주고야 말리라. 그렇게 하지 못한다면 살아서 무엇하리.'

그러면서 노파는 사뭇 천연덕스러운 표정을 하고 있었습니다.

자우 알 마칸 왕은 단단 대신과 시종장과 함께 형의 머리맡에서 상처에 고약을 바른 뒤 붕대를 감아주고 약도 먹여주었습니다. 샤르르칸 왕이 기운을 회복하자 모두 무척 기뻐했습니다. 이슬람군 장병들도 그 소식을 듣고 몹시 기뻐하면서 말했습니다.

"내일의 포위 공격에는 샤르르칸 님도 우리와 함께 출진하여 용감한 무훈을 세우실 것이다."

이윽고 샤르르칸 왕은 옆에 있는 사람들에게 말했습니다.

"오늘 싸움으로 모두 매우 피곤할 테니 물러가 푹 쉬도록 하라."

그리하여 모두 자기 진지로 물러가고 형 곁에는 몇 명 안 되는 하인과 노파만 남게 되었습니다. 샤르르칸 왕은 노파를 상대로 한참 이야기하다가 이

으고 옆으로 돌아누웠습니다. 하인들도 잠자리에 든 지 얼마 안 되어 모두 죽은 듯이 깊이 잠들어버렸습니다. 잠들지 않고 동정을 살피고 있던 노파는 마침내 샤르르칸이 잠든 것을 보자 마치 붉게 짓무른 암곰이나 얼룩뱀처럼 벌떡 일어났습니다. 그리고 노파는 허리춤에서 비수 한 자루를 꺼냈습니다. 거기에는 한 방울만 흘려도 바위가 녹아내리는 맹독이 칠해져 있었습니다. 노파는 칼집에서 칼을 꺼내 들고 샤르르칸 왕의 머리맡에 조용히 다가가 먼저 숨통을 끊고 나서 그 목을 베어버렸습니다. 그리고 발끝을 세워 잠들어 있는 하인들의 모습을 둘러보고 아무도 깨어나지 않고 곤히 잠들어 있는 것을 확인하고 그들의 목도 하나하나 베어버렸습니다. 그런 다음 노파는 그 자리를 떠나 자우 알 마칸 왕의 진영으로 갔습니다. 하지만 감시병이 엄중하게 경비를 선 모습을 보고 돌아서서 단단 대신의 진영으로 향했습니다. 이때 코란을 읽고 있던 대신은 노파의 모습을 보고 맞아들였습니다.

"성자님, 어서 오십시오!"

노파는 마음속으로 떨면서 이렇게 말했습니다.

"이렇게 늦게 찾아뵌 것은 방금 알라의 사도 가운데 한 사람의 목소리를 듣고 그분에게 가고자 해서입니다."

그러고는 발길을 돌려 그 자리를 떠났습니다.

'좋다, 오늘 밤에는 저 수행자의 뒤를 미행해 보자.'

대신은 마음속으로 그렇게 생각하고 일어나 노파 뒤를 밟았습니다. 저주받은 노파는 대신의 발소리가 느껴지자 자기가 미행당하고 있음을 알고 정체가 발각될 것이 두려워 중얼거렸습니다.

"어떻게든 저놈을 속아 넘기지 않으면 내가 봉변을 당하게 된다."

노파는 뒤돌아보며 멀리서 말을 건넸습니다.

"이보시오, 대신님, 나는 아까 목소리를 들은 성자님을 찾아 어떤 분인지 확인할 생각인데, 만일 알아내게 되면 당신도 면회할 수 있도록 허락을 받고 곧 모시러 오겠습니다. 그분의 허락도 받지 않고 함께 갔다가 성자님이 불쾌하게 여기시면 난처하니까요."

대신은 이 말을 듣고 부끄러워서 대답도 하지 못했습니다. 얼른 그곳을 떠나 천막으로 돌아와서 잠을 청했지만 왠지 잠은 오지 않고 온 세상이 무겁게 가슴을 짓누르는 듯한 기분이 들었습니다. 대신은 하는 수 없이 일어나 앉아

중얼거렸습니다.

"샤르르칸 님에게 가서 아침까지 천천히 이야기나 하기로 하자."

대신은 천막을 나섰습니다. 그런데 샤르르칸 왕의 천막에 들어서니 피가 강물처럼 흐르고 하인들은 모두 가축처럼 목이 잘려 죽어 있지 않겠습니까? 이것을 보고 대신이 비명을 지르자 잠들어 있던 사람들이 모두 깨어났습니다. 급히 달려온 사람들이 피바다가 되어 있는 것을 보고 큰 소리로 울부짖으니 온 진영이 발칵 뒤집혔습니다. 그 소리를 듣고 자우 알 마칸 왕도 눈을 뜨고 무슨 일이 일어났느냐고 물었습니다.

"샤르르칸 임금님이 하인들과 함께 살해되었습니다."

자우 알 마칸 왕이 급히 일어나 가보니 단단 대신이 큰 소리로 울부짖고 목 없는 형의 시체가 드러누워 있었습니다. 그 광경을 보고 아우는 정신을 잃고 쓰러졌습니다. 모두 그 주위에 모여 울부짖는 가운데, 이윽고 정신을 차린 아우는 형의 시체를 바라보면서 비탄에 잠겼습니다. 단단 대신과 루스탐, 발람 등도 마찬가지였으나 특히 시종장의 탄식은 더 격렬해져서 결국 견디지 못하고 그곳을 뛰쳐나가고 말았습니다.

이윽고 자우 알 마칸 왕이 물었습니다.

"이런 흉악한 짓을 한 놈이 대체 누구냐? 또 수행자의 모습이 보이지 않는 것은 어찌 된 일이냐? 세속을 버렸다는 그 수행자는 어디 있느냐?"

그러자 단단 대신이 대답했습니다.

"이런 불행의 씨를 뿌린 것은 그 수행자, 아니, 그 악마입니다. 저는 처음부터 그놈이 마음에 들지 않았습니다. 저는 열심히 고행에 빠진 것처럼 꾸미는 자는 모두 사악하고 수상한 놈이라고 봅니다!"

그리고 간밤에 수행자의 뒤를 밟으려다 실패한 경위를 왕에게 이야기했습니다. 그 말을 듣고 사람들은 다시 울부짖고 탄식하면서 영원히 곁에 계시며 늘 기도에 응해 주시는 신 앞에 엎드려, 알라의 율법을 어긴 그 가짜 수행자를 부디 자기들 손에 넘겨주십사고 기도했습니다. 그리고 샤르르칸 왕의 시체를 관에 넣을 준비를 하고 앞에서 말씀드린 산에 장사지내고서 세상에 널리 알려진 고인의 위덕을 추모했습니다.

—샤라자드는 날이 밝아오는 것을 알고 이야기를 그쳤다.

105번째 밤

샤라자드는 이야기를 계속했다. 오, 인자하신 임금님, 그들은 샤르르칸 왕의 시체를 매장하고 그 덕을 추모했습니다. 그러고 나서 적의 성문이 열리기를 기다렸으나 도무지 열리는 기척이 없고 성벽 위에 사람의 그림자도 보이지 않았습니다. 그것을 본 이슬람군은 매우 괴이하게 여겼습니다. 그렇지만 자우 알 마칸 왕은 이렇게 말했습니다.

"알라께 맹세코, 나는 이 자리를 절대 떠나지 않겠다. 형님을 위해 피로 복수하고 콘스탄티노플을 짓밟아 나사렛의 왕을 칠 때까지 몇 해가 되든 이곳에 머물러 있겠다. 비록 목숨을 잃고 이 세상을 하직하는 일이 있더라도 결코 군사를 물리지 않으리라!"

그리고 마트루히나 암자에서 빼앗아온 보물을 가져오도록 명하여 장병들에게 남김없이 나눠주자 모두 매우 만족해했습니다. 그런 다음 왕은 각 부대에서 300기씩 앞으로 나오게 한 뒤 이렇게 말했습니다.

"샤르르칸 왕의 복수를 할 때까지 목숨을 바쳐서라도 몇 해가 되든지 이 성 앞에서 기다릴 결심이다. 그러니 너희도 가족들에게 생활비를 보내주도록 하라."

이미 많은 돈을 하사받은 그들은 기꺼이 그 명령에 따랐습니다. 왕은 발 빠른 사람들을 모아 그들의 돈과 편지를 가족에게 전하도록 명령했는데, 그 편지에는 모두 건강하게 잘 지내고 있다는 소식과 다음과 같은 내용이 적혀 있었습니다.

"우리 군사는 지금 콘스탄티노플 정면에서 야영하며 이 성을 함락시키든가 아니면 모두 전사할 각오로 있다. 몇 달, 몇 해가 걸리든 이 성을 점령할 때까지 결코 이곳을 떠나지 않는다."

왕은 또 단단 대신을 불러 누이동생 누자트 알 자만 앞으로 편지를 쓰게 했습니다.

"지금까지 우리 군대의 형편과 현재 상황을 알려주시오. 그리고 내가 싸움터로 나올 때 아내가 해산달에 가까웠으니 지금쯤 틀림없이 해산자리에 누워 있을 거요. 태어난 아기가 사내아이라면 곧 회답하여 나를 기쁘게 해달라고 써주시오."

보발꾼들은 편지와 돈을 받아들고 곧 출발했습니다. 그들이 떠나자 왕은 대신에게 군사를 이끌고 성벽을 공격하도록 명령했습니다. 명령에 따라 군사는 돌격을 시도했으나 이상하게도 성벽에는 여전히 적의 모습이 보이지 않았습니다. 자우 알 마칸 왕은 형의 죽음을 한탄하고 슬퍼하며 배반자인 성자를 생각하느라 마음이 매우 어지러웠으므로 이 형세에 몹시 초조했습니다. 그렇게 사흘이 지났지만 그동안 적은 한 번도 모습을 나타내지 않았습니다. 그리스군이 사흘 동안 전쟁을 피한 데는 다음과 같은 까닭이 있었습니다. 샤르르칸 왕을 죽인 자트 알 다와히 노파는 곧 콘스탄티노플 성벽으로 가서 위병을 향해 그리스 말로 밧줄을 내리라고 소리쳤습니다. 감시병이 물었습니다.

"누구냐?"

"자트 알 다와히다."

이름을 대자 감시병들은 노파를 알고 있었으므로 곧 밧줄을 내려주었습니다. 노파가 몸에 밧줄을 비끄러매니 감시병이 줄을 당겨 끌어올려 주었습니다. 성 안으로 들어간 노파는 곧 아프리둔 왕을 찾아가 물었습니다.

"이슬람군에게 내 아들 하르두브가 살해되었다는데 정말입니까?"

"그렇소."

왕의 대답으로 그것이 사실임을 안 노파는 비명을 지르고는 마음속 깊이 한탄하며 울기 시작했습니다. 아프리둔 왕을 비롯하여 모든 사람도 함께 울며 슬퍼했습니다. 이윽고 노파가 샤르르칸 왕과 그 하인 30명을 죽인 경위를 이야기하자 왕은 크게 기뻐하여 그 손에 입을 맞추고 아들을 잃은 데 대해서는 체념하도록 위로했습니다. 그러자 노파가 말했습니다.

"구세주의 진실에 맹세코, 무슨 일이 있어도 당대의 왕 중의 왕으로 추앙받던 내 아들의 원수를 갚아 그 비천한 이슬람의 개들을 때려죽이고 말겠습니다. 어떻게 해서든 계략을 꾸며 알 마칸 왕을 비롯하여 단단 대신과 시종장, 루스탐, 발람 같은 놈들과 이슬람군 1만 명을 몰살시키고야 말겠습니다. 샤르르칸의 목 하나 정도로 아들의 죽음이 보상될 리 없습니다. 절대로!"

그리고 이렇게 덧붙였습니다.

"오, 현세의 임금님이시여, 저는 아들의 상을 입고 이 허리띠를 끊어버리고 십자가를 부러뜨리고 싶습니다."

왕이 말했습니다.
"좋을 대로 하시오. 나는 결코 당신을 방해하지 않겠소. 또 당신이 상복을 며칠 입든 그런 것은 상관없소. 이슬람군이 몇 달, 몇 해 동안 우리를 포위해도 우리를 굴복시키기는커녕 고생이나 실컷 할 것이니 말이오."

그러자 저주받은 노파는 교묘한 계책이 생각났는지 붓과 종이를 꺼내 다음과 같은 편지를 썼습니다.

"마술사 자트 알 다와히가 이슬람군에 보내노라. 전에 너희 나라에 잠입해 계략을 써서 귀족들을 속이고 오마르 왕을 궁전 한복판에서 살해한 것은 다름 아닌 바로 나였다. 게다가 산속의 동굴 전투에서는 너희 군사를 허다하게 죽였다. 내가 마지막으로 손댄 것은 샤르르칸과 그 하인들이었다. 운명의 방해를 받지 않고 악마가 내 명령을 지켜준다면 반드시 너희 왕과 단단 대신의 목숨을 거두리라. 성자로 변장하고 너희에게 접근하여 계략과 기만을 부린 노파가 바로 나다. 그러므로 앞으로 자기 한 몸의 평화를 바라거든 얼른 이곳에서 물러가거라. 스스로 파멸을 바란다면 눌러 있어도 상관없다. 그러나 몇 해를 이곳에 머무른다 해도 너희 숙원은 이루어지지 못하리라. 그럼, 잘 있어라!"

이 편지를 쓰고 나서 노파는 하르두브 왕을 위해 사흘 동안 상복을 입었습니다. 그리고 나흘째가 되자 한 기사를 불러 그 편지를 화살에 매어 이슬람군 진영으로 쏘라고 명령했습니다. 그런 다음 노파는 교회에 들어가 죽은 아들의 명복을 빌고 대신 왕위를 이어받은 새 왕에게 말했습니다.

"내 반드시 자우 알 마칸 왕을 비롯하여 그 이슬람교 나라의 귀족들을 한 명도 남김없이 죽이고야 말 것이오."

한편 이슬람군 쪽에서는 불안하고 초조한 가운데 사흘을 보냈습니다. 나흘째가 되어 문득 성벽 쪽을 보니 한 기사가 나타나 화살에 편지를 매어 쏘려 하고 있었습니다. 이윽고 화살이 이슬람군 진영에 떨어졌습니다. 왕은 그 편지를 가져오게 하여 단단 대신에게 읽게 했습니다. 그것을 들은 왕은 눈물을 흘리고 이를 갈며 노파에게 속은 것을 분통해했습니다. 대신이 말했습니다.

"오, 알라께 맹세코, 세상에 이토록 무서운 여자가 또 있을까요?"

"어찌하여 그런 음란하고 방탕한 여자에게 우리가 속아 넘어갔을까? 아니, 나는 단연코 이 땅을 떠나지 않겠다. 그년을 갈기갈기 찢어 뜨거운 납물을 쏟아 붓고 장 속의 새처럼 감금해 두었다가 제 년의 머리카락으로 콘스탄티노플 성문에 달아매 죽이리라."

자우 알 마칸 왕은 형을 생각하며 또다시 격렬하게 눈물을 쏟았습니다. 한편 이교도군에게 돌아간 노파가 자신의 모험담과 샤르칸 왕의 횡사를 들려주자 전군이 기뻐하며 환호했습니다. 이슬람군은 새롭게 성을 포위했고, 자우 알 마칸 왕은 부하들에게 성을 함락시키면 약탈한 재물을 공평하게 분배하겠다고 약속했습니다. 자우 알 마칸 왕은 죽은 형을 생각하며 눈물이 마를 새 없더니 마침내 병이 나서 이쑤시개처럼 여위어갔습니다.

단단 대신이 병문안하며 말했습니다.

"부디 기운을 내시고 눈물을 거두십시오. 형님이 돌아가신 것은 수명이 다했기 때문입니다. 새삼스레 한탄하신들 무슨 소용 있겠습니까? 시인도 이렇게 노래하지 않았습니까?

　이윽고 간사한 지혜는 멸망하고
　올바른 세상이 되리라.
　이윽고 행복은 찾아오고,
　어리석은 무리는 버림받으리라.

그러니 부디 슬퍼하는 것은 그만두고 기운을 차리시어 무기를 잡으셔야 합니다."

대신의 말을 듣고 자우 알 마칸 왕은 대답했습니다.

"오, 대신이여, 아버님을 여의고 형님을 잃은 데다 고향에서 멀리 떨어져 있으니 마음이 텅 비어 견딜 수가 없소. 게다가 가족들도 걱정스럽소."

이 말에 모두 함께 눈물을 흘렸습니다. 그래도 이슬람군은 날마다 콘스탄티노플 포위 공격의 손을 늦추지 않았습니다. 그러던 어느 날, 한 태수가 바그다드에서 기별을 가지고 왔습니다. 왕비가 아들을 낳았는데 누이동생 누자트 알 자만이 그 아이에게 칸마칸이라는 이름을 지어주었다는 것이었습니다. 또 갓 태어난 왕자는 벌써 상서로운 조짐을 보여 반드시 그 이름을 후세에 떨치리라는 것, 누이동생은 신학박사와 설교자에게 명하여 모자를 위해 설교단에서 기도를 올리도록 했다는 것, 그리고 모자는 다 건강하고 고국에는 다행히 비가 많이 내렸으며, 그 고마운 화부는 환관과 노예들의 시중을 받으며 행복한 나날을 보내고 있으나 자신은 아직도 무슨 영문인지 모르고 있다는 것, 왕비로부터 왕의 평안을 빈다는 전언 등을 전했습니다. 자우 알 마칸 왕은 단단 대신에게 말했습니다.
"칸마칸이라는 아들이 태어났으니 이제 아무것도 걱정할 것 없어."

―샤라자드는 날이 밝아오는 것을 깨닫고 이야기를 그쳤다.

106번째 밤

샤라자드는 이야기를 계속했다. 오, 인자하신 임금님, 왕비에게서 왕자가 태어났다는 소식을 듣고 자우 알 마칸 왕은 무척 기뻐했습니다. 그리고 단단 대신에게 말했습니다.
"이제 슬픔을 거두고 형님을 위해 코란 낭송을 명하고 희사를 베풀도록 하시오."
"참으로 좋은 생각입니다."
대신이 대답하자 왕은 곧 형의 묘지에 천막을 치게 하고 병사들 가운데 코란을 읽을 줄 아는 자들을 불러모았습니다. 그리하여 어떤 자는 경전을 외고, 또 어떤 자는 알라의 갖가지 이름이 든 기도를 올리며 밤새도록 공양이 계속되었습니다. 이윽고 자우 알 마칸 왕은 형 샤르르칸 왕의 묘 앞에 나아가 하염없이 눈물을 흘리며 다음과 같은 시를 읊었습니다.

> 영구(靈柩)를 메고 길에 나서니
> 따르는 사람들 모두 눈물을 흘려
> 토르 산이 뒤흔들리던 날의
> 모세의 외침과 흡사하도다.[*226]
> 죽은 이의 집으로 정해진
> 묘소에 이르면, 그 무덤은

신을 공경하여 우러러보는 사람들의
영혼으로 깊이 파인 무덤.
생각할 수 없네, 나의 환희,
영구 위에 올라
사람들 머리 위에서 사라질 줄.
뉘 알았으리, 창공에
무리지은 별빛 받으며
대지의 흙 속에 묻혀
그대 조용히 쉬게 될 줄.
무덤을 집으로 삼는 사람은
눈부시게 빛나는 빛을
얼굴에 받아 아름답게 빛나는
대지 아래의 볼모인가.
자, 약속을 어기지 말고
되살아나게 하라, 그 생명
좁은 관속에 갇혀
영혼은 날갯짓하며 하늘을 달리리!

노래를 마친 자우 알 마칸 왕이 눈물에 잠겨 있는 것을 보고 부하 장병들도 모두 소리죽여 울었습니다. 왕은 슬픔을 견디지 못하여 무덤 앞으로 나아가 몸을 던졌습니다. 그 광경을 본 대신은 다음과 같은 시를 읊었습니다.

이승을 떠나,
영원한 생명을 얻은 우리 임이여
예나 지금이나 변함없는
뜬세상 법도라 어쩔 수 없네.
잠시 살던 거처를 탓하지 않고
편안히 떠나신 임이시기에
그 보답으로 온갖
신의 축복 받으시라!

임께선 용맹하게,
쳐들어오는 적의 공격을 막고
날아오는 화살과 창을 막아
아군을 지키셨도다.
내 눈에 비치는 이승은
거짓과 부질없는 허식뿐
이 세상 사람들은 한결같이
진실한 신만 구할지어다!
하늘의 황제는 임을 위해
천상의 복된 암자를 주어
신앙심 깊은 벗과 더불어
편안히 사시기를 기도할 따름.
떠오르는 태양 동쪽에 있고
서쪽은 시름에 잠기는 것을 보니
비탄의 눈물 거두고
안녕, 마지막 이별을 고하리.

이 노래가 끝나 그 자리에 엎드려 한탄하는 대신의 두 눈에서 구슬 같은 눈물방울이 주르르 쏟아졌습니다. 이때 샤르르칸 왕이 살아 있을 때 술벗이었던 자가 나서더니 역시 폭포처럼 눈물을 흘리며 울었습니다. 그리고 고인의 덕을 칭송하는 다음과 같은 시를 읊었습니다.

임의 손이 흙으로 바뀌던 그날부터
은총은 어디로 사라져버렸는가?
임께서 떠나시고
우리는 다만 시름에 잠겨 있네.
오, 가마*227를 메고 가는 사람이여.
(그 사람에게 하늘의 축복 있으라!)
보이지 않느냐, 주름진 볼이
눈물로 장식된 것이.

그대의 눈을 기쁘게 하고
그대의 간담을 서늘케 하는 광경이로다.*228
내 눈물 흥건히 흘러내려
이 몸에 지장주지 않는다면
신께 맹세코 나의 눈도 가슴도
빛나는 그대 모습을
엎드려 우러를 것을.
이 눈길이 비록 다른 사람을
바라볼지라도, 나는 기도하리
그리움은 고삐를 죄고
밤잠을 빼앗기는 일 없도록.

이 노래가 끝나자 자우 알 마칸 왕과 단단 대신이 또다시 눈물을 흘리며 슬퍼했으므로 부하 장병들도 모두 눈물지었습니다. 이윽고 모두 천막으로 물러가자 왕은 대신과 함께 작전을 의논하기 시작했습니다. 이리하여 두 사람은 이틀 낮 이틀 밤을 지새웠습니다. 어느 날 자우 알 마칸 왕은 마음이 울적하고 즐겁지 않아 이런 말을 꺼냈습니다.

"여러 나라 왕의 모험담이나 사랑의 노예가 된 연인들 이야기 같은 것을 들려주지 않겠소? 그러면 수심에 잠긴 이 무거운 마음이 위안을 얻어 이 비탄을 잊을 수 있을지 모르니."

이 말을 듣고 대신은 대답했습니다.

"여러 나라 왕들 이야기며 먼먼 옛날 사람들 이야기, 또는 사랑의 포로가 된 사람들 이야기를 들으시고 그것으로 슬픈 마음이 풀리신다면 그건 아주 쉬운 일입니다. 왜냐하면 부왕께서 생존해 계셨을 때 이야기해 드리거나 시를 읊어 드리는 일이 모두 제가 맡은 임무였으니까요. 당장 오늘 밤부터 서로 사모하는 남녀에 대하여 이야기해 드리겠습니다. 틀림없이 임금님의 시름도 풀리실 겁니다."

그래서 왕은 설레는 가슴으로 대신이 약속한 옛날의 왕들과 사랑에 미친 사람들의 이야기를 들으려고 밤이 되기를 손꼽아 기다렸습니다. 이윽고 밤이 되자 왕은 곧 촛불과 등불을 켜게 하고 음식과 술, 향 등 필요한 것을 모두 준비했습니다. 그리고 단단 대신을 비롯하여 태수 루스탐, 발람, 타르카슈와 시종장도 불렀습니다. 모두가 자리에 앉기를 기다려 왕은 대신을 돌아보며 말했습니다.
"오, 대신, 드디어 밤이 되었소. 자 약속한 이야기를 들려주시오."
"알았습니다."

―샤라자드는 밤이 훤히 밝아오는 것을 깨닫고 이야기를 그쳤다.

107번째 밤

샤라자드는 이야기를 계속했다. 오, 인자하신 임금님, 자우 알 마칸 왕 앞에서 단단 대신은 이야기를 시작했습니다.
"기꺼이 이야기해 드리지요! 임금님, 제가 들려 드릴 이야기는 사랑하는 자와 사랑받는 자의 이야기입니다. 두 사람이 서로 주고받은 다정한 이야기와 두 사람의 신상에 일어난 참으로 진기하고 아름다운 이야기는, 마음의 시름을 털어버리는 데 더할 나위 없이 좋은 약이 될 겁니다. 자식의 죽음을 슬퍼한 나머지 장님이 되어버린 족장(族長) 야곱*229의 슬픔마저 잊게 하는 이야기입니다. 그럼, 시작하겠습니다."

타지 알 무르크와 두냐 공주 이야기―사랑하는 자와 사랑받는 자

옛날에 이스파한의 산들 뒤에 '푸른 나라'라고 불리는 도시가 있었는데, 그곳에 슬라이만 샤라는 임금님이 계셨습니다. 이 임금님은 마음이 너그럽고 자비로우며 청렴하고 고결한 데다 진지하고 성실한 분이었으므로 여러 나라에서 많은 나그네가 왕을 사모하여 찾아왔습니다. 모든 나라와 도성에 그 덕망이 널리 알려진 왕은 오랫동안 사람들의 존경을 받으며 국운도 융성하는 가운데 나라를 다스리고 있었습니다. 하지만 애석하게도 왕비도 없고 왕자도 없었습니다.
이 왕에게는 인정 많고 너그러움이 왕에 못지않은 한 대신이 있었습니다.

어느 날 왕은 그 대신을 불러 말했습니다.

"대신, 나는 마음이 무겁고 답답해서 견딜 수가 없소. 게다가 기운도 떨어지니 이는 모두 나에게 처자가 없기 때문이라고 생각하오. 이래서는 빈부귀천을 막론하고 모든 백성을 다스려야 할 왕자로서 자격이 있다고 할 수 없소. 사람은 누구나 뒤를 이을 자식을 남겨 그 자손을 불리면서 힘을 기르는 게 아니겠소? 예언자(알라의 축복과 가호가 있기를!)께서도 말씀하셨지. '아내를 맞이하고, 낳고, 불려라, 그것은 부활의 날이 올 때 너희가 모든 민족보다 우월함을 내가 자랑하기 위해서니라'라고 말이오. 대신이여, 그대는 어떻게 생각하오? 무슨 좋은 생각이 있으면 조언을 들려주구려."

이 말을 들은 대신은 폭포처럼 눈물을 흘리며 이렇게 대답했습니다.

"오, 현세의 임금님, 당치도 않은 말씀을! 자비로우신 신께 관계되는 일을 저 같은 사람이 말씀드리다니요. 그러나 측실을 사시라고 말씀드린다면 전능하신 알라의 노여움을 사서 지옥불 속에 내던져질까요?"

"오, 대신, 노예계집을 산다 해도 그 신분과 혈통을 알 수 없는 일 아니오? 그러니 가까이해서는 안 되는 비천한 계집인지, 깊이 사귀어도 상관없는 고귀한 여자인지 어떻게 알겠소? 그런 여자와 관계했다가 혹시 여자가 잉태해 태어난 아이가 위선자나 신벌을 받는 자, 피를 흘리는 자가 될지 알 수 없는 일이지. 정말이지 여자는 소금기 있는 습지에 비길 수 있을 것이오. 아무리 경작해 보았자 쓸모없는 것들만 자랄 것이고 또 오래가지도 않을 거요. 그리고 아마 그런 계집한테서 난 소생은 매사에 신의 법도를 지키지 않아 신의 노여움을 면치 못할 것이오. 그러니 나는 측실을 사들여 그런 원인을 만들고 싶지 않소. 그보다는 혈통이 잘 알려지고 미인으로 이름 높은 국왕의 딸을 왕비로 맞아들이고 싶소. 만일 그대가 이슬람교 나라의 공주 가운데 근본이 바르고 신앙심이 두터운 처녀를 나에게 알려준다면, 나는 청혼하여 증인들 앞에서 화촉을 밝히겠소. 그렇게 하면 만물의 창조주께서도 더 많은 자비를 내리실 것이오."

"오, 임금님, 알라께서는 진정 당신의 소원을 이루어주시고 희망을 들어주실 겁니다."

대신은 곧 이렇게 덧붙였습니다.

"임금님, 제가 알기로는 '하얀 나라'의 군주인 자르 샤라는 왕에게 세상에 둘도 없이 아름다운 공주가 한 분 계십니다. 그 황홀한 아름다움은 뭐라 형용할 수 없을 정도이고, 균형 잡힌 몸매도 한 점 나무랄 데가 없습니다. 또 콜 가루로 물들인 듯한 까만 눈동자, 치렁치렁한 검은 머리, 날씬한 허리, 토실토실한 엉덩이 등, 참으로 비길 데 없는 미인입니다. 가까이 다가가면 모든 사람의 눈을 도취시키고 그 뒷모습은 어떤 사람이든 뇌쇄*230시켜, 보는 사람의 눈과 마음을 황홀케 합니다. 이런 아름다움을 시인은 이렇게 노래했지요.

처녀의 가는허리에 버들가지도 수줍어하는구나.
아름답게 빛나는 그 얼굴에 해도 달도 미치지 못하리.
달콤한 이슬 머금은 입술은 포도주를 섞었는가.
술에 적신 하얀 이는 반짝이는 진주 같구나.
날씬한 모습의 사랑스러움은 선녀를 방불케 하네.
아름다운 얼굴 바라보면 빛나는 눈길에 멸망이 있어
몇 사람이나 그 눈길에 죽음당하여
처녀를 사모하다 땅에 묻히는 신세 되었네.
이 몸 오래 산다면 처녀로 하여 나 또한 죽게 되리.
이제 나에게는 할 말도 없지만
오직 한 가지, 처녀를 얻지 못하고 죽는 이 몸
아, 세상은 덧없기도 하여라."

대신은 이렇게 그 처녀에 대한 설명을 마치고 말했습니다.
"오, 임금님, 사리에 밝고 세상일에 능한 현명한 사절을 그 처녀의 부왕께 보내시어 정중하게 혼인을 청하시는 것이 어떻겠습니까? 세상이 아무리 넓다 해도 이 공주와 어깨를 나란히 할 미녀는 어디에서도 찾을 수 없을 겁니다. 그렇게 하시면 처녀의 아름다운 얼굴을 사랑하시게 되고 신의 은총도 내리실 것이니, 영광된 신은 임금님의 새로워진 처지에 만족하실 것입니다. 왜냐하면 예언자(알라여, 이 예언자를 축복하시고 보호하소서!)께서 '이슬람교 나라에는 승려가 없다'(14)고 하신 말씀이 전해져 오기 때문입니다."
이 말을 듣고 크게 기뻐한 왕은 답답하던 마음이 가벼워지고 근심·걱정도 사라져 대신에게 이렇게 말했습니다.
"오, 대신이여, 그대는 더없는 지혜와 훌륭한 교양을 지니고 있소. 그대 말고는 이 일을 해낼 사람이 없소. 급히 집으로 돌아가 모든 볼일을 마치고 내일까지 출발할 준비를 하시오. 그리고 내 마음을 완전히 사로잡아버린 그 공주에게 청혼을 해 주시오. 반드시 그 공주를 데리고 와야 하오."
"분부대로 하겠습니다."
대신은 급히 집으로 돌아가 보석과 값진 물건들을 비롯하여, 무게는 가볍지만 값나가는 물건으로 왕에게 어울리는 갖가지 선물을 준비시켰습니다. 그리고 라바이트산 준마와 다윗이 만든 듯한 갑옷,[*231] 헤아릴 수 없이 많은 보석을 넣은 궤짝도 꾸리게 했습니다. 그리고 대신은 이들 물건을 낙타와 나귀에 실은 뒤 노예계집 백 명을 거느리고 머리 위로 깃발을 휘날리면서 길을 떠났습니다.
슬라이만 샤 왕은 며칠 안에 돌아오라고 대신에게 분부해 두었지만, 대신이 떠나자 밤낮으로 공주를 생각하며 음욕의 불길에 시달리기를 마치 불고문을 당하는 듯했습니다. 한편 대신 일행은 밤낮없이 여행을 계속하여 비옥한 들판을 지나고 사막을 가로질러 마침내 목적하는 도시까지 하룻길을 앞둔 곳에 이르렀습니다. 여기서 대신은 어느 냇가에 앉아 마음 놓고 일을 맡길 수 있는 부하 하나를 불러 즉시 자르 샤 왕에게 가서 사절이 도착했다는 것을 알리라고 명령했습니다. 부하는 급히 말을 타고 도성을 향해 달려갔습니다. 바야흐로 도성에 들어서려는데 왕이 우연히 성문 앞 유원지에 나와 있다가 성문으로 들어오는 사자를 보았습니다. 그가 타국 사람임을 알고 왕은 자기 앞으로 데려오도록 명령했습니다. 사자는 왕 앞으로 나아가 푸른 나라의 군주이자 이스파한 산들의 왕, 위세가 비길 데 없이 드높은 슬라이만 샤 왕의 대신이 왕을 뵈러 온다는 말을 전했습니다. 그러자 자르 샤 왕은 기꺼이 그 사자를 맞아 궁전으로 데려가 물었습니다.
"대신과는 어디서 헤어졌소?"
"오늘 아침 일찍 어느 냇가에서 헤어졌습니다. 대신은 내일 임금님을 뵈러 올 것입니다. 알라께서 임금님께 끊임없는 은총을 내리시기를, 또한 임금님의 부모님께도 알라의 자비가 내리시기를 기원합니다."
자르 샤 왕은 한 대신에게 명하여 중신과 시종과 제후들 가운데 뛰어난 사람들을 거느리고 슬라이만 샤 왕에게 경의를 표하며 사절 일행을 맞이하도록 했습니다. 왜냐하면 슬라이만 샤 왕의 영토가 이 언저리까지 미치고 있었기 때문입니다.

한편 사절로 가는 대신은 그날 밤까지 그 자리에 머물러 쉬고 나서*232 이윽고 도성을 향해 출발했습니다. 새벽빛이 환하게 비치기 시작하고 해가 언덕 위에 떠오르자 뜻밖에도 자르 샤 왕의 대신이 시종과 고관들을 거느리고 다가오는 것이 보였습니다. 그리하여 그들은 도시에서 몇 파라상 떨어진 곳에서 만났습니다.*233 대신은 자기의 사명이 순조롭게 진행되어 가는 것을 확인하고 마중 나온 사람들에게 인사를 했습니다. 마중 나온 자들은 대신 앞에 서서 안내했습니다. 왕의 궁전에 도착하자 사절 일행은 성문을 들어서 제7 현관으로 나아갔습니다. 그곳은 왕의 옥좌와 가까운 곳으로 말을 타고는 들어가지 못하게 되어 있었으므로 대신은 말에서 내려 걸어 들어갔습니다. 얼마 가지 않아 널찍한 홀에 이르렀습니다. 방 위쪽 한편에 값진 진주와 보석, 상아로 만든 네 개의 다리로 장식된 대리석 침상이 놓여 있었습니다. 거기에 순금으로 가장자리를 두른 푸른 비단요가 깔려 있고, 그 위쪽에 진주와 보석으로 장식한 집 모형이 달려 있었습니다. 자르 샤 왕이 거기에 앉아 있고 중신들이 그 앞에 죽 늘어서 있었습니다. 방에 들어간 대신은 왕 앞으로 나아가 마음을 가라앉히고 혀를 부드럽게 한 다음 대신다운 유창한 말씨로 왕에게 인사를 올렸습니다.

—샤라자드는 날이 훤히 밝아온 것을 깨닫고 이야기를 그쳤다.

108번째 밤

샤라자드는 이야기를 계속했다. 오, 인자하신 임금님, 슬라이만 샤 왕의 대신은 자르 샤 왕 앞으로 나아가 마음을 가라앉히고 혀를 부드럽게 한 다음 대신다운 유창한 말씨로 인사를 드리고 즉석에서 다음과 같은 시를 읊었습니다.

왕은 자비로운 옷을 걸치고 우아하게 몸을 굽혀

곡식과 거두어들이는 사람에게 자비의 이슬 뿌리시네.
왕은 뛰어난 매력을 지녀 주문도 마법도
왕의 눈길을 막을 수 없네.
헐뜯는 자에게 말하라 "나무라지 말라,
왕을 사랑하므로 그대를 버리는 일은 없다"고.
왕께 진정을 다하건만,
자애로운 마음은 나를 속이고,
밤잠도 왕을 사모하여
나를 꺼리니, 밤에도 잠 못 드네.
자애로운 마음이여!
너 혼자만 왕을 사랑하는 게 아니니
이별을 겁내어 언제까지고 왕의 곁에 머무르라.
기뻐하는 자르 샤 왕을 찬미하는 소리 외에
이 귀를 기쁘게 하는 즐거운 가락은 없도다.
왕을 한 번 보고자 목숨 걸더라도
그 한 눈길로 만복(萬福)을 받으리라.
왕께 진심 어린 기도를 드린다면
모든 신도도 따라서 기도드리리라.
왕의 나라 백성이여, 만일 누군가가
왕의 정의를 버리고 마음이 돌아선다면
나는 보게 되리, 불경한 불신의 마음을.

　대신이 이 시를 읊고 나자 자르 샤 왕은 대신을 가까이 불러 최고의 예를 다하여 환대했습니다. 그런 다음 대신을 옆에 앉히고 웃는 얼굴로 정답게 이야기를 나누었습니다. 그러는 동안 간식시간이 되어 하인들이 손님방에 식탁을 차렸으므로 모두 거기서 마음껏 먹었습니다. 식사가 끝나자 식탁이 물려지고 중신들만 남기고 모두 물러갔습니다. 대신은 자리에서 일어나 다시 경의를 표하여 바닥에 머리를 조아리고 말했습니다.
　"오, 위대하신 임금님, 제가 이리로 와서 임금님께 배알을 청한 것은 임금님에게 평화와 복지와 번영을 가져다줄 용건이 있기 때문입니다. 제가 사절로서 이렇게 임금님을 찾아뵌 것은 정의와 고결함, 성의와 관대함으로 이름 높은 왕이요, 푸른 나라와 이스파한 산의 군주이신 슬라이만 샤 왕께서 임금님의 그 이름도 유명한 존귀하신 따님에게 청혼하셨기 때문입니다. 슬라이만 샤 왕은 임금님께 값진 선물을 바치며 오로지 사위가 되기를 바라고 계십니다. 임금님의 의향은 어떠신지요?"

대신은 말을 마친 뒤 입을 다물고 임금님의 대답을 기다렸습니다. 자르 샤 왕은 이 말을 듣더니 벌떡 일어나 대신 앞에 공손히 엎드렸습니다. 측근 신하들은 사절에 대해 너무나 겸손한 왕의 태도를 보고 깜짝 놀랐습니다. 임금님은 명예와 영광의 주이신 알라를 칭송하며 (선 채로) 대답했습니다.

"오, 위대한 대신, 평판 높은 장관이여! 내 말을 잘 들으시오! 우리는 슬라이만 샤 왕의 한낱 신하에 지나지 않소. 인척관계를 맺는다면 우리의 명예이지요. 진정으로 연분을 맺고 싶소. 내 딸은 시녀 중의 시녀에 지나지 않으며, 내가 진심으로 바라는 것은 슬라이만 샤 왕께서 나의 지팡이, 나의 기둥이 되어주셨으면 하는 것이오."

자르 샤 왕은 곧 판관과 증인을 불러 슬라이만 샤 왕이 청혼하기 위하여 왕의 대리로 대신을 파견한 일이며, 기꺼이 딸을 대신하여 모든 일을 처리한다는 것을 증언하도록 명했습니다. 그래서 판관은 혼인계약서를 작성하고 두 사람의 행복과 번영을 위해 기도를 바쳤습니다. 대신은 가져온 선물과 진기한 물건들, 값진 재물을 꺼내 임금님 앞에 바쳤습니다. 그리하여 자르 샤 왕은 공주의 혼인준비로 분주한 한편 대신에게 후한 예를 갖추었으며, 사절로 온 사람들에게는 신분의 상하를 막론하고 여러 가지 향연을 베풀었습니다. 그리고 두 달 동안 눈과 마음을 즐겁게 하는 성대한 잔치가 계속되었습니다. 신부가 떠날 채비를 다 하자 왕은 도성 가까이에 천막을 치도록 분부했습니다. 그리고 신부가 지참할 물건들을 궤짝에 넣고 그리스인 시녀와 터키인 노예계집들의 여행준비도 한 다음, 공주에게 귀중한 보물과 값비싼 보석을 듬뿍 내렸습니다. 그뿐만 아니라 왕은 공주를 위해 진주와 보석을 박은 아름다운 가마를 만들게 하고, 그것을 끌고 갈 나귀 두 필을 특별히 준비시켰습니다. 이 가마는 마치 궁전의 아름다운 방인 듯 낙원의 정자인 듯했으며, 공주가 그 가마를 탄 모습은 더할 나위 없이 사랑스러운 천국의 선녀처럼 보였습니다. 금은보석의 짐짝이 꾸려지자 나귀와 낙타 등에 실은 다음 자르 샤 왕은 10마일이나 되는 길을 공주를 위해 전송 나가, 그곳에서 딸과 대신을 비롯한 모든 사람에게 작별을 고하고는 기쁨 속에 무사히 왕궁으로 돌아왔습니다. 대신은 공주를 모시고 길을 서둘러, 쉬지 않고 사막을 가로지르며 나아갔습니다.

―샤라자드는 여기서 날이 훤히 밝아오는 것을 알고 이야기를 그쳤다.

109번째 밤

오, 인자하신 임금님, 샤라자드는 이야기를 계속했다.
슬라이만 샤 왕의 대신은 자르 샤 왕의 공주를 모시고 밤낮없이 길을 재촉했습니다. 이윽고 고국 가까이에 이르러 앞으로 사흘 길밖에 남지 않게 되었습니다. 대신은 슬라이만 샤 왕에게 사람을 보내 신부가 곧 도착하게 되었음을 알렸습니다. 그 소식을 듣고 왕은 매우 기뻐하며 그 사자에게 어의(御衣)를 내렸습니다. 그리고 신부와 그 일행에게 예를 갖추기 위해 장병들에게 예복을 입히고, 머리 위로 깃발을 휘날리며 성대한 행렬을 지어 마중하도록 했습니다. 또 도성 안에는 포고를 내려 베일을 쓴 처녀는 물론이고 신분 높은 귀부인과 나이 든 여인들도 모두 밖으로 나와 신부를 환영하도록 명령했습니다. 그리하여 모두 집 밖으로 나와 신부를 맞이하게 되었는데, 그중에서도 고귀한 부인들은 서로 앞다투어 신부의 시중을 들었습니다.
밤이 되자 신부를 왕궁으로 모시기로 의견이 정해졌습니다. 중신들은 한길을 장식하고 장미나무를 두 줄로 늘어 세운 다음 그 가운데로 부왕이 내린 의상을 입은 신부가 환관과 시녀들을 따라 지나가게 했습니다. 신부의 모습이 나타나자 군대가 좌우로 갈라져 호위하는 가운데 신부를 태운 가마는 차츰 궁전으로 다가갔습니다. 온 도성 사람들이 빠짐없이 나와 구경했습니다. 북이 울리고, 창이 번쩍이고, 뿔피리 소리가 드높이 울려 퍼지는 가운데, 군마는 깃발을 펄럭이며 춤추듯 걸어가고 향로가 사방에서 향기를 풍기고 있었습니다. 행렬이 마침내 왕궁 문에 도착하자 시동들은 가마와 함께 후궁의 작은 문으로 들어갔습니다. 그곳은 화려하게 빛나는 방으로, 둘레의 벽은 말할 수 없이 아름다운 장식으로 번쩍이고 있었습니다.

밤이 되자 환관들이 신부의 방문을 활짝 열어젖히고 정면 입구를 에워싸고 섰습니다. 시녀들에게 둘러싸여 나타난 신부는 수많은 별에 에워싸인 달 같기도 하고 자잘한 진주알 속에 꿰어 넣은 커다란 구슬 같기도 했습니다. 공주가 조용히 신부 방으로 들어가니 구슬과 진주를 줄줄이 박은 설화석고 침상이 놓여 있었습니다. 신부가 거기에 앉자마자 곧 왕이 들어왔습니다. 욕정에 사로잡혀 있던 왕은 곧 신부의 처녀를 빼앗고 마침내 초조했던 감정을 풀어버렸습니다.

왕은 거의 한 달 동안 잠시도 신부 곁을 떠나지 않았고, 신부는 이미 첫날밤에 왕의 씨를 잉태하고 있었습니다. 한 달이 지나자 왕은 비로소 왕비 곁을 떠나 옥좌에 앉아 백성에게 올바른 정치를 베풀었습니다. 이윽고 왕비는 달이 차서 아홉 달째 그믐날 새벽에 진통이 찾아왔습니다. 곧 해산자리에 들고서 알라의 뜻으로 가벼운 산고 끝에 옥동자를 낳았습니다. 그 왕자에게는 여러 가지 상서로운 징조가 나타나고 있었습니다. 왕은 그 소식을 듣고 매우 기뻐하며 기쁜 소식을 전해 준 자에게 상을 내렸습니다. 그리고 서둘러 왕자를 찾아가 이마에 입을 맞추며 그 빛나는 아름다움에 오로지 놀랄 따름이었습니다. 이 왕자야말로 정녕 옛 시인이 노래한 것과 똑같았기 때문입니다.

　　우뚝 솟은 성채에
　　왕으로서 옥좌에 앉은 듯한 그대는
　　사자의 모습이런가,
　　푸른 하늘 다스리는 별이런가.
　　일어서 나가면 창도 옥좌도 기뻐하고
　　사냥꾼과 영양과 타조도 기뻐 날뛰누나.[234]
　　먹이지 말라, 어머니의 젖
　　이윽고 그 임금, 용감하고 씩씩하게
　　군마를 타고 달려갈 몸이니라.
　　먹이지 말라, 젖 따위는
　　이윽고 마시리라,
　　젖보다 달콤한 적의 피를.

산파들은 갓난아기를 받아 삼을 가르고 눈을 맑게 하기 위해 콜 가루를 눈꺼풀에 까맣게 칠해 주었습니다.*235 타지 알 무르크 하란이라는 이름을 받은 왕자는 부모의 깊은 애정 속에서 양육되어, 행운의 무릎 위에서 자라났습니다. 세월이 흘러 왕자는 어느덧 7살이 되었습니다. 슬라이만 샤 왕은 박사와 학자들을 불러 왕자에게 읽기, 쓰기, 산수, 수사법 등을 가르치게 했습니다. 몇 해 가르치는 동안 왕자는 필요한 학문을 모두 터득했습니다. 왕자가 모든 것에 깊이 통달한 것을 보자 왕은 교사와 학자들을 돌아가게 한 다음, 솜씨가 뛰어난 기사를 불러 무예를 가르쳤습니다. 왕자는 어느새 다시 14살이 되었습니다. 그 무렵 왕자가 가끔 외출하면 그 모습을 본 사람들은 한결같이 그 아름다움에 황홀함을 느껴, 시를 읊어 왕자를 찬양했습니다. 신앙심 깊은 사람들까지 이 왕자의 눈부신 아름다움에 넋을 잃었습니다.

—샤라자드는 여기서 날이 훤히 새기 시작한 것을 알고 이야기를 그쳤다.

110번째 밤

오, 인자하신 임금님, 샤라자드는 이야기를 계속했다. 슬라이만 샤 왕의 왕자 타지 알 무르크 하란이 늠름하게 말을 타고 외출하면, 그 눈부신 아름다움에 보는 자마다 황홀하여 넋을 빼앗겼습니다.
시인도 다음과 같이 노래하고 있습니다.

> 그대 모습을 가슴에 안고
> 그대 향기에 도취하니
> 마치 산들바람에 자란
> 아름다운 나뭇가지인 듯.
> 아, 그것은 포도주를 마시고
> 취하는 마음이 아니라
> 한밤에 마시는 그대 입술의
> 달콤한 이슬에 취하는 심정.

얼굴도 자태도 눈부시게 아름다워
뭇 사람의 마음을 강하게 사로잡는 매력.
이 목숨 다할 때까지
그대 사랑만 생각하리, 신께 맹세코.
목숨 있는 한 그대 위해
오래 살리라 생각하지만
사랑에 타죽는 몸이 되어도
나는 외치리. "오, 기쁘도다!"

타지 알 무르크 하란 왕자가 18살의 봄을 맞자 반드르르 빛나는 장밋빛 뺨의 검은 사마귀에 보드라운 솜털이 나고, 다른 쪽 뺨에는 용연향 같은 검은 사마귀를 그려 넣었습니다. 마치 시인이 노래했듯이 젊은 왕자를 본 사람들은 모두 몸과 마음을 모조리 빼앗겨버렸습니다.

그대는 유수프를 대신하는 미(美)의 제왕
그 아름다운 모습에 사랑하는 자는 모두 몸을 떠네.
우리와 함께 지켜보라, 그대 뺨의 검은 수염은
역대 제왕의 검은 깃발*236처럼 보이리.

또 다른 시인은 이렇게 노래했습니다.

세상에 아름다운 것
가지가지 있지만 그 밤색의
사마귀만큼 아름다운 것
끊임없이 눈길을 붙드네.
새까만 눈동자 아래
향기로운 장밋빛 뺨에
뿌렸네, 그 사마귀만큼.

그리고 또 어떤 시인은 다음과 같이 노래했습니다.

야릇하여라, 검은 사마귀
발갛게 타오르는 그 뺨에
이단자*237이기는 하지만
불이 되어 타오르네—
더 야릇한 것은 그 눈동자,
흡사 성자 같은 눈빛이
비록 마술에 의할지라도
기적을 행하는 모습을—
뺨을 장식하는 그 솜털은
찢어져서 분출하는 쓸개를
먹고 자라난 그 솜털
아, 그 깨끗한 아름다움이여!

그리고 다른 시인은 이같이 읊었습니다.

생명의 샘을 찾아, 어디 있느냐고
사람들이 물을 때 미심쩍어했건만
나는 그것을 보았네.
아름다운 새끼 사슴 입술에서
푸른 수염 돋은 장밋빛 입에서 솟아남을.
옛날 모세는 그 불로의 샘물을 먹고 젊어져
피로에 지치는 일 없이
순례를 계속했다*238는 말은
참으로 불가사의한 전설.

타지 알 무르크 하란은 이렇게 날로 아름다워져서 성인이 될 무렵에는 더 없이 아름다운 젊은이가 되었습니다. 많은 친구와 동료가 생겼는데, 왕자와 가까워진 사람들은 누구나 부왕이 세상을 떠나면, 타지 알 무르크가 왕위를 계승하고 자신도 태수의 한 사람이 되기를 원했습니다.
　왕자는 사냥에 열중하면서 거의 잠시도 그 일을 생각하지 않을 때가 없었습니다. 아버지 슬라이만 샤 왕은 황야와 야수의 위험을 염려하여, 왕자를 위해 사냥하는 것을 금지하려 했지만 왕자는 아버지의 훈계를 귀담아들으려 하지 않았습니다. 어느 날, 왕자는 부하들에게 명령했습니다.

"열흘 동안의 식량과 말먹이를 준비하라."

그리고 즐겁게 사냥을 나갔습니다. 사막으로 말을 몰아 나흘 동안 나아가 노라니 이윽고 푸른 들녘에 이르렀습니다. 바라보니 그곳에서는 짐승들이 풀을 뜯고 나무에는 무르익은 열매가 열려 있으며 샘물은 퐁퐁 솟아오르고 있었습니다. 타지 알 무르크는 부하들에게 말했습니다.

"여기에 말뚝을 박고 원형으로 그물을 쳐라. 그리고 우리의 집합장소는 저쪽 울타리 입구로 정하자."

부하들은 왕자의 지시대로 넓은 원형으로 말뚝을 박아 그물을 둘러쳤습니다. 그 안으로 몰려 들어간 온갖 짐승들과 영양은 인간의 모습을 보자 놀란 나머지 울부짖으며 말의 정면으로 스스로 뛰어들기도 했습니다. 부하들은 이 야수의 무리를 향해 때를 놓칠세라 사냥개와 살쾡이,*239 매*240를 놓고 수확물을 향해 활을 쏘아 급소를 꿰뚫었습니다. 이렇게 하여 그물 맞은편 끝까지 짐승들을 몰아넣었을 때는 벌써 많은 야수를 죽였고, 나머지 짐승들은 어디론가 달아나버렸습니다.

이윽고 타지 알 무르크 왕자는 샘가에서 말을 내려 잡은 짐승을 가져오게 한 뒤, 아버지 슬라이만 샤 왕을 위해 가장 좋은 짐승을 남겨두고 나머지는 모두에게 나눠주었습니다. 그 특별한 짐승을 곧 부왕에게 보내고 궁정 관리들에게도 약간 보내주었습니다. 왕자는 그날 밤 사냥터에서 잤는데, 날이 밝자 흑인 노예와 백인 노예를 수송하는 대상이 나타나 초원의 샘가에 발길을 멈추었습니다. 타지 알 무르크는 이것을 보고 한 부하에게 명령했습니다.

"저들이 어떤 사람인지 조사해 오너라. 그리고 왜 저곳에 걸음을 멈추었는지 물어보라."*241

왕자의 사자는 대상들에게 다가가 물었습니다.

"그대들은 누구인가, 어서 대답하라."

그러자 대상들이 말했습니다.

"우리는 상인들입니다. 여기서 걸음을 멈춘 것은 다음 숙소까지 너무 멀기 때문입니다. 그뿐만 아니라 또 여기서 노숙하려는 까닭은 우리가 슬라이만 샤 왕과 타지 알 무르크 왕자님의 신임을 얻고 있기 때문입니다. 우리는 임금님의 영지에 들어가면 누구나 안전하고 무사하다는 것을 알고 있습니다. 게다가 우리는 왕자님을 위해 값진 물건을 가져왔습니다."

사자는 곧 되돌아가 왕자에게 이 말을 전했습니다.

사정을 들은 왕자가 말했습니다.

"그 상인들이 나를 위해 물건을 가지고 왔다면 성 안으로 들어가기 전에 그것을 꼭 좀 보았으면 좋겠다."

그리고 말에 올라 백인 노예병사를 거느리고 대상에게 갔습니다.

상인들은 일어나 왕자를 맞이하며 왕자를 위해 그 영광과 덕망이 영원히 이어지도록 신의 가호와 은혜를 빌었습니다. 그것이 끝나자 상인들은 왕자를 위해 진주와 보석으로 가장자리를 두른 붉은 비단 천막을 친 뒤, 상단 한쪽에 황금과 에메랄드를 박은 장식이 붙은 비단 양탄자를 깔고 그 위에 왕자에게 어울리는 긴 의자를 놓았습니다.

타지 알 무르크가 거기에 앉자 백인 노예가 그 주위에 늘어섰습니다. 왕자가 상인들에게 가져온 물건을 모두 보여달라고 하자 상인들은 상품을 꺼내 왕자 앞에 늘어놓았습니다. 왕자는 그 가운데 마음에 드는 것을 골라 값을 치렀습니다. 그런 다음 이 대상들을 둘러보고 다시 말에 올라 막 떠나려 할 때였습니다. 왕자의 시선이 문득 아름다운 한 젊은이에게 꽂혔습니다. 비단 옷을 입은 그 젊은이는 이목구비가 아름답고 균형 잡힌 몸매에 꽃같이 흰 이마와 달처럼 아름다운 얼굴을 하고 있었습니다. 그러나 그 아름다운 얼굴에는 수척함이 보였고, 뺨에는 사랑하는 사람들과 헤어진 탓인지 누렇게 바랜 빛이 감돌고 있었습니다.

—샤라자드는 날이 밝아오는 것을 알고 이야기를 그쳤다.

111번째 밤

샤라자드는 이야기를 계속했다. 오, 인자하신 임금님, 타지 알 무르크 왕자는 한 아름다운 젊은이를 보았는데, 그 젊은이의 뺨에는 사랑하는 사람들과 헤어진 탓인지 누렇게 바랜 빛이 감돌고 있었습니다. 젊은이는 심한 고뇌를 견디지 못하고 눈물을 뚝뚝 흘리며 다음과 같은 노래를 불렀습니다.

> 만나지 못하는 쓸쓸함이여
> 내 근심 몸을 찌르니
> 눈물이 흘러 그치지 않누나.
> 사랑하는 이와
> 그날 이별하고부터
> 희망도 없고 기운도 빠져
> 쓸쓸하게 지내는 이 몸.
> 잠시 멈추어라, 좋은 이여
> 고독한 나와 함께 있으라.
> 이 깊은 상처 고칠 수 있는 건
> 다름 아닌 헤어진 이의 그 말뿐.

젊은이는 노래를 부르고 나서 한동안 눈물에 잠겨 있더니 기어이 정신을 잃고 쓰러지고 말았습니다. 그 모습을 보고 타지 알 무르크가 의아하게 생각하고 있으니, 젊은이는 잠시 뒤 정신을 차리고 괴로운 눈빛으로 이런 시를 읊었습니다.

> 그 눈길을 조심하라.
> 흡사 마녀와 같은
> 눈화살을 맞으면
> 그 누가 상처입지 않으랴.
> 검은 눈이
> 울적한 시선을 던지면
> 칼날보다 깊이 꿰뚫느니.
> 그 상냥한 말에도
> 넘어가지 말라.
> 처녀의 숨겨진 욕정은

생각도 넋도 불태우리라.
살결 고운 처녀에게는*242
피부에 닿는 비단마저도
붉은 핏기를 돌게 하네.
목과 발꿈치 사이에 있는
매혹스러운 샘 요염하기도 한데
그대는 누르고 아끼지만
아, 이토록 나를 취하게 하는
그 기쁨 어떤 향기가 주랴.

그런 다음 크게 흐느껴 울다가 또다시 정신을 잃고 말았습니다. 그 모습을 본 타지 알 무르크는 아무래도 사연이 궁금하여 그 젊은이에게 다가갔습니다. 정신을 차린 젊은이는 자기 눈앞에 왕자가 서 있는 것을 보더니 벌떡 일어나 그 발밑에 엎드렸습니다. 타지 알 무르크가 물었습니다.

"너는 어째서 가져온 상품을 나에게 보여주지 않느냐?"

"왕자님, 제가 가지고 온 상품에는 왕자님께 보여드릴 만한 것이 없습니다."

"아니다. 네가 가진 것을 꼭 보여다오. 그리고 너의 사연을 들려다오. 눈이 눈물에 젖은 것으로 보아 매우 슬픈 모양인데, 만약 누군가 괴롭히는 이가 있다면 내가 막아주마. 혹시 빚으로 고통받는다면 대신 빚을 갚아주마. 너를 처음 보았을 때부터 내 가슴속이 타는 듯한 느낌이 드는구나."*243

타지 알 무르크는 거기에 의자를 가져오라고 명했습니다. 사람들은 상아와 흑단으로 만들어 황금과 비단 레이스로 꾸민 의자를 가져와서 그 밑에 비단 양탄자를 깔았습니다. 왕자는 그 의자에 앉고 젊은이는 양탄자 위에 앉힌 다음 말했습니다.

"자, 네 상품을 보여다오!"

"오, 왕자님, 제발 그런 분부는 하지 말아주십시오. 제 상품은 왕자님께 보일 만한 가치가 없습니다."

"아니다, 꼭 보여다오."

그리고 젊은이의 물건을 가져오도록 시종들에게 명령하니, 시종들은 젊은

이의 거부를 무릅쓰고 그 상품을 가져오고 말았습니다. 젊은이는 그것을 보자 눈물을 흘리고 한탄하면서 다음과 같은 노래를 불렀습니다.

  콜 가루 바르고 아양 떠는
  그대 눈동자에 맹세코!
  균형 잡히고 아름다운
  그대 맵시에 맹세코!
  달콤한 이슬과 포도주를 머금은 듯한
  귀여운 입술에 맹세코!
  상냥한 정이 담긴
  그대 마음에 맹세코!
  오, 나의 희망이여,
  꿈에 보는 그대 모습은
  이 세상의 무서운 재앙 면하는
  행복보다 더한 행복이로다.

그러고 나서 젊은이는 궤짝을 열어 상품을 하나하나 타지 알 무르크에게 보여주었습니다. 그 속에서 왕자는 황금 2천 닢의 가치가 있는 금으로 수놓은 비단옷을 집어 들었습니다. 왕자가 그 저고리를 펼치는 순간 그 갈피 속에서 헝겊 조각이 떨어졌습니다. 젊은이는 얼른 그것을 주워 허벅지 밑에 감추었습니다. 그리고 몹시 마음이 산란한 듯 이런 노래를 읊었습니다.

  번민 속에 날을 지새우는
  병든 내 마음
  언제나 나으려나?
  그대보다는 저 푸른 하늘의
  묘성(昴星)을 만나기 더 쉽구나.
  이별하고 쫓겨나, 사랑의 불길에
  애태우다 병들고, 게다가
  덧없이 세월만 흘려보내니

나의 인생은
시름의 구름으로 뒤덮였네.
부부의 언약 맺었지만
즐거운 삶도 없고
헤어진 이 슬픔조차
이 몸을 죽게 하지 않으며
떠도는 세월 거듭하여도
그대에게 다가갈 방도가 없네.
그대에게 정의를 바랄 수 없고
그대 마음에 연민의
그림자도 찾을 수 없어라.
그대 곁에 정답게 다가서서
은총을 받을 길 없고
그렇다고 달아날 방법도 없어
갈피를 못 잡는 이 몸.
공연히 그대를 사모하여
오나가나 늘 애타는 마음
나의 갈 길은 어디냐
마음 산란하여 알기 어렵네.

 타지 알 무르크는 젊은이의 이 노래를 듣고 기이한 감동을 하였지만 점점 더 그 까닭을 알 수가 없었습니다. 그래서 젊은이가 헝겊 조각을 얼른 무릎 밑에 감추는 것을 보고 물었습니다.
 "그 헝겊 조각은 무엇이냐?"
 "오, 왕자님, 이것은 당신과는 아무 상관이 없는 물건입니다."
 "그것을 이리 내보여라!"
 "오, 왕자님, 제가 상품을 보여드리기 꺼린 것은 실은 이 헝겊 조각 때문이었습니다. 저는 이것을 보여드릴 수가 없습니다."

 —여기서 샤라자드는 날이 밝아오는 것을 알고 이야기를 그쳤다.

112번째 밤

오, 인자하신 임금님, 샤라자드는 이야기를 계속했다.

타지 알 무르크는 젊은 상인의 말을 듣지 않고 끝까지 고집을 부리다 드디어 역정을 내고 말았습니다.

"무슨 일이 있어도 꼭 보아야겠다. 암, 보고 말고."

젊은이는 하는 수 없이 무릎 밑에서 그 헝겊을 꺼내 뜨거운 눈물과 함께 탄식과 신음을 내면서 다음과 같은 시를 읊었습니다.

나무라지 마오, 나무라면
오직 괴로움만 더할 뿐!
정녕 나는 진실을 말하건만
그대는 귀 기울이지 않네.
신이여 부디 하늘빛
들판과도 비슷한 헐렁한 옷 사이로
내 야영지 골짜기에
떠오른 달[244]을 지켜주소서.
그대와 헤어진 이 몸이지만
사랑의 여신이 나에게
평안한 삶을 약속해 주셨다면
이렇듯 이별하지 않았을 것을.
헤어지던 날 아침, 몇 번이고
그이는 나를 위해 기도했지만
그대 뺨에도 내 눈에도
눈물이 흘렀네, 비처럼.
알라여, 나를 나무라지 마소서!
내 사죄의 옷자락은
그대와의 이별로 찢어졌으니
나는 다시 그 옷을 기우리.
내 옆에 잠자리 있다 할지라도

어찌 쉴 수 있으리.
그대 역시 혼자 누울 때면
어찌 마음 편하리.
'시간'은 불길한 손을 뻗어
두 사람 사이를 갈라놓았다.
내 기쁨 사라지고
그대 기쁨 산산이 흩어진다.
그대가 나에게 먹이고
또 내가 돌려주는 잔에
무정하게도 '시간'은 보복하여
한탄의 술을 따랐더라.

젊은이가 노래를 마치자 타지 알 무르크는 말했습니다.
"아무래도 너는 영문 모를 짓만 하는구나. 어째서 이 헝겊 조각을 보고 우는지 그 곡절을 말해보라!"
왕자가 헝겊 조각에 대하여 묻자 젊은 상인은 한숨을 쉬고 대답했습니다.
"오, 왕자님, 이 헝겊 조각과 이것을 저에게 준 여자, 즉 여기에 이렇듯 수놓은 여자에 대한 사연은 세상에서 가장 기이한 이야기, 도저히 상상도 할 수 없는 이야기입니다."
젊은이는 이렇게 말하면서 그 헝겊 조각을 펼쳐보였습니다. 거기에는 금실을 곁들인 비단실로 수놓은 영양 한 마리와 그 맞은편에 은실로 수놓은 또 다른 영양 한 마리가 있었습니다. 목걸이는 금실로 수를 놓았는데, 거기에 감람석 세 개와 대롱옥이 꿰매어져 있었습니다.
타지 알 무르크는 그 아름다운 수를 보자 저도 모르게 감탄하며 외쳤습니다.
"아! 사람이 알 수 없는 일을 가르쳐주시는 알라께 영광 있으라!"[*245]
그는 이 젊은이의 이야기가 더욱더 듣고 싶어졌습니다.
"이 영양의 임자인 여자와 대관절 어떤 사이였는지, 자초지종을 얘기해 보라."
"그렇다면 제 얘기를 들어보십시오."
젊은이는 다음과 같은 이야기를 시작했습니다.

아지즈와 아지자*246 이야기

제 아버지는 부유한 상인이었으나 알라께서 점지하신 자식은 저 하나뿐이었습니다. 큰아버지에게 아지자라는 딸이 있어 저는 그 사촌누이와 한집에서 자랐습니다. 이 사촌누이의 아버지는 일찍 세상을 떠났는데, 그 임종 때 부모들끼리 앞으로 우리 두 사람을 결혼시키기로 의논이 되어 있었습니다. 그러한 까닭으로 우리는 장성하고서도 여전히 한집에서 함께 살았습니다. 어느 날 아버지가 어머니에게 말씀하셨습니다.

"올해는 아지즈와 아지자를 결혼시켜 주도록 합시다."

이렇게 이야기가 결정되어 아버지는 혼례 잔치를 준비하기 시작했습니다.

그 무렵 우리는 아직 이야기가 거기까지 진행된 줄은 꿈에도 모르고 여전히 한자리에 누워 자곤 했습니다. 아지자는 저보다 훨씬 속이 깊고 슬기롭고 조숙했지만, 결혼에 대해서는 아직 아무것도 몰랐습니다.

준비가 갖춰지자 아버지는 이제 결혼계약서를 작성하여 저를 아지자와 함께 신방에 들여보내는 일만 남았기에, 어느 금요일 예배가 끝난 뒤 결혼식을 올리기로 했습니다. 아버지는 같은 상인들과 그 밖의 친지들을 찾아다니면서 그 소식을 전했고, 어머니도 친구들에게 알리고 친척들을 결혼식에 초대하곤 했습니다. 드디어 금요일이 되자 손님을 맞이하기 위해 모두 손님방을 깨끗이 청소하고 대리석 바닥도 닦았습니다. 그리고 온 집 안에 깔개를 깐 뒤 그 위에 필요한 물건들을 놓고 벽에는 황금빛 비단을 걸었습니다. 사람들은 금요일의 기도를 마친 다음 저희 집으로 오게 되어 있어서 아버지는 과자와 설탕절임 같은 것을 주문했습니다. 이제 남은 것은 혼인계약서를 작성하는 것뿐이었습니다.

이윽고 어머니는 저를 목욕탕에 보내고 새로 지은 가장 훌륭한 옷을 갖다 주었습니다. 목욕을 마친 저는 그 새 옷을 입었는데, 좋은 향이 듬뿍 배어 있었으므로 걸음을 옮길 때마다 향기로운 냄새가 그윽하게 퍼져 갔습니다. 그런데 식장인 이슬람교 사원으로 가는 도중 우연히 한 친구가 생각나 계약서를 작성하는 자리에 입회해달라고 부탁하기 위해 친구의 집을 향해 발길을 돌렸습니다. 나는 혼잣말을 했습니다.

"이러는 동안 그럭저럭 예배 시간이 되겠지."

그리하여 그대로 곧장 걷다 보니 전에 한 번도 와본 적 없는 어떤 골목에 이르렀습니다. 나는 목욕을 한 데다 새 옷을 입은 탓으로 땀이 흥건하게 흘러 땀방울이 떨어질 지경이었습니다. 옷에 먹인 향내 때문에 왠지 숨결도 답답해졌습니다. 그래서 골목 안 한쪽 모퉁이에 놓인 돌 의자에 들고 있던 수놓은 손수건을 깔고 그 위에 앉아 쉬었습니다. 더위가 갈수록 심해져서 이마에는 땀이 흘러내렸습니다. 그런데 손수건을 깔고 앉은 터라 얼굴을 닦을 수가 없었습니다. 하는 수 없이 옷자락으로 얼굴을 닦으려고 했을 때였습니다. 난데없이 머리 위에서 하얀 손수건이 한 장 떨어졌습니다. 아침 산들바람보다 부드럽고 보기에도 깨끗한 손수건이었습니다. 그 손수건을 집어든 저는 어디에서 떨어졌을까 하고 얼굴을 들었는데, 그 순간 이 영양의 임자인 그 여자와 눈길이 마주쳤습니다.

—여기서 샤라자드는 날이 밝아오는 것을 깨닫고 이야기를 그쳤다.

113번째 밤

오, 인자하신 임금님, 샤라자드는 이야기를 계속했다.

젊은이는 타지 알 무르크에게 이야기를 계속했습니다. 그 손수건이 어디에서 떨어졌는지 알아보려고 얼굴을 들어 쳐다본 순간 이 영양의 임자인 그 여자와 저는 눈길이 마주쳤습니다. 그 여자는 놋쇠창살이 달린 조그만 창에서 바깥을 내다보고 있었는데, 도저히 말로 표현할 수 없을 만큼 아름다운 모습이었습니다. 제가 바라보는 것을 보자 여자는 집게손가락을 입에 대더니 그다음에는 집게손가락*247에 가운뎃손가락을 얹어 두 젖가슴 사이에 대었습니다. 그러고는 머리를 집어넣고 창문을 닫고서 사라져버렸습니다.

그 모습을 보자 제 가슴에 느닷없이 사랑의 불길이 붙어 점점 거세게 타오르기 시작했고 가슴에는 통증이 격렬하게 번져갔습니다. 단 한 번 보았을 뿐인데 1천 번이나 한숨을 내쉬며 그만 그 자리에 멈춰 서서 애타게 기다렸습니다. 왜냐하면 여자는 말 한마디도 하지 않았고, 그 동작에 어떤 의미가 있는지도 저로서는 전혀 알 수 없었기 때문입니다. 제가 몇 번이나 쳐다보아도

창문은 여전히 굳게 닫혀 있었습니다. 저는 초조한 마음으로 저녁때까지 기다려 보았지만 끝내 아무 기척도 들리지 않고 사람 그림자 하나 얼씬하지 않았습니다. 마침내 이제 다시는 그 얼굴을 볼 수 없으리라 단념하고 일어나 그 하얀 손수건을 펴보니 사향내가 물씬 풍기는데, 그 순간 내 몸은 천국에 있는 듯한 기분이 들었습니다.*248

그런데 손수건을 눈앞에 펼치자 그 속에서 조그맣게 말린 종이가 떨어지기에 좋은 향기가 나는 그 종이를 펴보았습니다. 거기에는 다음과 같은 시가 적혀 있었습니다.

> 사랑의 괴로움을 적은 편지를
> 나는 그대에게 보냈네.
> 필적도 아름답게
> 가느다란 글씨로 적은 사랑의 편지를.
> 글씨는 인품을 나타내는 것이므로
> "그대는 왜 이처럼 가늘고
> 읽기 어렵게 쓰는가?"라는
> 벗의 물음에 나는 대답했네.
> "핼쑥하게 여윈 이 몸
> 사랑의 뜻이라면 연인의
> 필적도 이렇게 되는 것은
> 어쩔 수 없는 노릇."

그리고 그 손수건*249의 아름다움에 넋을 잃고 있는데, 한쪽 가장자리에 바늘로 다음과 같은 시가 수놓아져 있는 게 눈에 띄었습니다.

> 그대 뺨의 솜털은
> (절묘하여라!) 얼굴에
> 두 줄의 시를 썼구나,
> 라얀 서체로.*250
> 그이 앞으로 나아가면

돋아 오르는 달의 신비로움
몸 구부리면 버들가지도 수줍어하리,
그 부드러운 몸맵시.

또 반대쪽 가장자리에는 이런 시도 있었습니다.

그대 뺨의 솜털은 용연향으로
진주 같은 뺨 위에 적은 두 구절의 시
사과 위에 칠흑 구슬 놓은 듯
뛰어난 그 재주와 솜씨 비할 데 없어라.
시름겨운 눈동자여,
뇌쇄의 힘 깃들고
두 뺨에는 술로도 안 될
도취가 깃들었더라.

　손수건 가장자리에 수놓인 이 두 구절의 시를 읽었을 때, 제 가슴에는 사랑의 불길이 또다시 거세게 타올라 그리워 애타는 마음에 쑤시는 듯한 통증은 더욱더 심해질 뿐이었습니다. 이윽고 저는 손수건과 종이를 가지고 집으로 돌아갔는데, 어떻게 하면 이 소망을 이룰 수 있을지 아무리 생각해 보아도 좋은 궁리가 떠오르지 않았습니다. 저는 본디 연애를 잘 이끌 힘도 없는 데다 사랑의 몸짓이나 신호를 풀 수 있는 경험도 전혀 없었기 때문입니다. 제가 집으로 돌아갔을 때는 이미 밤이 깊어져 있었고, 사촌누이는 눈물을 흘리며 앉아 있었습니다. 저를 보자 사촌누이는 얼른 눈물을 닦고 다가와 제 예복을 벗겨주며 어째서 이렇게 늦었느냐고 원망하며 말했습니다.
　"태수님과 여러 명사, 상인 등 훌륭한 분들이 많이 와주셨어요. 그리고 판관과 입회인도 약속시간에 모두 오셨지요. 모두 식사를 하시고 계약서를 작성하려고 당신이 돌아오기를 기다렸지만 아무리 기다려도 돌아오시지 않아 결국 포기하고 돌아가고 말았어요."
　사촌누이는 여기서 잠시 말을 끊었다가 다시 이었습니다.
　"그 때문에 아버님은 매우 역정을 내시며 내년이 되기 전에는 우리 결혼식을 올려주지 않겠다고 말씀하셨어요. 아무튼 이번 잔치에 돈을 많이 들이셨거든요."

그리고 마지막으로 물었습니다.

"도대체 어쩌다 이렇게 늦으셨어요? 왜 이렇게 중요한 자리를 망쳐 놓으신 거예요?"

그래서 저는 대답했습니다.

"오, 사촌누이여, 제발 나에게 닥친 일을 묻지 말아다오."[*251]

저는 자초지종을 이야기하고 그 손수건과 종이를 내보였습니다. 사촌누이는 종이를 손에 들고 거기에 쓰인 시를 읽기 시작했습니다. 그런데 무슨 생각을 했는지 별안간 눈물을 뚝뚝 흘리며 다음과 같은 시를 읊었습니다.

첫사랑은 사뿐사뿐 즐겁게 찾아온다고 누가 말했는가,
"그것은 거짓말! 사랑은 슬프고 괴로운 것."
그러나 슬프고 한탄스러워도 부끄러울 것 없는 연심(戀心)
역사는 한결같이 변함없는 진실을 가르친다.
'악화(惡貨)를 양화(良貨)라 부르지는 않는다'고.

마음에 들면 말하라, 고통 속에 즐거움 있다고.
운명의 변덕스러운 희롱을 유쾌하게 받아들여라.
아니면 불행한 번뇌 속에 행복을 발견하고
기쁜 일도 슬픈 일도 목숨을 걸고 하여라.
언어와 반어(反語) 사이에 끼여 꼼짝할 수 없는 이 몸.

그러나 여름의 태양처럼 빛나는 사람은
미소 지으며 처녀가 맞이하는 그 사람은
사방에서 불어오는 향기로운 산들바람 맞으며
마음 가는 대로 세상을 돌아다니는 행복한 사람은
얼굴 파리한 겁쟁이의 마음을 꿈꾸어선 안 돼요!

그런 다음 사촌누이는 말했습니다.

"그분은 뭐라고 말씀하셨어요? 그리고 어떤 몸짓을 하던가요?"
"말은 한마디도 하지 않았어. 하지만 집게손가락을 입에 대더니 그 다음에는 집게손가락에 가운뎃손가락을 포개어 젖가슴에 대었다가 땅을 가리켰어. 그러고는 머리를 집어넣고 창문을 닫은 뒤 두 번 다시 모습을 나타내지 않았지. 하지만 나는 혼을 그 여자에게 완전히 빼앗겨버려서 한 번 더 나타나지 않을까 하고 저녁때까지 기다렸어. 그런데 아무리 기다려도 얼굴을 내밀지 않아서 결국 실망하고 집으로 돌아온 거야. 이야기는 이것뿐이지만, 부디 이 비참한 기분에서 나를 구해 주지 않겠니?"

그러자 사촌누이는 얼굴을 들고 말했습니다.

"아, 오라버니, 만일 당신이 나의 이 눈을 원하신다면 당신을 위해 이 눈을 도려내 드리겠어요. 그러니 제가 나서서 당신의 소망이 이루어지고 그 여자의 소원도 이루어지도록, 어떻게든 힘써 드릴게요. 그녀도 당신과 똑같이 애태우고 있으니까요."

그래서 저는 물었습니다.

"그 여자의 몸짓을 어떻게 해석하면 좋을까?"

"그녀가 손가락을 입으로 가져간 것은 영혼과 육체처럼 당신과 그녀는 서로 떨어질 수 없다는 뜻이에요. 그리고 사랑니로 깨물어서라도 당신과 함께 있고 싶다는 뜻이에요. 또 손수건은 그녀의 생명만큼 소중한 것이 당신에게 맺어져 있다는 뜻이에요. 두 손가락을 젖가슴 사이에 댄 것은 말하자면 당신 모습을 보면 나의 슬픔은 사라집니다, 라는 뜻이에요. 오빠, 그분은 당신을 사랑하고 당신을 믿는 거예요. 그 몸짓은 이렇게 해석할 수밖에 없어요. 만일 내가 그 집으로 자유로이 드나들 수 있다면 곧 오빠를 데려가 그분을 만나게 해 주고 이 옷자락으로 남의 눈에 띄지 않도록 가려 드릴 텐데."

이 말을 들은 저는 그렇게까지 말해 주는 사촌누이의 마음씨에 감사하며 속으로 생각했습니다.

'이틀만 기다려 보기로 하자.'

그리고 꼬박 이틀 동안 집 안에 틀어박힌 채 먹지도 마시지도 않고 오직 사촌누이의 무릎을 베고 누워 있었습니다. 그동안 사촌누이는 나를 위해 격려해 주었습니다.

"정신을 차리고 기운을 내세요. 세상에는 나쁜 일만 있는 건 아니니까요."

―샤라자드는 날이 훤히 밝아오는 것을 알고 이야기를 그쳤다.

114번째 밤

오, 인자하신 임금님, 샤라자드는 이야기를 계속했다.
 젊은 상인은 타지 알 무르크에게 이야기를 계속했습니다. 이틀이 지나자 사촌누이는 저를 보고 말했습니다.
 "자, 기운을 내고 눈물을 닦으세요. 그리고 옷을 갈아입고 약속한 대로 그녀 집으로 가보세요."
 사촌누이는 일어나 저의 옷을 갈아입히고 좋은 향이 배게 해 주었습니다. 저는 새로운 기분으로 힘차게 집을 나가 곧장 그 골목길까지 가서 잠시 돌의자에 앉아 있었습니다. 그런데 이게 웬일입니까! 갑자기 창문이 열려 위를 쳐다보니 틀림없는 그 여자가 바로 그곳에 서 있지 않겠습니까! 그 여자의 모습을 본 순간 저는 정신이 아득하여 쓰러지고 말았습니다. 한참 뒤 정신을 차린 저는 용기를 내어 여자를 바라보았는데, 또다시 사방이 몽롱해지며 아무것도 보이지 않게 되었습니다. 이윽고 다시 정신을 차리고 여자 쪽을 보니 여자는 손에 거울과 붉은 손수건을 들고 있었습니다. 두 사람의 시선이 마주치자 여자는 두 팔을 드러내어 다섯 손가락을 펼치고 자기 가슴을 탁탁 쳤습니다.[252] 그리고 두 손을 뻗어 창밖으로 거울을 내밀고 붉은 손수건을 꺼내 보이더니 그만 방 안으로 사라졌습니다. 얼마 뒤 다시 나타나 손수건을 쥔 한쪽 손을 내밀고 골목을 향해 손수건을 세 번 올려다 내렸다 했습니다. 그러고는 얼굴을 숙이고 손수건을 손바닥에 뭉쳐 쥐더니 아무 말 없이 창문을 닫고 사라졌습니다. 혼자 남게 된 저는 그 신호[253]가 무슨 뜻인지 모르는 채 여우에 홀린 사람처럼 멍하니 저녁때까지 그곳에 앉아 있다가 밤중이 가까워져서야 집으로 돌아왔습니다. 사촌누이는 뺨에 손을 괸 채 자지 않고 있었습니다. 그 눈에는 눈물이 가득 넘쳐흐르고 있었습니다. 그리고 이런 시를 읊었습니다.

　　가엾어라! 애처로워라, 이 몸

꾸짖는 사람은 왜 그대에게
꾸짖는 말만 해대는가?
이토록 연약한 작은 가지니
어찌 그대가 위로받으랴.
얼굴이 밝게 빛나는 이여,
내 목숨을 먹이 삼아
내 마음을 순결한
사랑*254 앞에 조아리게 하고
터키인*255을 숨어들게 하는
그대 눈동자는 내 골수 속
가장 깊은 곳까지 꿰뚫으니
날카로운 칼도 좀처럼 미치지 못하리.
그대로 하여 이 몸은
이 마음은 근심으로 무겁게 닫히고
힘도 빠져 속옷을
지탱할 기운마저 잃었네.
"사랑하는 이의 속눈썹조차
그대의 온몸을 꿰뚫으리라."
얼마든지 꾸짖어라,
나는 다만 피눈물을 흘릴 뿐
아, 아름다운 나의 왕자
그대는 모두 가졌구나.
이 몸을 꿰뚫을 감시자와*256
단번에 이 몸 꺾을 시종*257을.
요셉은 모든 아름다운
성품을 지녔다고 말하는 이 있지만
그대에겐 수많은 요셉이 깃들어 있네,
그대의 아름다움 속에.
첩자의 모습에 놀라 달아나듯이,
나 또한 그대에게서 달아나려

몸부림치지만, 어찌하랴
나는 다른 곳으로 눈 돌릴 힘도 없으니!

이 노래를 듣자 제 마음은 더욱더 평온을 잃고 불안에 쫓기다 마침내 방 한구석에 쓰러지고 말았습니다. 그러자 사촌누이는 일어나 나를 안아 올리고 윗옷을 벗기고서 자기 소매로 제 얼굴을 닦아주었습니다. 그리고 오늘 나갔던 일은 어떻게 되었느냐고 묻기에 저는 모두 이야기했습니다. 그러자 사촌누이는 가르쳐주었습니다.

"오빠, 그 여자가 손바닥과 다섯 손가락으로 당신에게 신호한 것은 닷새 지난 뒤에 다시 오라는 뜻이에요. 그리고 창밖으로 얼굴을 내밀어 거울로 여러 가지 몸짓을 하고 붉은 손수건을 올렸다 내렸다 하는 시늉을 한 것은 심부름꾼이 당신을 찾아갈 때까지 염색 집 가게에 앉아 기다려 달라는 뜻이에요."

이 말을 듣자 저는 가슴속에 다시금 사랑의 불길이 타올라 이렇게 외쳤습니다.

"오, 사촌누이여, 네 말이 맞구나. 네가 풀이한 게 틀림없어. 그 길에는 유대인 염색 집이 분명히 있었으니까."

그리고 제가 눈물을 흘리며 울고 있으니 사촌누이는 또 이렇게 말했습니다.

"기운을 내고 마음을 굳게 가지세요. 사랑을 위해 몇 년이나 괴로워하며 정열의 불길을 태우는 사람이 많이 있는데, 당신은 단지 1주일 기다렸을 뿐이잖아요. 그런데 뭘 그리 초조해하세요?"

사촌누이는 저의 기운을 돋우어주려고 재미있는 이야기를 해 주고 맛있는 음식도 갖다주었습니다. 저는 그것을 한 입 먹어보려 했지만 도저히 목구멍으로 넘어가지 않았습니다. 그런 상태로 저는 먹지도 마시지도 못하고, 잠도 제대로 자지 못하고 있었습니다. 그리하여 얼굴빛이 누렇게 뜨고 몹시 초췌한 모습이 되었습니다. 그때까지 한 번도 사랑을 해 본 경험이 없었고 불타는 사랑의 감정을 맛본 것은 이번이 처음이었기 때문입니다. 저는 마침내 병이 들었고 사촌누이 또한 저를 걱정한 나머지 병이 날 지경이었습니다. 그래도 사촌누이는 밤마다 제가 잠들 때까지 여러 가지 사랑 이야기를 하며 저를 위로해 주었습니다. 그리고 언제나 제가 눈을 뜨면 사촌누이는 눈물로 뺨을 적시면서 저를 간호하고 있었습니다.

　그러는 동안 닷새가 지나자, 사촌누이는 부지런히 일어나 물을 데워 제 몸을 씻겨주었습니다. 그리고 저에게 가장 좋은 옷을 입혀주면서 말했습니다.

　"자, 이제 그 여자한테 가세요. 신께서 당신의 소원을 들어주시고 뜻을 이루게 해 주십사고 기도드리겠어요!"

　저는 집을 나서서 곧장 그 골목 안으로 들어갔습니다. 그런데 마침 그날은 안식일[258]이라 염색 집 문이 닫혀 있었습니다. 하는 수 없이 그 앞에 앉아 기다리고 있으니 낮 기도시간을 알리는 정오 외침이 들려왔습니다. 이윽고 해가 노랗게 저물어 기도시간을 알리는 자[259]가 저녁 기도시간이 되었음을 외치니 드디어 밤이 되고 말았습니다. 그러나 그 창문에서는 아무런 신호도 또 사람 소리도 들리지 않고 여자의 소식을 전해 주는 이도 전혀 없었습니다. 저는 거기에 혼자 앉아 있는 것이 어쩐지 불안하고 무서워서 일어나 마치 주정뱅이처럼 비틀거리며 집으로 돌아갔습니다. 집으로 돌아가 보니 사촌누이 아지자는 한 손으로 벽에 박힌 못을 붙잡고 또 한 손은 가슴에 대고 쓸쓸히 서 있었습니다. 그녀는 비탄의 한숨을 내쉬며 이런 노래를 불렀습니다.

　　의지할 곳 없는 신세의 아라비아 처녀
　　안타깝게 솟구치는 그 연정
　　(불타는 마음으로 사모하는 것은
　　성지의 버드나무와 천인화(天人花).[260]
　　대상이 머물면 사랑의 불길로
　　야영의 화톳불을 피우고
　　술 대신 권하는 것은
　　괴롭고 안타까운 눈물방울)
　　가련하여라, 처녀의 마음
　　하지만 나의 연정도 뒤지지 않아
　　어떤 연모(戀慕)도 비할 수 없네.
　　그런데도 그 사람은
　　그대 위해 목숨 바친 이 사랑을
　　매정하게 차버리는 야속한 사람!

사촌누이는 노래를 마치고 나서 뒤에 제가 서 있는 것을 깨닫자 소매로 눈물을 닦은 다음 그 소맷자락으로 제 눈물도 닦아주었습니다. 그리고 똑바로 제 얼굴을 보고 미소 지으며 말했습니다.

  "오, 알라여, 부디 이 사촌오빠에게 당신이 주신 환희의 힘을 충분히 맛보게 해 주세요! 네, 오빠, 왜 연인 곁에서 밤을 보내지 않고, 또 소원을 이루지 못했나요?"

  이 말을 듣자 저는 대뜸 사촌누이의 가슴팍을 걷어차 버렸습니다. 사촌누이는 그대로 손님방에 쓰러지면서 한 단 높은 제단 모서리에 튀어나와 있던 나무못에 이마를 부딪쳐 깨진 이마에서 시뻘건 피가 흘러나왔습니다.

  —샤라자드는 날이 훤히 밝아오는 것을 깨닫고 이야기를 그쳤다.

115번째 밤

  샤라자드는 이야기를 계속했다.

  오, 인자하신 임금님, 젊은 상인은 타지 알 무르크에게 이야기를 계속했습니다.

  제가 가슴을 걷어차자 사촌누이는 손님방에 쓰러지면서 한 단 높은 제단 모서리에 튀어나와 있던 나무못에 이마를 부딪쳐 깨진 이마에서 시뻘건 피가 흘러나왔습니다. 그래도 사촌누이는 한마디도 하지 않았습니다. 이윽고 몸을 일으키더니 헝겊 조각을 꺼내 상처를 누르고 이마에 붕대를 감았습니다. 그런 다음 양탄자 위의 피를 닦아버리고는 마치 아무 일도 없었던 것처럼 태연한 모습이었습니다. 그리고 제 옆에 다가와 다정한 미소를 지으면서 상냥하게 말했습니다.

  "알라께 맹세코, 오빠, 나는 당신과 그 여자를 놀릴 작정으로 그렇게 말한 건 아니에요. 사실은 머리가 아파서 피를 조금 빼고 싶던 참이었는데, 오빠 덕분에 머리가 시원해지고 이마도 가벼워졌어요. 그럼, 오늘 있었던 일을 이야기해 보세요."

  그래서 제가 그날 일을 자세히 말해 주자 사촌누이는 눈물을 흘리면서 말했습니다.

"오빠, 기뻐하세요. 그것은 오빠의 소원이 이루어지고 뜻대로 된다는 징조예요. 그것은 틀림없이 승낙의 표시예요. 그 여자가 모습을 나타내지 않은 것은 당신을 시험해 보려고 그랬던 거예요. 참을성이 있는지 없는지, 당신의 사랑이 진실한 것인지 알고 싶었기 때문이에요. 내일 그 자리로 가서 이번에는 어떤 신호를 하는지 잘 보세요. 곧 기쁜 일이 생기고 슬픔은 깨끗이 사라지고 말 거예요."

사촌누이는 계속 저를 위로해 주었지만, 저의 번뇌와 불안은 점점 더해갈 뿐이었습니다. 사촌누이가 음식을 갖다주었을 때도 그것을 발로 차버렸기 때문에 접시에 담겼던 음식이 사방으로 흩어졌습니다.

"사랑에 빠진 사나이는 미치광이야. 먹을 수도 잠을 잘 수도 없어."

제가 소리치자 사촌누이 아지자는 말했습니다.

"오빠, 그것이 바로 사랑하고 있다는 증거예요."

그리고 눈물로 뺨을 적시면서 깨진 접시 조각을 주워 모으고 쏟아진 음식을 닦은 다음 제 곁에 앉아 침착하게 이야기를 했습니다. 하지만 저는 한시라도 빨리 날이 새기를 기도할 뿐이었습니다.

드디어 어둠이 물러가고 아침 해가 빛나기 시작하자 저는 그 여자를 만나고 싶어, 급히 여자 집이 있는 골목 안으로 가서 창문 밑의 돌의자에 앉았습니다. 그러자 그 창문이 열리고 여자가 웃는 얼굴을 보이더니 곧 다시 안으로 사라져 이번에는 한 손에 거울과 자루와 녹색 화초가 심어진 화분, 다른 한 손에는 램프를 들고 나타났습니다. 먼저 거울을 자루 속에 넣고 끈으로 매더니 방 안으로 던졌습니다. 다음에는 머리를 풀어 얼굴 위로 늘어뜨리고 재빨리 화분 위에 램프를 놓았습니다. 그러고는 물건을 모두 손에 들고 말은 한마디도 하지 않은 채 창문을 닫아버렸습니다. 그러한 비밀스러운 신호와 까닭을 알 수 없는 시늉, 게다가 한마디도 말하지 않은 여자의 태도에 제 가슴은 정말 찢어지는 것만 같았습니다. 저의 사랑은 더욱더 깊어지고 미칠 것 같은 욕정이 저를 사로잡았습니다.

그래서 저는 눈에 눈물을 가득 담고 슬픔에 잠겨 집으로 돌아갔습니다. 사촌누이는 벽에 얼굴을 대고 슬픔과 안타까운 질투에 마음을 애태우며 가만히 앉아 있었습니다. 그러나 다른 여자를 미칠 듯이 사랑하는 제 모습을 보자, 타고난 상냥한 성품 때문에 차마 자신의 안타까운 마음을 저에게 호소하지는 못하고 있었습니다. 사촌누이의 모습을 보니 머리에 붕대를 두 줄 감고 있었습니다. 하나는 이마에 입은 상처 때문이고, 또 하나는 너무 많이 울어서 눈이 아파 한쪽 눈을 가리고 있었던 것입니다. 그런 가련한 모습으로 눈물을 흘리면서 사촌누이는 다음과 같은 시를 읊었습니다.

밤을 헤아리는 이 몸
밤마다 손가락을 꼽는 슬픔이여.
아, 그런데도 살아남아
이토록 괴로움을 당할 줄이야!
다정한 벗이여, 나는 모르네,
신께서 '밤(라이라)'에게 정해 주신 운명도
나의 정해진 운명도.
남에게는 '밤'을, 나에게는 '밤'의 사랑을 주오.
잃은 것은 오직 '밤', 그것이 알라의 뜻이라면
나는 참으리, 언제까지나.

사촌누이는 노래를 마치자 눈물에 젖은 눈을 들고 가만히 저를 쳐다본 다음 눈물을 닦고 제 곁으로 다가왔습니다. 하지만 너무나 애달픈 연정 때문에 차마 말을 하지 못했습니다.
사촌누이는 잠시 가만히 있더니 이윽고 물었습니다.
"오, 오빠, 오늘은 어땠어요?"
제가 그날 있었던 일을 모두 이야기하자 사촌누이는 말했습니다.
"조금만 더 기다리세요. 그 여자와 함께 살 수 있는 날도 머지않았어요. 당신은 소원하신 분을 손에 넣은 것이나 마찬가지예요. 자루 속에 거울을 넣는 시늉은 말하자면 해가 졌다는 것이고, 머리카락을 얼굴에 드리운 것은 밤이 다가와 어둠의 장막이 내리거든 그곳으로 오라는 뜻이에요. 그리고 녹색 화초의 화분을 손에 들어 보인 몸짓은 여기로 오면 골목 안 자신의 집 뜰로 들어와 달라는 뜻이고, 램프 신호는 꽃밭에 들어가거든 램프 빛을 목표로 죽 걸어와 그 아래에 앉아서 나를 기다려주세요, 나는 당신이 그리워 죽을 것 같습니다, 라는 뜻이에요."

저는 사촌누이의 그 설명에 몹시 화가 나서 저도 모르게 큰 소리로 외쳤습니다.

"네가 아무리 그렇게 말을 해 주어도, 그 여자에게 가면 뜻대로 되지 않는데 너의 해석을 어떻게 믿을 수 있겠니?"

그러자 사촌누이는 웃으면서 조용히 대답했습니다.

"해가 있는 동안만 꾹 참으면 돼요. 날이 저물어 어두워지면 그 여자와 함께 소망을 이룰 수 있어요. 저는 절대로 거짓말을 하지 않아요."

그리고 이런 시를 읊었습니다.

나날이여, 그 주름 몇 겹이고
쌓이고 쌓여 병든
집을 피해 서둘러 지나가라!
실제로는 기쁨이
멀리 느껴질지라도
이미 기쁨의 때가
다가오고 있다, 그대 곁으로.

사촌누이는 제 곁으로 다가와 상냥한 말로 저를 위로해 주었지만 음식은 가져오지 않았습니다. 그것은 제가 역정낼까 두려웠기 때문이며 또 하나는 제 마음이 자기에게 쏠릴지도 모른다고 여겼기 때문입니다. 그래서 사촌누이는 저에게 다가와 다만 제 외투를 벗겨주고 이렇게 말했습니다.

"오빠, 자, 앉으세요. 해가 질 때까지 재미있는 이야기를 해 드리지요. 밤이 되면 당신은 좋아하는 분에게 가면 돼요."

그러나 저는 사촌누이의 이야기는 전혀 듣지 않고 그저 밤이 오기만을 애타게 기다리며 빌었습니다.

"오, 알라여, 빨리 밤이 오게 해 주소서!"

밤이 되자 사촌누이는 슬피 울면서 저에게 불순물이 섞이지 않은 순수한 사향을 한 조각 주면서 말했습니다.

"오빠, 이것을 입에 넣고 가세요. 그리고 사랑하는 분과 함께 있게 되어 소원을 이루고, 그 여자가 당신의 마음을 받아들이거든 이런 노래를 불러주세요."

모든 사랑하는 이들이여!
알라께 맹세코 진실을 말하라.
안타까운 사랑으로 가슴 태울 때
젊은 사나이는[261] 어찌하는지.

사촌누이는 저에게 입을 맞추며 연인과 헤어지는 순간이 될 때까지 결코 이 노래를 부르지 말라고 다짐을 두었으므로 저는 대답했습니다.
"그래, 알았어."
저녁때가 되자 저는 집을 나서 급히 그 집 꽃밭으로 갔습니다. 정원 문이 열려 있어서 그 안에 들어가니 멀리 등불이 하나 보였습니다. 저는 그것을 목표로 나아가 상아와 흑단으로 꾸민 둥근 천장이 있고, 그 한가운데 램프가 달려 있는 커다란 별채에 이르렀습니다. 마루에는 금은으로 수놓은 비단 양탄자가 깔려 있고 램프 밑에 황금으로 만든 나뭇가지 모양의 촛대에 커다란 촛불이 타고 있었습니다. 중앙에는 온갖 무늬로 장식된 수반[262]이 있고 그 옆에 비단을 덮은 식탁이 있었으며, 그 가장자리에 포도주가 가득 든 커다란 도기 병과 황금이 박혀 있는 수정 컵이 준비되어 있었습니다. 그 가까이에 보자기를 덮은 커다란 은쟁반도 하나 있어서 보자기를 들춰보니 온갖 과일, 예를 들면 무화과, 석류, 포도, 오렌지, 시트론, 왕귤[263] 등이 담겨 있었습니다. 그것은 장미, 재스민, 도금양, 들장미, 수선 등이 온갖 빛깔의 향기로운 꽃과 향긋한 풀 사이에 놓여 있었습니다. 주위에 사람 그림자 하나 보이지 않지만 이 광경에 마음을 빼앗겨 저는 기분이 좋아졌습니다. 슬픔과 불안도 흔적 없이 사라져버렸습니다.

—샤라자드 날이 훤히 밝아오는 것을 알고 이야기를 그쳤다.

116번째 밤

오, 인자하신 임금님, 샤라자드는 이야기를 계속했다.

젊은 상인은 타지 알 무르크에게 이야기를 계속했습니다.

그곳에는 사람 그림자 하나 없고 물건을 감시하거나 재산을 지키는 노예도 보이지 않았지만, 저는 그곳의 광경에 완전히 황홀해져서 진심으로 환희를 느꼈습니다. 그래서 저는 그 별채에 앉아 연인이 오기를 기다렸습니다. 그러나 한 시간, 두 시간이 지나고 마침내 세 시간이 지나도 여자는 나타나지 않았습니다. 그러는 동안 배가 몹시 고파서 참고 견딜 수가 없었습니다. 그것은 격렬하게 끓어오르는 사랑 때문에 제가 오랫동안 아무것도 먹지 못했기 때문입니다. 그런데 그 자리의 광경과 연인의 신호가 사촌누이가 한 설명과 들어맞는 것을 알고 마음이 안정되는 동시에 갑자기 심한 허기를 느꼈던 것입니다. 게다가 식탁에 차려져 있는 음식 냄새가 식욕을 돋우고 있었습니다.

저는 제 소망이 반드시 이루어질 것으로 생각하고 배고픔을 견디지 못해 식탁에 다가가 덮개를 들쳤습니다. 그러자 식탁 한복판의 커다란 접시에 불에 구워 향료로 풍미를 더한 닭고기 네 마리가 담겨 있고, 그 둘레의 네 접시 가운데 하나에는 과자, 또 하나에는 석류알 절임, 또 하나에는 살구만두,[264] 마지막 접시에는 꿀을 끼얹은 튀김이 들어 있었습니다. 이들 음식에는 달콤한 것도 새콤한 것도 있었습니다. 저는 우선 꿀 튀김과 고기 한 점을 집어먹고 다음에는 살구만두를 집었습니다. 그리고 과자를 한 숟갈, 두 숟갈, 세 숟갈, 네 숟갈 먹고 마지막으로 닭고기 조금과 무엇인지 모를 다른 요리를 한 입 먹었습니다.

배가 불러오자 저는 팔다리가 나른해지고 못 견디게 졸음이 와서 눈을 뜨고 있을 수 없었습니다. 저는 손을 씻고 베개에 머리를 얹자 그대로 잠이 들고 말았습니다. 그 뒤 어떤 일이 있었는지 전혀 기억나지 않았지만, 햇볕을 받아 몸이 뜨거워질 때까지 잠들어 있었습니다. 아무튼 저는 며칠 동안 한숨도 자지 못했기 때문에 깊은 잠에 빠져 있었던 것입니다. 어느덧 눈을 뜨니 배 위에 소금 한 덩어리와 숯 한 조각이 놓여 있었습니다. 일어나 옷을 털고 이리저리 둘러보았지만 아무도 보이지 않았습니다. 그리고 제가 이불도 없이 대리석 바닥에 누워 그냥 잠들었다는 것을 깨달았습니다. 저는 무척 당황하여 안절부절못하는 기분이 되었습니다. 뺨에 흐르는 눈물을 닦지도 않고 저 자신의 불행을 슬퍼하고 한탄했습니다. 그리하여 집으로 돌아가 보니 손으로 사촌누이는 가슴을 치고 비 오듯 눈물을 흘리면서, 다음과 같은 시를 읊고 있었습니다.

> 산들바람은 시원하고 달콤하게
> 연인의 나라에서 불어와
> 산들산들 부는 숨결에
> 오랜 사랑 새로이
> 타오르며 되살아나네.
> 아, 새벽의 산들바람이여
> 나에게 빨리 와 알려다오.
> 연인은 모두 저마다
> 숙명을, 행복과 불행의 몫을
> 지고 있다고.
> 내 소원 하늘에 이른다면
> 연인들이 잘 아는
> 포옹으로 가슴을 마주하리라.
> 나의 사촌오빠를 만나지 못하면
> '세상'과 '시간'이 주는 환희
> 나에게서 흔적 없이 사라지네.
> 아, 그대 마음도 나처럼
> 사랑의 불길에 타올라
> 애타게 번민하는지
> 참으로 알고 싶어라.

저를 보자 사촌누이는 서둘러 일어나 눈물을 닦으며 상냥한 목소리로 말했습니다.

"아, 오빠, 당신의 사랑은 참으로 신의 은총을 받았어요. 당신이 사랑하는 분은 당신을 사랑하고 계시니까요. 그와 반대로 나는 당신한테 꾸중을 듣고 비난을 받으면서도 당신 곁을 떠나는 것이 괴로워 울며 지내고 있어요. 하지만 알라시여! 저 때문에 사촌오빠를 너무 나무라지 마시기를!"

사촌누이는 비난을 담은 미소를 보내며 저를 가슴에 안았습니다. 그리고 저의 나들이옷을 벗겨주고 그것을 펼치면서 말했습니다.

"어머나, 이 냄새는 연인의 살결을 즐긴 냄새와는 다르군요! 어떻게 된 거예요? 저에게 말씀해 보세요."

저는 모든 이야기를 해 주었습니다. 그러자 사촌누이는 저를 나무라는 듯한 미소를 떠올리며 말했습니다.

"아, 내 가슴이 답답하군요. 하지만 당신 마음에 상처를 주는 분이라면 죽어도 좋아요! 그 여자는 당신에게는 너무 힘에 겨운 사람이군요. 알라께 맹세코, 나는 당신이 걱정스러워요. 오빠, 그 소금은 이런 뜻이에요. 당신이 푹 잠들어버렸으니 맛없는 음식처럼 입에 넣기가 싫다는 거지요. '입맛에 맞게 하려면 당신에게 소금을 뿌릴 필요가 있다. 당신은 성실한 마음을 지닌 연인 같은 얼굴을 하고 있지만 잠드는 것은 사랑하는 자에게 금물이며 어울리지 않는다. 당신의 사랑은 거짓이다'라고 말하는 거예요. 하지만 당신 쪽에서 보면 그 여자의 사랑이 거짓이지요. 그 여자는 당신이 잠들어 있는 것을 보고 깨우지 않았거든요. 만약 그 여자가 진심으로 당신을 사랑한다면 틀림없이 깨웠을 거예요. 그리고 숯이 있었던 까닭은 알라께서 당신 얼굴을 시꺼멓게 태워버렸으면 좋겠다는 뜻이에요.*265 당신은 애정이 있는 척하지만 아직 철없는 아이로 먹고 마시고 잠자는 것 말고는 인생에 아무 목적이 없다는 거지요. 나는 그 여자의 수수께끼를 이렇게 해석하겠어요. 신께서 부디 당신을 그 여자로부터 구원해 주시기를!"

사촌누이의 말을 듣고 저는 가슴을 치며 큰 소리로 외쳤습니다.

"알라께 맹세코, 네 말이 옳다! 사랑하는 사람이라면 잠들 수 없을 텐데 나는 자버렸으니까. 정말이지 나는 스스로 죄를 범한 것이다. 먹고 잠자는 것만큼 멍청한 짓이 또 있을까! 이 일을 어쩌면 좋단 말인가?"

저는 격렬하게 울면서 사촌누이에게 말했습니다.

"어떻게 해야 하는지 가르쳐 다오. 나를 가엾이 여겨줘. 알라께서 너를 측은히 여기시도록 기도해 주마. 그렇지 않으면 나는 살아갈 수 없어."

사촌누이는 저를 죽도록 사랑하고 있었으므로……

―여기서 샤라자드는 날이 훤히 밝아오는 것을 알고 이야기를 그쳤다.

117번째 밤

샤라자드는 이야기를 계속했다.

오, 인자하신 임금님, 젊은 상인은 타지 알 무르크에게 이야기를 계속했습니다.

사촌누이는 저를 죽도록 사랑하고 있었으므로 이렇게 말했습니다.

"내 머리와 눈에 맹세코 어떻게든 해 드리겠어요. 하지만 오빠, 전에도 몇 번이고 되풀이 말씀드렸지만, 만일 내가 자유로이 외출할 수 있다면 지금이라도 두 사람을 함께 있게 하여 내 옷자락 속에 감춰 드리겠어요. 그건 오로지 당신의 애정을 얻고 싶기 때문이에요. 알라의 뜻에 맞는 일이라면, 두 분 사이를 이어주기 위해 할 수 있는 일은 모두 하겠어요. 하지만 내 말을 잘 듣고 그대로 해야 합니다. 오늘 밤도 전과 같은 곳으로 가서 앉아 계세요. 그리고 저녁때가 되어도 음식을 먹지 않도록 하세요. 먹으면 졸음이 올 테니까요. 졸지 않도록 조심해야 해요. 그 여자는 한밤중이 되기 전에는 오지 않으니까요. 전능하신 알라여, 그 여자의 짓궂은 장난에서 오빠를 지켜주소서!"

이 말을 듣고 저는 기뻐하며 빨리 밤이 되기를 알라께 빌었습니다. 이윽고 해가 져서 나가려고 하자 사촌누이는 말했습니다.

"그 여자를 만나시거든 헤어질 때 지난번에 가르쳐 드린 노래를 반드시 불러주세요."

"물론이지. 알았어."

저는 그렇게 대답하고 집을 나와 그 집 꽃밭으로 걸음을 재촉했습니다. 그곳에 가보니 전날 밤과 마찬가지로 먹을 것과 마실 것, 마른 과일과 향기로운 꽃, 그 밖의 모든 물품이 완전히 준비되어 있었습니다. 별채로 들어서자 맛있는 음식 냄새가 코를 자극하여 군침이 돌았습니다. 그 마음을 지그시 억

누르며 한참 동안은 참고 있었는데 마침내 그 유혹에 또 지고 말았습니다. 나는 일어나 식탁으로 다가갔습니다. 덮개를 들치니 새고기가 담긴 큰 접시가 있고 그 둘레에 저마다 다른 네 종류의 요리를 담은 접시 네 개가 놓여 있었습니다. 저는 그것들을 한 입씩 먹고 과자를 먹을 만큼 먹고, 고기도 한 점 맛보았습니다. 다음에 사프란으로 노랗게 물들인 소스를 한 입 먹어보니 무척 맛있어서 숟가락으로 양껏 먹었습니다. 그러는 동안 배가 불러 눈꺼풀이 무거워지자 깔개를 베개 대신 베고 혼잣말을 했습니다.

"이렇게 하고 있어도 잠들지 않으면 되겠지."

하지만 어느새 눈이 감겨 그대로 아침 해가 떠오를 때까지 잠들어버렸습니다. 눈을 떠보니 제 배 위에 네모진 뼈 하나, 자치기 하는 막대기 하나,*266 그리고 파란 대추야자 씨앗*267과 메뚜기콩의 콩깍지가 얹혀 있었습니다. 접시고 뭐고 아무것도 없고 마치 어젯밤부터 그곳에는 아무것도 없었던 듯 텅 비어 있었습니다. 저는 급히 일어나 배 위에 있는 것을 털어버리고 미친 듯이 밖으로 뛰쳐나왔습니다. 집으로 돌아오니 사촌누이는 신음하면서 시를 읊조리고 있었습니다.

몸이 여위고 이 가슴은
밑바닥까지 깊이 꿰뚫려
폭포처럼 흐르는 눈물, 뺨을 타고
그칠 줄 모르며 쏟아지네.
좀처럼 만날 수 없는
그리운 이여, 그러나
진정으로 청결한 꽃에서는
순수한 사랑 피어나네.
아, 오빠여, 그대는 그토록 괴로움으로
내 가슴을 채워주시니
흐르는 눈물에, 이 눈꺼풀
견딜 수 없이 아파라.

제가 마구 나무라며 실컷 욕설을 퍼붓자 사촌누이는 울음을 터뜨렸습니다. 이윽고 곧 눈물을 닦고 제 곁으로 와서 입을 맞추며 저를 와락 껴안으려 하기에 저는 저 자신을 책망하면서도 몸을 피했습니다. 그러자 사촌누이는 말했습니다.

"오빠, 어젯밤에도 잠이 드셨군요?"

"그래, 눈을 떠보니 배 위에 네모난 뼈와 자치기 막대기, 그리고 파란 대추야자씨와 메뚜기콩 콩깍지가 얹혀 있었어. 그 여자는 왜 그런 짓을 하는 걸까?"

저는 울면서 사촌누이에게 다가가 호소했습니다.

"대체 그 여자가 왜 그런 짓을 하는 건지 그 의미를 설명해다오. 그리고 어떻게 하면 좋을지 가르쳐주렴. 이 괴로움에서 나를 구원해다오."

"네, 반드시 구원해 드리겠어요! 당신 배 위에 있던 자치기 막대와 뼈는 이런 뜻이에요. 말하자면 당신 몸은 여기 있더라도 마음은 어딘가에 날아가 있다, 사랑이란 그런 게 아니다, 그러니 당신은 사랑할 자격이 없다는 거예요. 대추야자 씨앗은 만약 진심으로 사랑하고 있다면, 당신 마음은 사랑에 불타올라 편안하게 잠만 자고 있을 수 없다는 뜻이에요. 사랑의 즐거움이란 생명 속에 격렬한 불길을 태우는 파란 대추야자 씨앗 같은 것이거든요. 콩깍지는 사랑하는 사람의 마음이 지쳐 있다는 뜻으로, 만나지 못하더라도 인내심 강한 욥처럼 참고 견디라고 말하는 거예요."

사촌누이의 설명을 듣고 제 마음에는 표창처럼 정열의 불길이 날아 들어와 슬픔이 몇 배로 부풀어 올랐습니다. 그래서 저는 저도 모르게 큰 소리로 외쳤습니다.

"알라는 나를 불행하게 만들기 위해 잠들게 했어."

그런 다음 저는 사촌누이에게 애원했습니다.

"오, 사촌누이여, 제발 부탁이니 그 여자를 손에 넣는 방법을 생각해다오."

그러자 사촌누이는 울면서 대답했습니다.

"오, 아지즈 오빠, 내 가슴은 말할 수 없는 슬픔으로 가득 차 있어요. 하지만 오늘 밤에도 같은 장소로 가보세요. 잠들지 않도록 조심만 하면 반드시 소원이 이루어질 거예요. 제 도움말은 그것뿐이에요. 그럼 부디 무사하시기를!"

"그것이 알라의 뜻이라면, 잠들지 않고 네 말대로 하마."

이윽고 사촌누이는 일어나 먹을 것을 가지고 와서 말했습니다.

"나중에 먹고 싶은 생각이 들지 않도록 든든히 잡수세요."

그래서 저는 음식을 배부르게 잔뜩 먹었습니다. 밤이 되자 사촌누이는 저에게 화려한 옷을 내주며 전에 가르쳐준 시를 연인에게 들려줄 것과 부디 잠들지 않기를 다시 한 번 부탁했습니다. 저는 사촌누이를 남겨두고 서둘러 그 집 꽃밭으로 가서 별채로 들어가 자리에 앉았습니다. 밤이 깊어짐에 따라 저는 열심히 손가락 끝으로 눈꺼풀을 벌리고 머리를 흔들어가며 잠들지 않으려고 애썼습니다.

─여기서 샤라자드는 날이 훤히 밝아온 것을 알고 이야기를 그쳤다.

118번째 밤

오, 인자하신 임금님, 샤라자드는 이야기를 계속했다.

젊은 상인은 타지 알 무르크에게 이야기를 계속했습니다.

밤이 깊어짐에 따라 저는 손가락 끝으로 눈꺼풀을 벌리고 머리를 흔들어가며 잠들지 않기 위해 애쓰고 있었습니다. 그러는 동안 시간이 흘러 서서히 배가 고프기 시작했습니다. 게다가 가까이 있는 음식이 눈에 보이고 냄새가 풍겨와 저는 그만 식탁으로 다가가 덮개를 들치고 여러 접시에 있는 음식을 한 입씩 먹은 다음 고기도 한 조각 입에 넣었습니다.

"딱 한 잔만."

나는 혼잣말을 중얼거리면서 우선 포도주를 한 잔 마시고 잇따라 한 잔 또 한 잔 하며 결국 열 잔이나 마셔버렸습니다. 그때 찬 바람이 휙 불어와 저는 뭔가에 얻어맞은 것처럼 그 자리에 쓰러져 다음 날 해가 떠오를 때까지 깊이 잠들어버렸습니다. 눈을 떠보니 저는 별채 밖에 누워 있었고 배 위에는 식칼과 조그만 쇳조각이 얹혀 있었습니다. 그것을 보고 저는 몸을 떨면서 그 두 가지를 들고 집으로 돌아갔습니다. 사촌누이가 혼잣말을 하고 있었습니다.

"정말 처량하고 슬프구나. 나는 우는 것 말고는 할 수 있는 것이 없어."

저는 방으로 들어가자마자 가지고 온 식칼과 쇳조각을 집어던지며 그 자리에 쓰러져 정신을 잃고 말았습니다. 한참 뒤 정신이 돌아오자 저는 사촌누이에게 자초지종을 이야기했습니다.

"아! 정말 도저히 뜻을 이룰 수 있을 것 같지 않아."

사촌누이는 저의 눈물과 심한 연모의 정을 보자 더욱 마음이 괴로운 듯 이렇게 외쳤습니다.

"이젠 나도 어쩔 수 없어요. 그토록 잠들지 말라고 주의를 주었는데, 내가 한 충고도 아무 소용없었던 모양이군요."

"부탁이다. 이 식칼과 쇳조각의 의미를 가르쳐 다오."

"이 쇳조각은 그 여자의 오른쪽 눈을 가리키는 거예요.*268 그 여자는 오른쪽 눈에 맹세코 이렇게 말하고 있어요. '모든 창조물의 주인이신 알라와 내 오른쪽 눈에 맹세코, 당신이 여기 와서 잠든다면 이 식칼로 당신 목을 베어 버리겠어요'라고. 정말이지 나는 그 여자가 정말 심술궂은 짓을 하지 않을까 걱정스러워요. 내 가슴은 당신을 염려하는 아픔과 괴로움으로 가득 차 있어요. 하지만 만일 당신이 다시 그 여자에게 가서 잠들지 않을 자신이 있다면 또 가세요. 부디 잠들지 않도록 주의하세요. 그러면 반드시 소원이 이루어집니다. 만일 또 이제까지처럼 잠들어버린다면 이번에는 반드시 그 여자에게 죽음을 당하고 말 거예요."

"오, 사촌누이여, 나는 어떻게 하면 좋을까? 부디 이 재앙에서 나를 구해 다오."

"네, 반드시 구해 드리겠어요. 내 말대로만 하면 반드시 소원을 이루게 될 거예요."

"이번에야말로 정말 네 말대로 하겠다."

"가실 시간이 되면 알려 드릴게요."

사촌누이가 저를 꼭 껴안은 다음 자리에 눕히고 다리를 주물러 주자 저는 깊이 잠들었습니다. 그동안 사촌누이는 부채를 손에 들고 제 머리맡에 앉아 옷이 눈물에 흠뻑 젖도록 울고 있었습니다. 제가 깨어나고서 사촌누이는 눈물을 닦고 일어나 음식을 차려왔는데 제가 그것을 먹지 않겠다고 하자 말했습니다.

"제 말을 듣겠다고 했잖아요? 자, 어서 드세요!"

저는 그 말을 거역하지 않고 음식을 먹기 시작했습니다. 사촌누이가 제 입에 음식을 넣어 줄 때마다 덥석덥석 받아먹었으므로 배가 잔뜩 불렀습니다. 사촌누이는 설탕을 넣은 대추셔벗*269을 먹이고 손을 씻겨준 다음 하얀 수건으로 닦아주었습니다. 그것이 끝나고 장미수까지 뿌려주었으므로 저는 한동안 기분 좋게 사촌누이와 함께 앉아 있었습니다. 밤이 되어 어두워지자 사촌누이는 옷을 갈아입혀 주면서 말했습니다.

"알겠지요, 오빠? 밤새도록 잠들어서는 안 돼요. 여자는 새벽녘이 될 때까지 오지 않을 테니까요. 오늘 밤에는 부디 당신 뜻이 이루어지도록 빌겠어요. 하지만 제가 말씀드린 주의를 잊지 않도록 하세요."

사촌누이는 이렇게 말하며 울었습니다. 너무 심하게 울어서 저까지 가슴이 찢어졌지만 저는 다시 물어보았습니다.

"네가 말한 주의가 무엇이더라?"

"여자와 헤어질 때 반드시 지난번에 가르쳐준 시를 노래해 주라는 거요."

저는 사촌누이를 뒤로하고 그 집 꽃밭으로 걸음을 재촉하여 별채에 들어갔습니다. 이날 밤은 배가 든든하여 그곳에 앉은 채 네 시간쯤 기다렸습니다. 그날 하룻밤은 저에게는 마치 1년처럼 길게 느껴졌습니다. 그래도 밤의 4분의 3쯤 자지 않고 버틸 수 있었습니다. 첫닭이 울 무렵이 되자 시간이 오래 지난 탓인지 배가 고파왔습니다. 그래서 저는 식탁에 다가가 거기 있는 것을 먹었습니다. 그러자 또 머리가 희미하게 무거워지면서 졸음이 왔는데, 그때 문득 멀리 저편에서 등불이 다가오는 것이 보이지 않겠습니까? 저는 벌떡 일어나 입과 손을 씻고 정신을 가다듬었습니다. 얼마 뒤 그 여자가 시녀 10명을 거느리고 나타났습니다. 그 모습은 별무리 속의 보름달처럼 빛나고 있었습니다. 황금으로 가장자리를 두른 녹색 비단옷을 입은 모습은 정말이지 시인이 노래한 그대로였습니다.

    단추도 느슨한*270 연둣빛 옷,
    긴 머리를 풀어헤친
    우아한 맵시에 사람들은
    넋도 마음도 빼앗겼네.
    이름이 뭐냐고 내가 물으면

그대는 대답하네.
숯불 피워 빨갛게
'연심(戀心)을 불태우는 여자.'
그리움에 애타는 이 가슴을
그대에게 하소연하면 그대는 다만
"어리석은 헛일이에요. 나는 돌,
돌을 꾀어봤자 아무 소용없어요."
이렇게 대답할 뿐.
나는 말하네.
"그대 마음 비록 단단한 돌일지라도
신은 단단한 돌에서
맛좋은 샘물을 솟게 하시도다."

여자는 저를 보고 웃으면서 말했습니다.
"어머, 어쩐 일이세요? 주무시지 않고 일어나 계시다니. 밤새도록 일어나 계셨으니 당신은 진정 나를 사랑하는군요. 밤에도 잠들지 않는 것은 사랑하는 사람의 증거이고, 그 소원을 이루려는 씩씩한 인내의 증거이거든요."
그리고 시녀들을 향해 여자가 뭔가 눈짓하자 모두 그대로 나가버렸습니다. 그 여자는 저에게 다가와 저를 꼭 껴안으며 입을 맞추었습니다. 저도 거기에 응하며 여자가 제 윗입술을 빨면 저는 여자의 아랫입술을 빨았습니다. 이윽고 저는 여자의 허리에 팔을 둘러 꼭 끌어안고 함께 바닥에 쓰러졌습니다. 여자가 속옷을 풀자 스르르 발꿈치까지 흘러내렸습니다. 우리는 서로의 알몸을 끌어안고 희롱하고 사랑의 말을 주고받으며 서로 깨물고 빨다가 마침내 다리가 얽혀들어 거룩한 성전(聖殿)을 구석구석까지 빙글빙글 돌기 시작했습니다.[*271] 그러자 마침내 여자의 팔다리는 기쁨과 즐거움에 의해 완전히 나른해져서 거의 정신을 잃을 지경에 이르렀습니다. 저도 아주 즐거운 사당 깊숙이 들어갔으니 그날 밤은 다음과 같은 시인의 노래에도 있듯이 참으로 영혼의 기쁨과 즐거움이요 눈의 위안이었습니다.

세상에 달리 또 없을

즐거운 쾌락의 밤이여,
끊임없이 솟는 샘물을 받아
돌고 도는 술잔을 들이키네.
눈동자의 잠을 쫓아서
잠들지 않고 밤새도록
발꿈치를 합치고 또 합쳐
옥고리에 집어넣는 귀걸이.[*272]

두 사람은 아침까지 꼭 끌어안은 채 잠들었습니다. 제가 일어나 돌아오려 하자 여자는 저를 붙잡으며 말했습니다.
"할 이야기가 있으니 잠깐만 기다려주세요."

—샤라자드는 날이 훤히 밝아온 것을 깨닫고 이야기를 그쳤다.

119번째 밤

샤라자드는 이야기를 계속했다.
오, 인자하신 임금님, 젊은 상인은 타지 알 무르크에게 이야기를 계속했습니다.
제가 일어나 돌아오려고 하자 여자는 저를 붙잡으며 가지고 있던 손수건을 펴서 이 헝겊 조각을 꺼내 보였습니다. 거기에는 영양 두 마리가 수놓아 있었는데, 그 아름다움에 저는 감탄하지 않을 수 없었습니다. 저는 그 헝겊 조각을 받아들고 앞으로 밤마다 만날 약속을 한 다음 두근거리는 가슴을 안고 밖으로 나왔습니다. 그런데 너무 들뜬 나머지 사촌누이가 가르쳐준 노래를 여자에게 읊어주는 것을 잊어버리고 말았습니다. 여자는 이 헝겊 조각을 내줄 때 이렇게 말했습니다.
"이것은 내 여동생이 만든 것이니 소중히 간직해 주세요."
"여동생 이름이 무엇이오?"
"누르 알 후다라고 해요."

집에 돌아오니 사촌누이는 자리에 누워 있었습니다. 저를 보자 울면서 일어나 제 가슴에 입을 맞추며 말했습니다.

"내가 가르쳐 드린 대로 하셨어요? 여자에게 노래를 불러주었나요?"

"아, 잊어버렸어. 이 영양 두 마리 때문에."

저는 그 헝겊 조각을 사촌누이 앞에 던졌습니다.

아지자는 벌떡 일어나더니 다시 앉아서 안타까워 못 견디겠는 듯이 눈물을 흘리며 다음과 같은 시를 두 구절 읊었습니다.

그대여, 헤어지고 싶다면
천천히 가세요!
사랑스러운 이여, 속지 마세요,
약삭빠른 속임수와 감언이설에.
서서히 떠나가시라, 운명이란
본디 사람에게 등 돌리는 법.
만나면 헤어지는 게
고금(古今)의 법칙임을 아시나요.

이 노래를 마치고 사촌누이는 말했습니다.

"오빠, 이 헝겊 조각을 나에게 주세요."

나는 사촌누이에게 그것을 주었습니다. 사촌누이는 헝겊 조각을 받아들고 펼쳐 영양 그림을 바라보았습니다. 연인과의 약속시간이 되자 사촌누이는 저를 재촉했습니다.

"자, 다녀오세요. 부디 몸조심하시고요. 그리고 여자와 헤어질 때 지난번에 가르쳐 드린 노래를 꼭 불러주셔야 해요. 잊으시면 안 돼요."

"그럼, 다시 한 번 가르쳐 다오."

제가 말하자 사촌누이는 그것을 되풀이해서 일러주었습니다. 이윽고 제가 그 집 꽃밭에 이르러 별채로 들어가니 여자가 벌써 와서 기다리고 있었습니다. 저를 보자 여자는 다가와 입을 맞춘 다음 저를 무릎 위에 끌어안았습니다. 두 사람은 함께 먹고 마신 다음 전날 밤과 마찬가지로 벌거숭이가 되어 서로의 욕정을 불태웠습니다. 아침이 되자 저는 사촌누이가 가르쳐준 시를 여자에게 읊어주었습니다. 그것은 이런 시였습니다.

　　모든 사랑하는 이들이여!
　　알라께 맹세코 진실을 말하라.
　　안타까운 사랑으로 가슴 태울 때
　　젊은 사나이는 어찌하는지.

이 노래를 들은 여자는 눈에 눈물이 가득하여 다음과 같은 노래로 화답했습니다.

　　가슴의 번뇌 애써 달래고
　　진실은 숨겨 드러내지 말라,
　　스스로 억눌러 겸손히 양보하며
　　연민을 구하라, 한결같이!

저는 그 노래를 머리에 새기고 사촌누이가 일러준 대로 한 것을 기뻐하면서 집으로 돌아왔습니다. 집에 오니 사촌누이는 누워 있고 머리맡에 어머니가 앉아 병간호를 하고 있었습니다. 제가 방으로 들어서는 순간 어머니가 말했습니다.
"이 인정머리 없는 녀석 같으니! 동생이 괴로워하고 있는데도 돌보지 않고 내버려두다니. 어찌 그럴 수가 있느냐?"
하지만 사촌누이는 저를 보자 벌떡 일어나 물었습니다.
"오, 아지즈 오빠, 가르쳐 드린 그 노래를 불러 드렸겠지요?"
"불러주었어. 그 노래를 듣더니 여자는 울면서 이런 노래로 답해 주더군. 그것을 다 외워왔지."
"그럼, 들려주세요."
제가 그것을 읊어 주자 사촌누이는 슬프게 울며 다음과 같은 시를 읊었습니다.

　　젊은 목숨에 돋아나는

이 괴로움 달랠 방도가 없네.
날마다 가슴이 무너져 내려
갈가리 찢어지는 이 마음.
참기 어려운 고통을 참아도
사랑의 괴로움으로 가득한
이 마음뿐, 아무것도 없네.

그리고 사촌누이는 이렇게 덧붙였습니다.
"그 여자에게 가거든 이 노래를 또 불러주세요."
"그러지. 그러고말고!"
저는 대답하고 늘 가던 시간이 되자 다시 그 집 꽃밭으로 갔습니다. 거기서 연인과 둘이서 이루 다 말할 수 없는 황홀한 시간을 보냈습니다. 헤어질 때 저는 문득 생각이 나서 사촌누이한테서 들은 노래를 읊어주었습니다. 그랬더니 연인은 눈물을 흘리면서 다음과 같은 노래로 대답했습니다.

다소곳이 참고 견디어
진실을 숨기지 않는다면
내 환상으로 보는 죽음 외에
달랠 길 없네, 그 괴로움!

저는 그 노래를 머리에 새기고 집으로 돌아갔습니다. 사촌누이에게 가니 마침 발작을 일으켜 누워 있고, 그 머리맡에는 어머니가 앉아 있었습니다. 제 목소리가 들리자 사촌누이는 눈을 번쩍 뜨고 물었습니다.
"오, 아지즈 오빠! 그 노래를 여자에게 불러주셨나요?"
"그 노래를 듣더니 눈물을 흘리며 '다소곳이 참고 견디어'로 시작되는 노래로 답해 주더군."
저는 여자가 부른 노래를 들려주었습니다. 그러자 사촌누이는 또 정신을 잃고 말았습니다.
이윽고 정신을 차린 사촌누이는 다음과 같은 시를 읊었습니다.

알겠어요, 그대의 노래
임종 때 이 입으로
맹세하는 기쁨을 허락지 않는
그대에게 말하겠어요,
행복 담긴 모든 사랑은
아름답지만, 박복하여
애타게 그리다가 숨지건만
즐거이 이 세상을 떠난답니다.

밤이 되자 저는 전과 같이 그 집 꽃밭으로 갔습니다. 여자는 벌써 와서 기다리고 있었습니다. 두 사람은 자리에 앉아 먹고 마신 다음 하고 싶은 일을 다 하고 아침까지 푹 잠잤습니다. 여자와 헤어질 무렵 제가 사촌누이한테서 부탁받은 노래를 들려주었더니, 여자는 매우 감동한 듯이 큰 소리로 외쳤습니다.
"아! 아! 그 노래를 지은 이는 이미 죽었어요, 틀림없이!"
그리고 흐느껴 울며 말했습니다.
"당신은 정말 무서운 분이군요. 그 노래를 부른 여자는 대체 당신과 어떤 사이예요?"
"사촌누이요."
"거짓말 마세요. 정말로 당신의 사촌누이라면 그 여자와 마찬가지로 당신도 그 여자를 사랑했을 거예요! 그 여자를 죽인 건 당신이에요. 아, 그 여자를 죽였듯이 전능하신 알라께서 당신 목숨을 거두어갔으면 좋겠어요. 알라께 맹세코, 처음부터 당신에게 사촌누이가 있다고 했다면 나는 당신을 좋아하지 않았을 텐데!"
"당신의 여러 가지 암호를 풀어준 것도, 당신과 가까워지는 방법과 응대하는 방법을 가르쳐준 것도 실은 그 사촌누이였소. 그녀가 없었으면 나는 당신과 이렇게 맺어지지 못했을 거요."
"그럼, 그 사촌누이는 우리 사이를 알고 있었나요?"
"물론 알고 있었지요."
"오, 신이여, 부디 이분에게 젊은 날의 고민을 내려주소서! 마치 당신이 그 여자에게 젊은 날의 고민을 주었듯이! 당신은 빨리 돌아가 그 여자를 위로해 주세요."

그 말을 듣고 저는 안타까운 마음으로 밖으로 나가 걸음을 서둘러 집으로 돌아갔습니다. 그런데 문득 사람들 울음소리가 들려오기에 무슨 일이냐고 물어보았습니다.

"아지자가 문 뒤에서 죽어 있었소."

집 안으로 들어가 보니 어머니가 저를 보고 말했습니다.

"애가 죽은 것은 너 때문이다. 오, 알라여, 그 애의 원한을 이 아들놈에게 풀어주소서!"

—샤라자드는 날이 밝기 시작하는 것을 깨닫고 이야기를 그쳤다.

120번째 밤

샤라자드는 이야기를 계속했다.

오, 인자하신 임금님, 젊은 상인은 타지 알 무르크에게 이야기를 계속했습니다.

제가 집으로 들어가자 어머니는 말했습니다.

"애가 죽은 것은 너 때문이다. 오, 알라여, 그 애의 원한을 이 아들놈에게 풀어주소서! 괘씸한 놈!"

그때 아버지가 나와 다 같이 사촌누이의 유해를 실어내 관에 넣고 땅에 묻었습니다. 그리고 무덤을 향해 코란을 소리 내어 외면서 사흘 동안 무덤을 떠나지 않았습니다. 그것이 끝나자 모두 집으로 돌아갔는데, 저는 이 사촌누이가 가엾어서 몹시 슬퍼했습니다. 얼마 뒤 어머니가 제 옆으로 와서 말했습니다.

"그 애의 마음을 아프게 하다니,*273 네가 도대체 무슨 짓을 한 게냐? 무엇 때문에 병이 났는지 그 아이에게 물어도 봤지만 도무지 대답하지 않더라. 부디 정직하게 말해다오. 그 아이가 무엇 때문에 죽을병에 걸리게 되었지?"

"나는 아무 짓도 하지 않았어요."

"아무리 감추어도 알라께서 곧 그 애의 원한을 풀어주실 게다. 그 애는 한마디도 하지 않았지만 너를 애타게 사랑하다가 죽은 거야. 그래도 숨을 거둘 때 눈을 뜨고 옆에 있던 나에게, '숙모님, 저는 알라 신께 빌었어요. 오빠한테 내 원한을 씌우거나 오빠를 벌하시는 일이 없도록 해 주십사고요. 이제 알라의 부르심을 받고 덧없는 이 세상 집을 떠나 영원한 저 세상 집으로 가겠어요'라고 말했지. 나는 '무슨 말을 하느냐. 너는 아직 젊다. 알라께서 도와주실 거야' 하고 달래며 어째서 병이 났는지 그 원인을 물었지만 그 말에는 아무 대답도 하지 않고 웃으면서 말하더구나. '숙모님, 오빠에게 이렇게 전해 주세요. 날마다 다니시는 곳으로 가거든 언제나 '성실은 선, 불성실은 악'이라는 격언을 잊지 말라고요. 제가 이렇게 일생 그리고 죽은 뒤까지도 오빠를 걱정하는 것은 그분을 진심으로 사랑하기 때문이에요.' 그리고 너에게 줄 유물을 나한테 맡기면서 네가 그 애의 죽음을 진심으로 슬퍼할 때까지 주지 말라고 부탁하더라. 그 물건은 내가 맡아두마. 지금의 너에게는 줄 수가 없다."

"그것을 보여주세요."

저는 큰 소리로 외쳤지만 어머니는 도무지 보여주려고 하지 않았습니다.*274 저는 완전히 사랑의 큰 기쁨에 빠져 있었으므로 아지자의 죽음은 그 이상 생각하지도 않고 오로지 밤낮없이 연인 곁에 있고 싶은 마음뿐이었습니다. 그날도 어둠이 다가오자 곧 그 집 꽃밭으로 갔습니다. 여자는 벌써 와서 초조히 기다리고 있더니 제가 나타나자 와락 달려와 제 목에 팔을 감고 사촌누이의 안부를 물었습니다. 그래서 저는 대답했습니다.

"실은 죽어 버렸소. 기도를 올리고 코란을 암송하며 애도해 주었지요. 죽은 지 벌써 나흘이 지나 오늘로 닷새째요."

여자는 비명을 지르고 눈물을 흘리면서 말했습니다.

"그래서 내가 말했잖아요, 당신이 죽인 거예요. 죽기 전에 그녀에 대한 이야기를 해 주었더라면 우리의 인연을 맺어준 데 대해 보답해 드렸을 텐데. 정말이지 그녀가 없었더라면 우리는 이렇게 인연을 맺을 수 없었을 테니까요. 그런데 당신은 그녀에 대해 어쩌면 그토록 무정한 짓을 하셨나요. 뭔가 불행한 일이 일어날 것만 같아 걱정스러워요."

"사촌누이는 죽기 전에 내 죄를 용서해 주었소."

그리고 저는 어머니한테서 들은 이야기를 털어놓았습니다. 그러자 여자는 말했습니다.

"어머니께 돌아가거든 어떤 물건을 맡고 계신지 부디 여쭤보세요."

"어머니께서 또 이런 말씀도 하시더군. 사촌누이가 숨을 거둘 때 나에게 유언을 했다고 하오. '오빠가 날마다 다니시는 곳에 가실 때는 '성실은 선, 불성실은 악!'이라는 격언을 잊지 않도록 해 주세요'라고."

"오, 그녀에게 전능하신 알라의 자비가 내리시기를! 정말이지 그녀는 당신을 나한테서 구해 주셨어요. 나는 장난을 할 작정이었으니까요. 하지만 이제부터는 상처를 주거나 괴롭히지 않겠어요."

저는 그 말이 이상하게 생각되어 물었습니다.

"그럼, 여태까지는 나를 어떻게 할 작정이었소? 서로 사랑을 맹세한 사이인데."

"당신은 아직 젊고 세상 물정을 모르기 때문에 나 같은 여자에게 완전히 빠진 거예요. 당신의 마음은 거짓 따위를 몰라요. 여자의 나쁜 마음과 교묘하고 간사한 꾀를 알지 못하는 거지요. 만약 그 여자가 살아 있다면 당신을 지켜주었을 거예요. 아무튼 그분은 당신 생명의 은인이고 당신을 파멸에서 구해 준 셈이에요. 당신은 이제부터 젊든 늙든 여자에게 말을 걸지 마세요. 부디 말해 두지만 정말 조심해야 돼요! 당신은 순진하고 세상을 모르는 분이라서 여자들의 속임수와 간사한 꾀를 모르는데 그 암호를 풀어준 여자는 이미 세상을 떠나고 없으니까요. 사촌누이가 없어 이제 앞으로는 좋지 못한 일이 일어나도 아무도 구해 줄 사람이 없을 것을 생각하니 걱정이 되는군요."

—샤라자드는 날이 훤히 새기 시작하는 것을 알고 이야기를 그쳤다.

121번째 밤

샤라자드는 이야기를 계속했다.

오, 인자하신 임금님, 젊은 상인은 타지 알 무르크에게 이야기를 계속했습니다.

저의 연인은 사촌누이 아지자의 죽음을 슬퍼하며 말했습니다.

"가엾게도 그분이 죽어 버리다니! 불쌍해요! 죽기 전에 내가 그 사실을 알았더라면 간호하여 내가 입은 은혜를 갚아 드렸을 텐데. 그분에게 전능하신 알라의 자비가 내리시기를! 그분은 가슴속 괴로움도 드러내지 못하고 굳게 참아냈어요. 그분이 없었더라면 우리는 결코 만나지 못했을 거예요! 나는 당신한테 한 가지 소원이 있어요."

"무엇이오?"

"나를 그분 무덤으로 안내해 주세요. 유해가 잠든 무덤에 참배하여 시를 적어두고 싶어요."

"그것이 알라의 뜻이라면 내일이라도!"

그날 밤도 우리는 함께 밤을 지냈는데 여자는 줄곧 되풀이해서 말했습니다.

"그분이 죽기 전에 나한테 말해 주었으면 좋았을 것을!"

"그 애가 가르쳐준 '성실은 선, 불성실은 악!'이라는 격언은 어떤 의미였을까?"

저는 물어보았으나 여자는 아무 대답도 하지 않았습니다. 날이 밝자 여자는 곧 일어나서 금화가 든 지갑을 꺼내 들고 말했습니다.

"자, 무덤으로 데려가주세요. 성묘하고 시를 새긴 다음 묘 위에 사당을 세워 알라의 자비를 빌며 그분을 위해 이 금화를 공양하고 싶어요."

"알겠소!"

나는 앞장서서 안내했습니다. 여자는 따라오면서 도중에 오가는 사람들에게 금화를 아낌없이 나눠주며 설명했습니다.

"이것은 아지자의 넋을 기리기 위한 보시예요. 그분은 죽음의 잔을 들이킬 때까지 가슴속을 털어놓지 않고 사랑의 비밀을 굳게 지키셨어요."

여자는 '아지자의 공양을 위해' 계속해서 돈을 나눠주었기 때문에 묘지에 이르렀을 때는 지갑이 텅 비고 말았습니다. 무덤을 보자 여자는 눈물을 흘리며 그 위로 몸을 던졌습니다. 이윽고 여자는 눈물을 거두더니 강철로 된 끌과 가벼운 쇠망치를 꺼내 눈물을 흘리며 묘석 위에 다음과 같은 시를 아름답고 가느다란 글씨로 새겼습니다.

찬란히 빛나는 정원의
황폐한 무덤가를
지나오며 바라보면
누만 왕의 꽃*275 일곱 송이
붉게 피어 있네.
"이 무덤에 잠든 이 누구인가?"
물으니 대지는 대답하노라.
"명부(冥府)*276에 든 연인에게
경건히 머리 숙여라!"
나는 정성스럽게 기도하노라.
"아, 알라여, 지켜주소서.
사랑에 쓰러진 여인을
천국에 살게 하시어
부디 낙원을 보여주소서."
가엾어라, 대지에 묻힌
사랑하는 사람의 슬픔이여.
생명 있는 자에게 에워싸여,
무덤 위에 내려 쌓인
뜬세상의 티끌 무겁기도 하여라.
나는 그대 무덤가에
아름다운 꽃동산 만들어
끊임없이 넘쳐나는 눈물로
날마다 꽃에 물을 주리라.

그런 다음 여자는 눈물을 머금으며 발길을 돌려 저와 함께 꽃밭으로 돌아오자 말했습니다.
"부디 내 곁을 떠나지 말아 주세요."
저는 대답했습니다.
"떠나지 않고말고!"
그 뒤로 저는 그 여자에게 완전히 빠져 밤낮없이 찾아다녔습니다. 여자는 참으로 상냥하게 절 대접해 주었습니다. 그리고 밤이 되어 함께 잠자리에 들 때마다 소중하게 사랑해 주었습니다. 그리고 아지자가 어머니에게 말한 그 격언을 들려달라고 졸랐으므로 저는 언제나 기꺼이 되풀이해 주었습니다. 그렇게 1년 동안 온갖 사치를 다한 음식과 옷에 싸여 여자와 희롱하며 지내다 보니 몸은 살찌고 슬픔과 탄식은 간곳없어 아지자에 대한 것은 까맣게 잊고 말았습니다.

새해 아침에 저는 깨끗이 목욕하고 호화로운 옷을 입은 다음 밖으로 나가 술을 한잔했습니다. 옷에 갖가지 향수를 뿌렸으므로 주위에 좋은 향기가 풍기고 있어 저는 기분이 아주 좋았습니다. 그때까지도 저는 운명의 장난이나 덧없는 세상사를 전혀 알지 못했던 것입니다.

밤 기도시간이 되어 연인을 찾아가려고 집을 나섰는데, 너무 취해 있어서 어디로 가야 할지 몰라 마침내 장관(長官)의 거리라는 골목으로 꺾어 들고 말았습니다. 얼마간 그 거리를 걸어가노라니 별안간 저편에서 한 노파가 한 손에 촛불을 들고 한 손에는 편지 접은 것을 들고 걸어오는 게 보였습니다.

―여기서 날이 훤히 밝아오는 것을 알고 샤라자드는 이야기를 그쳤다.

122번째 밤

샤라자드는 이야기를 계속했다.

오, 인자하신 임금님, 아지즈라는 젊은 상인은 타지 알 무르크에게 이야기를 계속했습니다.

술에 취해 장관의 거리라는 골목으로 들어가니 한 노파가 걸어오는 게 보였습니다. 가까이 다가가니 노파는 울면서 이런 노래를 부르고 있었습니다.

　　어서 오세요, 이리 오세요,
　　좋은 소식 가져오는 분이여!
　　그대 말씀 기쁘고
　　그대 이야기 반가워라.

행복하게 지내라고 비는 사람의
말씀 전해 주는 분이라면
산들산들 부는 아침바람처럼
영원한 축복을 빌리라.

노파는 저를 보더니 이렇게 물었습니다.
"오, 젊은 분! 글을 읽을 줄 아시우?"
"읽을 줄 알고말고요, 할머니!"
"그러면 이 편지를 읽어주겠소?"
저는 노파가 내미는 편지를 받아들고 펼쳐서 읽어주었습니다. 그것은 멀리 떠나 있는 남자가 친구들과 사랑하는 사람들에게 보내는 안부 편지였습니다. 편지의 내용을 듣더니 좋은 소식이라는 것을 안 노파는 매우 기뻐하면서 저를 축복해 주었습니다.
"당신이 내 걱정을 덜어주었듯이 알라께서도 당신의 근심을 씻어주시기를!"
그리고 노파는 편지를 받아들고 그대로 가버렸습니다. 저는 그때 오줌이 마려워서 쭈그리고 앉아 오줌을 누었습니다.*277 다 누고 나자 일어나 물건 끝을 작은 돌로 닦은 다음 옷자락을 내리고 다시 걷기 시작했습니다. 그런데 아까 그 노파가 되돌아와 허리를 굽혀 제 손에 입을 맞춘 다음 이렇게 말하지 않겠습니까!
"오, 나리! 알라께서 당신에게 젊은 날의 기쁨을 주실 것이오! 부탁이니, 잠깐만 저기 저 문까지 나와 함께 가주시오. 당신이 그 편지를 읽어주셨다고 했더니 집안사람들이 내 말을 곧이듣지 않는구려. 잠깐만 걸음을 옮겨 문 뒤에서 그 편지를 읽어주시오. 부디 신앙심 깊은 이 늙은이의 소원을 들어주구려."
"그 편지에는 대체 어떤 사연이 있는 겁니까?"
"오, 나리, 이것은 10년이나 집을 떠나 있던 아들한테서 온 편지입니다. 아들은 장사할 물건을 잔뜩 가지고 오랫동안 외국에 가 있었는데, 이제는 아들을 만날 희망이 없다고 단념하며 죽은 줄로만 생각하고 있었지요. 그러던 참에 이 편지가 온 것이오. 아들에게는 누이동생이 하나 있어서 날마다 밤낮없이 울며 지냈는데, 아들이 무사히 지내고 있다고 내가 아무리 일러주어도 곧이듣지 않고 '나를 믿게 하려면 내 눈앞에서 이 편지를 읽어줄 사람을 데리고 오세요. 그러면 마음도 풀리고 진정이 되겠어요' 하면서 듣지를 않는답니다. 여보세요, 나리, 아시겠지만 누군가를 사랑하는 사람은 모든 일을 나쁘게만 생각하려 들거든요. 그러니 미안하지만 나와 함께 가서 휘장 뒤에서라도 이걸 읽어주세요. 그 애를 불러 문 안쪽에서 듣게 할 테니까. 그렇게 해 주신다면 우리 걱정도 덜게 되어 모두 여간 고맙게 생각하지 않을 거예요. 알라의 사도(알라의 축복과 가호가 있으시기를!)께서도 '괴로워하는 자에게서 뜬세상 괴로움을 하나 풀어주는 사람에게는 알라께서 100가지 고민을 풀어주시리라'고 말씀하시지 않았소? 그리고 이런 전설도 있지요. '부활의 날에 알라께서는 70하고도 2가지의 괴로움을 풀어주신다'고 말이오. 부디 내 청을 들어주십시오."

"아, 좋고말고요. 자, 안내하시오."

제가 승낙하자 노파가 앞장서 걷기 시작했고 저는 그 뒤를 따라갔습니다. 잠시 뒤 한 으리으리한 저택 앞에 이르렀습니다. 그 저택 문에는 구리판이 씌워 있었습니다. 제가 문짝 뒤에 서 있으니 노파는 페르시아어로 뭔가 소리쳤습니다. 그러자 어느새 한 여자가 가벼운 발걸음으로 달려왔습니다. 그 여자는 무릎께까지 옷을 걷어 올리고 있어 눈과 마음을 설레게 하는 두 종아리가 드러나 있었습니다. 여자의 모습은 시인이 이렇게 노래한 것과 같았습니다.

> 종아리 드러낸 처녀
> 색정에 빠진 사람에게는
> 그 위에 있는 더 좋은
> 것을 연상시키네!
> 그것을 그리워하는 사람 옆,
> 커다란 잔*278이 빙글빙글 돌아가면
> 잔을 든 처녀 탓에
> 모두 색정에 휘달려
> 미칠 듯한 안타까움.*279

그녀의 다리는 보석을 알알이 박은 황금 복사뼈 장식으로 아름답게 꾸민 두 개의 설화석고 기둥 같았습니다. 게다가 겨드랑이 아래 헐렁한 옷을 팔꿈치까지 걷어붙이고 있어 굵은 진주단추로 잠근 팔찌 두 개를 낀 새하얀 팔뚝이 드러나 있었습니다. 그리고 목에는 값진 보석 목걸이, 귀에는 진주 귀걸이를 걸고, 머리에는 보석으로 수놓은 새 비단두건을 쓰고 있었습니다. 여자는 분주히 집안일을 하고 있었는지 속옷 자락도 아래옷 끈 사이에 끼운 채였습니다. 저는 그런 평상복 차림의 여자를 보자, 태양처럼 빛나는 그 아름다움에 완전히 놀라고 말았습니다. 여자는 저렇게 아름다울 수 있을까 싶은 상냥한 목소리로 말했습니다.

"어머니! 편지를 읽어주시러 오신 게 이분이세요?"

"그렇단다."

노파는 대답하며 편지를 저에게 내밀었습니다. 노파와 문 사이의 거리는 약 2미터 반*280밖에 되지 않아서, 저는 손을 내밀어 편지를 받아들고 여자에게 다가가 읽으려고 머리와 어깨를 문 안으로 들이밀었습니다. 그 순간 상대의 음모 같은 건 알아챌 사이도 없이, 노파가 머리를 냅다 제 등에 부딪쳐 편지를 손에 든 저를 안으로 밀어 넣었습니다. 그야말로 눈 깜짝할 사이에 벌어진 일이었습니다. 저는 현관 앞 거실 한복판까지 튀어나갔습니다. 그러자 노파도 번개처럼 안으로 뛰어들어 잽싸게 문을 닫아버렸습니다.

─샤라자드는 날이 훤히 밝아오는 것을 알고 이야기를 그쳤다.

123번째 밤

샤라자드는 이야기를 계속했다.

오, 인자하신 임금님, 젊은 상인 아지즈는 타지 알 무르크에게 이야기를 계속했습니다.

노파한테 떠밀려 놀랄 사이도 없이 현관 안으로 들어서자, 노파도 번개처럼 재빨리 안으로 들어와 문을 탁 닫아버렸습니다. 여자는 현관 안에 들어선 저를 보자 가까이 다가와 저를 가슴에 끌어안더니 느닷없이 바닥에 쓰러뜨렸습니다. 그리고 제 가슴 위에 올라타 앉아 제 사타구니를 손가락으로 강하게 주무르기 시작했으므로 저는 정신이 아득해질 지경이었습니다.

이윽고 여자는 제 손을 잡고 촛불을 든 노파를 앞세워 방 일곱 개를 지나갔습니다. 여자가 제 사타구니를 너무 심하게 주물러 저는 손을 뿌리칠 힘도 없었습니다. 그리하여 단 네 개가 꾸며져 있는 커다란 방으로 나갔습니다. 말을 타고 타구(打毬)놀이*281도 할 수 있을 만큼 널찍한 곳이었습니다. 거기서 여자는 손을 놓고 말했습니다.

"눈을 뜨세요."

저는 너무나 세게 안기고 짓눌린 끝이라 아직 현기증이 멎지 않는 눈을 크게 떴습니다. 그곳은 구석구석까지 화려한 대리석과 설화석고를 간 방으로 의자와 이불, 방석에 이르기까지 모든 집기는 갖가지 얇고 두꺼운 비단으로 꾸며져 있었습니다. 그리고 당신 같은 왕자에게나 어울리는 놋쇠 의자 둘에 진주와 보석을 알알이 박은 황금 침상이 하나 놓여 있었습니다. 그 손님방 맞은편에는 조그마한 방이 여러 개 있어서 모든 것이 유복한 생활을 짐작하게 하는 것들뿐이었습니다.

이윽고 여자는 저에게 물었습니다.

"오, 아지즈님, 당신은 삶과 죽음 가운데 어느 쪽이 좋나요?"

"삶이오."

제가 대답하자 여자는 다시 말했습니다.

"죽는 게 싫다면 나와 결혼하세요."

"당신 같은 여자와 결혼하는 건 싫소."

"만일 나와 결혼하면 아마 당신은 그 뚜쟁이 노파 다리라*282의 딸에게서 구원받을 텐데요?"

저는 의아스러워하며 물었습니다.

"뚜쟁이 노파의 딸이라니, 대체 누구 말이오?"

이 질문에 여자는 웃으면서 대답했습니다.

"당신이 오늘까지 1년 4개월이나 함께 있었던 여자 말이에요. (전능하신 신이여, 부디 그 여자가 자신보다 더 무서운 악당에게 걸려 괴로워하다가 멸망하게 해 주소서!) 정말이지 그녀만큼 부정한 여자는 없을 거예요. 당신과 사귀기 전에도 얼마나 많은 남자를 죽였는지, 얼마나 못된 짓을 했는지 헤아릴 수 없을 정도랍니다. 그런데 당신이 아직 살해되지 않고 언제나 함께 있는 것이 대체 무슨 까닭인지 도무지 이해할 수가 없군요."

그 말을 듣고 저는 깜짝 놀라 물었습니다.

"오, 아가씨, 당신은 누구한테서 그 여자 이야기를 들었소?"

"시간의 신이 시간의 재앙을 잘 알고 있듯이, 나는 그 여자에 대한 일을 잘 알고 있어요. 하지만 당신이 그 여자와 맺어진 사연을 모두 이야기해 주시면 좋겠어요. 그러면 당신을 구할 실마리를 찾을 수 있을지도 모르니까요."

그리하여 저는 두 사람 사이에 일어난 모든 일과 사촌누이 아지자에 대한 것까지 모두 이야기해 주었습니다. 그랬더니 여자는 사촌누이의 죽음을 매우 동정하여 두 손을 모으고 하염없이 눈물을 흘리며 말했습니다.

"그분의 청춘은 알라께 바쳐진 거예요. 알라여, 그분의 훌륭한 행위를 축복해 주시기를! 오, 아지즈, 정말이지 당신 때문에 죽은 그분이야말로 사악한 뚜쟁이 노파의 딸로부터 당신을 구해 준 겁니다. 그분이 없었으면 당신은 이미 이 세상에 없었을 거예요. 하지만 그분이 없는 이제 그 교활한 여자의 못되고 간사한 꾀에 당신이 어떤 끔찍한 봉변을 당하게 될지 정말 걱정스럽군요. 나는 어쩐지 숨이 막혀서 더는 말할 수가 없어요."

"아, 정말 모든 것이 당신이 말한 대로요."

여자는 고개를 저으며 소리쳤습니다.

"요즘 세상에 아지자 같은 사람은 어디에도 없어요."

"사촌누이는 임종 때 '성실은 선, 불성실은 악!'이라는 격언을 연인에게 되풀이해 일러주라고 나에게 유언했소."

그러자 여자는 큰 소리로 외쳤습니다.

"오, 아지즈, 그 격언이야말로 당신을 그 여자에게서 구원해 준 거예요. 이제 그 여자는 결코 당신을 살해하지 않을 테니 나도 마음이 놓여요. 당신 사촌누이는 살아서만이 아니라 죽은 뒤에도 당신을 지켜주고 있어요. 나 역시 날마다 당신을 사모하고 있었어요. 하지만 아무래도 만날 기회가 없어서, 결국 오늘 계략을 써서 당신을 유인한 거예요. 왜냐하면 당신은 너무도 철부지[283]여서 젊은 여자의 속임수나 늙은이의 간사한 꾀를 전혀 모르시거든요."

"정말 그런 것은 알지 못하오!"

"기운을 내어 마음을 즐겁게 가지세요. 죽은 사람은 알라의 은총을 받을 것이고, 또 살아 있는 사람들에게도 좋은 일이 있겠지요. 당신은 정말 멋진 분이에요. 내가 당신을 사모하는 것도 알라와 그 사도들(신의 축복과 구원이 있으시기를!)의 뜻이에요. 당신이 원하는 것이라면 돈이든 물건이든 뭐든지 아낌없이 드리겠어요. 그리고 당신에게 일은 절대 시키지 않겠어요. 우리 집에는 언제든지 빵이 구워져 있고 항아리에 물이 가득 있으며 그 밖의 것은 무엇이든 주문할 수 있거든요. 당신은 그저 수탉처럼 있어 주기만 하면 돼요."

"수탉은 대체 어떻게 일을 하는 거요?"

제가 묻자 여자는 몸을 뒤로 젖히고 손뼉을 치며 웃더니 급기야 벌렁 자빠지고 말았습니다. 여자는 이윽고 일어나 다시 웃으면서 말했습니다.

"오, 내 눈동자의 빛이여, 정말 당신은 수탉의 임무를 모르시나요?"

"모르오!"

"수탉의 임무는 먹고 마시고 교미하는 것이에요."

그 말에 저는 얼굴을 붉히며 물었습니다.

"그것이 수탉의 임무란 말이오?"

"네, 그래요. 내가 지금 당신에게 부탁하고 싶은 것은 양기를 마냥 돋우어 아주 뛰어난 정력을 지니고 능란하게 그것을 해달라는 거에요."

여자는 손뼉을 치며 소리쳤습니다.

"어머니, 거기 계시는 분들을 이리 데리고 오세요."

그러자 노파가 비단 베일을 손에 들고 입회인 네 명을 데리고 들어왔습니다. 노파가 촛불 네 개에 불을 붙이자 입회인 네 명은 저에게 인사를 하고 자리에 앉았습니다. 여자는 베일로 얼굴을 가린 다음 한 입회인을 향해 두 사람의 결혼계약서를 작성하라고 말했습니다. 그들이 두 사람의 혼인증서를 작성하자 여자는 남자의 지참금을 받은 선급으로, 나머지 반은 후급으로 전액을 받은 것과 저에게 금화 1만 닢의 빚이 있다는 것을 증언했습니다.

―샤라자드는 날이 밝아오는 것을 알고 이야기를 그쳤다.

124번째 밤

샤라자드는 이야기를 계속했다.

오, 인자하신 임금님, 젊은 상인은 타지 알 무르크에게 이야기를 계속했습니다.

입회인 네 명이 두 사람의 혼인계약서를 작성하자, 여자는 남자의 지참금을 반은 선급으로, 나머지 반은 후급으로 전액을 받은 것과 저에게 금화 1만 닢의 빚이 있다는 것을 증언했습니다. 처녀가 증인들에게 수수료를 지급하자 모두 물러갔습니다.

그러자 처녀는 벌떡 일어나 윗옷을 벗어버리고 황금 레이스로 가장자리를 두른 아름다운 비단속옷 차림이 되었습니다. 이어서 아랫도리도 벗은 뒤 제 손을 잡고 저를 침상으로 데리고 갔습니다.

"법률상의 정당한 동침은 죄악이 아니에요."

그리고 침상 위에 똑바로 누워 제 몸을 자기 가슴에 끌어안고 깊은 한숨을 토해내며 수줍은 듯 몸을 약간 꼬았습니다. 그리고 탐스런 유방 언저리까지 속옷을 끌어올리니, 그 아름다운 모습을 본 저는 더는 참지 못하고 여자에게 입을 맞추고서 제 물건을 여자 그곳에 꽂아 넣고 말았습니다. 여자는 흐느껴 울며 일부러 수줍어하는 듯한 몸짓을 해보였지만 울어도 눈물은 흘리지 않았습니다.

"오, 사랑스러운 분, 빨리 좀 해 주세요!"

이 같은 모습에 저는 갑자기 어떤 시인이 부른 다음과 같은 노래가 떠올랐습니다.

속옷 쳐들고 처녀의
오목한 곳을 자세히 보니
꼭 죄어진 그 모양
흡사 내 마음과 돈[15] 같구나.
내가 반쯤 밀어 넣으면
처녀는 깊은 한숨 내쉬네.
"어찌 된 한숨이오?"

"사랑하는 이여, 이제부터는
내내 한숨뿐일걸."

여자는 거듭 말했습니다.
"오, 나의 사랑스러운 분, 난 이제 당신의 하녀예요. 어서 '결말'을 지어 주세요. 부탁이에요, 자, 더 힘껏! 모든 것을 주세요, 손에 잡고 내 안에 집어넣어 주세요!"

그리고 입을 맞추고 끌어안는가 하면, 흐느껴 울며 한숨을 토하다가 감격의 교성을 지르더니, 이윽고 기쁨과 즐거움의 속삭임 속에 절정에 이르러 '결말'이 지어졌습니다. 두 사람은 새벽까지 발가숭이 몸을 끌어안고 잤습니다. 다음 날 아침, 제가 집으로 돌아가려 하자 이게 웬일입니까! 여자가 웃으면서 다가와 이렇게 말하는 것이 아니겠습니까?

"어머나! 당신은 목욕탕에 들어갈 때와 나갈 때가 같은 줄 아세요? [284] 나를 그 뚱쟁이 노파 다리라의 딸과 마찬가지로 생각하고 계시나요? 당치도 않아요. 당신은 계약서와 정식 절차에 따라 맺어진 내 남편이에요. 자, 술에 취하셨거든 정신 차리세요. 지금 당신이 있는 이 집은 1년에 한 번 밖에 문이 열리지 않아요. 거짓말 같거든 대문간에 가보세요."

과연 대문이 잠겨 있고 못질까지 되어 있었습니다. 방으로 돌아와 그 이야기를 하니 여자가 말했습니다.

"보세요, 아지즈, 이 집에는 밀가루와 곡식, 과일과 석류, 그 밖에 사탕도 고기도 양도 닭도 몇 년 치나 비축해 두었어요. 그래서 만 1년이 지나지 않으면 문이 열리지 않아요. 아이 좋아라, 당신은 그때까지 이 집에서 나가지 못해요."

"영광스럽고 위대한 알라 외에 주권 없고 권력 없도다!"

"그래도 괜찮겠죠? 당신은 어제 내가 말한 수탉의 임무를 아시잖아요."

여자가 웃자 저도 그만 따라 웃고 말았습니다. 그리하여 저는 여자가 원하는 대로 같이 살면서 수탉의 임무를 다하여 먹고 마시고 희롱하면서 꼬박 1년을 보냈습니다. 그동안 여자는 잉태하여 자식을 갖게 되었습니다. 이듬해 설날이 되자 대문 열리는 소리가 나더니 사람들이 밀가루와 설탕을 가지고 들어왔습니다. 그때 제가 밖으로 나가려 하자 아내는 말리면서 말했습니다.

"저녁때까지 기다렸다가 여기 오실 때와 같은 모습으로 가세요."

저는 저녁 기도시간까지 기다려 조심스럽게 밖으로 나가려고 했습니다. 그러자 아내가 다시 저를 붙잡으며 말했습니다.

"오늘 밤 문이 닫히기 전에 돌아오겠다고 약속해 주세요. 그렇잖으면 절대로 보내주지 않겠어요."

제가 승낙하자 여자는 칼과 코란에 걸고*285 반드시 돌아오도록 엄격하게 맹세시켰을 뿐만 아니라 이혼서약까지 하게 했습니다. 이윽고 저는 밖으로 나가 그 집 꽃밭으로 급히 달려갔습니다. 보니 여느 때처럼 문이 열려 있었습니다. 그것을 보자 저는 화가 나서 혼잣말을 했습니다.

"1년 동안이나 집을 비웠다가 불현듯 돌아왔는데 이게 뭐람. 여전히 문이 열려 있지 않은가! 그 여자는 지금도 여기 살고 있을까? 어머니한테 돌아가기 전에 들어가 동정을 살펴봐야겠군. 더구나 밤도 되었으니 말이야."

저는 꽃밭 안으로 숨어들어 갔습니다.

—샤라자드는 날이 훤히 밝아오는 것을 깨닫고 이야기를 그쳤다.

125번째 밤

샤라자드는 이야기를 계속했다.
오, 인자하신 임금님, 아지즈는 타지 알 무르크에게 이야기를 계속했습니다.
제가 꽃밭으로 들어가 별채에 가보니 그 뚜쟁이 노파 다리라의 딸이 무릎 위에 팔꿈치를 세워 턱을 괴고 쓸쓸하게 앉아 있는데, 얼굴은 몰라볼 정도로 핼쑥해지고 눈도 움푹 꺼져 있었습니다. 하지만 제 모습을 보자 그녀는 소리쳤습니다.

"오, 무사하셨군요! 알라시여, 감사합니다!"

그리고 몸을 일으키려다가 매우 기쁜 나머지 그만 그 자리에 쓰러지고 말았습니다. 저는 부끄러워서 고개를 숙이고 있다가 곧 마음을 가다듬고 여자에게 다가가 입을 맞추며 물었습니다.

"내가 오늘 밤 이리로 올 것을 어떻게 알았소?"

"그걸 내가 어찌 알겠어요! 지난 1년 동안 한 번도 마음 놓고 잠든 적이 없었어요. 밤마다 당신이 돌아오시기를 기다리며 바깥만 지켜보고 있었어요. 내가 새 옷을 입혀 드리자 곧 돌아오겠다면서 목욕하러 가셨었지요. 그 뒤부터 줄곧 이렇게 기다리고 있었답니다. 곧 돌아오신다고 해서 그날 밤도 그 이튿날 밤도 그 다음 날 밤도 기다렸지만 당신은 돌아오지 않았어요. 하지만 난 기다렸어요. 그것이 사랑하는 사람의 길이거든요. 자, 이번에는 당신이 이야기해 줄 차례예요. 어째서 1년이 지나도록 돌아오지 않으셨는지 그 이유를 말해 주세요."

그래서 저는 모든 것을 이야기했습니다. 제가 결혼했다는 것을 말하자 여자 얼굴이 노랗게 변했습니다.

"오늘 밤 당신한테 오긴 했지만 날이 새기 전에 다시 돌아가야 해."

제가 덧붙여 말하자 여자는 말했습니다.

"그 여자는 당신을 속여서 결혼하여 1년이나 붙잡아두고도 부족하여 오늘 밤 돌아오지 않으면 이혼하겠다고 맹세를 하게 했군요. 그러면 당신 어머니나 나와 회포를 풀지도 못하고 하룻밤도 같이 지내서는 안 된단 말인가요? 그럼 꼬박 1년이나 버림받은 사람은 대체 어떻게 해야 하나요? 당신을 안 것은 내가 더 오래됐어요. 하지만 알라께서는 당신 사촌누이 아지자를 가엾이 여기고 계셔요. 그분은 아무도 겪지 못한 불행을 겪었고, 아무도 참을 수 없는 고통을 견디면서 당신에게 냉대받다가 죽었으니까요. 하지만 지금까지 나한테서 당신을 지켜준 이는 바로 그분이에요. 나는 당신이 나를 진정으로 사랑하고 있다는 것을 알았으므로 당신이 하자는 대로 내버려두었어요. 그렇지 않았으면 난 당신을 감옥에 가둘 수도 죽일 수도 있었지요. 몸에 상처 하나 내지 않고 당신을 내보내는 일은 절대 없었을 거예요."

여자는 절망적으로 울부짖으며 소름이 돋은*286 살을 부들부들 떨면서 분노에 불타는 무서운 눈길로 저를 쏘아보았습니다.

그 모습에 저는 겁을 잔뜩 먹고 몸을 부들부들 떨기 시작했습니다. 여자는 흡사 노여움에 날뛰는 무시무시한 식인귀처럼 보였고, 저는 불 속에 던져진 콩처럼 한심스러운 몰골이었습니다. 이윽고 여자는 다시 입을 열었습니다.

"이제 당신 같은 사람은 필요 없어. 당신같이 처자가 있는 사람은 나를 상대할 자격이 없단 말이야. 내가 필요한 것은 독신자이지 남의 남편이 아니야. 아내를 둔 남자는 사양하겠어! 당신은 나를 팔고 젖비린내나는 그 천박한 년의 품에 안긴 거야. 두고 보라지, 반드시 그 음탕한 년에게 뜨거운 맛을 보여줄 테니까. 그리고 당신을 이제 나한테도 그 여자한테도 쓸모가 없는 남자로 만들어줄 거야!"

그리고 여자가 뭐라고 큰 소리로 외치자 눈 깜짝할 사이에 여러 명의 노예계집이 덤벼들어 저를 그 자리에 쓰러뜨리고 말았습니다. 여러 사람에게 잡혀 제가 꼼짝 못하게 되자 여자는 단도를 집어 들고 일어나 외쳤습니다.

"수컷 염소의 멱을 따듯이 네 멱을 따 버릴 테다. 물론 이 정도의 벌로는 부족하지만, 당신이 나와 사촌누이에게 한 소행에 대한 복수야!"

저는 진흙투성이의 얼굴로 노예계집들에게 꼼짝없이 붙잡혀 있는 제 모습과, 날카로운 칼날을 퍼렇게 세우고 있는 여자를 보며 '이제 죽었구나' 생각했습니다.

—날이 새기 시작하는 것을 알고 샤라자드는 이야기를 그쳤다.

126번째 밤

샤라자드는 이야기를 계속했다.

오, 인자하신 임금님, 단단 대신은 자우 알 마칸 왕에게 이야기를 계속하고 있었고, 그 이야기 속에서 젊은 상인 아지즈도 타지 알 무르크 앞에서 이야기를 계속했습니다.

—저는 여자에게 목숨만은 살려달라고 애원했으나 여자는 점점 더 사나워져서, 마침내 노예계집에게 명령해 제 두 손을 등 뒤로 젖혀 묶어 버렸습니다. 그런 다음 저를 자빠뜨려 배 위에 올라타고 머리를 눌렀습니다. 그러자 두 노예계집이 제 정강이 위에 올라타고 다른 두 여자는 제 팔다리를 눌렀습니다. 여자는 다시 노예계집 둘을 불러 저를 힘껏 때리라고 시켰습니다. 노예계집들은 저를 마구 때렸고, 저는 정신을 잃어 아무 소리도 내지 못하게 되었습니다. 그러다가 문득 정신이 돌아오자 저는 혼잣말을 했습니다.

"이렇게 매를 맞을 바에는 차라리 단숨에 멱을 따고 죽는 게 낫겠다!"

그리고 사촌누이 아지자가 했던 온갖 상냥한 말과 항상 '오, 알라시여, 부디 이분을 그 여자의 재앙으로부터 지켜주소서!' 하고 빌어주던 일을 생각하며 목 놓아 울었습니다. 그렇게 울다 울다 지쳐서 마침내 목은 쉬었고, 몸을 움직이기는커녕 숨을 쉴 힘마저 사라져버렸습니다.

그러는 동안 여자는 다시 칼을 갈더니 노예계집들에게 명령했습니다.

"이자를 발가벗겨라."

그 말을 들은 순간 신의 가호에 의해 문득 사촌누이한테서 들은 두 가지 격언(이제는 그것이 유언이 되고 말았습니다만)이 떠올라 여자를 향해 말했습니다.

"오, 여보, 당신은 '성실은 선, 불성실은 악'이라는 말을 모른단 말이오?"

이 말을 듣자 여자는 큰 소리로 말했습니다.

"아, 아지자, 알라께서 당신을 가엾이 여기시고, 젊은 몸으로 헛되이 죽은 보상으로 당신에게 천국을 주시기를! 아, 정말이지 그녀는 살아 있을 때뿐만 아니라 저 세상에 가서도 당신을 위해 애쓰고 있군. 그녀는 이제 그 두 구절로 당신 생명을 구해 준 거야. 하지만 난 아무래도 당신을 이대로 그냥 둘 수 없어. 당신을 붙잡아두고 나에게 보내지 않았던 그 뻔뻔스러운 여자를 괴롭혀주기 위해 당신에게 나의 낙인을 찍어주지 않고서는 성에 차지 않는단 말이야."

그리고 노예계집들에게 명령하여 제 발을 묶게 했습니다.

"자, 이 남자 위에 올라타고 앉아라!"

노예계집들이 시키는 대로 하자 여자는 일어나 구리냄비를 가지고 와서 화로에 올려놓고는 거기에 참기름을 붓고 치즈를 튀겼습니다.[287] 그런 다음 제 곁에 다가와(저는 아직도 정신을 잃고 있었습니다) 제 속옷 끈을 풀고 제 남근[288]을 끈으로 묶어 두 노예계집에게 잡아당기게 했습니다. 노예들이 끈을 잡아당기자 너무나 아파 다시 정신이 아득해지면서 살아 있는 기분이 아니었습니다. 그리하여 여자는 면도칼을 들고 제 남근을 싹둑 잘라버렸고 저는 여자나 다름없이 되고 말았습니다. 그것이 끝나자 여자는 끓는 기름으로 상처를 태우고 가루약을 발라주었습니다. 그동안 저는 완전히 의식을 잃고 있었습니다. 정신이 들고 보니 피는 이미 멎어 있었습니다. 여자는 노예계집에게 명령하여 저의 포박을 풀게 하고 포도주를 한 잔 먹인 다음 말했습니다.

오마르 빈 알 누만 왕과 두 아들 샤르르칸과 자우 알 마칸 이야기

"자, 네가 결혼한 여자, 너를 하룻밤도 나에게 보내기 싫어하던 네 계집에게 돌아가라. 네 생명을 구하고 마음속에 품은 사랑을 끝까지 고백하지 않은 네 사촌누이 아지자에게 알라의 자비가 내리시기를! 정말이지 만일 네가 그 말을 하지 않았으면 나는 네 멱을 땄을 것이다. 자, 어서 네가 좋아하는 계집에게 가. 방금 자른 그 물건이 없다면 나는 너한테 이제 아무 볼일도 없어. 네가 앞으로 어떻게 되든 내 알 바 아니야. 그러니 빨리 가서 네 할 일이나 해. 그리고 깊이 머리 숙여*289 네 사촌누이의 명복이나 빌어줘라!"

그리고 여자는 저를 발로 걷어찼습니다. 저는 가까스로 일어날 수는 있었지만 걸을 수가 없었습니다. 기다시피 하여 간신히 두 번째 여자의 집 문 앞에 이르렀습니다. 문이 열려 있어서 안으로 들어가 그대로 쓰러진 채 정신을 잃고 말았습니다. 아내가 나와 저를 손님방으로 안아다 놓고는 제가 여자가 되어버린 것을 알고 말았습니다. 얼마 뒤 저는 깊이 잠이 들었는데, 잠에서 깨어보니 저는 꽃밭 어귀에 버려져 있었습니다.

―날이 훤히 밝아오는 것을 깨닫고 샤라자드는 이야기를 그쳤다.

127번째 밤

샤라자드는 이야기를 계속했다.

오, 인자하신 임금님, 젊은 상인 아지즈는 타지 알 무르크에게 이야기를 계속했습니다.

꽃밭 어귀에 버려져 있던 저는 몸이 아프고 한심스럽기도 하여 끙끙 앓으면서 일어나 가까스로 저희 집으로 갔습니다. 집 안으로 들어서다가 어머니와 딱 마주쳤습니다. 어머니는 제 얼굴을 보더니 눈물을 흘리며 말했습니다.

"오, 내 아들아, 아직 살아 있었구나. 대체 어디 가 있었더냐!"

저는 다가가 어머니에게 안겼습니다. 어머니는 저를 안고 지그시 살펴보다가 제 몸 상태가 좋지 않은 것을 알았습니다. 어쨌든 제 얼굴은 거무죽죽한 데다 누렇게 떠 있었으니까요. 저는 그때부터 사촌누이를 생각하며 그녀가 항상 저에게 베풀어주었던 갖가지 마음씨를 생각하며 진심으로 저를 사랑해 주었던 것을 절실히 깨달았습니다. 그러나 때는 이미 늦어 돌이킬 도리가 없었습니다. 제가 사촌누이를 애도하며 눈물을 흘리자 어머니도 따라 울었습니다. 이윽고 어머니는 말했습니다.

"애야, 네 아버님이 돌아가셨단다."

그 말을 듣자 저는 운명을 원망하며 울부짖고 괴로움에 몸부림치다가 끝내 정신을 잃고 말았습니다. 다시 정신을 차리고서 아지자가 늘 앉아 있던 곳을 보니 또다시 새로운 눈물이 하염없이 넘쳐흘러 슬픈 나머지 다시 정신이 아찔해지는 것이었습니다. 그렇게 목 놓아 울며 슬퍼하고 한탄하는 동안 한밤중이 되었습니다. 어머니가 말했습니다.

"네 아버지는 열흘 전에 돌아가셨단다."

"저는 아지자에 대한 생각으로 가슴이 가득 차 있어요. 제가 이런 꼴을 당하는 것도 당연한 일이겠지요. 그토록 저를 사랑해 준 누이를 본 척도 하지 않았던 탓입니다."

"대체 네 몸에 무슨 일이 있었느냐?"

저는 그때까지 겪었던 모든 일을 이야기했습니다. 어머니는 한동안 하염없이 울더니 이윽고 먹을 것과 마실 것을 가져다주었습니다. 저는 그것을 조금 먹고 마신 다음 다시 한 번 그간의 온갖 일들을 이야기했습니다. 그것을 듣고 어머니는 외쳤습니다.

"그 여자가 다행히 그 정도로 그치고 너를 살려주었구나. 알라시여, 감사합니다!"

어머니가 저를 열심히 간호하고 약을 먹여준 덕택에 저는 곧 건강을 회복했습니다. 몸이 완전히 회복되자 어머니가 말했습니다.

"애야, 네 사촌누이가 너한테 주라고 하며 내게 맡긴 것을 가져다주마. 그 애는 나에게 맹세를 시켰다. 네가 그 애 말고 다른 여자와 모든 관계를 끊고 그 애를 생각하며 하염없이 우는 것을 내 눈으로 확인할 때까지는 너한테 주지 말라고 말이야. 이제 그 약속조건이 다 갖추어졌으니 그걸 가져다주마."

그리고 어머니가 일어서더니 상자를 열고 그 속에서 영양 그림이 수놓인 헝겊을 꺼내왔습니다. 그것은 전에 제가 아지자에게 준 물건이었습니다. 그것을 받아들고 보니 거기에 다음과 같은 시가 적혀 있었습니다.

아름다운 이여, 말하라
누가 그대에게 가르쳤느냐.
이토록 무정하게 일을 꾸며
이 박복한 연인을
애태워 죽게 만든 것은?
이별하고서 그대는 일찌감치
나를 잊고 말았지만
알라께서는 아시리라
나의 추억 속에서 그대는
영원히 사라지지 않는다는 것을.
그대는 이 몸을 헐뜯지만
쓰디쓴 그 말조차
나에게는 달콤하게 들리더라.
언젠가 너그러운 마음으로
사랑의 표시를 보여다오.
나는 몰랐네, 사랑이
이토록 괴로울 줄은,
사랑하는 그 시름에 마음이
이토록 아플 줄은.
옛날에는 시름을 몰랐네,
그대와의 사랑에 빠지고서
그대 눈동자에 견딜 수 없어
대지에 엎드릴 때까지.
나의 적마저 나를
가엾이 여기고 슬퍼하건만
인도의 강철 같은 그대 마음
쌀쌀하고 무정하게도
조그마한 자비조차 베풀지 않는구나.
아, 이 몸은 죽어가는데
위로받을 길 없어라.

하지만 차라리 황폐한 땅에서
이 몸 비록 썩어갈지라도
안타까운 내 마음, 이 사랑을
어찌 잊을 수 있을쏘냐.

이 시를 읽고 저는 가슴이 미어지는 것 같아 얼굴을 때리면서 울었습니다. 그런 다음 헝겊을 펼쳐보니, 그 속에서 또 하나의 종이쪽지가 떨어져서 보았더니 이런 말이 적혀 있었습니다.

"오빠, 저는 당신이 나에게 쌀쌀하게 대한 것을 원망하지 않습니다. 당신이 사랑하는 여자와 화목하게 지낼 수 있도록 알라께 기도드립니다. 다만, 그 사악하기로 소문난 뚜쟁이 노파의 딸 때문에 만일 당신의 신상에 무슨 일이 일어났을 때는 결코 그 여자에게 돌아가서는 안 됩니다. 그리고 다른 여자에게도 가지 말고 당신의 괴로움을 꾹 참고 견디세요. 당신의 수명이 길지 않다면 당신은 벌써 죽었을 테니까요. 그리고 나는 당신보다 먼저 나에게 죽음을 주신 알라께 감사드립니다! 그늘에서나마 나는 당신이 아무 탈 없이 편안하기를 빌겠습니다. 부디 영양이 수놓인 이 헝겊을 몸에 간직해 주세요. 이 헝겊은 당신이 안 계셔서 쓸쓸했던 때 나를 위로해 준 벗이었으니까요."

―여기서 날이 환하게 밝아오는 것을 알고 샤라자드는 이야기를 그쳤다.

128번째 밤

샤라자드는 이야기를 계속했다.
오, 인자하신 임금님, 젊은 아지즈는 타지 알 무르크에게 이야기를 계속했습니다.
사촌누이 아지자가 쓴 글을 읽어보니, 다음과 같이 저를 일깨워주는 것이었습니다.
'영양이 수놓인 이 헝겊을 늘 몸에 간직해 주세요. 이 헝겊은 당신이 안 계셔서 쓸쓸했던 때 나를 위로해 준 벗이었으니까요. 그리고 만일 이 영양을 수놓은 여자를 우연히 만나더라도 피해서야 합니다. 결코 가까이하거나 결혼해서는 안 됩니다. 그리고 또 그 여자를 만나지 못하고 가까이할 방법이 없다고 해서 다른 여자하고 가까이해서도 안 됩니다. 이 영양을 수놓은 여자는 실은 해마다 하나씩 같은 것을 만들어 먼 나라로 보내고 있어요. 그 이유는 이렇게 아름다운 수를 놓을 수 있는 사람은 이 세상에 자신밖에 아무도 없다는 명성을 퍼뜨리고 싶어서지요. 당신 연인인 그 사악한 뚜쟁이 노파의 딸은 이 헝겊을 손에 넣고는 '이것을 만든 사람은 내 동생'이라고 사람들에게 보여주면서 늘 속였습니다. 그건 새빨간 거짓말입니다. 알라여, 부디 그 여자의 가면을 벗겨주소서! 이것은 내가 이별하면서 드리는 마지막 충고입니다. 이때까지 당신한테 이런 말을 한 적은 한 번도 없었습니다. 그러나 내가 죽은 뒤, 당신은 이 세상을 답답하게 느끼고 고향을 떠나 타향을 헤맬 것 같은 기분이 듭니다. 그리고 이 영양을 수놓은 여자의 소문을 듣게 되면 당신은 아마도 그녀와 친해지고 싶을 거예요. 그때가 되면 당신은 틀림없이 나를 생각하겠지만 이미 아무 소용없을 겁니다. 내가 죽지 않고는 당신은 나의 가치를 모르실 테니까요. 끝으로 덧붙여 둘 말은 이 영양을 수놓은 여자는 녹나무 섬 임금님의 공주로 고귀한 분입니다.'

그 종이쪽지를 읽고 내용을 알고 나자 제 눈에서 다시 눈물이 솟아졌습니다. 제 눈물을 보고 어머니도 따라 울었습니다. 저는 언제까지나 그 편지를 들여다보며 해가 질 때까지 눈물을 흘렸습니다. 그런 상태로 꼬박 1년을 지내고 있었는데, 그해 끝 무렵 지금 저와 함께 이 대상에 들어 있는 고향의 상인들이 여행을 떠날 채비를 시작했습니다. 어머니는 제가 여행이라도 떠나면 혹시 마음이 위로 되고 슬픔도 가실지 모른다 싶어 함께 떠나도록 권했습니다.

"대상(隊商)이 돌아올 때까지 1년이나 2년, 아니면 3년쯤 여행을 하며 기분전환을 하고 오너라. 그러면 가슴속이 후련해지고 기운도 날 테니까."

어머니가 자애로운 말로 권해 주었으므로 마침내 저도 상품을 마련하여 대상과 함께 길을 떠났습니다. 그러나 여행하는 도중에도 저는 내내 눈물이 마를 날이 없었습니다. 정말 단 하루도 눈물을 흘리지 않은 날이 없었습니다! 그리고 모두 걸음을 멈추고 야영할 때마다 이 헝겊을 펴서 수놓인 영양을 바라보며 아지자를 생각하면서 아까 보셨듯이 울고 있었던 것입니다. 정말이지 그 사촌누이는 진심으로 깊이 저를 사랑하고 있었는데 제가 너무 쌀쌀맞게 대하여 그 슬픔을 견디지 못해 죽은 것입니다. 저는 사촌누이에게 그토록 쌀쌀맞고 인정 없는 짓만 했건만 사촌누이는 저에게 착한 일만 해 주었습니다. 이 대상이 여행을 마치고 돌아갈 때는 저도 함께 고향으로 돌아가겠지요. 그때까지 꼬박 1년 동안 집을 비우는 셈이 됩니다. 녹나무 섬과 수정궁을 찾아가 보았지만 저의 슬픔과 괴로움은 오히려 더욱더 커질 뿐이었습니다. 섬 7개로 이루어진 그 녹나무 섬은 샤리만이라는 왕이 다스리고 있는데, 이 임금님에게 두냐라는 공주가 있었습니다. 소문에 의하면 이 영양을 수놓은 사람은 그 공주로, 제가 가진 이 헝겊의 수도 그 공주가 놓았다고 합니다.

그 사실을 알았을 때 내 마음에 그녀를 향한 그리움과 사모하는 마음이 일어, 고뇌의 불길에 가슴을 활활 태우다 슬픈 시름의 바다에 빠지고 말았습니다. 그리하여 다른 남자들과 달리 남자로서의 도구를 잃어버리고 여자처럼 되어버린 제 신세를 생각하며 끝없이 한탄했지만 어찌할 도리가 없었습니다. 그 녹나무 섬을 떠난 날부터 오늘까지 저는 줄곧 눈물을 흘리며 무겁게 가라앉은 마음으로 우울하게 지내왔습니다. 이미 오랫동안 이런 상태에 놓여 있어, 앞으로 고향으로 돌아가 어머니 곁에서 죽을 수 있을지 어떨지 그것도 알 수 없는 형편입니다. 저는 뜬세상 고뇌를 너무나 혹독하게 맛보았기 때문에 세상이 싫어지고 말았습니다.

그렇게 말하며 젊은 상인은 신음을 내면서 눈물을 흘리고 수놓인 영양을 물끄러미 바라보았습니다. 그리고 두 뺨에 또다시 냇물처럼 눈물을 흘리면서 이런 노래를 읊었습니다.

"기쁨은 반드시 찾아온다."
지껄여대는 수다쟁이
"이러쿵저러쿵 말하지 마라!"
저도 모르게 나도 내뱉네.
"반드시 온다, 머잖아."
상대의 말에 나는 대답하네.
"부질없는 소리! *290

누가 보장하랴, 이 목숨을."

젊은이는 이런 노래도 읊었습니다.

　신께서는 다 아신다,
　헤어진 그날부터
　내가 눈물로 지새다가
　마침내 눈물마저 메말라
　눈물을 빌려 달라 부탁했음을.
　"참는 게 중요하다, 참고 견디면
　여자는 결국 손에 들어오리라!"
　"그따위 헛소리는 집어치워라."
　참을성 있는 마음의 거처를
　대체 어느 주인이 알까."

그리고 젊은이는 말했습니다.
"오, 왕자님, 이것이 제 신세 이야기입니다. 지금까지 이보다 더 기이한 이야기를 들으신 적이 있으십니까?"
타지 알 무르크는 이 젊은 상인의 이야기에 매우 놀랐습니다. 그리고 아름다운 두냐 공주의 이름을 듣는 순간 연정의 불꽃이 오장육부를 화살처럼 꿰뚫는 것을 느꼈습니다.

—샤라자드는 날이 훤히 밝아오는 것을 알고 이야기를 그쳤다.

129번째 밤

샤라자드는 이야기를 계속했다.
오, 인자하신 임금님, 단단 대신은 자우 알 마칸에게 이야기를 계속했습니다.

타지 알 무르크 왕자는 젊은 상인 아지즈의 신세 이야기를 듣고 매우 놀랐습니다. 그리고 영양 자수를 놓았다는 두냐 공주의 이름을 듣는 순간 온몸에 뜨거운 연정의 불길이 타올라 안타까운 마음으로 젊은이에게 말했습니다.

"네 신상에 일어난 일은 정말 신기하구나. 아무도 네가 경험한 것과 같은 일을 겪은 사람은 없으리라. 그러나 너에게는 정해진 수명이 있으니 그것을 끝까지 누리도록 해야 할 터이다. 그건 그렇고 너에게 한 가지 물어볼 것이 있다."

"무엇입니까?"

"그 영양 자수를 놓은 공주를 어떻게 해서 만났는지 가르쳐주겠느냐?"

"오, 왕자님, 저는 한 가지 꾀를 부려 공주님한테 접근했는데, 그 사정은 이렇습니다. 대상과 함께 공주님의 도성에 들어간 저는 그 길로 울타리가 둘러쳐져 있는 곳을 천천히 걸어갔습니다. 이윽고 나무가 울창한 정원이 나왔는데, 그곳의 정원지기는 기품이 있고 나이가 지긋한 노인이었습니다.

'노인장, 이 정원은 누구의 것입니까?'

제가 말을 걸자 노인은 대답했습니다.

'이곳은 샤리만 임금님의 공주 두냐 님의 정원이지. 지금 우리가 있는 곳은 공주님 궁전 바로 아래쪽이라 공주님이 바람을 쐬고 싶어지면 뒷문을 열고 이 정원을 산책하면서 온갖 꽃향기를 즐기신다네.'

'공주님이 나오실 때까지 이 정원에 있게 해 주실 수 없겠습니까? 공주님이 지나가시는 모습을 한 번이라도 볼 수 있을지 모르니까요.'

'그 정도라면 상관없겠지.'

그래서 저는 은화 한 닢쯤 되는 돈을 노인에게 주며 부탁했습니다.

'이것으로 뭔가 먹을 것을 좀 사다주십시오.'

노인은 기꺼이 그 돈을 받아든 다음 나무문을 열고 먼저 들어가더니 저를 안으로 넣어주었습니다.

그러자 뜻밖에도 바로 그 두냐 공주가 쪽문을 열고 정원으로 나오지 않겠습니까? 그 모습은 마치 달이 지평선에서 떠올라 하늘 가득히 빛나는 듯했습니다. 그리하여 저는 꼬박 한 시간쯤 공주를 바라보며 마치 목마른 사람이 물을 그리워하듯 안타까운 마음으로 애태우고 있었습니다. 이윽고 공주는 다시 뒷문으로 들어가고서 문을 닫아버렸습니다. 그래서 저도 그 정원을 나와 숙소로 돌아갔는데, 저 자신은 공주에게 접근할 신분도 아니고 상대할 수 있는 몸도 아님을 잘 알고 있었습니다. 무엇보다 저는 남자의 도구를 갖지 못한 여자나 다름없는 몸입니다. 그뿐만 아니라 상대는 공주이고 저는 한낱 상인에 불과합니다. 그런데 어찌 공주와 같은 여인, 아니, 어떤 여자인들 가까이할 수 있겠습니까? 그러는 동안 동행한 상인들이 출발 준비를 시작했으므로 저도 준비를 하여 함께 떠나왔습니다. 그리고 여행을 계속하다가 이곳에 이르러 왕자님을 뵙게 된 것입니다. 그리하여 왕자님의 분부대로 자세한 얘기를 해 드렸습니다. 여기까지가 제 신상에 일어난 이야기입니다."

타지 알 무르크는 이 상인의 이야기를 듣고 욕정의 불길이 가슴 가득히 퍼져 나가, 몸도 마음도 두냐 공주에 대한 생각으로 가득 차고 말았습니다. 이윽고 왕자는 일어나 말을 타고 아지즈를 데리고 아버지의 도성으로 돌아갔습니다. 그리고 아지즈에게 집과 음식과 옷 등 필요한 것을 모두 마련해 주었습니다. 그런 다음 왕자는 아지즈의 집을 나와 눈물로 뺨을 적시면서 자기 궁전으로 돌아갔습니다. 사랑에는 눈보다 귀가 더 빠른 때가 곧잘 있는 법이니까요.*291

그렇게 나날을 보내고 있는데 어느 날 부왕이 왕자를 찾아왔습니다. 부왕은 왕자가 손발이 야위고 눈에 눈물이 고여 매우 핼쑥한 얼굴을 한 것을 보고, 뭔가 번민하고 있는 것이 틀림없다고 생각했습니다. 그래서 왕자에게 물었습니다.

"오, 아들아, 대체 무슨 일이냐? 네 신상에 무슨 일이 일어났는지 이야기해다오. 얼굴빛이 나쁘고 몸도 많이 야위지 않았느냐?"

왕자는 부왕에게 지금까지의 이야기를 하고 아직 한 번도 본 적 없는 두냐 공주를 그리워하고 사랑하게 되었다고 말했습니다. 이 말을 듣고 부왕은 말했습니다.

"오, 아들아, 그녀는 여기서 멀리 떨어진 나라의 공주다. 그런 생각은 털어버리고 어머니가 계신 궁전으로 가거라."

―샤라자드는 날이 훤히 밝아오는 것을 알고 이야기를 그쳤다.

130번째 밤

샤라자드는 이야기를 계속했다.

오, 인자하신 임금님, 단단 대신은 자우 알 마칸에게 이야기를 계속했습니다.

부왕이 이런 식으로 왕자에게 다시 말을 이었습니다.

"오, 아들아, 어머니의 궁전에는 아름다운 처녀가 500명이나 있으니 그 가운데 누구든 네 마음에 드는 여자를 골라라. 그것이 싫다면 너를 위해 두냐 공주보다 더 아름다운 공주를 찾아와 너와 짝지어주도록 하마."

그러나 왕자는 대답했습니다.

"아버님, 저는 다른 여자는 아무도 필요 없습니다. 그 공주는 제가 본 그 영양 자수를 놓은 사람입니다. 저는 그 여자를 어떻게든 손에 넣고 싶습니다. 그것을 이루지 못한다면 저는 어느 황야나 사막으로 달아나 저 자신을 멸망시키고 말겠어요."

"그렇다면 그 공주의 아버지에게 사자를 보내 청혼해서, 네 어머니에 대한 소망을 내가 이룬 것처럼 네 소원도 이루어지게 해 줄 테니 그때까지 참도록 하여라. 알라께서는 아마도 네 소원을 들어주실 것이다. 그러나 만일 공주의 부모가 승낙하지 않는다면, 그때는 선두에 이어 후군을 보내 그 나라를 뒤흔들어 놓을 테다."

그리고 임금님은 아지즈를 불러 물었습니다.

"여봐라, 너는 그 녹나무 섬으로 가는 길을 아느냐?"

"예, 알고 있습니다."

"그러면 나의 대신과 함께 그곳에 다녀오너라."

"오, 임금님, 분부대로 하겠습니다."

왕은 대신을 불러 말했습니다.

"이 혼사가 잘 맺어지도록 무슨 좋은 방법을 생각해 주오. 그리고 녹나무 섬으로 가서 그곳 왕에게 내 아들 타지 알 무르크를 위해 공주를 며느리로 달라고 이야기해 주시오."

"잘 알았습니다."

왕자는 자기 처소로 돌아왔으나 두냐 공주를 사모하는 정이 점점 더해 한

시도 참을 수 없는 지경이었습니다. 밤이 되자 왕자는 뜨거운 눈물을 흘리고 한숨을 내쉬면서 몸부림치다가 이런 시를 읊었습니다.

　　어둠이 다가와 눈물은 하염없이 흐르고
　　세찬 사랑의 불길이 가슴을 활활 태우네.
　　그대여, 들으라, 나는 밤마다 그대에게 알리노니
　　잠 이루지 못해 밤새도록 별을 지켜보면
　　눈물이 우박처럼 뺨을 굴러 떨어지고
　　돕는 이 아무도 없어 홀로 외로운 이 내 몸.
　　벗도 친척도 실연의 상처 입은 이 몸을
　　부드러운 위로는커녕 매정하게 버리누나.

이 시를 읊고 나자 왕자는 정신이 아득해져서 새벽까지 쓰러져 있었습니다. 아침이 되자 부왕의 환관이 베갯머리에 와서 왕이 부르신다고 전했습니다. 왕자가 그를 따라가 보니 부왕은 왕자 얼굴이 더 핼쑥해진 것을 보고 조금만 더 참으라고 타이르며 반드시 사랑하는 공주와 짝지어주겠다고 약속했습니다. 왕은 아지즈와 대신에게 모든 준비를 하게 하고 여러 가지 선물을 내려주었습니다. 길을 떠난 그들은 밤낮없이 여행을 계속하여 마침내 녹나무 섬 가까이에 이르렀습니다. 어느 강가에 머무르며 대신은 사자를 보내 자기들이 도착했음을 녹나무 섬 왕에게 알렸습니다. 그 사자가 떠난 지 한 시간도 안 되어 녹나무 섬 왕의 시종과 태수들이 자기들 쪽으로 오는 것이 보였습니다. 그들은 대신 일행을 도성에서 1파라상쯤 떨어진 곳에서 맞이한 다음 호위하여 왕 앞으로 안내했습니다. 대신 일행은 샤리만 왕 앞에 선물을 바치고 사흘 동안 국빈으로 대우받았습니다. 나흘째 되는 날 대신은 왕에게 나아가 이 나라까지 멀리 찾아온 목적을 이야기했습니다. 이 말을 들은 왕은 공주가 남자를 싫어하여 결혼하기를 꺼리고 있으므로 뭐라고 대답해야 좋을지 난처해져서 한동안 고개를 숙이고 있었습니다. 이윽고 왕은 머리를 들고 한 환관을 불러 말했습니다.

　"두냐 공주에게 가서 지금 네가 들은 이야기와 대신이 찾아오신 까닭을 전하도록 하라."

얼마 뒤 환관이 돌아와 왕에게 아뢰었습니다.

"오, 이 세상을 다스리시는 임금님, 제가 두냐 공주님에게 말씀을 전했더니 공주님은 크게 역정을 내시며 지팡이를 들고 일어서시더니 이 머리를 두들겨 부수려고 하셨습니다. 제가 깜짝 놀라 달아나려 하자 공주님은 '만일 아버님이 굳이 그분에게 나를 시집보내려 하시면 나는 상대가 누구든 죽여버리고 말 테다' 하고 말씀하셨습니다."

그러자 임금님은 사자인 대신과 아지즈를 향하여 말했습니다.

"방금 들으신 바와 같은 형편이오. 이제 잘 아시겠지요. 당신네 임금님께 잘 말씀 드려 내가 드리는 인사말과 내 딸은 남자를 싫어하여 결혼하려 하지 않는다고 전해 주시오."

—샤라자드는 날이 훤히 밝아오는 것을 알고 이야기를 그쳤다.

131번째 밤

샤라자드는 이야기를 계속했다.

오, 인자하신 임금님, 샤리만 왕은 대신과 아지즈를 향해 이렇게 말했습니다.

"당신네 임금님께 나의 인사말과 지금 들으신 바와 같이 내 딸은 결혼하기를 싫어한다는 것을 전해 주시오."

이리하여 대신들은 목적을 이루지 못한 채 길을 서둘러 돌아와 자세한 보고를 올렸습니다. 왕은 크게 노하여 중신들에게 군사를 모아 출정할 준비를 하도록 명령했습니다. 그러자 대신이 말했습니다.

"오, 임금님, 그것만은 부디 그만두십시오. 그쪽 임금님의 잘못이 아닙니다. 공주님이 저희 용건을 듣고 환관에게 만일 아버님이 강제로 결혼시킨다면 상대가 누구든 그 사람을 죽이고 자기도 자살하겠다고 말했기 때문입니다. 그러니 이 혼담을 거절한 것은 바로 공주입니다."

이 이야기를 듣고 왕은 왕자를 염려하며 말했습니다.

"흠, 과연, 녹나무 섬의 왕과 싸워 그 공주를 빼앗아본들 공주가 죽어 버린다면 아무 소용없겠구나."

그리고 왕자에게 그 사정을 이야기하자 왕자는 말했습니다.

"오, 아버님, 저는 그 여자 없이는 살 수 없습니다. 그러니 제가 그 여자에게 가서 어떻게 가까이해야 할지 궁리해 보겠습니다. 비록 그 때문에 죽게 되더라도 상관없습니다. 이 일만은 꼭 하고야 말겠습니다. 그 밖에는 아무것도 하기 싫습니다."

"어떻게 해서 공주에게 갈 작정이냐?"

"상인 차림을 하고 갈까 합니다."

"꼭 가야겠다면, 또 그렇게 할 수밖에 없다면 대신과 아지즈를 데리고 가도록 하여라."

왕은 보물창고에서 돈을 꺼내 금화 10만 닢 어치의 상품을 왕자에게 마련해 주었습니다. 해가 지자 왕자는 아지즈와 미리 계획해둔 대로 아지즈의 집으로 가서 하룻밤 지내기로 했습니다. 왕자는 몹시 상심하여 제대로 먹지도 자지도 못했습니다. 너무나 시름에 잠겨 사랑하는 여인을 그리워하며 애태우고 있었기 때문입니다. 왕자는 두 사람을 맺어주십사고 조물주인 신에게 기원하며 눈물에 젖어 다음과 같은 시를 읊었습니다.

> 떨어져 있는 이 몸에도
> 언젠가 맺어질 날 있으리.
> 그날이 되면, 이 눈물
> 그려내는 것은 나의 초상
> 슬픈 사랑에 애태우는 내 운명.
> 밤이면 온갖 시름을 잊고
> 생각하느니 그대뿐.
> 사람들이 모든 괴로움을 잊고
> 편히 잠든 동안에도
> 잠들지 못하는 나의 참혹함이여.

왕자는 이 즉흥시를 읊고 나서 한없이 슬퍼하며 한탄했습니다. 아지즈도 사촌누이를 생각하며 함께 울었습니다. 그러는 동안 날이 밝아 아침이 되자 왕자는 일어나 여행준비를 하고 어머니에게 작별인사를 하러 갔습니다. 어머니가 묻는 대로 모든 이야기를 들려주니, 어머니는 금화 5만 닢을 왕자에게 내주며 이별을 슬퍼했습니다. 왕자가 떠나자 어머니는 아들이 무사히 연인과 함께 돌아올 수 있게 해달라고 알라께 빌었습니다. 왕자는 다시 부왕에게 가서 출발 허락을 청했습니다. 왕은 쾌히 허락하고 헤어질 무렵 다시 금화 5만 닢을 주고 나서 왕자를 전송하기 위해 도성 밖에 천막을 치도록 명령했습니다. 큰 천막이 쳐지자 길을 떠날 사람들은 그곳에서 이틀 동안 머물고서 드디어 출발했습니다.

타지 알 무르크 왕자는 아지즈가 함께 가게 된 것을 매우 기뻐하며 말했습니다.

"여보게, 이제부터는 자네와 절대 떨어지지 않겠어."

"저도 같은 심정입니다. 저는 기꺼이 왕자님 발밑에서 죽고 싶습니다. 그러나 저는 왕자님의 어머님이 몹시 걱정됩니다."

"우리의 소망이 이루어지면 모든 일이 다 잘될 거야!"

대신은 줄곧 왕자에게 꾹 참고 견디라며 타일렀고, 아지즈도 밤마다 갖가지 이야기를 꺼내 시를 읊고 역사 이야기와 일화를 들려주면서 왕자의 마음을 위로했습니다. 그리하여 꼬박 두 달 동안 밤낮없이 부지런히 여행을 계속했는데, 왕자는 마침내 그 긴 여행이 지루해졌고 가슴속 불같은 욕정은 갈수록 뜨겁게 타올랐습니다. 그러던 어느 날 견디지 못한 왕자는 이런 노래를 부르기 시작했습니다.

여행길은 아득히 멀고
슬픔과 괴로움은 더해갈 뿐,
가슴에 깃든 사랑의 불길도
꺼질 날 없네, 영원히.
내 희망의 목표여!
내 욕정의 목표여!
씨앗 한 알로
사람을 만드신 신께 맹세코
내 등에 지워진,

그대 사랑하는 안타까운 마음의 무거운 짐
알 슙 산의 무게보다
더 견디기 어려운 이 그리움.
아, 나의 이승의 처녀여!
사랑에 무너져버린 이 몸
숨이 끊어질 듯하여
목숨을 구걸할 방법도 없네.
이 몸에 힘을 빌려줄 그대와
동침할 소망이 없다면
손발은 지치고 여위는데
어찌 나그넷길 서두르랴.

이 시를 읊고 난 왕자는 마음의 상처를 이기지 못해 눈물을 흘리며 울었습니다. 아지즈도 함께 울었습니다. 그 모습을 보고 대신도 마음이 움직여져 동정하며 말했습니다.

"오, 왕자님, 좀더 기운을 내시어 눈물을 거두십시오. 모든 일이 곧 잘될 겁니다."

"오, 대신, 나는 이 머나먼 여행길이 지긋지긋해졌어. 우리가 목표하는 도성까지 얼마나 남았을까?"

왕자의 물음에 아지즈가 대답했습니다.

"이제 그리 멀지 않았습니다."

이리하여 그들은 골짜기를 건너고 들판을 지나 숲과 돌투성이 황무지를 가로지르면서 여행을 계속했습니다. 어느 날 밤 왕자는 연인이 자기와 함께 있고, 더욱이 자신이 그 여자를 가슴에 꼭 끌어안는 꿈을 꾸었습니다. 안타까워 몸을 떨면서 잠에서 깨어난 왕자는 너무나 기뻐 어쩔 줄 몰라 하며 이런 즉흥시를 읊었습니다.

사랑스러운 벗이여, 눈물이
뺨을 타고 흘러내리면
그리움에 몸부림치는

내 슬픔은 끝이 없네.
탄식하는 이 몸은
자식 잃은 어미와도 같고
어둠이 내리면, 홀로 남은
비둘기처럼 신음하노라.
그대 사는 나라에서
산들바람 불어오면
햇볕에 불타는 대지에
시원한 느낌이 드네.
나의 연인이여, 편안히
지내기를 기원하노라.
산들바람 불어와
흰 비둘기 날고
산비둘기 구— 구— 우는 동안에.

왕자가 시를 읊고 나자 대신이 다가와 말했습니다.
"기뻐하십시오. 그것은 좋은 징조입니다. 그러니 기운을 내시고 이제 눈물은 흘리지 마십시오. 틀림없이 소원이 이루어질 테니까요."
아지즈도 가까이 와서 조금만 더 참으라고 격려하며, 여러 가지 이야기를 들려주어 왕자의 기분을 북돋아주려고 힘썼습니다. 세 사람은 밤낮없이 길을 서둘러 다시 두 달 동안 여행을 계속했는데, 어느 날 새벽녘 저 멀리 무언가 하얀 것이 보였습니다. 왕자가 아지즈에게 물었습니다.
"저 하얀 게 무엇일까?"
"왕자님! 저것은 수정궁입니다. 당신이 찾아가시고자 하는 도성입니다."
이 대답을 들은 왕자는 기뻐하며 길을 재촉하여 마침내 도성 가까이에 이르렀습니다. 거기까지 가자 왕자는 너무나 기뻐 그때까지의 우울한 기분은 흔적도 없이 사라지는 듯했습니다. 모두 상인 차림을 하고, 왕자는 부자상인으로 가장하여 도성에 들어가 큰 대상객주에 찾아들었습니다. 왕자가 아지즈에게 물었습니다.
"여기가 상인들이 쉬는 곳인가?"

"그렇습니다. 제가 지난번에 묵었던 대상객주입니다."

그들은 그곳에 숙소를 정하고 낙타를 꿇어앉혀 짐을 내리고서 상품을 모두 창고에 맡겼습니다. 그곳에서 나흘 동안 머무르며 쉰 다음, 대신은 큰 집을 한 채 빌리는 것이 어떻겠냐고 왕자에게 권했습니다. 두 사람은 그 말에 찬성하여 술잔치를 벌일 수 있는 넓은 집을 빌려 그리로 옮겼습니다. 대신과 아지즈는 어떻게 해야 할지 몰라 안절부절못하는 왕자를 위해 무슨 좋은 방법이 없을까 여러 가지로 궁리한 끝에, 왕자를 고급 포목가게 상인으로 꾸미는 게 좋겠다고 생각했습니다. 대신은 왕자와 아지즈를 향해 말했습니다.

"이런 상태로 여기서 머뭇거리고 있다가는 소원도 목적도 이룰 수 없을 것입니다. 그래서 생각해 낸 겁니다만(알라의 뜻에 맞는다면!) 반드시 잘 되리라 믿습니다."

두 사람은 말했습니다.

"무엇이든 생각한 대로 해보시오. 노인에게는 지혜가 있는 법이니까. 특히 여러 가지 세상일에 밝은 대신 같은 사람은 더더욱 그렇지. 그럼, 대신이 생각하는 바를 말해 보시오."

"다름이 아니라 포목시장에 가게를 한 채 빌려 왕자님이 그곳에서 물건을 사고파시면 어떨까 합니다. 부자든 가난뱅이든 비단과 그 밖의 천은 누구에게나 없어서는 안 되는 물건이니, 가게에서 안내하며 기다리고 계시면 문제가 잘 해결될 것입니다. 왕자님은 특히 용모가 뛰어나시니 더더욱 잘될 겁니다. 그러니 아지즈를 지배인으로 두고 포목을 사들이도록 하십시오."

이 말을 듣고 왕자는 말했습니다.

"과연 그게 좋겠군. 멋진 생각이오."

왕자는 곧 멋들어진 상인 옷을 꺼내 입은 뒤 하인들을 거느리고 시장으로 나갔습니다. 한 하인에게는 가게를 차리기 위한 금화 1천 닢을 미리 건네 두었습니다. 그들이 부지런히 걸어 시장에 이르자 시장 상인들은 아름답고 기품 있는 왕자의 모습을 보고 깜짝 놀라며 이런저런 말을 주고받았습니다.

"이렇게 훌륭하고 아름다운 젊은이가 이곳에 나타나다니, 리즈완[*292] 녀석이 방심하여 낙원의 문을 열어놓고 있었던 게 틀림없어."

그중에는 이렇게 말하는 사람도 있었습니다.

"어쩌면 천사의 한 사람인지도 몰라."

그들이 상인들 사이로 들어가 시장감독의 가게를 물으니 상인들은 그곳으로 가는 길을 가르쳐주었습니다. 그들이 서둘러 시장감독의 가게에 가서 인사를 하자 시장감독을 비롯하여 그곳에 있던 사람들이 모두 일어나서 손님들에게 자리를 권하며 매우 정중하게 대접해 주었습니다. 사람들의 눈에 대신이 경건한 풍모를 지닌 장로로 보였기 때문입니다. 그리고 함께 있는 아지즈와 왕자를 보고는 서로 속삭였습니다.

"노인은 저 두 젊은이의 아버지가 틀림없어."

"여러분 가운데 어느 분이 이 시장의 감독이시오?"

대신이 묻자 모두가 대답했습니다.

"이분입니다."

그러자 그 시장감독이 앞으로 나섰습니다. 대신이 살펴보니 그는 근엄하고 중후한 노인으로, 환관 여러 명과 하인, 흑인 노예들을 거느리고 있었습니다. 시장감독은 그들에게 친밀하게 인사한 다음 은근한 태도로 대하며 자기 옆자리에 모두를 앉히고 물었습니다.

"저희들*293이 뭐라도 도와드릴만한 일이라도 있으신지요?"

대신이 대답했습니다.

"그렇습니다. 보시다시피 나는 늙은이이오만, 실은 이 두 젊은이를 데리고 지금까지 여러 나라와 도시를 여행해 왔습니다. 큰 도시에서는 반드시 1년을 묵으면서 이 젊은이들에게 그 고장을 구경시키고 그곳 사람들과 잘 사귈 수 있도록 해 왔습니다. 이번에도 여기서 얼마 동안 머무를 작정입니다. 그래서 당신에게 한 가지 부탁이 있습니다. 이 시장에서 가장 좋은 곳에 가게를 한 채 빌려주십시오. 거기서 이 두 사람에게 장사를 배우게 하는 한편, 이 고장을 구경하면서 이곳 사람들의 풍습도 익히게 하고 싶습니다."

이 말을 듣고 시장감독은 말했습니다.

"그것은 조금도 어렵지 않은 일입니다."

그리고 시장감독은 두 젊은이를 지그시 바라보더니 매우 마음에 들었는지 따뜻한 친밀감을 나타내보였습니다. 이 시장감독은 사람의 마음을 사로잡는 아름다운 눈동자를 무척 좋아했는데, 전부터 젊은 여자보다 남자의 눈길을 사랑하고, 달콤한 사랑보다 씁쓸한 사랑을 좋아하는 사내였습니다. 그래서 그는 마음속으로 중얼거렸습니다.

'이거 정말 멋진 수확물이구나! 더러운 물에서 이토록 아름다운 사람을 만들어내신 알라께 영광 있으라!'[*294]

그리고 마치 하인 같은 태도로 그들에게 경의를 표했습니다. 그런 다음 시장감독은 몸소 나가서 이 거래소 한복판에 자리 잡고 있는 가게를 한 채 빌려주었는데, 시장 안에서 가장 크고 훌륭한 가게였습니다. 널찍하고 깨끗하게 꾸며진 가게 안에는 상아와 흑단으로 만든 선반도 달려 있었습니다. 준비가 다 되자 시장감독은 상인 차림을 한 대신에게 열쇠를 건네주었습니다.

"노인장, 이 열쇠를 드리겠습니다. 알라께서 부디 이 가게를 두 아드님의 행복한 거처로 만들어주시기를 빕니다!"

대신은 열쇠를 받아들고 세 사람이 묵는 대상객주로 돌아가 하인들에게 명령하여 가져온 상품을 모두 가게에 옮기도록 했습니다.

—샤라자드는 날이 새기 시작한 것을 깨닫고 이야기를 그쳤다.

132번째 밤

샤라자드는 이야기를 계속했다.

오, 인자하신 임금님, 시장감독으로부터 열쇠를 받아든 대신은 왕자와 아지즈를 데리고 대상객주로 돌아가 하인들에게 가져온 상품과 피륙과 귀중품을 모두 시장의 가게로 옮기게 했습니다. 그 일이 끝나자 세 사람은 가게로 가서 상품을 정리하고 그날 밤은 거기서 잤습니다. 이튿날 아침 날이 밝자 대신은 서둘러 두 젊은이를 데리고 목욕탕으로 가서 깨끗이 몸을 씻게 했습니다. 두 사람은 훌륭한 옷을 입고 몸에 온갖 향수를 뿌려 더없이 상쾌한 기분이 되었습니다. 용모가 뛰어난 두 젊은이가 목욕하는 장면은 일찍이 시인이 이렇게 노래한 것과 꼭 같았습니다.

  때밀이꾼은 복도 많구나.
  맑은 물과 빛 사이에서 태어난
  훌륭한 분의 몸을 문지르니

그 마술 같은 멋진 솜씨에
장뇌(樟腦) 같은 얇은 표피가
향기로운 사향 되어 떨어지네.*295

목욕이 끝나자 두 사람은 그곳을 나왔습니다. 시장감독이 그들이 목욕하러 갔다는 말을 듣고 앉아서 두 사람이 오기를 기다리고 있었는데, 이윽고 젊은이들은 마치 두 마리의 영양처럼 아름다운 모습으로 그에게 다가왔습니다. 그들은 목욕을 하여 볼이 발그레해지고 눈동자는 여느 때보다 더욱 까맣게 빛났습니다. 눈부시게 아름다운 얼굴은 마치 밝게 빛나는 두 개의 달이며 과일이 가득 열린 나뭇가지 같았습니다. 시장감독은 두 사람을 보자 곧 일어나 말했습니다.

"오, 젊은 분들, 목욕이 언제나 당신들에게 도움이 되기를 빕니다!"

왕자는 더할 나위 없이 아름다운 목소리로 대답했습니다.

"오, 아저씨, 당신께 알라의 은총이 내리시기를! 왜 우리와 함께 목욕하러 오시지 않았습니까?"

두 사람은 시장감독에게 몸을 굽혀 오른손에 입을 맞추고 앞장서서 자기들 가게로 데리고 갔습니다. 그리고 가게에 이르자 그를 정중하게 대접하여 경의를 나타내 보였습니다. 그는 상인들과 시장의 우두머리이며 또 친절하게 가게를 알선해 준 사람이었기 때문입니다. 시장감독은 두 젊은이가 몸을 움직일 때마다 엉덩이가 흔들리는 모습을 보고 격렬한 욕정에 사로잡혀 숨을 거칠게 몰아쉬며 탐나는 듯이 뒷모습을 지켜보았습니다. 그러다가 도저히 자신을 억제할 수가 없어서 다음과 같은 시를 읊었습니다.

지금 마음속으로 외는 것은
순수한 귀의와 신앙의 대목.
우러러 받들 신이
달리 또 있느냐 하는
논쟁을 읽는 게 아니오이다.
저토록 무거운 엉덩이를 가졌으니
걸음걸이가 흔들릴 수밖에!

빙글빙글 돌아가는 천체의
참으로 격렬한 움직임이여! *296

그리고 다음과 같은 시도 읊었습니다.

아름다운 두 사람, 조심스럽게
대지를 걸어가네.
두 사람의 모습이 눈에 보이면
나는 아무래도 두 사람 다
사랑하지 않을 수 없노라.

이 노래를 듣고 두 사람은 자기들은 이미 두 번째이지만 함께 목욕하러 가지 않겠느냐고 권했습니다. 시장감독은 처음에는 자신의 귀를 의심했지만, 서둘러 목욕탕으로 가서 두 사람과 함께 안으로 들어갔습니다. 대신은 그때도 아직 목욕탕 안에 있었으므로 시장감독이 왔다는 말을 듣고 목욕탕 한가운데서 맞이하면서 안으로 이끌었습니다. 시장감독이 사양하자 왕자가 한 손을 잡고 아지즈가 다른 손을 잡아 욕실 안으로 데리고 갔습니다. 몸이 지저분한 그 노인은 감정이 점점 흥분되는 것을 느끼며 두 젊은이가 하는 대로 몸을 맡기고 있었습니다. 이것이야말로 노인이 마음속으로 진정 바라는 바였지만 차마 그것만은 사양하려 했으나, 이때 대신이 다음과 같이 말했습니다.
"이 두 사람은 당신 자식이나 마찬가지이니 부디 사양 말고 당신의 몸을 씻게 해 주십시오."
노인은 매우 감격하여 외쳤습니다.
"알라께서 부디 이 젊은이들을 언제까지나 당신 곁에 머물게 해 주시기를! 알라께 맹세코, 당신을 비롯한 이 두 젊은이가 이곳에 찾아온 것은 우리 도시에 축복과 행운을 가져다줄 것이오!"
그리고 다음과 같은 시를 읊었습니다.

그대 오시어 산들은
초록빛 더욱 새롭게 단장하고

신랑에게 더없이
아름다운 꽃을 바치네.
땅 위의 것들은 하나같이
소리 높이 외치는구나.
"기꺼이 맞이하라, 젊은이를,
은총을 내리러 왔으니."

이 시를 듣고 세 사람은 감독에게 감사의 말을 했습니다. 타지 알 무르크 왕자가 쉬지 않고 몸을 씻겨주면 아지즈는 끊임없이 더운물을 끼얹어주었으므로 노인은 마치 영혼이 천국에 있는 기분이었습니다. 다 씻고 나자 노인은 두 사람을 축복하고서 대신 옆에 앉아 이야기를 나누었습니다. 그동안에도 그는 줄곧 실눈을 뜨고 젊은이들을 바라보았습니다. 이윽고 하인들이 수건을 가져오자 모두 몸을 닦은 다음 옷을 입고 밖으로 나왔습니다. 대신은 시장감독을 돌아보며 말했습니다.

"시장감독님, 목욕탕은 참으로 이 세상의 천국[297]이군요."

"알라께서 당신에게도 부디 그러한 천국을 내려주시기를! 그리고 당신 아들들에게 건강을 내리시고 악마의 눈에서 지켜주시기를! 그런데 말재주가 좋은 자들이 목욕탕을 칭송한 시를 알고 계십니까?"

그러자 왕자가 말했습니다.

"제가 그 시를 읊어보지요."

그리고 다음과 같은 노래를 읊었습니다.

목욕의 생명은 인생의 기쁨[298]이건만
목욕하는 시간은 무척 짧기도 하네.
'천국'[299]에 있으면 울적하고
'지옥'[300]에 있으면 공연히 마음이 즐겁네.

왕자가 노래를 마치자 아지즈가 말했습니다.

"저도 목욕을 찬미한 노래를 두 가지 알고 있습니다."

"들려주시오."

시장감독에게 재촉을 받고 아지즈는 다음과 같은 시구를 읊었습니다.

    화강암에서 더운물이 꽃처럼
    피었다가 지는 집
    빨갛게 불타오르는 그때가
    정녕 아름다움의 극치.
    그대는 '지옥'이라 여길지라도
    사실은 이곳이 '천국'
    안에 보이는 것은 해와 달로
    착각하는 사람들이라오.

아지즈가 노래를 마치자 시장감독은 감탄하며 두 사람의 깊고 풍부한 풍류와 재능을 지그시 되새기며 즐겼습니다.
"당신들은 참으로 재주와 웅변을 모두 갖추었구려. 그러면 이번에는 내 노래를 들어주오."
시장감독은 다음과 같은 노래를 불렀습니다.

    오, 지옥과 천국의 환희여!
    그 시련을 만나고서야
    기쁨에 전율하노라, 몸도 영혼도.
    이토록 즐거운 집을 보면
    마음은 춤추고 기분이 들뜨네.
    그 밑에 불이 들어가
    빨간 불꽃이 모일 때면 더욱더.
    손님에게는 언제까지나
    더없는 행복이여,
    몸에 닿는 목욕물 방울은
    눈물을 자아내네, 하염없이.

그런 다음 시장감독의 눈동자는 이리저리 헤맨 끝에 젊은이의 아름다운 꽃밭을 집어삼킬 듯 응시하더니 다시 다음과 같은 시를 읊었습니다.

> 목욕탕 주인을 찾아가니
> 주인은 없고 다른 사람이
> 얼굴에 빙그레 웃음 짓네.
> 나는 먼저 '천국'으로 들어가고
> 다음에는 '지옥'에도 뛰어들어
> "말리크[301]에게 행복 있으라, 리즈완[302]에게
> 축복 있어라"고 외쳤네.

두 젊은이는 그 노래에 완전히 매혹되었습니다. 이윽고 시장감독은 두 사람을 자기 집으로 초대했으나, 그들은 사양하고 집으로 돌아가 목욕한 뒤 따뜻한 몸으로 쉬었습니다. 그들은 오랜만에 편히 앉아 먹고 마시며 하룻밤을 즐겁게 보내고, 날이 밝자 가볍게 목욕하고서 새벽 기도를 드린 다음 아침의 한 잔[303]을 마셨습니다.

아침 해가 떠올라 가게와 시장이 문을 열자 그들은 곧 집에서 나와 시장으로 가서 가게 문을 열었습니다. 가게는 이미 하인들이 장식을 끝내, 기도용 양탄자와 비단깔개가 펼쳐져 있고 긴 의자 위에는 한 장에 금화 백 닢이나 하는 두툼한 요가 깔려 있었습니다. 또 요 위에는 임금님에게나 어울릴 법한 금실 선이 둘러진 털가죽이 놓여 있었습니다. 가게 한가운데에는 참으로 그 장소에 어울리는 한층 사치스러운 세 번째 좌석도 준비되어 있었습니다. 타지 알 무르크 왕자가 긴 의자에 앉자, 아지즈는 그 한쪽에 걸터앉고 대신은 그 가운데에 앉으니 하인들이 그 뒤에 죽 늘어섰습니다. 얼마 뒤 사람들이 이 가게의 소문을 전해 듣고 몰려와서 갖가지 상품과 적지 않은 포목을 사갔습니다. 왕자의 아름다움과 사랑스러움이 온 도시 안에 소문이 났기 때문입니다.

그들은 얼마 동안 그렇게 지냈습니다. 가게에는 날마다 사람들이 몰려왔고 그 수는 날이 갈수록 늘어났습니다. 그래서 대신은 왕자에게 끝까지 비밀을 지키도록 이르고 모든 시중을 아지즈에게 맡긴 다음 집으로 돌아갔습니다. 대신은 혼자가 되자 어떻게 해서든 두 사람을 위해 좋은 방법이 없을까

하고 곰곰이 생각했습니다. 그동안 두 젊은이는 가게에 앉아서 이야기를 나누며 앉아 있었는데, 왕자는 아지즈에게 곧잘 이렇게 말하곤 했습니다.
 "어쩌면 두냐 공주한테서 누군가가 찾아올지도 몰라."
 왕자는 밤낮없이 그 기회가 찾아오기를 바라고 있었습니다. 그러나 마음이 어지러워 제대로 잠을 이루지도 못하고 편히 쉬지도 못했습니다. 왕자의 가슴속은 온통 그 생각으로 가득하여 공주에 대한 그리움만 더해 갈 뿐, 잠으로도 위로를 얻을 수 없고 음식도 목구멍으로 넘어가지 않았습니다. 그러나 왕자의 보름달처럼 아름다운 얼굴은 조금도 변함이 없었습니다. 어느 날 왕자가 가게에 앉아 있는데 한 노파가 다가왔습니다.

―샤라자드는 날이 훤히 밝아오는 것을 알고 이야기를 그쳤다.

133번째 밤

샤라자드는 이야기를 계속했다.
 오, 인자하신 임금님, 단단 대신은 알 마칸 왕에게 이야기를 계속했습니다.
 어느 날, 왕자가 가게에 앉아 있는데 한 노파가 노예계집 둘을 거느리고 다가왔습니다. 그 노파는 똑바로 성큼성큼 걸어와 왕자의 가게 앞에서 걸음을 멈추었습니다. 그는 왕자의 나무랄 데 없이 단정하고 아름다운 모습에 넋을 잃고 자기도 모르게 아랫도리가 축축하게 젖어 이렇게 외쳤습니다.
 "더러운 물에서 당신을 빚어내 보는 이의 영혼을 황홀케 해 주는 알라께 영광 있으라!"
 그리고 꼼짝 않고 왕자 얼굴을 바라보더니 이윽고 입을 열었습니다.
 "이건 사람이 아니야. 누구보다 추앙받아야 할 천사가 틀림없어."
 노파가 다가와 인사하자 타지 알 무르크도 인사에 답하면서 벌떡 일어나 방그레 웃으면서 맞이했습니다. (이것은 모두 아지즈의 은근한 가르침에 따른 것이었습니다.) 왕자가 노파를 옆에 앉히고 부채질해 주자 상대는 피로가 싹 가시고 기분이 좋아져서 말했습니다.
 "생김새가 아름다울 뿐 아니라 마음씨까지 상냥한 젊은 나리, 실례지만 이 나라 분이시오?"

왕자는 매우 상냥한 목소리로 명랑하게 대답했습니다.

"아닙니다, 저는 이번에 처음으로 이 나라에 왔는데 한동안 휴양하려고 이곳에 머물고 있습니다."

"알라께서 부디 당신에게 모든 영예와 번영을 내려주시기를! 그런데 당신 가게에는 어떤 피륙이 있소? 특별히 품질이 좋은 물건으로 보여주시오. 아름다운 분이니 아마 물건도 훌륭한 것만 있을 테지."

이 말을 듣고도 왕자는 마음이 들떠 있어서 그 말 속에 숨겨진 뜻을 이해하지 못했습니다. 그러나 아지즈가 알려주어 타지 알 무르크는 대답했습니다.

"우리 가게에는 뭐든지 다 있습니다. 원하시는 물건이 무엇입니까? 특히 임금님과 공주님에게 어울리는 물건들이 많이 있습니다. 어떤 분을 위해 찾으시는지 말씀해 주시면 그분에게 알맞은 피륙을 보여 드리겠습니다."

왕자가 상대를 떠보려고 이렇게 말하자 노파가 대답했습니다.

"실은 샤리만 임금님의 두냐 공주님에게 어울리는 옷감이 필요하다오."

애타게 그리던 두냐 공주의 이름을 들은 왕자는 춤이라도 출 듯이 기뻐하면서 아지즈에게 이러이러한 물건을 가져오라고 시켰습니다. 아지즈가 그 물건을 가져와 앞에 펼쳐놓자 왕자는 노파에게 말했습니다.

"자, 공주님에게 어울리는 물건을 고르십시오. 이것은 저희 가게에만 있는 물건입니다."

노파는 금화 1천 닢이나 하는 물건을 고르고 나서 물었습니다.

"이것은 얼마요?"

그리고 이런저런 이야기를 한참 동안 지껄여대며 넓적다리 사이를 손바닥으로 문지르고 있었습니다.

"이 정도 물건값에 대해 당신께 이러쿵저러쿵 말씀드리고 싶지 않습니다. 그보다도 당신을 가까이하게 해 주신 알라 신께 감사드리고 싶군요!"

이 말을 듣고 노파는 매우 기뻐했습니다.

"오, 알라의 이름이 당신 위에 내리시기를! 당신의 그 아름다운 얼굴을 새벽의 신이 가호해 주시기를! 정말이지 당신은 얼굴도 아름답고 말씨도 어쩌면 그토록 고울까! 당신의 가슴에 안겨 두 팔로 당신 허리를 두르고 청춘을 즐길 수 있는 여자는 얼마나 행복할까! 하물며 그 여자가 당신처럼 아름답고 사랑스럽다면 얼마나 기가 막힐까!"
 이 말을 듣고 뛸 듯이 기쁜 왕자는 마음속으로 이렇게 중얼거렸습니다.
 '오, 알라께서 이 노파의 중매로 내 소원을 이루게 해 주시려는 거다! 이 노파야말로 꼭 이루고 싶은 소원의 성취자이다!'
 그러자 노파가 물었습니다.
 "그런데 당신의 이름은 무엇이오?"
 "타지 알 무르크, 즉 왕관이라는 이름입니다."
 "왕이나 왕자님의 이름인데 어째서 장사꾼 차림을 하고 있소?"
 그러자 옆에서 아지즈가 대답했습니다.
 "실은 부모와 가족들이 이분을 사랑하고 아끼는 나머지 이런 이름을 지어주었답니다."
 "그렇군요. 오, 알라여, 비록 이 아름다운 얼굴로 많은 사람의 마음에 상처를 주었다 할지라도 사람들의 증오와 질투의 눈길에서 이분을 지켜주시기를!"
 그리고 노파는 그 피륙을 가지고 가게를 나갔습니다. 왕자의 아름다움과 균형 잡힌 맵시에 완전히 매혹된 노파는 서둘러 궁전으로 돌아가 말했습니다.
 "공주님, 고운 피륙을 사왔어요."
 "보여줘요."
 "오, 나의 소중한 공주님, 이것입니다. 손에 들고 잘 보세요."
 공주는 피륙을 보고 나서 깜짝 놀라 말했습니다.
 "어머나, 유모, 이것은 정말 훌륭한 물건이군요. 이런 것은 지금까지 한 번도 본 적이 없어요."
 "공주님! 이것을 저에게 판 사람은 이 물건보다 더 기막히게 아름다운 분이에요. 마치 리즈완이 천국의 문을 살짝 열어둔 틈으로 빠져나온 것 같은 젊은이예요. 그런 젊은이라면 공주님과 함께 밤을 지내게 해 드리고 싶을 정도랍니다.*304 아무튼 그 젊은이는 이렇게 값비싼 피륙을 가지고 그저 유람삼아 이곳에 오셨다는데, 그 아름다움을 한 번만 보면 누구나 넋을 잃고 말 거예요."
 그 이야기를 듣고 공주는 웃으면서 말했습니다.
 "그런 쓸데없는 말을 하면 알라의 벌이 내려요! 할멈은 정말 노망이 들었어. 실없는 농담만 하고 있으니!"
그리고 다시 덧붙여 말했습니다.
"그 피륙을 이리 줘요. 다시 한 번 자세히 보고 싶어요."
공주는 유모 손에서 그 피륙을 다시 받아서 살펴보고 대단히 값진 것임을 알자 매우 마음에 들어서 외치듯이 말했습니다.
"정말이지 어쩌면 이렇게도 고운 천이 다 있을까!"
"공주님, 알라께 맹세코, 이 피륙 주인을 만나보시면 그 남자가 이 세상에서 가장 미남자인 것을 아실 텐데."
"그래서 유모는 그분에게 우리가 도와드릴 일은 없느냐고 물어보았어? 그런 게 있으면 이루어줄 텐데."
유모는 고개를 저으며 말했습니다.
"오, 알라여, 부디 공주님의 슬기로운 머리를 보호해 주소서! 그 남자에게는 확실히 무언가 소원이 있는 것 같아요. 공주님의 힘으로 부디 그 소원을 이루어주시기를! 아무것도 소원이 없는 사람은 없는 법이니까요."
"그럼, 그분에게 다시 가서 인사하고 이렇게 전해 줘요. '당신이 이 도시에 와주신 것은 이 도시에 참으로 영광스러운 일입니다. 그러니 무슨 아쉬운 일이 있으시거든 말씀해 주세요'라고 말이야."
노파는 다시 왕자의 가게로 갔습니다. 노파의 모습을 보자 왕자는 기쁨으로 가슴을 설레며 일어나 노파의 손을 잡고 자기 옆에 앉히고서 공주의 말을 전해 들었습니다. 왕자는 매우 기뻐서 가슴이 벅차 혼잣말을 중얼거렸습니다.
"정말 나에게는 소원이 있지."
그리고 노파에게 물었습니다.
"내 편지를 공주님께 전해 드리고 그 회답을 받아주시겠습니까?"
"걱정하지 마시오."
왕자는 아지즈에게 먹과 종이와 붓을 가져오게 하여 다음과 같은 시를 적었습니다.

그리운 그대여, 그대 위해
여기에 붓을 드나이다,
만날 수 없어 가슴 아픈

이 슬픔 털어놓으리.
첫 줄은 이렇게 쓰리라,
"내 마음 불꽃처럼 타오르니 안타까워라!"
그다음에는
"사랑에 애타는 이 몸 여위어만 가네!"
세 번째 줄에 적으리라,
"더는 견딜 수 없어 목숨이 사그라져 가네!"
네 번째 줄은
"나의 고민, 나의 한탄을 낫게 할 길 없노라!"
다섯 번째 줄은
"어느 날에나 그대 모습 볼 수 있으리!"
여섯 번째 줄은
"우리 서로 만날 날 언제인지 대답해 주오"라고.

그리고 마지막에는 이름을 적는 대신 이렇게 썼습니다.
"이것은 그리움의 감옥에 갇힌 사랑의 노예가 보내는 글입니다. 그 감옥에서 달아날 길 없어 오로지 만날 날만 애타게 기다리고 있습니다. 사랑하는 이와 멀리 떨어져 사랑의 고뇌와 고통에 괴로워하는 남자로부터."
이윽고 눈물을 흘리며 다음과 같은 시를 적었습니다.

그리운 임이여, 지금 나는
눈물을 흘리며 이 글을 씁니다.
샘처럼 넘쳐흐르는
걷잡을 길 없는 눈물.
그러나 희망을 버리지 않으면
신의 자비로 언젠가
만날 날 있겠지요.

왕자는 그 편지를 접어*305 도장반지로 봉인하고서 노파에게 주며 말했습니다.

"이것을 두냐 공주에게 전해 주시오."

"알았습니다."

노파가 대답하자 왕자는 금화 1천 닢을 주면서 말했습니다.

"이것은 나의 조그마한 성의니 받아주시오."

노파는 편지와 돈을 받아들고 왕자를 축복한 다음 곧바로 돌아갔습니다. 노파의 모습을 보자 공주는 얼른 물었습니다.

"유모, 그분께서 우리가 이루어줄 수 있는 일이 뭔지 말했어요?"

"공주님, 이 편지를 받아왔어요. 무엇이 적혀 있는지 저는 도무지 모르지만요."

공주는 편지를 받아들고 읽은 다음 그 내용을 알자 소리쳤습니다.

"이런 뻔뻔스러운 편지를 나한테 보내다니! 그 상인이란 사람 대체 어디서 와서 어디로 가는 사람이지?"

공주는 손바닥으로 자기 얼굴을 때리면서 말했습니다.

"내가 장사라도 하는 줄 알다니, 내 신분을 모르는 모양이군. 아, 기막혀라! 신께 맹세코, 전능하신 알라가 두렵지만 않다면 이런 남자는 살려두지 않을 텐데!"

그리고 다시 덧붙였습니다.

"그 남자를 자기 가게 앞에 매달아 책형*306에 처해도 시원치 않겠어."

노파가 물었습니다.

"그 편지 속에 공주님이 그토록 역정 내실 만한 것이 적혀 있나요? 압제에 대한 불평이라도 호소하고 있습니까? 그렇지 않으면 아까 그 피륙 값이라도 청구했나요?"

"당신에게 저주가 내리기를! 그런 말은 조금도 씌어 있지 않아. 사랑하느니 그립다느니 하는 야릇한 말뿐이야. 이건 틀림없이 유모 탓이야. 그렇지 않다면 이런 악마*307가 어디서 내 이야기를 들었겠느냐 말이야."

"어이구, 공주님, 공주님은 구중궁궐 속에 계신 분, 어떠한 자라도, 비록 하늘을 나는 새라 해도 도저히 가까이 올 수 없습니다. 알라시여, 부디 공주님께 가호를 내리셔서 우리 젊은 공주님을 욕되고 수치스러운 눈길로부터 지켜주소서! 그런 개 짖는 소리 따위를 일일이 마음에 두실 것 없습니다. 당신은 왕녀이시고 공주님이시니까요. 이런 편지를 가지고 왔다고 아무것도 모르는 저를 부디 나무라지는 마세요. 다만 제 생각을 말씀드린다면, 공주님께서 회답을 쓰시어 그 목숨을 거두어버리겠다고 협박하셔서 다시는 그런 더러운 말을 하지 못하도록 하시는 게 어떻겠습니까? 그러면 그 사내도 깜짝 놀라 두 번 다시 그런 짓을 하지 않을 것입니다."

"하지만 내가 답장을 쓰면 그 사내는 더욱더 내 생각을 하게 되지 않을까?"

"아닙니다. 공주님께서 위협하시고 혼내겠다는 말을 쓰신다면 아무리 고집이 센 자라도 단념할 겁니다."

그러자 공주는 소리쳤습니다.

"그럼, 먹과 종이와 붓을 가져와요."

준비가 되자 공주는 이런 시를 썼습니다.

잠 못 이루는 밤에
애달픈 마음으로
나의 사랑을 구하는 이여,
사랑에 애태우는 어리석은 자
마음 교만한 젊은이여,
그대가 만나고 싶어 하는 사람은 하늘의 '달'이 아닌가.
지금까지 달을 가슴에 품어
소원을 이룬 자 있었던가?
그대 마음에 깃드는 소망을 버려라.
그대 마음 위협하는 괴로운
색정도 끊어버려라.
만일 그대가 이러한 말을
앞으로도 거듭 보내온다면
끈덕지게 사랑을 호소하는 자에게
어울리는 무거운 벌을 각오하라.
응고된 피[*308]로
사람을 만드신 신께 맹세코
낮에는 햇빛, 밤에는 달빛을

비춰주시는 신께 맹세코
희롱하는 말을 뻔뻔스럽게
다시 입에 담는다면
십자가 나무 위에 그대의 몸을 매달리라!

이 편지를 접어 노파에게 주면서 공주는 말했습니다.
"이것을 가져다주고 '이런 말은 다시는 입에 담지 마라' 하고 일러요!"
"그렇게 하겠습니다."
노파는 얼른 그 편지를 받아들고 자기 집으로 돌아가 그날 밤을 보냈습니다. 이튿날 아침이 되어 노파가 왕자의 가게로 가니 왕자는 벌써 노파가 오기를 기다리고 있었습니다. 그리고 노파의 모습을 보더니 춤이라도 출 듯이 기뻐하며 몸소 일어나 맞이해서는 여느 때처럼 자기 옆에 앉혔습니다. 노파는 편지를 꺼내 왕자에게 주면서 말했습니다.
"뭐라고 썼었는지 읽어보세요."
그리고 이렇게 덧붙였습니다.
"두냐 공주님은 당신이 보낸 편지를 보시고 몹시 화를 내셨어요. 그러나 내가 이리저리 달래고 구슬렸더니 나중에는 웃으시면서 당신을 측은하게 생각하시고 이 회답을 써주었다오."
왕자는 노파의 친절에 감사한 다음 아지즈를 시켜 금화 1천 닢을 노파에게 주었습니다. 그런 다음 편지를 훑어보더니 그 뜻을 깨닫고 무척 슬프게 울기 시작했습니다. 비탄의 눈물에 젖은 왕자의 모습은 곁에 있던 노파도 마음이 흔들려 차마 똑바로 바라볼 수 없을 정도였습니다.
"아니, 젊은 나리, 그 편지에 그토록 울어야 할 말이 쓰여 있나요?"
노파가 묻자 왕자는 대답했습니다.
"네, 공주는 나를 죽이겠느니 매달겠느니 하면서 두 번 다시 편지를 보내지 말라고 하셨소. 하지만 난 편지를 못 쓸 바에는 차라리 죽는 것이 낫겠소. 그러니 다시 한 번 공주에게 편지를 전해 주시오. 그다음부터는 공주의 말대로 하도록 하지요."
"당신의 젊은 목숨에 맹세코 말하지만 나는 내 목숨을 던져서라도 당신 소원이 이루어지도록, 당신이 진심으로 구하는 것을 얻을 수 있도록 힘이 되어 드리겠어요."

"힘이 되어주신다면 그 사례를 하겠습니다. 당신의 판단에 모든 것을 맡길 테니 신중히 생각해 주십시오. 당신은 여러 가지 일에 경험이 많고 계교에도 능하실 테니까요. 당신 손에 들어가면 아무리 어려운 일도 쉽게 해결될 겁니다. 게다가 알라께는 모든 일을 성취시키는 힘이 있으니까요."

이렇게 말하며 타지 알 무르크 왕자는 종이를 꺼내 다음과 같은 즉흥시를 적었습니다.

    간밤에 편지로 연인이
    나를 죽이겠다고 위협했네.
    어차피 한 번 죽는 운명
    죽는 것도 차라리 즐거우리.
    오래도록 살면서
    가혹한 처사에 시달리고
    참고 견디며 사느니
    차라리 죽는 게 나으리라.
    알라께 맹세코, 소망하오니
    벗 없는 벗을 찾아와 주오!
    나는 그대의 노예,
    노예처럼 사슬에 묶인 이 몸—.
    그대 그리워하는 이 마음을
    공주여, 가엾이 여겨주오.
    고귀한 영혼을 사랑하는 사람은
    마음도 그만큼 깨끗할 터이니.

다 쓰고 난 왕자는 깊은 한숨을 내쉬며 하염없이 눈물을 흘렸습니다. 노파도 따라 울더니 이윽고 편지를 받아들고 왕자를 위로하며 말했습니다.

"자, 기운을 내시고 훌쩍거리지 말고 기다리고 계시오. 내가 반드시 소원을 이루어 드릴 테니까요."

—샤라자드는 날이 훤히 밝아오는 것을 알고 이야기를 그쳤다.

134번째 밤

샤라자드는 이야기를 계속했다.

오, 인자하신 임금님, 타지 알 무르크 왕자가 하염없이 눈물을 흘리고 있으니 노파는 반드시 소원을 이루어주겠노라고 위로했습니다. 노파는 일어나 사랑의 불길에 애태우는 왕자를 남겨두고 두냐 공주에게 돌아갔습니다. 공주는 전날 왕자의 편지를 읽고 느낀 노여움 때문에 아직도 화난 표정이 그대로 남아 있었습니다. 노파가 두 번째 편지를 내밀자 공주는 더욱 화를 내며 말했습니다.

"그러기에 내가 말했잖아요. 그자는 더욱더 나를 생각하게 될 거라고."

"공주님에게 사랑을 품다니, 정말 어이없는 사내로군요."

"얼른 그 남자에게 돌아가서 다시는 나한테 편지를 쓰거나 하면 목을 베어버리겠다고 말해요."

"그 말을 편지에 써주십시오. 그것을 가져가는 편이 훨씬 더 효과적일 테니까요."

그래서 공주는 다음과 같은 시를 적었습니다.

> 그토록 훈계했지만
> 어찌하여 뉘우치지 않고
> 과분한 여자를 쟁취하려고
> 고집스레 우기는가.
> 그렇게 교만한 마음으로
> 하늘에서 빛나는 달에
> 손을 뻗어 닿지 않을 때는
> 소하*309의 별을 쟁취하려 하는가?
> 어찌 그대는 바라는가,
> 나의 은총 얻어서

연정이 불타오르는 가슴에
창처럼 보기 드물게 우아한
이 자태 안고자 하는가.
이제 야망을 버려라,
나의 노여움이 덮치기 전에.
어느 날엔가 노여움 일면
그대 머리는 백발이 되리라.

이 편지를 노파에게 주자 노파는 그것을 가지고 왕자에게 갔습니다. 왕자는 노파의 모습을 보더니 일어나 소리쳤습니다.
"알라여, 부디 이분의 방문을 방해하지 마시기를!"
"당신 편지의 회답이오."
왕자는 편지를 받아들고 읽더니 울음 섞인 목소리로 말했습니다.
"이럴 바에야 차라리 이 자리에서 누군가 나를 죽여주는 편이 좋겠어. 이런 꼴로 살아가기보다는 죽는 편이 차라리 낫겠다!"
그리고 먹과 종이를 가져와 이런 시를 썼습니다.

잔혹하고 쌀쌀맞게
괄시하지 마시라, 연인이여.
사랑에 빠진 노예를
부디 찾아주시라.
이토록 가혹하게 강요받은
이 인생 견딜 수 없네.
마음은 갈가리 찢어지고
몸은 병들어 야위어가네.

왕자는 편지를 접어 노파에게 주면서 말했습니다.
"화내지 마시오, 헛수고가 되더라도."
그리고 아지즈를 시켜 금화 1천 닢을 노파 손에 쥐어주며 다시 다짐을 두었습니다.

"할머니, 이 편지로 인연이 맺어지든가 아니면 완전히 끊어지든가 어느 쪽으로든 결단이 나겠지요."

"젊은 나리, 나는 정말 당신의 행복을 바랍니다. 공주님을 당신 것으로 만들어 드리려 애쓰고 있어요. 당신은 빛나는 달님, 공주님은 해님*310입니다. 두 분을 짝지어줄 수 없다면 나 같은 게 살아서 무슨 소용 있겠어요. 이제껏 90년 동안 나는 온갖 꾀를 부리면서 살아온걸요. 그러니 도리에 좀 벗어나고 법률에 어긋나는 한이 있더라도 두 연인을 맺어주지 못할 리 있겠어요?"

노파는 왕자를 위로한 다음 그곳을 나와 곧장 두냐 공주에게 돌아갔습니다. 이번에는 왕자에게서 받은 편지를 머리카락 속에 숨기고 공주 옆에 앉아 머리를 쓸면서 말했습니다.

"오, 공주님, 죄송합니다만 마침 목욕 갈 때가 되었으니 머리를 좀 풀어주실 수 없겠습니까?"

공주는 팔꿈치까지 소매를 걷어붙이고 유모의 뒷머리를 풀기 시작했습니다. 그때 편지 한 통이 떨어지기에 공주가 물었습니다.

"이 편지는 뭐지?"

유모는 천연덕스러운 얼굴로 대답했습니다.

"아이고, 그 가게에 앉아 있는 동안 그분이 내 머리 속에 넣은 게로군요. 곧 돌려주고 올 테니 이리 주세요. 무슨 중요한 용건이 적혀 있을지도 모르지만요."

그러자 공주는 편지를 펼쳐서 읽고 내용을 알자 큰 소리로 외쳤습니다.

"이것도 유모의 간사한 꾀 가운데 하나일 거야. 나를 키워준 사람이 아니라면 당장 혼뜨검을 내줄 텐데! 정말이지 알라께서는 어째서 이런 남자 때문에 나를 괴롭히실까? 이렇게 된 것도 원인을 따지고 보면 모두 유모 탓이야. 나는 그 남자가 어디서 왔는지도 모르고, 그 남자 외에는 누구한테서도 이런 모욕을 받은 적이 없어. 이 일이 소문 나지는 않을지 걱정돼. 친척도 귀족도 아닌 남자와 소문이 난다면 정말 큰일이니까."

"공주님이나 임금님의 노여움이 두려워 이 일을 입에 올릴 사람은 아무도 없을 겁니다. 그러니 회답을 쓰신다 해도 아무 염려하실 것 없습니다."

"이봐요, 유모, 이 남자는 틀림없이 악마일 거야. 그렇지 않다면 아버님의 노여움도 두려워하지 않고 어떻게 나에게 이런 뻔뻔스러운 말을 할 수 있겠어? 정말 난처하군. 이 남자를 죽이면 내가 나쁜 짓을 하게 되고, 내버려두면 점점 더 뻔뻔스러워질 테니."
"자, 역시 회답을 쓰시는 게 좋겠어요. 그러면 무서워서 단념하겠지요."
공주는 종이와 먹과 붓을 가져오게 해서 다음과 같은 시를 썼습니다.

    그토록 심하게 꾸짖었건만
    나의 질타는 듣지 않고
    달콤한 문구를 늘어놓아
    잇따라 보내는 어리석음이여.
    하지 말라 말리면 다시 끈덕지게
    써 보내는 그대이니
    그것을 감추어 덮어놓음은
    적어도 나의 자비이리라.
    그대도 생각을 가슴에 감추고
    행여 남에게 말하지 말라.
    그대 만일 남들에게 이야기하면
    단번에 없어지리라, 그 목숨.
    만일 어리석은 소리를
    계속 지껄일 때는
    그대 황야에 버림받고
    까마귀 불길하게 울어대리라.
    이윽고 찾아드는 죽음의 신에게
    머잖아 목숨 빼앗겨
    시체는 땅속에 묻히리라.
    뒤에 남는 것은 그대 위해
    애도하며 한탄하는 친척들뿐.
    사람의 일생 의지할 데 없이
    쓸쓸하게 버림받아
    슬프게 우는 운명 되리라.

공주가 편지를 접어주자 노파는 그것을 곧 왕자에게 가져다주었습니다. 왕자는 편지를 읽고 공주의 마음을 여간해서는 움직일 수 없어 도저히 가까이 다가갈 수 없다는 것을 알고 대신에게 도움말을 구했습니다. 대신이 말했습니다.

"앞으로도 계속 편지를 보내면서 모든 것을 알라께 맡기는 수밖에 없을 것 같습니다."

그래서 왕자는 아지즈에게 부탁했습니다.

"오, 아지즈, 부디 네 지혜를 짜서 나대신 공주에게 편지를 써다오."

그래서 아지즈는 종이를 들어 다음과 같은 시를 썼습니다.

다섯 분의 성자에게 맹세코
아, 신이여, 비나이다,
이 몸을 구원하소서.
나를 고뇌에 빠뜨린 그 여자에게
같은 괴로움을 맛보게 하소서.
이 몸이 사랑의 불길에 애태우며
연모해 마지않는 그 여자는
인정도 자비도 모르는 여자,
언제까지 괴로움 견디며
무정한 여자를 기다려야 하나?
언제까지 그 여자는
약한 이 몸에 힘겨운
포학의 위력을 가하려나?
죽음의 고통 참으면서
슬퍼하고 한탄하는 애달픔이여.
아, 신이여, 구원하소서,
구원의 손길 달리 없으니.
여자도 사랑도 미련 없이 버리고
잊으려 마음먹으나
죽도록 사랑하는 이 몸

어찌 잊을 수 있으리!
만날 길 몹시 기다리는 이 사랑을
물리치는 여인이여,
'시간'과 '운명'의 질투에서
그대는 벗어나 편안한가?
그대를 사모하여 부모도
고향도 버린 나이건만
행복한 인생으로 태어나
즐겁지 않은가, 그대는.

다 쓰고 나서 왕자에게 보이자 왕자는 읽고 나서 잘 되었다며 매우 기뻐했습니다. 그것을 받아들고 노파는 다시 두냐 공주에게 달려갔습니다. 공주는 그 편지를 읽고 그 뜻을 분명히 이해하자 매우 화가 나 큰 소리로 외쳤습니다.
"이도 저도 모두 이 저주스러운 유모 탓이다!"
그리고 시녀와 환관들을 불러 명령했습니다.
"이 엉큼한 할멈을 끌어내 잡아 묶고선 구둣발로 실컷 차주어라!"
모두 노파에게 달려들자 노파는 정신을 잃고 쓰러졌습니다. 이윽고 다시 정신을 차리자 공주는 다시 욕을 하기 시작했습니다.
"이 추잡한 할멈 같으니! 내가 전능하신 알라를 두려워하지 않았던들 죽여 버렸을 것을!"
그리고 모두에게 다시 명령했습니다.
"다시 한 번 실컷 두들겨 패줘라."
모두가 분부대로 하자 노파는 다시 정신을 잃었습니다. 그것을 보고 공주는 노파의 몸을 끌어내 궁전 문 밖으로 내던지게 했습니다. 모두 노파를 끌고나가 궁전 문 앞에 내던져버렸습니다.
정신을 차린 노파는 땅바닥에서 몸을 일으켜 조금 걷다가는 쉬고 쉬었다가 다시 걸어 자기 집으로 돌아갔습니다. 하룻밤을 지내고 이튿날 아침이 되자 노파는 왕자에게 가서 전날의 사건을 이야기했습니다. 그 말을 듣고 왕자는 미칠 듯이 한탄하며 말했습니다.
"당신이 그런 끔찍한 일을 당했다는 말을 들으니 내 살이 찢어지는 듯이 괴롭소. 하지만 부디 모든 것을 운명으로 돌려주오."

"당신도 기운을 내어 더는 울지 마세요. 나는 앞으로도 모든 힘을 다해 두 분을 맺어 드리겠어요. 나도 나를 두들겨 패고 내던진 그 방자한 공주를 당신이 마음껏 즐기도록 해 드리고 말 테니까요."

"공주가 어째서 그토록 남자를 싫어하는지 애기해 주겠소?"

"그건 꿈 때문입니다."

"어떤 꿈인데요?"

"어느 날 밤, 공주가 잠을 자는데 꿈속에서 한 새 몰이꾼이 나타나 땅에 그물을 치고 그 주위에 보리쌀을 뿌렸습니다. 그런 다음 새 몰이꾼이 그 옆에 앉아 있는데 주위의 새들이 모두 그 그물 속으로 날아들었지요. 그 가운데 암수 한 쌍의 비둘기가 있었는데, 공주가 그물을 바라보니 수놈의 발이 그물코에 걸려 퍼덕이기 시작했습니다. 그것을 보고 다른 새들이 놀라 모두 달아나버렸답니다. 그런데 얼마 뒤 암비둘기가 혼자 되돌아와 수놈 위를 빙빙 돌며 날다가 새 몰이꾼이 한눈파는 틈을 타 부리로 수놈 다리에 걸린 그물코를 물어뜯어 수놈을 구해 사이좋게 날아갔습니다. 새 몰이꾼은 찢어진 그물을 고친 다음 이번에는 조금 떨어진 곳에 다시 앉아 있었습니다. 한참 있으니 새들이 다시 날아왔는데, 이번에는 암비둘기가 그물에 걸렸습니다. 그것을 보고 다른 새들이 깜짝 놀라 달아나버렸는데, 수비둘기도 다른 새들과 함께 날아간 뒤로 영영 돌아오지 않았습니다. 이윽고 암비둘기는 새 몰이꾼에게 잡혀 죽고 말았지요. 꿈에서 깨어난 공주는 '남자란 모두 이 수비둘기 같은 하찮은 동물이다. 이같이 남자는 여자에게 동정심이 없고 친절하지도 않다'고 말하더군요."

이 말을 듣고 왕자는 노파에게 말했습니다.

"보시오, 할머니, 나는 죽어도 좋으니 단 한 번만이라도 공주를 보고 싶소. 어떻게든 좀 만나게 해 주실 수 없겠소?"

"주선해 보지요. 공주님은 궁전 창문 바로 아래에 있는 정원으로 곧잘 산책을 나가십니다. 한 달에 한 번은 반드시 뒷문으로 그곳에 나가시지요. 앞으로 열흘만 있으면 공주님이 또 정원으로 나가실 날이 오니 그때 내가 알려 드리러 오겠어요. 당신은 그리로 가서 공주님을 만나면 되는 겁니다. 그리고 정원에서 나가지 말고 그대로 계셔야 해요. 어쩌면 공주님이 당신의 아름답고 사랑스러운 모습을 보고 당신을 그리워하게 될지도 모르니까요. 뭐니뭐니해도 남자와 여자 사이를 가장 강하게 맺어주는 것은 사랑이랍니다."

"알았습니다."

왕자는 이렇게 대답하고 아지즈와 함께 가게에서 나와 노파를 자신들의 집으로 안내했습니다. 타지 알 무르크 왕자가 아지즈에게 말했습니다.

"아지즈, 그 가게를 연 목적은 이루어졌으니 이제 필요 없게 됐어. 이제 물건을 몽땅 너에게 줄 테니 가져라. 이제껏 고향까지 버리고 나와 함께 고생해 왔으니까."

아지즈는 왕자가 주는 그 선물을 고맙게 받았습니다. 두 사람은 앉아서 여러 가지 이야기를 나누었습니다. 왕자가 아지즈에게 그가 겪은 신기한 경험들을 묻자 아지즈는 여러 가지 재미있는 이야기를 들려주었습니다. 이윽고 두 사람은 대신에게 가서 왕자의 계획을 이야기한 다음 물었습니다.

"어떻게 하면 좋겠소?"

"그러면 그 정원으로 가십시다."

세 사람은 저마다 멋진 차림을 한 뒤 노예 세 명을 거느리고 공주의 정원으로 갔습니다. 그곳에는 잡목 숲이 울창하고 개울이 흐르고 있었습니다. 문가에 정원지기가 한 사람 있기에 그들이 이마에 손을 대고 인사하자 상대도 답례했습니다. 대신은 문지기의 손에 금화 백 닢을 쥐여주면서 말했습니다.

"약소하지만 받아두시오. 그리고 무엇이든 먹을 것을 좀 가져다줄 수 없겠소? 우리는 외국에서 온 사람들인데 여기 있는 이 두 젊은이를 위로해 주고 싶소."

정원지기는 금화를 받아들고 대답했습니다.

"안으로 들어가셔서 마음껏 구경하십시오. 그동안 청하시는 음식을 가져올 테니 그때까지 쉬면서 기다려주십시오."

정원지기가 시장으로 가자 대신과 왕자와 아지즈는 정원으로 들어갔습니다. 정원지기는 구운 새끼 양고기와 버터를 발라 구운 빵, 그 밖의 여러 가지를 사와서 그들 앞에 늘어놓았습니다. 그들이 그것을 먹고 마시자 사탕과자가 나와 그것도 먹고 손을 씻고나서 천천히 이야기를 시작했습니다. 대신이 정원지기에게 물었습니다.

"이 정원에 대해 좀 묻고 싶소. 이것은 당신 것이오, 아니면 빌린 것이오?"

"원 천만에, 이건 이 나라의 왕녀 두냐 공주님의 정원입니다."
"그래, 당신은 매달 얼마나 받고 있소?"
"금화 한 닢입니다."
정원 안을 둘러보던 대신은 그 중앙에 오래되어 낡았으나 훌륭한 누각처럼 보이는 건물이 있는 것을 보고 정원지기에게 말했습니다.
"노인, 나는 여기서 좋은 일을 해 드리고 싶소. 후세까지도 나를 잊지 않을 그런 일 말이오."
"나리, 그게 대체 어떤 일입니까?"
"여기 금화 3백 닢이 있으니 받아두시오."
돈 이야기를 듣더니 정원지기가 말했습니다.
"나리, 무엇이든 좋을 대로 하십시오!"
대신은 정원지기에게 금화를 주면서 말했습니다.
"인샬라(신의 뜻대로), 저곳에서 좋은 일을 해 드리지!"
그리고 그날은 그대로 숙소로 돌아가 밤을 지내고 이튿날이 되자 대신은 미장이와 화공, 솜씨 좋은 대장장이들을 불러 저마다 필요한 연장을 들려서 그 정원으로 데리고 갔습니다. 그리고 전날 보아두었던 누각의 벽을 하얗게 칠한 다음 여러 가지 그림을 그려 장식하게 했습니다. 또 금박과 유리색[*311]을 구해 오게 한 뒤 화공에게 지시했습니다.
"이 홀 안쪽 벽에 그물을 치는 새 몰이꾼을 그려주게. 그리고 새들이 그물에 들어가 있고 암비둘기 한 마리가 그물코를 부리로 잡아당기는 모습을 그려주게."
화공이 한쪽 벽에 그림을 다 그리고 나자 대신은 또 말했습니다.
"이번에는 반대쪽 벽에도 같은 그림을 그리되 암비둘기만 그물에 걸려 새 몰이꾼이 그것을 붙잡아 목에 칼을 댄 광경을 그려주게. 그리고 다음 세 번째 벽에는 커다란 독수리가 발톱을 세워 그 짝인 수비둘기를 꽉 움켜잡는 광경을 그려주게."
화공이 그림을 다 그리고 다른 장식 일도 완전히 끝내자 일꾼들은 저마다 품삯을 받고 돌아갔습니다. 대신과 젊은이들도 정원지기와 헤어져 숙소에 돌아가 다음 일을 의논했습니다.
이윽고 왕자가 아지즈에게 말했습니다.

"여보게, 아지즈, 노래를 불러주지 않겠나. 그러면 기분이 가벼워져 근심이 사라지고 이 가슴의 불길도 가라앉을 것 같군."
아지즈는 아름다운 가락을 붙여 다음과 같은 시를 읊었습니다.

    사랑하는 이에게 닥친
    온갖 슬픔을
    쇠잔해버린 이 몸으로
    모조리 없애버리리라.
    그대 만일 샘*312을 찾거든
    내 눈에 넘쳐나는 눈물비
    불길처럼 타오르는
    갈증 가시게 해 주리라.
    사랑의 무자비한 손길
    멸망한 폐허를 보고 싶으면
    보라, 퇴색해버린 이 몸을.

아지즈는 눈물을 흘리면서 다시 노래를 계속했습니다.

    백조의 목덜미와 영양의 눈동자를
    사랑하지 않는 사람이
    이 세상의 기쁨 안다고
    말한다면 그것은 거짓말.
    사랑의 신비로움은
    참다운 사랑 맛본 이 외에
    아무도 알지 못하리.
    신이여, 바라건대 이 사랑을
    내 가슴에서 앗아가지 말고
    내 눈꺼풀의 가련한
    잠 못 이루는 밤을 빼앗아 가시라.

여기서 아지즈는 가락을 바꾸어 이렇게 노래했습니다.

이븐 시나*313는 슬기롭게도
그 '의서(醫書)'에서 말했다.
"사랑하는 이에게 좋은 약은
즐거운 노래와 신분이 같은
연인, 정원의 잔치와 독한 술."
권력과 운명의 혜택을 입어
나는 그대에게 연인을 골라 바쳤다,
사랑에 병든 가슴 치유하기 위해.
그러나 슬프게도 나는
죽도록 괴로운 애욕(愛慾)의
번뇌를 사무치게 알았노라.
이븐 시나의 비결이란
어리석은 군소리라네.

왕자는 이 시가 매우 마음에 들어 아지즈의 훌륭한 낭독 솜씨를 칭찬했습니다.
"자네 덕분에 슬픔이 좀 가셨네."
그러자 대신이 말했습니다.
"실은 이 늙은이도 듣는 이를 감탄케 할 시가 떠오르는군요."
"그런 노래가 있다면 부디 들려주구려."
왕자의 말에 이번에는 대신이 노래하기 시작했습니다.

그대의 정은 황금과
사람의 마음을 기쁘게 하는 물건으로
살 수 있으리라 여겼다.
그대의 정에, 참으로 굳센
마음마저 부서지는 그때,
그대의 정을 가볍게 본

어리석음 사무치네.
이윽고 내 눈에 비친 것은
그대가 택한 그 사나이.
사랑의 기쁨 절절히
바치는 그 사나이.
그때 나는 깨달았노라.
그대의 마음은 사랑에 관한 일로
복종시키기 어렵다는 걸.
그리하여 나는 이 머리
날개 아래 숙여 넣고
뜨거운 사랑의 둥지를
내 집 삼아 지내며
밤낮없이 그 속에
틀어박혀 있노라.

한편 노파는 두냐 공주의 노여움을 산 뒤로 줄곧 집에 틀어박혀 있었습니다. 그럭저럭 지내는 동안 공주는 정원을 산책하고 싶어졌습니다. 그러나 이제까지 노파 없이는 한 번도 정원에 나온 일이 없었기 때문에 하는 수 없이 노파를 불러와서 화해한 다음 노파에게 말했습니다.
"정원에 나가 나무와 과일을 바라보고 꽃향기를 맡으며 기분전환을 하고 싶어요."
"알았습니다. 그럼, 잠시 집에 들렀다 곧 돌아오겠습니다."
"얼른 갔다 와요. 너무 오래 있으면 안 돼요."
그 길로 노파는 급히 왕자에게 가서 말했습니다.
"자, 빨리 나들이옷을 입고 그 정원으로 오세요. 정원지기가 있거든 인사하고 안으로 들어와 숨어 계세요."
"알았습니다."
두 사람은 서로 주고받을 신호에 대해 의논하고서 노파는 급히 공주에게 돌아갔습니다. 노파가 떠나자 대신과 아지즈도 함께 일어나 왕자에게 금화 5천 닢이나 하는 훌륭한 옷을 입히고 보석과 값진 귀금속으로 장식한 허리띠를 매게 했습니다. 준비가 되자 그들은 정원으로 갔습니다. 문 앞에 앉아 있던 정원지기는 왕자의 모습을 보자 급히 일어나 문을 열고 공손히 맞아들이며 말했습니다.

"자, 들어오셔서 정원을 구경하시며 마음을 위로하십시오."

정원지기가 그날 공주님이 나온다는 것을 알 리 없었습니다. 그런데 그들이 안에 들어가고 얼마 안 되어 정원지기가 사람이 오는 기척을 알아차릴 사이도 없이 벌써 공주님의 시녀와 환관들이 뒷문에서 정원으로 들어왔습니다. 그것을 보고 정원지기는 왕자에게 달려가 말했습니다.

"나리, 이 일을 어떡하면 좋습니까? 두냐 공주님이 나오셨습니다."

"걱정할 것 없소. 당신에게는 별 탈이 없을 거요. 정원 어딘가에 숨어 있을 테니까."

정원지기는 부디 조심하라고 왕자에게 여러 차례 부탁하고 돌아갔습니다. 이윽고 두냐 공주가 노파와 시녀들에게 둘러싸여 정원으로 들어왔습니다. 노파는 마음속으로 이렇게 환관과 시녀들이 있어서야 어디 일이 제대로 되겠느냐고 생각하며 공주에게 말했습니다.

"공주님, 공주님의 마음을 유쾌하게 해 드릴 만한 이야기를 하고 싶습니다만."

"무슨 이야기인지 해봐요."

"하지만 공주님, 이런 때는 환관이나 시녀들이 가까이 없는 편이 홀가분해서 좋지 않겠습니까? 저 사람들이 있으면 아무래도 마음 편히 있을 수 없으니 저쪽으로 물리쳐주십시오."

"듣고 보니 그렇군."

공주는 노파의 말에 따라 환관과 시녀들을 물리치고 정원 안을 거닐기 시작했습니다. 그동안 왕자는 공주의 모습을 꼼짝 않고 훔쳐보며 그 아름다움과 사랑스러움을 끝없이 지켜보고 있었습니다. 물론 공주는 그런 줄은 꿈에도 몰랐습니다. 왕자는 공주의 모습을 보면 볼수록 그 빼어난 아름다움[314]에 마음을 빼앗겨 정신이 아득해졌습니다. 노파는 교묘하게 말을 건네 기분을 돋우면서 대신이 훌륭하게 장식해둔 누각 쪽으로 이끌어 함께 그 안으로 들어갔습니다. 공주는 무심코 둘러본 주위의 벽에 여러 가지 새와 그물을 치는 새 몰이꾼, 그리고 비둘기가 그려져 있는 것을 보고 깜짝 놀라 외쳤습니다.

"어머나, 이건 내가 꿈에서 본 것과 똑같아."

그리고 그 그림에 감탄하면서 쭉 둘러보고 노파에게 말했습니다.

"이봐요, 유모, 이제까지 나는 남자들을 모두 깔보고 업신여기며 싫어해 왔는데 이 새 몰이꾼 그림을 좀 봐요. 암비둘기는 죽고 수비둘기는 달아났지요. 하지만 수비둘기는 다시 날아와 암비둘기를 구할 작정이었어요. 그런데 불쌍하게도 도중에 독수리 밥이 되어버렸군요."

노파는 천연덕스럽게 공주와 이야기를 계속하면서 왕자가 숨어 있는 곳 근처까지 공주를 데려온 뒤 왕자에게 이제는 모습을 드러내 누각의 창문 아래로 지나가라고 눈짓했습니다. 공주가 누각 창가에 서서 바깥을 내다보다가 문득 시선을 돌리니 왕자의 모습이 눈에 띄었습니다. 그 남자의 아름다운 얼굴과 맵시를 보고 노파에게 물었습니다.

"유모, 저기 있는 저 훌륭한 젊은이는 어디서 온 사람일까?"

"글쎄요, 모르겠습니다만, 저 훌륭한 모습으로 보아하니 아마도 어느 큰 나라의 왕자님이 틀림없을 겁니다."

가만히 그 모습을 지켜보고 있던 공주는 아름답고 우아한 왕자의 모습에 마음이 완전히 사로잡혀 그때까지의 완고한 마음은 다 어디로 갔는지 그만 평소의 분별심은 모두 잃어버리고 말았습니다. 왕자의 늠름하고 균형 잡힌 얼굴에서 욕정마저 느꼈습니다. 공주는 자기도 모르게 중얼거렸습니다.

"유모, 어쩌면 저렇게 아름다운 분이 있을까."

"네, 정말 그렇군요, 공주님."

노파는 공주에게 대답하고 왕자에게 이제 돌아가라는 신호를 보냈습니다. 왕자는 미칠 듯한 연모의 불길이 가슴에서 타올랐지만, 노파의 신호에 따라 정원지기에게 인사하고 숙소로 돌아갔습니다. 왕자가 대신과 아지즈에게 노파가 돌아가라고 신호한 것을 원망스러운 듯이 이야기하자 두 사람은 왕자를 달래며 말했습니다.

"아마, 노파에게 뭔가 생각이 있는데 왕자님이 돌아가시는 편이 좋았기 때문이었겠지요. 그렇지 않으면 돌아가라는 눈짓을 할 리가 없으니까요."

한편 두냐 공주는 강렬한 욕정에 사로잡혀 마침내 그리움과 연모하는 마음으로 가슴이 가득해졌습니다. 공주는 참다못해 노파에게 이렇게 호소했습니다.

"유모, 어떻게 하면 그분을 만날 수 있을까? 나는 아무것도 모르니 유모가 어떻게 좀 해 줘요."

그러자 노파가 소리쳤습니다.

"어머나, 큰일 났군요! 그토록 남자를 싫어하시던 공주님이었는데! 대체 어찌하여 그 젊은이를 보고 그토록 애태우게 되셨을까? 하기야 알라께 맹세코, 그런 아름다운 분이 아니라면 공주님에게 어울리지도 않지요."

"유모, 부디 내 편이 되어 그분과 만날 수 있게 해 줘요. 그러면 금화 1천 닢과 그보다 더 값진 옷을 줄게. 그분과 만나게 해 주지 않으면 난 죽어 버릴 테야."

"그럼, 아무튼 궁전으로 돌아가십시오. 저는 혼자 조용히 두 분이 만나실 수 있도록 꾀를 짜보겠어요. 두 분을 만족하게 하기 위해서라면 목숨이라도 바치겠습니다."

공주가 궁전으로 돌아가자 노파는 곧 왕자의 숙소를 찾아갔습니다. 노파를 보자 왕자는 얼른 일어나 공손히 맞아들여 자기 옆자리에 앉혔습니다. 노파가 말했습니다.

"계략이 잘 들어맞았어요."

그리고 공주와 주고받은 말을 자세히 들려주자 왕자는 매우 기뻐하며 말했습니다.

"그럼, 언제 만날 수 있을까요?"

"내일."

왕자는 노파의 수고를 위로하기 위해 금화 1천 닢과 그 이상으로 값진 옷을 주었습니다. 노파가 그것을 받아들고 곧장 공주의 궁전으로 돌아가니, 기다리고 있던 공주는 노파를 보자마자 물었습니다.

"유모, 어떻게 되었어요?"

"그분의 거처를 알았으니 내일 데리고 오겠습니다."

공주는 매우 기뻐하며 약속한 대로 금화 1천 닢과 값진 옷을 주었습니다. 노파는 궁전에서 물러나와 그날 밤은 자기 집에서 자고 이튿날 아침 왕자에게 급히 가서 여자 옷차림을 시키면서 말했습니다.

"자, 나를 따라오시오. 몸을 양옆으로 흔들면서[*315] 걸어야 해요. 절대 서두르지 말고 말을 거는 사람이 있어도 상대해서는 안 돼요!"

그리하여 노파가 밖으로 나가자 여장을 한 왕자도 그 뒤를 따라갔습니다. 도중에 왕자에게 여러 가지 주의를 주고 용기를 북돋아주며 걸어가는 동안 이윽고 두 사람은 궁전 문에 이르렀습니다. 왕자는 노파를 따라 여러 개의 문과 대기실을 지나 안으로 나아갔고, 마침내 7개의 문*316을 지날 무렵 문 앞에서 노파가 말했습니다.

"힘을 내세요. 그리고 내가 '아가씨, 이제 들어와요!' 하고 말하거든 우물쭈물하지 말고 뛰듯이 걷는 거예요. 대기실에 나가거든 왼쪽을 보세요. 거기에 문이 여러 개 있을 테니 다섯 개를 세어 여섯 번째 문 안으로 들어가세요. 그 안에 당신이 그토록 그리워하는 공주님이 계신답니다."

"그럼, 당신은 어디로?"

"아무데도 가지 않습니다. 당신 뒤에서 따라가겠어요. 하지만 반드시 환관장에게 붙들려 그의 이야기 상대가 돼줘야 할 거예요."

노파가 앞장서서 계속 걸어가는 동안 환관장이 있는 방문 앞에 이르렀습니다. 환관장은 노파가 데리고 있는 노예계집 차림의 왕자를 보고 물었습니다.

"그 여자는 무슨 볼일로 왔소?"

노파는 천연덕스러운 얼굴로 대답했습니다.

"아, 이 노예계집 말입니까? 이번에 두냐 공주님에게 사드리려는 노예계집입니다. 이 계집이 재주가 많다는 말을 들으셨거든요."

그러자 환관장은 무뚝뚝하게 말했습니다.

"노예계집이든 뭐든 그건 내 알 바 아니오. 임금님의 명령대로 일단 조사하지 않고는 통과시킬 수 없어."

—여기서 날이 훤히 밝아오는 것을 알고 샤라자드는 이야기를 그쳤다.

135번째 밤

샤라자드는 이야기를 계속했다.

오, 인자하신 임금님, 환관장이 노파에게 임금님의 명령대로 일단 조사하지 않고는 통과시킬 수 없다고 말하자 노파는 짐짓 화난 시늉을 하며 환관장에게 말했습니다.

"나는 당신을 분별 있고 교양 있는 사람인 줄 알고 있었소. 그런데 만일 괴이한 짓을 한다면 공주님께 여쭈어 당신이 공주님의 노예계집을 방해한 과정을 알려 드려야겠소."

그리고 노파는 큰 소리로 왕자에게 명령했습니다.

"너는 곧장 가거라!"

왕자는 시키는 대로 안쪽으로 마구 나아갔습니다. 환관장은 입을 다물고 더는 아무 말도 하지 않았습니다. 왕자가 문을 다섯 개 세어 여섯 번째 문을 열고 들어가니 거기에 두냐 공주가 서서 기다리고 있었습니다. 왕자의 모습을 본 공주는 이내 눈치채고 왕자를 가슴에 껴안았습니다. 왕자도 정신없이 공주를 마주 껴안았습니다. 이윽고 노파는 이 비밀이 밖으로 새어 나가면 왕가의 체면에 관계되므로 교묘한 핑계를 대어 공주의 노예계집들을 멀리 물리친 다음 두 사람이 있는 방으로 들어갔습니다. 두냐 공주는 노파에게 명령했습니다.

"유모는 그 문에서 지켜줘요!"

그런 다음 왕자와 단둘이 되자 입을 맞추며 끌어안고 다리를 얽어*317 그날 밤을 보냈습니다. 날이 밝자 공주는 왕자만 남겨두고 문을 닫고는 다른 방으로 들어가 평소처럼 앉아 있었습니다. 노예계집들이 들어오자 공주는 그들에게 할 일을 일러주고 여러 가지 이야기를 들은 다음 말했습니다.

"자, 이제 물러가거라, 나 혼자 있고 싶으니."

그들이 물러가기를 기다려 왕자에게 돌아가니 노파가 음식을 날라 왔습니다. 두 사람은 그것을 먹고 또다시 밤새도록 사랑의 희롱을 나눴습니다. 새벽녘이 되자 또 전날처럼 왕자를 안에 남겨둔 채 문을 닫고 나갔습니다. 두 사람은 그렇게 한 달을 보냈습니다.

왕자와 공주가 그런 달콤한 나날을 보내는 동안, 대신과 아지즈는 왕자가 공주의 궁전으로 따라 들어간 채 돌아오지 않자 행여나 죽어 버린 게 아닌가 하고 걱정이 태산 같았습니다. 아지즈가 대신에게 물었습니다.

"오, 대신님, 어떻게 하면 좋을까요?"

"아, 정말 난처하게 되어버렸어. 하지만 아무튼 임금님에게 돌아가 이 사실을 전해 드리지 않으면 틀림없이 큰 꾸중을 들을 거야."

두 사람은 곧 길을 떠날 채비를 하여 '푸른 나라'와 '두 기둥의 나라'를 향해 출발하여 슬라이만 샤 왕의 수도로 여행을 계속했습니다. 골짜기를 여러 개 가로질러 밤낮없이 나아가 마침내 임금님 앞으로 당도한 그들은 왕자의 신변에 일어난 일을 이야기하고, 왕자가 공주의 궁전에 들어간 채 소식이 끊어져버렸다고 아뢰었습니다.

 이 말을 듣고 왕은 마치 심판의 날이라도 다가온 것처럼 비탄에 젖어 온 나라 안에 왕자를 구원하기 위한 성전(聖戰)을 포고했습니다. 군사를 도성 밖으로 나가게 하여 천막을 치고 자신도 몸소 막사생활을 시작하니 병사들이 온 나라에서 속속 모여들었습니다. 그것은 백성이 평소 왕의 정의와 어진 덕을 기쁜 마음으로 공경하며 사모하고 있었기 때문입니다. 그리하여 왕은 지평선을 뒤덮을 만한 대군을 이끌고 왕자를 찾아 길을 떠났습니다.

 한편 타지 알 무르크 왕자와 두냐 공주는 반년 동안 변함없이 기쁨과 즐거움의 나날 속에 지내고 있었는데 두 사람의 사랑은 갈수록 더해갈 뿐이었습니다. 특히 애타는 마음과 격렬한 욕정에 사로잡힌 왕자는 마침내 자신의 속마음을 공주에게 털어놓았습니다.

 "내 모든 마음과 생명을 바쳐 사랑하는 이여, 이렇게 당신과 함께 나날을 보내면 보낼수록 나의 애타는 마음과 격렬한 욕정은 더욱 강해질 뿐이오. 왜냐하면 아직도 나의 진정한 소원을 완전히 이루지 못했기 때문이오."

 "내 눈동자의 빛, 내 생명의 열매인 분, 당신의 그 진정한 소원이란 대체 무엇인가요? 만일 당신에게 입을 맞추고 끌어안고 서로 다리를 얽는 것 이상의 소원이 있다면 부디 원하는 대로 하세요. 알라께 맹세코, 나에게는 이제 당신밖에 없으니까요."*318

 그러자 왕자가 말했습니다.

 "내가 말하는 것은 그런 것이 아니오. 내 신분을 이야기해 드리리다. 실은 나는 상인이 아니라 왕자요. 아버님은 슬라이만 샤 왕으로 지난번 대신을 사절로 보내 당신 아버님께 당신을 내 아내로 맞이하겠다고 청했던 분이지요. 그러나 당신은 그때 승낙해 주지 않았소."

 왕자는 그때까지의 경위를 모두 이야기한 다음 이렇게 덧붙였습니다.

 "그래서 나는 지금부터 아버님께 돌아가 정식으로 당신 아버님께 사절을 보내 당신을 맞아들이고 싶소. 그러면 아무것도 거리낄 것 없이 살 수 있으니까요."

이 말을 듣고 공주도 무척 기뻐했습니다. 공주 쪽에서도 그렇게 되기를 바라고 있었기 때문입니다. 그리하여 두 사람은 그날 밤을 이 계획에 대해 즐겁게 이야기하며 보냈습니다. 그런데 운명의 장난이라고나 할까요. 그날 밤에는 두 사람 다 잠이 너무나 깊이 들어버려 이튿날 아침 해가 높이 떠오를 때까지 자고 있었습니다. 마침 그 시간에 두냐 공주의 아버지 샤리만 왕은 태수와 고관들을 앞에 두고 왕좌에 앉아 있었는데, 대장간 주인이 두 손에 커다란 궤짝을 들고 들어왔습니다. 그리고 왕 앞에 나아가 그 궤짝 뚜껑을 열고 안에서 금화 10만 닢이나 되는 훌륭한 함을 하나 꺼냈습니다. 그 함에는 이 세상의 어떠한 권력자도 여간해서 손에 넣기 어려운 루비와 에메랄드를 비롯한 온갖 보석이 가득 들어 있었습니다. 그것을 본 왕은 그 아름다움에 몹시 놀라며 감탄하여 전에 노파와 옥신각신하던 환관장을 돌아보고 말했습니다.

"여봐라, 카푸르,*319 이 함을 두냐 공주에게 가져다주어라."

환관장이 그 함을 가지고 공주의 방으로 가니 문이 닫혀 있고, 그 노파가 문턱에 누워 잠을 자고 있지 않겠습니까.

"이게 어찌 된 일이오? 아직도 잠을 자고 있다니!"

환관장이 이상하게 여기고 소리치자 그 목소리에 노파가 깜짝 놀라 일어나 말했습니다.

"곧 열쇠를 가져올 테니 잠깐만 기다리시오."

그러고는 걸음아 날 살려라 하고 달아나고 말았습니다. 노파의 놀라는 모습이 심상치 않다고 생각한 환관장이 수상쩍게 여겨 문을 들어 올리니 경첩*320이 뽑혀 나갔습니다. 안으로 들어가 보니 놀랍게도 두냐 공주가 젊은 남자의 머리를 두 팔로 끌어안고 나란히 깊이 잠들어 있지 않겠습니까! 그것을 보고 환관장은 깜짝 놀라 왕에게 급히 되돌아가려 했습니다. 그때 공주가 눈을 뜨고 환관장의 모습을 보더니 공포에 질려 말했습니다.

"오, 카푸르, 알라께서 숨겨주신 일이니 제발 너도 비밀을 지켜다오."

그러나 환관장은 대답했습니다.

"저는 무슨 일이든 임금님께 숨겨서는 안 되는 몸입니다."

그리고 두 사람을 그 방에 가두어둔 채 급히 샤리만 왕에게 돌아갔습니다.

왕이 물었습니다.

"공주에게 함을 주었느냐?"

"함을 도로 거두십시오. 여기 가지고 왔습니다. 저는 임금님께 아무것도 숨겨서는 안 되기에 있는 그대로 아뢰겠습니다. 잘생긴 한 젊은이가 공주님 곁에서 더구나 한 침상에서 끌어안고 잠들어 있었습니다."

왕은 깜짝 놀라서 당장 두 사람을 끌어내게 했습니다.

"이게 대체 어찌 된 일이냐!"

그리고 불같이 노하여 한칼에 왕자를 베어 버리려 하자 공주는 자기 몸으로 왕자를 감싸며 말했습니다.

"이분을 베시려거든 저부터 먼저 죽여주세요."

왕은 공주를 꾸짖어 방으로 돌아가게 하고 나서 왕자에게 말했습니다.

"괘씸한 놈 같으니! 너는 대체 어디서 왔느냐? 네 아비는 누구냐, 어찌하여 대담하게도 내 딸을 더럽혔느냐?"

"오, 임금님, 저를 죽이시면 당신도 멸망하게 됩니다. 당신을 비롯한 이 영토 모든 사람이 후회할 것입니다."

"그건 또 무슨 소리냐?"

"저는 슬라이만 샤 왕의 왕자입니다. 아버님은 반드시 군사를 이끌고 쳐들어오실 겁니다."

이 말을 듣고 샤리만 왕은 왕자를 죽이는 일을 잠시 연기하고 그 말의 진위가 확인될 때까지 감옥에 가두어 두려고 했습니다. 그런데 이 나라의 대신이 말했습니다.

"오, 임금님, 공주님을 더럽힌 이 괘씸하기 짝이 없는 놈은 즉시 처형하심이 옳을 듯합니다."

그 말을 듣고 왕은 망나니에게 외쳤습니다.

"그놈의 목을 베어라. 그놈은 반역자이다."

사형집행인은 명령대로 왕자를 꽁꽁 묶어놓고 태수들을 향해 두 번, 세 번 한쪽 손을 들어 보였습니다. 그것은 그들의 의견이 어떤지 묻는 신호로, 조금이라도 형의 집행을 늦추고자 한 것입니다.[321] 그러나 왕은 분노에 찬 목소리로 다시 외쳤습니다.

"언제까지나 의논할 작정이냐, 그렇게 우물거리기만 하면 네 목부터 먼저 떨어지리라."
 망나니는 이젠 어쩔 수 없다 여기고, 왕자의 목을 치기 위해 칼을 겨드랑이털이 보일 만큼 높이 치켜들었습니다.

—여기서 날이 훤히 밝아오는 것을 알고 샤라자드는 이야기를 그쳤다.

136번째 밤

 샤라자드는 이야기를 계속했다.
 오, 인자하신 임금님, 망나니가 왕자의 목을 내리치려고 하는 순간 이게 어찌 된 일입니까, 온 도시에 비명이 일어나더니 도성 안 사람들은 모두 가게 문을 닫아걸었습니다. 왕이 망나니에게 말했습니다.
 "잠깐만 기다려라."
 그리고 사람을 내보내 바깥 동정을 살피게 했습니다. 밖으로 달려나간 전령이 곧 돌아와서 보고했습니다.
 "적의 대군이 파도가 으르렁거리는 거친 바다처럼 몰려왔습니다. 군마는 뛰어오르고 그 말발굽 소리에 대지가 흔들리고 있습니다. 그 이상은 아직 확실히 모르겠습니다."
 이 말을 듣고 크게 당황한 왕은 자신의 영토를 빼앗기게 되지나 않을까 두려워 대신을 돌아보며 물었습니다.
 "이 군사를 맞이해 싸우기 위해 아군은 출전하지 않았는가?"
 이 말이 채 끝나기도 전에 시종들이 적군의 사자를 데리고 들어왔습니다. 그 가운데 지난날 타지 알 무르크 왕자를 데리고 왔던 대신도 끼여 있었습니다. 그들이 먼저 왕에게 인사하자 왕도 일어나 맞이하고서 가까이 불러 무엇 때문에 왔느냐고 물었습니다. 대신은 왕 앞으로 나아가 바닥에 엎드렸습니다.
 "지금 귀국의 영토로 군사를 이끌고 오신 분은 예전의 왕들이나 지금은 돌아가신 술탄과는 비교할 수도 없는 훌륭하신 국왕이십니다."
 "그렇다면 그게 누구요?"

"그분은 정의와 성실의 군주이십니다. 그 너그럽고 활달하신 임금님의 큰 은혜는 대상들에 의해 온 세상에 널리 알려졌습니다. 바로 국왕 슬라이만 샤 님으로 '푸른 나라'와 '두 기둥의 나라' 및 이스파한의 산들을 다스리고 계십 니다. 정의와 평등을 사랑하시고 압제와 불공평을 미워하시는 왕이십니다. 국왕의 말씀에 의하면 왕자님께서 이곳 '하얀 나라' 도성에 계시다고 합니 다. 우리 국왕의 심장이라고도 할 수 있는 왕자님이 무사히 계신다면 대왕의 목적은 달성된 터이니 당신께도 감사를 보내실 것입니다. 그러나 만일 이 영 토 안에서 왕자님이 발견되지 않고 무슨 좋지 못한 일이라도 당하셨을 때는, 이 영토의 황폐와 파멸을 각오하셔야 할 겁니다. 왜냐하면 저희 국왕은 노여 움으로 이 도성을 하루아침에 까마귀 우는 황야로 만들어 버리실 것이기 때 문입니다. 제 볼일은 이것뿐입니다. 당신의 평안을 빕니다!"

이 말을 듣고 샤리만 왕은 불안에 떨며 곧 중신과 대신들을 비롯하여 시종 과 차관들을 큰 소리로 불러들였습니다.

"이 불충한 자들 같으니! 어서 가서 아까 그 젊은이를 찾아오너라!"

이때 왕자는 아직도 망나니 손에 맡겨진 채 너무나 무서워 얼굴이 새파랗 게 질려 있었습니다. 마침 사자로 온 대신이 주위를 살펴보다가 사형수가 앉 는 깔개 위에 있는 왕자의 모습이 눈에 띄자 다짜고짜 그곳으로 달려가 왕자 위로 몸을 던졌습니다. 그것을 보고 다른 사자들도 왕자 주위로 달려가 몸으 로 왕자를 감쌌습니다. 그들은 급히 왕자를 꽁꽁 묶은 줄을 풀고 그 손발에 입을 맞추었습니다. 그러자 왕자는 눈을 뜨고 부왕의 대신과 친구 아지즈의 모습을 알아보고는 너무나 기뻐서 그 자리에서 정신을 잃고 말았습니다. 이 광경을 본 샤리만 왕은 대군이 몰려온 까닭은 이 젊은이를 위한 것임을 알고 당황한 나머지 커다란 공포에 사로잡혔습니다. 그는 타지 알 무르크 왕자에 게 다가가 그 머리에 입을 맞추며 말했습니다.

"오, 왕자시여, 부디 노엽게 생각지 마시오. 죄인의 잘못을 책망하지 말아 주시오. 부디 이 흰머리를 측은히 여겨 나의 영토를 짓밟지 말아 주시오."

그러자 왕자는 왕의 손에 입을 맞추며 대답했습니다.

"물론 당신에게 위험과 재해를 가하는 일은 하지 않을 겁니다. 따지고 보 면 저에게는 아버님이나 마찬가지니까요. 다만 저의 연인 두냐 공주에게 무 슨 잘못된 일이 일어나지 않도록 주의해 주십시오."

"오, 왕자님, 공주에 대해서는 염려 마십시오. 기쁜 일 말고는 아무것도 일어날 일이 없으니까."

왕은 끊임없이 변명을 늘어놓으며 슬라이만 샤 왕의 대신에게 지금 여기서 본 광경을 샤 왕에게 비밀로 해 준다면 많은 사례를 하겠다고 약속했습니다. 그는 시종에게 명령하여 왕자를 목욕탕으로 데려가 몸을 씻기고 왕의 어의 가운데 가장 좋은 것을 입혀 데려오게 했습니다. 시종들은 왕자를 목욕탕으로 안내하여 왕이 특별히 소중하게 간직하던 어의를 입혀서 접견실로 데리고 돌아왔습니다. 왕자가 들어오자 왕은 일어나 맞이하며 늘어선 고위 고관들에게 왕자를 환영하게 했습니다. 왕자는 자리에 앉아 부왕의 대신과 아지즈를 상대로 그들과 헤어지고 나서 겪은 이야기를 모두 했습니다. 왕자의 이야기를 다 듣고 나자 두 사람은 말했습니다.

"아무리 기다려도 왕자님께서 돌아오시지 않자, 저희는 임금님께 돌아가 왕자님이 공주님의 궁으로 들어가신 뒤 돌아오지 않는다고 아뢰었습니다. 저희는 도무지 사정을 알 수 없었으니까요. 임금님께서 그 이야기를 들으시고 곧 군사를 소집하셨습니다. 그래서 저희는 다시 이 나라로 오게 되었는데, 아무튼 몹시 절박한 순간에 왕자님을 구해낼 수 있었으니 이토록 기쁜 일이 없습니다."

왕자가 말했습니다.

"그대들이 하는 일에는 처음부터 끝까지 행운이 따라다니는 것 같아."

한편 샤리만 왕이 두냐 공주의 방에 가보니 공주는 왕자만 생각하며 하염없이 울고 있었습니다. 그뿐입니까, 긴 칼을 꺼내 자루가 흔들리지 않도록 바닥에 단단히 박은 뒤 칼끝을 두 유방 사이 심장에 대고 그 위로 몸을 구부리며 중얼거리고 있던 참이었습니다.

"아, 아무래도 나는 죽는 수밖에 없어. 사랑하는 사람이 죽게 되었는데 어떻게 살아간담."

이 광경을 본 부왕은 깜짝 놀라 큰 소리로 외쳤습니다.

"오, 사랑하는 공주여! 잠깐만 기다려라. 네 아버지와 이 나라 백성을 가엾이 여겨다오!"

그리고 공주에게 달려가 말했습니다.

"너로 말미암아 이 아비의 머리에 재앙이 떨어지지 않도록 해다오."

그리고 공주의 연인이 슬라이만 샤 왕의 왕자라는 것과 전에 공주를 아내로 맞이하고 싶어 청혼해 온 일이 있다는 것을 이야기한 다음 이렇게 덧붙였습니다.
"이 결혼은 네 승낙만 남았다."
이 말을 듣고 비로소 공주는 방긋 웃으며 말했습니다.
"그러니까 제가 말씀드렸잖아요. 그분은 왕자님이시라고. 알라께 맹세코, 이제 그분에게 말씀드려 싸구려 나무토막에 아버님을 책형시켜 드리는 수밖에 없어요."
"오, 공주야, 제발 그런 말일랑 하지 말아 다오. 그러면 알라께서도 틀림없이 너에게 은혜를 내리실 게다."
"그러면 어서 왕자님을 이리로 데려와 주세요."
"암, 그러지, 그러고말고!"
샤리만 왕은 왕자에게 가서 공주의 말을 전했습니다. 왕자는 곧 일어나 왕을 따라 공주에게 갔습니다. 연인의 모습을 보자 공주는 아버지 앞인 것도 잊고 매달려 끌어안으며 뜨겁게 입을 맞추었습니다.
"오, 당신이 안 계셔서 얼마나 외로웠는지 몰라요!"
공주는 다시 아버지 쪽을 향해 말했습니다.
"아버님, 이토록 아름다운 분에게 그런 끔찍한 짓을 하려 하시다니! 게다가 비열한 행위로부터 지켜지고 보호되고 있는 고귀한 신분*322의 왕자님을 말이에요!"
그러자 샤리만 왕은 두 사람만 남겨 놓고 방을 나와 손수 문을 닫았습니다. 그리고 대신과 슬라이만 샤 왕의 사절이 있는 곳으로 돌아가 왕자는 잘 있으며, 연인과 함께 이 세상 최고의 행복과 큰 기쁨에 잠겨 있다고 샤 왕에게 전해 달라고 말했습니다. 사절들은 슬라이만 샤 왕에게 돌아가 이 일을 보고했습니다.
샤리만 왕은 또 슬라이만 샤 왕의 군대에 많은 돈과 식량을 보내라고 명령했습니다. 신하들이 명령받은 것을 모두 실어 나르자, 왕은 다시 군마 백 필, 단봉낙타 백 마리, 백인 노예 백 명, 시녀 백 명, 그리고 흑인 노예와 노예계집을 각각 백 명씩 준비하여 슬라이만 왕에게 선물로 바쳤습니다. 그런 다음 샤리만 왕은 말을 타고 태수들과 시종들을 거느리고 도성을 나와 슬라이만 샤 왕의 진영으로 향했습니다. 샤리만 왕이 찾아온 것을 알고 자리에서 일어난 슬라이만 샤 왕은 두세 걸음 걸어나가 왕을 맞이했습니다. 이에 앞서 대신과 아지즈가 이 일을 슬라이만 샤 왕에게 모두 보고했을 때, 왕은 몹시 기뻐하며 외쳤습니다.

"내 왕자의 애절한 소원을 이루게 해 주신 알라께 영광을!"

샤리만 왕이 나타나자 왕은 그 팔을 잡고 왕좌에 나란히 앉아 한동안 서로 재미있는 이야기를 나누었습니다. 이윽고 음식이 들어와 두 사람은 함께 마음껏 먹고 나서 사탕과자와 마른 과일이 나오자 그것들도 골고루 맛보았습니다. 한참 뒤 타지 알 무르크 왕자가 아름답게 옷을 갖추어 입고 나타났습니다. 부왕은 그 모습을 보자 곧 일어나 왕자를 끌어안고 입을 맞추었습니다. 그 자리에 있던 모든 사람도 일어나 왕자에게 경의를 표했으며, 두 왕은 사람들 사이에 왕자를 앉혀놓고 한동안 이야기를 주고받았습니다. 이윽고 슬라이만 왕은 샤리만 왕을 향해 말했습니다.

"왕가의 풍속에 따라 결혼을 공표할 수 있도록 내 왕자와 당신 딸의 혼인계약서를 공증인 앞에서 작성해 주십시오."

"좋습니다."

샤리만 왕은 쾌히 대답하고 곧 판관과 공증인을 불러 타지 알 무르크 왕자와 두냐 공주의 혼인계약서를 작성하게 했습니다. 그리고 돈과 과자 등 하사품을 내리고 향을 사른 다음 향수도 뿌렸습니다. 이 경사스럽고 기쁜 날, 고위 고관을 비롯하여 병사들에 이르기까지 모든 사람이 혼인을 축하했습니다. 샤리만 왕은 딸의 지참금을 마련하고 시집보낼 채비를 하였습니다.

한편 타지 알 무르크 왕자는 부왕에게 말했습니다.

"아지즈라는 이 젊은이는 참으로 의협심이 강한 남자로 저를 위해 자신의 몸을 아끼지 않고 도와주었으며 저와 함께 길을 떠나 마침내 제 소원을 이루게 해 주었습니다. 언제나 제 말에 귀 기울이며 소원을 이루는 날까지 인내하도록 저를 격려해 주었지요. 게다가 이미 2년 동안이나 고향을 떠나 저와 함께 지내고 있었습니다. 저 젊은이의 고향이 여기서 그리 멀지 않으니 저 사람이 지금부터 즐겁게 고향을 향해 떠날 수 있도록 상품을 준비해 주셨으면 좋겠습니다."

"그것참 좋은 생각이다. 네 생각대로 해 주도록 하여라."

그리하여 왕자는 100짐이나 되는 훌륭한 피륙과 값진 상품을 갖추어주고 거기에 많은 돈을 합쳐 아지즈에게 선사하며 말했습니다.

"오, 나의 형제이자 참다운 벗이여, 이 짐은 나의 우애의 정표로서 그대에게 주는 것이니 부디 받아 주게. 이것을 가지고 무사히 고향으로 돌아가기 바라네."

아지즈는 기쁜 마음으로 그 선물을 받고 왕자와 부왕 앞에 엎드려 작별인사를 했습니다.

그뿐 아니라 왕자는 우정의 표시로 고향에 돌아가는 아지즈를 말을 타고 5킬로미터나 전송해 주었습니다.

아지즈는 왕자에게 이제 그만 돌아가시라고 간청하면서 말했습니다.

"오, 왕자님, 저에게 어머니만 계시지 않는다면 절대 당신 곁을 떠나고 싶지 않습니다. 왕자님, 앞으로도 편지만은 부디 보내주십시오."

"그러고말고."

이리하여 왕자는 도성으로 돌아가고, 아지즈는 여행을 계속하여 고향에 이르렀습니다. 고향에 도착하자마자 어머니에게 달려갔는데, 어머니는 아지즈를 위해 집 한가운데에 아지즈의 묘비를 세워놓고 날마다 그 앞에 참배하고 있었습니다. 아지즈가 집 안으로 들어가니 어머니는 머리를 풀어헤치고 그 묘비에 매달려 다음과 같은 시를 읊고 있었습니다.

　　이 몸에 재앙 닥칠지라도
　　견디어낼 힘 있건만
　　야속하여라, 도저히 참을 수 없는 건
　　쓰라린 이별의 상처.
　　어떠한 가슴도 참기 어려우리,
　　인연 있는 사람과 헤어진 슬픔은.
　　아, 헤어져 지내는 이 설움
　　무슨 힘으로 견디어내리.

그러고는 목이 메도록 울면서 다음과 같은 시를 또 읊었습니다.

어인 일인가
무덤가를 지나며
그리운 나의 벗의
영원한 집 불러도
대답조차 없음은.
"흙에 파묻히고 돌에
이 몸을 저당 잡혔으니
어찌 대답할 수 있으랴.
땅속에서 나의 아름다움도
사그라지고 이미 썩어버려
그대의 사랑 잊었노라."

아지즈는 어머니가 그토록 한탄하는 곳을 향해 성큼 걸어 들어갔습니다. 어머니는 아들의 모습을 보자 매우 반가워 그 자리에 쓰러지고 말았습니다. 아지즈가 어머니 얼굴에 물을 끼얹자 어머니는 정신을 차리더니 몸을 일으켜 아들을 가슴에 꼭 끌어당겼습니다. 아지즈도 반가운 마음에 어머니를 힘껏 끌어안았습니다. 그런 다음 어머니는 아들과 다시 인사를 나누고 나서 어째서 이렇게 오랫동안 돌아오지 않았느냐고 물었습니다. 아지즈는 지금까지 있었던 일을 모두 이야기하고 타지 알 무르크 왕자에게서 받은 100짐의 상품과 돈 이야기도 했습니다. 이 말을 들은 어머니는 매우 기뻐했습니다. 그리하여 아지즈는 고향에서 살게 되었지만, 사악한 뚜쟁이 다리라의 딸 때문에 거세된 불행은 언제까지나 한탄거리로 남아 있었습니다.

한편 타지 알 무르크 왕자는 연인 두냐 공주와 백년가약을 맺었습니다. 샤리만 왕은 두냐 공주를 그 남편하고 시아버지와 함께 길을 떠나보내기 위해 모든 준비를 해 주었습니다. 그리고 슬라이만 왕 일행을 위해 음식과 선물을 비롯하여 온갖 진귀한 물건들을 마련해 주었습니다. 일행은 물건을 싣고 마침내 고국을 향해 출발했습니다. 샤리만 왕은 이들을 전송하기 위해 사흘 길 되는 거리까지 호위하며 따라왔습니다. 슬라이만 왕이 이제 그만 돌아가시라고 하자 그제야 샤리만 왕은 작별인사를 남기고 돌아갔습니다.

왕자와 그 아내와 부왕은 군사들과 함께 밤낮없이 길을 재촉하여 마침내 도성 가까이에 이르렀습니다. 이들의 귀국 소식을 전해 들은 백성은 온 도성 안을 아름답게 장식하여 환영의 뜻을 표시했습니다.

—여기서 날이 훤히 밝아오는 것을 알고 샤라자드는 이야기를 그쳤다.

137번째 밤

샤라자드는 이야기를 계속했다.

오, 인자하신 임금님, 위풍당당하게 도성 안으로 들어간 슬라이만 샤 왕은 옥좌에 앉아 그 옆에 왕자를 앉힌 다음 여러 가지 하사품과 선물을 내리고 옥중의 죄인들을 모두 석방해 주었습니다. 그리고 왕자를 위해 두 번째 혼례를 열어 가희와 악공들의 왁자지껄한 음악 소리가 한 달이나 쉬지 않고 계속되었습니다. 두냐 공주는 많은 시녀의 시중을 받으며 온갖 의상을 차례차례 갈아입고 사람들 앞에 모습을 나타냈습니다. 그렇게 차려입은 모습을 보이면서 공주는 그리 지치는 기색이 없었고, 구경하는 여자들도 언제까지 바라보아도 싫증나지 않았습니다. 타지 알 무르크 왕자는 한동안 부모와 함께 지낸 다음 이윽고 아내와 함께 다른 궁전으로 옮겼습니다. 그리고 '모든 기쁨의 파괴자'가 찾아올 때까지 이 세상의 온갖 기쁨과 더없는 행복 속에서 남은 생애를 보냈습니다.[323]

단단 대신이 타지 알 무르크와 두냐 공주 이야기를 끝내자, 자우 알 마칸 왕이 말했습니다.

"참으로 그대 같은 사람이야말로 비탄에 잠긴 사람의 마음을 위로할 줄 알고, 왕자의 친구로서 정사를 올바른 길로 이끌어주는 인물이로다."

그러는 동안에도 자우 알 마칸 왕의 군사는 여전히 콘스탄티노플을 포위하고 있었습니다. 그 군대는 그곳에서 4년이라는 긴 세월을 지냈으므로 모두 고향을 그리워하고 있었습니다. 밤낮없이 이어지는 전란과 밤을 지새우는 경계근무, 그리고 힘든 포위공격에 완전히 지쳐 불평을 늘어놓기 시작했습니다. 그래서 왕은 루스탐, 발람, 타르카슈 세 사람을 불러 말했습니다.

"아군은 오랫동안 이 땅에 주둔하고 있지만 아직 목적을 이루지 못했다. 그뿐인가, 갈수록 여러 가지 걱정과 고생만 늘어갔다. 우리가 여기 온 것은 오마르 왕의 원수를 갚기 위해서였는데, 그 때문에 형님 샤르르칸 왕이 돌아가서서 우리의 슬픔과 불행은 더욱 커졌다. 이 모두 그 사악한 노파 자트 알 다와히 때문이다. 그 노파는 우리 국왕을 그 영토 안에서 죽였을 뿐만 아니라 소피아 왕비를 납치했다. 그것도 모자라 우리를 속여 형 샤르르칸 왕의 목을 베고 말았다. 이제 그 노파에게 복수하는 일밖에 남지 않았는데, 그대들은 어떻게 생각하는지 내가 말한 것을 잘 생각하고 대답하라."

그러자 모두 머리를 숙이고 대답했습니다.

"단단 대신이 거기에 대해 의견을 아뢸 것입니다."

대신이 앞으로 나와 말했습니다.

"오, 현세를 다스리시는 임금님이시여, 더는 이곳에 머물러 있어봤자 아무 소용없습니다. 제 생각으로는 일단 진을 거두어 고국으로 돌아가 잠시 휴식을 취한 뒤 다시 우상숭배자들의 나라를 침략하는 것이 좋을 듯합니다."

"그것도 좋은 생각이오. 병졸들도 모두 처자를 만나고 싶어 하고 나도 왕자 칸마칸과 형님의 딸 쿠지아 파칸 공주가 걱정되오. 공주는 다마스쿠스에 있는데 어떻게 지내고 있는지 도무지 소식을 알 수가 없으니 말이오."

병졸들은 이 소식을 전해 듣고 모두 기뻐 날뛰며 단단 대신을 축복했습니다. 그리하여 왕은 전령을 보내 사흘 뒤에 철군한다는 것을 포고했습니다. 모두 철수할 채비를 하고 나흘째 되는 날, 북을 치고 깃발을 높이 쳐든 가운데 단단 대신을 선두에 세워 출발했습니다. 왕은 시종장을 거느리고 대열 한가운데에서 말을 몰고 나아갔습니다. 이렇게 밤낮없이 행군을 계속하여 이윽고 바그다드 도성 가까이에 이르렀습니다.

원정군의 귀국을 기뻐하는 백성은 모든 근심 걱정이 한꺼번에 사라져버렸습니다. 집을 지키고 있던 사람들은 마중 나가 군사들을 맞이했고, 태수들은 저마다 집으로 돌아갔습니다. 자우 알 마칸 왕은 궁전에 들어가자 맨 먼저 왕자 칸마칸을 찾았습니다. 왕자는 이미 7살이 되어 승마 연습을 하고 있었습니다. 왕은 여행의 피로를 풀기 위해 왕자와 함께 목욕을 한 뒤 어전으로 돌아와 호화로운 긴 의자에 몸을 뉘었습니다. 그러자 단단 대신이 왕 앞자리를 차지하고 영내의 태수와 영주들도 그 옆에 모두 죽 늘어섰습니다. 왕은 일찍이 고국을 떠나 유랑하고 있었을 때 자기를 도와준 그 화부를 불렀습니다. 화부가 나타나자 왕은 일어나 공손히 맞이하며 자기 옆에 앉혔습니다.

왕은 전에 화부가 자기에게 베풀어준 친절과 은혜에 대해 대신에게 이야기해 주었습니다. 그런데 왕은 그동안 아무것도 하지 않고 그저 맛있는 것만 먹으며 지낸 나머지 살이 쪄서 목은 코끼리 같고 얼굴은 돌고래의 배처럼 되어 있었습니다. 그뿐만 아니라 너무 몸을 움직이지 않아 머리마저 둔해져 있었습니다. 그래서 화부는 처음에 자우 알 마칸의 얼굴을 보고도 그를 알아보지도 못했습니다. 왕은 미소를 짓고 화부에게 가까이 다가가 친밀하고 다정하게 말했습니다.

"그대는 벌써 나를 잊었는가?"

화부는 깜짝 놀라 그의 얼굴을 자세히 들여다보더니 그제야 자우 알 마칸임을 알아보고 벌떡 일어나며 외쳤습니다.

"오, 친구여, 누가 당신을 왕의 자리에 앉혔소?"

자우 알 마칸 왕은 큰 소리로 웃었습니다. 이윽고 대신이 화부에게 가서 그때까지의 사정을 모두 설명해 주고 나서 말했습니다.

"이분은 그대의 형제이고 벗이기도 하였지만, 지금은 이 나라의 왕이시니 그대는 아마 뭔가 훌륭한 선물을 받을 수 있을 거요. 그래서 귀띔해 주는 건데, 왕께서 소원이 없느냐고 물으시거든 무엇이든 큰 것을 말씀드리도록 하시오. 임금님께선 그대를 무척 좋아하고 계시니까."

"어쩐지 걱정이 되는군요. 소원을 말씀드려도 들어주시지 않을 것만 같아서."

"걱정하지 마시오. 그대가 원하는 것이라면 뭐든지 들어주실 테니까."

"그렇다면 전부터 생각해 온 것이 하나 있으니 말씀드려 보겠습니다. 저는 밤마다 그것을 꿈꾸며 전능하신 알라께 소원을 이루어 달라고 빌고 있었으니까요."

"그럼, 용기를 내구려. 그대가 돌아가신 임금님의 형님 대신 다마스쿠스를 다스리고 싶다 해도 임금님께선 다마스쿠스를 그대에게 주시고 태수로 삼아 주실 거요."

이 말을 듣고 화부는 매우 기뻐서 벌떡 일어섰습니다. 그때 왕이 화부에게 가까이 다가와 앉으라고 말했습니다. 그러나 화부는 그 말은 듣지 않고 이렇게 말했습니다.
"당치도 않은 말씀을. 임금님 앞에서 제가 앉을 수 있었던 것은 옛날 일입니다."
"아니, 그렇지 않소. 지금도 역시 마찬가지요. 내가 지금 이렇게 살아 있는 것은 모두 그대 덕택이 아니오? 그러니 무엇이든 그대가 가장 원하는 것을 말하면 알라께 맹세코 그 소원을 반드시 이루게 해 주리다. 먼저 알라께 소원을 말한 다음 나에게 부탁해 보시오!"
"그래도, 임금님, 저는 어쩐지 두려워서……."
"아무것도 두려워할 것 없소."
왕이 재촉하자 화부는 말을 이었습니다.
"아닙니다. 제가 어떠한 소원을 말씀드려도 그건 안 된다고 하시지 않을까 하여 그게 두려운 것입니다. 그 소원이란 실은 저……."
뒷말을 흐리는 것을 보고 왕은 웃으면서 말했습니다.
"그대가 왕국의 절반을 달라고 한다면 나는 그대와 둘이서 나누리라. 그러니 무엇이든 그대가 탐내는 것을 빨리 말해 보라."
"저는 겁이 납니다……."
"겁낼 필요 없다니까."
"소원을 말씀드려도 이루어 주시지 않을 것 같아서……."
왕은 짜증을 내며 거칠게 말했습니다.
"무얼 우물거리는가. 대체 무엇이 탐나는지 빨리 말해 보라니까!"
그러자 화부는 조심스럽게 입을 열었습니다.
"그럼 먼저 알라께 소원을 빌고, 그런 다음 당신에게. 부디 성도 예루살렘에 있는 목욕탕 화부조합의 대표로 임명한다는 증서를 써주시면 안 될까요?"
이 말을 듣고 왕을 비롯하여 좌우의 신하들은 큰 소리로 웃음을 터뜨리고 말았습니다.
"좀더 큰 소원은 없는가?"
"오, 임금님! 그러니까 제가 말씀드리지 않았습니까? 저의 소원을 들어 주시지 않거나 허락해 주시지 않는 게 아닐까 하고 겁이 난다고……."
이 말을 듣고 대신이 한 번, 두 번, 세 번까지 화부의 발을 밟으며 신호를 보냈지만 그때마다 화부는 이렇게 말할 따름이었습니다.
"제 소원은……."
"어서 말해 보라."
왕이 다시 재촉했으므로 화부는 큰맘 먹고 말했습니다.
"저를 부디 성도 예루살렘이나 다마스쿠스 도성의 청소감독으로 써주십시오."
그 자리에 있던 사람들은 모두 배를 움켜잡고 웃었습니다. 하도 어처구니가 없어서 대신이 화부를 때리자 화부는 말했습니다.
"어째서 저를 때리시는 겁니까? 저는 아무것도 나쁜 짓을 하지 않았습니다. 바로 당신이 무엇이든 큼직한 소원을 말하라고 하시지 않았습니까?"
그리고 이렇게 덧붙였습니다.
"저를 고향으로 돌아가게 해 주십시오."
그들을 지켜보며 화부가 농담하는 줄만 알고 한동안 참고 있던 왕은 이윽고 화부에게 말했습니다.
"오, 형제여, 우리의 위엄에 어울리는 더 큰 소원을 말해 보라."
그러자 화부는 말했습니다.
"오, 임금님, 저는 먼저 알라께 소원을 빌고, 그러고 나서 소원을 말씀드리겠습니다. 부디 임금님의 형님 대신 다마스쿠스 부왕(副王)을 시켜주십시오."
왕은 곧 대답했습니다.
"알라는 그대의 소원을 들어주시리라."
이 말을 듣고 화부가 바닥에 엎드리자 왕은 곧 화부를 위해 다마스쿠스 부왕이 앉는 의자를 내오게 하고 태수의 의복을 입혔습니다. 그리고 임명장을 써서 손수 봉인한 다음 단단 대신에게 말했습니다.
"그대가 이 사람과 동행해 주시오. 그리고 돌아올 때는 형님의 딸 쿠지아 파칸 공주를 함께 데리고 오시오."
"분부대로 하겠습니다."
대신은 화부를 데리고 물러나와 곧 출발할 준비를 시작했습니다. 그리고 왕은 화부를 위해 하인과 종들을 고르고 새로운 가마를 마련하여 왕자(王者)에게 어울리는 의복을 준 다음 영주들을 불러 말했습니다.

"나에게 충성하는 자는 모두 저 화부를 존경하고, 저자에게 훌륭한 선물을 하도록 하라."

그리하여 영주들은 저마다 능력에 따라 화부에게 선물을 주었습니다. 왕은 또 화부에게 지부르 한*324이라는 이름을 지어주고, 알 무자히드*325라는 명예로운 성(姓)까지 내렸습니다.

여행준비가 끝나자 화부는 단단 대신과 함께 왕 앞에 나아가 출발 허락을 얻고 작별인사를 했습니다. 왕은 일어나 화부를 얼싸안고 백성에게 선정을 베풀라고 훈계한 다음, 2년 뒤에 있을 이교도의 토벌 준비를 게을리하지 말라고 일렀습니다. 그리하여 지부르 한이라는 이름을 얻은 '신앙의 전사'인 이 새로운 왕은 알 마칸 왕으로부터 백성에게 선정을 베풀라는 훈계를 거듭 받고 나서 드디어 출발하게 되었습니다. 태수들이 보내온 5천 명에 가까운 백인 노예며 환관들이 그 뒤를 따랐습니다. 자우 알 마칸 왕의 시종장도 다 일람군의 대장 루스탐과 페르시아군의 대장 발람, 아라비아군의 대장 타르카슈도 함께 말을 타고 호위병으로 참가했습니다. 그들은 사흘 동안 함께 여행하면서 전송한 뒤 이윽고 작별을 나누고 바그다드로 돌아갔습니다. 지부르 한과 단단 대신은 군사와 종자들을 거느리고 여행을 계속하여 마침내 다마스쿠스 가까이에 이르렀습니다.

자우 알 마칸 왕이 지부르 한 알 무자히드를 다마스쿠스의 새 부왕으로 임명했다는 소식은 어느새 이미 다마스쿠스의 명사들 귀에 들어가 있었습니다. 그래서 지부르 한과 그의 일행이 다마스쿠스에 이르렀을 때 도성은 새로운 왕을 환영하기 위해 아름답게 장식되어 있었고, 사람들은 집 바깥으로 나와 눈을 크게 뜨고 있었습니다. 새로운 왕은 보무도 당당하게 다마스쿠스 도성으로 들어가 왕좌에 앉았습니다. 단단 대신은 곁에서 왕을 모시고 서 태수들의 관등(官等)과 영지 등을 하나하나 설명했습니다. 이윽고 모두 왕 앞에 엎드려 왕의 손에 입을 맞추며 새 왕을 위해 알라의 축복을 빌었습니다. 새로운 왕 지부르 한은 이들을 은근하게 대하며 의복을 비롯한 여러 가지 선물과 하사품을 내렸습니다. 그리고 보물창고를 열어 병사들에게도 신분의 차별 없이 저마다 하사품을 주었습니다.

이리하여 새 왕은 정사를 돌보고 선정을 베푸는 한편 샤르르칸의 왕녀 쿠지아 파칸 공주의 여행길을 위해 비단으로 만든 호화로운 가마를 만들게 했습니다. 또 단단 대신의 귀국을 위해 훌륭한 행렬준비를 하게 한 다음 돈을 내리려 하였으나 대신은 이를 사양하며 이렇게 말했습니다.

"임금님이 되신 지 얼마 안 되어 여러 가지로 돈을 쓸 일이 많을 테고 또 앞으로 성전을 위해 군자금도 조달하셔야 합니다."

왕은 대신의 출발 준비가 갖추어지자 몸소 말을 타고 전송하기로 하고, 먼저 쿠지아 파칸 공주를 대신에게 데리고 가서 가마에 태워 시녀 10명을 따르게 했습니다. 그들이 무사히 출발하자 '신앙의 전사'라는 이름의 새 왕 지부르 한은 정무실에 들어가 정사를 돌보는 한편 군수품을 갖추어 자우 알 마칸 왕이 징발을 명하는 때가 오기를 기다렸습니다.

한편 쿠지아 공주를 모시고 가는 단단 대신은 여행길을 서둘러 수많은 역참을 지나 한 달 뒤에 유프라테스 강을 바라보는 루바*326에 이르렀습니다. 거기서 다시 발길을 재촉하여 이윽고 바그다드가 얼마 남지 않았을 무렵 대신은 자우 알 마칸 왕에게 사자를 보내어 귀국을 알렸습니다. 왕은 말을 타고 나가 이들을 맞이했습니다. 단단 대신이 왕을 보고 말에서 내리려 하자, 왕은 이를 만류하며 말을 몰아 대신에게 가까이 다가가서 지부르 한의 안부를 물었습니다. 대신은 새 왕이 건강하게 잘 지내고 있으며, 형님 샤르르칸 왕의 딸 쿠지아 파칸 공주를 모시고 온 것을 알렸습니다. 그 말을 듣고 왕은 무척 기뻐하며 말했습니다.

"사흘 동안 천천히 쉬면서 여행으로 쌓인 피로를 풀고서 입궐하도록 하시오."

"황공하옵니다."

그리하여 대신은 자신의 저택으로 돌아갔습니다. 왕은 궁전으로 돌아가 말에서 내려 이제 8살이 된 형님의 딸 쿠지아 파칸 공주를 만나러 갔습니다. 왕은 공주를 보고 기뻐하는 한편 그 아버지를 생각하고는 슬퍼했습니다. 왕은 공주를 위해 옷을 짓게 하고 훌륭한 보석과 장신구를 주어 왕자 칸마칸과 함께 살게 했습니다.

왕자와 공주는 차츰 성장하여 공주는 그 시대 사람들 가운데 가장 아름답고, 왕자는 가장 용감한 사람이 되었습니다. 공주는 똑똑하고 영리하며 사려 분별이 깊은 처녀가 되었고, 왕자는 대범하고 소탈한 젊은이가 되었습니다.

어느덧 두 사람은 12번째의 봄을 맞이했습니다. 쿠지아 파칸은 사촌오빠와 함께 말을 타고 넓은 들판으로 나가 자유로이 달리는 것이 습관이 되었습니다. 두 사람은 칼과 창 쓰는 법도 익혔습니다.

이들이 12살이 되었을 때, 자우 알 마칸 왕은 성전을 위한 준비와 양식, 군수품 등 그 밖의 모든 준비를 하고 단단 대신을 불러 말했습니다.

"실은 전부터 한 가지 생각해온 것이 있는데, 그대의 의견을 말해 주시오. 지금 곧 대답을 해 주지 않으면 곤란해."

"오, 현세를 다스리시는 임금님, 대체 어떤 일입니까?"

"내 아들 칸마칸을 왕위에 앉혀 내가 살아 있는 동안 그 기쁨을 맛보고 싶소. 그리고 내 수명이 다할 때까지 싸워볼 결심인데 그대는 어떻게 생각하오?"

그러자 대신은 왕 앞에 엎드리며 이렇게 대답했습니다.

"오, 저의 주군, 현세의 임금님이시여! 참으로 좋은 생각이십니다만, 지금은 그것을 실행할 시기가 아니라고 생각합니다. 거기에는 두 가지 이유가 있습니다. 첫째로 왕자님이 아직 너무 어리시고, 둘째로 살아 있는 동안에 왕위를 왕자님께 물려주신 임금님은 곧 돌아가시는 예가 자주 있다는 것입니다. 이것이 저의 대답입니다."

"그렇다면 대신, 시종장을 왕자의 후견인으로 삼으면 어떨까? 시종장은 나의 누이와 결혼했으니 지금은 내 친척, 내 형제나 마찬가지니 말이오."

"그렇다면 좋으실 대로 하십시오. 저희는 오로지 임금님의 분부에 따를 뿐입니다."

그리하여 왕은 시종장을 부르러 보냈습니다. 이윽고 시종장이 왕국의 영주들과 함께 임금님 앞에 나왔습니다. 왕은 모두에게 명령했습니다.

"내 아들 칸마칸은 당대 으뜸가는 기사이며 검술과 창술에 있어서도 아무도 그를 따를 자가 없다는 사실을 그대들도 잘 알고 있을 것이다. 나는 이제 왕자를 이 나라의 왕으로 삼고 고모부인 시종장을 그 후견인으로 명할 테니 그리 알도록 하라."

그러자 시종장이 대답했습니다.

"저는 다만 임금님의 은혜로운 손으로 심어진 나무 한 그루에 지나지 않습니다."

이 말에 자우 알 마칸 왕은 거듭 말했습니다.

"오, 시종장, 나의 아들 칸마칸과 조카딸 쿠지아 파칸 공주는 사촌 사이이니 이번에 왕자와 공주를 짝지어주려고 생각하오. 지금 이 자리에 있는 사람들이 그 증인이 되어주기 바라오."

그리고 왕은 입으로는 다 말할 수 없는 수많은 보물을 왕자에게 주고서 누이동생 누자트 알 자만에게 가서 자초지종을 이야기했습니다. 그러자 누자트 알 자만도 크게 기뻐하며 말했습니다.

"두 아이 다 내 자식이나 다름없어요. 알라께서 오빠를 지켜주시어 그 아이들을 위해 오래 장수를 누리게 해 주시기를 빌겠어요."

"오, 누이여, 나는 이 세상에서 소원하던 일을 모두 이루었고, 이제 내 아들에 대한 걱정도 없어졌으니 앞으로는 그대가 왕자와 그 어머니를 잘 돌봐주도록 부탁하오."

이렇게 자우 알 마칸 왕은 시종장과 누자트 알 자만에게 왕자와 공주와 왕비를 맡기고 잘 돌봐달라고 당부한 뒤, 마침내 병을 얻어 당장에라도 죽음의 잔을 마실 것 같은 상태가 되었습니다. 왕이 병석에 누운 뒤부터는 시종장이 대신 정무를 보았습니다. 그해 끝 무렵, 왕은 왕자 칸마칸과 단단 대신을 머리맡에 불러 말했습니다.

"오, 왕자여, 내가 죽은 뒤에는 이 대신을 너의 아버지로 생각하여라. 이제 나는 이 현세를 떠나 영원한 거처로 가려고 한다. 나는 이 세상에서의 소원은 다 이루었다만, 오직 한 가지 알라의 힘을 빌려 너희가 꼭 해 주어야 할 원한이 남아 있다."

이 말을 듣고 왕자는 물었습니다.

"아버님, 그 원한이란 어떤 것입니까?"

"왕자여, 단 한 가지 원한은 다름 아니라 너의 할아버지 오마르 왕과 너의 큰아버지 샤르르칸 왕의 원수 자트 알 다와히라는 노파에게 원수를 갚지 못하고 죽는다는 것이다. 너는 알라의 가호를 받아 그 원수를 갚을 때까지 눈을 감아서는 안 된다. 우리가 이 이교도들에게서 받은 치욕을 씻어다오. 그리고 늙은 노파의 간사한 꾀를 조심하고 무슨 일이든 단단 대신의 충고를 듣도록 하여라. 이 대신은 옛날부터 우리 영토의 기둥이었다."

왕자가 잘 알았다며 고개를 끄덕이자 왕은 눈물을 흘렸습니다. 왕의 병세는 날로 깊어져 매부인 시종장이 나라를 다스렸습니다. 시종장은 매우 능력 있는 인물이어서 재판을 하고 명령과 금지령을 내리는 사이 1년이 흘렀습니다. 한편 자우 알 마칸 왕은 4년 동안이나 병으로 인한 괴로움에 시달리고 있었습니다. 그동안 시종장은 왕의 대리로서 상하귀천을 막론하고 모든 사람을 편히 살 수 있게 해 주었으므로 온 나라 백성은 시종장의 통치를 축복했습니다.

칸마칸 왕자는 밤낮 말 타기와 검술과 창술 등의 무예에 몰두해 있었고, 쿠지아 파칸 공주도 왕자와 함께 밖으로 나가 해가 질 때까지 돌아오지 않았습니다.

밖에서 돌아오면 왕자와 공주는 저마다 자기 어머니에게 갔는데, 왕자의 어머니는 언제나 아버지 머리맡에 앉아 눈물에 젖어 있었습니다. 왕자는 밤새도록 아버지의 병시중을 들고 아침이 되면 다시 사촌누이 쿠지아 파칸 공주와 함께 밖으로 나가곤 했습니다. 알 마칸 왕의 병세는 점점 더 악화하여 마침내 눈물을 흘리며 이런 시를 읊었습니다.

나의 힘 시들어
수명이 다하려 하니
보는 바와 같이 이런 몰골.
영광의 날에는 언제나
끝없는 영예 짊어지고
혈통도 능력도
모두 뛰어났노라.
아, 알라의 허락 있으시다면
죽기 전에 보고 싶은 건 내 자식이
나를 대신하여 왕좌에 앉아
칼을 휘두르고 창을 내질러
불구대천의 원수 갚겠다고
씩씩하게 적을 무찌르며
나아가는 그 광경.
아, 알라의 자비가
나를 위해 내리지 않는다면

현세에 그리고 내세에도
눈 감을 길 없어라.

이 노래를 읊고 나자 왕은 머리를 베개에 대고 두 눈을 감고 잠들었습니다. 꿈속에서 어디 선지 목소리가 들려와 왕에게 이렇게 알렸습니다.
"기뻐하라, 그대의 왕자는 더없이 올바르게 나라를 다스릴 것이다. 또 백성은 모두 그 명령에 복종할 것이니라."
왕은 꿈속에서 들은 기쁜 계시에 가슴을 두근거리며 눈을 떴습니다. 그로부터 며칠 안 되어 마침내 왕은 세상을 떠나고 말았습니다. 이 소식을 들은 바그다드 사람들은 상하귀천을 막론하고 그 죽음을 애도했습니다.
그러나 마치 고인은 처음부터 없었던 것처럼, 세월은 흐르는 별처럼 지나가*327 칸마칸의 신분과 지위도 완전히 바뀌고 말았습니다. 왜냐하면 바그다드 백성이 왕자를 몰아내고 왕과 그 일족을 외진 곳으로 내몰았기 때문입니다. 칸마칸 왕자의 어머니는 보기에도 가련한 처지에 빠져버렸습니다.
"이렇게 된 바에는 시종장에게 찾아가는 수밖에 없다. 불가사의한 신, 전지전능하신 신의 도움을 구하자."
자리를 털고 일어난 칸마칸의 어머니는 지금은 왕이 되어 있는 시종장을 찾아갔습니다. 그런데 마침 회의 중이라 면회를 할 수 없어서 왕비 누자트 알 자만에게 가서 하염없이 울면서 말했습니다.
"참으로 사람은 죽고 혼자되면 진정한 친구가 하나도 없군요. 신이여, 이 세상이 이어지는 동안 당신들의 신상에도 아무런 불행이 일어나지 않기를! 또 빈부의 차별 없이 사람들을 올바르게 다스려주시도록 빌겠습니다. 전에는 왕위도 영예도 위엄도 부도 번영도 모두 우리의 것이었음을 당신들도 눈으로 보고 귀로 들었을 것입니다. 그러나 지금은 세상이 완전히 바뀌어 운명의 신도 세상 사람들도 우리 편을 들지 않고, 우리를 배반하고 거역하고 있습니다. 전에는 사람들이 나에게 은총을 바랐지만, 지금은 그러한 내가 당신의 은총을 구하러 온 까닭은 그 때문입니다. 뭐니뭐니해도 남편이 죽으면 여자와 아이들은 모두 남의 괄시를 받는 법이지요."
그리고 다음과 같은 시를 읊었습니다.

이러한 이상한 일도 '죽음' 때문에
더해지고, 게다가
끊어진 생명은 영원한
이별이 되는 것도 애달프구나.
사람의 생애 참으로 덧없어
높은 지위도 슬픔과 불행을 담은 웅덩이.
귀한 벗 잃으면
무정하고 박정한 세상 사람에게
열 겹 스무 겹 둘러싸이니
정녕 가슴 아프구나.

이 노래를 듣고 누자트 알 자만 왕비는 오빠 자우 알 마칸 왕과 그 아들 칸마칸 왕자를 생각하며 상대를 가까이 불러 정중하게 대하면서 말했습니다.

"정말이지 우리의 행운에 비하면 당신은 참으로 가난한 신세가 되었군요. 우리도 늘 두 분을 찾고 있었답니다. 하지만 우리가 물건을 보내 드리면 동냥을 얻는 것처럼 여겨 마음 상하실까 그것도 걱정이었어요. 사실 따지고 보면 오늘날 우리가 이렇게 행복하게 지내는 것은 모두 두 분의 덕분이지요. 우리 집은 당신들의 집이고, 우리 재산도 물건도 모두 당신들 거예요."

그리하여 칸마칸의 어머니에게 호화로운 옷을 입혀주고 왕궁 안의 자기 옆방에 살게 해 주었으므로 모자는 부족함 없이 안락한 나날을 보내게 되었습니다. 누자트 알 자만 왕비는 왕자 칸마칸에게도 왕의 옷을 입히고 두 사람에게 저마다 특별한 시녀들을 거느리게 해 주었습니다. 얼마 뒤 누자트 알 자만이 남편에게 오빠 자우 알 마칸 왕의 과부가 처량한 신세가 된 것을 이야기하자 남편은 눈에 눈물을 글썽이며 말했습니다.

"자신의 내세를 알고 싶으면 다른 사람의 내세를 잘 보면 돼. 그러니 그분에게 친절을 베풀고 유복하게 살 수 있도록 돌봐주구려."

─여기서 날이 밝아오는 것을 알고 샤라자드는 이야기를 그쳤다.

138번째 밤

샤라자드는 이야기를 계속했다.

오, 인자하신 임금님, 누자트 알 자만의 주선으로 자우 알 마칸 왕의 과부와 왕자는 유복하게 지낼 수 있게 되었습니다. 한편 칸마칸 왕자와 그의 사촌누이 쿠지아 파칸 공주는 그 뒤 무럭무럭 자라 15살의 봄을 맞이했습니다. 두 사람은 마치 과일이 주렁주렁 달린 두 개의 나뭇가지인 듯, 해맑은 두 개의 달인 듯싶을 정도가 되었습니다. 특히 쿠지아 파칸 공주는 세상에 보기 드문 미인으로 자라서 얌전하게 베일을 쓴 얼굴은 사랑스럽기 그지없고, 탐스러운 뺨은 요염하며, 풍요로운 엉덩이 위에 얹혀 있는 허리는 날씬한 버들가지 같았습니다. 그 모습은 긴 창처럼 날씬하고, 입술은 해묵은 포도주보다 달았으며, 그 입술의 맛은 샤르사비르의 샘[*328]이 아닌가 싶을 정도였습니다. 시인도 그러한 처녀에 대해 이렇게 노래했습니다.

> 처녀의 입술을 적시는
> 술 한 방울은 흡사
> 그 입가에 송이를 이루어
> 익은 포도 열매에서
> 방울져 떨어지는 달콤한 이슬.
> 그 요염한 자태 구부려
> 포도 넝쿨 늘어질 때
> 아무도 모르는 신의
> 업적 기리어 칭송하리.

참으로 알라께서는 이 공주 속에 모든 매력을 모조리 모아두셨던 것입니다. 그 맵시는 살랑거리는 나뭇가지를 무색케 하고, 그 뺨 앞에서는 장미꽃도 자비를 구할 정도였습니다. 그 입술의 달콤한 이슬은 아무리 오래되고 맑은 술도 그 맛을 따를 수 없었습니다. 소녀를 바라보면 마음이 가볍게 들뜨고 즐거워졌습니다. 바로 시인이 이렇게 노래한 그대로였습니다.

    처녀의 아름답고 상냥한
    커다란 눈동자에 서린 번뇌,
    콜 가루 발라 한껏 치장한
    고운 여인도 미치지 못하리.
    처녀의 눈동자 눈짓하면
    미르 알 무미니나 알리가
    손에 든 칼처럼
    사랑하는 남자의 가슴 찌르네.

 칸마칸 왕자 또한 비할 데 없이 사랑스럽고 이목구비가 빼어나게 아름다운 청년이었습니다. 얼굴 모양에 있어서나 뛰어난 기질에 있어서나 이 왕자에 맞설 이가 없었으니, 늠름한 기개가 감도는 이마는 그 풍모를 한층 돋보이게 하고 속눈썹은 마치 콜 가루를 바른 듯 검으며 몸도 마음도 누구보다 뛰어났습니다. 입술 언저리와 뺨에 털이 나기 시작하자 세상의 은유시인과 가인들은 칸마칸을 기리어 이렇게 노래했습니다.

    구레나룻 무성하게 자라
    옆얼굴을 검게 뒤덮으면
    (그 모습 참으로 놀라워라!)
    내 말 진실이 되리.
    아름다운 모습 즐기는
    새끼 사슴에게서 번쩍 빛나는
    눈빛은 짧은 칼끝처럼
    마음을 꿰뚫네.

 또 다른 시인도 노래했습니다.

    그대를 사랑하는 사람들은
    그대의 뺨 때문에 더욱 사모하리.
    기어가는 장밋빛 개미 떼

그 빛으로 한층 더
아름답게 빛나는 그 뺨.
의심스러운 것은, 연인이
지옥에 떨어지면서
하늘의 푸른 옷 입고
공들여 치장한 그 모습.*329

어느 축제일에 쿠지아 파칸 공주는, 어떤 왕족의 거처에서 열리는 잔치에 초대받아 시녀들을 거느리고 멀리 나들이를 하게 되었습니다. 많은 시녀에게 에워싸인 공주의 장밋빛 뺨은 검정 사마귀가 더해져 더욱 아름다웠고, 미소를 머금은 입술에서는 하얀 이가 카밀러 꽃*330처럼 빛나고 있었습니다. 칸마칸 왕자는 공주의 빛나는 달처럼 아름다운 모습에 황홀하여 뚫어질 듯이 바라보고 있었습니다. 이윽고 왕자는 용기를 내어 혀끝을 움직여서 이런 즉흥시를 읊었습니다.

이별이 안타까워 상심하는 마음
치유될 날 언제인가?
이어지는 쓰라린 불행 끝에
서로 입술이 미소 짓는 날은?
알고 싶어라, 어느 밤에나
이별에 애태우지 않고
벗을 만나게 될 것인가? *331

쿠지아 파칸 공주는 이 시를 듣고, 불쾌한 듯이 비난의 빛을 띠며 교만하고 화난 기색으로 사촌오빠에게 말했습니다.
"나에 대한 노래를 불러 여러 사람 앞에서 나를 망신시킬 셈이에요? 계속 그러시면 호라산과 바그다드의 임금님, 정의롭고 공평하신 군주이신 시종장님께 일러바칠 거예요. 그러면 그분의 노여움을 사서 벌을 받을 거예요."
왕자는 이 말을 듣고 화가 나서 대답도 하지 않고 그대로 바그다드로 돌아가 버렸습니다. 공주도 궁으로 돌아가 어머니에게 사촌오빠에 대해 투덜거렸습니다. 그러자 어머니는 말했습니다.

"왕자가 너를 해롭게 하려는 건 아닐 게다. 그 애는 아버지 없는 아이가 아니냐. 게다가 너를 망신 줄 생각으로 한 일이 아니니 아무에게도 이런 말을 해서는 안 된다. 임금님 귀에라도 들어가면 그 애는 목숨을 잃고 흘러가는 세월처럼 이 세상에서 이름이 사라지고 말 거야."

그러나 칸마칸 왕자가 쿠지아 파칸 공주를 사랑하고 있다는 소문은 순식간에 바그다드 도성 안에 퍼졌습니다. 여자들은 모이기만 하면 쑥덕거렸습니다.

왕자는 마음이 답답하고 참을 수가 없어서 어떻게 해야 할지 몰랐습니다. 세상 눈으로부터 그러한 마음을 감출 길도 없었습니다. 애태우면 애태울수록 공주를 그리워하고 사모하는 마음은 더욱 불타올라, 칸마칸은 차라리 가슴속 고뇌를 공주에게 털어놓고 싶었습니다. 그러나 공주의 비난과 노여움이 두려워 그러지도 못하고 다음과 같은 시를 읊으며 스스로 위안했습니다.

내가 두려워하는 것은
그녀의 비위를 건드려
마음을 어둡게 하는
질책을 받는 것.
꾹 참고 견디리라,
마음 너그러운 젊은이가
병을 고치는 뜨거운 뜸[332]을
견디듯 나도 참으리라.

—여기서 샤라자드는 날이 밝아오는 것을 알고 이야기를 그쳤다.

139번째 밤

샤라자드는 이야기를 계속했다.

오, 인자하신 임금님, 시종장이 국왕이 되자 사람들은 그를 사산 왕이라고 불렀습니다. 왕위에 오른 그는 백성을 올바르게 다스렸습니다. 어느 날 신하들을 접견하는 동안 칸마칸 왕자의 노래에 대한 소문을 들었습니다. 그래서 지난날을 뉘우치며 누자트 알 자만 왕비에게 가서 말했습니다.

"하르파 풀과 불*333을 함께 두는 것만큼 위험한 일은 없소. 눈이 사물을 바라보고 눈동자가 움직이는 한은, 남자에게 안심하고 여자를 맡길 수 없지. 그대 오빠의 아들 칸마칸 왕자도 이제 어른이 되었으니 복사뼈 장식 소리가 나는 방에는 접근하지 않도록 해야겠소. 그리고 이것은 더 중대한 일인데, 공주를 남자들에게서 멀리해야겠어. 그처럼 아름다운 처녀는 후궁에 가둬두는 수밖에."

왕비는 대답했습니다.

"오, 현명하신 임금님, 정말 맞는 말씀입니다."

이튿날 왕자가 평소처럼 고모에게 가서 문안을 드리자 고모가 말했습니다.

"너한테 할 이야기가 좀 있다. 이런 말은 되도록 하고 싶지 않다만 네가 꼭 들어주어야 할 말이 있어."

"말씀하십시오."

"실은, 네가 쿠지아 파칸 공주에 대해 지은 시가 그 애 아버지인 사산 왕의 귀에 들어갔어. 그래서 공주를 후궁에 가두고 네 손이 닿지 않도록 하라는 분부야. 그러니 지금부터는 뭐 필요한 것이 있으면 문 뒤에서 받도록 하여라. 그리고 너는 이제부터 공주와 만날 수 없고 또 오늘 이후로는 여기 와서도 안 된다."

이 말을 들은 왕자는 일어나 한마디도 하지 않고 물러나왔습니다. 그리고 그 길로 어머니에게 가서 고모가 한 말을 모두 이야기했습니다. 그러자 어머니가 말했습니다.

"네 입이 가벼운 게 탈이구나. 네가 공주를 그리워하고 있다는 소문이 온 세상에 퍼졌잖느냐. 어디를 가나 네가 식객 주제에 공주에게 치근대고 있다고 쑥덕거리니 말이다."

"그럼, 어머니, 저 말고 대체 누가 공주와 결혼합니까? 공주는 고모의 딸이니 저야말로 공주에게 가장 알맞은 상대가 아닙니까?"

"무슨 소릴 하는 거냐! 입 다물어. 그런 말이 사산 왕의 귀에라도 들어가

봐라. 그때는 공주를 잃을 뿐만 아니라 네 한 몸도 파멸하여 괴로움이 점점 더 커지기만 할 뿐이다. 오늘 저녁에는 아직 우리에게 저녁식사도 가져다주지 않았어. 이렇게 되면 우리는 굶어 죽는 수밖에 없단다. 만일 다른 곳에 가 있었다 해도 벌써 굶어 죽었거나 음식을 빌어먹여야 하는 부끄러움 때문에 이미 죽었을 게다만."

어머니의 말을 듣고 칸마칸 왕자는 후회되어 눈물을 글썽거리면서 이런 즉흥시를 읊었습니다.

> 바라건대 용서하시라,
> 나무라지 마시라.
> 모든 사랑에 값하는
> 그녀를 사랑하는 이 몸에
> 말하지 말라, 견디라지만
> 신께 맹세코
> 참을 수 없는 마음의 고통.
> 참으라고 나무라는 쓰디쓴 충고
> 아무리 타일러도 나는 오직
> 외곬으로 쫓아가는 사랑의 길.
> 정녕 사람들이 내 사랑을
> 방해하건만 나는 오직
> 신의 은총에 맹세코
> 좋은 일만 쫓아가리라!
> 그대 이름 들을 때마다
> 내 뼈는 마디마디 떨리누나.
> 하늘 높이 나는 매[334] 앞에
> 겁먹고 움츠리는 작은 새같이.
> 아, 말하라, 내 사랑을
> 헐뜯고 나무라는 사람들에게
> 그 아름다운 사촌누이를
> 죽을 때까지 사랑하리라고.

노래를 마치고 왕자는 어머니에게 말했습니다.

"저는 고모 집에도 가고 싶지 않고, 다른 친척들과도 함께 살고 싶지 않습니다. 이 왕궁을 나가 도성 밖에서 살고 싶습니다."

그리하여 칸마칸 왕자와 어머니는 왕궁을 떠나 가난한 사람들이 사는 변두리에 자리를 잡았습니다. 그래도 어머니는 이따금 사산 왕의 궁전으로 가서 자신과 아들을 위해 나날의 양식을 얻어 오곤 했습니다. 그렇게 살던 어느 날 쿠지아 파칸 공주는 왕자의 어머니를 가까이 불러 물었습니다.

"가엾은 외숙모님, 아드님은 어떻게 지내세요?"

"실은, 그 아이는 사랑의 포로가 되어 눈물을 흘리며 틀어박혀만 있다오."

그리고 어머니는 왕자가 지은 시를 읊어주었습니다. 그것을 듣고 공주는 눈물을 흘리면서 말했습니다.

"알라께 맹세코 말씀드리지만, 제가 그분을 탓한 것은 하시는 말씀이 마음에 들지 않거나 나쁜 뜻이 있어서가 아니에요. 다만 질투심이 강한 사람들의 나쁜 마음을 두려워했던 거랍니다. 사실은 저도 그분이 저를 생각해 주시는 이상으로 그분을 생각하고 있어요. 도저히 말로는 이 마음을 표현할 수 없지만, 그분이 철없는 말이나 경솔한 짓만 하지 않았더라면 아버님도 인연을 끊거나 출입을 금하지 않았을 거예요. 하지만 인생이란 언제 어떻게 변할지 알 수 없으니 어떤 처지에도 참는 것이 가장 중요해요. 저희 사이를 갈라놓으신 신께서 언제 또 저희를 함께 있게 해 주실지 모르니까요."

그리고 다음과 같은 시를 읊었습니다.

아, 나의 사촌오빠여, 나 역시
같은 슬픔 참고 견딘다오.
그대의 고뇌와 괴로움
오, 이 몸에도 덮쳐오네.
그래도 나는 오로지 감추네,
사랑에 괴로워하는 이 마음.
그대 또한 생각은 가슴속에 간직하고
꿈에도 이 비밀 흘리지 마소서.

이 노래를 듣고 왕자의 어머니는 공주에게 감사하고 축복의 말을 한 다음 집으로 돌아가 칸마칸에게 모두 들려주었습니다. 그러자 공주를 사모하는 왕자의 마음은 더욱 커졌지만, 지금까지의 절망은 모두 사라지고 애욕의 괴로움으로 혼란스럽던 마음도 가라앉아 용기가 샘솟는 듯했습니다.

"알라께 맹세코, 내가 원하는 것은 오직 그녀뿐이다!"

이렇게 소리친 칸마칸은 그 자리에서 노래를 지어 불렀습니다.

나무람은 그만두오,
시샘하는 적의 조롱에
어찌 귀 기울이리!
남모르게 하라던 비밀
마침내 누설해 버린 나.
맹세를 다짐하던 그녀 모습
눈에서, 사라지지 않네.
그리하여 나는 밤새도록
잠 못 이루고 뒤척이네.
그녀가 조용히 잠든 때에.

칸마칸 왕자가 하루하루를 애타는 마음으로 지내는 동안 세월은 흘러 어느덧 17살의 봄이 돌아왔습니다. 그의 아름다움은 갈수록 더해가고 재주와 지혜 또한 누구에게도 지지 않을 만큼 성장했습니다. 어느 날 밤, 왕자는 잠자리 속에서 곰곰이 자기 신세를 생각하며 중얼거렸습니다.

"어째서 나는 연인도 만나지 못한 채 헛되이 세월만 보내고 있어야 할까? 결점이라면 단지 가난하다는 것뿐이다. 좋다, 이곳을 떠나 넓은 사막과 황야를 이리저리 떠돌아다녀 보자. 이 도성에서 언제까지 살아보았자 고통스럽기만 하고 위로해 주는 자도 연인도 없다. 차라리 과감하게 고향을 버리고, 지금의 굴욕과 고난에서 빠져나가지 못하면 죽어서라도 돌아오지 말자."

그리고 이런 즉흥시를 읊기 시작했습니다.

이 몸은 쫓겨나 두려움에 떨지만

적 앞에서는 용감히 마주 서리라.
그러니 용서하라, 이 몸을.
이 허탈한 몸은 편지 되고
그 겉봉은 이 눈에서
넘쳐흐르는 눈물이라.
아, 내 사촌누이는 리즈완의
손을 잡고 대지에 내려서는
선녀처럼,
그녀의 눈길을
겁 없이 바라보는 자는
그녀 시선의 칼을
피할 도리 없으리라.
드넓은 알라의 대지를
나는 헤매어 떠도노라.
그리하여 유랑의 여행길에서
나날의 양식 구하네.
그렇다, 대지를 떠돌며
내 영혼을 구원받으리.
그대 없는 외로움은
참을 수 없어도 다른 일은
모두 참으리라, 용감하게.
또한 기꺼이 싸움터로 나아가
앞장서서 적군의
용맹한 무사 무찌르리.

그리하여 칸마칸 왕자는 맨발에 소매 짧은 웃옷을 입고 머리에는 7년이나 묵은 펠트 두건*335을 쓰고는 사흘 치 보리과자를 지니고, 밤의 어둠을 틈타 바그다드의 현관인 알 아리지로 갔습니다. 거기서 문이 열리기를 기다렸다가 맨 먼저 그곳을 빠져나가 정처 없이 황야를 헤매고 다녔습니다. 해가 지자 어머니는 왕자를 찾았지만, 어디에도 없었습니다. 넓은 세상이 별안간 좁아진 것 같고 이 세상의 어떠한 즐거움도 기쁘게 여겨지지 않았습니다. 하루 이틀, 사흘, 아들을 찾았으나 열흘이 지나도 왕자의 행방은 알 수 없었습니다. 어머니는 가슴이 미어져 슬픈 비명을 질렀습니다.

"오, 아들아! 사랑하는 내 아들아! 너 때문에 이 어미는 지금 또다시 비탄에 잠겨 있다. 네가 집을 나가지 않아도, 지금까지의 괴로움만으로도 나에게는 충분한 것을! 너를 생각하며 나는 먹지도 못하고 잠도 이루지 못한단다. 그저 눈물을 흘리며 한탄할 뿐이다. 아들아, 너는 대체 어느 나라로 가버렸느냐? 어느 곳에 숨어버렸느냐?"

어머니는 소리 내어 흐느끼며 다음과 같은 시를 읊었습니다.

> 네가 떠나고서 나는 깨닫네.
> 끊임없는 이 슬픔을
> 언제까지 참아야 하는지.
> 이별의 활은 화살을
> 비 오듯 나에게 퍼붓는구나.
> 사람들은 나를 남겨놓고
> 가죽띠 졸라매
> 죽음의 괴로움과 싸우면서
> 사막을 건너가네.
> 밤의 어둠 꿰뚫는
> 비둘기 신음 기이하여
> 비둘기에게 나는 답하네.
> "너는 무엇을 탄식하느냐?
> 슬픔일랑 이제 그만두렴."
> 비둘기 가슴, 내 가슴처럼
> 시름과 고통 가득하다면
> 그 목에, 또는 발에
> 빨간 점 장식하리.*336
> 나의 벗은 사라져갔네,
> 이별의 슬픔과 고독의 괴로움

나에게 남겨두고.

그 뒤에도 어머니는 먹지도 마시지도 않고 오로지 슬픔과 탄식에 잠겨 있을 뿐이었습니다. 이 비탄은 이윽고 사람들에게 알려져 도성 안 사람들도 시골 사람들도 모두 눈물을 흘리며 외쳤습니다.
"오, 자우 알 마칸 왕이여, 당신의 귀여운 자식은 대체 어디로 갔소?"
그리고 무정한 세월의 흐름을 한탄하면서 말했습니다.
"고향을 떠난 칸마칸 왕자가 어떻게 되었는지 알고 싶구나. 자신의 아버지가 배고픈 자에게 먹을 것을 주고 정의와 자비를 베풀었던 고향을 떠나 대체 어떻게 되었을까?"
어머니의 탄식은 날로 더해가 왕자가 실종되었다는 소문이 드디어 사산 왕의 귀에까지 들어갔습니다.

─여기서 날이 밝아오는 것을 깨닫고 샤라자드는 이야기를 그쳤다.

140번째 밤

샤라자드는 이야기를 계속했다.
오, 인자하신 임금님, 칸마칸 왕자가 실종되었다는 소문이 태수들을 통해 사산 왕의 귀에까지 들어갔습니다. 태수들이 말했습니다.
"소문에 듣자하니, 선왕의 아드님이자 오마르 왕의 손자 되시는 칸마칸 왕자님이 스스로 이 나라에서 달아나 다른 나라를 떠도는 듯합니다."
이 말을 들은 사산 왕은 몹시 역정을 내며 사람들의 입을 봉하기 위해 한 태수를 교수형에 처하도록 명령했습니다. 그것을 본 다른 중신들은 모두 겁을 먹고 누구 한 사람 입을 열지 못했습니다. 그러나 사산 왕은 전에 자우 알 마칸 왕이 자신에게 여러모로 친절을 베풀어준 일과 왕자를 자기에게 부탁하던 것을 떠올리며 칸마칸 왕자의 신세를 측은히 여겼습니다.
"온 나라 안의 풀뿌리를 파헤쳐서라도 왕자의 행방을 찾아야겠다."
왕은 타르카슈를 불러 기병 100기를 골라 왕자의 행방을 찾아 떠나라고 명령했습니다. 명령을 받은 타르카슈는 곧 출발했지만 열흘 뒤에 돌아와 이렇게 말했습니다.

"왕자의 소식은 도무지 알 수 없었고 아무런 단서도 찾을 수가 없었습니다. 왕자의 소식을 알려주는 사람이 전혀 없었습니다."

이 말을 듣고 사산 왕은 새삼스럽게 왕자에 대한 자신의 행동을 후회했습니다. 왕자의 어머니가 줄곧 고통스러운 불안과 슬픔 속에 나날을 보내는 동안 그럭저럭 20일이 지나갔습니다.

한편 칸마칸 왕자는 바그다드를 떠나기는 했으나 갈 길이 막막하여 정처 없이 사흘 동안 계속 사막을 걸어갔습니다. 그동안 걸어가는 사람이건 말 탄 사람이건 아무도 만나지 못했습니다. 게다가 고향 사람들과 집이 그리워 밤에도 잠을 이루지 못했습니다. 왕자는 길가의 풀을 뜯어 먹고 샘물을 마시며 뜨거운 한낮에는 나무 그늘에서 쉬기도 하면서 사흘 동안 계속 걸어가 나흘째 되는 날 푸른 들판으로 나왔습니다. 그곳은 초목이 푸르게 자라고 과일도 풍성하게 익어가는 가운데, 양쪽은 경사진 골짜기를 이루고 있어 보는 이의 눈을 상쾌하게 해 주었습니다. 우르릉거리는 천둥소리와 상냥하게 우는 산비둘기의 노래와 함께 이 들판은 마치 구름의 잔을 들이킨 듯했고, 언덕은 초록색으로 빛나며 초원에는 그윽한 향기가 감돌았습니다. 그 광경을 본 왕자는 돌아가신 아버지의 수도 바그다드를 떠올리며 감흥이 일어나는 대로 다음과 같은 시를 읊었습니다.

흐르고 흘러 떠돌며
돌아가고 싶은 마음 간절하지만
언제, 어떻게 돌아가리오?
분에 넘치는 여인을 사모하여
사랑에 미쳐버린 나이기에
이 몸에 덮쳐오는 괴로움을
피할 길이 없구나.

시를 읊고 난 뒤 눈물을 흘리던 왕자는 이윽고 그 눈물을 닦고 배고픔을 달래기 위해 과일을 먹었습니다. 그런 다음 목욕을 하고 집을 나온 이래 소홀히 했던 기도를 올렸습니다. 그리고 꼬박 하루 동안 가만히 앉아 몸을 쉬었습니다. 밤이 되자 깊이 잠들었는데 한밤중에 문득 눈을 뜨니 어디선가 다음과 같이 노래하는 소리가 들려왔습니다.

> 사랑하는 여인의 진주 같은 이,
> 그 빛나는 얼굴과 자태,
> 그녀를 보지 못하고 이 세상
> 무슨 살맛이 있으랴.
> 사원을 다스리는 스님들이여,
> 그 낙원의 공주 앞에
> 앞다투어 조아리며 기도드리라.
> 내 여인을 노엽게 해서
> 꿈인지 생시인지 환상이
> 줄곧 눈앞에 어른거리는,
> 이런 고통 견디기보다는
> 차라리 죽는 게 나으리.
> 오, 술잔을 나누는 남녀의 환희여!
> 서로 사랑하고 사랑받는
> 화창한 봄날, 꽃들이
> 흐드러지게 피어, 이 뜬세상
> 꽃과 푸름으로 뒤덮이지 않았는가.
> 자, 일어나라, 늠름하게
> 포도주 잔 비우는 사람이여!
> 지금 대지는 감로수
> 끊임없이 흘러드는 천국의 꽃밭.*337

이 노래를 듣자 왕자의 가슴에 슬픔이 치밀어 올라 눈물이 폭포처럼 뺨을 타고 흐르고, 가슴에는 불같은 욕정이 활활 타올랐습니다. 도대체 누가 이 노래를 부르고 있을까 일어나 살펴보았지만 캄캄한 어둠 속이라 아무것도 보이지 않았습니다. 호기심과 공포심에 가만히 있을 수 없어 그곳을 떠나 골짜기로 내려가 시냇가를 따라 걸어가니, 또다시 무거운 한숨을 섞어가며 이런 시를 읊는 소리가 들려왔습니다.

그대는 오직 그 사랑을
내색하지 않으려 숨겼지만
이별하고 떠나는 그날에
눈물지으며 울었더라!
그리운 그대와 이 몸은
가약을 맺은 애정의
굳은 맹세가 있었으니.
산들바람 불어와 가슴이 뛰고
마음 가라앉혀 쉬노라면
그 상쾌함에 생각은 더욱 흘러가네.
오, 사다*338여! 복사뼈
장식을 발목에 찬 처녀
나를 생각하는가? 아니면
헤어진 뒤 후회도 없이
굳은 그 맹세 저버렸는가?
어서 대답하라! 그대와 나
밤마다 만날 날 다시 있을 것인가.
지나온 갖은 고생, 다정하게
얘기 나눌 밤도 있을 것인가.
처녀는 대답하여 말하네.
"그대의 마음은 미쳤노라."
"그렇다, 그대로 하여
죽어간 벗 그 얼마더냐."
그대 없이도 나의 눈동자
마음 편히 잠갔으니
그대 잃은 실연의
괴로움을 지닌 이 눈

신의 저주를 받을까.
아, 깊은 상처 입은 이 몸!
젖은 그 입술의 달콤한
해독제*339 없이는 이 상처
가엾어라, 아물 길이 없구나.

이 노래를 듣고 왕자는 모습은 보이지 않지만, 상대도 자신처럼 임을 그리는 몸으로 사랑하는 여자와 떨어져 있음을 알고 혼잣말을 했습니다.
"타향 하늘 아래 저 사나이와 나란히 누워 서로 벗이 되어주는 것도 나쁘지 않겠구나."*340
그리고 소리 나는 쪽을 향하여 외쳐 불렀습니다.
"여보시오, 어둠 속을 걷는 양반, 내 곁으로 와서 신세 이야기를 해 주지 않겠소? 어쩌면 내가 당신의 괴로움을 덜어 드릴지도 모르니까."
그러자 그 목소리의 주인도 큰 소리로 대답했습니다.
"오, 나의 한탄을 듣고 내 신세타령을 듣고 싶다는 당신은 대체 어느 곳의 기사요? 인간이오, 아니면 마신이오? 목숨이 붙어 있는 동안 어서 대답하라! 스무 날이나 이 사막을 헤매고 다녔지만 나는 아직 아무도 만나지 못했고 그대의 목소리 말고는 들어보지 못했으니까."
이 말을 듣고 칸마칸 왕자는 마음속으로 생각했습니다.
'저자도 꼭 나와 같은 처지인 모양이다. 나도 스무 날이나 헤매었지만 그동안 아무도 만나지 못했고 사람 목소리도 듣지 못했거든. 날이 밝을 때까지 저자에게 아무 대답도 하지 말기로 하자.'
칸마칸 왕자가 잠자코 있으니 상대는 다시 큰 소리로 외쳤습니다.
"나를 부른 사나이여! 그대가 마신이라면 얌전하게 지나가고, 인간이거든 날이 새어 밝아질 때까지 잠시 기다려다오."
목소리의 주인과 왕자는 자리에서 움직이지 않은 채 노래를 부르며 눈물을 흘리고 있었습니다. 그러는 동안 동녘 하늘에 새벽빛이 밝아오기 시작하더니 밤은 어둠과 함께 사라졌습니다. 칸마칸 왕자가 상대방을 자세히 살펴보니 그는 한창 젊은 나이의 바다위족으로 아라비아인이었습니다. 너덜너덜한 옷을 걸치고 녹슨 칼을 칼집에 꽂아 가죽 어깨끈에 찼으며 첫눈에 사랑에 미친 사람임을 알 수 있었습니다.

칸마칸이 그에게 다가가 인사를 하고 말을 걸자 바다위인도 답례하고 공손히 장수를 빌며 맞아주었습니다. 그러나 왕자가 아직 나이가 어리고 거지 같은 행색을 한 것을 보자 얕잡아보는 빛을 띠며 말했습니다.

"이봐, 젊은이, 자네는 어느 종족인가? 아라비아인 중에 친척이라도 있나? 그리고 기사 흉내를 내며 밤새도록 걷고 있는데 대체 어떤 신분인가? 어젯밤에는 어둠 속에서 호걸처럼, 아니면 사자처럼, 사나운 무사인 척 나에게 말을 걸지 않았나? 그러나 지금 네 목숨은 내 손안에 든 거나 마찬가지야. 하지만 아직 어리니 용서해 주마. 그 대신 내 부하가 되어 나를 따라오너라."

칸마칸은 능란하게 시를 읊던 상대가 갑자기 태도를 바꾸어 불손한 말을 하는 것을 보고, 그가 자기를 얕잡아보고 함부로 대한다는 것을 알아챘습니다. 그래서 일부러 점잖게 공손한 말투로 대답했습니다.

"오, 아라비아인 두목님, 내 나이가 어린 것은 제쳐놓고 당신이 한밤중에 노래를 부르며 사막을 헤맨 이유를 말씀해 주십시오. 나를 부하로 삼겠다고 하셨는데, 당신은 대체 누구이며 그렇게 말씀하신 이유는 무엇인지요?"

"풋내기! 잘 들어둬, 나는 라마 빈 후맘의 아들 사바라는 사람이다. 우리 일족은 시리아의 아라비아인으로 그 가운데 나지마라는 한 사촌누이가 있는데, 그 애는 누구든 보는 사람의 마음을 기쁘게 해 주는 미인이었다. 아버지가 세상을 떠나자 나는 아버지의 형, 말하자면 나지마의 아버지 집에서 자랐는데 장성하고 나서 사촌누이도 나이 찬 처녀가 되자 내가 가난하여 돈이 없으므로 큰아버지는 우리 둘을 갈라놓고 말았지. 그것을 안 아라비아인 우두머리와 추장들이 사촌누이의 아버지를 비난하자 그는 여러 사람 앞에서 창피를 당하고 나에게 사촌누이를 주겠다고 승낙하고 말았어. 그런데 그 조건이 있었으니, 내가 지참금으로 말 50필, 열흘 동안 쉬지 않고 걸을 수 있는 단봉낙타*341 50필, 밀과 보리를 실은 낙타 50필, 그리고 흑인 노예 10명과 시녀 10명을 데리고 오라는 거였어. 그러나 그자가 나에게 지운 그 무거운 짐을 나로서는 도저히 감당해 낼 재주가 있어야지. 아무튼 법률에 정해져 있는 이상의 혼인재산을 우려내려고 했으니까. 내가 여기 있는 것도 바로 그 때문이며 시리아에서 이라크로 가는 길이야. 벌써 스무 날이나 되었는데 너

말고는 아무도 만나지 못했어. 그러나 나는 이제부터 바그다드로 가서 부유하며 돈 많고 세력 있는 상인들이 그곳을 떠나는 뒤를 밟아 재물을 빼앗고 호위하는 놈들을 모조리 죽인 다음 짐이 실려 있는 낙타를 약탈할 생각이야. 그런데 너는 대체 누구냐?"

"당신의 처지와 비슷합니다. 다만 내 불행이 당신보다 훨씬 크다는 것뿐이지요. 내 사촌누이는 왕의 딸이고 보니 지금 당신이 말한 지참금쯤으로는 저쪽에서 도저히 허락하지 않을 거거든요."

"너는 바보가 아니면 사랑에 미쳐서 머리가 돌아버렸나 보다. 네 사촌누이가 왕의 딸이라고? 아무리 보아도 너에게는 왕자다운 데가 없는걸. 어디로 보나 거지 아닌가?"

"오, 아라비아인 두목이여, 내 말을 오해 말고 들어주시오. 내 신분을 밝히라고 한다면, 나는 칸마칸이라고 하며 바그다드와 호라산의 영주 오마르 빈 알 누만 왕의 아들 자우 알 마칸 왕의 왕자입니다. 그러나 잔혹한 운명의 저주를 받아 아버지가 세상을 떠나자 나의 왕위를 사산 왕에게 빼앗기고 말았소. 그래서 나는 남몰래 바그다드를 벗어나 스무 날 동안이나 헤매다녔소. 나 역시 그동안 당신 말고는 아무도 만나지 못했소. 내 신세도 방금 말했듯이 당신 신세와 비슷하오. 우리는 같은 곤경에 빠져 있는 셈이지요."

이 말을 듣고 사바는 큰 소리로 외쳤습니다.

"이거 잘됐다. 내 소원이 이루어졌어! 네 녀석이 왕가의 후예로 거지꼴을 하고 도망쳐 나왔다면 집에서 틀림없이 네 행방을 찾겠지? 그러니 네 녀석이 누구 손에 들어가 있는지 안다면 몸값을 듬뿍 받아낼 수 있을 거야. 자, 앞장서서 걸어, 젊은 친구!"

"오, 아라비아인 형제여, 그런 생각일랑 그만두시오. 우리 친척들은 나를 찾기 위해 금이나 은은커녕, 동전 한 닢도 내지 않을 테니까요. 게다가 나는 한 푼도 갖지 못한 가난뱅이입니다. 그런 짓은 그만두고 둘이서 사이좋게 지냅시다. 우선 이라크로 가서 온 세상을 이곳저곳 돌아다니다가 지참금이 생기거든 둘이 다시 돌아와 사촌누이들과 입도 맞추고 끌어안기도 하며 즐기는 게 어떻겠소?"

이 말을 듣고 사바는 몹시 화를 내며 더욱더 기고만장해져서 위협했습니다.

"뭐라고? 괘씸한 놈 같으니, 나에게 말대꾸할 셈이냐. 잔소리 말고 앞장서서 걷기나 해라. 그렇지 않으면 후려갈겨 줄 테다."

그러나 왕자는 미소 지으며 말했습니다.

"어째서 내가 당신 앞장을 서서 걸어야 한다는 거요. 당신은 예의를 모르는군요. 나 같은 사람을 포로로 끌고 가서 함부로 모욕하는 건 아라비아인들 얼굴에 똥칠하는 일이라고 생각지 않소? 사실 내가 훌륭한 무사인지 비겁한 자인지 한 번 겨루어 보지도 않고."

그러자 사바는 껄껄 웃었습니다.

"이거 놀랐는걸. 애새끼 주제에 입은 한 사람 몫을 하는군. 용기 있는 무사가 아니고는 그런 주둥아리를 못 놀리지. 그래, 무사의 예의란 대체 어떤 것이냐?"

"나를 포로로 하여 부하로 삼고 싶거든 무기를 버리고 저고리를 벗고 덤비시오. 씨름을 해보는 거요. 누가 이기든 이긴 쪽이 부하가 되기로 합시다."

그러자 사바는 웃으며 말했습니다.

"이봐, 쓸데없는 소리 지껄이다가 죽지 않도록 해라."

그러고는 일어나 무기를 내던지고 옷자락을 걷어붙이더니 왕자에게 다가왔습니다. 왕자도 다가가 두 사람은 서로 맞붙었습니다. 바다위인은 상대가 훨씬 더 강한 힘과 무게로 자신을 압도하는 것을 느꼈습니다. 대지에 단단히 버틴 두 다리는 토대가 튼튼한 두 개의 뾰족탑*342이나 땅속에 깊이 박힌 두 개의 천막 기둥, 아니면 흔들어도 꼼짝하지 않는 두 개의 산처럼 느껴졌습니다. 사바는 아차 잘못 걸렸구나 싶어 씨름을 승낙한 것을 후회하면서 마음속으로 중얼거렸습니다.

"칼로 해치워버릴걸 그랬어."

그때 왕자는 상대를 꽉 붙잡고 자유자재로 놀려대며 오장육부가 튀어나올 만큼 흔들어댔습니다. 그러자 상대는 큰 소리를 지르며 외쳤습니다.

"어이, 풋내기, 이제 그만하자!"

하지만 왕자는 그 말은 들은 척 만 척하고는 다시 한 번 흔든 다음 상대를 번쩍 들어 올려 강가로 가서 물속에 처넣으려 했습니다. 그러자 바다위인이 소리쳤습니다.

"오, 용감한 이여, 나를 어쩔 작정인가?"

"이 강물에 던져버릴 테다.*343 그러면 물이 티그리스 강까지 날라다줄 게고 티그리스 강에서 이사 강으로, 이사 강에서 유프라테스 강으로, 유프라테스 강은 너를 고향으로 실어주겠지. 그러면 너희 종족들은 너를 보고 너의 사내다운 점과 네 사랑이 진실이었음을 알게 될 것 아니냐."

이 말을 듣고 사바는 큰 소리를 지르며 애원했습니다.

"오, 사막의 용사여, 심술은 그만두고 제발 놓아주시오. 미인 중의 미인인 당신의 그 사촌누이의 목숨에 걸고!"

이 말을 듣고 왕자는 사바를 땅에 내려놓았습니다. 그러나 사바는 몸이 자유로워지자 칼과 방패를 둔 곳으로 달려가 그것을 집어 들고 마음속으로 반격을 꾀하며 조그만 틈이라도 보이면 덤벼들려고 했습니다.*344 하지만 상대의 눈빛으로 벌써 그것을 눈치챈 왕자가 말했습니다.

"칼과 방패를 들고 네가 무엇을 하려는지 나는 다 알고 있다. 너는 손도 잘 뻗치지 못하고 솜씨도 형편없다. 그래도 말을 타고 들판을 달리며 칼이라도 쓰면 단번에 나를 해치울 수 있을 거로 생각하겠지. 좋다, 네 소원대로 상대해 주마. 그러면 아무 원한도 없을 테니까. 자, 나에게 방패를 주고 너는 칼을 뽑아들고 덤벼라. 내가 죽든지 네가 죽든지 겨루어보자."

"좋다!"

사바는 칸마칸에게 방패를 던져주고 자기는 칼을 뽑아 달려들었습니다. 왕자가 방패를 오른손에 들고 약삭빠르게 몸을 피하자 사바는 칼을 내리치며 소리쳤습니다.

"자, 뒈져버려라!"

그러나 사바가 몇 번을 덤벼들어도 칸마칸이 익숙하고 솜씨 있게 방패로 막았으므로, 모두 헛손질로 끝날 뿐 칸마칸에게 작은 상처 하나 입힐 수 없었습니다. 왕자는 찌를 무기가 없어서 오로지 막기만 할 뿐이었습니다. 그러는 동안 사바는 마침내 팔에 힘이 빠지고 말았습니다. 그것을 눈치챈 칸마칸은 느닷없이 달려들어 사바를 움켜잡고 땅바닥에 내동댕이쳤습니다. 이어서 상대를 엎어놓고 칼 끈으로 두 손을 등 뒤로 묶어 발길로 차면서 강 쪽으로 끌고 갔습니다. 그러자 사바가 소리를 질렀습니다.

"이보시오, 젊은 양반, 당대의 기사, 천군만마 사이를 누빈 용사여! 도대체 나를 어떻게 하시려오?"

"아까도 말했듯이 강물에 띄워 너를 친척과 동족들에게 보내주려고 그런다. 그러면 너도 너의 친척도 서로 걱정이 사라질 것이고, 너 역시 사촌누이의 결혼식에 참석할 수 있게 되지 않겠느냐?"

그러자 사바는 비명을 지르며 말했습니다.

"오, 용사 중의 용사님, 부디 용서해 주십시오. 당신의 노예든 무엇이든 될 테니까요!"

그리고 울며불며 다음과 같은 노래를 불렀습니다.

고향을 떠난 지 몇 해인가
타향 하늘 아래에서 죽을 몸인지
그것을 알고 싶구나.
이 몸 죽으면 우리 가족
아무도 나 죽은 곳 모르리.
이 유랑의 길에서 죽으면
그리운 벗들 얼굴도 볼 수 없으니!

이 노래를 듣고 칸마칸은 그를 가엾이 여겨 말했습니다.

"거짓 없는 맹세를 해라. 진정한 친구가 되어 내가 가는 곳이면 어디든 따라가겠다고 약속하라."

"그렇게 하겠습니다."

사바가 시키는 대로 맹세하자 칸마칸은 그를 용서해 주었습니다. 바다위인은 일어나 칸마칸의 손에 입을 맞추려 했습니다만 왕자는 허락하지 않았습니다. 바다위인이 동냥자루를 풀더니 보리과자를 세 개 꺼내 왕자 앞에 놓자 두 사람은 강가에 앉아 그것을 먹고 간단하게 목욕한 다음 기도를 올렸습니다. 그리고 가족 때문에, 또 세월 따라 변하는 덧없는 세상 때문에 어떤 재앙을 입었는지 서로 이야기했습니다.

이윽고 칸마칸이 물었습니다.

"지금부터 어디로 갈 작정이냐?"

"나는 당신의 고향인 바그다드에 가고 싶습니다. 알라께서 지참금을 만들어주실 때까지 그곳에서 살겠습니다."

"그렇다면 어서 가보도록 해! 나는 당분간 여기 있을 작정이니까."

그리하여 바다위인은 왕자와 헤어져 바그다드로 떠났습니다. 뒤에 남은 칸마칸은 혼잣말을 했습니다.

"오, 내 영혼이여, 무슨 낯을 들고 거지꼴로 집에 돌아갈 수 있으랴. 알라께 맹세코, 절대 빈손으로는 돌아가지 않겠다. 전능하신 신의 뜻에 맞는다면 반드시 성공해 보이고야 말 테다."

그리고 강가에 내려가 목욕을 마치고 모래 속에 눈썹이 파묻힐 만큼 이마를 조아리며 알라께 기도를 드렸습니다.

"오, 알라시여, 이 세상에 기도를 내리시고 돌 속에 사는 벌레마저 키우시는 자비로우신 알라시여, 전능하신 힘과 자애로운 덕으로 제 생활의 양식을 내려주시기를 간절히 바라나이다."

그리고 기도의 마지막 말을 외웠습니다. 하지만 모든 길은 닫혀 있어 열릴 기색이 없었습니다.

칸마칸이 그곳에 앉아 사방을 둘러보고 있는데, 뜻밖에도 말을 탄 한 남자가 등을 구부리고 고삐를 늦춘 채 이쪽으로 다가오는 게 아니겠습니까? 그 사람은 몸을 똑바로 펴더니 왕자에게 다가왔습니다. 당장에라도 숨이 끊어질 것 같았지만, 이미 죽음을 각오한 듯했습니다. 왜냐하면 가까이 다가가 보니 심한 중상을 입고 있었기 때문입니다. 그는 가죽 자루의 주둥이에서 흘러나오는 물처럼 하염없이 눈물을 흘리면서 칸마칸에게 말했습니다.

"오 아라비아인의 우두머리여, 부디 내가 살아 있는 동안만이라도 인정을 베풀어 나를 돌봐주지 않겠소? 나는 당신들이 좀처럼 만나기 어려운 사람입니다. 미안하지만 물을 좀 먹여주시오. 상처를 입은 자는, 특히 피와 함께 생명이 흘러나가는 자는 물을 마시지 않는 것이 좋지만, 그 대신 만약 내 목숨이 살아난다면 당신의 가난을 구제할 수 있는 것을 드리리다. 만일 또 불행히도 죽는다면 알라께서 반드시 당신의 착하고 어진 행실에 보답해 주실 겁니다."

그런데 그 남자가 탄 말은 종마(種馬)*345로 말할 수 없이 훌륭한 아라비아산 말이었습니다. 칸마칸은 작은 대리석 기둥 같은 그 말의 다리를 보자 못 견디게 탐이 나서 마음속으로 생각했습니다.

'아, 당대에 보기 드문 명마다.'

그는 남자를 말에서 부축해 내려 친절히 간호하며 물을 먹여준 다음 잠시 쉬게 하고서 말을 걸어보았습니다.

"누구에게 이런 봉변을 당했소?"

"사실은 나는 말 도둑으로 지금까지 밤이고 낮이고 말을 훔쳐왔소. 내 이름은 가산이라고 하는데, 전 세계 말들의 크나큰 적이지요. 그런데 나는 로움 나라 아프리둔 왕이 이름은 알 카투르, 성은 알 마지눈*346이라고 하는 이 말을 가지고 있다는 소문을 들었소. 그래서 이 말을 훔치기 위해 콘스탄티노플로 가서 기회를 노리고 있는데 한 노파가 나타났소. 노파의 이름은 자트 알 다와히, 그리스 사람들이 몹시 존경하여 노파의 말이 그대로 법률이 된다고 하는 온갖 수단과 책략에 능란한 늙은 과부였소.

이 말도 그 노파에게 맡겨 있었는데 노예 10명이 노파와 말의 시중을 들고 있었소. 얼마 뒤 노파는 바그다드와 호라산으로 떠났지요. 그것은 사산 왕을 만나 평화를 청하고 추방명령을 취소해 달라고 하기 위해서였소. 나는 말을 훔치려고 그 뒤를 밟았지요. 그런데 아무리 따라가도 이 말을 훔칠 수가 없었소. 노예들의 감시가 하도 엄중해서요. 그러는 동안 이 나라에 이르렀는데, 바그다드 도성으로 들어가 버리면 큰일이다 싶어 혈안이 되어 말을 훔치려던 중, 어느 날 별안간 모래먼지가 일더니 지평선을 가로막아버리지 않겠소? 그 속에서 나타난 것은 강도 50명으로 상인들의 길목을 지키다 강도질을 할 셈이었소. 그 두목은 카르다슈라 하며 대담무쌍하기가 사자와도 같이 맞붙어 싸우면 기사도 짓뭉개버린다고 하는 대단한 자였소."

—여기서 날이 훤히 밝아왔으므로 샤라자드는 이야기를 그쳤다.

141번째 밤

샤라자드는 이야기를 계속했다.

오, 인자하신 임금님, 깊은 상처를 입은 말 도둑 가산은 칸마칸 왕자에게 이야기를 계속했습니다.

"강도 두목인 카르다슈가 나타나 노파 일행에게 달려들어 사정없이 때려

눕히고는 눈 깜짝할 사이에 노파와 노예 10명을 묶어버렸소. 나는 그것을 보고 혼잣말을 했지요. '모처럼의 수고가 헛일이 되었구나. 저 말을 손에 넣는 건 틀린 것 같군.'

그래도 여전히 동정을 살피고 있으니 노파는 포박당한 몸을 한탄하고 눈물을 흘리면서 솜씨 있는 말재주로 두목을 구슬리더군요.

'아, 용감한 전사, 뛰어난 기사여, 그 말은 이제 당신 것이 되었는데 이런 늙은이와 노예들을 도대체 무엇에 쓸 작정이오?'

그리고 온갖 달콤한 말로 말이며 소를 보내주겠다는 약속을 하니 두목은 마침내 포박을 풀어주더군요. 그런 다음 카르다슈 일행이 출발하자 나도 그 뒤를 따라 이 나라까지 온 거요. 나는 계속 틈을 노리고 있다가 마침내 기회를 붙잡아 말을 훔쳐 올라타고 채찍질을 했지요. 도둑들이 그 소리를 듣고 쫓아 나와 사방에서 에워싸고 창을 던지기에 나는 말 등에 찰싹 달라붙어 있었는데 말이 제 몸으로 나를 지켜주더군요.*347 말은 마치 화살이나 유성처럼 나를 태운 채 포위를 뚫고 나갔소. 그 북새통에 이렇게 심한 부상을 당하여 그로부터 사흘 동안 먹지도 자지도 못한 채 줄곧 말을 타고 달리니 기운이 다하여 이제 이 세상은 나에게 없는 것이나 마찬가지가 되어버렸소. 그런데 당신이 이런 나를 위로하고 동정해 주었소. 보아하니 당신은 처량한 신세에 빠진 것 같소만, 그래도 유복하고 좋은 가문에서 자란 흔적이 또렷하게 보이오. 당신은 어디서 태어났고 어디로 가는 길인지 당신의 내력을 얘기해 줄 수 없겠소?"

그래서 칸마칸은 대답했습니다.

"나는 오마르 빈 알 누만 왕의 아들인 자우 알 마칸의 아들 칸마칸이라는 사람으로, 아버님이 세상을 떠나 고아가 되자 비열한 자가 왕위를 빼앗아 백성을 다스리게 되었지요."

그리고 왕자가 자신의 신세타령을 자세히 들려주자 말 도둑은 칸마칸을 크게 동정하며 말했습니다.

"당신은 정말 신분이 높고 고귀한 분이군요. 이제 틀림없이 왕위에 올라 당대 으뜸가는 기사가 될 것이오. 만약 나를 말에 태우고 당신이 내 뒤에 앉아 나를 고향으로 데려다주신다면 이 세상에서도 명예를 얻을 것이고 인연이 인연을 부르는 날*348에 반드시 보답을 받을 것입니다. 나는 이제 제대로 몸을 가눌 힘도 없으니 이것이 나의 마지막 날이 된다면 이 준마를 당신에게 드리겠소. 참으로 당신만큼 이 말에 어울리는 사람은 없을 거요."

"내가 할 수 있는 일이라면 이 말을 얻지 못하더라도 당신을 어깨에 짊어지거나 함께 살 수 있다면 기꺼이 그렇게 하겠소. 나는 좋은 일을 하거나 곤경에 빠진 사람들을 도와주는 걸 좋아하니까요. 그리고 전능하신 알라께서 한 가지 선행은 70가지 재앙을 피하게 해 준다고 하지 않았소? 자, 출발준비를 하시오. 뒷일은 전능하신 알라께 맡기기로 합시다."

칸마칸이 말 도둑을 말에 태워 도움을 청하는 자만 구하시는 알라께 운명을 맡기고 그곳을 떠나려 하자 말 도둑이 말했습니다.

"잠깐만 기다려주시오."

그리고 지그시 눈을 감고 두 팔을 벌리며 말했습니다.

"알라 외에 신 없고 마호메트는 신의 사도임을 증명하노라! 오, 위대한 알라시여, 부디 저의 대죄를 용서하소서. 불멸의 신 말고는 누가 이 죄를 용서할 수 있겠습니까!"

그리고 말 도둑은 자신의 죽음이 다가온 것을 알고 다음과 같은 시를 읊었습니다.

> 나는 사람들의 원한을 사며
> 바람 부는 대로
> 뜬세상 뛰어다니며
> 술에 취해 나날을 보냈다.
> 말을 훔치려고 급류도
> 헤엄쳐 건너고
> 간사한 지혜에 찬 교활한 수단으로
> 나를 떠받드는 무리 속에 몸을 담았다.
> 죄도 많이 지었으니
> 그중에 최고는
> 카투르라 부르는 준마였네.
> 언제이고 이 말 훔쳐내
> 소원 이루려 하였더니

나그넷길 거듭한 보람도 없이
자나깨나 도둑질한 이 몸도
싸우고 또 싸우다 운이 다하여
신의 정하신 뜻에 어쩔 수 없이
목숨을 버리는 신세가 되었구나.
마지막 숨 거둘 때까지
나는 온갖 고생 겪었으니
이것도 연고 없고 친구 없는
가난한 고아 신세 탓이런가.

 노래를 마친 말 도둑은 눈을 감고 입을 벌린 채 목을 그르렁거리더니 숨이 끊어지고 말았습니다. 칸마칸은 일어나 무덤을 파고 시체를 묻어주었습니다. 그런 다음 말 가까이 다가가 입을 맞추고 그 얼굴을 쓰다듬으며 크게 기뻐하여 말했습니다.
 "이렇게 멋진 말을 가진 사람은 아마 아무도 없을 것이다. 사산 왕도 가지고 있지 못할걸."
 한편 그 무렵 사산 왕은 단단 대신이 충성 서약을 깨뜨리고 전 군사의 절반이 그를 따라 칸마칸 왕자 말고는 왕으로 모시지 않겠다고 맹세했다는 소문을 들었습니다. 대신은 엄숙한 서약으로 전군을 결속시켜 그들을 이끌고 먼 인도의 여러 섬과 베르베르국에서 다시 흑인국*349까지 가서 군사들을 모았습니다. 그러자 멀리서 가까이에서 군사들이 밀물처럼 몰려와 처음과 끝이 보이지도 않을 만큼 어마어마한 군대를 이루었습니다. 대신은 바그다드에 진군하여 왕국을 손에 넣고 저항하는 자는 모조리 베어 죽이기로 하고, 칸마칸이 왕위에 오르는 그날까지 결코 칼을 칼집에 꽂지 않기로 맹세했습니다. 그 소식을 들은 사산 왕은 온 나라 안 백성이 상하 구별 없이 반기를 들었다는 것을 알고 그만 겁을 먹고 근심하다가 마침내 절망했습니다. 그래서 왕은 국고를 열어 신하들에게 돈을 나눠주고, 정중하게 대우하고 은혜를 베풀면 칸마칸 왕자의 마음을 자기에게 끌어들일 수 있으리라 여기며 오로지 그의 귀국을 빌었습니다. 왕에게 충성을 맹세하는 군대의 지휘를 왕자에게 맡기면, 그 반역의 불길이 크게 타오르기 전에 끌 수 있을 거라고 생각한 것입니다.

이러한 소식이 상인들의 입을 통해 칸마칸 왕자에게 전해지자 왕자는 준마를 타고 급히 바그다드로 돌아갔습니다. 왕좌에 앉아 걱정하고 있던 사산 왕은 그 소식을 듣고 곧 바그다드 안의 모든 군대와 중신 고관들을 보내 그를 맞이했습니다. 바그다드 사람들은 모두 칸마칸 왕자를 환영하며 그를 왕궁까지 호위해 와서 그 문앞에 엎드렸습니다. 시녀와 환관들은 칸마칸의 어머니에게 이 반가운 소식을 전했습니다. 어머니가 곧바로 달려나와 아들의 이마에 입을 맞추자 칸마칸이 말했습니다.

"어머니, 분에 넘치는 영광과 은혜를 베풀어주신 고모부님 사산 왕에게 가십시다."

왕자가 이렇게 말하는 동안 궁정 사람들과 고관들은 모두 준마의 아름다움에 눈을 크게 뜨고 저마다 한 마디씩 말했습니다.

"어느 나라의 임금님도 이 왕자님에게는 못 당하겠는걸."

칸마칸 왕자는 왕에게 가서 자기를 맞이하기 위해 일어난 왕에게 인사하고 그 손과 발에 입을 맞춘 다음 준마를 왕에게 선물로 바쳤습니다. 사산 왕도 인사에 답하며 말했습니다.

"잘 돌아왔다, 사랑하는 칸마칸이여, 네가 없는 동안 나는 마음이 괴로워 견딜 수가 없었다. 하지만 이렇게 무사히 돌아와 주었으니 이보다 더 기쁜 일이 없구나."

그러자 왕자도 왕에게 신의 축복이 내리기를 빌었습니다. 왕은 그 준마 알 카투르를 보더니, 왕자의 아버지 자우 알 마칸과 함께 콘스탄티노플의 그리스도교도들을 포위 공격하던 중에 왕자의 큰아버지 샤르르칸 왕이 살해되었을 때 본 그 말이 틀림없다고 생각했습니다.

"네 아버님께서 이 말을 보셨더라면 순수한 혈통의 말 1천 필을 주고서라도 손에 넣었을 것이다. 그러나 영예는 영예로운 사람에게 돌아가야 하느니, 이 말은 내가 일단 받고 다시 너에게 상으로 주마. 기사 중의 기사인 네가 갖는 것이 이 준마에 가장 어울릴 테니까."

사산 왕은 왕자를 위해 어의를 내리고 궁전 안에서 가장 좋은 방을 내주었습니다. 사산 왕이 이렇게 두텁고 따뜻한 사랑과 존경하는 뜻을 표시한 이유는 다름 아닌 단단 대신이 두려웠기 때문입니다. 그리하여 왕자는 굴욕을 느껴 괴로워하던 마음이 씻은 듯이 사라졌습니다. 집으로 돌아가자 왕자는 어머니에게 물었습니다.

"어머니, 사촌누이 쿠지아 파칸 공주는 어떻게 지내고 있습니까?"

"나는 네가 집을 떠난 뒤로 네 걱정만 하느라 다른 사람에 대해서는 생각도 하지 않았고 네가 사랑하는 공주도 잊고 있었단다. 게다가 그 공주는 너를 나에게서 떼어내 길을 떠나게 한 장본인이 아니냐."

왕자는 어머니에게 안타까운 심정을 호소하면서 말했습니다.

"어머니, 가서서 공주에게 이야기해 주세요. 공주는 틀림없이 나를 만나러 와서 이 울적한 마음을 털어내 줄 테니까요."

"쓸데없는 희망을 품으면 사내의 체면이 깎이는 법이다. 마음을 애태우는 그런 생각은 이제 버려라. 나는 그런 용건으로 그 애를 찾아가고 싶지 않다."

그래서 왕자는 화제를 바꾸어 말 도둑이 자트 알 다와히에 대해 들려준 이야기를 하며, 그 노파가 바그다드로 오고 있다고 말했습니다. 그리고 이렇게 덧붙였습니다.

"큰아버님과 할아버님을 죽인 것은 그 여자입니다. 나는 무슨 일이 있어도 그 여자를 죽이고 원수를 갚아야겠습니다."

칸마칸은 어머니 곁에서 물러나 사다나라고 하는 음탕하고 심성이 좋지 않은 노파를 찾아가서 사촌누이 쿠지아 파칸에 대한 사랑을 털어놓으며 두 사람 사이를 주선해 달라고 부탁했습니다.

"잘 알았습니다."

노파는 두 사람 사이를 주선하기 위해 서둘러 쿠지아 파칸 공주의 궁으로 찾아갔습니다. 이윽고 노파가 돌아와서 말했습니다.

"쿠지아 파칸 공주님이 당신께 안부 전해 달라고 하시더군요. 그리고 오늘 밤 당신을 찾아오겠노라고 하셨습니다."

—새벽이 가까워 온 것을 깨닫고 샤라자드는 이야기를 그쳤다.

142번째 밤

샤라자드는 이야기를 계속했다.

오, 인자하신 임금님, 노파는 칸마칸에게 쿠지아 파칸 공주가 한밤중에 찾아오겠다고 한 말을 전했습니다. 이 말을 들은 왕자는 매우 기뻐하며 공주가 오기를 기다렸습니다. 공주는 검은 비단 베일로 얼굴을 가리고 약속시간보다 일찍 와서 잠들어 있는 칸마칸을 흔들어 깨웠습니다.

"태평스럽게, 아무 근심도 없는 듯이 편안하게 자면서 나를 사랑한다고 말할 수 있나요?"

칸마칸은 그 목소리에 금방 눈을 뜨고 말했습니다.

"알라께 맹세코, 내 마음의 희망이여, 내가 잠을 잔 것은 행여나 꿈속에서 당신을 만날까 해서였소."

이 말을 듣고 공주는 칸마칸을 상냥하게 나무라며 다음과 같은 시를 읊었습니다.

당신의 사랑이 진정이라면
그 눈 감고 잠들지 않았을 것을.
고생스러운 사랑의 길 더듬으며
사랑의 진실을 맹세한 그대!
어찌 편안히 잠들 수 있나요.
오, 나의 사촌오빠여,
그대 사랑 의심스러워라.

이 노래를 듣고 칸마칸은 얼굴을 붉히면서 일어나 변명했습니다. 그리고 두 사람은 서로 끌어안고 만나지 못한 날들의 괴로움을 하소연했습니다. 이윽고 날이 밝아 지평선에 아침 해가 떠오르자 공주는 일어나 돌아갈 채비를 시작했습니다. 그 모습을 보고 칸마칸은 눈물을 머금고 한숨을 쉬며 다음과 같은 즉흥시를 읊었습니다.

나를 찾아와준 연인이여,

그 입술 속의 이는
목에 늘어뜨린 진주알인가.
나는 백 번 천 번 입맞추며
그 가느다란 허리 끌어안고
볼과 볼을 비비며
운우(雲雨)의 정 나누었네.
칼집에서 뽑은 칼처럼
눈부신 아침 해 떠오르니
두 사람은 각자 헤어져야 하는가.

왕자의 노래가 끝나자 공주는 작별인사를 하고 궁전으로 돌아갔습니다. 그런데 공주의 시녀 가운데 하나가 이 비밀을 눈치채고 사산 왕에게 일러바쳤습니다. 왕은 공주에게 달려가 칼을 뽑아 베어 죽이려 했습니다. 그러나 공주의 어머니 누자트 알 자만이 이렇게 말하며 왕을 말렸습니다.

"공주에게 그런 무참한 짓은 하지 말아주세요. 공주를 베시면 세상 사람들은 온갖 말로 떠들어대면서 당신을 비난할 거예요! 칸마칸이 불의의 자식이 아니고 어엿한 신분임을 당신도 아시잖아요! 그 애는 결코 자신의 분수에 맞지 않는 일은 하지 않아요. 게다가 공주는 그 애와 함께 자랐어요. 제발 경솔한 짓은 하지 마세요. 단단 대신이 온 세계의 나라에서 군사를 모아 칸마칸을 국왕으로 모시기 위해 이리로 군대를 몰아오고 있다는 소문이 퍼지고 있어요."

그러나 사산 왕은 말했습니다.

"알라께 맹세코, 언젠가는 그놈을 땅도 돕지 않고 하늘도 숨겨주지 않는 재앙 속으로 몰아넣고야 말겠다. 하지만 지금은 신하들 앞에서 체면상 겉으로는 다정하게 대해 주마. 놈들이 오히려 그놈에게 동정하면 안 되니까. 그러나 언젠가 두고 보라지."

그러고는 사산 왕은 국사를 돌보기 위해 돌아갔습니다.

한편 칸마칸은 이튿날 어머니에게 가서 말했습니다.

"어머니! 저는 말을 타고 약탈하러 가기로 했습니다. 대상이 지나가는 길을 습격하여 말과 가축, 검둥이, 백인 노예를 손에 넣을 생각이에요. 그런 전리품이 잔뜩 모이면 곧 고모부 사산 왕에게 쿠지아 파칸 공주와 결혼시켜 달라고 할 작정입니다."

"하지만 애야, 사람의 소유물은 임자 없는 낙타처럼 간단하게 뺏을 수 없는 거란다. 상대에게도 역시 창과 칼이 있고 게다가 짐승고기를 먹으면서 국토를 노략질하고 다니거나 살쾡이와 사자를 사냥하는 자들도 있으니 말이다."

"아닙니다, 제 소원이 이루어질 때까지 이 결심을 절대 번복하지 않겠습니다!"

칸마칸은 지난번의 노파를 불러 자기는 지금 공주의 신분에 어울리는 결혼지참금을 손에 넣으러 간다는 말을 공주에게 전하게 했습니다.

"공주의 회답을 꼭 받아오도록 하시오."

"알았습니다."

노파는 잠시 뒤 공주의 회답을 가지고 돌아왔습니다.

"공주님이 밤중에 찾아오시겠답니다."

칸마칸은 밤중까지 자지 않고 기다렸으나 차츰 마음이 불안해졌습니다. 그러다가 어느새 피곤하여 잠이 들었는데 공주가 와서 말을 건넸습니다.

"이 목숨을 당신 몸값으로 삼아 불면에서 구원해 주시기를!"

칸마칸은 벌떡 일어나 공주를 맞이하며 외쳤습니다.

"오, 내 마음의 희망이여, 내 생명을 온갖 불행과 불운에서 당신을 구원하는 데 바치리다."

그리고 자신의 계획을 털어놓자 공주는 눈물을 흘리며 울었습니다. 칸마칸은 공주를 위로하며 말했습니다.

"사촌누이여, 울지 마오. 우리 두 사람의 이별을 정해 주셨던 신께 이번에는 함께 있게 해달라고 기원할 테니 말이오."

그리고 칸마칸은 출발날짜를 정하여 어머니에게 가서 하직인사를 했습니다. 그리고 어깨에 칼을 메고 두건과 베일을 쓰고서 사랑하는 말 카투르의 등에 올라 보름달같이 의젓하고 당당한 모습으로 궁전을 빠져나간 다음, 바그다드 시가지를 달려 성문에 이르렀습니다. 그때 뜻밖에도 그 사바라는 사내와 딱 마주쳤습니다. 사바도 칸마칸을 알아보고 등자 옆으로 다가와 인사했습니다. 칸마칸이 답례하자 사바가 물었습니다.

"오, 형제여, 나는 지금까지 단지 칼과 방패밖에 손에 넣지 못했는데 당신은 어떻게 그런 좋은 말과 칼과 옷까지 손에 넣었소?"

"겨냥을 잘하는 사냥꾼은 맨손으로 돌아가지 않는 법, 실은 네가 출발한 지 얼마 안 되어 나에게도 행운이 찾아왔어. 지금부터 나와 함께 사막으로 가서 한탕을 하지 않겠나?"

"그럼, 지금부터 당신을 '주인님'이라고 부르겠습니다."

이리하여 사바는 목에 칼을 걸고 어깨에 가죽 자루를 메고는 말 앞에 서서 걸어갔습니다. 칸마칸은 조금 떨어져서 그 뒤를 따랐습니다. 두 사람은 사막으로 들어가서 나흘 동안 영양고기를 먹고 샘물도 마시면서 지냈습니다. 닷새째 되는 날 높은 언덕에 이르러 보니 기슭에 봄의 야영지*350가 남아 있고 깊은 강이 흐르고 있었습니다. 둥근 언덕과 움푹 꺼진 곳에는 낙타, 소, 양, 말 등이 떼를 지어 있고 아이들이 울타리 옆에서 놀고 있었습니다. 그것을 본 칸마칸은 몹시 기뻐서 가슴이 두근거렸습니다. 칸마칸은 그 낙타와 소를 약탈하기 위해 싸울 준비를 시작하며 사바에게 말했습니다.

"나와 같이 저걸 습격하는 거다. 주인은 감시꾼도 두지 않고 어디로 가버린 모양이니 한 번 실컷 휘저어 보자. 운이 좋으면 얼마든지 손에 넣을 수 있을 테니까."

"주인님, 이 가축의 주인은 틀림없이 여럿일 거요. 그중에는 용감한 기사도, 걸음을 잘 걷는 힘센 용사도 있을 테지요. 우리가 지금 여기서 분별없이 날뛰다간 궁지에 빠져 두 사람 다 무사히 돌아갈 수 없을걸요. 우리 두 사람이 죽어 버리면 남아 있는 사촌누이들은 의지할 사람이 없어지잖아요."

칸마칸은 웃으면서 겁쟁이 사바를 뒤에 남겨놓고 혼자 가축을 약탈하기 위해 언덕을 내려가면서 큰 소리로 노래를 불렀습니다.

아, 누만의 후예는 용감하도다,*351
적의 목을 베는
칼 든 용사들이여,
싸움이 한창일 때
용감하게 돌진하여
앞장서는 족속이여,

그 적진에 숨어들어
강탈하려는 사나이
호시탐탐 엿보네.
그 얼굴 보면 가난의
추한 모습 그림자도 없어라.
나 오로지 원하는 것은
왕자 중의 왕자로서
인간의 영혼을 만드시는
알라 신의 구원이니.

노래를 마친 칸마칸은 마치 발정한 낙타가 암컷을 덮치려는 듯한 기세로 돌진하여, 앞길을 가로막는 것은 양이건 소건 말이건 낙타건 닥치는 대로 쓰러뜨려 버렸습니다. 그것을 본 노예들은 번쩍이는 칼과 긴 창을 들고 달려들었습니다. 그 선두에 서 있는 자는 터키인[352]으로 참으로 용감무쌍한 전사였습니다. 싸움터에 서면 누구보다 과단성 있고 용감하여 밤색 창을 잡든 번들거리는 큰 칼을 휘두르든 어깨를 나란히 할 자가 없는 명수였습니다. 그 사내가 칸마칸을 향해 말을 달리며 외쳤습니다.

"괘씸한 놈 같으니! 이 가축이 누구 것인지 안다면 설마 이런 대담한 행동은 하지 못할 것이다. 잘 알아두어라. 이것은 바다의 전사, 그리스군의 사카시아인 군사들의 것이다. 이 군사들은 겨우 백 명이지만 용사들로만 이루어져 있어 어떤 국왕의 명령도 따르지 않는 무법자들이다. 그런데 얼마 전에 준마를 한 필 도둑맞았는데, 그것을 되찾을 때까지 절대 이 땅을 떠나지 않겠다고 맹세했다."

이 말을 듣고 칸마칸 왕자는 큰 소리로 외쳤습니다.

"오, 이 천한 악당 놈아! 지금 내가 탄 이 말이 바로 네놈이 말한 바로 그 말이다. 이 말이 탐나거든 힘으로 덤벼라. 자, 한꺼번에 무더기로 덤벼봐!"

칸마칸이 알 카투르의 귓전에 뭐라고 외치니, 이 준마는 식인귀처럼 적을 향해 달려나갔습니다. 이때라는 듯이 칸마칸이 그 터키인에게 달려들어 단번에 그 몸을 찔러버리니, 터키인은 말에서 떨어져 그 자리에서 죽고 말았습니다. 이어서 두 번째, 세 번째, 네 번째 적에게도 달려들어 모두 베어버리고 말았습니다. 이 광경을 본 노예들은 겁을 집어먹고 더는 가까이 다가오지 못했습니다. 칸마칸 왕자는 큰 소리로 위협했습니다.

"잘 들어라, 음부들의 자식들아! 어서 빨리 소와 말을 이쪽으로 몰아내라! 안 그러면 이 창을 너희의 피로 씻어줄 테니까."

노예들은 소와 말의 고삐를 풀고 몰아내기 시작했습니다. 사바는 매우 기뻐서 환성을 지르며 칸마칸을 향해 달려 내려왔습니다. 그때 갑자기 모래먼지가 자욱하게 일어나 주위를 뒤덮더니 그 속에서 백 명쯤 되는 기마무사가 마치 피에 굶주린 사자 같은 기세로 달려나왔습니다. 그것을 본 사바는 위험한 장면은 질색이라는 듯이 허둥지둥 언덕 위로 달아났습니다. 그리고 누가 이길지 싸움을 구경하면서 중얼거렸습니다.

"나는 용사가 아니야. 놀이나 농담이라면 재미있지만."*353

백 명의 기마무사가 칸마칸 왕자를 향해 달려와 사방에서 에워싸자 그 가운데 한 명이 소리쳤습니다.

"그 가축을 몰고 어디로 가려는 게냐?"

"이것은 내가 빼앗은 전리품이니까 내가 몰고 가겠다. 손가락 하나라도 건드리면 용서하지 않을 테니 그리 알아라. 만약 그게 싫다면 덤벼들어 봐. 네놈들 앞에 있는 나는 무서운 사자로 소문난 용사다. 닿기만 하면 베이는 칼이란 말이다!"

이 말을 듣고 말 위의 전사가 칸마칸을 지긋이 바라보니 힘이 넘치고 갈기가 풍성한 수사자 같은 용사이면서도 그 얼굴은 보름달이 무색할 정도로 아름답고 미간에 의젓하고 당당한 용기가 번뜩였습니다.

그런데 이 말 위의 전사가 바로 그 기마무사 백 명의 대장 카르다슈였습니다. 그는 칸마칸에게서 한 점 나무랄 데 없이 아름답고 상쾌한 기사의 전형을 보고, 그 아름다운 용모에서 파틴*354이라는 자신의 연인 모습을 떠올렸습니다. 그녀는 천하일품의 미인으로 형용할 수 없는 온갖 매력과 정숙함, 고귀한 성품을 알라로부터 받아 사나이의 마음을 순식간에 사로잡아버렸습니다. 또 그녀의 용기는 일족의 모든 용사에게 두려움까지 느끼게 했고, 그 힘찬 기백은 나라 안의 모든 용사에게 존경의 대상이 되었습니다. 파틴은 자기와 싸워서 이기는 사나이가 아니면 결혼도 하지 않고 몸도 맡기지 않겠다고 맹세했습니다. (카르다슈도 이 여자의 사랑을 구하는 사나이 가운데 하나였습니다.) 파틴은 아버지에게 늘 이렇게 말했습니다.

"당당하게 겨루어 나를 제압할 수 있는 실력을 지닌 남자가 아니면 옆에도 오지 못하게 하겠어요."

이 소문은 카르다슈의 귀에도 들어갔지만, 사람들의 비난이 두려워 어린 처녀를 상대로 싸우는 것은 피하고 있었습니다. 그러자 한 친구가 카르다슈에게 말했습니다.

"자네는 아름답고 늠름함에 있어서 흠잡을 데라고는 전혀 없는 사나이가 아닌가. 그러니 그 여자와 겨룬다면 그 여자가 아무리 자네보다 강하다 해도 틀림없이 자네가 이길 거야. 아름답고 의젓하며 당당한 자네 모습을 보면 자네 앞에 항복하여 승리를 양보해 줄 테니까. 자네도 잘 알겠지만, 여자에게는 남자가 필요한 법이야."

이런 말을 듣고도 카르다슈는 고개를 저으며 그 여자와 겨루어보려고 하지 않았습니다. 그러던 중에 파틴과 닮은 칸마칸 왕자를 지금 만난 것입니다.

카르다슈는 왕자를 자기가 사랑하는 연인 파틴으로 착각하여 마음이 불안해졌습니다. 사실은 파틴 쪽에서도 카르다슈의 아름다운 얼굴과 용맹을 전해 듣고 사모하고 있었습니다. 카르다슈는 칸마칸에게 다가가 말했습니다.

"오, 사랑스러운 파틴이 아니오! 그 뛰어난 솜씨를 보여주려고 이곳에 왔군. 하지만 우선 말에서 잠시 내려오시오. 할 얘기가 있소. 내가 이 가축을 약탈하고 친구들을 배반하면서 수많은 용사와 기사들을 쓰러뜨린 것은 실은 세상에 둘도 없이 아름다운 당신에게 반했기 때문이오. 자, 이제 나의 아내가 되어주오. 당신을 이 나라의 여왕으로 만들어 왕족의 딸들마저 시녀로서 당신을 시중들게 해 줄 테니."

이 말을 들은 왕자는 불같이 화를 내며 소리쳤습니다.

"듣기 싫다, 이 페르시아의 개놈아! 파틴이라니 무슨 헛소리야! 또 얘기는 무슨 얘기, 자, 베든 찌르든 마음대로 덤벼라! 곧 진흙 맛을 보게 해 줄 테니."

왕자는 상대의 주위를 맴돌며 틈을 엿보아 덤벼들 기세였습니다. 카르다슈가 칸마칸을 자세히 보니 상대는 용감한 기사, 천군만마와도 같은 강자가 아니겠습니까? 자기가 말도 안 되는 착각을 했다는 것을 깨달은 순간, 상대의 뺨에 난 솜털이 새빨간 장밋빛의 심장에서 피어난 천인화처럼 붉게 물들어 퍼져가는 것을 보았습니다. 카르다슈는 칸마칸 왕자의 공격이 두려워서 부하에게 명령했습니다.

"뭘 멍청히 있느냐! 누가 이놈의 상대가 되어 한칼에 후려치든가 창으로 한 번 쳐라. 상대가 목숨을 아끼지 않는 무뢰한이건 천하무적의 기사이건 한 사람에게 여럿이 달려드는 것은 비겁한 행위이다."

이 말에 피에 굶주린 사자 같은 기사 하나가 나서더니 왕자를 향해 달려갔습니다. 그자는 눈처럼 새하얀 말굽과 이마에 금화만 한 크기의 점이 있는 검은 말을 타고 있었는데, 그 말은 마치 안타르의 군마 아브자르처럼 놀랍도록 훌륭한 준마였습니다. 그 말을 시인은 이렇게 노래하고 있습니다.

준마는 달린다, 적진을 향해
하늘과 땅과 하나가 되어,*355
아침 해가 비치는 그 이마
번쩍 빛을 발하면,
그 준마는 이에 답하여 질풍같이
아침 대기 속을 뚫듯이 달려가네.

그 기사가 칸마칸에게 덤벼들자 다른 사람들은 그 주위를 에워싸더니 왕자의 정신을 혼란하게 하고 눈을 어지럽히기 위해 시끄럽게 떠들어댔습니다. 하지만 왕자가 선수를 쳐서 상대에게 호된 공격을 한 번 가하니, 그 칼끝이 두건을 찢고 무쇠 투구를 꿰뚫어 머리까지 이르렀습니다. 적은 낙타가 쓰러지듯 말 위에서 굴러 떨어지고 말았습니다. 다음에 두 번째 적이 나서서 도전하고 다시 세 번째, 네 번째, 다섯 번째, 차례차례 나와 대항했으나 모두 첫 번째 적과 마찬가지로 끝났습니다. 이 광경을 보고 뒤에 남은 적들이 한꺼번에 미친 듯이 맹렬하게 왕자를 향해 쳐들어왔습니다. 그들은 분노하여 살기를 띠고 있었지만 모두 왕자의 창끝에 순식간에 쓰러지고 말았습니다. 칸마칸의 솜씨를 본 카르다슈는 갑자기 목숨이 아까워졌습니다. 상대의 끝없는 배짱을 알고 수많은 용사와 기사들 가운데 이처럼 뛰어난 솜씨를 가진 자는 좀처럼 없다는 것을 알았기 때문입니다. 그는 칸마칸에게 말했습니다.

"나는 더는 너희의 피를 보고 싶지 않다. 그리고 우리 편이 피를 흘린 것도 용서해 주마. 원하는 만큼 가축을 가지고 냉큼 돌아가거라. 네가 당당하게 싸우는 태도를 보니 가여운 생각이 들어서이다. 너 역시 죽기보다는 살아서 돌아가는 편이 나으리라."

칸마칸 왕자가 대답했습니다.

"제법 귀인처럼 대범한 흉내는 낼 줄 아는군. 하지만 여러 소리 말고 썩 꺼져라. 창피하다는 생각은 하지 말고, 또 내가 약탈한 것을 되찾을 생각일랑 꿈에도 하지 마라. 목숨을 소중히 알고 달아나는 것이 가장 좋은 대책일 테니."

이런 욕을 들은 카르다슈는 분을 참지 못하고 자기 몸을 망치는 길에 스스로 뛰어들며 말했습니다.

"듣기 싫다, 이놈! 내가 누군지 안다면 이 광야 한복판에서 그따위 큰소리는 치지 못할 게다. 나는 사자도 때려눕히는 용사 카르다슈다. 수많은 왕자를 약탈하고 나그네와 상인을 습격하여 가장 소중한 재물을 털어먹는 것이 내 본업이다. 네가 탄 그 말도 전부터 내가 찾고 있던 것이다. 네놈이 그 말을 어떻게 손에 넣어 지금까지 네 것인 양 지닌 건지 그 경위를 자백해라."

"궁금하다면 잘 들어라. 이 말은 내 고모부인 사산 왕에게 바치려고 신분 높은 노파가 노예 10명을 거느리고 호송하던 것을 네놈들이 습격하여 약탈하지 않았느냐. 그런데 그 노파는 나의 할아버지 오마르 왕과 큰아버지 샤르르칸 왕을 죽인 원수다!"

"무엇이! 그렇다면 네 아비는 누구냐? 이 어미 없는 자식아!"

"모른다면 가르쳐주지. 나는 오마르 빈 알 누만 왕의 아들 자우 알 마칸의 아들로 칸마칸이라는 사람이다."

"과연 훌륭한 인품을 보니 그 말이 거짓은 아닌 것 같군. 그 씩씩한 기질과 고상함이 제법 훌륭하구나. 자, 점잖게 돌아가라. 우리를 잘 돌봐주었던 네 아비를 보아 용서해 주마."

"뭐라고? 이 상놈 같으니! 나는 네놈과 싸워서 이기기 전에는 너 같은 놈한테 머리를 숙일 생각이 없다."

이 말이 또다시 바다위인의 노여움을 부채질하여 두 사람은 함성을 지르면서 서로 달려들었습니다. 말은 말대로 귀를 곤추세우고 꼬리를 세우며 서로 으르렁댔습니다. 두 사람은 땅이 갈라질 것처럼 격렬하게 창을 맞부딪치며 싸웠습니다. 마치 뿔을 마주 댄 두 마리의 숫양처럼 끝없이 변화하는 온갖 창술을 다하여 싸우니 결투는 언제 끝날지 모르게 계속되었습니다. 이윽고 카르다슈가 창을 홱 내지르자 칸마칸은 가볍게 그것을 피하며 적의 가슴팍을 향해 되받아 공격했습니다. 그러자 그 창끝은 상대의 가슴을 지나 등을 뚫고 나갔습니다.[*356]

왕자는 말과 약탈품을 모으면서 큰 소리로 노예들에게 외쳤습니다.

"자, 이리 와서 가축을 몰아라!"

이 말을 듣고 사바가 언덕에서 내려와 칸마칸에게 말했습니다.

"정말 놀라운 솜씨로군요. 당대에 으뜸가는 용사여! 당신을 위해 열심히 알라 신께 빌었는데 그것이 통한 모양입니다."

그리고 카르다슈의 목을 베어버리자 칸마칸은 웃으며 말했습니다.

"네 이놈, 사바! 정말 어이가 없는 녀석이군! 난 네놈이 싸움을 좋아하는 사내인 줄 알았어."

"전리품을 나눌 때는 당신의 부하를 잊지 마시기를! 당신에게서 그 몫을 받게 되면 나는 사촌누이 나지마와 부부가 될 수 있을지 모르거든요."

"오냐, 너에게도 나눠주마. 그런데 우선 이 노획물과 노예들을 잘 감시해 다오."

이윽고 칸마칸은 고향을 향해 밤낮으로 여행을 계속하여 마침내 바그다드에 이르렀습니다. 칸마칸에 대한 소문을 듣고 나온 사람들은 많은 노획물과 가축을 바라보고 또 사바의 창끝에 꿰어 있는 말 도둑 두목의 목을 보았습니다. 카르다슈는 유명한 강도였기 때문에 많은 상인이 그 얼굴을 알아보고 매우 기뻐했습니다.

"알라께서 저놈을 멸망시켜 주셨다!"

모두 카르다슈의 죽음에 놀란 눈을 크게 뜨면서 그 목을 벤 사람에게 찬사를 보냈습니다. 바그다드 사람들이 그 모험담을 들으려고 칸마칸에게 모여들자 칸마칸은 모든 이야기를 들려주었습니다. 사람들은 칸마칸을 숭배했고 기사와 용사들은 그 용맹을 두려워했습니다.

칸마칸은 노획물을 왕궁의 성벽으로 옮긴 다음 카르다슈의 머리를 꽂은 창을 왕궁 정문에 세워놓고, 백성들에게 말과 낙타를 나눠주었습니다. 백성들은 모두 칸마칸에게 친밀감을 느끼고 사랑을 기울이게 되었습니다. 칸마칸은 사바를 큰 집에 살게 해 주고 노획물도 나눠준 다음 어머니에게 가서 여행 중에 일어난 일을 모두 이야기했습니다. 그러는 동안 그 소문이 왕의 귀에까지 들어가, 왕은 아침 정무를 보다가 자리에서 일어나 중신들을 모두 불러놓고 말했습니다.

"다름 아니라 나는 그대들에게 비밀을 털어놓고 아무도 모르는 가슴속의 책략을 일러두고자 한다. 잘 생각해 보니 이대로 내버려두면 칸마칸 때문에 머지않아 우리는 이 고국에서 쫓겨나게 될 것 같다. 그대들도 알다시피 그 애는 많은 쿠르드인과 터키인들을 부하로 거느린 카르다슈까지 죽여 버렸으니 싸워봤자 우리가 패할 것은 불을 보듯 뻔한 일이다. 게다가 우리 군사는 대부분 칸마칸 편이다. 또 단단 대신을 생각해 보라. 나의 은혜를 입으면서도 나에게 어떤 모습을 보였는지. 겉으로는 충성을 꾸미면서 나를 배반하고 말았다. 그리고 여기저기서 군사를 모아 그 아버지와 할아버지가 이 나라의 국왕이었다는 이유로 칸마칸을 왕으로 받들려고 한다는 소문이다. 그자는 틀림없이 인정사정없이 나를 죽여 버릴 것이다."

이 말을 듣고 영주들은 입을 모아 대답했습니다.

"오, 임금님, 정말 그놈*357은 왕위에 오를 자격이 없습니다. 임금님의 손에 자랐다는 것을 우리가 몰랐더라면 아무도 그놈을 상대하지 않았을 겁니다. 우리는 모두 임금님의 뜻에 따라 무슨 일이고 하겠습니다. 그놈을 죽이라고 하신다면 죽일 것이고, 추방을 바라신다면 추방하겠습니다."

"사실은 죽여 버리는 것이 좋을 것 같다. 하지만 그렇게 하려면 서로 굳은 맹세를 해야 한다."

그리하여 그들은 칸마칸 왕자를 죽이기로 맹세했습니다. 왕자만 죽여 버리면 단단 대신이 쳐들어오더라도 그 죽음을 알고 세력이 꺾여 그들이 애써 세운 계획이 실패로 돌아갈 거라고 생각했습니다. 사산 왕과 영주들의 굳은 서약이 끝나자 왕은 그들에게 최고의 명예를 내린 다음 자신의 거처로 물러갔습니다. 그러나 장병들은 이미 왕을 깔보고 군무를 거부하며 대부분 단단 대신 편으로 돌아섰으므로, 그 뒤의 과정을 확인하기 전에는 말을 타려고도 내리려고도 하지 않았습니다.

이 소문이 쿠지아 파칸 공주의 귀에도 들어가자 공주는 무척 걱정이 되었습니다. 그녀는 사촌오빠의 편지를 늘 가져다주던 노파를 부르러 사람을 보냈습니다. 노파가 오자 공주는 사촌오빠에게 가서 이러이러한 계략이 있다는 것을 알리고 오라고 말했습니다. 그 말을 들은 칸마칸은 이렇게 대답했습니다.

"공주에게 가서 전해 주시오. 정녕 대지는 알라의 것으로(힘도 주권도 알라께 속하도다!), 누구든 그 뜻에 맞는 종에게 그것을 내려주십니다. 옛날 시인은 다음과 같이 훌륭한 말로 노래했습니다."

> 왕위는 신의 손에!
> 알라의 뜻을 거슬러
> 승리를 차지하려는 자
> 그 영혼은 저주를 받아
> 끝없는 지옥으로 떨어지리.
> 남이든 자신이든
> 한 뼘의 땅을 얻으면
> 법도가 바뀌어 사람들은 보리라,
> 나타나는 신의 두 기둥을.

노파는 공주에게 돌아가 이 회답을 전하고 칸마칸이 바그다드에 살고 있음을 알렸습니다. 한편 사산 왕은 칸마칸이 바그다드 성 밖으로 나가는 날을 기다리고 있었습니다. 자객을 보내 목숨을 빼앗을 작정이었기 때문입니다. 마침내 어느 날 아침 그 기회가 찾아왔습니다. 칸마칸은 밤낮으로 곁을 떠나지 않는 사바를 데리고 사냥을 나가 10마리 남짓한 영양을 잡았는데, 그 가운데 상냥한 검은 눈으로 사방을 두리번거리는 영양이 한 마리 있었습니다.

칸마칸이 그 영양을 놓아주자 사바가 물었습니다.

"왜 그놈을 놓아줍니까?"

칸마칸은 웃으면서 다른 영양도 모두 놓아 준 다음 대답했습니다.

"새끼를 가진 어미는 놓아주는 것이 인정이야. 그 영양이 사방을 두리번거리는 것은 새끼를 찾기 위해서였어. 그래서 놓아주었는데, 다른 놈들도 그 영양처럼 놓아주었을 뿐이야."

그러자 사바는 말했습니다.

"그럼 저도 놓아주십시오. 집으로 돌아갈 테니."

이 말을 듣고 칸마칸은 재미있다는 듯이 웃으면서 창 자루로 사바의 가슴을 살짝 찌르니, 사바는 그 자리에 벌렁 자빠져서 뱀처럼 몸부림을 쳤습니다. 이때 문득 보니 아득히 먼 곳에 무럭무럭 흙먼지가 일며 말발굽 소리가 들려 왔습니다. 이윽고 그 속에서 한 무리의 기사와 용사가 나타났습니다.

칸마칸을 감시하던 부하가 칸마칸이 사냥하러 나간 사실을 사산 왕에게 알리자, 왕은 곧 자미라고 하는 다일람족 태수와 그 부하 20기를 불러 돈을 주고 칸마칸을 죽이라고 명령한 것입니다. 그들이 칸마칸에게 다가와 한꺼번에 덤벼들자, 왕자는 천연덕스럽게 적의 한복판에 뛰어들어 한 사람도 남김없이 모조리 처치해 버렸습니다. 사산 왕은 자기편을 맞이하러 말을 타고 나갔다가 뜻밖에도 그들이 모조리 죽었다는 것을 알고 깜짝 놀라 되돌아갔습니다. 그런데 이게 웬일입니까? 도성의 사람들이 도중에 왕을 붙잡아 두말없이 꽁꽁 묶어버리지 않겠습니까? 한편 칸마칸은 적을 처치하자 사바와 함께 그곳을 떠나 도성 쪽으로 말을 달렸습니다. 도중에 길가 있는 어느 집 문 앞에 한 젊은이가 앉아 있는 것을 보고 칸마칸은 그에게 고개를 끄덕여 인사했습니다. 그 젊은이는 답례한 다음 집 안에 들어가 접시 두 개를 가지고 나왔습니다. 한 접시에는 시원한 우유, 또 한 접시에는 투명한 기름이 떠 있는 고깃국이 담겨 있었습니다. 젊은이는 그 두 접시를 왕자 앞에 놓으며 권했습니다.

"어서 드십시오."

칸마칸이 사양하자 젊은이는 물었습니다.

"어디 몸이라도 안 좋으신 건지요?"

"나는 혼자 맹세를 한 것이 있기 때문이다."

"맹세라니요?"

"실은 사산 왕이 나의 할아버지와 아버님의 것이었던 이 나라를 마치 폭군처럼 원수처럼 약탈했다. 내 아버님이 돌아가시자 멋대로 왕위에 올라 내가 아직 어린 것을 핑계로 나를 무시하고 이 나라를 가로챘지. 그 뒤부터 이 원수를 갚고 한을 풀 때까지는 절대로 남의 대접을 받지 않겠다고 맹세했다."

이 말을 듣고 젊은이는 말했습니다.

"기뻐하십시오. 알라께서는 이미 당신 맹세를 이루어주셨습니다. 사산 왕은 벌써 감금되어 있습니다. 아마 머지않아 죽게 될 것입니다."

"어디에 갇혀 있단 말이오?"

"저기 보이는 저 높고 둥근 지붕의 건물입니다."

칸마칸이 시선을 모아 바라보니 수많은 사람이 번갈아가며 사산 왕을 마구 때리고 있어서 사산 왕은 거의 죽어가는 고통을 맛보고 있었습니다. 칸마칸은 일어나 그 높은 누각으로 가서 안의 동정을 살핀 다음, 다시 젊은이의 집으로 돌아가 차려 놓은 음식을 배불리 먹고 남은 것은 자루 속에 쏟아 넣었습니다. 그러고 나서 자기 자리에 돌아가 앉아 한밤중에 주인인 젊은이가 잠들 때까지 가만히 기다리고 있었습니다. 젊은이가 잠이 들자 칸마칸은 살며시 빠져나가 사산 왕이 감금된 건물로 향했습니다. 그 주위에는 개들이 몇 마리 지키고 있었는데, 그 가운데 한 마리가 맹렬하게 덤벼들어 준비해 간 고기를 한 점 던져주었습니다. 이렇게 차례차례 개에게 고기를 던져주면서 마침내 그 누각에 이르자 곧장 사산 왕이 갇혀 있는 곳으로 가서 왕의 머리에 살며시 손을 얹었습니다.

"누구냐?"

"당신이 죽이려고 한 칸마칸입니다. 하지만 알라의 뜻으로 당신은 제 스스로 무덤을 판 것입니다. 나를 죽이지 않더라도, 내 왕국을, 아버님의 나라를 빼앗은 것만으로는 충분하지 않던가요?"*358

사산 왕은 결코 칸마칸의 목숨을 빼앗으려고 계략을 꾸민 일이 없으며 그런 소문을 믿어서는 안 된다고 천연덕스럽게 거짓맹세를 했습니다. 그 말을 듣고 칸마칸은 사산 왕을 용서한 다음 말했습니다.

"그럼, 나를 따라오십시오."

"나는 이제 한 발짝도 걸을 수 없을 만큼 쇠약해졌어."

"그럼, 말을 두 마리 끌고 와서 함께 타고 나갑시다."

칸마칸 왕자가 곧 말을 끌고 와서 두 사람은 그것을 타고 새벽녘까지 달렸습니다. 드디어 날이 새어 두 사람은 새벽 기도를 한 뒤 계속 말을 몰아 어느 정원에 이르렀습니다. 거기서 두 사람은 말에서 내려, 앉아서 여러 가지 이야기를 계속했습니다. 그러다가 칸마칸은 몸을 일으켜 사산 왕 옆으로 다가가서 물었습니다.

"이제 저를 해치려는 마음은 없습니까?"

"절대로 없어. 알라께 맹세코!"

그리하여 두 사람은 바그다드로 돌아가기로 했습니다. 그러자 바다위인 사바가 옆에서 말했습니다.

"내가 먼저 가서 두 분이 돌아오신다는 것을 사람들에게 알리지요."

사바는 말을 타고 먼저 돌아가, 여자고 남자고 할 것 없이 만나는 사람마다 칸마칸 왕자가 돌아온다는 기쁜 소식을 전하며 다녔습니다. 사람들은 북과 피리 같은 것을 손에 들고 칸마칸 왕자를 맞이하러 나왔습니다.

쿠지아 파칸 공주도 그 군중 속에 있었는데, 그 모습은 마치 캄캄한 어둠을 뚫고 밝게 빛나는 보름달 같았습니다. 공주를 본 칸마칸은 마음은 상대의 마음을 사모하고 몸은 상대의 몸을 연모해 마지않았습니다. 사람들은 칸마칸을 칭송하며 그에 대한 소문으로 이야기꽃을 피웠습니다. 그것은 기사들이 칸마칸이야말로 당대에 으뜸가는 용사임을 증명했기 때문이었습니다.

"칸마칸 왕자가 아닌 다른 사람이 우리의 국왕이 된다는 건 당치도 않은 일이다. 그의 할아버지와 할머니 것이었던 왕위는 당연히 그에게 돌아가야 한다."

한편 사산 왕이 왕비 누자트 알 자만에게 가자 왕비는 말했습니다.

"백성은 요즘 칸마칸 왕자에 대한 소문 이야기만 주고받는다더군요. 모두 입에 침이 마르도록 그를 칭찬하고 있다고 해요."

"실제로는 소문과는 딴판이야. 칸마칸에게는 너그럽고 아름다운 덕행 같은 것은 약에 쓰려고 해도 없어. 소문 같은 건 믿을 게 못 돼. 백성들은 영문도 모르고 덩달아 그 애를 칭찬하며 떠받들고 있을 뿐이야. 게다가 알라께서 백성의 입을 통해 그 애를 치켜세우는 말을 시키고 있어서 바그다드 사람들과 그 불충한 배신자인 단단 대신까지 칸마칸을 편들게 된 거야. 단단 대신은 각지에서 군사를 모아 괘씸하게도 이 나라 왕을 임명할 권리를 손아귀에 쥐려 하고 있어. 그렇게 해서 서푼 어치의 가치도 없는 그 하찮은 고아 칸마칸의 손에 이 나라를 맡기려는 생각이지."
"그래서 당신은 어떻게 하실 작정이십니까?"
"칸마칸을 죽여 버려야겠어. 그러면 단단 대신도 나를 받드는 수밖에 없다는 것을 알고, 그 목적을 버리고 다시 한 번 충성을 맹세하겠지."
"남을 배반하는 것도 좋지 않은데, 하물며 친구나 친척을 배반하는 것은 더더욱 좋지 않아요. 이렇게 된 바에는 차라리 칸마칸과 쿠지아 파칸을 짝지어주면 어떨까요? 옛날부터 이런 노래도 있지 않아요?

만약 그대의 운수가 나빠
다른 누가 그대 위에 오르더라도
또 그대가 뛰어난 자일지라도
'운명'의 선택이니 탓하지 말라.
지위에 따라 그 사람을
우러러 받들며 존경하면
어디에 있건 그 사람은
그대에게 행복을 안겨주리라.
그 사람을 어떻게 생각하든
생각으로 그치고 입에 담지 말라.
그렇지 않으면 그대는 영예로운 지위에서
떨어지게 되리, 제 스스로.
비록 하렘의 여인들이
사랑스러운 '신부'보다 나을지라도
'시간'과 '운명'은 신부를 도와주리라."

사산 왕은 그 시의 뜻을 깨닫자 화를 내며 일어나 이렇게 말했습니다.
"너를 죽이더라도 나에게 수치와 오욕이 돌아오지 않는다면 한칼에 네 목을 쳐서 숨통을 끊어놓으련만."
"저에게 왜 그리 역정을 내시지요? 그저 농담으로 한 말을 가지고."
왕비는 왕에게 다가가 그 머리와 손에 입을 맞추고 말을 이었습니다.
"당신의 깊은 사려는 옳다고 생각합니다. 자, 둘이서 칸마칸을 죽일 방법을 서둘러 의논합시다."

이 말에 왕은 기뻐하며 말했습니다.

"인제 한시도 지체해선 안 되오. 빨리 계책을 꾸며 나의 시름을 제거해 주시오. 나에게는 아무래도 그 책략을 꾸며낼 머리가 없으니."

"네, 당장 그 애를 처치할 방법을 연구해 보겠어요."

"어떻게?"

"바쿤이라는 노예계집에게 시키면 돼요."

그 바쿤은 온갖 풍파를 다 겪은 사악한 노파로 나쁜 짓도 당연한 듯 태연하게 하는 여자였습니다. 그런데다 쿠지아 파칸과 칸마칸은 바로 이 여자 손에서 자랐습니다. 특히 칸마칸은 어릴 때부터 이 여자와 함께 자기도 하여 지금도 친밀한 정을 가지고 있었습니다. 그러므로 사산 왕은 왕비가 이 여자의 이름을 대자 이렇게 말했습니다.

"옳지, 좋은 생각이야."

그는 즉시 바쿤을 불러 이야기한 다음 무슨 상이든 주겠다고 약속하며 칸마칸을 제거하라고 명령했습니다.

"다름 아닌 임금님의 분부이시니 따르겠습니다. 저에게 죽음의 물로 벼른 단검*359을 하나 주십시오. 그것만으로 그분의 목숨을 받아올 테니까요."

"아, 좋고말고!"

왕은 사람의 생명을 문제없이 없애버릴 날카로운 단검을 주었습니다.

이 노파는 사람들이 하는 이야기며 노래 등을 잘 듣고 기억하여 진기한 이야기며 일화를 많이 알고 있었습니다. 노파는 단검을 받아들고 어떻게 하면 왕자를 잘 처치할 수 있을지 이리저리 방법과 꾀를 궁리하면서 방을 나왔습니다. 잠시 뒤 노파가 칸마칸에게 가보니 그는 앉아서 공주에게서 남몰래 만나자는 소식이 오기만을 기다리고 있었습니다. 칸마칸은 이날 밤 오로지 공주만 생각하면서 연모의 불길로 가슴을 불태우고 있었던 것입니다. 그때 노파가 들어와 말했습니다.

"두 분이 결혼하실 날이 머지않았으니, 혼자 계실 날도 얼마 안 가 끝날 것입니다."

"쿠지아 파칸은 어떻게 지내고 있소?"

"요즘 공주님은 자나깨나 왕자님 생각만 하고 계십니다."

이 말에 칸마칸은 벌떡 일어나 입었던 겉옷을 벗어 노파에게 입혀주며 뭐든지 원하는 것을 주겠노라고 약속했습니다. 그러자 노파는 말했습니다.

"실은 오늘 밤, 저는 여기서 자면서 지금까지 들은 이야기를 해 드리고, 또 사랑의 노예가 되어 괴로워한 사람들에 대해 이야기를 하여 왕자님을 위로해 드리고 싶습니다."

"아니, 그보다도 내 마음이 즐거워져서 시름을 털어 버릴 수 있는 재미있는 이야기를 해 줘."

"예, 기꺼이 해 드리지요."

노파는 옷 속에 단검을 품은 채 칸마칸 왕자 옆에 앉아 이야기를 시작했습니다.

"제가 지금까지 들은 이야기 가운데 가장 재미있는 이야기는 다음과 같은 이야기입니다."

마약을 먹은 사내 이야기

옛날, 어느 곳에 여자를 좋아하는 사내가 있었는데, 여자 때문에 재산을 탕진하고 마침내 빈털터리가 되어버렸습니다. 그는 사람들이 아무도 아는 척해 주지 않았으므로 시장거리를 구걸하고 다니면서 그날그날의 빵을 얻어 먹었습니다. 어느 날, 못에 손가락이 찔려 피가 났습니다. 그는 길가에 앉아 피를 닦고 손가락을 잡아매고서 큰 소리를 지르면서 일어나 계속 걸어갔습니다. 가다가 목욕탕이 있기에 안에 들어가 옷을 벗었습니다. 주위를 둘러보니 사람이 아무도 없었습니다. 그래서 분수 옆에 앉아 한참 동안 머리 위로 물을 뒤집어쓰다 보니 몸이 피곤해졌습니다.

—샤라자드는 날이 새기 시작하는 것을 알고 이야기를 그쳤다.

143번째 밤

샤라자드는 이야기를 계속했다. 오, 인자하신 임금님, 피곤해진 그 남자는 찬물이 담긴 물통이 있는 방으로 갔습니다. 그곳에 아무도 없는 것을 보자 남자는 조용한 한구석으로 가서 마약*360을 한 알 꺼내 삼켰습니다. 금세 머리에 강한 약 기운이 돌아 대리석 바닥을 뒹굴며 꿈속 같은 기분으로 있으니, 한 남자가 나타나 안마를 해 주고 두 노예가 머리맡에 서서 하나는 물통을 들고 다른 하나는 옷과 필요한 물건들을 가지는 환상이 보였습니다. 그래서 그 남자는 중얼거렸습니다.

"내 머리가 돌았나? 아니면 이들도 역시 마약을 하는 자*361들인가."

그런 다음 두 다리를 쭉 뻗으니 목욕탕지기가 자기를 향해 이렇게 말하는 것 같았습니다.

"오, 나리, 입궐할 시간이 가까워졌습니다. 오늘은 나리께서 당직 근무를 하실 차례입니다."

남자는 낄낄 웃으면서 혼잣말을 했습니다.

"여, 신통한데, 마약선생!"

그리고 잠자코 앉아 있는데 목욕탕지기가 일어나 남자의 손을 잡고 허리에 검은 비단띠를 둘러주었습니다. 그것이 끝나자 두 노예는 물통과 옷을 들고 남자의 뒤를 따라왔습니다. 그들은 어느 조그마한 방으로 남자를 데리고 들어가 향을 피웠습니다. 그 방에는 갖가지 과일과 향기로운 꽃이 가득 장식되어 있었습니다. 두 노예는 수박을 자르고 흑단의자에 남자를 앉혔습니다. 목욕탕지기가 남자의 몸을 씻어주자 두 노예는 더운물을 끼얹어 주었습니다. 그리고 몸을 닦아주고는 말했습니다.

"나리, 대신님, 언제까지나 건강하시기를!"

그들은 방을 나가 문을 닫았습니다. 남자는 몽롱한 환상 속에서 일어나 허리띠를 풀고 미친 듯이 킬킬거리고 웃기 시작했습니다. 그렇게 한참을 웃다가 마지막에 남자는 이렇게 중얼거렸습니다.

"나를 대신님이니 나리니 하고 부르다니, 머리가 좀 돈 모양이야. 아마 다른 사람으로 착각한 거겠지. 하지만 한 시간만 지나면 그것을 알고 이 거지 녀석! 하며 마구 때릴 테지."

얼마 뒤 너무 후덥지근하게 더워 문을 열었더니 몸집이 작은 백인 노예와 환관이 보퉁이를 하나 들고 들어온 것 같은 기분이 들었습니다. 노예는 보퉁이를 풀어 비단헝겊 3장을 꺼내더니 한 장은 남자의 머리에 또 한 장은 어깨

에 걸쳐주고 나머지 한 장은 허리에 둘러주었습니다. 그리고 환관이 욕실용 나막신*362 한 켤레를 내밀자 남자는 그것을 신었습니다. 그러자 수많은 백인 노예와 환관들이 들어와 남자의 손을 잡고 바깥의 큰 홀로 이끌었습니다. (그 동안 사나이는 줄곧 웃어대고 있었습니다.) 그곳은 벽장식과 가구가 모두 왕족에게 어울리는 물건처럼 화려했습니다. 시동들이 서둘러 나와 남자를 안내하여 긴 의자에 앉혔습니다. 그들이 안마하기 시작하자 남자는 이내 깊이 잠들고 말았습니다. 남자는 한 처녀를 안는 꿈을 꾸었습니다. 처녀에게 입을 맞춘 다음 처녀를 자신의 무릎 사이에 끌어안고 마치 남편이 아내에게 하듯이, 웅크리고 앉아*363 자신의 물건을 한 손에 잡고 여자의 몸을 끌어당겼습니다. 그리고 처녀 몸 위로 덮치려 하는 순간! 이렇게 외치는 소리가 들려왔습니다.

"일어나, 이 돼먹지 못한 놈아! 벌써 한낮이 다 됐는데 아직도 자고 있느냐?"

깜짝 놀라 눈을 뜨니 자기는 냉수 통 옆에 누워 있고, 많은 사람이 자기를 빙 둘러싸고 웃는 게 아니겠습니까? 그도 그럴 것이 그의 연장이 벌떡 일어서는 바람에 허리에 감고 있던 천이 흘러내렸기 때문입니다. 그것은 모두 마약의 효과로, 자기가 꿈을 꾸고 있었음을 깨달은 남자는 아쉽다는 듯이 자기를 깨운 남자를 향해 말했습니다.

"집어넣을 때까지 기다려주었으면 좋았을 텐데!"

그러자 사람들이 욕을 했습니다.

"이 아편쟁이! 벌거벗고 소중한 곳을 송두리째 드러낸 채 잠을 자다니 부끄럽지도 않으냐."

그들은 남자를 목덜미가 시뻘게지도록 팼습니다. 이 남자는 배에서 꼬르륵 소리가 나도록 배가 고팠지만 기쁨과 즐거움의 맛은 꿈속에서 충분히 맛본 셈이지요.

노파의 이야기를 듣고 칸마칸은 배를 움켜잡고 웃었습니다.

"유모, 정말 신기하고 재미있는 이야기였어. 이렇게 재미있는 이야기는 처음이군. 다른 이야기를 더 해 주지 않겠어?"

"네, 해 드리지요."

노파가 여러 가지 재미있는 이상하고 야릇한 이야기이며 시답잖은 이야기를 계속하는 동안 칸마칸은 어느새 잠이 들었습니다. 노파는 그의 머리맡에 앉아 한밤중이 될 때까지 기다린 다음 혼잣말을 했습니다.

"자, 지금이 기회다!"

노파가 벌떡 일어나 단검을 들고 칸마칸에게 다가가 막 목을 찌르려는 순간, 마침 칸마칸의 어머니가 나타났습니다. 노파는 얼른 정색을 하고 일어나 걸어가서 맞이했습니다. 그러나 두려운 나머지 마치 학질에라도 걸린 것처럼 몸을 부들부들 떨었습니다.

노파의 그 모습을 보고 어머니는 깜짝 놀라 아들을 흔들어 깨웠습니다. 칸마칸이 눈을 떠보니 머리맡에 어머니가 앉아 있었습니다. 어머니가 그때 그곳에 나타난 까닭은 칸마칸을 죽일 의논을 하는 것을 쿠지아 파칸 공주가 엿듣고 그 어머니에게 알려주었기 때문이었습니다.

"오, 외숙모님, 그 요물 바쿤이 칸마칸 님을 죽이기 전에 어서 가보세요!"

그래서 어머니는 부랴부랴 아들 방으로 달려가 노파가 잠들어 있는 칸마칸을 막 죽이려는 찰나 그곳에 들어갔던 것입니다. 칸마칸이 눈을 뜨고 어머니에게 말했습니다.

"오, 어머니, 마침 잘 오셨습니다. 유모 바쿤이 오늘 밤 여기 있어주었습니다."

그런 다음 노파를 향해 말했습니다.

"유모, 아까보다 더 재미있는 이야기를 들려주지 않겠어?"

"얼마든지 들려 드리지요. 여태까지 한 이야기와는 비교도 안 되는 이야기가 있습니다. 하지만 그 재미있는 이야기는 다음 기회에 하는 것이 좋을 것 같습니다."

그리고 일어나 나가려 하자 칸마칸이 말했습니다.

"그럼, 조심해 가요!"

노파는 무사히 달아날 수 있게 된 것이 꿈만 같았습니다. 간사하고 교활한 여자라 왕자의 어머니가 모든 일을 눈치챈 것을 알았기 때문입니다. 노파가 가버리자 어머니는 아들에게 말했습니다.

"애야, 오늘 밤은 정말 운이 좋았어. 전능하신 알라님 덕분으로 너는 그 나쁜 계집의 손에서 구원받았단다."

"그게 무슨 말씀입니까?"

칸마칸이 묻자 어머니는 이제까지 일이 진행되어 온 과정을 자세히 이야기해 주었습니다.

"오, 어머니, 천명이 있는 곳에는 자객이 없다고 하던데 정말이군요. 비록 저는 칼을 맞더라도 죽지는 않습니다. 하지만 이런 나쁜 자들이 있는 곳에서 한시바삐 떠나는 것이 안전하겠어요. 뒷일은 모두 알라의 뜻에 맡깁시다."

칸마칸은 날이 새자마자 도성을 빠져나가 단단 대신에게 달려갔습니다. 그 뒤 누자트 알 자만 왕비도 사산 왕과 다투고 도성에서 나와 그들에게 몸을 의지하여 맡기게 되었습니다. 그러자 사산 왕의 고관들도 모두 칸마칸이 있는 곳으로 찾아와 함께 있게 해달라고 부탁했습니다. 그들이 다 같이 회의를 열어 협의한 결과 오마르 왕과 그 왕자 샤르르칸의 복수를 이해 로움 나라로 원정하기로 결정되었습니다. 그들이 이러한 웅대한 뜻을 품고 출발하여 온갖 고난을 물리치고 나아갔지만(지금은 얘기가 길어지니 이 모험담은 말씀드리지 않겠습니다. 어차피 나중에 나오게 되니까요.) 불행히도 그리스 왕 루무잔의 군사에게 붙잡혀 포로가 되고 말았습니다.

이튿날 아침이 되자 루무잔 왕은 칸마칸과 단단 대신을 비롯한 모두를 불러 자기 옆에 앉히고 노예들에게 식탁을 준비하라고 명령했습니다.

그들은 왕 앞에 불려나갔을 때 이미 죽음을 각오하고 있었습니다.

"불려 가면 틀림없이 목숨은 없다."

그런데 뜻밖의 환대를 받은 그들은 먹고 마시는 동안 완전히 기운을 되찾았습니다. 그들이 마음의 평정을 되찾자 루무잔 왕이 이야기를 시작했습니다.

"실은 내가 꿈을 꾸었는데 수도승들에게 그 이야기를 했더니, 이 꿈을 풀이할 수 있는 사람은 단단 대신밖에 없다고 하더군."

그래서 대신이 물었습니다.

"오, 임금님, 어떤 꿈을 꾸셨습니까?"

"대신, 나는 캄캄한 우물 같은 곳에 들어가 많은 사람에게 괴로움을 당하는 꿈을 꾸었소. 그래서 우물에서 벗어나려고 열심히 뛰어올랐지만, 뛰어오른 순간 그대로 도로 떨어져서 도무지 달아날 수가 없는 거요. 문득 발밑을 보니 금으로 만든 띠가 있어 손을 뻗어 집어 들었는데 두 개였소. 그래서 그 두 개의 띠를 허리에 둘렀더니 이상하게도 두 개가 하나가 되어버리지 않겠소. 대신, 이것이 내가 꾼 꿈이오. 곤히 자면서 꾼 꿈이라오."

"오, 국왕님! 그 꿈의 의미는 이렇습니다. 임금님이 모르시는 형제나 조카, 또는 사촌 같은 가까운 핏줄이 있다는 징조입니다. 그뿐 아니라 그분이야말로 임금님의 일족 가운데서도 가장 고귀한 분이라는 해몽입니다."

이 설명을 듣고 왕은 칸마칸 왕자, 누자트 알 자만 왕비, 쿠지아 파칸 공주, 단단 대신을 비롯하여 포로들 얼굴을 죽 둘러보며 마음속으로 생각했습니다.

'지금 이놈들의 목을 베어버리면 지도부를 잃어 적군의 기세가 꺾여 버릴 것이다. 그렇게 되면 나도 곧장 나라로 돌아갈 수 있으니 왕위를 남에게 뺏길 염려가 없으렷다.'

이렇게 마음을 정한 루무잔 왕은 망나니를 불러 그 자리에서 칸마칸 왕자의 목을 베라고 명령했습니다. 그때 루무잔 왕의 유모가 갑자기 앞으로 달려 나왔습니다.

"오, 인자하신 임금님, 대체 어쩌시려는 것입니까?"

"내 손에 떨어진 이 포로들을 죽이려는 것이다. 그리고 그 목을 부하들에게 던져준 다음, 아군 군사가 한꺼번에 공격해 들어가 닥치는 대로 죽여서 살아남은 적들을 물리칠 테다. 그러면 단번에 승부가 나서 나라 안에 불상사가 일어나기 전에 빨리 돌아갈 수 있지."

이 말을 듣고 유모는 왕 앞에 나아가 프랑크어로 말했습니다.

"임금님께서는 어찌하여 자신의 조카와 누이동생, 그리고 그 딸을 죽이려 하십니까?"

그러자 왕은 불같이 노하여 말했습니다.

"이 저주받을 할멈 같으니! 너는 일찍이 우리 어머니는 남의 손에 살해되고 아버님은 독살당했다고 하지 않았느냐? 나에게 보석을 하나 내밀며 '이것이 아버님의 유물입니다'라고 말하지 않았어? 왜 바른말을 해 주지 않은 거지?"

"제가 드린 말씀은 하나도 거짓이 아닙니다. 하지만 저의 신세나 임금님의 인생도 참으로 기구하기 짝이 없군요. 임금님의 어머님은 아브리자라고 하며 무척 아름답고 용기도 뛰어난 분이었기 때문에 세상 사람들에게 널리 알려졌었습니다. 그리고 아버님은 바그다드와 호라산의 영주 오마르 빈 알 누만 왕이십니다. 제 얘기는 거짓이 없는 사실입니다. 오마르 왕은 아드님이신 샤르르칸 님을 여기 계신 단단 대신과 함께 원정을 내보내셨습니다. 이때 모두 힘을 다하여 싸웠는데, 바로 임금님의 형님뻘 되시는 샤르르칸 님은 군사들을 떠나 홀로 말을 타고 앞장서 나아가다가 어머님이신 아브리자 님의 궁전에 도착했습니다. 이때 어머님은 저희 시녀들과 씨름을 하기 위해 나와 계셨습니다. 샤르르칸 님은 우연히 그곳에서 어머님과 씨름하게 되었는데, 어머님은 아름다우신 데다 놀라운 실력을 지녔기에 샤르르칸 님은 그만 지고 말았습니다. 그 뒤 닷새 동안 어머님은 샤르르칸 님을 궁전에서 환대하셨는데, 그 사실이 어머님의 할머니 즉, 자트 알 다와히라는 노파의 입을 통해 할아버지의 귀에 들어가고 말았습니다. 그래서 어머님은 샤르르칸 님의 인도로 이슬람교에 귀의하시고 샤르르칸 님을 따라 바그다드로 몰래 달아나셨습니다. 그때 함께 모시고 간 저와 라이하나와 그 밖에 시녀 20명도 모두 어머님과 마찬가지로 이슬람교를 믿게 되었습니다.

저희가 오마르 왕 앞에 나아가자 대왕께서는 임금님의 어머님 아브리자 공주를 보시고 사랑하시게 되어 어느 날 밤 공주를 찾아가 하룻밤을 보내셨습니다. 공주님께서는 곧 잉태하셨고 그때 태어난 아기가 바로 임금님이십니다. 그때 어머님은 보석을 3개 가지고 계셨는데 그것을 오마르 왕께 드리자 왕은 하나를 누자트 알 자만 공주에게, 또 하나는 작은아들인 자우 알 마칸 님에게, 나머지 하나는 큰아들인 샤르르칸 님에게 주셨습니다. 어머님께서는 그것을 샤르르칸 님에게서 도로 받아 임금님을 위해 간직해 두었던 것입니다.

그런데 해산날이 가까워짐에 따라 어머님은 고향이 그리워지신다고 저에게 속마음을 털어놓으셨습니다. 그래서 저는 알 가즈반이라는 흑인 노예에게 가서 사정 이야기를 한 다음 돈을 주어 공주님을 모시고 함께 달아나기로 했습니다. 부탁한 대로 그 검둥이는 저희를 데리고 도성을 빠져나왔는데, 그때는 이미 어머님의 해산이 눈앞에 닥쳐 있었습니다. 그런데 고국의 국경 가까이에 이르자 어머님께서 갑자기 진통이 시작되었습니다.

이때 동행한 흑인 노예가 여색을 좋아하는 나쁜 놈이어서 어머님에게 해괴한 짓을 하려 했으므로 어머님은 큰소리를 내셨습니다. 그리고 너무나 놀라신 나머지 그 자리에서 임금님을 낳으셨지요. 마침 그때 고국 쪽에서 하늘까지 닿을 듯한 흙먼지가 일어나더니 눈앞을 가려버렸습니다. 흑인 노예는 그것을 보자 겁을 집어먹고 어머니 아브리자 공주를 칼로 내리치고는 말을 타고 달아나버렸습니다.

 흑인 노예가 사라지고 나서 흙먼지가 걷히자 그 속에서 임금님의 할아버지이신 그리스 국왕 하르두브 님이 나타나셨습니다. 할아버님은 어머님이 살해되어 들판에 쓰러져 계시는 것을 보시고 크게 슬퍼하시며, 살해된 까닭과 자기 나라에서 몰래 탈출했던 이유를 저에게 물으셨습니다. 그리하여 저는 모든 사실을 말씀드렸고, 그것이 그리스의 백성과 바그다드 사람들이 서로 원한을 품는 원인이 되었습니다.

 어머님의 시신을 옮겨 매장하고서 저는 임금님을 맡아 기르게 되어 아브리자 공주님이 갖고 계시던 보석을 임금님 목에 걸어 드렸습니다. 그러나 임금님께서 성인이 되신 뒤에도 일의 사정을 말씀드리지 못했습니다. 그런 말씀을 드렸다가 만일 복수를 위한 전쟁이라도 일으키게 되시면 큰일이라 여겼기 때문입니다. 그뿐만 아니라 할아버님께서 비밀에 부쳐두라고 말씀하셨으므로 그리스 국왕의 분부를 어길 수 없었던 것입니다. 그런 까닭에 모든 일을 임금님께 숨기고 오마르 왕이 아버님이라는 사실도 알려 드리지 못했던 것입니다.

 오, 하지만 현세를 다스리는 임금님이시여! 임금님이 즉위하실 때는 알고 계시는 사실은 말씀을 드렸고, 그 밖의 것은 지금까지 말씀드리지 못하고 있었습니다. 이제 저의 가슴속 비밀을 털어놓고 증거를 보여 드렸으며 제가 아는 사실을 남김없이 전해 드렸으니 뒷일은 뜻대로 하십시오."

 루무잔 왕의 유모인 노예계집 마르자나의 이야기에 열심히 귀를 기울이고 있던 누자트 알 자만은 이야기가 끝나자마자 이렇게 외쳤습니다.

 "오, 루무잔 왕의 아버님이 오마르 왕이시라면 우리는 형제간입니다. 당신의 어머니는 그리스 하르두브 왕의 딸 아브리자 공주였어요! 나는 이 마르자나라는 노예계집도 잘 알고 있어요."

 이 말을 듣고 루무잔 왕은 몹시 놀라 누자트 알 자만을 가까이 불렀습니다. 그리고 가만히 누이의 얼굴을 들여다보더니, 역시 핏줄이 당기는지 자신의 신상에 대해 이것저것 물어보았습니다. 알 자만 왕비의 말이 낱낱이 유모

마르자나가 한 말과 들어맞으므로 루무잔 왕은 자신이 이라크 태생이며 아버지가 오마르 왕이라는 것이 틀림없는 사실임을 알았습니다. 그가 곧 누님의 결박을 풀게 하니, 누자트 알 자만은 왕의 두 손에 입을 맞추며 눈물을 흘렸습니다. 왕도 따라 울며 형제자매 사이의 정에 사로잡혀 죽은 형님의 아들인 칸마칸 왕자를 만나고 싶은 마음이 간절해졌습니다. 그래서 벌떡 일어나 망나니 손에서 칼을 빼앗더니 (이것을 보고 포로들은 이제는 죽는구나 하고 각오했습니다) 포로들의 결박을 끊고 마르자나를 향해 말했습니다.

"이들에게 방금 네가 한 이야기를 들려주어라."

"오, 임금님, 이 노인은 단단 대신으로 제가 말씀드린 일을 모두 알고 계신 가장 확실한 증인이십니다."

그리고 마르자나는 그리스와 프랑크의 영주들 앞에서 자초지종을 다시 한번 이야기했습니다. 이야기가 끝나자 누자트 알 자만과 단단 대신도 포로들과 함께 입을 모아 그 이야기가 사실임을 확인해 주었습니다.

마르자나는 이야기를 마치고 문득 칸마칸 왕자를 보니, 그의 목에 아브리자 공주가 지니고 있던 세 개의 보석 중 세 번째 보석이 걸려 있었습니다. 유모는 온 궁전에 울리는 커다란 목소리로 루무잔 왕에게 말했습니다.

"오, 임금님, 또 새로운 증거가 나타나 제 말을 더욱 확실하게 증명해 주는군요. 포로의 목에 걸려 있는 보석은 제가 임금님의 목에 걸어 드린 것과 같은 것입니다. 저분은 임금님의 조카 칸마칸 왕자님이 틀림없습니다."

그리고 마르자나는 칸마칸을 향해 말했습니다.

"오, 왕자님, 그 보석을 좀 보여주십시오!"

칸마칸 왕자는 목의 보석을 풀어 마르자나에게 주었습니다. 마르자나는 다시 누자트 알 자만한테서 또 하나의 보석을 받아들어 두 개를 나란히 루무잔 왕에게 건네주었습니다. 이리하여 모든 사실이 훌륭하게 증명되어, 루무잔 왕은 칸마칸 왕자의 작은아버지이며 오마르 왕의 아들이라는 것이 마침내 명백해졌습니다. 루무잔 왕은 일어나 단단 대신에게 가더니 그 목을 끌어안았습니다. 다음에 칸마칸 왕자를 끌어안자 두 사람은 포옹한 채 기쁜 나머지 한동안 소리를 내어 울었습니다.

이 기쁜 소식은 순식간에 나라 안팎에 퍼져 사람들은 북과 징을 치고 피리를 부는 등 잔치를 벌였습니다. 이라크와 시리아의 군사는 그리스 군사가 함성을 지르며 떠들어대는 것을 듣고 모두 말에 올랐고, 지부르 한 왕도 말에 오르면서 말했습니다.
"프랑크와 그리스 군사들이 뭣 때문에 저렇게 소동을 부리며 기뻐하는지 모르겠구나."
이라크군은 전투 준비를 하고 싸움터로 말을 몰았습니다. 그러는 동안 루무잔 왕이 주위를 살펴보니 이라크군이 전투 대형을 펼치고 금방이라도 싸움을 걸어올 것 같았으므로 그 이유를 물었습니다. 그리하여 방금 말씀드린 것과 같은 사실을 알고 루무잔 왕은 조카딸로 밝혀진 쿠지아 파칸 공주에게 명하여 곧 시리아와 이라크군으로 돌아가 아까부터 있었던 경위를 자세히 이야기하며 루무잔 왕이 칸마칸 왕자의 작은아버지뻘이 된다는 사실을 전했습니다. 쿠지아 파칸 공주는 자신의 슬픔과 괴로움을 모두 잊고 지부르 한 왕에게 가서 인사하고 그때까지의 사연을 이야기한 다음, 루무잔 왕이 자기와 칸마칸 왕의 작은아버지라는 사실을 알게 된 경위를 이야기했습니다. 쿠지아 파칸 공주가 처음 들어섰을 때 지부르 한 왕은 적의 포로가 된 왕족들을 걱정하며 눈물을 글썽이고 있다가, 자초지종을 듣자 슬픔이 씻은 듯이 사라지며 크게 기뻐했습니다. 그런 다음 말을 타고 부하와 종자들을 거느리고 쿠지아 파칸 공주의 안내로 루무잔 왕의 진영으로 가니, 왕은 조카인 칸마칸 왕과 이야기를 나누는 참이었습니다.
루무잔 왕은 지부르 한 왕에 관해 단단 대신과 의논하여 시리아의 다마스쿠스 도성을 맡겨 다스리게 하고 자신들은 이라크로 돌아가기로 했습니다. 지부르 한이 다마스쿠스의 부왕(副王)이 되어 군대를 이끌고 영지를 향해 곧 출발하자 루무잔 왕은 중간까지 배웅해 주었습니다. 돌아온 루무잔 왕과 칸마칸은 각자 자기 진영의 군사들을 하나로 모아 시리아를 향해 출발하라고 명령했습니다. 그리고 두 사람은 서로 이런 얘기를 나누었습니다.
"자트 알 다와히라는 노파를 찾아 원한을 갚고 명예를 회복하기 전에는 우리의 마음은 영원히 평화를 얻지 못할 것이다."
이윽고 두 사람은 많은 영주와 중신들에게 에워싸여 출발했습니다. 칸마칸은 작은아버지 루무잔 왕을 만난 것을 진심으로 기뻐하며 두 사람을 만나게 해 준 유모 마르자나에게 신의 축복이 내리기를 빌었습니다. 그들은 여행을 계속하여 고향 바그다드 가까이에 이르렀습니다. 시종장인 사산은 이 소식을 듣고 마중 나가 루무잔 왕의 손에 입을 맞추었고, 왕은 그에게 예복을 한 벌 내렸습니다.

그런 다음 로움의 국왕은 조카인 칸마칸과 함께 나란히 왕좌에 앉았습니다. 칸마칸이 말했습니다.

"오, 작은아버님, 이 나라는 작은아버님에게 가장 잘 어울린다고 생각합니다."

"당치도 않은 소리, 알라께서는 내가 너의 왕국을 가로채는 것을 허락지 않으실 게다."

이 말을 듣고 단단 대신은 두 사람이 왕위를 나누어 하루걸러 정사를 보살피도록 권했으므로 두 사람 모두 그 생각에 만족했습니다.

—여기서, 샤라자드는 날이 차츰 밝아오는 것을 알고 이야기를 그쳤다.

144번째 밤

샤라자드는 이야기를 계속했다.

오, 인자하신 임금님, 하루걸러 정사를 보살피기로 한 두 왕은 잔치를 열고 깨끗한 짐승을 제물로 바치는 등, 성대한 축전을 벌였습니다. 얼마 동안은 이렇게 모든 일을 함께하며 살았습니다. 그동안 칸마칸 왕은 사촌누이 쿠지아 파칸 공주와 함께 밤을 지내고 있었습니다. 두 왕이 오랜 불행 끝에 행복한 날이 찾아온 현재를 즐겁게 생각하며 지내던 어느 날, 갑자기 흙먼지가 하늘 높이 일더니 사방이 아주 가까운 거리도 분간할 수 없을 정도로 어두워졌습니다. 이윽고 그 속에서 한 상인이 나타나 큰 소리로 구원을 청하며 울부짖으면서 달려나왔습니다.

"오, 현세를 다스리시는 임금님, 저희는 이교도의 나라에서 편안하게 지내왔는데 정의[364]와 평화의 집이라 불리는 임금님의 영토에서 약탈을 당하게 되다니 이게 어찌 된 일입니까?"

루무잔 왕이 가까이 다가가 사정을 묻자 상인은 대답했습니다.

"저는 상인으로 다른 상인들과 함께 고향을 떠나 20년 가까이 먼 나라를 여행하고 있었습니다. 지금은 돌아가신 다마스쿠스의 부왕 샤르르칸 님에게 노예계집을 바치고, 다마스쿠스 도성에서 받은 세금면제 특허장도 가지고 있었습니다. 그런데 이번에 인도에서 진귀한 물품을 낙타 100마리에 싣고 고향으로 돌아가던 도중, 이 정의와 평화의 수도 바그다드 가까이에 이르자 각지에서 모여든 사막의 아라비아인과 쿠르드인*365 도둑 떼를 만나 하인은 살해되고 돈은 약탈당하고 말았습니다."

상인이 눈물을 흘리며 호소하면서 나이를 먹어 이제 몸도 쇠약해졌다고 한탄하자, 루무잔 왕은 상인을 가엾게 여겨 동정했습니다. 그리고 칸마칸 왕과 뜻을 같이하여 함께 도둑을 소탕하러 나가기로 약속했습니다.

두 왕은 싸우는 능력이 아주 뛰어난 용사 100기를 거느리고 그 상인을 길잡이로 삼아 출동했습니다. 하루 낮 하룻밤 동안 쉬지 않고 나아가 새벽녘이 가까워졌을 때 냇물이 흐르고 나무 그늘이 많은 골짜기에 이르렀습니다. 보아하니 상인의 짐을 분배한 도둑들이 골짜기 여기저기서 보였고 몇 가지 짐도 아직 약간 남아 있었습니다. 백 명의 기사들은 도둑들을 에워싸고 루무잔 왕과 그 조카 칸마칸 왕이 지르는 고함을 신호로 순식간에 3백 명에 가까운 무리*366를 한 사람도 빠짐없이 사로잡았습니다. 그리고 상인의 짐은 될 수 있는 대로 찾아내어 잘 꾸려서 바그다드 도성으로 싣고 갔습니다.

바그다드에 이르자 두 왕은 나란히 옥좌에 앉아 도적들을 불러내 조사한 다음 누가 두목이냐고 묻자 그들이 대답했습니다.

"두목은 세 사람밖에 없습니다. 그 세 사람이 방방곡곡에서 저희를 그러모은 것입니다."

두 왕은 명령했습니다.

"그러면 그 세 명은 누구누구냐, 손가락으로 가리켜 보아라!"

그들이 두목을 가리키자 그 세 명만 남기고 다른 이들은 물건만 압수하여 상인에게 돌려준 다음 모두 놓아주었습니다. 그 뒤에 조사해 보니 돈과 상품이 4분의 1쯤 분실되었으므로 두 왕은 그만한 손해를 상인에게 보상해 주었습니다. 그러자 그 상인은 편지 두 통을 꺼내 두 왕에게 보였는데, 한 통은 샤르르칸의 필적이고 다른 한 통은 누자트 알 자만의 필적이었습니다. 이 상인이야말로 누자트 알 자만 왕비가 처녀였을 때 바다위인에게서 사들여 이복오빠 샤르르칸에게 바쳐 두 사람 사이에 그런 일이 일어나게 한*367 바로

오마르 빈 알 누만 왕과 두 아들 샤르르칸과 자우 알 마칸 이야기 1063

그 상인이었던 것입니다.
 칸마칸 왕이 조사해 보니 과연 한 통은 큰아버지 샤르르칸의 필적이 틀림없었습니다. 나머지 편지 한 통을 가지고 고모인 누자트 알 자만 왕비를 찾아가 보여주고 이 상인에 대해 이야기를 하자 왕비는 틀림없이 자기가 쓴 것이라고 말했습니다. 그리고 그 상인에 대한 일을 기억해내고 곧 상인에게 진귀한 선물을 보내고서 아우와 조카인 두 왕에게는 이 상인을 아주 잘 대접하게 했습니다. 두 왕은 상인에게 많은 돈을 내리고 흑인 노예와 심부름 하는 아이를 주어 상인을 모시게 했습니다. 또 누자트 알 자만 왕비는 10만 닢의 금화와 낙타 50마리에 실은 상품과 갖가지 훌륭한 선물을 주었습니다.
 그런 다음 누자트 알 자만 왕비는 상인을 가까이 불러 후히 대접하고서, 자기는 오마르 왕의 딸이고 루무잔 왕은 동생이며 칸마칸 왕은 조카라는 이야기를 해 주었습니다. 상인은 매우 기뻐하며 아우님과 무사히 재회한 데 대해 축복한 다음 그 손에 입을 맞추며 많은 선물에 대한 답례를 했습니다.
 "알라께 맹세코, 이 선행은 알라께서 반드시 보답해 주실 것입니다!"
 누자트 알 자만 왕비가 자기 방으로 물러간 뒤, 상인은 사흘 동안 왕궁에 머물다가 이윽고 하직하고 고국인 시리아로 돌아갔습니다. 그 뒤 두 왕이 세 명의 도적 두목을 불러내 조사하니 그 가운데 한 명이 나와 말했습니다.
 "저는 바다위인으로, 길가에 매복해 있다가 여자들과 아이를 납치해 상인에게 팔며 나날을 보내왔습니다. 오랫동안 그 일을 계속하고 있었는데, 요즘 와서 악마의 꾐에 넘어갔는지 여기 있는 이 두 악당과 한패가 되어 아라비아인과 그 밖의 무뢰한들을 모아 물건을 약탈하고 상인들을 노리는 도적이 되었던 것입니다."
 "그렇다면 너희가 사람들을 납치하다가 일어난 일 중 가장 신기한 이야기를 해 보아라."
 "오, 현세를 다스리시는 임금님이시여, 제가 겪은 일 중에서 가장 이상한 이야기는 지금으로부터 22년 전 어느 날 성도 예루살렘에서 한 처녀를 납치했을 때의 일입니다. 그 처녀는 더러운 누더기를 입고 담요를 둘러쓰고 있었는데 굉장히 아름답고 사랑스러운 얼굴이었습니다. 저는 꾀를 부려 그 처녀가 대상객주에서 나오는 것을 유괴해 낙타에 태우고서 사막 한가운데 있는 동료들에게 데려가 낙타에게 풀을 먹이고 골짜기에서 똥도 줍게 할 작정이었습니다. 그런데 그 처녀가 어찌나 우는지 저는 호되게 때려주고 나서 다마스쿠스로 데려갔는데, 어떤 상인이 그 처녀의 아름다움과 얌전한 몸가짐에 눈독을 들여 자기한테 꼭 팔라고 부탁하더군요. 그리고 자꾸 값을 올려 마침내 금화 10만 닢에 팔았지요. 하지만 팔고 난 뒤에 그 처녀가 여간 말재주 있는 여자가 아니라는 소문을 들었습니다. 그뿐만 아니라 상인은 그 처녀에게 훌륭한 옷을 입혀 다마스쿠스의 부왕께 바치고 부왕은 제가 받은 세 곱의 몸값을 치렀다고 들었습니다. 생각해 보면 그토록 아름다운 처녀의 몸값으로 제가 받은 값은 공짜나 마찬가지였거든요! 오, 임금님, 이것이 제가 여태까지 겪은 일 가운데 가장 신기한 이야기입니다."

이 말을 듣고 두 왕은 처녀의 기이한 신상 이야기에 감동했지만, 누자트 알 자만 왕비는 바다위인의 이야기를 듣고 눈앞이 캄캄해져서 갑자기 큰 소리를 지르며 아우 루무잔 왕을 향해 말했습니다.

"오, 성도 예루살렘에서 나를 납치한 것은 바로 이 바다위놈이 틀림없소!"

그리고 자기가 이 남자에게 납치되어 얼마나 배를 곯고 매를 맞으면서 치욕을 당하고 고생을 했는지를 이야기했습니다.

"그러니 내가 이자의 목숨을 빼앗는 것은 당연한 권리일 거요!"

그리고 칼을 뽑아 그 자리에서 찌르려 했습니다. 그러자 바다위인이 말했습니다.

"오, 임금님이시여, 제가 지금부터 말씀드릴 세상에서 가장 진귀한 모험담이 끝날 때까지는 제발 저를 살려주십시오."

그래서 조카인 칸마칸 왕이 말했습니다.

"고모님, 이자에게 부디 이야기를 하게 해 주십시오. 그 뒤에는 고모님 마음대로 처분하셔도 됩니다."

그래서 누자트 알 자만 왕비가 양보하자, 두 왕은 바다위인에게 말했습니다.

"이제 네 이야기를 들어보자꾸나."

"오, 현세를 다스리시는 임금님이시여, 제가 세상에 보기 드문 기이한 이야기를 말씀드리면 저를 용서해 주시겠습니까?"

"좋다!"

도둑 두목인 바다위인은 다음과 같은 이야기를 시작했습니다.

바다위인 하마드 이야기

바로 얼마 전 이야기입니다. 어느 날 밤 저는 좀처럼 잠이 오지 않아 밤새도록 뜬눈으로 날이 새기를 기다리고 있었습니다. 날이 새자마자 저는 얼른 칼을 메고 창은 겨드랑이에 끼고서 말을 타고 사냥을 나갔습니다. 도중에 동료들을 만났는데, 어디 가느냐고 물었습니다. 그래서 사냥 간다고 대답하자 그들이 말했습니다.

"그럼, 같이 가세."

그리하여 모두 함께 말을 달려가노라니 난데없이 타조 한 마리가 튀어나왔습니다. 그 뒤를 쫓아갔더니 타조는 나는 듯이 달아나며 우리를 사막 한복판에 내버려둔 채 종적을 감추고 말았습니다. 정신을 차리고 보니 주위에는 풀도 물도 없고, 다만 뱀이 움직일 때 나는 기분 나쁜 소리와 마신이 한탄하는 소리, 식인귀가 마치 짖듯이 부르짖는 소리 외에는 아무 소리도 들리지 않고, 타조는 하늘로 날아갔는지 땅속으로 꺼졌는지 흔적도 없었습니다. 그래서 말머리를 돌려 오던 길로 돌아가려고 했으나, 타는 듯이 무더운 그 시간에 사막을 지나 돌아가는 것은 힘든 일일 뿐만 아니라 굉장히 위험하다는 것을 깨달았습니다. 무더운 공기 탓인지 목은 쓰라리도록 바싹 타고 말도 그 자리에서 꼼짝하지 않았기 때문입니다.

이렇게 된 바에는 죽는 수밖에 없다고 각오하고 있는데 별안간 저 멀리 초원에 영양이 뛰노는 게 눈에 들어왔습니다. 자세히 바라보니 천막이 쳐 있고 옆에 말이 매어져 있으며, 땅 위에 세워둔 창끝이 햇빛에 반짝반짝 빛나고 있었습니다.*368 모두 이제 살았구나 하는 생각으로 천막이 있는 그 초원 쪽으로 말머리를 돌려 흐르는 시냇물을 찾아 나아갔습니다. 그때 저는 동료들의 맨 앞에 서 있었는데 이윽고 초원의 샘가에 이르자 말에서 내려 말에게 먼저 물을 먹였습니다. 그러는 동안 저는 묘한 호기심에 이끌려 천막 입구에서 그 안을 들여다보았습니다. 뺨이 아름답고 매끄러워 마치 초승달 같은 한 젊은이와 그 오른쪽에 버들가지처럼 날씬한 아름다운 처녀가 앉아 있었습니다. 그 처녀를 보자 저는 첫눈에 반하고 말았습니다. 그래서 젊은이에게 인사를 하고 이렇게 물어보았습니다.

"오, 형제여, 당신은 대체 누구 시오? 옆에 있는 이 아가씨는 당신과 어떻게 되오?"

젊은이는 한참 동안 고개를 숙이고 있더니 이윽고 얼굴을 들고 대답했습니다.

"그보다도 당신은 누구요? 그리고 함께 오신 분들이 누구신지 먼저 그것부터 들려주시오."

"나는 세상에서 이름 높은 기사로, 이름은 알 파자리의 아들 하마드라고 하오. 아라비아 사람들 사이에서 싸우는 능력이 아주 뛰어난 힘센 사람으로 알려졌지요. 오늘 아침 사냥하러 나왔는데 어찌나 목이 마르던지 견딜 수 없어 혹시 물이라도 한 그릇 얻을까 하고 찾아왔소."

이 말을 듣고 젊은이는 처녀에게 일렀습니다.

"이분에게 물과 먹을 것을 갖다 드려라."

처녀는 일어나 옷자락을 끌면서 황금으로 만든 복사뼈 장식방울을 짤랑짤랑 울리며 길게 늘어진 머리채에 발걸음을 조심하면서 나갔습니다. 이윽고 오른손에 찬물을 가득 담은 은그릇을 들고 왼손에는 우유와 대추야자 열매, 들소 고기를 수북이 담은 접시를 가지고 들어왔습니다. 그러나 저는 색욕에 사로잡혀 음식이 당기지 않았습니다. 그래서 처녀를 찬양하는 다음과 같은 시를 읊었습니다.

> 처녀의 하얀 손바닥을
> 까맣게 물들인 검은색*369은
> 새하얗게 눈 덮인 마른 풀 위에
> 내려앉은 까마귀와 흡사하여라.
> 해마저 두려워서 구름이 끼고
> 달도 겁먹고 파리하건만
> 처녀 얼굴에는 해와 달이
> 둘 다 갖추어져 아름답구나.

저는 음식을 먹고 나자 젊은이를 향해 말했습니다.

"오, 아라비아인 두령이여, 내 이름과 신분을 밝혔으니 이번에는 당신 차례요. 당신의 신분을 밝혀주시오."

오마르 빈 알 누만 왕과 두 아들 샤르르칸과 자우 알 마칸 이야기 1067

"이 처녀는 내 누이동생입니다."
"당신 누이동생을 내 아내로 주지 않겠소?"
그러자 젊은이는 고개를 숙이고 잠시 생각하더니 이윽고 눈을 들어 대답했습니다.
"당신은 스스로 세상에 이름 높은 기사, 유명한 용사라고 하셨는데 과연 그럴지도 모르고, 정말로 사막의 사자일지도 모릅니다. 하지만 성급하게 여럿이 나에게 달려들어 화난 나머지 나를 죽이고 누이동생을 힘으로 납치해 간다면, 당신의 명예는 더럽혀질 것이오. 만일 당신이 스스로 자랑한 것처럼 훌륭한 전사이고 아수라의 싸움터를 우습게 아는 기사라면 잠시 기다려주시오. 나도 갑옷을 입고 칼과 창을 들고 말을 탈 테니 광장에 나가 맞붙어 승부를 가립시다. 그래서 내가 이기면 당신들을 한 사람도 살려두지 않겠소. 만일 내가 죽거든 누이동생을 당신에게 드리리다."
"오, 좋고말고. 그렇게 합시다."
저는 말머리를 돌려 동료들에게 돌아갔는데, 처녀를 사모하는 마음이 점점 더 불타올라서 동료들에게 그 처녀의 아름다움과 사랑스러움, 그리고 젊은이도 마찬가지로 이목구비가 배어나게 아름답고 용기와 기골이 있음을 이야기해 주었습니다. 그 말에 덧붙여 주저하지 않고 기사 1천 명과 싸워 보겠다고 장담한 젊은이의 대담무쌍함에 대해서도 이야기했습니다. 그리고 천막 안에 수많은 금은보화가 있다는 이야기를 한 뒤 그들에게 말했습니다.
"어지간히 무용에 뛰어난 자가 아니면 이런 외진 곳에 살 리가 없지. 하지만 상관없어. 그 젊은이를 죽인 자가 누이동생을 차지하도록 하면 어떨까?"
"그게 좋겠어."
모두 찬성하고 무장을 갖추어 말을 타고 젊은이의 천막을 향해 말을 몰았습니다. 보니 젊은이는 벌써 갑옷을 입고 말에 올라타 있었습니다. 누이동생은 (그 베일이 눈물로 흠뻑 젖어 있었습니다만) 그의 곁으로 달려가 등자를 잡고 오빠를 걱정하며 울부짖었습니다.
"아, 어쩌면 오늘은 이토록 운수가 사나울까!"
그리고 다음과 같은 시를 읊었습니다.

　　이 슬픔과 이 괴로움을

호소하리라, 알라 신께.
아르슈의 이라*370는 놀라
적들 얼굴을 호되게 치리라.
그 적은 나쁜 계략으로
오빠의 명을 끊으려 하네,
원망들을 까닭도 없고
아무런 실수도 없건만.
하지만 오빠는 용맹한 기사
말 타는 이들에게 널리 알려지고
동서의 무인(武人)에게
용감무쌍하기로 이름났네.
조그마한 나의 명예도
그대 손안에서 지켜지리라.
그래요, 그대는 나의 오빠
그대 위해 이 누이는
진심으로 신께 빌리라.
나의 영혼도 나의 육신도
맡기지 마시라, 적의 손에.
이 누이를 불타는 음욕의
희생물로 만들지 마시라.
신께 맹세코 그대 없는 곳
나는 살지 않으리라,
그 어느 곳에
환희의 나라 있다 할지라도.
이토록 그대 사랑하는 이 몸은
스스로 목숨 끊어
어둠 속 무덤 한복판의
흙 위에 잠자리를 펴리라.

이 노래를 듣고 젊은이는 슬피 울면서 누이동생에게 말머리를 돌려 다음과 같은 노래를 불렀습니다.

    자, 보아라, 오늘
    나의 용감한 기사의 모습을
    나는 의젓하고 당당하게 적을 맞아
    종횡무진 무찔러 주련다.
    제아무리 지혜롭고 용맹한
    사자처럼 강한 무사가
    나에게 도전할지라도
    무엇을 망설이랴, 나는
    사라바의 일격[*371]으로
    적의 창 뿌리까지
    붉은 피로 물들이련다.
    비록 이 몸이 패하여 죽어
    그대 지키지 못하고
    까마귀밥이 될지언정
    나에게 무슨 후회 있으리.
    사랑하는 누이여, 그대 위해
    목숨 있는 한 싸우련다.
    우리는 여기서 죽더라도
    군사상의 공적은 역사에 전해지리라.

"오, 누이야, 내 말을 잘 들어두어라."
노래를 마친 젊은이가 말하자 누이동생은 대답했습니다.
"명심하겠어요."
"비록 내가 쓰러지더라도 너는 누구에게도 몸을 맡겨서는 안 된다."
이 말을 듣고 누이는 자기 얼굴을 치면서 외쳤습니다.
"오빠, 오빠의 주검을 앞에 두고 적에게 몸을 맡기다니, 그런 짓을 알라께서 어찌 용서하시겠어요?"
젊은이가 손을 뻗어 누이동생의 베일을 벗기자 흡사 흰 구름 속에서 나타난 태양처럼 빛나는 얼굴이 나타났습니다. 젊은이는 누이동생 이마에 입을 맞추어 작별한 다음 저희 쪽을 향해 큰 소리로 외쳤습니다.

"오, 거기 있는 기사들이여, 당신네는 손님으로 나를 찾아왔는가, 아니면 나에게 싸움을 걸려고 왔는가? 손님으로 왔다면 예를 다해 대접하리라. 하지만 빛나는 달도 부끄럽지 않은 내 누이동생을 원한다면 이 들판의 싸움터로 나가 당당하게 한 사람씩 승부를 겨루자."

그러자 한 용감한 기사가 앞으로 나섰습니다. 젊은이는 그를 향하여 말했습니다.

"자, 그대 이름과 그대 아버지의 이름을 밝혀라. 나는 내 이름이나 우리 아버지의 이름과 인연 있는 자의 생명은 빼앗지 않기로 맹세했다. 만약 그대가 그렇다면 내 누이동생을 주겠다."

"나는 비라르*372라는 사람이다."

그 기사가 말하자 젊은이는 그 대답으로 다음과 같은 시를 읊었습니다.

비라르라니, 그것은 거짓말,
간사한 마음을 품고 칼을 들이대면서.
그대 만일 용맹하다면
내 말에 귀 기울여라.
나야말로 싸움터에 이름난 용사
보라, 초승달 모양의
이 날카로운 칼끝을!
다시 보라, 단단한 산이라도
꿰뚫을 그 일격을!

그런 다음 두 사람은 서로 맹렬하게 맞붙었는데, 이윽고 젊은이는 창끝이 상대의 가슴에서 등으로 빠져나갈 정도로 깊숙이 찔렀습니다. 그러자 또 한 기사가 앞으로 나왔으므로 젊은이는 외쳤습니다.

천한 근성의 개 같은 무사야,
무사라 하여 승리를

그리 쉽게 얻을 수 있을 줄 알았느냐.
눈부신 승리
얻을 수 있는 자는
깨끗한 마음씨 지닌 자뿐.

젊은이는 얼마 안 되어 이 사나이도 피투성이로 만들고는 외쳤습니다.
"다음은 누구 차례냐?"
세 번째 기사가 달려나가며 이렇게 노래했습니다.

내가 그대의 상대 되어주마.
뜨거운 피로 가슴 불태우고
내 벗들의 이름을 부르면서,
그대는 오늘 아라비아의 두목을 쓰러뜨렸지만
아직 나의 도전은 남아 있다.

이 노래에 대답하여 젊은이도 다음과 같이 노래했습니다.

오, 이 악마 같은 거짓말쟁이야!
거짓말을 지껄이며 싸움을 거느냐.
나의 창 찌르는 곳
오늘이야말로
그대 목숨 떨어진다.

이윽고 다시 젊은이의 창끝이 상대의 가슴을 찔러 등을 꿰뚫자, 젊은이는 부르짖었습니다.
"자, 누구 또다시 덤벼들 자 없느냐!"
그 목소리에 응하여 나선 네 번째 기사에게 이름을 묻자 그는 대답했습니다.
"내 이름은 히라르, 즉 초승달이다."
그러자 젊은이는 이런 노래를 불렀습니다.

심연의 나락에 빠뜨리려다
이루지 못하여
남몰래 배신하고
원한 품고 다가오는 자여,
내 입술에서 새어나오는
노랫소리로
너 자신도 모르는 사이에
네 영혼을 빼앗아주마.

그러고 나서 두 사람은 어울려 칼을 맞댔지만, 젊은이의 한 번의 공격에 그 기사도 거꾸러지고 말았습니다. 이렇게 잇달아 달려드는 자를 차례차례 쓰러뜨리는 젊은이의 모습을 보고 저는 마음속으로 중얼거렸습니다.

"내가 나가 싸워봐야 도저히 저놈을 못 당하겠구나. 그렇다고 이대로 달아나면 아라비아인들의 웃음거리가 되겠지."

그 순간 젊은이는 저에게 그 이상 생각할 틈도 주지 않고 다짜고짜 달려와 저를 안장에서 끌어내 땅바닥에 내동댕이쳤습니다. 저는 일어날 힘도 없어 그대로 쓰러져 있다가, 젊은이가 칼을 들어 목을 치려는 것을 알고 그 옷자락에 젖 먹던 힘을 다해 매달렸습니다. 그러자 젊은이는 마치 참새라도 집어 올리듯이 제 몸을 일으켜 세웠습니다. 그것을 본 누이동생은 오빠의 무예와 용맹을 보고 기쁜 듯이 달려와 오빠 이마에 입을 맞추었습니다. 젊은이는 저를 누이동생에게 내주며 말했습니다.

"이 사내를 데리고 가서 잘 대접해 주어라, 항복했으니."

처녀는 제 갑옷의 깃*373을 움켜쥐고 마치 개처럼 끌고 갔습니다. 그런 다음 처녀는 오빠의 갑옷을 벗겨주고 다른 옷으로 갈아입힌 다음 상아 의자를 내놓았습니다. 오빠가 그 의자에 앉자 처녀는 말했습니다.

"알라께서 오빠의 명예를 더욱 빛내주시고 운명의 희롱에서 지켜주시기를!"

젊은이는 그 말에 답하여 다음과 같은 시를 읊었습니다.

나의 무예와 용맹을

태양이 눈부시게 비추고
　　거침없이 마구 오가며 활약하는 모습
　　바라보며 누이는 말하네.
　　"신이여, 부디 오빠를 지켜주소서,
　　골짜기의 사자도 못 당하는
　　세상의 거친 무사들로부터."
　　나 또한 대답하였네.
　　"가서 물어보라 나의 전우에게,
　　군신(軍神)도 무서워 몸을 떠는
　　나의 드높은 용맹을.
　　나는 무운(武運)을 지니고 사기도 드높아
　　나의 명예, 내 이름이 높아졌네."
　　아, 하마드여, 그대야말로
　　잠자는 사자를 떨쳐 일어나게 하니
　　그 사자 순식간에
　　그대를 갈가리 찢으리라, 독사처럼!

　저는 그 노래를 듣고, 이제 저의 신세는 포로가 되었으며 체면이 엉망이 된 것을 생각하고 어찌해야 할지 몰라 당황하고 있었습니다. 문득 얼굴을 들어 곁에 있는 처녀의 아름다운 모습을 보니 황홀해져서 저도 모르게 중얼거렸습니다.
　"이런 꼴이 된 것도 원인을 따지고 보면 모두 이 처녀 때문이다."
　처녀의 사랑스러움에 넋을 잃는 동안 눈물이 흘러내려 저는 다음과 같이 노래했습니다.

　　그리운 벗이여! 소리 높여
　　나를 탓하지 말라.
　　그 나무람은 오로지 나를 싫증 나게 할 뿐
　　아무런 훈계도 되지 않으니.
　　단 한 번 보았을 뿐으로

꽃다운 처녀에게 넋을 빼앗겼도다.
용맹하고 날쌘 그대 오빠는
내 사랑의 길을 방해했으니
가엾어라, 어제저녁이여.

이윽고 처녀가 오빠 앞에 식사를 차려오자 젊은이는 저에게도 함께 먹자고 권했습니다. 저는 이 말을 듣고 목숨만은 살았다는 생각에 무척 기뻤습니다. 식사를 마치자 젊은이는 누이동생이 가져온 포도주를 마시고 취기가 올라 얼굴이 벌게졌습니다. 그는 저를 돌아보며 말했습니다.

"이봐, 하마드, 너는 내가 누구인 줄 알고 있느냐?"

"당신의 생명에 걸고, 자랑은 아니지만 저는 정말 아무것도 모르는 인간입니다!"

"하마드, 나는 아바드 빈 타민 빈 사라바라는 사람이다. 알라께서 너에게 자유를 주시고 좋은 신부를 만나도록 이끄시어 네 마음의 시름을 씻어주실 것이다."

그리고 저의 장수를 빌며 건배한 다음 저에게도 한 잔 주었습니다. 제가 그것을 들이키자 곧 두 잔, 석 잔, 넉 잔, 계속 따라주기에 저는 그것을 모두 받아 마셨습니다. 젊은이는 저를 상대로 흥겹게 술자리를 계속하면서, 저에게서 절대 배신하지 않겠다는 맹세를 받아냈습니다. 저는 절대로 배반하지 않고 끝까지 충실한 벗이 되어 힘을 빌려 드리겠다고 1천5백 번이나 맹세했습니다. 젊은이는 누이동생에게 명하여 비단옷 10벌을 가져오게 해서 저에게 입혀주었습니다. 지금 입은 것도 실은 그 옷 가운데 한 벌입니다. 게다가 젊은이는 식량과 사료를 실은 매우 훌륭한 암놈 단봉낙타*374와 밤색 말을 한 필씩 끌어내 저에게 주었습니다. 저는 사흘 동안 먹고 마시며 그들과 함께 지냈습니다. 젊은이에게서 받은 그 물건들은 지금도 가지고 있습니다. 사흘이 지나자 젊은이는 저에게 말했습니다.

"오, 하마드, 내 형제여, 나는 잠시 잠을 자야겠다. 내 목숨을 그대에게 맡긴다. 그러나 말 탄 사내들이 이쪽으로 오더라도 그리 놀랄 것은 없다. 그것은 사라바족 일당으로 나에게 싸움을 걸려는 놈들이다."

그리고 베개 밑에 칼을 둔 채 드러누웠습니다. 젊은이가 곤히 잠들자 악마가 젊은이를 죽이라고 유혹했으므로 저는 급히 일어나 베개 밑에서 칼을 뽑아 단번에 젊은이의 목을 치고 말았습니다. 그것을 안 누이동생은 천막 안으로 달려 들어와 오빠의 시신에 매달려 옷을 찢으면서 이렇게 노래했습니다.

아, 그대는 친척과 친지들에게
우리의 곤경과 슬픈 소식을 알렸네.
전지전능한 지상의 신이 정하신
숙명에서 빠져나갈 길 없어라.
아, 오빠여, 그대는 지금
대지의 돌 위에 쓰러져
숨을 멈추었네.
그 얼굴에 내리비치는
밝은 달빛이여.
진정 오늘은 저주받은 날
그대 돌아가신 슬픈 날이여!
싸움에서 수없이 이긴 그대의 창이
떨리는 걸 보니 슬프구나.
그대 가신 이날부터
말 달리는 무사는 자랑하지 않고
자식 낳는 어머니도 사내를 낳지 않으리라.
아, 오늘 아침 하마드는
배반하여 맹세를 어기고
진실에 등 돌려 그대를 속이고
어리석게도 그대를 죽였네.
용서할 수 없는 거짓맹세여!

노래를 마치자, 처녀는 저를 향해 말했습니다.
"오, 저주받은 선조의 후예여! 어째서 오빠를 배반하고 죽였느냐? 오빠는 식량까지 갖추어 너를 고향으로 돌려보내 주려고 했는데. 게다가 다음 달 초순에 나와 결혼시켜 주려고 하셨는데!"

그리고 천막에서 뛰어나가더니 감춰두었던 단도를 뽑아 자루를 땅에 박은 뒤 그 칼끝을 가슴에 대고 그 위에 엎어졌습니다. 칼이 등을 꿰뚫어 처녀는 그 자리에서 숨지고 말았습니다. 저는 처녀를 위해 슬퍼하며 후회해도 소용없는 줄 알면서도 후회했습니다. 이윽고 서둘러 일어나 천막 속을 여기저기 뒤져 가볍고 값나가는 물건들을 닥치는 대로 그러모아 허둥지둥 그곳을 빠져나왔습니다. 당황하고 있었으므로 그때는 죽은 동료들도 생각하지 못했고 오빠와 처녀의 유해를 묻고 갈 여유도 없었습니다. 이 이야기는 성도 예루살렘에서 납치한 노예계집 이야기보다 훨씬 더 재미있지 않습니까?

그러나 이야기를 듣고 있던 누자트 알 자만은 눈앞의 밝은 세상이 별안간 캄캄한 밤으로 변하는 것 같았습니다.

―샤라자드는 새벽빛이 비쳐드는 것을 깨닫고 이야기를 그쳤다.

145번째 밤

샤라자드는 이야기를 계속했다.

오, 인자하신 임금님, 누자트 알 자만은 바다위인의 이야기를 듣고 눈앞의 밝은 세상이 별안간 캄캄한 밤으로 변하는 것 같았습니다. 그녀는 벌떡 일어나 칼을 뽑아들고 바다위인 하마드의 어깨뼈 사이로 찔러 넣어 목까지 꿰뚫고 말았습니다.[*375]

그 자리에 있던 사람들이 깜짝 놀라 물었습니다.

"어째서 그리 서둘러 죽이셨습니까?"

"내가 살아 있는 동안 내 손으로 원수를 갚게 해 주신 알라께 영광을!"

그녀는 그렇게 말하고 나서 노예들에게 시체의 발을 잡고 끌고 가 개들에게 던져주라고 명령했습니다. 다음에 남은 두 포로를 조사하기 시작했는데 하나는 흑인 노예였습니다.

"이놈, 네 이름은 무엇이냐? 모든 것을 숨김없이 말하렷다."

"저는 알 가즈반이라고 합니다."

흑인 노예는 자기와 그리스 하르두브의 딸 아브리자 공주 사이에 있었던 일과 마침내 공주를 죽이고 달아난 자초지종을 이야기했습니다. 이 검둥이의 이야기가 끝나기 무섭게 루무잔 왕은 언월도를 뽑아 그 목을 쳐버렸습니다.

"나에게 생명을 주신 알라께 영광을! 나는 내 손으로 어머니 원수를 갚았도다."

그는 유모 마르자나한테서 들은 알 가즈반이라는 흑인 노예에 관한 이야기를 모두에게 해 주었습니다.

다음 차례는 세 번째 포로였는데, 이 남자는 그 옛날 성도 예루살렘 사람들이 자우 알 마칸을 시리아의 다마스쿠스 병원으로 보내기 위해 고용한 사람으로, 자우 알 마칸을 잿더미 위에 그냥 버리고 달아난 그 낙타 몰이꾼이었습니다.*376 그것을 모르는 사람들은 이야기를 하라고 재촉했습니다.

"아무것도 숨기지 말고 다 말해라."

낙타 몰이꾼은 자기와 자우 알 마칸의 이야기, 즉 왕이 병들었을 때 성도 예루살렘에서 다마스쿠스까지 싣고 가 그곳 병원에 입원시키라는 부탁을 받은 일과 예루살렘 사람들이 그 나그네를 다마스쿠스로 보내는 삯까지 지급해 주었는데도 목욕탕 옆의 잿더미 위에 버리고 그대로 달아났던 일을 남김없이 이야기했습니다. 그 이야기가 끝나자마자 칸마칸 왕은 칼을 뽑아 그의 목을 친 뒤 말했습니다.

"나에게 생명을 주신 알라께 영광을! 덕택에 나는 아버님 자우 알 마칸 왕에게서 들은 이 나쁜 놈을 베고 원수를 갚을 수 있었다."

그런 다음 두 왕은 서로 이야기를 나눴습니다.

"이제는 자트 알 다와히라는 별명을 가진 노파 샤와히에게 원수를 갚으면 됩니다. 그 노파야말로 모든 분쟁의 원인을 만들어 우리 사이에 싸움의 씨를 뿌린 장본인입니다. 누구든 그 노파를 잡아 이리로 데리고 올 사람이 없는가? 그렇게 하면 원수를 갚고 설욕을 할 수 있을 텐데."

"무슨 수단을 써서라도 그 노파를 이리로 끌고 와야 해."

루무잔 왕은 곧 자기 할머니이기도 한 자트 알 다와히 앞으로 편지를 써서 자기가 다마스쿠스, 모술, 이라크의 여러 나라를 정복하고 이슬람군을 무찔러 그 왕들을 포로로 잡았다고 알렸습니다. 그리고 끝으로 다음과 같이 덧붙였습니다.

"급히 아프리둔 왕의 따님 소피아 님과 나사렛인 우두머리를 데리고 이리로 와주십시오. 이 나라는 완전히 저희의 지배 아래 있으니 군사를 거느리고 오실 필요는 없습니다."

노파는 이 편지를 읽고 틀림없는 루무잔 왕의 필적임을 알아보고 크게 기뻐하며 곧 소피아 공주와 종자를 데리고 출발했습니다. 잠시도 쉬지 않고 바그다드 근처에 이르자 거기서 한 걸음 먼저 사자를 보내 왕에게 도착했다는 인사를 전하게 했습니다. 이 소식을 듣고 루무잔 왕은 칸마칸 왕을 향해 말했습니다.

"우리 두 사람 모두 프랑크인의 옷을 입고 노파를 만나기로 하자. 그렇게 하지 않으면 간사한 꾀에 뛰어난 노파이니 눈치챌지도 모르거든."

"그게 좋겠습니다."

프랑크족 차림을 한 두 사람을 보고 쿠지아 파칸 공주는 깜짝 놀라 말했습니다.

"신의 진실에 맹세코, 두 분을 모른다면 프랑크인인 줄 알겠어요!"

두 사람은 기병 1천 명을 거느리고 루무잔 왕이 직접 맨 앞에 서서 노파를 마중하러 나갔습니다. 노파의 모습을 보자 왕은 말에서 내려 가까이 다가갔습니다. 그것을 본 노파도 곧 말에서 내려 왕을 끌어안았는데, 왕이 두 팔로 갈비뼈가 부러지도록 세게 죄었으므로 노파는 깜짝 놀라 외쳤습니다.

"아니, 왜 이러는 게냐?"

노파가 채 말을 끝내기도 전에 그곳으로 온 칸마칸 왕과 단단 대신은 부하들에게 명령하여 노파가 데리고 온 여자와 노예들을 모두 묶어버렸습니다.

두 왕은 포로를 이끌고 바그다드로 돌아갔습니다. 루무잔 왕이 도성을 장식하도록 명령하자 사람들은 사흘 동안 도성을 아름답게 꾸몄습니다. 사흘 뒤 자트 알 다와히 노파를 끌어내어 그 머리에 종려나무 잎으로 엮은 끝이 뾰족한 붉은 두건을 씌우고 거기에 당나귀 똥을 발랐습니다. 전령이 앞에 서서 이렇게 외치며 걸어갔습니다.

"무엄하게도 국왕과 왕자에게 불충한 짓을 하려는 자에게 보이는 본보기다!"

그리고 노파를 바그다드 성문에 매달았습니다. 그것을 본 노파의 부하들은 모두 개종하여 이슬람교 신자가 되었습니다. 칸마칸 왕과 그의 작은아버지 루무잔 왕, 고모인 누자트 알 자만 왕비와 단단 대신은 자신들이 지금까지 겪은 이상하고 묘한 운명에 놀라워하며, 그 이야기를 서기에게 기록하게 하여 대대로 후세 사람들이 읽을 수 있도록 했습니다. 그 뒤 그들은 모든 기쁨을 파괴하고 이 세상의 모든 교류를 끊으시는 신의 손에 의해 세상을 떠날 때까지 즐겁게 남은 생애를 보냈습니다. 오마르 빈 알 누만 왕과 그의 왕자 샤르르칸과 자우 알 마칸, 그리고 왕손인 칸마칸과 공주 누자트 알 자만, 또 손녀 쿠지아 파칸 공주의 운명에 관해 오늘날까지 전해 내려오는 이야기는 이것으로 끝입니다.

이 긴 이야기가 끝나자 샤리아르 왕은 샤라자드에게 이렇게 말했다.

"이번에는 새에 관한 이야기를 들려주지 않겠느냐?"

이 말을 듣고 두냐자드가 언니에게 말했다.

"지금까지 임금님께서 이토록 즐거워하시는 모습은 뵌 적이 없어요. 심기가 좋으신 모습을 뵈니 언니에게도 좋은 일이 있을지 모르겠군요."

잠시 뒤 임금님은 몹시 졸음이 와서 그대로 잠이 들고 말았다.

—여기서 샤라자드는 날이 밝아오는 것을 알고 이야기를 그쳤다.

146번째 밤

샤라자드는 다음과 같은 이야기를 시작했다.

〈주〉

*1 이 '오마르 왕과 두 왕자' 기사도 이야기는 《아라비안나이트》 이야기 가운데 가장 길어서(45번째 밤에서 145번째 밤까지) 전체 이야기의 약 8분의 1을 차지하고 있지만, 브레슬라우판에는 실려 있지 않다. 레인은 '호감이 가지 않는 이야기'로 여겨 두 가지 삽화인 '아지즈와 아지자'와 '타지 알 무르크'만으로 줄여버렸다. 이와 반대로 아슬란 리쉬(Asselan Riche) 씨는 이 이야기를 《샤르칸, 아라비아 이야기 등등 *Scharkan, Conte Arabe*; etc.》이라는 제목으로 전1권(全一卷)에 수록하고 있다(1829년 파리 발행). 이 이야기는 참으로 길어서 때로는 지루한 느낌도 있다. 그러나 알 이슬람의 기사도와 유럽풍의 무사 수행을 대조해 보여주고 있어 매우 흥미롭다. 모든 인물은 가공이지만,

시기는 분명히 십자군 시대 초기에 해당된다.

　팔레스타인의 제2수도 케사레아(Caesarea)는 오마르 교주의 통치 중에 빼앗겼다가 (이슬람력 19년) 나중에 되찾게 된다. 그리고 이슬람력 353~963년에는 포카스 (Phocas) 황제, 아라비아어의 나크후르 즉 니케포루스(Nicephorus)에 의해 아랍인에 대한 기지로서 요새화되었다. 〔이른바 포카스 왕은 니케포루스 또는 니세포르 2세로, 912년에 태어나 재위기간은 963~969년.〕 이슬람력 498(서기 1104년)에는 십자군 함대가 이집트와 시리아 사이에서 상선을 약탈하여 큰 피해를 입혔는데, 이 이야기 속에도 그것이 암시되어 있다. 그러나 이 이야기의 작자는 어느 케사레아에 대한 이야기를 하는 것인지 전혀 확실하지 않다. 〔케사레아라고 하면 소아시아의 도시 이름이기도 하고 또 옛날 팔레스타인의 항구 이름이기도 하므로, 둘 다 오늘날에는 흔히 카이세리 (Kayseri)라고 불린다.〕 또 리쉬 씨는 케사레(Césarée)는 '아프리카의 모리타니 (Mauritanie) 나라의 마을'이라고 말하고 있다.

*2 옴미아드(또는 우마이야) 왕조 교주 제5대. 이슬람력 65~86(서기 685~704년).

*3 〔원문을 직역하면 '그 불에 쬐어 아무도 몸을 따뜻이 할 수 없었다'로 되어 있는데, 이에 대해〕 이것은 그의 노여움을 사면 아무도 무사할 수 없었다는 말.

*4 중국.

*5 야크사르테스(Jaxartes) 강과 바크트루스(Bactrus) 강(지극히 막연하게 사용된 명칭). 〔전자는 톈산(天山) 산맥에서 발원하는 시르다리아(Syr Daria)라는 중앙아시아에 있는 큰 강의 옛 이름이고, 후자는 아프간 북쪽의 고대 왕국 바크트리아(Bactria)를 흐르는 강을 막연히 가리킨 것.〕

*6 '적에 대한 독'이라는 뜻. 이야기 《알 달라마 Al-Dalhamah》의 주인공은 쓴 호리병박, 독사, 재앙 등으로 그려져 있다. 〔이 이야기는 《아라비안나이트》나 《안타르 이야기》와 마찬가지로 오래된 이야기로, 오늘날에는 강석사(講釋師)가 암송한다.〕

*7 이것은 이슬람법으로, 남자는 육체적으로 여자를 만족하게 해 주지 못하면 한 여자와도 결혼이 허락되지 않는다. 〔《코란》 제4장은 여자에 관한 장(章)으로 제3절에 '만일 너희가 고아를 공정하게 대할 수 없다고 여기면 누군가 마음에 드는 여자를 맞이하는 것이 좋다. 둘이든, 셋이든, 넷이든. 게다가 만일 공평하게 대할 수 없다면 한 사람만 두든가 또는 너희가 오른손에 소유하는 것(여자노예)만으로 참으라'는 구절이 있다.〕

　남자는 반드시 평등하게 경의를 나눠줘야만 하며, 아내들은 각자 스스로 포기하지 않는 한 밤의 권리를 가질 수가 있다. 예언자 마호메트의 배우자인 경우에도 그대로 지켰다. 다만 그의 전기에 의하면, 양보한 경우가 여러 번 있었던 것으로 기록되어 있다.

*8 세계 최대의 사원으로 이름 높은 스탐불(=이스탄불=콘스탄티노플)의 유명한 이슬람교 사원은 그리스인에게는 Agia(아야라고 발음한다), Sophia, 이슬람교도에게는 Aya

Sofiyeh(성스러운 지혜)라는 이름으로 알려져 있다. 〔이 사원은 대개 산타 소피아 사원이라고 불리며, 서기 360년에 창건된 대표적인 비잔틴 건축물임.〕

이슬람교도에게 그리스도교도 소녀를 선물하는 것은 이 시대에는 말도 안 되는 일이었을 것이다. 그러나 실제로 무카우키스, 즉 이집트의 콥트인 총독에 의해(헤라클리우스(Heraclius) 시대에) 이러한 증여가 이루어졌다. 무카우키스가 그리스인을 증오한 것은 두말할 나위도 없다. 〔이 헤라클리우스는 헤라클리우스 1세로 동로마의 제왕. 재위 617~641년.〕 이 명사는 마호메트에게 두 처녀를 바쳤으며 하나는 시린, 다른 하나는 마리야(마리아)라고 했다. 마호메트는 이 두 사람을 특별한 용도로 맡아두었으며, 그 주거는 오늘날에도 알 베디나에서 볼 수 있다.

*9 '성교를 하기' 전에 드리는 이 기도는 그리스도교적이며 또한 이슬람교적이기도 하다.
*10 〔'해산자리'라고 옮긴 Birth-stool.〕 레인(《이집트의 생활》)에 의해 이집트기 제1장 제16절이 인용되어 있다. '헤브르 여자를 위해 해산을 도울 때 산대(產台) 위를 보고······.'

트렌즈는 그 주(注)에 드레이턴(Drayton)의 '기형(奇形, Moon, calf)을 예로 들고 있다. 〔마이클 드레이턴은 영국 시인으로 1622년에 3만 행의 《폴리오르비옹》을 썼다. 셰익스피어의 친구. 1563~1631년.〕

'해산을 위한 자리를 마련하라—아니, 그대로,
불룩한 임산부의 배
다른 궁리를 하지 않으면,
임산부는 분만할 수 없다.'

그것은 푸어 로빈(Poor Robin)의 《달력 Almanac》(1676)의 이른바 '신음하는 의자'로 보카치오의 작품에서도 언급되어 있다. 〔푸어 로빈은 영국 서정시인 로버트 헤릭(Robert Herrick)이 위에 든 역서(曆書)를 편찬했을 때 사용한 가명.〕

쿠르시 알위라다(해산 허리걸이)는 기묘한 형태를 하고 있어 그 위에 임산부가 허리를 걸친다. 분만할 때의 온갖 자세에 대해 논문을 쓴다면 매우 흥미로운 것이 되리라. 이를테면 야만적인 아일랜드인은 이른바 '하등동물'처럼 오늘날에도 엎드려 네 다리로 기는 자세가 된다. 와다이〔아프리카 동부 수단의 한 왕국〕의 이슬람교도들은 오두막 천장에서 줄을 하나 늘어뜨려 진통할 때 여자가 그 줄을 붙잡고 허벅지를 벌리며 서면 산파가 아기를 받는다.

*11 '토지(또는 나라)의 빛'과 '시대(또는 시간)의 기쁨'.
*12 고대 페르시아의 영웅의 이름 아프리둔 또는 후라이둔을 그리스인에게 붙이는 것은 매우 우스꽝스럽다. 그러나 그러한 시대착오는 《아라비안나이트》의 특징으로, 분명히 고의적으로 사용한 것이다. 보카치오 〈제9일〉 제9화 참조. 〔《데카메론》에서는 12세기 이집트 및 시리아의 왕 살라딘을 기원전 바빌론의 왕으로 있었던 아나크로니즘을 가

리키는 듯하다.〕
* 13 아라비아어의 '유난'으로, 글자 그대로는 이오니아를 말하지만, 반도와 대륙의 그리스 전체, 특히 고대 그리스를 가리킨다.
* 14 1870년에 나는 시돈에서 몇백 닢의 필리피(philippi) 금화와 알렉산더 금화가 출토된 것을 보았다. 〔필리피는 고대 마케도니아의 한 도시이고, 또 필리피 왕은 알렉산더 대왕의 아버지.〕
* 15 리쉬 씨의 번역에는 '그 저주의 글귀들은 유명한 칼파지리의 '끌'로 새겨졌다(Ces talismans travaillés par le *ciseau* du célébre *calfaziri*)'로 되어 있고, '그것은 아랍인 조각가인 듯하다(Je pense que c'est un sculpteur Arabe)'라고 주(注)가 덧붙여져 있다.
* 16 이 지리학적 지식의 단편은 브레슬라우판에는 나와 있지 않다.
* 17 이 예비적인 이동은 곧잘 언급된다. 칼리포르니아의 프란체스코 단(團) 수도사는 사막을 지나 긴 여행에 나설 때면 수도원 둘레를 세 번 돌고 그날 밤 바깥벽 아래에서 야영한다.
* 18 글자 그대로는 재보(財寶)라는 뜻으로, 1천 키스(Kis) 즉 자루(하나가 5파운드)를 나타낸다. 본문의 금액은 7천 자루의 5배로 3만 5천 파운드이다.
* 19 여행자가 종종 이러한 장소를 선택하는 것은 바람을 피할 수 있고 땅바닥이 부드러워 천막을 치기에 좋기 때문이다. 그러나 비가 내리고 나서 뜻하지 않은 급류에 휩쓸려 불행한 일을 당한 사람도 많다.
* 20 이 묘사는 콥트인의 사원에 대한 것으로, 여기에는 반드시 본전과 망루가 딸려 있다. 세계에서 가장 오래된 수도원은 수에즈에서 그리 멀지 않은 마르 안토니오스(Mar Antonios, 은둔자 성 안토니(Anthony))이다. 〔성 안토니는 금욕주의 시조로 일컬어지는 이집트의 고승. 251~353?년.〕
* 21 다와히라는 이름은 '불행한 여자' 또는 (적에 대해) '역신(疫神)'이라는 의미이다. 이 노부인은 나중에 판명되지만, 그 이름에 참으로 어울리는 인물이다.
* 22 이것은 단순히 허물없는 말투이며 욕이 아니다. 남자와 여자가 따로 지내는 사회에서는 말을 함부로 마구 하게 된다.
* 23 방귀는 아라비아어의 지르트(Zirt)로, 저급한 말이다. 최상급인 자르라트(가장 큰 방귀) 또는 아부 지르트(방귀아버지)는 콩을 먹는 사람들 사이에서는 재미있는 말이지만, 바다위족에게는 엄청난 욕이다(405번째 밤).
* 24 아라비아어의 '알라호 아크바르!'로, 고전적인 이슬람교도의 고함.
* 25 아라비아 말은 절대로 뛰어넘는 훈련을 받지 않는다. 따라서 너비 9피트의 개울 반대쪽에 있으면 안전한 셈이다.
* 26 아라비아어의 패트릭 또는 패트리시우스(partricius)로, 1만 명의 군사를 지휘한 그리

스도교 군대의 기사에게 주어지는 칭호. 〔패트리시우스는 흔히 귀족, 귀부인이라는 뜻.〕 4천 명의 우두머리는 타르한 또는 노브, 2백 명의 우두머리는 카우마스라고 한다(레인 저 《아라비아어 사전》).
*27 일종의 사법장관 또는 대법관. 이 직무는 하룬 알 라시드 치세에 확립되었고, 이 교주는 아부 유수프 야쿠브 알 안사리를 임명했다. 따라서 이 암시는 시대착오적이다.
*28 이 인용은 《코란》에서 나왔다. 즉 '오, 사람들이여, 만일 너희가 부활에 대해 의심한다면 신께서 먼저 흙덩이로 너희(아담)를 만들고 나중에는 종자(種子)에서 만든 것을 상기하라(제22장).' 〔팔머의 번역과는 상당히 다르다. '실로 우리는 너희를 흙에서 만들어 마침내 미끈미끈한 정액으로부터, 마침내 응고된 피로부터, 마침내 형상이 있거나 없는 미세한 것으로부터 만들어…….'〕 그러나 코란의 생리학적 관념은 진기하다. 코란에 의하면 남자의 정액은 허리에, 여자의 그것은 가슴 부분의 뼈에 깃든다고 한다(제86장). 또 남녀의 정액이 섞이면 난소에 결실을 보아 아기는 배꼽을 통해 월경의 피를 먹고 자라 월경이 멈춘다고 생각하고 있다.

《칼릴라와 딤나》에서는 이렇게 말하고 있다. '남자의 정액은 여자의 자궁 안에 들어가 여자의 정액과 피와 섞인다. 그것이 응결하면 정령에 의해 뒤섞여 마치 응고된 우유처럼 빙글빙글 돈다. 그리고서 굳어서 동맥이 생기고, 팔다리가 돋고, 관절이 나타나기 시작한다. 아기가 남자면 얼굴을 어머니의 등 쪽으로 향하고, 여자면 배 쪽으로 향한다.'

그러나 불가사의하게도 정충설(精虫說)을 예상하게 하는 것이 있다. 《코란》 제7장에 '너의 주(主)는 아담 아들들의 허리에서 자손을 끄집어냈다'는 문구가 있으며, 주석가들에 의하면 알라는 아담의 등을 쓰다듬어 그의 허리에서 늘 조그만 벌 모양의 자손을 꺼냈는데, 모두 신에 귀의하겠다고 고백했으므로 석방되어 본디 있던 곳으로 돌아갔다. 이상의 가공 이야기에서 영혼선재설(先在說)이 이슬람교도에게 알려지게 된 듯하다. 그리하여 그것과 현대의 학설인 정액에서의 극미(極微)동물의 생식작용(generatio ex animalculis in semine marium)설 사이에 몇 가지 합치되는 점이 인정된다.
*29 씨름 시합에서의 일반적인 준비 행위.
*30 그리스인들의 이러한 아나크리노파레($αυχλινοπαλη$) 즉 '지상의 결전'에서는 물어뜯는 일이 허용되었다.
*31 유명한 역사(力士)들의 이름으로 추정된다.
*32 일종의 장난감. 그리스인의 로므조스($ρομζοs$)로, 오스트레일리아와 아프리카 여러 지방에 잘 알려진 '딸랑이(bull-roarer)'에 해당된다.
*33 '다일람(Daylam)의 바다'라고 하는 바다 뒤쪽의 남쪽지역에 사는 주민. 오랜 역사를 가졌으나, 상세한 것은 데르브로〔그 저서 《동양민족사전》〕의 딜렘(Dilem) 조항에 나와 있다.

*34 이집트의 콥트인 교회는 오늘날에도 천주각호(天主閣濠)에 이런 종류의 도개교를 즐겨 사용하고 있다.〔콥트인은 이집트 토착 그리스도교도로, 오늘날 콥트교회는 약 85만 명의 신자를 거느리고 있다고 한다.〕
*35 전쟁에서 사로잡은 여자들과 결혼하는 것은 그녀들의 남편이 생존해 있어도 합법적이라는 의미. 진정한 교도인 자유로운 신분의 여자에 대해서는 이런 일이 허용되지 않는다.
*36 여전사(아마존)는 민간전승의 총아로서《일리아드》의 옛날부터 오늘날에 이르기까지 시의 소재가 되고 있다. 이교적인 아랍인에게는 뚜렷하게 알려지지 않은 듯한 열녀들도 오클리와 기번이 증명하는 것처럼 알 이슬람 초기에는 흔한 존재였다.
*37 솔로몬은 말했다. "오, 귀부인들이여, 너희 가운데 누가 그녀의 옥좌를 나에게 가지고 돌아올 것인가?"〔그녀란 뒷날의 발키스, 즉 아라비아반도 남부에 있는, 성서에서 말하는 시바로, 태양을 숭배하던 여왕.〕무서운 한 수호신(그 이름도 유명한 사푸르라고 이름 붙여진 마신 중의 마신)이 대답했다. "제가 가져오겠습니다. 당신이 의자에서 일어나기 전에. 나는 할 수 있습니다. 부디 믿어주십시오."(《코란》제27장 38, 39절)

발키스 또는 빌키스는 알 야만의 통치자 계보 속에서 22세에 해당하는 호자드 빈 샤라비르의 딸로, 어떤 사람들에 의하면 남편을 죽이고 이슬람교도의 무지함을 이용하여 성서의 이른바 '시바의 여왕(Queen of Sheba)'이 되었다.〔캐셀의《성서 사전》에 의하면 시바의 수도는 아라비아 남쪽 끄트머리에 있었다고 한다.〕아비시니아인은 그녀를 아라비아의 시바로부터 에티오피아로 옮겨 그녀를 왕조(王祖)인 메넬리크의 솔로몬의 어머니로 만들고 있다. 이런 식으로 에티오피아 왕가가 태고에 시작되었으며, 이에 비하면 전 세계의 여러 왕실은 연대적으로 비교되지 않는다는 주장을 펼치는 셈이다. 토바(Tobbas) 왕조〔히미야르 지방 아랍인의 왕족으로 히미야르 왕조라고도 한다〕의 연대에 의하면 역사상의 발키스는 알 야만의 초기에 통치했음을 알 수 있다.
*38 이렇게 엉덩이가 돌출된 것이 늘 강조되는데, 그것은 한이불을 덮고 잘 상대로서 매우 이상적으로 생각했기 때문이다. 소말릴란드에서는 (주민은 하부비대중(sub-steatopygous)이므로) 부자인 젊은이는 소녀들을 한 줄로 죽 세워놓고 엉덩이가 가장 튀어나온 여자를 아내로 고른다.
*39 아랍인이 즐겨 하는 말.〔즉 원문을 그대로 옮기면 "당신의 눈을 시원하게 하세요."〕이와 반대인 '뜨거운 눈'은 눈물이 어린 눈이다.
*40 산호 또는 산호가지라는 뜻으로 노예계집 특히 흑인 여자에게 즐겨 붙이는 이름.
*41 타스민은 낙원의 샘으로, 물은 사향을 머금어(진흙 대신) 사향으로 봉인된 '순수한' 포도주와 함께 마신다. 타스민(Tasmin)이라고 이름붙인 것은 이슬람교도의 천국(《코

란》 제55장 78절과 제83장 27절)의 사남(sanam, 사니마, 높다는 뜻), 즉 가장 높은 곳에 있기 때문이다.

*42 이렇게 히스테릭한 소질(素質)은 매우 용감한 아랍인들에게도 드물지 않다.

*43 이것은 분명히 히어로 알렉산드리누스(Hero Alexandrinus)의 발명과 관련된 이올리필라(Æolipyla, 살아 있는 토기항아리 olla animatoria)에서 얻은 관념이다. 그리고 이 발명은 고대 이집트인이 증기라는 원동력을 응용할 수 있게 된 것을 나타낸다. [히어로는 알렉산드리아의 수학자. 생몰 연월은 불명. 기계적 발명품이 여럿 있으며, 그 가운데 공기 압력에 의한 자동분수가 있었다고 한다.]

*44 쿠타이르 이븐 아비 주마(Kuthayyir ibn Abi Jumah)는 시인으로, 유명한 라위, 즉 이야기 낭송자였다. 알 메디나에서 살며 아자라는 여인의 매력에 대해 노래했다. 거기서 그의 별명 '사히브 아자(아자의 연인)'가 생겼다. 그는 이슬람력 105년(서기 726년)에 죽었으므로, 여기에 등장하는 것은 상당히 시대착오적이다. 가공인물인 샤르르칸은 교주 아브드 알 말리크 빈 마르완의 시대(이슬람력 65~86년)보다 전에 활약했던 것이다.

*45 자밀 빈 마마르(Jamil bin Ma'amar)는 알 쿠타이르와 같은 시대의 시인.

*46 [본문의 이트미드(Ithmid).] 이것은 꽤 유서 깊은 말이다. 그리스어의 스티미($\sigma\tau\iota\mu\mu$) 또는 스티지($\sigma\tau\upsilon\zeta\iota$)에서 라틴어의 스티비움(stibium)이 나오고[캐셀의 사전에 의하면, 눈을 물들이기 위한 안티모니이다], 한편 속된 라틴어의 안티모늄(antimonium)이나 스페인어의 알티모드(althimod)는 알 이트미드[알은 아라비아어의 관사]의 음위(音位)전환이다. 사전에 의하면 이 물질은 안티모니를 제조하는 돌로 정의되고 있으나, 아랍인은 절반쯤 신비로운 노란색의 광물이며, 이것이 눈의 혈관에 들어가면 살쾡이처럼 예리한 시력을 얻을 수 있다고 여겼다.

*47 아라비아어의 알 필, 즉 코끼리로, 프랑스어의 폴(fol) 또는 푸(fou)이며, 영국의 비숍에 해당한다. 나는 상(象, elephant)의 기원을 필(pil, 고대 페르시아어, 산스크리트의 pilu)이나 아라비아어의 Fil' 관사가 붙은 Al-Fil로 보고 있다. 그리스어의 엘레파스($\epsilon\lambda\epsilon\phi\alpha\varsigma$)는 거기에서 나왔다.

*48 아라비아어의 디라스. 동양인은 도리깨로 곡물을 털지 않는다. 문 밖의 진흙으로 만든 둥글고 매끄러운 마른 바닥에 재료를 뿌려놓고 갖가지 도구로 탈곡한다. 이집트에서 곧잘 쓰이는 것은 노라그라고 하는 의자처럼 생긴 기구로, 철판 위를 암소나 황소에게 끌고 돌게 하여 곡식을 탈곡한다. 그러나 일반적으로 이슬람교도는 오래된 고전적인 트리조론($\tau\rho\iota\zeta o\lambda o\upsilon$), 즉 베르길리우스와 바를로의 트리불룸(Tribulum)[캐셀의 현대백과사전은 탈곡기라고 번역하고 있다]을 즐겨 사용한다. 이것은 목재로 된 슬리퍼 모양의 썰매로, 바닥에 머리 크기만 한 쇠못이나 석영 또는 현무암의 날카로운 파편이 달려 있다. 이런 식으로 하여 티븐 또는 짚이라고 부르는 동양 일대에서 볼 수

있는 마른풀이 만들어지며, 우리의 기계로는 흉내를 낼 수가 없다.〔베르길리우스는 기원전 1세기의 로마 시인으로 《이니드》의 저자, 바를로는 아마도 Marcus Terentius를 말하며, 같은 시대의 로마 시인, 서사시 《아르고나우티카》의 저자.〕

* 49 이 수는 매우 과장된 것으로 여겨진다. 그러나 칼과 갑옷의 무력시대에는 불가능한 일은 아닐 것이다. 사파인 전투에서 교주 알리는 밤에 혼자서 523명을 베어 죽였다고 한다.〔알리는 제4대 교주로 마호메트의 조카. 수도 쿠파에서 661년에 암살되었다.〕

* 50 이렇게 정기적으로 사원의 잔치에 참여하는 일은 오늘날에도 관례가 되어 있다. 특히 다마스쿠스의 그리스도교도 사이에서는 더욱 그러하다.

* 51 그 무렵에는 장뇌가 알려지지 않았다.

* 52 난파선 약탈은 전 세계에서 행해지고 있었다. 해안에 밀려 올라온 배가 그 해안의 소유물이라고 여기는 것은 야만인들만이 아니다.

* 53 유럽인에게는 불필요한 것으로 여겨질지 모르지만 이 한 구절〔즉 읽었다는 것만으로 충분했을 텐데 내용을 이해했다는 쓸데없는 설명이 더해져 있으므로〕도 모든 동양학자에게는 충분히 이해할 수 있는 사항이다. 이를테면 여러분도 동양의 서간을 읽을 때 해독할 수 없는 일이 있을지도 모른다.

* 54 매우 마음이 동요했다는 뜻.

* 55〔parasang, 즉 고대 페르시아의 척도로 약 3마일 4분의 3에 대해〕파르사흐(Farsakh)〔독일어의 슈툰데(Ttunde)로 흔히 시간이라는 뜻〕에 해당되며 공간적 거리보다 시간상의 거리 척도로 1시간의 여정, 1리그〔약 3마일〕1마일(Meile)〔독일어〕=영국의 3법정(法定)마일과 같다. 이 말은 그 원래의 고국인 페르시아에서는 오늘날에도 사용되고 있지만, 그 밖의 지역에서는 사용되지 않는다. 아주 오래된 말로 헤로도토스(《역사》제2부 5, 6장. 제5부 53장)가 직선적 거리 척도로 결정하고 스스로 30펄롱(furlong. 1펄롱은 밭이랑의 길이, 즉 1법정마일의 8분의 1)으로 산정하고 있다. 스트라보(Strabo)(xi)〔그리스의 유명한 지리학자. 11장이라는 것은 그의 주저서 《지리학 Geographica》을 가리키는 것으로 추정된다. 프톨레마이오스 이후 가장 권위 있는 고대 지리서이다. 기원전 63~서기 19년〕는 40 내지 60스타디움(stade, 1스타디움은 606피트 9인치)의 거리로 했고, 오늘날에도 1천5백 야드에서 6천 야드 사이를 오르내리고 있다.

* 56〔회색 말이라고 번역했으나 직역하면 회색과 흰색.〕아랍어의 아셰하브이다. 반(半)미개종족 사이에는 색채의 명칭이 적은데, 아라비아에서는 어떤 색의 말고기에 대해서도 뚜렷한 명칭이 있다.

* 57 이것은 바다위족다운 감정이 아니다. 야만인들도 수치를 아는 이들은 이런 비열한 행위를 경멸할 것이다. 그러나 일정한 곳에 자리를 잡고 사는 아랍인들은 남녀 사이의 도덕적 의리는 염두에 두지 않고 그러한 기만(hocussing)〔좁은 뜻으로는 마취약이 든

술을 마시게 하는 것)도 정당하고 떳떳한 행위로 보는 듯하다.
* 58 오늘날의 주안상이라면 대개 컵과 술병, 채소와 과일이 담긴 접시, 꽃 한 다발과 향기로운 풀 등이 얹힌 쟁반이다. 그러나 교주 통치시대의 '술도구 한 벌'은 종류가 엄청나게 많았다.
* 59 여기서 말하는 방그(대마)는 오스시아무스(hyoscyamus)이다. 그러나 남아프리카의 다하(Dakha) 같은 여러 가지 종류의 대마속(大麻屬)이 있어서 아주 강한 작용을 한다. 나는 미국 남부와 브라질의 흑인이 이 약품의 사용법을 터득한 것을 알았다. 하지만 흑인 소유자들은 그러한 사실을 아는 이가 거의 없었다. 〔원래 방그는 인도 대마 Cannabis indica를 가리키는 이름으로, 특히 그 대마에서 얻은 마취제를 일컫는다. 대마의 잎과 줄기와 열매를 말려서 만들며 암갈색이고 냄새와 맛이 없다. 연기로 피워도 되고, 씹어 먹거나 마셔도 된다. 그리고 방그로 만든 약을 아랍어로 하시시(hashish)라고도 한다.〕
* 60 화를 내는 난폭한 사내라는 뜻.
* 61 흑인의 피부는 추위, 공포, 음욕과 그 밖의 정신적 정서를 느낄 때 이러한 흙빛을 띠게 된다.
* 62 가르반은 여자의 시선을 야만제(製) 칼날에 비유하고 있는데, 이러한 동양의 시에서는 흔한 비유이다. 야만제 무기는 《아라비안나이트》에서 유명하며, 가장 고급인 도검류는 도자기가 중국에서 사나로 들어왔던 것처럼 페르시아에서 들어왔다. 하지만 여기서는 특히 '사무사무' 또는 '사무사마'라고 하는 칼을 특히 가리키는 것 같다. 이 칼은 히미야르 왕조의 토바족 아무르 빈 마드 쿠르브(Kurb)의 소유였으나 뒷날 하룬 알 라시드 교주의 손에 들어갔다. 그리스 황제가 한 용사를 통해 상등품 칼을 선물했을 때, 알 라시드 교주는 사자 앞에서 '사무사무'를 손에 들고 다른 칼을 마치 양배추라도 베듯이 두 동강을 내버렸다. 그러나 명도 '사무사무'에는 흠집 하나 나지 않았다.
* 63 가마는 흔히 '마마르'라고 하며, 이집트인과 터키인은 '메메르'라고 발음한다. 레인(《근대 이집트인》제24장)은 여왕에 어울리는 이 가마의 그림을 그려 두었는데, 나도 《순례》에 이것을 스케치하여 설명을 덧붙여 주었다.
* 64 '아브라함의 신앙에 따르라'라고 코란에 있다(제3장 89절). 아브라함은 마호메트 다음 품계에 자리하며 이사(Isa, 그리스도)의 상위에 있다. 아브라함의 무덤이 예루살렘에 없는 것, 또 헤브론〔예루살렘 남쪽 20마일에 있는 도시〕의 무덤도 참배된 예가 없는 것은 새삼 말할 것도 없다.
* 65 산양 또는 낙타털로 만든 겉옷으로, 설명할 필요가 없을 정도로 유명하다.
* 66 아라비아 버들 꽃으로 만든 메슥거리는 냄새가 나는 향수이지만, 아주 진귀하다.
* 67 비누 대용으로 쓰였다.

*68 〔낙타를 쉬게 한다고 옮겼는데, 본문에서 '쉬게 한다'는 나흐(nakh)이다.〕 나흐란 낙타가 무릎을 접을 때까지 '이후! 이후!' 하며 목을 울리며 소리치는 것을 말한다. 아랍인들에게는 일정한 낙타 용어가 있다. 그것은 마치 우리의 지 Gee(go ye!) 등과 같이 오래 사용해 온, 의미가 있는 말에서 생겨났다.

*69 바다위라는 말은 이미 설명했듯이 일상용어로, '사막의 아랍인' '천막에 사는 아랍인' 등의 말을 사용한 《코란》에는 나오지 않는다(제9장과 제33장).

*70 알 만수르 교주는 현명하게도 이렇게 말했다. "너의 적이 너에게 한 손을 내밀면 되도록 잘라버리는 게 좋다. 그렇지 않으면 입맞춤을 해라."

*71 〔본문에는 bonnet으로 되어 있으나〕 타르투르(tartur)는 북부 아랍인이 쓰는 기묘한 터번으로, 오래된 인쇄물에는 그 그림이 실려 있다. 현대 이집트에서는 이 타르투르라는 모자는 탁발승들이 즐겨 쓰는, 펠트로 만든 키 큰 막대사탕 모양의 모자이다. 달 포르(다포아, 아프리카 수단 동부지방)에서는 타르투르는 염주알이나 자패(紫貝) 장식이 붙은 원뿔꼴의 챙 없는 모자이다.

*72 '샤이후'는 여기에서 장자(長者), 우두머리라는 뜻. 이 말은 이미 거의 영어화되어 있다. 나는 앞에서 아브라함이 최초의 샤이후였음을 설명했다.

*73 이 '무게를 달다'라는 말은 딘 스위프트(《걸리버 여행기》의 저자 조나단 스위프트를 가리키는 것으로, 더블린의 성 패트릭 사원의 딘(주임사제)이 되었으므로 이 칭호가 붙었다)의 분말이나 황금해안(Gold Coast)의 금화를 암시한다. 그런 식으로 무게를 다는 것은 금화라는 것이 자루에 넣으면 서로 마찰하여 가루가 떨어지거나 물러서 마모되기 쉽기 때문이다.

*74 이것은 앞에서 설명한 대로 《코란》의 명령에 의한 것이다(제4장 88절). '너희가 인사를 받았을 때는 더욱 정중한 인사를 되돌려주라'고, '너희와 함께 (또는 너희 위에) 평화가 있기를!'('안녕하십니까' 또는 '안녕히 가십시오' 정도의 뜻)에 대한 비교적 긴 이 대답은 오늘날에도 일반적으로 사용되고 있다.

*75 악당이면서 좀 어리석기도 한 이 바다위 노인은 지체 높고 귀한 집안의 처녀를 납치한 게 아닐까 하는 두려움을 느끼기 시작한 것이다.

*76 이 조사는 매우 외설스러우므로 사람 눈에 띄지 않는 데서 은밀하게 이루어진다. 중요한 점은 처녀인지 아닌지 살피는 일이다.

*77 이것은 엄격한 이슬람교법에 의한 것으로, 사는 사람은 자신의 소유가 될 때까지 소녀의 알몸을 볼 수 없다. 또한 파는 사람은 원래 노파를 사이에 두고 일을 진행한다.

*78 즉 '낯선 남자에게 살결이 닿게 해서는 안 된다'는 뜻.

*79 연료나 그 밖의 목적, 이를테면 선향(線香)을 만드는 데 쓰인다.

*80 이슬람 신학의 4대파(大派) 가운데 세 번째에 해당한다. 그 이름은 이맘 알 샤후티를 기념한 것으로, 그는 이슬람력 204년 이집트에서 사망하여 카이로 가까이에 묻혔다

(세일 저 《서론 Prel. Disc.》 제8절). 〔이것은 조지 세일 번역 《코란》에 수록된 것.〕
* 81 카발라(Cabbala), 즉 헤브라이인의 비판철학의 이슬람교적 형태이다. 〔카발라는 경전의 신비적이고 전통적인 해석을 말한다.〕
* 82 독자는 이 교양 높은 젊은 여성의 따분한 강의를 건너뛰어 읽어도 상관없다. 〔66번째 밤까지 이어진다. 다만 이슬람교도의 정치관과 윤리관을 엿볼 수 있다는 면에서는 흥미로운 점이 많다.〕
* 83 그 이름(아르타크세르크세스)을 가진 3명의 페르시아 왕이 있다. 본문은 아르데시르 바베간을 가리키며, 이런 이름이 붙은 것은 서기 202년에 사산 왕국의 시조인 양치기 바바크의 딸과 결혼했기 때문이다.
* 84 알 만수르 교주는 아바스 왕조 2세. 재위 이슬람력 136~158(서기 754~775년).
* 85 오마르 빈 알 하타브는 아부 바크르 교주의 뒤를 이은, 마호메트의 유명한 친구(재위 이슬람력 12~23=서기 634~644년). 수나파는 알 마디르 즉 '올바른 자'라는 이름으로 알고 있고, 시아파는 그의 왕위찬탈 및 냉혹함과 횡포함 때문에 업신여기고 무시하고 있다. 〔수나파는 정통파이고, 시아파는 이단파.〕 오마르는 한평생 한 번 웃고, 한 번 울었다고 한다. 오마르는 분명히 위대한 인물이었지만, 그다지 인정미 없는 이슬람교사에서도 가장 인정미 없는 인물의 하나였다.
　나에게 그는 청교도를 연상시킨다. 더할 데 없이 까다롭고 도량이 좁고 너그럽지 못한 타입의 종교가였다. 페르시아인이 그를 싫어하며 온갖 경우에 그의 험담을 하는 것도 이상한 일이 아니다.
* 86 준엄한 오마르 교주는 '그녀들과 의논하라, 그리고 정반대로 행동하라'는 유명한 말을 했다. 이 유명한 문구는 수많은 유머 책에 의해 동양 여러 곳에서 인용되고 있다.
* 87 '도둑에게도 인의(仁義)가 있다'는 말과 같다.
* 88 무아위야(Mu'awiyah) 교주는 마호메트의 6대째 후계자로 옴미아드 또는 우마이야 왕조의 시조.
* 89 고귀한 종족인 바누 타미므의 장로로, 그 무렵의 명사였다. 까닭은 알 수 없으나 '바다의 아버지'라는 별명도 있다.
* 90 털을 깎는 것은 더운 나라에서 청결상 꼭 필요한 일이다. 여러 번 목욕하더라도 신체의 부드러운 털이나 아래쪽 털에는 현미경으로 보면 반드시 오물이 묻어 있다. 겨드랑이털은 뽑는데, 그것은 만일 깎으면 자라나는 털로 간지럽고, 탈모제는 해롭다고 여겨지기 때문이다. 처음에는 피부에 경련이 일어나 고통스럽지만 이윽고 익숙해진다. 음부는 탈모제를 사용하지 않거나, 사용하고 나서 깎는다. 이에 대해서는 뒤에서 상세히 다룰 것이다.
　몸의 부드러운 털은 타프피프라는 것으로 없앤다. 이것은 리반 시야미(시리아산 향료)라고 하는, 시오(Scio, 에게 해에 있는 터키 령 섬)에서 수입하는 전나무의 수지(樹

脂)를 녹여 식힌 다음 뱃밥 형태로 만든 것. 이것을 얼굴에 바르면 텁수룩한 털이 뿌리째 몽땅 빠져버린다. 영인도인 가운데 이 예방수단을 사용하는 사람도 적지 않다.

*91 무아위야 교주는 키가 크고 살빛이 희며 위엄 있는 풍모를 하고 있었다. 오마르는 그에게 곧잘 이렇게 말했다. "자네는 아랍인 황제야." 그러나 그의 아내는 '뚱보 나귀'라고 불렀다.

*92 이것은 인정머리 없는 사라(Sarah, 구약에서는 사라이, 아브라함의 아내)의 성질에 혼이 났을 때 아브라함이 한 말이다. 즉 "여자는 갈비뼈처럼 단단하고, 구부러져 있다." 현대에는 이에 더하여 "누구든 여자를 똑바로 하려고 했다가는 부서져버린다"고 한다.

*93 즉 '준비가 갖추어져 발기될 때'라는 뜻.

*94 '그리고 먼저(아내와 인연을 맺기 전에) 너희 영혼으로-또는 너희 영혼의 행복을 위해-유익하다고 생각되는 행위를 하라.'(《코란》 제2장 223절). 그러므로 아나후는 이러한 기도를 한 것이다.

*95 알 아샤리는 최초의 4대 교주 밑에서 바소라 총독을 지냈다.

*96 무아위야 교주의 배다른 형제 지야드 빈 아비스후얀으로 나중에 바소라, 쿠파, 성지(알 히자즈)의 총독이 되었다.

*97 쿠파(Kufah)〔바그다드에 가까운 도시로 교주들이 오랫동안 여기에 삶〕의 폭동은 주로 오스만 빈 아사키르(OThman bin Asakir) 교주가 제멋대로 친척들을 중용한 데 의한 일로, 그 때문에 결국 멸망하게 되었다. 그의 중요한 특질은 얼굴이 아주 아름다운 점이었다. '그만큼 아름다운 얼굴을 한 남자도 여자도 지금까지 없었고, 남자 중에서는 더할 나위 없는 미남자였다.'

그는 특히 이가 깨끗한 것으로 유명하며, 나이 들어서는 황금의 선으로 이를 둘렀다. 중키에 손발이 크고 어깨가 넓으며 종아리 근육이 잘 발달하고 털이 덥수룩한 두 팔이 길었다고 한다. 얼굴은 누르스름하고 곰보 자국이 있었다. 턱수염이 풍부하고, 노랗게 물들인 곱슬머리를 귀 아래까지 길게 늘어뜨렸다.

그는 코란의 교본 MS를 편찬하여 '코란 작자'로도 불린다. 또 예언자(마호메트)의 두 딸 루카이야와 움 쿠르툼과 결혼하여 '두 빛의 남편'이라고도 불린다. 그를 '절름발이 오스만'이라고 부르는 시아파에 의하면 그는 이 두 사람을 몹시 학대했다고 한다. 아무튼 역사상으로는 전혀 빛을 발하지 못한 인물이다.

*98 나르(불)는 게헤나(지옥)와 연관되므로 용법이 까다로운 말이다. 이를테면 너희는 '등불을 가져오너라' '석탄을 가져오너라'라고 말한다. 그러나 '불을 가져오너라'라고 말하면 적은 아마도 "저놈은 아직 죽기도 전부터 불을 원하는구나!"라고 욕할 것이다.

*99 오마르는 살결이 희고 혈색이 좋은 사람이었다고 하지만, 나이를 먹으면서 황갈색이 되고 동시에 머리숱이 줄어서 허예졌다. 구레나룻은 거의 없었지만, 끝에 붉은 기가 감도는 긴 콧수염이 남아 있었다. 남자는 오마르를 빼고 다 바보이고, '모든 키 작은

남자는 알리를 빼고 다 악당'이라는 마호메트의 말이 사람들 입에 널리 오르내리고 있다. 오마르를 싫어하는 페르시아인은 뭐든지 긴 사람, 꼴사나운 사람, 지루한 사람을 그에게 비유한다. 이를테면 "이 길은 오마르의 내장처럼 어디까지나 이어져 있다"고 말하는 것이다. 〔위의 주석 85와 관련해서 읽기 바란다.〕 정통파 칼리프인 제4대 알리의 풍채에 대해서는 몸집이 땅딸막하고 건장하며 살결이 누르스름하고, 털이 매우 많으며 긴 턱수염을 길렀다는 정도밖에 알려지지 않았다. 그는 이른바 '작은 헤라클레스'로, 그 완력에 대해 여러 가지 터무니없는 전설이 전해지고 있다. 마지막으로 문학에 어떤 이바지를 한 교주는 그뿐으로, 그의 《시법(詩法)》은 유명하다. 아무튼 그는 이슬람교 역사상 고결한 인물로 알려져 있다.

＊100 갖가지 죄업으로부터의 해방. 또는 성스러운 죽음을 뜻하는지도 모른다.
＊101 서기 625년에 알 메디나 부근에서 벌어진 전투. 〔오드(Ohod)는 메카와 알 메디나 사이에 자리한 산의 이름으로 비이슬람교인 메카인과 마호메트가 이끄는 메디아인이 일전을 벌여, 이때는 마호메트가 패했다.〕 나는 《순례》제2권에서 이 장소에 대해 설명했다.
＊102 〔본문의 Hafsah.〕 더 오래된 작가들은 Haphsa라고 쓰고 있다. 오마르 공주의 딸로 마호메트의 아내 가운데 한 사람. 《코란》의 초고에 관여한 일로 유명하다. 그녀로부터 하프스 왕조(Hafsites 또는 Hafsides)가 나왔다(또는 나왔다고 한다). 이 왕조는 튀니지에서 다스리며 그 세력이 멀리 마그리브(모리타니아)까지 미쳤으나, 결국 터키인에게 주권을 빼앗겼다. 〔통치기간 서기 1228～1574년.〕
＊103 즉 여느 때의 의기양양한 걸음걸이가 아니게. 그것은 성서의 걷는 방법인 '조용한 걸음(《열왕기상》제21장 27절, 〈이사야서〉제38장 15절 및 기타)'과 같다. 〔전자는 '풀죽은 모습으로 걷다', 후자는 '조심스럽게 걷다'이지만, 영어 흠정판에서는 어느 것이나 모두 'went softly' 'go softly'이다.〕 이사야서 부분은 구역(舊譯)에 의한 것으로 신구어역(新口語譯)에서는 전혀 눈에 띄지 않는다. 즉 구역에서는 '이 세상에 있는 동안 영혼의 괴로움 때문에 조심스럽게 걸어간다'로 되어 있고, 신역에서는 '나의 잠은 모조리 달아나버렸다'로 되어 있다.
＊104 서기 7, 8세기 신학자.
＊105 선행, 특히 보시를 하여 내세로 가는 준비를 하는 일.
＊106 8세기 신학자.
＊107 아브드 알 아지즈(Abd Al-Aziz)는 옴미아드 왕조 제8대(이슬람력 99＝서기 717년 즉위)이고 정통왕조의 제5대. 신심이 두터웠던 것으로 유명했다(이 왕족에는 신앙심 깊은 자들이 거의 없었다). 그가 한 유명한 말은 "끊임없이 죽음을 묵상하라. 가난해지면 오히려 그 명상이 깊어지고, 유복하면 희미해진다"이다. 이슬람력 101년에 독살되었다고 한다.

*108 아부 바크르(Abu Bakr)는 뒷날 압둘라라는 이름을 얻고 다시 아부 바크르(처녀의 아버지)라는 성을 얻었다. 그것은 과부하고만 결혼했던 마호메트가 그의 딸인 유명한 (또는 악명 높은) 아이샤(Ayshah)를 아내로 맞았기 때문이다. 〔좀더 보충하면 아부 베크르 또는 바크르는 메카 태생으로 코레이슈 일족의 부유한 상인이기도 하며, 마호메트가 메카에서 메디나로 달아날 때 유일하게 동반한 사람이었다. 573~634년.〕

　　　　이 제1대 교주는 메카의 수많은 족장과 마찬가지로 면포상(緬布商)이었다. 그는 아주 미남이었다고 한다. 이마가 빼어나게 아름답고 눈은 깊이 가라앉았으며 뺨은 좁고 전체 골격이 여윈 형으로, 허리는 날씬하고 등은 약간 굽었으며 손등에는 살이 없었다. 턱수염에는 헤나와 카타무 염료를 사용했다. 그를 싫어하는 페르시아 사람들은 늙은 암컷 하이에나라고 별명 짓고 수컷에 의해 만족을 구하는 발정이 난 상태로 아라비아 사막을 헤매고 다니는 것으로 믿었다.

*109 옴미아드 왕조 2세, 5세, 6세, 7세.
*110 오마르 빈 아브드 알 아지즈의 어머니는 오마르 빈 알 하타브의 손녀였다.
*111 오마르의 후계자 에지드(Yezid) 2세의 형제.
*112 그래서 '물고기는 대가리에서부터 썩은 냄새를 풍긴다'는 터키의 격언이 있다.
*113 노예들 이름을 부르는 것이다.
*114 '아라파트〔메카 부근의 영산(靈山)〕의 날'(이슬람력 12월 9일)이 금요일에 해당될 때. 이 하지 알 아크바르(대순례)에 대해서는 나의 저서 《순례》제3권에 나와 있다. 소순례라는 말을 오늘날 순례계절이 아닌 때 메카를 방문하여 모든 순례 의식을 행할 때 쓰인다. 그리고 '소순례'는 아랍어로 우무라(Umrah)라고 하며, 원어적으로는 여자의 아버지 집에서 여자와 동거하는 일을 의미한다.
*115 하리드 빈 사프완은 타밈족의 우두머리. 즉 크라이슈(코레이슈)의 큰아버지 타밈에서 나온 가장 고귀한 일족의 우두머리.
　　　　고귀한 정신을 지닌 타밈은 비열한 카이스와 대조된다. 카이스 또한 일족을 이룬 사람이었다. 그러므로 매우 무절제한 사람에 대하여 '자네는 지금 타밈인 줄 알았는데 이미 카이스가 된 게 아닌가'라고 말한다.
*116 유수프 빈 오마르는 알 야만과 이라크의 총독.
*117 히샴 빈 아브드 알 말리크는 옴미아드 왕조 10세(치세 이슬람력 105~125=서기 724~734년).
*118 즉 탁발승이 되거나 동냥승이 되는 것.
*119 이 근친상간은 이야기를 더럽히고 있으며, 이슬람교도에게나 그리스도교도에게나 마찬가지로 꺼림칙한 일이다.
*120 아기는 태어난 지 1주일 뒤에 이름을 짓는다. 아버지는 오른쪽 귀에 그 이름을 속삭이고, 아잔(Azan), 즉 정해진 기도말을 종종 덧붙인다. 〔아잔은 adhan이라고 쓰는

이도 있으며, 이른바 뾰족탑의 근행시간을 알리는 이슬람교도가 기도하러 오라고 부를 때 "알라는 지극히 위대하다!"-4번-"우리는 알라 외에 다른 신이 없음을 맹세하노라"-2번-등의 정해진 문구를 외치는데, 이 문구를 가리킨다.〕또 왼쪽 귀에는 이카마(Ikamah) 즉 금요일의 기도 문구를 되풀이한다.〔금요일은 특별한 기도일이므로.〕주일에 따라 이름을 부르는 데에도 여러 가지 규칙이 있다. 이를테면 별자리, '코란 점치기(Sortes Coranicae)' 등.〔후자는 성서 점치기와 마찬가지로 경전을 펼쳐 맨 먼저 눈에 띄는 문구로 점치는 일.〕

*121 그리스도교도와 마찬가지로 이슬람교도에게도 지옥에 떨어지는 7가지 죄업이 있다. 즉 우상숭배, 살인, 정절한 여인을 부정하다고 비방하는 일, 고아를 훔치는 일, 고리대금, 성전에서의 탈주, 부모에 대한 불복종. 이 두 개의 교의(敎義) 사이에는 두드러진 차이가 있다.〔그리스도교에서는 자존, 탐욕, 색욕, 분노, 탐식, 질투, 게으름을 7계라고 한다.〕

*122 땅딸막하고 힘이 세며 암갈색 털이 길고 혹이 2개인 낙타로, 그 산지는 부흐타르(Bukhtar, 박트리아) 즉 아무 또는 자이훈(옥수스 Oxus) 강변의 동부(바흐타르) 지방으로, 이 지방은 나중에 호라산(Khorasan)이라고 불렸다.〔옥수스는 아무다리야 강의 옛 이름.〕혹이 2개인 낙타는 북쪽의 대상(隊商)을 제외하면 아라비아에서는 결코 볼 수 없다.

*123 성서에 나오는 '하마테(Hamath, 높은 마을이라는 뜻)'로, 설명이 필요 없을 만큼 유명하다.〔상부(上部) 시리아의 오론테스 강변에 있으며, 오늘날에는 시(市)가 되었다.〕지금도 알 하리리('하람족의 집회')가 언급한 수차(水車)로 이름 높다.

*124 '알 야만의 언덕에서 번갯불이 번쩍일 때', 이것은 여름날의 전광(電光)이 보이는 남부를 시사하고 있다. 알 야만(Al-Yaman, 언제나 관사 알을 붙임)은 앞에서도 말했듯이 아침 해를 향하여 오른쪽 지역을 뜻하며, 알 샴(시리아를 가리킴)은 왼쪽 지역을 일컫는다.

*125 누자트 알 자만=(시대 또는 시간의 기쁨)에 엇건 익살.

*126 시에서 이 말은 우리의 제파(Zephyr)〔서풍, 훈풍, 미풍 등의 뜻을 가짐〕에 해당된다.

*127 여기에 나타난 것은 신경질적이고 흥분을 잘 하며 히스테릭한 아랍인의 기질로, 자신이 떠나온 집이 가까워지자 거의 발광할 것처럼 되었다.

*128 자우 알 마칸과 누자트 알 자만.

*129 카우사르는 앞에서 설명했듯이 고전상(古典上)의 빛깔과 맛이 좋은 술을 뜻한다.〔원래는 천국의 강 이름.〕

*130 브레슬라우판(제1권)에서.

*131 이 일에서 화부는 자신의 신상에 아무런 일도 없으리라는 것을 눈치챌 법도 한데 전

혀 눈치채지 못한다.
* 132 여기서 두 남매의 지루한 이야기는 끝나고, 아랍류답게 수많은 곁길로 빠지면서 다시 기사 이야기가 시작된다.
* 133 기병 한 부대가 다 들어갈 만큼 큰 천막을 가리키는 인도어.
* 134 아랍어의 마르훔(Marhum)〔고인(故人)〕으로, 상투적인 문구. 유대인의 'of blessed memory(고인의 명복을 빌며)'에서 빌려온 것. 〔King charles of blessed memory라고 하면 '돌아가신 찰스 왕'이라는 뜻이다.〕
* 135 즉 '내세의 더 나은 세계'를 구하는 사람.
* 136 알 바크르 교주의 칭호. 그것은 그가 마호메트의 사명을 증언했기 때문이다. 또는 다른 사람들의 말에 의하면 마호메트의, 천국을 향한 밤의 여행을 확인했기 때문이다. 〔수많은 이슬람교도는 마호메트의 유명한 밤의 여행 또는 천국으로의 상승은 발작적인 발양(發揚) 상태의 하나였다고 보고 있다.〕
* 137 이 일이 북미 서부지방의 이른바 '목매달기 좋아하는 재판관(hanging judges)'에 적합한 것임은 한두 번이 아니었으리라. 〔브레트 하트의 단편소설을 읽으면 린치에 의한 교수형이 자주 언급되어 있다.〕
* 138 알 즈리는 7세기와 8세기에 활동한 알 메디나의 전설론자, 법률학자.
* 139 《코란》과 동양전설에 나오는 알렉산더와 마케도니아의 알렉산드로스(즉 대왕)를 혼동하면 안 된다. 전자에 대해서는 나중에 설명할 것이다. 〔이스칸다르는 아라비아 이름으로 알렉산드로스.〕
* 140 아랍인에 의한 이솝. 그에 대해, 또는 오히려 두 사람의 루크만(현자)에 대해서는 뒤에 상세히 설명할 것이다. 〔여기서는 두 사람으로 되어 있지만 루크만은 세 사람으로 코란에 나오는 현자, 즉 루크만은 아랍인의 이솝으로 다비드 시대의 우화 작가이다. 다음 이 이솝 이야기 작자로 이름 높은 흑인 노예 현자 이솝. 가장 오래된 이는 아라비아의 이교적 종족인 아드족의 왕으로, 3500년이나 살았다고 하는 현자.〕
* 141 《코란》제2장 185절.
* 142 마호메트를 가리킴.
* 143 마호메트의 동반자 가운데 한 사람.
* 144 이븐 아비 아우파는 7세기 쿠파의 저명한 전설론자.
* 145 《코란》제74장 제1절(이하 8행의 시). 〔이 장에는 '둘러싸인 자'라는 제목이 붙었으며, 1절이 '오, 둘러싸인 그대여'로 시작된다. 마호메트가 두 번째로 하늘의 계시를 받았을 때 몸을 떨며 천으로 몸을 둘러싼 것에서 비롯되었다.〕
* 146 다시 말해 정신건강에 있어서 위험한.
* 147 사이드 빈 유바일은 이슬람력 1세기 쿠파 태생의 흑인으로 전설론자로서 오늘날에도 유명하다.

*148 아랍어의 시르크로, 알라에게 동료를 부여하는 것. 우리는 이 말을 흔히 '다신교(polytheism)'라고 영어로 옮기고 있으나 그것은 서툴고 잘못된 관념을 전하는 것이다.
*149 자인 알 아비딘은 알리 교주의 손자. 그는 시아파의 이맘(導師)의 한 사람이다.
*150 스후얀 알 타우리는 8세기의 저명한 전설론자.
*151 단식월과 순례월의 기도는 종종 도시 교외의 특별한 장소에서 이루어진다.
*152 이집트어에서는 '스쳐서 까진 발'이라는 의미도 있다. 비시르는 8, 9세기 금욕주의자였다. 그는 유명한 군인이자 성인 하리드 비스 솔리드의 전설을 이야기한 것으로 이 하리드는 그 즈음 후므스(Hums, 에메사), 즉 예전의 베오티아(Boeotia), 프리지아(Phrygia), 아브데라(Abdera), 시리아의 수아비아(Suabia), 오늘날의 다마스쿠스에 가까운 Halbun(할바운이라고 발음) 근처에 매장되어 있다.
*153 기도를 계속하기 전에 다시 한 번 몸을 깨끗이 해야 할 때.
*154 이브라힘 빈 아담도 역시 8세기 세상에 널리 알려진 금욕주의자. 이러한 중요하지 않은 인명에 대해 더 알고 싶은 사람은 이븐 할리칸(Ibn Khallikan)이 편찬한 방대한 전기사전(Biographical Dictionary)(맥거킨 슬레인(MacGuckin de Slane) 남작 옮김, 1842~45년)을 참조하면 좋다.
*155 동양인이 즐기는 사고방식. 사디(Sa'di)의 《굴리스탄》의 첫머리에 이 소감이 보인다. 즉 위대한 진실보다 행복을 가져다주는 거짓이 낫다. 〔사디는 Saadi라고도 쓰며, 페르시아의 대시인. 주요 저서 《굴리스탄》은 '장미정원'이라는 뜻. 1184~1291년.〕
*156 1페니, 1드라크마의 6분의 1.
*157 아마드 빈 한발은 네 가지 이슬람교 정통파 가운데 네 번째(연대순으로)인 한발파(Hanbali)의 창시자. 그리고 하룬 알 라시드 교주의 아들 알 무타심 교주는 《코란》은 창조된 것이며 로고스〔理法〕가 아니라고 믿고 있었으므로, '의견을 달리하는' 이 한발을 엄격하게 처벌했다(이슬람력 220년=서기 833년).
*158 말리크 빈 디나르는 8세기 바소라의 학자.
*159 만수르 빈 암마르는 9세기 호라산의 전설론자.
*160 끝없는 영원. 무한.
*161 《코란》 제66장 6절. 〔팔머 번역에서는 '사람과 돌을 장작으로 하는 불에서 너 자신과 가족을 구하라'로 되어 있다.〕
*162 아부 하짐은 8세기 알 메디나의 전설론자.
*163 모세는 아랍어의 무사(Musa)에 해당하며, 이집트어로는 메수(Mesu) 즉 '어린이' '소년'이다. 헤브라이인은 모세(Mosheh, 물에서 올라온 사람)라고 했다. 이집트에서는 Mu가, 아라비아에서는 Ma가 물이라는 뜻으로, 아마도 근대 이집트인은 거기서 물을 뜻하는 속어 모에(Moyeh)를 만들어낸 것이리라.

*164 《코란》 제28장.
*165 아랍어의 타우브(Taub, 사우브). 긴 셔츠로 영어에서는 일반적으로 토브(Tobe)라고 쓰며, 이집트인도 그렇게 발음한다. 이집트에서는 남녀 모두 이것을 입으며(레인저 《근대 이집트인》 제1장), 이슬람 아프리카의 오지에까지 널리 퍼져 있다.
*166 《코란》 제28장 22절~27절. 마호메트는 분명 라반과 야곱 사이의 계약과 혼동했다(창세기 제29장 15~39절).
*167 알 하리리(《사산의 회의》)는 '집 앞의 이웃 사람과 앞을 걸어가는 나그네'라고 말하고 있다. 어느 도시에서는, 이웃 사람은 진정한 비밀탐정으로 교묘하게, 또 여론과 당국의 충분한 양해를 얻어 모든 행위를 탐색하고 추행(이를테면 어리석은 소동 등)을 제거한다. 이러한 이웃에 대한 사랑은 분명히 그리스도교에서 빌려온 것임을 나타내고 있다.
*168 하팀 알 아삼. 9세기 바르프의 신학자.
*169 아부 하니파는 정통파 이슬람교 상급파의 창시자. 세일이 번역한 《코란》의 해설 제8절 참조.
*170 알 무자니는 이집트의 7세기 법률박사.
*171 《코란》 제77장 35, 6절. 〔팔머 번역에서는 꽤 다르다. 즉 '성령과 천사들이 나란히 선 날에는 자비로우신 신이 허락한 자 외에, 또 올바르게 말하는 자 외에, 그들은 말을 할 수 없다……'〕 이것은 성전 가운데 가장 초기의 것으로, 가장 시적인 장의 하나이다.
*172 아부 하니파는 직무를 거부하여 처벌되고, 또 아바스 왕조 2세 알 만수르에 대한 반역을 인정한 판결문 때문에 옥중에서 독살되었다고 한다(이슬람력 150=서기 767년).
*173 앞에서 말한 일종의 과자.
*174 동양의 문의 접합부는 문미(門楣)와 문턱의 홈에 끼워져 있는 문 위아래의 돌출부이다. 이것은 오늘날 아프리카 오지에서도 볼 수 있는데, 원시적인 구조로 여겨진다.
*175 독약과 그에 따른 주문의 효과.
*176 그녀를 강간한 오마르 왕. 나는 여색을 몹시 좋아한 왕을 정당하게 응징한 이 노파를 동정하고 싶다.
*177 아랍어의 준나르(Zunnar), 그리스어의 조네($\zeta\omega\nu\eta$). 그리스도교도와 유대교도는 알 무타와킬 교주의 광신적인 사치단속령(서기 856년)에 의해 공개석상에서는 폭넓은 가죽띠를 두를 수 없게 금지되었다. 따라서 이 띠가 신앙의 표상이 되었다. 아마도 그것은 자네오(브라만교의 띠)나 카슈티라고 하는 파르시교(배화교)의 성스러운 띠와도 혼동되었을 것이다.
*178 샤르르칸은 이 행위로 스스로 신하가 된 것을 나타내어 내란을 일으키지 않고 선량

한 이슬람교도임을 증명했다.

*179 현대 어법에서는 터키인(Turk)은 투르코맨(Turkoman), 유목민을 뜻한다. 일정한 곳에 자리 잡고 머물러 사는 사람은 오스만리(Osmanli) 또는 Othmanli라고 칭한다. 투르코맨은 '터키인다운 사람'이라는 뜻.

*180 게르만인은 아랍어의 님사(Nimsa)로 남독일인, 오스트리아인. 슬라브어의 네미카(Nemica, 독일인 전체를 가리킴)에서 나왔다. 글자의 뜻 그대로로는 슬라브어를 할 줄 모르는 벙어리(네마크)를 의미한다.

*181 아랍인은 아라비아어의 두바라(Dubara)이며, 슬라브어의 두브로브니크(Dubrovnik)에서 나왔다. 그리고 이 두브로브니크는 dub(떡갈나무)나 dubrava(떡갈나무 숲)를 어원으로 하고 있다. 옛날 베네치아와 경쟁했던 도시 라구사는 아고시 Argosy〔큰 상선 또는 보물선〕라는 말을 탄생시켰다.

*182 자라인은 아랍어의 자와르나(Jawarnah) 또는 주르나이며, 분명히 자라(Zara)를 가리킨다. 그 호칭이 수없이 많아 야데라(Jadera(히르티우스(Hirtius) 저《알렉산드로스 전기 Pell. Alex.》(제13장), 야드라(Jadra), 자드라(Zadra, 여기서 현대의 명칭이 나왔다), 디아도라(Diadora), 디아도스카(Diadosca), 야드로사(Jadrossa) 등이 있다. 이 중요한 리바니아 지방〔아드리아 해 연안 이탈리아의 아주 오래된 지방〕의 도시는 십자군 시대에 수많은 순양함을 보냈다. 그 때문에 아랍인이 그 이름을 알게 되었던 것이다. 〔히르티우스는 로마의 정치가로 카이사르의 친구. 카이사르에 관한 기록과 위에 든 라틴어 저작이 있다.〕

*183 황색 얼굴을 한 무리는 아랍어의 '바타 르 아스파르'로, 이것은 '창백한 얼굴'이나 머리가 노란 사람들(오늘날 우리는 러시아인을 그렇게 부르지만)을 가리키는 건지도 모른다. 독일의 여러 종족이 영국인을 '백인'이 아닌 '적인(赤人)'이라고 부르는 것과 같다.

*184 이슬람교도는 아무도 이사(예수)가 십자가에 못 박혀 죽었다고 믿지 않았다. 그들은 예수의 모습으로 변장한 유다가 책형을 당함으로써 모반에 대해 속죄했다는 식으로 즐겨 공상한다. 십자가에 관한 이 색다른 설(說)은 환영(幻影)이 십자가에 매달렸다고 주장하는 그리스도 환영설 신자들, 즉 이그나티우스(Ignatius)가 말하는 '인간의 모습을 한 어떤 짐승들'의 견해와 비슷하다. 〔이그나티우스는 115년 무렵 로마에서 순교한 그리스도교 주교.〕 아무튼 거기까지는 이슬람교도는 논리적이다. 왜냐하면 '이사'는 천사처럼 기적적으로 순결하게 수태되었으므로 멸망할 리 없기 때문이다. 그러나 이슬람교도의 모순은 이슬람교를 위해, 또 심판의 날을 위해, 선구자로서 다시 찾아올 이사의 육체에 대하여 마호메트의 묘지 옆에 빈자리를 마련해 놓고 있다는 점에 있다《순례》제2권).

*185 점성술사, 승려, 특히 유대교의 그것으로, 레위인에 속하지 않는 자. 〔야곱의 아들

토비의 자손.〕

*186 성분(聖糞)의 관념은 힌두교도에게서 암시받은 것이리라. 대주교가 소의 똥과 오줌을 왕에게 가져가면 왕이 그것을 자기 이마와 가슴 등에 바른다는 이야기에 대해서는 존 맨디빌(Sir. John Mandeville)을 참조하기 바란다. 〔맨디빌은 가공의 인물이라고도 하지만, 아무튼 그의 저서 《여행기》는 동양견문기를 모아놓은 흥미로운 읽을거리이다. 처음에 프랑스 어로 나왔으며, 나중에 유럽 각 나라 말로 번역되었다. 그중에서도 영어로 번역한 것은 문체가 간결하고 힘찬 점에서 매우 높게 평가되었다.〕

또 믿기 어려운 일이지만, 아시아인종 가운데 가장 진보적이고 두뇌가 예리한 파르시인(Parsis)이 오늘날 몇 가지 그러한 습관을 유지하고 있다. 〔파르시인은 이슬람교도의 박해를 받아 7, 8세기 무렵 인도로 이주한 페르시아인의 후예로 조로아스터교도.〕

*187 시리아, 즉 왼쪽의 토지이다.

*188 《코란》 제14장 34절. '그들〔不信徒〕은 그곳(즉 파멸의 집=지옥)으로 내던져져 그곳은 불행의 소굴이 되리라.'

*189 마호메트가 되풀이하여 공언한 바로는(《코란》 제61장), 그리스도교도는 구세주 Comforter, 즉 파라클레토스 $\pi\alpha\rho\alpha\chi\lambda\eta\tau o\varsigma$(요한복음 제14장 20절과 제15장 26절)를 영광되게 하는 자, 명성 있는 자(헤라클린토스 $\pi\epsilon\rho\iota\chi\lambda\tau o\varsigma$), 즉 아메드 또는 마호메트='찬양받는 자'를 대신하여 구세주가 올 것을 약속하고, '만일 가면 그(구세주)를 너희에게 보내리라'(제16장 7절)라는 문구를 고쳤다고 한다.

이슬람교도는 5서(書)(Pentateuch), 시편(Psalter), 그리고 복음서를 승인하고 있지만 현존하는 모든 사본은 형편없이 불순해졌다고 주장하고 있다(《코란》의 여러 곳 참조). 이것은 맞는 말이다. 5서〔구약의 첫 5편〕의 작자로 추정되는 모세는 자신의 죽음과 매장을 운운하고 있는데, 그것도 이상하다고 스코틀랜드의 노부인은 술회했다. '다윗의 시편'은 약 5백 년의 기간에 걸쳐 이루어졌으며, 일반적으로 한 사람으로 알려진 이사야는 사실 세 사람 있었다. 여러 시대에 각 나라에서 진정한 정경(正經)으로 여겨온 수많은 의심스러운 복음서는, 현재 사용되고 있는 네 복음서〔마태, 마가, 누가, 요한복음〕가 남은 것은 그 속에 위(僞)복음서의 명백한 부조리가 없기 때문이라는 것을 증명하고 있다.

*190 《코란》 제2장.

*191 마호메트는 귓불까지 머리가 자라도록 두었으나 결코 그보다 더 길게 기르지는 않았다.

*192 아랍어의 리삼(Lisam). 나는 두건 끝을 접어 얼굴 아래쪽을 가리는 것으로 설명했다(《순례》 제1권). 아프리카 타와리크족의 리삼은 얼굴을 위로 쳐들지 않으면 앞이 보이지 않을 만큼 눈을 덮고 코만 빼고 아래쪽을 완전히 감싸버린다. 밤이나 낮이나

대부분 남자들이 그렇게 감싸고 다니는데, 그것은 말할 것도 없이 흉악한 눈을 피하기 위해서이다. 다르푸르(아프리카 수단 동부지방)의 원주민 왕도, 보르누(Bornu, 수단 중앙부의 한 나라)와 멀리 서부의 여러 왕도 얼굴가리개로 흰 모슬린을 사용했다.

아랍인의 쿠피야, 즉 두건은 이윽고 유럽으로 건너가 라틴어에서는 Cuphia, 스페인어에서는 Escofia, 이탈리아어에서는 Cuffia 또는 Scuffia, 프랑스어에서는 Escoffion, Scofion(마르가리트 여왕), Coiffe, Coife 등이 되었다. 스코틀랜드어의 Curch 또는 Coif(자루 모양의 두건)는 처녀의 머리띠 리본에 대한 것. 마지막으로 영국의 고급변호사 sergeant-at-law가 사용하는 Coife가 있다. 석학 리트레〔유명한 프랑스어 사전 편찬〕도 이 명백한 어원을 파악하지 못했다.

*193 이 책 전체를 통하여 '벤다'고 하는 것은 언월도(초승달 모양의 큰 칼)를 간접적으로 표현해 준다. 아랍인은 이 칼로는 절대 상대를 찌르지 않는다. '찌른다'는 말은 보병의 창이나 던지는 창을 간접적으로 표현해 준다.

*194 여기서는 시리아의 나지란(Najran)이다. 오늘날 다마스쿠스 남쪽에서 약 2백 마일 떨어진 화산 라자에 가까운 벽촌으로, 드루즈족(Druzes)과 그리스도교도가 살고 있다.

*195 칸타르(Kantar, 킨타르)는 16온스를 1파운드로 하는 저울로 98~99파운드.

*196 아랍어의 주라브(주머니) 미아다티(복부의) Jurab mi'adat-ih, 즉 음낭(陰囊). 공포를 느낄 때 '고환이 오그라든다'는 표현이 자주 나온다.

*197 찰음(擦淫)은 아랍어의 사하카(Sahakah)로, 글자 그대로는 '문지르는 것'이다. 이슬람교도의 하렘은 이 '레스보스 섬의 사랑'〔여성 동성애자의 사랑, 즉 여성들 사이의 성행위를 말함〕을 위한 대도장(大道場)이다. 그러나 이러한 관행의 동기는 더 깊은 데 있다. 남성 사이에서도 남성적 기질에 여성적 기질이 섞이면 남색을 즐기게 되는데, 이들 여성 동성애자(tribade)는 모습과 용모의 특이성, 털이 많은 얼굴과 윗입술, 쉰 목소리, 산양 같은 체취, 크게 튀어나온 음핵(陰核) 등에 의해 대체로 알 수 있다. 이 음핵은 아랍인에게 바자르(bazar)라는 이름으로 알려졌으며 발기하는 힘을 갖고 있다. 따라서 타브지르(Tabzir)〔음핵의 할례 또는 절단〕가 행해진다. 부르크하르트(《속담집》 제436번)는 바자라(Bazarah)〔바자르의 여성명사〕를 매소부(賣笑婦)로 번역하고 이렇게 덧붙이고 있다. '이 말은 본디 카이로 사람들이 잠부르(Zambur)라고도 부르고 있으며, 소녀 시절에 절단된 부분의 음순(陰脣)을 뜻한다.' 또 레인이 쓴 《아프리카 영어사전》의 타브지르 항목에도 나와 있다. 두 사람 모두 소음순(小陰脣, nymphae)의 절단과 음핵(clitoris, 잠부르)의 할례를 혼동하고 있다.

알 슈티(Al-Siyuti)(《알 이자 피름 알 니카의 서(書)》)는 사포적인 성교에 관해 매우 흥미로운 1장을 썼는데, 이러한 종류의 성교는 이를테면 《가미아니 Gamiani》

와 《열쇠 달린 아난드리아, 또는 사포 양의 고백 Anandria, ou Confessions de Mademoiselle Sappho, avec la Clef》(레스보스, 1778년) 같은 작품에 의해 증명되어 유럽에는 널리 알려졌다. 〔사포는 그리스 레스보스의 유명한 여류시인. 양성애자로 유명하며, 음핵이 이상하게 발달해 있었던 것 같다. 또 슈티의 저서는 《성교술(性交術) 해설서》. 위대한 신학자에게 이러한 저서가 있다는 게 흥미롭다. 《가미아니》는 프랑스인 뮈세의 작품으로 알려졌다. 그리고 '열쇠 달린' 소설이라는 관용적인 표현은 '실화소설'이라는 의미로, 예를 들면 마르키 드 사드의 《졸로》 등이 그러하다.〕

자위(自慰)도 필연적으로 성행한다. 수많은 하렘과 여학교에서는 양초와 그 밖의 대용물이 금지되고 있으나 아무 효과도 없다. 또 바나나를 발견하면 네 토막을 내어 쓸모없게 만들어버린다. 그러나 최근에는 중국에서 속을 채운 주머니, 뿔, 탄성고무 등으로 만든 근사한 인조 남근(男根, 파르스)이 들어오고 있다. 탄성고무는 물론 유럽에서 수입한 재료이지만……

*198 사프란은 동양에서 강력하게 성욕을 일으키는 약으로 여겨지고 있다. 따라서 남자 수도승에게 '두 가지 붉은 것' 즉 고기와 포도주를 피하도록 권장하고 있다. 한편 여자를 타락시키는 '두 가지 붉은 것'은 황금과 사프란, 즉 향료라고 한다. 또한 여기에서 다음과 같은 마호메트의 말이 나왔다. '남자용 향료는 냄새가 있으나 색깔을 띠면 안 된다. 여자용 향료는 색깔이 있으나 냄새가 나면 안 된다.'

*199 바다위족이 장딴지에 쥐가 나는 것을 예방하기 위해(라고 나는 믿고 있다) 다리에 감는 양털로 만든 가는 끈.

*200 "알라 외에 신은 없다"고 외치는 것.

*201 즉 인간·천사·악마로, 힌두교도의 트리로카(3종류 사람들)에 해당된다. 그리스도교의 삼계는 천국·지옥·연옥이다.

*202 소년의 뺨에 난 솜털. 〔원문에는 down이라고 되어 있으므로.〕

*203 가지(Ghazi)는 신교(信敎)를 위한 투사. 오늘날에는 예를 들면 '오스만 파샤 가지'라는 식으로 사람 이름 뒤에 붙는 칭호로, 영국의 신문과 잡지는 '가지 오스만'이라고 불렀다. 〔오스만은 오토만 제국의 건설자.〕

*204 즉 콘스탄티노플 왕.

*205 《코란》 제2장 149절. 〔'신의 길에 목숨 바친 자에 대해서는 멸망했다고 말하지 말고, 오히려 살아 있다고 말하라.'〕 거기서 순교자는 여전히 육체 속에 살아 있다는 속세의 미신이 생겼다.

*206 토르(Tor)는 《코란》(제95장 1절)의 이른바 '시나이 산(Mount Sinai)'이다. 그 이름으로 불리는 현재의 땅에 대해 여기서 되풀이하여 사사로운 의견을 덧붙일 필요는 없다. 제벨 세르발(Jebel Serbal)〔제벨은 산이라는 뜻〕은 콥트인의 그리스도교 초기에

그 이름이 생겼고, 그것과 대항하는 그리스의 제벨 무사는 4세기 헬레나(Helena)의 계시 이후 일어났으며, 한편 저스티니안(Justinian)에 의한 수도원 건설은 927년인 사실은 명백하다. 〔헬레나는 로마 황제의 비로 예루살렘을 순례했다. 저스티니안은 527~565년 사이 비잔틴 황제.〕 북쪽의 그에 맞서는 산 라스 사후사파는 뒷날의 이야깃거리로서 E. 로빈슨〔미국의 동양학자로 팔레스타인 연구가〕이 꾸며낸 이야기라고 해도 좋으리라. 그래서 나는 '시나이의(Sinaitic)' 반도를 고대의 파란 반도〔성서에서는 팔레스티나 남쪽, 시나이 북쪽에 자리하는 황무지〕, 현대의 토르(반도의 주요항구 이름에서) 반도라 부르고 싶다. 아직도 나는 믿기 어렵지만, 진짜 시나이 산은 수에즈-아카바 사이의 근대적 하지(순례) 도로 북쪽에 해당하는 자바르 아라이후 또는 그 언저리의 그리 높지 않은 곳에서 찾아내야 할 듯하다. 이 이름에 대해서도 토론의 여지가 있어 대개 사나(Sanah=덤불)를 어원으로 한다고 알려져 있다. 그러나 이것은 충분하지 않다. 우리의 저명한 아시리아 학자 세이스 교수〔Archibald Henry Sayce로 영국의 언어학자, 1846~1933〕은 아시리아 달의 신인 '신'과 이 산을 연관지으려고 했다. 마치 네보 산과 태양신의 관계처럼……

＊207 아론의 지팡이의 기적을 암시하고 있다《코란》제7장 1절, 제20장 및 기타). 〔《민수기》제17장 8절에 '아론의 지팡이에 움이 돋고 순이 나고 꽃이 피어 살구 열매가 열렸더라'고 하는 기적.〕《코란》에서는 이집트의 마법사들이 굵은 밧줄을 던지면 그 마술에 의해 뱀처럼 구불거리거나 똬리를 틀기도 한다.

＊208 레인(《근대 이집트인》제3장)은 이 절(Salam)을 할 때의 예배자의 자세를 스케치로 나타내고 있다.

＊209 다키아누스는 디아누스의 아랍어화된 형태로, 기사나 평민의 이름.

＊210 이런 종류의 이야기에서 대신은 대개 머리가 예리한 사람으로, 남의 말을 잘 믿는 주인공과 좋은 대조를 이룬다.

＊211 전서구(傳書鳩)는 이즈음 널리 사용되었다. 아바스 왕조 34세 알 나시르 리 디니 라 교주(이슬람력 575=서기 1180년에 즉위)는 이븐 할둔(Ibn Khaldun)〔아라비아 역사가. 1322~1406년〕에 의하면 전서구를 매우 즐겨 사용했다고 한다. 다마스쿠스의 현대인도 오늘날 전서구를 애용하고 있다. 내 후임 영사 커비 그린(Kirby Green) 씨는 다마스쿠스에서 비둘기 사육에 대한 뛰어난 보고서를 썼다. 1322년에 이른바 마운데빌 또는 만데빌(앞에 나옴)은 시리아의 전서구는 군주들 사이의 유명한 통신 방법이었다고 쓰고 있다.

＊212 '알 이슬람에 수도승은 없다'고 하며 사실상 승려를 없앤 마호메트는 수도중들을 몹시 혐오했다. 그러나 '선천적이지 않은 영원한 사람들(Gens aeterna in qua remo nacitur)'(플리니우스 Pliny V. 17)이 이를테면 행자, 탁발승, 수피 이슬람교도나 그 밖의 사람들이 알 이슬람에도 출현하기에 이르렀다. 나중에 상세히 설명할 터이다.

〔플리니우스는 이른바 대(大) 플리니 즉 Gaius Plinius Secundus를 가리키며, 로마의 박물학자로, 여기에 시사된 저서는 유명한 《박물학》이다. 23～79.〕

*213 '연기로 공격하는' 관행은 아랍인들 사이에서 흔한 일이다. 펠리시에(Pelissier) 원수의 이른바 '야만행위'이다. 〔장 자크 펠리시에는 알제리아 총독을 지낸 프랑스인. 1794～1864.〕

*214 즉 천국을 약속하는 동시에 지옥에 떨어진다고 말하며 위협한 무함마드.

*215 간음 또는 불의(不義)의 뜻. 다시 말해 헤브라이인 사이에서와 같은 불신앙, 부정한 행위(《이사야서》 제23장 17절). 〔《이사야서》를 보면 '두로가 다시 취리(取利)하여 지면에 있는 옆방과 음란을 할 것이며(즉 두로가 회복될 것이나 또다시 부정한 상업을 하며…… 더불어 음란을 할 것을 말하고 있다)'라고 되어 있다.〕

*216 패배의 표시.

*217 영어로 보면 '어젯밤'. 이슬람교도의 하루는 유대인과 스칸디나비아인의 그것과 마찬가지로 해질녘부터 시작된다. 그리하여 라일(layl), 즉 하룻밤은 종종 해질녘에서 다음 해질녘까지의 24시간 동안을 가리키는 데 쓰이며, 야움(Yaum), 즉 하루 대부분은 우리에 의해 '싸움의 날'로 번역된다.

*218 여기서도 또한 착한 사람에게는 축복을 나쁜 사람에게는 그 반대의 것을 약속한 무함마드.

*219 이 시는 《아라비안나이트》에 적절히 삽입된 대부분의 시와 마찬가지로 악시(惡詩)이다.

*220 여기에서는 카와(Kahwah, 커피)가 오래된 독한 술이라는 본디의 의미로 사용되고 있다. 원어는 아하(Akha), 즉 '음식물에 대해 혐오감을 일으키게 하는 것(fastidire fecit)'으로, 이베리아인(에스파냐인)의 마탐브레(matambre, 식욕을 죽이는 것)이다. 예전에 정확성을 중요시하는 사람들은 술의 카와와 구별하기 위해 커피를 키와(Kihwah)라고도 했다.

*221 무함마드를 가리키는 것으로, 흔히 쓰이는 칭호이다.

*222 즉 적에 대하여. 이른바 북미 인디언도 이와 똑같은 '반어법' 형식을 사용한다. 호주 원주민들도 그들 못지않게 이러한 어법을 사용한다.

*223 아브라함의 잼잼 우물과 아브라함의 묘소에 대해서는 《순례》(제3권)를 참조하기 바란다. 이 책에서 나는 이 우물물이 에프솜(Epsom)의 소금처럼 짭짤하다고 말했다. 윌리엄 뮈어(William Muir) 경(그 뛰어난 《무함마드 전》 제1권에서)은 "몇 개월 동안 병에 들어 있던 오래된 물맛으로 갓 길어 올린 듯한 물을 이러쿵저러쿵 이야기할 수는 없을 것이다"라고 말했는데, 2주일쯤 전에 길어 올린 물을 통에 담아 납으로 밀봉한 것은 순례기가 끝나고 나서 캘커타(콜카타)와 그 밖의 곳에서 구할 수 있다. 더욱이 이 물을 분석하면 곧바로 염분이 검출될 것이다. 〔뮈어는 스코틀랜드의 아랍

어 학자로 1878년에 《원전에 바탕을 둔 마호메트 전》을, 1858~61년에는 《마호메트의 생애와 아라비아 이슬람교 전사(前史)》 4권을 썼다. 1819~1905.)

*224 경마는 예나 오늘이나 말에 미친 아랍인들이 매우 좋아하는 오락이다. 그러나 지금의 문명화된 형태의 경마에 비하면 속도보다 내구력 시합이라는 점에서 뚜렷한 대조를 이룬다.

*225 맥나튼판에서는 아르마(아르메니아)로 되어 있으며, 이 말은 앞에서도 나왔다.

*226 이스라엘인이 계율 받기를 거부했을 때 알라는 산(뚜렷이 입에 올리지는 않았지만, 시나이)을 뿌리째 뽑아 그들 머리 위로 번쩍 쳐들고 흔들어대면서 '우리가 주는 계율을 굳게 지키겠다는 결의로 받아들이라'고 위협했다.

*227 여자가 여행할 때 타는 낙타용 가마.

*228 즉 적을 기쁘게 하고 아군을 낭패시키는 일.

*229 야곱의 두 눈은 아들 요셉의 죽음을 슬퍼한 나머지 하얗게(즉 장님이) 되었다(《코란》 제12장 84절). 요셉은 형제들에 의해 우물 속으로 던져졌는데, 나중에 천사 가브리엘로부터 받은 속옷으로 야곱의 눈을 덮자 다시 시력이 회복되었다.

*230 엉덩이와 등 부분의 크기에 대한 미묘한 암시. 앞에서도 말했듯 그곳의 부피감이 풍만해야만 한다.

*231 예언자들은 모두 손으로 하는 일을 하고 있었다. 다윗은 사슬갑옷을 만들었다. 그 시대보다 전에는 금속조각을 이어붙인 갑옷을 사용했으므로, 이것은 다윗 자신의 발명품이었다. 따라서 훌륭한 사슬갑옷은 '다윗 제작품'이라고 불렸다. 사슬갑옷을 발명한 다윗에 관한 신화는 아마도 그의 특이한 투쟁경력에서 생겨난 것인 듯하다. 이슬람교도는 신에 대한 그의 특이한 귀의(歸依) 때문에 다우드(다윗의 아라비아 이름)를 숭배한다. 그의 인격에 대한 그러한 견해는 오늘날도 여전하여, 현대의 어떤 신학자는 '역사상의 어떤 인물'보다 다윗을 좋아했다.

*232 '밤에 여행하라'라고 예언자는 말했다. '땅의 악역(惡疫, 전갈 뱀 등)이 너희를 괴롭힐 때.' 그러나 아라비아에서의 밤의 여행은 꺼림칙한 것이다(《순례》 제3권).

*233 이 예의는 이스티크바르(마중 나가는 일)라고 불리며, 가장 엄격한 예의범절 규범으로 이루어진다. 대개 그것(최소한의 경우는 한 걸음)에 따라 그만큼 높은 경의가 표시된다. 동양인은 그러한 정중한 예의를 소홀히 여기는 이국인을 경멸한다.

*234 즉 왕자는 사막의 사냥꾼이 되고 새와 짐승은 그의 손에 잡혀 죽는 것을 기뻐하리라는 뜻.

*235 아기 눈의 염증을 막기 위해.

*236 아바스 왕조의 유명한 검은 깃발을 간접적으로 표현해 주고 있다. 페르시아인은 아름다운 젊은이의 뺨에 난 털을 가리켜 '젊은이의 뺨은 매력을 잃은 데다 상(喪)을 입었다'라고 표현한다.

*237 이단자(Infidel)는 아랍어의 카피르(Kafir). 이단자를 뜻하는 코란 용어로 쿠프르(Kufr)='이단'의 능동분사(能動分詞), '즉 마호메트의 가르침을 거부하는 것'이라는 뜻이다. 경멸하여 부르는 말이다.
*238 생명의 샘물을 마시고 영원히 혈기왕성한 청춘을 향락하고 있던 알 히즈르(Al-Khizr, 영원불변의 예언자)와 함께 모세가 여행한 일에 연유한다《코란》제18장).
*239 살쾡이는 고대 이집트의 사자, 인도의 수렵용 표범(Chita-leopard)과 마찬가지로 이용되었다. 오늘날에는 살쾡이 이야기를 들은 적도 본 적도 없다.
*240 매는 아랍어의 수쿠르(Sukur)로, 여기에서 영어의 Saker(매)가 나왔다. 고대의 팔코 세이서(Falco Sacer)=그리스어의 히에락스($\iota\varepsilon\rho\alpha\xi$)와 혼동하면 안 된다. 모든 예술과 마찬가지로 이집트에서 시작된 매사냥은 이슬람교 나라 전체에 걸친 광범한 문제이다. 독자는 꼭《인더스 강 유역의 매사냥 Falconry in the Valley of the Indus》(반 보르스트(Van Voorst) 발행, 1852년)〔버턴 저〕및《순례》제3권을 보기 바란다.
*241 개 짖는 소리가 들리는 범위 안에 천막을 치는 것은 예의에 어긋나는 일이다.
*242 동양인은 살결이 보드랍고 매끄러운 것을 중요시하는데, 그것은 당연한 일이다. 아무리 뛰어난 미인을 상대해도 살결이 거칠면 감흥이 사라진다.
*243 서로 가엾이 여기는 최면술적인 견인력.
*244 억지로 갖다 붙인 비유. 단추 없는 헐렁한 옷 위로 보이는 연인의 얼굴은 골짜기의 야영지 위로 떠오르는 달이다.
*245 《코란》제96장 5절.
*246 아지즈도 아지자도(남성명사도 여성명사도) '사랑하다' '멋진' '매우 소중히 여겨지다'라는 뜻이다.

이 이야기는 유럽풍의 '참을성 강한 그리젤다(Griselda)'〔보카치오, 페트라르카, 초서 등의 작품에 나타나는 여주인공으로, 인내심이 강하고 정절의 미덕을 발휘하는 전형적인 여성〕의 아라비아 형으로, 여자다운 헌신의 더욱 높은 개념을 나타내는 것이다. 아지자(Azizah)는 성가실 만큼 울기만 하지만 매우 총명한 처녀이고, 아지즈는 물처럼 나약하고 바람처럼 제멋대로인 못된 남자이기 때문이다. 이러한 현상(인생에 있어 드물지 않은 일이다)은 다음과 같은 시로 설명된다.

'나는 사랑한다, 성질 비뚤어진 여인을
왜냐하면 그 사내는 어리석고 영리하지 않기 때문.'

이렇게 슬기로운 여인이 바보 같은 남자를 사랑하는 것은 많은 경우 육체적으로 성적 결합을 좌우하는 다른 법칙에 의해서만 설명할 수 있다. 그리하여 이 법칙이 이 이야기에 얼굴을 내밀고 있으므로 신선함과 묘미가 더해진다. 아지즈가 자신의 처지를 항변할 수 있는 것은 그 격렬한 정열뿐이지만, 그 때문에 자기 말고 다른 아무도 사랑할 수 없는 속인들 속에서는 연인으로서 꽤 뛰어난 셈이다. 또 아지즈가 스스로 심하게 학대한 여자를 잃었으므로 아무도 그에게 동정을 보낼 수가 없다.
* 247 '증명의 손가락(witness-finger)'은 아랍어의 샤히트, 즉 집게손가락이며, 증명할 때 세우는 집게손가락이다. 동양과 서양의 명칭 대비가 참으로 재미있다.
* 248 사향(musk)은 이슬람교도에게는 천국의 향료 가운데 하나이다. 형용사 musky는 '냄새가 좋은' '암갈색의' 등의 의미가 있으며 시문(詩文)에 자주 쓰인다.
* 249 이러한 손수건은 대개 직사각형으로, 좁은 쪽은 금실이나 비단 색실로 수를 놓고 종종 테두리도 두르지만, 긴 쪽에는 장식하지 않는다.
* 250 라얀 서체는 *Ocymum Basilicum*, 즉 '바질'이라는 뜻. 정밀한 서체로, 잎사귀 모양을 한 붓에서 그 이름이 나온 것일까.
* 251 '큰일이 일어났다'는 뜻의 관용구.
* 252 비탄과 후회 등을 느낄 때 곧잘 하는 동작. 여기서는 그녀가 사랑하는 남자와 함께 할 날을 기다리며 한탄하고 있음을 나타내는 것이다.
* 253 레인(제1권)은 뒤 비노(Du Vigneau) 씨의 《터키 통신문집 *Secrétarie Turc*》, 폰 함머 푸르그슈탈(Von Hammer-Purgstall) 남작〔오스트리아의 동양학자, 1774~1856〕의 《동양의 얼굴 *Mines de l'Orient*》, 마르셀(Marcel)의 《엘모디 장로 이야기 *Contes du Cheykh El-Mohdy*》 등에 따라 몸짓과 암호에 대해 귀중한 설명을 붙이고 있다. 아메리카에서도 아시아에서도 이 암호가 사용된다.

요루바(Yoruba)〔서아프리카 상(上)기니아에 있는, 전 영국보호령〕의 아베오쿠타〔그 한 도시〕에서는 자패(紫貝), 종려 열매, 그 밖의 과일 씨를 짚에 여러 가지 모양으로 묶어 편지를 주고받았는데, 머리 좋은 사람은 순식간에 그 뜻을 알아차린다. 터커(Tucker) 여사의 《아베오쿠타 또는 열대지방의 일출 *Abbeokuta, or Sunrise within the Tropics*》에 실제적인 예가 하나 들어 있다. 〔터커는 샬럿 마리아 터커로, 수많은 이야기를 쓴 영국의 여류작가. 인도에서 사망. 1821~93.〕
* 254 〔순결한 사랑.〕 페인은 '우즈라족의 사랑'이라고 옮기고 있다. 즉 정열과 헌신으로 유명한 한 아랍족, 우즈라족의 사랑이다. 683번째 밤 참조. 나는 '허락해도 좋은 사람'이라는 의미로 받아들였으나 적절한 번역이 못되므로 '플라토닉'으로 했다. 그러나 이 연애는 웨일스와 잉글랜드 북부의 '번들링'(밤에 연인의 침소에 숨어들어 함께 자는 기이한 풍습)과 더 비슷하다. 이 풍습에서는 코이투스를 제외한 온갖 쾌락이 인정되고 있다. 프랑스인이 '작은 멍청이의 쾌락'이라고 부르는 장난이다. 아프간인은 이것을 나무자드 바지, 즉 '약혼자의 유희'라 부르고, 아비시니아인은 '눈(目)의 사랑'이라고 부른다.
* 255 아라비아와 페르시아의 시에서 터키인은 약탈자, 도둑을 뜻한다.
* 256 아랍어의 나지르로, 집사 또는 눈, '지켜보는 눈길'이라는 뜻.
* 257 아랍어의 하지브로 궁내관(宮內官), 시종 등의 뜻. 또 눈썹도 의미한다.

∗258 아랍어의 사브트(Sabt)와 헤브라이어의 사바스(Sabbath)는 모두 토성(土星)의 말, 즉 토요일을 뜻하고, 그리스도교 나라에서는 까닭을 알 수 없는 과정을 거쳐 일요일(Sunday)을 뜻하게 되었다. 이러한 경향은 종교사상 가장 기묘한 것 가운데 하나이다. 그 밖에 무엇보다 강력하고 유일한 명령이 있다고 한다면, 그것은 '토요일을 청정하게 하여 더러움이 없도록 하라'라는 명령으로 그리스도교의 시조는 그것을 준수했다. 이 명령은 그 뒤에도 절대 폐기되지 않았는데, 그럼에도 대부분의 그리스도교도는 사바스 또는 사우바스(Sawbath)가 고대 아랍인의 토성의 날, 즉 시야르(Shiyar)의 의미인 줄 깨닫지 못했다. 그리하여 이 말의 타락은 프랑스어와 독일어의 Sabbat가 criaillerie(소란, 울부짖음 등의 뜻) '말다툼' '무질서' '헥센(Hexen, 마녀들)의 불길한 향연' 등을 뜻하게 되어 극점에 이르렀다. 그러한 언어도단적인 부조리는 상식을 벗어난 종파심, 종교상의 당파조성에서만 설명된다.

∗259 〔원어인 뮤에진(Mu'ezzin)에 대해〕 큰 소리로 예배에 모이도록 외치는 사람을 말한다. 〔영한사전에는 기도시각을 알리는 사람으로 옮기고 있다.〕 최초의 뮤에진은 아부 바크르〔마호메트의 양아버지로 초대 이슬람교 교주. 634년 사망〕에 의해 석방된 아비시니아 노예 비라르였다. 그는 단순히 "나는 알라(신) 외에 일라(Ilah, 신) 없음을 증명하노라! 모두 기도하러 모여라!"라고 외쳤을 따름이었다. 오마르 교주〔2대 교주. 치세 634~644년〕은 예언자 마호메트의 허락을 얻어 "마호메트는 알라의 사도임을 증명하노라"라는 문구를 덧붙였다. 아름답고 인간적인 동시에 소란스러운 종소리에 즐겁게 조화되어 어울리는 기도의 외침은 오늘날 다음과 같은 문구로 되어 있다.

"알라는 전능하시도다(2번).

나는 단언하노라, 알라 외에 신이 없음을(2번).

너희는 연도(連禱, 하이야=하루무마)하러 어서 가라. ('너희는 구원받으러 어서 가라.' 이것은 시아파가 덧붙인 문구.)

예배는 (아침) 잠보다 훨씬 낫다(2번).

알라 외에 신은 없다."

기도하라고 외치는 이 문구는 모든 알 이슬람(이슬람교)을 통하여 표현은 같지만 발음과 억양은 다르다.

∗260 알 히자즈, 즉 이슬람교 성지의 기품 있는 젊은이.

∗261 아지자는 문제를 한층 신비롭게 하기 위해 남성명사를 사용하고 있다.

∗262 수반(水盤)은 종종 희고 검은 대리석의 거친 모자이크 무늬로 장식되며, 거기에 빨간 돌이나 기와를 복잡한 무늬처럼 박아 넣어 한층 더 돋보이게 한다.

∗263 아랍어의 쿠바드=자몽(shaddock, Citus decumana). 이것은 샤독 선장이 서인도제도에서 가져온 커다란 밀감이다. 영인어의 폼펠무스(pompelmoose), 속어의 pummelo에

해당한다. 품질이 우수한 쓴맛의 맥주는 에탄올에 그 껍질을 더하여 만든다. 시트론은 인도가 원산지이며 그곳에서 열대 각지로 퍼졌는데, 유럽에 처음으로 옮겨 심은 것은 영웅적인 호암 데 카스트로(Joam de Castro)〔포르투갈령 인도 총독이었던 포르투갈 군인. 1500~48〕로, 신트라(Cintra, 리스본 북부의 도읍) 자기 정원에서 재배했다. 오늘날에도 그 후손이 재배하고 있다.

* 264 살구만두는 아랍어의 Baklawah로, 살구를 곱게 으깨어 가루 반죽에 섞어서 화덕에 굽고 나서 마름모꼴로 자른 일종의 과자. 오늘날에도 흔히 볼 수 있는 과자이다.

* 265 이 저주는 의미심장하다. 마지막 심판 날에 올바른 이는 얼굴을 빛내면서 일어선다는 데서 '알라께서 네 얼굴을 하얗게 해 주시기를!'이라는 축복의 말이 생겼다. 이와 반대로 사악한 자는 얼굴이 새카맣게 타고 공포로 추하게 일그러져서 나타나도록 《코란》 제24장) 한다는 데서 '신이 네 얼굴을 새카맣게 태우기를!'이라는 저주 문구가 나왔다. 동양인도 저주를 한다. 저주는 어느 나라에서든 무서운 파괴성을 지닌 언어이기 때문이다. 하지만 욕하는(swear) 것은 서양인뿐이고, 특히 영국인에게 있어 이것은 무의미한 관습이다. '그것(it)'이 무엇인지 뚜렷하지도 않으면서 '제기랄(Damn it)'이라고 말하는데, 이것은 흡사 무턱대고 '나쁜 말'을 사용하고 싶어 하는 장난꾸러기의 말과 같다. '빌어먹을(Damn you)!' 쪽은 전 세계에서 이해할 수 있다. 〔즉 '너'라는 대상이 확실하므로.〕 여기서 프랑스의 les goddams〔갓댐을 연발하는 데서 영국인을 의미한다〕, 브라질의 Godames〔같다〕, 동아프리카 소말릴란드의 Gotama가 나왔다. 소말릴란드 사람은 아덴에서 이 말을 배웠다.

* 266 〔본문의 a single tip-cat stick.〕 우리의 자치기(tip-cat)와 비슷한 어린이 놀이에 쓰이는 한 조각의 막대기(레인 저 《근대 이집트인》 제17장). 〔자치기는 양끝이 뾰족한 막대를 공중으로 쳐올리는 놀이로, 레인은 그림을 그려 설명하며 4개의 막대기와 원반으로 하는 놀이방법을 설명하고 있다.〕

* 267 덜 익은 대추야자로, 아랍어의 Balah. 아랍인은 이것을 설사약으로 여기고, 또 더울 때 식용한다.

* 268 철(鐵)은 아랍어의 하디드(Hadid)로, '날카롭다' 또는 '찌르는 듯한'이라는 뜻이다. 그리고 철은 마력에 의해 악마를 물리친다. 이를테면 사막의 악령(아라비아에서도 사탄이라고 부른다)이 다가오는 경우, 이 마신을 집게손가락으로 가리키며 '철이여, 오, 너 불길한 것이여!'라고 말하면 된다. 고대 이집트인 사이에서 쇠는 티폰(Typhon)〔그리스 신화에서 입에서 불을 내뿜 거인〕의 뼈이므로 불길한 것이었다. 아마도 여기에 초기 동종(同種)요법(호메오파치)의 실례를 볼 수 있을 것 같다.

* 269 발효시켜 일종의 술로 만든 것. 조그만 사과 모양의 이 맛없는 과실은 스튜를 비롯한 여러 가지 요리에 널리 쓰인다. 이것은 Rhamnus Nabeca(또는 Sidrat)의 열매로 Zyzyphus Jujuba 또는 Spina Christi라는 이름도 있다. 전설에 의하면 그것으로 가시

관을 만들었다고 한다. 〔스피나 크리스티는 라틴어로, 그리스도의 머리에 씌운 가시관.〕 영국의 시장에서는 이 열매를 Chinese Japonica라고 부른다. 나는 《순례》 제2권에서 상세히 설명하고, 그 잎을 달인 물로 시체를 닦는 것에 대해서도 언급했다.

*270 긴 옷(사우브 또는 토베)의 벌어진 깃은 매우 특이하다. 동양의 단추는 우리의 단추와 같은 원리로 만들어지지만, 이슬람교도는 단추 고리를 좋아하여 단춧구멍은 완전히 무시된다.

*271 메카의 성전(聖殿)을 의식에 따라 구석구석 돌아다니는 것을 시사하고 있다. 〔메카 순례에서는 성전, 즉 카바 주위를 7번 돌게 되어 있다.〕

*272 귀걸이는 남근(男根)을 가리킨다.

*273 원전(原典)에는 '쓸개를 파괴했다'로 되어 있다.

*274 아지자의 죽음은 참으로 아라비아적인 동정심과 순수함으로 이야기되어 있다. 이 이야기를 들으면 오늘날에도 바다위족은 눈물을 흘리고, 우리 또한 이것을 읽을 때마다 늘 가슴이 미어지는 느낌이 든다.

*275 나는 앞에서 '누만의 꽃'을 아네모네라고 설명했다.

*276 〔원문의 'a lover Hades-tombed(명부에 갇힌 연인)' 가운데 명부에 대하여〕 아랍어의 바르자흐(Barzakh)로, 글자 그대로는 울타리, 구획이라는 뜻. 《코란》 제23장과 35장에서는 영혼이 거두어지는 곳인, 죽음과 부활의 중간에 자리하는 공간 또는 장소를 말한다. 그것은 어떤 의미에서 고전적인 명부〔그리스 신화의 하계(下界)〕, 그리스도교 나라에서 지옥의 변두리(Limbus, Limbo), 즉 Limbus patrum〔착한 사람이 죽은 뒤에 가는 곳〕에 해당한다. 그러나 이슬람교국의 연옥(煉獄) '알 아라프'와 혼동하면 안 된다.

*277 이슬람교도는 절대로 서서 소변을 보지 않는다. 소변이 튀어서 옷을 더럽히게 되기 때문이다. 따라서 성실한 사람들은 막대기나 작은 칼로 자기 앞의 땅바닥을 판다. 어느 순례자는 이슬람교도의 의복을 입고서는 거의 불가능한 이 추태를 보였다고 전해졌다. 이슬람교도는 방뇨하고서 하나 또는 세 개의 작은 돌, 찰흙, 또는 한 줌의 진흙 등으로 음경 끝(os penis)을 닦거나 우즈(간단한 목욕)을 하지 않고는 기도를 올리지 못한다.

투른포르〔Joseph Pitton de Tournefort, 프랑스의 저명한 식물학자. 1656~1708〕 《레반트로 가는 항해 Voyage au Levant》 제3권)는 콘스탄티노플의 어느 그리스도교도들이 이슬람교도가 페니스 끝을 문지르고 있던 벽의 돌멩이로 '인도 후추'를 빻았다는 유쾌한 이야기를 쓰고 있다. 같은 저자는 이슬람교도를 위해 라블레의 Torcheculative의 장(章)〔'엉덩이를 닦는 기묘한 방법을 발명한 가르강튀아의 뛰어난 머리 회전을 그랑구제가 인정한 것')을 번역하도록 권유하고 있다.

*278 '잔'은 여자의 다리 사이에 있는 것.

＊279 빙글빙글 돌고(타와후) 달리는 것(사후)은 〔시의 원문이 Towards its lover doth the bowl go round and run이므로〕 카바를 돌고 사파 산과 마르와 사이를 달리는 것에서 연유한다《순례》제2권, 제3권). 신앙심이 두터운 이슬람교도는 이 비유를 말도 안 되는 불경(不敬)으로 생각할 것이다. 〔이 의식은 대개 카바를 참배한 날 아침에 열린다고 한다.〕
＊280 〔원어 rod(1로드는 5.029m)에 대해〕 아랍어의 카사바(kasabah)는 약 1.8m의 길이이며, 때로는 12피트 반이었다. 그러나 이 길이는 그 뒤에 축소되었다.
＊281 타구 놀이, 즉 폴로 경기는 필다우시 작《페르시아 왕 이야기 Shahnamah》의 삽화가 든 책에서 볼 수 있듯이 초기 페르시아의 유희 가운데 하나이다. 이 경기는 조그만 공과 끝이 구부러진 길고 가는 막대로 이루어진다. 이 폴로 경기는 유럽의 folliculus 〔라틴어로 작은 가죽 부대라는 뜻. 즉 조그만 가죽공〕, pallone〔이탈리아어로 공이라는 뜻〕 구희(球戱, 벌룬 게임)(중세기) 등과 같지만, 유럽에서는 말이 그다지 인간의 좋은 반려자가 되지는 못했다. 그리고 고전에 이런 시구가 보인다.

'Folle decet pueros ludere, folle senes.'
(공은 소년의 놀이에 어울린다. 노인에게도)

＊282 다릴(Dalil)은 '이끄는 자'를 뜻한다. 다리라(Dalilah)는 '잘못된 곳으로 이끄는 여자'이다. 698번째 밤 '협잡꾼 할멈 다리라와 딸 자이나브의 못된 장난' 참조.
＊283 일반적인 별칭. 영어의 'Johnny Raw'에 해당.
＊284 목욕탕에서 나올 때 요금을 치른다. 따라서 들어갈 때는 아무 요금이 없다.
＊285 그녀는 자신의 칼과 코란에 맹세한 셈. 때로는 여기에 빵 한 덩이가 더해지기도 한다.
＊286 이 소름은 아라비아 문학과 힌두 문학에서 자주 사용된다.
＊287 지혈제로, 본문의 이 장면은 이집트에서 종종 실제로 일어나기도 한다. 그즈음 여자가 즐긴, 남자 살해 방법은 고환을 짓뭉개버리는 것이었다. 이집트 사람들은 남자를 살해하는 방법을 고안해 내는 데 있어 참으로 교묘하다. 여러 해 동안 외부에 아무 폭행의 흔적이 없는 시체가 여럿 발견되었는데, 이윽고 호기심 강한 유럽인의 강력한 조사 덕분에 권총 총신을 항문에 집어넣어 탄환이 안에서 터지게 한 사실이 밝혀졌다. 이러한 종류의 살인은 영국 역사상에도 알려졌다. 그러나 절대 유행하지는 않았다.
＊288 남근은 아랍어의 '자카르'로 남성다움을 나타내는 것. 이 이야기의 끝에 이르러 이 여자가 고환마저 제거해버리는 것을 알 수 있다. 따라서 아지즈는 산다리, 즉 rasé〔페니스도 고환도 없는 고자라는 뜻〕이다.
＊289 '인사를 하고'라는 뜻.
＊290 〔원문의 O cold of tattle(바보 같은 수다쟁이)！에 대해〕

이를테면 다음 격언에 있듯이

'두 사람은 얼음보다 차갑다

젊은 노인과 늙은 젊은이.'

'얼굴이 차가운 놈'은 바보와 같은 뜻. '알라께서 네 얼굴을 차갑게 하시기를!'은 '네 얼굴이 가난과 불행을 나타내도록'이라고 말하는 것과 같다. '알라께 맹세코, 차가운 말이다!'는 '어리석고 추잡한 장광설'이라는 뜻.

*291 통속적인 표현으로는 '귀는 때로 눈보다 먼저 사랑을 느낀다'〔'듣고 반하다'고 옮겨도 좋을지 모른다.〕

*292 리즈완(Rizwan)은 축복이라는 뜻. 또한 낙원의 문을 지키는 천사이기도 한데, 이 천사는 예전에 신앙이 깊은 사람들을 모시던 미소년, 즉 길먼(Ghilman, 또는 Wuldan)의 한 사람으로 이 사악한 이승에 나다닐 수 있도록 허락받았다.

*293 유럽에서라면 이것은 '왕후(王侯)의 복수인칭(plurale majestatis)'으로 왕족만이 사용한다.〔이를테면 국왕은 늘 '우리'를 사용하고, '짐(朕)'도 영어에서는 we로 옮긴다.〕아랍어에서는 이런 뜻은 없다. 비교적 하층계급에서도 자신들을 가리켜 이 복수를 사용한다.

*294 인간은 '천한 물의 추출물(《코란》 제32장 7절)' ex spermate genitali〔정액에서 나온다는 뜻〕이기 때문. 이것을 로드웰 씨는 '생명의 배종(胚種)에서' '가련한 물에서'라고 옮기고 있다.〔로드웰 번역 《코란》의 에브리맨스판(版)에 보면, 이 두 구절이 콤마(,)로 이어져 있다.〕

*295 때밀이 장갑의 움직임에 따라 둘둘 말려서 떨어지는 하얀(장뇌 같은) 표피와 때는 '아름다움'의 기적에 의해 갈색 사향처럼 된다. 이집트에서 때밀이는 손가락 없는 거친 털장갑을 끼고 때를 민다. 때밀이는 처음 온 사람에게 몸에서 떨어져 나온 가늘게 돌돌 말린 표피를 반드시 보여주어 그 사람이 얼마나 불결한지 증명해 보여준다. 그러나 그것은 대개 오래된 각질이다.

*296 이 시 전체의 의미는 '그를 사랑하지 않을 수 없고, 그의 경쟁상대를 만들어낼 수 없다(코란에서 알라와 동격인 신이 있다는 것의 부정, 즉 복신론(複神論, plurality), 공신론(共神論, syntheism) ―다신론(多神論)이 아니다―의 종교를 시사하고 있다)' 는 것. 보라, 그는 엉덩이의 무게 때문에 비틀거리고 엉덩이를 흔들면서 걷지 않는가, 회전하는 천체처럼 빙글빙글―.

*297 천국이란 자나트 알 나임(Jannat al Na'im, 환락의 동산)을 가리킨다. 7낙원〔이슬람교는 천국을 일곱으로 나눈다〕의 5번째로 하얀 다이아몬드로 만들어졌다. 마호메트의 낙원도 단테의 그것과 마찬가지로 잘못 만들어진 것은 아니다. 아는 것이 없는 자나 거짓을 일삼는 자들이 이슬람교의 낙원은 무척 관능적이라고 주장하지만, 이것을 반박하는 데는 단 한 줄의 시구면 충분하다. '그곳(환락의 동산)에서 그들의 기

도는 "오, 알라여, 그대를 찬양하라!"이고, 마찬가지로 그 인사는 "평안하시기를!", 그리고 기도 끝에 "찬양하는 말은 만물의 주(主), 신이시니라!"이다'(《코란》 제10장 10, 11절). 이 낙원은 또한 일종의 지적(知的) 상태로 그 안에서는 지식이 점점 더 커진다(제88장 17~20절). 그리스도교도보다 훨씬 논리적인 이슬람교도는 '하등동물'도 낙원에 들어오는 것을 거부하지 않는다.

* 298 Sed vitam faciunt balnea, Vina, Venus! [그러나 목욕탕과 술과 여자가 생활을 이루고 있다! 는 뜻] 동양인에게 있어 목욕은 꼭 필요한 것인 동시에 일종의 향락이기도 하다. 남자들은 몇 시간이고 목욕탕에 들어앉아 오로지 돈과 여자에 대해 얘기하고, 여자들은 반나절 내내 목욕하면서 남편의 지나친 호색을 푸념하고, 그것에 대한 자신들의 순진한 혐오감을 드러내기도 한다.

* 299 아랍인들은 서늘한 것을 좋아하기 때문. 이 천국은 프리지다리움(frigidarium), 즉 냉각실이라는 뜻.

* 300 목욕탕인 칼리다리움(calidarium), 즉 뜨거운 방.

* 301 말리크는 지옥문을 지키는 천사. 특히 저주받은 자의 고통을 다스리는 자이다(《코란》 제43장 78절).

* 302 앞서 언급한 천국의 문지기. 리즈완은 천국의 젊은 남녀를 맡고 있는데, 종종 몰래 밖으로 내보내 주어 시인들에게 비난받는다.

* 303 [본문의 '아침의 한 잔'에 대하여] 레인(제1권)은 '포도주, 우유, 셔벗 또는 그 밖의 음료'라고 말하고 있다. 여기서는 포도주로, 이 습관은 페르시아의 시에서는 특히 하피즈(Hafiz)[페르시아의 서정시인이며 철학자. 대표작 《디완》은 가자르라는 서정 단시 형태의 시 모음집이다. 1320~88]에 의해 유명해졌는데, 유럽인의 위장에는 어울리지 않는다. 이므므로 알 카이스의 《무아라카》에도 '우리의 아침의 한 모금'이 보인다. [알 카이스는 '방랑의 왕자'로 불리는, 마호메트 시대의 아라비아 시인으로 아라비아 시의 시조로 일컬어진다. 《무아라카》는 그의 시집.] 하피즈에 의하면 '아침의 즐거운 포도주 한 잔은 페르시아인의 비교적 사치스러운 기호'였다. 오늘날에는 방랑자만이 이 관행을 지킨다.

* 304 일상적인 가벼운 은유.

* 305 이러한 편지는 대개 커다란 종이에 써서 너비가 1인치쯤 되도록 조그맣게 접는다. 끝을 고무로 봉한 다음, 손가락 끝으로 도장반지에 먹을 묻히고, 도장반지를 찍을 곳을 혀끝으로 조금 적셔서 개봉되지 않도록 하여 도장을 찍는다.

* 306 아랍어의 salb는 책형을 뜻하지만, 《아라비안나이트》에서는 대개 샤나크(Shanak)가 사용된다. 미신가 콘스탄티누스(콘스탄티노플에서 다스린 11황제의 이름이지만, 여기서는 초대 콘스탄티누스 대왕을 가리킨다. 4세기 초기 사람)에 의해 폐지된 책형은 마호메트 알리 파샤(터키 서부 자니나 주 지사. 잔학한 행위로 유명하며 1822년

참수되었다) 시대까지도 노예에 대한 형벌로 실행되었다.

　범죄자는 발걸이(suppedaneum) 없는 십자가(patibulum)에 못 박혀 매달린 채 파리, 태양, 갈증과 굶주림에 시달린다. 그들은 대개 사흘 동안 연명하다가 상처의 고통과 마비에 의한 신경의 소모로 숨진다. 대부분 시체는 그대로 방치되어 독수리와 까마귀의 밥이 되었다. 그 때문에 책형에 의한 죽음은 차츰 음침하고 참혹한 모습을 띠게 되었다. 이슬람교도는 단순한 교수형은 좋아하지 않는다. 광신적인 악행을 처벌할 때는 범인을 돼지가죽에 싸서 매달아 불태우고, 그 재는 공동 하수구 속에 공개적으로 뿌렸다.

*307 악마는 아랍어의 샤이탄(Shaytan)이며, 이 말은 《코란》에 나오는데 유대교도로부터 빌려온 것이다. 구약성서에는 사탄(satan)이 4번 나오고, 그 가운데 2번은 욥기에 들어 있다. 그러나 거기서 사탄은 하위(下位)천사이다. 〔R. 헌터의 《캐셀 성서주해 사전》에는 구약에 7번 번역하지 않은 채로 나온다고 씌어 있으며, 사탄이 정말 모두 고유명사인지에 대해 의문을 품고 있다. 아무튼 이 말은 때에 따라 하위천사에서 적, 그리고 악마까지 의미한다.〕

*308 이 '응고된 피'란 아랍어의 알라크(Alak)로, 《코란》 제22장 5절에서 인용되었다. '오, 사람들이여…… 생각하라, 그들은 우선 그대들을 티끌에서 만들어(아담), 그 뒤 씨앗으로부터 만들고, 그 뒤 다시 작은 응고된 피(또는 응고된 핏덩어리)에서 만들었도다.' 이 피에서 만들어진 것은 아담, 이브, 및 이사(그리스도)를 뺀 모든 인류이다. 또 앞에서도 말했듯 아마도 메카에서 쓰인 최초의 것으로 추정되는 제96장 2절도 참조하기 바란다. 〔여기서는 역시, 파머 번역으로 보면 '응고된 피에서 사람을 만들고……'이다.〕 나의 학식이 넓은 벗 슈프렝거(Aloys Sprenger)의 《생애 *Leben*》 제1권 참조. 〔슈프렝거는 티롤 출신 동양학자, 베른대학 교수. 이 글은 《마호메트의 생애와 가르침》. 1813~93.〕

*309 소하(Soha)는 큰곰자리의 꼬리에 있는 별. 그 중요한 역할은 자미(Jami)의 《라일라와 마지눈 *Layla Majnun*》 첫머리에도 있듯이 소하일(Sohayl, 캐놉스)을 빛나게 하는 일이다. 〔자미는 페르시아의 유명한 시인. 1414~92년. 《라일라와 마지눈》은 연애시로 남녀 여인의 이름.〕 '내가 여자에게 소하를 보여주면 여자는 나에게 달을 가리킨다'라는 격언은 《아라비아 격언집》 제1권) 다음과 같이 태어났다. 아는 것이 없는 탓에, 어느 아름다운 여장부가 누구든 좋으니 자신의 처녀를 빼앗아보라고 말하며 도전했다. 그러자 이븐 알가즈라는 남자가 정신을 잃을 때까지 여자와 격투하여 승리를 거두었다. 그때 남자가 여자에게 '눈은 어떤가? 소하별이 보이는가?'라고 물으니 여자는 완전히 넋이 빠져 달을 가리키며 '저것이 소하예요'라고 대답했다.

*310 달은 남성이고, 해는 여성이므로.

*311 〔원문의 라피스 라줄리(lapis lazuli), '군청색' 또는 '유리색'에 대하여〕 아랍어의 라주

와르드(Lazuward)로, 아마도 이들 말은 현대 그리스어의 라조이리온(λαζουριον),
이탈리아어의 아주로(azzurro)를 거쳐 영어의 azuro의 어원이 된 듯하다. 라피스 라줄
리는 한층 밝은색이다.
* 312 대상(隊商)이 물을 마시는 사막의 우물.
* 313 유명한 아비센나(Avicenna)로, 헤브라이인은 아벤 시나(Aben Sina)라고 불렀다.
〔아라비아 이름은 이븐 시나.〕헤브라이어를 통하여 아랍어를 공부한 듯한 유럽인
초기 아라비아 학자들은 그 사투리를 빌려 오랫동안 남유럽에서는 그 이름으로 불렀
다. 〔아비센나는 아라비아의 의사이자 철학자로, 본문의 책 제목은 《의학보전(醫學
寶典), Canon of Medicine》. 980~1037.〕
* 314 힌두교도에 의하면 상사병에는 10단계가 있다. 반하고, 마음을 빼앗기고, 욕정이 샘
솟고, 잠 못 이루고, 여위고, 감각 대상에 대한 무감동, 치욕감의 상실, 생각의 혼
란, 의식상실, 죽음.
* 315 '아라비아 귀부인'이 이렇게 걷는 것을 워들(waddle)〔아장아장, 비틀비틀 걷는다는
뜻〕이라고 한다.
* 316 우리 관용어로는 6개의 문.
* 317 두 사람은 결혼할 작정으로 더없는 쾌락에 빠져든 셈이다.
* 318 여자 쪽에서 적극적으로 제안하는 데 특색이 있다. 이집트인은 여자가 남자보다 정
이 많다고 하는데 그것은 분명히 맞는 말이다.
* 319 '여봐라, 장녀여.' 즉 앞에서 설명했듯이 이것은 반어(反語)이다.
* 320 즉, 문턱과 문미(門楣)의 홈에 꼭 들어맞아서 경첩 역할을 하는 셈. 자세히 관찰하
면 위쪽의 돌출부는 아래쪽의 그것보다 길어 문은 위쪽에서 약간 헐거워져 있다. 그
래서 문을 들어 올리면 품질이 좋지 않은 문은 홈에서 떨어진다. 이것은 가장 오래
된 문의 형태로 고대인은 이런 것 말고는 알지 못했다. 이집트어로 경첩을 '아카브'
라고 하며 이런 격언이 있다. '와카프 알 바브 알라 아카비.' 즉 '문은 경첩 위에 서
있다'라는 말로 '모든 게 똑바로 되어 있다'는 뜻이다.
* 321 사형집행인에게 꼭 필요한 예방수단. 서두르면 자신의 목도 반드시 잃게 된다.
* 322 공주의 말은 왕자가 결혼 전에는 자신과 동침하려 하지 않았다는 것을 의미하고 있
다.
* 323 여기서 마침내 '아지즈와 아지자' 이야기가 삽입된 타지 알 무르크 이야기가 끝나고
다시 오마르 왕의 아들들 이야기로 돌아간다.
* 324 지부르는 일반적으로 자발(Zabal)이라고 발음하며 '똥'이라는 뜻이다. 한(Khan)은
앞서도 설명한 것처럼 길다는 의미.
* 325 즉 지하드(聖戰)에 나서는 사람. 이 왕은 아랍어의 말리크(Malik)로, 말리크라는 칭
호를 처음으로 받은 것은 아바스 왕조 교주 알 타이 리 라(치세는 이슬람력 363~

381년) 아래에서 활약한 '아즈드 알 다우라'라는 술탄 또는 섭정이었다.
*326 루바(Ruhbah)는 유프라테스 강가의 작은 마을로 시리아 국경에 있다.
*327 아라비아적인 독특한 애수(哀愁).
*328 낙원에 있는 섬 가운데 하나(《코란》 제76장).
*329 이 비유는 스칸디나비아의 시에서와 마찬가지로 억지로 갖다 붙인 듯하며 애매하다. 페인 씨(제2권)는 나무르를 '그물'이라고 옮겼지만, 나는 개미가 떼를 지어 뺨을 기어오른다는 뜻으로 풀이했다. 젊은이의 구레나룻에 대한 흔한 직유법이다. 연인들은 질투와 그 밖의 라자(지옥)에 있으나, 서로 행복을 누리게 되기를 기대하면서 사랑과 푸른 옷―희망의 색―의 나임(천국)에 있는 심정으로 있다.
*330 흰색(바브나지)과 노란색(카이슨)의 두 종류가 있다.
*331 유목생활에서는 연인과 헤어지는 일이 매우 잦아서 시에서는 상투적인 주제라고 할 수 있다. 또한 이 본문에서 볼 수 있듯이 연인들은 종종 헤어지지도 않으면서 이별을 푸념한다. 카브 이븐 즈하일이 그 유명한 시의 첫머리에서 '수아드는 사라지네'라고 노래한 뒤로 모방자 9백 명이 연인을 외쳐 부르는 문구를 채용하여 수아드(여자의 이름)는 결국 잔인하고 바람기 있는 연인을 뜻하게 되었다. [카브는 이슬람교 전대(前代)의 유명한 종교시인. 이슬람력 32년에 사망.]
*332 마호메트의 말에 '뜸은 의료의 궁극이다'라는 문구가 있고, 또한 '불과 병은 함께 살 수 없다'고도 한다. 바다위족은 흔히 몸에 그 영웅적인 조치의 무서운 흔적을 갖고 있는데, 뜸의 남용은 종종 괴저(壞疽)를 일으킨다.
*333 스페인 사람들도 같은 문구를 가지고 있다. '남자는 불, 여자는 부싯깃.'
*334 아랍어의 바시크(Accipiter nisus)로, 용맹한 작은 새매의 한 종류. 나는 《인더스 강 유역의 매사냥》 속에서 설명했다.
*335 펠트로 만든 모자는 아랍어로 리브다(Libdah)라고 하며, 동냥 또는 탁발승의 표시이다.
*336 상(喪)을 입을 때 이슬람 여성은 여기에 넌지시 암시된 헤나[이집트산 식물로 갖가지 염료가 만들어짐] 같은 염료나 향료를 사용하지 않는다.
*337 《코란》 제2장 23절.
*338 사다(Sa'ada)는 자주 나오는 여성이름. '사다의 딸들'은 얼룩말을 말하며, 아름답고 재빠른 점에서 여자를 닮았기 때문이다.
*339 이 해독제는 아랍어의 티르야크(Tiryak)로, 독 있는 것에 물린 상처에 바르는 약이다. 그리스어의 테리아콘 파르마콘($\theta\eta\rho\iota\alpha\chi o\nu\ \phi\alpha\rho\mu\alpha\chi o\nu$)에서 나왔다. [본문에서는 theriack가 쓰였다.] 이것은 주로 당즙(糖汁)으로 만든 것이며, 바그다드와 이라크의 그것은 오랫동안 뛰어난 효과가 있는 것으로 여겨져 왔다. 바다위족은 해독을 위해 마늘에 투명한 버터를 발라 3개씩 먹는다.

*340 세르반테스는 이 이야기를 읽었던 것일까? 아마도 알제〔북아프리카 알제리아의 수도〕에 있었을 때 이야기꾼이 이 이야기를 하는 것을 들었는지도 모른다. 〔세르반테스는 싸움터에서 귀국하던 중 해적에게 잡혀 포로가 되어 그곳에 5년쯤 억류된 일이 있었다.〕 칸마칸 왕자는 돈키호테처럼 착하고 용감한 전형적인 아랍 기사이고, 사바는 애교스러운 산초 판자이다. 〔사바는 나중에 칸마칸 왕자와 해후하여 그의 종자가 된다.〕

《안타르 이야기 Romance of Antar》에는 오캐브라고 하는 잘 어울리는 인물 한 쌍이 나오는데, 그도 또한 이런 말을 한다. "나는 결코 싸움을 할 인물이 못 돼. 이 손에 쥐어져 있는 칼은 기껏해야 펠리컨을 뒤쫓는 게 고작이지." 〔안타르는 서기 6세기의 아라비아 시인으로 용감한 장수. 서사시 《안타르 이야기》는 알 아스마이 작품의 주인공.〕

*341 단봉낙타는 아랍어로 우샤리(Ushari). 노(老) 퍼카스(Purchas)〔새뮤얼 퍼카스는 영국의 목사로 여행기, 특히 지리학자 리처드 하클루이트(Hakluyt)의 유고(遺稿)를 편찬한 사람. 저서로 《퍼카스 순례》 외에 두 종류가 있다. 1577~1626.〕에 의하면 세 종류의 낙타가 있으며 (1) 은 후긴(Huguin=Hejin)으로 키가 크고 1천 파운드를 운반할 능력이 있다. (2) 는 베히트(Bechete=Bukhti)라고 하며 앞에서 설명한 쌍봉낙타. (3) 은 라구아힐(Raguahill=Rahil)로 작은 혹이 하나인 낙타로 짐을 나르는 데는 적합하지 않지만 하루에 백 마일이나 걸을 수 있다.

북아프리카의 다른 여행자들의 보고에 의하면 사바이에(Sabayee, 사바이 Sab'i=7일 동안 걷는 자)는 5일에서 7일 동안 630마일(즉 35대상숙소=각 숙소 사이는 18마일)을 걷는다고 한다. 엔서(Ensor) 씨의 대상에 있던 단봉낙타 가운데 한 마리는 (《누비아와 다르푸르 여행 Journey through Nubia and Darfoor》—꽤 재미있는 책이다) 27일 동안 1,110마일 길을 걸었다고 한다. 그의 말에 의하면 낙타는 5일 또는 7일마다 물을 주면 최상의 상태이고, 추운 겨울에는 16일 동안이나 물 없이 견딘다고 한다. 내 경험에 의하면 알 히자즈(성지)에서 8월 말 90시간 동안 물을 주지 않았더니 낙타가 매우 약해졌다(《순례》 제3권). 그러나 그것은 '주디'라고 하는 털이 아름다운 낙타의 경우였고, '하와르'라고 하는 털이 거칠고 둔중하여 걸음이 느리고 더위에도 잘 견디는 낙타는 다르다.

*342 '이슬람교 사원의 뾰족탑(minaret)'은 여성형이므로 흔히 아름다운 젊은 여성에 비유된다. 가장 오래되고 높은 뾰족탑은 옴미아드 또는 우마이야 왕조 교주(제10대) 알 왈리드(Al-Walid 재위 이슬람력 86~96년=705~715년)에 의해 다마스쿠스에 세워진 것으로 추정된다. 에인스워드(Ainsworth)에 의하면 두 번째 뾰족탑은 칼데아의 쿠프 히사르에 있다고 한다. 〔W.F. 에인스워드, 영국의 의사이자 지질학자, 동양여행가로 저서는 《여행기》 1807~96.〕

＊343 순수한 바다위인은 당연히 물이 없는 곳에서 태어나 자랐으므로 모두 헤엄을 칠 줄 모른다.

＊344 비교적 하등한 종류의 바다위인은 결코 신용할 수 없다. 그들은 고양이의 잔인성과 이리의 거칠고 사나움을 더불어 갖추고 있다. 이러한 초보적인 사실을 몰라 얼마나 많은 영국인이 목숨을 잃었던가! 이 종족은 만데빌 시대(서기 1322년) 이래 변하지 않았다. 즉 그들이 말하는 아랍인은 '바다위인이라고도, 아스코파르드인(Ascopards)이라고도 불리는 매우 흉포하고 사악하며 저주받을 심성의 소유자이다.' 그 시대는 '방패 하나, 창 하나뿐 다른 무기는 갖지 못했으나' 오늘날에는 불행하게도 그들은 화승총을 가지고 대부분의 부족이 화약을 제조할 줄 안다. 〔만데빌 저 《여행기》에 브리맨스판 참조. 이 책의 주(注)에 의하면 아스코파르드인은 아랍어 askhaf에서 나왔으며 거인이라는 뜻이다.〕

＊345 아랍어에서 하일(Khayl)은 말, 후산(Husan)은 종마, 후두드(Hudud)는 목장의 종마, 파라스(Faras)는 목마(牡馬), 그러나 때로는 말로 쓰이며 '지상을 질주하는 말'을 뜻한다), 지야드(Jiyad)는 군마(혈통이 좋은), 카디시(Kadish)는 일말(혈통이 나쁜), 모르(Mohr)는 망아지, 모라(Mohrah)는 암망아지이다.

＊346 알 카투르는 '살해하는 자', 알 마지눈은 '미치광이'라는 뜻이다. 둘 다 반어적으로 사용된 굉장한 찬사이다.

＊347 이것은 사막의 말 도둑에 관한 거짓이 아닌 진실에 넘친 묘사이다. 혈통 좋은 아라비아 종마는 등에 탄 사람을 위해 싸우고, 밤에도 위험한 징조가 보이면 기수를 불러일으키는 것으로 알려졌다. 주인은 대개 말의 배 밑에서 자는데, 말은 날이 밝을 때까지 눈과 귀로 끊임없이 망을 봐준다.

＊348 부활의 날을 말한다.

＊349 아랍어의 빌라드 알 수단(Bilad al-Sudan), 즉 흑인국으로, 이 나라에서 노예가 나왔다. 오늘날에는 숙명적으로 영국인의 귀에 익숙해진 말이 되어 있다. 그렇다고는 하나 같은 이름의 두 지역이 있다. 상(上)나일의 동부와 니제르 강 유역을 포함하는 서부가 그것으로, 저마다 자기네 지역을 진짜 수단(the sudan)으로 여기고 있다. 그리고 독자는 상 나일의 베르베르인(Berber)—Berberino라고도 하며, 하(下)이집트에서 노예가 되어 일하고 있다—과 바르바리 지방(Barbary)의 베르베르인을 혼동하면 안 된다. 전자는 일종의 아프리카어를 사용하고, 후자는 '셈어계(語系)'의 (아랍어 계통의) 말을 사용한다.

＊350 눈이 아직 녹지 않은 봄에, 바다위족은 겨울의 비를 공급받는 사막의 겨울 숙소 '라스무'를 버리고 풀과 물이 있는 여름 숙소 '야이크라'로 이동한다. 따라서 그때마다 이별하게 되는 셈이다.

＊351 싸우기 전에 이런 식으로 '이름을 대는 것'이나, 자기 종족(또는 자기 자신)을 과시

하는 것은 함성과 마찬가지로 자연스러운 현상이다. 어느 것이나 모두 적에게 겁을 주는 데 목적이 있으며 종종 성공을 거둔다. 고전을 읽는 독자라면 누구나 이 오래된 관습이 아주 먼 옛날로 거슬러 올라감을 알 것이다.

*352 '터키인'은 이윽고 아바스 왕조 교주 사이에도 출현했다. 이맘 알 샤피(Al-Shafi'i, 이슬람력 195=서기 810년)는 터키인의 이집트 지배를 예언했다고 한다. 알 무타심 빌라(Al-Mu'atasim bi'llah) 교주는 터키인 노예를 1만 명 넘게 소유하고 그들에게 중요한 직무를 맡긴 최초의 교주였다. 그 후계자 알 와시크(Wasik, Vathek, 무서운 눈)는 터키인을 국왕 또는 섭정으로 임명한 최초의 교주였다. 그의 통치 이후 터키인들은 집정관이 되어 아바스 왕조를 몰락시켰다.

*353 페르시아 속담에 '잔치는 먼저, 전투는 나중'이라는 것이 있다.

*354 유혹하는 자, 타락시키는 자라는 뜻.

*355 페르시아의 호메로스로 일컬어지는 피르다우시(Firdausi)[또는 Firdusi. 페르시아의 대시인으로 유명한 《자나마》의 작자. 940?~1020년]도 이와 비슷한 멋들어지고 과장된 표현을 즐겨 쓰고 있다. 말발굽에 모래먼지가 몹시 일어나므로 대지의 층이 하나 줄어(7개의 층 가운데) 하늘(의 7층)에 더해졌다고, 또 말의 이마에 있는 '흐르는 별(blaze)'은 새벽의 흰 빛이다. [이것은 As though the Morning had blazed his brow의 한 구(句)에 대해.]

*356 순수한 혈통의 아라비아 말이 흥분한 징후.

*357 즉 칸마칸 왕자.

*358 이른바 '너그러운 성품'은 고귀한 아랍인에게 특유한 것이다. 이와 달리 비열한 아랍인이나 바다위족은 낙타처럼 집념이 깊고 복수심이 강하다.

*359 독은 단검의 홈에 발라진다.

*360 페르시아어의 방그(Bang), 인도어의 방그(Bhang), 마로코(모로코와 같음)어의 파스흐(Fasukh), 남아프리카의 다하(Dakha)이다. 나는 런던에서 '하시시 놀이'에 관해 소문은 들은 적이 있는데, 그 실험 결과 실험자의 반이 1주일 동안 안락의자 위에 드러누워 있었다고 한다. 이 약은 열을 느끼지 못하게 하는 신비로운 효능을 지녀 화부들에게 매우 유용하다. 동양인은 이무사크, 즉 '성교의 오랜 지속'에도 이 약을 사용한다. 곧 뒤에서 여기에 대해 다시 설명하겠다.

*361 마약 상습 복용자는 아랍어로 하시샤신(Hashshashin). 드 사시[프랑스 동양학자]는 이 말에서 암살자(Assassin)가 유래하였다고 여겼다. [이 말은 일반적으로 암살자를 뜻하지만, 역사적으로는 십자군을 학살하기 위해 파견된 페르시아, 시리아의 이슬람교 광신자를 의미한다고 한다. 즉 광신자들은 하시시에 취한 힘으로 폭력을 휘둘렀기 때문이다.] 하시시의 뚜렷한 효능은 엄청난 상상력을 자극하는 것으로, 일종의 상상착란(delirium imaginans) 또는 환각(phantasticum)을 일으킨다.

*362 나막신은 높이 3인치에서 10인치. 미끄러운 목욕탕에서 처음으로 이것을 신은 사람들은 조심해야 한다.

*363 〔원문은 sitting to her······ '여자를 마주 보고 앉으면서'이다.〕 성교 체위는 인종학상 진기하고 흥미로운 데다 언제나 광범위한 문제이므로 간단한 설명은커녕 한 권의 저서가 될 만하다. 《아낭가랑가 *Ananga-Ranga*》 즉 《육체 없는 존재의 단계》에 이에 관한 상세한 설명이 있다. 이것은 산스크리트어 운문으로 쓰인 논설로, 저자는 대왕 보지(Bhoj)의, 어떤 설에 의하면 카노지(Kanoj) 대왕(마하라쟈)의 대신이었던 가상적인 저자를 기념하여, 흔히 코카 판디트(Koka Pandit)라는 이름으로 알려져 있다. 그리하여 종래 《리자트 알 니사 *Lizzat al-Nisa*》(여성의 쾌락 또는 향락)라는 제목으로 힌두스탄어로부터 이슬람교 동양의 여러 언어로 번역됐다. 〔저자의 본명은 대시인 카르야나 마라로, 11세기 무렵의 브라만. 그리고 다른 제목의 '육체 없는 존재'는 카마데바 신으로 큐피드 같은 존재이다. 따라서 '욕정(Cupido)의 단계 또는 형태'라는 뜻.〕

이 책에 의하면 성교 체위는 5종류로 크게 나뉜다. 바로 눕는 자세. 이것은 또 11가지로 세분된다. 오른쪽이나 왼쪽 옆으로 누운 자세. 3가지 다른 형태가 있다. 앉은 자세. 여기에는 10종류가 있다. 서는 자세. 이것은 3가지로 세분된다. 고개 숙인 자세. 2종류가 있다. 모두 합해서 29자세이며 남자가 똑바로 눕게 되는 경우(보카치오 〈제1일〉 제4화의 수도원장 이야기 참조)인 '푸르샤이트'의 3자세를 더하면 32자세가 되어 프랑스의 이른바 40자세(*quarante façons*)에 가까워진다. 〔《데카메론》 영어 번역에 보면 '수도원장은 몸집이 좀 컸으므로 소녀에 대한 배려에서 욕망을 채우는 데 있어 좀 이상한 방법을 선택했다'고 했는데, 남자가 똑바로 누웠음을 시사하고 있다.〕

한 사람 또는 두 사람이 새 같은 자세로 '웅크리고 앉는' 좌위(坐位)는 동양인처럼 다리가 유연하지 않은 유럽인에게는 불가능한 것으로 생각한다. 대체로 유럽인의 목적은 향락 시간을 단축하게 하는 근육의 긴장을 피하는 데 있다. 본문에서는 여자가 똑바로 눕고 남자는 다리 사이에 웅크리는 것인데, 이 자세는 모로코에서 중국에 이르기까지 매우 애호되고 있다.

《아낭가랑가》는 1873년에 《인도의 사랑의 기교 *Hindoo Art of Love, Ars Amoris Indica*》라는 제목으로 축어역(逐語譯)된 것이 있었으나 겨우 6부가 인쇄되는 것으로 그쳤다. 1885년에 재발행되었다(인쇄되었으나 공개적으로 간행한 것은 아니었다). 이러한 문제에 호기심을 느끼는 사람들은 피사누스 프락시(Pisanus Fraxi) (H. S. Ashbee)에 의한 발매금지서적 목록(*Index Librorum Prohibitorum*, 런던, 비매품, 1879)을 살펴보기 바란다.

〔파리의 아스트라사 간행 《아낭가랑가》는 간행 연월일은 알 수 없지만 버턴과 아

바스노트가 함께 번역했음을 두 사람의 머리글자로 알 수 있다. 이 책에는 다행히 서명이 든 '추기(追記)'도 실려 있다.〕

*364 페르시아어로 바그다드는 '정의(다드)의 정원(바다)'을 뜻한다고 한다. 고어 우즐리 경(Sir Gore-Ouseley)〔영국 동양학자〕의 저서 《페르시아 시인 평전 Biographical Notices of Persian Poets》(런던, 1846)과 비교해 보면 좋다.

*365 쿠르드족(Kurds)은 페르시아 종족 계통으로 예스럽고 야만적인 이란어를 사용하고 때로는 시아파에 속한다. 태어나면서부터 산적, 강도, 가축사육자인데, 시리아와 이집트에도 널리 분포하며 대왕 살라 알 딘(Salah al-Din, 살라딘) 같은 훌륭한 인물을 배출했다.〔살라딘은 십자군에 맞서 싸운 이슬람군 영웅, 이집트와 시리아의 왕. 1137~93.〕 그들은 동양의 영국인과 친척관계를 가졌다고 하는데, 그 까닭은 두 종족 모두 언제나 되도록 높은 지대에 살기 때문이다.

*366 어느 부족에도 속하지 않는 불한당들은 아라비아에서, 특히 북부 변경지대에서 가장 위험한 강도이다. 그들에게 험한 봉변을 당한 부르크하르트는 그들의 배반행위에 대해, 또한 아라비아 도둑의 특색으로 여겨지는 아랍적인 '체면'의 결여에 대해 길게 서술하고 있다.

*367 근친결혼에 대한 이야기를 피하기 위한 완곡한 표현.

*368 이것은 우두머리의 천막임을 나타내는 표식.

*369 생석회와 유연(油煙)에, 헤나를 짙은 녹색으로 변하게 하는 아마인유를 섞은 일종의 먹. 익숙지 않은 눈에는 섬뜩할 만큼 추악하지만, 이집트에서는 매우 아름답게 여겨지고 있다.

*370 최고천(最高天)의 신.

*371 그가 속한 사라바족에 어울리는 일격.

*372 비라르는 '은혜'라는 뜻. 다마스쿠스의 자비아 문 밖에 매장되어 있는 마호메트의 뮤에진(기도시각을 알리는 자)의 이름이기도 하다. 따라서 이슬람교도 사이에서 알 이슬람 초기에는 아비시니아인이 이슬람교 사원의 뮤에진으로 환영받았다. 이집트인은 장님을 선택했는데, 그것은 장님의 수가 많았고 값싸게 부릴 수 있었기 때문이다. 게다가 여자들이 즐겨 아침저녁의 서늘한 시각을 보내는 가까운 지붕 위에서 일어나는 온갖 일들을 볼 수 없기 때문이었다. 이 일자리를 잃지 않으려고 몇 해 동안 장님 시늉을 한 사람들의 이야기가 전해지고 있다. 이슬람교 도시에서 이국인은 뾰족탑의 창문 또는 회랑에서 얼굴을 내밀 때는 주의가 필요하다. 이슬람교도들은 위에서 내려다보는 것을 싫어한다. 또 총알이 피융 하며 바람을 가르고 날아오면 창가를 떠나라는 경고이다.

*373 소매 없는 사슬갑옷(habergeon), 사슬코트(coat of ring-mail)로 때로는 두 가지를 한 세트로 착용하는 일도 있다. 아랍어로는 다라(Dara) 또는 디라(Dira)라고 한다.

저 불행한 '수단'에서의 전투 중에 영국 신문기자들은 중세의 기사처럼 갑옷으로 온몸을 무장한 적병이 있다는 말을 듣고 간담이 서늘해졌다. 그들은 모든 대부족이 아마도 십자군 시대부터 수많은 사슬갑옷을 몇백 벌 정도 보존해온 사실을 몰랐던 것이다.

*374 낙타는 아랍어로 자말(Jamal)이며, 그리스어 카메로스($\chi\alpha\mu\eta\lambda o\varsigma$)에서 나온 낙타(Camel)의 속명(屬名)이다. 이블(Ybl) 또한 낙타족이지만 일반적으로 널리 쓰이지는 않는다. 하진(Hajin, 이집트의. 아라비아에서는 다르르라고 한다)도 낙타이지만 달리는 낙타, 즉 승용낙타이다. 암컷은 나카라고 하며 나귀와 마찬가지로 암컷이 선호된다. 이러한 일반적인 명칭 말고도 특수한 명칭이 많이 있다. 엔서(Ensor) 씨가 '수낙타는 매우 안전한 동물이다'라고 말한 것은 참으로 기묘하며, 동양의 일반적인 습관은 그의 주장이 틀렸음을 증명해준다. 맥컨(McCoan) 씨(《이집트의 실정(實情) *Egypt As It Is*》)는 이집트 낙타는 혹이 두 개 있다고 독자에게 가르치고 있지만, 이 또한 사실과 어긋나게 묘사하는 셈이다.

*375 예를 들면 《달라마 이야기 *Romance of Dalhamah*》에서는 남자 주인공 알 군두바가 어머니의 노예 살해자를 참수하며 "나는 이 배신자 노예에게 피의 복수를 했다!"라고 부르짖고 있다(레인 저 《근대 이집트인》 제23장. 〔《달라마 이야기는》는 《아라비안나이트》나 《안타르 이야기》와 마찬가지로 오래된 이야기로 오늘날에도 강석사(講釋師)가 암송한다. 《전사(戰士) 이야기》라는 이름으로도 알려졌으며, 레인이 《근대 이집트인》에서 상세하게 설명하고 있다.〕

*376 막이 내리기 전에 등장인물을 모두 무대로 불러모으는 것은 매우 기교적이고 있음직한 일이다.

〈역주〉
(1) 창세기 제2장 22절에서 아담은, 자신의 갈비뼈로 만들어졌으므로 여자라 부르리라고 말했다.
(2) 클로디어스 갈렌. 그리스의 유명한 의사. 131~201년.
(3) 《타즈키라》는 여권(旅券)을 말하고, 《부르한》은 《부르한 이 카티 *Burhan-i Kati*》(《페르시아 라틴어 사전》).
(4) 아비센나는 이븐 시나라고 하는 아라비아의 의사이자 철학자로 이 책은 고대의학의 보전(寶典)으로 일컬어진다. 980~1037년. 본문에는 The Canon of Meccah로 되어 있으나 The Canon of Medicine를 잘못 인쇄한 것이다.
(5) 마호메트의 언행으로, 경전 밖의 전설적인 것. 이 전설에 유래하는 법률을 순나 또는 순나트라고 부른다.
(6) 터키 제국 건설자.

(7) '처녀의 나라'라는 뜻.
(8) 이슬람력의 제9월.
(9) 드라크마와 같다. 단 여기서는 형량으로, 16분의 1로스=1.773그램.
(10) 천국은 7개로 나뉘어져 있으므로.
(11) 페르시아인.
(12) 1파라상은 약 5킬로미터.
(13) 시리아의 수도.
(14) '알 이슬람에는 승려가 없다'의 승려는 monkery로, 여기서는 오히려 수도사의 생활, 즉 금욕생활과 예의범절을 뜻한다.
(15) 이 2행의 원시(原詩)는 'I found it as strait as my mind and my money'로, '꽉 죄어진' strait가 마음과 돈에 걸쳐 있는 셈이다. 즉 마음은 '괴롭다'는 뜻이고, 돈은 '없어서 난처하다'는 정도의 의미이다.

고산고정일(高山高正一)

서울에서 태어나다. 성균관대학교국문학과졸업. 성균관대학교대학원비교문화학과졸업. 소설「청계천」으로「자유문학」등단. 1956년~현재 동서문화사 발행인. 1977~87년 동인문학상운영위집행위원장. 1996년「한국세계대백과사전」편찬주간발행. 지은책「청계천 사람들」「불굴의 혼·박정희」「한국출판100년을 찾아서」「愛國作法·新文館 崔南善·講談社 野間淸治」「망석중이들 잠꼬대」「高山 大三國志」「불과 얼음 17일 전쟁 장진호」「세계를 매혹한 최승희」한국출판문화상수상, 한국출판학술상수상.

World Book 133

Richard Francis Burton
THE BOOK OF THE THOUSAND NIGHTS AND ONE NIGHT
아라비안나이트 Ⅰ
리처드 버턴/고산고정일 옮김
1판 1쇄 발행/1969. 12. 12
2판 1쇄 발행/2010. 12. 12
2판 5쇄 발행/2024. 3. 1
발행인 고윤주
발행처 동서문화사
창업 1956. 12. 12. 등록 16-3799
서울 중구 마른내로 144(쌍림동)
☎ 546-0331~2 Fax. 545-0331
www.dongsuhbook.com
잘못된 책은 구입하신 곳에서 바꾸어드립니다.
＊
이 책의 출판권은 동서문화사가 소유합니다.
의장권 제호권 편집권은 저작권법에 의해 보호를 받는 출판물이므로
무단전재와 무단복제를 금합니다.
사업자등록번호 211-87-75330
ISBN 978-89-497-0674-0 04080
ISBN 978-89-497-0382-4 (세트)